A **SÉRIE BRASIL – Ensino Médio** oferece conteúdo completo em todos os sentidos e integra objetos digitais aos materiais impressos. Acesse o portal exclusivo da coleção e aproveite o que a Editora do Brasil preparou para você.

Portal exclusivo da coleção:
www.seriebrasilensinomedio.com.br

Instruções para acesso aos conteúdos digitais

Acesse o portal exclusivo da coleção (www.seriebrasilensinomedio.com.br) e digite seu *e-mail* e senha. Caso ainda não os tenha, faça o cadastro. Digite o código abaixo para liberar o acesso:

8569205A7212179

Esse código libera o acesso dos conteúdos digitais relativos à matéria e ao ano deste livro. Informamos que esse código é pessoal e intransferível. Guarde-o com cuidado, pois é a única forma de acesso ao conteúdo restrito do portal.

SÉRIE BRASIL
Ensino Médio

ENSINO MÉDIO

QUÍMICA
Matéria, energia e transformações

volume único

José Carlos de Azambuja Bianchi
Mestre em Química Inorgânica, com linha de pesquisa em Ensino, pela Universidade Estadual de Campinas (Unicamp). Bacharel e Licenciado em Química pela Faculdade Oswaldo Cruz. Professor do Ensino Médio na rede particular de ensino.

Carlos Henrique Albrecht
Pós-graduado em Estrutura da Matéria pela Unicamp. Bacharel e Licenciado em Química pela Unicamp. Professor do Ensino Médio nas redes pública e particular de ensino.

Daltamir Justino Maia
Doutor em Ciências pela Unicamp. Mestre em Química Inorgânica pela Unicamp. Bacharel em Química pela Unicamp. Autor de livros de Ensino Superior de Química. Professor EBTT do Instituto Federal de São Paulo (Campus Campinas).

1ª edição
São Paulo – 2017

© Editora do Brasil S.A., 2017
Todos os direitos reservados

Direção geral: Vicente Tortamano Avanso

Direção editorial: Cibele Mendes Curto Santos
Gerência editorial: Felipe Ramos Poletti
Supervisão editorial: Erika Caldin
Supervisão de arte, editoração e produção digital: Adelaide Carolina Cerutti
Supervisão de direitos autorais: Marilisa Bertolone Mendes
Supervisão de controle de processos editoriais: Marta Dias Portero
Supervisão de revisão: Dora Helena Feres
Consultoria de iconografia: Tempo Composto Col. de Dados Ltda.
Licenciamentos de textos: Cinthya Utiyama, Jennifer Xavier, Paula Tozaki, Renata Garbellini
Controle de processos editoriais: Bruna Alves, Carlos Nunes, Gabriella Mesquita, Rafael Machado

Concepção, desenvolvimento e produção: Triolet Editorial & Mídias Digitais
Diretora executiva: Angélica Pizzutto Pozzani
Diretor de operações e produção: João Gameiro
Gerente editorial: Denise Pizzutto
Editora de texto: Carmen Lucia Ferrari
Editora assistente: Tatiana Pedroso Gregório
Preparação e revisão: Carol Gama, Flavia Schiavo, Gabriela Damico, Juliana Simões, Mariana Góis, Patrícia Rocco, Roseli Simões, Vinicius de Oliveira
Projeto gráfico: Triolet Editorial/Arte
Editora de arte: Daniela Fogaça Salvador
Assistentes de arte: Felipe Frade, Christof Gunkel
Ilustradores: Adilson Secco, All Maps, Daniel das Neves, Dawidson França, Filipe Rocha, Suryara Bernardi
Iconografia: Pamela Rosa (coord.)
Capa: Beatriz Marassi
Imagem de capa: Paola Cravino Photography

Dados Internacionais de Catalogação na Publicação (CIP)
(Câmara Brasileira do Livro, SP, Brasil)

Bianchi, José Carlos de Azambuja
  Química: matéria, energia e transformações: volume único / José Carlos de Azambuja Bianchi, Carlos Henrique Albrecht, Daltamir Justino Maia. -- 1. ed. -- São Paulo : Editora do Brasil, 2017. -- (Série Brasil Ensino Médio)

  ISBN: 978-85-10-06613-6 (aluno)
  ISBN: 978-85-10-06614-3 (professor)

  1. Química (Ensino Médio) I. Albrecht, Carlos Henrique. II. Maia, Daltamir Justino. III. Título. IV. Série.

17-06643   CDD-540.07

Índice para catálogo sistemático:
1. Química : Ensino médio   540.7

Imagem de capa:
Atomium, de André Waterkeyn escultura em Bruxelas, Bélgica, representando um cristal elementar de ferro.

Reprodução proibida. Art. 184 do Código Penal e Lei n. 9.610 de 19 de fevereiro de 1998.
Todos os direitos reservados

2017
Impresso no Brasil

Impresso na Meltingcolor Gráfica e Editora Ltda.
1ª Edição – 1ª Impressão – 2017

Rua Conselheiro Nébias, 887
São Paulo, SP – CEP 01203-001
Fone: +55 11 3226-0211
www.editoradobrasil.com.br

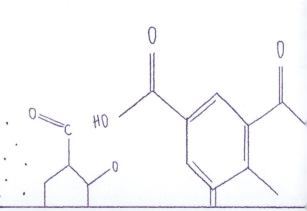

APRESENTAÇÃO

Caro aluno,

Os últimos anos têm mostrado uma tendência que exige atenção para a relação ensino-aprendizagem em todos os níveis de escolaridade da Educação Básica.

Isso significa que é essencial a abordagem de conceitos, teorias e definições, de qualquer disciplina específica, vinculados à sociedade e ao modo como esse conhecimento transforma, cria novos ambientes e modifica vidas. É nas atividades do dia a dia nas cidades, no campo, na indústria, que esse conhecimento se faz presente.

Vocês, estudantes brasileiros, estão vivendo o que se pode chamar de uma "nova era", em relação às suas vidas escolares. Para encarar esses novos desafios das ciências, a educação deve se direcionar às novas tecnologias, cuja complexidade requer profissionais cada vez mais preparados e que mantenham a ética como referencial para seu desempenho.

Pensando dessa maneira, escrevemos este livro. Suas unidades e seus capítulos foram fundamentados a partir de grandes temas abordados pela Química. Alguns capítulos são introduzidos por um percurso histórico, outros, por situações cotidianas. Abordagens relativas às questões ambientais são apresentadas com o cuidadoso olhar das ciências.

Procuramos apresentar os conceitos, as teorias e as definições dentro dos saberes modernos e atuais da Química, de acordo com os órgãos e as instituições que pesquisam e normatizam, segundo os padrões internacionais, procedimentos e nomenclaturas. As normas e as regulamentações foram sugeridas para mostrar que as convenções são facilitadoras na linguagem científica.

Para finalizar, temos certeza de que estaremos contribuindo para a formação de vários grupos de estudo e que eles encontrarão satisfação ao conhecer e entender os saberes da Química.

Os autores

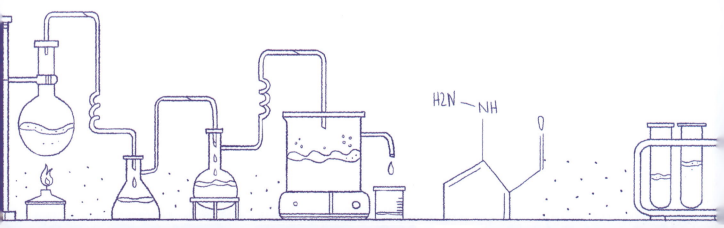

Conheça o livro

Abertura de unidade
Este livro é composto de unidades para facilitar a divisão da Química por assuntos. A abertura é formada por um texto e uma imagem motivadores sobre o tema da unidade.

Curiosidade
Traz informações do cotidiano que apresentam curiosidades relacionadas à Química.

Exercícios resolvidos
São apresentadas estratégias de resolução e servem de apoio aos exercícios propostos no decorrer dos capítulos.

Exercícios propostos
Exercícios para fixação do conteúdo acompanham o desenvolvimento teórico de cada capítulo.

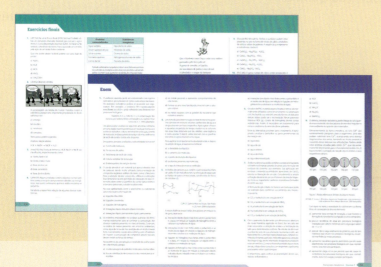

Exercícios finais
Exercícios de vestibulares de todo o Brasil com maior nível de complexidade conceitual, presentes ao final do capítulo.

Enem
Seleção de exercícios dos últimos exames do Enem, presentes ao final da unidade.

Ciência, Tecnologia, Sociedade e Ambiente

Demonstra como a pesquisa científica pode ser aplicada para o bem-estar da sociedade, explorando as relações entre Ciência, Tecnologia, Sociedade e Ambiente (CTSA).

Com a palavra...

Textos de importantes químicos da atualidade abordam, sob outras perspectivas, algum tema tratado no capítulo.

Atividade investigativa

Propostas de atividades experimentais ou de investigação que envolvem questionamentos de outras disciplinas.

Experimento

Atividade experimental que aborda na prática a teoria.

Química Aplicada

Aborda e explica a aplicação da Química em situações cotidianas, relacionadas diretamente à realidade do mundo em que vivemos.

História da Química

É abordada a história da Química e suas personalidades, valorizando a ciência sob a perspectiva da construção histórica e científica.

Nota

Quadros destacados graficamente trazem informações que acompanham a exposição teórica.

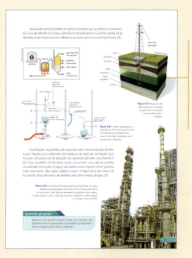

Infográficos e esquemas

Infográficos e esquemas ilustrados exemplificam e facilitam a visualização do conteúdo conceitual.

Sumário

UNIDADE 1 Matéria e Energia

Capítulo 1 Substâncias 10
- A crença nos átomos 10
- Os tipos de matéria 11
- Substância: um tipo específico de matéria 15
- Atmosferas planetárias e pressão 22
- Caracterização das substâncias por meio de suas propriedades 27

Com a palavra... Água: um bem precioso 38
Exercícios finais 39

Capítulo 2 Energia 42
- A energia 42
- O Princípio da conservação da energia 44
- A experiência de Joule 47
- Produção e consumo de energia 48
- Combustão 52
- Energia elétrica 53
- Termelétricas 54
- A utilização do etanol como combustível automotivo 54
- Utilização da energia solar 57

Com a palavra... Química e energia 59
Exercícios finais 60

Capítulo 3 Radioquímica 62
- Os átomos 62
- A Lei de Proust 62
- A estrutura do átomo 66
- A respeito do elétron 66
- Radioatividade 73
- Energia nuclear 90

Com a palavra... Como são formados os elementos químicos? 99
Exercícios finais 101

Capítulo 4 Quantidade de átomos, moléculas e íons 106
- Massas atômicas e a determinação de fórmulas 106
- A quantidade de matéria e o mol 112
- O Sistema Internacional de Unidades (SI) 113
- A constante de Avogadro: "contando" átomos, íons e moléculas 116

Com a palavra... O mol 122
Exercícios finais 123
Atividade investigativa 126
Enem 127

UNIDADE 2 A Teoria Atômica e a constituição da matéria

Capítulo 5 Modelos atômicos, tabela dos elementos e os modelos de ligações 132
- Explicando a estrutura da matéria: modelos atômicos 132
- Tabela periódica 138
- Os tamanhos dos íons e a tabela periódica 144
- A ionização e a energia 148
- As densidades dos elementos e a tabela periódica 151
- Ligações químicas 156

Com a palavra... O modelo atômico de Bohr: o átomo de hidrogênio 163
Exercícios finais 164

Capítulo 6 Ligações covalentes 167
- Como os átomos se ligam para formar as moléculas? 169
- A representação da ligação covalente: as fórmulas estruturais e eletrônicas de Lewis 170
- O conceito de ligação covalente 173
- Ligações intermoleculares 184

Com a palavra... Ligação de hidrogênio 202
Exercícios finais 204

Capítulo 7 Compostos inorgânicos 206
- Ácidos e bases 206
- Força dos ácidos e das bases 212
- Classificação das soluções ácidas 215
- Classificação das bases 218
- Sais 220
- Óxidos 228

Com a palavra... Química de materiais inorgânicos 237
Exercícios finais 238
Atividade investigativa 243
Enem 244

UNIDADE 3 Fontes de recursos naturais

Capítulo 8 Gases 248
- A Lei de Boyle 251
- A Lei de Charles 254
- Lei de Avogadro: relacionando quantidade de matéria e volume 257
- Misturas gasosas 261
- Teoria Cinética Molecular dos Gases 265

Com a palavra... Gás e energia 270
Exercícios finais 271

Capítulo 9 Reservas da crosta terrestre e tecnologia 276
- Ferro 276
- Alumínio 284
- Ligas metálicas 286
- Silício 289

- Estequiometria.....294
- Carvão.....304
- Petróleo.....308
- Gás natural.....319

Com a palavra... A estequiometria, a economia de átomos e o ambiente.....322

Exercícios finais.....323

Capítulo 10 Soluções.....326

- Misturas homogêneas e heterogêneas.....326
- Solubilidade.....328
- Concentração.....331
- Pressão de vapor.....340
- Temperatura de ebulição.....341
- Propriedades coligativas: aspectos qualitativos.....343
- Osmose.....347
- Misturas coloidais.....351

Com a palavra... Coloides em toda parte.....356

Exercícios finais.....357

Atividade investigativa.....363

Enem.....364

UNIDADE 4 Dinâmica das transformações químicas

Capítulo 11 Termoquímica.....370

- Componentes energéticos dos alimentos.....370
- Estimativa da quantidade de energia fornecida pelos nutrientes.....370
- Trabalho, calor e temperatura.....374
- Reações químicas em Termoquímica: entalpia.....378

Com a palavra... Quanta energia!.....397

Exercícios finais.....398

Capítulo 12 Cinética química.....400

- A cinética das transformações.....401
- Condições essenciais para a realização de uma reação química.....402
- Fatores que influenciam na velocidade de uma reação.....407
- Com a palavra... Velocidade.....419
- Exercícios finais.....420

Capítulo 13 Equilíbrio químico.....428

- A formação do equilíbrio químico.....428
- O deslocamento do equilíbrio.....431
- Fatores que podem deslocar o equilíbrio de um sistema.....433
- Lei da Ação das Massas – A constante K_c.....438
- A constante de equilíbrio K_p.....441
- Equilíbrio iônico.....444
- Hidrólise salina.....454
- Produto de solubilidade.....456

Com a palavra... Por que a cola cola?.....459
Exercícios finais.....460

Capítulo 14 Eletroquímica.....468

- Obtenção de eletricidade.....468
- Pilhas ou células eletroquímicas.....471
- Eletrólise: processos eletroquímicos não espontâneos.....484
- Corrosão.....491
- Aspectos quantitativos nos processos eletroquímicos.....493
- Número de oxidação (Nox).....497

Com a palavra... Eletroquímica e a geração de energia.....505

Exercícios finais.....506

Atividade investigativa.....514

Enem.....515

UNIDADE 5 A evolução das moléculas

Capítulo 15 Introdução à Química Orgânica.....522

- Características do carbono.....523
- Funções orgânicas.....530
- Isomeria.....558
- Propriedades físicas de compostos orgânicos.....573

Com a palavra... Química Orgânica: a Química da vida.....578

Exercícios finais.....579

Capítulo 16 Organização das moléculas orgânicas.....589

- Reações em compostos orgânicos.....589
- Reações de substituição.....590
- Reações de adição.....595
- Reações de eliminação.....599
- Reações de oxidação.....600

Com a palavra... Moléculas Orgânicas: Reações e Propriedades em Toda Parte.....611

Exercícios finais.....612

Capítulo 17 As modernas moléculas orgânicas.....619

- Polímeros.....619
- Identificação de alguns polímeros recicláveis.....628
- Biomoléculas.....631

Com a palavra... Reciclagem da borracha de pneus usados.....643

Exercícios finais.....644

Atividade investigativa.....649

Enem.....650

Para ler e assistir.....656

Bibliografia.....658

Gabarito.....659

UNIDADE 1

MATÉRIA E ENERGIA

O ser humano produz energia. O seu corpo produz energia. E, ao longo do tempo, outras formas de obtê-la foram descobertas. O ser humano criou ferramentas, atrelou animais, represou águas correntes dos rios, se orientou com os ventos para navegar e movimentar moinhos. Descobriu o fogo e passou a obtê-lo pela queima de materiais como madeira, carvão, petróleo e gás de petróleo. Todas essas formas de energia têm uma fonte comum de irradiação: o Sol.

O conceito de energia é relativamente recente e está vinculado ao conceito de fontes não renováveis, isto é, recursos de obtenção de energia (carvão mineral, petróleo, gás natural e minerais contendo elementos radioativos, por exemplo) responsáveis pela manutenção do mundo, mas que, uma vez esgotados, não são passíveis de serem reconstituídos em um período de tempo possível para sua reutilização.

Fundição de ferro em Copenhagen, na Dinamarca. Peter Severin. *The Iron Foundry*, 1885. Óleo sobre tela, 144 × 195 cm.

CAPÍTULO 1

SUBSTÂNCIAS

A crença nos átomos

Na Grécia Antiga, houve várias especulações sobre a constituição da matéria. Para o filósofo Demócrito (Figura 1.1), qualquer tipo de matéria seria formado por pequenas partículas, chamadas de **átomos** (do grego: *átomos* = indivisível). Várias considerações foram feitas a respeito dessas partículas, que culminaram em uma teoria, apoiada apenas em especulações, para explicar o que era observado. De acordo com as proposições decorrentes dessa teoria, os átomos:

- constituiriam toda e qualquer matéria;
- cada matéria seria constituída por átomos que apresentariam as mesmas propriedades;
- diferentes tipos de átomos diferiram em forma, tamanho e massa.

Para Demócrito, a grande variedade de materiais na natureza provinha dos movimentos dos diferentes tipos de átomos, que formavam conjuntos maiores ao se chocarem, gerando diferentes corpos com características próprias.

A esses fundamentos foram agregados outros estudos. Epicuro (341 a.C.–270 a.C.), também filósofo grego, complementou as ideias de Demócrito ao sugerir que haveria um limite para o tamanho dos átomos, justificando assim a razão de serem invisíveis.

Figura 1.1: Demócrito (460 a.C. - 370 a.C.).

Exercício proposto

Segundo os fundamentos criados na Grécia Antiga, as características dos materiais estavam principalmente associadas à sua forma geométrica, que era definida pelo tipo de átomo que os compunha. Com base nesse raciocínio dos gregos, qual seria a forma geométrica dos "átomos que formam a pimenta", considerando a característica do seu sabor picante?

Os elementos químicos

Chamamos de **elemento químico** o conjunto de átomos que apresentam as mesmas propriedades. Raramente, os elementos químicos ocorrem de forma isolada na natureza, é comum encontrá-los combinados entre si porque seus átomos são capazes de se combinar por meio de interações mútuas, dando origem à diversidade de matéria existente. A variedade de combinações entre os átomos depende de leis naturais, que estabelecem condições para que elas sejam efetivas. No entanto, em alguns casos há a possibilidade de criar condições para que novas combinações sejam formadas e gerem materiais artificiais. Em outras palavras: pode-se, por meio da Ciência e da tecnologia, promover combinações não naturais entre átomos.

A eletricidade permite reconhecer alguns elementos

Desde o início do século XIX, a eletricidade foi utilizada para decompor materiais até seus elementos constituintes, que, em sua maioria, não se desprendiam por meio da ação do calor. A partir desse recurso técnico, deu-se início ao reconhecimento de novos elementos químicos que até então passavam despercebidos por estarem associados a outros elementos formando diferentes tipos de materiais.

> **Bilhões e bilhões de átomos fazem a matéria do Universo**
>
> Um átomo solitário não tem cor, não tem sabor, é invisível, seus efeitos não são percebidos... Agora, imagine muitos átomos, todos unidos constituindo grupos, e esses grupos juntando-se a outros formando um conjunto ainda maior, até aparecerem as cores, os aromas, as faces lisas, as faces rugosas, a maleabilidade, a elasticidade, a flexibilidade, a rigidez, a transparência, a **dureza**, a resistência, o brilho etc. Enfim, tudo aquilo que se pode observar ao nosso redor, na natureza e nos ambientes produzidos pela tecnologia.

> Capacidade de um corpo sólido de riscar outro corpo sólido. O que apresenta maior dureza risca o de menor dureza.

A descoberta de novos elementos

Em 1789, sabia-se da existência de 33 elementos químicos, entre eles: o ferro, o cobre, a prata, o ouro e o mercúrio, já conhecidos há muito tempo; o oxigênio (do grego: *óxys* = oxigênio, *génos* = geração), descoberto em 1774; e o hidrogênio (do grego: *hydro* = água, *génos* = geração), descoberto somente em 1776. Foi em 1834 que o número de elementos conhecidos aumentou para 54. Anos depois, em 1869, o químico russo Dimitri Ivanovich Mendeleev (Figura 1.2) registrou 70 elementos.

Figura 1.2: Dimitri Ivanovich Mendeleev (1834-1907).

> **Exercício proposto**
>
> Alguns elementos como o cobre, o carbono, o enxofre, o ferro, o ouro, a prata, o chumbo, o mercúrio, o estanho e o arsênio são conhecidos há tanto tempo que se ignora quem foram seus descobridores. Conforme foi visto, a quantidade de elementos descobertos ampliou-se com o passar dos séculos. Porém, a busca por novos elementos continua tanto no ambiente terrestre como em ambientes espaciais, até onde as sondas alcançam. Contudo, nenhum novo elemento foi detectado até o momento, além daqueles existentes na Terra. O que é possível concluir com base nessas informações?

Os tipos de matéria

Chamamos de propriedades as qualidades características de cada tipo de material. O termo "material" é utilizado para designar qualquer espécie de **matéria**, seja **homogênea** (Figura 1.3) seja **heterogênea** (Figura 1.4).

> Matéria é um termo genérico que serve para designar qualquer espécie de material e que por sua vez é tudo que ocupa lugar no espaço.

Figura 1.3: Água e uma pitada de sal formam uma mistura homogênea.

Figura 1.4: Água e areia formam uma mistura heterogênea.

Substâncias Capítulo 1 11

Areia
Fragmento de mineral ou de rocha que, de acordo com a Escala de Wentworth, de grande uso em Geologia, tem diâmetro entre 0,06 mm e 2 mm.

Matéria homogênea é aquela cujas propriedades são iguais em qualquer de suas partes ou porções. Um copo que contém apenas água é um exemplo de matéria homogênea. Se adicionarmos um pouco de sal de cozinha a esse copo com água e o agitarmos até que o sal não seja mais visível, essa mistura resultante também será matéria homogênea. Porém, se acrescentarmos uma pequena porção de **areia** ao copo com água, por mais que se agite, a areia não se dissolverá e, portanto, a mistura resultante será uma matéria heterogênea.

Em ambos os exemplos é possível separar os componentes das misturas formadas, homogêneas (Figuras 1.5 e 1.6) e heterogêneas (Figura 1.7). No caso de se querer isolar o sal da água, basta esperar que ela evapore. No caso de separar a água da areia, deve-se deixar a mistura escoar através de um filtro para que a areia fique retida e a água possa ser recolhida em outro frasco. Esse processo é indicado para se obter a água na forma líquida de um modo simplificado.

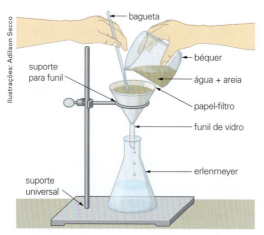

Figura 1.5: Filtração para separar água de areia utilizando frascos de laboratório.

Figura 1.6: Filtração para separar água de areia utilizando utensílios caseiros.

Figura 1.7: Separação física de um sistema heterogêneo.

(a) Mistura de sulfato de cobre (azul) e areia; (b) Dissolução do sulfato de cobre em água; (c) Filtração da mistura para separar a areia; (d) Evaporação da água para obter o sulfato de cobre sólido.

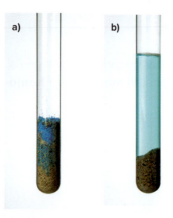

Exercícios propostos

1. Uma amostra de água com sal de cozinha tem o mesmo aspecto que o conteúdo de um copo que possui apenas água. Por esse motivo, ambos são classificados como matérias homogêneas. É possível deduzir que o aspecto homogêneo de um material é suficiente para classificá-lo como mistura ou material puro?

2. Uma mistura de açúcar e pó de café pode ser classificada como homogênea ou heterogênea? Que critério você utilizou para chegar a essa classificação? Observando somente o açúcar e o pó de café, separadamente, pode-se classificar cada amostra como sendo homogênea?

3. Na Ciência, o objeto ou campo de observação – uma área, um volume, um corpo, um ambiente, por exemplo – é denominado sistema. Com relação ao enunciado da questão anterior, identifique quantos sistemas foram observados.

Fases de um sistema

Considera-se fase cada uma das partes homogêneas de um sistema heterogêneo. Sendo assim, uma pequena quantidade de água com uma porção de sal de cozinha dissolvido e um pouco de óleo comestível sobre a água constitui um sistema com duas fases: uma formada pelo óleo e outra composta pela água com sal dissolvido (Figura 1.8).

No exemplo apresentado, são componentes do sistema: o sal, a água e o óleo. Embora a classificação pareça simples, convém destacar certos sistemas especiais. Por exemplo: um frasco que contém água e um fragmento de gelo possui duas fases – uma líquida e outra sólida –, embora seja formado por apenas um componente, a água. No caso de o sistema conter vários pedaços de gelo, o número de fases continua inalterado, pois a descontinuidade do material não representa a existência de outras fases. Outro exemplo que caracteriza essa forma de classificação é o da limalha de ferro – pó ou partículas de ferro decorrentes da limadura (ou polimento) do metal. Quando imersa em água, todos os pedaços que a constituem são uma fase, enquanto a água constitui a outra.

Figura 1.8: Sistema heterogêneo (bifásico).

Destilação simples e evaporação

Quando a mistura é homogênea, como água com sal de cozinha dissolvido, o processo de filtração não é capaz de separar seus componentes. Para isso, podemos utilizar a técnica da **destilação simples**, que consiste no aquecimento da mistura até que seu componente líquido vaporize e somente o componente sólido permaneça no recipiente. Nesse processo, o vapor do componente líquido é posteriormente condensado, ou seja, volta para a fase líquida, e é recolhido em outro recipiente, enquanto o componente sólido vai se cristalizando no local em que a mistura foi colocada inicialmente (Figura 1.9). No caso das salinas (Figura 1.10), a água é removida a céu aberto por meio da **evaporação**, pois não há interesse em recuperá-la. Assim, ela se reintegra à atmosfera, dando continuidade ao ciclo hidrológico.

Figura 1.9: Esquema de montagem do equipamento utilizado para a destilação simples.

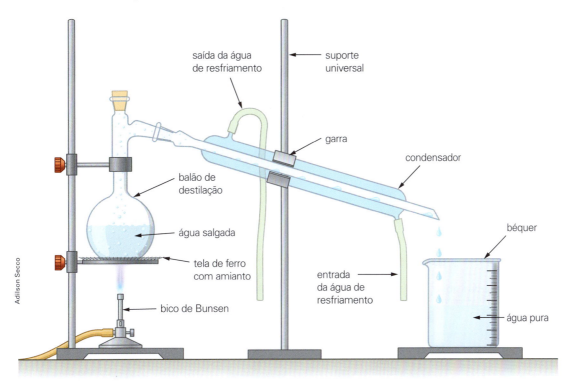

Substâncias   Capítulo 1   13

Figura 1.10: Sal marinho obtido em salinas. Lagoa de Araruama, Rio de Janeiro. Foto de 2013.

Destilação fracionada

Trata-se de um processo de separação de dois ou mais líquidos que se misturam homogeneamente e que apresentam diferentes temperatura de ebulição.

O processo consiste em montar um sistema no qual a mistura seja aquecida até que se atinja a temperatura de ebulição de um dos líquidos que a compõem. Esse passará para a forma de vapor, separando-se da mistura original. O vapor será condensado e recolhido em outro recipiente. O aquecimento continuará e, sucessivamente, os demais líquidos serão separados, obedecendo à sua ordem crescente de temperaturas de ebulição (Figura 1.11).

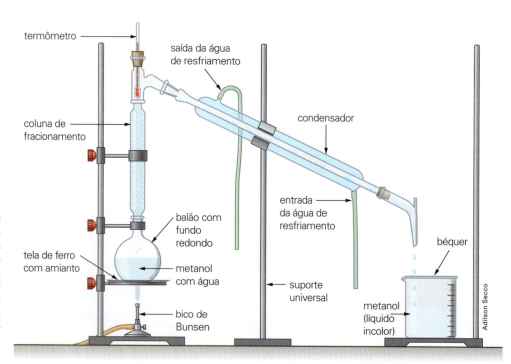

Figura 1.11: Esquema de montagem para uma destilação fracionada. A coluna de fracionamento permite que somente o componente de menor temperatura de ebulição vá para o condensador, enquanto o de maior temperatura de ebulição retorna ao balão.

Exercício resolvido

Classifique as misturas a seguir em homogêneas e heterogêneas:

a) água e álcool;

b) ar puro;

c) granito (paralelepípedo);

d) água e óleo.

a) Água e álcool – mistura homogênea.
b) Ar puro – mistura homogênea. Todas as misturas gasosas são homogêneas. O ar atmosférico puro é constituído por vários gases, dentre eles o nitrogênio (78% em volume), o oxigênio (21%) e o argônio (aproximadamente 1%).
c) Granito – mistura heterogênea. O granito é constituído, basicamente, por três minerais: quartzo, feldspato e mica.
d) Água e óleo – mistura heterogênea.

Exercício proposto

Explique o que é destilação e qual sua função.

Substância: um tipo específico de matéria

Enquanto a destilação é usada para a separação dos componentes das misturas homogêneas, a filtração é um método que nos permite separar as fases das misturas heterogêneas constituídas por sólidos e líquidos.

Para a obtenção de um dos componentes de uma mistura, opta-se pelo emprego adequado de um dos processos descritos (destilação ou filtração) para chegar ao tipo específico de matéria, dependendo da natureza da mistura.

Uma mistura contendo água e um pouco de sal de cozinha dissolvido, por exemplo, apresenta-se tão homogênea quanto a água à qual nenhum componente tenha sido adicionado. É possível ainda preparar uma mistura de água e sal de cozinha de acordo com as necessidades, em várias proporções, mantendo o aspecto homogêneo.

Com o objetivo de organizar o conhecimento adquirido por meio dessas e de outras observações, propõe-se que:

> Toda matéria homogênea cuja composição é fixa, independentemente da fonte de obtenção ou do método de produção, é uma substância pura ou, simplesmente, substância.

Em nosso exemplo, podemos abstrair que a água à qual não foi adicionado outro componente é uma substância, já que sua composição será sempre a mesma, independentemente da forma que for obtida.

Ferro, enxofre, gás carbônico e gás oxigênio são também exemplos de substâncias, isto é, são homogêneos e possuem composição invariável (Figura 1.12).

Já o ar atmosférico livre de impurezas e seco não pode ser tratado como substância, mas sim como uma mistura de vários gases, justamente por ser constituído de nitrogênio (do latim: *nitrum* = salitre; do grego: *génos* = geração), oxigênio e gás carbônico, dentre outros componentes. Os oceanos, os rios e os lagos também são formados por misturas, em especial de água e sais em diferentes proporções, além de outros materiais. As rochas da crosta terrestre são também compostas da mistura de várias substâncias.

Figura 1.12: Exemplos de substâncias. Gás carbônico, gás oxigênio, ferro e enxofre.

Isso nos permite perceber que os recursos naturais, a fonte de todos os materiais dos quais o ser humano necessita, ocorrem na natureza como misturas que se apresentam nas formas sólida, líquida ou gasosa (Figura 1.13).

Figura 1.13: A água do mar, o ar e as rochas são exemplos de misturas.

Exercício proposto

Verifique nas embalagens de diferentes marcas de vinagre a composição do produto e a porcentagem de ácido acético que cada um contém. Argumente por que esse tipo de produto não é uma substância, e sim uma mistura, baseando-se no conceito apresentado.

História da Química

Figura 1.14: Robert Boyle (1627-1691).

Em busca da essência da matéria: a substância

Alquimistas e ferreiros acreditavam na condição de serem auxiliares sagrados da natureza, e se propunham a obter o que a Terra obteria lentamente. Para os químicos, a destilação pareceu ser um bom caminho, mais rápido do que a natureza, para encontrar a essência da matéria.

Atribui-se a Robert Boyle (Figura 1.14) os conceitos de mistura e de substância estabelecidos por volta de 1661. Para Boyle, as misturas seriam sistemas" ou tipos de matéria que poderiam ser separadas em outros tipos de matéria, por intervenções ou métodos mecânicos (que não envolvem transformações químicas).

Pensando assim, as substâncias deveriam ter qualidades (propriedades) muito específicas e diferentes das misturas, pois não se mostravam separáveis em outros tipos de matéria pelos métodos convencionais usados para separar componentes das misturas.

O conceito de mistura sugerido por Boyle ainda permanece, mas o conceito de substância recebe considerações até a atualidade.

A composição química das substâncias

NOTA:
Água
A água é uma substância cuja composição em massa é 88,88% de oxigênio e 11,11% de hidrogênio.

Em 1799, o químico francês Joseph-Louis Proust (1754–1826) publicou um artigo no qual expunha que o óxido de mercúrio, tanto o produzido em laboratório como o proveniente das minas, tinha sempre a mesma composição em massa, o que o caracterizava como uma substância; teoria que ficou conhecida como a **Lei das Proporções Invariáveis**. Observe que, segundo a teoria de Proust, a composição de qualquer substância faz concluir que qualquer tipo de matéria, independentemente de ser natural ou artificial, se trata de uma substância.

Em 1803, o inglês John Dalton (1766–1844) apoiado nas observações de Proust apresentou a Teoria Atômica, que propunha que todos os tipos de matéria são formados por átomos e que todos os átomos de um mesmo elemento têm massas iguais. Partindo dessa premissa, Dalton propôs a existência de combinações entre átomos, sempre nas mesmas proporções, para formar uma substância (Figuras 1.15 e 1.16).

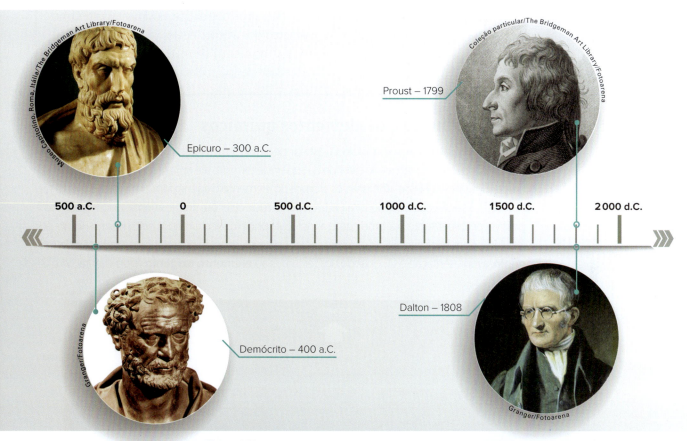

Figura 1.15: Linha do tempo, evolução das ideias de átomo-substância.

Figura 1.16: Segundo Dalton, um átomo de oxigênio combina-se com um átomo de mercúrio produzindo óxido de mercúrio.

Molécula

De acordo com ele, a única diferença entre um átomo de oxigênio e um átomo de mercúrio estaria no valor das massas de ambos; e a substância formada, o óxido de mercúrio, seria constituída pelo que chamava de átomos compostos.

Hoje, certas substâncias – ou átomos compostos – observadas pelo cientista no início do século XIX são representadas diferentemente. A atual fórmula da água, H_2O, era representada por Dalton como HO, pois ele desconhecia as questões quantitativas. Sabemos que a representação H_2O não significa "um átomo composto", mas sim uma **molécula**, substância formada por átomos ligados entre si.

Os átomos desde antes de Cristo

Pode parecer que o conceito de átomo seja resultado da Ciência Moderna. Mas ele surgiu entre os gregos por volta de 400 anos antes de Cristo.

Observando atentamente as sugestões de Leucipo e Demócrito, filósofos gregos, sobre os átomos, seria muito provável supormos que os fundamentos pertencem às declarações propostas por Dalton, 2200 anos depois. Átomos indivisíveis, sólidos, compactos, eternos, imutáveis. Tudo isso 400 anos antes de Cristo? A resposta é sim. Além disso, Leucipo imaginou espaços vazios entre os átomos que permitiam que eles se movimentassem. O movimento dos átomos nesses vazios provocava mudanças no arranjo da matéria causando a grande variedade de aparências no mundo visível.

As substâncias e os elementos químicos

O elemento oxigênio (símbolo: O) está presente na atmosfera da Terra, sobretudo na troposfera, camada atmosférica que se estende da superfície terrestre até aproximadamente 15 km de altitude (Figura 1.17). Nesse ambiente, os átomos do elemento oxigênio formam moléculas cuja fórmula é O_2. Essa substância é denominada oxigênio molecular ou, simplesmente, oxigênio. Como é possível perceber, tanto o átomo como a molécula podem ser chamados pelo mesmo nome, por isso é importante distingui-los por representações. Assim, quando nos referimos à **substância oxigênio**, a representação é O_2; quando nos referimos ao **elemento oxigênio**, a representação é O.

Figura 1.17: Representação das camadas da atmosfera terrestre. Imagem sem escala; cores-fantasia.

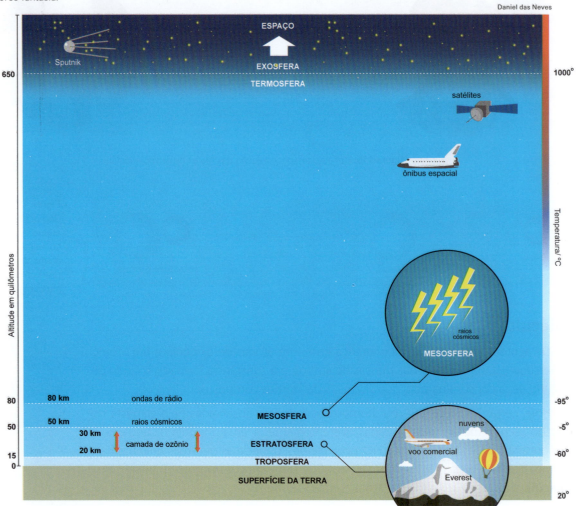

A composição do ar atmosférico varia conforme a altitude. Próximo ao solo, os componentes mais importantes são o gás nitrogênio com aproximadamente 78% em volume e o gás oxigênio, presente com 21% aproximadamente. Outros gases como argônio, gás carbônico, vapor de água, embora em menor quantidade, desempenham papéis importantes na atmosfera e suas relações com os oceanos e solo terrestre. Tanto o gás carbônico quanto o vapor de água absorvem radiação infravermelha contribuindo para o efeito estufa natural. Enquanto o ozônio absorve ultravioleta.

O elemento oxigênio também é encontrado na estratosfera, que se estende dos 15 km aos 50 km de altura e está situada acima da troposfera. Nesse ambiente, mais precisamente por volta dos 30 km de altura, os átomos do elemento oxigênio também formam moléculas com três átomos, de fórmula O_3, e intitulada ozônio. Tanto a substância oxigênio (O_2) como a substância ozônio (O_3) são moléculas formadas por um único elemento químico e, por isso, são classificadas como **substâncias simples**.

> **Substância simples** é aquela constituída por átomos quimicamente iguais, ou seja, átomos do mesmo elemento químico.

São exemplos de substâncias simples: He (hélio), F_2 (flúor), P_4 (fósforo), S_8 (enxofre), C_n (diamante). Há entretanto diversas substâncias simples que possuem mais de uma estrutura molecular porém formadas por um mesmo elemento. Isto vem a ser o que se chama de alotropia, isto é, a existência de substâncias simples ou elementares em várias formas como o oxigênio e o ozônio.

> Exemplos:
> O_2 – oxigênio e O_3 – ozônio; C_n – grafita e C_n – diamante.
> (diferentes arranjos especiais de seus átomos)

O índice **n** indica que a quantidade de átomos que constituem essa substância simples é indefinida (a massa da amostra é múltipla de um único átomo e não de moléculas).

> Alotropia é a capacidade que alguns átomos possuem de formar diferentes substâncias simples no mesmo estado físico.

Figura 1.18: Hematita.

Figura 1.19: Bauxita.

Os átomos do elemento oxigênio também estão presentes na crosta terrestre – camada superficial da Terra que varia entre 10 km de espessura nas regiões mais profundas do oceano e 30 km de espessura nas regiões continentais. O oxigênio aparece combinado com outros elementos e faz parte da constituição de minerais, inclusive alguns importantes para os mais diversos setores econômicos.

Quando o oxigênio combina-se com o ferro, por exemplo, podem ser geradas algumas substâncias, como o óxido de ferro(III), formado por dois átomos de ferro associados a três de oxigênio, cuja fórmula é Fe_2O_3. O óxido de ferro(III) está presente em abundância na hematita (Figura 1.18) e na limonita, minérios importantes para a obtenção do ferro em processos siderúrgicos.

Combinado com o alumínio, o oxigênio forma o óxido de alumínio, $Aℓ_2O_3$, presente em grande quantidade na bauxita (Figura 1.19), principal minério de alumínio usado em processos metalúrgicos para a obtenção desse metal.

Combinado com o elemento hidrogênio, o oxigênio, forma a água, H_2O, que constitui a hidrosfera – camada aquosa da crosta terrestre que compreende oceanos, mares, rios, lagos e outras águas.

Assim, é possível verificar que as substâncias apresentadas não são formadas por apenas um elemento químico, por isso são denominadas substâncias **compostas**.

> **Substância composta** é aquela constituída por dois ou mais átomos quimicamente diferentes, ou seja, átomos de elementos químicos diferentes.

A fórmula de uma substância composta representa os elementos que a constituem e em qual quantidade. Por exemplo: a fórmula H_2SO_4 representa moléculas de uma substância cujo nome é sulfato de hidrogênio. Cada molécula de sulfato de hidrogênio é constituída por três elementos químicos diferentes: hidrogênio (H), enxofre (S) e oxigênio (O). Cada elemento participa da constituição dessa molécula em quantidades diferentes: dois átomos do elemento hidrogênio, um átomo do elemento enxofre e quatro átomos do elemento oxigênio. Observe na figura 1.20 alguns exemplos de substâncias compostas.

1 – hidróxido de sódio
2 – trióxido de trichumbo
3 – iodo
4 – **anil**
5 – cloreto de cobre (II)
6 – cloreto de sódio
7 – enxofre
8 – sulfato de cobre (II)
9 – permanganato de potássio
10 – dicromato de potássio
11 – carbonato de cálcio
12 – sílica gel azul

Figura 1.20: Exemplos de substâncias compostas.

Corante vegetal de cor azul extraído da anileira ou de outras plantas leguminosas. Usado há muito tempo na Índia, onde recebia o nome de indium, originando o nome índigo. Os árabes chamavam-no de *nil* que significa azul. Daí o nome *anil* em português.

Nomes dos elementos e suas origens

Os nomes dos elementos têm diversas origens, todas muito interessantes. A seguir, citamos alguns exemplos.

Ferro: é um nome anterior à Química e tem origem incerta. Pesquisas mostram que designa "céu e fogo", "metal celeste", "metal estrela" ou "relâmpago celeste" (meteorito).

Iodo: do grego *iódes*: "violeta". Cor relativa ao vapor do iodo.

Polônio: nome dado em homenagem à terra natal de Marie Curie.

Hidrogênio: do grego *hydro*, água; *génos*, geração – gerador da água.

Nitrogênio: do latim *nitrum*, salitre; do grego *génos*, geração – gerador do salitre.

Mendelévio: em homenagem a Dimitri I. Mendeleev, o pai da tabela periódica.

Enxofre: em sânscrito, significa inimigo do cobre.

Química Aplicada

Gases em geral são armazenados e transportados em cilindros – em caminhões-tanque especiais ou em pequenos cilindros metálicos – destinados a refeitórios industriais, residências, hospitais e outros, cuja embalagem traz informações sobre seu conteúdo. Um destes produtos mais comuns é a mistura de propano – butano, gases obtidos a partir do petróleo. Em química estes nomes correspondem às fórmulas das substâncias que compõem a mistura. Possivelmente os estudantes se habituarão com estas fórmulas faladas por extenso, por exemplo, no dia a dia dizemos "ó dois" quando nos referimos ao gás oxigênio cuja fórmula é O_2. Também falamos "cê quatro agá dez"

quando nos referimos a C_4H_{10}. Como se observa, aproveitaremos muito as fórmulas com os subscritos numéricos para efetuarmos cálculos utilíssimos para os químicos e para todos nós. No caso de C_4H_{10} estamos aceitando que o gás transportado naqueles cilindros, é constituído de moléculas com quatro átomos de carbono e dez átomos de hidrogênio.

A fórmula O_2 representa uma substância simples formada por um só elemento, o oxigênio cuja molécula é formada por dois átomos desse elemento. Observe que ao escrevermos O_2 estamos nos referindo à substância oxigênio, e quando utilizamos o símbolo O estamos nos referindo ao elemento oxigênio.

Exercício proposto

Procure a fórmula química da glicose e responda:

a) Quantos elementos constituem a glicose?

b) Quantos átomos constituem uma molécula de glicose?

c) Quais são os elementos e quantos átomos de cada elemento há em uma molécula de glicose?

Figura 1.21: A ebulição requer uma determinada quantidade de energia para que um líquido ferva.

As substâncias e as mudanças de fases – vaporização e fusão

Vaporização é a passagem da fase líquida para a fase de vapor. Existem dois tipos de vaporização: a evaporação e a ebulição.

A evaporação ocorre na superfície do líquido que passa lentamente para o estado de vapor, e é um processo que requer uma quantidade mediana de energia para ocorrer.

Já a ebulição é reconhecida como um processo de vaporização que ocorre em toda a massa do líquido em razão da formação de bolhas originadas em seu interior (Figura 1.21) e que acabam arrebentando na superfície. Ao compararmos massas iguais do mesmo líquido, concluímos que esse processo requer uma quantidade maior de energia para ocorrer que o da evaporação.

Fusão é a transformação física da fase sólida para a fase líquida. Tal fenômeno também requer energia para que a substância mude de fase. (Figura 1.22).

$$\text{sólido} \xrightarrow{\text{fusão}} \text{líquido}$$

Figura 1.22: *Icebergs* na Antártica. Foto de 2014.

Substâncias **Capítulo 1** 21

Experimento

Não fazer esse experimento sem o acompanhamento de adulto.

O experimento a seguir mostra como é possível se obter o cobre puro por meio do uso da eletricidade.

Obtenção do cobre puro

Material

- 2 minas de grafite 9 mm
- 10 g de sulfato de cobre II
- Transformador (9 volts)
- 2 pedaços de 40 cm de fio de cobre
- 2 jacarés pequenos ou 2 unidades de qualquer outro conector similar
- 1 copo de vidro de 300 mL
- 1 par de luvas de borracha
- 1 avental para proteção
- 200 mL de água

Procedimento

▶ Vista o avental e calce as luvas por medida de segurança.

▶ Coloque a água no copo de vidro e nela dissolva o sulfato de cobre II, para obter uma solução aquosa azulada.

▶ Ligue as duas minas de grafite (que chamaremos de eletrodos) aos conectores e esses ao transformador com o auxílio dos fios de cobre.

▶ Coloque os dois eletrodos no copo com a solução de sulfato de cobre II e ligue o conjunto à rede elétrica. (Figura 1.23)

▶ Aguarde alguns minutos e veja o que acontece.

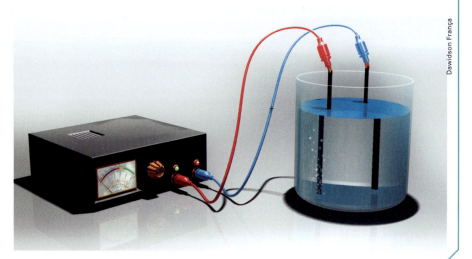

Figura 1.23: Arranjo experimental. Ilustração sem escala; cores-fantasia.

Atmosferas planetárias e pressão

As substâncias estão distribuídas no nosso planeta segundo três fases de agregação: a fase gasosa, predominantemente na atmosfera, a fase líquida, principalmente nos oceanos, e a fase sólida, constituinte da crosta terrestre. Acima da classificação das fases de agregação, a atmosfera, os oceanos e a crosta são formados de misturas de substâncias químicas e é exatamente desses três ambientes que a humanidade obtém materiais para a sua existência.

A atmosfera do planeta Terra é uma mistura de vários gases, se considerarmos a ausência de poeira e de outros materiais particulados sólidos. O nitrogênio é o gás mais abundante na atmosfera, constituindo aproximadamente 78% do volume atmosférico, enquanto o oxigênio perfaz aproximadamente 21% desse volume. Outros componentes gasosos são: argônio, dióxido de carbono, metano, óxido nitroso, ozônio e água. Atmosferas de outros planetas possuem diferenças significativas quando comparadas à da Terra. Vênus tem aproximadamente 95% do volume atmosférico constituído de gás carbônico e menos de 5% em volume de gás nitrogênio. Marte, por sua vez, tem pouco menos de 50% em volume de gás carbônico e pouco mais de 50% em volume de nitrogênio.

É fato que esses dados são insuficientes para uma descrição mais detalhada da atmosfera da Terra e da de seus planetas vizinhos, mas conhecer a massa de cada atmosfera é essencial para diversos outros estudos, como avaliar a pressão atmosférica, por exemplo.

O conhecimento a respeito de nossa capacidade de separar os componentes de uma mistura, como a atmosfera, nos permite avaliarmos a importância dos gases nitrogênio e oxigênio no estágio atual da nossa civilização.

Gases como nitrogênio e oxigênio têm importância fundamental para a economia do país, sendo utilizados em diversos setores industriais. O nitrogênio é usado em embalagens de alimentos para preservar-lhes o sabor; e o oxigênio, como medicamento em hospitais.

Os dois gases são obtidos por liquefação do ar atmosférico e posterior destilação, na qual são obtidas as frações gasosas. O nitrogênio é removido antes do oxigênio porque possui menor ponto de ebulição.

Ar ou gás?

O termo "ar" era usado desde a época de Platão (428 a.C.-348 a.C.), quando o filósofo grego referia-se a um dos quatro elementos que, segundo sua teoria, constituiriam o Universo: terra, água, fogo e ar. Por sua vez, "gás" seria aquela fase da matéria que pode ser obtida como resultante das transformações químicas. A diferença é realmente sutil.

O ar é um dos componentes fundamentais do Universo. O gás (em grego, *cháos*) designa estado desorganizado, ao contrário de cosmo. O hábito enraizado de utilizar o termo "ar" manteve-se até o século XVIII.

O britânico Joseph Black (1728-1799) obteve o gás carbônico, denominado na época **ar fixo** (1754). Henry Cavendish (1731-1810) descobriu o gás hidrogênio, denominado **ar inflamável**. Carl Wilhelm Scheele (1742-1786), em 1771, e Joseph Priestley (1733-1804), em 1774, obtiveram o mesmo gás oxigênio, por métodos diferentes, denominado na época **ar do fogo**. Daniel Rutherford (1749-1819), em 1772, descobriu o gás nitrogênio, denominado na época **ar mefítico** (nocivo à saúde).

Pressão atmosférica

Uma das mais antigas demonstrações a respeito da pressão atmosférica foi feita por Otto Von Guericke (Figura 1.24), nascido em Magdeburg, Alemanha. Von Guericke preparou dois grandes hemisférios de cobre, perfeitamente adaptados um ao outro graças a um anel de couro embebido em cera colocado entre eles, formando uma junta **hermeticamente** fechada.

Hermético: não permite troca de gases.

Figura 1.24: Otto Von Guericke (1602-1686).

Figura 1.25: Demonstração a respeito da pressão atmosférica realizada por Von Guerick.

Num dos hemisférios havia um pequeno orifício, ao qual era introduzido um tubo acoplado a uma torneira. Através do tubo, o ar poderia ser removido, sendo sua saída controlada pela torneira. A pressão externa sobre os hemisférios mantinha-os unidos, uma vez que a pressão interna era-lhe inferior. Para demonstrar a intensidade da pressão atmosférica, foram amarradas duas juntas de quatro cavalos em cada hemisfério e ainda assim os hemisférios não foram separados (Figura 1.25).

Considerando que a área da superfície terrestre é de $5,1 \cdot 10^{14}$ m² e que a massa da atmosfera terrestre é estimada em $5,3 \cdot 10^{18}$ kg, podemos dividir a massa da atmosfera pela área da superfície terrestre e obtermos a seguinte razão:

$$\text{Relação} = \frac{\text{massa da atmosfera}}{\text{superfície da Terra}} = \frac{5,3 \cdot 10^{18} \text{ kg}}{5,1 \cdot 10^{14} \text{ m}^2} \simeq 1,0 \cdot 10^4 \text{ kg/m}^2$$

Isso permite concluir que sobre cada metro quadrado da superfície terrestre atua uma massa de ar de $1,0 \cdot 10^4$ kg (Figura 1.26). Esses valores mostram quão difícil seria a separação dos hemisférios de Von Guericke, ainda que com o esforço dos animais.

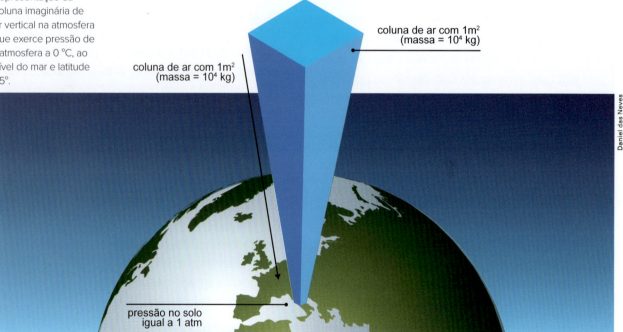

Figura 1.26: Representação da coluna imaginária de ar vertical na atmosfera que exerce pressão de 1 atmosfera a 0 °C, ao nível do mar e latitude 45°.

Para que possamos medir a **pressão** que essa coluna imaginária de ar exerce sobre os corpos, basta estabelecermos a seguinte relação:

$$\text{Pressão atmosférica} = \frac{\text{Peso da coluna de ar}}{\text{Área da coluna de ar}}$$

Logo, podemos definir:

> Pressão é a relação entre o peso e a área sobre a qual ele atua.

A coluna de ar representada é o resultado da multiplicação da massa da coluna de ar pela aceleração da gravidade terrestre (10 m/s²), de modo que o peso da massa indicada vale:

$$\text{Peso} = 1,0 \cdot 10^4 \text{ kg} \cdot 10 \text{ m/s}^2 = 1,0 \cdot 10^5 \text{ kg} \cdot \text{m/s}^2 \text{ ou } 1,0 \cdot 10^5 \text{ N}$$

Então,

$$P = \frac{1,0 \cdot 10^5 \text{ N}}{1,0 \text{ m}^2} \text{ ou } 1,0 \cdot 10^5 \text{ N/m}^2 \text{ ou } 1,0 \cdot 10^5 \text{ Pa}$$

As unidades N = Newton e Pa = Pascal homenageiam os cientistas Isaac Newton e Blaise Pascal.

As imagens mostram que um mesmo corpo pode exercer diferentes pressões, dependendo da área em que o corpo se apoia para exercer a força peso. (Figuras 1.27, 1.28 e 1.29)

Figura 1.29: Pressão = peso do corpo / área em que o corpo atua.

Figura 1.27: Dois tijolos de mesma massa atuando em áreas diferentes.

Figura 1.28: A pressão do ar no interior de um pneu de bicicleta pode chegar a $6,8 \cdot 10^5$ Pa.

Os planetas exteriores

Observações telescópicas obtidas por reflexão da luz solar nos planetas Júpiter, Saturno, Urano e Netuno revelam que o gás hidrogênio, o gás hélio, o gás metano e o gás amônia podem estar presentes nas atmosferas desses quatro planetas. Composição bastante diferenciada das atmosferas de Vênus, Terra e Marte, planetas cujas atmosferas são constituídas principalmente de gás carbônico, gás nitrogênio, gás oxigênio e vapor de água.

Exercício resolvido

O gás oxigênio é utilizado em diversos setores, tanto em processos industriais e como no setor de saúde. Proponha duas aplicações deste gás.

Em hospitais, em pacientes com deficiência respiratória.
É usado também para soldar metais. Nos maçaricos de funileiros. No setor siderúrgico para produzir aço.

Exercício proposto

Busque na internet algumas aplicações para o gás nitrogênio.

O barômetro de Torricelli

Figura 1.30: Evangelista Torricelli (1608-1647).

A pressão atmosférica pode ser medida por instrumentos, sem a necessidade de cálculos prévios. Em 1643, o físico e matemático italiano Evangelista Torricelli (Figura 1.30) inventou o barômetro, equipamento destinado à medição da pressão atmosférica, realizando o seguinte experimento:

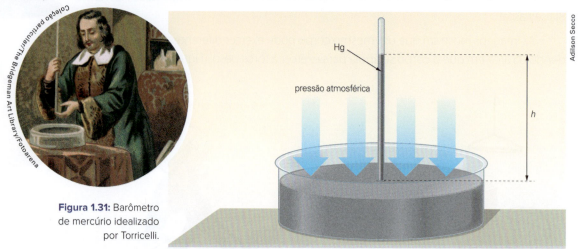

Figura 1.31: Barômetro de mercúrio idealizado por Torricelli.

O mercúrio é líquido à temperatura ambiente.

Torricelli utilizou um tubo capilar de 100 cm de comprimento fechado em uma das extremidades. Em seu interior colocou **mercúrio** até o preenchimento completo. Em seguida, emborcou o tubo na posição vertical, mergulhando-o em um recipiente maior que também continha mercúrio. O mercúrio contido no interior do tubo escoou até um ponto, parando em **76 cm** ou **760 mmHg** (lê-se milímetros de mercúrio) de altura. Como a superfície do recipiente no qual o tubo foi colocado estava exposta à atmosfera, a pressão atmosférica impediu que o mercúrio escoasse além dos 760 mmHg (Figura 1.31). Repetindo o experimento em diferentes altitudes, constatou que, à medida que a pressão atmosférica variava, a altura do mercúrio na coluna também variava. Assim, concluiu que a altura da coluna de mercúrio dependia da altitude em que se realizava o experimento (Figura 1.32). A partir disso, passou-se a considerar pressão normal a altura da coluna de mercúrio obtida ao nível do mar, que equivale a 760 mmHg ou uma atmosfera (**1 atm**).

A pressão atmosférica sofre influência de fatores externos, como a umidade do ar e a temperatura. Contudo, para efeito de estudos, adotam-se os valores aqui citados.

1 atmosfera = 760 mmHg = $1,0 \cdot 10^5$ Pa. Em homenagem a Torricelli, 1 mmHg = 1 torr

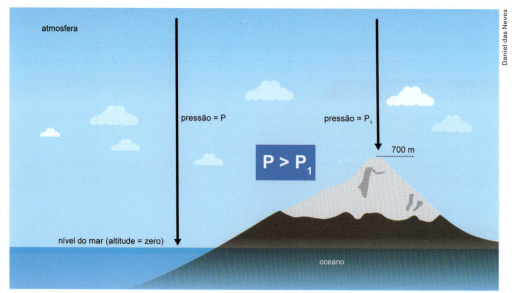

Figura 1.32: Variação da pressão atmosférica em função da altitude.

26 Unidade 1 Matéria e Energia

CIÊNCIA, TECNOLOGIA, SOCIEDADE E AMBIENTE

Medidas da pressão sanguínea

Alternando contrações e expansões, o coração mantém a circulação do sangue em nosso organismo: o gás oxigênio dos pulmões é transportado até o interior das células e o gás carbônico é transferido das células para os pulmões. No extremo da contração muscular do coração, ou em processo de **sístole** (do grego: *systolé* = aperto, contração), a pressão sanguínea é máxima; normalmente esse valor de pressão encontra-se entre 100 mmHg e 120 mmHg. No extremo do relaxamento dos músculos do coração, ou em processo de **diástole** (do grego: diastolé = expansão, dilatação), a pressão sanguínea é mínima; normalmente esse valor está entre 60 mmHg e 80 mmHg. Em linguagem técnica, os profissionais da saúde referem-se à pressão dividindo ambos os valores por 10. É por isso que ouvimos expressões de medida da pressão como 12 por 8, o que significa máxima de 120 mmHg e mínima de 80 mmHg.

O instrumento que mede a pressão sanguínea é o **esfigmômetro** ou **esfigmomanômetro** (Figura 1.33) (do grego: *sphygmós* = pulsação, palpitação; do latim: *metru* = medida). O aparelho é constituído de um manguito – pequena faixa de pano que contém em seu interior uma câmara de borracha inflável, cuja função é envolver o braço do paciente –, e de uma pera – artefato de borracha destinado a insuflar. Acoplado a eles, há um pequeno relógio em que se observa a variação numérica da pressão. Além disso, é necessário o uso de um estetoscópio (do grego: *stêthos* = peito; do latim: *scopium* = examinar, observar), instrumento que permite ao observador auscultar o ruído do fluxo sanguíneo da pressão.

Figura 1.33: Aparelho usado para medir a pressão sanguínea.

Quando comprimida, a pera expele o ar e infla o manguito até impedir o fluxo sanguíneo na artéria do braço. Num segundo instante, a pera é lentamente aberta até que o manguito reduza a pressão, permitindo a volta do fluxo sanguíneo. No momento de retorno do fluxo, a pressão iguala-se à pressão de sístole, que é auscultada com o estetoscópio – a pressão máxima. Continuando a medição, o manguito é esvaziado ao máximo até que o observador não ausculte, no estetoscópio, o ruído do fluxo sanguíneo. Nessa fração de instante, o coração está no extremo da expansão ou em diástole – a pressão mínima.

Caracterização das substâncias por meio de suas propriedades

Propriedade é uma qualidade peculiar de um material. Certas particularidades são qualitativas e ainda não são mensuráveis, por exemplo, o aroma ou o sabor. Outras são quantitativas e podem ser medidas, como a temperatura de ebulição, a temperatura de fusão e a densidade de uma substância.

Temperaturas de fusão e ebulição normais

Define-se como temperatura de ebulição normal aquela na qual uma substância passa da fase líquida para a fase gasosa sob pressão de 1 atmosfera. O valor da temperatura de ebulição normal, ou simplesmente temperatura de ebulição (PE), da água é de 100 °C. A temperatura de fusão (TF) tem definição semelhante: é a temperatura em que uma substância em fase sólida passa para a fase líquida sob pressão de 1 atmosfera. Para a água, a temperatura de fusão vale 0 °C.

Temperaturas de fusão e ebulição para algumas substâncias			
Substância	Fórmula	Temperatura de fusão / °C	Temperatura de ebulição / °C
Nitrogênio	N_2	−209,9	−195,8
Oxigênio	O_2	−218,4	−183
Ozônio	O_3	−251	−112
Amônia	NH_3	−77,7	−33,4
Água	H_2O	0	100
Ouro	Au	1 063	2 600
Ferro	Fe	1 535	3 000

Elaborado pelos autores para fins didáticos.

Exercício resolvido

Para separar os componentes da mistura dos gases nitrogênio e oxigênio é utilizado o processo de destilação fracionada aplicado à mistura liquefeita destes gases.

Explique ou esboce um esquema para ilustrar o processo. Qual dos gases será obtido primeiro?

Considere os valores de temperaturas de ebulição normais: Nitrogênio: –196 °C e oxigênio: –183 °C.

Primeiramente, deve-se liquefazer a mistura dos dois gases. A partir do líquido, submetemos a mistura à separação baseada nas diferenças de temperatura de ebulição, o que levará à separação do gás nitrogênio cuja temperatura de ebulição é menor. As separações não são absolutas, de modo que o gás nitrogênio arrastará com ele uma pequena fração do gás oxigênio.

Exercícios propostos

1. Ao nível do mar, a pressão atmosférica é igual a 1 atm. Em altitudes superiores à do nível do mar, a pressão atmosférica é menor que 1 atm. Supondo uma mina de carvão situada numa região do planeta em altitude inferior ao nível do mar, como seria a pressão atmosférica do local?

2. Considere duas amostras de água da mesma fonte, submetidas a aquecimento até a ebulição. A primeira, sendo aquecida no andar térreo de um edifício e a segunda, no último andar. Ao término do procedimento, verificam-se valores diferentes nos pontos de ebulição. Comente sobre essa diferença.

Gráficos de mudanças de fase

Para se construir um gráfico com duas variáveis, devemos traçar duas retas perpendiculares indicando o sentido de crescimento das variáveis que serão anotadas. Assinalamos uma origem para cada eixo e anotamos os valores que as variáveis assumem. O eixo horizontal é a abscissa e o vertical, a ordenada. Observe o gráfico 1.1 de mudanças de fase.

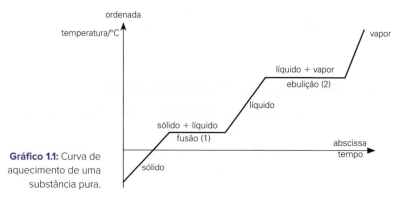

Gráfico 1.1: Curva de aquecimento de uma substância pura.

Para substâncias puras, sob uma mesma pressão, as temperaturas de fusão e de ebulição permanecem invariáveis. Os patamares do gráfico 1.1 (trechos 1 e 2) mostram essa propriedade, isto é, a temperatura se mantém constante até que toda a massa da amostra mude de fase, embora haja absorção de calor durante todo o processo. A formação do patamar no gráfico é uma decorrência dessa propriedade das substâncias puras. Se, em vez de uma substância pura, tivéssemos a mistura água e sal de cozinha, por exemplo, a presença do sal faria que as temperaturas de fusão e ebulição apresentarem variações (Gráfico 1.2).

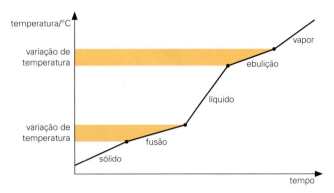

Gráfico 1.2: Curva de aquecimento de uma mistura.

Na passagem de um furacão, os vidros das residências estouram de dentro para fora

Gases e líquidos podem sofrer mudança de pressão em função de variações de velocidade. Os noticiários de jornal, rádio e TV mostram eventualmente formações de ventos fortes em regiões do Brasil e em outros países. A velocidade do vento em um furacão é muito elevada quando comparada aos movimentos do ar em um dia normal. À medida que a velocidade do ar aumenta, as pressões são reduzidas sobre a superfície da Terra. Quando um furacão passa próximo de edifícios, residências ou indústrias cujas janelas estão fechadas, a pressão externa é reduzida em relação à pressão do interior da habitação e a consequência dessa diferença de pressão é o estouro da janela de dentro para fora. O mesmo processo se repete em relação ao telhado da casa. Como a pressão sobre o telhado é menor do que no interior da casa fechada devido à velocidade do vento, o telhado pode ser arrancado.

Exercício resolvido

Sabendo-se que a água é uma substância pura, construa uma curva de aquecimento desde o gelo (−10 °C) até o vapor (temperaturas superiores a 100 °C).

Dados: Temperatura de fusão da água a 1 atm de pressão = 0 °C; Temperatura de ebulição da água a 1 atm de pressão = 100 °C.

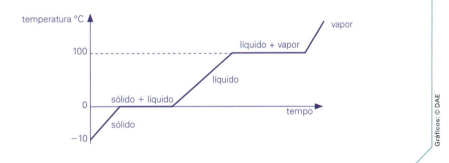

Exercício proposto

Observe no gráfico da questão anterior que o patamar do processo de fusão do gelo é mais extenso do que o patamar do processo de ebulição da mesma massa de água. O que se pode concluir sobre esta diferença?

Experimento

Obtenção do gráfico com as temperaturas de fusão e ebulição da água

Material

- 1 recipiente que suporte calor (panela de alumínio de aproximadamente 2 L)
- 1 termômetro com intervalo entre –10 °C e 110 °C
- Fogão ou bico de Bunsen
- Relógio
- 2 formas padrão de gelo moído
- Bastão ou colher de madeira
- 1 folha de papel quadriculado
- 1 folha de papel sulfite
- Sal de cozinha ou açúcar

Procedimento

- Construa uma tabela com duas colunas, uma para a temperatura e outra para o tempo.
- Coloque o gelo moído na panela e meça a temperatura inicial.
- Comece a aquecer o gelo e vá anotando a temperatura em intervalos de tempo de 2 em 2 minutos.
- Agite sempre o sistema com a ajuda do bastão antes de medir a temperatura. Não agite com o termômetro para não quebrá-lo.
- Faça a medição da temperatura até que a água entre em ebulição.
- Passe os dados obtidos para um papel quadriculado, registrando a temperatura no eixo das ordenadas e o tempo no eixo das abscissas.
- Repita o experimento com misturas de sal de cozinha e água ou de açúcar e água.

Figura 1.34: Arranjo experimental.

O termômetro

Uma aplicação prática dos pontos de fusão e de ebulição foi a construção do termômetro (do grego *thérme*: calor; do latim *metru*: medida) (Figura 1.35). O alemão Daniel Gabriel Fahrenheit (1686-1736). Na escala Fahrenheit, o ponto de fusão da água assume o valor de 32 °F e o ponto de ebulição, o valor de 212 °F. Na escala Celsius, o ponto de fusão da água vale 0 °C e o ponto de ebulição, 100 °C.

Comparando a $t_{°C}$ com a $t_{°F}$, podemos escrever:

$$\frac{t_{°C} - 0}{100 - 0} = \frac{t_{°F} - 32}{212 - 32} \quad \text{ou} \quad \frac{t_{°C}}{100} = \frac{t_{°F} - 32}{180}$$

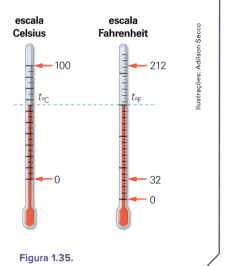

Figura 1.35.

Densidade

Observe a Figura 1.36.

A questão pode ser simplesmente respondida como: porque a densidade do gelo é menor do que a densidade da água. Uma substância (sólida ou líquida) menos densa flutua em um líquido mais denso, desde que não haja dissolução. A pergunta, então, poderia ser dividida em duas partes:

1ª O que é densidade?

2ª Por que o gelo é menos denso que a água?

1ª O conceito de densidade

Para que possamos explicar densidade por intermédio de um experimento, vamos considerar os seguintes itens (Figura 1.37).

Para calcular a densidade do cilindro, mede-se a sua massa com o auxílio de uma balança. Depois, deposita-se vagarosamente o cilindro de ferro no interior do líquido e mede-se o volume de água deslocado. A diferença entre o volume final e o volume inicial corresponderá ao volume do cilindro. (Figura 1.38)

Figura 1.36: Por que o gelo flutua na água?

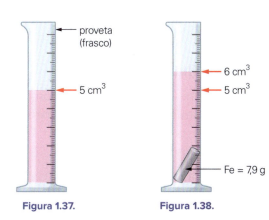

Figura 1.37.   **Figura 1.38.**

Substâncias   Capítulo 1   **31**

Assim, podemos definir que:

> A **densidade absoluta** ou **massa específica** é a relação entre a massa do corpo e o volume ocupado pela respectiva massa do mesmo corpo.

No exemplo, a densidade do ferro é obtida pela razão:

$$d = \frac{7,9 \text{ g}}{1,0 \text{ cm}^3} = d_{Fe} = 7,9 \text{ g/cm}^3$$

Densidades de algumas substâncias (medidas a 25 °C e 1 atm)		
Substância	**Fórmula**	**Densidade**
Hidrogênio	H_2	0,088 g/L
Amônia (g)	NH_2	0,747 g/L
Oxigênio (g)	O_2	1,4 g/L
Dióxido de carbono (g)	CO_2	1,93 g/L
Ozônio (g)	O_3	2,1 g/L
Enxofre (s)	S	2,07 g/cm³
Cloreto de sódio (s)	$NaC\ell$	2,17 g/cm³
Alumínio (s)	$A\ell$	2,70 g/cm³
Carbono (grafita) (s)	C	2,2 g/cm³
Carbono (diamante) (s)	C	3,51 g/cm³
Cobre (s)	Cu	8,96 g/cm³
Prata (s)	Ag	10,05 g/cm³
Chumbo (s)	Pb	11,3 g/cm³
Mercúrio (ℓ)	Hg	13,53 g/cm³
Urânio (s)	U	19,1 g/cm³
Ouro (s)	Au	19,3 g/cm³

s = sólido; ℓ = líquido; g = gás

2ª Por que o gelo flutua na água?

Na fase sólida, um volume de água comporta menos moléculas de água do que o mesmo volume na fase líquida. A existência de menor quantidade de moléculas por volume implica menor massa por unidade de volume. Portanto, a densidade do gelo é menor que a densidade da água líquida.

A densidade da água líquida a 0 °C vale 1,00 g/cm³, enquanto a do gelo, na mesma temperatura, é igual a 0,915 g/cm³. Sendo assim, por ser menos denso, o gelo flutua sobre uma massa de água.

Esse comportamento explica por que os canos hidráulicos rompem-se quando a água congela em seu interior ou por que uma garrafa cheia de água "estoura" quando é congelada em um *freezer*. Porém, não se deve generalizar esse comportamento para outras substâncias, pois a água é uma das raras substâncias que aumentam de volume quando passam do estado líquido para o estado sólido.

> Quanto maior for a diferença de densidade entre um líquido e um corpo sólido, menor é a fração do sólido que permanece submersa no líquido.
>
> Isso explica por que é mais fácil nadar na água salgada do que na água doce. De fato, nosso corpo fica menos submerso na água do mar.
>
> Em casa mesmo podemos verificar isso. Basta colocar um pedaço de gelo para flutuar num copo com água de torneira e outro pedaço de gelo num copo contendo salmoura. Depois, comparamos os dois sistemas observando em qual dos copos o gelo permanece mais submerso.

Exercício proposto

Um frasco de vidro com capacidade de 25 mL, com graduação em mililitro, foi utilizado para determinar a densidade de um metal. No recipiente vazio depositou-se a amostra do metal com massa 12,5 g. A seguir adicionou-se água até completar a capacidade do frasco, observando-se que foram necessários 20,8 mL de água para atingir o volume máximo do recipiente.

Questões:

a) Qual a densidade do metal sabendo que a densidade da água nas condições da experiência vale 1,0 g/mL?

b) Se fizermos a mesma experiência utilizando sal de cozinha sólido em vez do metal será possível a determinar a densidade do sal de cozinha? Justifique.

> A água própria para se beber é denominada água potável. Para tanto, é necessário que ela esteja "límpida", não conter terra e outros materiais em **suspensão**; pode conter somente vestígios de sais em solução, que lhe conferem algum sabor (diferente de uma água destilada); precisa estar aerada, ou seja, conter um pouco de ar dissolvido, dando ao paladar uma sensação de "água leve"; não deve nela ser encontrado nenhum microorganismo que possa causar doenças. Evidentemente, essa água será também apropriada para outros usos domésticos, como: cozer alimentos, lavar roupas e utensílios domésticos, tomar banho etc.
>
> Afortunada seria a cidade que dispusesse de fontes de "águas puras", com todas as características da água potável. Infelizmente, para satisfazer o enorme consumo das grandes cidades, é preciso retirar água de lagos ou de rios, que, em geral, não é potável – tendo, por isso, de ser convenientemente tratada. [...]
>
> Disponível em: <http://resumos.netsaber.com.br/resumo-99735/composicao-e-ocorrencia-da-agua>. Acesso em: 21 mar. 2017.

Mistura heterogênea na qual pequenas partículas sólidas ou líquidas estão suspensas num líquido ou num gás.

Figura 1.39: A água é essecial para a vida.

CIÊNCIA, TECNOLOGIA, SOCIEDADE E AMBIENTE

Muita água ou pouca água?

A água é uma das substâncias mais importantes que se conhece (Figura 1.40). Há milhões de anos ela estabelece um ciclo natural: evapora, ascendendo à atmosfera, e precipita na forma de chuva ou neve voltando à superfície. Todos os seres vivos aproveitam esse ciclo para a manutenção da vida.

Apesar de sua importância, somente no final do século XX o ser humano percebeu que seria necessário ter certos cuidados com essa substância, sobretudo porque a saúde da humanidade depende fundamentalmente da qualidade da água que consome. Com o desenvolvimento industrial e da agricultura e a formação de centros urbanos, parte considerável das substâncias eliminadas nesses setores da atividade humana foi sendo despejada nas águas fluentes mais próximas e, em pouco tempo, grandes quantidades de água atingiram níveis de poluição tão altos que inviabilizaram sua reutilização direta (Figura 1.41).

> **Poluição**
> Alteração indesejável nas características físicas, químicas ou biológicas do ambiente natural causada pela atividade humana.

Figura 1.40: A água é uma das substâncias mais importantes para a existência do ser humano.

Figura 1.41: Saída de esgoto desaguando no canal da Reserva de Marapendi no Rio de Janeiro, RJ. Foto de 2013.

Água reciclável – "A água pede água"

No curso de um rio, no espaço e tempo disponíveis, a água purifica-se por meio de processos naturais, como os movimentos das massas de água. Com isso, muitas substâncias sedimentam-se no fundo dos rios e outras são carregadas quando removidas das margens. Assim, na água, ocorrem vários processos, dentre eles a sedimentação, a dissolução, a evaporação e a filtração.

Várias substâncias que chegam à água na forma de detritos são decompostas pelos seres vivos que nela habitam, fazendo parte de um ciclo que mantém a subsistência de muitas espécies. A vida aquática é garantida também pela capacidade da água de solubilizar o oxigênio atmosférico, que garante a respiração dos seres aeróbios, predominantes no meio.

> **Sedimentação**
> Material insolúvel depositado por gravitação. Um precipitado sedimenta-se em fase líquida ou gasosa por ação da gravidade.

Apesar da existência desse equilíbrio, quando uma cidade descarrega todo o seu esgoto e, junto com ele, os dejetos industriais, o ciclo natural fica comprometido e a água não tem à disposição o espaço e o tempo necessários para se purificar. Como resultado, muitas espécies morrem e a água torna-se imprópria para o consumo. Por esse motivo, o tratamento da água é fundamental e o seu processo de reciclagem é vital para a manutenção da vida no planeta.

Projeto de redes que recebem neblina e distribuem água

A 50 km de La Serena (Chile) encontra-se o povoado de Chungungo, onde a maioria das pessoas vive em situação de grande dificuldade, por ser uma das regiões mais áridas da Terra. Nas montanhas costeiras, acumula-se uma densa neblina conhecida como camanchaca. Essa neblina é formada por uma corrente de ar frio proveniente do mar e é captada por um sistema de malhas de polipropileno, de 4 metros de largura por 12 metros de comprimento, onde ocorre a condensação da água. A neblina condensada é conduzida a um tanque de 10 mil litros de onde se distribui água para as casas (Figuras 1.42 e 1.43).

Figura 1.42: Técnico inspeciona uma das redes gigantes no topo da montanha perto do povoado de Chungungo. Foto de 1993.

Figura 1.43: Sistema de malhas de polipropileno no qual ocorre a condensação de água das nuvens. De acordo com alguns cientistas, esse sistema pode ser utilizado em outros lugares semiáridos do mundo onde a água é escassa e de grande valor.

O tratamento da água

As estações de tratamento de água têm a tarefa de remover objetos e substâncias indesejáveis que estejam na água que será distribuída à população. (Figura 1.44)

O processo de tratamento consiste resumidamente nas seguintes etapas:

1. coleta da água de fonte disponível;
2. filtração em areia e pedra (brita);
3. sedimentação ou decantação com adição de outras substâncias que auxiliam na **precipitação**;
4. aeração (fase em que a água recebe o oxigênio do ar);
5. nova filtração com camadas de areia e carvão vegetal em pó (carvão ativo) para remover partículas menores e odores.
6. esterilização (adição de substâncias químicas à água, como o cloro e/ou o ozônio, para que se eliminem bactérias);
7. bombeamento para as caixas-d'água do município e posterior distribuição para a população.

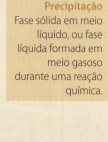

Precipitação
Fase sólida em meio líquido, ou fase líquida formada em meio gasoso durante uma reação química.

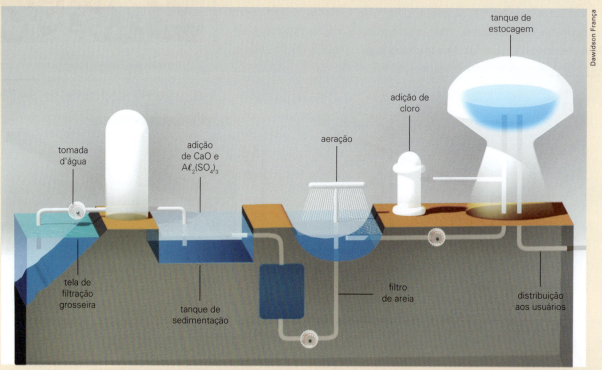

Figura 1.44: Esquema de planta de uma estação de tratamento de água.

O volume de água no planeta Terra, incluindo os oceanos, os rios, os lagos, as águas subterrâneas, a água da atmosfera e das calotas polares, é de aproximadamente 1,3 bilhão de quilômetros cúbicos. No entanto, apenas 0,65% desse volume está acessível ao ser humano na forma de água doce e é provável que seria rapidamente consumida se não fosse renovada constantemente por meio do ciclo hidrológico, cuja energia é fornecida pelo Sol.

É esse processo cíclico de evaporação, condensação e precipitação que garante o suprimento contínuo da água e que a caracteriza como um recurso renovável. Além disso, a sua disponibilidade contribuiu para a existência de vida na Terra muito mais do que outros fatores.

Alguns especialistas em Geopolítica consideram que, se houver uma Terceira Guerra Mundial, ela será pela posse da água. Essa ideia contém dezenas de questões que podem e devem ser avaliadas. Mas uma é importante que seja levantada e debatida: a poluição das águas. Curiosamente, a contaminação dos recursos hídricos está interligada ao desenvolvimento da sociedade industrial e também a fatores climáticos, embora em menor escala. Eis um paradoxo, à medida que as sociedades engrenam e incitam o constante crescimento industrial, mais necessitam custear as despesas com o tratamento dos recursos hídricos em decorrência desse crescimento industrial. O setor agropecuário também tem uma grande parcela de responsabilidade diante desse fato. Esse conjunto de questões direciona a preocupação de cada cidadão para a legislação sobre a utilização da água, bem como para a conscientização de que a água pode e deve ser usada, mas de acordo com o bem da comunidade em geral.

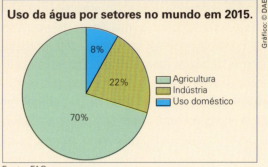

Gráfico 1.3: Uso da água por setores.

Aquíferos, reservatórios de águas subterrâneas

Aquíferos são grandes volumes de água subterrânea passíveis de utilização pela sociedade.

O Brasil dispõe da imensa quantidade de 112 000 km³ de águas subterrâneas. Segundo dados de agências especializadas, esse volume de água sustentaria a população do planeta por 250 anos.

Exercício resolvido

Os ambientalistas concordam que alterações no ambiente repercutem em todos os sistemas de nosso meio, sobretudo porque são várias ações que se somam e acarretam efeitos que serão causas para outros efeitos e, assim, se estabelece uma corrente em proporções imprevisíveis que podem afetar as condições de saúde das populações. A urbanização entra neste processo com um fator importante, a impermeabilização do solo, entre muitos outros. O que é a impermeabilização do solo e quais suas consequências?

As cidades estão cobertas por asfalto e cimento, o que dificulta a penetração da água no solo. As águas na superfície arrastam o lixo e os resíduos contaminantes; ocorrem enchentes e inundações nas cidades, além do desperdício da água que se contamina na superfície dos centros urbanos impermeabilizados. Além disso, acentua-se o fator erosão urbana, que consiste em arrastamento de terra pela ação da água, arrastamento de tubulações e de todo sistema que tem por função escoar a água.

Exercício proposto

Estação de tratamento de água, como o nome define, é o local onde toda água utilizada por uma população é restaurada para ser fornecida em condições de uso pelas pessoas. A primeira etapa de remoção de materiais indesejáveis na água acontece no momento de sua captação do corpo natural e entra na estação para a sequência de tratamentos. Escolha a opção que melhor se aplicaria numa estação quando acontece a captação da água.

a) Destilação.

b) Centrifugação.

c) Aquecimento da água.

d) Filtração grosseira.

e) Dissolução fracionada.

COM A PALAVRA...

Marco Tadeu Grassi*

Água: um bem precioso

Desde que o ser humano se organizou em sociedade, há milênios, ele vem utilizando o meio ambiente como fornecedor de recursos, ou seja, energia e matéria, e igualmente como assimilador de dejetos. A sociedade humana pode ser comparada a um organismo vivo com inúmeras facetas e como tal retira energia e matéria do meio externo e as emprega para se manter, crescer e evoluir. Respeitando as leis da termodinâmica, tanto a energia quanto a matéria, após serem utilizadas, são devolvidas degradadas ao meio externo, na forma de energia dissipada, resíduos, dejetos e poluição. Esse fluxo de energia e matéria tem sido a base do funcionamento e do desenvolvimento da sociedade humana em nosso planeta. Por muitos e muitos anos isso aconteceu sem nenhum problema, porém, a partir da metade do século XX, a economia mundial cresceu de forma bastante acelerada, aumentando excessivamente o ritmo de extração de recursos naturais, assim como o de emanações de dejetos, o que tem sido fonte de crescente preocupação.

A água é, certamente, o recurso natural mais abundante em nosso planeta e tem sido um dos mais afetados, tanto pelo consumo excessivo quanto por problemas causados pela deterioração de sua qualidade. Estima-se que nos últimos vinte anos a oferta de água limpa disponível para cada habitante de nosso planeta diminuiu 40%. Além disso, a qualidade da água tem se deteriorado de maneira crescente. As principais formas de poluição da água ocorrem pela presença de microrganismos causadores de doenças e mortes, de matéria orgânica e nutrientes, tais como fósforo e nitrogênio, e ainda de compostos orgânicos e espécies metálicas.

Os químicos ambientais têm dedicado esforço considerável na elucidação do comportamento, da dinâmica e dos efeitos dos poluentes presentes nos ambientes aquáticos. Metais, tais como mercúrio, chumbo, crômio, cádmio e cobre, entre outros, são muito utilizados na indústria e em outros setores de atividades. Em função disso, aportam em sistemas aquáticos por várias fontes e como diferentes espécies químicas. A forma físico-química como um metal se apresenta é chamada de especiação química e os mecanismos que governam a especiação são importantes porque ela controla aspectos como a disponibilidade biológica e a toxicidade do metal. No caso do mercúrio, por exemplo, os compostos organomercuriais são muito mais tóxicos para mamíferos que os sais simples de Hg^{2+}, pois apresentam características não polares e podem ser bioconcentrados em tecidos biológicos. Assim, a especiação química é um assunto da maior relevância, na medida em que tem implicações em uma das áreas mais importantes da Química Ambiental moderna, que é a toxicologia humana e ambiental, ou seja, a ecotoxicologia. Todos esses avanços buscam garantir que a água seja efetivamente utilizada de forma sustentável, uma vez que esse recurso é vital para a sobrevivência da sociedade humana no presente e no futuro.

* Mestre em Química Analítica e doutor em Química Ambiental pela Universidade Estadual de Campinas (Unicamp).

▶ QUESTÕES

1. Considerando que toda matéria que utilizamos vem do próprio planeta, e que ela permanece nele depois de descartada, qual a preocupação com o fim de certos tipos de materiais, tais como petróleo, metais etc.?

2. Como o modo de vida do ser humano atualmente tem contribuído para a diminuição da qualidade da água disponível?

3. Pesquise na internet e descubra os principais tipos de compostos que contenham mercúrio e que tenham alta toxicidade.

Exercícios finais

1. (Fuvest-SP) O tema "teoria da evolução" tem provocado debates em certos locais dos Estados Unidos da América, com algumas entidades contestando seu ensino nas escolas. Nos últimos tempos, a polêmica está centrada no termo teoria que, no entanto, tem significado bem definido para os cientistas. Sob o ponto de vista da ciência, teoria é:

a) Sinônimo de lei científica, que descreve regularidades de fenômenos naturais, mas não permite fazer previsões sobre eles.

b) Sinônimo de hipótese, ou seja, uma suposição ainda sem comprovação experimental.

c) Uma ideia sem base em observação e experimentação, que usa o senso comum para explicar fatos do cotidiano.

d) Uma ideia, apoiada no conhecimento científico, que tenta explicar fenômenos naturais relacionados, permitindo fazer previsões sobre eles.

e) Uma ideia, apoiada pelo conhecimento científico, que, de tão comprovada pelos cientistas, já é considerada uma verdade incontestável.

2. (UFSC) Ao examinar um fenômeno biológico, o cientista sugere uma explicação para o seu mecanismo, baseando-se na causa e no efeito observados. Esse procedimento:

01) Faz parte do método científico.

02) É denominado formulação de hipóteses.

04) Deverá ser seguido de uma experimentação.

08) Deve ser precedido por uma conclusão.

Dê como resposta a soma dos números das asserções corretas.

3. (UCS-RS) Além de fazer parte da constituição dos organismos vivos, a água apresenta outras características importantes, que são vitais à manutenção dos ecossistemas do planeta.

Com relação às características da água, assinale a alternativa correta.

a) Na Terra, a água pode ser encontrada somente em dois estados físicos: líquido (água salgada e doce) e sólido (geleiras, neve e *icebergs*).

b) Ao resfriar, a partir de 4 °C, a água diminui sua densidade, solidificando, por exemplo, em lagos e mares, apenas na superfície. Isso contribui para a manutenção da vida em regiões de alta latitude.

c) A temperatura da água do mar não varia com a profundidade e a latitude, o que garante a formação de corais.

d) Na formação das geleiras, a molécula de água ganha mais um átomo de hidrogênio.

e) Devido principalmente à sublimação, a água armazena e libera energia para o ambiente, influenciando no clima da região em que se encontra.

4. (UPF-RS) No quadro a seguir, estão apresentadas as temperaturas de fusão e de ebulição, em °C, sob pressão de 1 atm, de diferentes substâncias químicas.

Substância química a 25 °C e 1 atm	Temperatura de fusão (°C)	Temperatura de ebulição (°C)
Oxigênio ($O_2(g)$)	−218,8	−183
Amônia ($NH_3(g)$)	−77,7	−33,4
Metanol ($CH_3OH(\ell)$)	−97	64,7
Acetona ($CH_3H_6O(\ell)$)	−94,6	56,5
Mercúrio ($Hg(\ell)$)	−38,87	356,9
Alumínio ($A\ell(s)$)	660	2519
Cloreto de sódio ($NaC\ell(s)$)	801	1413

Com base nas informações constantes no quadro, analise as afirmações a seguir e marque **V** para **verdadeiro** e **F** para **falso.**

( ) As substâncias metanol e mercúrio, à temperatura de 60 °C, estarão no estado líquido de agregação.

( ) As interações que mantêm unidas, no estado sólido, as moléculas das substâncias amônia, metanol e acetona são forças do tipo dipolo induzido, as quais formam cristais moleculares.

( ) Entre as substâncias listadas, o cloreto de sódio apresenta a maior temperatura de fusão, o que se justifica em razão de seus íons estarem unidos por interações do tipo dipolo permanente, formando retículos cristalinos iônicos.

( ) O modelo para a formação do $A\ell(s)$, no estado sólido, se baseia na interação entre os cátions do metal que se agrupam, formando células unitárias em que as cargas positivas são estabilizadas por elétrons semilivres, que envolvem a estrutura como uma nuvem eletrônica.

( ) O gás oxigênio ($O_2(g)$) apresenta os menores valores de temperaturas de fusão e de ebulição, pois suas moléculas se mantêm unidas por forças de dipolo induzido, que são de fraca intensidade.

A sequência **correta** de preenchimento dos parênteses, de cima para baixo, é:

a) V – F – V – F – F.

b) F – F – V – F – V.

c) V – F – F – V – V.

d) F – V – F – F – V.

e) V – V – F – V – F.

Exercícios finais

5. (UFRGS-RS) Considere dois béqueres, contendo quantidades diferentes de duas amostras líquidas homogêneas A e B, a 25 °C, que são submetidos a aquecimento por 30 min; sob pressão de 1atm, com fontes de calor equivalentes. A temperatura do líquido contido em cada béquer foi medida em função do tempo de aquecimento, e os dados obtidos foram registrados nos gráficos abaixo.

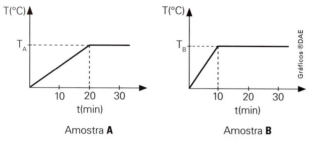

Amostra **A**   Amostra **B**

Sobre esses dados, são feitas as afirmações abaixo.

I. Se $T_A = T_B$, então a amostra A e a amostra B provavelmente são a mesma substância pura.

II. Se as amostras A e B são constituídas pela mesma substância, então o volume da amostra B é menor que o volume da amostra A.

III. A amostra A é uma mistura em que o líquido predominante é aquele que constitui a amostra B.

Quais estão corretas?

a) Apenas I.
b) Apenas III.
c) Apenas I e II.
d) Apenas II e III.
e) I, II e III.

6. (UFSC)

Brasil terá mina primária de diamantes

Embora não apareça entre os grandes fornecedores mundiais de diamantes, o Brasil pode voltar em breve ao clube dos exportadores da gema. O Brasil foi o maior produtor mundial de diamantes durante 150 anos, mas perdeu a posição em 1866, com a descoberta das minas primárias de diamante na África do Sul. Em 2015, será feita a primeira operação de lavra na rocha primária no município de Braúnas, na Bahia, controlada por uma empresa canadense.

<small>Disponível em: <http://www.inovacaotecnologica.com.br/noticias/noticia.php?artigo=brasil-tera-mina-primaria-diamantes&id=010175140821#.U_qku-2NaY4c> [Adaptado]. Acesso em: 24 ago. 2014.</small>

Sobre o assunto tratado acima, é CORRETO afirmar que:

01) a grafita e o diamante são duas formas alotrópicas do carbono.

02) a cristalização é um processo de separação e purificação de misturas homogêneas sem que ocorra mudança de estado físico.

04) em uma mistura homogênea mantida sob temperatura e pressão constantes, observam-se fases distintas.

08) decantação, filtração e flotação são processos de separação de misturas heterogêneas nos quais não é necessária nenhuma transformação física.

16) quando uma substância pura muda de estado físico à pressão constante, a temperatura varia com o tempo enquanto a mudança se processa.

32) a grafita e o diamante possuem a mesma composição química.

7. (UFU-MG)

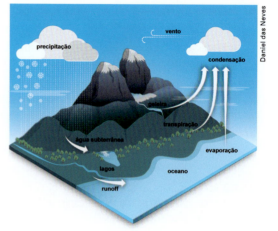

Fonte: Ciclo hidrológico. Adaptado de AHRENS, C.D.:
Meteorology Today 9th Edition

A figura ilustra o ciclo da água, sendo que sua análise permite inferir que

a) a água evaporada dos oceanos provoca chuvas esparsas com concentração salina proporcional àquela observada do mar.

b) o processo de transpiração faz parte do ciclo hidrológico e está relacionado à umidade relativa do ar.

c) a temperatura elevada das montanhas faz com que, mesmo durante o verão, a precipitação ocorra na forma de neve.

d) o fenômeno químico observado na mudança de estado da água de líquida para gasosa seja um processo endotérmico.

8. (IFSC) A água disponível nas torneiras de nossas casas e escolas é um bem finito e que não chega até lá espontaneamente. Ela precisa ser coletada, tratada e distribuída de forma correta para garantir sua qualidade. O tratamento da água é feito a partir da água doce encontrada na natureza que contém resíduos orgânicos, sais dissolvidos, metais pesados, partículas em suspensão e microorganismos. Por essa razão a água é levada do manancial para a Estação de Tratamento de Água (ETA). Esse tratamento é dividido em várias etapas.

Sobre as etapas existentes no processo de tratamento de água, leia e analise as seguintes proposições e assinale a soma da(s) CORRETA(S).

01) Umas das primeiras etapas é o peneiramento, que consiste na retirada dos poluentes maiores sem adição de reagentes químicos.

02) A decantação ocorre como consequência do aumento do tamanho dos flocos de poluentes obtidos através da filtração da água.

04) A coagulação é um fenômeno químico resultante da adição de coagulantes tais como o sulfato de alumínio, que reage com a alcalinidade natural da água formando uma base insolúvel que precipitará e carregará consigo outras impurezas.

08) As pequenas impurezas que não precipitarem após a coagulação podem ser removidas por filtração, que consiste em um processo puramente físico.

16) O hipoclorito de sódio é utilizado para a desinfecção da água já tratada, visando remover os contaminantes biológicos.

9. (Fuvest-SP) Quando começaram a ser produzidos em larga escala, em meados do século XX, objetos de plástico eram considerados substitutos de qualidade inferior para objetos feitos de outros materiais. Com o tempo, essa concepção mudou bastante. Por exemplo, canecas eram feitas de folha de flandres, uma liga metálica, mas, hoje, também são feitas de louça ou de plástico. Esses materiais podem apresentar vantagens e desvantagens para sua utilização em canecas, como as listadas a seguir:

I. ter boa resistência a impactos, mas não poder ser levados diretamente ao fogo;

II. poder ser levados diretamente ao fogo, mas estar sujeitos a corrosão;

III. apresentar pouca reatividade química, mas ter pouca resistência a impactos.

Os materiais utilizados na confecção de canecas, os quais apresentam as propriedades I, II e III são, respectivamente,

a) metal, plástico, louça.

b) metal, louça, plástico.

c) louça, metal, plástico.

d) plástico, louça, metal.

e) plástico, metal, louça.

10. (UFRGS-RS) Um sistema constituído de gelo e água, em repouso a 0 °C, é aquecido gradualmente até que se obtenha apenas água líquida, na temperatura ambiente. Qual dos gráficos a seguir melhor representa a curva da temperatura em função do tempo?

a)
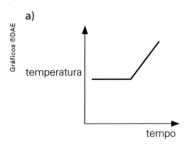

b)
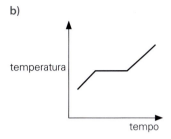

c)
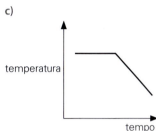

d)
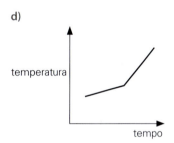

e)
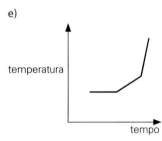

11. (UFSM-RS) O conhecimento da Química propicia uma melhor compreensão do mundo e, consequentemente, auxilia na melhoria da qualidade de vida. A química está presente no dia a dia, como, por exemplo, no processamento e na conservação de alimentos.

Assim, avalie os seguintes processos:

I. o amadurecimento de uma fruta.

II. a fermentação do vinho em vinagre.

III. a transformação do leite em iogurte.

IV. o cozimento do ovo.

São fenômenos químicos:

a) apenas I e II.

b) apenas I e III.

c) apenas II e IV.

d) apenas III e IV.

e) I, II, III e IV.

CAPÍTULO

2 ENERGIA

O fogo transforma as coisas, permite aos corpos entrarem em reação química, se dissolverem, se dilatarem, se fundirem ou se evaporarem e, evidentemente, permite ao combustível queimar com grandes desprendimentos de calor e de chamas. De tudo isso, que todos sabem e sabiam, o século XIX vai selecionar isto: a combustão liberta calor, e o calor pode provocar uma variação de volume, quer dizer, pode produzir um efeito mecânico. O fogo é capaz de girar máquinas de um gênero novo, as máquinas térmicas que, nessa época, fazem surgir a sociedade industrial [...]

A difusão rápida das máquinas térmicas é acompanhada duma nova questão científica, duma nova colocação do problema das transformações que o calor faz os corpos sofrerem. A questão da qual nasceu a termodinâmica não concerne à natureza do calor, ou da sua ação sobre os corpos, mas à utilização dessa ação. Trata-se de saber em que condições o calor produz "energia mecânica", quer dizer, pode fazer girar um motor.

PRIGOGINE, Ilya; STENGERS, Isabelle. "A energia e a era industrial." *A nova aliança.* Brasília: UnB, 1991. p. 83.

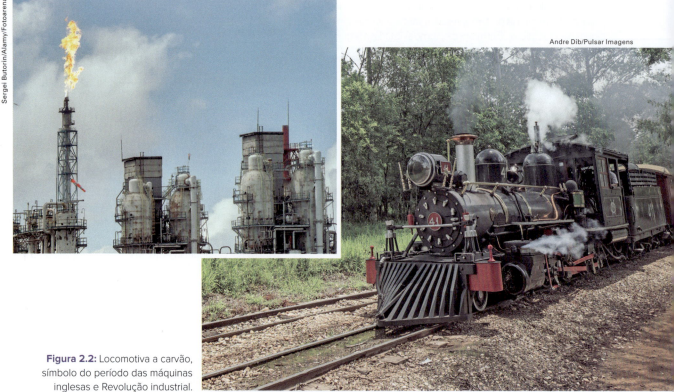

Figura 2.1: Indústria petroquímica na Rússia. Foto de 2016.

Sergei Butorin/Alamy/Fotoarena

Andre Dib/Pulsar Imagens

Figura 2.2: Locomotiva a carvão, símbolo do período das máquinas inglesas e Revolução industrial.

A energia

Uma pessoa observa um veículo sendo empurrado por seus ocupantes até um posto de gasolina mais próximo. Lá chegando, um frentista abre a tampa do tanque do carro e injeta um líquido proveniente da bomba de combustível. O consumidor paga pelo produto e sai dirigindo seu automóvel sem que ninguém o empurre.

A luz na cidade gerada pela queda-d'água (Figura 2.3) e o movimento do carro abastecido, vistos aos olhos de um homem de uma outra época, poderiam parecer magia. No entanto, o que existe em comum em ambas as situações é a **energia**, a responsável por promover os movimentos que produzem a dinâmica do universo com todas as suas transformações. A palavra "energia" sugere força em ação, atividade, funcionamento, tanto que nos referimos às pessoas ativas e com ânimo para desenvolver trabalhos como pessoas com muita energia.

Figura 2.3: O ser humano utiliza as quedas-d'água de usinas hidrelétricas para obter energia. Na imagem, vertedouro da Usina Hidrelétrica de Xingó, AL. Foto de 2016.

O ser humano conhece o fogo há milhares de anos e desde muito tempo percebeu as tantas ações transformadoras que o fogo proporcionou, isto é, ao cozer dos alimentos; o fabrico das cerâmicas pela queima da <u>argila</u>; o derretimento dos metais; a modelação dos metais nas formas desejadas etc. O próprio ser humano usava a ação do fogo para se aquecer; seus palácios, suas moradias podiam ser iluminados pela luz proveniente dele.

Depósito de granulação fina constituída principalmente por minerais.

A energia vem sendo utilizada desde os primórdios da humanidade, de maneira empírica, não obrigatoriamente obedecendo aos métodos aplicados na atualidade. Muitas técnicas desenvolvidas no passado antecederam o conhecimento científico envolvido. Um paralelo: embora muitos povos dominassem a técnica de fazer embarcações de madeira e navegassem por grandes extensões, eles desconheciam os conceitos científicos de densidade e de empuxo dos corpos, mas isso não impediu que continuassem a construir embarcações.

Não haver explicações definitivas e específicas sobre as razões da existência do fogo, por exemplo, nunca foi um impedimento para o desenvolvimento de atividades ligadas à energia. Para a ideia de energia, essa passagem aconteceu no fim do século XVIII.

Partindo da observação, o físico anglo-americano Benjamin Thompson (1753--1814), o conde de Rumford, notou que durante a perfuração do tubo de um canhão a temperatura do metal aumentava. Para explicar a elevação dessa temperatura, propôs que o atrito entre as peças causava movimento nas partículas dos metais, produzindo calor.

Embora para os dias de hoje essa ideia possa parecer óbvia, é válido ressaltar que no fim do século XVIII a teoria em voga era a que propunha o calor como um fluido capaz de ser transferido de um corpo para outro. Supunha-se também que o calor poderia ser matéria e, até mesmo, pesado.

Energia   Capítulo 2   43

Figura 2.4: Máquina a vapor desenvolvida por James Watt.

Coleção particular/The Bridgeman Art Library/Fotoarena

Apesar dos estudos de Thompson, a concepção errônea persistia, visto que no século XVIII pequenos engenhos ou máquinas simples eram movidos pela ação da água, dos ventos, dos animais e dos escravos. Até então, o carvão, matéria-prima para a combustão, só servia para aquecer as pessoas que trabalhavam em tais máquinas.

Só em 1784, na Inglaterra, é que o escocês James Watt (1736-1819) desenvolveu uma máquina a vapor (Figura 2.4) cujos princípios físicos só seriam esclarecidos em 1820, pelo francês Sadi Carnot (1796-1832). A rápida difusão das máquinas inglesas foi acompanhada de uma grande questão científica sobre as transformações que o calor provocava sobre os materiais.

A máquina a vapor foi a semente da Revolução Industrial. Era um processo que envolvia lucro máximo aos fabricantes, com aceleração do mercado mundial como jamais acontecera na história da humanidade.

Naturalmente, os industriais desejavam o maior rendimento possível das máquinas, e para tanto seria necessário calcular quanto de energia estava sendo consumida no processo de produção. Não demorou muito para se descobrir como efetuar esses cálculos, bem como formas alternativas de obtenção de calor. Hoje, sabe-se que o calor comporta-se como energia em trânsito que se manifesta entre dois corpos com temperaturas diferentes.

A energia em alta

No início do século XIX, ocorreram fenômenos científicos sem precedentes na história da humanidade. As observações experimentais ganharam ligações entre si. Pode-se dizer que o conhecimento foi contemplado pelo caráter interdisciplinar do saber.

Por trás de todo esse movimento estava o Princípio da Conservação da Energia, a nova ciência ou a ciência da energia. A influência do conhecimento sobre a energia nos fenômenos naturais foi tão intensa que são desse período as concepções de que "O homem é uma máquina de energia"; "A sociedade é um motor"; "A natureza é energia e poder de criação". Todas essas frases foram cunhadas e inspiradas no domínio cultural da Primeira lei da termodinâmica.

O Princípio da conservação da energia

Entre o final do século XVIII e o início do século XIX, várias descobertas foram realizadas em laboratórios. Descobriu-se que reações químicas poderiam produzir eletricidade – assim se fez a pilha – e que uma corrente elétrica poderia produzir luz e calor, por exemplo. Tais descobertas traziam um padrão, um fator que permanecia constante em qualquer transformação, identificado pelos cientistas como energia. Assim, o Princípio da conservação da energia pode ser enunciado do seguinte modo:

> A energia não pode ser criada nem destruída, ela simplesmente se transforma de uma modalidade em outra.

Isso quer dizer que há uma mudança qualitativa, mas que a quantidade de energia permanece constante. Em outras palavras, não há criação de energia em qualquer transformação, mas sim sua transferência de um lugar para outro no espaço.

Para ilustrar o Princípio da conservação da energia, podemos usar o exemplo da bala de um canhão expelida pelo cano. A energia que a bala adquire ao ser lançada, somada ao aquecimento sofrido pelo canhão, deve ser igual à energia do explosivo que a lançou.

Observe que, para o entendimento do exemplo, é necessário admitir que a energia do explosivo foi transformada: uma fração foi transferida à bala, que ganhou velocidade; outra fração dissipou-se, aquecendo o canhão. Caso pudéssemos calcular a energia recebida pela bala e a energia que aqueceu o canhão, o valor obtido corresponderia à energia liberada pelo explosivo.

Exercícios resolvidos

1. Em quais situações do nosso dia a dia costumamos usar o termo "energia"?

Geralmente quando nos referimos a pessoas ativas ou que desenvolvem diversas atividades com relativa facilidade. Alimentos são comercializados com informações numéricas sobre valores energéticos. Não sabemos exatamente o que chamamos de energia. Nem por isso deixamos de nos referir a ela.

2. O que é energia?

Não ousaríamos responder a esta questão sem algum apoio teórico e o faremos com base no livro de Richard P. Feynman: *Mecânica, Radiação e Calor*. Segundo Feynman, é importante notar que não sabemos o que é energia. Não possuímos um modelo de energia, por exemplo, formado por pequenas gotas, temos, no entanto, fórmulas para calcular a energia.

Exercícios propostos

Em Ciência costumamos usar o que chamamos de Princípio da conservação da energia. Procure no texto o enunciado sobre a conservação de energia e explique.

28 blocos indestrutíveis

A analogia que apresentaremos a seguir foi sugerida pelo físico Richard Feynman (1918-1988) para ilustrar o Princípio da conservação da energia.

Tudo começa com um pequeno garoto que ganha de sua mãe uma caixa com 28 blocos indestrutíveis. Todos são iguais. Ao final do 1º dia, ela conta a quantidade de blocos e anota 28. Todos os dias, a mãe do garoto repete a contagem e descobre uma lei fenomenal: haja o que houver, os 28 blocos são mantidos.

Em certo dia, ela conta 27 blocos e rapidamente procura o bloco que falta. Felizmente ela o encontra sob uma almofada.

No dia seguinte, ela conta 26 blocos e observa que faltam dois. Segura de que a quantidade não mudou, procura os dois blocos e não os encontra no interior da casa. Percebe uma janela aberta. Olha para fora e enxerga os dois blocos que faltam.

A maior surpresa acontece quando em certo dia são encontrados 30 blocos. Porém, a mãe lembra que um amigo do filho esteve em sua casa no dia anterior, trazendo consigo seus blocos e certamente esqueceu dois. A mãe devolve os dois blocos, fecha a janela e certifica-se de seu filho continua com 28 blocos.

A analogia dos blocos com o Princípio da conservação da energia traz uma ideia importante: quando calculamos a energia, muitas vezes parte dela sai do sistema e, às vezes, entra no sistema. Para verificar a conservação da energia é interessante não agregar nem retirar energia do sistema.

Ela pode ser vista como uma quantidade numérica cujo valor não se modifica quando ocorre alguma transformação de qualquer natureza.

Isso pode parecer estranho porque, simplesmente, não há descrição alguma a respeito do mecanismo sobre as transformações. Ficamos limitados a afirmar que algo permaneceu constante. Sabemos disso porque fazemos alguns cálculos no início e no final da nossa observação e esses cálculos resultam no mesmo valor. No nosso exemplo, são os 28 blocos.

Energia Capítulo 2 45

A energia não pode ser medida, mas calculada

A energia não pode ser medida diretamente como a massa de um corpo ou o comprimento de um objeto. Para calculá-la são necessários processos indiretos, isto é, medimos outras propriedades dos sistemas para obter a **variação de energia**. Por exemplo: uma massa constante de água é aquecida ao receber energia da queima de um gás. A quantidade de calor que flui da queima do gás para a água pode ser determinada pela variação da temperatura sofrida pela massa de água. Portanto, não estamos medindo diretamente a quantidade de calor, embora ele possa ser calculado (Figura 2.5).

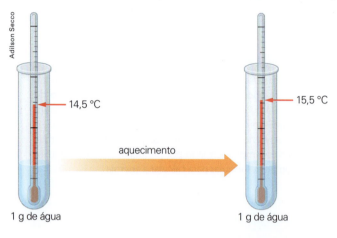

Figura 2.5: Por definição, 1 g de água a 15,5 °C tem 1 caloria a mais do que a mesma quantidade de água a 14,5 °C. Ilustração sem escala; cores-fantasia.

Caloria, uma unidade de energia

Define-se **uma caloria** a quantidade de energia necessária para elevar a temperatura de um grama de água de 14,5 °C para 15,5 °C. Seu símbolo é **cal**. Por definição, 1 g de água a 15,5 °C tem 1 caloria a mais do que a quantidade de caloria que possui estando a 14,5 °C. Por extensão, podemos considerar que, para qualquer intervalo de temperatura de 1 °C, 1 g de água tem 1 cal de diferença.

Diante do exposto, definimos o calor específico como sendo a quantidade de energia necessário para elevar em 1°C, um grama de qualquer substância. As diversas substâncias possuem seus respectivos calores específicos. Por exemplo, o calor específico do álcool vale 0,58 cal/g · °C., o que significa ser necessário 0,58 calorias para elevar 1 °C, 1 g de álcool. Concordamos que a quantidade de energia é um valor arbitrário no qual a água é a substância-padrão utilizada para definir caloria.

Exercício resolvido

Qual a quantidade necessária de calor medido em calorias para elevar em 1 °C a temperatura de 1 000 g de água?

Sabemos, por definição, que 1 g de água requer 1 caloria para sua temperatura ser elevada em 1 °C. Portanto, 1 000 g vão requerer 1 000 calorias ou 1 quilocaloria.
1 caloria = 1 cal
1 000 calorias = 1 kcal

Exercício proposto

Qual a quantidade necessária de calor, medido em calorias, para elevar em 10 °C a temperatura de 10 g de água?

A energia manifesta-se de diferentes formas: energia gravitacional, energia térmica, energia química, energia cinética, energia nuclear, por exemplo.

Os seres vivos também estão incluídos no Princípio da Conservação de Energia e suas diversas manifestações, como na cadeia alimentar que consiste na transferência de energia entre os seres vivos no processo de consumir e ser consumido. A cada transferência, grande parte da energia é transformada em calor (80% a 90%). Portanto, quanto mais próximo um organismo se encontra da origem da cadeia alimentar, maior será a quantidade de energia disponibilizada para ele. É importante recordar que a energia "perdida" foi transformada em calor (lembrar dos 28 blocos).

Unidade 1 Matéria e Energia

Teoria do calórico

Durante muito tempo, até o início do século XIX, o calor era entendido como uma substância que seria trocada entre dois corpos com temperaturas diferentes que mantivessem contato até que ambos permanecessem na mesma temperatura. Chegou-se a supor que o calor teria massa e poderia ser medido. Todas essas considerações constituem os fundamentos dos antigos estudos relativos ao calor, denominados **Teoria do calórico**. Hoje, sabemos que o calor é uma das formas de manifestação da energia quando em trânsito. Caso esteja em algum objeto, passa a ser denominado **energia térmica**.

Por volta de 1613, vários pensadores como Galileu acreditavam que o calor seria uma extraordinária substância capaz de penetrar e sair de qualquer corpo. Acreditavam também que seria impossível destruir ou criar esta substância inexplicável, denominada termogênea. Daí surgiu a noção de termômetro como aquele instrumento que mede a quantidade de termogêneo. Continuamos acreditando no calor, porém como forma de energia.

Exercício resolvido

Averigue o erro cometido ao falarmos em calor armazenado num corpo.

A melhor resposta é que o calor é uma forma de energia que se encontra em trânsito. Já aquela quantidade que transita esteve armazenada num corpo e passou a ser armazenada em outro, chamamos de energia térmica ao algo contido.

Exercício proposto

Ao observar uma vela acesa na qual a parafina é consumida, podemos considerar que o calor é transferido do corpo da vela para nosso corpo e para todos os demais objetos que circundam a chama. É correto afirmar que entre a vela acesa e o observador flui calor?

A experiência de Joule

No período de 1840 a 1847, James P. Joule realizou um interessante trabalho: aumentou a temperatura de certa massa de água sem colocá-la em contato com outro corpo quente.

Considere um sistema constituído por um recipiente com água ao qual estão conectadas, de um lado, pás imersas na água e, de outro, uma polia à qual está anexado um bloco de massa m que, inicialmente, se encontra a uma altura h do solo. A queda do bloco movimenta a polia, que faz girar as pás imersas na água conforme o esquema apresentado anteriormente. Após algumas quedas do bloco, a temperatura da água, que era inicialmente de 20 °C, aumenta, por exemplo, para 23 °C (Figura 2.6).

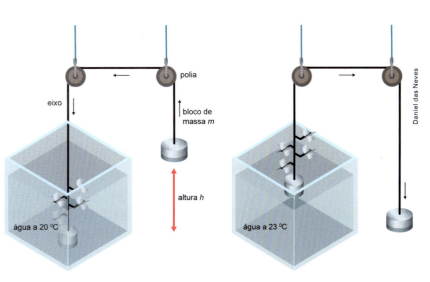

Figura 2.6: Experiência de Joule. Ilustração sem escala; cores-fantasia.

A variação de temperatura não foi resultado de uma transferência de calor, mas sim do movimento do bloco, que transferiu energia para a água que, por sua vez, armazenou essa energia na forma de energia térmica, elevando sua temperatura.

Com isso, Joule conseguiu mostrar que, para obter calor, não é necessária a presença de um fluxo inicial de calor e que é possível adquiri-lo mediante a indução da transformação da energia mecânica em energia térmica.

Mudando a massa do bloco e/ou a altura da queda, a experiência poderia ser realizada obtendo-se as mais diversas variações de temperatura na água. Porém, a razão entre o ganho de energia térmica obtida pela água em unidade caloria e a variação de energia mecânica experimentada pelo bloco em unidade Joule permanece constante com o valor 4,18.

$$\text{Razão: } \frac{1 \text{ caloria}}{1 \text{ joule}} = 4,18; \text{ portanto, } 1 \text{ caloria} = 4,18 \text{ joules ou } 1 \text{ cal} = 4,18 \text{ J.}$$

Produção e consumo de energia

O atual modo de vida de certos grupos é um bom indicador sobre o uso de energia e suas formas de obtenção. Para produzir o movimento dos veículos ou da maioria dos sistemas de transportes do planeta é necessária a disponibilização de uma enorme quantidade de energia, que é obtida por intermédio da queima de combustíveis. Imagine todos os aparelhos em nossas casas que consomem energia elétrica, como lâmpada, televisor, computador, geladeira, microondas, aparelho de som, aparelho de barbear... Enfim, tudo o que pode fazer parte das utilidades criadas para facilitar a vida do ser humano. Some a esse consumo as atividades industriais, agropecuárias e de outras áreas; todas dependem da obtenção de energia.

São diversas também as formas de energia que podem ser encontradas na natureza. Chamadas de **fontes de energia**, elas precisam ser devidamente trabalhadas para que a energia atenda a determinadas necessidades, por exemplo, manter uma indústria.

Lenha e carvão vegetal

Até o final da Idade Média, a quase totalidade da energia consumida pela humanidade era obtida da lenha. As florestas foram devastadas quase que completamente na Europa. Atualmente esse processo de devastação é observado nos países em desenvolvimento, onde as florestas cedem lugar para a agricultura.

Considerando que a população da Terra tenha aumentado de 500 000 habitantes para 7 bilhões de habitantes em 1 milhão de anos, o consumo de energia aumentou 1 milhão de vezes. É inviável então que esse aumento fosse sustentado somente pela madeira. Carvão, petróleo e hidrelétricas passaram também a compor as fontes de energia para a humanidade.

Energia solar

Proveniente da radiação do Sol, promove o aquecimento da Terra e garante a vida em nosso planeta. Além disso, possibilita a ocorrência do **ciclo hidrológico** e influi diretamente sobre o clima.

Petróleo

O petróleo é um óleo escuro encontrado nas profundezas da crosta terrestre, formado pelo soterramento de grandes quantidades de animais e vegetais, segundo a teoria de sua origem. Acredita-se que durante certo período da Terra, os movimentos da crosta terrestre teriam exercido pressões elevadas, o que, associado ao calor, haveria provocado reações químicas e transformado os animais e vegetais que foram soterrados (Figura 2.7).

Movimento da água entre os continentes, os oceanos e a atmosfera. Na atmosfera, o vapor de água em forma de nuvens pode se transformar em chuva, neve ou granizo, dependendo das condições do clima. Essa transformação é a precipitação que ocorre em todas as superfícies do planeta, tanto nos continentes como nos oceanos. Nos continentes, uma parte das precipitações é devolvida para atmosfera e outra acaba desaguando nos oceanos, onde também ocorre a evaporação. Na atmosfera, o vapor sobre os oceanos é transportado para os continentes em sentido inverso ao desaguamento.

Unidade 1 Matéria e Energia

Para a obtenção do petróleo, em geral, é necessário que se perfure a crosta terrestre. Uma vez retirado da crosta, o petróleo é transportado em sua forma natural até as refinarias, onde é fracionado em diferentes produtos para o consumo final (Figura 2.8).

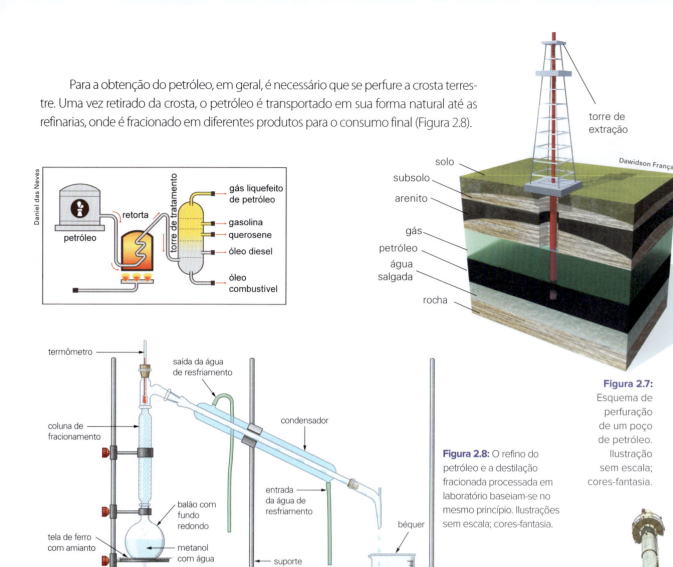

Figura 2.7: Esquema de perfuração de um poço de petróleo. Ilustração sem escala; cores-fantasia.

Figura 2.8: O refino do petróleo e a destilação fracionada processada em laboratório baseiam-se no mesmo princípio. Ilustrações sem escala; cores-fantasia.

Essas frações do petróleo são separadas pelo mesmo princípio da destilação: frações com diferentes temperaturas de ebulição. As frações com menores temperaturas de ebulição são separadas primeiro, constituindo o GLP (Gás Liquefeito de Petróleo), muito consumido como gás de cozinha, armazenado em bujões. A seguir são obtidas outras frações, como gasolina, nafta, querosene, óleo *diesel*, asfalto e outros. A maior parte dos meios de transporte utiliza derivados de petróleo para obter energia. (Figura 2.9).

Figura 2.9: Unidade de fracionamento do petróleo, em uma indústria petroquímica em Esteio, RS. O fracionamento é um processo pelo qual se extraem do petróleo bruto vários componentes, como o gás de cozinha, a gasolina, o óleo *diesel* e o asfalto. Foto de 2011.

Exercício proposto

Sabemos que gasolina, álcool, carvão, por exemplo, são utilizados como combustíveis. Isso significa que podemos obter energia a partir destes materiais?

Carvão mineral

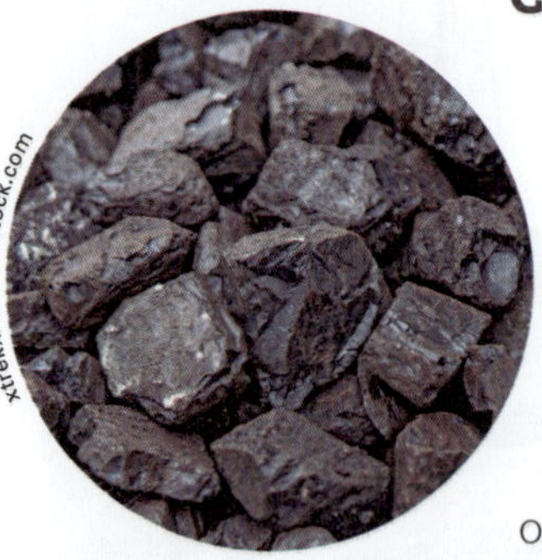

O carvão mineral é resultante da transformação de vegetais soterrados sob a água, os pântanos ou mesmo o solo. Supõe-se que, similarmente à formação do petróleo, o carvão também seria resultante do soterramento de grandes florestas, ocorrido há milhões de anos, porém com um processo de transformação diferenciado (Figura 2.10).

Acredita-se que a formação dessas fontes do carvão tenha obedecido a etapas específicas relacionadas aos processos de decomposição como se conhece: à medida que os vegetais são soterrados, acontece a ação de bactérias que se utilizam do pouco oxigênio existente no ambiente formado. Quando o oxigênio torna-se raro ou praticamente inexistente, as bactérias anaeróbicas – que vivem na ausência de oxigênio – entram em ação consumindo a celulose, as proteínas e as gorduras dos vegetais soterrados, transformando-os no que chamamos de **turfa**. A turfa é um estágio avançado da putrefação dos vegetais soterrados e uma das formas de carvão. Nela predomina o elemento carbono, enquanto a água e os gases são expulsos pela ação do calor a que fica submetida. O processo evolutivo do carvão tem continuidade, formando as seguintes derivações: **linhito**, **hulha** e **antracito**, que gradativamente apresentam maior teor de carbono.

Devido a essas etapas evolutivas, o carvão é classificado e diferenciado pelo teor de carbono que contém (Figura 2.11).

Figura 2.10: O carvão é a transformação de vegetais soterrados há milhões de anos.

NOTA: A porcentagem de carbono na madeira é de aproximadamente 40%.

Concentração de carbono nos quatro tipos de carvão			
	Turfa	Linhito	Hulha	Antracito
Carbono	de 55% a 65%	de 65% a 75%	de 75% a 90%	de 90% a 95%

A hulha é o melhor tipo de carvão para ser utilizado em processos siderúrgicos, como na produção do aço a partir do minério de ferro. Ela é extraída na sua forma natural em jazidas, e então passa por processos que a separam seus componentes, que são utilizados para diversos fins, inclusive como combustível (Figura 2.12).

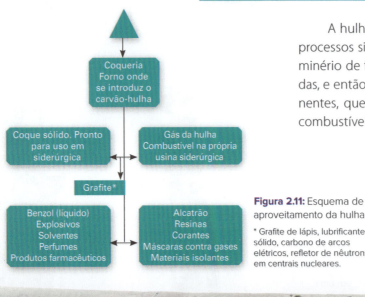

Figura 2.11: Esquema de aproveitamento da hulha.

* Grafite de lápis, lubrificante sólido, carbono de arcos elétricos, refletor de nêutrons em centrais nucleares.

Figura 2.12: Extração de carvão em Criciúma, Santa Catarina. Foto de 2016.

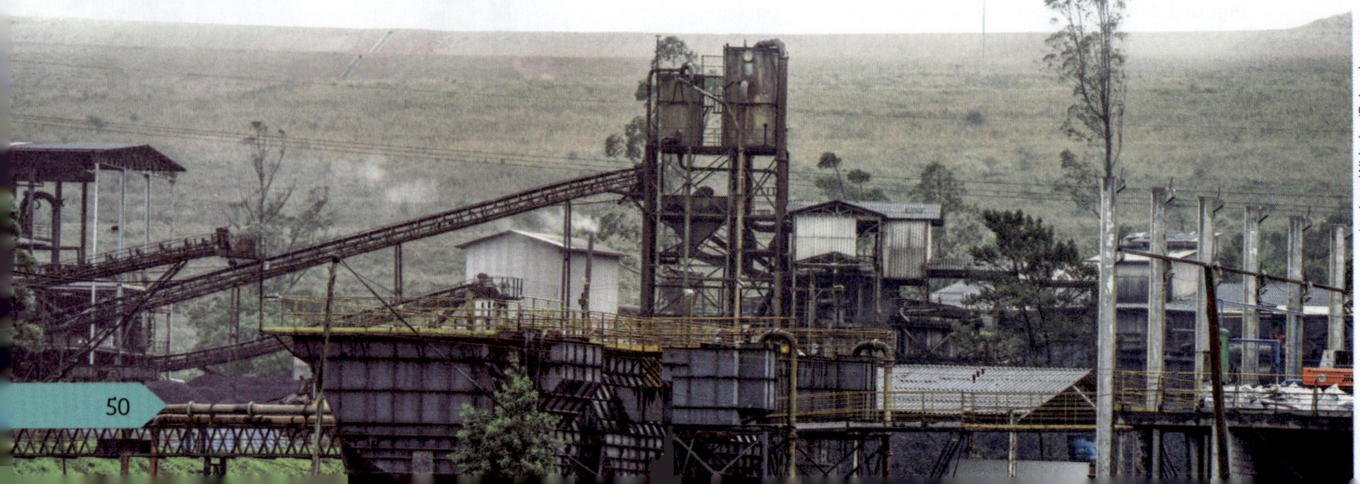

> **A outra face do efeito estufa**
>
> A inexistência de atmosfera na Lua faz com que esse satélite experimente temperaturas muito altas quando o Sol ilumina sua superfície, e temperaturas muito baixas na ausência da luz solar. A existência dos gases responsáveis pelo efeito estufa natural na atmosfera da Terra atenua as diferenças de temperatura entre a noite e o dia no nosso planeta. Como se percebe, nesse caso, o efeito estufa tem sua contribuição positiva que permite a existência de vida na Terra.
>
> Estima-se que, sem esse efeito, a temperatura média na superfície da Terra seria próxima de 20 °C abaixo de zero.

Posteriormente, o carvão siderúrgico é transportado para ser preparado e utilizado como combustível. Do seu preparo obtêm-se outros produtos que são tão úteis quanto a própria fração da hulha usada como combustível.

Gás natural

Chamamos de gás natural o gás que é encontrado geralmente junto ao petróleo. As principais substâncias que o constituem são o metano e o etano. Nos últimos anos, o gás natural vem substituindo alguns derivados do petróleo, como combustível em residências, veículos automotivos e atividades industriais nas áreas de cerâmica, cimento, alimentos e bebidas. Mesmo no setor siderúrgico, o gás natural já substitui uma pequena parte do carvão.

> **"Não existe energia limpa"**
>
> Quando usamos a frase "Não existe energia limpa", queremos dizer que, em pequena ou em grande escala a exploração e o uso das diversas fontes de energia, sempre causam efeitos indesejáveis sobre o ambiente. Diariamente, a imprensa destina grande atenção às questões ambientais e os gases responsáveis pelo efeito estufa são pauta dos noticiários.
>
> Dentre os gases estufa, o dióxido de carbono é apontado como o principal causador do aumento da temperatura média no planeta. Os demais gases responsáveis pelo efeito são: clorofluorcarbonetos, metano e óxido de nitrogênio. O ozônio também contribui para o efeito quando presente em altitudes menores.
>
> No Brasil, dentre as diversas fontes de energia, a maior responsável pelas emissões e pela evolução do volume de gás carbônico na atmosfera é a queima dos derivados do petróleo.

Fontes não renováveis de energia

Antes da Revolução Industrial, a humanidade praticamente só utilizava a energia solar, a das quedas-d'água e a da queima da lenha para suprir suas necessidades. O carvão passou a ser utilizado há 300 anos, enquanto o óleo e o gás natural são combustíveis do século XX.

No início do século XIX, com a elaboração da teoria a respeito de energia e associando-a às técnicas de transformação energética e ao aumento populacional do planeta, com consequente oferta e demanda de energia, o ser humano se deu conta de que o petróleo e o carvão poderiam ter um fim muito próximo, pois são elementos passíveis de esgotamento. Foi a partir dessa conclusão que surgiu a classificação de que essas fontes de energia não são renováveis, pois não podem ser produzidas em tempo inferior ao de consumo.

Que propriedades uma substância deve possuir para ser considerada um combustível?

Uma vez que a humanidade depende da energia para desenvolver suas atividades, torna-se necessário identificar o que é um combustível e quais as qualidades que permitem a certos materiais serem classificados dessa forma.

Energia Capítulo 2 51

Quando queimamos um pedaço de madeira, ele se transforma em gases que se desprendem com a chama e com as cinzas, que permanecem na natureza na forma de resíduo sólido. Além dos materiais produzidos, uma quantidade de calor é liberada.

Mas a produção de calor não se dá necessariamente com a produção de chama. Dissolvendo-se cuidadosamente gotas de ácido sulfúrico em **água**, por exemplo, também é possível observar liberação de calor. No entanto, tal processo não é utilizado como fonte de energia por ser dispendioso. Logo, nem todas as substâncias envolvidas em transformações químicas que produzem calor podem ser usadas como combustíveis.

Portanto, consideram-se combustíveis aqueles materiais que estão presentes em grandes quantidades na natureza, que liberam muita energia queimados e que podem ser explorados por períodos de tempo consideráveis. Citamos como exemplos importantes o petróleo, o carvão, o gás natural e o etanol da cana-de-açúcar (o álcool também pode ser obtido de outras plantas, conforme a produção e a disponibilidade).

> Por questões de segurança, deve-se pingar o ácido na água e não a água no ácido, pois, dessa forma, uma quantidade maior de ácido sulfúrico reagiria com a água bruscamente, espirrando parte desse líquido e liberando vapores tóxicos.

Combustão

Define-se **combustão** como toda reação química entre combustíveis e comburente – substância que alimenta a combustão. É exotérmica porque libera calor para o ambiente e acontecem a altas temperaturas, com ritmos elevados. O comburente é o oxigênio, e o combustível é composto basicamente de hidrogênio, carbono, oxigênio, enxofre e nitrogênio (não necessariamente todos esses elementos devem estar presentes).

> Esse tipo de combustão acontece quando há pouco oxigênio para reagir com o carbono.

Exemplos de combustão:

a) carbono + oxigênio ⟶ gás carbônico + calor

b) carbono + oxigênio ⟶ **monóxido de carbono** + calor

c) hidrogênio + oxigênio ⟶ água + calor

d) parafina + oxigênio ⟶ gás carbônico + água + calor

e) querosene + oxigênio ⟶ gás carbônico + água + calor

f) álcool + oxigênio ⟶ gás carbônico + água + calor

O calor liberado numa combustão é denominado **poder calorífico** do combustível. Comparando massas iguais dos combustíveis citados anteriormente, as quantidades de calor liberadas são diferentes. Observe a tabela a seguir.

Interpretação: Usando o *diesel* como exemplo, temos que a combustão de 1 tonelada de óleo *diesel* gera o equivalente a $45 \cdot 10^9$ joules.

Obs.: Comercialmente, é utilizada a unidade tonelada equivalente de petróleo (tep): 1 tep = 45 GJ.

Introdução ao estudo do planejamento de sistemas energéticos (apostila) Organizador: Gilberto de Martino Jannuzzi abril de 1994. Universidade Estadual de Campinas - Faculdade de Engenharia Mecânica (Departamento de Energia) - Núcleo de Estudos e Pesquisas Ambientais - NEPAN. quadro na pg 5 da apostila.

Poder calorífico de alguns combustíveis	
Combustível	**Poder calorífico / (GJ/tonelada)**
GLP	49
Diesel	45
Gás natural	41
Álcool	30
Carvão vegetal	29,5
Carvão siderúrgico	28,5
Lenha	10,5

Obs: GJ = gigajoule = 10^9 joules

Exercícios resolvidos

1. Alguns combustíveis são renováveis enquanto outros são não renováveis. O que isso significa?

   Carvão, petróleo e gás natural são considerados não renováveis, pois uma vez consumidos não podem ser repostos em suas origens por meio de ciclos do calendário humano, talvez em períodos geológicos ou em milhões de anos.

2. Converta em tep (tonelada equivalente de petróleo) os valores dados na tabela de poder calorífico dos combustíveis para GLP, gás natural e carvão vegetal.

   I. GLP (Gás Liquefeito de Petróleo):

   1 tep ———— 45 GJ
   x ———— 49 GJ

   x = 1,1 tep

   II. Gás natural: 1 tep ———— 45 GJ
   x ———— 41 GJ

   x = 0,91 tep

   III. Carvão vegetal: 1 tep ———— 45 GJ
   x ———— 29,5 GJ

   x = 0,66 tep

Exercícios propostos

1. Um grama de carvão vegetal (usado em churrasqueiras, por exemplo) quando queimado libera 7,5 calorias. Suponha que você necessite aquecer 100 gramas de água, de 200 °C a 500 °C. Quantos gramas de carvão devem ser queimados para se chegar ao aquecimento pretendido? Considere condições ideais nas quais todo calor liberado na queima do carvão será utilizado no aquecimento da amostra de água.

2. Converta em tep os valores do álcool, do carvão siderúrgico e da lenha apresentados na tabela de poder calorífico de combustíveis.

3. A queima parcial de combustíveis tem como um dos principais poluentes o monóxido de carbono. Uma proporção correta entre o combustível e o oxigênio do ar é fundamental na diminuição da emissão desse poluente. Com o intuito de reduzir esse tipo de poluição, no Brasil, adiciona-se à gasolina o etanol, obtido principalmente pela fermentação da cana-de-açúcar. Qual o tipo de álcool misturado à gasolina e qual aquele usado nos carros a álcool?

Energia elétrica

O processo de obtenção de energia mecânica a partir do movimento das águas é conhecido desde o primeiro século depois de Cristo. Temos como exemplos os engenhos e os moinhos (Figura 2.13). Mas a possibilidade de transformar a energia da queda-d'água em energia elétrica é, no entanto, mais recente. Ela depende de uma série de fatores, como investimentos dos governos; política de produção e consumo de energia; relevo e clima de uma região; desníveis das águas dos rios e lagos, entre outros. A engenharia de uma usina hidrelétrica requer o represamento de um rio, formando um grande lago. Quanto maior for o desnível entre a água represada e o curso do rio, maiores serão a potência e a vazão da represa (Figura 2.14).

Figura 2.13: A produção de energia pelos moinhos é uma das mais antigas.

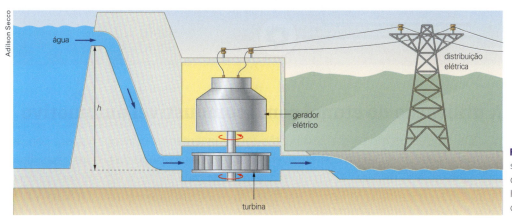

Figura 2.14: Esquema do sistema de funcionamento de uma usina hidrelétrica. Imagem sem escala; cores-fantasia.

A água represada, ao escoar pela barragem, transfere a energia do movimento para as turbinas da hidrelétrica, que giram o eixo de um gerador. A partir daí, as redes de transmissão conduzem, por meio de cabos, a energia elétrica produzida que será consumida pelas áreas abastecidas pela hidrelétricas (Figura 2.15).

Figura 2.15: Usina hidrelétrica binacional de Itaipú, localizada no Paraná, na fronteira entre Brasil e Paraguai. Seu reservatório é o sétimo maior do país. Foto de 2015.

Termelétricas

De acordo com a possibilidade de investimento e a demanda de energia, implanta-se uma usina termelétrica. O processo consiste em utilizar a energia química armazenada nos combustíveis fósseis (petróleo, carvão, gás natural) com o fim de aquecer certa quantidade de água e transformá-la em vapor que, sob pressão, movimentará as turbinas da usina gerando energia elétrica (Figuras 2.16 e 2.17).

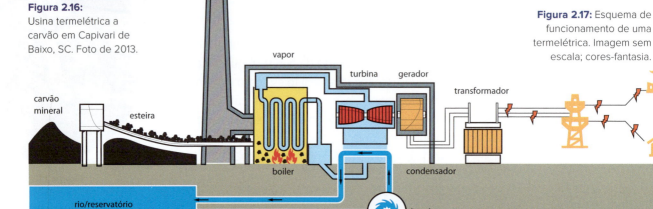

Figura 2.16: Usina termelétrica a carvão em Capivari de Baixo, SC. Foto de 2013.

Figura 2.17: Esquema de funcionamento de uma termelétrica. Imagem sem escala; cores-fantasia.

A utilização do etanol como combustível automotivo

Desde que os motores a combustão foram inventados, o álcool disputa com a gasolina a preferência como combustível a ser utilizado (ao longo da história a gasolina tem ganhado essa disputa). O álcool teria sido usado pela primeira vez em uma corrida de automóveis realizada na França, em 1889, cujo percurso apresentava 136 km.

54 Unidade 1 Matéria e Energia

No Brasil, foram várias as tentativas de usar o álcool puro ou misturado como combustível. Em 1922, houve dois testes no Rio de Janeiro com dois automóveis iguais, do mesmo fabricante. O primeiro, com cinco passageiros, consumiu, ao longo de 48 km, 14 litros de uma mistura composta de álcool (65%), querosene e éter. O segundo, apenas com o motorista, gastou 11,5 litros de gasolina nos mesmos 48 km. É válido considerar que a qualidade de um combustível não pode ser avaliada somente pelo número de quilômetros por litro, pois precisam ser verificados, além do rendimento, os efeitos ambientais, os efeitos sobre a vida do motor e o preço por litro para, aí sim, apontar qual deles tem a melhor relação custo/benefício.

Somente em 1975, o Governo Federal decretou o Programa Nacional do Álcool (Proálcool), que tinha como finalidade expandir a produção do álcool para uso como combustível e como matéria-prima para o setor químico.

As substâncias obtidas a partir do álcool são utilizadas nos mais diversos processos de fabricação (chaves numeradas de 1 a 21 na figura 2.18).

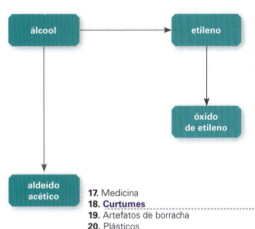

Figura 2.18: Quadro de produtos da alcoolquímica.

1. Embalagens
2. Brinquedos
3. Tubos
4. Corantes
5. Desinfetantes
6. Produtos farmacêuticos
7. Solventes
8. Celofane
9. Explosivos
10. Lubrificantes
11. Adesivos
12. Cosméticos
13. Ceras e polidores
14. Indústrias têxteis
15. Fibras
16. Borrachas
17. Medicina
18. **Curtumes**
19. Artefatos de borracha
20. Plásticos
21. Inseticidas

> Local onde se curtem peles e couros. É uma das mais antigas indústrias, pois o tratamento adequado das peles e de couros torna-os macios e utilizáveis.

Obtenção do álcool a partir da cana-de-açúcar

A cana-de-açúcar é, sem dúvida, a matéria-prima mais importante para a produção do álcool no Brasil (Figura 2.19). Ela requer algumas condições específicas, como solos argilosos ou arenosos, temperaturas entre 20 °C e 24 °C, a não ocorrência de geadas e índices pluviométricos (chuvas) de 1200 mm a 1330 mm anuais. Após a colheita, a cana-de-açúcar é transportada para as usinas de produção de álcool e açúcar.

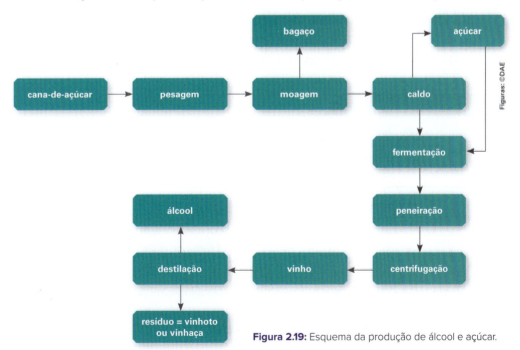

Figura 2.19: Esquema da produção de álcool e açúcar.

Conforme mostra o esquema, após a moagem, o bagaço é separado e utilizado para produzir o calor utilizado na destilação fina do álcool (1 tonelada de cana deixa como subproduto 300 kg de bagaço).

Outra fração que surge após a moagem é o caldo, conhecido como garapa e muito consumido na forma de refresco. O caldo tem cor escura e ainda contém açúcar, que produz álcool e gás carbônico, por **fermentação**.

> Fenômeno natural em que o açúcar dos alimentos que contêm carboidratos, como a uva, cana de açúcar, cevada, milho, entre outros, vai se transformar em álcool etílico e dióxido de carbono, sob a ação de leveduras.

A fermentação também é importante em outros setores econômicos, como no processo de fabricação de pães. O fermento adicionado à massa transforma o pouco de açúcar nela existente em álcool e gás carbônico. O álcool é eliminado da massa quando ela é sovada. O gás carbônico expande-se com o calor quando ela é levada ao forno, tornando-a mais leve e fofa. Sem o fermento, o pão seria maciço e duro.

A separação final do álcool é feita pela destilação, que fornece como resíduo o vinhoto ou vinhaça.

Uma tonelada de cana-de-açúcar, se for utilizada para produzir somente álcool, apresentará o seguinte resultado:

Os subprodutos das usinas – bagaço e vinhoto – têm os seguintes destinos:

- o bagaço é usado como combustível, pois sua queima produz energia, aproveitada em vários pontos da própria usina;

- o vinhoto é usado como fertilizante do solo, porém apresenta problemas ambientais e é considerado um material desequilibrado em relação aos macronutrientes, que são consumidos em quantidades apreciáveis pelas plantas.

Exercícios propostos

1. Alguns combustíveis são renováveis enquanto outros são não renováveis. O que isto significa?
2. Por que o álcool é considerado combustível renovável?

A energia e o Brasil

Os especialistas em questões energéticas concordam que pelo menos dois pontos são essenciais nas projeções relativas ao problema de energia em escala nacional.

O primeiro refere-se à necessidade de reduzir a demanda por energia, não somente evitando o desperdício, mas também repensando a realização de serviços que exigem um menor consumo. O outro aspecto importante é a busca por fontes renováveis de energia, impedindo a degradação ambiental.

Utilização da energia solar

A energia solar é o resultado de complexas reações que acontecem no Sol, onde há a formação de pequenas partículas constituintes do Universo, os átomos, e uma grande liberação de energia na forma de luz e calor (Figura 2.20).

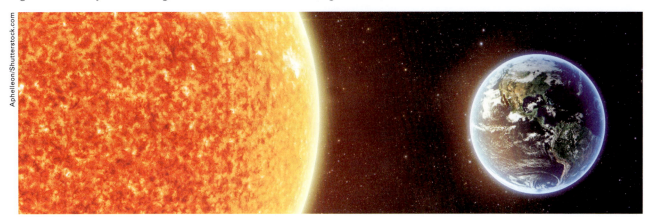

Figura 2.20: O Sol é uma estrela que fornece energia para nosso planeta. Imagem sem escala; cores-fantasia.

Qual a produção da energia solar?

A experiência mostra que, em cada minuto, cada cm² da Terra recebe 2 cal de energia oriunda do Sol, que está a 150 000 000 de quilômetros do nosso planeta. Sob essa distância, um observador veria a Terra como um disco (Figura 2.21).

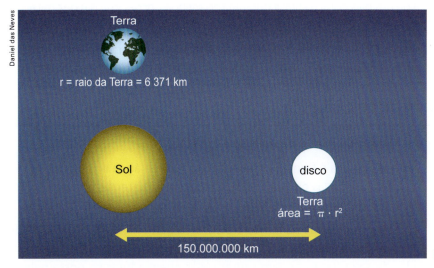

Figura 2.21.

Calculando a área do disco da Terra, podemos determinar a superfície do disco e quanto de energia ele recebe por minuto.

Sabendo que π vale, aproximadamente, 3,14, e que o raio da Terra é $6{,}37 \cdot 10^8$ cm, podemos calcular a área da superfície do disco:

Área da superfície do disco = $3{,}14 \cdot (6{,}37 \cdot 10^8 \text{ cm})^2$ ou $127{,}41 \cdot 10^{16}$ cm²

Sabendo que 1 cm² recebe 2 cal por minuto, temos:

$$1 \text{ cm}^2 \longrightarrow 2 \text{ cal}$$
$$127{,}41 \cdot 10^{16} \text{ cm}^2 \longrightarrow E$$

$$E = 255 \cdot 10^{16} \text{ cal}$$

Essa energia pode ser calculada para o tempo de 1 ano, por exemplo. Como 1 ano tem $5,26 \cdot 10^6$ min, temos:

Energia solar / ano na Terra $= 255 \cdot 10^{16}$ cal $\cdot 5,26 \cdot 10^6$ min $=$

$$= 1,34 \cdot 10^{25} \text{ cal} \cdot \text{ano}^{-1}$$

Transformando o valor de caloria para joule, temos por ano:

$$1 \text{ cal} \text{------} 4,18 \text{ J}$$
$$1,34 \cdot 10^{25} \text{ cal} \text{------} \mathbf{E}$$

$$\mathbf{E} = 5,6 \cdot 10^{25} \text{ J/ano}$$

Em geral, temos dificuldade em visualizar números com potências muito grandes ou muito pequenas; portanto, vamos transformar esse valor em gigajoule e compará-lo com a energia consumida no Brasil atualmente.

$$1 \text{ GJ} \text{------} 10^9 \text{ J}$$
$$\mathbf{E} \text{------} 5,6 \cdot 10^{25} \text{ J}$$

$$\mathbf{E} = 5,6 \cdot 10^{16} \text{ GJ/ano}$$

O Brasil consume o equivalente a $8,1 \cdot 10^9$ GJ/ano ao ano, logo:

$$\frac{5,6 \cdot 10^{16} \text{ GJ/ano}}{8,1 \cdot 10^9 \text{ GJ/ano}} = 6,91 \cdot 10^6 \text{ ou } 6\,910\,000$$

Isso significa que a energia proveniente do Sol em um ano pode suprir a necessidade energética de um país como o Brasil durante seis milhões, novecentos e dez mil anos.

O aproveitamento racional da energia solar, tanto como fonte térmica quanto luminosa, atualmente é uma das alternativas energéticas mais importantes para enfrentarmos a demanda do consumo de energia em nosso planeta, que aumenta a cada ano. Devemos lembrar também que o Sol é o grande responsável pela geração de praticamente todas as outras fontes de energia.

Cuidados com a exposição à luz solar

A atmosfera é formada de diversos gases, de água líquida das nuvens e de partículas sólidas em suspensão. Todos esses materiais absorvem e transmitem a radiação solar.

O vapor de água na atmosfera absorve parte da energia solar. Em grandes altitudes, o gás ozônio absorve a radiação ultravioleta. Pequenas quantidades dessa radiação podem causar sérias queimaduras na nossa pele, caso atravessem a atmosfera. Daí a importância da camada de ozônio, pois ela absorve a maior parte da radiação ultravioleta que incide na atmosfera da Terra. As nuvens refletem 25% da radiação incidente.

A quantidade de energia da Terra e sua atmosfera é distribuído do seguinte modo:

34% da energia incidente é refletida pela atmosfera e superfície da Terra.

19% é absorvida pela atmosfera.

47% é absorvida pela Terra e água.

100% (total)

COM A PALAVRA...

Flávio Maron Vichi*

Química e energia

Existem áreas em que a presença da Química é fácil de se perceber: na fabricação de plásticos, tintas, alimentos e na metalurgia, por exemplo.

Mas você sabe quanta química tem dentro do seu telefone celular? No motor de um carro? Nas pilhas do seu *videogame*?

A Química está presente não apenas na indústria pesada de transformação de uma substância em outra, mas também em um segmento muito importante nos dias de hoje: a geração de energia. E é na busca por fontes alternativas de energia que a Química vem se destacando.

Mesmo nas áreas convencionais, a Química tem contribuído muito para a otimização de processos arcaicos e para a diminuição da emissão de poluentes, além da recuperação (limpeza) de áreas já poluídas. Na geração de energia para equipamentos portáteis (celulares, *notebooks*, *videogames*, filmadoras etc.), a Química desempenha papel central. Todas as baterias e as pilhas utilizadas nesses equipamentos fazem uso de reações eletroquímicas, nas quais elétrons são liberados. Esses elétrons podem passar por um circuito realizando trabalho útil. As reações eletroquímicas podem ser reversíveis ou não. Por isso é que existem pilhas e baterias descartáveis (reações não reversíveis) e recarregáveis (reações reversíveis).

Existe também toda uma nova geração de equipamentos movidos por energia elétrica gerada por reações químicas que não envolvem a combustão. As células a combustível utilizam uma reação eletroquímica entre hidrogênio e oxigênio para produzir eletricidade. O subproduto é a água! Sem fumaça ou qualquer outro tipo de poluição! A energia elétrica utilizada em todos os foguetes do programa espacial americano, desde as naves Apollo na década de 1960, vem de células a combustível. Até hoje a energia elétrica do ônibus espacial é gerada por esse tipo de célula.

Podemos também converter a luz do Sol em energia elétrica utilizando células fotovoltaicas. Essas células, quando iluminadas pela luz solar, são capazes de gerar eletricidade, também por meio de uma reação eletroquímica. Esse tipo de dispositivo é extremamente importante, pois com ele podemos levar a energia elétrica até lugares de difícil acesso, aonde a rede de eletricidade não chega, pois não é economicamente viável para as companhias de eletricidade.

Como você pode perceber, existe muito mais química por trás do seu dia a dia do que imaginava.

Se, antigamente, a Química se resumia a fazer plásticos e tintas, hoje em dia a realidade é bastante diferente, e ela tem contribuído cada vez mais para o desenvolvimento de uma sociedade menos poluída e mais justa.

QUESTÕES

1. Pesquise e descubra quais substâncias estão presentes em uma pilha comum de 1,5 V.

2. Qual a vantagem de ser água o subproduto de uma reação geradora de energia no caso de uma célula a combustível?

* Prof. Dr. do Instituto de Química da Universidade de São Paulo (USP).

Exercícios finais

1. (PUC-RJ) Um líquido é aquecido através de uma fonte térmica que provê 50,0 cal por minuto. Observa-se que 200 g deste líquido se aquecem a 20,0 °C em 20,0 min.

Qual é o calor específico do líquido, medido em cal/(g °C)?

a) 0,0125
b) 0,25
c) 5,0
d) 2,5
e) 4,0

2. (PUC-RJ) Em uma experiência de física, um aluno verifica que o calor de fusão de um dado objeto é 50 J/kg.

Para um outro objeto com o dobro da massa, mas feito do mesmo material, o calor de fusão, em J/kg, deve ser

a) 200
b) 100
c) 50
d) 25
e) 12,5

3. (PUC-RS) Para responder à questão, considere as informações e as afirmativas sobre o gráfico a seguir.

O gráfico representa a temperatura (T) em função da quantidade de calor fornecido (Q) para uma substância pura de massa igual a 0,1 kg, inicialmente na fase sólida (trecho a).

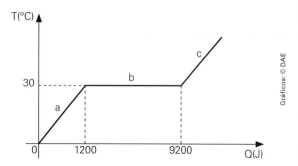

I. A temperatura de fusão da substância é 30 °C.

II. O calor específico da substância na fase sólida é constante.

III. Ao longo de todo o trecho b, a substância encontra-se integralmente na fase líquida.

Está/Estão correta(s) apenas a(s) afirmativa(s)

a) I.
b) II.
c) I e II.
d) I e III.
e) II e III.

4. (UEG-GO) A mudança do estado físico de determinada substância pode ser avaliada em função da variação da temperatura em relação ao tempo, conforme o gráfico a seguir. Considere que o composto encontra-se no estado sólido.

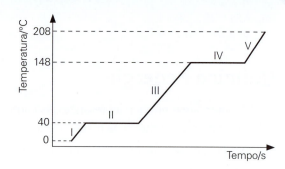

No gráfico, encontra-se a substância no estado líquido nos pontos

a) I, II e IV
b) III, IV e V
c) II, III e IV
d) I, III e V

5. (UPE-Adaptado) Leia os versos da letra da música transcrita a seguir:

Movido à água

Existe o carro movido à gasolina, existe o carro movido a óleo *diesel*,
Existe o carro movido a álcool, existe o carro movido à eletricidade,
Existe o carro movido a gás de cozinha.
Eu descubro o carro movido à água, eu quase, eu grito, eureka, eureka, eurico
Aí saquei que a água ia ficar uma nota e os açudes iam tudo ceará
Os rios não desaguariam mais no mar, nem o mar mais virar sertão.
Nem o sertão mais virar mar.
Banho? Nem de sol.
Chamei o anjo e devolvi a descoberta para o infinito
Aleguei ser um invento inviável, só realizável por obra e graça do Santo Espírito.
Agora eu tô bolando um carro movido a bagulhos, dejetos, restos, fezes,
Detritos, fezes, três vezes estrume, um carro de luxo movido a lixo,
Um carro pra sempre movido à bosta de gente.

ASSUMPÇÃO, I. *Movido à água*. Sampa Midnight: isso não vai ficar assim. São Paulo: Independente, 1986. 1 CD, faixa 4. (Adaptado).

O combustível imaginado para viabilizar o invento proposto nesses versos é a(o)

a) água
b) álcool
c) gás metano
d) componente do gás de cozinha
e) gasolina comercial

6. (UPM-SP) A destilação fracionada é um processo de separação no qual se utiliza uma coluna de fracionamento, separando-se diversos componentes de uma mistura homogênea, que apresentam diferentes pontos de ebulição. Nesse processo, a mistura é aquecida e os componentes com menor ponto de ebulição são separados primeiramente pelo topo da coluna. Tal procedimento é muito utilizado para a separação dos hidrocarbonetos presentes no petróleo bruto, como está representado na figura abaixo

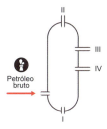

Assim, ao se realizar o fracionamento de uma amostra de petróleo bruto os produtos recolhidos em I, II, III e IV são, respectivamente,

a) gás de cozinha, asfalto, gasolina e óleo diesel.
b) gás de cozinha, gasolina, óleo diesel e asfalto.
c) asfalto, gás de cozinha, gasolina e óleo diesel.
d) asfalto, gasolina, gás de cozinha e óleo diesel.
e) gasolina, gás de cozinha, óleo diesel e asfalto.

7. (UFRN) O Rio Grande do Norte é o maior produtor de petróleo do Brasil em terra. O petróleo bruto é processado nas refinarias para separar seus componentes por destilação fracionada. Esse processo é baseado nas diferenças das temperaturas de ebulição das substâncias relativamente próximas. A figura abaixo representa o esquema de uma torre de destilação fracionada para o refinamento do petróleo bruto. Nela, os números de 1 a 4 indicam as seções nas quais as frações do destilado são obtidas. Na tabela embaixo da figura, são apresentadas características de algumas das frações obtidas na destilação fracionada do petróleo bruto.

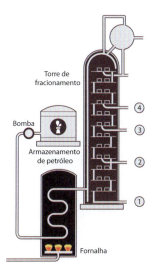

Fração	Número de átomos de carbono na molécula	Faixa da Temperatura de ebulição °C
gasolina	5 a 10	40 a 175
querosene	11 a 12	175 a 235
óleo combustível	13 a 17	235 a 305
óleo lubrificante	Acima de 17	Acima de 305

Para a análise da qualidade da destilação, um técnico deve coletar uma amostra de querosene na torre de destilação. Essa amostra deve ser coletada

a) na Seção 3.
b) na Seção 2.
c) na Seção 1.
d) na Seção 4.

8. (Fuvest-SP) O alumínio é produzido a partir do minério bauxita, do qual é separado o óxido de alumínio que, em seguida, junto a um fundente, é submetido à eletrólise. A bauxita contém cerca de 50%, em massa, de óxido de alumínio. De modo geral, desde que o custo da energia elétrica seja o mesmo, as indústrias de alumínio procuram se estabelecer próximas a

a) zonas litorâneas, pela necessidade de grandes quantidades de salmoura para a eletrólise.
b) centros consumidores de alumínio, para evitar o transporte de material muito dúctil e maleável e, portanto, facilmente deformável.
c) grandes reservatórios de água, necessária para separar o óxido de alumínio da bauxita.
d) zonas rurais, onde a chuva ácida, que corrói o alumínio, é menos freqüente.
e) jazidas de bauxita, para não se ter de transportar a parte do minério (mais de 50%) que não resulta em alumínio.

9. (Unipac-MG) Quando o leite é aquecido em banho-maria, observa-se que

a) o leite e a água do banho-maria fervem ao mesmo tempo.
b) somente o leite ferve.
c) a água do banho-maria e o leite fervem acima da temperatura de ebulição da água pura.
d) a água do banho-maria e o leite fervem abaixo da temperatura de ebulição da água pura.
e) somente a água do banho-maria ferve.

CAPÍTULO 3

RADIOQUÍMICA

O mundo científico habituou-se a ver o físico francês Henri Becquerel e o casal franco-polonês Pierre e Marie Curie como os primeiros desbravadores do mundo das partículas radioativas. Isso é verdade em parte – sem as experiências e observações deles e de outros físicos, apresentadas a partir de 1896 na Academia de Ciências de Paris, não haveria oportunidade para novas descobertas e hipóteses.

Mas foi o trabalho teórico de dois físicos, Ernest Rutherford, da Nova Zelândia, e Frederick Soddy, da Inglaterra, que efetivamente explicou como ocorrem as atividades radioativas. Entre novembro de 1902 e maio de 1903, eles publicaram uma série de cinco artigos em que apresentavam a hipótese de que a radioatividade está associada a fenômenos atômicos de desintegração, que levam à transformação de um elemento químico em outro [...] (Figura 3.1).

Disponível em: <http://revistapesquisa.fapesp.br/2002/01/01/centenario-de-uma-teoria/>.
Acesso em: 16 jan. 2017.

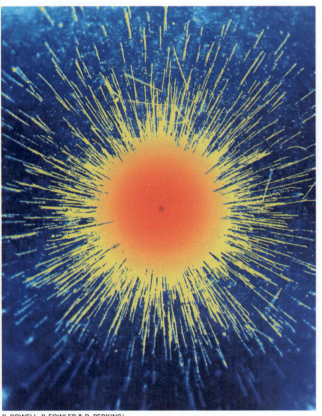

Figura 3.1: Emissão de partículas alfa do rádio: descoberta de Rutherford e Soddy.

Os átomos

As primeiras noções de átomos datam de aproximadamente 400 a.C. Demócrito, Leucipo e Epicuro, diante de tantas transformações reveladas pela natureza, chegaram à conclusão de que elas seriam o resultado dos movimentos de pequenas partículas invisíveis a olho nu, os átomos, pois deles a natureza seria composta.

A variedade dos materiais então presentes na natureza era atribuída às formas geométricas e ao tamanho dos supostos átomos. Embora o termo "átomo" fosse antigo, Dalton o retomou utilizando como base a Lei das Proporções Definidas, enunciada pelo francês Joseph-Louis Proust, em 1799.

A Lei de Proust

A Lei das Proporções Definidas estabelece que: **independentemente do modo que se prepara um composto, os elementos constituintes da substância combinam-se sempre na mesma proporção em massa**.

Historicamente, sabe-se que Proust (Figura 3.2) realizou várias experiências utilizando estanho, antimônio e ferro. Mas, para uma melhor compreensão do significado da lei, utilizaremos como exemplo a água. Sendo assim, infere-se que uma amostra de água obtida da natureza e uma amostra produzida em laboratório apresentarão a mesma composição em massa. Devemos nos lembrar de que essas considerações foram propostas há mais de duzentos anos.

Figura 3.2: Joseph-Louis Proust (1754-1826).

Unidade 1 Matéria e Energia

Química Aplicada

Lei de Proust

Caso Proust tivesse utilizado a água em suas experiências, teria chegado a valores próximos de:

1 g de hidrogênio combina-se com 8 g de oxigênio para formar 9 g de água, ou seja:

1 g de hidrogênio + 8 g de oxigênio ⟶ 9 g de água

Com o resultado dessa análise, podemos fazer previsões para quaisquer valores de massas envolvidos em experiências e cálculos na síntese da água.

É razoável, portanto, perguntar: quantos gramas de oxigênio combinariam com 10 gramas de hidrogênio para formar água? E quantos gramas de água se formariam?

Utilizando a Lei de Proust, escrevemos:

Dados experimentais: 1 g de hidrogênio + 8 g de oxigênio ⟶ 9 g de água
Dados: 10 g de hidrogênio + $m_{oxigênio}$ ⟶ $m_{água}$

Como a lei enuncia que as massas que se combinam para formar um composto estão sempre na mesma proporção, temos:

I. Cálculo da massa de oxigênio:

$$\frac{1 \text{ g de hidrogênio}}{10 \text{ g de hidrogênio}} = \frac{8 \text{ g de oxigênio}}{m_{oxigênio}}$$

$m_{oxigênio}$ = 80 g

II. Cálculo da massa de água:

$$\frac{1 \text{ g de hidrogênio}}{10 \text{ g de hidrogênio}} = \frac{9 \text{ g de água}}{m_{água}}$$

$m_{água}$ = 90 g

Figura 3.3: Antoine-Laurent Lavoisier (1743-1794).

Para determinar a massa de água, também poderíamos somar 10 g de hidrogênio com 80 g de oxigênio. Nesse caso, estaríamos utilizando a Lei de Antoine-Laurent Lavoisier (Figura 3.3), enunciada em 1787, também chamada de Lei da Conservação das Massas, cuja proposição afirma que: numa reação química, a quantidade de massa das substâncias reagentes será a mesma que a quantidade de massa dos produtos. Essa observação foi constatada experimentalmente em recipientes fechados, entretanto é válida também para sistemas abertos.

A utilização da Lei de Proust para a Teoria Atômica

Ao perceber que as combinações entre os elementos eram feitas na mesma proporção, Dalton (Figura 3.4) sugeriu que toda matéria fosse constituída por unidades discretas, novamente batizadas de **átomos**.

Assim, a Teoria Atômica proposta por ele em 1803 estabelece os seguintes princípios:

- toda matéria é constituída de átomos indivisíveis;
- todos os átomos de um mesmo elemento são idênticos – átomos de elementos diferentes possuem massas diferentes;

Figura 3.4: John Dalton (1766-1844) é considerado o pai da Teoria Atômica. Ele propôs a chave para o conhecimento do comportamento da matéria em relação às massas envolvidas em transformações químicas.

NOTA:
Na época da descoberta da Teoria Atômica ainda não existia uma simbologia adequada para representar as moléculas. Hoje, poderíamos traduzir essa ideia de Dalton pelas fórmulas do monóxido de carbono, CO, (formada por um átomo de carbono e um de oxigênio) e do gás carbônico, CO_2, (formada por um átomo de carbono e dois de oxigênio). Vale ressaltar que, apesar de essas duas substâncias serem formadas por carbono e oxigênio, elas apresentam propriedades físicas e químicas diferentes.

- as substâncias são formados por dois ou mais átomos, podendo ser iguais ou diferentes entre si;
- durante as reações químicas, os átomos permanecem intactos, ou seja, não são criados nem destruídos, apenas se recombinam para formar novas substâncias.

É importante observar que a nova propriedade atribuída aos átomos é a massa, e não mais o tamanho e a forma. Como consequência, a teoria de Dalton criou um grande problema para a época: qual seria a fórmula de um composto? Dalton contornou essa questão propondo que, quando dois elementos constituissem um único composto binário, ele seria formado por um átomo de cada elemento. Assim, a água teria fórmula **HO**.

Seguindo essa proposição, se dois elementos formam dois compostos binários diferentes, as proporções entre as quantidades de átomos que formarão cada um desses compostos também serão diferentes.

Na figura 3.5 são representados símbolos de elementos relativos à época de Dalton (sugestão de nomenclatura em 1808).

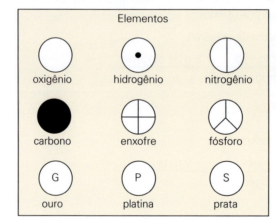
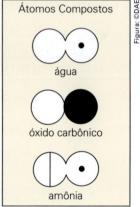

Figura 3.5: Símbolos e nomenclatura de alguns elementos.

Figura 3.6: Jöns Jakob Berzelius (1779-1848).

Em 1812, o sueco Jöns Jakob Berzelius (Figura 3.6) introduziu o uso de letras para representar por símbolos os elementos químicos. A simbologia provém do nome em latim ou latinizado do respectivo elemento. Cada símbolo é composto pela primeira letra do nome, em maiúsculo e, no caso da existência de dois elementos com a mesma inicial, por uma segunda letra, em minúsculo. A simbologia e nomenclatura atuais seguem as orientações da União Internacional de Química Pura e Aplicada (**IUPAC**, sigla do inglês *International Union of Pure and Applied Chemistry*).

IUPAC
É uma organização científica, internacional e não governamental destinada a contribuir para os aspectos globais das Ciências Químicas, bem como sua aplicação.

Exemplos:

Hidrogênio – H	Cálcio – Ca	Cádmio – Cd
Oxigênio – O	Cobalto – Co	Crômio – Cr
Nitrogênio – N	Cloro – Cℓ	Califórnio – Cf
Níquel – Ni	Césio – Cs	Cúrio – Cm
Carbono – C	Cério – Ce	Cobre – Cu

Unidade 1 Matéria e Energia

Exercício resolvido

Uma pequena tira do metal magnésio pode ser queimada na presença de oxigênio e produzir óxido de magnésio. Fez-se, então, um experimento no qual 24 g de magnésio reagiram com 16 g de oxigênio e ambos os reagentes foram totalmente consumidos. Baseando-se nessas informações, responda:

a) Qual a massa em gramas do único produto formado, supondo que não houve perda durante a transformação?

b) Em outro experimento com os mesmos reagentes, foram utilizados 2,4 g do metal. Qual a massa de oxigênio que reagirá totalmente com o magnésio?

$$\text{magnésio} + \text{oxigênio} \longrightarrow \text{óxido de magnésio}$$
$$24 \text{ g} \qquad 16 \text{ g} \qquad\qquad m = ?$$

a) A massa do único produto formado é 40 g, obtida pela soma das massas dos reagentes. A resposta é dada baseando-se na Lei de Lavoisier.

b)
$$\text{magnésio} + \text{oxigênio} \longrightarrow \text{óxido de magnésio}$$
$$24 \text{ g} \qquad 16 \text{ g} \qquad\qquad 40 \text{ g}$$

O enunciado afirma que as massas são consumidas integralmente. Com esse dado sabemos que a composição do óxido de magnésio é fixa e está na proporção de 24 g de magnésio para 16 g de oxigênio. Existe, portanto, um valor para a massa de oxigênio que se combina com 2,4 g de magnésio para manter a proporção verificada no experimento.

Segundo a representação, temos:

	magnésio	+ oxigênio	$\longrightarrow$ óxido de magnésio
1º experimento	24 g	16 g	40 g
2º experimento	2,4 g	$m = ?$	

Logo: $\dfrac{24 \text{ g de magnésio}}{2,4 \text{ g de oxigênio}} = \dfrac{16 \text{ g de magnésio}}{m}$

$$m = 1,6 \text{ g de oxigênio}$$

Exercícios propostos

1. Admita que uma substância constituída de carbono e oxigênio possa ser preparada com as massas indicadas a seguir e que ambas consomem-se integralmente:

$$\text{carbono} + \text{oxigênio} \longrightarrow \text{gás carbônico}$$
$$120 \text{ g} \qquad 320 \text{ g} \qquad\qquad m$$

Não havendo perdas durante a reação, quantos gramas de gás carbônico estarão presentes ao término da transformação?

2. Dois experimentos são realizados com gás hidrogênio e gás oxigênio para produzir água. Nos dois experimentos as massas são consumidas integralmente e não há perdas durante o processo. Com base nas informações, complete os dados da tabela a seguir.

	Reagentes		Produto
	gás hidrogênio + gás oxigênio	$\longrightarrow$	água
1º exp.	2 g	16 g	m_1
2º exp.	m_2	m_3	9 g

3. Considerando os dados da tabela do exercício anterior, um terceiro experimento foi realizado: 2 g de gás hidrogênio foram misturados a 20 g de gás oxigênio para obter água. Qual a massa produzida? Qual a massa de oxigênio que efetivamente participou da reação? Quais as substâncias presentes ao término da reação?

4. Considere que seja possível uma reação química como a descrita a seguir, com as massas de A, B e C participando da transformação sem haver excesso de nenhuma delas:

$$A + B + C \longrightarrow D$$
Massas: 2 kg 6 kg 10 kg

a) Qual a massa do produto D?

b) Em outro experimento, com os mesmos reagentes, utilizam-se 4 kg de A, 15 kg de B e 30 kg de C. Qual a massa do produto D e quais as massas em excesso?

5. A água é um composto cuja proporção em massa é 2 partes de hidrogênio e 16 partes de oxigênio. Exprima a composição da água em porcentagem (responda com dois algarismos após a vírgula).

6. O metano, ou gás dos pântanos, tem a seguinte composição em massa: 75% de carbono e 25% de hidrogênio. Para obter metano, quantas toneladas de carbono seriam necessárias para 10 toneladas de hidrogênio? Quantas toneladas de gás metano seriam produzidas nessa combinação?

Radioquímica   Capítulo 3   65

A estrutura do átomo

Resina
Polímero sintético ou natural. As resinas natuais são produzidas por algumas árvores, especialmente coníferas.

Quando acionamos o interruptor de luz ou algum equipamento eletroeletrônico, entendemos que por dentro da lâmpada ou desse equipamento passa corrente elétrica, que pode provir de uma fonte de energia, como as usinas hidrelétricas, ou de simples pilhas.

Embora as correntes elétricas tenham sido obtidas e estudadas a partir do século XIX, os gregos, desde antes de Cristo, conheciam o âmbar, chamado por eles de *eléktron*. Eles já tinham consciência de que essa **resina** fóssil de origem vegetal, de cor amarela e de consistência dura, ao ser atritada vigorosamente com um tecido de lã, atraía palha, pelos ou objetos bem leves.

De acordo com essas observações, foi possível concluir que a eletricidade era a qualidade que certos materiais apresentavam ao serem atritados. Em 1752, Benjamim Franklin (Figura 3.7), enquanto atritava um pedaço de vidro com seda, notou que os dois objetos adquiriam carga elétrica, ou seja, ficavam eletrizados.

Figura 3.7: Benjamim Franklin (1706-1790).

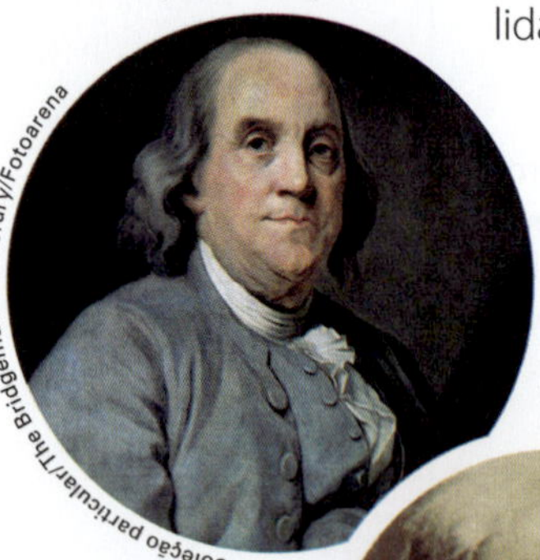

Coleção particular/The Bridgeman Art Library/Fotoarena

Hoje, sabe-se que essas cargas podem possuir características contrárias – positiva e negativa – e atraírem-se reciprocamente ou apresentarem as mesmas características – ambas positivas ou ambas negativas – e se repelirem mutuamente. Muitos perguntam qual a explicação para a atração ou a repulsão entre as cargas elétricas. Infelizmente, a resposta é desconhecida. Apenas se tem conhecimento das propriedades de repulsão ou atração conforme a natureza da partícula.

Em 1833, Michael Faraday (Figura 3.8), enquanto pesquisava a eletricidade, chamou de elétron a partícula que compunha a corrente elétrica.

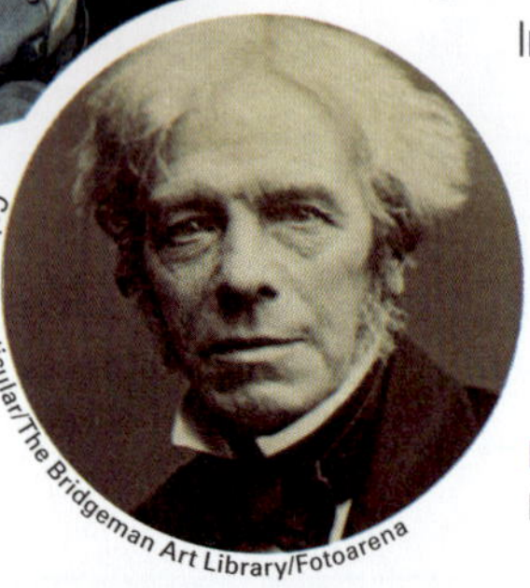

Coleção particular/The Bridgeman Art Library/Fotoarena

Figura 3.8: Michael Faraday (1791-1867).

Todos os corpos são formados por átomos

Richard Feynman (1918-1988), em uma de suas declarações, afirmou que grande parte da Física contemporânea poderia estar contida na ideia de que toda a matéria é constituída de átomos. Nessa linha de pensamento, a segunda metade do século XX foi inegavelmente muito rica. Os prótons e os nêutrons, que eram as partículas fundamentais constituintes dos núcleos atômicos, perderam esse caráter de partícula elementar. Novas partículas foram descobertas e, nessa corrida pela estrutura dos átomos, descobriu-se que ambos, prótons e nêutrons, são constituídos por partículas ainda menores, os *quarks*.

A respeito do elétron

Universal History Archive/UIG/The Bridgeman Art Library/Fotoarena

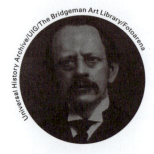

Figura 3.9: Joseph John Thomson (1856-1940).

Joseph John Thomson (Figura 3.9), em 1897, realizando experiências e utilizando uma aparelhagem mais sofisticada em relação à de Faraday, determinou a razão entre a carga e a massa do elétron, sendo levado à firme conclusão de que o elétron existia e estava presente em todos os átomos. Portanto:

$$\text{Razão} = \frac{\text{Carga de 1 elétron}}{\text{Massa de elétron}}$$

Os físicos da época deram continuidade aos trabalhos de Thomson, buscando precisar uma das grandezas da razão e assim poder determinar a outra.

Em 1909, Robert Andrews Millikan (1868-1953) determinou a carga do elétron, cujo valor aproximado é $1,6 \cdot 10^{-19}$ **C** (Figura 3.10).

- Algumas propriedades importantes do elétron:

1 Coulomb = 1 Ampere × 1 segundo

Carga: $-1,6 \cdot 10^{-19}$ C

Massa: $9,1 \cdot 10^{-28}$ g

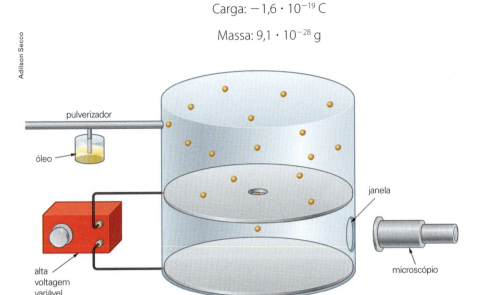

Figura 3.10: Millikan pulverizou gotículas de óleo na câmara de observação do aparelho, conforme ilustrado. As gotículas eletricamente carregadas permaneciam suspensas ou equilibradas no interior do cilindro quando o campo elétrico era ajustado de modo que a força elétrica fosse igual e oposta a força peso da gota. Milikan observou que as cargas era múltiplas de $1,6 \cdot 10^{-19}$. Imagem sem escala; cores-fantasia.

Em busca da partícula positiva

Em 1911, Ernest Rutherford (Figura 3.11) e alguns colaboradores fizeram experiências que levaram a uma nova concepção de como seria o átomo. Rutherford investigava os ângulos sob os quais partículas α (alfa) eram espalhadas ao passar através de uma fina folha de ouro. Hans Geiger (1882-1945) e Ernest Marsden (1889-1970), colaboradores de Rutherford, realizaram diversos experimentos e utilizaram fontes radioativas de partículas α, como o radônio-222, o bismuto-214 e o polônio-215. Marsden observou que as partículas sofriam grandes desvios angulares. O próprio Rutherford comentou: "Digo com certeza que não acreditava que houvesse aqueles desvios, pois sabíamos que a partícula α (carregadas positivamente), era partícula de grande massa, com muita energia [...] Lembro-me que dois ou três dias depois, Geiger me procurou entusiasmado, dizendo: 'Conseguimos detectar algumas partículas α sendo refletidas para trás [...]'. Foi o mais incrível episódio que até então me ocorrera".

Figura 3.11: Ernest Rutherford (1871-1937).

Com essa experiência, Rutherford determinou a carga, a massa e o tamanho do núcleo de um átomo de ouro. O átomo não seria maciço como pensaram Dalton e Thomson, mas descontínuo. Rutherford propôs que os elétrons deveriam estar fora do núcleo em órbitas elípticas, assim como os Planetas estão em órbita ao redor do Sol.

Posteriormente, verificou-se que o núcleo de um átomo é constituído por pequeníssimas partículas carregadas positivamente, denominadas **prótons**. No saldo final, um átomo não apresenta carga, o que nos faz concluir que a quantidade de prótons é igual à quantidade de elétrons em qualquer átomo.

Contudo, a maioria dos átomos possui massas muito maiores quando comparadas às massas de seus prótons e elétrons. Por esse motivo, em 1932, o inglês James Chadwick (1891-1974) desenvolveu uma experiência com o intuito de desvendar tal mistério, detectando a presença do **nêutron**, partícula possuidora de massa muito próxima à do próton, porém com carga elétrica nula.

A imagem de um átomo poderia ser representada conforme a figura 3.14.

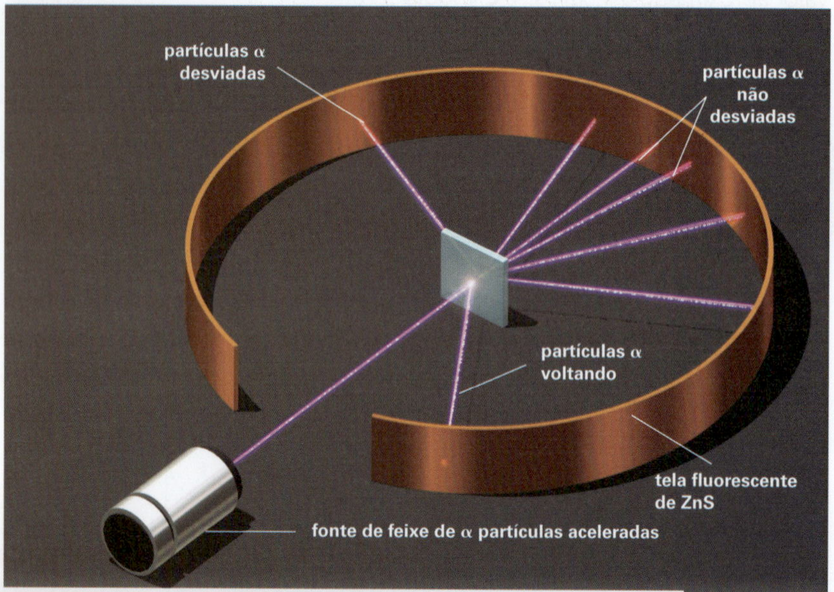

Figura 3.12: Experimento de Rutherford. Imagens sem escala; cores-fantasia.

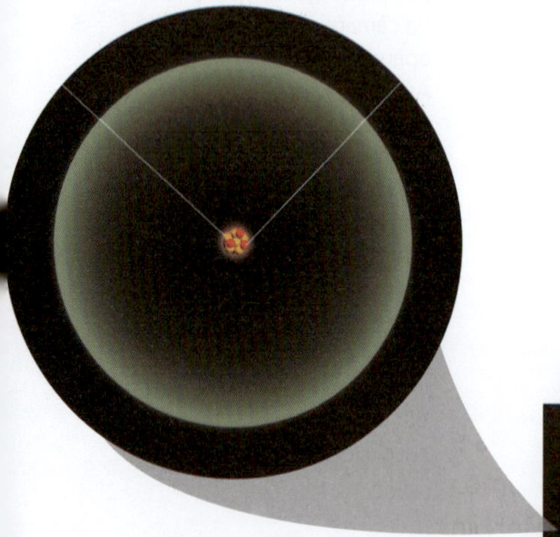

Ilustrações: Dawidson França

Figura 3.14: Representação do imaginário a respeito de um átomo.

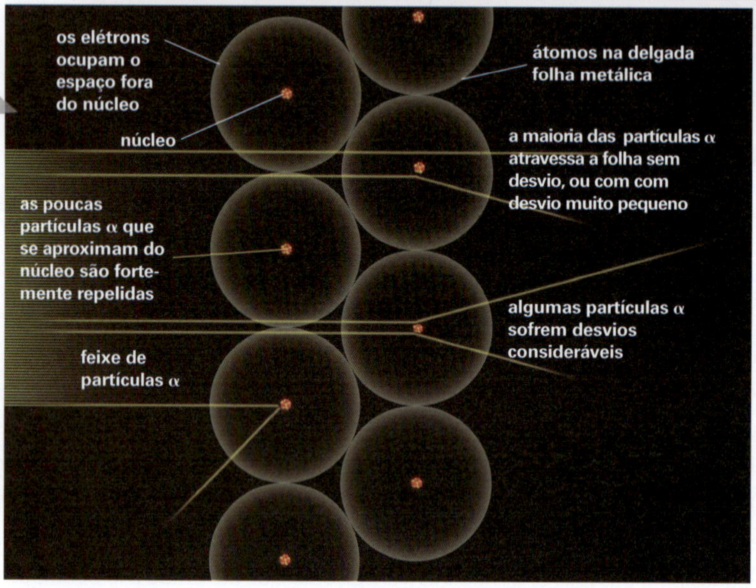

Figura 3.13: Interpretação dos dados da experiência de Rutherford. A maioria das partículas alfa não possui energia suficiente para se chocar com os núcleos dos átomos da película de ouro.

Partindo do que foi apresentado até agora, temos que o átomo é constituído por três partículas fundamentais: **prótons, nêutrons** e **elétrons**. Conhecemos também algumas propriedades subatômicas.

Partícula	Massa / Unidade de massa atômica (u)*	Carga
Elétron	0,00054	−1
Próton	1	+1
Nêutron	1	0

Rigorosamente, 1 unidade de massa atômica (1 u) vale $1,6605402 \cdot 10^{-24}$ g.

68 Unidade 1 Matéria e Energia

A descoberta do núcleo atômico pode ser situada nas últimas semanas de 1910, quando Rutherford apresentou suas conclusões relativas às experiências iniciadas em 1909.

Ao final do seu trabalho, Rutherford citou um artigo publicado pelo físico japonês H. Nagaoka.

Esse artigo considera um modelo atômico sob o nome de Sistema Saturniano, em que há uma partícula central com carga positiva e elétrons girando em anéis ao redor dela. Rutherford considerou, na sua experiência, que a carga negativa tinha efeito desprezível nas observações e nos resultados relativos ao seu experimento.

Os isótopos

A experiência indica que se analisarmos uma amostra mineral que contenha boro, por exemplo, encontraremos átomos de boro com massas diferentes. Uma análise mais cuidadosa revelará que todos os átomos de boro da amostra possuem cinco prótons no núcleo, porém boa parte possui cinco nêutrons, enquanto outros possuem seis nêutrons.

As quantidades de prótons e nêutrons podem ser representadas por símbolos propostos pela IUPAC.

A quantidade de prótons de um átomo – ou **número atômico** – é representada pelo símbolo **Z**.

Portanto:

$$Z = \text{quantidade de prótons em um núcleo.}$$

No caso do boro, o número atômico (ou Z) vale 5.

A quantidade de prótons e nêutrons existentes em um núcleo é simbolizada por **A** e recebe o nome de **número de massa**.

Então:

$$A = \text{quantidade de prótons} + \text{quantidade de nêutrons.}$$

No exemplo, há dois números de massa diferentes para o elemento boro, pois existem átomos com cinco nêutrons (A = 10) e átomos com seis nêutrons (A = 11).

Para facilitar a identificação dos elementos, o sistema IUPAC determina que se escreva o símbolo do átomo acompanhado do número atômico (Z) e do número de massa (A), do seguinte modo:

Número de massa $\longrightarrow$ $_{Z}^{A}X$ $\longleftarrow$ Símbolo do elemento químico
Número atômico $\longrightarrow$

No caso do boro: $_{5}^{10}B$ e $_{5}^{11}B$

Quando um determinado elemento químico apresenta átomos com diferentes números de massa, dizemos que esses átomos são **isótopos** entre si.

Isótopos são átomos de um mesmo elemento químico (mesmo número atômico) com diferentes números de nêutrons. Por consequência, o número de massa (A) também será diferente.

Radioquímica **Capítulo 3** 69

Quando nos referimos a isótopos (do grego: *iso* = igual; *topos* = lugar, local); (no caso, a mesma posição na tabela periódica dos elementos), é comum representá-los pelo nome seguido do número de massa. Por exemplo:

Boro — 10   ou ^{10}B

Oxigênio — 16   ou ^{16}O

Urânio — 238   ou ^{238}U

Os átomos também podem diferir pelo número de elétrons. Sempre que um átomo ou grupo de átomos apresentar o número de prótons diferente do número de elétrons, a estrutura formada passa a ser chamada de **íon** (do grego: *íon* = viajante, em movimento, que anda). Esse fato pode ser explicado em razão do núcleo de um átomo permanecer inalterado durante uma reação química, mesmo havendo alteração da quantidade de elétrons envolvidos na transformação.

Íons são partículas com número de prótons diferente do número de elétrons.

Os íons podem ser chamados de **cátions** ou de **ânions**, conforme o número de elétrons seja, respectivamente, menor ou maior do que o número de prótons.

Cátions são íons em que o número de elétrons é menor que o número de prótons.

Ânions são íons em que o número de elétrons é maior que o número de prótons.

Cátions $\longrightarrow$ íons positivos

Ânions $\longrightarrow$ íons negativos

Os cátions e os ânions podem ser assim representados:

$$^{A}_{Z}X^{2+} \longrightarrow \text{cátion}$$

$$^{A}_{Z}Y^{2-} \longrightarrow \text{ânion}$$

Verifique que a quantidade de partículas elementares – prótons, nêutrons e elétrons – existentes nos íons pode ser identificada com base nessa representação. Exemplos:

$$^{40}_{20}Ca^{2+}$$

prótons $= 20$

nêutrons $= 40 - 20 = 20$

elétrons $= 20 - 2 = 18$

NOTA: Espécies isoeletrônicas são aquelas que apresentam mesmo número de elétrons, como o Ca^{2+} e $C\ell^{1-}$

$$^{35}_{17}C\ell^{1-}$$

prótons $= 17$

nêutrons $= 35 - 17 = 18$

elétrons $= 17 + 1 = 18$

Exercícios resolvidos

1. Um átomo de ferro pode formar um íon monoatômico com carga $+3$, contendo 23 elétrons e 30 nêutrons. Qual seu número atômico e seu número de massa? Represente o íon obtido.

Pelos dados do problema, temos que a quantidade de elétrons e nêutrons é:

elétrons = 23

nêutrons = 30

Como a carga do átomo é $+3$, entendemos que o íon tem mais prótons que elétrons, necessariamente 3 unidades a mais. Assim, a quantidade de prótons é 26, que equivale a seu número atômico. Como o número de massa é a quantidade de prótons mais a quantidade de nêutrons, podemos identificá-lo como:

$26 + 30 = 56$. Logo, $Z = 26$ e $A = 56$.

Representação do íon: $_{26}^{56}\text{Fe}^{3+}$

2. Um átomo de oxigênio pode formar um íon com carga -2, contendo 10 elétrons e 8 nêutrons. Qual seu número atômico e seu número de massa? Represente o íon obtido.

Pelos dados do problema, temos que a quantidade de elétrons e nêutrons é:

elétrons = 10

nêutrons = 8

Como a carga do átomo é -2, entendemos que o íon tem mais elétrons que prótons, necessariamente 2 unidades a mais. Logo, a quantidade de prótons é 8, que equivale a seu número atômico. Como o número de massa é a quantidade de prótons mais a quantidade de nêutrons, podemos identificá-lo assim:

$8 + 8 = 16$. Logo, $Z = 8$ e $A = 16$.

Representação do íon: $_{8}^{16}\text{O}^{2-}$

Exercício proposto

Muitos íons podem ser formados por mais de um elemento químico, por exemplo, o ânion sulfato (SO_4^{2-}) e o cátion amônio, (NH_4^{1+}). Conhecendo-se os números atômicos dos elementos H, O, N e S, calcule a quantidade de elétrons presente em cada íon.

Dados os números atômicos: H=1, N=7, O=8 e S=16

O conceito moderno de elemento químico

Para Dalton, o elemento químico era um conjunto de átomos com massas iguais.

Modernamente, define-se:

> Elemento químico é o conjunto de átomos com o mesmo número atômico.

Embora possam apresentar números de massa diferentes, é o número atômico que identifica o elemento. Portanto, ao se referir ao hidrogênio, estamos considerando todos os átomos do universo com um próton, mesmo que os números de massa sejam diferentes.

Existem três isótopos do hidrogênio:

Elemento hidrogênio (H) isótopos	Prótons	Nêutrons	Elétrons
$_{1}^{1}\text{H}$	1	0	1
$_{1}^{2}\text{H}$	1	1	1
$_{1}^{3}\text{H}$	1	2	1

Radioquímica   Capítulo 3

> **História dos isótopos**
>
> A história dos isótopos remonta à suposta origem do Universo. Segundo essa teoria, houve um instante em que os *quarks*, três a três, formaram os prótons e os nêutrons. Alguns instantes depois, aos pares, prótons e nêutrons combinaram-se para formar o núcleo do deutério. Ainda não estava formado o hidrogênio. Instantes após a formação desse núcleo, um elétron foi capturado por outro para formar um átomo de hidrogênio. Em quantidade muito maior foram formados os átomos de hidrogênio leves (sem nêutrons).
>
> **Deutério**
>
> O clima da Terra alterna os períodos glacial e interglacial. À medida que aumenta a temperatura no planeta, aumenta a proporção dos isótopos mais pesados, deutério e oxigênio – 18, na neve polar.

No caso do hidrogênio, cada isótopo possui nome e símbolos individuais:

$_1^1H$	$_1^2H$	$_1^3H$
prótio ou simplesmente isótopo hidrogênio	deutério (símbolo: D)	trítio (símbolo: T)

Resumindo

- O número atômico é uma característica de cada elemento químico. O alumínio, por exemplo, é o único elemento cujo número atômico vale 13. O contrário também é verdadeiro, ou seja, qualquer análise química ou física que identifique um átomo com $Z = 13$ estará indicando o elemento alumínio.

- Definimos elemento químico como o conjunto de átomos com o mesmo número atômico.

- Quando um elemento químico difere apenas pelos números de massa, temos isótopos.

É importante notar que a evolução dos modelos se deve à intenção de oferecer respostas às propriedades observadas no comportamento dos materiais e em suas manifestações energéticas. Ao propor seu modelo de átomos maciços, por exemplo, Dalton pretendia explicar por que as substâncias possuem composição fixa.

Também se procurou esclarecer o fenômeno da corrente elétrica, que não poderia ser explicado por meio de átomos maciços e indivisíveis. Igualmente, a existência da unidade de matéria negativa exigiu a unidade de matéria positiva, e assim se sucedeu até se alcançar o modelo atual.

A história da Ciência mostra que, à medida que surgem respostas para certas perguntas, simultaneamente ocorrem novas indagações; em outras palavras, ao lado de um dado que se torna conhecido, um novo desconhecido aparece. Esse parece ser o caminho da Ciência: nele não há verdades eternas, existem apenas verdades que resistem a certos questionamentos por algum tempo até que uma nova proposição seja formulada.

Exercício resolvido

O isótopo natural de enxofre mais abundante tem número de massa 32 e número atômico 16.

a) Represente esse isótopo segundo o sistema oficial da IUPAC.

b) Identifique a quantidade de cada partícula constituinte do isótopo de enxofre.

c) Determine a carga do núcleo e da região extranuclear.

d) Calcule a massa em unidades de massa atômica (u) e em gramas para o isótopo de S — 32, desprezando os **elétrons**.

Dado: 1 u = $1,6 \cdot 10^{-24}$ g.

> Não consideramos a massa do elétron por ela ser muito menor que a massa do próton e a do nêutron, aproximadamente 1 836 vezes inferior; portanto, desprezível.

a) Segundo a IUPAC, deve-se escrever o símbolo do isótopo acompanhado de Z e A.

$$_{Z}^{A}X \qquad \text{Portanto:} \qquad _{16}^{32}S$$

b) Como Z é o número atômico, o isótopo de enxofre tem 16 prótons. Podemos concluir que, por se tratar de um sistema neutro, o átomo também tem 16 elétrons. Para calcular a quantidade de nêutrons, subtraímos o número atômico do número de massa. Logo, o enxofre tem 16 nêutrons (n = A − Z).

c) Cada próton tem carga relativa +1. Assim, a carga do núcleo de enxofre será +16. Consequentemente, a região extranuclear terá carga −16.

d) As massas relativas dos prótons e dos nêutrons são muitíssimo próximas. Por esse motivo, consideramos que as duas valem 1 u. Somando os prótons e os nêutrons do isótopo de enxofre, encontramos 32 partículas. Dessa forma, a massa de um átomo isótopo de enxofre 32 vale 32 u.

Para calcular a massa em gramas, consideramos que:

1 u ———————— $1,6 \cdot 10^{-24}$ g

32 u ———————— m

$m = 32 \cdot 1,6 \cdot 10^{-24}$

$m = 5,1 \cdot 10^{-23}$ g

Exercícios propostos

1. Atualmente sabemos que prótons e nêutrons não podem ser considerados "partículas fundamentais" que formam os núcleos dos átomos. Os núcleos dos átomos são constituídos de *quarks*, sendo cada próton ou nêutron formado por três *quarks*. Existem vários tipos de *quarks*, mas os que formam os prótons são 2 *quarks* tipo *up* e um *quark* tipo *down*. Os nêutrons são formados por um *quark* tipo *up* e dois *quarks* tipo down. Sabendo-se que a carga do *quark up* é positiva e igual a dois terços da carga do elétron, e que a carga do *quark down* é negativa e igual a um terço da carga do elétron, calcule a carga de um próton e de um nêutron.

2. Sabendo-se que podemos representar a fórmula da água por H_2O e a da água pesada por D_2O, que o oxigênio possui 8 prótons no núcleo e número de massa 16, calcule o número de nêutrons em cada uma dessas moléculas.

Radioatividade

Já sabemos que o Sol é a maior fonte de energia de que dispomos, o que podemos confirmar quando o comparamos com os demais combustíveis ou substâncias utilizadas pela humanidade como fontes de energia.

Quadro comparativo de energia produzida por grama de combustível	
Substância	Energia em kJ (quilojoule)/grama
Hidrogênio (H$_2$)	143
Acetileno (C$_2$H$_2$) – usado em maçaricos	49,9
Butano (C$_4$H$_{10}$) – gás utilizado em residências	49,6
2,2,4-trimetil-pentano (C$_8$H$_{18}$) – componente da gasolina	48,2
Etanol (C$_2$H$_6$O) – álcool combustível	29,8
Urânio – 235 – usado em usinas nucleares e bombas atômicas	$8,10 \cdot 10^7$
Matéria solar	$3,40 \cdot 10^8$

Figura 3.15: Henri Antoine Becquerel (1852-1908).

A comparação dos valores da tabela leva-nos a concluir que a energia produzida no Sol não deve ser oriunda de uma simples combustão. Qual seria então a explicação?

O encontro da Ciência com os fenômenos radioativos de um modo mais efetivo teve início em 1889. Henri Antoine Becquerel (Figura 3.15), físico francês, trabalhando com uma substância que continha o elemento urânio, percebeu, no escuro, a presença de uma fosforescência azulada proveniente dela.

Em 1898, Marie Sklodowska Curie (1867-1934) mostrou que a intensidade de radiação percebida por Becquerel não dependia da temperatura, da pressão, da fase de agregação e da composição da substância que continha urânio. A essa nova propriedade Marie Curie deu o nome de **radioatividade**. Hoje, sabe-se que esse fenômeno está presente em alguns elementos naturais.

História da Química

Figura 3.16: Marie Curie, (1867-1934). Descobriu, junto com seu marido, os elementos rádio e polônio.

Maria Sklodowska

Maria Sklodowska nasceu em 7 de novembro de 1867, em Varsóvia, na Polônia. Depois de concluir a educação básica, em 1891 foi para Paris para continuar seus estudos na Universidade de Sorbonne, onde obteve licenciaturas em Física e Ciências Matemáticas. Conheceu Pierre Curie, professor da Faculdade de Física em 1894 e, em 1895, o casal iniciou as primeiras investigações sobre os minérios de tório e urânio. Após a morte do marido em 1906, ela assumiu o lugar como professora de Física Geral na Faculdade de Ciências, sendo a primeira mulher a ocupar essa posição.

Suas primeiras pesquisas, juntamente com o marido, foram realizadas em condições difíceis, os arranjos laboratoriais eram pobres e ambos tinham que lecionar muitas aulas para garantir um sustento digno.

Suas descobertas levaram ao isolamento do polônio, nomeado em homenagem ao país de nascimento de Marie, e o rádio. Marie Curie desenvolveu métodos para a separação do rádio dos resíduos radioativos em quantidades suficientes para permitir a sua caracterização e o estudo cuidadoso de suas propriedades.

A excelência do trabalho de Marie Curie é refletida em numerosos prêmios concedidos a ela. Com seu marido recebeu, em 1903, a metade do prêmio Nobel de Física, por seu estudo sobre a radiação espontânea descoberta por Becquerel, que recebeu a outra metade do prêmio. Em 1911, recebeu outro Nobel, desta vez em Química, em reconhecimento ao seu trabalho com radioatividade.

Marie Curie faleceu em 1934, vítima de leucemia causada por exposição excessiva ao rádio e às radiações ionizantes.

Emissão ou radiação alfa (α)

A transformação radioativa ocorre porque alguns átomos tem a capacidade de desintegrar, ou seja, de emitir fragmentos de seu próprio núcleo. Tais núcleos emissores são instáveis e, quando sofrem a desintegração, emitem energia para o ambiente em quantidades muito superiores àquelas emitidas por combustíveis como o carvão, o petróleo e o gás natural.

Uma das formas de desintegração é denominada **decaimento alfa**. Nele, o núcleo emite uma partícula alfa (α), formando um novo núcleo.

A partícula α é constituída por dois prótons, portanto, tem carga + 2. Ela também possui dois nêutrons, sendo seu número de massa (A) igual a quatro. Usando a simbologia dos isótopos com os números de massa e carga, ela pode ser assim representada:

$${}_{2}^{4}\alpha$$, ou como o núcleo do átomo de hélio [${}_{2}^{4}He^{+2}$]

Quando um núcleo emite uma partícula α, ele tem seu número atômico reduzido em duas unidades e seu número de massa reduzido em quatro unidades (Figura 3.17).

Esquematicamente, temos:

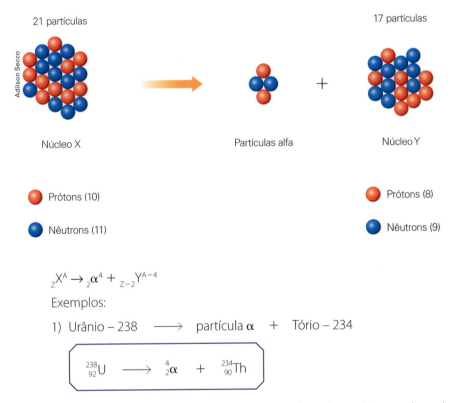

Figura 3.17: Esquema da desintegração do núcleo X produzindo partículas α e núcleos Y. Imagem sem escala; cores-fantasia.

$${}_{Z}X^{A} \rightarrow {}_{2}\alpha^{4} + {}_{Z-2}Y^{A-4}$$

Exemplos:

1) Urânio – 238 ⟶ partícula α + Tório – 234

$${}_{92}^{238}U \longrightarrow {}_{2}^{4}\alpha + {}_{90}^{234}Th$$

Observe que a soma dos números de massa é igual nos dois membros da equação.

Número de massa (A): 238 = 4 + 234

O mesmo acontece com o número atômico (Z): 92 = 2 + 90

2) Rádio – 226 ⟶ partícula α + Radônio – 222

$${}_{88}^{226}Ra \longrightarrow {}_{2}^{4}\alpha + {}_{86}^{222}Rn$$

Número de massa (A): 226 = 4 + 222

Número atômico (Z): 88 = 2 + 86

Quando um átomo de urânio − 238 emite uma partícula α e transforma-se em tório − 234, a energia liberada é de $6{,}7 \cdot 10^{13-}$ J. Na realidade, parece muito pouco quando pensamos em um único átomo de urânio. No entanto, se pensarmos em 1 grama de urânio, a energia liberada assume um valor próximo a $1{,}7 \cdot 10^6$ kJ por grama de urânio.

Assim sendo, a equação de decaimento alfa poderia ser escrita da seguinte forma:

$$^{238}_{92}U \longrightarrow {}^{4}_{2}\alpha + {}^{234}_{90}Th + 1{,}7 \cdot 10^6 \text{ kJ por g de urânio}$$

Comparando a quantidade de energia liberada no decaimento natural do U − 238 com a de um combustível, como o álcool (ver tabela da página 82), teríamos:

$$\frac{1 \text{ g de U} - 238}{1 \text{ g de álcool}} = \frac{1{,}7 \cdot 10^6 \text{ kJ}}{29{,}8 \text{ kJ}} = 5{,}7 \cdot 10^4$$

Observe que, comparando massas iguais, o isótopo de urânio, por meio de um processo natural, produz 57 mil vezes mais energia que o etanol, quando esse é submetido à combustão.

De maneira análoga, a energia liberada por grama de material solar, por ser de origem nuclear, é muito maior que a obtida por processos de combustão. Isso nos permite entender as forças e a energia associadas aos núcleos atômicos.

Exercício resolvido

Complete as equações de decaimento alfa.

a) $^{222}_{86}Rn \longrightarrow {}^{4}_{2}\alpha + {}^{x}_{y}?$

b) $^{245}_{96}Cn \longrightarrow {}^{4}_{2}\alpha + {}^{x}_{y}?$

a) $222 = 4 + x \qquad 86 = 2 + y$

$\qquad x = 222 - 4 \qquad y = 86 - 2$

$\qquad x = 218 \qquad y = 84$

b) $245 = 4 + x \qquad 96 = 2 + y$

$\qquad x = 245 - 4 \qquad y = 96 - 2$

$\qquad x = 241 \qquad y = 94$

Exercício proposto

O decaimento alfa acontece principalmente com os elementos mais pesados. Poucos isótopos radioativos com número atômico menor que 83 emitem partícula α. O isótopo produzido por esse decaimento pode ser previsto, pois as massas e as cargas nucleares são conservadas nas reações nucleares. Sabendo-se que o radônio-222, o bismuto-214 e polônio-215 sofrem decaimento alfa, escreva as reações nucleares para esses três isótopos radioativos.

Dados os números atômicos: Tℓ (Z=81), Pb (Z=82), Bi (Z=83), Po (Z=84) e Rn (Z=86)

Emissão ou radiação beta (β)

Representação da partícula beta $\longrightarrow {}^{0}_{-1}\beta$ ou ${}^{0}_{-1}e$

Trata-se de outro tipo de radiação espontânea promovida por certos isótopos radioativos. Um exemplo interessante consiste na desintegração do isótopo de C − 14 segundo a equação:

$$^{14}_{6}C \longrightarrow {}^{14}_{7}N + {}^{0}_{-1}\beta$$

Unidade 1 Matéria e Energia

Como para as emissões alfa, a soma dos números de massa deve ser igual nos dois membros da equação. O mesmo ocorre com a soma dos números atômicos.

No exemplo anterior, temos:

$$^{14}_{6}C \longrightarrow \,^{14}_{7}N + \,^{0}_{-1}\beta \quad \begin{array}{l} \to 14 = 14 + 0 \\ \to 6 = 7 - 1 \end{array}$$

Generalizando:

$$^{A}_{Z}X \longrightarrow \,^{A}_{Z+1}Y + \,^{0}_{-1}\beta$$

O átomo X (átomo-pai) e o átomo Y (átomo-filho) são **isóbaros** por possuírem o mesmo número de massa e diferentes números atômicos. (Figura 3.18)

Esquematicamente, temos:

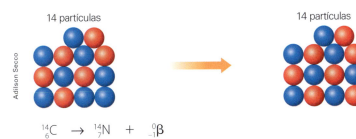

Figura 3.18: Formação de $^{14}_{7}N$ a partir de $^{12}_{6}C$.

$$^{14}_{6}C \to \,^{14}_{7}N + \,^{0}_{-1}\beta$$

Sabemos hoje que os núcleos são formados por prótons e nêutrons. Sendo assim, como o núcleo atômico poderia emitir elétrons? Para responder a essa pergunta, é necessário recorrer à proposição do físico austríaco Wolfgang Pauli (Figura 3.19), que em 1930 verificou que um núcleo, ao sofrer desintegração beta, emitia junto com o elétron outra partícula denominada **neutrino**.

Figura 3.19: Wolfgang Pauli (1900-1958).

Porém, nessa época, ainda se discutia a existência do nêutron, que só foi detectado dois anos depois, em 1932, por James Chadwick (1891-1974).

Depois de uma série de estudos realizados por vários pesquisadores, coube ao físico italiano Enrico Fermi (Figura 3.20) propor que tanto o neutrino quanto o elétron eram produzidos no momento em que ocorriam a sua desintegração e a sua emissão. Portanto, não existiam no núcleo, ao contrário das emissões alfa, que têm as partículas presentes no núcleo.

Reunindo essas informações, foi proposto que um nêutron desintegra-se no núcleo produzindo um próton, um elétron e um neutrino. (Figura 3.21) O neutrino não contribui para o número de massa do núcleo e tampouco possui carga.

Figura 3.20: Enrico Fermi (1901-1954).

Figura 3.21: Representação da desintegração do nêutron.

$$^{1}_{0}n \to \,^{1}_{1}p + \,^{0}_{-1}\beta + \,^{0}_{0}\nu$$

O número indicado acima e à esquerda do símbolo representa o número de massa (A) do elemento químico, e o número abaixo e à esquerda representa a contribuição de cargas da partícula (**Z**).

Vale a mesma observação para as equações de decaimento, isto é, a soma dos números de massa à esquerda e à direita da equação devem ser iguais. O mesmo é considerado para a soma dos números atômicos.

O número atômico (representado pela letra Z) de um elemento químico é o número de prótons que um átomo possui no núcleo, ou seja, a carga positiva do átomo.

Radioquímica Capítulo 3

Agora, podemos entender por que o decaimento beta do carbono – 14 gera um átomo-filho com um número atômico, uma unidade maior e com um número de massa idêntico ao do átomo-pai.

> A desintegração do nêutron gera um próton que, permanecendo no núcleo, aumenta o número atômico em uma unidade. Logo, o número de massa não se altera e o número atômico é acrescido em uma unidade.

$$A \quad = \quad Z \quad + \quad n$$

número de massa $\qquad$ número atômico $\qquad$ número de nêutrons

Durante a desintegração:

$$A = (Z + 1) + (n - 1)$$

Logo, o número de massa não se altera e o número atômico aumenta uma unidade.

Exemplo:

$$^{131}_{52}Te \longrightarrow {}^{131}_{53}I + {}^{0}_{-1}\beta$$

Considerando a reação de decaimento do C – 14 em ^{14}N, poderíamos escrevê-la do seguinte modo:

$$^{14}_{6}C \longrightarrow {}^{14}_{7}N + {}^{0}_{-1}\beta + energia$$

Tal como ocorre com as emissões alfa, a emissão beta também é acompanhada de liberação de energia. A experiência mostra que um grama de carbono – 14 libera $1,0 \cdot 10^9$ J quando sofre decaimento radioativo do tipo beta.

História da Química

Soddy descobre os isótopos

Em 1902, Ernest Rutherford e Frederick Soddy trabalhando juntos, descobriram que átomos de tório, elemento que havia sido descoberto em 1828, produzia átomos de outro elemento. Os novos átomos foram denominados átomos de tório X e o processo foi associado à radioatividade.

Segundo alguns historiadores, há registros de que Soddy teria exaltado tal descoberta como a realização dos sonhos dos alquimistas.

Em 1909, Rutherford identificou a radiação α nos processos radioativos. Em 1913, Soddy identificou a existência dos isótopos.

Pauli e os neutrinos

Em 1930, o físico austríaco Wolfgang Pauli (1900-1958)

decifrou uma questão relativa à emissão da partícula beta por um núcleo: justamente a emissão da partícula beta faz surgir um novo núcleo.

As duas partículas, isto é, a beta e o novo núcleo, no momento da emissão, movimentam-se na mesma direção, porém em sentidos opostos. Com os dados relativos às partículas, observava-se que a energia do elétron emitido apresentava um valor menor do que aquele indicado pelos cálculos. Pauli sugeriu então a existência de outra partícula emitida com a beta. Nessa época, ainda era discutida a existência do nêutron.

Enrico Fermi (1901-1954), físico italiano, propôs o nome de neutrino (diminutivo de nêutron) para a partícula sugerida por Pauli.

Raio gama (γ)

O raio gama é uma espécie de luz invisível, desprovida de massa e carga elétrica, também emitida para o meio a partir dos núcleos atômicos. Geralmente, os isótopos radioativos são emissores de algum tipo de partícula acompanhada de raio gama. Essas emissões são espontâneas e liberam energia ao meio.

Conclusão

Os tipos de emissões estudados são:

- Alfa (α), cuja representação é: $_{2}^{4}\alpha$ ou $_{2}^{4}He^{2+}$.
- Beta (β), cuja representação é: $_{-1}^{0}\beta$ ou $_{-1}^{0}e$.
- Gama (γ), cuja representação é: $_{0}^{0}\gamma$.

Exercício resolvido

Reescreva no seu caderno as seguintes equações nucleares, indicando a partícula emitida com o número de massa e o número atômico.

a) $_{6}^{14}C \longrightarrow {}_{7}^{14}N + \dots$ a) $_{6}^{14}C \longrightarrow {}_{7}^{14}N + {}_{-1}^{0}\beta$

b) $_{20}^{41}Ca \longrightarrow {}_{21}^{41}Sc + \dots$ b) $_{20}^{41}Ca \longrightarrow {}_{21}^{41}Sc + {}_{-1}^{0}\beta$

c) $_{38}^{90}Sr \longrightarrow {}_{39}^{90}Y + \dots$ c) $_{38}^{90}Sr \longrightarrow {}_{39}^{90}Y + {}_{-1}^{0}\beta$

d) $_{88}^{226}Ra \longrightarrow {}_{86}^{222}Rn + \dots$ d) $_{88}^{226}Ra \longrightarrow {}_{88}^{222}Rn + {}_{2}^{4}\alpha$

e) $_{92}^{234}U \longrightarrow {}_{90}^{230}Th + \dots$ e) $_{92}^{234}U \longrightarrow {}_{90}^{230}Th + {}_{2}^{4}\alpha$

Exercícios propostos

1. Reescreva no seu caderno as seguintes equações nucleares, indicando a partícula ou o isótopo que completa cada equação.

   a) $_{53}^{131}I \longrightarrow {}_{54}^{131}Xe + \dots$

   b) $_{1}^{3}H \longrightarrow \dots + {}_{-1}^{0}\beta$

   c) $_{86}^{222}Rn \longrightarrow \dots + {}_{2}^{4}He$

   d) $\dots \longrightarrow {}_{12}^{24}Mg + {}_{-1}^{0}\beta$

   e) $_{91}^{231}Pa \longrightarrow {}_{89}^{227}Ac + \dots$

2. Uma série radioativa de desintegração tem início com o U – 235 e termina com o Pb – 207, com a sequência de emissões: α, β, α, β, α, α, α, α, β, β e α. Identifique cada isótopo com o número atômico (Z) e com o número de massa (A) em cada etapa.

3. O iodo-131 é usado em um tratamento de câncer de tireoide chamado iodoterapia. Durante três dias o paciente não pode receber visitas, pois seu corpo emite radiação gama e partícula beta, em quantidade suficiente para contaminar outras pessoas. Com as informações do texto e sabendo-se que o iodo transmuta-se em xenônio, faça a equação do decaimento radioativo do iodo-131.

   Dados os números atômicos: I(Z=53) e Xe (Z=54)

Comparação entre o tempo de combustão de uma vela e o decaimento radioativo

Vamos começar nosso trabalho considerando um isótopo do elemento radônio ($_{86}^{222}Rn$) que, por ser um gás muito raro, exige esforços para sua purificação. Por decaimento alfa esse isótopo transforma-se em ($_{84}^{218}Po$).

$$_{86}^{222}Rn \longrightarrow {}_{84}^{218}Po + {}_{2}^{4}\alpha$$

Radioquímica   Capítulo 3   79

A quantidade de partículas emitidas dependerá da própria natureza do núcleo (isótopos diferentes emitem quantidades diferentes de radiação) e também do número de átomos presentes na amostra.

Considere que tenhamos separado 10 g de radônio, que por decaimento alfa se transformou em polônio. Como o processo é controlado, constatamos que, após quatro dias, a medida da massa de radônio revelou a presença de 5 g do gás; os outros 5 g foram transformados em polônio. Passados mais quatro dias, a massa medida de radônio foi de 2,5 g; os outros 2,5 g foram transformados em polônio.

Observamos que, a cada quatro dias, a massa de radônio reduz-se à metade do valor anterior. Como a quantidade de partículas emitidas é proporcional ao número de átomos presentes na amostra, concluímos que esta quantidade de emissões diminui à medida que os átomos se desintegram. Uma amostra contendo certo número de átomos terá, após certo tempo, esse número reduzido à metade de seu valor original. O tempo transcorrido é a **meia-vida** do isótopo radioativo. Após transcorrer outra meia-vida, o número de átomos radioativos restantes em relação à amostra original é de 1/4, ou seja, a metade da metade. Assim:

> Meia-vida ou período de semidesintegração ($t_{1/2}$) é o tempo necessário para que a metade da quantidade de uma amostra radioativa sofra desintegração.

Gráfico 3.1: Representação do decaimento do polônio em função do tempo.

A meia-vida de um isótopo radioativo independe da massa original da amostra. Os valores utilizados no decaimento do radônio podem ser colocados em um gráfico. Observe o Gráfico 3.1:

A proposta é comparar o fenômeno de decaimento radioativo com a combustão de uma vela. Considere que uma vela com massa de 20 g queime a uma razão de 5 g por hora. Construindo o Gráfico 3.2 para representar o consumo da vela em função do tempo, teríamos:

Para comparar graficamente os dois fenômenos, vamos fazer algumas considerações:

- para queimar 50% da massa da vela, são necessárias duas horas;
- para desintegrar 50% do material radioativo (no caso do radônio), são necessários quatro dias;

NOTA: Os átomos de polônio também são radioativos e transformam-se em outro isótopo, porém optamos por deixá-los na figura para facilitar o entendimento do conceito.

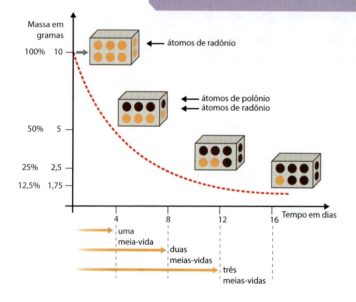

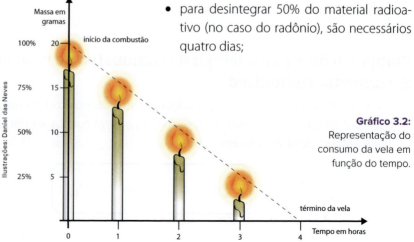

Gráfico 3.2: Representação do consumo da vela em função do tempo.

Ilustrações: Daniel das Neves

80 Unidade 1 Matéria e Energia

- para queimar os outros 50% da massa restante (reduzir para 25% da massa original) da vela, é necessária uma hora;

- para desintegrar os outros 50% da massa restante de radônio, são necessários mais quatro dias.

Podemos concluir que o intervalo de tempo não se mantém constante cada vez que a massa da vela é reduzida à metade do valor da massa anterior.

O gráfico mostra que 20 g da vela são reduzidos a 10 g em duas horas. Mas para reduzir 10 g de vela a 5 g, é necessária uma hora; e para reduzir 5 g da vela a 2,5 g, é necessária meia hora. São fenômenos de natureza diferentes; logo, o tratamento matemático também deverá ser diferente.

Na combustão da vela, o fenômeno pode ser tratado por proporcionalidade. Por exemplo: se 5 g de vela são queimados em uma hora, quanto tempo será necessário para reduzir a massa de 20 g de vela a 25% da quantidade inicial?

Sendo que 25% da massa inicial equivale a 5 g, deduz-se que 15 g do material terá de ser queimado.

Portanto,

$$\frac{1\ hora}{5\ g} = \frac{x}{15\ g} \therefore x = 3\ horas.$$

O mesmo raciocínio não pode ser utilizado para a desintegração radioativa, assim, temos de tratar a questão de outro modo.

Sabemos que, a cada meia-vida transcorrida, o material radioativo reduz-se à metade de seu valor anterior. Logo, chamando a massa inicial do material de m_0, temos:

$$m_0 \xrightarrow{t_{1/2}} \frac{m_0}{2}$$

Ao passar o tempo de outra meia-vida, temos:

$$\frac{m_0}{2} \xrightarrow{t_{1/2}} \frac{m_0}{4}$$

Para outra meia-vida:

$$\frac{m_0}{4} \xrightarrow{t_{1/2}} \frac{m_0}{8}; \text{ e assim sucessivamente.}$$

Juntando em um único processo, temos:

$$m_0 \xrightarrow{t_{1/2}} \frac{m_0}{2} \xrightarrow{t_{1/2}} \frac{m_0}{4} \xrightarrow{t_{1/2}} \frac{m_0}{8} \ldots$$

Observe que o denominador pode ser escrito na forma de potência na base 2 e assim:

$$\frac{m_0}{2^0} \xrightarrow{t_{1/2}} \frac{m_0}{2^1} \xrightarrow{t_{1/2}} \frac{m_0}{2^2} \xrightarrow{t_{1/2}} \frac{m_0}{2^3} \ldots \frac{m_0}{2^x}$$

m_0 = massa inicial

Poderíamos utilizar o mesmo processo se conhecêssemos o número de átomos na amostra original. Nesse caso, após transcorrer uma meia-vida, restaria a metade da quantidade de átomos. Tomando o cuidado de utilizar um símbolo para o número de átomos (n_0), teríamos:

$$\frac{n_0}{2^0} \xrightarrow{t_{1/2}} \frac{n_0}{2^1} \xrightarrow{t_{1/2}} \frac{n_0}{2^2} \xrightarrow{t_{1/2}} \frac{n_0}{2^3} \ldots \frac{n_0}{2^x}$$

n_0 = número de átomos iniciais

Qualquer que seja o dado, massa (m_0) ou número de átomos (n_0), podemos calcular a massa ou o número de átomos após transcorrer qualquer quantidade de meias-vidas. Por exemplo, para sabermos qual a massa da amostra imediatamente após a segunda meia-vida de um isótopo radioativo, basta fazermos:

$$\frac{m_0}{2^0} \xrightarrow{t_{1/2}} \frac{m_0}{2^1} \xrightarrow{t_{1/2}} \frac{m_0}{2^2}$$

Assim, deduzimos:

$$m = \frac{m_0}{2^x} \qquad m = \text{massa procurada}$$

Igualmente, para a determinação da quantidade de átomos, fazemos:

$$\frac{n_0}{2^0} \xrightarrow{t_{1/2}} \frac{n_0}{2^1} \xrightarrow{t_{1/2}} \frac{n_0}{2^2}$$

Deduzimos:

$$n = \frac{n_0}{2^x} \qquad n = \text{número de átomos procurado}$$

Em qualquer dos processos, x representa a quantidade de meias-vidas transcorridas a partir de um valor inicial de massa ou de número de átomos.

Desse modo, podemos calcular a massa ou a quantidade de átomos primitivos a partir da meia-vida do isótopo.

O caso radônio

O gás nobre radônio é produto das usinas nucleares nos processos de decaimento. Porém, também é produto do decaimento do urânio e do tório, que ocorrem na crosta terrestre. Por essa razão, tem sido encontrado radônio, que escapa do solo, em regiões cujo teor de urânio é mais alto que a média da crosta. A meia-vida desse isótopo é de 3,8 dias, tempo suficiente para que ocorra a difusão do gás através das rochas e do solo em que se formou. Poços de água profundos também são fontes de radônio. Uma vez na atmosfera, ele torna-se parte do ar que respiramos.

Não é por ser gás nobre que o radônio é inofensivo à nossa saúde, por ser radioativo, pesquisas indicam que os índices de câncer de pulmão em seres humanos são mais elevados em locais onde ocorre sua formação.

Irradiação e contaminação

Irradiação é a exposição de um objeto ou um corpo à radiação, o que pode ocorrer à distância, sem necessidade de contato. Um exemplo é a bomba de cobalto, que utiliza a irradiação para tratamento de tumores. Irradiar, portanto, não significa contaminar.

Já a contaminação radioativa consiste na presença indesejável de um material radioativo, em local inapropriado, que gera irradiações. Para descontaminar um local, basta retirar dele o material contaminante para não mais apresentar irradiação nem ficar radioativo.

Manuseio de material radioativo

Os materiais radioativos são geralmente manuseados em equipamentos denominados "caixas com luvas". O material é colocado no interior da caixa, que é fechada, e o operador veste as luvas que estão aplicadas nas paredes da caixa. Dessa maneira, o operador e o seu ambiente ficam protegidos das emissões radioativas.

No caso de o material radioativo ser emissor gama, além de emitir radiações alfa e beta, a manipulação deve ser feita com controle remoto e com redes de material que absorvam as emissões. As paredes da sala, onde são colocados os materiais radioativos, são feitas de chumbo com 10 cm de espessura.

Paul Villard já havia descrito, em 1900, que o poder de penetração das emissões nucleares aumentava na ordem:

$$\alpha < \beta <<< \ldots < \gamma$$

Exercício resolvido

Considerando que um isótopo radioativo tenha o valor da meia-vida calculado em dez dias, determine o tempo necessário para reduzir a atividade radioativa a 25% do valor inicial.

- Um método para a resposta é:

$$\frac{m_o}{2^0} \xrightarrow[\text{(uma meia-vida)}]{10 \text{ dias}} \frac{m_o}{2^1} \xrightarrow[\text{(uma meia-vida)}]{10 \text{ dias}} \frac{n_o}{2^2}$$

massa inicial (100%)   50%   25%

As meias-vidas são calculadas a cada dez dias; como o processo envolve duas meias-vidas, o tempo gasto será de 20 dias.

- Outra maneira é usar a função que relaciona as massas com o número de meias-vidas: Considere a massa inicial $m_0 = 100\%$ e a massa final $m = 25\%$.

$m = \frac{m_0}{2^x} \therefore 25\% = \frac{100\%}{2^x} \therefore 2^x = \frac{100\%}{25\%} \therefore 2^x = 4 \therefore$
$\therefore 2^x = 2^2 \therefore x = 2$

$x = 2$, o que significa que a transformação requer duas meias-vidas. Cada meia-vida é igual a dez dias.

Portanto, a resposta é 20 dias. Temos de ter muito cuidado ao apresentar a resposta. É comum confundir o que resta de material radioativo com a quantidade que já sofreu desintegração. O cálculo aplicado nos dá a massa que ainda não sofreu desintegração. No problema, após 20 dias, ainda resta 25% do material para sofrer desintegração e 75% do valor inicial está desintegrado.

O segundo método é o mais eficiente porque o problema pode envolver muitas meias-vidas.

Considerando a curva de decaimento para o isótopo $^{131}_{53}I$:

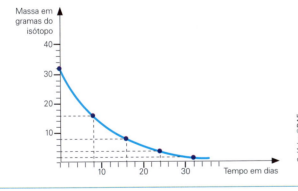

a) Qual a meia-vida do isótopo?

b) Quantas meias-vidas são necessárias para que a massa original de iodo se reduza a 8 g?

c) Quantos gramas de iodo terão sofrido desintegração após 24 dias? Quantos gramas de iodo restarão em relação à amostra original?

d) Qual o tempo transcorrido para a massa de iodo original reduzir-se a 1 g?

a) A meia-vida é o tempo necessário para reduzir a amostra à metade. Como a massa inicial vale 32 g, devemos localizar o valor de 16 g, que no eixo do tempo corresponde a oito dias. Assim, a meia-vida do isótopo equivale a oito dias.

b) Usando a equação:

$m = \frac{32\text{ g}}{2^x}$; como m vale 8 g, temos:

$8\text{ g} = \frac{32\text{ g}}{2^x} \therefore 2^x = \frac{32\text{ g}}{8\text{ g}} \therefore 2^x = 4 \therefore 2^x = 2^2 \therefore x = 2$

Serão necessárias duas meias-vidas.

c) 24 dias correspondem a três meias-vidas, portanto $x = 3$:

$m = \frac{32\text{ g}}{2^x} \therefore m = \frac{32\text{ g}}{2^3} \therefore m = 4\text{ g}$

Terão sofrido desintegração 28 g de iodo e restarão 4 g.

d) $m = \frac{32\text{ g}}{2^x} \therefore 1\text{ g} = \frac{32\text{ g}}{2^x} \therefore 2^x = 32 \text{ ou } 2^x = 2^5 \therefore x = 5$

Para obtermos 1 g da massa de iodo, serão necessárias 5 meias-vidas. Logo, o tempo equivalente será de 5 · 8 dias = 40 dias.

Exercício proposto

Entendemos por meia-vida o tempo necessário para que a metade dos núcleos radioativos de uma amostra se desintegrem. O plutônio-239 possui uma meia-vida de 48 000 anos, e a terra contaminada por esse elemento não pode ser habitada novamente por milhares de anos. Imagine que uma determinada região foi contaminada com 6,0 gramas plutônio-239. Quantos anos se passaram para que essa massa radioativa seja igual a 0,75g?

A tabela mostra que as meias-vidas variam numa larga escala, desde curtas, como a do potássio — 42 (12 horas), até bastante longas, como a do urânio — 238 ($4,5 \cdot 10^9$ anos). A velocidade depende de quanto o núcleo é instável.

Alguns isótopos radioativos e suas meias-vidas				
Isótopo	Z	A	Meia-vida	Radiação
Hidrogênio	1	3	12,4 anos	Beta
Carbono	6	14	5 720 anos	Beta
Fósforo	15	32	14 dias	Beta
Potássio	19	42	12 horas	Beta e gama
Cálcio	20	45	163 dias	Beta
Cobalto	27	60	5,3 anos	Beta e gama
Estrôncio	38	90	28 anos	Beta
Césio	55	137	30 anos	Beta e gama
Polônio	84	209	102 anos	Alfa
Rádio	88	226	1 160 anos	Alfa e gama
Tório	90	232	$1,4 \cdot 10^{10}$ anos	Alfa
Urânio	92	238	$4,5 \cdot 10^9$ anos	Alfa e gama

Isótopos do rádio	Meia-vida
$^{223}_{88}Ra$	11,2 dias
$^{224}_{88}Ra$	3,64 dias
$^{226}_{88}Ra$	1 620 anos
$^{228}_{88}Ra$	6,7 anos

Mesmo os isótopos radioativos de um elemento apresentam meias-vidas diferentes:

Os isótopos e as adulterações

No processo da fotossíntese, os vegetais consomem o gás carbônico (CO_2) formado pelos diversos isótopos do carbono (^{12}C, ^{13}C e ^{14}C). Em razão da diferença de abundância entre os isótopos, é esperado que os compostos orgânicos resultantes na fotossíntese mantenham a proporção entre os isótopos. No entanto, observa-se que, em vegetais como a uva (vinho) e cevada (cerveja), a absorção de ^{12}C em relação ao ^{13}C é maior do que em vegetais como a cana-de-açúcar e o milho.

Portanto, o açúcar do vinho e da cevada tem uma proporção $^{12}C/^{13}C$ maior do que a proporção $^{12}C/^{13}C$ encontrada na cana-de-açúcar e no milho.

Uma análise cuidadosa pode mostrar, por exemplo, se um vinho foi adulterado com álcool de cana, porque a relação entre os isótopos resultará alterada. Provando um vinho é impossível saber se o etanol contido é proveniente da uva ou da beterraba; nem mesmo os enólogos possuem a sensibilidade de distinguir isótopos do carbono pelo sabor do etanol.

Exercício proposto

Em março de 2011 o Japão sofreu um horrível desastre triplo: um terremoto seguido de um *tsunami* e em consequência disso, a destruição de três reatores nucleares. Para resfriar os reatores, foi usada grande quantidade de água, que depois foi descartada para o oceano. Dois isótopos do elemento radioativo césio foram encontrados em análise de água coletadas no oceano: o césio-134, que possui meia-vida de 2 anos, e o césio-137, com meia-vida de 30 anos. Com as informações do texto, responda:

a) No momento em que a massa de césio-134 se tornar $\dfrac{1}{64}$ da massa inicial, quantos anos se passaram?

b) Depois de quanto tempo a massa de césio-137 será igual a 6,25% da massa radioativa original?

O carbono – 14 e a fotossíntese

Além das transformações naturais por decaimento, existem reações nucleares que envolvem o choque de núcleos atômicos com partículas subatômicas, como os nêutrons. Esses podem ser gerados em laboratórios (processo artificial) ou por processos naturais, como as reações solares. Os nêutrons produzidos pelo Sol e por outras estrelas percorrem o espaço cósmico alcançando a Terra e constituindo a radiação cósmica ou radiação de fundo.

Os seres vivos estão em equilíbrio com as radiações dessa natureza. Em outras palavras, o **metabolismo** de plantas e animais incorpora em seus mecanismos e em suas reações a presença de tais partículas, não havendo qualquer prejuízo à vida.

Uma pequena quantidade de ^{14}C é produzida na atmosfera a partir de uma reação nuclear que envolve nêutrons de origem cósmica e nitrogênio -14, abundante na atmosfera.

Podemos representar essa equação da seguinte forma:

$$\underset{\text{atmosfera}}{^{14}_{7}N} + \underset{\substack{\text{nêutron} \\ \text{cósmico}}}{^{1}_{0}n} \longrightarrow \underset{\substack{\text{isótopo} \\ \text{radioativo}}}{^{14}_{6}C} + \underset{\substack{\text{próton liberado} \\ \text{na atmosfera}}}{^{1}_{+1}p}$$

Na sequência, o isótopo de C $-$ 14 reage com o oxigênio atmosférico, transformando-se em gás carbônico radioativo ($^{14}CO_2$). As plantas, por realizarem fotossíntese, acabam incorporando o $^{14}CO_2$ no processo de produção de açúcar. Portanto, todas as plantas contêm uma pequena quantidade de ^{14}C em relação ao ^{12}C (não radioativo).

Na manutenção da cadeia alimentar, o carbono $-$ 14 vai sendo transferido e distribuído entre todas as espécies que participam da cadeia. Assim sendo, vegetais e animais, quando morrem, cessam a troca de carbono $-$ 14 com o meio. A partir desse instante, começa a diminuição da taxa de ^{14}C, uma vez que o isótopo decai por emissão beta, segundo a equação:

$$\underset{\text{atmosfera}}{^{14}_{6}C} \longrightarrow {}^{14}_{7}N + {}^{0}_{-1}\beta$$

Essa propriedade é utilizada para determinar a idade de fósseis ou de objetos antigos feitos a partir de seres vivos.

A datação de objetos antigos e fósseis medidos pelo método do C – 14

Esse método foi proposto por Willard Frank Libby (1908-1980). O processo consiste em comparar a quantidade de ^{14}C existente em seres vivos com a quantidade de ^{14}C contida em fósseis de origem animal ou vegetal, como pedaços de tecidos, fragmentos de couro, madeira, pergaminhos e outros, desde que contenham carbono.

A eficácia dessa técnica apoia-se em dois pressupostos. O primeiro reside na ideia de que, enquanto em vida, a espécie animal ou vegetal está em constante atividade, consumindo e eliminando $^{14}CO_2$ (radioativo) junto com o CO_2 (não radioativo). O segundo propõe que com a morte cessam todas as atividades vitais, dando lugar a algumas atividades químicas e à continuidade do decaimento de ^{14}C por emissão beta. Assim, os seres vivos mantêm constante a taxa de ^{14}C, que após a morte vai diminuindo de acordo com o decaimento do C-14.

> **Metabolismo**
> Conjunto de reações químicas que se processam no interior dos seres vivos. As substâncias que fazem parte ou são formadas no processo são chamadas metabólitos.

Considere que um vegetal vivo tenha uma quantidade de C — 14 praticamente constante em sua estrutura. Quando um fóssil é encontrado, o primeiro passo é detectar a quantidade de carbono - 14 e compará-la com a quantidade de C — 14 com uma planta viva. Suponha que o fóssil tenha 25% da quantidade do isótopo de carbono radioativo que deveria ter quando ainda era vivo. Isso significa que, desde o instante em que o vegetal morreu, o C — 14 reduziu sua atividade a 25%; logo, passaram-se duas meias-vidas. Observe o esquema na figura 3.22:

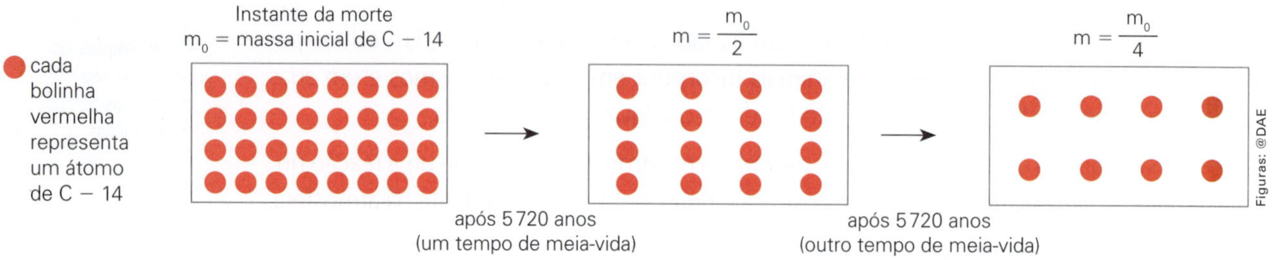

- cada bolinha vermelha representa um átomo de C — 14

Instante da morte
m_0 = massa inicial de C — 14

$m = \dfrac{m_0}{2}$

$m = \dfrac{m_0}{4}$

após 5 720 anos (um tempo de meia-vida)

após 5 720 anos (outro tempo de meia-vida)

Figura 3.22: A ilustração mostra o decaimento radioativo do C — 14. Suponha que uma árvore foi cortada: no instante de sua morte, o conteúdo de C — 14 foi chamado de m_0. Após um tempo de meia-vida ($t_{1/2}$ = 5 720 anos), a massa inicial caiu pela metade (50%); após outro tempo de meia-vida (mais 5 720 anos, portanto, 11 440 anos), a massa caiu pela metade novamente (25%).

A meia-vida do carbono radioativo é de 5 720 anos. Portanto, o suposto fóssil teria aproximadamente 11 440 anos.

Como todo processo, esse também tem suas limitações e torna-se ineficiente para datações que envolvam tempos geológicos, por exemplo, a idade da Terra.

As neves não são eternas

No ano de 1990, uma geleira localizada na Itália derreteu em quantidade suficiente para expor objetos de uso pessoal produzidos há milhares de anos. Junto com eles, foram encontrados os restos mortais de um habitante das montanhas. O método do C – 14 revelou que esses restos tinham aproximadamente 5 mil anos.

Estudos cuidadosos dos objetos encontrados possibilitaram a cientistas de outras áreas lançarem hipóteses sobre alguns hábitos de vida relativos a uma época que remonta a 3 mil anos antes de Cristo.

Figura 3.23: Otzi, com a datação feita por meio do C – 14, é considerada a múmia mais antiga do mundo.

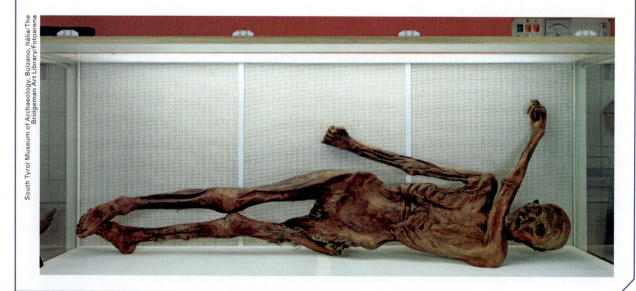

Exercício resolvido

Em 2017, um minúsculo pedaço de papiro (origem vegetal), supostamente foi submetido a medidas de atividade do isótopo radioativo C-14. O resultado mostrou que o pedaço de papiro tinha 50% da atividade em relação a uma planta viva. Estime a idade do pedaço de papiro considerando a meia-vida do C-14 igual a 5 730 anos.

Conforme afirma o enunciado, 50% da atividade leva-nos à idade de uma meia-vida ou 5 730 anos. Como a medida foi realizada em 2017 e o pedaço de papiro tem 5 730 anos, logo, 2017 – 5730 = –3713, ou seja, o papiro foi confeccionado aproximadamente em 3713 a.C.

Exercícios propostos

1. O fato de o carbono-14 ser radioativo levou ao desenvolvimento de um novo método para a determinação de descobertas arqueológicas. O dióxido de carbono presente na natureza é praticamente constituído do isótopo C-12 e de quantidades muito baixas dos isótopos C-13 e C-14. Desses três isótopos de carbono, apenas o isótopo C-14 é radioativo e decai continuadamente. A Terra é constantemente bombardeada por raios cósmicos altamente energéticos vindos do Sol, que reagem com átomos da atmosfera produzindo nêutrons. São esses nêutrons que, em contato com núcleos de nitrogênio presentes na atmosfera, produzem o C-14. Com base nas informações do texto, escreva a equação nuclear que mostra a formação do C-14 na atmosfera.

   Dados os números atômicos: C (Z=6) e N (Z=7)

2. No processo de fotossíntese as plantas absorvem CO_2, e enquanto elas estiverem vivas e em crescimento, a relação de C-12 e C-14 nos compostos de carbono das plantas será a mesma da atmosfera. Porém, se uma planta for cortada, sua relação C-14 para C-12 começa a diminuir devido ao decaimento radioativo dos átomos de C-14. Como a meia-vida do C-14 é 5 730 anos, depois desse tempo, a relação de C-14 para C-12 torna-se a metade da quantidade presente na atmosfera, podendo dessa forma ser determinada aproximadamente a idade de um material perecível, queimando a amostra de modo a obter CO_2.

   a) Podemos, por esse método, detectar a idade aproximada de um objeto de ouro encontrada em uma tumba egípcia?

   b) As análises revelaram que um pedaço de madeira encontrado próximo ao Rio Nilo apresentava 50% de teor de C-14 em relação a um pedaço de madeira retirado de uma árvore cortada recentemente. Qual seria a idade desse pedaço de madeira encontrada nas proximidades do Rio Nilo?

Química Aplicada

A bomba atômica

Em 1938, foi descoberta a fissão nuclear, processo que consiste genericamente em bombardear com nêutrons um núcleo atômico pesado. Desse choque resultam outros átomos radioativos, mais nêutrons e uma grande quantidade de energia, que é liberada para o ambiente (Figura 3.24).

No início dos anos 40, as universidades americanas de Berkeley e Chicago dispunham de laboratórios muito sofisticados e de grandes investimentos que financiaram projetos destinados à síntese de novos elementos químicos (elementos artificiais). Os físicos da época já conheciam bem as quantidades de energia envolvidas em transmutações radioativas naturais, como as emissões alfa e beta e os raios gama. Nesse mesmo período, o mundo estava imerso na Segunda Guerra Mundial e algumas nações buscavam a criação de uma arma capaz de mostrar supremacia.

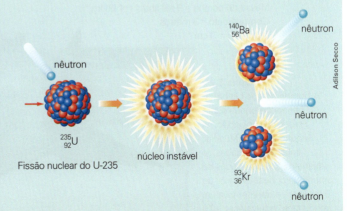

Figura 3.24: Fissão nuclear do U-235.

Radioquímica Capítulo 3 87

Todos esses fatores contribuíram para o desenvolvimento do projeto de confecção da primeira bomba atômica. A elaboração desse plano recebeu o nome de Projeto Manhattan, que resumia-se na construção de um poderoso artefato nuclear cujos efeitos fariam inimigos se renderem e reconhecerem a força e o poder da potência que o deflagrou. Mas essa construção exigia uma intensa pesquisa de ponta, com reunião de profissionais especializados de alto nível.

Para que o desenvolvimento da bomba fosse possível, era necessário conseguir produzir nêutrons em seu interior. Essa produção tornou-se garantida por uma mistura de polônio (Po – 210) e berílio (Be – 9) que, por meio de decaimentos naturais, acabam produzindo os nêutrons necessários para o início da fissão.

A equação do decaimento do Po – 210 é representada por:

$$^{210}_{84}Po \longrightarrow {}^{4}_{2}\alpha + {}^{206}_{82}Pb$$

A partícula α emitida pelo Po – 210 choca-se com o Be – 9, segundo a equação:

$$^{9}_{4}Be \longrightarrow {}^{4}_{2}\alpha + {}^{12}_{6}C + {}^{1}_{0}n$$

A produção do nêutron na segunda equação permite o início da fissão, porém não garante a explosão nuclear. É necessário que a quantidade de U – 235 constitua um mínimo de material denominado "massa crítica".

A massa crítica é a quantidade mínima do material físsil que evita o escape dos nêutrons produzidos no processo em cadeia, mantendo-os no interior da massa do explosivo, a fim de garantir a reação autossustentável.

Material físsil
É todo material capaz de sustentar uma reação em cadeia de fissão nuclear.

No caso de transporte e utilização de uma bomba atômica, o material físsil (U – 235 ou Pu – 239) é mantido em compartimentos isolados abaixo da massa crítica. Tecnicamente, essas duas partes, massa crítica e **material físsil**, irão chocar-se no interior da bomba pela ação de explosivos comuns, dando início à explosão nuclear.

A explosão nuclear e suas condições

Na manhã de 16 de julho de 1945, no deserto de Alamogordo, no Estado do Novo México, os Estados Unidos realizaram a primeira explosão nuclear. Poucos dias depois, em 6 de agosto de 1945, detonaram a bomba de U – 235 (Little Boy – Figura 3.25) sobre Hiroshima e, em 9 de agosto de 1945, a bomba de Pu – 239 (Fat Man) sobre Nagasaki.

1 polegada = 2,54 cm
1 libra = 459 g
Massa da bomba = 9 mil libras = 4 131 kg
Comprimento = 3 metros
Diâmetro = 71 cm

Figura 3.25: A bomba do tipo Little Boy, que foi detonada sobre Hiroshima, no Japão, na Segunda Guerra Mundial, tinha 28 polegadas de diâmetro, 120 polegadas de comprimento, pesava cerca de 9 mil libras e apresentava um rendimento equivalente a 20 mil toneladas de explosivos aproximadamente.

As bombas de U – 235 e Pu – 239 utilizam-se do processo de fissão, quebrando o núcleo atômico pelo choque de nêutrons e produzindo uma grande quantidade de energia (Figuras 3.26 e 3.27).

A fissão do U – 235 pode ser equacionada do seguinte modo:

$$^{235}_{92}U + ^{1}_{0}n \longrightarrow ^{140}_{56}Ba + ^{93}_{36}Kr + 3^{1}_{0}n + 8,5 \cdot 10^{7} \text{ kJ/g de U} - 235$$

BOMBA DE URÂNIO

tubo subcrítico de U - 235 | plugue subcrítico de U - 235 | tubo oco | explosivo convencional

O explosivo convencional é detonado lançando o plugue de U - 235 em direção ao tubo de U - 235

O plugue de U - 235 se encaixa na abertura do tubo de U - 235, formando a massa crítica de U - 235...

... produzindo a explosão nuclear

BOMBA DE PLUTÔNIO

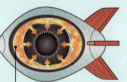
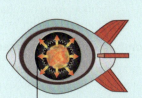

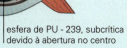

explosivo convencional

esfera de PU - 239, subcrítica devido à abertura no centro

A explosão convencional é detonada comprimento a esfera de PU - 239

Colapso da esfera formando a massa crítica de PU - 239

... produzindo a explosão nuclear

Figuras 3.26 e 3.27: Esquema de explosão da bomba de urânio e de plutônio.

Da equação, podemos obter as seguintes informações: cada nêutron (n) que se choca com o U – 235 produz três nêutrons como produto da fissão, que se comportam da mesma maneira, num processo em cadeia. Considerando que os outros três núcleos de U – 235 irão sofrer fissão, gerando três novos nêutrons cada um, o processo avança em progressão geométrica (Figura 3.28).

> **NOTA:**
> Matematicamente, a progressão geométrica é uma sucessão de números na qual o valor de um sucessor é obtido pelo produto do anterior por uma razão.
>
> Ex.: $2 \cdot 3 = 6$; $6 \cdot 3 = 18$; $18 \cdot 3 = 54$ (razão: 3)
>
> Sucessão: 6, 18, 54.
>
> No caso da fissão do U – 235, a razão é 3, pois cada núcleo de U – 235 produz três nêutrons que, ao se chocarem com outros três núcleos, produzirão 9 nêutrons e, assim, sucessivamente.

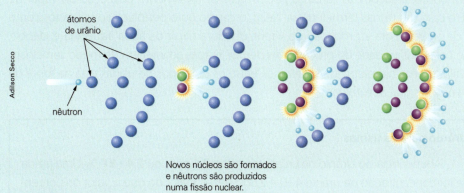

Novos núcleos são formados e nêutrons são produzidos numa fissão nuclear.

Figura 3.28: Processo em cadeia.

O processo de fusão nuclear

Supõe-se que o Sol produza energia por meio de reações de fusão nuclear entre isótopos de hidrogênio, isto é, a fusão de dois isótopos de hidrogênio para formar um isótopo de hélio (Figura 3.29).

$$^{3}_{1}H \; + \; ^{2}_{1}H \; \longrightarrow \; ^{4}_{2}He \; + \; ^{1}_{0}n \; + \; 8,6 \cdot 10^{8} \text{ kJ por grama de deutério } [^{2}_{1}H]$$

Uma vez conhecida a quantidade de energia do processo anterior, podemos compará-la com a quantidade de energia liberada na fissão do U – 235 ($8,5 \cdot 10^{7}$ kJ). Conclui-se que 1 g do isótopo de deutério, durante o processo da fusão, produz dez vezes mais energia que 1 g de U – 235 no processo de fissão nuclear.

Mediante ao que foi exposto, surge uma pergunta: por que não utilizar o processo de fusão em usinas nucleares, uma vez que o método produz mais energia e, além disso, os produtos da fusão não são poluidores?

Para que as reações de fusão se realizem, é necessário que a temperatura inicial da reação atinja valores da ordem de 10 000 000 °C, o que representa uma quantidade muito grande de energia. O fato de ser uma reação descontrolada impede o armazenamento da energia liberada. Essa quantidade de energia poderia ser obtida por meio do processo de fissão, mas até o momento esbarra em barreiras econômicas.

As bombas atômicas que recorrem ao princípio de fusão são denominadas bombas de hidrogênio ou bombas termonucleares. O processo de fusão, devido às elevadas temperaturas, forma o plasma, estado de matéria no qual existem íons e elétrons livres.

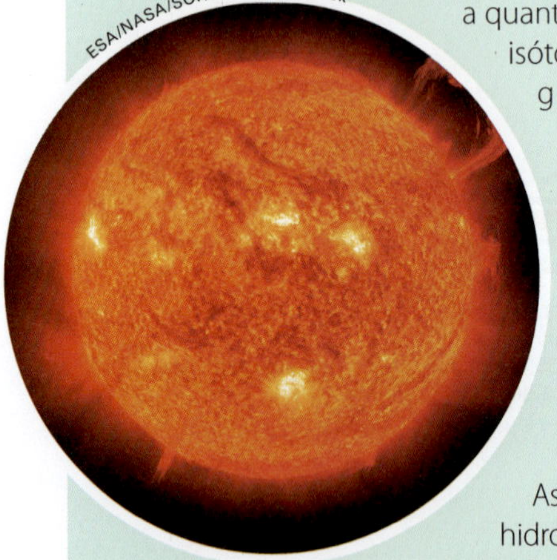

Figura 3.29: A energia solar é proveniente da reação de fusão que converte hidrogênio em hélio.

Bombas nucleares e o extermínio

A potência de uma bomba atômica é designada em múltiplos de toneladas do explosivo trinitrotolueno (TNT). Expressões como **quiloton** e **megaton** significam mil toneladas e um milhão de toneladas, respectivamente, de TNT. A bomba que explodiu em Hiroshima, em 6 de agosto de 1945, tinha 13 quilotons e matou 70 mil pessoas no momento da explosão e outras 130 mil morreram posteriormente, vítimas de queimaduras provocadas pela radiação.

Energia nuclear

NOTA:

As reservas mundiais de urânio que podem ser economicamente exploradas atingem 2,4 milhões de toneladas do minério.

As usinas hidrelétricas utilizam quedas-d'água para a transferência da energia cinética da água para as turbinas. Essas, por sua vez, fazem movimentar os geradores que produzem energia elétrica, que é transportada por cabos e fios até o consumidor.

Em outras situações, as turbinas podem ganhar movimento pela ação do vapor de água. É o caso das usinas termelétricas. Nelas, o carvão ou o petróleo são utilizados como fontes de energia para a produção do vapor, obtido a partir da água aquecida e, depois, expulso pela continuidade do processo. As demais etapas acontecem de modo semelhante ao utilizado nas hidrelétricas. A diferença entre os dois tipos de usinas está na fonte de energia que faz girar as turbinas.

Urânio para as usinas

Abundância do Urânio na crosta terrestre: 2,4 ppm ou $2,4 \cdot 10^{4}$ %. Uma jazida deve ter concentração de urânio 400 a 2 500 vezes maior do que o valor da porcentagem citada acima.

No Brasil, a mina de Caldas, em Minas Gerais, atingiu a exaustão. Agora, o urânio é produzido no sudoeste da Bahia, cujas reservas são estimadas em 100 000 toneladas.

Unidade 1 Matéria e Energia

Usina nuclear

As usinas nucleares também produzem calor para aquecer a água e vaporizá-la. O "combustível", porém, é o material radioativo que sofre fissão nuclear para poder liberar grandes quantidades de energia.

Os isótopos físseis (U – 235 e Pu – 239) participam do processo, respeitando técnicas que permitem a devida utilização da energia da fissão sem que haja risco de reações explosivas. Podemos associar essa ideia de controle ao processo usado na combustão em fogões, quando os bicos queimam o gás aos poucos, sem risco de explosão.

O material radioativo mais utilizado nas usinas é o urânio. Ele ocorre naturalmente na crosta terrestre e é extraído na forma de minérios (urânio combinado com outros elementos, cuja extração é economicamente viável). Os átomos de urânio existem em duas formas isotópicas naturais, o U – 235 e o U – 238, e suas porcentagens de ocorrência são, respectivamente, 0,7% e 99,3%.

De acordo com o tipo de usina nuclear, pode-se usar o elemento urânio como combustível na forma natural ou, ainda, pode-se enriquecê-lo para aumentar a porcentagem do isótopo U – 235. O enriquecimento do urânio consiste na retirada de parte do U – 238 de sua composição natural, elevando a quantidade do U – 235 a 3% e reduzindo a quantidade de U – 238 a 97%.

Os princípios de funcionamento da usina

Conforme já visto, as explosões de bombas atômicas dependem da existência de reações em cadeia, quando um nêutron atinge o núcleo do U – 235 produzindo dois novos átomos-filhos e três nêutrons. Os três nêutrons dão continuidade ao processo, chocando-se com três outros núcleos de urânio, e assim sucessivamente.

Nas usinas, o processo de reação em cadeia é dificultado de tal modo que apenas um nêutron dá continuidade à reação. Assim, mantém-se a taxa constante para não haver explosões.

Junto à fração combustível existem isótopos de U – 238 que também absorvem nêutrons sem, contudo, sofrerem fissão. A estrutura do ambiente onde ocorre a fissão do urânio (reator da usina) captura nêutrons. Além disso, a água que circula no interior do reator acaba servindo como receptora de nêutrons.

A planta da usina a seguir mostra que o reator é mantido isolado por paredes de aço e concreto, conforme ilustra a Figura 3.30.

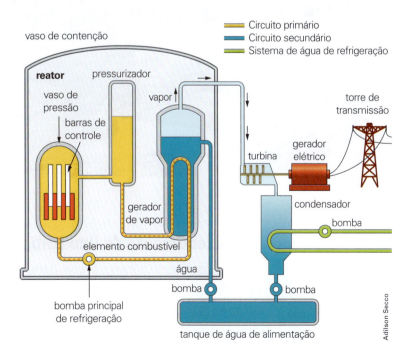

Figura 3.30: Esquema de uma usina nuclear. Imagem sem escala; cores-fantasia.

CIÊNCIA, TECNOLOGIA, SOCIEDADE E AMBIENTE

Chernobyl – O acidente

As usinas nucleares ainda são vistas por parte da sociedade como verdadeiras "bolas de fogo". Acidentes que envolvem a comunidade em geral e que se propagam de geração em geração contribuem para que a memória coletiva conserve imagens desoladoras. Um desses acidentes foi, sem dúvida, o ocorrido em 16 de abril de 1986 na Ucrânia, que na época fazia parte da União das Repúblicas Socialistas Soviéticas. Segundo registros de agências de vários países, teria havido uma sucessão de erros humanos que resultou em duas explosões com o consequente rompimento de um dos prédios do reator da usina. A explosão foi o equivalente a dezenas de bombas atômicas e o iodo – 131, um dos vários isótopos radioativos resultantes da explosão, espalhou-se pela atmosfera. Possivelmente, milhares de pessoas ingeriram esse isótopo pela água e pelos alimentos contaminados, e houve um significativo aumento do número de casos de câncer na tireoide dentre as pessoas que estiveram, por razões diversas, mais expostas à radiação.

Figura 3.31: Reator 4 da central nuclear de Chernobyl danificado no acidente em abril de 1986.

Armazenamento do lixo radioativo

Até o momento, tratamos apenas da questão do funcionamento de um reator nuclear, porém é necessário considerar outros problemas tão significativos quanto a própria usina nuclear.

Um deles refere-se à extração e à preparação do urânio; o outro, aos produtos e rejeitos que aparecem no reator e devem ter um destino seguro para não pôr em risco a vida no planeta.

Os projetos de extração de urânio a partir de seus sais minerais mostram que são necessárias 90 mil toneladas de minério para obter 180 toneladas de urânio puro. Ainda que essa quantidade seja suficiente para manter a usina durante um ano, com uma potência de 1 000 MW, temos o resto do processo de mineração, que corresponde a 88 820 toneladas de minerais não aproveitados, cuja massa contém radônio, um gás produzido pela desintegração natural do U – 238. Esse gás é cancerígeno e torna-se muito concentrado no ambiente de extração e processamento de minério de urânio.

Um reator nuclear deve ser construído sob normas rígidas de segurança, longe de povoações; 20 km é a distância mínima entre o reator e os centros urbanos para que, no caso de acidente, os habitantes recebam o mínimo do limite tolerável de radiações até que tenham tempo de abandonar o local. A dispersão dos poluentes conta também com as condições meteorológicas, minimizando ou não os efeitos sobre as populações próximas.

Tratando-se dos produtos do reator, devemos levar em consideração que, como toda máquina alimentada por combustível, o reator precisa ser reabastecido. A questão é saber qual destino é dado ao urânio substituído no reator.

CIÊNCIA, TECNOLOGIA, SOCIEDADE E AMBIENTE

Goiânia, dezembro de 1987: dois sucateiros da cidade venderam como ferro-velho uma cápsula com césio-137 radioativo

O saldo da venda foi aproximadamente 1000 pessoas contaminadas e 4 mortes imediatas.

Todos os dados apresentados a seguir estão baseados nos *Autos de Goiânia*, um relatório elaborado por especialistas de várias universidades brasileiras que traz um panorama completo desde a abertura da cápsula de Cs – 137 até os efeitos decorrentes relacionados diretamente ao acidente, com enfoque físico, químico, biológico, social, psicológico, econômico e político.

O césio vendido foi encontrado sob os escombros de um instituto de radioterapia. Apesar de o material estar armazenado em uma garrafa metálica, cuja espessura impedia que os técnicos e funcionários do instituto ficassem expostos à radiação, ele não teve um fim adequado e foi descartado como lixo comum.

O isótopo Cs – 137 é betaemissor, mas também emite radiações gama.

$$^{137}_{55}Cs \rightarrow \,^{137}_{56}Ba + \,^{0}_{-1}\beta \,+\, Energia$$

Após o trabalho de rastreamento nas regiões próximas de onde a cápsula foi aberta, os técnicos responsáveis procuraram por pessoas e objetos que tiveram contato direto ou indireto com a amostra de césio. Recolheram-se 3 000 m³ de lixo radioativo, que foram devidamente armazenados em caixas e tambores para, posteriormente, serem enterrados a 20 km da cidade de Goiânia. Todos os utensílios domésticos e as peças de vestuário tiveram de ser recolhidos. Ainda assim, as águas superficiais poderiam estar contaminadas e contaminar as pessoas pelas mais diversas formas de usos.

Esse tipo de acidente é um exemplo da importância de medidas preventivas que visem esclarecer e orientar a população em geral para os riscos e os perigos de determinado produto e/ou sua embalagem, devendo ser descartado adequadamente.

Radioquímica Capítulo 3 93

Os produtos radioativos da fissão do U – 235 nos reatores atômicos, acrescentados ao plutônio, constituem o que se chama de rejeitos de alto nível. Isso deve-se à própria natureza dos isótopos produzidos no reator que, por terem meias-vidas muito longas, necessitam de reservatórios, invólucros ou tonéis de um determinado tipo de material para evitar a contaminação do solo, da água e da atmosfera. Mas esse tipo de material resistente e durável ainda não foi descoberto. Os programas de destino do lixo nuclear requerem mais cuidados quanto à escolha dos locais em que esse lixo será depositado. Deve-se levar em consideração o tempo que ficará armazenado, justamente pelas meias-vidas longas dos materiais que o constituem.

Segundo os especialistas no assunto, ainda não há uma forma ideal para tratar com absoluta segurança os rejeitos radioativos das usinas nucleares, principalmente se levarmos em conta que eles são responsáveis por 90% da radioatividade artificial.

Provisoriamente, são usadas algumas técnicas para o armazenamento desses rejeitos, porém elas não nos dão garantias de quanto tempo os depósitos serão capazes de resistir (Figura 3.32). Algumas providências tomadas para o armazenamento são:

- escolha de locais sem falhas geológicas e sem a presença de abalos sísmicos;
- perfuração de poços em rochas, nos quais é introduzido o rejeito devidamente lacrado em tonéis de aço inoxidável ou de cobre para resistirem por mais tempo à corrosão;
- cobertura dos poços com concreto e argila, que se mostra um bom material para isolamento das emissões radioativas.

Figura 3.32: Lixo radioativo cujo destino ainda é permanecer sob camadas de concreto e argila à espera de uma solução mais eficiente.

Nucleossíntese: o nascimento dos átomos

> O que fazia Deus antes da criação do mundo? Antes de Deus ter criado o mundo não havia tempo e, portanto, nenhum "antes".
> Santo Agostinho (século IV)

Não pretendemos neste assunto entrar em discussões filosóficas ou religiosas, mas somente tentar explicar, à luz do que se sabe hoje, como se acredita que os elementos químicos foram formados.

As ciências têm um compromisso diário com a busca por respostas às nossas dúvidas. A evolução dos conhecimentos permite-nos construir equipamentos de alta tecnologia, capazes de responder a algumas delas. A compreensão da essência do Universo ainda nos é um mistério, porém, conhecimentos acumulados nos possibilitam tentar entender parte do enigma de sua evolução.

Em 1929, o astrônomo americano Edwin Hubble (1889-1953), ao estudar a luz emitida pelas estrelas, constatou que elas estão se afastando de nós, contrariando o que se pensava até então. Ele concluiu que vivemos não em um universo estático, mas sim em expansão. Ao observar que as galáxias estão se afastando umas das outras, somos levados a crer que, no passado, elas estariam bem próximas e que toda a matéria e a energia existentes no Universo estariam concentradas em um único lugar.

Em 1946, o cientista russo Guiorgui Gamov (1904-1968) propôs a teoria da grande explosão, o Big Bang, sugerindo que o Universo teria nascido há 15 bilhões de anos a partir de uma concentração de matéria extremamente quente e densa. Teoricamente, esse início seria estabelecido como a origem do tempo e do Universo e justificaria a expansão das galáxias.

Com base nessa teoria, a grande diversidade de substâncias em nosso ambiente deve-se à formação dos elementos químicos a partir da matéria liberada durante o Big Bang. A síntese desses elementos ou nucleossíntese é entendida hoje pelos cientistas em termos de reações nucleares. Na construção de um modelo de nucleossíntese, a evolução cosmológica deve ser consistente com o observado nas matérias que compõem o Universo (Figuras 3.33 e 3.34).

Logo após a grande explosão, prótons e nêutrons combinaram-se para formar núcleos mais complexos sob forças de atração nuclear. Depois, os nêutrons se desintegraram em prótons (p), elétrons (e⁻) e neutrinos (ν):

$$^{1}_{0}n \longrightarrow {}^{1}_{1}p + {}^{0}_{-1}e^{-} + {}^{0}_{0}\nu$$

Os prótons e os nêutrons que não reagiram no Big Bang formaram a grande quantidade de hidrogênio e hélio existentes no Universo atual. Esses dois elementos constituem cerca de 98% dos elementos naturais.

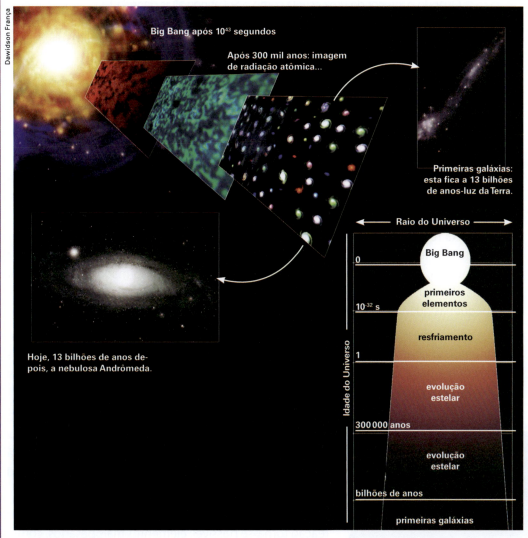

Figuras 3.33 e 3.34: Esquemas da evolução do Universo.

A invasão dos neutrinos

Reações nucleares que produzem neutrinos acontecem no Sol e em outras estrelas. Durante a fusão nuclear, dois neutrinos são produzidos para cada cada átomo de hélio gerado no Sol. Os cálculos mostram que 60 bilhões de neutrinos atingem a Terra por cm2 por segundo. Quanto maior for a massa da estrela, mais neutrinos são formados. Considerando que a Via Láctea tem cerca de 10^9 estrelas, imagine quantos neutrinos atingem a Terra por segundo por cm² !

A evolução estelar

Após o Big Bang, a poeira cosmológica era constituída de átomos de hélio e hidrogênio em quantidade suficiente para expandir o Universo.

Uma grande quantidade de matéria condensou-se como pó, formando estrelas embrionárias que, associadas à compressão gravitacional, provocaram um reaquecimento dessa matéria, cujo núcleo se encontrava à temperatura de 10 milhões de K e densidade de 10^{14} g/cm^3. É importante dizer que somente o núcleo das estrelas atinge densidades e temperaturas elevadas como as apresentadas. Por exemplo, a temperatura da superfície do Sol é cerca de 5 700 K, mas a de seu núcleo pode atingir 14 000 000 K.

Quando o interior de uma estrela como o Sol atinge altas densidades e temperaturas, os prótons ali existentes adquirem energia cinética suficiente para superar suas mútuas repulsões elétricas e iniciar reações nucleares. Esse processo é característico de cerca de 90% das estrelas.

Átomos de hidrogênio se convertendo em hélio e outras variações são possíveis, dependendo da temperatura e da composição do interior da estrela. A energia liberada por grama de hidrogênio na formação de hélio é de cerca de $6 \cdot 10^{11}$ J, 20 milhões de vezes maior que a energia produzida na combustão de um grama de carbono.

Estrelas vermelhas gigantes

Quando uma estrela torna-se velha, ela passa a apresentar duas camadas distintas: uma interior, constituída do hélio produzido pela fusão nuclear, e uma região mais externa, composta basicamente do hidrogênio que não reagiu.

Na região compreendida entre o interior da estrela e a camada mais externa, as fusões nucleares continuam e as reações entre núcleos de hélio dão origem a novos elementos, como o lítio, o berílio e o boro. Esses, tão logo são formados, se desintegram pela elevada temperatura de alguns milhões de graus. Essa é a razão pela qual existem pequenas quantidades desses elementos no Universo.

Se a massa da estrela for suficientemente grande, a força gravitacional fará seu interior se contrair, aumentando substancialmente a temperatura e a densidade. Isso faz que a parte mais externa da estrela se expanda demais, dando origem a um novo estágio, chamado **fase de gigante vermelha** (Figura 3.35).

As estrelas que não possuem massa suficiente para atingir esse estágio acabam consumindo todo o hidrogênio combustível que possuem e não passam por essa etapa evolutiva. Elas se tornam então **anãs brancas**, o último estágio evolutivo de uma estrela de pequeno porte, representando o seu fim.

Durante a fase de gigante vermelha, um novo tipo de reação torna-se possível: elementos mais pesados, como o carbono e o oxigênio, são agora produzidos a partir do hidrogênio e do hélio, podendo a estrela assim permanecer por dezenas de milhões de anos.

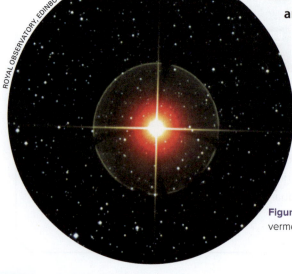

Figura 3.35: A gigante vermelha IRC + 10216.

> **Explosão de uma estrela**
>
> Quando uma estrela explode, em décimos de segundo, produz a mesma quantidade de energia produzida pelo Sol.
>
> A energia produzida durante o colapso de uma estrela situada a 50 000 anos-luz do nosso planeta é emitida na forma de radiação gama, invisível ao olho humano. Estimativas indicam que, se a estrela estivesse a 10 **anos-luz** da Terra, possivelmente toda a vida do nosso planeta teria sido extinta.

Anos-luz
Distância percorrida pela luz no vácuo, no período de um ano. É a unidade de medida usada para calcular distâncias no espaço astronômico. Um ano-luz equivale a aproximadamente 9,46 x 10 elevado a 12 quilômetros.

Nucleossíntese explosiva – Estrelas de grande massa

Passada a fase de gigante vermelha, as estrelas apresentam um novo interior, agora contendo principalmente carbono e oxigênio, e uma camada externa de hidrogênio e hélio. Sob essas condições surgem novas reações nucleares, que ocorrem rapidamente, envolvem fusões entre o carbono e o oxigênio e formam elementos como o silício, o neônio e o magnésio.

Grande parte do núcleo da estrela agora é constituído de silício. Porém, com a grande variedade de reações nucleares que podem acontecer, torna-se possível o avanço evolutivo das estrelas. Esse processo continua sequencialmente e forma elementos químicos com número de massa 32, 36, 40, 44, 48, 52 e 56, extraordinariamente abundantes no Universo. Em razão da grande variedade de matéria no interior das estrelas, outros núcleos também são produzidos, mas em quantidades menores. A sequência de reações nucleares para perto do número de massa 56, o ferro, que representa o núcleo natural mais estável.

Produção de elementos pesados

O acúmulo de elementos com massas próximas à do ferro, no interior de estrelas com massas dez vezes maiores que a do Sol, cria situações catastróficas. A força gravitacional em seu interior provoca o aumento da densidade e da temperatura, gerando grande instabilidade em um curto espaço de tempo. Esse rápido aquecimento, seguido de uma maciça onda de colisões, leva a estrela à explosão num processo conhecido por **supernova**.

A grande quantidade de nêutrons formados no interior das estrelas não possui carga elétrica e pode interagir com processos nucleares anteriores, sem a repulsão eletromagnética, que inibe as colisões de partículas eletricamente carregadas. Trata-se de um processo que enriquece a diversidade de núcleos pesados (Figura 3.36).

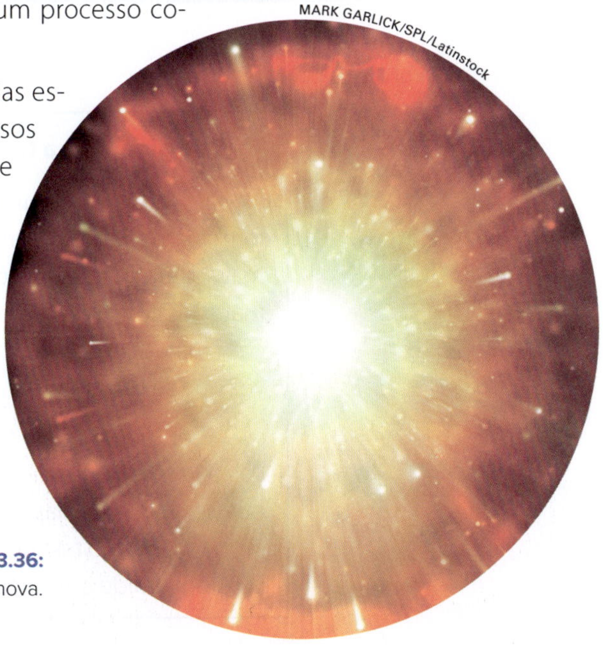

Figura 3.36:
Explosão de uma supernova.

Os elementos mais pesados que o ferro, até hoje encontrados, podem ter sido formados de duas maneiras: na superfície de gigantes vermelhas ou na explosão de uma supernova.

Muitos dos destroços dessas explosões lançados ao espaço foram coletados por corpos de pequena massa, como a Terra e os demais planetas, que estão em órbita de outras estrelas. (Figuras 3.37 e 3.38) Seguindo a proposição do mecanismo da morte de uma estrela, podemos identificar 90 tipos de elementos químicos naturais em nosso planeta. Por esse motivo, é comum ouvir falar que as estrelas são fábricas de átomos.

Figura 3.37: Planeta Terra.

Figura 3.38: Representação do Sistema Solar. Ilustração sem escala; cores-fantasia.

Uma gigantesca transformação

Todos os argumentos convergem para o fato de que a água não teria sido formada na Terra. Digamos que ela se acumulou neste planeta enquanto ele se formava. Uma das explicações sugere que três corpos espaciais continham água em seus materiais constituintes: os asteroides, os cometas e a nebulosa inicial da Terra. Cálculos com massas desses corpos celestes e a massa de água na Terra são alentadores, uma vez que se mostram coerentes.

Contudo, há divergências quanto à origem da água e quantidades em função das origens. Alguns cientistas sugerem que: 35 a 38% da água da Terra teve origem no que se chama de gás e poeira cósmica (nebulosa inicial); 60% vieram de asteroides; 5 a 2% teriam sido trazidos por cometas. Para outros, esses números diferem um pouco: 50% advêm de asteroides; 30%, de cometas; e 20%, da nebulosa inicial.

COM A PALAVRA...

Sérgio Pezzin*

Como são formados os elementos químicos?

Você aprendeu que toda a matéria do universo é formada por elementos químicos, mas já perguntou de onde eles vieram ou como foram formados?

Os elementos químicos, ou seja, conjuntos de átomos com o mesmo número de prótons em seus núcleos, são formados por um processo chamado de nucleossíntese. As nucleossínteses envolvem reações nucleares e são tópicos importantes da química nuclear e da astroquímica.

A história da formação dos átomos começa no Big Bang que deu origem ao Universo. Considera-se que nos minutos iniciais tenham-se formado os átomos dos elementos hidrogênio, na forma dos isótopos ^{1}H, ^{2}H e ^{3}H, hélio, na forma de ^{3}He e ^{4}He, lítio, na forma de ^{7}Li, e berílio, ^{7}Be. O ^{7}Li, por exemplo, pode ser formado pela reação nuclear entre um núcleo de ^{3}H e um de ^{4}He, com a liberação de energia na forma de raios gama (γ):

$$^{3}_{1}H + ^{4}_{2}He \rightarrow ^{7}_{3}Li + \gamma$$

Nesta etapa, que corresponde a um período extremamente curto em termos de história do Universo, nenhum elemento mais pesado que o berílio (número atômico 4) teria sido formado.

É interessante mencionar que 99,9% dos átomos na composição atual do Universo são de hidrogênio ou hélio!

Essa, porém, não é a composição do planeta Terra. E como foram formados todos os outros elementos que ocorrem naturalmente na Terra, como o carbono e o ferro?

Esses elementos, constituídos de átomos mais pesados (pois têm um maior número de massa), são gerados durante o processo de evolução estelar, pela "nucleossíntese estelar"!

Nas estrelas, ocorrem reações de fusão nuclear entre átomos de hidrogênio que formam quantidades cada vez maiores de hélio. Essas fusões geram uma quantidade muito grande de energia, que é o que faz com que as estrelas, que têm uma massa enorme, não entrem em colapso.

* Mestre e doutor em Química pela Unicamp. Pós-doutorado pela GK55 (Alemanha). Professor titular na UDESC.

Os átomos de hélio entram então em novas reações de fusão que vão gerar carbono e oxigênio, por exemplo. O carbono é um elemento chave neste processo, sendo produzido pela reação nuclear entre dois átomos de He:

$$_2^4He + _2^4He \longrightarrow _4^8Be$$

$$_4^8Be + _2^4He \longrightarrow _6^{12}C$$

Elementos mais pesados, como o magnésio, são então gerados a partir do carbono:

$$_6^{12}C + _6^{12}C \longrightarrow _{12}^{24}Mg + \gamma$$

Esses processos produzem elementos tão pesados quanto o ferro e o níquel, mas para produzir elementos ainda mais pesados outros processos mais energéticos são necessários. É o que ocorre na explosão de algumas estrelas em seus estados finais de evolução, as "supernovas", e que se chama de "nucleossíntese explosiva". Nesses eventos, chega-se finalmente à formação de elementos como o tório e o urânio, que é o elemento mais pesado (número atômico 92) encontrado naturalmente. Elementos com números atômicos maiores que o do urânio são todos gerados artificialmente, também por meio de reações de fusão e fissão nucleares.

Falando nisso, a procura de um processo mais limpo para a geração de grande quantidade de energia levou muitos cientistas e engenheiros a desenvolver projetos de reatores de fusão nuclear, que ao contrário da fissão nuclear não gera resíduos danosos ao meio ambiente.

Processos de fusão nuclear entre átomos de deutério (^2H, o isótopo de hidrogênio com um próton e um nêutron no núcleo) pode gerar uma quantidade gigantesca de energia a partir de uma pequena quantidade de matéria. Por exemplo, a fusão de poucos cm^3 de deutério correspondem à energia da queima de cerca de 20 toneladas de carvão!

Vários bilhões de dólares já foram gastos nesses projetos, sendo que alguns resultados alentadores foram publicados em 2014, quando o Laboratório Nacional Lawrence Livermore (EEUU), utilizando lasers de alta potência para confinar os átomos de deutério, chegou a um balanço energético positivo, ou seja, as reações produziram mais energia do que consumiram, aumentando as expectativas para o futuro uso da fusão nuclear na geração de eletricidade.

QUESTÕES

1. O processo de fusão dos átomos nas estrelas leva à formação dos elementos até o ferro. Depois, em seus estados finais de evolução, podem ocorrer explosões, as supernovas, levando à nucleossíntese explosiva. A densidade da matéria pode atingir valores da ordem do núcleo atômico. Calcule aproximadamente a densidade de um núcleo do ferro. Um bloco de 10 x 10 x 10 cm (1L) de ferro pesa quase 7,8 kg. Qual seria a massa de um bloco destes com tal densidade?

2. Pesquise na internet sobre "a morte do sol". Quanto tempo ele tem de vida? Quantos milhões de toneladas de hidrogênio ele "queima" por segundo? Qual o fim do sol?

Exercícios finais

1. (Unicamp-SP) Um filme de ficção muito recente destaca o isótopo $^{3}_{2}He$, muito abundante na Lua, como uma solução para a produção de energia limpa na Terra. Uma das transformações que esse elemento pode sofrer, e que justificaria seu uso como combustível, está esquematicamente representada na reação abaixo, em que o $^{3}_{2}He$ aparece como reagente.

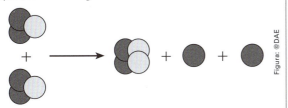

De acordo com esse esquema, pode-se concluir que essa transformação, que liberaria muita energia, é uma

a) fissão nuclear, e, no esquema, as esferas mais escuras representam os nêutrons e as mais claras, os prótons.

b) fusão nuclear, e, no esquema, as esferas mais escuras representam os nêutrons e as mais claras, os prótons.

c) fusão nuclear, e, no esquema, as esferas mais escuras representam os prótons e as mais claras, os nêutrons.

d) fissão nuclear, e, no esquema, as esferas mais escuras são os prótons e as mais claras, os nêutrons.

2. (PUCC-SP) Durante a fusão nuclear que ocorre no Sol, formam-se átomos de hélio $^{4}_{2}He$. Esse átomo possui

a) 2 prótons e 2 nêutrons.
b) 2 prótons e 4 nêutrons.
c) 2 prótons e nenhum nêutron.
d) 4 prótons e 2 nêutrons.
e) 4 prótons e nenhum nêutron.

3. (UPM-SP) O urânio-238, após uma série de emissões nucleares de partículas alfa e beta, transforma-se no elemento químico chumbo-208 que não mais se desintegra, pelo fato de possuir um núcleo estável. Dessa forma, é fornecida a equação global que representa o decaimento radioativo ocorrido.

$$^{238}_{92}U \rightarrow ^{206}_{82}Pb + \alpha + \beta$$

Assim, analisando a equação acima, é correto afirmar-se que foram emitidas

a) 8 partículas α e 6 partículas β.
b) 7 partículas α e 7 partículas β.
c) 6 partículas α e 8 partículas β.
d) 5 partículas α e 9 partículas β.
e) 4 partículas α e 10 partículas β.

4. (UPF-RS) A charge apresentada a seguir, além de rememorar os tristes acontecimentos ocorridos há trinta anos, após o acidente na usina termonuclear de Chernobyl, na Ucrânia, lembra que seus efeitos ainda estão presentes. Na época, o teto do reator, que pesava mil toneladas, foi destruído na explosão, e uma nuvem de radiação tomou a cidade. A vegetação, o solo e a água foram contaminados, sendo necessária a evacuação dos moradores. A nuvem radioativa, representada na charge, contendo césio-137 e o iodo-131 (além de outros), estendeu-se por vários países da Europa e os impactos ambientais no continente europeu continuam a causar preocupação em escala mundial.

(Disponível em: http://operamundi.uol.com.br/conteudo/opiniao/43943/charge+do+latuff+30+anos+do+desastre+de+chernobyl.shtml.)

Entre os núcleos mencionados, o césio-137 sofre decaimento, emitindo partículas beta e radiação gama. A equação que representa adequadamente a emissão da partícula beta por esse núcleo é:

a) $^{137}_{55}Cs \rightarrow ^{0}_{+1}\beta + ^{131}_{54}Xe + \gamma$

b) $^{137}_{55}Cs + ^{0}_{-1}\beta + ^{137}_{54}Xe + \gamma$

c) $^{137}_{55}Cs + ^{0}_{-1}\beta \rightarrow ^{131}_{52}Te$

d) $^{137}_{55}Cs \rightarrow ^{0}_{-1}\beta + ^{137}_{56}Ba + \gamma$

e) $^{137}_{55}Cs + ^{0}_{+1}\beta \rightarrow ^{133}_{54}Xe + ^{4}_{2}\alpha$

5. (UEPG-PR) Com relação à estrutura dos átomos e suas características, assinale o que for correto.

Dados: Fe (Z = 26); Ca (Z = 20); K (Z =19)

01) Um átomo neutro de N (Z = 27), ao se transformar no ânion N³⁻, apresentará 7 prótons e 4 elétrons.

02) A soma do número de prótons (p) e o número de nêutrons (n) é o número de massa (a).

Radioquímica   Capítulo 3   101

Exercícios finais

04) O átomo de Ca apresenta $Z = 20$ e 20 nêutrons e o átomo de K apresenta $Z = 19$ e 21 nêutrons. Estes átomos podem ser considerados isótonos.

08) Os átomos $_5B^{11}$ e $_6C^{12}$ são considerados isótopos.

16) O átomo de Fe apresenta 26 prótons e, portanto, o seu número atômico é 26.

6. (UEM-PR) Assinale o que for correto.

01) Átomos de um mesmo elemento químico podem ter o número de massa diferente em consequência do diferente número de nêutrons.

02) Elemento químico é um conjunto de átomos no qual cada átomo possui o mesmo número de prótons.

04) Por terem igual número de prótons e igual número de elétrons, os isótopos de um mesmo elemento químico têm, em geral, propriedades físicas e químicas semelhantes, exceto pela massa e por certas características radioativas.

08) O isótopo do carbono mais abundante na natureza é o que contém o número de nêutrons igual a oito.

16) Isótopos são átomos de um mesmo elemento químico e possuem número atômico diferente.

7. (Uerj) Com base no número de partículas subatômicas que compõem um átomo, as seguintes grandezas podem ser definidas:

Grandeza	Símbolo
número atômico	Z
número de massa	A
número de nêutrons	N
número de elétrons	E

O oxigênio é encontrado na natureza sob a forma de três átomos: ^{16}O, ^{17}O e ^{18}O. No estado fundamental, esses átomos possuem entre si quantidades iguais de duas das grandezas apresentadas.

Os símbolos dessas duas grandezas são:

a) Z e A

b) E e N

c) Z e E

d) N e A

8. (PUC-RJ) Na equação do processo nuclear

$$_7^{14}N + {}_1^1H \rightarrow {}_2^4He,$$ constata-se que no núcleo do isótopo

a) $_7^{14}N$ há 14 prótons.

b) $_1^1H$ há 1 nêutron.

c) $_6^{11}C$ há 5 elétrons.

d) $_2^4He$ há 2 nêutrons.

e) $_7^{14}N$ há 21 prótons.

9. (UEPG-PR) Sobre as equações abaixo, assinale o que for correto.

1. $_{92}^{235}U + {}_0^1n \rightarrow {}_{38}^{94}Sr + {}_Z^AX + 3{}_0^1n$

2. $_{92}^{235}U \rightarrow {}_2^4\alpha + {}_{90}^{231}Th$

01) O número atômico do elemento × **(equação 1)** é 141.

02) A **equação 2** representa o decaimento radioativo do urânio-235 com a emissão de partículas alfa.

04) O número de nêutrons do elemento × **(equação 1)** é 85.

08) A **equação 1** representa uma reação de fissão nuclear.

Texto para a próxima questão:

Leia o texto para responder à(s) questão(ões).

A energia liberada pelo Sol é fundamental para a manutenção da vida no planeta Terra. Grande parte da energia produzida pelo Sol decorre do processo de fusão nuclear em que são formados átomos de hélio a partir de isótopos de hidrogênio, conforme representado no esquema:

$$_1^1H + {}_1^1H \rightarrow {}_1^2H + {}_1^0e$$
$$_1^2H + {}_1^1H \rightarrow {}_2^3He$$
$$_2^3He + {}_1^1H \rightarrow {}_2^4He + {}_1^0e$$

(John B. Russell. *Química geral*, 1994.)

10. (Unesp-SP) A partir das informações contidas no esquema, é correto afirmar que os números de nêutrons dos núcleos do hidrogênio, do deutério, do isótopo leve de hélio e do hélio, respectivamente, são

a) 1, 1, 2 e 2.

b) 1, 2, 3 e 4.

c) 0, 1, 1 e 2.

d) 0, 0, 2 e 2.

e) 0, 1, 2 e 3.

11. (ITA-SP) Assinale a opção que apresenta o elemento químico com o número correto de nêutrons:

a) $_9^{19}F$ tem zero nêutrons.

b) $_{12}^{24}Mg$ tem 24 nêutrons.

c) $_{79}^{197}Au$ tem 79 nêutrons.

d) $_{33}^{75}As$ tem 108 nêutrons.

e) $_{92}^{238}U$ tem 146 nêutrons.

12. (UEPG-PR) Com relação à estrutura dos átomos e suas partículas elementares, assinale o que for correto.

01) Quando um átomo no estado fundamental recebe elétrons, a sua carga e o seu número de massa variam.

02) Quando um átomo no estado fundamental perde elétrons, sua carga elétrica muda, mas a sua carga nuclear permanece a mesma.

04) Se um íon negativo tem carga −2 e 18 elétrons, o número atômico do respectivo átomo no estado fundamental é 16.

08) O sódio $_{11}^{23}Na$ apresenta 11 prótons e 23 nêutrons.

16) As três formas isotópicas do H possuem, em comum, o mesmo número de nêutrons.

13. (UFSM-RS) O isótopo 60 do cobalto e o isótopo 131 do iodo são utilizados na medicina para o tratamento de células cancerosas. O decaimento radiativo desses radioisótopos pode ser representado, respectivamente, por:

$_{27}^{60}Co \rightarrow {_{28}^{60}Ni} + X$

$_{53}^{131}I \rightarrow {_{54}^{131}Xe} + Y$

Assinale se as afirmações a seguir são verdadeiras (V) ou falsas (F).

( ) As partículas X e Y emitidas durante os decaimentos não apresentam carga.

( ) O isótopo 131 do iodo emite radiação gama.

( ) No decaimento radiativo do cobalto, o nuclídeo "pai" e o nuclídeo "filho" apresentam o mesmo número de massa.

A sequência correta é

a) V – F – F.
b) F – F – V.
c) V – V – F.
d) F – V – V.
e) F – V – F.

14. (Acafe-SC) Quanto tempo levará para a atividade do radioisótopo ^{137}Cs cair para 3,125% de seu valor inicial?

Dado: Considere que o tempo de meia-vida do radioisótopo ^{137}Cs seja de 30 anos.

a) 150 anos
b) 0,93 anos
c) 180 anos
d) 29 anos

15. (Unesp-SP)

Água coletada em Fukushima em 2013 revela radioatividade recorde

A empresa responsável pela operação da usina nuclear de Fukushima, Tokyo Electric Power (Tepco), informou que as amostras de água coletadas na central em julho de 2013 continham um nível recorde de radioatividade, cinco vezes maior que o detectado originalmente. A Tepco explicou que uma nova medição revelou que o líquido, coletado de um poço de observação entre os reatores 1 e 2 da fábrica, continha nível recorde do isótopo radioativo estrôncio-90.

(www.folha.uol.com.br. Adaptado.)

O estrôncio-90, $_{38}^{90}Sr$, é o principal isótopo desse elemento químico encontrado nos reatores nucleares. Sobre esse isótopo, é correto afirmar que seu cátion bivalente possui

a) 38 prótons, 50 nêutrons e 36 elétrons.
b) 36 prótons, 52 nêutrons e 38 elétrons.
c) 38 prótons, 50 nêutrons e 38 elétrons.
d) 38 prótons, 52 nêutrons e 36 elétrons.
e) 36 prótons, 52 nêutrons e 36 elétrons.

16. (UEPG-PR) Na natureza podem-se encontrar três variedades isotópicas do elemento químico urânio, representadas a seguir. Com relação a esses isótopos, no estado fundamental, assinale o que for correto.

$^{234}U_{92}$ $^{235}U_{92}$ $^{238}U_{92}$

01) O urânio-234 possui 92 prótons e 92 elétrons.

02) O urânio-235 possui 92 prótons e 143 nêutrons.

04) Os três átomos possuem o mesmo número de massa.

08) O urânio-238 possui 92 elétrons e 146 nêutrons.

17. (UFSJ-MG) Se um dado átomo possui 6 elétrons, 6 prótons e 7 nêutrons, é correto afirmar que

a) seu número atômico é 7.
b) há 13 partículas no núcleo.
c) ele está positivamente carregado.
d) seu número de massa é 12.

18. (UFG-GO) No acidente ocorrido na usina nuclear de Fukushima, no Japão, houve a liberação do iodo Radioativo 131 nas águas do Oceano Pacífico. Sabendo que a meia-vida do isótopo do iodo Radioativo 131 é de 8 dias, o gráfico que representa a curva de decaimento para uma amostra de 16 gramas do isótopo $_{53}^{131}I$ é:

a)
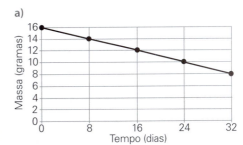

Exercícios finais

b)
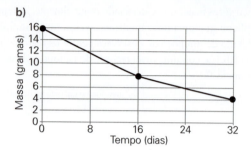

c)
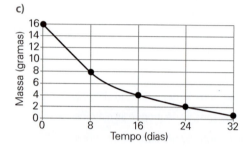

d)
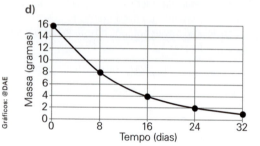

e)
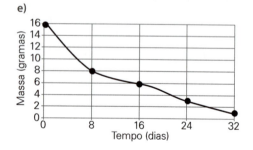

19. (FMP-RS)

Para se determinar a idade de um fóssil, costuma-se usar carbono-14, com meia-vida de 5 730 anos, que emite radiação perdendo dois nêutrons. O C-14, assim como o C-12, é absorvido pelas plantas por meio da fotossíntese, e os animais, ao se alimentarem das plantas, fazem com que o C-14 entre na cadeia alimentar.

A proporção entre o carbono-12 e o carbono-14 nos seres vivos permanece constante durante toda sua vida, porém com a morte, não ocorre mais absorção do ^{14}C, diminuindo sua concentração no organismo devido ao seu decaimento radioativo.

Disponível em: <https://mundopre-historico.blogspot.com.br/2011/07/como-se-descobre-idade-dos-fosseis.html>.
Adaptado. Acesso em: 18 jul. 2016.

O aparelho que detecta a massa atômica exata de cada elemento químico encontrado no fóssil é o espectrômetro de massa. Considere que, a partir de um caixote de fragmentos de arqueologia fóssil, foram utilizados, no início do experimento, 320 g do carbono-14. Ao final do experimento, verificou-se que foram reduzidos de 310 g.

A idade estimada desse fóssil e a reação de decaimento radioativo do ^{14}C correspondem, respectivamente, a:

a) 28 650 anos; $_6C^{14} \rightarrow 2_0n^1 + _6C^{12}$

b) 28 650 anos; $_6C^{14} + 2_0n^1 \rightarrow _6C^{16}$

c) 5 730 anos; $_6C^{14} \rightarrow 2_1n^0 + _8O^{14}$

d) 5 730 anos; $_6C^{14} \rightarrow 2_1n^0 + _8C^{14}$

e) 5 730 anos; $_6C^{14} + 2_1n^0 \rightarrow _8O^{14}$

20. (UEPG-PR) O tempo de meia-vida do radioisótopo $_{55}Cs^{137}$ é de 30 anos. Sobre o radioisótopo $_{55}Cs^{137}$, assinale o que for correto.

01) Uma amostra de 100 g do radioisótopo vai levar 90 anos para diminuir para 12,5 g.

02) A emissão de uma partícula alfa do radioisótopo vai produzir o radioisótopo $_{53}X^{133}$.

04) A emissão de uma partícula beta do radioisótopo vai produzir o radioisótopo $_{56}Y^{137}$.

08) A emissão de radiação pelo radioisótopo $_{55}Cs^{137}$ não altera o seu número de elétrons.

16) O radioisótopo $_{55}Cs^{137}$ é instável porque possui um número elevado de prótons no seu núcleo.

21. (UEM-PR) Com relação aos conceitos associados à radioatividade, assinale o que for correto.

01) Quando um átomo emite radiação γ e/ou partículas α e/ou partículas β, diz-se que ele sofre decaimento radioativo.

02) Quando um núcleo atômico emite uma partícula α, ele perde um próton e um nêutron.

04) A radiação gama é uma onda eletromagnética transversal.

08) O período de semidesintegração é o tempo necessário para que todos os átomos radioativos existentes em uma certa amostra transmutem-se em átomos estáveis.

16) A radioatividade consiste na emissão de partículas e radiações eletromagnéticas por núcleos atômicos instáveis.

22. (UEM-PR) Identifique o que for correto sobre a radioatividade e sobre os métodos de datação radiométrica ao longo da história da humanidade.

01) A radioatividade é um fenômeno em que um núcleo instável emite, de modo espontâneo, determinadas

partículas e ondas que são chamadas de radiações e que se transformam em um núcleo estável.

02) O período no qual metade dos átomos de uma amostra de rocha com elementos radioativos passa por um processo de desintegração natural é chamado tempo de meia-vida.

04) A idade da Terra foi estimada em aproximadamente 4,6 bilhões de anos com base na datação radiométrica de meteoritos que chegaram à superfície da Terra.

08) As rochas que incorporam material de origem orgânica são datadas por meio do método de desintegração do isótopo urânio-238.

16) Os fatores estado físico, pressão e temperatura não influenciam a radioatividade de um elemento químico.

23. (UPF-RS) Radioatividade é a denominação recebida em razão da capacidade que certos átomos têm de emitir radiações eletromagnéticas e partículas de seus núcleos instáveis para adquirir estabilidade.

Disponível em: http://mob77.photobucket.com/albums/j76/j_rosario/einstein.jpg?t=1242306642.
Acesso em: 23 set. 2014.

Considerando a informação apresentada, assinale a alternativa incorreta.

a) A emissão de partículas alfa (α) e beta (β) pelo núcleo faz com que o átomo radioativo de determinado elemento químico se transforme num átomo de um elemento químico diferente.

b) Partículas alfa (α) são partículas denominadas "pesadas", com carga elétrica positiva, constituídas de 2 prótons e de 2 nêutrons (como em um núcleo de hélio).

c) A radiação gama (γ) apresenta um pequeno poder de ionização, pois este depende quase exclusivamente da carga elétrica; assim, a radiação γ praticamente não forma íons.

d) Os danos causados aos seres humanos pelas partículas alfa (α) são considerados pequenos, uma vez que tais partículas podem ser detidas pelas camadas de células mortas da pele.

e) O poder de penetração da radiação gama (γ) é considerado pequeno e pode ser detido por uma folha de papel ou uma chapa de alumínio de espessura menor do que 1mm.

24. (Uern) No dia 26 de março de 2015, completou 60 anos que foi detonada a maior bomba de hidrogênio. O fato ocorreu no arquipélago de *Bikini* – Estados Unidos, em 1954. A bomba nuclear era centenas de vezes mais poderosa que a que destruiu *Hiroshima*, no Japão, em 1945. Sobre esse tipo de reação nuclear, é correto afirmar que

a) é do tipo fusão.

b) é do tipo fissão.

c) ocorre emissão de raios alfa.

d) ocorre emissão de raios beta.

25. (UCS-RS) Em cinco anos, se não faltarem recursos orçamentários, o Brasil poderá se tornar autossuficiente na produção de radioisótopos, substâncias radioativas que podem ser usadas no diagnóstico e no tratamento de várias doenças, além de ter aplicações na indústria, na agricultura e no meio ambiente. O ouro-198, por exemplo, é um radioisótopo que tem sido frequentemente empregado pela chamada "Medicina Nuclear" no diagnóstico de problemas no fígado.

Supondo que um paciente tenha ingerido uma substância contendo 5,6 mg de 198 Au, a massa (em miligramas) remanescente no seu organismo depois de 10,8 dias será igual a

Observação: Admita que não tenha ocorrido excreção do radioisótopo pelo paciente durante o período de tempo descrito no texto.

Dado: $t_{1/2}$ do 198 Au = 2,7 dias.

a) 0,175.

b) 0,35.

c) 0,7.

d) 1,4.

e) 2,8.

CAPÍTULO 4

QUANTIDADE DE ÁTOMOS, MOLÉCULAS E ÍONS

O estabelecimento das massas atômicas e moleculares é reconhecido como um dos grandes obstáculos transposto pelos químicos na metade do século XIX.

Considere que qualquer medida é uma comparação entre o que queremos medir e o que chamamos de padrão. Foi assim que em 1850, o cientista belga Jean S. Stas (Figura 4.1) propôs o valor 16 para a massa dos átomos do elemento oxigênio e por razões experimentais, utilizando a água, o elemento hidrogênio assumiria o valor 1. Atualmente os valores de massas atômicas, utilizados em Ciências, estão próximos destes dois que ora apresentamos. Ainda neste capítulo estudaremos a concepção da escala atual de massas atômicas. Por enquanto pensaremos nestes dois valores, o que será suficiente para continuarmos nossos estudos.

Figura 4.1: Jean Servais Stas (1813-1891).

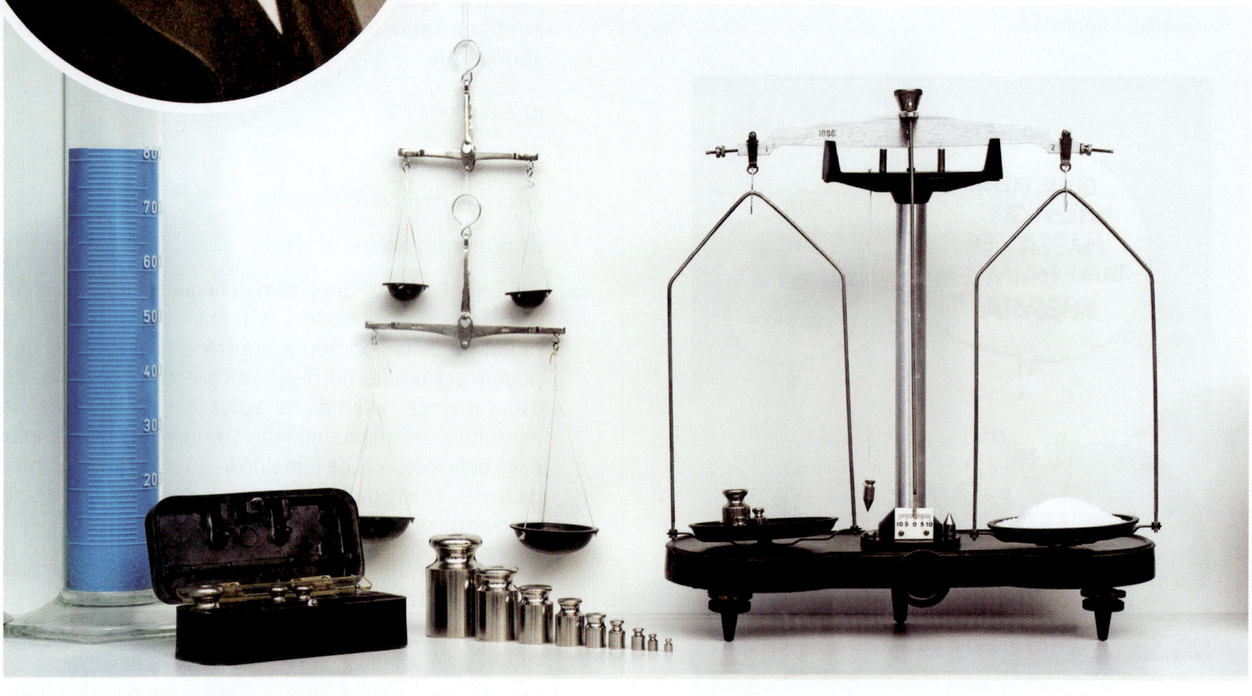

Figura 4.2: Apenas através de cálculos podemos estabelecer as massas atômicas.

Massas atômicas e a determinação de fórmulas

A fórmula química da água é H_2O. Mas não foi um processo simples para os cientistas do século XIX concluírem que a representação da molécula da água deveria ser H_2O, e não HO, como supunha Dalton. Sabemos que a água pode ser decomposta por corrente elétrica em seus constituintes: hidrogênio e oxigênio.

Desde o século XIX é efetuado um procedimento de expressar a composição das substâncias em porcentagens relativas às massas. Por exemplo, é possível decompor 100 gramas de água e medir experimentalmente as massas de gás hidrogênio e de gás oxigênio obtidas. A experiência revela que, a partir de 100 gramas de água, são obtidos 11,1 gramas de gás hidrogênio e 88,9 gramas de gás oxigênio. Adotando os valores em porcentagens, teríamos que: em cada 100 gramas de água, 11,1% são de hidrogênio e 88,9% são de oxigênio.

Exercício resolvido

Sabe-se que o cloreto de sódio (principal componente do sal de cozinha) pode ser decomposto em sódio e cloro. Um experimento mostrou que 58 gramas de cloreto de sódio produzem 23 gramas de sódio e 35 gramas de cloro. Expresse a composição do cloreto de sódio em porcentagens relativas às massas de cloro e de sódio:

O total da massa da amostra é 58,0 g.

Podemos associar, portanto, esse valor a 100%.
Cálculo da porcentagem de sódio

58 g da amostra ———— 100%

23 g de sódio na amostra ———— porcentagem de sódio em massa

$$\text{porcentagem de sódio em massa} = \frac{23 \cdot 100}{58} = 39,7\%$$

Como só existem dois elementos químicos no cloreto de sódio, o percentual restante corresponderá à porcentagem de cloro. Então:

$100\% - 39,7\% = 60,3\%$ de cloro.

Logo, a composição percentual do cloreto de sódio é:
sódio $= 39,7\%$ e cloro $= 60,3\%$.

Exercício proposto

Expresse, em porcentagem relativa, as massas das seguintes substâncias: (Convém destacar que as soluções dos exercícios propostos não revelam as fórmulas químicas das substâncias em questão, pois não existem dados suficientes para determiná-las.)

a) Ácido salicílico (matéria-prima da aspirina), sendo que, em 69 gramas do composto, temos 42 gramas de carbono, 24 gramas de oxigênio e 3 gramas de hidrogênio.

b) Ácido acético (componente do vinagre), sendo que, em 30 gramas do composto, temos 2 gramas de hidrogênio, 12 gramas de carbono e o restante é oxigênio.

c) Gás carbônico (quando presente na atmosfera em grandes concentrações provoca o efeito estufa), sendo que, em 44 g desse gás, temos 12 gramas de carbono e o restante é oxigênio.

Se olharmos para a representação H_2O, reconhecemos que cada molécula de água é constituída por dois átomos do elemento hidrogênio e um átomo do elemento oxigênio. Sabemos também que 88,9% da massa da água é formada por oxigênio e 11,1%, por hidrogênio. Dividindo 88,9% por 11,1% encontramos um valor aproximadamente igual a 8, que nos permite interpretar que, na água, a massa de oxigênio é 8 vezes maior que a massa de hidrogênio.

Comparativamente, temos que um átomo de oxigênio tem massa 8 vezes maior que 2 átomos de hidrogênio. Logo, a massa de **um átomo** de oxigênio é 16 vezes maior que **um átomo** de hidrogênio. Com esse raciocínio, chegamos à conclusão de que, numa escala de massas de átomos (**massas atômicas**), o hidrogênio tem massa 1 e o oxigênio, massa 16.

Elaborando uma escala de massas atômicas e repetindo o processo com outras substâncias, podemos determinar as massas atômicas dos demais elementos químicos.

Quantidade de átomos, moléculas e íons **Capítulo 4** 107

> **A representação das substâncias por fórmulas químicas**
>
> As fórmula químicas das substâncias representam a constituição das substâncias em relação aos elementos que as constituem e quantos átomos de cada elemento compõem a estrutura dessas moléculas. Portanto, quando escrevemos H_2O_2 estamos assumindo que a substância peróxido de hidrogênio é formada pelos elementos hidrogênio e oxigênio e que há dois átomos de cada elemento nesta composição.

As fórmulas mínima e molecular

Suponha que não saibamos que a água possa ser representada por H_2O. Partindo da composição percentual obtida experimentalmente e das massas atômicas dos dois elementos, podemos determinar a sua fórmula dividindo a porcentagem em massa de cada elemento pela respectiva **massa atômica**. Obtemos, assim, como resultado, a relação entre os átomos que constituem a molécula da substância.

No exemplo da água, temos:

$$\text{oxigênio} = \frac{88,9}{16} = 5,55 \qquad \text{hidrogênio} = \frac{11,1}{1} = 11,1$$

Em princípio, poderíamos escrever a fórmula como: $H_{11,1}, O_{5,55}$. Porém, as fórmulas devem ser escritas com a menor relação de números inteiros, ou seja, H_2O. Para obtermos essa relação, dividimos ambos os números pelo menor entre eles; assim, pelo menos um dos elementos estará na forma unitária:

$$\text{oxigênio} = \frac{5,55}{5,55} = 1 \qquad \text{hidrogênio} = \frac{11,1}{5,55} = 2$$

Muito cuidado precisa ser tomado ao interpretar o resultado, porque a notação H_2O revela que a proporção entre os átomos na molécula é de 2 : 1 – fórmula **mínima**, **empírica** ou **estequiométrica**. Conforme o próprio nome indica, essa fórmula apenas fornece a proporção mínima entre os átomos nas moléculas da substância considerada.

A composição que define quantos átomos de cada elemento constituem efetivamente a molécula é chamada de **fórmula molecular**. Como exemplo, temos a glicose, cuja fórmula molecular é ($C_6H_{12}O_6$) e a fórmula mínima é CH_2O. Contudo, em muitos casos, como no da água, sabe-se que as fórmulas mínima e molecular são coincidentes.

Conhecida a fórmula molecular de uma substância e com o apoio das massas atômicas relativas, torna-se possível calcular o que chamamos de **massa molecular**.

Utilizando o exemplo da glicose ($C_6H_{12}O_6$), cujos elementos constituintes hidrogênio, carbono e oxigênio têm, respectivamente, massas atômicas iguais a 1, 12 e 16, vamos calcular a massa molecular dessa substância.

Efetuando o cálculo, obtemos:

> $6 \cdot 12 + 12 \cdot 1 + 6 \cdot 16 = 180$ (massa molecular ou massa relativa de uma molécula de glicose)

Se a fórmula molecular for conhecida, o processo será simples. No entanto, experimentalmente, primeiro identificamos a massa molecular, que combinada à fórmula mínima nos permite determinar a fórmula molecular.

Observe uma situação em que a fórmula mínima é conhecida, por exemplo, como CH_2O, e a massa molecular, obtida por um processo experimental, é 180. Como podemos determinar a fórmula molecular da glicose com os dados de que dispomos?

Como a fórmula mínima da glicose é CH_2O ou $C_nH_{2n}O_n$, isto é, para cada n átomo(s) de carbono existem $2n$ átomos de hidrogênio e n átomo(s) de oxigênio na molécula, temos:

$$(12)n + (1)2n + (16)n = 180$$
$$30n = 180 \therefore$$
$$\therefore n = 6$$

Substituindo o valor de n na fórmula mínima, obtemos $C_6H_{12}O_6$.

Exercícios resolvidos

1. Determine a fórmula molecular de uma substância que tem massa molecular igual a 30 e fórmula mínima C_nH_{3n}. Dados: Massas atômicas: H = 1 u e C = 12 u.

$$(12) \cdot n + (1)3 \cdot n = 30$$
$$15n = 30 \therefore$$
$$\therefore n = 2$$

Assim, a fórmula molecular da substância é C_2H_6.

2. A amônia é uma substância que, decomposta em seus constituintes, revela a presença de 82,3% em massa de nitrogênio e de 17,7% em massa de hidrogênio. Determine a fórmula mínima de amônia, considerando as massas atômicas: H = 1 e N = 14 u.

$$\text{nitrogênio} = \frac{82,30}{14} = 5,88 \qquad \text{hidrogênio} = \frac{17,70}{1} = 17,70$$

Para obter a menor relação de números inteiros, dividem-se os resultados pelo menor valor obtido:

$$\text{nitrogênio} = \frac{5,88}{5,88} = 1 \qquad \text{hidrogênio} = \frac{17,70}{5,88} = 3$$

Portanto, a fórmula mínima é NH_3.

Observe que não há informação suficiente para determinar a fórmula molecular.

Note que a fórmula mínima indica apenas a proporção entre os átomos. É esperado que as moléculas de amônia sejam todas formadas na proporção de um átomo de nitrogênio para três átomos de hidrogênio, ou seja, N_xH_{3x}. Como a experiência revela que a amônia tem massa molecular igual a 17, basta efetuarmos o seguinte cálculo:

$$x \cdot 14 + 3x \cdot 1 = 17$$
$$17x = 17 \therefore$$
$$\therefore x = 1$$

Substituindo o valor de x na fórmula mínima, obtemos a fórmula molecular, que também é NH_3. É um caso semelhante ao da água: as fórmulas mínima e molecular coincidem.

Exercícios propostos

1. Dadas as informações a seguir, determine as fórmulas moleculares das substâncias. Massas atômicas: H = 1; C = 12; O = 16 e S = 32.

   a) Fórmula mínima $C_{2n}H_{5n}$ e massa molecular igual a 58.

   b) Fórmula mínima $C_{7n}H_{6n}O_{3n}$ e massa molecular igual a 138.

   c) Fórmula mínima $H_{2n}S_nO_{4n}$ e massa molecular igual a 98.

2. Determine as fórmulas mínima e molecular para as substâncias indicadas, associadas aos respectivos dados:

   a) água oxigenada, massa molecular 34 e composição em massa 94,1% de oxigênio e 5,88% de hidrogênio;

   b) ácido acético, massa molecular 60 e composição em massa 40% de carbono, 6,66% de hidrogênio e 53,3% de oxigênio.

   Considere as massas atômicas: H = 1; C = 12 e O = 16.

Quantidade de átomos, moléculas e íons **Capítulo 4** 109

Massas atômicas e massas moleculares atuais

Figura 4.3: Stanislao Cannizzaro (1826-1910).

Os primeiros passos na determinação das massas atômicas foram dados no século XIX com o trabalho do químico italiano Stanislao Cannizzaro (Figura 4.3). O trabalho resumia-se em comparar quantidades iguais de moléculas de substâncias diferentes, sendo que uma delas deveria ser formada por substâncias simples (H_2, N_2, O_2, ...). Atribuía-se um valor arbitrário em massa à substância simples e a massa da outra substância era determinada por comparação.

Como o próprio nome sugere, a massa atômica é relativa a um único átomo e, atualmente, sua determinação leva em conta três aspectos importantes:

- o padrão de massas atômicas, que é o isótopo carbono – 12, cuja massa é fixada arbitrariamente em 12 unidades de massa atômica (12 u);

- a determinação das massas dos isótopos, feita a partir da massa do isótopo ^{12}C. Conhecidas as massas dos isótopos naturais de um elemento químico, obtém-se a média dessas massas, que passará a ser usada como a **massa atômica do elemento**;

- o avanço tecnológico de aparelhos que medem as massas atômicas dos isótopos, os espectrômetros (Figura 4.4) de massa. Trata-se de um equipamento que fornece a abundância de cada isótopo e sua respectiva massa atômica.

Os espectrômetros de massa medem simultaneamente a abundância e a massa de cada isótopo. Na primeira etapa, a amostra submetida à análise deve ser atomizada, isto é, fragmentada em átomos (fase gasosa). Depois, os átomos submetidos à atomização são transformados em íons (geralmente positivos).

Na terceira etapa, esses íons são separados quando se movimentam ao longo de um tubo que lhes impõe uma trajetória com curvatura. O grau de curvatura na trajetória dependerá da massa e da carga do íon. Como se vê, nesse processo as massas dos isótopos são discriminadas pelo instrumento.

Figura 4.4: Esquema de funcionamento de um espectrômetro de massa. Imagem sem escala; cores-fantasia.

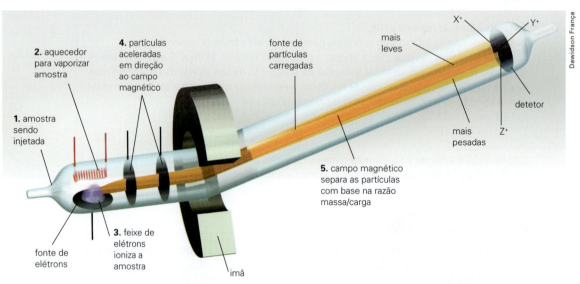

Na elaboração de uma escala de massas para os invisíveis e diminutos átomos foi necessário escolher um átomo como referência para comparação entre as diferentes massas dos diferentes átomos. A referência passou a ser o isótopo de carbono – 12 como o padrão da escala, cuja massa foi fixada de modo arbitrário em 12 unidades de massa atômica (12 u). Se efetuarmos a divisão da massa do padrão C-12 em 12 partes iguais, fica estabelecido o significado da unidade de massa atômica. Portanto:

> 1 unidade de massa atômica (1 u) equivale a $\dfrac{1}{12}$ da massa fixada em 12 u para o isótopo de ^{12}C.

Como exemplo, suponha que se tenha obtido em um espectrômetro de massa os seguintes valores de abundância de três isótopos do elemento neônio ($_{10}Ne$) e suas respectivas massas:

Isótopo	Massa atômica em relação ao ^{12}C	Abundância natural
$^{20}_{10}Ne$	19,9924 u	90,48%
$^{21}_{10}Ne$	20,9938 u	0,27%
$^{22}_{10}Ne$	21,9914 u	9,25%

Os valores da abundância revelam que a natureza produziu em maior quantidade o isótopo de Ne – 20. Além disso, nos trabalhos cotidianos, há pouco interesse nas massas individuais dos isótopos, e sim um grande interesse na massa dos elementos (conjunto de isótopos). A massa atômica do elemento neônio é, então, determinada pela média ponderada:

$$MA = \frac{90,48 \cdot 19,9924 \text{ u} + 0,27 \cdot 20,9938 \text{ u} + 9,25 \cdot 21,9914 \text{ u}}{90,48 + 0,27 + 9,25}$$

$$MA = 20,18 \text{ u}$$

Uma tabela completa de isótopos dos elementos mostra que é possível a existência de catorze isótopos de neônio (do ^{16}Ne ao ^{29}Ne). No entanto, apenas três **não são** radioativos e é por esse motivo – por não sofrerem variações em suas massas – que são usados no cálculo da média ponderada. Os demais possuem meias-vidas pequenas e não devem ter sua existência considerada nos cálculos de massa atômica.

Exercício resolvido

Na tabela abaixo apresentamos a relação de isótopos do boro e suas respectivas massas atômicas na escala do C – 12:

Isótopo	Abundância natural %	Massa atômica / u
^{7}B	–	7,029 – Radioativo
^{8}B	–	8,024 – Radioativo
^{9}B	–	9,013 – Radioativo
^{10}B	20	10,01 – Estável
^{11}B	80	11,01 – Estável
^{12}B	–	12,02 – Radioativo
^{13}B	–	13,02 – Radioativo
^{14}B	–	14,02 – Radioativo
^{15}B	–	15,03 – Radioativo
^{17}B	–	17,07 – Radioativo

Calcule a massa atômica do elemento boro.

Considerando somente os isótopos estáveis, a massa atômica do elemento boro é dada por:

$$MA = \frac{20 \cdot 10,01 \text{ u} + 80 \cdot 11,01 \text{ u}}{20 + 80} = 10,81 \text{ u}$$

Assim, a massa atômica do elemento boro é 10,81 u. Vale destacar que a média ponderada sempre estará mais próxima do valor da massa atômica do isótopo mais abundante.

Quantidade de átomos, moléculas e íons   Capítulo 4   111

Exercícios propostos

1. Interprete a afirmação segundo o conceito de massas atômicas: "A massa atômica do elemento cobre é 63,5 u".

2. Considere a existência de um íon com fórmula $C\ell^{1-}$. A carga negativa indica que esta partícula possui um elétron a mais em relação ao átomo de cloro ($C\ell$). Consulte a tabela periódica e obtenha a massa do elemento cloro. A partir da informação obtida, estime a massa atômica do íon cloreto ($C\ell^{1-}$).

Cálculo das massas moleculares

Todos os fundamentos vistos para a massa atômica continuam válidos: o isótopo de C – 12 como padrão e as massas atômicas dos elementos já calculadas em função da média das massas dos isótopos e de suas respectivas abundâncias. Portanto, para obter a massa molecular ou a massa de uma molécula em unidades de massa atômica (u), basta efetuar a multiplicação do índice do elemento na fórmula molecular pela respectiva massa atômica e somar todas as parcelas.

Exemplo: Cálculo da massa molecular para peróxido de hidrogênio (H_2O_2).

Dados: H = 1 u; O = 16 u.

Massa molecular = 2 · 1 u + 2 · 16 u = 34 u.

Exercício resolvido

Determine a massa molecular do ozônio (O_3) e interprete o resultado.

Dado: Massa atômica do O = 16 u.
Como a fórmula do ozônio é O_3, temos que:

Massa molecular = 3 · 16 u = 48 u.
Isso equivale a dizer que uma molécula de ozônio tem massa 48 vezes maior que $\frac{1}{12}$ da massa do ^{12}C (48 u).

Exercício proposto

Determine o valor da massa molecular em **u** para cada substância relacionada, sendo dadas as massas atômicas em relação ao isótopo C – 12.

Massas atômicas:
H = 1 u; C = 12 u; N = 14 u; O = 16 u; S = 32 u; $C\ell$ = 35,5 u e Ca = 40 u.

a) CO_2 (gás carbônico).
b) SO_3 (trióxido de enxofre).
c) $CaCO_3$ (carbonato de cálcio).
d) NH_3 (amônia).
e) $C_6H_6C\ell_6$ (hexaclorocicloexano, BHC).
f) $(NH_4)_2SO_4$ (sulfato de amônio).

Obs.: No caso do dióxido de carbono, encontramos o valor 44 u. Sabendo que, por convenção, a massa do isótopo de ^{12}C vale 12 u e que dividindo essa massa arbitrária por 12 chega-se à unidade de massa atômica, que é igual a 1 u, podemos concluir que a massa de uma molécula de CO_2 é igual a 44 vezes $\frac{1}{12}$ da massa do isótopo ^{12}C.

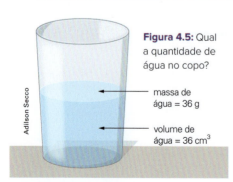

Figura 4.5: Qual a quantidade de água no copo?
massa de água = 36 g
volume de água = 36 cm³

A quantidade de matéria e o mol

Se perguntássemos a várias pessoas sobre a **quantidade** de água contida em um copo, como o representado na figura 4.5, a maioria estaria tentada a responder 36 g ou 36 cm³. Contudo, a resposta mais adequada seria: "Há dois mols de água", uma informação que depende de um certo conhecimento relacionado ao conceito de quantidade de matéria.

Mol é a unidade utilizada para medir a quantidade de matéria.

O Sistema Internacional de Unidades (SI)

Para padronizar as medidas de grandezas usadas, o SI estabelece sete unidades fundamentais das quais todas as demais unidades derivam. É estabelecido que, para quantidade de matéria, o nome e o símbolo da unidade são iguais; porém, o plural só pode ser utilizado para o nome da unidade. Então, como distingui-los?

Unidades no Sistema Internacional (SI)		
Grandeza	Unidade	Símbolo
Massa	quilograma	kg
Tempo	segundo	s
Comprimento	metro	m
Temperatura termodinâmica	Kelvin	K
Corrente elétrica	Ampère	A
Intensidade luminosa	Candela	cd
Quantidade de matéria	mol	mol

A comparação de nome e símbolo com outras unidades e grandezas oferece a solução. Por exemplo: pode-se dizer que um terreno tem 20 metros de frente, ou que a medida da frente do terreno é igual a 20 m. Observe que a diferença está no fato de usarmos o nome da unidade por extenso e em outro o símbolo da unidade; assim como podemos dizer que um frasco contém 10 mols de água ou que a quantidade de água nesse frasco é igual a 10 mol. Portanto, o nome da unidade é pluralizado, já o símbolo, não.

Toda medida requer um padrão de referência em que se estabelece um valor numérico arbitrário, o nome da unidade e o respectivo símbolo. A definição no SI é dada por:

> Mol é a quantidade de matéria que contém tantas entidades **elementares** quantos são os átomos contidos em 0,012 kg do isótopo carbono –12.

> As entidades elementares devem ser especificadas como átomos, moléculas ou íons, dentre outras.

Interpretando a definição de mol: significa que se uma quantidade de água pura contiver tantas moléculas de água (entidade elementar de água) quantos são os átomos de ^{12}C contidos em 12g de ^{12}C. Logo, 18 g de água, correspondem a 1 mol de água.

Podemos, assim, estabelecer que a **massa molar é a massa de um mol de matéria**. Para o carbono –12, a massa molar é 12 g/mol ou, como recomendado atualmente, $12\,g \cdot mol^{-1}$.

No exemplo com a água temos que 18 g desta substância equivale a 1 mol de matéria.

Conversão de massas moleculares, atômicas e iônicas em massas molares

Observe os quadros com massas moleculares, atômicas e massas de íons com suas respectivas massas molares:

Substância	Massa molecular / u	Massa molar / $(g \cdot mol^{-1})$	Quantidade de matéria / mol
H_2	2	2	1
O_2	32	32	1
CO_2	44	44	1

O mesmo raciocínio pode ser usado para elementos químicos:

Elemento	Massa atômica	Massa molar / $(g \cdot mol^{-1})$	Quantidade de matéria / mol
S	32	22	1
Fe	56	56	1
Au	197	197	1

Também para os íons podemos reproduzir o processo:

Íon	Massa atômica	Massa molar / $(g \cdot mol^{-1})$	Quantidade de matéria / mol
Fe^{3+}	56	56	1
S^{2-}	32	32	1

Observe que as massas atômicas de **Fe** e **Fe³⁺**, bem como as de **S** e **S²⁻**, são consideradas iguais, pois a massa do elétron é muito pequena se comparada com a dos prótons e com a dos nêutrons. Portanto, acrescentar ou remover elétrons não altera de modo significativo a massa dos átomos, das moléculas e dos íons.

Outro ponto importante mostrado nessas tabelas é que, embora as massas molares sejam diferentes para cada espécie, a quantidade de matéria é a mesma para todas as massas apresentadas (1 mol).

Veja o exemplo a seguir:

Amostra	Quantidade de entidades elementares	Massa de uma entidade elementar	Massa total
Hélio	3 átomos	4 u	$3 \cdot 4\,u = 12\,u$
Água	3 moléculas	18 u	$3 \cdot 18 = 54\,u$
Gás Carbônico	3 moléculas	44 u	$3 \cdot 44 = 132\,u$

Adilson Secco

Unidade 1 Matéria e Energia

Percebam que a tabela mostra a mesma quantidade de entidades elementares de cada substância, ou seja, 3 átomos de hélio, 3 moléculas de água e 3 moléculas de gás carbônico, porém, a massa total de cada amostra difere entre si, porque cada uma delas é composta por diferentes átomos, que apresentam diferentes massas atômicas.

Determinação de quantidade de matéria numa massa qualquer de átomos, moléculas e íons

Para sabermos a quantidade de matéria existente num copo contendo 36 g de água, seria necessário estabelecer o seguinte procedimento:

- consultar a **tabela periódica** para obter as massas atômicas dos elementos hidrogênio e oxigênio, cujos valores aproximados são, respectivamente, $H = 1$ u e $O = 16$ u

- calcular a massa molecular da água
  $MM (H_2O) = 2 \cdot 1,0\ u + 1 \cdot 16\ u = 18\ u$

- converter o valor da massa molecular em massa molar $= 18\ g \cdot mol^{-1}$

- estabelecer uma proporção simples entre a quantidade em mols de moléculas de água e a massa de 36 g

1 mol de moléculas de água ——— 18 g de água

$\qquad\qquad x$ ——— 36 g de água

$x = 2$ mol em moléculas de água

Exercícios resolvidos

1. Calcule a quantidade de matéria (quantidade em mols) nas seguintes amostras:

   a) 112 g de ferro (Fe);

   b) 4,6 g de álcool etílico (C_2H_6O);

   c) 1 g de gás hidrogênio (H_2).

   Pesquise na tabela periódica as massas atômicas dos elementos.

   a) Massa molar do ferro $= 56\ g \cdot mol^{-1}$
   1 mol de átomos de ferro ——— 56 g
   $\qquad\qquad x$ ——— 112 g
   $\qquad x = 2$ mol de átomos de ferro

   b) Massa molar do álcool etílico $= 46\ g \cdot mol^{-1}$
   1 mol de moléculas de álcool etílico ——— 46 g
   $\qquad\qquad x$ ——— 4,6 g
   $\qquad x = 0,100$ mol de moléculas de álcool etílico

   c) Massa molar do gás hidrogênio $= 2\ g \cdot mol^{-1}$
   1 mol de moléculas de gás hidrogênio ——— 2 g
   $\qquad\qquad x$ ——— 1 g
   $\qquad x = 0,5$ mol de moléculas de gás hidrogênio

2. Qual a massa de álcool etílico (C_2H_6O) que contém a mesma quantidade de matéria existente em 180 g de água (H_2O)?

   Lembrando que a quantidade de matéria é expressa em mol, vamos calcular quantos mols de moléculas de água existem em 180 g de água. Utilizando a tabela periódica para a obtenção das massas atômicas, temos:

Quantidade de átomos, moléculas e íons Capítulo 4 115

Dado: Massa molar da $H_2O = 18\ g \cdot mol^{-1}$.

1 mol de moléculas de água ——————— 18 g
x ——————— 180 g
x = 10 mol de moléculas de água

Vamos agora calcular a massa de álcool etílico equivalente a 10 mol de álcool.
1 mol de moléculas de álcool ——————— 46 g
10 mol de moléculas ——————— m
m = 460 g de álcool

Logo, 460 g de álcool etílico contêm a mesma quantidade de matéria que 180 g de água. Ambas contêm 10 mol de moléculas.

Exercícios propostos

1. Represente os volumes dos líquidos em frascos distintos e iguais contendo as massas apresentadas na questão anterior.

   Dados: Densidade da água = $1\ g \cdot cm^{-3}$; densidade do álcool etílico = $0,800\ g \cdot cm^{-3}$.

2. Imagine que as bombas de combustível registrassem o abastecimento dos veículos em quantidade de matéria (mol). Considerando que o tanque de um carro a gasolina devesse receber o equivalente a 1 000 mol de moléculas de gasolina (C_8H_{18}) para ser completado e que o tanque de um veículo movido a álcool ficasse cheio com a mesma quantidade de matéria, qual dos dois tanques receberia maior massa de combustível? Qual dos dois tanques teria maior capacidade volumétrica?

   Dados: $M_{álcool} = 46,0\ g \cdot mol^{-1}$; $M_{gasolina} = 114\ g \cdot mol^{-1}$; $d_{álcool} = 0,800\ g \cdot cm^3$ e $d_{gasolina} = 0,800\ g \cdot cm^3$.

> Como a gasolina é uma mistura de várias substâncias, consideramos o C_8H_{18} como seu principal componente.

Lembre-se de que a definição de mol no SI requer a indicação das entidades elementares que estão sendo mencionadas. No exemplo, estamos determinando a quantidade de mols de moléculas de água.

A constante de Avogadro: "contando" átomos, íons e moléculas

Atualmente a determinação direta da quantidade de partículas em uma amostra é impraticável. Vários cientistas realizaram experiências ao longo dos anos na tentativa de relacionar massa e quantidade de átomos. O primeiro deles foi Amedeo Avogadro (Figura 4.6), que em 1811 sugeriu a hipótese de que "volumes iguais de gases quaisquer nas mesmas condições de temperatura e pressão têm o mesmo número de moléculas". Contudo, suas ideias não foram bem recebidas pela comunidade científica, sendo aceitas somente após sua morte quando, em 1860, no Congresso de Karlsruhe, Stanislao Cannizzaro defendeu tal hipótese.

O Congresso de Karlsruhe de 1860 foi o primeiro encontro internacional de químicos, realizado na cidade de Karlsruhe, Alemanha, de 3 a 5 de setembro de 1860. O congresso foi convocado para que os químicos pudessem discutir assuntos como nomenclatura, notação e massas atômicas. A organização, convocações e patrocínio da conferência foram atribuições de August Kekulé, Adolphe Wurtz e Karl Weltzien.

Figura 4.6: Amedeo Avogadro (1776-1856).

As diversas experiências realizadas pelos cientistas demostraram a quantidade de partículas elementares que existem num mol de matéria. Para efeito de estudo, basta termos conhecimento de que em 12 g de ^{12}C existem $6,0 \cdot 10^{23}$ átomos (valor experimental). Assim, é possível compreender que, qualquer amostra de substância com $6,0 \cdot 10^{23}$ partículas elementares corresponderá a 1 mol dessa substância. Logo, por questões práticas, usaremos $6,0 \cdot 10^{23}$ como sendo a constante de Avogadro.

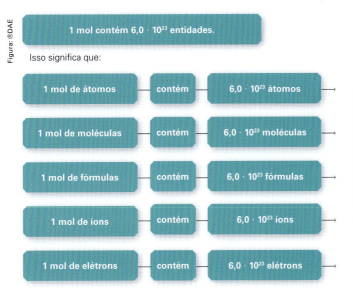

A referência é a quantidade de átomos de carbono -12 em 0,012 kg (12 g) do isótopo de carbono -12. Importante é observar que a grandeza mol é utilizada quando nos referimos a quantidades de espécies como átomos e moléculas tão pequenos que é necessário juntarmos milhões e milhões destas partículas para se manifestar uma quantidade significativa em gramas, por exemplo.

Exercícios resolvidos

1. A massa atômica do isótopo de carbono 12 é definida exatamente como 12 u. Entretanto, o elemento químico carbono consta na tabela periódica com o valor 12,011 u. Explique essa diferença.

Conforme o próprio enunciado afirma, a massa 12 u refere-se, por definição, ao isótopo de carbono 12. A tabela periódica contém as massas atômicas dos elementos, isto é, um valor médio para os isótopos. O isótopo 12 do carbono é composto de 98,892% dos átomos de carbono; 1,108% são do isótopo 13. A massa do isótopo 12 vale 12 u (definição), enquanto a massa do isótopo 13 vale algo muitíssimo próximo de 13 u. Esses valores nos permitem calcular o valor médio para o elemento carbono.

$$MA = \frac{12\,u \cdot 98,892 + 13\,u \cdot 1,108}{98,892 + 1,108} = 12,01\,u$$

Observe que nenhum dos isótopos do carbono (12 ou 13) possui a massa atômica obtida no cálculo anterior. O resultado reflete a média das massas entre isótopos do elemento carbono.

2. Numa tabela periódica consta que a massa atômica do elemento cloro vale 35,453 u. Interprete esse resultado.

O valor representa quantas vezes os átomos de cloro, em média, possuem mais massa que o padrão 1 u. A comparação é feita em relação à unidade de massa atômica.

$$\frac{MA\ cloro}{1\,u} = \frac{35,43\,u}{1\,u} = 35,453\ (\text{mais massa do que 1 u})$$

3. Considere a existência de um íon cuja fórmula seja $C\ell^-$. A carga negativa indicada no lado direito e superior do símbolo do cloro indica que esta partícula (íon cloreto) possui um elétron a mais em relação a um átomo cloro. Consulte a tabela periódica e obtenha a massa atômica do elemento cloro. A partir dessa afirmação, estime qual deve ser a massa atômica do íon cloreto.

A tabela periódica indica que a massa atômica do elemento cloro é 35,45 u; portanto, a massa atômica do íon cloreto é de 35,45 u. A massa atômica do íon cloreto é praticamente igual ao átomo neutro, isto porque o elétron tem massa desprezível em relação às outras partículas atômicas.

4. Com base nos argumentos do exercício anterior, mostre que as massas dos íons abaixo assumem os valores indicados. Consulte a tabela periódica.

I. $F^- = 19\,u$
II. $O^{2-} = 16\,u$
III. $Fe^{3+} = 56\,u$
IV. $H^+ = 1\,u$

A massa de um íon é praticamente a massa da mesma partícula, neutra.

5. Como se define uma unidade (1 u) de massa atômica?

A unidade de massa atômica é, por definição, $\frac{1}{12}$ da massa do isótopo de carbono 12.

6. A massa atômica de um certo elemento químico é 16,42 vezes mais pesada que a massa do ^{12}C. A partir de cálculos, localize na tabela periódica este elemento.

O valor encontrado para o cloro na tabela periódica é resultado da média ponderal dos átomos de cloro encontrados na natureza já que a unidade de massa atômica equivale a 1/12 da massa do C-12.

MA = 16,42 · 12u

MA ± 197 u

O elemento químico é o ouro (Au).

7. O peróxido de hidrogênio, H_2O_2, tem sua massa molecular obtida a partir do seguinte cálculo (os respectivos valores das massas atômicas do hidrogênio, 1 u, e do oxigênio, 16 u, devem ser obtidos com auxílio da tabela periódica):

$$MM = 2 \cdot 1\ u + 2 \cdot 16\ u = 34\ u$$

Com base nisso, determine a massa molecular para as moléculas das seguintes substâncias:

I. álcool etílico: C_2H_6O.

II. dióxido de carbono: CO_2.

III. trimetilamina: $(CH_3)_3N$.

Com o apoio da tabela periódica, obtemos as massas atômicas dos elementos: H = 1 u; C = 12 u; N = 14 u e O = 16 u.

As massas moleculares serão:

I. C_2H_6O: $2 \cdot 12\ u + 6 \cdot 1\ u + 1 \cdot 16\ u = 46\ u$

II. CO_2: $1 \cdot 12\ u + 2 \cdot 16\ u = 44\ u$

III. $(CH_3)_3N$: $3 \cdot 12\ u + 9 \cdot 1\ u + 1 \cdot 14\ u = 59\ u$

8. Determine a massa molecular da substância $[Co(NH_3)_6]C\ell_3$. Consulte as massas atômicas na tabela periódica.

$1 \cdot 60\ u + 6 \cdot 14\ u + 18 \cdot 1\ u + 3 \cdot 35,5\ u = 268,5\ u$

9. A unidade de massa atômica (u) escolhida para as massas de átomos, moléculas, íons, partículas subatômicas pode ser convertida para o grama, a partir da relação fundamental entre essas duas unidades: $1\ u = 1,6605 \cdot 10^{-24}\ g$.

Determine, em gramas, as massas das moléculas indicadas a seguir:

a) CO_2: massa molecular = 44 u.

b) $C_6H_{12}O_6$(glicose): massa molecular = 180 u .

a) $\dfrac{1\ \not{u}}{44\ \not{u}} = \dfrac{1,6605 \cdot 10^{-24}\ g}{m} \therefore m = 7,3062 \cdot 10^{-23}\ g$

b) $\dfrac{1\ \not{u}}{180\ \not{u}} = \dfrac{1,6605 \cdot 10^{-24}\ g}{m} \therefore m = 2,9889 \cdot 10^{-22}\ g$

Exercícios propostos

1. Uma colher de sopa contém 30 g de glicose. Calcule quantas moléculas de glicose, aproximadamente, devem existir na colher de sopa.

(Aproxime o valor da massa de uma molécula de glicose para $3,0 \cdot 10^{-22}$ g.)

2. Imagine que o isótopo de C – 12 tivesse sua massa fixada no valor de 24 u, e não mais em 12 u. Quais seriam as consequências sobre as medidas executadas em função do novo valor ^{12}C = 24 u?

3. Um frasco contém 2 mols de moléculas de gás hidrogênio (H_2). Determine a quantidade de moléculas de hidrogênio confinadas no frasco. Utilize a constante de Avogadro.

4. Preparou-se uma mistura com $6,0 \cdot 10^{23}$ moléculas de álcool e $12 \cdot 10^{23}$ moléculas de água. Determine a quantidade de mols total na mistura.

5. Quantos átomos de hidrogênio existem em 1 mol de moléculas de água (H_2O)?

6. Qual deve ser a quantidade de moléculas de benzeno em uma amostra com 156 g dessa substância, considerando que a massa molar do benzeno é 78g · mol⁻¹?

7. Determine a quantidade de átomos de carbono que existem em 156 g de benzeno (C_6H_6), considerando os dados do exercício anterior.

8. Interprete os dados a seguir:

Ferro:

Massa atômica = 55,85 u;

Massa molar = 55,85 g/mol.

9. Interprete os dados abaixo:

Substância química oxigênio (O_2):

Massa molecular = 32 u;

Massa molar = 32,0 g/mol.

10. Interprete os dados abaixo:

Substância química fluoreto de cálcio (CaF_2):

Massa molecular = 78 u;

Massa modular da fórmula = 78 g/mol.

11. Em qual das amostras de líquidos puros a seguir há maior quantidade de substância, quando comparadas entre si: 36 g de água, 46 g de álcool etílico e 87 g de acetona?

Dadas as massas molares:

Água = 18 g · mol⁻¹

Acetona = 58 g · mol⁻¹

Álcool etílico = 46 g · mol⁻¹

118 **Unidade 1** Matéria e Energia

Gás carbônico e água se transformam em carboidrato

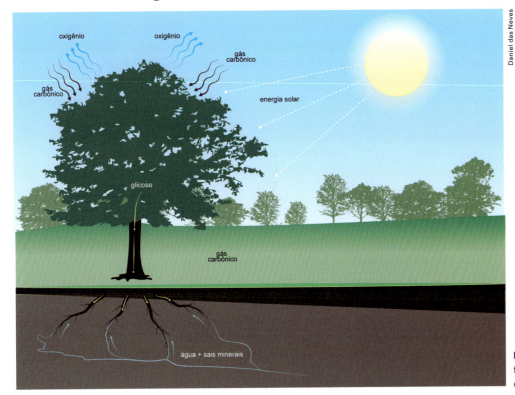

Figura 4.7: Esquema da fotossíntese. Imagem sem escala; cores-fantasia.

A fotossíntese é um dos processos naturais mais importantes para a alimentação dos seres vivos do nosso planeta, pois é realizada por plantas verdes, algas azuis e algumas bactérias que possuem clorofila (principal substância responsável pelo processo de fotossíntese), que são os representantes do primeiro nível trófico da cadeia alimentar, ou seja, outros animais se alimentarão desses organismos.

O processo de fotossíntese ocorre quando alguns seres vivos são capazes de produzir seu próprio alimento a partir de matéria água, gás carbônico e energia luminosa proveniente do Sol.

O carboidrato serve como um armazenador de energia, que será utilizado no crescimento das plantas e em suas funções metabólicas, além de servir para a manutenção da vida dos animais que se alimentam desses vegetais.

Veja a representação da fotossíntese com ênfase no início e no final da transformação:

Energia da luz solar + gás carbônico + água $\xrightarrow{\text{luz e clorofila}}$ açúcar + gás oxigênio.

Transformações como a fotossíntese, em que o estado inicial é constituído por um material que se transforma em outro material não presente no estado incial, é um exemplo de reação química.

A descrição de uma reação química

Suponha que uma porção de palha de aço seja queimada e que o processo de transformação seja assim descrito:

Um palito de fósforo aceso foi aproximado de um fragmento de palha de aço cuja cor é tipicamente metálica. Rapidamente a palha incendiou-se; uma luz iluminou o ambiente

NOTA:

Na prática, prefere-se atribuir o primeiro coeficiente para a fórmula que dispõe do maior número de átomos.

como resultado da queima que aqueceu os arredores da palha de aço. Instantes depois não existia mais palha; surgiu um sólido quebradiço vermelho-escuro.

Na linguagem da Química, a descrição do fenômeno da queima da palha de aço deve ser escrita com símbolos que representem os materiais envolvidos na reação e os produtos gerados a partir deles. Esses símbolos já foram representados de várias formas desde Dalton. Supondo que as fórmulas das substâncias envolvidas na reação sejam conhecidas, torna-se possível descrever a reação observada e representá-la na forma de uma **equação química**.

$$Fe + O_2 \longrightarrow Fe_2O_3$$

palha sólida de cor metálica | gás oxigênio presente no ar atmosférico | sólido vermelho-escuro e quebradiço

Reagente | Produto

Reagentes são substâncias presentes no início da reação e consumidas ao longo da transformação. São representados à esquerda da seta da equação química.

Produtos são substâncias que surgem ao longo da reação; não estão presentes no sistema inicial. Os produtos são escritos à direita da seta da equação química.

As equações químicas devem ser ajustadas, equilibradas ou balanceadas de modo que a quantidade de átomos nos reagentes seja igual à quantidade de átomos nos produtos. Na prática, escrever as equações segundo a conservação dos átomos significa usar coeficientes numéricos. O coeficiente é um valor arbitrário que se atribui a qualquer um dos compostos presentes nas fórmulas e que permite determinar os coeficientes dos demais compostos da reação.

Voltando à equação da queima da palha de aço, temos:

$$Fe + O_2 \longrightarrow Fe_2O_3$$

Atribuindo o coeficiente 1 para Fe_2O_3, temos:

$$Fe + O_2 \longrightarrow 1\ Fe_2O_3$$

A seguir, multiplica-se o coeficiente 1 atribuído a essa fórmula pelos índices de cada elemento para obter o total de átomos de cada um deles:

$$1\ Fe_2O_3 \begin{cases} 1 \cdot 2 = 2 \text{ átomos de ferro} \\ 1 \cdot 3 = 3 \text{ átomos de oxigênio} \end{cases}$$

O próximo passo é atribuir valores de coeficientes para cada uma das demais fórmulas de modo que o coeficiente atribuído, ao se multiplicar o índice, resulte na quantidade de átomos existentes no produto. Logo:

$$2\ Fe + \frac{3}{2} O_2 \longrightarrow 1\ Fe_2O_3$$

$2 \cdot 1 = 2$ átomos de Fe

$\frac{3}{2} \cdot 2 = 3$ átomos de O

$2 \cdot 1 = 2$ átomos de Fe

$1 \cdot 3 = 3$ átomos de O

A proporção entre os coeficientes é de $2 : \frac{3}{2} : 1$.

As equações químicas podem ter seus coeficientes multiplicados por qualquer número natural não nulo. Dessa forma, a proporção não será alterada. Por exemplo, multiplicando-se a equação anterior por 2, teremos:

$$4\ Fe + 3\ O_2 \longrightarrow 2\ Fe_2O_3$$

Observe que as quantidades de átomos de cada elemento nos reagentes e no produto permanecem iguais.

120 Unidade 1 Matéria e Energia

A dúvida de Dalton

Mesmo Dalton, considerado o pai da Teoria Atômica, hesitou entre as possibilidades de declarar-se fiel ao átomo indivisível ou ao átomo possível de ser dissociado. Provavelmente, os problemas começavam com a longa dificuldade em determinar as massas dos átomos.

A própria noção de átomo não estava esclarecida para a maioria dos químicos da época de Dalton. Ao final, Dalton declarou que os átomos comporiam toda a matéria e que eles seriam indestrutíveis e imutáveis. Ficava, portanto, estabelecido que o átomo deveria ser indivisível, sabe-se atualmente que é divisível.

Exercício resolvido

Ajuste os coeficientes da equação química a seguir, estabelecendo a menor relação de números inteiros entre os coeficientes:

$$N_2 + H_2 \longrightarrow NH_3$$

- Atribuindo o coeficiente arbitrário 2 para N_2, temos:
$$2 N_2 + H_2 \longrightarrow NH_3$$
- Contando a quantidade de átomos de nitrogênio, em que foi atribuído o coeficiente, obtemos:
$$2 N_2 = 4 \text{ átomos de nitrogênio}$$
- No produto devem ser equacionados, por meio do coeficiente, 4 átomos de nitrogênio:

$$4 NH_3 = 4 \text{ átomos de nitrogênio e } 12 \text{ átomos de hidrogênio}$$
$$2 N_2 + H_2 \longrightarrow 4 NH_3$$
- No produto constam 12 átomos de hidrogênio; logo, atribui-se o coeficiente 6 para a fórmula:
$$H_2 : 6 H_2 = 12 \text{ átomos de hidrogênio.}$$
$$2 N_2 + 6 H_2 \longrightarrow 4 NH_3 \text{ (equação ajustada)}$$
- Para reduzir os coeficientes da equação aos menores valores inteiros, dividem-se todos os coeficientes por 2.
$$N_2 + 3 H_2 \longrightarrow 2 NH_3 \text{ (equação ajustada, simplificada).}$$

Exercício proposto

Ajuste os coeficientes das equações listadas a seguir de modo que resultem na menor proporção de números inteiros. Durante a resolução, pode ser atribuído qualquer valor arbitrário. Ao terminar o balanceamento de cada equação, multiplique os coeficientes obtidos por um valor adequado para torná-los os menores números inteiros possíveis, respeitando a proporção. Caso eles já estejam na forma de menores números inteiros, considere o exercício finalizado.

a) N_2 + O_2 $\longrightarrow$ NO_2

b) N_2 + H_2 $\longrightarrow$ N_2H_4

c) H_2 + $C\ell_2$ $\longrightarrow$ $HC\ell$

d) Na + $C\ell_2$ $\longrightarrow$ $NaC\ell$

e) SO_2 + O_2 $\longrightarrow$ SO_3

f) $CaCO_3$ $\longrightarrow$ CaO + CO_2

g) CH_4 + O_2 $\longrightarrow$ CO_2 + H_2O

História da Química

As grandes dúvidas

A hipótese de Avogadro, na qual ele afirma que volumes iguais de gases quaisquer medidos nas mesmas condições de temperatura e pressão encerram o mesmo número de moléculas, foi duramente questionada por Jean-Baptiste André Dumas (1800-1884). Não houve reação imediata e, por alguns anos, as ideias de Avogadro, de Gay-Lussac e até mesmo de Dalton foram colocadas em segundo plano.

Finalmente, em 1860, no primeiro Congresso Nacional de Química, realizado em Karlsruhe, na Alemanha, a natureza dos átomos e das moléculas ganhou força. Foi quando Cannizzaro apresentou o método para determinar as massas atômicas, o que obrigou a maioria dos participantes a aceitar o conceito de átomos e moléculas.

É dessa forma que escrevemos, até os dias de hoje, as fórmulas químicas e a sua dinâmica nas equações.

Quantidade de átomos, moléculas e íons Capítulo 4 **121**

COM A PALAVRA...

Wilson Sueoka*

O mol

O mol, esta entidade esotérica! Foi solicitado que eu tecesse alguns comentários a respeito do conceito de mol e, assim sendo, tive de recapitular o que foi o meu Ensino Médio, que naquele tempo era chamado de colegial. O que veio à minha memória foi que, naqueles tempos, naquela pequena cidade do interior, o que se fazia no colégio era uma mera repetição do que estava escrito nos livros didáticos.

O conceito de mol foi-me apresentado mais ou menos como é hoje, algo como:

"[...] A quantidade de substância n em uma amostra é reportada em termos de uma unidade chamada mol. A definição formal de 1 mol diz que é a quantidade de substância que contenha tantos objetos (átomos, moléculas, íons ou outras entidades específicas) quantos átomos existem em 12 g de carbono – 12. Esse número foi encontrado experimentalmente e vale aproximadamente $6,02 \cdot 10^{23}$ [...]" Para um adolescente, que no máximo conseguia discernir o conceito de quantidade em termos de até milhões, o número $6,02 \cdot 10^{23}$ ou 602 000 000 000 000 000 000 000 era inconcebível, assombroso e incompreensível! Como pode haver tal quantidade? Como alguém conseguiu contar tal número? Que tipo de lente fora usado para contar coisas tão pequenas? Eu simplesmente me esquecia de prestar atenção na aula e ficava pensando naquele número absurdo!

Para complicar ainda mais o meu entendimento, a forma de somar, subtrair, multiplicar e dividir aqueles números com numerozinhos em cima, à direita, deixava-me mais confuso! Eu tinha de fazer os cálculos da forma convencional, como estava acostumado, para me convencer de que as novas regras matemáticas usando potências realmente funcionavam. No final, mas ainda não convencido, resolvi que, para ser aprovado na disciplina de Química, eu deveria aceitar aquilo e repetir todas aquelas regras e ideias.

Quando estava no curso preparatório para o vestibular, o famoso "cursinho", os professores usavam de todos os artifícios para nos convencer a acreditar no mol; gritavam, inventavam canções, teatralizavam, repetiam até a exaustão, ilustravam as aulas com experimentos bastante interessantes: líquidos que mudavam de cor, gases que explodiam, metais pegando fogo... Aquilo me encantou tanto que resolvi ser químico — e foi assim que incorporei a ideia de que o referido número inconcebível era uma realidade e que o átomo existia.

E passei no vestibular...

> **NOTA:**
> O aluno do Ensino Médio deve ter em mente que, essencialmente, a única coisa que ele deve fazer é efetuar os cálculos por meio de regras de três simples. Não importa se é um valor absurdo ou não; seja um mol ou uma dúzia de bananas, o resultado correto sempre será alcançado.

▶ QUESTÕES

1. Um saco de arroz de 5 kg contém uma quantidade bem grande de grãos de arroz. Contar isso é uma tarefa bastante entediante. Sugira uma solução viável para estimar a quantidade de grãos contida em um saco de 5 Kg.

2. Caso os grãos de arroz fossem sempre exatamente iguais, em vez de termos uma aproximação da quantidade de grãos, poderíamos dizer que a quantidade obtida é exata?

3. Suponha que exista um mol de reais para ser distribuído para a população do mundo; quanto cada um receberia? Seria suficiente para todo mundo ficar rico?

* Mestre na área de Físico-Química pelo Instituto de Química da Universidade Estadual de Campinas (Unicamp). Professor da Universidade Estadual de Goiás, Anápolis, GO.

Exercícios finais

1. (UFG-GO) A análise de massas de um elemento químico demonstrou a existência de três isótopos, conforme representado na figura a seguir.

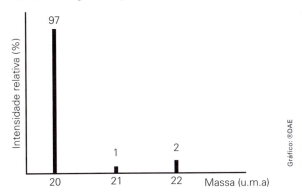

Considerando as abundâncias apresentadas, conclui-se que a massa média para esse elemento é:

a) 20,05
b) 21,00
c) 20,80
d) 19,40
e) 20,40

2. (PUCC-SP) O bronze campanil, ou bronze de que os sinos são feitos, é uma liga composta de 78% cobre e 22% de estanho, em massa.

Assim, a proporção em mol entre esses metais, nessa liga, é, respectivamente, de 1,0 para

Dados:
Massas molares (g/mol)
Cu = 63,5
Sn = 118,7

a) 0,15.
b) 0,26.
c) 0,48.
d) 0,57.
e) 0,79.

3. (Imed-RS) Assinale a alternativa que apresenta a massa, em gramas, de um átomo de Vanádio. Considere: MA_V = 51 u e o nº de Avogadro: $6,02 \cdot 10^{23}$.

a) $8,47 \cdot 10^{-23}$ g
b) $8,47 \cdot 10^{23}$ g
c) $307 \cdot 10^{-23}$ g
d) $307 \cdot 10^{23}$ g
e) $3,07 \cdot 10^{21}$ g

4. (PUCC-SP) No ateliê de um ourives, as joias são feitas de ouro 18 quilates, que consiste em uma liga contendo 75% de ouro + 25% de outros metais. Assim, uma aliança com 3,0 g dessa liga contém uma quantidade de ouro, em mol, de, aproximadamente,

Dado:
Massa molar (g/mol)
Au = 197

a) 0,01.
b) 0,02.
c) 0,03.
d) 0,04.
e) 0,05.

5. (UFRGS-RS) O sal rosa do Himalaia é um sal rochoso muito apreciado em gastronomia, sendo obtido diretamente de uma reserva natural aos pés da cordilheira. Apresenta baixo teor de sódio e é muito rico em sais minerais, alguns dos quais lhe conferem a cor característica.

Considere uma amostra de 100 g de sal rosa que contenha em sua composição, além de sódio e outros minerais, os seguintes elementos nas quantidades especificadas:

Magnésio = 36 mg

Potássio = 39 mg

Cálcio = 48 mg

Os elementos, colocados na ordem crescente de número de mols presentes na amostra, são

a) K, Ca, Mg.
b) K, Mg, Ca.
c) Mg, K, Ca.
d) Ca, Mg, K.
e) Ca, K, Mg.

Texto para a próxima questão:

Leia o fragmento abaixo e responda à(s) questão(ões).

No capítulo Raios Penetrantes, Oliver Sacks relembra um exame de úlcera do estômago que presenciou quando criança.

"Mexendo a pesada pasta branca, meu tio continuou: 'Usamos sulfato de bário porque os íons de bário são pesados e quase opacos para os raios X'. Esse comentário me intrigou, e eu me perguntei por que não se podiam usar íons mais pesados. Talvez fosse possível fazer um 'mingau' de chumbo, mercúrio ou tálio – todos esses elementos tinham íons excepcionalmente pesados, embora, evidentemente, ingeri-los fosse letal. Um mingau de ouro e platina seria divertido, mas caro demais. 'E que tal mingau de tungstênio?', sugeri. 'Os átomos de tungstênio são mais pesados que os do bário, e o tungstênio não é tóxico nem caro.'"

(SACKS, O. *Tio Tungstênio*: Memórias de uma infância química. São Paulo: Cia. das Letras, 2002.)

6. (Ulbra-RS) O material usado no exame citado no texto, o sulfato de bário, quando puro, apresenta, aproximadamente, qual % (em massa) de bário?

a) 85%
b) 74%
c) 59%
d) 40%
e) 10%

7. (PUC-RJ) Oxigênio é um elemento químico que se encontra na natureza sob a forma de três isótopos estáveis: oxigênio 16 (ocorrência de 99%); oxigênio 17 (ocorrência de 0,60%) e oxigênio 18 (ocorrência de 0,40%). A massa atômica do elemento oxigênio, levando em conta a ocorrência natural dos seus isótopos, é igual a:

a) 15,84
b) 15,942
c) 16,014
d) 16,116
e) 16,188

Exercícios finais

8. (Cefet-MG) Uma substância formada por fósforo e oxigênio apresenta, em sua estrutura química, uma razão de 0,4 mols de átomos de fósforo para cada mol de átomos de oxigênio. Sua fórmula química simplificada é

a) $P_{0,4}O$

b) PO_2

c) P_2O

d) P_2O_5

e) P_5O_2

9. (UEPG-PR) Considerando as massas atômicas dos elementos que compõem o ácido carbônico (H_2CO_3), assinale o que for correto.

Dados: H = 1; C = 12; O = 16

01) Uma molécula de ácido carbônico pesa 62 gramas.

02) Uma molécula de ácido carbônico pesa 62 vezes mais que uma molécula de hidrogênio (H_2).

04) Um mol de ácido carbônico possui 62 gramas.

08) Uma molécula de ácido carbônico pesa 62 vezes mais que $\frac{1}{12}$ do isótopo 12 de carbono.

10. (UFRGS-RS) A tabela a seguir contém alguns dados sobre as substâncias ácido acetilsalicílico, paracetamol e dipirona sódica, utilizadas como fármacos analgésicos.

Substância	Ácido acetilsalicílico	Paracetamol	Dipirona sódica
Fórmula	$C_9H_8O_4$	$C_8H_9O_2N$	$C_{13}H_{16}O_4N_3SNa$
Massa Molar (g · mol⁻¹)	180	151	333

Levando em conta três amostras que contêm, cada uma, 10 g de uma dessas substâncias puras, considere as afirmações, abaixo, sobre elas.

I. A amostra de paracetamol apresentará o maior número de mols de substância.

II. A amostra de dipirona apresentará a maior massa de oxigênio.

III. As amostras de ácido acetilsalicílico e de dipirona apresentarão o mesmo número de mols de átomos de oxigênio.

Quais estão corretas?

a) Apenas I.

b) Apenas II.

c) Apenas I e III.

d) Apenas II e III.

e) I, II e III.

11. (Unimontes-MG) Um procedimento depende de 0,9 g de sulfato cúprico anidro, $CuSO_4$, porém tem-se disponível o sulfato cúprico penta-hidratado, $CuSO_4 \times 5H_2O$. Para a realização do procedimento, deve-se pesar uma quantidade de $CuSO_4 \times 5H_2O$, aproximadamente, igual a

a) 0,58 g.

b) 1,56 g.

c) 1,41 g.

d) 0,90 g.

12. (Unimontes-MG) O cloro presente no PVC tem dois isótopos estáveis. O cloro-35, com massa 34,97 u, constitui 75,77% do cloro encontrado na natureza. O outro isótopo é o cloro-37, de massa 36,97 u. Em relação aos isótopos, é CORRETO afirmar que o cloro-37

a) contribui menos para a massa atômica do cloro.

b) apresenta maior quantidade de elétrons.

c) apresenta maior número atômico.

d) é mais abundante na natureza.

13. (UPM-SP) O 1-metilciclopenteno (C_6H_{10}) é um produto bloqueador da ação do etileno e tem sido utilizado com sucesso em flores, hortaliças e frutos, retardando o amadurecimento desses vegetais, aumentando, por isso, a sua vida útil.

Considerando que sejam utilizados 8,2 kg de 1-metilciclopenteno para atrasar o amadurecimento de algumas frutas, é correto afirmar que se gastou:

Dados: massas molares (g × mol⁻¹) H = 1 e C = 12.

a) $1,0 \times 10^{-1}$ mol de C_6H_{10}

b) $1,0$ mol de C_6H_{10}

c) $1,0 \times 10^1$ mol de C_6H_{10}

d) $1,0 \times 10^2$ mol de C_6H_{10}

e) $1,0 \times 10^3$ mol de C_6H_{10}

14. (UEMG) Uma alimentação balanceada requer o consumo de cerca de 1g de fósforo por dia. Nosso corpo apresenta aproximadamente 650 g desse elemento, que é concentrado principalmente nos ossos. Para suprir a necessidade diária de uma pessoa, a extração, por mineração, remove 22,6 kg de rocha fosfática por ano. As rochas fosfáticas podem ser fosforita ($Ca_3(PO_4)_2$), fluorapatita ($Ca_5(PO_4)_3F$) e hidroxiapatita ($Ca_5(PO_4)_3OH$).

Massas molares:

$P = 31$ g/mol; $Ca_3(PO_4)_2 = 310$ g/mol; $Ca_5(PO_4)_3F = 504$ g/mol; $Ca_5(PO_4)_3OH = 502$ g/mol.

Em relação a esse texto, são feitas as seguintes afirmações:

I. O corpo humano contém cerca de 21 mol de fósforo.

II. O maior percentual de fósforo está na fluorapatita.

III. A fosforita apresenta 20% de fósforo.

IV. Para suprir a necessidade diária de uma pessoa, é necessária a extração de, aproximadamente, 62 g de rocha fosfática por dia.

São CORRETAS

a) I, II e III apenas.

b) II, III e IV apenas.

c) I, III e IV apenas.

d) I, II e IV apenas.

15. (PUC-RJ) A massa, em gramas, de $6,02 \times 10^{23}$ moléculas de uma substância é igual à massa molar dessa substância.

Essa relação permite o cálculo da massa de uma molécula de SO_2, que é, em gramas, mais próximo do valor:

Dados: S = 32; O = 16.

a) 1.0×10^{-24}
b) 1.0×10^{-23}
c) 1.0×10^{-22}
d) 1.0×10^{21}
e) 1.0×10^{23}

16. (UFPB) Vidros de vasilhames contêm cerca de 80% de SiO_2 em sua composição. Assim, considerando esse percentual, é correto afirmar que, em 525 g de vidro de vasilhame, a quantidade de matéria de SiO_2 é:

a) 4 mol
b) 14 mol
c) 7 mol
d) 3 mol
e) 9 mol

17. (Uespi) Os avanços tecnológicos na eletrônica levaram à invenção do espectrômetro de massa, um aparelho que determina a massa de um átomo. Um mineiro, procurando ouro em um riacho, coleta 10 g de peças finas de ouro conhecidas como "pó de ouro". Sabendo que a massa de um átomo de ouro é $3,27 \times 10^{-25}$ kg, calcule quantos átomos de ouro o mineiro coletou.

a) 3×10^{25}
b) 3×10^{22}
c) 5×10^{20}
d) 5×10^{17}
e) 7×10^{16}

18. (UFU-MG)

A jadeíte, também chamada de silicato de alumínio e sódio ($NaAℓSi_2O_6$), é um mineral muito utilizado por artesãos para a confecção de peças de ornamentação e decoração, como joias e estatuetas.

O número de mols de silício presente em uma estatueta, com massa igual a 1 414 gramas, composta basicamente por jadeíte, é

a) 28 mols.
b) 14 mols.
c) 3,5 mols.
d) 7 mols.

Texto para a próxima questão:

Dados:

Massas Atômicas: H = 1u; C = 12u; O = 16u; N = 14u; $Cℓ$ = 35,45u.

Eletronegatividades: H = 2,2; C = 2,5; O = 3,5; N = 3,0; $Cℓ$ = 3,1.

Números Atômicos: H = 1; C = 6; O = 8; N = 7; $Cℓ$ = 17.

Número de Avogadro: $6,02 \times 10^{23}$.

19. (Unisinos-RS) Em relação ao significado das notações químicas, assinale a alternativa correta.

a) A notação 3H indica 3 moléculas de hidrogênio.
b) 1 mol de moléculas de $C_{10}H_4N_2$ contém 10 mols de átomos de carbono, 4 mols de átomos de hidrogênio e 2 mols de átomos de nitrogênio.
c) A notação $3H_2$ indica 6 moléculas de hidrogênio.
d) Uma molécula de $C_{10}H_4N_2$ contém uma massa de 152 g.
e) A notação $2C_{10}H_4N_2$ indica 2 moléculas de uma substância com um total de 16 átomos.

20. (UEG-GO) Feromônios são compostos orgânicos secretados pelas fêmeas de determinadas espécies de insetos com diversas funções, como a reprodutiva, por exemplo. Considerando que um determinado feromônio possui fórmula molecular $C_{19}H_{38}O$, e normalmente a quantidade secretada é cerca de $1,0 \times 10^{-12}$ g, o número de moléculas existentes nessa massa é de aproximadamente:

Número de Avogadro: $6,0 \times 10^{23}$

a) $1,7 \times 10^{20}$
b) $1,7 \times 10^{23}$
c) $2,1 \times 10^{9}$
d) $6,0 \times 10^{23}$

21. (UFPB) Em uma partida de futebol, um atleta gasta cerca de 720 kcal, o que equivale a 180 g do carboidrato $C_3H_6O_3$. A partir dessas informações, é correto afirmar que essa quantidade de carboidrato corresponde a:

a) 2 mol
b) 1 mol
c) 3 mol
d) 0,5 mol
e) 4 mol

22. (Unemat-MT) Considere que a massa de uma gota de água é de 0,05 g. Calcule a quantidade de mols (n) que existe nessa gota de água.

Dado: massa molecular da água é igual a 18 u.

a) 0,28 mol
b) 0,0028 mol
c) 0,056 mol
d) $1,27 \cdot 10^{21}$ mol
e) $2,8 \cdot 10^{23}$ mol

23. (Ufla-MG) O dióxido de carbono (CO_2) é um dos principais gases responsáveis pelo chamado efeito estufa, que provoca o aquecimento global do nosso planeta. Para cada 8,8 toneladas desse gás emitidas na atmosfera, o número de moléculas de CO_2 é aproximadamente:

a) $1,2 \cdot 10^{26}$
b) $2,0 \cdot 10^{2}$
c) $1,2 \cdot 10^{29}$
d) $2,0 \cdot 10^{5}$

ATIVIDADE INVESTIGATIVA

Um café com a química

Material

- Água quente e café condizentes com o número de participantes do experimento
- 1 coador de pano
- 1 filtro de papel para coar café
- 1 filtro de papel de laboratório

Observação: Para evitar acidentes, o professor ficará encarregado de levar água quente em uma garrafa térmica.

Procedimento

- Filtrar três volumes iguais de café com os filtros sugeridos.
- Convidar alguns alunos para testar os sabores. O mesmo aluno deverá provar das três amostras. Entre as degustações poderá comer um pedaço de pão.
- Registrar qual deles é o mais amargo.

Discussão

Coletar opiniões da classe sobre o porquê da diferença de sabores.

Atividades

- Faça uma pesquisa sobre a importância da cultura do café nos estados de São Paulo, Rio de Janeiro, Minas Gerais e Paraná.
- Organizem um jornal ou informativo em que deverá constar informações sobre o café: origem, plantio, colheita, tipos, regiões de plantação, clima, solo, transporte, industrialização, distribuição e hábitos relacionados ao preparo e à degustação do café como bebida não alcoólica.

Enem

1.

Primeiro, em relação àquilo a que chamamos água, quando congela, parece-nos estar a olhar para algo que se tornou pedra ou terra, mas quando derrete e se dispersa, esta torna-se bafo e ar; o ar, quando é queimado, torna-se fogo; e, inversamente, o fogo, quando se contrai e se extingue, regressa a forma do ar; o ar, novamente concentrado e contraído, torna-se nuvem e nevoeiro, mas, a partir destes estados, se for ainda mais comprimido, torna-se água corrente, e de água torna-se novamente terra e pedras; e deste modo, como nos parece, dão geração uns aos outros de forma cíclica.

PLATÃO. *Timeu-Crítias*. Coimbra: CECH, 2011.

Do ponto de vista da ciência moderna, os "quatro elementos" descritos por Platão correspondem, na verdade, às fases sólida, líquida, gasosa e plasma da matéria. As transições entre elas são hoje entendidas como consequências macroscópicas de transformações sofridas pela matéria em escala microscópica.

Excetuando-se a fase de plasma, essas transformações sofridas pela matéria, em nível microscópico, estão associadas a uma

a) troca de átomos entre as diferentes moléculas do material.

b) transmutação nuclear dos elementos químicos do material.

c) redistribuição de prótons entre os diferentes átomos do material.

d) mudança na estrutura espacial formada pelos diferentes constituintes do material.

e) alteração nas proporções dos diferentes isótopos de cada elemento presente no material.

2.

Pesquisadores recuperaram DNA de ossos de mamute (*Mammuthus primigenius*) encontrados na Sibéria, que tiveram sua idade de cerca de 28 mil anos confirmada pela técnica do carbono-14.

FAPESP. *DNA do mamute é revelado*. Disponível em: <http://agencia.fapesp.br>. Acesso em: 13 ago. 2012 (adaptado).

A técnica de datação apresentada no texto só é possível devido à

a) proporção conhecida entre carbono-14 e carbono-12 na atmosfera ao longo dos anos.

b) decomposição de todo o carbono-12 presente no organismo após a morte.

c) fixação maior do carbono-14 nos tecidos de organismos após a morte.

d) emissão de carbono-12 pelos tecidos de organismos após a morte.

e) transformação do carbono-12 em carbono-14 ao longo dos anos.

3.

A bomba reduz neutros e neutrinos, e abana-se com o leque da reação em cadeia.

ANDRADE C. D. *Poesia completa e prosa*.
Rio de Janeiro. Aguilar, 1973 (fragmento).

Nesse fragmento de poema, o autor refere-se à bomba atômica de urânio. Essa reação é dita "em cadeia" porque na

a) fissão do ^{235}U ocorre liberação de grande quantidade de calor, que dá continuidade à reação.

b) fissão de ^{235}U ocorre liberação de energia, que vai desintegrando o isótopo ^{238}U, enriquecendo-o em mais ^{235}U.

c) fissão do ^{235}U ocorre uma liberação de nêutrons, que bombardearão outros núcleos.

d) fusão do ^{235}U com ^{238}U ocorre formação de neutrino, que bombardeará outros núcleos radioativos.

e) fusão do ^{235}U com ^{238}U ocorre formação de outros elementos radioativos mais pesados, que desencadeiam novos processos de fusão.

4.

Partículas beta, ao atravessarem a matéria viva, colidem com uma pequena porcentagem de moléculas e deixam atrás de si um rastro aleatoriamente pontilhado de radicais livres e íons quimicamente ativos. Essas espécies podem romper ainda outras ligações moleculares, causando danos celulares.

HEWITT, P. G. *Física conceitual*.
Porto Alegre: Bookman, 2002 (adaptado).

A capacidade de gerar os efeitos descritos dá-se porque tal partícula é um

a) elétron e, por possuir massa relativa desprezível, tem elevada energia cinética translacional.

b) nêutron e, por não possuir carga elétrica, tem alta capacidade de produzir reações nucleares.

c) núcleo do átomo de hélio (He) e, por possuir massa elevada, tem grande poder de penetração.

d) fóton e, por não possuir massa, tem grande facilidade de induzir a formação de radicais livres.

e) núcleo do átomo de hidrogênio (H) e, por possuir carga positiva, tem alta reatividade química.

5.

O brasileiro consome em média 500 miligramas de cálcio por dia, quando a quantidade recomendada é o dobro. Uma alimentação balanceada é a melhor decisão pra evitar problemas no futuro, como a osteoporose, uma doença que atinge os ossos. Ela se caracteriza pela diminuição substancial de massa óssea, tornando os ossos frágeis e mais suscetíveis a fraturas.

Disponível em: <www.anvisa.gov.br>.
Acesso em: 1 ago. 2012 (adaptado).

Considerando-se o valor de 6×10^{23} mol^{-1} para a constante de Avogadro e a massa molar do cálcio igual a 40 g/mol,

Enem

qual a quantidade mínima diária de átomos de cálcio a ser ingerida para que uma pessoa supra suas necessidades?

a) $7,5 \times 10^{21}$

d) $1,5 \times 10^{25}$

b) $1,5 \times 10^{22}$

e) $4,8 \times 10^{25}$

c) $7,5 \times 10^{23}$

6. Glicose marcada com nuclídeos de carbono-11 é utilizada na medicina para se obter imagens tridimensionais do cérebro, por meio de tomografia de emissão de pósitrons. A desintegração do carbono-11 gera um pósitron, com tempo de meia-vida de 20,4 min, de acordo com a equação da reação nuclear:

$$^{11}_{6}C \rightarrow {}^{11}_{5}B + {}^{0}_{1}e$$
(pósitron)

A partir da injeção de glicose marcada com esse nuclídeo, o tempo de aquisição de uma imagem de tomografia é cinco meias-vidas.

Considerando que o medicamento contém 1,00 g do carbono-11, a massa, em miligramas, do nuclídeo restante, após a aquisição da imagem, é mais próxima de

a) 0,200.

c) 9,80.

e) 200.

b) 0,969.

d) 31,3.

7.

Aspartame é um edulcorante artificial (adoçante dietético) que apresenta potencial adoçante 200 vezes maior que o açúcar comum, permitindo seu uso em pequenas quantidades. Muito usado pela indústria alimentícia, principalmente nos refrigerantes *diet*, tem valor energético que corresponde a 4 calorias/grama. É contraindicado a portadores de fenilcetonúria, uma doença genética rara que provoca o acúmulo da fenilalanina no organismo, causando retardo mental. O IDA (índice diário aceitável) desse adoçante é 40 mg/kg de massa corpórea.

Disponível em: <http://boaspraticasfarmaceuticas.blogspot.com>. Acesso em: 27 fev. 2012.

Com base nas informações do texto, a quantidade máxima recomendada de aspartame, em mol, que uma pessoa de 70 kg de massa corporal pode ingerir por dia é mais próxima de

Dado: massa molar do aspartame = 294 g/mol

a) $1,3 \times 10^{-4}$.

c) 4×10^{-2}.

e) 823.

b) $9,5 \times 10^{-3}$.

d) 2,6.

8. A falta de conhecimento em relação ao que vem a ser um material radioativo e quais os efeitos, consequências e usos da irradiação pode gerar o medo e a tomada de decisões equivocadas, como a apresentada no exemplo a seguir.

"Uma companhia aérea negou-se a transportar material médico por este portar um certificado de esterilização por irradiação".

Física na Escola, v. 8, n. 2, 2007 (adaptado).

A decisão tomada pela companhia é equivocada, pois

a) o material é incapaz de acumular radiação, não se tornando radioativo por ter sido irradiado.

b) a utilização de uma embalagem é suficiente para bloquear a radiação emitida pelo material.

c) a contaminação radioativa do material não se prolifera da mesma forma que as infecções por microrganismos.

d) o material irradiado emite radiação de intensidade abaixo daquela que ofereceria risco à saúde.

e) o intervalo de tempo após a esterilização é suficiente para que o material não emita mais radiação.

9. Em nosso cotidiano, utilizamos as palavras "calor" e "temperatura" de forma diferente de como elas são usadas no meio científico. Na linguagem corrente, calor é identificado como "algo quente" e temperatura mede a "quantidade de calor de um corpo". Esses significados, no entanto, não conseguem explicar diversas situações que podem ser verificadas na prática.

Do ponto de vista científico, que situação prática mostra a limitação dos conceitos corriqueiros de calor e temperatura?

a) A temperatura da água pode ficar constante durante o tempo em que estiver fervendo.

b) Uma mãe coloca a mão na água da banheira do bebê para verificar a temperatura da água.

c) A chama de um fogão pode ser usada para aumentar a temperatura da água em uma panela.

d) A água quente que está em uma caneca é passada para outra caneca a fim de diminuir sua temperatura.

e) Um forno pode fornecer calor para uma vasilha de água que está em seu interior com menor temperatura do que a dele.

10. Fator da emissão *carbon footprint* é um termo utilizado para expressar a quantidade de gases que contribuem para o aquecimento global, emitidos por uma fonte ou processo industrial específico. Pode-se pensar na quantidade de gases emitidos por uma indústria, uma cidade ou mesmo por uma pessoa. Para o gás CO_2, a relação pode ser escrita:

$$\text{Fator de emissão de } CO_2 = \frac{\text{Massa de } CO_2 \text{ emitida}}{\text{Quantidade de material}}$$

O termo "quantidade de material" pode ser, por exemplo, a massa de material produzido em uma indústria ou a quantidade de gasolina consumida por um carro em um determinado período.

No caso da produção do cimento, o primeiro passo é a obtenção do óxido de cálcio, a partir do aquecimento do calcário a altas temperaturas, de acordo com a reação:

$$CaCO_3(s) \rightarrow CaO(s) + CO_2(g)$$

Uma vez processada essa reação, outros compostos inorgânicos são adicionados ao óxido de cálcio, tendo o cimento formado 62% de CaO em sua composição.

Dados: Massas molares em g/mol - $CO_2 = 44$; $CaCO_3 = 100$; $CaO = 56$.

TREPTOW, R.S. *Journal of Chemical Education*. v. 87, n. 2, fev. 2010 (adaptado).

Considerando as informações apresentadas no texto, qual é, aproximadamente, o fator de emissão de CO_2 quando 1 tonelada de cimento for produzida, levando-se em consideração apenas a etapa de obtenção do óxido de cálcio?

a) $4,9 \times 10^{-4}$

c) $3,8 \times 10^{-1}$

e) $7,9 \times 10^{-1}$

b) $7,9 \times 10^{-4}$

d) $4,9 \times 10^{-1}$

11. Suponha que você seja um consultor e foi contratado para assessorar a implantação de uma matriz energética em um pequeno país com as seguintes características: região plana, chuvosa e com ventos constantes, dispondo de poucos recursos hídricos e sem reservatórios de combustíveis fósseis.

De acordo com as características desse país, a matriz energética de menor impacto e risco ambientais é a baseada na energia

a) dos biocombustíveis, pois tem menor impacto ambiental e maior disponibilidade.

b) solar, pelo seu baixo custo e pelas características do país favoráveis à sua implantação.

c) nuclear, por ter menor risco ambiental e ser adequada a locais com menor extensão territorial.

d) hidráulica, devido ao relevo, à extensão territorial do país e aos recursos naturais disponíveis.

e) eólica, pelas características do país e por não gerar gases do efeito estufa nem resíduos de operação.

12.

Química Verde pode ser definida como a criação, o desenvolvimento e a aplicação de produtos e processos químicos para reduzir ou eliminar o uso e a geração de substâncias nocivas à saúde humana e ao ambiente. Sabe-se que algumas fontes energéticas desenvolvidas pelo homem exercem, ou tem potencial para exercer, em algum nível, impactos ambientais negativos.

CORREA. A. G.; ZUIN, V. G. (Orgs.). *Química Verde*: fundamentos e aplicações. São Carlos. EduFSCar, 2009.

À luz da Química Verde, métodos devem ser desenvolvidos para eliminar ou reduzir a poluição do ar causada especialmente pelas

a) hidrelétricas.

d) fontes de energia solar.

b) termelétricas.

e) fontes de energia eólica.

c) usinas geotérmicas.

13. A elevação da temperatura das águas de rios, lagos e mares diminui a solubilidade do oxigênio, pondo em risco as diversas formas de vida aquática que dependem desse gás. Se essa elevação de temperatura acontece por meios artificiais, dizemos que existe poluição térmica. As usinas nucleares, pela própria natureza do processo de geração de energia, podem causar esse tipo de poluição.

Que parte do ciclo de geração de energia das usinas nucleares está associada a esse tipo de poluição?

a) Fissão do material radioativo.

b) Condensação do vapor-d'água no final do processo.

c) Conversão de energia das turbinas pelos geradores.

d) Aquecimento da água líquida para gerar vapor-d'água.

e) Lançamento do vapor-d'água sobre as pás das turbinas.

14. O quadro apresenta a composição do petróleo.

Fração	Faixa de tamanho das moléculas	Faixa de ponto de ebulição (°C)	Usos
Gás	C_1 a C_5	−160 a 30	combustíveis gasosos
Gasolina	C_5 a C_{12}	20 a 200	combustíveis de motor
Querosene	C_{12} a C_{18}	180 a 400	*diesel* e combustível de alto forno
Lubrificantes	maior que C_{18}	maior que 350	lubrificantes
Parafinas	maior que C_{20}	sólidos de baixa fusão	velas e fósforos
Asfalto	maior que C_{30}	resíduos pastosos	pavimentação

BROWN, T. L. et al. *Química*: a ciência central. São Paulo: Pearson Prentice Hall, 2005.

Para a separação dos constituintes com o objetivo de produzir a gasolina, o método a ser utilizado é a

a) filtração.

d) precipitação.

b) destilação.

e) centrifugação.

c) decantação.

15. A energia nuclear é uma alternativa aos combustíveis fósseis que, se não gerenciada de forma correta, pode causar impactos ambientais graves. O princípio da geração dessa energia pode se basear na reação de fissão controlada do urânio por bombardeio de nêutrons, como ilustrado:

$$^{235}U + n \rightarrow {}^{95}Sr + {}^{139}Xe + 2n + energia$$

Um grande risco decorre da geração do chamado lixo atômico, que exige condições muito rígidas de tratamento e armazenamento para evitar vazamentos para o meio ambiente.

Esse lixo é prejudicial, pois

a) favorece a proliferação de microrganismos termófilos.

b) produz nêutrons livres que ionizam o ar, tornando-o condutor.

c) libera gases que alteram a composição da atmosfera terrestre.

d) acentua o efeito estufa decorrente do calor produzido na fissão.

e) emite radiação capaz de provocar danos à saúde dos seres vivos.

UNIDADE 2

A TEORIA ATÔMICA E A CONSTITUIÇÃO DA MATÉRIA

As teorias científicas objetivam descrever e explicar certo conjunto de fatos. A Teoria Atômica, por exemplo, foi elaborada para sustentar fenômenos observados no decorrer das épocas, como a fluidez de um líquido, a conservação da massa durante uma transformação físico-química, os temperaturas de fusão e de ebulição etc.

Essa teoria propõe a existência do átomo como partícula fundamental de todos os tipos de matéria. No entanto, o próprio conceito de átomo evoluiu com o tempo e formou vários modelos propostos desde a sistematização da Ciência.

Apoiados na Teoria Atômica, os cientistas propuseram os conceitos sobre a Teoria das Ligações Químicas, utilizadas para explicar as interações entre as várias substâncias.

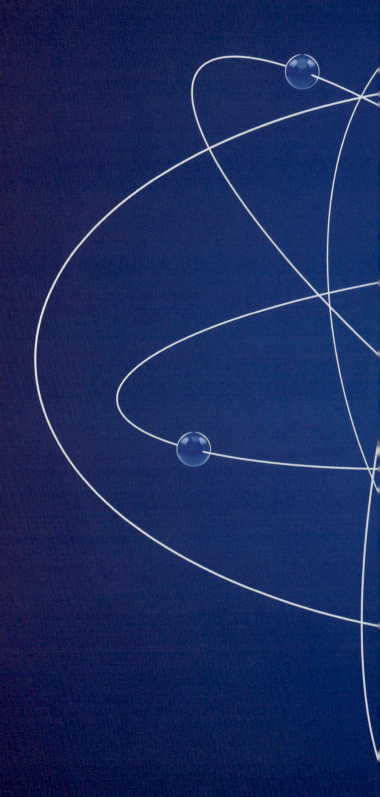

Konstantin Faraktinov/Shutterstock.com

Modelo atômico.

CAPÍTULO 5

MODELOS ATÔMICOS, TABELA DOS ELEMENTOS E OS MODELOS DE LIGAÇÕES

Há muito tempo a constituição da matéria tem atraído a curiosidade humana. Na Antiguidade, filósofos gregos já consideravam que a natureza podia ser resultante de um constante processo de transformações, sujeitas a leis próprias. Demócrito e Epicuro são alguns desses filósofos que buscavam explicações para tais fenômenos. Ambos sugeriram, por exemplo, que toda matéria era formada de pequenos corpos indivisíveis denominados átomos (do grego: *a* = não e *tomos* = divisível).

Conforme o passar do tempo, a ideia de indivisibilidade do átomo foi substituída por novas propostas fundamentadas em experimentação, mas a palavra "átomo" continuou sendo usada para representar partículas de espécies químicas diferentes constituintes da matéria (Figura 5.1).

Explicando a estrutura da matéria: modelos atômicos

Durante muitos séculos, as ideias dos filósofos gregos foram tidas como verdades, até que no final do século XVIII os estudos sobre a constituição da matéria voltaram a tomar fôlego. Historiadores apontam 1799 como o ano no qual Proust reconheceu e enunciou a Lei das Proporções Definidas em reações químicas. Sua divulgação, porém, realizou-se em 1801.

Em 1803, John Dalton propôs a Teoria Atômica da Matéria, inspirado sobretudo nos trabalhos de Proust. Dalton imaginou que a matéria seria constituída de partículas indivisíveis – o átomo – e que cada elemento químico seria formado por átomos com a mesma massa. Por extensão, presumiu que as reações químicas representariam mudanças nos arranjos atômicos dos reagentes para a formação de novos produtos, preservando os elementos durante uma transformação química.

Embora a ideia de átomo esteja no cotidiano dos cientistas, nem sempre ela foi bem aceita. Mesmo após a publicação dos trabalhos de Dalton, cientistas da época se recusaram a concordar com ela. Na França, por exemplo, a Teoria Atômica foi recebida com muita frieza por alguns estudiosos, o que retardou, até o final do século XIX, a introdução de seu estudo em escolas secundárias.

O que é o modelo atômico?

A ciência busca entender as causas, os mecanismos que regulam as manifestações da matéria e, se possível, interferir no curso dos acontecimentos. Para tanto, utiliza-se de alguns recursos.

Recurso teórico e puramente imaginário, porém supomos ser muito próximo dos sistemas reais aos quais não temos acesso direto, como a estrutura da matéria, por exemplo.

Um deles é a quantificação das observações por meio de instrumentos que ampliam o alcance dos sentidos do observador, com posterior anotação efetuada em linguagem matemática, e a criação de modelos, que não existem na natureza e são válidos enquanto puderem explicar um fenômeno, caso contrário, são substituídos por outros modelos que atendam às novas descobertas.

Valendo-se desses meios e apoiando-se nas experiências de Proust, que envolviam medidas de massas durante as reações químicas, Dalton elaborou seu modelo atômico.

Adilson Secco

Figura 5.1: Na imagem temos o resultado do imaginário a respeito de como poderia ser um átomo em um período de tempo na clência.

132 **Unidade 2** A Teoria Atômica e a constituição da matéria

O processo evolutivo dos modelos atômicos

A criação de um modelo raramente é um processo simples. Na maioria das vezes, o trabalho é árduo, acompanhado de muitas interpretações que nem sempre são confirmadas ou aceitas pela comunidade científica.

Nesse progressivo avanço do modelo atômico, percebeu-se que as explicações sobre a constituição da matéria evoluíram à medida que novas observações foram propostas em relação aos fenômenos. Esse processo é contínuo.

Quando Dalton imaginou os átomos maciços, isso foi suficiente para entender e explicar a composição das substâncias e as relações entre massas de reagentes e produtos. Decorrido mais de um século, novos fenômenos foram observados em função do progresso tecnológico e da precisão de instrumentos. Além disso, teorias mais recentes contradiziam o modelo proposto por Dalton. O modelo de Rutherford propõe que o átomo seja constituído de um pequeno núcleo em relação ao átomo, enquanto a carga negativa circunda este núcleo.

Para chegar ao novo modelo, Niels Bohr valeu-se dos elétrons, de um núcleo atômico e da energia para explicar a emissão de luz por elementos gasosos sob alta voltagem.

Experimento

Não fazer esse experimento sem o acompanhamento de adulto.

Fogos coloridos

Material
- 1 lamparina pequena de álcool com pavios
- 600 mL de álcool etílico 96 °GL
- 1 g das seguintes substâncias:
  - cloreto de sódio (sal de cozinha)
  - sulfato de cobre(II)
- 2 colheres de metal de chá

Procedimento
- Coloque um pouco de cada sal em cada colher de chá.
- Acenda o pavio da lamparina e aproxime a colher da chama.
- Observe imediatamente a cor da chama.

Figura 5.2: Arranjo experimental.

O modelo de Bohr

Em 1913, os cientistas já sabiam que elementos químicos na fase gasosa, quando submetidos a voltagens elevadas, produziam luzes de várias cores que mudavam conforme a natureza do elemento.

Foi durante essa época que o dinamarquês Niels Bohr (Figura 5.3), nascido em Copenhague, atuou. Um dos primeiros artigos científicos publicados por ele nesse campo foi o resultado de trabalhos realizados com o gás hidrogênio, descrito pelo cientista como um átomo constituído por núcleo e um único elétron.

O modelo de Bohr propunha que o elétron permanecia em uma órbita circular, mas que havia a possibilidade de ele passar de uma órbita para outra mais externa. Jamais poderia ocorrer, porém, de o elétron permanecer entre duas órbitas, o que significa que permaneceria ao redor do núcleo sem perder e sem receber energia nessas órbitas. A trajetória circular na qual o elétron permanece sem trocar energia é o que Bohr denominava **órbita permitida** ou **estacionária**.

Figura 5.3: Niels Bohr (1885-1962).

A emissão de luz segundo Bohr

A partir dessas observações, tornava-se impossível justificar a emissão de luz por átomos sob alta voltagem usando um modelo atômico que considerava os átomos indivisíveis, como pensava Dalton. Desse modo, fica claro que o avanço dos modelos atômicos depende essencialmente das relações entre observação e teoria.

Para explicar o fenômeno da emissão de luz, Bohr supôs que um elétron que ocupasse certa órbita poderia ser conduzido a uma órbita mais externa, mas esse fenômeno só aconteceria quando certa quantidade de energia fosse fornecida ao átomo (Figura 5.4). O elétron, mais afastado e com mais energia, retornaria espontaneamente para a órbita original, liberando a energia absorvida na forma de luz (Figura 5.5).

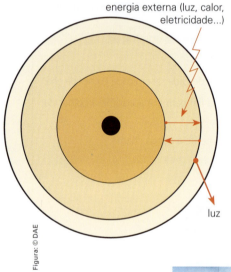

Figura 5.4: Alguns níveis de energia do átomo de hidrogênio segundo Bohr. Quando um elétron recebe energia, ele é conduzido para uma órbita mais afastada. Quando volta à órbita original, a energia absorvida é emitida na forma de luz.

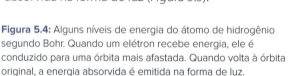

Figura 5.5: Gás inerte submetido à tensão elevada e respectiva emissão de luz.

Unidade 2 A Teoria Atômica e a constituição da matéria

Exercícios resolvidos

1. Qual o significado de órbita estacionária segundo o modelo de Bohr?
   Um percurso desenvolvido pelo elétron ao redor do núcleo, em que a partícula elétron não perde nem ganha energia.

2. De que modo esse elétron pode ser conduzido para órbitas mais afastadas do núcleo?
   Por meio do fornecimento de certa quantidade de energia ao átomo.

Exercícios propostos

1. Identifique a substância utilizada por Bohr para estabelecer o modelo de órbitas estacionárias.
2. Qual era a questão ou problema sugerido por Bohr que o conduziu a propor a noção de órbitas?

A nomenclatura das órbitas e o máximo de elétrons que cada uma acomoda

O modelo atômico de Bohr é assim **representado**, conforme a Figura 5.6.

Lembre-se de que se trata de um modelo de representação, diferente do que poderia ser um átomo de hidrogênio.

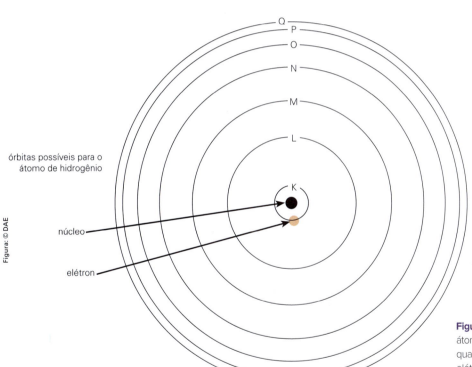

Figura 5.6: Costumamos representar um átomo com sete órbitas porque essa é a quantidade suficiente para comportar os elétrons dos átomos naturais.

Desde 1917, as órbitas são designadas pelas letras K, L, M, N, O, P e Q, sendo K a órbita mais próxima do núcleo e Q a mais distante. A partir da proposta do modelo de Bohr, houve um rápido progresso para determinar a estrutura eletrônica de átomos multieletrônicos. Mas os valores encontrados para cada órbita são experimentais e, por isso, para descobrirmos a configuração eletrônica de um átomo, é necessário que consultemos a tabela periódica ou, quando se tratar de elementos mais simples, que utilizemos algumas regras.

Em 1921, Niels Bohr e Charles Bury propuseram que a quantidade de elétrons em cada órbita poderia ser deduzida matematicamente, conforme quadro a seguir:

NOTA:

A órbita de valência é a camada mais externa do átomo e que possui elétrons.

Órbita	K	L	M	N	O	P	Q
Valores teóricos deduzidos	2 e⁻	8 e⁻	18 e⁻	32 e⁻	50 e⁻	72 e⁻	98 e⁻
Valores máximos experimentais	2 e⁻	8 e⁻	18 e⁻	32 e⁻	32 e⁻	18 e⁻	2 e⁻

Mais tarde, sugeriu-se que na órbita mais externa de um átomo isolado ou órbita de valência não poderia haver mais que oito elétrons. Isso significava que os elétrons excedentes deveriam ser acomodados na órbita seguinte.

Observe as regras propostas por esses cientistas na distribuição eletrônica de alguns elementos químicos.

I. Configuração ou distribuição eletrônica do átomo de Na

a) Como primeiro passo, consultamos a tabela periódica para encontrar o número atômico (número de prótons) do elemento Na ($Z = 11$).

Obs.: Em um átomo neutro, a quantidade de prótons (cargas positivas) é igual à quantidade de elétrons (cargas negativas).

b) A seguir, distribuímos os elétrons nas órbitas de acordo com as quantidades máximas permitidas em cada uma delas, começando sempre pela órbita K, que pode acomodar no máximo dois elétrons. Restam, então, nove elétrons. Porém, a próxima órbita (L) só pode alojar no máximo oito elétrons. Logo, deixamos os oito elétrons na órbita L e passamos o elétron excedente para a órbita M. Temos, então:

	órbita K	órbita L	órbita M (camada de valência)
$_{11}$Na	máximo 2 e⁻	máximo 8 e⁻	**1 e⁻**

II. Distribuição eletrônica do $_{51}$Sb

a) Preenchemos as órbitas, segundo o máximo de elétrons que cada uma comporta, até completar a quantidade de elétrons do átomo:

$_{51}$Sb:	K	L	M	N	O	P	Q
	2	8	18	23			

b) Como a órbita mais externa não pode exceder oito elétrons, repetimos a quantidade de elétrons da órbita anterior:

$_{51}$Sb:	K	L	M	N	O	P	Q
	2	8	18	18			

c) A seguir, somamos o total de elétrons obtidos nessa nova disposição e acomodamos a quantidade de elétrons que falta para completar 51 na órbita seguinte: soma = 46 elétrons; $51 - 46 = 5$.

$_{51}$Sb:	K	L	M	N	O (camada de valência)	P	Q
	2	8	18	18	**5**		

III. Distribuição eletrônica do $_{55}$Cs

a) Preenchemos as órbitas, segundo o máximo de elétrons que cada uma comporta, até completar a quantidade de elétrons do átomo:

$_{55}$Cs:	K	L	M	N	O	P	Q
	2	8	18	27			

b) A órbita mais externa não pode conter mais que oito elétrons, portanto, repetimos a quantidade de elétrons da órbita anterior e transferimos o excesso de elétrons para a órbita seguinte:

$_{55}Cs$:	K	L	M	N	O	P	Q
	2	8	18	18	9		

c) Ainda assim, a última órbita permanece com mais de oito elétrons. Então, transferimos o único elétron excedente para a próxima órbita:

$_{55}Cs$:	K	L	M	N	O	P (camada de valência)	Q
	2	8	18	18	8	**1**	

Exercício resolvido

Faça a distribuição de elétrons nas camadas ou órbitas para os átomos do elemento fósforo com número atômico igual a 15.

Distribuir 15 elétrons significa alocá-los nas respectivas órbitas sempre mantendo o máximo que cada órbita, camada ou nível pode acomodar. Seguindo a sequência, teremos: K = 2; L = 8 e M = 5.

Exercício proposto

Pesquise o significado de camada de valência e verifique quantos elétrons estão acomodados nessa camada dos átomos do elemento enxofre (S) cujo número atômico vale 16.

História da Química

Uma conversa entre Heisenberg e Pauli

Nos estudos sobre elétrons, havia embate de opiniões entre cientistas, como pode-se observar nesse diálogo entre Werner Helsenberg (Figura 5.7) e Wolfgang Pauli (Figura 5.8) registrado na biografia de Helsenberg. Pauli questiona:

— Você acredita, sinceramente, que de fato existam, dentro do átomo, coisas como órbita de elétrons?

— Para começar — disse-lhe —, podemos observar, apoiados em experiências, a trajetória de um elétron... tenho reservas quanto a isso... Quanto aos elétrons saltarem de uma órbita para outra, como pretende a teoria, temos o cuidado de não especificar se eles dão saltos elevados, saltos longos ou outro tipo de salto. Tudo isso me faz pensar que há algo de errado em todas essas ideias de órbitas de elétrons. Mas qual é a alternativa?

Pauli assentiu com a cabeça.

— A coisa toda parece um mito...

Observem como novas idéias podem parecer muito estranhas mesmo para pessoas que vivem e convivem com ideias que foram novas no passado.

Figura 5.7: Werner Heisenberg (1901-1976).

Figura 5.8: Wolfgang Pauli (1900-1958).

Tabela periódica

Proposta de classificação dos elementos químicos em relação às suas massas

A classificação é um método simples para discriminar elementos dentro de uma coleção ou um universo de itens. Por exemplo, poderíamos classificar os seres vivos em vegetais e animais, mas logo observaríamos que entre os vegetais há diversos "tipos" que exigiriam ser colocados em subgrupos e, devido à complexidade e variações dos vegetais, muitos subgrupos seriam necessários. O mesmo aconteceria com a variedade dos animais. Os conjuntos de coisas que podemos classificar são muitos e variados. Podemos agrupar fatos históricos, estilos de arquitetura, populações, propriedades físicas etc.

Uma farmácia é um ótimo exemplo para nossos objetivos, no qual os produtos a serem vendidos devem estar necessariamente classificados segundo um critério específico. À medida que são constituídos grupos de produtos, observaremos que serão necessários subgrupos hierarquicamente inseridos no interior do respectivo grupo. Por exemplo, podemos agrupar em uma prateleira todos os fármacos destinados a uma finalidade específica do paciente que pretende adquirir o remédio. Outro grande grupo conteria a linha de cosméticos, portanto, não medicamentosa e, dentro dessa categoria, existiriam outros subgrupos. Observe que o critério classificador depende da natureza dos objetos da coleção que pretendemos organizar.

Infelizmente o nome do remédio não revela diretamente para qual fim se destina e aí se faz necessário consultar a bula para reconhecermos sua especificação. Essa seria a atitude primeira para organizarmos as prateleiras de uma farmácia.

A Figura 5.9 representa um mural do início do século XV. Seria pouco provável fazermos uma classificação dos medicamentos sem conhecermos os remédios usados pela medicina da época. Seria possível perceber medicamentos comercializados em estados físicos como sólidos e líquidos? Na parte superior da prateleira do fundo, há vasilhames que mais parecem "queijos", mas provavelmente são sólidos armazenados. Nas partes mais baixas, há vasilhames no formato de jarros, possivelmente destinados a armazenar líquidos que seriam vendidos a granel. Na Figura 5.10 observamos que os medicamentos já estão embalados individualmente.

Figura 5.9: Interior de uma farmácia do início do século XV. Artista desconhecido, Escola Italiana. *Interior de uma farmácia*. Afresco, século XV.

Figura 5.10: Farmácia do século XVIII. Artista desconhecido, Escola Francesa. *A verificação de um boticário*. Pintura a óleo, começo século XVIII.

As classificações dos elementos químicos

Até o ano de 1869 eram conhecidos pouco mais de 60 elementos químicos, quando o professor de Química, Dimitri Ivanovich Mendeleev (Figura 5.11), publicou um quadro no qual constavam os elementos químicos conhecidos naquele período, em função de suas massas atômicas. Não foi a primeira tabela a ser organizada sobre os elementos químicos. Antes de Mendeleev, outros estudiosos, como Dobereiner, Dumas Chancourtois, Newlands e Meyer, propuseram sequências de elementos. Entretanto, Mendeleev foi representativo por predizer as propriedades de elementos que ainda não haviam sido descobertos.

A classificação de Mendeleev

Em fevereiro de 1869, Mendeleev publicou a primeira de uma série de tabelas ou classificações periódicas que viriam a ser produzidas por ele. A seguir, estão as figuras 5.12 e 5.13 que representam a mesma tabela:

Figura 5.11: Dimitri Ivanovich Mendeleev (1834-1907).

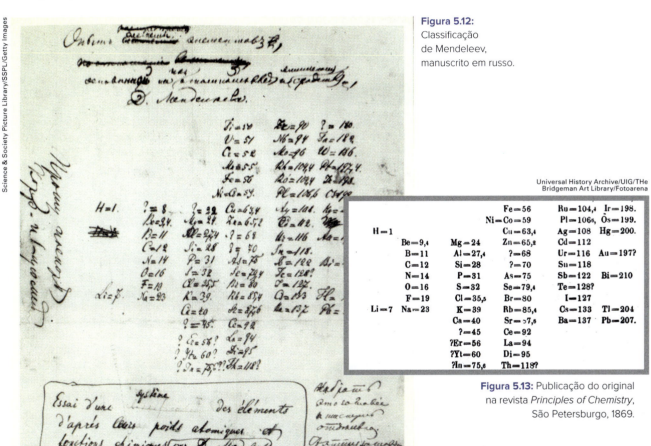

Figura 5.12: Classificação de Mendeleev, manuscrito em russo.

Figura 5.13: Publicação do original na revista *Principles of Chemistry*, São Petersburgo, 1869.

Modelos atômicos, tabelas dos elementos e os modelos de ligações   Capítulo 5

A Figura 5.12 é a versão original do manuscrito. Já a Figura 5.13 está apresentada em tipos de máquina de escrever, portanto, é um documento mais recente que os manuscritos de Mendeleev. No total, são 63 elementos listados segundo o critério de massas atômicas dos elementos em ordem crescente. É importante observar o critério classificatório, isto é, as massas atômicas. Nessa época, uma escala de massas atômicas havia sido elaborada pelo químico italiano Stanislao Cannizzaro (1826-1910). A organização da tabela de Mendeleev mostra conjuntos de elementos na vertical e conjuntos na horizontal e, em qualquer uma das sequências, a ordem crescente das massas atômicas é mantida. A única discrepância aparece entre as massas dos elementos Te = 128 (telúrio) e I = 127 (iodo).

Os espaços indicados com pontos de interrogação foram reservados por Mendeleev para elementos que ainda não haviam sido descobertos. Esse é o motivo mais forte que conduziu os químicos da época a aceitarem a tabela de Mendeleev, justamente por apresentar credibilidade. Afinal, algumas propriedades desses elementos e de seus compostos foram previstas com sucesso por ele.

O termo **classificação periódica** é reflexo da observação de que algumas propriedades dos elementos tabelados se repetiam com certa regularidade à medida que se iniciava um novo conjunto de elementos e, por consequência, um novo conjunto de massas atômicas.

Exercício resolvido

Verifique se há alguma regularidade em relação as temperaturas de ebulição, em Celsius, dos elementos e suas respectivas massas atômicas, considerando a localização no sistema periódico original de Mendeleev. Consulte qualquer uma das duas tabelas anteriores:

- Li (lítio): massa atômica, 7; temperatura de ebulição, 1336.

- Na (sódio): massa atômica, 23; temperatura de ebulição, 882.

- K (potássio): massa atômica, 39; temperatura de ebulição, 766.

- Rb (rubídio): massa atômica, 85,4; temperatura de ebulição: 688.

Observe se esses elementos estão na mesma linha vertical ou na mesma linha horizontal da classificação.

Os quatro símbolos dos elementos estão na horizontal. À medida que observamos o aumento das massas atômicas da esquerda para a direita também observamos a diminuição das respectivas temperaturas de ebulição.

Exercício proposto

Leia o texto a seguir e responda à questão proposta, pesquisando as informações necessárias na internet.

As previsões sobre as propriedades dos elementos e seus compostos foram verificadas em alguns elementos indicados com um ponto de interrogação na tabela de Mendeleev, da página 139. Verifique a linha horizontal que começa com o símbolo C, correspondente ao carbono. Nessa mesma horizontal constam silício e, à direita dele, há um ponto de interrogação indicando a existência de um elemento, mas que ainda não havia sido descoberto na época. Mendeleev denominou esse elemento de eka-silício (Es), cujo significado é "primeiro depois do silício", e previu que ele deveria ser cinza-escuro. Em 1871, foi atribuído ao eka-silício (Es) a massa atômica 72 e foi previsto que, ao reagir com o gás oxigênio, ele formaria uma substância com fórmula EsO_2 de elevada temperatura de fusão e densidade 4,7 g cm^{-3}. O Es foi isolado em 1886, recebendo o nome de germânio, símbolo Ge.

Com base no texto, pesquise sobre a temperatura de fusão e densidade do GeO_2 e verifique se as previsões de Mendeleev se confirmaram, como a cor cinza-escuro do elemento. Após conferida a veracidade dessa previsão, compare a cor do germânio com as cores do carbono e do silício.

Classificação atual dos elementos químicos

1																	18
1 **H** hidrogênio 1,008	2											13	14	15	16	17	**2** **He** hélio 4,0026
3 **Li** lítio 6,94	**4** **Be** berílio 9,0122											**5** **B** boro 10,81	**6** **C** carbono 12,011	**7** **N** nitrogênio 14,007	**8** **O** oxigênio 15,999	**9** **F** flúor 18,998	**10** **Ne** neônio 20,180
11 **Na** sódio 22,990	**12** **Mg** magnésio 24,305	3	4	5	6	7	8	9	10	11	12	**13** **Aℓ** alumínio 26,982	**14** **Si** silício 28,085	**15** **P** fósforo 30,974	**16** **S** enxofre 32,06	**17** **Cℓ** cloro 35,45	**18** **Ar** argônio 39,948
19 **K** potássio 39,098	**20** **Ca** cálcio 40,078(4)	**21** **Sc** escândio 44,956	**22** **Ti** titânio 47,867	**23** **V** vanádio 50,942	**24** **Cr** crômio 51,996	**25** **Mn** manganês 54,938	**26** **Fe** ferro 55,845(2)	**27** **Co** cobalto 58,933	**28** **Ni** níquel 58,693	**29** **Cu** cobre 63,546(3)	**30** **Zn** zinco 65,38(2)	**31** **Ga** gálio 69,723	**32** **Ge** germânio 72,630(8)	**33** **As** arsênio 74,922	**34** **Se** selênio 78,971(8)	**35** **Br** bromo 79,904	**36** **Kr** criptônio 83,798(2)
37 **Rb** rubídio 85,468	**38** **Sr** estrôncio 87,62	**39** **Y** ítrio 88,906	**40** **Zr** zircônio 91,224(2)	**41** **Nb** nióbio 92,906	**42** **Mo** molibdênio 95,95	**43** **Tc** tecnécio [98]	**44** **Ru** rutênio 101,07(2)	**45** **Rh** ródio 102,91	**46** **Pd** paládio 106,42	**47** **Ag** prata 107,87	**48** **Cd** cádmio 112,41	**49** **In** índio 114,82	**50** **Sn** estanho 118,71	**51** **Sb** antimônio 121,76	**52** **Te** telúrio 127,60(3)	**53** **I** iodo 126,90	**54** **Xe** xenônio 131,29
55 **Cs** césio 132,91	**56** **Ba** bário 137,33	57 a 71	**72** **Hf** háfnio 178,49(2)	**73** **Ta** tântalo 180,95	**74** **W** tungstênio 183,84	**75** **Re** rênio 186,21	**76** **Os** ósmio 190,23(3)	**77** **Ir** irídio 192,22	**78** **Pt** platina 195,08	**79** **Au** ouro 196,97	**80** **Hg** mercúrio 200,59	**81** **Tℓ** tálio 204,38	**82** **Pb** chumbo 207,2	**83** **Bi** bismuto 208,98	**84** **Po** polônio [209]	**85** **At** astato [210]	**86** **Rn** radônio [222]
87 **Fr** frâncio [223]	**88** **Ra** rádio [226]	89 a 103	**104** **Rf** rutherfórdio [267]	**105** **Db** dúbnio [268]	**106** **Sg** seabórgio [269]	**107** **Bh** bóhrio [270]	**108** **Hs** hássio [269]	**109** **Mt** meitnério [278]	**110** **Ds** darmstádio [281]	**111** **Rg** roentgênio [281]	**112** **Cn** copernício [285]	**113** **Nh** nihônio [286]	**114** **Fℓ** fleróvio [289]	**115** **Mc** moscóvio [288]	**116** **Lv** livermório [293]	**117** **Ts** tenessino [294]	**118** **Og** oganessônio [294]

Legenda do modelo:

3 — número atômico
Li — símbolo químico
lítio — nome
[6,938 - 6,997] — massa atômica (ou número de massa do isótopo mais estável)

57 **La** lantânio 138,91	**58** **Ce** cério 140,12	**59** **Pr** praseodímio 140,91	**60** **Nd** neodímio 144,24	**61** **Pm** promécio [145]	**62** **Sm** samário 150,36(2)	**63** **Eu** európio 151,96	**64** **Gd** gadolínio 157,25(3)	**65** **Tb** térbio 158,93	**66** **Dy** disprósio 162,50	**67** **Ho** hólmio 164,93	**68** **Er** érbio 167,26	**69** **Tm** túlio 168,93	**70** **Yb** itérbio 173,05	**71** **Lu** lutécio 174,97
89 **Ac** actínio [227]	**90** **Th** tório 232,04	**91** **Pa** protactínio 231,04	**92** **U** urânio 238,03	**93** **Np** netúnio [237]	**94** **Pu** plutônio [244]	**95** **Am** amerício [243]	**96** **Cm** cúrio [247]	**97** **Bk** berquélio [247]	**98** **Cf** califórnio [251]	**99** **Es** einstênio [252]	**100** **Fm** férmio [257]	**101** **Md** mendelévio [258]	**102** **No** nobélio [259]	**103** **Lr** lawrêncio [262]

Dados da tabela periódica estão de acordo com a IUPAC, atualizada em 2016.

A classificação moderna dos elementos e a relação com as configurações eletrônicas

A tabela periódica atual é o resultado de diversas pesquisas e descobertas de cientistas desde o final do século XIX até o início do século XXI. A estrutura da tabela está apoiada na ordem crescente de números atômicos com os elementos arranjados em 18 colunas na posição vertical (grupos ou famílias) e 7 conjuntos de elementos nas horizontais (períodos). Entre tantos pesquisadores envolvidos na construção da tabela, coube a Bohr o mérito de associar as configurações eletrônicas dos átomos e a respectiva posição de cada um na tabela. Ele argumentava que os elementos do mesmo grupo ou família deveriam ter o mesmo número de elétrons na camada de valência, o que acarretaria na semelhança entre as reações químicas dos elementos do mesmo grupo.

Exemplificando: se sódio e potássio pertencem ao mesmo grupo da tabela periódica, e como o sódio reage com água sob temperatura ambiente se espera que o potássio manifeste essa mesma propriedade. Assim, elementos de um mesmo grupo possuem propriedades químicas parecidas. Todavia, nos períodos, as propriedades químicas dos elementos são menos semelhantes se comparadas ao que ocorre nos grupos.

Os conjuntos horizontais de elementos químicos na tabela são os períodos em que são encontrados elementos com o mesmo número de camadas ou níveis de energia. Verifique a afirmação consultando a tabela periódica acima.

A tabela atual é construída com sete períodos compostos da seguinte maneira:

Modelos atômicos, tabelas dos elementos e os modelos de ligações   Capítulo 5   141

Primeiro período – dois elementos: $_1$H (hidrogênio) e $_2$He (hélio).

Segundo período – oito elementos: $_3$Li (lítio) até $_{10}$Ne (neônio).

Terceiro período – oito elementos: $_{11}$Na (sódio) até $_{18}$Ar (argônio).

Quarto período – dezoito elementos: $_{19}$K (potássio) até $_{36}$Kr (criptônio).

Quinto período – dezoito elementos: $_{37}$Rb (rubídio) até $_{54}$Xe (xenônio).

Sexto período – trinta e dois elementos: $_{55}$Cs (césio) até $_{86}$Rn (radônio).

Sétimo período – trinta e dois elementos: $_{87}$Fr (frâncio) até $_{118}$Og (oganesson).

Os conjuntos de elementos na posição vertical constituem os grupos ou famílias da tabela atual. Alguns grupos possuem nomes particulares conforme consta na lista a seguir. Todos os elementos químicos dos grupos 1, 2, 13, 14, 15, 16, 17 e 18 seguem o modelo de distribuição eletrônica segundo Bury e Bohr. Além disso, os elementos de um mesmo grupo possuem a mesma quantidade de elétrons nas respectivas camadas de valência. Por essa razão são denominados **elementos representativos.**

Nomes particulares de alguns grupos ou famílias dos elementos representativos:

Grupo 1 – alcalinos, exceto o hidrogênio, que não é metal, mas é representativo.

Grupo 2 – alcalinoterrosos.

Grupo 16 – calcogênios.

Grupo 17 – halogênios.

Grupo 18 – gases inertes.

Todos os demais grupos da tabela periódica, sem exceção, são designados pelos respectivos números ou pelo nome do primeiro elemento do grupo (com menor número atômico).

Nota: Em muitas tabelas, inclusive a da IUPAC, o hidrogênio (H) é colocado no grupo 1, mas não é metal alcalino. O hélio (He) é um gás inerte que possui apenas um nível de energia com apenas 2 elétrons.

Os elementos representativos em tabelas mais antigas

O termo **representativo** teve origem em classificações periódicas mais antigas, nas quais se fazia coincidir o número da família com a quantidade de elétrons de valência de seus elementos. Entretanto, isso só acontecia em alguns grupos.

Um exemplo: o grupo dos chalcogênios recebia o número 6 e a letra A, integrando a família 6A, cujos elementos, sem exceção, possuem seis elétrons na valência. Isso acontecia nas demais famílias designadas do modo a seguir: 1A, 2A, 3A, 4A, 5A, 6A, 7A e 8A ou 0, como aparece ainda em algumas tabelas. Assim, as famílias identificadas pela letra A tinham um número que correspondia ao número de elétrons da camada de valência dos respectivos elementos, que continuam sendo os mesmos elementos representativos da classificação periódica atual, porém com nova numeração. O quadro ao lado mostra a numeração atual, a antiga, o nome da família e a quantidade de elétrons de valência nos átomos dos elementos de cada grupo.

Quadro dos elementos representativos			
Grupo atual	Número antigo	Nome da família	Elétrons na camada de valência
Grupo 1	1A	metais alcalinos, exceto o hidrogênio	1
Grupo 2	2A	metais alcalinoterrosos	2
Grupo 13	3A	grupo do boro	3
Grupo 14	4A	grupo do carbono	4
Grupo 15	5A	grupo do nitrogênio	5
Grupo 16	6A	calcogênios ou chalcogênios	6
Grupo 17	7A	halogênios	7
Grupo 18	8A ou 0	gases inertes	8

142 Unidade 2 A Teoria Atômica e a constituição da matéria

Note que o hidrogênio está situado no grupo 1 devido ao fato de possuir somente 1 elétron na camada de valência. De fato, ele não tem uma família específica e poderia ser isolado de todos os outros elementos, uma vez que suas qualidades são diferentes das propriedades químicas dos demais elementos do grupo 1.

A nomenclatura atual

Os grupos 3, 4, 5, 6, 7, 8, 9, 10, 11 e 12, denominados **metais** ou **elementos de transição**, seguem a regra de receberem o nome do primeiro elemento do grupo. Por exemplo, o grupo 8 também é conhecido por grupo do ferro. A maioria dos metais de **transição** exibe 1 ou 2 elétrons nas camadas de valência e é sempre aconselhável consultar a tabela periódica para se certificar da quantidade de elétrons existentes nessa camada.

O primeiro conjunto de elementos na posição horizontal e abaixo do corpo da tabela periódica inicia com o lantânio, La (Z = 57), e segue até o lutécio, Lu (Z = 71) – esses são os lantanídeos. O segundo grupo na horizontal e também abaixo do corpo da tabela inicia com o elemento actínio, Ac (Z = 89), e segue até o Laurêncio, Lr (Z = 103) – esses constituem os actinídeos. Todos os elementos, sem exceção, que constituem os lantanídeos e os actinídeos apresentam 2 elétrons nas respectivas camadas de valência; entretanto, as diferenças em relação às configurações eletrônicas estão em camadas mais internas. Os lantanídeos e os actinídeos são denominados elementos de transição interna. Observe que não estão localizados em qualquer uma das famílias numeradas de 1 a 18 da tabela atual. De fato, eles não possuem grupos.

Figura 5.14: Empregam-se terras-raras na produção de lentes especiais, como por exemplo em máscaras para proteção no trabalho com soldas metálicas.

Os quinze elementos que acabamos de citar, (La – Lu) ou lantanídeos, acrescidos dos dois elementos do grupo 3, escândio (Sc) e Ítrio (Y), são denominados **terras-raras**. Ocorre que tais elementos não são tão raros como se acreditava. À exceção do promécio (Pm) e do lutécio (Lu), descobertos em 1947 e 1907, respectivamente, todas as outras terras-raras foram descobertas no século XIX. Encontrados em combinação com o elemento oxigênio, constituem o que hoje denominamos óxidos, até então tratados por "terras", que dá origem ao nome usual de "terras-raras", perpetuado e utilizado na atualidade (Figura 5.14). Temos como exemplo de terras-raras cério - Ce, neodímio - Nd e praseodímio - Pr, que são usados na fabricação de lentes e vidros especiais.

Cabe registrar que de misturas compostas de ferro, de outros metais e que apresentam maior quantidade de cério, obtêm-se pedras usadas em isqueiro.

Exercício resolvido

Determine o número atômico (Z) do terceiro halogênio em ordem crescente de número atômico.

A família dos halogênios inicia-se no segundo período; logo o terceiro halogênio está no quarto período. Usando o modelo de Bohr e Bury, sobre as distribuições eletrônicas, o átomo solicitado possui sete elétrons na camada de valência (grupo 17) e quatro camadas (quarto período). Portanto, a configuração eletrônica é: K–2; L–8; M–18 e N–7. Somando os elétrons, encontramos 35, que corresponde ao número atômico do bromo.

Exercício proposto

Dado o número atômico (Z = 55), localize o grupo e o período do respectivo elemento na tabela periódica.

Classificação em função das propriedades macroscópicas dos elementos

A classificação dos elementos tida como atual e utilizada neste livro foi proposta em função da estrutura eletrônica dos elementos. A seguir, a proposta é classificá-los segundo qualidades macroscópicas, ou seja, mais concretas e identificáveis com base em conhecimentos prévios, como condutividade elétrica, estado físico, dureza, maleabilidade, sob as mesmas condições de temperatura, em geral a ambiente. A partir dessa abordagem, os elementos serão classificados em: **metais**, **não metais**, **gases inertes** e **hidrogênio**.

> **Metais**: grupos 1 (exceto o H), 2, 3, 4, 5, 6, 7, 8, 9, 10,11, 12,13 (exceto o B), 14 (somente Sn e Pb), 15 (somente Sb e Bi), 16 (somente Po), lantanídeos e actinídeos, destacados em azul na tabela.
> **Não metais**: grupos 13 (somente o B), 14 (somente C, Si e Ge), 15 (N, P e As), 16 (O, S, Se e Te), 17 (F, Cℓ, Br, I e At), em verde na tabela.
> **Gases inertes**: grupo 18, em roxo na tabela.
> **Hidrogênio**: grupo 1.

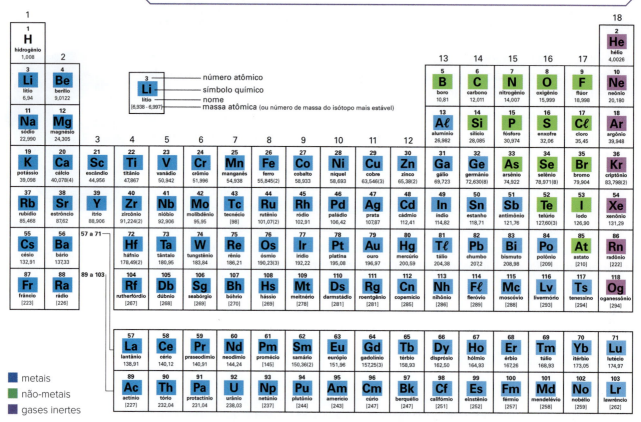

Os tamanhos dos íons e a tabela periódica

O que os químicos supõem sobre o sabor salgado?

Tomemos como exemplo o cloreto de sódio, cuja composição química indica um cátion sódio (Na$^+$) para cada ânion cloreto (Cℓ$^-$) em qualquer amostra desse sal. A grafia da fórmula é NaCℓ para indicar apenas a proporção entre os íons, e não a quantidade que de fato há na amostra. Acredita-se que o sabor salgado está relacionado com o valor da soma do diâmetro do cátion com o diâmetro do ânion. Se a soma dos diâmetros dos pares de íons com cargas opostas for inferior a 0,65 nm (um nanômetro = 10⁻⁹ metros), o sabor é puramente salgado. Tais valores aparecem no cloreto de lítio (LiCℓ) com 0,486 nm; no cloreto de sódio (NaCℓ) com 0,538 nm; e no cloreto de potássio (KCℓ) com 0,610 nm. Já o cloreto de césio (CsCℓ) com 0,668 nm; o iodeto de césio (CsI) com 0,766 nm; e o cloreto de magnésio (MgCℓ$_2$) com 0,832 nm, apresentam sabor muito amargo.

As cargas elétricas dos íons

Os tamanhos dos íons assumem papel importante para entendermos, ainda que empiricamente, um pouco sobre a química do sabor salgado. Outros sabores também são explicados quimicamente, entretanto, as substâncias que estimulam a percepção do sabor salgado são constituídas por íons. Por esta razão, vamos observar um pouco mais sobre o significado e a estrutura desses elementos.

Um átomo pode ter seus elétrons removidos, sobretudo da camada de valência, durante uma reação química. Sabemos que esses elétrons removidos deverão aparecer em outro átomo, uma vez que não podem desaparecer. Olhando para os átomos cujos elétrons foram removidos, entendemos que surgiram "átomos carregados positivamente". Dizemos que se trata de um cátion ou um íon positivo porque possui mais prótons do que elétrons. Por sua vez, aqueles átomos que removeram os elétrons dos primeiros, tornaram-se "átomos carregados negativamente" porque incorporaram às suas estruturas atômicas mais elétrons. Esses são os ânions ou íons negativos. Pode parecer estranha essa questão de remover e perder elétrons, mas veremos que na maioria dos materiais da crosta terrestre e daqueles dissolvidos nas águas oceânicas, de rios, de lagos etc., os íons são comuns e abundantes.

Previsão das cargas dos íons e a tabela periódica

As cargas dos cátions e ânions podem ser previstas, com segurança, com auxílio da tabela periódica para os elementos representativos. Há uma relação direta entre a quantidade de elétrons da camada de valência e a carga do íon. Elementos cujos átomos possuem um elétron na camada de valência podem ter seu único elétron removido, portanto, assumiriam a carga 1+. Aqueles que possuem dois elétrons na valência teriam dois elétrons removidos e, seguindo o mesmo raciocínio, assumiriam carga 2+. O mesmo poderia ser previsto para os átomos que têm três elétrons na valência. Raros são os casos de cátions com carga 4+. A partir de cinco elétrons na camada externa, verifica-se um caminho contrário: tais átomos são capazes de capturar elétrons em vez de perder, mantendo o mesmo cálculo de cargas. Se um átomo de cloro remove um elétron de outro átomo, o cloro assume a carga 1–. Se um átomo remover dois elétrons para si, ele assumirá a carga 2–. Se remover três, assumirá a carga 3–.

Onde encontrar esses íons?

Os cátions e ânions podem ser encontrados ligados entre si no estado sólido na crosta terrestre formando substâncias sólidas (minerais) ou separados e dissolvidos, nos oceanos, lagos e rios. Nos fluídos orgânicos, como no sangue da maioria dos animais, há cátions Fe^{2+} na estrutura da hemoglobina (Figura 5.15). Observe que não se trata do átomo de ferro, mas sim do cátion Fe^{2+}, cujo comportamento químico é completamente diferente. A interação entre o ferro metálico (Fe^0), como vemos em janelas de residências, e o oxigênio do ar é diferente da interação entre o cátion Fe^{2+} da hemoglobina e o oxigênio do ar no processo respiratório.

Os íons que apresentamos na lista a seguir serão utilizados com maior frequência ao longo do nosso livro. Daí a sugestão de organizá-los para facilitar a consulta:

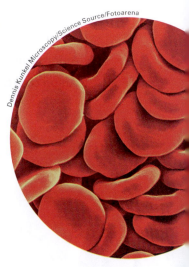

Figura 5.15: A hemoglobina é responsável pelo transporte de oxigênio entre as células dos tecidos do corpo e o órgão respiratório.

> **Cátions com carga 1+**: Ag^{1+} e os derivados dos alcalinos Li^{1+}, Na^{1+}, K^{1+}, Rb^{1+} e Cs^{1+}.
>
> **Cátions com carga 2+**: Zn^{2+}, Cd^{2+}, Hg^{2+} e os derivados dos alcalinos terrosos Mg^{2+}, Ca^{2+}, Sr^{2+}, Ba^{2+} e Ra^{2+}.
>
> **Cátions com carga 3+**: Al^{3+}, além do Y^{3+} (ítrio), os lantanídeos e actinídeos.
>
> **Cátions com carga 4+**: Th^{4+} (tório) e U^{4+} (urânio).

Nomenclatura dos cátions

A leitura dos cátions é feita com o nome do elemento precedido da palavra cátion. Por exemplo, Na^{1+}. Lê-se: cátion sódio. Quando tratar de elementos de transição, que assumem duas ou mais cargas, deve-se ler o valor da carga também. Por exemplo, Fe^{2+} e Fe^{3+}. Lê-se: cátion ferro dois e cátion ferro três, respectivamente.

Exercício proposto

Detectou-se a existência de cátions ferro 13 em temperaturas de 1 500 000 K. Os elétrons estão separados dos átomos formando o que se chama de plasma. Com base nessas informações, responda às questões:

a) Onde seria provável ocorrer tal transformação considerando o Sistema Solar?

b) O hidrogênio existiria como um átomo nessa temperatura?

Nomenclatura dos ânions

Qualquer ânion que não possua oxigênio na estrutura, conforme a lista abaixo, tem seu nome construído a partir do nome do elemento acrescentado do sufixo -eto. Assim, temos os seguintes nomes para os ânions:

> **Ânions com carga 1**: H^{1-}, F^{1-}, $C\ell^{1-}$, Br^{1-} e I^{1-} e respectivos nomes, hidreto, fluoreto, cloreto, brometo, iodeto.
>
> **Ânions com carga 2**: O^{2-}, S^{2-}, Se^{2-} e Te^{2-} e respectivos nomes, óxido, sulfeto, seleneto, telureto.
>
> **Ânion com carga 3**: N^{3-}, nitreto.

Nomenclatura dos íons poliatômicos

Apesar de termos estudado cátions e ânions monoatômicos, isto é, formados por um só átomo, a existência dos íons não se restringe a essas espécies mais simples, pois são diversos os ânions poliatômicos. Para exemplificar esses ânions, consideremos o exemplo dos colmilhos, presas ou dentes na forma cilíndrica, como o marfim dos elefantes, cuja estrutura é constituída principalmente de $Ca_5(PO_4)_3OH$, e colágeno (Figura 5.16). Se observarmos a fórmula do constituinte principal das presas, identificamos o cátion Ca^{2+} e dois ânions, o PO_4^{3-} (fosfato) e o OH^{1-} (hidróxido).

Note que estamos tratando de ânions formados de dois elementos químicos. Fósforo e oxigênio formam o ânion fosfato, enquanto hidrogênio e oxigênio formam o ânion hidróxido. Existem ânions constituídos com mais de um elemento, porém, se for necessário usá-los serão acompanhados de informações adequadas.

Figura 5.16: A estrutura do marfim dos elefantes é constituída, principalmente de $Ca_5(PO_4)_3OH$.

> **Outros ânions poliatômicos**: NO_3^{1-} (nitrato); CN^{1-} (cianeto); $C\ell O_3^{1-}$ (clorato), SO_4^{2-} (sulfato); CO_3^{2-} (carbonato).
>
> **Cátion**: NH_4^{1+} (amônio).

Os tamanhos atômicos e iônicos

Além do estudado sobre o sabor salgado, o conjunto dos raios apresentados na tabela a seguir auxiliará na compreensão de outras propriedades, sobretudo quando os átomos e íons estão agrupados, como acontece em diversas substâncias. A tabela de raios atômicos está expressa na unidade picômetros (10^{-12} m).

																Quadro de raios atômicos
1	2	3	4	5	6	7	8	9	10	11	12	13	14	15	16	17
Li 157	Be 112											B 83	C 77	N 74	O 56	F 54
Na 191	Mg 160											Aℓ 143	Si 118	P 110	S 104	Cℓ 114
K 235	Ca 197	Sc 164	Ti 147	V 135	Cr 129	Mn 137	Fe 126	Co 125	Ni 125	Cu 128	Zn 131	Ga 153	Ge 122	As 121	Se 104	Br 114
Rb 250	Sr 215	Y 182	Zr 160	Nb 147	Mo 140	Tc 135	Ru 134	Rh 134	Pd 137	Ag 144	Cd 152	In 167	Sn 157	Sb 141	Te 137	I 133
Cs 272	Ba 224	Lu 172	Hf 159	Ta 147	W 141	Re 137	Os 136	Ir 139	Pt 144	Au 155	Hg 155	Tℓ 171	Pb 175	Bi 182		

Fonte: ATKINS; Peter W.; SHRIVER. Duward. *Química inorgânica*. São Paulo: Bookman, 2003. p. 44.

Medindo o raio dos metais

É improvável considerarmos um átomo com elétrons a uma distância rígida do núcleo, portanto, é impossível medir diâmetros como se os átomos tivessem fronteiras com distâncias constantes do núcleo. Sabemos que as diversas tabelas sobre raios devem ser construídas em função de certos parâmetros, que não serão discutidos profundamente no Ensino Médio. Os tamanhos dos átomos em sólidos metálicos dependem dos arranjos geométricos nos quais estão os átomos, o que demonstra o quanto é irreal supor raios rígidos medidos do núcleo à camada de valência. Se assim fosse, os tamanhos dos átomos deveriam sempre ser os mesmos, independentemente do arranjo geométrico entre eles. Para normatizar os valores dos tamanhos, a tabela acima apresenta tamanhos atômicos considerando todos os sólidos metálicos arranjados: cada átomo do metal permanece em contato com outros 12 átomos iguais entre si e iguais ao que permanece no centro.

Como estimar raios atômicos?

Se os elétrons não servem como referência para estimar tamanhos atômicos, é necessária a utilização de pontos mais rígidos na estrutura dos sólidos. Pela própria natureza dos sólidos, os átomos não dispõem de espaço para movimentos como as moléculas dos gases, fato que nos permitirá usar como referência a distância entre dois núcleos de átomos iguais e vizinhos num sólido metálico. A medida ao ser dividida por dois resulta no raio atômico.

Duas generalizações:
– Nos grupos ou famílias, os tamanhos atômicos aumentam conforme o aumento do número atômico, inclusive entre os metais de transição (grupos 3, 4, 5, 6, 7, 8, 9, 10, 11 e 12).
– Nos períodos, os tamanhos diminuem da esquerda para a direita quando consideramos **somente os elementos representativos**. Tal generalização não deve incluir os metais de transição do mesmo período e gases inertes.

Modelos atômicos, tabelas dos elementos e os modelos de ligações Capítulo 5 147

O tamanho dos íons

O raio atômico é a metade da distância entre dois átomos iguais e vizinhos numa amostra no estado sólido. Como encontrar os raios de íons como Na^{1+} e $C\ell^{1-}$ no sal de cozinha, por exemplo, se ambos os íons são diferentes? Este fato nos impede de atribuir a metade do valor a cada um. A solução encontrada foi atribuir um valor para o raio iônico do O^{2-}. O número 140 pm é resultante de teorias e observações baseadas em experimentos, dando confiabilidade para que outros íons tivessem seus raios determinados com base no raio do íon oxigênio.

A seguir, são listados os tamanhos dos cátions dos alcalinos e dos ânions dos halogênios em comparação com os respectivos tamanhos dos átomos desses elementos:

> **NOTA:**
> 1,0 nanômetro (nm) equivale a 10^{-9} m.

> **Cátions dos alcalinos**
>
> Li^{1+}: 76 pm; Na^{1+}: 102 pm; K^{1+}: 138 pm; Rb^{1+}: 149 pm; Cs^{1+}: 167 pm.
>
> **Ânions dos halogênios**
>
> F^{1-}: 1330 pm; $C\ell^{1-}$: 1670 pm; Br^{1-}: 1950 pm; I^{1-}: 2160 pm.

Comparando os tamanhos dos átomos e seus respectivos íons

A carga nuclear positiva tem papel importante na avaliação dos tamanhos dos íons. Quando um átomo tem um dos seus elétrons removido, a carga nuclear do íon formada passa a ser relativamente maior (há mais prótons do que elétrons) do que a do átomo original. Dessa maneira, os elétrons que permanecem no cátion estão sob atração mais intensa e o cátion tem seu tamanho reduzido em relação ao átomo original.

O mesmo raciocínio pode ser aplicado na avaliação dos tamanhos dos ânions. Com o acréscimo de um elétron a um átomo, a carga nuclear formada passa a ser relativamente menor (há mais elétrons do que prótons) do que a carga do respectivo átomo. Consequentemente, a atração é menos intensa, proporcionando a expansão do ânion em relação ao átomo original. Logo, os cátions são sempre menores do que seus átomos originais e os ânions são sempre maiores do que seus átomos originais.

> **Exercício proposto**
>
> Sabendo que as partículas $_{11}Na^{1+}$, $_9F^{1-}$ e $_8O^{2-}$ são isoeletrônicas, ou seja, possuem o mesmo número de elétrons, responda:
>
> **a)** Por que elas são consideradas isoeletrônicas?
>
> **b)** Coloque os elementos em ordem crescente de tamanho e justifique a disposição apresentada.

A ionização e a energia

É importante relembrar que, conforme o modelo de Bohr proposto em 1913, os elétrons absorvem energia ao se afastar do núcleo atômico e liberam essa energia quando se deslocam de órbitas mais afastadas para órbitas mais próximas do núcleo. Essas proposições sobre os elétrons e as trocas de energia servirão para entendermos como os íons se formam e como a energia participa de sua formação.

Ao entendermos que os íons Na^{1+} e K^{1+} possuem a mesma carga, estamos assumindo que ambos teriam vindo de átomos que perderam um elétron cada (Na e K).

Sabe-se que elétrons podem ser afastados do núcleo quando é fornecida energia a eles e que a quantidade de energia requerida depende da distância entre o elétron removido e o núcleo atômico. Portanto, essas quantidades de energia devem ser diferentes comparando átomos de sódio e de potássio.

Os elétrons removidos durante o processo de ionização são geralmente os mais externos porque são menos atraídos pelo núcleo em relação aos elétrons das órbitas interiores. Observa-se que, em um átomo grande, esses elétrons estão menos atraídos do que em um átomo menor. Assim, entre os átomos de sódio e potássio, é mais fácil remover o elétron da valência do potássio do que o do sódio. Em outras palavras: gasta-se menos energia para transformar o átomo de potássio num íon potássio do que transformar um átomo de sódio num íon sódio.

> A energia gasta para remover o primeiro elétron de um átomo neutro no estado gasoso se chama 1ª energia de ionização.

As medidas devem ser efetuadas com os átomos isolados no estado gasoso, evitando interações de qualquer natureza entre eles, o que ocorre nos arranjos geométricos dos sólidos metálicos ou entre dois átomos constituintes de uma molécula, como nos gases diatômicos. Sólidos líquidos e gases devem ser conduzidos à separação total de seus átomos para então serem ionizados. Quando a remoção de um elétron é feita a partir de um cátion com carga 1+, essa energia é denominada 2ª energia de ionização e assim por diante.

Exercícios propostos

1. A 2ª energia de ionização é necessariamente maior do que a 1ª energia de ionização para o mesmo átomo? Justifique sua resposta.

2. Considere um átomo de magnésio com a distribuição eletrônica K-2; L-8 e M-2 e um átomo de sódio com configuração K-2; L-8 e M-1. Suponha que fossem efetuadas medidas da primeira e segunda energia de ionização dos dois átomos no estado gasoso. Qual deles deveria apresentar a maior diferença de energia de ionização entre o primeiro e o segundo elétron? Justifique.

Quadro com energias de ionização

Os números de cada elemento referem-se às primeiras energias de ionização. Os demais valores, à energia consumida para remover o segundo elétron de cada um dos átomos tabelados, exceto o hidrogênio.

Observe que, entre os elementos dos mesmos períodos, os alcalinos são os que requerem menos energia para serem ionizados enquanto os gases nobres exibem as quantidades mais elevadas de energia no respectivo período. Mais uma vez, não considerando os elementos de transição, as variações das energias de ionização são **decrescentes** nos grupos à medida que os números atômicos aumentam, com uma pequena interrupção de regularidade no grupo do boro. Por outro lado, enquanto há um aumento do número atômico nos períodos, a energia de ionização mostra a tendência de aumentar regularmente em relação à 1ª energia de ionização. A segunda energia de ionização não apresenta a mesma regularidade observada na primeira, quando comparamos elementos dentro dos mesmos grupos e, em alguns casos, do mesmo período.

Quadro de energias de ionização (kJ · mol⁻¹)												
Z	Elemento	1ª	2ª	3ª	4ª	5ª	6ª	7ª	8ª	9ª	10ª	11ª
1	H	1 312										
2	He	2 372	5 251									
3	Li	520	7 298									
4	Be	900	1 757	14 849	21 007							
5	B	801	2 427	3 660	25 026	32 828						
6	C	1 086	2 353	4 621	6 223	37 832	42 278					
7	N	1 402	2 856	4 578	7 475	9 445	53 268	64 362				
8	O	1 314	3 388	5 301	7 469	10 989	13 327	71 337	84 080			
9	F	1 681	3 374	6 051	8 408	11 022	15 164	17 868	92 040	104 437		
10	Ne	2 081	3 952	6 122	9 370	12 177	15 239	19 999	23 069	11 5382	131 435	
11	Na	496	4 563	6 913	9 544	13 352	16 611	20 115	25 491	28 934	141 367	159 079
12	Mg	738	1 451	7 733	10 541	13 629	17 995	21 704	25 657	31 644	35 463	169 996

Valores numéricos convertidos em kJ · mol⁻¹ a partir de: ATKINS; Peter W.; SHRIVER. Duward. *Química inorgânica*. São Paulo: Bookman, 2003. p. 45. Valores destacados em vermelho são energias de ionizações em mudanças de níveis de energia.

Comparação e significados das unidades

O joule (J) é a unidade de energia no Sistema Internacional (SI) e equivale a 0,239 calorias (cal). Para tornar mais real o significado de um joule, imagine-se puxando, com um barbante na vertical, um pedaço de madeira de 100 g, que se encontra no piso da sua casa, até elevá-lo 1 m acima do piso. A energia despendida em seu esforço vale 1,0 joule conforme definido. Geralmente valores de energia são indicados em quilojoule (kJ). Para operar a transformação entre joule e quilojoule basta usar a relação: $1{,}0 \text{ kJ} = 1{,}0 \cdot 10^3 \text{ J}$.

A unidade mol nos garante que as energias de ionização dos diversos elementos químicos são determinadas em relação à mesma quantidade de átomos qualquer que seja o elemento.

Comparações que envolvem raios atômicos

Se compararmos, com certo cuidado, as variações dos raios atômicos de acordo com os valores da tabela, verificaremos que nos grupos, quase que na totalidade dos valores, os raios aumentam conforme o aumento dos números atômicos.

Nos períodos 2 e 3, os raios decrescem com o aumento dos números atômicos. Nos períodos 4, 5 e 6, os raios decrescem com o aumento do número atômico até o centro do período, e depois crescem com o aumento do número atômico. Há regularidade das energias de ionização entre os não metais do mesmo grupo e entre os metais dos grupos 1 e 2: quando o raio aumenta, o valor da 1ª energia de ionização diminui.

Podemos concluir, portanto, que as tendências não parecem tão regulares, mais válido é consultar os valores numa tabela na qual constam informações adicionais.

150 Unidade 2 A Teoria Atômica e a constituição da matéria

Exercício resolvido

Por que, no ambiente em que vivemos, é mais comum a presença de cátions 1+ em comparação a outros cátions de cargas maiores?

Porque para remover o segundo elétron é requerida maior quantidade de energia em relação ao primeiro. No nosso ambiente é mais provável a remoção do primeiro elétron, enquanto que no Sol é provável que mais elétrons de um mesmo átomo possam ser removidos.

Exercícios propostos

1. Consulte a tabela de energias de ionização na página 150 e sugira uma explicação para o seguinte fato: a segunda energia de ionização do sódio é quase 10 vezes maior do que a primeira.

2. Por que a diferença de energia entre a primeira e a segunda ionização do potássio é menos acentuada do que a diferença entre a primeira e a segunda ionização no sódio?

As densidades dos elementos e a tabela periódica

Quadro densidades dos elementos																	
1	2	3	4	5	6	7	8	9	10	11	12	13	14	15	16	17	18
H 0,084																	He 0,17
Li 0,53	Be 1,85											B 2,46	C 3,51	N 1,77	O 1,33	F 1,58	Ne 0,84
Na 0,97	Mg 1,74											Aℓ 2,70	Si 2,33	P 1,82	S 2,06	Cℓ 2,95	Ar 1,66
K 0,86	Ca 1,54	Sc 2,99	Ti 4,51	V 6,09	Cr 7,14	Mn 7,44	Fe 7,87	Co 8,89	Ni 8,91	Cu 8,92	Zn 7,14	Ga 5,91	Ge 5,32	As 5,72	Se 4,82	Br 3,14	Kr 3,48
Rb 1,53	Sr 2,63	Y 4,47	Zr 6,51	Nb 8,58	Mo 10,3	Tc 11,5	Ru 12,5	Rh 12,4	Pd 12,0	Ag 10,5	Cd 8,64	In 7,31	Sn 7,29	Sb 6,69	Te 6,25	I 4,94	Xe 5,49
Cs 1,90	Ba 3,65	Lu 9,84	Hf 13,3	Ta 16,7	W 19,3	Re 21,0	Os 22,6	Ir 22,7	Pt 21,5	Au 19,3	Hg 13,6	Tℓ 11,9	Pb 11,3	Bi 9,80	Po 9,20	At –	Rn 9,23

Fonte: Sociedade Brasileira de Química. Disponível em: <mmm.sbq.org.br>. Acesso em: 08 abr. 2017.

Sólidos
Líquidos
Gasosos

A densidade dos elementos químicos foi medida à temperatura 20 ºC. No caso de elementos sólidos ou líquidos nessas condições, utiliza-se a unidade de densidade g/cm^3. Para elementos gasosos a 1 atm de pressão e mesma temperatura, emprega-se a unidade da densidade g/L.

Ao observar a tabela periódica, verifica-se que os não metais são os elementos menos densos, sobretudo os gases na temperatura ambiente, ao passo que os elementos do sexto período e os dos grupos 6, 7, 8, 9, 10 e 11 são os mais densos. Verifica-se também que há variação da densidade dos elementos dentro de um mesmo grupo, isso em função dos números atômicos, pois à medida que aumenta o número atômico do elemento, aumenta a sua densidade.

Em relação às densidades dos elementos num mesmo período da tabela periódica, observa-se que as densidades dos gases estão em grama por litro enquanto os demais elementos estão em grama por cm^3. Para efeito de comparação, sugere-se dividir por mil os valores dos gases. Observa-se, portanto, uma tendência nos valores das densidades aumentarem dos extremos para o centro ao longo dos períodos.

Modelos atômicos, tabelas dos elementos e os modelos de ligações · Capítulo 5 · 151

Diferença de densidade entre os elementos

O que faz alguns elementos apresentarem densidades elevadas e outros assumirem valores tão inferiores em relação aos primeiros ainda que ambos sejam sólidos metálicos? Comparemos, por exemplo, sódio e irídio cujas densidades valem respectivamente, em g/cm^3, 0,97 e 22,7. Ainda que comparássemos todos os alcalinos e alcalinoterrosos com os metais dos grupos de transição, observaríamos que somente escândio, titânio e ítrio são menos densos do que o rádio, o mais denso entre os alcalinos e alcalinoterrosos.

Para compreender essas diferenças tão significativas, é preciso partir da imagem de átomos perfeitamente esféricos e, para isso, retornar ao modelo atômico dos átomos maciços de Dalton. Mas pode-se argumentar sobre o porquê de considerar o modelo maciço para tal análise. Propomos, então, a seguinte reflexão: é preferível andar num jipe de modelo utilizado na Segunda Guerra Mundial ou num carro moderno muito confortável? Depende do que pretendemos fazer. Numa estrada irregular, sem pavimento e transportando sacos com 60 quilos de arroz, seria mais adequado o uso do jipe. A opção pelo modelo de Dalton parte desse princípio.

Densidade e sólidos metálicos

Observe atentamente que, entre os elementos de transição, o irídio é o mais denso da tabela periódica. Contudo, seus átomos possuem massas menores do que as massas dos átomos de ouro, de mercúrio, de urânio, por exemplo. Por que então o irídio é o mais denso? Não é só a massa atômica que define a densidade dos sólidos. Se admitirmos que as esferas atômicas de Dalton podem ser organizadas segundo diversos arranjos, consideraremos que o espaço vazio deixado entre as esferas irá variar conforme o arranjo assumido por elas.

Por consequência, o arranjo atômico também contribui para as diferentes densidades dos sólidos metálicos. A conciliação entre diversos fatores, como a massa atômica, o arranjo geométrico dos átomos e a quantidade de átomos dos elementos metálicos que podem ocupar um volume específico, nos explica por que existem diferenças acentuadas entre os valores das densidades dos sólidos metálicos.

Apesar das possibilidades de arranjos para os átomos nos sólidos metálicos, mantém-se o estilo de escrever as fórmulas dos metais com o índice 1, como Na (sódio), Fe (ferro), W (tungstênio). As estruturas metálicas possuem quantidades de átomos que dependem da massa da amostra, portanto, suas fórmulas teriam índices que dependeriam dessas quantidades de átomos. Para evitar diversas fórmulas que se equivaleriam, a unidade foi adotada como índice para as fórmulas de todos os metais.

Densidade e estado líquido

Façamos algumas considerações numéricas utilizando o bromo, um dos elementos líquidos da tabela periódica em condição ambiente. Com densidade $3,14 \, g \cdot cm^{-3}$, 160 g de bromo corresponde ao volume de aproximadamente $51 \, cm^3$. Por meio de alguns cálculos, determinamos que os mesmos 160 g de bromo, quando evaporados e mantidos a 60 °C (um pouco acima da temperatura de ebulição), ocupariam um volume de aproximadamente $27\,000 \, cm^3$. Por que essa construção com valores sem nexo aparente? Para indicar que, em primeiro lugar, 160 g de bromo em qualquer estado físico contém a mesma quantidade de moléculas; em segundo, as mudanças de estado físico não alteram a massa do material transformado. Logo, em ambos os volumes as quantidades de moléculas são as mesmas e a grande diferença entre os volumes deve ser creditada ao espaço entre as moléculas de bromo em um ou outro estado.

Os valores de volumes indicam que o estado líquido é mais denso que o estado gasoso, além de mostrar que os átomos (metais fundidos, por exemplo) ou as moléculas constituintes estão mais organizadas no líquido. Em média, as moléculas de um líquido distam umas das outras o correspondente ao seu próprio tamanho, o que confere mobilidade às moléculas e capacidade de escoamento aos líquidos. Nos sólidos, essa distância é menor. Nos gases, a distância entre as moléculas (gás oxigênio, gás hidrogênio, vapor-d'água, bromo etc.) ou átomos (gases nobres) é aproximadamente dez vezes maior que a própria dimensão das moléculas. Em geral, as densidades dos sólidos são maiores do que as densidades dos líquidos, entretanto, ambos são mais densos do que a matéria gasosa.

Densidade e estado gasoso

Para o estado gasoso, a questão torna-se um pouco mais simples. Além de os arranjos geométricos não existirem como nos sólidos, as moléculas estão distantes umas das outras – entre duas moléculas a distância é aproximadamente 10 vezes a dimensão da própria molécula. Essa qualidade de rarefação, de vazio no estado gasoso, indica que a densidade dos gases não depende de arranjos geométricos, mas sim e exclusivamente das massas moleculares dos gases. Em outras palavras: nas mesmas condições de temperatura e pressão, o gás mais denso é aquele cujas moléculas possuem maior massa molecular. Quando são comparados volumes iguais de gases diferentes nas mesmas condições de temperatura e pressão, observa-se que as quantidades de moléculas são iguais em todas as amostras, independentemente dos gases comparados.

Compare, por exemplo, as densidades de dois gases diferentes sob as mesmas condições de temperatura e pressão. Agora, altere as condições de temperatura e pressão igualmente para os dois gases, sem que haja mudança de estado físico. Ambos os gases irão sofrer mudanças nos valores de densidades na mesma proporção. Logo, a razão entre as densidades dos dois gases será a mesma para quaisquer pares de valores pressão-temperatura.

Exercício proposto

Por que a razão entre as densidades não se altera ainda que modifiquemos igualmente a temperatura e/ou a pressão de ambos os gases?

Se repetirmos a experiência com dois sólidos diferentes, sem haver mudanças de estado físico, observaremos que essa razão não permanecerá constante como aconteceu com o estado gasoso. Isso mostra que a variação de temperatura, principalmente, modifica, desorganiza os arranjos geométricos de modo diferente em cada um dos sólidos que comparamos e, em consequência, as densidades também variam de modo diferente em um e outro sólido. O que se pode concluir a respeito do que tratamos? Conclui-se que a relação entre as densidades de dois gases quaisquer medidas nas mesmas condições é a relação entre as massas moleculares desses gases. Para verificação, estude o exemplo comentado a seguir:

Comparando as massas moleculares dos gases $C\ell_2$ e F_2 com o auxílio da tabela periódica, obtemos 71 u e 38 u, respectivamente. Comparando ou dividindo um pelo outro temos 71 / 38 = 1,87. Comparando as densidades tabeladas na mesma temperatura e na mesma pressão, obtemos 2,95 g /L dividido por 1,58 g / L = 1,86.

Modelos atômicos, tabelas dos elementos e os modelos de ligações Capítulo 5

Abundância dos elementos

São os elementos mais abundantes, por período: 2º período: oxigênio; 3º período: silício, alumínio, fósforo, magnésio e sódio; 4º período: potássio, cálcio, titânio, manganês, ferro e níquel. Nas famílias se observa uma tendência da abundância ser maior entre os elementos de menor número atômico.

Metais e a reatividade

Para um metal ser reativo, as reações das quais participa com outras substâncias devem ocorrer de forma ativa ou por afinidade. Na prática, costuma-se considerar um metal reativo tendo em vista a rapidez com que ocorrem as reações. Termos como reações vigorosas ou reações violentas são os utilizados para caracterizar qualitativamente a reatividade.

Contudo, é válido considerar que a reatividade não é uma qualidade intrínseca ao elemento, independentemente de qualquer referência ou comparação. É necessário, portanto, relativizá-la. Diante do que os metais são mais ou menos reativos? Em quais condições? Essas são algumas das perguntas comparativas.

A reatividade de um metal pode ser avaliada em duas situações: diante do oxigênio e diante da água, nas mesmas condições de temperatura. A partir da comparação das reações dos metais na presença desses dois reagentes de referência, pode-se adquirir alguns critérios para a avaliação da reatividade dos metais.

Primeiro critério: reações com o gás oxigênio

NOTA: Apenas o flúor não forma óxidos por razões que serão vistas em outros capítulos.

Diversas práticas experimentais indicam as qualidades do respectivo metal a ser utilizado em qualquer tipo de trabalho. Mergulha-se em querosene, por exemplo, os metais alcalinos – de brilho prateado típico quando polidos – para evitar que reajam com o oxigênio e o vapor-d'água da atmosfera. Esse fato é uma evidência sobre a reatividade maior dos alcalinos em relação aos outros metais. Afinal, não estamos acostumados a armazenar peças de ferro e de outros metais em querosene, pelo contrário, é comum eles permanecerem expostos ao ar e à umidade por muito tempo (Figura 5.16).

A equação a seguir corresponde à reação entre o oxigênio gasoso com excesso de sódio metálico sob temperatura de 25 ºC. Os átomos de sódio e as moléculas de oxigênio, ao reagirem, fazem a reação avançar, evoluir e formar um produto binário classificado como óxido. A propósito, qualquer substância binária que tem o oxigênio como um dos elementos é classificada como óxido.

$$4\ Na\ (s) + O_2\ (g) \longrightarrow 2\ Na_2O\ (s)$$

Segundo critério: reação com a água

Os alcalinos também são elementos com alto grau de reatividade. Conforme indicado na equação a seguir com o potássio, todos os alcálicos reagem com água e os produtos resultantes são o gás hidrogênio, $H_2(g)$, e o hidróxido de potássio, 2 KOH (aq).

$$2\ K\ (s) + 2\ H_2O\ (\ell) \longrightarrow 2\ KOH\ (aq) + H_2\ (g)$$

Figura 5.16: Pequena amostra de rubídio injetado num bulbo de vidro.

As reações dos metais alcalinos com a água são exotérmicas (liberam calor) e se tornam mais vigorosas à medida que se percorre o grupo 1, do lítio ao césio. Nesse sentido, a reatividade dos alcalinos diante de água aumenta conforme aumenta o número atômico dos metais alcalinos. Tais conclusões, contudo, são restritas a um grupo do sistema periódico.

Se colocássemos, à temperatura ambiente, uma peça de prata, titânio ou cobre em água não se observaria qualquer evidência de reação. Isso porque são metais quase inertes em água e, portanto, menos reativos do que os alcalinos, segundo o critério da reação com água. A Figura 5.17 mostra a reatividade que acabamos de explicar.

Figura 5.17: A reação do sódio metálico com água é exotérmica o bastante para causar o que se vê na imagem. O gás hidrogênio, produto da reação, e o oxigênio do ar reagem num processo de combustão.

Como podemos averiguar, o aumento da reatividade dos alcalinos com a água à temperatura ambiente? Primeiro, é necessário estipular uma quantidade igual de átomos dos respectivos metais nas reações, independentemente de qual seja ele, e a quantidade necessária de água. Sob essas condições especificadas, assim se comportarão os produtos das reações: o volume de gás **será o mesmo** em todas as reações; o metal alcalino mais reativo será aquele que produzir o mesmo volume de gás hidrogênio em intervalo de tempo menor. É passível de questionamento o processo de medição do volume do gás hidrogênio, caso ele seja queimado. Mas é fato que se pode prever o volume do gás com auxílio de determinadas equações que serão estudadas em breve.

Quanto aos metais alcalinoterrosos, observa-se que são menos reativos do que os alcalinos, segundo os critérios apresentados. O cálcio, o estrôncio e o bário reagem com água à temperatura ambiente para formar hidróxido do metal e gás hidrogênio, processo semelhante ao observado nos alcalinos, mas com menos vigor. Exceções: o berílio, por ser praticamente inerte diante da água, e o magnésio, que reage com água quente. De qualquer modo, à semelhança dos alcalinos, os alcalinoterrosos tornam-se mais reativos diante da água e diante do oxigênio à medida que aumenta o número atômico do metal no grupo da tabela periódica.

Para exemplificar as reações dos alcalinoterrosos com água, sugerimos a equação da reação do bário, que tem como produto o gás hidrogênio e o hidróxido de bário:

$$Ba\,(s) + 2\,H_2O\,(\ell) \longrightarrow Ba(OH)_2\,(aq) + H_2\,(g)$$

Exercício resolvido

Compare o produto da reação da água e um metal alcalino com o produto da reação da água e os alcalinoterrosos mais reativos. O que se observa?

O gás hidrogênio é o produto comum nas duas reações.

Exercício proposto

O que há em comum entre os metais mais reativos diante de água e do oxigênio em relação à posição destes metais na tabela periódica?

Logo após o evento da construção de uma tabela de elementos químicos, organizada em função do número atômico e, sobretudo, em que as configurações mostravam certa ordem nos grupos ou famílias, houve um período onde se supôs que as propriedades dos elementos poderiam ser estudadas quase que de maneira determinista, isto é, se conhecemos as qualidades de um átomo e de seu vizinho na tabela de classificação, então é previsível a variação das propriedades entre estes dois ou outros mais. No entanto, o conhecimento sobre as estruturas atômicas foi mostrando que na maioria das vezes as comparações estavam sendo feitas entre coisas incomparáveis e, portanto, muito longe de uma previsibilidade. Diante desses argumentos, estudamos hoje a tabela classificatória, observando que não há aquela regularidade imaginada entre as variações de propriedades dos elementos químicos. Talvez fosse melhor chamá-la de Tabela dos Elementos Químicos, na qual consta o símbolo, o número atômico e a massa atômica de cada elemento natural e dos artificiais.

Ligações químicas

Com exceção dos gases **inertes**, praticamente todos os elementos naturais não são encontrados isolados na natureza, isto é, de alguma maneira interagem entre si para formar **ligações químicas**. Mesmo o ouro, a prata e o cobre, considerados metais nobres, podem ocorrer combinados com outros elementos, formando diversos compostos.

O interessante é que os 93 elementos naturais são capazes de formar todo tipo de matéria de que temos conhecimento, na grande maioria das vezes com propriedades físicas e químicas completamente diversas.

Para ilustrar o que acabamos de mencionar, podemos citar o caso do elemento cloro participando de duas substâncias diferentes: o gás cloro e o cloreto de sódio. O gás cloro é uma substância cujas moléculas são formadas pela interação entre dois átomos de cloro ($C\ell_2$), possui cor esverdeada, cheiro irritante e sufocante. O cloreto de sódio (principal componente do sal de cozinha) é uma substância extraída da água do mar, é um sólido branco de sabor salgado que são formadas pela interação entre os íons Na^{1+} e $C\ell^{1-}$.

Nota-se que, apesar de as duas substâncias apresentarem cloro na composição, ele participa da constituição de cada uma delas de maneira distinta: no primeiro caso, como átomo; no segundo, como íon.

Conforme a espécie química envolvida na formação da substância – a saber, átomos e/ou íons –, a ligação química pode ser classificada em iônica (Figura 5.18), metálica (Figura 5.19) e covalente (Figura 5.20). As diferentes formas de constituição das substâncias propiciam a elas diversas propriedades características.

Figura 5.19: Peça de chumbo metálico.

Figura 5.20: Ao lado, recipiente contendo benzeno líquido, abaixo, recipiente contendo NO_2 gasoso de cor castanha, ambos compostos covalentes.

Figura 5.18: Amostra de $CuSO_4$, sólido iônico de cor azul.

Ligação iônica, as interações eletrostáticas

As interações eletrostáticas preveem que corpos ou partículas com cargas elétricas de mesmo sinal se repilam e os corpos com cargas elétricas de sinais opostos se atraiam. Esse modelo eletrostático é utilizado no entendimento das ligações entre os íons, isto é, considerando um conjunto de cátions – partículas positivas – e um conjunto de ânions – partículas negativas –, deverá ocorrer repulsão entre íons de mesmo sinal e atração entre íons de sinais opostos.

O equilíbrio entre as forças repulsivas e atrativas dos íons forma um arranjo entre eles, os retículos cristalinos.

Os retículos cristalinos (ou cristais)

Se as forças de atração e repulsão atuam em todas as direções, conclui-se que um íon deverá acomodar ao seu redor tantos íons de cargas opostas quantos forem possíveis, dependendo principalmente do valor das cargas e do tamanho desses elementos.

Essa característica mostra que os íons se arranjam tridimensionalmente, de tal modo que as forças atrativas sejam máximas, e as repulsivas, mínimas. Podemos visualizar essa característica no exemplo do cloreto de sódio, ao lado, em que os íons sódio (Na^{1+}) e cloreto ($C\ell^{1-}$) se organizam no espaço intensificando as forças atrativas e minimizando as repulsivas.

Figura 5.21: Representação da distribuição dos íons Na^{1+} e $C\ell^{1-}$ no cristal do cloreto de sódio.

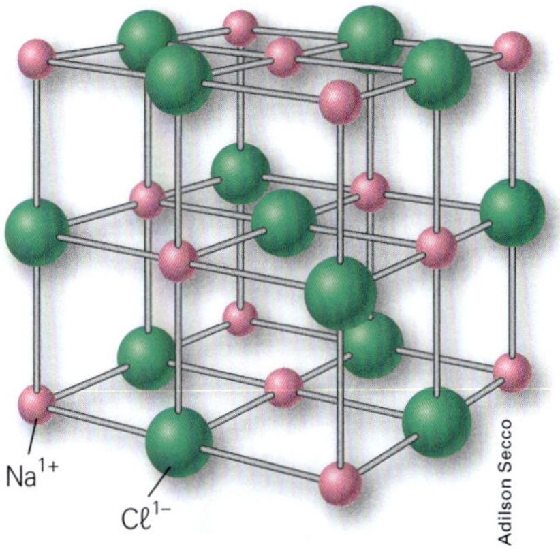

Ao observar a Figura 5.21, é possível notar que cada cátion sódio está circundado por seis ânions cloreto, e cada ânion cloreto, por seis cátions sódio. Isso significa que, devido às forças atrativas, a posição que cada íon ocupa no **cristal** é fixa. Justamente por isso os cristais iônicos são duros. Um esforço aplicado neles superior à intensidade dessas forças levará à ruptura do cristal (Figura 5.22).

Outra característica apresentada pelos compostos iônicos é que o equilíbrio entre as cargas deve ser mantido, isto é, o total de cargas positivas deve equivaler ao de cargas negativas.

No exemplo do cloreto de sódio, a carga do cátion é +1 e a carga do ânion é –1. Portanto, em qualquer amostra desse composto, o número de íons positivos (Na^{1+}) será igual ao número de íons negativos ($C\ell^{1-}$).

Em compostos iônicos cujos íons de sinais contrários têm valores de carga diferentes, observamos que o equilíbrio também é mantido. Por exemplo, no composto iônico cloreto de cálcio, o cátion apresenta carga +2 (Ca^{2+}) e o ânion, –1 ($C\ell^{1-}$). Portanto, para que o equilíbrio entre as cargas ocorra, é necessário que a quantidade de ânions seja o dobro da quantidade de cátions ($CaC\ell_2$).

> Observe que a fórmula do composto iônico não revela a quantidade de cátions e ânions presente na rede iônica, mas apenas e tão somente quais são os íons constituintes do cristal e a proporção de menores números inteiros existente entre cátions e ânions.
>
> Exemplos:
>
> $NaC\ell$ – composto iônico formado por cátions sódio (Na^{1+}) e ânions cloreto ($C\ell^{1-}$) na proporção de 1 : 1.
>
> $CaC\ell_2$ – composto iônico formado por cátions cálcio (Ca^{2+}) e ânions cloreto ($C\ell^{1-}$) na proporção de 1 : 2.

Cristal
Uma forma de matéria, no estado sólido, que se apresenta organizada de forma regular e simétrica. Essa disposição dos átomos, íons ou moléculas podem dar origem a formas externas também regulares e bem definidas.

Modelos atômicos, tabelas dos elementos e os modelos de ligações **Capítulo 5** 157

O quadro abaixo permite-nos identificar os elementos cujos íons formam compostos iônicos com mais frequência.

Quadro periódico dos cátions e ânions mais comuns

1																	18
	2											13	14	15	16	17	
Li^{1+}															O^{2-}	F^{1-}	
Na^{1+}	Mg^{2+}			Metais de transição (grupos de 3 a 12)												$C\ell^{1-}$	
K^{1+}	Ca^{2+}																
Rb^{1+}	Sr^{2+}																
Cs^{1+}	Ba^{2+}																

Os íons dos metais do grupo 1 e os íons dos metais do grupo 2 possuem cargas 1+ e 2+, respectivamente. Os íons dos elementos dos grupos 16 e 17, mencionados anteriormente, possuem cargas 1– (grupo 17) e 2– (grupo 16).

No caso de íons com dois ou mais elementos (íons complexos), há tabelas específicas. Veja alguns exemplos:

Figura 5.22: Cristais salinos vistos ao microscópio eletrônico com aumento aproximado de 280 vezes. Colorido artificialmente.

Íon	Nome
NH_4^{1+}	amônio
NO_3^{1-}	nitrato
SO_4^{2-}	sulfato
PO_4^{3-}	fosfato

Íon	Nome
CO_3^{2-}	carbonato
HCO_3^{1-}	bicarbonato (hidrogenocarbonato)
CN^{1-}	cianeto
OH^{1-}	hidróxido

Exercícios resolvidos

1. Proponha a fórmula do sulfato de sódio, consultando a tabela de íons acima e a tabela periódica.

   Na tabela periódica, localizamos o elemento sódio no grupo 1, cujo cátion é o Na^{1+}.

   Na tabela de íons, localizamos o íon sulfato, SO_4^{2-}.

   Temos, portanto, dois íons com fórmulas e cargas especificadas. Para estabelecer o equilíbrio entre as cargas, efetuamos o seguinte processo:

   $$2\,Na^{1+} \ + \ 1\,SO_4^{2-} \longrightarrow Na_2SO_4$$

   Assim, a fórmula do composto é Na_2SO_4, pois foram necessários dois cátions Na para um ânion SO_4^{2-}.

2. Proponha as fórmulas do nitrato de cálcio e do sulfato de amônio. Para isso, consulte a tabela de íons e a tabela periódica.

   I. Nitrato de cálcio: Cátion cálcio: Ca^{2+}

   Ânion nitrato: NO_3^{1-} } $Ca(NO_3)_2$

   Portanto, a fórmula do composto é $Ca(NO_3)_2$, pois foram necessários dois ânions NO_3^{1-} para cada cátion Ca^{2+}.

   II. Sulfato de amônio: Cátion amônio: NH_4^{1+}

   Ânion sulfato: SO_4^{2-} } $(NH_4)_2SO_4$

   Assim, a fórmula do composto é $(NH_4)_2SO_4$, pois foram necessários dois cátions NH_4^{1+} para cada cátion SO_4^{2-}.

158 Unidade 2 A Teoria Atômica e a constituição da matéria

Exercícios propostos

1. O nitreto de sódio, Na_3N, é um composto cuja estrutura é compatível com o modelo de ligação iônica. Calcule a quantidade total de elétrons nos cátions da fórmula e suas respectivas cargas. Repita o processo para o ânion nitreto.

2. Compostos segundo o modelo iônico apresentam propriedades comuns. Proponha três dessas propriedades e relacione-as com a estrutura organizada dos íons.

História da Química

O útil átomo de Bohr para os químicos

De modo notável, o átomo de Bohr, com o núcleo positivo e os elétrons a seu redor, ofereceu aos químicos uma ótima possibilidade de interpretar as transformações químicas. Seria necessário apenas que a órbita externa dos átomos fosse completada por ligações químicas.

Foi nessa linha de raciocínio que Walther Kossel (1888-1956), físico alemão, interpretou o processo de ionização: cada íon completaria a "camada periférica".

E, com a contribuição de Lewis, fez-se a distinção entre a ligação iônica e a ligação covalente.

A prática mostrou que poucos elementos químicos se submeteriam à teoria da ligação covalente conforme concebida inicialmente. Porém, é inegável que essa teoria é uma das mais importantes contribuições para o entendimento da estrutura das moléculas e, sobretudo, da Química Orgânica.

Propriedades dos compostos iônicos

I. As substâncias iônicas são duras e quebradiças

Ao observar atentamente a estrutura de um cristal, como a do cloreto de sódio, notamos que os íons ocupam posições bem definidas, o que garante sua estabilidade. Qualquer esforço aplicado na superfície do cristal resulta na mudança da posição dos íons, causando instabilidade.

O movimento dos íons no cristal, em razão do esforço externo aplicado, favorece a aproximação de cargas de mesmo sinal e a consequente repulsão entre elas. Por esse motivo, o cristal quebra na região do esforço.

II. As substâncias iônicas apresentam elevadas temperaturas de fusão e de ebulição

A atração mútua entre os íons de cargas opostas ocorre em toda a extensão dos cristais iônicos, e não somente entre seus íons mais próximos. Isso quer dizer que as forças atrativas ficam direcionadas para qualquer dimensão do cristal. Fornecer calor para fundir o cristal significa desmanchar sua ordem, conduzindo todos os íons a um estado de desordem, que é o que caracteriza o estado natural dos materiais em fase líquida. Portanto, é de esperar que sejam necessárias grandes quantidades de calor para alcançar a fusão e a ebulição dos compostos iônicos.

Temperatura de fusão e de ebulição para algumas substâncias iônicas			
Substância	Fórmula	Temperatura de fusão / °C	Temperatura de ebulição / °C
Cloreto de potássio	KCl	790	1 500
Cloreto de lítio	LiCl	614	1 360
Fluoreto de lítio	LiF	870	1 670
Cloreto de magnésio	$MgCl_2$	712	1 412
Cloreto de sódio	NaCl	800	1 413

Modelos atômicos, tabelas dos elementos e os modelos de ligações **Capítulo 5** 159

III. As substâncias iônicas não conduzem corrente elétrica na fase sólida

A condição para conduzir corrente elétrica é a existência de cargas em movimento – sejam elas elétrons, sejam elas íons – devido à influência de um campo elétrico. Como o cristal iônico na fase sólida não proporciona essa condição de movimento para os íons, torna-se impossível haver a condução de eletricidade.

Entretanto, quando fundidas, as substâncias iônicas tornam-se condutoras, pois desfaz-se a ordem do cristal, o que possibilita o movimento dos íons, permitindo a passagem de corrente elétrica.

Solubilidade de alguns compostos iônicos em água

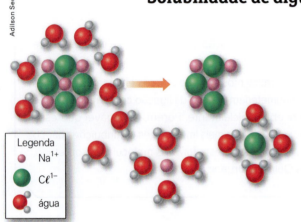

Figura 5.23: Esquema da dissolução de uma substância iônica em água.

A dissolução de uma substância iônica em água requer um estudo mais cuidadoso. Usaremos o cloreto de sódio (NaCℓ) como exemplo.

Quando colocamos uma quantidade de sal de cozinha (NaCℓ) em água, as moléculas do solvente, isto é, a água, passa a atrair os íons sódio (Na^{1+}) e cloreto ($Cℓ^{1-}$), localizados na superfície do cristal. Esse pequeno deslocamento retira os íons da posição inicial, desfazendo sua estabilidade. Isso possibilita que as moléculas de água que cercam o cristal associem-se a esses íons e os afastem do cristal. O processo é repetido até que o sólido cristalino se desfaça. Quando o cristal se dissolve completamente, o sistema formado assume aspecto homogêneo. Os íons agora estão separados uns dos outros, e cada um deles é circundado por moléculas de água, conforme mostra a Figura 5.23.

A equação química do processo pode ser escrita da seguinte forma:

$$NaCℓ\ (s) \xrightarrow{H_2O} Na^{1+}\ (aq)\ +\ Cℓ^{1-}\ (aq)$$

Em alguns casos esse comportamento é previsível, como nos cloretos dos metais dos grupos 1 e 2 da tabela periódica, solúveis em água à temperatura ambiente.

História da Química

Os íons em equilíbrio

Os íons dissolvidos em água já foram centro de discussões para esclarecer como eles eram formados à medida que certas substâncias eram dissolvidas em água. Em 1850, era conhecido o fato de que ácidos, bases e sais poderiam se decompor em seus íons supostamente constituintes. Durante o processo de eletrólise, esses íons eram neutralizados nos eletrodos. O que não estava esclarecido era onde e como esses íons eram formados.

Em 1857, Rudolf Clausius (1822-1888), físico e matemático alemão, apresentou um extenso artigo no qual propunha que a decomposição não acontecia próximo aos eletrodos. De acordo com os conhecimentos da época, a substância se dissociava em íons por todo o volume da solução desde o momento em que entrava em contato com o solvente. Esse processo de dissociação, segundo Clausius, era absolutamente dinâmico, isto é, parte da substância era dissolvida em íons e, simultaneamente, os íons restauravam a substância original.

Ligação metálica

Ao contrário dos compostos iônicos, os metais apresentam ótima condutibilidade elétrica e térmica, além de poderem ser transformados em lâminas (maleabilidade) ou em fios (ductilidade).

Para ter uma ideia da estrutura atômica de um metal, basta recorrer ao método de aproximação de dois átomos para descrever o que acontece quando ambos interagem, e repetir esse procedimento algumas vezes até a formação da estrutura metálica.

Vejamos o exemplo do sódio. O elétron da camada de valência de um átomo de sódio é fracamente atraído por seu núcleo. Portanto, quando dois átomos de sódio se aproximam, o elétron da camada de valência de cada um dos átomos é igualmente atraído pelos dois núcleos, isto é, ambos os elétrons são atraídos por ambos os núcleos. Se um terceiro átomo de sódio se aproximar, o processo se repetirá e os três elétrons de valência dos átomos serão atraídos pelos três núcleos e, assim, sucessivamente.

Examinando o modelo descrito, concluímos que cada elétron é atraído por vários núcleos de modo que cada um deles acaba transitando por vários átomos. Usando o mesmo raciocínio, podemos deduzir que esse comportamento pode ser estendido a todos os elétrons das camadas de valência dos demais átomos dessa amostra. Logo, todos os elétrons sentem a atração de todos os núcleos ao mesmo tempo, o que resulta em um movimento contínuo de elétrons ao longo da amostra.

Assim, pode-se imaginar que a estrutura de um metal é um conjunto de cátions organizados geometricamente pelo qual os elétrons se movimentam. Em razão da transitoriedade dos elétrons, a força de repulsão entre os cátions é compensada de forma que preserve a estrutura metálica.

Esse tipo de ligação – em que existem n cátions circundados por n elétrons ou seus múltiplos – é chamado de **ligação metálica** (Figuras 5.24 a 5.26).

Exemplos:

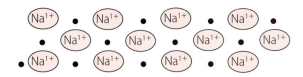

Figura 5.24:
12 átomos de sódio
12 cátions Na^{1+}
12 elétrons de valência atraídos por 12 cátions
n cátions e n elétrons de valência

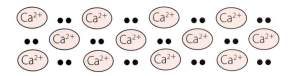

Figura 5.25:
12 átomos de cálcio
12 cátions Ca^{2+}
24 elétrons de valência atraídos por 12 cátions
n cátions e $2n$ elétrons de valência

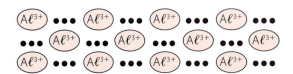

Figura 5.26:
12 átomos de alumínio
12 cátions $Aℓ^{3+}$
36 elétrons de valência atraídos por 12 cátions
n cátions e $3n$ elétrons de valência

> ### A importância dos metais para a civilização
>
> Nossa experiência mostra que as propriedades mais importantes dos metais são a ductilidade (transformar em fios), a maleabilidade (transformar em lâminas), o brilho, a elevada condutividade térmica e a notável condutividade elétrica.
>
> Curiosamente, em temperaturas muito baixas (como a do nitrogênio líquido, –196 °C), os metais perdem a qualidade de melhores condutores elétricos. Essa propriedade é ocupada por um material cerâmico cuja principal qualidade é ser um supercondutor, isto é, praticamente não tem resistência elétrica ou tem condutividade elétrica muitíssimo elevada.
>
> Muitos compostos orgânicos têm se mostrado bons condutores. Em temperaturas baixas, esses compostos também tornam-se supercondutores.

Algumas propriedades dos metais

I. A condutibilidade elétrica dos metais, sob efeito de um campo elétrico, é explicada pela fácil movimentação dos elétrons. Nessas circunstâncias, eles fluem pelo metal de modo organizado; porém, à medida que a temperatura do metal aumenta, o fluxo de elétrons desorganiza-se e a condutividade elétrica diminui.

II. Sabe-se empiricamente que, quando a quantidade de elétrons de valência é igual à quantidade de cátions na estrutura do metal, ele apresenta maior flexibilidade e, portanto, resiste à ruptura, como ocorre nos metais alcalinos. À medida que a quantidade de elétrons de valência excede a quantidade de cátions na estrutura do metal, ele rompe com mais facilidade, como ocorre com metais que formam cátions 2+ e cátions 3+, por exemplo, o alumínio (Aℓ^{3+}).

> ### Experimento
>
> **A tenacidade dos metais**
>
> **Material**
> - 1 placa de cobre (1 cm × 8 cm de área; espessura = 0,1 cm, aproximadamente)
> - 1 placa de alumínio (mesmas dimensões da placa de cobre)
>
> **Procedimento**
> ▶ Flexione cada placa separadamente em movimentos de vaivém, para cima e para baixo, dividindo pela metade os dois lados mais longos. Repita o procedimento até que a constância do movimento parta as placas ao meio. Anote o número de vezes que foi necessário flexionar cada uma das placas para que ocorresse a ruptura. Leia o texto sobre ligação metálica, na página 161, e procure explicar a diferença entre as duas placas e o número de flexões necessárias para rompê-las.
>
>
>
> **Figura 5.27:** Modelo das placas de cobre e alumínio.

COM A PALAVRA...

Nelson Henrique Morgon*

O modelo atômico de Bohr: o átomo de hidrogênio

No modelo atômico de Bohr, proposto na segunda década do século XX, o átomo de hidrogênio é representado por um sistema descrito pelo movimento de uma carga negativa (o elétron) ao redor de um centro carregado positivamente (o próton, no núcleo atômico). A estabilidade mecânica nesse sistema é decorrente da ação entre a força de atração do núcleo pelo elétron, ou seja, cargas de sinais opostos atraindo-se mutuamente (esse termo é denominado de potencial atrativo núcleo-elétron). A ação dessa força eletrostática origina uma aceleração centrípeta no elétron (essa é a contribuição cinética para a energia total do átomo). No modelo de Bohr, o elétron descreve um movimento circular ao redor do núcleo em uma órbita definida (com raio constante), ou seja, nessa situação ele não ganha nem perde energia. Caso não fosse assim, ou teríamos o elétron "colapsando" sobre o núcleo (destruindo o átomo) ou escapando da atração dele num afastamento contínuo.

A contribuição de Niels Bohr foi sugerir, por meio de postulado (no caso, uma consideração física sem a necessidade de uma comprovação matemática preliminar), que o movimento do elétron ao redor do núcleo deveria descrever uma órbita característica. Nessa órbita, ele não perderia nem ganharia energia, ou seja, a energia seria constante, havendo, portanto, um equilíbrio entre os termos cinético e potencial. Essa consideração não violava um princípio fundamental do eletromagnetismo, em que cargas em movimento deveriam perder energia, "colapsando" o elétron em movimento em espiral sobre o núcleo atômico. A fundamentação matemática necessária dessa consideração viria anos mais tarde. O sucesso do modelo atômico de Bohr, restrito ao átomo de hidrogênio, deu-se graças à sua capacidade de interpretar corretamente observações experimentais disponíveis na época para esse átomo.

Esse modelo foi revolucionário para a época, apesar de sua simplicidade. A sua limitação, devido à desconsideração de efeitos como a repulsão eletrônica (cargas de mesmo sinal se repelem) e de *spin* eletrônico (movimento de rotação do elétron), presentes nos outros átomos além do hidrogênio, levou o modelo ao fracasso. No entanto, devemos destacar que o modelo atômico de Bohr é um dos exemplos de sucesso da Mecânica Quântica em seu desenvolvimento no início do século XX. Ele introduz de modo simplificado noções como: níveis de energia, órbitas ("orbitais"), transições eletrônicas, entre outras, que seriam utilizadas posteriormente.

◢ QUESTÕES

1. No modelo atômico de Bohr para o hidrogênio temos uma carga positiva (próton) interagindo com uma carga negativa (elétron). Para os outros átomos, qual complicador ficaria cada vez mais evidente?

2. Se um feixe de luz for direcionado contra a superfície de um metal, dependendo da energia dos fótons, é possível retirar elétrons dessa superfície. No entanto, é preciso uma energia mínima para que isso ocorra (que depende do metal em questão). Como o modelo de Bohr poderia explicar esse fenômeno?

3. Uma transição eletrônica ocorre quando um elétron passa de uma camada para outra. No caso de absorção de energia, o elétron passa para uma órbita mais externa, enquanto na emissão de energia, o elétron passa para uma órbita mais interna. Pesquise na internet e faça uma associação entre as energias envolvidas nas transições eletrônicas e o espectro eletromagnético.

*Doutor em Química Quântica e Química Computacional. Professor associado do Departamento de Físico-Química do Instituto de Química da Universidade Estadual de Campinas (Unicamp).

Exercícios finais

1. (Uerj) Recentemente, quatro novos elementos químicos foram incorporados à tabela de classificação periódica, sendo representados pelos símbolos Uut, Uup, Uus e Uuo.

Dentre esses elementos, aquele que apresenta maior energia de ionização é:

Dado: sétimo período da tabela periódica.

87 0,7	88 0,9	89-103	104	105	106	107	108	109	110	111	112	113	114	115	116	117	118
Fr (223)	Ra (226)	actinídeos	Rf (261)	Db 262	Sg (263)	Bh (262)	Hs (265)	Mt (268)	Ds (281)	Rg (280)	Cn (285)	Uut (286)	Fl (289)	Uup (289)	Lv (293)	Uus (294)	Uuo (294)

a) Uut **b)** Uup **c)** Uus **d)** Uuo

2. (Uerj) Na premiação das Olimpíadas, o primeiro, o segundo e o terceiro colocados em cada competição recebem, respectivamente, medalha de ouro (Au), de prata (Ag) e de bronze. Sabe-se que o bronze é uma liga metálica formada, entre outros elementos químicos, por cobre (Cu) e estanho (Sn).

Considerando os metais citados, escreva o símbolo daquele que possui maior massa atômica e o nome daquele que pertence ao grupo 14 da tabela de classificação periódica.

Em seguida, apresente duas fórmulas: a do cátion divalente do metal de menor raio atômico do grupo 11 da tabela de classificação periódica e a do cloreto composto pelo metal correspondente à medalha da segunda colocação.

Dado:

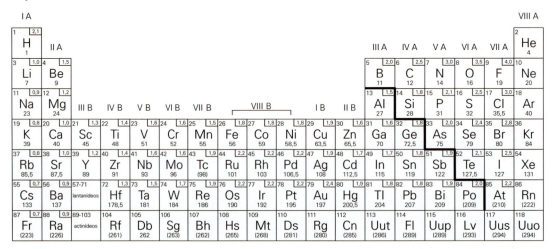

Texto para a próxima questão:

Utilize as informações abaixo para responder à questão a seguir.

O rompimento da barragem de contenção de uma mineradora em Mariana (MG) acarretou o derramamento de lama contendo resíduos poluentes no rio Doce. Esses resíduos foram gerados na obtenção de um minério composto pelo metal de menor raio atômico do grupo 8 da tabela de classificação periódica. A lama levou 16 dias para atingir o mar, situado a 600 km do local do acidente, deixando um rastro de destruição nesse percurso. Caso alcance o arquipélago de Abrolhos, os recifes de coral dessa região ficarão ameaçados.

3. (Uerj)

O metal que apresenta as características químicas descritas no texto é denominado:

a) ferro
b) zinco
c) sódio
d) níquel

Texto para a próxima questão:

Leia o texto para responder à questão a seguir.

Cinco amigos estavam estudando para a prova de Química e decidiram fazer um jogo com os elementos da Tabela Periódica:

– cada participante selecionou um isótopo dos elementos da Tabela Periódica e anotou sua escolha em um cartão de papel;

– os jogadores Fernanda, Gabriela, Júlia, Paulo e Pedro decidiram que o vencedor seria aquele que apresentasse o cartão contendo o isótopo com o maior número de nêutrons.

Os cartões foram, então, mostrados pelos jogadores.

4. (Fatec-SP) Observando os cartões, é correto afirmar que o(a) vencedor(a) foi

a) Júlia.
b) Paulo.
c) Pedro.
d) Gabriela.
e) Fernanda.

5. (EsPCEx-Aman-SP) Considere dois elementos químicos cujos átomos fornecem íons bivalentes isoeletrônicos, o cátion X^{2+} e o ânion Y^{2-}. Pode-se afirmar que os elementos químicos dos átomos X e Y referem-se, respectivamente, a

a) $_{20}Ca$ e $_{34}Se$
b) $_{38}Sr$ e $_8O$
c) $_{38}Sr$ e $_{16}S$
d) $_{20}Ca$ e $_8O$
e) $_{20}Ca$ e $_{16}S$

6. (UEPG-PR) Com relação aos processos abaixo, assinale o que for correto.

$$A^0_{(g)} \xrightarrow{E_1} A^+_{(g)} \xrightarrow{E_2} A^{2+}_{(g)}$$

01) A energia E_1 é menor que a energia E_2.

02) A energia E_1 é a energia liberada para retirar um elétron de um átomo isolado.

04) A espécie A^{2+} possui um raio atômico menor que a espécie A^0.

08) A energia E_2 é a segunda energia de ionização do átomo A.

16) O processo apresentado pode representar a ionização de um átomo de metal alcalinoterroso.

7. (Uece) Em 1839, o físico Alexandre Edmond Becquerel (1820-1891) ao descobrir, experimentalmente, o efeito fotoelétrico, aos 19 anos de idade, jamais imaginou que estivesse criando um novo meio de captação de energia limpa. A energia solar incide sobre uma célula fotoelétrica atingindo elétrons e produzindo eletricidade que pode ser convertida em energia luminosa ou mecânica, por exemplo. Para garantir mais eficiência, o material usado na fabricação de uma célula fotoelétrica deve ter

a) alta densidade.
b) alta eletronegatividade.
c) baixo ponto de fusão.
d) baixa energia de ionização.

8. (UPE-SSA) Analise a seguinte charge:

As estudantes Eugênia e Lolita estão falando, respectivamente, sobre os modelos atômicos de

a) Dalton e Thomson.
b) Dalton e Rutherford-Bohr.
c) Thomson e Rutherford-Bohr.
d) Modelo Quântico e Thomson.
e) Rutherford-Bohr e Modelo Quântico.

9. (Puc-RS) A Tabela Periódica contém todos os elementos químicos já descobertos, os quais estão organizados em função de sua estrutura e propriedades. Em relação aos elementos químicos, é correto afirmar que

a) o mais leve da Tabela Periódica é um gás nobre.
b) o mais abundante na atmosfera terrestre é um calcogênio.
c) o mais abundante do Universo está localizado no primeiro período.
d) o que constitui o diamante está localizado no mesmo grupo do enxofre.
e) o mais abundante da crosta terrestre está localizado no terceiro período.

10. (Puc-MG) Com relação à Energia de Ionização, é incorreto afirmar:

a) Quanto maior a energia de ionização, mais difícil é a retirada dos elétrons mais externos.
b) A saída do segundo elétron demanda mais energia que a do primeiro.
c) Quanto maior o raio atômico, menor é a energia de ionização.
d) A energia de ionização cresce da esquerda para direita e de cima para baixo na tabela periódica.

Exercícios finais

11. (UPM-SP-Adaptada) Na tabela periódica abaixo, alguns elementos químicos foram representados aleatoriamente pelos algarismos romanos I, II, III, IV e V.

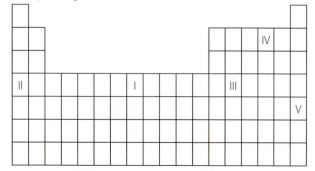

A respeito desses elementos químicos, é correto afirmar que

a) I é um elemento de transição e está no grupo 6 da tabela periódica.

b) II possui o maior raio atômico e é um exemplo de metal alcalinoterroso.

c) V é um metal nobre e possui uma elevada energia de ionização.

d) IV possui a tendência de receber elétrons quando faz ligação com o elemento II.

12. (UEPG-PR) O raio atômico de um átomo isolado é calculado a partir da aplicação de técnicas de difração por raios X, sendo um dado muito importante, pois o comportamento dos elementos químicos e muitas das suas propriedades podem ser explicados a partir dessa informação. Considerando a tabela a seguir e a influência do raio atômico sobre a variação de outras propriedades periódicas, assinale o que for correto.

Elemento (Z)	Raio atômico (nm)
K (Z = 19)	0,231
Ca (Z = 20)	0,197
Aℓ (Z = 13)	0,143
Co (Z = 27)	0,125
P (Z = 15)	0,109
C (Z = 6)	0,071

01) O alumínio origina cátions trivalentes que apresentam raio maior do que 0,143 nm.

02) Átomos de potássio e cálcio têm o mesmo número de níveis ou camadas eletrônicas, entretanto, o raio atômico de cálcio é menor, pois apresenta maior valor para Z.

04) Em átomos de fósforo, a atração do núcleo sobre os elétrons do último nível de energia é maior do que em átomos de alumínio.

08) Comparado com os demais elementos da tabela, o carbono é o mais eletropositivo, pois a eletropositividade aumenta com a redução do raio atômico.

16) Átomos de cobalto são menores e mais eletronegativos do que átomos de potássio, pois a eletronegatividade aumenta conforme o raio atômico diminui.

13. (ITA-SP) Assinale a opção que apresenta o elemento químico com o número correto de nêutrons:

a) $^{19}_{9}F$ tem zero nêutrons.

b) $^{24}_{12}Mg$ tem 24 nêutrons.

c) $^{197}_{79}Au$ tem 79 nêutrons.

d) $^{75}_{33}As$ tem 108 nêutrons.

e) $^{238}_{92}U$ tem 146 nêutrons.

14. (Unesp-SP) Três substâncias puras, X, Y e Z, tiveram suas condutividades elétricas testadas, tanto no estado sólido como no estado líquido, e os dados obtidos encontram-se resumidos na tabela.

Substância	Conduz corrente elétrica no estado sólido	Conduz corrente elétrica no estado líquido
X	Sim	Sim
Y	Não	Sim
Z	Não	Não

Com base nessas informações, é correto classificar como substância(s) iônica(s)

a) Y e Z, apenas.
b) X, Y e Z.
c) X e Y, apenas.
d) Y, apenas.
e) X, apenas.

15. (Fuvest-SP) Observe a posição do elemento químico ródio (Rh) na tabela periódica.

Assinale a alternativa correta a respeito desse elemento.

a) Possui massa atômica menor que a do cobalto (Co).

b) Apresenta reatividade semelhante à do estrôncio (Sr), característica do 5º período.

c) É um elemento não metálico.

d) É uma substância gasosa à temperatura ambiente.

e) É uma substância boa condutora de eletricidade.

166

CAPÍTULO 6

LIGAÇÕES COVALENTES

No capítulo 5, identificou-se as substâncias de natureza iônica e as de natureza metálica e suas respectivas características a partir do estudo das ligações iônicas e metálicas. Nessa mesma linha de pensamento, serão identificadas as características das **ligações covalentes**. Tais substâncias:

– apresentam baixas temperaturas de fusão e de ebulição. Há exceções como a grafita e o carbeto de silício (utilizado na ponta de aeronaves como os ônibus espaciais), que podem apresentar pontos extraordinariamente elevados, mesmo se comparados com os das substâncias de natureza iônica ou metálica;

– em geral, não são boas condutoras de eletricidade. Mas há casos de algumas possuírem condutividade elétrica típica de metais;

– são encontradas nos estados sólido, gasoso e líquido, à temperatura ambiente;

– em água, a solubilidade varia de pouco solúvel à infinitamente solúvel.

Com base nessas características, é possível deduzir que esse grupo de substâncias possui propriedades cujos valores não são regulares quando comparados aos valores das propriedades dos compostos metálicos ou dos compostos iônicos. Basta observar que, nessa classe de substâncias em questão, há exemplos de compostos diferentes em qualquer um dos três estados físicos à temperatura ambiente, isto é, não há predominância de um estado preferencial. Seus intervalos de temperatura entre os pontos de fusão e de ebulição são menores em relação aos compostos iônicos e aos metálicos. Por exemplo, a diferença de temperatura de fusão e ebulição do sódio (metal) é de 785 °C; a do cloreto de sódio (iônico) vale 801 °C; e a da água é 100 °C.

A seguir foram listados alguns exemplos de substâncias que são líquidas, gasosas ou sólidas à temperatura ambiente e que não apresentam propriedades metálicas nem iônicas.

Figura 6.1: Em posição horizontal, o clipe de aço flutua na água. Para afundá-lo é necessário deslocar parte da água, mas uma força presente na superfície dela se opõe a esse aumento de área da superfície. Essa propriedade da água é denominada **tensão superficial**. Quanto maior forem as forças intermoleculares do líquido, maior será a tensão superficial.

Substância	Fórmula	Substância	Fórmula
água (ℓ)	H_2O	etanol (ℓ)	C_2H_6O
acetona (ℓ)	C_3H_6O	benzina (componente principal da gasolina) (ℓ)	C_8H_{18}
componente do óleo *diesel* (ℓ)	$C_{13}H_{28}$	éter hospitalar (ℓ)	$C_4H_{10}O$
oxigênio (g)	O_2	propano (gás propelente em *sprays*) (g)	C_3H_8
amônia (g)	NH_3	fluoreto de hidrogênio (g)	HF
dióxido de enxofre (g)	SO_2	parafina para fabricar velas (s)	$C_{20}H_{42}$

Em relação aos exemplos acima apresentados, verifica-se que nenhum deles é condutor de eletricidade e que muitos evaporam facilmente em contato com a pele. Além do mais, o álcool, a acetona, o éter, a benzina, o propano, a gasolina e o dióxido de enxofre queimam com certa facilidade. A parafina, um sólido à temperatura ambiente, têm qualidades diferentes dos sólidos iônicos e dos sólidos metálicos.

Verifica-se, assim, que nem o modelo de ligação iônica nem o modelo de ligação metálica explicam as propriedades desse grupo de substâncias. Portanto, faz-se necessário um terceiro modelo de ligação para explicar como esses elementos, localizados no lado direito da tabela periódica, se integram e formam a maior classe de compostos entre todas conhecidas, se considerarmos como classe um conjunto de substâncias cujas ligações são iônicas ou metálicas, ou essa terceira (a ligação covalente) que aqui se propõe.

Química Aplicada

Figura 6.2: A combustão começa no pavio da vela, porém a parafina não se incendeia.

Os estados físicos da parafina usada para fazer velas

Imagine uma parafina cuja fórmula é $C_{20}H_{42}$, daquelas utilizadas na fabricação de velas, e que a temperatura de fusão seja próxima de 62 °C. Quando a vela está acesa, observa-se a formação de uma área côncava ao redor do pavio que permanece aceso. Nessa concavidade, há a concentração da parafina derretida (Figura 6.2). Se continuarmos a elevar a temperatura até que a parafina líquida alcance a temperatura de 290 °C, ela entra em ebulição.

É fato que as partículas da parafina no estado sólido continuam sendo as mesmas no estado líquido e no estado gasoso (vapor), isto é, $C_{20}H_{42}$. Nos três estados físicos, é preservada a identidade da parafina, que corresponde a um conjunto de átomos representados por $C_{20}H_{42}$. A esse grupo de átomos presente em todos os estados físicos, como no caso da parafina, dá-se o nome de **molécula**.

Deduz-se, portanto, que a parafina é uma substância formada por entidades elementares, as moléculas, que têm a qualidade de se atrair formando agregados moleculares, como uma imensa rede de moléculas em toda a extensão do volume. À medida que a parafina é aquecida, a interação entre as moléculas é superada de tal maneira que elas começam a se distanciar umas das outras. Quanto maior o número de moléculas distanciadas, o sistema avança passando a parafina do estado sólido para o estado líquido. Quanto mais separada a maioria das moléculas, do estado líquido forma-se finalmente o vapor. Isso significa que, durante as mudanças de estado físico da parafina, as moléculas são separadas, mas os átomos que a constituem permanecem ligados.

Figura 6.3: Corte de uma vela de ignição.

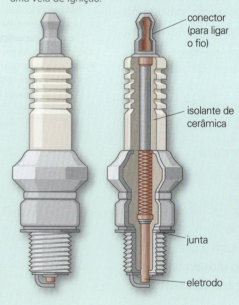

Faraday e a combustão de uma vela

Um palito de fósforo aceso dá início à queima do pavio de uma vela, entretanto a chama permanece separada do sólido parafínico (Figura 6.2). Na imagem, é possível perceber também a presença de um líquido no interior da região côncava, resultante da fusão da parafina próxima à chama. Segundo Faraday, "nenhum combustível que não tivesse a propriedade de formar a concavidade em torno do pavio serviria para fabricar velas, com exceção da madeira das turfeiras da Irlanda, material que parece uma esponja e conserva seu próprio combustível".

Contudo, como o combustível encontra a chama no pavio? A parafina derretida "sobe" pelo pavio e, bem próxima à chama, evapora. Aí é quando ocorre a combustão. Nos motores à combustão, a gasolina também vaporiza para depois queimar com o auxílio de uma vela que produz faíscas. Na extremidade inferior da vela de ignição, localizada no interior do motor do automóvel, ocorre a produção da faísca que dá início à combustão ou à queima da mistura combustível–ar (Figura 6.3).

Exercício resolvido

Quais as mudanças de estado físico experimentados pela parafina da vela desde o estado sólido até o início da queima?

Fusão, quando a parafina sólida é derretida na proximidade da chama; e evaporação, quando o líquido vaporiza e sofre combustão.

Exercícios propostos

1. Explique por que, segundo Faraday, um aspecto importante na combustão da vela é a formação da região côncava no entorno do pavio.

2. Acenda duas velas de parafina pequenas e iguais, e espere até que em ambas se formem as regiões côncavas. Coloque a chama de umas das velas bem próxima à parafina fundida da outra vela. Observe o que acontece. Qual o resultado?

3. E se mergulharmos a chama de uma das velas no líquido parafínico da outra? O que ocorre?

Como os átomos se ligam para formar as moléculas?

O modelo de ligações químicas entre átomos foi proposto por Gilbert Newton Lewis (Figura 6.4) e trouxe grande contribuição para o entendimento dos compostos orgânicos obtidos a partir de petróleo, carvão e gás natural. Em pouco tempo, essa proposta também foi aplicada na explicação das estruturas de substâncias inorgânicas.

Conforme a publicação de Lewis, em 1916, a ligação entre dois átomos pode ser estudada pela presença de pares de elétrons compartilhados por esses dois átomos. Lewis reconheceu que um par de elétrons localizado entre dois átomos é atraído pelas cargas positivas dos núcleos dos dois átomos, formando uma estrutura estável e de menor energia, se comparada à energia dos mesmos átomos ainda quando separados (ou seja, antes de formarem o par). Ao conjunto de átomos ligados por pares de elétrons, Lewis deu o nome de **molécula**.

Consequentemente, ambos os elétrons passam a pertencer aos dois átomos que **compartilham** o par eletrônico, o que gera um tipo de interação ou compromisso entre esses átomos, denominada **ligação covalente** ou **ligação por atração simultânea**. Cada par de elétrons envolvido em uma ligação covalente pode ser **formado pela contribuição de um elétron de cada átomo ou pela contribuição de dois elétrons de um único átomo**; não importa, portanto, a origem do par eletrônico.

Sobre a formação de pares eletrônicos, considera-se que os elementos com as mais elevadas energias de ionização estabelecem preferencialmente, entre si, ligações covalentes, sejam eles átomos do mesmo elemento, sejam eles de elementos diferentes.

Figura 6.4: Gilbert Newton Lewis (1875-1946).

NOTA:
Os átomos dos elementos hidrogênio (H), carbono (C), nitrogênio (N), oxigênio (O), flúor (F), fósforo (P), enxofre (S), cloro (Cℓ), bromo (Br) e iodo (I) frequentemente serão tratados nos estudos desenvolvidos neste livro, por isso é importante ter em mente a localização de cada um desses elementos na tabela periódica.

Exercício resolvido

Consultando a tabela periódica, quais outros elementos podem ser incluídos no grupo anteriormente citado: hidrogênio (H), carbono (C), nitrogênio (N), oxigênio (O), flúor (F), fósforo (P), enxofre (S), cloro (Cℓ), bromo (Br) e iodo (I)?

Boro, silício, germânio, arsênio e selênio.

Exercício proposto

Quais são as propriedades essenciais que se observam nos materiais utilizados como combustível?

Ligações covalentes Capítulo 6 169

A representação da ligação covalente: as fórmulas estruturais e eletrônicas de Lewis

As fórmulas para a molécula da substância hidrogênio

A representação das ligações covalentes entre os diversos átomos constituintes de qualquer molécula é denominada **fórmula de Lewis**. Ela pode ser de duas maneiras: quando os elétrons aos pares são representados por barra ou traço (—), conhecida como **fórmula estrutural**; ou quando esses mesmos elétrons são representados por dois-pontos (:), a chamada **fórmula eletrônica**. Qualquer que seja o tipo de representação, os dois-pontos ou barra/traço significam um ou mais pares de elétrons compartilhados entre dois átomos. Caso um elétron não faça parte de nenhuma ligação, ele é representado por um ponto isolado ao redor do átomo ao qual pertence. Caso sejam dois elétrons não compartilhados, eles são representados por dois-pontos ou por uma barra.

Um exemplo bastante simples que auxilia na compreensão da fórmula de Lewis é a molécula de hidrogênio, com a fórmula H_2. Cada átomo de hidrogênio possui um elétron; logo, será formado **um par de elétrons compartilhado**, responsável por manter os dois átomos atraídos conferindo estabilidade ao conjunto ou molécula. Para representar a ligação entre os dois átomos usaremos duas vezes o símbolo do hidrogênio, intercalados por uma barra, **H — H**, mostrando que entre os átomos há um par eletrônico responsável pela ligação. A representação construída corresponde à **fórmula de Lewis** da molécula de hidrogênio. Se for necessário enfatizar os dois elétrons da ligação entre os átomos, podemos optar pela representação dos dois-pontos, **H : H**, que é a **fórmula eletrônica de Lewis**. São duas maneiras de representarmos a mesma molécula. Dependendo do que se pretende destacar ou observar mais detalhadamente, pode-se usar uma ou outra dessas formas.

Representações de moléculas com mais elétrons

Halogênios

O mesmo raciocínio aplicado na representação da molécula de hidrogênio com as fórmulas eletrônica e estrutural de Lewis pode ser utilizado no caso dos halogênios (grupo 17). Nas figuras a seguir, cada uma das moléculas dos halogênios está representada pela fórmula eletrônica e pela fórmula estrutural de Lewis, respectivamente. Verifica-se, portanto, que o par de elétrons compartilhado pode ser representado tanto por dois-pontos como por uma barra.

$$:\overset{..}{\underset{..}{F}}:\overset{..}{\underset{..}{F}}: \quad ou \quad :\overset{..}{\underset{..}{F}} — \overset{..}{\underset{..}{F}}: \qquad :\overset{..}{\underset{..}{C\ell}}:\overset{..}{\underset{..}{C\ell}}: \quad ou \quad :\overset{..}{\underset{..}{C\ell}} — \overset{..}{\underset{..}{C\ell}}:$$

$$:\overset{..}{\underset{..}{Br}}:\overset{..}{\underset{..}{Br}}: \quad ou \quad :\overset{..}{\underset{..}{Br}} — \overset{..}{\underset{..}{Br}}: \qquad :\overset{..}{\underset{..}{I}}:\overset{..}{\underset{..}{I}}: \quad ou \quad :\overset{..}{\underset{..}{I}} — \overset{..}{\underset{..}{I}}:$$

Todas as moléculas diatômicas dos halogênios apresentam **um par de elétrons** compartilhado entre os dois átomos. A esse tipo de compartilhamento dá-se o nome **ligações covalentes simples**. Ao observar as fórmulas, vê-se que cada átomo, em qualquer uma das representações, possui oito elétrons na camada de valência: apenas um desses elétrons é oriundo do compartilhamento com o outro átomo, os sete elétrons demais são originalmente pertencentes a cada átomo. Tais elétrons estão em quatro pares, sendo três pares de elétrons não compartilhados (**pnc**) e um par de elétrons compartilhado (**pc**).

Oxigênio

Semelhante aos halogênios, é o caso do oxigênio, que pertence ao grupo 16 da tabela periódica, no qual os átomos possuem seis elétrons na camada de valência. Suas moléculas, com fórmula O_2, são constituídas por dois átomos do mesmo elemento químico.

$$:\ddot{O}::\ddot{O}: \quad ou \quad :\ddot{O}=\ddot{O}:$$

Tanto a representação eletrônica como a estrutural das moléculas de O_2 demostram os **dois pares de elétrons compartilhados** e os outros pares não compartilhados. Logo, se um par de elétrons compartilhado é representado por uma barra, serão necessárias duas barras para indicar os dois pares de elétrons. Há, portanto, a formação de duas ligações covalentes entre os dois átomos, denominada **ligação covalente dupla**. Oito são o total de elétrons presentes na camada de valência de cada átomo de oxigênio constituinte da molécula de O_2: dois desses elétrons são oriundos do compartilhamento com o outro átomo, os seis elétrons demais são originais de cada átomo. Assim, cada átomo possui dois pares de elétrons não compartilhados (pnc) e um par de elétrons compartilhados (pc).

Nitrogênio

Para a molécula de nitrogênio (N_2), que tem cinco elétrons na camada de valência de cada um dos átomos, o mesmo procedimento de representação pode ser utilizado. No caso, há **três pares de elétrons compartilhados** entre os átomos, ou uma **ligação covalente tripla**, e um par de elétrons não compartilhado em cada um dos átomos da molécula. Assim, são ao todo oito elétrons na camada de valência da molécula: três desses elétrons oriundos do compartilhamento com o outro átomo; os outros cinco são originais de cada átomo. Assim, cada átomo de nitrogênio possui um par de elétrons não compartilhado (pnc) e três pares de elétrons compartilhados (pc).

$$:N:::N: \quad ou \quad :N\equiv N:$$

Ao observar as representações de H_2, F_2, $C\ell_2$, Br_2, I_2, O_2 e N_2, exemplos aqui apresentados, é possível reparar que todos eles se referem a moléculas diatômicas. Logo, deduz-se que as representações das moléculas diatômicas são semelhantes, ou seja, os demais casos aqui não exemplificados têm a mesma base de representação. Outro ponto em comum se refere, sobretudo, à geometria de cada uma delas: **todas são moléculas lineares**, pois se trata de dois átomos que estão sempre alinhados. O aspecto geométrico das moléculas será responsável por influenciar o tipo de interação, seja entre moléculas iguais, seja entre moléculas diferentes, das diversas substâncias.

Figura 6.5: Pedra de diamante.

Carbono

O elemento carbono ocorre na natureza no estado sólido e está organizado em três arranjos diferentes: diamante, grafita e fulereno. Cabe ressaltar de antemão a peculiaridade do fulereno, pois ele é, de fato, um conjunto de diversas moléculas nas quais os átomos de carbono formam figuras geométricas fechadas, semelhante a uma bola de futebol.

Na estrutura do diamante, todos os átomos de carbono fazem quatro ligações simples (Figuras 6.5 e 6.6). Ele é o mais duro dos materiais, possui as maiores temperaturas de fusão e ebulição entre as substâncias e é um ótimo condutor de calor.

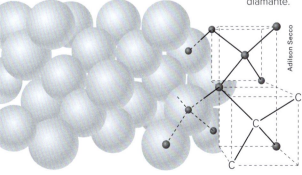

Figura 6.6: Representação dos átomos de carbono na estrutura do cristal de diamante.

Figura 6.7: Amostra de grafita sólida.

Sua densidade vale 3,51 g · cm⁻³, em temperatura ambiente. Ao tratar dessa estrutura denominada cristal covalente ou cristal atômico, amplia-se a coleção de cristais em função das entidades que permanecem organizadas; anteriormente foram tratados os cristais iônicos e metálicos.

Na grafita (Figuras 6.7 e 6.8), os átomos de carbono estão representados nos vértices dos hexágonos. Cada átomo faz ligações com outros três átomos do mesmo elemento e, ao todo, realiza quatro ligações covalentes. Isso porque uma das ligações é dupla, ou seja, um átomo liga-se duas vezes a um mesmo átomo. As demais ligações são simples com os outros dois átomos. Assim são totalizadas as quatro ligações e cada átomo fica com oito elétrons na camada de valência.

Além do mais, cada camada de hexágono está em interação com a sua camada superior e a sua inferior, podendo se aproximar ou se afastar delas por um esforço mecânico externo. Daí a aplicação da grafita como material lubrificante. Sua baixa densidade, 2,25 g · cm⁻³, em temperatura ambiente em relação ao diamante é devido ao grande espaçamento entre os átomos de carbono. Enquanto o diamante é incolor, a grafita é preta, untuosa e pegajosa.

Com densidade 1,65 g/cm⁻³, na temperatura ambiente o fulereno tem estrutura semelhante a uma bola de futebol (Figuras 6.9 e 6.10), formada por 12 pentágonos e 20 hexágonos interligados. Cada um dos átomos de carbono se liga a outros três outros carbonos, realizando quatro ligações covalentes. Dessas ligações, uma é dupla e duas são simples.

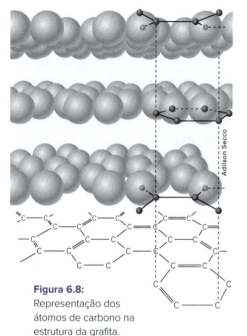

Figura 6.8: Representação dos átomos de carbono na estrutura da grafita.

Figura 6.9: Representação dos átomos de carbono na estrutura do fulereno, C_{60}.

Figura 6.10: A estrutura do fulereno pode ser comparada a uma bola de futebol.

Química Aplicada

Quando átomos de um mesmo elemento químico se organizam segundo arranjos diversos, duas ou mais substâncias são formadas. Essa propriedade é denominada **alotropia** e se refere à capacidade de determinado elemento químico formar diferentes substâncias simples. Tais substâncias, correspondentes a cada um dos arranjos do mesmo elemento químico, são chamadas de **variedades alotrópicas**.

O diamante, a grafita e os diversos fulerenos são exemplos de variedades alotrópicas, pois todas são substâncias simples constituídas por átomos de um mesmo elemento, o carbono. Ressalta-se, entretanto, que a alotropia não é característica específica e exclusiva do carbono; outros elementos químicos são capazes de gerar variedades alotrópicas.

A dureza é uma das propriedades que exemplifica a diferença entre as variedades alotrópicas do carbono. A dureza está relacionada à capacidade de um material riscar outro. O diamante risca diversos materiais e não é riscado por nenhum outro, por isso é considerado o material mais duro conhecido. Na prática, o material menos duro é que sofre o risco ou que é desgastado. O papel das folhas de um caderno, por exemplo, é quem risca a grafita, não o contrário.

O conceito de ligação covalente

Com base nas informações apresentadas anteriormente, é possível propor o conceito de **ligação covalente**, também conhecida como **atração simultânea**:

> A interação em que um ou mais pares de elétrons são atraídos e atraem dois núcleos dos respectivos átomos é denominada **ligação covalente** ou **atração simultânea**. Nessa ligação, um par pode ser formado tanto por um elétron de cada átomo como por dois elétrons do mesmo átomo.

Ocorrência das substâncias moleculares

Tais substâncias que se ligam por pares de elétrons podem ser encontradas:

- na atmosfera da Terra (Figura 6.11), em gases como o oxigênio (O_2) 21%, o nitrogênio (N_2) 78%, o gás carbônico (CO_2), o metano (CH_4), o hidrogênio (H_2), o óxido nitroso (N_2O), o monóxido e carbono (CO), o ozônio (O_3), o vapor-d'água e a água condensada na forma de nuvens (H_2O);
- nas águas de oceanos, rios e lagos, em estado líquido (Figura 6.12);
- nas geleiras, em que a água está no estado sólido (Figura 6.13);
- nos desertos, como o de Atacama (Figura 6.14), no Chile, em que há predomínio de óxido de silício, SiO_2, apesar de as areias terem composições químicas que variam dependendo das rochas que lhe deram origem pelo intemperismo;
- no carvão mineral (Figura 6.15) – no qual carbono, hidrogênio, oxigênio, nitrogênio e enxofre são os elementos em maior porcentagem – e no petróleo (Figura 6.16) – no qual carbono e hidrogênio são os elementos em maior porcentagem;

Figura 6.11.

Figura 6.12.

Figura 6.13.

Figura 6.14.

Figura 6.15.

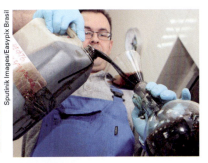
Figura 6.16.

- nos solos argilosos, uma vez que as argilas integram um grande grupo de minerais em que predominam os elementos silício, oxigênio e alumínio ou aluminossilicatos (Figura 6.17);
- nos vegetais e nos animais (Figuras 6.18 e 6.19), em que a predominância em massa dos elementos químicos é de 96% distribuídos entre carbono, hidrogênio, oxigênio e nitrogênio; os demais 4% estão distribuídos entre outros elementos, como fósforo, enxofre, sódio, potássio e ferro.

Figura 6.17.

Figura 6.18.

Figura 6.19.

Exercício resolvido

Localize na tabela periódica os elementos a que se referem as figuras anteriores (Figuras 6.11 à 6.19) e liste-os a seguir. Segundo a classificação entre metais e não metais, em qual grupo eles se encaixam?

Oxigênio, nitrogênio, carbono, hidrogênio, silício, fósforo, enxofre. Eles são classificados como não metais. Alumínio, cálcio, ferro, potássio e sódio, são classificados como metais.

Exercício proposto

É correto afirmar que as energias de ionização dos elementos que formam ligações covalentes são elevadas em relação aos demais elementos da tabela periódica? Consulte a tabela de energias de ionização.

Quantas ligações covalentes um átomo pode fazer?

A resposta para essa pergunta é acompanhada da palavra "depende". Nos exemplos apresentados até então, a presença de **oito elétrons** na camada de valência foi enfatizada. Isso é válido para os elementos, oxigênio, nitrogênio, carbono, flúor, todavia outros elementos tanto **podem superar** o número de oito elétrons na camada de valência como mantê-los.

Ou seja, pode-se dizer que, para os quatro elementos citados (C, N, O, F) o número de ligações covalentes possíveis corresponde ao número de elétrons faltantes para que os átomos desses elementos completem oito elétrons na respectiva camada de valência, quer estes átomos estejam no centro de uma estrutura molecular, quer estejam em posição terminal. Quanto ao flúor, seus átomos especificamente sempre se situam em posições terminais (não central) em quaisquer moléculas das quais façam parte. Tal informação acerca dos oito elétrons na camada de valência se consagra com o nome **regra do octeto**, muito útil até os dias atuais.

Regra do octeto

A configuração da camada de valência dos gases inertes (exceto o hélio) serviu de parâmetro para a regra do octeto, de 1916. Uma vez que esses elementos do grupo 18 possuem oito elétrons na camada de valência e se mostram inertes – isto é, praticamente não reagem –, essa observação passou a ser utilizada para justificar as ligações entre outros átomos. É como se os demais átomos, ao adquirirem a configuração eletrônica de oito elétrons, formassem um conjunto estável semelhante aos gases inertes.

Os átomos do elemento hidrogênio completam suas camadas de valência com dois elétrons, cuja semelhança se verifica em relação aos átomos de hélio (mesmo período na tabela periódica). Essa propriedade é denominada **regra do dupleto**. Como o flúor, os átomos do elemento hidrogênio também fazem suas ligações, mas permanecem em posição terminal.

Conforme essa linha de raciocínio, conclui-se que o carbono faz quatro ligações covalentes; o nitrogênio faz três ligações covalentes; o oxigênio faz duas ligações covalentes; e o flúor e o hidrogênio fazem apenas uma ligação covalente.

Compreende-se, assim, o fato de átomos de hidrogênio e de flúor sempre ocuparem posições terminais ou periféricas nas moléculas das quais fazem parte. Isso ocorre porque, afinal, os átomos desses dois elementos só podem efetuar uma ligação química ao completarem o **dupleto** e o **octeto**, respectivamente.

Como é possível observar, a regra do octeto, de 1916, tem se mostrado de grande utilidade para aqueles que pretendem começar seus estudos em Química, sobretudo em estruturas moleculares.

Exercício resolvido

Localize na tabela periódica os elementos presentes nos seres vivos e proponha o modelo de ligação química mais adequado entre os átomos de tais elementos.

Os elementos são carbono, nitrogênio, oxigênio, hidrogênio e fósforo, apenas para citar os mais comuns. Conforme o que foi estudado até o momento e considerando a regra do octeto, o modelo mais adequado para ser empregado nesse caso é o modelo de ligação covalente.

Exercícios propostos

Texto para responder às questões

De todos os compostos, a água é o mais comum deles. Dissolve muitas substâncias dos organismos, além de entrar diretamente dentro da estrutura molecular de muitos outros compostos essenciais. Os carboidratos são os principais supridores de energia. Os açúcares são solúveis em água, produzindo rapidamente energia. [...] Quase todas as partes estruturadas dos animais (por exemplo, menbrana celular, os músculos, os tendões, o cabelo, a unha etc) são formadas de proteínas. [...]

Estes principais compostos químicos da vida, na sua totalidade, bem como a maior parte dos compostos menos comuns, são todos formados de hidrogênio, oxigênio, carbono, nitrogênio, fósforo e enxofre. O carbono, em particular, é fundamental, pelo fato de ser o único elemento capaz de se combinar com os demais para formar uma grande variedade de moléculas complexas e enormes, que caracterizam os organismos. O primeiro passo necessário ao início da vida, portanto, foi o suprimento dos seis elementos principais já citados, a fim de que se combinem entre si para formarem as proteínas, ácidos nucleicos e outros compostos dos sistemas vivos. Há evidências seguras de que tais condições deveriam ter existido nos primórdios da Terra.

McAlester, A. L. *História geológica da Vida*. São Paulo: Edgard Blücher. p. 22 e 23.

1. Qual é a característica da estrutura do carbono que o coloca na condição de fundamental para a vida?

2. Qual é a propriedade, relativa à configuração eletrônica, presente nos átomos de carbono que propicia a esse elemento participar de moléculas complexas e grandes?

Ligações covalentes   Capítulo 6   175

Elementos químicos de outros períodos da tabela periódica e as ligações covalentes

Diante da possibilidade de elaborar fórmulas estruturais que envolvem átomos de elementos de outros períodos da tabela periódica, houve a necessidade de admitir que as camadas de valência de átomos maiores poderiam acomodar mais do que oito elétrons. Esse argumento tem apoio no modelo atômico de camadas proposto, em 1913, por Niels Bohr.

Isso demonstra que os átomos maiores podem completar suas camadas de valência com mais do que oito elétrons. Há estruturas em que átomos centrais, nas mais diversas moléculas, podem acomodar 10, 12 e até 14 elétrons em suas respectivas camadas de valência, segundo o modelo de Lewis. Fato não surpreendente se forem considerados átomos com três ou mais camadas, que podem superar o octeto por acomodarem mais do que oito elétrons em suas respectivas camadas mais externas.

A construção das estruturas das moléculas mais simples

Para começar a planejar uma estrutura, é essencial o conhecimento da camada de valência dos átomos envolvidos nas ligações da molécula. Como visto, as estruturas devem explicitar os elétrons compartilhados e os não compartilhados, representando os pares eletrônicos por pontos ou barras.

A escolha pelas representações estruturais de Lewis corresponde à busca do arranjo mais adequado entre os átomos de determinada molécula ou o estado de menor energia, fato alcançado pela matéria quando seus átomos efetuam o maior número de ligações covalentes. A sequência de passos numerada a seguir, de I a IV, sugere um percurso para a adequada representação das moléculas com o objetivo de obter a fórmula de Lewis pretendida. Um exemplo de aplicação das regras para a construção de moléculas com ligações covalentes entre átomos de elementos químicos diferentes é o dióxido de enxofre, SO_2.

Procedimentos sugeridos

I. Os quatro elementos – carbono, nitrogênio, oxigênio, flúor – seguem o octeto quer ocupem a posição central, quer ocupem posições terminais na estrutura de qualquer molécula. O flúor e o hidrogênio, por fazerem apenas uma ligação covalente, ocuparão sempre posições terminais nas estruturas moleculares.

II. Os elementos não metálicos localizados abaixo do segundo período da tabela periódica seguem o octeto quando estão em posição terminal na estrutura da molécula. Se localizados no centro da molécula, efetuam tantas ligações quantas forem necessárias para completar os octetos dos átomos terminais ao seu redor. Logo, esses elementos podem superar o octeto quando ocupam a posição central na estrutura da molécula.

III. Os elementos do grupo 13 da tabela periódica, como o boro e o alumínio, podem completar suas camadas de valência com seis elétrons.

IV. A posição central na estrutura de moléculas simples é ocupada pelo átomo capaz de realizar o maior número de ligações covalentes, o que recairá sobre o de maior raio atômico, conforme o assunto tratado no capítulo 5, que traz o estudo sobre raios atômicos.

Exercício resolvido

Construa a fórmula estrutural para a molécula do dióxido de enxofre cuja fórmula é SO_2.

A construção da fórmula de Lewis para o dióxido de enxofre, representada à esquerda, está de acordo com os procedimentos sugeridos. Consultando a tabela periódica, verifica-se que os átomos do elemento enxofre são maiores do que os átomos do elemento oxigênio; logo, o enxofre deve ser representado entre dois átomos de oxigênio. O enxofre pode acomodar mais do que oito elétrons na camada de valência enquanto o oxigênio acomoda no máximo oito. Portanto, são necessárias duas ligações duplas.

Exercícios propostos

1. Quantos elétrons estão na camada de valência do enxofre na molécula do trióxido de enxofre?

2. Construa a fórmula estrutural de Lewis para a molécula do aldeído fórmico, H_2CO, seguindo as instruções especificadas a seguir:

– O átomo de carbono ocupa a posição central da molécula porque é capaz de efetuar maior número de ligações em relação aos demais, além de ser o de maior raio atômico.

– O átomo de oxigênio e os dois átomos de hidrogênio estão ligados diretamente ao carbono (os três são terminais). Observe que não há outra maneira de arranjar os átomos sem comprometer a ideia de formar o maior número de ligações.

Nota: ao construir a figura, anote quantos são os pares compartilhados e os não compartilhados.

> **NOTA:**
> O aldeído fórmico é encontrado em comércios especializados e trata-se de uma substância usada para a assepsia, principalmente em hospitais.

Outras moléculas simples formadas por átomos de elementos químicos diferentes

Conforme visto anteriormente, o mesmo raciocínio de construção das estruturas de Lewis, com pares eletrônicos, pode ser aplicado às moléculas diatômicas de substâncias simples, como H_2, O_2, N_2, e às moléculas de substâncias compostas, como SO_2, SO_3 e CH_2O. Basta seguir os mesmos passos traçados para construir as representações das moléculas imaginadas.

Serão focados aqui quatro exemplos de substâncias: CO_2, CH_4, NH_3 e H_2O, em decorrência da importância que elas ocupam na química ambiental e em outras áreas de interesses afins. No caso da água (H_2O), é de conhecimento geral a sua importância, mas por outro lado não é muito comum a reflexão sobre o que vem a ser a sua escassez. Em contrapartida, em relação à amônia (NH_3), as informações são mais escassas, mesmo sendo ela a matéria-prima para a maioria dos fertilizantes, explosivos e reagentes nas indústrias e laboratórios. O conhecimento prévio acerca do gás carbônico (CO_2) tende a remeter ao efeito estufa, entre outras referências. E o metano (CH_4) é constantemente associado à possibilidade de termos mais um combustível alternativo.

Tais exemplos servirão como base para os estudos desenvolvidos adiante, pois requer habilidade para a escolha de qual átomo deve ocupar a posição central na estrutura arquitetada. Uma vez escolhido o átomo central, os demais átomos ligados diretamente a ele serão denominados genericamente de átomos terminais. A qualidade de ser central requer que esse átomo possa realizar o maior número de ligações possíveis, além de ser aquele com o maior tamanho para que possa acomodar maior quantidade de átomos e por consequência de elétrons ao seu redor. Contudo, diversas estruturas moleculares mostram que nem sempre há um átomo central, mas o trabalho desenvolvido nesse estudo se deterá a exemplos nos quais ele ocupa essa posição.

Ligações covalentes   Capítulo 6   177

Dióxido de carbono – CO_2

$$\ddot{O}=C=\ddot{O}$$

Nessa estrutura, o átomo central é o carbono, pois ele é capaz de realizar quatro ligações. Os dois átomos de oxigênio permanecem nas posições terminais efetuando ligações duplas com o átomo de carbono.

Quando elaborado o conceito da ligação covalente, dentro da percepção de Lewis, considerou-se que a intensidade de atração sobre o par eletrônico deveria ser a mesma caso os dois átomos ligados fossem do mesmo elemento químico. Agora, no entanto, essas ligações por ora tratadas são entre elementos diferentes, como oxigênio e carbono no dióxido de carbono. Não seria nada estranho, portanto, se fosse descoberto que as intensidades das forças de atração dos núcleos do carbono e do oxigênio, sobre os respectivos pares eletrônicos, são diferentes.

Os átomos de oxigênio exercem maior atração sobre os dois pares compartilhados com o carbono, o que resulta num deslocamento desses elétrons para mais próximo do átomo de oxigênio. Mas isso não significa que o compartilhamento tenha sido desfeito; apenas se observa o fato de os átomos de oxigênio atraírem mais intensamente os pares de elétrons compartilhados com o átomo de carbono.

Os polos nas ligações covalentes

Essa diferença de intensidade de atração favorável ao oxigênio causa o aparecimento de uma região de natureza negativa sobre o átomo de oxigênio. A ela dá-se o nome de **polo negativo da ligação**. Ao mesmo tempo, o afastamento do par eletrônico em relação ao carbono causa o aparecimento de uma região de natureza positiva nesse átomo, denominada **polo positivo da ligação**. Ocorre o mesmo processo de atração dos pares de elétrons compartilhados entre o átomo de carbono central e o outro átomo de oxigênio da molécula, de modo que a molécula tem **duas duplas ligações covalentes polares**.

A questão do deslocamento dos pares de elétrons para mais próximo de um dos átomos envolvidos em uma ligação covalente precisa ser avaliada e reforçada com muito cuidado. O observado, nas ligações da molécula de CO_2, com quatro pares compartilhados e deslocados para mais próximo de um dos átomos, é a formação de uma ligação covalente polarizada e, por isso, denominada **ligação polar**. A ligação covalente polar ou simplesmente ligação polar acontece em ligações simples, duplas e triplas. O significativo é que os pares de elétrons devem estar deslocados para mais próximo de um dos átomos, e isso acontecerá todas as vezes que os dois átomos ligados forem de elementos químicos diferentes.

Diferentemente desses casos é a ligação **covalente apolar**, que ocorre entre átomos do mesmo elemento que formam as moléculas das substâncias simples.

Exercício resolvido

O que significa ligação covalente apolar?

Ligação covalente apolar, conforme sugere o próprio nome, têm seus elétrons atraídos com a mesma intensidade pelos dois átomos envolvidos na ligação.

Exercícios propostos

1. Quais os átomos que, ao se ligarem, gerariam ligações covalentes apolares?

2. Uma ligação covalente polar pode ocorrer em ligações triplas?

Para representar a polaridade das ligações são acrescentados símbolos nas fórmulas estruturais de Lewis, conforme o exemplo do CO_2 a seguir.

$$\overset{\delta-}{O} = \overset{\delta+}{C} = \overset{\delta-}{O}$$

Sobre os símbolos dos átomos de oxigênio, escreve-se a letra grega delta minúscula (δ-) acompanhada do sinal negativo, para indicar que os polos negativos se encontram nos átomos de oxigênio.

Sobre o símbolo do carbono, escreve-se a mesma letra delta minúscula, porém com o sinal positivo (δ+) para indicar que o polo positivo se encontra no átomo de carbono.

Qual dos dois átomos atrairá os elétrons compartilhados com mais intensidade?

Linus Pauling (Figura 6.20) é responsável por estudos avançados na área das ligações químicas. Em 1954, recebeu o Prêmio Nobel de Química justamente por seus trabalhos sobre ligações químicas. Em 1962, recebeu o prêmio Nobel da Paz por se manifestar totalmente contrário aos testes com bombas nucleares.

Algumas décadas anteriores, em 1930, Linus Pauling propôs uma maneira de medir a capacidade dos átomos em atraírem elétrons compartilhados. Não serão tratados aqui os cálculos conduzidos por Pauling, mas pode-se afirmar que obteve resultados numéricos que exprimem o poder dos átomos em atrair elétrons envolvidos em ligações covalentes. A essa propriedade deu-se o nome de **eletronegatividade**, cujos valores estão apresentados no quadro a seguir. São listados alguns elementos de maior interesse: não metais, hidrogênio e metais alcalinos.

Figura 6.20: Linus Pauling (1901-1994).

Tabela de eletronegatividade – SBQ – IUPAC – Linus Pauling

1	2	3	4	5	6	7	8	9	10	11	12	13	14	15	16	17	18
H 2,20																	He –
Li 0,98	Be 1,57											B 2,04	C 2,55	N 3,04	O 3,44	F 3,98	Ne –
Na 0,93	Mg 1,31											Aℓ 1,61	Si 1,90	P 2,19	S 2,58	Cℓ 3,16	Ar –
K 0,82	Ca 1,00	Sc 1,36	Ti 1,54	V 1,63	Cr 1,66	Mn 1,55	Fe 1,83	Co 1,88	Ni 1,91	Cu 1,90	Zn 1,65	Ga 1,81	Ge 2,01	As 2,18	Se 2,55	Br 2,96	Kr –
Rb 0,82	Sr 0,95	Y 1,22	Zr 1,33	Nb 1,60	Mo 2,16	Tc 1,90	Ru 2,20	Rh 2,28	Pd 2,20	Ag 1,93	Cd 1,69	In 1,78	Sn 1,96	Sb 2,05	Te 2,10	I 2,66	Xe 2,60
Cs 0,79	Ba 0,89		Hf 1,30	Ta 1,50	W 2,36	Re 1,90	Os 2,20	Ir 2,20	Pt 2,28	Au 2,54	Hg 2,00	Tℓ 2,04	Pb 2,33	Bi 2,02	Po 2,00	At 2,20	Rn –
Fr 0,70	Ra 0,89		Rf –	Db –	Sg –	Bh –	Hs –	Mt –	Ds –	Rg –	Cn –	Nh –	Fℓ –	Mc –	Lv –	Ts –	Og –
			La 1,10	Ce 1,12	Pr 1,13	Nd 1,14	Pm –	Sm 1,17	Eu –	Gd 1,20	Tb –	Dy 1,22	Ho 1,23	Er 1,24	Tm 1,25	Yb –	Lu 1,27
			Ac 1,10	Th 1,30	Pa 1,50	U 1,38	Np 1,36	Pu 1,28	Am 1,30	Cm 1,30	Bk 1,30	Cf 1,30	Es –	Fm –	Md –	No –	Lr –

Observa-se que os átomos do elemento flúor são os mais eletronegativos e os átomos do frâncio são os menos eletronegativos. Há uma tendência de aumento dos valores de eletronegatividade à medida que aumenta o número atômico dos elementos de um período; assim como há uma tendência de um decréscimo nos valores de eletronegatividade à medida que aumenta o número atômico dos elementos nos grupos.

Como usar os valores de eletronegatividade

Após construir a fórmula estrutural de Lewis, foram consultados os valores de eletronegatividade para a certificação sobre o átomo mais eletronegativo em cada um dos pares de átomos ligados. Aos mais eletronegativos, atribui-se o polo negativo; aos menos eletronegativos, o polo positivo, independentemente de ser uma ligação simples, dupla ou tripla.

Os valores de eletronegatividade trazem essa grande contribuição, que é a possibilidade de comparar qual ligação deve ser mais ou menos polar com base na diferença de eletronegatividade (o maior menos o menor) entre os átomos envolvidos na ligação.

Exercício resolvido

Imagine uma ligação simples $C - O$, uma ligação dupla $N = S$ e uma ligação tripla $C \equiv N$. Arranje-as em ordem decrescente de polaridade. Repare que não importam quantas ligações existem entre os dois átomos.

$C - O$ (3,44 — 2,55) > $C \equiv N$ (3,04 — 2,55) > $N = S$ (3,04 — 2,58)

Exercícios propostos

1. Construa as fórmulas de Lewis para HF, HCℓ, HBr e HI e verifique em qual das moléculas a ligação covalente é a mais polar.

2. Com base na tabela de eletronegatividade apresentada anteriormente, indique quais elementos se manteriam como polo negativo se fizessem ligações com o oxigênio.

3. Consulte o quadro de eletronegatividade de Pauling e certifique-se de que o oxigênio é o polo negativo na estrutura do dióxido de carbono.

Ligações polares podem se anular

Considere-se a fórmula estrutural do CO_2:

$$\overset{\delta-}{O} = \overset{\delta+}{C} = \overset{\delta-}{O}$$

Nessa molécula, os três átomos estão alinhados e possuem duas ligações polares $(C = O)$ de mesma intensidade, porém, de sentidos opostos.

Com base nessas observações pode-se concluir que a molécula de CO_2 é apolar. Embora existam ligações polares no interior dessa molécula, os polos estão anulados em função do alinhamento entre eles, o que a torna um sistema **apolar** na totalidade. Ao se referir às moléculas do dióxido de carbono em relação à polaridade, diz-se que são **moléculas apolares**, mesmo que as **ligações** entre carbono e oxigênio sejam **polares**.

Para prever a polaridade de uma molécula, é necessário que dois argumentos sejam considerados: o primeiro é a averiguação da polaridade das ligações; o segundo é a geometria da molécula. Porém, antes de tais considerações, deve ficar claro que substâncias cujas moléculas são formadas por somente dois átomos de elementos diferentes, como H – F; H – Cℓ; H – Br e H – I, terão ligações sempre polares, assim como suas moléculas também serão polares, pois não há como a ligação polar ser anulada nessas moléculas.

180 Unidade 2 A Teoria Atômica e a constituição da matéria

As moléculas polares apresentam **dipolos** elétricos ou simplesmente **dipolos**. Quando a soma desses dipolos resulta em zero, a molécula é denominada **molécula apolar**. Os termos **ligação polar** e **ligação apolar** restringem-se rigorosamente às ligações covalentes, e não às moléculas. Verifica-se que são duas situações completamente distintas e, por isso, recebem denominações diferentes: a primeira é relativa às moléculas, enquanto a segunda é relativa às ligações.

> **Dipolo**
> Sistema constituído de duas cargas elétricas de mesmo valor e sinais opostos, separados por uma distância muito pequena.

Nuvens ou regiões eletrônicas

Entre dois átomos ligados, segundo o modelo de ligação covalente, estabelece-se uma região de alta densidade eletrônica em consequência das ligações que ali se formam entre dois núcleos atômicos. Esse ambiente de elétrons, gerado entre cada um dos átomos terminais e o átomo central, denomina-se **região eletrônica** ou **nuvem eletrônica**, tratadas de modo simples por **região** ou **nuvem**. Para fins de previsão da geometria molecular, não importa se as regiões ou nuvens dão origem à ligações simples, duplas ou triplas. Portanto, uma região ou nuvem é onde se localizam os elétrons das moléculas, porém para fins didáticos representamos apenas os elétrons da camada de valência, inclusive os **não compartilhados.**

As nuvens ou regiões e a geometria molecular

As nuvens ou regiões auxiliam na compreensão da disposição dos átomos ao redor do átomo central, considerando-se o princípio das repulsões entre as diversas regiões, proposto por Ronald Gillespie, em 1957. O princípio garante que as **regiões ou nuvens repelem as outras nuvens de modo que todas repelem todas, maximizando as distâncias entre regiões e minimizando as repulsões entre elas**. Dessa maneira, as nuvens assumem uma disposição entre elas que confere à molécula o mais baixo estado energético.

Metano – CH_4

O metano, de fórmula molecular CH_4, é uma substância cujas moléculas são apolares, embora suas ligações sejam polares. Na estrutura, a posição central é ocupada pelo átomo carbono e as posições terminais são ocupadas pelos átomos hidrogênio. A fórmula estrutural plana de Lewis é representada da seguinte maneira:

$$H-\underset{\underset{H}{|}}{\overset{\overset{H}{|}}{C}}-H$$

Ao consultar a tabela de eletronegatividade, observa-se que as quatro ligações entre carbono e hidrogênio são igualmente polarizadas, e o polo negativo de cada ligação está no carbono (mais eletronegativo) enquanto os polos positivos permanecem nos átomos de hidrogênio. Se a molécula é apolar, conforme indicam os resultados experimentais, precisa-se imaginar um arranjo para os átomos terminais de tal modo que os polos das ligações possam se anular até que a molécula resulte num sistema apolar. Há duas possibilidades:

1ª – Vamos supor que as quatro regiões ou nuvens estejam arranjadas, no espaço, na forma de um tetraedro (quatro faces iguais). Nele, cada átomo de hidrogênio ocupa um dos vértices e no centro está localizado o átomo de carbono, conforme a Figura 6.21.

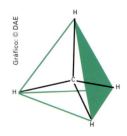

Figura 6.21: Fórmula espacial da molécula de metano.

A Figura 6.21 representa a geometria tetraédrica, ou fórmula estrutural espacial, ou simplesmente fórmula espacial da molécula de metano. Nessa fórmula, o átomo de carbono ocupa a posição central, enquanto os átomos de hidrogênio ocupam as posições terminais nos vértices do tetraedro. Os ângulos de ligação H–C–H são iguais e valem aproximadamente 109º, segundo cálculos que envolvem geometria e medidas experimentais.

2ª – Se os átomos de hidrogênio permanecessem no plano, conforme sugere a fórmula estrutural plana de Lewis, os ângulos mediriam 90º. Portanto, eles seriam menores que os ângulos de um tetraedro. Isso leva a aceitar que o tetraedro é a figura que melhor representa o arranjo das regiões ou nuvens da molécula de metano, mantendo-as o mais afastado possível e minimizando assim as repulsões previstas. Para finalizar sobre a não polaridade da molécula de metano, será utilizado o mesmo método aplicado no entendimento da não polaridade da molécula de CO_2, isto é, as ligações polares devem se anular.

Simetria em função de pares de elétrons compartilhados e não compartilhados ao redor do átomo central de moléculas simples

O fato de haver ligações polares e a molécula ser apolar acontece sempre que todas as nuvens ou regiões, no entorno do átomo central, estiverem envolvidas em ligações químicas. Ou seja, não existem pares de elétrons não compartilhados no átomo central, e as respectivas ligações são feitas com átomos terminais de um mesmo elemento químico. No exemplo da molécula de metano, são átomos de hidrogênio. Essa qualidade é característica de moléculas denominadas **simétricas**.

> Verifica-se a simetria entre as moléculas quando todas as regiões ou nuvens do átomo central estão ligadas com átomos terminais de um mesmo elemento químico ou grupos de átomos iguais.

Confirmadas essas duas condições, as moléculas serão apolares ainda que suas ligações sejam polares. Há duas situações nas quais a simetria não existe. Uma delas é quando o átomo central faz ligações com átomos terminais de diferentes elementos químicos. A outra é quando há um ou mais pares de elétrons não compartilhados no átomo central, ainda que as demais ligações sejam feitas com átomos de um mesmo elemento químico.

Exercício resolvido

Substitua um dos átomos de hidrogênio na estrutura do metano por um átomo de cloro. Represente o tetraedro e verifique se a molécula resultante segue o conceito de simetria estudado.

Será formado um tetraedro irregular e as ligações polares não conseguirão se anular.

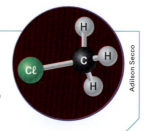

Exercícios propostos

1. Observa-se que poderia ter sido utilizada tanto a figura de um tetraedro como um quadrado para explicar a não polaridade das moléculas de CH_4. Por que, então, se escolheu o tetraedro se nos dois casos as figuras são simétricas e, consequentemente, apolares?

2. Considere a estrutura da molécula de SO_3 ao lado e responda: as ligações são polares ou apolares? A molécula é um dipolo?

Amônia – NH$_3$

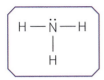

A molécula de amônia, cujas ligações e moléculas são polares, possui três ligações simples entre os átomos de hidrogênio e nitrogênio. O centro da molécula é ocupado pelo átomo de nitrogênio, sobre o qual está o polo negativo das ligações, enquanto os polos positivos estão localizados sobre os três átomos de hidrogênio. Um par de elétrons permanece não compartilhado no átomo de nitrogênio.

Verifica-se que não há simetria na molécula de amônia, segundo a definição aqui utilizada para simetria. Logo, cada molécula de amônia possui um **dipolo elétrico** ou **dipolo permanente**. Para descobrir a geometria das moléculas de amônia, são distribuídas as quatro nuvens existentes no átomo central, de maneira que a repulsão seja mínima entre elas. Assim, novamente se depara com a necessidade de usar o tetraedro. Conforme o que já foi visto, percebe-se que a disposição dos átomos terminais em relação ao central sugere outra figura que não o tetraedro. Tanto a disposição vista acima na fórmula estrutural de Lewis como na fórmula estrutural espacial retratada na figura 6.22 levam à conclusão de que o aspecto das moléculas é de uma **pirâmide**. A molécula assim é assimétrica; logo, polar e apresenta um **dipolo permanente**. Para efeito de informação, os ângulos das ligações H–N–H, na molécula de amônia, valem aproximadamente 107°, valor determinado experimentalmente.

Figura 6.22: Fórmula espacial da molécula da amônia.

Água – H$_2$O

De acordo com o mesmo método utilizado para construir as estruturas das moléculas de CO$_2$, CH$_4$ e NH$_3$, arranja-se a representação da molécula de água, que também possui ligações e moléculas polares. O átomo de oxigênio fica localizado na posição central e sobre ele vai incidir o polo negativo da ligação O–H, enquanto os dois polos positivos permanecem nos átomos de hidrogênio nas posições terminais, conforme a fórmula estrutural representada a seguir:

A figura 6.23 apresenta os dois pares de elétrons compartilhados entre o oxigênio localizado na posição central e os dois átomos terminais de hidrogênio de maneira que os três átomos formam uma figura angular. Nos outros dois vértices, estão os pares de elétrons não compartilhados, que não são considerados na previsão da geometria da molécula. Deve-se observar que não há simetria na molécula de água conforme definimos simetria; portanto, a molécula em questão possui um **dipolo permanente**. A título de informação, o ângulo da ligação H–O–H apresenta valor próximo de 105°, obtido experimentalmente.

Os exemplos sobre as estruturas das moléculas de dióxido de carbono, metano, amônia e água mostram que as geometrias são dadas pelas posições dos átomos terminais em relação ao átomo central. Se houver simetria, haverá uma molécula **apolar**. Se a molécula for assimétrica, haverá uma molécula polar ou **um dipolo** ou **um dipolo permanente**, como é frequentemente denominado.

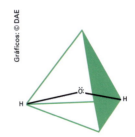

Figura 6.23: Fórmula espacial da molécula da água.

O quadro apresenta as principais características de polaridade de ligações, simetria, geometria e polaridade (dipolo e apolar) de moléculas simples, com comparação entre alguns casos mais significativos.

Molécula	Polaridade da ligação	Simetria	Geometria	Polaridade da molécula
HF, HCℓ, HBr, HF	polar	não há átomo central	linear	dipolo
CO_2	polar	simétrica	linear	apolar
SO_2	polar	assimétrica	angular	dipolo
SO_3	polar	simétrica	triangular ou trigonal plana	apolar
CH_4	polar	simétrica	tetraédrica	apolar
NH_3	polar	assimétrica	piramidal	dipolo
H_2O	polar	assimétrica	angular	dipolo
O_2, N_2, H_2 e X_2 (em que X é um halogênio)	apolar	não há átomo central	linear	apolar

O aspecto de uma gota de água

A ligação de hidrogênio faz com que as moléculas de água sejam fortemente atraídas para o seu interior. Para entender esse mecanismo, é suficiente admitir que uma molécula no interior de um líquido atrai e é atraída em todas as direções. Por outro lado, aquelas moléculas que estão na superfície do líquido não possuem moléculas vizinhas acima delas e, portanto, não há força de atração nesse sentido. Por isso, elas são atraídas praticamente pelas moléculas vizinhas que se encontram abaixo das moléculas superficiais. Nesse balanço de forças atrativas, as moléculas adotam no conjunto a forma que tem a menor área superficial e o maior volume, isto é, de uma esfera.

Ligações intermoleculares

Em Química, é comum deparar-se com questões cuja resposta quase sempre requer argumentos relacionados com a estrutura da matéria. Por exemplo, por que uma substância como o metano – cuja massa molecular vale 16 u – e a água – cuja massa molecular vale 18 u – podem apresentar uma diferença de 260 ºC entre suas temperaturas de ebulição? Há relação entre as temperaturas de ebulição com as massas moleculares das substâncias comparadas?

Outra questão interessante, embora não esteja relacionada às temperaturas de ebulição, mas que exige os mesmos conhecimentos adquiridos para responder à questão anterior que se refere a eles. Se um pouco de gasolina for colocado num daqueles copos brancos, usados em bebedouros, ele se dissolverá imediatamente, mas não se observará qualquer fenômeno de dissolução entre o material do copo quando se adiciona água a ele. Um pouco de açúcar comum dissolve-se prontamente em água, enquanto se for adicionado à gasolina nada se observa. Por que essa diferença?

As diferentes temperaturas de ebulição

Qualquer afirmação sobre valores elevados e reduzidos de temperaturas de ebulição não faz sentido se não for colocada num contexto que permita efetuar algumas comparações. Nesse estudo, os argumentos serão dirigidos para que seja possível entender a relação entre os valores de temperaturas de ebulição, não os valores específicos das diversas substâncias.

Para tanto, serão averiguadas o que as tabelas a seguir podem mostrar considerando hidretos dos elementos dos grupos 14, 15, 16, 17 e 18 da tabela periódica, além dos gases inertes. As temperaturas de fusão e ebulição estão em graus Celsius sob pressão de 1,0 atm; as massas moleculares estão apresentadas em valores aproximados, na unidade de massa atômica (u).

Grupo 14			
Fórmula	Temperatura de fusão / °C – 1 atm	Temperatura de ebulição / °C – 1 atm	Massa molecular (u)
CH_4	–183	–161	16
SiH_4	–185	–111,9	32
GeH_4	–165	–88,1	76
SnH_4	–146	–51,8	122

Grupo 15			
Fórmula	Temperatura de fusão / °C – 1 atm	Temperatura de ebulição / °C – 1 atm	Massa molecular (u)
NH_3	–77,7	–33,4	17
PH_3	–133	–87,7	34
AsH_3	–116,9	–62,48	78
SbH_3	–88	–18,4	125

Grupo 16			
Fórmula	Temperatura de fusão / °C – 1 atm	Temperatura de ebulição / °C – 1 atm	Massa molecular (u)
H_2O	zero	100	18
H_2S	–85,3	–60,4	34
H_2Se	–65,7	–41,3	81
H_2Te	–51	–2,3	130

Grupo 17			
Fórmula	Temperatura de fusão / °C – 1 atm	Temperatura de ebulição / °C – 1 atm	Massa molecular (u)
HF	– 83,1	19,9	20
$HC\ell$	–114,2	–85,1	36,5
HBr	–86,8	–66,7	81
HI	–50,8	–35,4	128

Grupo 18			
Fórmula	Temperatura de fusão / °C – 1 atm	Temperatura de ebulição / °C – 1 atm	Massa molecular (u)
He	–272,2	–268,9	4
Ne	–248,6	–189,4	20
Ar	–189,4	–185,9	40
Kr	–157,2	–153,4	84

> **Exercício resolvido**
>
> O texto a respeito dos quadros apresentados cita hidretos. O que seriam hidretos?
>
> Compostos binários formados pelo hidrogênio e por outro elemento, exceto os gases inertes, conforme o caso citado.

> **Exercícios propostos**
>
> 1. Observando as temperaturas de fusão e ebulição das substâncias nas tabelas retratadas anteriormente e comparando-os com os valores de fusão e ebulição dos compostos iônicos estudados na página 159, em qual dos tipos de substâncias, iônicas ou covalentes, se observam os maiores valores de temperatura de fusão e ebulição?
>
> 2. Verifique se os valores de temperaturas de ebulição crescem ou decrescem com o aumento das massas moleculares dos hidretos dos grupos 14, 15, 16 e 17, apresentadas nas tabelas.
>
> 3. Comparando todos os hidretos e gases nobres, qual ou quais as substâncias estão no estado líquido à temperatura ambiente?

Van der Waals e as forças entre moléculas

Figura 6.24: Johannes Diderik Van der Waals (1837-1923).

Johannes Diderik Van der Waals (Figura 6.24) foi um físico-químico que chegou às primeiras constatações sobre o comportamento dos gases ao observar que valores de pressão medidos experimentalmente poderiam ser menores do que os previstos pela teoria. Van der Waals sugeria que a pressão exercida observada deveria ser menor que o valor calculado, isso porque as moléculas do gás se atraíam (como se elas se puxassem), o que causaria a diminuição da pressão nas paredes do recipiente. Tal fato foi observado quando o valor de pressão medido em experiências se mostrava menor que o previsto por estudos teóricos.

Em homenagem ao cientista, foi atribuído o nome de **ligações ou forças de Van der Waals** às atrações que as moléculas exercem umas sobre as outras quando estão muito próximas. Fato que se observa em gases submetidos a pressões elevadas e baixas temperaturas, mas em especial nos líquidos e nos sólidos moleculares por suas moléculas estarem muito próximas umas das outras.

> **NOTA:**
> Trata-se de forças atrativas entre moléculas, por isso elas são conhecidas como **intermoleculares**. As ligações covalentes, conforme estudado até o presente, são responsáveis por manterem os átomos ligados, criando assim um ambiente denominado moléculas.

Ligação intermolecular de Van der Waals, os elétrons e o núcleo atômico

Van der Waals supunha que deveriam existir interações mútuas entre moléculas, embora não as soubesse explicar. Sabe-se hoje que essas interações, responsáveis pela existência das fases condensadas líquida e sólida das substâncias covalentes ou moleculares, são decorrentes das forças de atração de natureza elétrica entre moléculas neutras que as fazem permanecer interagindo. Ainda que existam interações entre moléculas de substâncias no estado gasoso, elas são desprezíveis ao serem comparadas com as forças de interação nas fases condensadas da matéria.

Interação entre moléculas apolares

As moléculas de um gás se movimentam velozmente, o que torna muito provável que aconteçam colisões entre elas. No caso de uma amostra formada por moléculas apolares como gases nobres – o hidrogênio, por exemplo –, a aproximação casual entre duas moléculas causa uma distorção na distribuição dos elétrons em cada uma delas. Consequentemente, alguns elétrons podem se concentrar numa região qualquer dessas moléculas, durante um intervalo de tempo infinitesimal, ao sentirem a atração do núcleo de um átomo qualquer de outra molécula que esteja próxima.

Essas moléculas, num lapso de tempo, assumiriam a condição de dipolos elétricos, uma vez que, de modo momentâneo, elétrons ocupam outra região no interior da molécula, causando uma polarização instantânea. Por sua vez, essas moléculas dipolarizadas temporariamente induzem em outras moléculas a formação de dipolos.

Esses dipolos, que surgiram ao acaso das colisões, se formam e se desfazem com extrema rapidez. Contudo, mesmo sendo instantâneos, eles se tornam importantes à medida que mostram a possibilidade de uma molécula apolar vir a ser momentaneamente um dipolo, ou comumente conhecido, um dipolo induzido, cuja interação com outro dipolo, ainda que induzido, é identificada como uma ligação intermolecular.

Chama atenção o fato de que gases cujas moléculas são apolares, quando liquefeitos e solidificados sob temperaturas baixíssimas e pressões elevadas, mantêm suas moléculas ligadas por interações do tipo **dipolo induzido com outro dipolo induzido** (Figura 6.25).

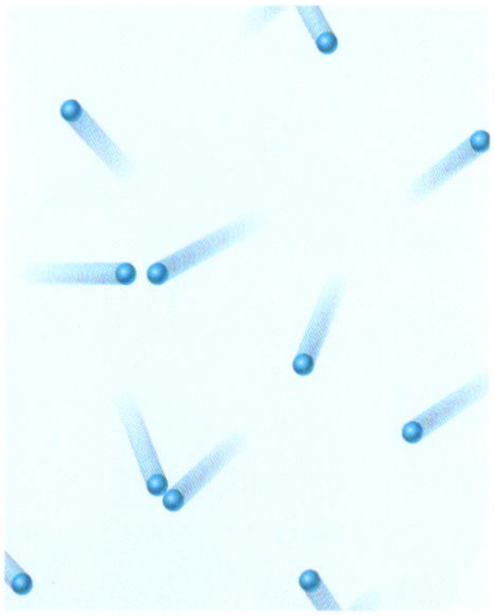

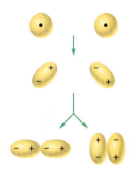

Figura 6.25: Representação de um suposto conjunto de moléculas se movimentando em estado gasoso.

A interação dipolo induzido: dipolo induzido segundo o imaginário

A figura 6.26 mostra representações relativas do que se supõe ser a interação entre duas moléculas apolares, da mesma substância, que se aproximam ao acaso devido ao movimento desordenado das moléculas.

Num primeiro instante, as esferas que representam as moléculas apolares estão separadas, porém sempre em movimento. Em seguida, as moléculas representadas se aproximam ao acaso, e os elétrons se deslocam ao serem atraídos por núcleos da molécula mais próxima. O resultado é a formação de dipolos que se atraem até se encontrarem em posições mais estáveis. No terceiro estágio, estão dois dipolos segundo duas orientações possíveis e estáveis.

Figura 6.26: Representação da interação entre duas moléculas apolares.

Um exemplo interessante das ligações de Van der Waals acontece na estrutura da grafita (Figura 6.27). Na figura 6.8, no início deste capítulo, é possível conferir uma imagem que representa a grafita, na qual estão evidenciadas as camadas de moléculas ligadas em paralelo. Aquelas linhas tracejadas, entre as camadas, representam as ligações de Van der Waals. A qualidade de lubrificante da grafita está associada ao fato de as camadas de átomos se repelirem quando são comprimidas pela ação das peças lubrificadas pela grafita.

Óleos grafitados são utilizados para lubrificar peças, sobretudo metálicas, que trabalham sob intenso regime de atrito e por períodos de tempo prolongados.

Figura 6.27: A grafita e sua estrutura molecular.

Gelo-seco

O gelo-seco ou dióxido de carbono (CO_2) é um sólido molecular do tipo dipolo induzido-dipolo induzido e apresenta vantagens sobre o gelo comum em algumas circunstâncias:

– Produz temperaturas mais baixas, como −78 °C, sendo usado em carrinhos ambulantes de venda de picolés.

– Ocupa menos volume, se comparadas massas iguais dos dois gelos.

– É fácil para o preparo de misturas congelantes (que congelam líquidos nas proximidades) com o álcool ou o com éter.

– É usado em cenas de teatro e em filmes para simular névoa ou neblina.

Ligações covalentes   Capítulo 6

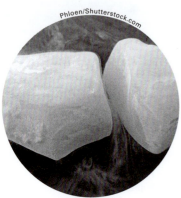

Figura 6.28: Gelo-seco em estrutura sólida.

As moléculas de dióxido de carbono são apolares devido à sua simetria. Na estrutura do gelo-seco, as moléculas de CO_2 permanecem atraídas segundo o modelo dipolo induzido-dipolo induzido; especificamente a sua estrutura sólida é um sistema cristalino, em que as unidades são as moléculas de CO_2, portanto um cristal molecular (Figura 6.28). Seguramente, são forças e interações fracas se comparadas com outros sólidos, como os metálicos e os iônicos, pois o gelo-seco sublima a –78,1 °C em pressão de 1 atm.

Interação entre dipolo permanente-dipolo permanente ou entre moléculas polares

É de esperar que moléculas polares também fiquem sujeitas a atrações, uma vez que são dipolos pela própria natureza de suas moléculas. Polares, as moléculas interagem segundo seus próprios polos, isto é, a extremidade positiva de uma se orienta em relação à extremidade negativa da outra. O resultado dessa interação é o estabelecimento de uma ligação intermolecular.

Exercícios resolvidos

1. Por que o nome gelo-seco?
   Pelo fato de ele sublimar, isto é, não passar pela fase líquida.
2. Localize o quadro das temperaturas de ebulição dos hidretos (grupo 14) e dos gases inertes (grupo 18). Em seguida, explique como variam as respectivas temperaturas de ebulição das substâncias simples em cada grupo.
   Observa-se que, em ambos os grupos, a temperatura de ebulição das substâncias simples aumenta quando a massa molecular aumenta.

Exercícios propostos

1. Comparando a densidade do gelo-seco com a densidade do gelo comum, à mesma temperatura, qual deles é mais denso? Justifique sua resposta.
2. Quando foram abordadas as separações de misturas (Unidade 1), mencionou-se que o oxigênio é obtido industrialmente a partir do resfriamento do ar atmosférico até a liquefação da mistura. A mistura é destilada e as frações de cada gás podem ser separadas. As moléculas dos gases diferentes poderiam interagir entre elas quando da liquefação do ar? Que tipo de interação seria? Represente as possibilidades dessas interações considerando o ar constituído somente de N_2 e O_2.
3. As temperaturas de ebulição do oxigênio e nitrogênio são, respectivamente, –183 °C e –195,8 °C. Qual dos dois vai ebulir primeiro numa destilação em que ambos estão numa mistura liquefeita?
4. Quais ligações intermoleculares serão rompidas para haver a ebulição do nitrogênio?
5. Conforme o que foi estudado sobre polaridade de moléculas, os hidretos do grupo 14 são formados por moléculas polares ou apolares? E os gases nobres?
6. Imagine um gás cujas moléculas polares se mantêm distantes umas das outras o suficiente para as interações entre elas ser desprezível. Suponha que aconteça um aumento da pressão sobre o gás e as moléculas se aproximem de modo que seus respectivos dipolos sofram interações. Diante disso, além do dipolo próprio de cada molécula, é possível admitir a existência de uma pequena fração de interação por dipolo induzido?

Representação de interações entre dipolos permanentes

A figura 6.29 é a representação da interação entre duas moléculas polares de cloreto de bromo (BrCℓ), na qual os polos contrários se aproximam linearmente. Observa-se que a orientação também poderia ser em paralelo. Os polos são representados pelas letras delta (δ) acompanhados dos respectivos sinais positivo e negativo.

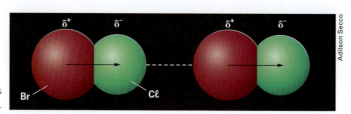

Figura 6.29: Representação entre duas moléculas polares de BrCℓ.

Interação entre dipolos permanentes e dipolos induzidos

É possível justificar a solubilidade do gás oxigênio em água admitindo a interação entre o dipolo permanente das moléculas de água, que acabam induzindo polos nas moléculas apolares do gás oxigênio. Portanto, segue-se os mesmos princípios das demais interações intermoleculares até agora estudado.

A sequência de imagens ao lado auxiliará na compreensão da interação entre as moléculas de água e oxigênio. O cardume (Figura 6.30) exemplifica seres vivos cuja vida depende, dentre outros fatores, do gás oxigênio, que se mantém dissolvido em água graças às interações entre as moléculas do gás (O_2) com as moléculas da água (Figura 6.31).

Reforça-se que as imagens de átomos e moléculas aqui tratadas são representações sobre o que supõe ser a indução de carga elétrica, a partir de determinada distância entre as moléculas. Na parte à direita da Figura 6.31, a molécula de gás oxigênio mantém sua **não** polaridade, mas a indução de cargas se intensifica à medida que ambas as moléculas se aproximam até que seja estabelecido um compromisso estável entre elas. A interação entre as cargas opostas vai mantê-las ligadas, e isso garantirá a retenção do oxigênio na água e, consequentemente, gás oxigênio para a vida aquática.

Figura 6.30: A interação entre as moléculas de água e oxigênio produz o oxigênio necessário aos peixes.

Aquapix/Shutterstock.com

A solubilidade de alguns gases em água

No quadro a seguir está a relação entre a solubilidade (medida em miligramas do gás por litro) de moléculas apolares de alguns gases em água, a 25 °C, e suas respectivas massas moleculares. Observe também o Gráfico 6.1:

Gás	Massa molecular (u)	Solubilidade
O_2	32	8,11
N_2	28	13,4
CH_4 (metano)	16	24

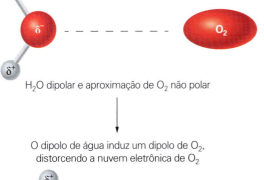

H_2O dipolar e aproximação de O_2 não polar

O dipolo de água induz um dipolo de O_2, distorcendo a nuvem eletrônica de O_2

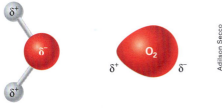

Dipolo H_2O Dipolo induzido de O_2

Figura 6.31: Interação das moléculas de O_2 com a água.

Adilson Secco

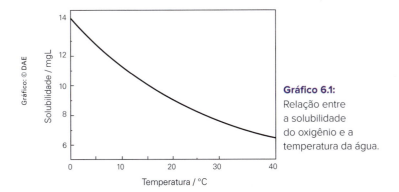

Gráfico 6.1: Relação entre a solubilidade do oxigênio e a temperatura da água.

Exercício resolvido

Quando as águas de rios e lagos experimentaram mudanças de temperatura em função de atividades antrópicas, a solubilidade do gás oxigênio sofre modificações em função da variação de temperatura. Consulte o gráfico anterior para explicar como a solubilidade do oxigênio e a temperatura se relacionam.

Segundo o gráfico, a solubilidade do gás oxigênio diminui com o aumento da temperatura.

Exercícios propostos

1. Em relação à poluição térmica, estime a solubilidade do gás oxigênio, em miligramas por 100 mL de água a 40 °C, com base no gráfico anterior.
2. Quando uma mistura de água líquida e gás oxigênio é aquecida, o que acontece com a solubilidade do gás oxigênio?

CIÊNCIA, TECNOLOGIA, SOCIEDADE E AMBIENTE

A introdução em ambientes aquáticos de rejeitos orgânicos e substâncias inorgânicas usadas como fertilizantes podem criar condições anóxicas, conforme aparentam os ambientes da Figura 6.32.

Qualquer substância que intensifique a produtividade de um *habitat* (o lugar físico onde vivem os organismos) pode ser considerada um fertilizante. Aplicamos fertilizantes na agricultura para aumentar a produção de alimentos, mas uma parte destes produtos químicos toma seu caminho para o subsolo e de lá para os rios, lagos e por fim os oceanos. Os nitratos (NO_3^{1-}), fosfatos (PO_4^{3-}) e outros fertilizantes têm o mesmo efeito nos rios e lagos que têm nas terras cultivadas: eles aumentam a produção biológica.

A sobreprodução como uma consequência dessa fertilização artificial, frequentemente chamada de eutrofização, pode causar alterações nos ecossistemas como num rio ou lago.

A entrada de fertilizantes inorgânicos pode também transformar águas claras em ambientes turvos que dificultam a entrada de luz solar.

Frequentemente, as entradas de nutrientes perturbam os ciclos sazonais de uso e regeneração dos nutrientes em corpos naturais de água; causando efeitos tais como a acumulação de material orgânico, altas taxas de decomposição bacteriana e desoxigenação da água. Sob tais condições, os peixes podem se sufocar e contribuir ainda com mais carga de material orgânico na água.

A entrada direta de resíduos orgânicos, como esgoto e o escoamento diário de alimentos, impõe um problema maior para a qualidade da água. Materiais orgânicos em suspensão ou dissolvidos na água criam o que é conhecido como **demanda bioquímica de oxigênio (DBO)**, significando que a decomposição desses materiais por bactérias consome o oxigênio presente na água. As entradas destes materiais orgânicas não estão relacionadas com a produtividade natural do sistema aquático e criam condições tais que uma corrente de água ou um lago pode se tornar anóxico (falta de oxigênio) por longos tempos, e inadequados para muitas formas de vida.

RICKLEFS, Robert E. *A economia da natureza*. Rio de Janeiro: Guanabara Koogan, 2003. p. 469.

Figura 6.32: Exemplos de água com eutrofização. Na imagem à esquerda Lagoa da Tijuca no Rio de Janeiro e à direita uma lagoa no pantanal, Mato Grosso.

Exercício resolvido

O que é eutrofização?

A adição de nutrientes orgânicos e inorgânicos lançados num corpo de água, que causa o desequilíbrio da cadeia alimentar do ambiente aquático, tornando-o completamente inóspito à grande parte dos seres vivos que ali viviam. Um dos aspectos decisivos é o esgotamento do gás oxigênio dissolvido no ambiente natural.

Exercício proposto

Qual é o fator final para a escassez de oxigênio segundo o texto de Ricklefs?

DBO

Muitas vezes a mortandade dos peixes se deve à escassez de gás oxigênio, e não em razão de substâncias tóxicas, como poderia parecer.

Microrganismos aeróbicos que necessitam do oxigênio para viver degradam a matéria orgânica, originária de restos de plantas, animais e esgotos que permanecem dispersos na fase líquida de um corpo de água (que não sofrem deposição). A ação desses microrganismos decompositores da matéria orgânica é o que se denomina de **biodegradação**, processo que consome oxigênio.

A quantidade de oxigênio necessária para degradar a matéria orgânica num corpo de água, pela ação das bactérias aeróbicas, é o que se define como sendo a demanda bioquímica de oxigênio (DBO) ou demanda biológica de oxigênio.

Aspectos notáveis sobre a água, a amônia e o fluoreto de hidrogênio

Comparação entre temperaturas de ebulição de hidretos dos grupos 15, 16 e 17

Ao observar os valores das temperaturas de ebulição e as respectivas massas moleculares dos hidretos dos grupos 15, 16 e 17 (com exceção de H_2O, NH_3 e HF), é possível verificar que o mesmo ocorre nos grupos 14 e 18. Ou seja, à medida que aumentam as massas moleculares das substâncias comparadas, verifica-se o aumento das respectivas temperaturas de ebulição, mesmo considerando que as moléculas desses hidretos sejam polares. Portanto, as interações entre elas devem ser de natureza dipolo permanente-dipolo permanente.

Para fazer uma generalização, as temperaturas de ebulição das substâncias covalentes, em geral, variam conforme a população de elétrons de suas respectivas moléculas. Se a comparação for conduzida entre substâncias cujas moléculas possuem massas moleculares ou populações de elétrons próximas, mas de natureza diferente, verifica-se que os pontos de ebulição são maiores para as substâncias cujas moléculas são dipolos permanentes em relação às apolares. Caso a comparação seja feita entre moléculas de mesma natureza em relação à polaridade, aquelas com maior massa molecular, em geral, exibirão temperaturas de ebulição mais elevadas.

Exercício resolvido

Suponha as seguintes temperaturas de ebulição, sob pressão de 1,0 atm: –183 ºC, –195,8 ºC e –151 ºC. Eles se referem, da esquerda à direita, aos gases N_2, O_2 e NO, cujas massas moleculares são 28 u, 32 u e 30 u, respectivamente. Que relação se estabeleceria entre os valores numéricos e os gases, considerando os estudos sobre as ligações intermoleculares?

As massas moleculares dos três gases são próximas, e o gás, cujas moléculas são polares ou que interagem por dipolo permanente, deverá ter a maior temperatura de ebulição. Esse gás é NO, com temperatura –151 ºC. Entre os outros dois gases O_2 e N_2, cujas moléculas interagem por dipolos induzidos, o maior ponto de ebulição será daquele que possuir maior massa molecular; no caso, o gás oxigênio, cujo valor é –183 ºC.

Ligações covalentes **Capítulo 6** 191

Exercícios propostos

1. Observa-se que as temperaturas de ebulição dos hidretos do grupo 14 são inferiores quando comparados aos hidretos dos elementos químicos do mesmo período nas famílias 15, 16 e 17. Que conclusão se pode tirar dessas observações?

2. Por que água, amônia e fluoreto de hidrogênio não seguem a tendência dentro de seus grupos em relação aos pontos de ebulição?

3. O que se observa quando são comparados os valores das temperaturas de ebulição dos hidretos H_2O, NH_3 e HF em relação aos outros hidretos dos respectivos grupos?

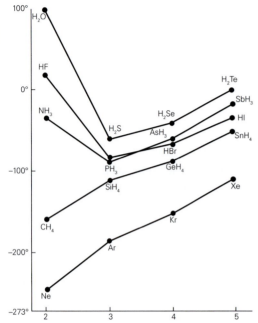

Gráfico 6.2: Temperaturas de ebulição de compostos binários do hidrogênio arranjados pelos respectivos períodos.

Gráficos dos hidretos e as respectivas temperaturas de ebulição

O Gráfico 6.2 apresenta os períodos dos hidretos em abscissa em relação à tabela periódica e as temperaturas de ebulição (ºC) em ordenada. Ele pode facilitar a consulta ao conjunto de hidretos. Na leitura, é importante observar o comportamento regular nos grupos 14 e 18, nos quais as interações são de natureza dipolo induzido. À medida que se segue a análise de um mesmo grupo, encontram-se as substâncias cujas moléculas interagem por meio de dipolos permanentes e de maneira notável os **três hidretos NH_3, H_2O e HF**, os quais as temperaturas de ebulição são superiores aos hidretos de suas respectivas famílias (exceto no grupo 15, em que a temperatura de ebulição da amônia não supera o do SbH_3).

Comportamento do H_2O, NH_3 e HF em seus grupos

Nos três hidretos observados, constata-se a presença de átomos de hidrogênio ligados aos átomos dos elementos com os maiores valores de eletronegatividade entre todos os elementos químicos. Isso faz as ligações H — O, N — H e H — F serem bastante polares, fato que associado a não simetria dessas moléculas justifica por que elas constituem dipolos permanentes intensos.

Água

No estado sólido, as moléculas de água estão unidas umas às outras de tal forma que cada polo positivo, localizado no hidrogênio, permanece interagindo com o polo negativo não compartilhado, situado no par de elétrons de outra molécula de água próxima. Pode-se falar que se trata de interações entre dipolos permanentes. A figura 6.33 ilustra como as moléculas permanecem arranjadas em função das ligações intermoleculares que as une.

As moléculas de água estão representadas ora com esferas escuras, ora com esferas claras. As **esferas maiores** em qualquer tom (escuro ou claro) representam átomos de oxigênio; e as **esferas menores** (escuras ou claras), os átomos de hidrogênio.

As ligações covalentes entre os átomos de oxigênio e seus respectivos átomos de hidrogênio são representadas por linhas cheias e as ligações intermoleculares por linhas tracejadas. Em cada representação de uma molécula de água há **quatro linhas tracejadas**. Duas delas representam as interações dos dois átomos de hidrogênio de uma molécula de água com pares de elétrons não compartilhados de outras duas moléculas de água. As outras duas linhas representam os dois pares de elétrons não compartilhados pela mesma molécula de água, interagindo com dois átomos de hidrogênio de outras duas moléculas de água.

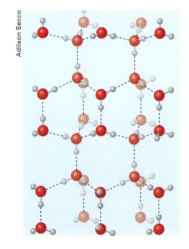

Figura 6.33: Representação do arranjo das moléculas de água na estrutura do gelo.

No final, cada átomo de oxigênio interage com quatro átomos de hidrogênio e cada átomo de hidrogênio está entre dois átomos de oxigênio. Ao mesmo tempo que se pode verificar o que seria o arranjo das moléculas quando a água está no estado sólido, é interessante observar como há espaços vazios na estrutura do gelo.

Na fórmula a seguir, o átomo de oxigênio da molécula de água disposto no centro faz quatro ligações, sendo duas intermoleculares representadas por linhas tracejadas em vermelho e duas covalentes representadas por traços contínuos em preto. Observa-se como o átomo de oxigênio está localizado: do centro da imagem, se encontra entre quatro átomos de hidrogênio enquanto cada átomo de hidrogênio, sem exceção, permanece entre dois átomos de oxigênio efetuando duas ligações, uma covalente e a outra uma ligação intermolecular. Assim, cada um dos dois átomos de hidrogênio de uma molécula de água interage, por atração eletrostática, com um átomo de oxigênio polarizado de outra molécula de água.

Conceito de ligação hidrogênio

A essa característica, na qual um átomo de hidrogênio permanece ligado entre dois átomos de oxigênio (polarizados) de moléculas distintas, sendo uma delas covalente e a outra intermolecular – como acontece com as moléculas de água –, se dá o nome de **ligação hidrogênio**. Esse é o termo recomendado pela União Internacional de Química Pura e Aplicada (UIQPA ou IUPAC, sigla em inglês), embora ainda se utilize, por hábito, o termo **ponte de hidrogênio**.

As consequências das ligações de hidrogênio observadas para a água

Para compreender tais consequências, é válido analisar um gráfico (Gráfico 6.3) sobre as temperaturas de ebulição dos hidretos. Traça-se um segmento de reta desde a temperatura de ebulição do H_2Se, passando por H_2S, até encontrar a ordenada, em que estão lançadas as temperaturas de ebulição dos demais hidretos do grupo 16. A temperatura de ebulição da água corresponderia a um valor bem próximo de –80 °C, ou seja, 180 °C abaixo do valor experimental, que é 100 °C, verificado para água. Isso significa que a água teria a temperatura de ebulição próximo de –80 °C se suas moléculas interagissem conforme os demais hidretos do mesmo grupo.

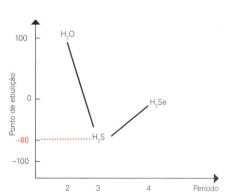

Gráfico 6.3: A temperatura de ebulição da água seria outra caso suas moléculas interagissem de maneira diferente.

Esse argumento serve para confirmar que: **a)** as ligações entre as moléculas de água devem ser mais fortes do que as ligações dipolo permanente-dipolo permanente encontradas nos demais hidretos do mesmo grupo; **b)** as ligações entre as moléculas de água são mais fracas do que as iônicas e metálicas porque apresentam temperaturas de ebulição menores que as temperaturas vistas nas substâncias que apresentam ligações iônicas e metálicas. As moléculas de água também são dipolos permanentes; no entanto,

Ligações covalentes   Capítulo 6   193

a interação entre elas é mais intensa do que as atrações existentes em outros dipolos permanentes. Para reforçar tal diferença, medidas de quantidades de energia necessárias para romper ligações intermoleculares mostram que as ligações de hidrogênio requerem, aproximadamente, três vezes mais energia que a necessária para o rompimento de ligações entre dipolos induzidos e entre dipolos permanentes.

As mudanças de estados físicos da água

Ao mudar de estado – por exemplo, do sólido para o líquido –, uma fração das ligações hidrogênio é rompida e a água assume seu estado líquido. Estima-se que o rompimento de 10% das ligações hidrogênio entre as moléculas de água seja suficiente para a passagem de sólido para líquido. Mas é na passagem do estado líquido para o estado de vapor que ocorre o rompimento da maioria das ligações hidrogênio.

No estado sólido, a água forma cristais tão organizados como aqueles estudados em ligações iônicas, nas quais os cristais são estruturados em função dos íons que alternam as cargas e as respectivas posições. No gelo, a geometria é definida pelas posições ocupadas por moléculas de água que alternam seus polos entre as moléculas.

Outro aspecto notável decorrente desse fato é a constatação de que o estado sólido cristalino não é privilégio dos sólidos iônicos e metálicos: é possível a existência de um sólido cristalino molecular em que moléculas de água ocupem posições definidas, como acontecia nos cristais iônicos e metálicos.

O Titanic e as ligações hidrogênio

As ligações hidrogênio não são as únicas responsáveis pelo corte causado na chapa de aço do casco do Titanic (Figura 6.34), sobretudo porque a extremidade de um *iceberg* que permanece acima do nível do mar representa 10% ou 15% do volume total – o que nos dá uma ideia sobre o impacto que houve, ainda que fosse com outro tipo de matéria rígida. As ligações hidrogênio sustentam uma organizada rede de moléculas quando a água permanece no estado sólido. Há diversos exemplos de fatos que ilustram essa qualidade da água sólida. Garrafas cheias de água ao congelarem são rompidas e isso pode levar à conclusão de que o vidro tem uma estrutura frágil; mas em regiões frias, como na Antártida, a água pode se infiltrar entre as rochas e sofrer aumento de volume quando congela, fragmentando grandes rochedos (Figura 6.35).

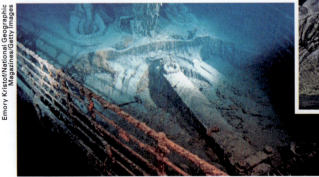

Figura 6.34: Restos do transatlântico Titanic, a 1 500 metros de profundidade no oceano Atlântico. Em 1912, ele naufragou após se chocar com um gigantesco *iceberg*.

Emory Kristof/National Geographic Magazines/Getty Images

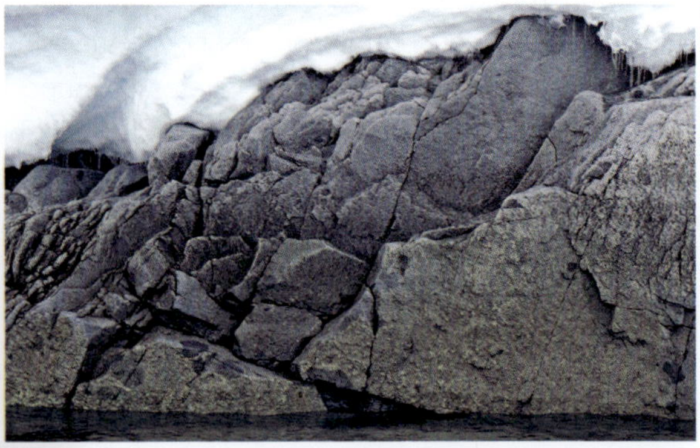

John Shaw/PHOTO RESEARCHERS/Science Source/Fotoarena

Figura 6.35: Rocha com fraturas resultantes da solidificação da água no interior de suas fissuras.

Perfil das ligações hidrogênio

As ligações hidrogênio entre moléculas acontecem se houver um átomo de hidrogênio ligado a dois dos três átomos dos elementos mais eletronegativos: flúor, oxigênio e nitrogênio. Realizam-se tais ligações até mesmo entre dois átomos do mesmo elemento, como ocorre na estrutura da água em que um átomo de hidrogênio permanece ligado a dois átomos de oxigênio de **moléculas distintas**.

Normalmente, a maior dificuldade nesse assunto é identificar as ligações hidrogênio e localizá-las quando se depara com fórmulas estruturais. A ligação hidrogênio é previsível quando há um átomo de hidrogênio ligado por uma ligação **covalente** a qualquer um dos três (F, O ou N) e, simultaneamente, ligado por uma ligação **intermolecular** com qualquer um dos três átomos (F, O ou N) de **outra molécula**.

O esquema a seguir mostra tais possibilidades das ligações hidrogênio.

> $$X^{\delta-} \text{—} H^{\delta+} \cdots Y^{\delta-}$$
>
> Representação para a ligação hidrogênio de modo geral, em que $X^{\delta-}$ e $Y^{\delta-}$ podem ser F, O e N envolvidos em ligações polares nas respectivas moléculas.

NOTA: Há casos de ligação hidrogênio no interior de uma mesma molécula, denominada **ligação hidrogênio intramolecular**.

Outro aspecto notável das ligações hidrogênio é a **linearidade**, isto é, o átomo de hidrogênio permanece alinhado entre os outros dois átomos eletronegativos, num ângulo de 180° na maioria das moléculas em que estão presentes as ligações hidrogênio.

A seguir, estão os efeitos dessas qualidades das ligações hidrogênio atuando entre moléculas de cada um dos hidretos NH_3, H_2O e HF.

Comparações entre fluoreto de hidrogênio, água e amônia			
Substância	Temperatura de ebulição (°C)	Massa molecular (u)	Intensidade do dipolo em unidades D (Debye)
HF	19,9	19	1,95
H_2O	100	18	1,86
NH_3	−33,4	17	1,47

Há uma grandeza muito útil para avaliar o quanto uma molécula é polar, denominada **momento dipolar**, que é medido na unidade debye (D) – pode ser pronunciado como "debai". Esse nome foi escolhido em homenagem a Peter Debye (Figura 6.36), cientista que estabeleceu o conceito. Como esses valores são obtidos não será objeto de análise nesse momento; por ora, vale ter conhecimento dos dados obtidos e como utilizá-los.

Com base nos valores dos momentos dipolares dos três hidretos apresentados no quadro anterior, pode-se admitir que entre as moléculas de amônia existem interações do tipo ligação hidrogênio, bem como entre as moléculas de fluoreto de hidrogênio, conforme a explicação da interação entre as moléculas de água.

Figura 6.36: Peter Debye (1884-1966).

Mudanças de estado físico da amônia

No estado sólido, as moléculas de amônia formam cadeias que se rompem durante o processo de fusão; à medida que as cadeias se rompem são formadas cadeias menores, configurando o estado líquido. A passagem para o estado gasoso se verifica à medida que as ligações hidrogênio continuam a se desfazer, tornando a maioria das moléculas livres.

$$H - N - H - N - H - N - H - N - H - N -$$

Mudanças de estado físico do fluoreto de hidrogênio

Imagem representativa das moléculas de fluoreto de hidrogênio sob interações de ligação hidrogênio:

As linhas pontilhadas em vermelho representam as ligações hidrogênio, que se configuram lineares, isto é, os três átomos da ligação hidrogênio permanecem alinhados formando um ângulo de 180° entre os três.

A imagem representa o suposto arranjo das moléculas do fluoreto de hidrogênio no formato zigue zague. Como aconteceu com a amônia, a estrutura do HF forma uma cadeia com grande número de moléculas quando o fluoreto de hidrogênio está no estado sólido. Ao fundir, as cadeias são rompidas em fragmentos menores nos quais ainda permanecem moléculas ligadas por meio de ligações hidrogênio. Se mais ligações hidrogênio forem rompidas, poderá haver nova mudança de estado, sendo então conduzido ao estado gasoso.

Evaporação da água e as ligações hidrogênio

Evaporação é um processo que se observa constantemente na superfície dos líquidos, mesmo em temperaturas baixas. Considerando somente o fator temperatura, a evaporação é um processo que se torna mais intenso à medida que a amostra de um líquido é aquecida. Quando esse líquido é a água, verifica-se que a evaporação requer o rompimento de ligações hidrogênio entre algumas das moléculas de água, que se difundem e formam o estado de vapor.

As moléculas de água, quando escapam da fase líquida, a céu aberto, difundem-se na atmosfera. A expansão é acompanhada de resfriamento da massa de água até alcançar um estágio no qual passa a ocorrer a condensação da água que havia vaporizado.

O que acontece com a água na atmosfera é semelhante ao observado quando se abre uma garrafa de refrigerante. Forma-se uma "nuvem" no gargalo da garrafa, isso é precisamente o vapor-d'água que se condensa com o resfriamento resultante da expansão do gás refrigerante (CO_2) mantido sob pressão no líquido.

Portanto, a evaporação tem sua parcela significativa ao contribuir para o processo da formação das nuvens e a consequente transferência de água de um local para outro ao se deslocar na atmosfera.

É interessante notar que moléculas de água foram abordadas como se todas tivessem a mesma massa. Se for considerada a ocorrência natural dos isótopos de hidrogênio e de oxigênio, aceitam-se moléculas de água formadas por dois átomos de hidrogênio com número de massa 2, o deutério (símbolo D), e o oxigênio sendo qualquer um de seus isótopos. Logo, pode-se escrever as seguintes fórmulas: H_2O e D_2O (conhecida pelo nome de água pesada).

Exercícios propostos

1. A água que se utiliza no dia a dia é constituída de moléculas formadas por diversos isótopos dos elementos hidrogênio e oxigênio?
2. Durante o processo de evaporação de uma massa de água, poderia haver seletividade em relação a evaporação, isto é, as moléculas formadas pelos isótopos mais leves evaporariam com mais facilidade?

Exercícios resolvidos

1. Estime as massas moleculares das moléculas H_2O e D_2O.

   18 u e 20 u, respectivamente.

2. As duas fórmulas representam a mesma substância água e ocorrem na natureza. Elas apresentam as mesmas temperaturas de fusão e de ebulição?

   A fórmula que possui maior massa molecular deve apresentar temperaturas de fusão e de ebulição maiores, como observado experimentalmente. No caso de ambas as fórmulas, elas não têm os mesmos valores. Os respectivos valores de temperaturas de fusão e ebulição são: H_2O = 0 °C e 100 °C; D_2O = 3,82 °C e 101,4 °C.

Química Aplicada

E como se formam as nuvens da atmosfera?

À medida que o vapor-d'água se expande pela atmosfera, ocorre o resfriamento dessa massa de ar semelhantemente à garrafa aberta de refrigerante, isto é, a condensação do vapor de água na atmosfera acontece com o resfriamento do ar, chegando a valores de temperatura que variam entre zero e –12 °C (Figura 6.37).

Nesse intervalo de temperatura, nuvens começam a se formar em altitudes nas quais moléculas de vapor-d'água se aglutinam ou se condensam, restabelecendo as ligações hidrogênio e formando pequenas gotículas de água líquida, que chegam a atingir diâmetros de 2 micrômetros a 20 micrômetros.

Essas gotículas em movimento podem colidir com outras, o que resulta numa gotícula com mais massa, o suficiente para ficar sensível à ação da gravidade. Nesse estágio de formação das nuvens, a temperatura permanece entre zero e –12 °C, intervalo em que são verificadas as **precipitações pluviais**. De fato, as gotículas de água permanecem líquidas mesmo próximas de –12 °C, não sofrendo solidificação, por isso chamado de líquido super-resfriado.

A água de precipitações pluviais reage com outras substâncias presentes na atmosfera, uma delas é o gás carbônico cuja equação se representa da seguinte maneira:

$$H_2O(\ell) + CO_2(g) \rightarrow H_2CO_3(aq)$$

O produto dessa reação é o ácido carbônico, um dos muitos ácidos que se formam na atmosfera, responsáveis por esse fenômeno denominado chuva ácida natural.

Figura 6.37: Nuvem classificada no grupo de Cúmulos alcançando altitudes de 8 km.

> **Antrópica**
> Atividade relativa à ação do ser humano e às modificações provocadas por ele no meio ambiente.

No próximo capítulo, será abordado o fato de esse estado comumente chamado de chuva ácida natural poder sofrer abalos por atividades **antrópicas**.

Granizo, neve e ligações hidrogênio

Essa combinação de fatores acabará sendo responsável pelas precipitações sólidas como granizo e neve.

Sob temperaturas inferiores a –12 °C, o líquido super-resfriado solidifica-se quando em contato com os núcleos de condensação. Isso significa a formação de mais ligações hidrogênio, segundo a estrutura geométrica do cristal de gelo. Nesse estágio, as nuvens estão a – 40 °C e ocorrem as precipitações de granizo e pluviais, pois não há núcleos de condensação suficientes para aglutinar tanto o líquido todo na forma de granizo (gelo) como a água, que ainda está no estado de vapor.

Granizo é um tipo de precipitação de água no estado sólido com a estrutura cristalina do gelo comum produzido na geladeira. A precipitação de granizo ocorre segundo pequenas esferas, que podem atingir até cerca de 5 cm de diâmetro (Figura 6.38).

Figura 6.38: Área urbana sobre a qual se observa o granizo precipitado.

Figura 6.39: Floresta com precipitação de neve.

E a neve, como se forma?

Em temperaturas abaixo de –40 °C, acontece a ressublimação do vapor-d'água (do vapor para o sólido sem haver formação de líquido) sobre os núcleos de condensação. Formam-se então os cristais de neve que, ao se juntarem, compõem os flocos característicos desse tipo precipitação.

A seguir, a Figura 6.39 mostra o resultado da precipitação de água na forma de neve, e é possível observar o seu aspecto flocoso, sobretudo quando comparado com o granizo. Os cristais de neve mostram-se em muitas formas geométricas, que diferem do gelo comum, e **são necessariamente formados nas nuvens**.

Exercício proposto

Além do resfriamento, de que modo o ar se condensa na atmosfera? Há algum sólido na atmosfera para servir de suporte de condensação?

CIÊNCIA, TECNOLOGIA, SOCIEDADE E AMBIENTE

Uma questão ambiental e as camadas de gelo na Antártida

Glacial é um termo que se refere às questões relacionadas com as geleiras. A glaciologia é a ciência que se ocupa desde a formação das geleiras, estrutura e épocas em que elas se formaram e seus ciclos. Por decorrência, a glaciologia nos traz a possibilidade de entendermos fenômenos que se encontram intimamente relacionados com estes ambientes onde predomina o gelo.

A Antártida é coberta por um manto de gelo com área de 13 829 430 km²; compare a área do Brasil 8 514 876 km². Em relação ao planeta, 90% do gelo se encontra no continente Antártico. Diante destes números, imagine, agora, que a espessura média da geleira alcança o valor de 3 000 m (Figura 6.40).

Esta área de gelo é responsável por manter condições climáticas, circulação das águas oceânicas e um sorvedouro de calor além de contribuir na circulação de ar na atmosfera.

Imagine o que significaria se esta espessa camada de gelo sofresse modificações bruscas e imprevisíveis em função da ação humana. Daí então é que surge a polêmica sobre o efeito estufa, que chamou a atenção de diversos segmentos da sociedade sobre supostas consequências catastróficos que poderiam ocorrer na Antártida provocando "tragédias" em todo o globo terrestre.

O estudo das camadas de gelo, que se formaram ao longo milhares de anos, poderia revelar condições atmosféricas passadas e que ficaram registradas no gelo nesses últimos 420 000 anos.

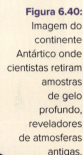

Figura 6.40: Imagem do continente Antártico onde cientistas retiram amostras de gelo profundo, reveladores de atmosferas antigas.

As geleiras

As geleiras e mantos de gelo são constituídos por neve que se acumulou e acumula-se na forma de camadas horizontais. Ao se precipitar, a neve carrega diversas impurezas que estavam presentes na atmosfera, transformando-se em gelo devido à pressão das camadas depositadas posteriormente. A sequência anual das camadas e sua composição química são preservadas.

Perfurando-se poços verticais neste gelo e analisando-o, bem como as impurezas e gases inclusos, é possível obter-se uma série temporal de informações ambientais. A idade da amostra de gelo dependerá da profundidade de perfuração e da taxa de acumulação anual de neve do local.

Os testemunhos de gelo contam uma história rica sobre a atividade vulcânica, fontes terrestres de poeira, extensão do mar congelado, atividade biológica terrestre e marinha, poluição global e capacidade de oxidação da atmosfera (Figuras 6.41 e 6.42). Através destes estudos, cientistas determinaram, por exemplo, um aumento de 25% na concentração de CO_2 desde o início da Revolução Industrial. Oscilações na temperatura atmosférica foram estimadas para os últimos 220 mil anos a partir de variações nas razões de isótopos estáveis no gelo.

A baixa precipitação de neve no centro das regiões polares e altas montanhas possibilitam a reconstrução da história ambiental para os últimos 1 000 a 2 000 anos a partir de testemunhos de 100-200 metros. Os casos extremos são os poços perfurados na estação russa de Vostok (Antártida, 3 525 m: 400 mil anos de dados) e pelo Greenland Ice Core Project – Grip (Groenlândia, 3 029 m: 200 mil anos de dados).

Figura 6.41: Peça metálica usada para perfuração do gelo.

Figura 6.42: Cilindro de gelo usado para a análise das variações climáticas e composição atmosférica.

200 Unidade 2 A Teoria Atômica e a constituição da matéria

Glacioquímica e a informação ambiental

A técnica mais importante é a medição das razões isotópicas de oxigênio e hidrogênio no gelo. As razões $^{18}O / ^{16}O$ e $^{2}H / ^{1}H$ dependem principalmente da temperatura de condensação da neve, sendo a neve de inverno isotopicamente mais leve do que a de verão. Esta propriedade permite a datação das camadas, a reconstrução da história climática com resolução sazonal e a identificação de variações relativas na temperatura atmosférica. Grupos de pesquisadores do Laboratoire de Modelisation du Climat et de l'Environnement (LMCE) du Commissariat a L'Enegie Atomique – Saclay, França, reconstruíram a evolução climática ao longo dos últimos dois ciclos glacial – interglacial a partir destas razões isotópicas.

O estudo da acidez em testemunhos de gelo permite a identificação de explosões vulcânicas e a avaliação do fenômeno de precipitação ácida. O exame das concentrações iônicas também ajuda na detecção de explosões vulcânicas e indica variações climáticas e na composição atmosférica.

O impacto antropogênico

As análises do gelo permitem avaliar mudanças na atmosfera causadas pelo homem. A concentração de gases estufa (CO_2 e CH_4) é medida em bolhas de ar retidas no gelo. Foi possível, por exemplo, detectar aumento na concentração de chumbo no gelo groenlandês no auge do Império Romano (atribuído ao aumento da cunhagem). Finalmente, todas as explosões termonucleares realizadas na atmosfera estão registradas na neve e no gelo polar.

Neve, gelo e os trópicos

Estudos de testemunhos de gelo realizados pela Universidade de Ohio, EUA, foram estendidos para as geleiras do Andes. Foi, então, possível derivar daí grande quantidade de informações sobre a circulação atmosférica da Amazônia no passado, sobre eventos El Niño e sobre a evolução das práticas agrícolas dos incas.

> Texto extraído de: O registro da evolução da química atmosférica e da variabilidade climática nos testemunhos de gelo, apresentado no Encontro Nacional do Ensino de Química – UFPR – Curitiba – 2008.
> Autor: Prof. Dr. Jefferson Cardia Simões, cientista e professor titular de Geografia Polar na UFRGS.
> Centro de Pesquisas Antárticas e Climáticas – Instituto de Geociências – Universidade Federal do Rio Grande do Sul.

NOTA:
Acesse o artigo "Glossário da língua portuguesa da neve, do gelo e termos correlatos" para saber mais sobre o assunto. Disponível em: <http://ftp2.cnpq.br/pub/doc/proantar/pab-12.pdf>. Acesso em: 4 abr. 2017.

Exercício resolvido

Qual é o ambiente físico central nos trabalhos desenvolvidos na Antártida?

O manto de gelo e de neve, a temperatura, as técnicas de perfuração do gelo, os métodos de análises químicas das bolhas de ar, o domínio sobre técnicas de separação de isótopos e outros.

Exercícios propostos

1. Quais são as descobertas que podem ser identificadas com as pesquisas sobre o gelo?

2. O texto assegura que a medição das razões isotópicas de oxigênio e hidrogênio no gelo, $^{18}O / ^{16}O$ e $^{2}H / ^{1}H$, dependem principalmente da temperatura de condensação da neve, sendo a neve de inverno isotopicamente mais leve que a de verão. Com base no conceito de isótopos, como se pode justificar a condensação da neve de inverno ser formada por moléculas mais leves?

Ligações covalentes **Capítulo 6**

COM A PALAVRA...

Ligação de hidrogênio

Para quem se inicia no estudo das "coisas" da Química, o termo ligação de hidrogênio pode parecer estranho, afinal, em Química, há muitos nomes e "coisas" estranhas. Não se assuste com mais essa. Como diria um antigo comediante *"quando eu era menino lá em Barbacena"*, a ligação de hidrogênio se chamava "ponte de hidrogênio". No entanto, como ponte já era uma palavra utilizada para descrever outra coisa, optou-se pela troca de nomes. Assim como todos os outros termos que usamos para designar uma ligação química, como a "ligação metálica", a "ligação covalente", a "ligação iônica", inicialmente devemos considerar que esse é um modelo que "inventamos" na Ciência para descrever algo que ocorre na Natureza.

A ligação de hidrogênio, assim como tudo que temos na Química, é uma construção humana, que deve servir para que entendamos a natureza e possamos construir algo de bom. Não vamos "inverter os fatos", assim como qualquer ligação química, a interação entre moléculas em um dado meio é algo que existe e que confere algumas propriedades a esse meio, não importando qual é o seu nome ou como "nós" a tratamos. A ligação de hidrogênio, nesse sentido, é um "modelo" inventado por "nós" e que permite descrever, e prever, algumas propriedades do meio que citamos anteriormente, propriedades essas que se aproximam das reais propriedades desse meio. Assim como qualquer modelo, a ligação de hidrogênio tem esse propósito. Se tomarmos, por exemplo, a série de compostos formados por hidrogênio e os elementos da coluna 16 da tabela periódica: H_2O, H_2S, H_2Se e H_2Te, vamos verificar que as temperaturas de ebulição normais crescem com o aumento da massa molar dessas substâncias, exceto para a água, que tem a menor massa molar entre todas e a maior temperatura normal de ebulição.

Nesse caso, usamos a "ligação de hidrogênio" para explicar essa anomalia, ou seja, como o oxigênio é o elemento da coluna 16 mais eletronegativo, na molécula de água estabelecem-se ligações intermoleculares (entre moléculas) denominadas de ligação de hidrogênio, que fazem com que as moléculas de água apresentem maior interação entre si, quando comparadas às interações entre as moléculas nas outras substâncias.

Um fenômeno de suma importância para a sustentação da vida na Terra é a menor densidade do gelo em relação à agua líquida. Por conta desse fenômeno, é que muitos nutrientes do fundo dos oceanos acabam sendo drenados para regiões mais superficiais, levando à sustentação do ecossistema mais importante da Terra. Essa é uma particularidade da água que pode ser explicada pela ligação de hidrogênio: de acordo com esse modelo, na água sólida (gelo) estabelecem-se ligações de hidrogênio em maior número que as existentes na água líquida, o que confere uma maior estruturação das cavidades no interior do gelo, fazendo com que ele tenha menor densidade do que a água líquida.

Esse modelo de interação intermolecular é utilizado no caso de substâncias que possuem um átomo de hidrogênio ligado quimicamente a átomos bem eletronegativos, como o oxigênio, o nitrogênio e o flúor, os quais apresentam, também, pares de elétrons livres. A ligação de hidrogênio serve para explicar diferentes propriedades de materiais. Há polímeros sintéticos, por exemplo, em que ocorrem ligações de hidrogênio entre suas cadeias principais ao longo do eixo das fibras, o que as tornam fortes e rígidas. No caso da celulose, um polímero natural, as diferentes formas de arranjo de suas cadeias e, consequentemente das ligações de hidrogênio ali presentes, podem conferir propriedades e usos tão diferentes, que podem nos fazer pensar que sejam materiais totalmente diferentes, como é o caso da fibra do linho e a fibra do algodão. No entanto, uma análise química desses materiais vai mostrar que eles têm a mesma composição, Cn(H$_2$O)n.

No caso das proteínas, as ligações de hidrogênio que se formam entre os hidrogênios e os oxigênios da cadeia principal dos grupos amida, é que conferem diferentes propriedades na estrutura secundária dessas proteínas. A ligação de hidrogênio também está na base da explicação do formato helicoidal da estrutura do DNA; ali ocorrem ligações hidrogênio que fazem com que essa macromolécula tenha uma forma específica, para cada papel diferente que desempenha no organismo vivo.

Concluindo, a importância fundamental do conceito "ligação de hidrogênio" deve repousar no fato de que ele pode ser aplicado na explicação de inúmeros fatos e situações importantes em nossas vidas. Embora seja um modelo criado por nós, já há, hoje, 2017, evidências experimentais fortíssimas para se acreditar que já "podemos ver as ligações de hidrogênio".

* José de Alencar Simoni IQ – Unicamp (Professor Associado I).

QUESTÕES

1. Segundo o autor, o termo ligação de hidrogênio já foi um dia ponte de hidrogênio. O que provocou a mudança no nome? Passou a ser uma ligação, fato que não era antes?
2. Faça algumas representações das ligações de hidrogênio nas moléculas de água.
3. Recentemente, um artigo propôs a imagem (figuras abaixo) do que seria a ligação de hidrogênio. Evidências experimentais fortíssimas para se acreditar que já "podemos ver as ligações de hidrogênio". O que isso muda?

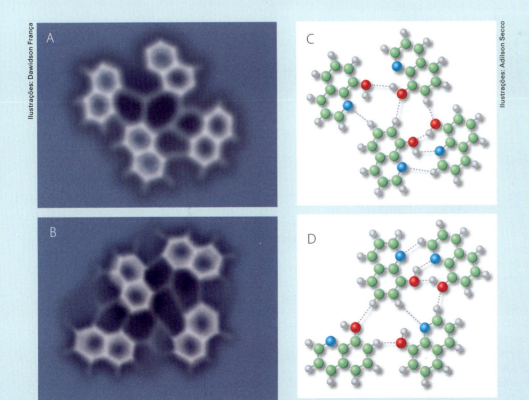

Medidas de AFM (microscopia de força atômica) de clusters 8-hq (8-hidroxiquinolina) suportadas em Cu. (A e B) Imagens de mudança de frequência de agrupados por moléculas, e sua estrutura correspondente. (C e D). Linhas tracejadas em (C) e (D) indicam ligações H entre as moléculas.

hidroxiquinolina

Exercícios finais

1. (Unicid-SP) Considere as seguintes substâncias químicas: CCl_4, $HCCl_3$, CO_2, H_2S, Cl_2, H_3CCH_3 e NH_3.

   a) Qual o tipo de ligação química que ocorre nessas moléculas? Classifique-as em substâncias polares e não polares.

   b) Separe essas substâncias de acordo com o tipo de interação intermolecular (forças de Van der Waals, dipolo-dipolo e ligações de hidrogênio) que apresentam quando em presença de outras substâncias iguais a elas.

2. (UFRGS-RS) Em 2015, pesquisadores comprimiram o gás sulfeto de hidrogênio (H_2S), em uma bigorna de diamantes até 1,6 milhão de vezes à pressão atmosférica, o suficiente para que sua resistência à passagem da corrente elétrica desaparecesse a −69,5 °C. A experiência bateu o recorde de "supercondutor de alta temperatura" que era −110 °C, obtido com materiais cerâmicos complexos.

   Assinale a afirmação abaixo que justifica corretamente o fato de o sulfeto de hidrogênio ser um gás na temperatura ambiente e pressão atmosférica, e a água ser líquida nas mesmas condições.

   a) O sulfeto de hidrogênio tem uma massa molar maior que a da água.

   b) O sulfeto de hidrogênio tem uma geometria molecular linear, enquanto a água tem uma geometria molecular angular.

   c) O sulfeto de hidrogênio é mais ácido que a água.

   d) A ligação S — H é mais forte que a ligação O — H.

   e) As ligações de hidrogênio intermoleculares são mais fortes com o oxigênio do que com o enxofre.

3. (PUCC-SP) O quartzo é um mineral cuja composição química é SiO_2, dióxido de silício. Considerando os valores de eletronegatividade para o silício e oxigênio, 1,8 e 3,5, respectivamente, e seus grupos da tabela periódica (o silício pertence ao grupo 14 e o oxigênio ao grupo 16), prevê-se que a ligação entre esses átomos seja:

   a) covalente apolar.
   b) covalente coordenada.
   c) covalente polar.
   d) iônica.
   e) metálica.

4. (Uece) Há cerca de dois mil e quinhentos anos, o filósofo grego Demócrito disse que se dividirmos a matéria em pedacinhos, cada vez menores, chegaremos a grãozinhos indivisíveis, que são os átomos (a = não e tomo = parte). Em 1897, o físico inglês Joseph Thompson (1856-1940) descobriu que os átomos eram divisíveis: lá dentro havia o elétron, partícula com carga elétrica negativa. Em 1911, o neozelandês Ernest Rutherford (1871-1937) mostrou que os átomos tinham uma região central compacta chamada núcleo e que lá dentro encontravam-se os prótons, partículas com carga positiva.

Atente à figura a seguir, que representa o núcleo e a eletrosfera do átomo.

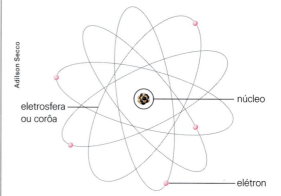

Com relação à figura acima, é correto afirmar que

a) o núcleo é muito pequeno, por isso, tem pouca massa se comparado à massa do átomo.

b) mais de 90% de toda a massa do átomo está na eletrosfera.

c) considerando as reais grandezas do núcleo e da eletrosfera do átomo, se comparadas às suas representações na figura, o tamanho da eletrosfera está desproporcional ao tamanho do núcleo.

d) a massa do núcleo é bem maior do que a massa da eletrosfera, cuja relação fica em torno de 100 vezes.

5. (Cefet-MG) O dióxido de carbono, ao ser resfriado a uma temperatura inferior a −78 °C, solidifica-se transformando-se em "gelo-seco". Exposto à temperatura ambiente, sob a pressão atmosférica, o gelo-seco sublima. Essa mudança de estado envolve o rompimento de

a) interações dipolo induzido entre moléculas lineares.
b) ligações de hidrogênio presentes na estrutura do gelo.
c) interações dipolo permanente entre moléculas angulares.
d) interações iônicas entre os átomos de oxigênio e carbono.
e) ligações covalentes entre os átomos de carbono e oxigênio.

6. (Cefet-MG) Associe os compostos a seus respectivos tipos de geometria e de interações intermoleculares.

Compostos	Geometria	Interações
( ) CO_2	A – linear	1 – ligação de hidrogênio
( ) NH_3	B – angular	2 – dipolo permanente
( ) SO_2	C – piramidal	3 – dipolo induzido
( ) $B(CH_3)_3$	D – tetraédrica	
	E – trigonal plana	

a) A3, C1, B2, E3.
b) A2, B1, B3, C2.
c) B3, E2, A2, D3.
d) B3, C1, A2, D2.
e) B2, D2, A3, C1.

7. (UEPG-PR) Dadas as substâncias representadas abaixo, com relação às ligações químicas envolvidas nessas moléculas e os tipos de interações existentes entre elas, assinale o que for correto.

H_2O CO_2 CCl_4 NH_3 ClF

01) Todas as moléculas apresentam ligações covalentes polares.

02) Nas substâncias H_2O e NH_3 ocorrem interações do tipo ligação de hidrogênio.

04) As moléculas CO_2 e CCl_4 são apolares.

08) As moléculas de CO_2 e ClF apresentam uma geometria molecular linear, enquanto a H_2O apresenta geometria molecular angular.

16) Todas as moléculas apresentam interações do tipo dipolo permanente-dipolo permanente.

8. (Unesp-SP) Além do iodeto de prata, outras substâncias podem ser utilizadas como agentes aglutinadores para a formação de gotas de água, tais como o cloreto de sódio, o gás carbônico e a própria água. Considerando o tipo de força interatômica que mantém unidas as espécies de cada agente aglutinador, é correto classificar como substância molecular:

a) o gás carbônico e o iodeto de prata.
b) apenas o gás carbônico.
c) o gás carbônico e a água.
d) apenas a água.
e) a água e o cloreto de sódio.

9. (Unicamp-SP) Na tirinha abaixo, o autor explora a questão do uso apropriado da linguagem na Ciência. Muitas vezes, palavras de uso comum são utilizadas na Ciência, e isso pode ter várias consequências.

a) De acordo com o urso cinza, o urso branco usa o termo "dissolvendo" de forma cientificamente inadequada. Imagine que o urso cinza tivesse respondido: "Eu é que deveria estar aflito, pois o gelo é que está dissolvendo!" Nesse caso, estaria o urso cinza usando o termo "dissolvendo" de forma cientificamente correta? Justifique.

b) Considerando a última fala do urso branco, interprete o duplo significado da palavra "polar" e suas implicações para o efeito cômico da tirinha.

10. (ITA-SP) Considere as seguintes proposições para espécies químicas no estado gasoso:

I. A energia de ionização do íon Be^{3+} é maior do que a do íon He^+.

II. O momento dipolar elétrico total da molécula de XeF_4 é maior do que o da molécula de XeF_2.

III. A energia necessária para quebrar a molécula de F_2 é maior do que a energia necessária para quebrar a molécula de O_2.

IV. A energia do orbital 2s do átomo de berílio é igual à energia do orbital 2s do átomo de boro.

Das proposições acima, está(ão) CORRETA(S)

a) apenas I.
b) apenas I e IV.
c) apenas II.
d) apenas II e III.
e) apenas IV.

11. (Vunesp-SP) A partir das configurações eletrônicas dos átomos constituintes e das estruturas de Lewis,

a) determine as fórmulas dos compostos mais simples que se formam entre os elementos:

  I. hidrogênio e carbono;

  II. hidrogênio e fósforo.

b) Qual é a geometria de cada uma das moléculas formadas, considerando-se o número de pares de elétrons?

Números atômicos: H = 1; C = 6; P = 15.

12. (Unicamp-SP) Na produção industrial de panetones, junta-se à massa o aditivo químico U.I. Este aditivo é a glicerina, que age como umectante, ou seja, retém a umidade para que a massa não resseque demais. A fórmula estrutural da glicerina (propanotriol) é:

$$H_2C - CH - CH_2$$
$$|||$$
$$OHOHOH$$

a) Represente as ligações entre as moléculas de água e a de glicerina.

b) Por que, ao se esquentar uma fatia de panetone ressecado, ela amolece, ficando mais macia?

CAPÍTULO 7

COMPOSTOS INORGÂNICOS

Se provarmos um pedaço de limão ou comermos uma salada temperada com vinagre, sentiremos um sabor azedo característico. Isso acontece porque o limão e o vinagre apresentam substâncias ácidas na composição (Figura 7.1). Os ácidos presentes no sumo do limão e no vinagre – ácido cítrico e ácido acético, respectivamente – são classificados como ácidos fracos. Quando lidamos com ácidos mais fortes e puros, como o sulfúrico, o nítrico e o clorídrico – comercialmente chamado de muriático –, devemos tomar cuidados especiais, pois o contato com eles pode provocar queimaduras e ferimentos no corpo.

As bases constituem outro grupo de substâncias. Consideradas por vezes como opostas aos ácidos, são capazes de anulá-los, assim como seus efeitos, dependendo da proporção de cada um na mistura. Há bases fortes e perigosas, como o hidróxido de sódio (comercialmente conhecido como soda cáustica), que pode causar sérios danos se tiver contato com os tecidos do corpo. Existem também bases fracas, como o hidróxido de alumínio, que tem sabor amargo e é usado como medicamento. Além de ácidos e bases, veremos neste capítulo alguns compostos inorgânicos tais como sais e óxidos.

Figura 7.1: Tanto o vinagre quanto o limão apresentam substâncias ácidas na composição.

Ácidos e bases

O que vem a ser um ácido ou uma base? Há algumas definições segundo as quais podemos classificar certas substâncias como ácidas ou básicas, de acordo com sua estrutura e seu comportamento. Várias propostas já foram apresentadas na Química, porém, como veremos a seguir, duas delas são as mais utilizadas.

Figura 7.2: Svante Arrhenius (1859-1927).

Definições de ácidos e bases segundo Arrhenius

Em 1887, a partir de sua Teoria da Dissociação Eletrolítica, o físico-químico sueco Svante Arrhenius (Figura 7.2) abriu caminho para o que viriam a ser as definições de ácido e base. Pela teoria de Arrhenius, toda substância que produzisse íons H^{1+} em água teria caráter de **ácido**, ao passo que toda substância que produzisse íons OH^{1-} em água teria caráter de **base**.

HCl em água: quando adicionamos HCl em água, a ligação covalente existente entre o hidrogênio e o cloro (H — Cl) rompe-se, formando os íons H^{1+} e Cl^{1-}.

O HCl **ioniza-se** em água, ou seja, ocorre a quebra da ligação covalente com a consequente produção de íons. Como um dos íons produzidos é o próton H^{1+}, segundo a Teoria da Dissociação, o HCl é um ácido.

NaOH em água: quando adicionamos NaOH em água, a ligação iônica existente entre os cátions Na^+ e os ânions OH^- se desfaz, liberando os íons Na^{1+} e OH^{1-}.

NaOH $\xrightarrow{\text{em água}}$ Na^{1+} (aq) + OH^{1-} (aq)

O NaOH **ioniza-se** em água, ou seja, ocorre a separação dos íons da ligação iônica. Como um dos íons produzidos é o ânion hidróxido OH^{1-}, segundo a Teoria da Dissociação, o NaOH em água é uma base.

---

206 Unidade 2 A Teoria Atômica e a constituição da matéria

Exercício resolvido

Assinale o item que contém apenas ácidos, segundo a Teoria da Dissociação Eletrolítica, de Arrhenius.

a) H_2S, $NaC\ell$, KOH.

b) HBr, $HC\ell$, H_2SO_4.

c) $NaC\ell$, $Ba(OH)_2$, BaS.

d) $HC\ell$, NH_4OH, BaS.

e) $NaOH$, $LiOH$, $Ca(OH)_2$.

Segundo a Teoria da Dissociação Eletrolítica, de Arrhenius, ácido é toda espécie química que em meio aquoso se ioniza, produzindo o cátion H^{1+}. Dentre as alternativas, aquela que apresenta somente ácidos é a alternativa **b**. Vejamos a representação das ionizações:

$$HBr\ (g) \xrightarrow{H_2O} H^{1+}\ (aq) + Br^{1-}\ (aq)$$

$$HC\ell\ (g) \xrightarrow{H_2O} H^{1+}\ (aq) + C\ell^{1-}\ (aq)$$

$$H_2SO_4\ (g) \xrightarrow{H_2O} 2\ H^{1+}\ (aq) + SO_4^{2-}\ (aq)$$

Exercício proposto

Dadas as espécies químicas a seguir, qual delas pode ser classificada como um ácido de Arrhenius?

a) Na_2CO_3

b) KOH

c) Na_2O

d) $HC\ell$

e) LiH

Figura 7.3: Johannes Nicolaus Brönsted (1879-1947).

Definições de ácidos e bases segundo Brönsted e Lowry

A Teoria da Dissociação trata de reações químicas em meio aquoso, contudo, muitas delas acontecem na ausência de água, o que impossibilita o uso da proposta de Arrhenius. Diante disso, em anos posteriores, dois químicos desenvolveram pesquisas independentes que não contemplaram apenas o meio aquoso e propuseram outra definição para ácidos e bases.

Em 1923, como resultado de suas pesquisas, os químicos Johannes Nicolaus Brönsted (Figura 7.3) e Thomas Martin Lowry (Figura 7.4) chegaram à seguinte conclusão: **ácido** é toda espécie química capaz de transferir um próton H^{1+}; e **base** é toda espécie química capaz de receber um próton H^{1+}.

Uma maneira de verificar a definição de Brönsted e Lowry é deixar um frasco de $HC\ell$ (cloreto de hidrogênio) e um de NH_3 (amônia) abertos, próximos um do outro, aberto. Quando esses gases entram em contato, temos a seguinte reação:

$$HC\ell\ (g) + NH_3\ (g) \xrightarrow{\text{transfere } H^{1+}} NH_4C\ell\ (s)$$

Figura 7.4: Thomas Martin Lowry (1879-1936).

Observe que a reação ocorre sem a presença de água e que a espécie $HC\ell$ é uma substância que transfere próton, ou seja, um ácido, enquanto a espécie NH_3 é uma receptora de próton, portanto, uma base (Figura 7.5).

Cloreto de hidrogênio: o $HC\ell$, concentrado comercial é uma solução desse gás em água. Quando abrimos o frasco, o $HC\ell$, gasoso escapa para o meio ambiente.

Amônia: o NH_3 comercial é uma solução desse gás em água. Quando abrimos o frasco, o NH_3 gasoso escapa para o meio ambiente.

Figura 7.5: Vapores de **cloreto de hidrogênio (HCℓ)** e de **amônia (NH$_3$)** combinam-se acima dos frascos para formar cloreto de amônio.

Compostos inorgânicos   Capítulo 7   **207**

> **Diferenças entre as duas teorias ácido-base**
>
> De acordo com as duas definições, podemos salientar duas diferenças:
>
> I. A definição de Arrhenius para ácido e base requer a presença de água; a de Brönsted e Lowry estende-se para qualquer meio.
>
> II. Enquanto Arrhenius sugere a existência de prótons livres H^{1+} em meio aquoso, Brönsted e Lowry sugerem que esses prótons estejam ligados a moléculas de água, formando íons hidrônio H_3O^{1+}, conforme o processo a seguir:
>
> $$HC\ell\ (g) \xrightarrow{em\ água} H^{1+}\ (aq)\ +\ C\ell^{1-}\ (aq) \quad \text{(Arrhenius)}$$
> $$HC\ell\ (g)\ +\ H_2O\ (\ell) \longrightarrow H_3O^{1+}\ (aq)\ +\ C\ell^{1-}\ (aq) \quad \text{(Brönsted-Lowry)}$$
>
> Segundo Arrhenius, $HC\ell$ tem caráter ácido porque ele gera íons H^{1+} em água. Para Brönsted e Lowry, $HC\ell$ é um ácido porque transfere um próton para a água, considerada nesse caso uma base, por ser receptora do próton. As duas representações são aceitas, porém a segunda é mais abrangente.

De acordo com a definição de Brönsted e Lowry, ácidos e bases estão intimamente conectados. Se uma espécie atua como ácido, aquela com a qual reage deverá se comportar como base e aceitar o próton cedido pelo ácido.

Testando a acidez e a basicidade

Provavelmente, a maneira mais antiga de identificar um ácido tenha sido pelo seu sabor azedo. A palavra ácido, inclusive, vem do latim *acidus:* desagradável, de sabor azedo. Se, por um lado, essa é uma maneira fácil de identificar a presença de ácidos nos alimentos, por outro, não é o método mais indicado para determinados tipos de substâncias. Algumas apresentam acidez tão intensa que são capazes de destruir a pele e outros tecidos orgânicos, causando graves ferimentos. Portanto, **nunca teste um ácido pelo sabor**. A maneira mais adequada de identificar um ácido, o que serve também para a base, é utilizando um **indicador**, como o papel de tornassol.

Indicador é toda substância que, dependendo do meio em que está, poderá ou não sofrer alteração em sua coloração. Quando mergulhamos o papel de tornassol, por exemplo, em uma determinada solução, ele pode mudar de cor. Veja:

- se o papel de tornassol azul ficar vermelho, é sinal de que a substância é ácida (Figura 7.6).
- se o papel de tornassol ficar com a cor azul mais acentuada, é sinal de que a substância é básica (alcalina) (Figura 7.7).
- se a cor do papel de tornassol não tiver sua cor alterada, é sinal de que a substância é neutra (Figura 7.8).

NOTA:
O papel de tornassol pode ser encontrado na cor vermelha. Nesse caso, o procedimento é similar. O contato do papel com uma solução ácida fará com que fique mais avermelhado; com uma solução básica, ele ficará azul e, em uma solução neutra, não mudará de cor.

Figura 7.6: Solução ácida, vinagre.

Figura 7.7: Solução básica, detergente.

Figura 7.8: Solução neutra, água.

Características dos ácidos e das bases

Ácido:
- o papel de tornassol torna-se vermelho;
- reage com certos metais, como zinco e ferro, liberando gás hidrogênio.

Base:
- sensação tátil escorregadia para algumas bases;
- o papel de tornassol torna-se azul.

> **NOTA:**
> As conclusões referem-se especificamente ao indicador papel de tornassol.

Química Aplicada

A ciência do paladar

[...]

Algumas pessoas têm os receptores de determinados sabores mais concentrados em certas regiões da língua. Porém, como estão espalhados por toda a língua, um cotonete embebido em sumo de limão parecerá azedo independentemente da região da língua onde tocar. Segundo Linda Bartoshuk, da Universidade da Florida, a ideia de que cada sabor tem a sua zona de detecção especificamente circunscrita remonta possivelmente à leitura equivocada que um professor de Harvard fez em 1942 de um estudo publicado na Alemanha em 1901. O mapa da língua só foi definitivamente abandonado na década de 1970 e muitas pessoas ainda o levam a sério, embora uma criança de 7 anos precise de meros segundos para provar que está errado.

Aristóteles enumerou sete sabores básicos. Atualmente, a maioria dos peritos concorda com a existência de cinco: doce, amargo, salgado, azedo e umami, descrito pela primeira vez por um cientista japonês há pouco mais de um século. É aquele sabor salgado que nos enche a boca, gerado ou intensificado por ingredientes como molho de soja, carne maturada, tomate maduro ou cozinhado e monoglutamato de sódio. Mais recentemente, investigadores propuseram pelo menos meia dúzia de sabores básicos adicionais. A gordura e o cálcio encontram-se entre os candidatos principais, pois crê-se que ambos sejam detectados pelos receptores da língua, mas ainda não existe consenso.

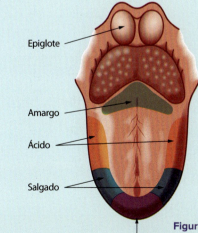

Figura 7.9: Regiões da língua em que se identificam os sabores.

> Isoladamente, os receptores de paladar não produzem sabores: têm de estar ligados a centros de paladar no cérebro. Nas últimas décadas, os cientistas descobriram receptores idênticos a alguns dos existentes na língua noutros órgãos, incluindo o pâncreas, os intestinos, os pulmões e os testículos. Não "saboreamos" nada com eles, mas se inalarmos, por exemplo, certas substâncias indesejáveis, os receptores de amargor dos nossos pulmões transmitem um sinal ao cérebro e tossimos.
>
> À medida que evoluíam, as espécies animais perderam por vezes sabores que os seus antepassados possuíam. Os felinos e muitos outros animais exclusivamente carnívoros já não detectam açúcares. Quando bebem leite, os felinos estão a reagir a outra coisa – provavelmente à gordura. A maioria das baleias e dos golfinhos, que engolem as presas inteiras, perderam praticamente todos os receptores de paladar. [...]
>
> Disponível em: <https://nationalgeographic.sapo.pt/ciencia/grandes-reportagens/574-paladar>.
> Acesso em: 16 jun. 2017.

Exercícios resolvidos

1. Os compostos iônicos devem manter a neutralidade, isto é, a quantidade de cargas positivas provenientes dos cátions deve ser igual à quantidade de cargas negativas provenientes dos ânions. Com base nisso, escreva as fórmulas das bases constituídas dos cátions a seguir com o ânion hidróxido (OH^{1-}).

a) Na^+ **a)** $NaOH$

b) Li^+ **b)** $LiOH$

c) Mg^{2+} **c)** $Mg(OH)_2$

d) $A\ell^{3+}$ **d)** $A\ell(OH)_3$

2. As equações abaixo ilustram a interação da água com o cloreto de hidrogênio **(a)** e com a amônia **(b)**.

a) $H_2O + HC\ell \longrightarrow H_3O^{1+} + HC\ell^{1-}$

b) $H_2O + NH_3 \longrightarrow NH_4^{1+} + OH^{1-}$

Classifique o comportamento da água em cada uma das reações, segundo o conceito ácido–base de Brönsted e Lowry.

Justifique.

Segundo Brönsted e Lowry, ácido é toda espécie química capaz de transferir próton. Base é toda espécie química capaz de receber próton, assim:

a) $\underset{\text{base}}{H_2O} + HC\ell \xrightarrow{\quad H^{1+} \quad} H_3O^{1+} + C\ell^{1-}$

b) $\underset{\text{ácido}}{H_2O} + NH_3 \xrightarrow{\quad H^{1+} \quad} NH_4^{1+} + OH^{1-}$

Na reação **a**, a água comporta-se como base.

Na reação **b**, a água comporta-se como ácido.

Exercícios propostos

1. As bases a seguir são compostos iônicos. É correto afirmar que elas sofrem ionização quando colocadas em água? Represente, por meio de equação, o que acontece quando colocamos essas bases em água.

a) $NaOH$ (s)

b) KOH (s)

c) $Ca(OH)_2$ (s)

2. De acordo com a teoria de Brönsted-Lowry para ácidos e bases, podemos classificar a água de que modo, respectivamente, nas equações I, II e III?

I. $HNO_2 + H_2O \longrightarrow NO^{2-} + H_3O^{1+}$

II. $NH_3 + H_2O \longrightarrow NH^{4+} + OH^{1-}$

III. $O^{2-} + H_2O \longrightarrow OH^{1-} + OH^{1-}$

a) base, base e ácido.

b) base, ácido e ácido.

c) base, ácido e base.

d) ácido, base e ácido.

e) ácido, base e base.

Fenolftaleína: um indicador ácido–base

Como já vimos, uma das maneiras de identificar um ácido ou uma base é utilizando um indicador. É o caso do indicador **fenolftaleína**, que pode ser preparado dissolvendo 1 g em 50 mL de etanol, e depois se acrescenta mais 50 mL de água. A solução indicadora é cristalina e incolor, que permanece incolor em meio ácido, mas adquire cor vermelha em meio básico. Desse modo, é mais simples identificar uma solução desconhecida quanto à sua acidez: basta adicionar a ela algumas gotas de fenolftaleína e observar a cor resultante.

Esse indicador é muito utilizado para acompanhar uma **reação de neutralização**, na qual tanto um ácido pode neutralizar uma base quanto uma base pode neutralizar um ácido. Veja a seguir.

Uma solução de NaOH é básica, portanto, quando colocamos fenolftaleína, ela fica vermelha. Quando adicionamos HCl a essa solução, ocorre à neutralização, conforme a seguinte reação:

> **Fenolftaleína**
> Indicador de acidez e basicidade utilizado em análises volumétricas. Apresenta cor vermelha intensa em meio alcalino e fica incolor em meio ácido.

$$HC\ell\ (aq) + NaOH\ (aq) \xrightarrow{\text{reação de neutralização}} NaC\ell\ (aq) + H_2O\ (\ell)$$

ácido + base → sal + água

Nesse caso, à medida que gotejamos a solução de HCl no interior do recipiente com NaOH, as hidroxilas OH^{1-} se combinam com o próton H^{1+} e formam água. Quando as quantidades de íons se igualam, temos a neutralização. Podemos identificar este momento quando esse fato acontece em razão da presença da fenolftaleína, que ficará a incolor. O método aqui exemplificado chama-se **titulação** (Figura 7.10).

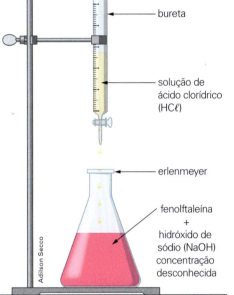

Figura 7.10: Método da titulação.

Exercício resolvido

"Sangue de diabo" é um líquido usado em uma brincadeira que utiliza conhecimentos químicos para ser realizada. Trata-se de um líquido vermelho que, ao ser aspergido sobre uma roupa branca, torna-a vermelha por um curto período de tempo e, depois, deixa-a apenas levemente molhada. O sangue de diabo é preparado com a inserção de algumas gotas de fenolftaleína em uma solução aquosa de amônia. Com base nessas informações, responda:

a) Por que a solução aquosa de amônia (sangue de diabo) é vermelha?

b) Por que a cor vermelha desaparece depois de um curto período de tempo?

a) As soluções alcalinas são vermelhas na presença de fenolftaleína. O gás NH_3 forma, quando em contato com H_2O, o composto NH_4OH, hidróxido de amônio, que é alcalino, daí a cor vermelha.

b) A cor desaparece, pois a amônia é muito volátil e, quando aspergida sobre uma roupa branca, vai evaporando para o ambiente e fazendo com que a solução fique menos básica. Nesse caso, a fenolftaleína passa a ser incolor. Poderíamos representar o processo pela equação:

$$NH_4OH\ (aq) \rightarrow NH_3\ (g) + H_2O\ (\ell)$$

Exercício proposto

Ao adicionarmos algumas gotas de fenolftaleína na água sanitária (que contém hipoclorito de sódio – NaCℓO), a solução fica vermelha. Se borbulharmos gás carbônico na solução, após alguns instantes ela fica incolor. Por que a solução de água sanitária fica vermelha na presença de fenolftaleína? Por que o gás carbônico deixa a solução incolor novamente?

Força dos ácidos e das bases

Força dos ácidos

Escolhemos dois hidretos do mesmo grupo da tabela periódica – iodeto de hidrogênio e cloreto de hidrogênio –; preparamos uma solução aquosa de cada hidreto contendo a mesma quantidade de matéria, em mols, mesmo volume e temperatura. Veja:

Equações de ionização para HI e HCℓ:

$$HI\,(g) \longrightarrow H^{1+}\,(aq) \;+\; I^{1-}\,(aq) \qquad \text{(iodeto de hidrogênio)}$$

$$HC\ell\,(g) \longrightarrow H^{1+}\,(aq) \;+\; C\ell^{1-}\,(aq) \qquad \text{(cloreto de hidrogênio)}$$

Embora as equações não nos indiquem diretamente diferenças entre os ácidos, exceto os símbolos dos halogênios, há um fato que os distingue. Depois das ionizações é possível, por meio de medidas obtidas em experimentos, verificarmos que as moléculas de HI se ionizam em maior quantidade em relação às moléculas de HCℓ. Portanto, se as moléculas de HI se ionizam mais, existem mais íons hidrogênio na solução de HI do que na solução de HCℓ, e o mesmo se verifica em relação aos ânions.

Na solução de HI, observa-se que 95% das moléculas dissolvidas de soluto foram ionizadas enquanto que na outra solução, 90% das moléculas de HCℓ sofreram o mesmo processo.

A força do ácido será dada pela relação entre a quantidade de moléculas que se ioniza em relação à quantidade inicialmente dissolvida. Quanto maior for a porcentagem de moléculas ionizadas, mais forte é o ácido.

A porcentagem que se ioniza é o **grau de ionização alfa (α)** para o ácido nas condições da experiência. Poderíamos calcular o grau de ionização utilizando a expressão:

$$\alpha = \frac{\text{quantidade de moléculas ionizadas}}{\text{quantidade de moléculas inicialmente dissolvidas}} \cdot 100$$

Outro aspecto importante é que a força do ácido não tem qualquer relação com sua toxicidade. O ácido cianídrico, um gás letal ao ser inalado, tem um valor para alfa próximo de 5%. Na corrente sanguínea, esse ácido liga-se ao ferro da hemoglobina, impedindo o transporte de oxigênio e gás carbônico, além de desativar oxidases (enzimas de oxidação), tornando ineficaz a cadeia de transporte de elétrons.

Por que só uma fração das moléculas dissolvidas se manifesta ionizada?

Quando mencionamos que uma fração de moléculas dos ácidos dissolvidos em água se ioniza, pode parecer que a outra fração permanece inalterada, sem reagir. Contudo, tal fração também segue se ionizando, mas sem modificar o valor numérico do alfa ou do grau de ionização desde que todas as condições físicas sejam mantidas.

Isso porque, ao adicionarmos uma substância em água, como o iodeto de hidrogênio (HI), tem início a ionização de suas moléculas, surgindo os primeiros íons em solução: íons hidrogênio (H^{1+}) e íons iodeto (I^{1-}). À medida que a reação avança, formam-se mais íons – ou seja, as moléculas do reagente estão se ionizando – até que não se observa mais mudanças nas quantidades tanto dos reagentes quanto dos produtos, como se a reação tivesse estagnado. Porém, verifica-se que a reação não cessa: são duas reações acontecendo em sentidos opostos, isto é, moléculas de HI se transformam em íons e os íons regeneram as moléculas de HI, e assim permanecem indefinidamente (se nada perturbá-los), dando ao observador a sensação de que a reação cessou.

Esse estado de aparência estática é o que se denomina estado de equilíbrio. O ácidos são chamados de ácidos fortes, quando no estado de equilíbrio a maioria de suas moléculas se encontram ionizadas em solução. Já os ácidos fracos são aqueles que no estado de equilíbrio apresentam a maioria de suas moléculas na forma molecular, ou seja, apresentam poucas espécies ionizadas.

Retomando o exemplo anterior, quando comparamos as forças de HI e HCℓ diante de água, podemos observar que as interações entre as moléculas dos haletos de hidrogênio (HI e HCℓ) com a água são de natureza intermolecular. Trata-se de interações entre dipolos permanentes de moléculas da água com as moléculas dos solutos HI e HCℓ, nas suas respectivas soluções. Teremos que admitir que o átomo de oxigênio da molécula de água consegue remover com mais facilidade o H^{1+} da molécula de HI do que o H^{1+} da molécula de HCℓ.

É interessante observar que não se trata de quebrar as ligações entre os halogênios e os respectivos átomos de hidrogênio. As moléculas de água removem o H^{1+} do HI e do HCℓ, enquanto o par de elétrons da ligação que existia entre o hidrogênio e o respectivo halogênio permanece agora em posse do halogênio. Em outras palavras, o hidrogênio é removido na forma de cátion.

Se for mais fácil remover íons H^{1+} das moléculas de HI do que das moléculas de HCℓ, soluções com o mesmo volume, com a mesma quantidade inicial de matéria, em mols, de HI e HCℓ, dissolvidos à mesma temperatura mostram que na solução de ácido iodídrico há mais moléculas ionizadas de HI quando comparadas com a quantidade de moléculas ionizadas de HCℓ na solução de ácido clorídrico. Logo, o ácido iodídrico é mais forte do que o ácido clorídrico.

Para simplificar a classificação dos ácidos, podemos reduzi-los a duas categorias: **ácidos fortes** e **ácidos fracos.**

Ácidos fortes em ordem decrescente de força: perclórico, $HC\ell O_4(aq)$; iodídrico, HI(aq); sulfúrico, $H_2SO4(aq)$; bromídrico, HBr(aq); clorídrico, $HC\ell(aq)$; e nítrico, $HNO_3(aq)$. Todos os demais são considerados fracos em relação a esses seis.

A corrosão do concreto está associada a diversos fatores, mas principalmente à ação de ácidos (Figura 7.11). A ação de bactérias, que transformam enxofre e sulfetos em ácido sulfúrico, também contribui para a corrosão da massa do cimento, além de água, agentes do solo e da atmosfera. Mas, sem dúvida, os ácidos são os agentes mais agressivos, tanto para o concreto quanto para a estrutura de aço que suporta o concreto.

Força das bases

Se a força de uma base está associada à sua capacidade de dissociação diante do solvente, presume-se que poucos são os hidróxidos fortes, de Arrhenius, visto que a maioria das bases é pouco solúvel em água. Podemos classificar da seguinte forma:

Quanto à força (capacidade de ionização):

- Fortes: todos os hidróxidos de metais alcalinos (família 1) e metais alcalinoterrosos (família 2). Com exceção dos hidróxidos de berílio e de magnésio;

- Fracas: os demais hidróxidos metálicos e de amônio (NH_4OH).

Figura 7.11:
Os ácidos presentes na água da chuva (chuva ácida) são um dos componentes mais agressivos responsáveis pela corrosão do concreto.

ADAM HART-DAVIS/SPL/Latinstock

Quanto à solubilidade em água:

- Solúveis: todos os hidróxidos da família 1 e o hidróxido de amônio;
- Pouco solúveis: hidróxidos da família 2 em geral;
- Insolúveis: as demais bases.

A existência da base NH₄OH (hidróxido de amônio) é restrita às soluções aquosas, ou seja, não é possível obtê-la em qualquer um dos três estados físicos da matéria, somente quando dissolvida em água. Mesmo sendo solúvel, ela é classificada como base fraca porque alcança o equilíbrio entre as moléculas e os íons em água quando uma pequena fração de moléculas de NH₄Cℓ se dissocia e, juntamente com a água, forma o NH₄OH.

Química Aplicada

Figura 7.12: A fabricação do sabão requer uma reação entre um ácido carboxílico e uma base.

O antigo sabão, sempre biodegradável

O sabão (Figura 7.12) pode ser produzido por métodos caseiros, utilizando óleos ou gorduras misturados com cinzas de vegetais queimados e, a seguir, aquecidos até fervura e revolvidos com um instrumento de madeira. Ao alcançar relativa viscosidade, a mistura é derramada em formas para dar o aspecto final ao sabão. A importância das cinzas no processo se deve à presença de substâncias ricas em sódio e potássio. Algumas espécies vegetais contêm até 30% de massa de carbonato de sódio em suas cinzas residuais após serem queimadas.

Em 1791, foi patenteado o processo de produção industrial inventado por Nicolas Leblanc (Figura 7.13) para produzir soda cáustica em que substitui a utilização de cinzas na fabricação de sabão.

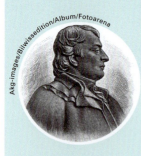

Figura 7.13: Nicolas Leblanc (1742-1806).

Uma das etapas requer uma reação entre um ácido e uma base segundo Arrhenius, ou entre soda cáustica e um óleo ou gordura, conforme equacionado a seguir, no exemplo:

$$C_{17}H_{35}COOH + NaOH \longrightarrow C_{17}H_{35}COONa + H_2O$$

(ácido carboxílico)   (base)   (sal / sabão)   (água)

Ácidos carboxílicos que possuem de 12 a 18 átomos de carbono são denominados de ácidos graxos e são utilizados para produzir sabões desde antes da era cristã. Os diversos óleos e gorduras, usados para fabricar o sabão, são formados por uma mistura de ácidos carboxílicos. Os exemplos a seguir mostram o óleo comercial e o ácido carboxílico em maior porcentagem em massa.

NOTA: Ácidos carboxílicos são ácidos de natureza orgânica e muito fracos, isto é, se dissociam pouco em água, entretanto, produzem H¹⁺, como os ácidos inorgânicos que já estudamos. O hidrogênio que dissocia é aquele ligado ao oxigênio.

Exemplos:

- Óleo de soja: 53% de ácido linoleico – $C_{17}H_{31}COOH$.
- Óleo de milho: 46% de ácido oleico – $C_{17}H_{33}COOH$.
- Gordura de carneiro: 30% de ácido esteárico – $C_{17}H_{35}COOH$.
- Óleo de coco: 48% de ácido láurico – $C_{11}H_{23}COOH$.

É possível que os alunos que estão acostumados com as fórmulas dos ácidos inorgânicos não reconheçam a fórmula $C_{17}H_{35}COOH$ e outras como sendo representações de ácidos.

Os ácidos orgânicos possuem a característica de apresentarem em suas estruturas o grupo carboxila (COOH) ligado a outros átomos de carbono encadeados, como na fórmula acima: 17 átomos de carbono e 35 átomos de hidrogênio. Esses ácidos carboxílicos, que constituem tanto óleos como gorduras naturais, têm seus átomos de carbono ligados em cadeia, numa sucessão linear.

Exercício resolvido

Considere os ácidos abaixo e seus respectivos graus de ionização em água. Escolha a alternativa que apresenta a ordem decrescente de força entre eles, considerando que todos apresentam a mesma quantidade em mols.

I. HNO_3 ($\alpha = 92\%$)

III. H_3PO_4 ($\alpha = 27\%$)

II. H_2S ($\alpha = 0,076\%$)

IV. H_2SO_4 ($\alpha = 61\%$)

a) II>III>IV>I

c) I>III>IV>II

e) I>IV>III>II

b) III>IV>I>II

d) I>II>III>IV

Para uma mesma quantidade de mols em água, quanto maior o grau de ionização do ácido, mais forte ele é. Além disso, qualitativamente, podemos dizer que ácidos com mais que 50 % de ionização são fortes, como é o caso do HNO_3 e do H_2SO_4; porém como o HNO_3 apresenta maior grau de ionização, ele é ainda mais forte que o H_2SO_4. Já o O H_3PO_4, com grau de ionização de 27%, é considerado de acidez intermediária; e o H_2S, com grau de ionização inferior a 5%, é considerado fraco, portanto é correta a alternativa **e**.

Exercícios propostos

1. Qual ou quais hidrogênios são ionizáveis nas fórmulas dos ácidos citados no boxe anterior?

2. Verifique a veracidade da seguinte afirmação: "Por serem compostos covalentes, os ácidos são tão mais fortes quanto maior for o grau de ionização de suas moléculas".

Classificação das soluções ácidas

Quanto à presença ou não de oxigênio no ânion da substância de caráter ácido:

Hidrácidos: ácidos que não contêm oxigênio na fórmula. Exemplos: HF, HCℓ, HBr, H_2S, HI, HCN.

Nomenclatura: ácido seguido pelo nome do ânion sai **eto** e entra **ídrico**.

Exemplos: HCℓ – ácido clorídrico; HF – ácido fluorídrico; HCN – ácido cianídrico.

Oxiácidos: ácidos que contêm oxigênio na fórmula. Exemplos: HNO_3, H_2SO_4, H_2CO_3, HCℓO$_4$.

Nomenclatura: em geral, um mesmo elemento pode formar mais de um tipo de oxiácido. Por exemplo: HCℓO$_4$, HCℓO$_3$, HCℓO$_2$ e HCℓO. Nesse caso, a maneira utilizada para nomeá-los é a partir dos nomes consagrados pelo uso, conforme listado a seguir. Verifique que todos eles apresentam a terminação **ico**.

> **NOTA:**
> Adota-se a nomenclatura com sufixos **ídrico**, **ico** e **oso** para substâncias de caráter ácido, quando dissolvidas em água.

Família 17 (Cℓ, Br, I)	Família 16 (S, Se)	Família 15 (N, P)	Família 14 (C)
HCℓO$_3$ – ácido clórico	H_2SO_4 – ácido sulfúrico	HNO_3 – ácido nítrico	H_2CO_3 – ácido carbônico
HBrO$_3$ – ácido brômico	H_2SeO_4 – ácido selênico	H_3PO_4 – ácido fosfórico	
HIO$_3$ – ácido iódico	-	-	

A partir dos nomes consagrados pode-se derivar o nome dos outros possíveis ácidos com o mesmo elemento químico formador.

ácido per- <u>Nome do elemento</u> ico

ácido- <u>**Nome do elemento**</u> **ico**   + 1 átomo de oxigênio

ácido- <u>Nome do elemento</u> oso   − 1 átomo de oxigênio

ácido hipo- <u>Nome do elemento</u> oso   − 1 átomo de oxigênio

Exemplos: $HC\ell O_4$ – ácido perclórico

$HC\ell O_3$ – ácido clórico

$HC\ell O_2$ – ácido cloroso

$HC\ell O$ – ácido hipocloroso

Quanto ao número de hidrogênios ionizáveis:

Monoácidos: um H ionizável. Exemplos: $HC\ell$, HNO_3, $HC\ell O_4$ (monopróticos).

$$HC\ell O_4 \xrightarrow{H_2O} H^{1+} (aq) + C\ell O_4^{1-} (aq)$$

Poliácidos: mais que um H ionizável.

Exemplos: H_2SO_4, H_2S, H_3PO_4 (polipróticos).

$$H_2SO_4 \xrightarrow{H_2O} H^{1+} (aq) + HSO_4^{1-} (aq) \qquad \text{1ª ionização}$$

$$H_2SO_4^{1-} \xrightarrow{H_2O} H^{1+} (aq) + SO_4^{2-} (aq) \qquad \text{2ª ionização}$$

$$H_2SO_4^{1-} \xrightarrow{H_2O} 2\,H^{1+} (aq) + SO_4^{2-} (aq) \qquad \text{global ou total}$$

> **NOTA:**
>
> A primeira ionização sempre é mais fácil que a segunda, que é mais fácil que a terceira... Isso quer dizer que a força ácida do H_2SO_4 é maior que a do HSO_4.

Exercício resolvido

Sabendo que os ácidos são compostos covalentes, é correto afirmar que eles sofrem ionização quando colocados em água? Represente, por meio de uma equação, o que acontece quando colocamos os ácidos em água.

$HC\ell$, H_2S e H_2SO_4

Nos três casos, as substâncias sofrem ionização.

I. $HC\ell\ (g) \xrightarrow{H_2O} H^+ (aq) + C\ell^- (aq) \qquad$ ionização

II. $H_2S\ (g) \xrightarrow{H_2O} HS^{1-} (aq) + H^{1+} (aq) \qquad$ 1ª ionização

$HS^{1-} (aq) \xrightarrow{H_2O} S^{2-} (aq) + H^{1+} (aq) \qquad$ 2ª ionização

A ionização total é a soma da 1ª com a 2ª ionização:

$H_2S\,(g) \xrightarrow{H_2O} HS^{1-}\,(aq) + H^{1+}\,(aq)$ 1ª ionização

$HS^{1-}\,(aq) \xrightarrow{H_2O} S^{2-}\,(aq) + H^{1+}\,(aq)$ 2ª ionização

---

$H_2S\,(g) \xrightarrow{H_2O} S^{2-}\,(aq) + 2\,H^{1+}\,(aq)$ ionização total

III. $H_2SO_4\,(\ell) \xrightarrow{H_2O} HSO_4^{1-}\,(aq) + H^{1+}\,(aq)$ 1ª ionização

$HSO_4^{1-}\,(aq) \xrightarrow{H_2O} SO_4^{2-}\,(aq) + H^{1+}\,(aq)$ 2ª ionização

A ionização total é a soma da 1ª com a 2ª ionização:

$H_2SO_4\,(\ell) \xrightarrow{H_2O} HSO_4^{1-}\,(aq) + H^{1+}\,(aq)$ 1ª ionização

$HSO_4^{1-}\,(\ell) \xrightarrow{H_2O} SO_4^{2-}\,(aq) + H^{1+}\,(aq)$ 2ª ionização

---

$H_2SO_4\,(\ell) \xrightarrow{H_2O} SO_4^{2-}\,(aq) + 2\,H^{1+}\,(aq)$ ionização total

Exercício proposto

Represente, por meio de equações, o que acontece quando colocamos os ácidos bromídrico (HBr) e sulfuroso (H_2SO_3) em água.

Alguns ácidos importantes

- **Ácido nítrico – HNO_3**

É um ácido forte e eficiente agente oxidante, um líquido incolor e corrosivo (Figura 7.14). De sua produção, cerca de 80% é utilizada na indústria de fertilizantes na forma de nitratos (NO_3^{1-}) como o nitrato de amônio, NH_4NO_3; aproximadamente 8%, na fabricação do náilon; em média 8%, em explosivos; e uma pequena parcela, em medicamentos.

Apesar de nossa atmosfera ser composta por aproximadamente 80% de gás nitrogênio (N_2), transformar esse gás em ácido nítrico não é uma tarefa simples. Para fazer tal conversão, é necessário o uso de catalisadores, trabalhar a altas pressões e elevadas temperaturas, em várias etapas.

Figura 7.14: Lâmina de cobre reagindo com a solução de ácido nítrico.

- **Ácido sulfúrico – H_2SO_4**

Líquido incolor, oleoso e corrosivo, com temperatura de ebulição bastante elevado, 340 °C, a 1 atm. É um ácido forte, porém apenas o primeiro hidrogênio ioniza-se completamente. Poderoso agente desidratante, sua ação pode ser verificada quando é adicionado a carboidratos simples, como o açúcar (Figura 7.15).

Figura 7.15: Desidratação do açúcar pelo ácido sulfúrico.

$$C_6H_{12}O_6 \xrightarrow{H_2SO_4} 6\,C + 6\,H_2O$$

Decapagem de ferro
Processo de remoção de sujeiras (impurezas) da superfície do metal por ação de produtos químicos, como ácidos e bases fortes.

A principal utilização do ácido sulfúrico é na fabricação de fertilizantes, com o consumo de cerca de 56% da quantidade produzida. Outras utilizações importantes são obtenção de pigmentos (3,5%); **decapagem de ferro** e aço; preparação de outros ácidos; produção de nitrocelulose, nitroglicerina e trinitrotolueno (TNT), dentre outras.

- **Ácido clorídrico – HCℓ**

Na verdade, o HCℓ é um gás em condições ambiente (cloreto de hidrogênio); em solução aquosa é conhecido como ácido clorídrico. Em geral, o HCℓ concentrado possui cerca de 38% de cloreto de hidrogênio e 62% de água. É o ácido industrial mais barato, amplamente utilizado para neutralizações. É utilizado em torno de 74% na indústria química e petroquímica; e cerca de 13%, na metalurgia e siderurgia.

> **Gravação em vidros**
>
> O ácido fluorídrico (HF), por reagir com o vidro, é utilizado para fazer gravações, como aquelas que vemos nos vidros dos automóveis. Porém, as partes que não serão gravadas devem ser protegidas com parafina para que não reajam com o ácido.

Classificação das bases

Segundo Arrhenius, bases são compostos que se dissociam em água produzindo ânions OH^{1-}. De acordo com o número de hidroxilas, as bases podem ser classificadas assim:

Monobase: composta de um OH^{1-}. Exemplos: NaOH, LiOH, KOH.
Dibase: composta de dois OH^{1-}. Exemplos: $Mg(OH)_2$, $Ca(OH)_2$.
Tribase: composta de três OH^{1-}. Exemplos: $A\ell(OH)_3$, $Fe(OH)_3$.
Tetrabase: composta de quatro OH^{1-}. Exemplo: $Pb(OH)_4$.

A nomenclatura das bases depende do cátion que irá formá-la. Há dois procedimentos para nomeá-las:

- Se o cátion apresentar uma única valência

Hidróxido de **nome do cátion**

Exemplos:

I. Alcalinos sempre apresentam valência $+1$ (Li^{1+}, Na^{1+}, K^{1+}), então, sempre formarão monobases:

LiOH – hidróxido de lítio;

NaOH – hidróxido de sódio;

KOH – hidróxido de potássio.

II. Alcalinoterrosos sempre apresentam valência $+2$ (Mg^{2+}, Ca^{2+}, Sr^{2+}), logo, formarão dibases:

218 Unidade 2 A Teoria Atômica e a constituição da matéria

Mg(OH)₂ – hidróxido de magnésio;

Ca(OH)₂ – hidróxido de cálcio;

Sr(OH)₂ – hidróxido de estrôncio.

- Se o cátion apresentar mais que uma valência (há dois procedimentos para nomear as bases)

(a) Hidróxido de **nome do cátion** (valência do cátion em algarismo romano)

Exemplos:

O ferro pode formar os cátions Fe^{2+} ou Fe^{3+}, logo, podemos ter as seguintes bases:

Fe(OH)₂ – hidróxido de ferro(II);

Fe(OH)₃ – hidróxido de ferro(III).

(b) Outra maneira de nomear essas bases é utilizando os sufixos **ico** e **oso** para indicar a valência dos cátions:

ico – valência maior

oso – valência menor

Exemplos:

O ferro pode formar os cátions Fe^{2+} ou Fe^{3+}, sendo Fe^{2+} o de valência menor (oso) e Fe^{3+} o de valência maior (ico). Logo,

Fe(OH)₂ – hidróxido ferroso;

Fe(OH)₃ – hidróxido férrico.

Algumas bases importantes

- **Hidróxido de sódio – NaOH**

Conhecida comercialmente como **soda cáustica**, é um sólido branco, cristalino e deliquescente, ou seja, absorve água da atmosfera quando deixado exposto ao ambiente, formando uma solução. É a base mais produzida no mundo, usada nas indústrias de processamento químico (46%); de papel e celulose (16%); de alumínio (5%); de celofane (4%); de petróleo, sabões, alimentos e tecidos (12%), dentre outras (Figuras 7.16 e 7.17).

Figura 7.17: O papel de tornassol vermelho torna-se azul em contato com solução de hidróxido de sódio.

Figura 7.16: Hidróxido de sódio sólido.

Fotos: PHOTO RESEARCHERS/Science Source/Fotoarena

Compostos inorgânicos   Capítulo 7

Caiação
Pintura a base de cal. A execução de pinturas à base de cal é uma prática muito utilizada. Fatores como baixo custo, disponibilidade do produto no mercado e facilidade na aplicação, contribuem para o seu uso.

- **Hidróxido de cálcio – Ca(OH)$_2$**

Também conhecido como **cal hidratada** ou **cal extinta**. Nas condições ambientes, é um sólido branco cristalino pouco solúvel em água. A dissolução dessa base em água forma a **água de cal**, utilizada na caiação das paredes de casas ou do tronco de árvores para afastar algumas pragas. Misturada com areia e água forma a **argamassa**, muito utilizada em construção civil.

- **Hidróxido de magnésio – Mg(OH)$_2$**

Sólido branco e pouco solúvel em água. Numa concentração aproximada de 7% em massa, o produto é conhecido comercialmente como **leite de magnésia**, utilizado como antiácido estomacal e laxante.

Exercício resolvido

Um dos antiácidos comerciais é o "leite de magnésia", produzido a partir da mistura de sulfato de magnésio com hidróxido de sódio e água. No combate a acidez estomacal reage com o excesso de ácido clorídrico, neutralizando-o. Represente esta reação por meio de uma equação química.

$$2\,HC\ell\,(aq) + Mg(OH)_2\,(aq) \longrightarrow MgC\ell_2\,(aq) + 2\,H_2O\,(\ell)$$

Exercícios propostos

1. A cal usada na construção civil é basicamente óxido de cálcio (CaO). Quando colocado em água reage formando um hidróxido. Escreva a equação que representa esta reação. Esta solução é ácida, neutra ou básica?

2. Por ser uma base barata, a soda cáustica é muito utilizada quando se requer o uso de soluções alcalinas. No entanto, ao contrário dos hidróxidos de alumínio e de magnésio, não deve, em hipótese alguma, ser ingerida. Por que a soda cáustica não pode ser usada como antiácido estomacal?

O uso do carbonato de sódio (Na$_2$CO$_3$)

O carbonato de sódio, com nome popular **soda**, é usado na fabricação de vidros, detergentes, sabões e para neutralizar ácidos. No Egito antigo, era considerado uma substância sagrada, utilizada para a realização da mumificação. Esse processo consistia em untar o corpo do morto com natrão – substância à base de carbonato de sódio – após a retirada do cérebro e das vísceras. Posteriormente, o corpo era envolto em tiras de tecido de linho impregnadas de uma resina com propriedades fungicidas.

Sais

Sais são substâncias **iônicas** que apresentam pelo menos um cátion diferente de H^{1+} e pelo menos um ânion diferente de OH^{1-}. Pela própria definição, podemos ter uma ideia do número de diversos sais encontrados na natureza ou produzidos industrialmente.

Uma maneira simples de produzir um sal é por meio da reação **ácido–base** (reação de neutralização).

$$HC\ell + NaOH \xrightarrow{\text{reação de neutralização}} NaC\ell + H_2O$$

ácido   base   **sal**   água

220 Unidade 2   A Teoria Atômica e a constituição da matéria

Nomenclatura

O ácido sempre irá formar o ânion correspondente ($HC\ell \rightarrow C\ell^{1-}$). Portanto, o nome do ânion será derivado do ácido, conforme indicações a seguir:

Terminação do ácido	ídrico	ico	oso
Terminação do ânion	eto	ato	ito

Exemplos:

HBr – ácido brom**ídrico** – Br^{1-} – ânion brom**eto**

HCN – ácido cian**ídrico** – CN^{1-} – ânion cian**eto**

$HC\ell$ – ácido clor**ídrico** – $C\ell^{1-}$ – ânion clor**eto**

H_2S – ácido sulf**ídrico** – S^{2-} – ânion sulf**eto**

H_2CO_3 – ácido carbôn**ico** – CO_3^{2-} – ânion carbon**ato**

$HC\ell O_4$ – ácido perclór**ico** – $C\ell O_3^{2-}$ – ânion perclor**ato**

HNO_3 – ácido nítr**ico** – NO_3^{1-} – ânion nitr**ato**

H_2SO_4 – ácido sulfúr**ico** – SO_4^{2-} – ânion sulf**ato**

$HC\ell O$ – ácido hipoclor**oso** – $C\ell O^{1-}$ – ânion hipoclor**ito**

H_2SO_3 – ácido sulfur**oso** – SO_3^{2-} – ânion sulf**ito**

Nas bases, os cátions são predominantemente formados por metais – uma das exceções é o íon amônio (NH_4^{1+}). Nesse caso, o nome do cátion será o nome do metal. Quando o metal apresentar mais de uma valência, devemos indicar o valor numérico da valência em algarismos romanos após o nome, desprezando o sinal.

Exemplos:

$NaC\ell$ – cloreto de sódio (principal constituinte do sal de cozinha)

KBr – brometo de potássio

$CaCO_3$ – carbonato de cálcio (principal constituinte de calcário e mármore)

$CaSO_4$ – sulfato de cálcio (componente do giz)

$MgSO_4$ – sulfato de magnésio (sal amargo)

NH_4NO_3 – nitrato de amônio (utilizado em fertilizantes)

$FeC\ell_2$ – cloreto de ferro(II)

$FeC\ell_3$ – cloreto de ferro(III)

Sais hidratados

Apresentam moléculas de água em sua estrutura.

Exemplos:

$CuSO_4 \cdot 5H_2O$ – sulfato de cobre penta-hidratado

$CaSO_4 \cdot 2H_2O$ – sulfato de cálcio di-hidratado (gesso)

Química Aplicada

O interior das cavernas

Cavernas com formação predominante de carbonato de cálcio (CaCO$_3$ – calcita) podem apresentar, em seu interior, depósitos conhecidos como **estalactites** e **estalagmites**. (Figura 7.18). A calcita, contida na água que escorre pelas paredes, pelo piso ou pelo teto da caverna em razão dos processos químicos (dissolução e precipitação), se deposita em variadas formas. Quando a formação do depósito ocorre do teto para baixo, recebe o nome de estalactite.

Quando as gotas de água com CaCO$_3$ precipitam-se no piso da caverna, na forma de pequenos círculos, uns sobre os outros, de modo que esse sistema cresça em direção ao teto, essa formação recebe o nome de estalagmite.

Quando a estalagmite se encontra com a estalactite, formando um sistema semelhante a uma coluna tortuosa no interior da caverna, temos os **espeleotemas**.

Figura 7.18: Estalactites e estalagmites no interior da Caverna São Bernardo, em São Domingos, GO.

Hidrogenossais

Conforme foi mencionado, um ácido pode ter mais de um H ionizável. Verificamos também que a ionização do próton (H^{1+}) é gradual, possibilitando a formação de espécies intermediárias, como:

$$H_2CO_3 \text{ (aq)} \longrightarrow H^{1+} \text{ (aq)} + HCO_3^{1-} \text{ (aq)}$$

Esses ânions intermediários que ainda contêm hidrogênio podem formar sais que serão chamados de **hidrogenossais**.

Exemplos:

NaHCO$_3$ – bicarbonato de sódio (mono-hidrogenocarbonato de sódio)

NaHSO$_4$ – bissulfato de sódio (mono-hidrogenossulfato de sódio)

NaH$_2$PO$_4$ – di-hidrogenofosfato de sódio

O fermento químico usado na culinária contém bicarbonato de sódio, NaHCO$_3$. Essa substância, quando aquecida, decompõe-se e forma o gás carbônico, CO$_2$ (Figuras 7.19). Quando juntamos fermento à massa de bolo e a levamos ao forno aquecido, o gás carbônico liberado na reação faz a massa crescer tornando-a menos densa. Dessa forma, o bolo fica mais fofo.

Figura 7.19:
a) Bicarbonato de sódio.
b) O bicarbonato de sódio possui propriedades alcalinas e é usado como antiácido estomacal. No estômago neutraliza o excesso de acidez produzindo CO$_2$.

A importância do iodo na alimentação

Por décadas, os médicos têm conhecimento de deficiências crônicas causadas pela falta de iodo. A deficiência dessa substância durante a gravidez pode comprometer alguns aspectos no desenvolvimento dos bebês. Um estudo com crianças e adolescentes de 9 a 15 anos indicou que a falta de iodo na infância pode prejudicar não somente o ritmo da aprendizagem, como também a motivação dos alunos para ela.

Uma pesquisa realizada na Índia comparou alunos do Ensino Fundamental de vilarejos diferentes. Em um deles, aproximadamente metade das crianças tinha diferentes graus de bócio (doença claramente associada à deficiência de iodo). Comparando-os com estudantes de mesma idade, de vilarejos vizinhos, que não apresentavam sinais de deficiência, notou-se que estes – sem deficiência de iodo – aprendiam mais rapidamente.

Alimentos marinhos e sal iodado – sal contendo iodeto de sódio (NaI) ou iodeto de potássio (KI) – podem suprir a necessidade de iodo para o funcionamento normal da tireoide, que desempenha um papel importante no desenvolvimento da percepção e do aprendizado.

Soluções eletrolíticas – fortes e fracas

A quantidade de íons livres que uma solução apresenta, determina se ela é uma solução eletrolítica forte ou fraca. Quanto maior o número de íons livres em uma solução, mais forte ela será. Desse modo, podemos analisar alguns compostos quanto ao seu caráter eletrolítico, isto é, seu potencial em formar íons.

Ácidos

Espécies covalentes que se ionizam formando o próton H^{1+} (ou, conforme Brönsted e Lowry, o íon hidroxônio – H$_3$O^{1+}) e o ânion correspondente. Quanto mais forte for um ácido, maior será o grau de ionização e, consequentemente, mais forte será a solução eletrolítica.

$$HC\ell\,(g) + H_2O\,(\ell) \longrightarrow H_3O^{1+}\,(aq) + C\ell^{1-}\,(aq)$$

Bases e sais

Por serem espécies iônicas, quanto mais solúveis forem, maior será a quantidade de íons que será liberada – **dissociação**. Logo, o caráter eletrolítico desses compostos dependerá de sua solubilidade.

$$NaOH(s) \xrightarrow{\text{água}} Na^{1+}(aq) + OH^{1-}(aq)$$
$$NaCl(s) \xrightarrow{\text{água}} Na^{1+}(aq) + Cl^{1-}(aq)$$

Podemos testar o caráter eletrolítico das soluções montando para cada uma delas um circuito contendo uma lâmpada de prova (Figura 7.20).

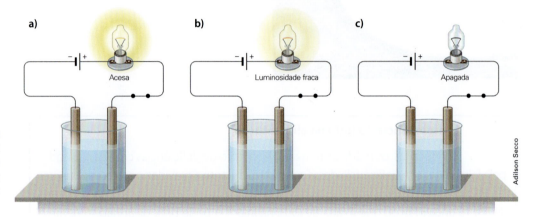

Figura 7.20: a) solução de sal (NaCl), b) solução de ácido fraco (vinagre) e c) solução de açúcar.

a) Acesa
b) Luminosidade fraca
c) Apagada

É muito importante lembrar que a força de uma solução eletrolítica está diretamente ligada ao número de íons livres que ela apresenta. Assim, para determinarmos qual solução é mais forte, basta calcular o número de íons por volume presente em cada solução.

Exemplo: Vamos comparar soluções de NaCl, Na$_2$SO$_4$, HCl e CH$_3$COOH e identificar qual tem caráter eletrolítico mais forte.

Preparando 100 mL de cada solução, dissolvemos:

NaCl – 1 mol

Na$_2$SO$_4$ – 1 mol

HCl – 2 mol (grau de ionização = 90%)

CH$_3$COOH – 6 mol (grau de ionização = 4%)

Calculando o número de íons em cada solução:

$$1\ NaCl \xrightarrow{\text{água}} 1\ Na^{1+}(aq) + 1\ Cl^{1-}(aq) \quad 2\ \text{mol de íons}$$

$$1\ Na_2SO_4 \xrightarrow{\text{água}} 2\ Na^{1+}(aq) + 1\ SO_4^{2-}(aq) \quad 3\ \text{mol de íons}$$

$$2\ HCl \xrightarrow{\text{água}} 1,8\ H^{1+}(aq) + 1,8\ Cl^{1-}(aq) \quad 3,6\ \text{mol de íons}$$

(como o grau de ionização é de 90% para cada mol do ácido, teremos a formação de 0,9 mol de cada íon)

$$CH_3COOH \xrightarrow{\text{água}} 0,24\ CH_3COO^{1-}(aq) + 0,24\ H^{1+}(aq) \quad 0,48\ \text{mol de íons}$$

(como o grau de ionização é de 4%, teremos a formação de 0,04 mol de cada íon por mol de ácido)

Podemos concluir que a ordem decrescente de eletroatividade é:

HCℓ > Na$_2$SO$_4$ > NaCℓ > CH$_3$COOH

Lembrando que, para conduzir corrente elétrica, os íons devem estar dissociados. Observe as Figuras 7.21, 7.22 e 7.23 na qual podemos esquematizar as condições em que teremos condutividade elétrica da seguinte forma:

a) Cloreto de sódio sólido

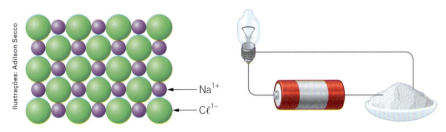

Figura 7.21: Os compostos iônicos não conduzem corrente elétrica na fase sólida.

b) Cloreto de sódio dissolvido em água

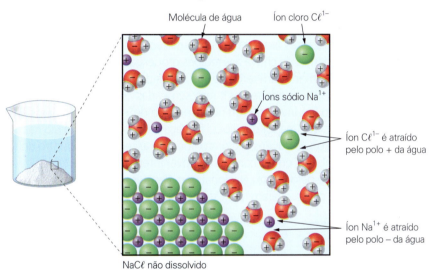

Figura 7.22: Dissolução do cloreto de sódio em água. Os íons Na^{1+} e Cℓ$^{1-}$ do cristal do sal interagem com as moléculas polares da água e enfraquecem as atrações entre si. Isso faz que se afastem, desfazendo o cristal. Após serem liberados da estrutura, ficam cercados por dipolos de água. O cloreto de sódio, quando dissolvido em água, conduz corrente elétrica, pois seus íons têm liberdade de movimento.

c) Cloreto de sódio líquido

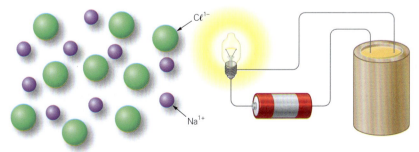

Figura 7.23: Cloreto de sódio líquido. Sólidos iônicos fundidos (fase líquida) também podem conduzir corrente elétrica (íons livres).

Uma pitada de sal

Há muito tempo o ser humano aprendeu a usar o cloreto de sódio (NaCℓ), comumente chamado de sal, como tempero e conservante. Além desses usos, comuns até nossos dias, o sal já foi muito utilizado em como símbolo de união e hospitalidade. O termo "O homem do meu sal" designava o amigo com o qual se partilhava o sal na refeição.

Na Antiguidade, o sal chegou a ser tão valioso que originou a palavra **salário**, do latim *salarium*, que significa "pagamento com sal" e era o pagamento feito aos soldados romanos (Figura 7.24).

Na época do Brasil Colônia, para transportar o sal do local de onde era extraído até o local de consumo, foram abertas estradas chamadas "estradas de sal", usadas pelos bandeirantes para adentrar o interior do país. Hoje em dia, o sal é uma das riquezas do Nordeste do Brasil, responsável por 60% da produção nacional, sendo o Rio de Janeiro o segundo maior produtor.

Figura 7.24: Na Roma antiga, o pagamento realizado pelos serviços prestados era feito com sal, iguaria muito valiosa, usada principalmente para a conservação dos alimentos.

Chuvas e a contribuição das partículas sólidas

O KCℓ é um composto iônico cuja produção mundial é destinada principalmente à fabricação de fertilizantes. No entanto, uma utilização atípica dessa substância foi a de aumentar a incidência de chuva nas regiões propensas a estiagens. Normalmente, as nuvens liberam somente um terço de sua umidade na forma de chuva, mas essa quantidade pode ser duplicada se elas forem "semeadas" com partículas finas. Graeme Mather, da África do Sul, inventou um novo método de "semear" as nuvens. Ele consiste em colocar um queimador que libera fumaça de cloreto de potássio nas asas de um avião. Voando sob as nuvens, o cloreto liberado ascende para dentro delas e se deposita também abaixo, então, começa a chover intensamente. Testes realizados de forma independente pelo Centro Nacional para Pesquisas Atmosféricas em Boulder, no Colorado (EUA), comprovaram que este método realmente funciona.

Exercício resolvido

Dois frascos distintos contêm em seus interiores açúcar (sacarose) e sal (cloreto de sódio). Como os dois são brancos, fica difícil distingui-los visualmente, portanto, proponha uma maneira de identificá-los (lembrando que não se deve cheirar, muito menos provar substâncias desconhecidas).

Para identificar o conteúdo de cada frasco, deve-se dissolver em água o conteúdo de cada um deles em recipientes separados e, em seguida, testar a condutibilidade de cada solução obtida. A solução que conduzir eletricidade é a de cloreto de sódio; a que não conduzir é a de sacarose; um composto covalente que não sofre ionização, portanto, não tendo íons livres em solução, não conduz eletricidade.

Exercício proposto

Alguns compostos, quando dissolvidos em água, geram uma solução aquosa que conduz eletricidade (solução eletrolítica). Quais compostos abaixo produzem uma solução eletrolítica?

I. K_2SO_4
II. O_3
III. $C_{12}H_{22}O_{11}$
IV. $NaNO_3$
V. CH_3COOH
VI. NaCℓ

Solubilidade de sais e hidróxidos

Nem sempre, ao adicionarmos um composto iônico em água, ele se dissolve. De fato, quando colocamos uma substância em um solvente qualquer, podemos obter vários graus de dissolução, isto é, dependendo da substância, haverá uma quantidade máxima dela que irá se dissolver numa certa quantidade de **solvente**. Quando a dissolução é bem perceptível, dizemos que a substância é **solúvel**. Quando é mínima, e mal se consegue percebê-la, dizemos que a substância é **insolúvel**.

Portanto, percebe-se que não existe um valor numérico claro como fronteira para solúvel e insolúvel. Por isso, usaremos, neste livro, os termos **solúvel, pouco solúvel e insolúvel**, sem a preocupação de quantificar qualquer valor-limite. Quando houver a necessidade de usar o valor de solubilidade de um sal, ele sempre será fornecido.

A seguir, apresentamos algumas regras simples para a identificação da solubilidade de alguns compostos. Essas regras aplicam-se a substâncias que apresentam em sua formulação os cátions mais comuns da natureza: Na^{1+}, K^{1+}, NH_4^{1+}, Ag^{1+}, Mg^{2+}, Ca^{2+}, Sr^{2+}, Ba^{2+}, Mn^{2+}, Fe^{2+}, Co^{2+}, Ni^{2+}, Cu^{2+}, Zn^{2+}, Cd^{2+}, Hg^{2+}, Pb^{2+}, Fe^{3+}, $A\ell^{3+}$, Cr^{3+}.

> Daremos um enfoque maior para a água em razão de sua importância como solvente.

*Solubilidade em Água	
Solúveis (como regra)	**Insolúveis (principais excessões à regra)**
Nitratos (NO_3^{1-}) Acetatos (CH_3COO^{1-})	-
Cloretos ($C\ell^{1-}$) Brometos (Br^{1-})	$AgC\ell$, $PbC\ell_2$, $Hg2C\ell_2$ $AgBr$, $PbBr_2$, $Hg2Br_2$
Iodetos (I^{1-})	$Ag\ell$, $Pb\ell_2$, $Hg_2\ell_2$, $Hg\ell_2$, $Bi\ell_2$
Sulfatos (SO_4^{2-})	$CaSO_4$, $SrSO_4$, $BaSO_4$, $PbSO_4$
Sais de metais alcalinos e de amônio	-
Insolúveis (como regra)	**Solúveis (principais excessões à regra)**
Sulfetos (S^{2-})	Os dos metais alcalinos, alcalinoterrosos e de amônio. Exemplos: K_2S, CaS, $(NH_4)_2S$.
Hidróxidos (OH^{1-})	Os dos metais alcalinos, alcalinoterrosos e de amônio. Exemplos: $NaOH$, KOH, NH_4OH.
Carbonatos (CO_3^{2-})	Os dos metais alcalinos e de amônio. Exemplos: Na_2CO_3, K_2CO_3, $(NH_4)_2CO_3$
Fosfatos (PO_4^{3-})	Os dos metais alcalinos e de amônio. Exemplos: Na_3PO_4, K_3PO_4, $(NH_4)_3PO_4$
Sais não-citados	Os dos metais alcalinos e de amônio.

Tinta invisível

Na Segunda Guerra Mundial, os espiões alemães transmitiam mensagens secretas escritas com solução incolor de nitrato de chumbo.

A revelação era feita com sulfeto de sódio por meio da reação:

$$Pb^{2+} (aq) + S^{2-} (aq) \longrightarrow PbS (s)$$

As palavras apareciam em preto, a cor do sulfeto de chumbo, que é insolúvel.

Compostos inorgânicos **Capítulo 7** 227

Exercício resolvido

Sabendo que os compostos iônicos devem manter a neutralidade, isto é, que a quantidade de cargas positivas provenientes dos cátions deve ser igual à quantidade de cargas negativas provenientes dos ânions, monte as fórmulas dos sais entre a coluna I e a coluna II.

Coluna I	Coluna II
Na^{1+}	$C\ell^{1-}$
Ca^{2+}	SO_4^{2-}
NH_4^{1+}	NO_3^{1-}
$A\ell^{3+}$	CO_3^{2-}

	$C\ell^{1-}$	SO_4^{2-}	NO_3^{1-}	CO_3^{2-}
Na^{1+}	$NaC\ell$	Na_2SO_4	$NaNO_3$	Na_2CO_3
Ca^{2+}	$CaC\ell_2$	$CaSO_4$	$Ca(NO_3)_2$	$CaCO_3$
NH_4^{1+}	$NH_4C\ell$	$(NH_4)_2SO_4$	NH_4NO_3	$(NH_4)_2CO_3$
$A\ell^{3+}$	$A\ell C\ell_3$	$A\ell_2(SO_4)_3$	$A\ell(NO_3)_3$	$A\ell_2(CO_3)_3$

Exercício proposto

Uma dica para desentupir pias é colocar uma colher do sal bicarbonato de sódio e, depois, despejar um copo de vinagre. Nesse processo ocorre uma reação com desprendimento gasoso que ajuda a arrastar a sujeira e dissolver a gordura eventualmente presente no encanamento. Qual o gás desprendido? Sabendo que vinagre contém ácido acético, represente a reação química geradora do gás.

Óxidos

Consideramos **óxido** toda espécie binária, ou seja, que apresenta dois diferentes tipos de elementos, dos quais o mais eletronegativo é o oxigênio. Considerando essa definição e lembrando que somente o flúor é mais eletronegativo que o oxigênio, podemos concluir que qualquer outro elemento que forme uma espécie binária com o oxigênio a fará ser considerada óxido.

E_xO_y

Em razão da **altíssima reatividade do oxigênio**, é raro encontrar um elemento que não reaja com ele formando o óxido correspondente. Desse modo, podemos encontrar óxidos formados por metais (caráter mais iônico) e ametais (caráter mais covalente).

Exemplos: CO, CO_2, H_2O, SO_2, SO_3, NO, NO_2, N_2O_4, CaO, Li_2O, Fe_2O_3, $A\ell_2O_3$, HgO, ZnO e muitos outros.

Nomenclatura

Para óxidos formados por oxigênio ligado a ametal:

Prefixo que indica o número de átomos de oxigênio (n-óxido de) + prefixo que indica o número de cátions (nome do ametal menos eletronegativo).

Exemplos:

CO – monóxido de (mono)carbono ou simplesmente monóxido de carbono

CO_2 – dióxido de carbono (gás carbônico ou **gelo-seco**, quando na fase sólida)

SO_2 – dióxido de enxofre

SO_3 – trióxido de enxofre

N_2O_4 – tetróxido de dinitrogênio

Cl_2O_5 – pentóxido de dicloro

> o gelo-seco sublima à temperatura ambiente.

O uso do óxido nitroso (N_2O) na Odontologia

O óxido nitroso (monóxido de dinitrogênio) é usado com sucesso como sedativo em tratamento odontológico. Uma experiência que pode provocar medo, ansiedade e estresse em muitas pessoas, pois trata-se de sedação consciente, uma técnica que ameniza a dor ou a expectativa de dor, faz o paciente relaxar, mas o mantém cooperativo.

Ela envolve a administração de oxigênio (O_2) e óxido nitroso (N_2O) por inalação, com a ajuda de uma máscara nasal em que a dosagem é controlada por um aparelho misturador.

Durante a administração do gás, o paciente é monitorado por aparelhos que registram seus sinais vitais, como batimentos cardíacos, oxigenação do sangue e pressão arterial, para oferecer mais segurança a ele.

Para óxidos formados por oxigênio ligado a metal:

Exemplos:

Li_2O – óxido de lítio

CaO – óxido de cálcio

ZnO – óxido de zinco

Fe_2O_3 – óxido de ferro(III) ou óxido férrico

FeO – óxido de ferro(II) ou óxido ferroso

CuO – óxido de cobre(II) ou óxido cúprico

Cu_2O – óxido de cobre(I) ou óxido cuproso

Classificação

Devido à grande diversidade de óxidos existentes, o número de propriedades também acaba sendo amplo. Desse modo, podemos encontrar óxidos com diferentes características: ácidos, básicos, neutros e anfóteros.

- Óxidos ácidos

Óxidos que, quando dissolvidos em água, formam um ácido. A solução resultante pode reagir com as bases formando sal e água. Os óxidos ácidos apresentam caráter covalente.

Exemplos: CO_2, SO_3, NO_2 e $C\ell_2O_5$.

$$CO_2 (g) \; + \; H_2O (\ell) \longrightarrow H_2CO_3 (aq)$$

$$SO_3 (g) \; + \; H_2O (\ell) \longrightarrow H_2SO_4 (aq)$$

$$2 NO_2 (g) \; + \; H_2O (\ell) \longrightarrow HNO_3 (aq) \; + \; HNO_2 (aq)$$

$$C\ell_2O_5 (g) \; + \; Ca (OH)_2 (aq) \longrightarrow Ca(C\ell O_3)_2 (aq) \; + \; H_2O (\ell)$$

- Óxidos básicos

Óxidos que, quando dissolvidos em água, formam uma base. A solução resultante pode reagir com ácidos formando sal e água. Os óxidos básicos apresentam caráter iônico.

Exemplos: Na_2O, Li_2O, CaO e BaO.

$$Na_2O (s) \; + \; H_2O (\ell) \longrightarrow 2 NaOH (aq)$$

$$CaO (s) \; + \; H_2O (\ell) \longrightarrow Ca(OH)_2 (aq)$$

$$CaO (s) \; + \; H_2SO_4 (aq) \longrightarrow CaSO_4 (aq) \; + \; H_2O (\ell)$$

- Óxidos neutros

Não apresentam reatividade diante da água, de ácidos ou bases. São óxidos com caráter covalente.

Exemplos: CO, N_2O e NO.

Embora alguns óxidos sejam classificados como neutros, isso não quer dizer que eles não reajam. O monóxido de carbono (CO), por exemplo, é um gás tóxico que, quando inalado, interage com a hemoglobina, provocando asfixia.

- Óxidos anfóteros

São aqueles que têm um comportamento que pode variar de acordo com a substância a que forem adicionados. Se a substância for um ácido, ele se comportará como uma base; se a substância for uma base, ele se comportará como um ácido. Em ambos os casos, a reação produzirá um sal e água.

Exemplos: ZnO, $A\ell_2O_3$, PbO e PbO_2.

$$ZnO (s) \; + \; 2 HC\ell (aq) \longrightarrow ZnC\ell_2 (aq) \; + \; H_2O (\ell)$$

$$ZnO (s) \; + \; 2 NaOH (aq) \longrightarrow NaZnO_2 (aq) \; + \; H_2O (\ell)$$

CIÊNCIA, TECNOLOGIA, SOCIEDADE E AMBIENTE

A chuva ácida

A poluição tem sido um grande problema ambiental. A ideia de poluir pode ser representada por uma imagem simplificada, porém, muito útil: para nossos propósitos, poluir é tirar muito de muitos lugares e transportar para outro ou para outros locais sem oferecer à natureza a possibilidade de incorporar essas mudanças aos seus ciclos naturais. Um pedaço de papel é degradado naturalmente e os constituintes desse pedaço podem retornar ao solo, às plantas, e assim serem incorporados à natureza, ou seja, retornar aos delicados **ciclos biogeoquímicos**.

Imagine, agora, despejar todo o esgoto de uma cidade, dia e noite, sem tratamento prévio, sobre as águas de um rio que possivelmente já serviu outras cidades mais próximas da nascente. Imagine também todo o papel das metrópoles lançado nos depósitos de lixo sem qualquer preocupação com o seu processamento.

A chuva ácida é um dos aspectos mais relevantes da poluição. Na realidade, a chuva é naturalmente ácida em função do gás carbônico atmosférico e das erupções vulcânicas que exalam óxidos de enxofre. Entretanto, estamos nos referindo às chuvas excessivamente ácidas, resultado da queima de combustíveis nos setores secundário – indústrias e residências – e terciário – transportes –, que consomem combustíveis fósseis como petróleo, carvão e gás natural.

A gasolina, óleo *diesel* e outros combustíveis derivados do petróleo contêm compostos do enxofre. Na queima desses combustíveis, forma-se o SO_2, que é lançado na atmosfera. O óleo *diesel* contém maior teor de enxofre do que a gasolina e, por isso, o impacto ambiental causado por ele é maior.

O SO_2 lançado na atmosfera se transforma em trióxido de enxofre (SO_3), que se dissolve na água de chuva e constitui a chuva ácida, o que causa sério impacto ambiental e destruição da vegetação.

Há mais de cem anos, o químico Robert Angus Smith (1817-1884), estudando a poluição na região de Manchester, na Inglaterra, verificou que monumentos da cidade estavam sendo danificados em razão da ação da chuva. Foi a primeira vez que o termo "chuva ácida" foi utilizado. Porém, essa percepção só aconteceu mundialmente a partir de meados do século XX, quando diversos ecossistemas já estavam comprometidos. Os ambientes naturais demoram algum tempo para responder a agressões, como a acidificação. A água e o solo, por exemplo, possuem capacidade de neutralizar ácidos e bases e só depois de esgotadas essas possibilidades é que o ambiente sofre mudança acentuada (Figura 7.25).

Efeitos da chuva ácida

Quando o ambiente não consegue mais neutralizar a chuva ácida, ele começa a degradar. Com o aumento da acidez, metais tóxicos como alumínio, manganês e cádmio são solubilizados, causando graves problemas aos ecossistemas. O alumínio, por exemplo, diminui a habilidade das plantas em absorver nutrientes e água do solo, afetando diretamente o crescimento delas.

> **Ciclos biogeoquímicos**
> Permuta cíclica de elementos químicos que ocorre entre os seres vivos e o ambiente. Tais ciclos envolvem etapas biológicas, físicas e químicas, alternadamente, daí a denominação usada. Os principais ciclos biogeoquímicos são: água, carbono, oxigênio, nitrogênio, e fósforo.

Figura 7.25: Estátuas e monumentos sofrem corrosão pela ação da chuva ácida. Na imagem, estátua em Montevidéu, Uruguai. Foto de 2015.

Edson Grandisoli/Pulsar Imagens

Compostos inorgânicos Capítulo 7 231

Um lago acidificado não contém vida, pois a acidez da água interfere diretamente no metabolismo dos peixes. Em geral, à medida que a acidez da água aumenta, espécies de crustáceos, plânctons e insetos começam a desaparecer.

Quimicamente, podemos representar a formação da chuva ácida natural pelas equações:

$$CO_2 (g) + H_2O (\ell) \longrightarrow H_2CO_3 (aq)$$
$$H_2CO_3 (aq) \longrightarrow H^{1+} (aq) + HCO_3^{3-} (aq)$$

A acidez resultante da reação anterior pode acarretar prejuízos a ecossistemas dependendo da quantidade de H^+ dissolvido. Essa sutil estabilidade pode ser abalada quando, por exemplo, o enxofre é queimado juntamente com o carvão mineral. Simplificadamente, o processo químico da queima do enxofre e da formação do ácido sulfúrico está representado a seguir:

$$SO_2 (g) + 1/2 O_2 (g) + H_2O (\ell) \longrightarrow H_2SO_4 (aq)$$
$$H_2SO_4 (aq) \longrightarrow H^{1+} (aq) + HSO_4^{1-} (aq)$$

NOTA:
Observe que o NO produzido na última etapa realimenta o processo de formação de NO_2 e consequentemente de HNO_3.

O ácido nítrico também é um dos responsáveis pela chuva ácida. As indústrias produtoras de ácido nítrico utilizam a amônia para fabricar um produto intermediário, e a sucessão do processo envolve a reação final com a síntese do HNO_3. Os óxidos de nitrogênio presentes nas várias reações podem, eventualmente, ser liberados durante a fabricação e alcançam a atmosfera. Ao reagirem com a umidade do ar, produzem o indesejável ácido nítrico. (Figura 7.26)

$$4 NH_3 (g) + 5 O_2 (g) \longrightarrow 4 NO (g) + 6 H_2O (\ell)$$
$$NO (g) + 1/2 O_2 (g) \longrightarrow NO_2 (g)$$
$$3 NO_2 (g) + H_2O (\ell) \longrightarrow 2 HNO_3 (aq) + NO (g)$$

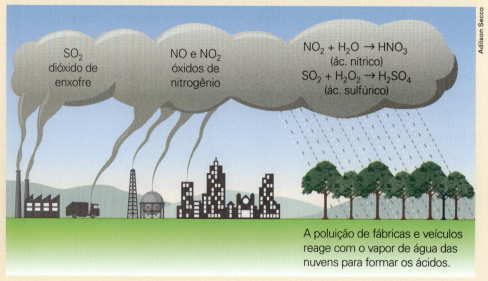

Figura 7.26: Estrutura química da chuva ácida.

A poluição de fábricas e veículos reage com o vapor de água das nuvens para formar os ácidos.

Química Aplicada

A Terra como um reator ácido-base

Acredita-se que a Terra tenha se formado há cerca de 4,5 bilhões de anos, pela junção dos meteoritos que circundavam o Sol. O calor gerado pelas forças gravitacionais e pelo decaimento nuclear fundiu o interior do planeta em formação, fazendo com que os minerais se separassem de acordo com a densidade. O resultado é o núcleo fundido, principalmente de ferro envolto por um manto, formado em sua maior parte de rocha à base de silicato e que tem como elementos mais abundantes o silício e o oxigênio. O aquecimento da Terra levou à formação das placas tectônicas, à circulação termicamente induzida de segmentos do manto que provoca a expansão das placas nas cristas meso-oceânicas, bem como à elevação do material da crosta nos limites das placas, que são encontradas nas margens continentais.

Os compostos voláteis, como H_2O, $HC\ell$, CO_2, SO_2 e N_2, foram expelidos do interior por meio das erupções vulcânicas, formando os oceanos e a atmosfera. Essa separação natural entre compostos voláteis e não voláteis foi também uma separação entre os ácidos e as bases, porque o CO_2, o SO_2 e, principalmente, o $HC\ell$ são ácidos, e os minerais restantes tendem a ser básicos. A basicidade da litosfera surge essencialmente dos minerais alcalinos e alcalinoterrosos, especialmente Na, K, Mg e Ca, que são relativamente comuns na crosta terrestre. Esses elementos formam óxidos básicos, que são incorporados à estrutura predominante de silicato das primeiras fases minerais.

SPIRO, Thomas G.; STIGLIANI; William M. *Química Ambiental*. 2. ed. São Paulo: Pearson. 2009. p. 198.

Exercício resolvido

(Enem) Suponha que um agricultor esteja interessado em fazer uma plantação de girassóis. Procurando informação, leu a seguinte reportagem:

Solo ácido não favorece plantio

Alguns cuidados devem ser tomados por quem decide iniciar o cultivo do girassol. A oleaginosa deve ser plantada em solos descompactados, com pH acima de 5,2 (que indica menor acidez da terra). Conforme as recomendações da Embrapa, o agricultor deve colocar, por hectare, 40 kg a 60 kg de nitrogênio, 40 kg a 80 kg de potássio e 40 kg a 80 kg de fósforo.

O pH do solo, na região do agricultor, é de 4,8. Dessa forma, o agricultor deverá fazer a "calagem". *(Folha de S.Paulo, 25/9/1996)*

Suponha que o agricultor vá fazer calagem (aumento do pH do solo por adição de cal virgem – CaO). De maneira simplificada, a diminuição da acidez se dá pela interação da cal (CaO) com a água presente no solo, gerando hidróxido de cálcio ($Ca(OH)_2$), que reage com os íons H^+ (dos ácidos), ocorrendo, então, a formação de água e deixando íons Ca^{2+} no solo.

Considere as seguintes equações:

I. $CaO + 2\,H_2O \longrightarrow Ca(OH)_3$

II. $CaO + H_2O \longrightarrow Ca(OH)_2$

III. $Ca(OH)_2 + 2\,H^+ \longrightarrow Ca^{2+} + 2\,H_2O$

IV. $Ca(OH)_2 + H^+ \longrightarrow CaO + H_2O$

O processo de calagem descrito pode ser representado pelas equações:

a) I e II
b) I e IV
c) II e III
d) II e IV
e) III e IV

As equações corretas, de acordo com o enunciado do problema, são a II e a III, portanto, alternativa **c**.

Exercícios propostos

1. (Enem) Um dos problemas ambientais decorrentes da industrialização é a poluição atmosférica. Chaminés altas lançam ao ar, entre outros materiais, o dióxido de enxofre (SO_2), que pode ser transportado por muitos quilômetros em poucos dias. Dessa forma, podem ocorrer precipitações ácidas em regiões distantes, causando vários danos ao meio ambiente (chuva ácida).

Um dos danos ao meio ambiente diz respeito à corrosão de certos materiais. Considere as seguintes obras:

I. monumento Itamarati – Brasília (mármore).

II. esculturas do Aleijadinho – MG (pedra-sabão, contém carbonato de cálcio).

III. grades de ferro ou alumínio de edifícios.

A ação da chuva ácida pode acontecer em:

a) I, apenas.

b) I e II, apenas.

c) I e III, apenas.

d) II e III, apenas.

e) I, II e III.

2. (Enem) Em 1872, Robert Angus Smith criou o termo "chuva ácida", descrevendo precipitações ácidas em Manchester após a Revolução Industrial. Trata-se do acúmulo demasiado de dióxido de carbono e enxofre na atmosfera que, ao reagirem com compostos dessa camada, formam gotículas de chuva ácida e partículas de aerossóis. A chuva ácida não necessariamente ocorre no local poluidor, pois tais poluentes, ao serem lançados na atmosfera, são levados pelos ventos, podendo provocar a reação em regiões distantes. A água de forma pura apresenta pH 7 e, ao contatar agentes poluidores, reage, modificando seu pH para 5,6 e até menos que isso, o que provoca reações, deixando consequências.

> Disponível em: <www.brasilescola.com>.
> Acesso em: 18 maio 2010. Adaptado.

O texto aponta para um fenômeno atmosférico causador de graves problemas ao meio ambiente: a chuva ácida (pluviosidade com pH baixo). Esse fenômeno tem como consequência

a) a corrosão de metais, pinturas, monumentos históricos, destruição da cobertura vegetal e acidificação de lagos.

b) a diminuição do aquecimento global, já que esse tipo de chuva retira poluentes da atmosfera.

c) a destruição da fauna e da flora e a redução dos recursos hídricos, com o assoreamento dos rios.

d) as enchentes, que atrapalham a vida do cidadão urbano, corroendo, em curto prazo, automóveis e fios de cobre da rede elétrica.

e) a degradação da terra nas regiões semiáridas, localizadas, em sua maioria, no Nordeste do nosso país.

Peróxidos

São óxidos que possuem uma ligação do tipo — O — O —, ou seja, dois átomos de oxigênio ligados entre si. Nesse caso, cada átomo de oxigênio apresenta carga igual a −1.

Exemplos: H_2O_2, K_2O_2, Li_2O_2, Na_2O_2, BaO_2, CaO_2 e MgO_2.

234 Unidade 2 A Teoria Atômica e a constituição da matéria

O peróxido de hidrogênio (H_2O_2) em solução aquosa é vendido no comércio com o nome de **água oxigenada** e é um poderoso agente oxidante. Fragmentos dessa molécula, — O — OH e — OH, estão presentes no ***smog* fotoquímico**, um tipo de poluição que ataca moléculas orgânicas não queimadas de combustível e as converte em agentes lacrimejantes, como o PAN (nitrato de peroxiacetila), responsável por boa parte da irritação dos olhos causada pelo *smog*.

$$CH_3 - C \underset{O - O}{\overset{O}{<}} \quad NO_2$$

Nitrato de peroxiacetila (PAN)

A água oxigenada é usada para descolorir cabelos e pelos do corpo, mas principalmente no branqueamento da polpa de papel. A ação do peróxido de hidrogênio como alvejante provém de sua capacidade de oxidar e destruir pigmentos, incluindo a melanina, responsável pela cor dos cabelos negros, castanhos e louros.

Uma vantagem desse composto em relação a outros agentes alvejantes, como o gás cloro, é que seus produtos de decomposição são o oxigênio e a água, não poluentes.

A água oxigenada é muito utilizada para limpar ferimentos. No sangue existe uma enzima, a catalase, que acelera a decomposição da água oxigenada, de acordo com a equação:

$$H_2O_2 \, (aq) \longrightarrow H_2O \, (\ell) \; + \; \frac{1}{2} O_2 \, (g)$$

A produção do oxigênio, durante a decomposição da água oxigenada, resulta na formação de uma espuma característica sobre os ferimentos que mata as bactérias anaeróbias presentes na ulceração, tornando-a mais asséptica.

Frascos com água oxigenada devem ser arrolhados com tampas frouxas, assim é possível aliviar a pressão em seu interior deixando o gás oxigênio decomposto escapar. A decomposição da água oxigenada pode ser ocasionada pela ação de luz e calor, por isso seus frascos são escuros. Eles evitam a entrada de luz e devem ser mantidos em lugares frescos.

Dióxido de carbono – Gás carbônico (CO_2)

É um dos produtos finais da decomposição de materiais orgânicos obtidos por meio de queimadas, combustão de derivados do petróleo e metabolismo. A quantidade liberada desse gás na atmosfera é uma das principais preocupações ambientais do momento, pois seu excedente intensifica o **efeito estufa**, que tem aumentado a temperatura média do planeta Terra.

Uma das formas de retirar o CO_2 da atmosfera é por meio do processo da fotossíntese, no qual a vegetação, com o auxílio do pigmento clorofila e da energia solar, combina o dióxido de carbono com água e os transforma em carboidratos. Por esse motivo, muitos países industrializados, principais emissores de CO_2, estão propondo a plantação de grandes florestas como uma das alternativas para aumentar o consumo desse gás, já que absorveriam o dióxido de carbono.

Trata-se de um gás incolor, inodoro, mais denso que o ar. Não é combustível nem comburente, por isso é usado em **extintor de incêndio**. Como não é tóxico, também não

Compostos inorgânicos   Capítulo 7   235

é poluente. Entretanto, o ar com maior teor de CO_2 que o normal (0,03%) é impróprio à respiração porque contém menor teor de O_2 que o normal.

O CO_2 na fase sólida é conhecido como **gelo-seco** e é usado para produzir baixas temperaturas, pois sublima, isto é, passa diretamente da fase sólida para a gasosa. Justamente pela inexistência da fase líquida em condições normais é que recebeu esse nome popular. É muito utilizado em casas noturnas e em *shows* por criar uma névoa branca, proporcionando um efeito visual característico.

Qualquer atividade muscular ou cerebral requer certa quantidade de energia que, quando obtida, tem como produto final o dióxido de carbono. O mesmo CO_2 produzido no processo metabólico está contido nos refrigerantes e nas águas minerais gaseificadas, liberado quando a garrafa é aberta e a pressão, que o mantém dissolvido no líquido, é aliviada. Isso acontece porque a solubilidade do CO_2 é maior em pressões mais elevadas.

Na presença de água, o gás carbônico forma os importantes equilíbrios:

$$CO_2\ (g) \quad + \quad H_2O\ (\ell) \quad \rightleftharpoons \quad H_2CO_3\ (aq) \quad \rightleftharpoons \quad H^{1+}\ (aq) \quad + \quad HCO_3^{1-}\ (aq)$$

Esses equilíbrios são responsáveis pela formação do fraquíssimo ácido carbônico, que provoca uma sensação típica na língua, realça o sabor da bebida e age como bactericida suave.

Painel Intergovernamental sobre Mudanças Climáticas (IPCC)

A criação da Convenção-Quadro sobre Clima em 1992 foi o primeiro grande reconhecimento político público da questão climática, mas devemos ter em mente que este foi o resultado de um processo que começou em 1988 com o desenvolvimento do Painel Intergovernamental sobre Mudanças Climáticas. Criado pelo Programa das Nações Unidas para o Meio Ambiente para a Organização Meteorológica Mundial com o fim de estudar fenômenos ligados às mudanças climáticas, o painel agrega 2,5 mil proeminentes cientistas de mais de 130 países.

O Grupo de Trabalho I avalia os aspectos científicos do sistema climático e o fenômeno das alterações climáticas. O GT- II examina a vulnerabilidade dos sistemas humanos e naturais impactados pelas alterações climáticas, as consequências destas alterações, e busca maneiras de adaptar-se a elas. O GT- III avalia o potencial para mitigar alterações climáticas e limitar a emissão de gases do efeito estufa.

Uma das descobertas mais importantes dos relatórios produzidos pelo grupo é a de que a Terra está sofrendo aumentos de temperatura além dos parâmetros conhecidos pela Ciência e que existe uma concentração de gases do efeito estufa que ultrapassa os padrões históricos. O anúncio destas descobertas soou como um alerta para a humanidade.

De acordo com o quarto relatório, publicado em 2007, há 95% de certeza científica que as alterações climáticas vêm sendo causadas por atividades humanas. Isto faz com que seja essencial que as nações concordem em reduzir suas emissões de gases do efeito estufa e que se ponham no rumo de uma economia de baixo carbono.

Disponível em: <www.brasil.gov.br/meio-ambiente/2011/11/painel-intergovernamental-sobre-mudancas-climaticas-ipcc>. Acesso em: 15 fev. 2017.

COM A PALAVRA...

Aldo José Gorgatti Zarbin*

Química de materiais inorgânicos

O termo "material" ou "materiais" tem sido amplamente utilizado nos dias atuais com um grande número de significados nem sempre cientificamente corretos. Pode-se definir "materiais" como quaisquer substâncias que possuem determinadas propriedades que as tornam funcionais, ou seja, úteis em algum tipo de máquina, produto ou dispositivo. A relação do ser humano com os diversos tipos de material é tão profunda que as diferentes eras da civilização foram definidas por sua função (idade da pedra, idade do bronze, idade do ferro). Não seria exagero afirmar que a utilização de materiais em atividades básicas (como vestuário, alimentação e proteção) distingue o ser humano dos outros animais, além de fornecer-lhe proteção, condições de sobrevivência e domínio sobre as outras espécies.

De modo simplificado, podemos dividir os materiais em orgânicos (como as borrachas e os plásticos) e inorgânicos (como o aço e as cerâmicas). Muitos dos compostos inorgânicos são materiais de grande destaque e de utilidade corriqueira no dia a dia, mas que a grande maioria das pessoas nem sequer tem conhecimento. Dentre as grandes classes de materiais inorgânicos de destaque podemos citar: a) os metais, cujo domínio de sua produção e manipulação pode ser considerado um dos grandes avanços da história da humanidade. Metais são utilizados como fios condutores de eletricidade (cobre), em ferramentas (ferro, estanho, cobre), em utensílios domésticos (ferro, alumínio), como resistência em lâmpadas (tungstênio), como materiais de alta resistência mecânica (nióbio), nas indústrias automobilística e aeronáutica (titânio), em próteses (titânio) etc.; b) os óxidos, que possuem papel importante em vários dispositivos, sendo utilizados como materiais magnéticos em armazenamento de informações (Fe_3O_4, CrO_2), na fabricação de vidros (SiO_2, Na_2O), como cerâmicas (Al_2O_3), como componentes ativos de sensores (SnO_2, TiO_2), em processos de purificação de ar e água (TiO_2), como materiais supercondutores ($YBa_2Cu_3O_7$) etc.; c) os semicondutores, que são compostos que apresentam condutividade elétrica intermediária entre os metais e os isolantes e que têm importância fundamental na indústria de microeletrônica e de telecomunicações. Os semicondutores são, em sua maioria, materiais inorgânicos, sendo o silício (Si) o mais famoso. Além do silício, podemos destacar alguns sulfetos (CdS, HgS), selenetos (PbSe) etc.; d) os ácidos e as bases, cujas estruturas permitem o movimento de íons, o que possibilita sua utilização como eletrólitos sólidos em baterias (de celulares e marca-passos, por exemplo), como o ácido antimônico ($H_2Sb_2O_6 \cdot H_2O$). Nos últimos anos, químicos e cientistas de materiais estão fortemente envolvidos com as chamadas Nanociência e Nanotecnologia, que visam à obtenção de materiais tão pequenos (da ordem de nanômetros, ou seja, bilionésimos de metros) que podem apresentar propriedades antes inimagináveis. A Nanociência e a Nanotecnologia são, hoje, um ramo em expansão que tornou a já fascinante Química de Materiais um dos mais exuberantes campos do conhecimento humano e que certamente acarretará o desenvolvimento de novos produtos, cujo impacto em nossas vidas poderá ser tão significativo quanto o foi a descoberta da penicilina ou a invenção dos computadores pessoais.

▶ QUESTÕES

1. Pesquise na internet e encontre alguns materiais orgânicos ou inorgânicos que são usados em nosso dia a dia, como, por exemplo, no vestuário, em medicamentos, na confecção de casas e escolas etc.

2. São poucos os metais encontrados na forma metálica na natureza. Eles geralmente são encontrados em minérios (na terra) e, depois de processados, são convertidos na forma metálica. Por exemplo, o sal de cozinha, formado principalmente por cloreto de sódio (NaCℓ), contém o metal sódio, só que não na forma metálica. Por meio de processos adequados, este sódio pode ser convertido em sódio metálico. Quais os principais minérios que contêm ferro? Como o ferro é obtido a partir desses minérios?

3. Pesquise na internet algum exemplo de material (nanomaterial) que já está sendo comercializado e, portanto, faz parte do nosso dia a dia.

* Mestre e Doutor em Química do Estado Sólido. Professor do Departamento de Química da Universidade Federal do Paraná.

Exercícios finais

1. (UPESSA) Na série Prison Break (FOX), Michael Scofield utiliza um composto chamado Kesslivol para corroer o aço e destruir a cerca de proteção da prisão SONA, no Panamá. Na verdade, o Kesslivol não existe, mas o aço pode ser corroído pela ação de um ácido forte e oxidante.

Qual dos ácidos abaixo Scofield poderia usar para fugir da prisão?

a) H_3BO_3

b) HCℓ

c) HCN

d) HNO_3

e) CH_3COOH

2. (UEMG) Observe a tirinha:

A personagem da tirinha de humor mandou cuspir a substância porque uma importante propriedade do ácido sulfúrico é ser

a) amargo.

b) cáustico.

c) venenoso.

d) corrosivo.

Texto para a próxima questão:

Analise a reação abaixo:

HCℓ + NaOH → NaCℓ + H_2O

3. (Imed-RS) Pela Teoria de Arrhenius, HCℓ, NaOH e NaCℓ são classificados, respectivamente, como:

a) Ácido, base e sal.

b) Ácido, ácido e base.

c) Base, ácido e sal.

d) Base, sal e ácido.

e) Base, ácido e ácido.

4. (UPM-SP) Alguns produtos comercializados no mercado têm como principais componentes substâncias inorgânicas, nas quais o elemento químico sódio encontra-se presente.

Na tabela a seguir há a relação de algumas dessas substâncias.

Produtos comercializados	Substâncias inorgânicas
Água sanitária	Hipoclorito de sódio
Desentupidores de pia	Hidróxido de sódio
Sal de cozinha	Cloreto de sódio
Fermento químico	Hidrogenocarbonato de sódio
Creme dental	Fluoreto de sódio

Assinale a alternativa na qual encontram-se as fórmulas químicas das substâncias inorgânicas presentes nos produtos comercializados, na ordem que aparecem na tabela, de cima para baixo.

a) NaHCℓO, NaOH, NaCℓO, $NaHCO_3$ e NaF.

b) NaCℓO, NaOH, NaCℓ, $NaHCO_3$ e NaF.

c) NaCℓO, NaCℓ, NaOH, $NaHCO_2$ e Na_2F.

d) NaCℓO, NaOH, NaCℓ, $NaHCO_4$ e Na_2F.

e) NaHCℓO, NaOH, NaCℓ, $NaHCO_3$ e Na_2F.

5. (UEM-PR) Assinale o que for **correto**.

01) Segundo Arrhenius, uma substância molecular dissolvida em água não pode conduzir corrente elétrica.

02) Substâncias ácidas geralmente possuem sabor adstringente (amarram a boca) enquanto que as bases possuem sabor azedo.

04) O ácido fosforoso tem a fórmula H_3PO_3.

08) O ácido ortocrômico tem a fórmula $H_2Cr_2O_7$.

16) O ácido fluorídrico tem a propriedade de corroer o vidro.

6. (UEPG-PR) Considerando as representações abaixo, assinale o que for correto quanto às ligações químicas desses compostos:

Dados:

H(Z = 1); O(Z = 8); S(Z = 16); Cℓ (Z = 17); H(Z = 19); Ca(Z = 20); I(Z = 53)

I. H_2S III. $CaCℓ_2$

II. O_2 IV. KI

01) O composto III é um sal inorgânico formado por ligação iônica.

02) O composto II tem moléculas de geometria linear formadas por ligação covalente apolar.

04) O composto I é um ácido inorgânico com ligações do tipo covalente polar.

08) O composto IV, quando puro, é um líquido à temperatura ambiente e essa característica se deve ao tipo de ligação química apresentada.

7. (UPE) Um trecho do "Canto Armorial ao Recife, Capital do Reino do Nordeste", de Ariano Suassuna, é transcrito a seguir:

238

Que o Nordeste é uma Onça e estão seus ombros
queimados pelo Sol e pelo sal:
as garras de arrecifes, os Lajedos,
são seus dentes-de-pedra e ossos-de-cal.
A Liberdade e o sangue da Inumana
precisam de teu Gládio e do Punhal!

(Disponível em: <http://sergiobgomes.wordpress.com>.)

Que tipo de constituinte químico é o mais destacado nas estruturas naturais metaforizadas nesses versos?

a) $CaCO_3$
b) $CaCl_2$
c) CaO
d) $Ca(NO_3)_2$
e) $Ca_3(PO_4)_2$

8. (Uepa)

Tão complexas quanto a química da vida, as condições para o bom crescimento das plantas, geralmente, se resume em três números: 19, 12 e 5. Eles representam as porcentagens de nitrogênio, fósforo e potássio impressas em destaque em quase todas as embalagens de fertilizante. No século 20, esses três nutrientes permitiram que a agricultura aumentasse a produtividade e que a população mundial crescesse seis vezes mais. Mas qual a fonte desses nutrientes? O nitrogênio vem do ar, mas o fósforo e o potássio são extraídos de minas. As reservas de potássio são suficientes para séculos, mas com o fósforo a situação é diferente. O principal componente dos fertilizantes, o fósforo é pouco valorizado e tem reservas para apenas algumas décadas. É provável que os suprimentos disponíveis de imediato comecem a esgotar-se no final deste século, o esgotamento das fontes deste mineral causaria um colapso na produção mundial de alimentos pela agricultura. Muitos estudiosos dizem que, quando isso acontecer, a população terá alcançado um pico além do que o planeta pode suportar em termos de sustentabilidade.

(Extraído e adaptado de: VACARY. David A. Solos desnutridos. *Scientific American Brasil*. Aula aberta. Ed. Duetto, 2012).

Com relação aos elementos químicos destacados no texto e analisando a tabela periódica, é correto afirmar que:

a) a espécie NH_3 possui uma estrutura geométrica trigonal plana.
b) o elemento químico P é um calcogênio e a espécie PH_3 é um sal.
c) o elemento químico K é um metal alcalino e sua base KOH é uma base fraca.
d) a configuração eletrônica: $1s^2, 2s^2, 2p^6, 3s^2, 3p^7$ pertence ao elemento químico 19K.
e) o elemento químico N possui maior eletronegatividade que o elemento químico P.

9. (Feevale-RS) Nitrogênio, fósforo e potássio podem estar presentes no solo na forma de nitrato de cálcio, ortofosfato de sódio e sulfato de potássio. A sequência que representa as substâncias citadas é:

a) $Ca(NO_2)_2 – Na_3(PO_4)_2 – K_2SO_4$
b) $CaNO_3 – Na_3(PO_4)_3 – KSO_4$
c) $Ca(NO_3)_2 – Na_2HPO_4 – K(SO_4)_2$
d) $Ca(NO_3)_2 – Na_3PO_4 – K_2SO_4$
e) $CaNO_3 – Na_3PO_4 – KSO_4$

10. (PUC-MG) O gesso, sulfato de cálcio anidro endurecido, é um sal muito utilizado em diversas áreas do conhecimento, tais como: medicina (imobilização de membros com fratura) e ornamentações, por exemplo. Sobre a função inorgânica sal, assinale a alternativa CORRETA.

a) Os sais são provenientes de uma reação entre um ácido e a água.
b) Os hidrogenossais são provenientes de uma reação de neutralização parcial, ou seja, alguns hidrogênios ionizáveis não são neutralizados.
c) Soluções salinas não são boas condutoras de eletricidade.
d) A classificação de "sais hidratados" se justifica por serem na verdade soluções salinas.

11. (PUC-MG) Considere as seguintes afirmativas:

I. Ácidos de Arrhenius são conhecidos por liberar íons H^+ em solução aquosa.

II. Bases de Arrhenius são espécies capazes de liberar íons OH^- em água.

III. O ácido sulfúrico 98% é um ótimo condutor de eletricidade.

IV. Quanto maior o grau de ionização de um ácido, maior será sua força.

Dentre as afirmativas acima, são corretas apenas:

a) I, II e IV
b) II e IV
c) II, III e IV
d) I e II

12. (UPM-SP)

O cientista Wim L. Noorduin, da Escola de Engenharia e Ciências Aplicadas (SEAS, na sigla em inglês) em Harvard, nos EUA, aprendeu a manipular gradientes químicos para criar estruturas microscópicas semelhantes a flores. Nas suas experiências, Noorduin aprendeu a controlar minúsculos cristais, em placas de vidro e lâminas de metal, para criar estruturas específicas. Noorduin e a sua equipe dissolveram cloreto de bário e silicato de sódio numa solução de água. O dióxido de carbono do ar naturalmente dissolve-se na água, dando início a uma reação que deriva em cristais de carbonato de bário. O processo químico também baixa o pH da solução ao redor dos cristais, os quais, por sua vez, reagem com o silicato de

Exercícios finais

sódio dissolvido. Com o pH ácido é adicionada uma camada de sílica às estruturas, usando o ácido da solução, permitindo a continuidade da formação de cristais de carbonato de bário. "Ao longo de pelo menos 200 anos, as pessoas têm questionado como formas complexas conseguem evoluir na natureza", declara Noorduin. "Este trabalho ajuda a demonstrar o que é possível (fazer) apenas com mudanças químicas e ambientais."

Disponível em:
<http://diariodigital.sapo.pt/news.asp?id_news=641134>.

A respeito das substâncias inorgânicas sublinhadas no texto, pode-se afirmar que suas fórmulas químicas são, respectivamente,

Dados: números atômicos (Z): C = 6, O = 8, Na = 11, Si = 14, $C\ell$ = 17 e Ba = 56

a) $BaC\ell_2$, Na_2SiO_3, CO_2 e $BaCO_3$.

b) $BaC\ell$, Na_2SiO_3, CO_2 e $BaCO_3$.

c) $BaC\ell_2$, Na_2SiO, CO_2 e Ba_2CO_3.

d) $BaC\ell$, Na_2SiO, CO e Ba_2CO_3.

e) $BaC\ell$, Na_2SiO_3, CO e Ba_2CO_3.

13. (UFJF-Pism) Os metais de transição constituem o grande bloco da parte central da Tabela Periódica. Os óxidos formados por metais de transição são muito importantes na indústria de pigmentos de tintas. Assinale a alternativa que contém apenas óxidos de metais de transição do bloco **d** da Tabela Periódica.

a) CdS e Fe_2O_3

b) A_2O_3 e Na_2O

c) Cr_2O_3 e Co_2O_3

d) ZnO e $Mn_3(PO_4)_2$

e) Ti_2O e A_2O_3

14. (Uerj) Em algumas indústrias, a fumaça produzida pelo processo de queima de combustíveis fósseis contém a mistura dos seguintes gases residuais: CO_2, CO, SO_2, N_2 e O_2.

Nomeie o CO_2, indique a geometria molecular do SO_2 e escreva a fórmula do óxido neutro. Em seguida, escreva o símbolo do elemento químico que compõe um dos gases residuais, sabendo que esse elemento pertence ao grupo 15 da tabela de classificação periódica.

15. (PUCC-SP) O *pó de ocre* é uma mistura de minerais que contém ferro, cujas cores podem variar dependendo de sua composição. O marrom-ocre é obtido principalmente a partir da limonita, $Fe(OH)_3 \cdot nH_2O$. O vermelho-ocre vem da hematita, Fe_2O_3. Já o amarelo-ocre pode ser goethita, $FeO(OH)$ limonita ou uma mistura de ambos. As funções inorgânicas a que a limonita e a hematita pertencem são, respectivamente,

a) ácido e base.

b) óxido e ácido.

c) base e óxido.

d) óxido e base.

e) base e ácido.

16. (UEPG-PR) O calcário é uma rocha constituída de $CaCO_3$ e muito utilizado na obtenção de cal viva (CaO) através da reação equacionada abaixo. A cal viva formada é aplicada em pinturas e em contato com a água forma a cal hidratada.

Sobre o sistema proposto, assinale o que for correto.

$$CaCO_3(s) \xrightarrow{\Delta} CaO(s) + CO_2(g)$$

01) A cal hidratada é $Ca(OH)_2$.

02) O CaO é um anidrido.

04) Os nomes dos compostos $CaCO_3$ e CaO são, respectivamente, carbonato de cálcio e peróxido de cálcio.

08) A reação apresentada é uma reação de deslocamento ou simples troca.

16) O dióxido de carbono é um óxido ácido.

17. (ITA-SP) Os óxidos de metais de transição podem ter caráter ácido, básico ou anfótero. Assinale a opção que apresenta o caráter dos seguintes óxidos: CrO, Cr_2O_3 e CrO_3.

a) Ácido, anfótero, básico

b) Ácido, básico, anfótero

c) Anfótero, ácido, básico

d) Básico, ácido, anfótero

e) Básico, anfótero, ácido

18. (Unimontes-MG) Uma gama de compostos químicos é originada de óxidos não metálicos. Entre esse grupo, podemos citar o ácido sulfúrico e o ácido nítrico, comumente utilizados em laboratório. Em relação às propriedades desse tipo de óxido ou de seus ácidos, é INCORRETO o que se afirma em:

a) O dióxido de silício, presente em cristais de quartzo, é um exemplo desse tipo de óxido.

b) Os óxidos SO_3 e N_2O_5 dão origem aos ácidos sulfúrico e nítrico, respectivamente.

c) O monóxido de carbono e o monóxido de nitrogênio são inertes em relação à água.

d) O ácido sulfúrico e o ácido nítrico apresentam o mesmo grau de ionização.

Texto para a próxima questão:

Para resolver a questão a seguir considere o texto retirado do *website* da Universidade Federal de São Paulo (Unifesp).

"[...] Junho de 2003. Um erro em uma indústria farmacêutica provoca intoxicação em dezenas de pessoas. Há uma morte confirmada e outras 15 suspeitas. A causa: um veneno chamado carbonato de bário. O Celobar, medicamento que causou a tragédia, deveria conter somente sulfato de bário. Mas, na tentativa de transformar o carbonato em sulfato, algum erro fez com que quase 15% da massa do Celobar comercializado fosse de carbonato de bário.

Pacientes tomam sulfato de bário para que os órgãos de seu sistema digestório fiquem visíveis nas radiografias. É o chamado contraste. O problema é que os íons bário são muito tóxicos. Quando absorvidos causam vômito, cólicas, diarreia, tremores, convulsões e até a morte. Cerca de 0,5 g é dose fatal. Mas, se a toxicidade é do bário, por que o sulfato de bário não é perigoso e o carbonato de bário sim?

É que o sulfato de bário praticamente não se dissolve na água. Sua solubilidade em água é de apenas $1,0 \times 1,0^{-5}$ mol/L (sob temperatura de 25 °C) O que os pacientes ingerem é uma suspensão aquosa desse sal em que a maior parte dele não está dissolvida. Sem dissolução, não há, praticamente, dissociação do sal. É por isso que os íons bário não são liberados para serem absorvidos pelo organismo. Não há perigo.

Ainda assim, só para garantir, essa suspensão costuma ser preparada em uma solução de sulfato de potássio, um sal bastante solúvel em água. A função desse sal é aumentar a concentração de íons sulfato. Desse modo, o equilíbrio da dissociação do sal é bem deslocado para a esquerda, diminuindo ainda mais a presença de íons bário na suspensão.

Com o carbonato de bário é diferente. Apesar de pouco solúvel em água, ele reage com o ácido clorídrico do nosso estômago formando um sal solúvel, o cloreto de bário. Ao se dissolver, esse sal se dissocia, liberando íons bário para o organismo. O corpo absorve esses íons, e a intoxicação acontece. Triste é saber que uma simples gota de ácido clorídrico, misturada ao Celobar, teria evitado a tragédia. Essa gota produziria bolhas de gás carbônico, o que evidenciaria a presença do veneno no medicamento [...]".

Disponível em: <http://www2.unifesp.br/reitoria/residuos//curiosidades/casocelobar>. Acesso em: 14 Abr. 2016.

19. (Acafe-SC) Baseado nas informações fornecidas e nos conceitos químicos assinale a alternativa que contém as fórmulas das respectivas espécies químicas: carbonato de bário, sulfato de bário, sulfato de potássio, cloreto de bário, ácido clorídrico e gás carbônico.

a) $BaCO_3$, $BaSO_4$, K_2SO_4, $BaC\ell_2$, $HC\ell(aq)$, $CO_2(g)$.

b) Ba_2CO_3, $BaSO_4$, KSO_4, $BaC\ell_2$, $HC\ell(aq)$, $H_2CO_3(g)$.

c) $BaCO_3$, $BaSO_3$, K_2CO_3, $BaC\ell_3$, $HCO_3(aq)$, $CO_2(g)$.

d) $BaCO_3$, $BaSO_4$, KSO_4, $BaC\ell_2$, $HC\ell(aq)$, $CO_2(g)$.

20. (Uern)

Representado pela fórmula química CO, o monóxido de carbono é um gás incolor e inodoro proveniente da combustão incompleta de combustíveis fósseis (carvão mineral, petróleo e gás natural). Se inalado em altas concentrações pode matar por asfixia. Isso ocorre porque, ao ser inspirado, o monóxido de carbono é capaz de estabelecer ligações químicas altamente estáveis com a hemoglobina das hemácias, formando a carboxiemoglobina (HbC), o que as impossibilita de transportar oxigênio em todo o processo de respiração.

Disponível em: <www.infoescola.com/quimica/monoxido-de-carbono>.

O óxido citado no trecho anterior pode ser classificado como óxido

a) ácido.

b) básico.

c) neutro.

d) anfótero.

Texto para a próxima questão:

Leia o texto para responder à questão.

Em algumas regiões do país não é raro encontrar ao mesmo tempo condições aeróbicas e anaeróbicas em partes diferentes de um mesmo lago, particularmente no verão, devido à ocorrência de um fenômeno conhecido como estratificação, ocasionado pela diferença de temperatura da água. As espécies químicas que estão presentes nas camadas diferenciadas do lago são mostradas na figura a seguir:

Pode-se observar na figura que, nas condições aeróbicas, têm-se espécies oxidadas e, perto do fundo, têm-se as condições anaeróbicas e as espécies na forma mais reduzidas dos mesmos elementos.

21. (Uepa) Sobre as propriedades ácidas e básicas das espécies presentes no lago, é correto afirmar que a espécie:

a) $Fe(OH)_3$ é uma base forte.

b) H_2CO_3 é um ácido forte.

c) CO_2 é um óxido básico.

d) H_2S é um hidrácido.

e) $Fe(OH)_3$ é solúvel em água.

Texto para a próxima questão:

Leia o texto para responder àquestão.

A infraestrutura das cidades deve contar com uma série de serviços, entre eles oferecer uma água de qualidade para a população, cujo tratamento desta pode ser auxiliado, inicialmente, com a adição de CaO, em seguida adiciona-se $A\ell_2(SO_4)_3$, que reage com o OH^- formando o precipitado $A\ell_2(SO_4)_3$. A água, então, é filtrada e clorada. Durante o processo de cloração, ocorre a seguinte reação:

$$C\ell_2(g) + 2\,H_2O(\ell) \rightarrow H_3O^+ + C\ell^-(aq) + HC\ell O(aq)$$

22. (Uepa) Considerando as informações do texto, é correto afirmar que:

a) o CaO é classificado como óxido básico.

b) o CaO é um composto covalente.

c) o $HC\ell O$ apresenta ligações covalentes apolares.

d) o gás cloro é uma molécula polar.

e) o cloro no $HC\ell O$ apresenta Nox igual a -1.

23. (PUC-SP) Um óxido básico é um óxido iônico que reage com água tendo um hidróxido como produto. São óxidos básicos todas as seguintes substâncias:

a) CO_2, SO_3, TiO_2.

b) CaO, Na_2O, K_2O.

c) $CaSO_4$, MgO, CO.

d) Li_2O, $Mg(OH)_2$, SiO_2.

e) KHO_3, CaO, $BaSO_4$.

Compostos inorgânicos **Capítulo 7** 241

Exercícios finais

24. (Uern) Apesar do perigo iminente de os astronautas ficarem sem O_2 para respirar, a principal preocupação da NASA era evitar que a atmosfera da espaçonave ficasse saturada de gás carbônico (CO_2) exalado pela própria equipe. Isso causaria um abaixamento do pH do sangue da tripulação (acidemia sanguínea). Para eliminar o CO_2 há adaptados à ventilação, recipientes com LiOH, uma base capaz de absorver esse gás.

$$CO_2 + 2\,LiOH \rightarrow Li_2CO_3 + H_2O$$

(Pereira, L. F. *Folha de São Paulo*, 29/05/2003.)

A partir das informações e da reação contida no trecho anterior, marque a afirmativa correta.

a) O hidróxido de lítio é uma base fraca.

b) O dióxido de carbono é um óxido ácido.

c) O carbonato de lítio é uma molécula biatômica.

d) O hidróxido de lítio apresenta ligação do tipo covalente.

25. (UFSM-RS) A exposição dos atletas ao sol intenso exige cuidados especiais com a pele. O dióxido de titânio é usado em vestimentas a fim de proteger os atletas da radiação solar. A fórmula química do dióxido de titânio é _____, trata-se de um óxido _____ formado por um _____ e oxigênio.

Assinale a alternativa que completa corretamente as lacunas.

a) TiO_2 – iônico – não metal

b) Ti_2O – molecular – não metal

c) TiO_2 – iônico – metal

d) Ti_2O – iônico – não metal

e) TiO_2 – molecular – metal

26. (Ifsul-RS) Certo lago vulcânico liberou uma nuvem de gases tóxicos que continham entre outras substâncias: ácido sulfídrico, monóxido de carbono, dióxido de carbono e dióxido de enxofre.

A alternativa que contém corretamente as fórmulas dos gases citados acima é:

a) CO, CO_2, SO_2, H_2S.

b) SO_3, CO_2, H_2SO_4, SO_2.

c) CO, SO_3, H_2SO_4, SO_2.

d) CO_2, H_2S, SO_3, CO.

27. (PUC-MG) As chuvas ácidas são provocadas devido à grande quantidade de poluentes gasosos lançados na atmosfera por alguns tipos de indústria e pela queima de combustíveis fósseis por automóveis. Uma das substâncias liberadas é o dióxido de enxofre que, ao entrar em contato com o ar atmosférico, transforma-se em trióxido de enxofre. O trióxido de enxofre em contato com a água das nuvens transforma-se em ácido sulfúrico. As chuvas ácidas provocam a deterioração de monumentos históricos, principalmente os constituídos de carbonato de cálcio, cuja reação com o ácido sulfúrico resulta na formação de sulfato de cálcio, dióxido de carbono e água.

Assinale a alternativa que apresenta a fórmula CORRETA das seguintes substâncias químicas citadas no texto: ácido sulfúrico, sulfato de cálcio, dióxido de carbono e água, respectivamente.

a) H_2SO_3, $CaSO_4$, CO_2 e H_2O

b) H_2SO_3, $CaSO_4$, CO_2 e HO_2

c) H_2SO_4, $CaSO_4$, CO_2 e H_2O

d) H_2SO_4, $CaSO_3$, CO e HO_2

28. (EsPCE (Aman)) O *dióxido de enxofre* é um dos diversos gases tóxicos poluentes, liberados no ambiente por fornos de usinas e de indústrias. Uma das maneiras de reduzir a emissão deste gás tóxico é a injeção de *carbonato de cálcio* no interior dos fornos industriais. O carbonato de cálcio injetado nos fornos das usinas se decompõe formando óxido de cálcio e *dióxido de carbono*. O óxido de cálcio, então, reage com o dióxido de enxofre para formar o *sulfito de cálcio* no estado sólido, menos poluente.

Assinale a alternativa que apresenta, na sequência em que aparecem no texto (desconsiderando-se as repetições), as fórmulas químicas dos compostos, grifados e em itálico, mencionados no processo.

a) SO_2; $CaCO_2$; CaO_2; $CaSO_2$

b) SO_2; $CaCO_3$; CaO; CO_2; $CaSO_4$

c) SO_2; Ca_2CO_3; Ca_2O; CO_2; $CaSO_3$

d) SO_2; $CaCO_3$; CaO; CO_2; $CaSO_3$

e) SO_3; $CaCO_4$; CaO; CO; $CaSO_4$

29. (UEPG-PR) As chuvas ácidas podem ter diferentes composições dependendo do local onde são formadas, as mais nocivas são formadas em grandes centros industriais, onde há queima de combustíveis fósseis (gasolina, óleo *diesel*, etc.). Alguns dos poluentes, produzidos na queima dos combustíveis fósseis, que causam a chuva ácida são: o dióxido de enxofre e o dióxido de carbono.

Sobre a chuva ácida, assinale o que for correto.

01) As fórmulas moleculares do dióxido de enxofre e do dióxido de carbono são, respectivamente, SO_2 e CO_2.

02) O dióxido de enxofre é oxidado a trióxido de enxofre que reage com a água presente na atmosfera, produzindo o ácido sulfúrico.

04) O dióxido de carbono é um óxido básico.

08) A chuva ácida não promove a corrosão de metais, porque os ácidos produzidos nesse fenômeno são ácidos fracos.

16) A fórmula molecular do ácido sulfúrico é H_2SO_3.

ATIVIDADE INVESTIGATIVA

A caixa preta

Em uma caixa de papelão, como uma caixa de sapato, serão colocados pelo professor um ou dois objetos que somente ele saberá qual é.

Material

- Caixas de papelão (caixas de sapato), uma para cada grupo de alunos.
- Cilindros de madeira, metal, vidro ou borracha.
- Esferas ou semiesferas de espuma, borracha, metal ou vidro.
- Discos de metal, madeira ou cortiça.
- Cubos ou caixa, maciços ou ocos.
- Pedaços de corrente, tubo com água, outro objeto dentro da água, outra caixa com objetos da lista acima dentro da caixa.

Procedimento

▸ Manuseiem, em grupos, as caixas, submetendo-as a testes, como movimentos para a detecção do peso, a apreciação de ruídos ou a verificação da atração magnética, se houver etc. Não podem, porém, abri-las ou danificá-las. Formulem cinco hipóteses sobre o que se trata para o professor, que dará uma resposta negativa ou afirmativa. Por último desenhem o objeto imaginado. Ao final, cada grupo abrirá a sua caixa. Verifiquem qual grupo acertou o conteúdo da caixa ou lançou a hipótese mais próxima ao correspondente.

▸ Essa atividade servirá para entendermos como os cientistas desenvolvem um modelo a partir de informações que vão sendo acumuladas ao longo do tempo. Ou seja, o cientista elabora experimentos na busca por respostas (ele investiga os materiais obrigando-os a interagir com a luz, com a corrente elétrica e com outras substâncias, dentre outros fatores). Os modelos atômicos são aproximações daquilo que supomos ser a realidade da estrutura íntima ("invisível") da matéria.

Assim como a Química, a Física também se apoia em modelos para seus estudos. Por exemplo, em mecânica, os móveis que se deslocam entre dois pontos com certa velocidade são reduzidos a pontos materiais para que a dimensão do móvel não interfira no estudo do movimento. Transformar as dimensões de um móvel em um ponto geométrico nada mais é do que utilizar um modelo.

Finalização

Utilizando bolinhas de isopor (de diferentes cores e tamanhos), construam, em grupos, algumas moléculas e cristais iônicos (cada grupo pode propor um material) para mostrar as ligações que estão sendo formadas e algumas características desses compostos. Monte uma exposição na escola.

Enem

1. O ambiente marinho pode ser contaminado com rejeitos radioativos provenientes de testes com armas nucleares. Os materiais radioativos podem se acumular nos organismos. Por exemplo, o estrôncio 90 é quimicamente semelhante ao cálcio e pode substituir esse elemento nos processos biológicos.

> FIGUEIRA, R. C. L.; CUNHA, I. I. L. A contaminação dos oceanos por radionuclídeos antropogênicos. *Química Nova na Escola*, n. 1, 1998 (adaptado).

Um pesquisador analisou as seguintes amostras coletadas em uma região marinha próxima a um local que manipula o estrôncio radioativo: coluna vertebral de tartarugas, concha de moluscos, endoesqueleto de ouriços-do-mar, sedimento de recife de corais e tentáculos de polvo.

Em qual das amostras analisadas a radioatividade foi menor?

a) Concha de moluscos.

b) Tentáculos de polvo.

c) Sedimento de recife de corais.

d) Coluna vertebral de tartarugas.

e) Endoesqueleto de ouriços-do-mar.

2. O carvão ativado é um material que possui elevado teor de carbono, sendo muito utilizado para a remoção de compostos orgânicos voláteis do meio, como o benzeno. Para a remoção desses compostos, utiliza-se a adsorção. Esse fenômeno ocorre por meio de interações do tipo intermoleculares entre a superfície do carvão (adsorvente) e o benzeno (adsorvato, substância adsorvida).

No caso apresentado, entre o adsorvente e a substância adsorvida ocorre a formação de:

a) Ligações dissulfeto.

b) Ligações covalentes.

c) Ligações de hidrogênio.

d) Interações dipolo induzido-dipolo induzido.

e) Interações dipolo permanente-dipolo permanente.

3. Os métodos empregados nas análises químicas são ferramentas importantes para se conhecer a composição dos diversos materiais presentes no meio ambiente. É comum, na análise de metais presentes em amostras ambientais, como água de rio ou de mar, a adição de um ácido mineral forte, normalmente o ácido nítrico (HNO_3), com a finalidade de impedir a precipitação de compostos pouco solúveis desses metais ao longo do tempo.

Na ocorrência de precipitação, o resultado da análise pode ser subestimado, porque

a) ocorreu passagem de parte dos metais para uma fase sólida.

b) houve volatilização de compostos dos metais para a atmosfera.

c) os metais passaram a apresentar comportamento de não metais.

d) formou-se uma nova fase líquida, imiscível com a solução original.

e) os metais reagiram com as paredes do recipiente que contém a amostra.

4. Um método para determinação do teor de etanol na gasolina consiste em misturar volumes conhecidos de água e de gasolina em um frasco específico. Após agitar o frasco e aguardar um período de tempo, medem-se os volumes das duas fases imiscíveis que são obtidas: uma orgânica e outra aquosa. O etanol, antes miscível com a gasolina, encontra-se agora miscível com a água.

Para explicar o comportamento do etanol antes e depois da adição de água, é necessário conhecer

a) a densidade dos líquidos.

b) o tamanho das moléculas.

c) o ponto de ebulição dos líquidos.

d) os átomos presentes nas moléculas.

e) o tipo de interação entre as moléculas.

5. As fraldas descartáveis que contêm o polímero poliacrilato de sódio (1) são mais eficientes na retenção de água que as fraldas de pano convencionais, constituídas de fibras de celulose (2).

(1)   (2)

> CURI, D. *Química Nova na Escola*, São Paulo, n. 23, maio 2006 (adaptado).

A maior eficiência dessas fraldas descartáveis, em relação às de pano, deve-se às

a) interações dipolo-dipolo mais fortes entre o poliacrilato e a água, em relação às ligações de hidrogênio entre a celulose e as moléculas de água.

b) interações íon-íon mais fortes entre o poliacrilato e as moléculas de água, em relação às ligações de hidrogênio entre a celulose e as moléculas de água.

c) ligações de hidrogênio mais fortes entre o poliacrilato e a água, em relação às interações íon-dipolo entre a celulose e as moléculas de água.

d) ligações de hidrogênio mais fortes entre o poliacrilato e as moléculas de água, em relação às interações dipolo induzido-dipolo induzido entre a celulose e as moléculas de água.

244

e) interações íon-dipolo mais fortes entre o poliacrilato e as moléculas de água, em relação às ligações de hidrogênio entre a celulose e as moléculas de água.

6. Os tubos de PVC, material organoclorado sintético, são normalmente utilizados como encanamento na construção civil. Ao final da sua vida útil, uma das formas de descarte desses tubos pode ser a incineração. Nesse processo libera-se HCℓ (g), cloreto de hidrogênio, dentre outras substâncias. Assim, é necessário um tratamento para evitar o problema da emissão desse poluente.

Entre as alternativas possíveis para o tratamento, é apropriado canalizar e borbulhar os gases provenientes da incineração em

a) água dura.

b) água de cal.

c) água salobra.

d) água destilada.

e) água desmineralizada.

7. Ácido muriático (ou ácido clorídrico comercial) é bastante utilizado na limpeza pesada de pisos para remoção de resíduos de cimento, por exemplo. Sua aplicação em resíduos contendo quantidades apreciáveis de $CaCO_3$ resulta na liberação de um gás. Considerando a ampla utilização desse ácido por profissionais da área de limpeza, torna-se importante conhecer os produtos formados durante seu uso.

A fórmula do gás citado no texto e um teste que pode ser realizado para confirmar sua presença são, respectivamente:

a) CO_2 e borbulhá-lo em solução de KCℓ

b) CO_2 e borbulhá-lo em solução de HNO_3

c) H_2 e borbulhá-lo em solução de NaOH

d) H_2 e borbulhá-lo em solução de H_2SO_4

e) CO_2 e borbulhá-lo em solução de $Ba(OH)_2$

8. Com o aumento da demanda por alimentos e a abertura de novas fronteiras agrícolas no Brasil, faz-se cada vez mais necessária a correção da acidez e a fertilização do solo para determinados cultivos. No intuito de diminuir a acidez do solo de sua plantação (aumentar o pH), um fazendeiro foi a uma loja especializada para comprar conhecidos insumos agrícolas, indicados para essa correção. Ao chegar à loja, ele foi informado de que esses produtos estavam em falta. Como só havia disponíveis alguns tipos de sais, o fazendeiro consultou um engenheiro agrônomo procurando saber qual comprar.

O engenheiro, após verificar as propriedades desses sais, indicou ao fazendeiro o

a) KCℓ

b) $CaCO_3$

c) $NH_4Cℓ$

d) Na_2SO_4

e) $Ba(NO_3)_2$

9. O cádmio, presente nas baterias, pode chegar ao solo quando esses materiais são descartados de maneira irregular no meio ambiente ou quando são incinerados.

Diferentemente da forma metálica, os íons Cd^{2+} são extremamente perigosos para o organismo, pois eles podem substituir íons Ca^{2+}, ocasionando uma doença degenerativa dos ossos, tornando-os muito porosos e causando dores intensas nas articulações. Podem ainda inibir enzimas ativadas pelo cátion Zn^{2+}, que são extremamente importantes para o funcionamento dos rins. A figura mostra a variação do raio de alguns metais e seus respectivos cátions.

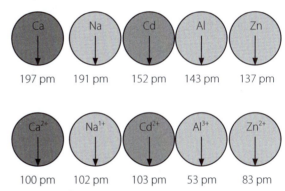

Figura 1: Raios atômicos e iônicos de alguns metais.

ATKINS, P: Jones, L. *Princípios da química*: Questionário, vida moderna e o meio ambiente. Porto Alegre: Bookman, 2001 (adaptado).

Com base no texto, a toxicidade do cádmio em sua forma iônica é consequência de esse elemento

a) apresentar baixa energia de ionização, o que favorece a formação do íon e facilita sua ligação a outros compostos.

b) possuir tendência de atuar em processos biológicos mediados por cátions metálicos com cargas que variam de +1 a +3.

c) possuir raio e carga relativamente próximos aos de íons metálicos que atuam nos processos biológicos, causando interferência nesses processos.

d) apresentar raio iônico grande, permitindo que ele cause interferência nos processos biológicos em que, normalmente, íons menores participam.

e) apresentar carga +2, o que permite que ele cause interferência nos processos biológicos em que, normalmente, íons com cargas menores participam.

UNIDADE 3

FONTES DE RECURSOS NATURAIS

Todas as formas de vida retiram seus recursos da Terra, mas apenas o homem, por meio do uso sistemático dos materiais disponíveis, elaborou uma forma controlada de vida, denominada civilização. Assim fazendo, ele aprendeu a combater os extremos climáticos e a aumentar, muito acima do nível de crescimento natural, as disponibilidades de alimentos. Como consequência disto, o ser humano pôde ocupar os recantos mais afastados do globo, enquanto sua espécie proliferou de tal maneira que ultrapassou em muito o número que poderia subsistir em equilíbrio com a natureza não controlada. A manutenção da enorme população terrestre depende, agora, de um suprimento contínuo dos recursos necessários para alimentar e operar sua sociedade civilizada.

Resta verificar se os recursos vitais ainda disponíveis são suficientemente acessíveis para permitir sua fácil utilização, garantindo assim um futuro estável e seguro. [...]

Fonte: SKINNER, Brian J. *Recursos Minerais da Terra*. São Paulo: Edgard Blücher, 1996.

Plantação de arroz no Vietnã. Foto de 2016.

CAPÍTULO 8

GASES

Os gases constituem uma fase fundamental da matéria em nosso planeta, têm diversas utilidades e seu uso está presente em variadas atividades humanas. Com os gases hidrogênio e nitrogênio, por exemplo, produz-se amônia, matéria-prima essencial para a fabricação de adubos. Há gases que podem ser usados para combater incêndios, outros são utilizados como combustíveis espaciais. São úteis também como anestésicos e apresentam uma infinidade de outros empregos. É vasta a lista de exemplos das possibilidades de utilização dos gases (Figuras 8.1 e 8.2).

Inclusive, para compreendermos como a vida ocorre na Terra, é necessário que entendamos a fase gasosa. Afinal, estamos literalmente imersos numa atmosfera gasosa. É ela que nos fornece o gás oxigênio, vital para a nossa sobrevivência, além de proporcionar temperaturas agradáveis na Terra, com a camada de ozônio nos protegendo dos temíveis raios ultravioleta que, como o gás carbônico, envolvem o planeta e são responsáveis pelo efeito estufa.

Sabemos que certas atividades humanas têm efeito sobre as mudanças que ocorrem na atmosfera. Constantemente somos informados sobre a diminuição da camada de ozônio e sobre o aumento do efeito estufa. Por isso, entender a fase gasosa é garantir uma melhor qualidade de vida para todos os habitantes da Terra.

Por que será que existem substâncias nas três fases de agregação da matéria nas condições ambiente, isto é, em temperatura de 25 °C e 1 atm de pressão?

De maneira simples, pode-se dizer que as moléculas se atraem com mais ou menos intensidade, o que determina a fase de agregação. Nas fases sólida e líquida, as moléculas estão relativamente próximas umas das outras, e há entre elas intensas **forças intermoleculares**. Já na fase gasosa, as forças intermoleculares são muito fracas.

Sem a força de atração entre as moléculas de água, por exemplo, não existiria a água líquida dos rios e dos oceanos, tampouco as geleiras, nem mesmo o sangue correria em nossas veias e artérias.

A atmosfera que nos envolve é constituída, basicamente, por 78% de nitrogênio (N_2) e 21% de oxigênio (O_2), presos à superfície da Terra pela ação da gravidade. O 1% restante é composto de argônio (Ar), dióxido de carbono (CO_2), ozônio (O_3) e outros gases. Desde que o ser humano aprendeu a produzir fogo e, recentemente, a utilizar produtos que originam gases, algumas alterações no meio ambiente vêm ocorrendo. Contribui para isso o fato de lançarmos na atmosfera, continuamente, substâncias resultantes da queima de combustíveis fósseis.

Sua produção, típica de nosso tempo, tem causado muitos problemas ao ambiente e promovido alterações drásticas. A combustão de 50 litros de gasolina (37,5 kg) contidos em um tanque de um automóvel gera aproximadamente 116 kg de gás carbônico.

Figuras 8.1 e 8.2: Os gases são usados tanto para manter um balão no ar, como para impulsionar um foguete em seu lançamento.

248 Unidade 3 Fontes de recursos naturais

Calcula-se que 18 bilhões de toneladas de gás carbônico sejam lançadas anualmente na atmosfera, geradas principalmente pela queima de derivados do petróleo, de gás natural e de carvão. Apesar de a quantidade de CO_2 ser grande, ela ainda é pequena quando comparada com a quantidade de nitrogênio e oxigênio presentes na atmosfera. Entretanto, essa pequena quantidade tem sido responsabilizada pela intensificação do efeito estufa.

Características de algumas substâncias gasosas		
Substância	Fórmula	Características
Cloreto de hidrogênio	$HC\ell$	tóxico, corrosivo, cheiro sufocante
Sulfeto de hidrogênio	H_2S	muito tóxico, cheiro de ovo podre
Monóxido de carbono	CO	tóxico, incolor, inodoro
Dióxido de carbono	CO_2	incolor, inodoro
Metano (gás dos pântanos)	CH_4	inflamável, inodoro, incolor
Amônia	NH_3	incolor, cheiro picante

Como na fase gasosa as distâncias entre as moléculas são grandes em relação às suas dimensões, os gases apresentam alta compressibilidade. Nessas condições, as moléculas desenvolvem um movimento caótico com velocidades elevadas, resultando em várias colisões entre elas e contra as paredes do recipiente que as contém. O resultado dessas colisões pode ser medido e recebe o nome de **pressão**.

$$\text{Pressão} = \frac{\text{Força}}{\text{Área}} \quad \text{ou} \quad P = \frac{F}{A}$$

História da Química

A experiência de Torricelli

Na época em que Galileu provou que o ar possuía massa, tentou-se explicar a ascensão da água nos tubos das bombas aspirantes. Admitia-se que a natureza tinha "horror" ao vácuo, isto é, a natureza tendia a preencher qualquer espaço onde houvesse propensão a se formar vácuo. Mas, na mesma época, os fontanários de Florença notaram que as bombas não podiam aspirar água a mais de 10,33 m de altura, e a hipótese do "horror" ao vácuo não explicava esse fenômeno.

As ideias de Galileu sobre o peso do ar sugeriram ao seu discípulo e sucessor, Torricelli, que a causa real da ascensão da água à altura de 10 m era a pressão atmosférica. Torricelli concluiu que, se essa pressão podia sustentar uma coluna de água de 10 m de altura, deveria poder sustentar uma coluna de mercúrio muito menor, visto que o mercúrio é mais denso que a água. A experiência foi realizada em 1643. Torricelli usou um tubo de vidro de, aproximadamente, 1 m de comprimento, fechado em uma das extremidades, e encheu-o de mercúrio. Depois, tapando a outra extremidade com o dedo, inverteu o tubo e mergulhou-a em uma cuba que já continha a mesma substância. Ao retirar o dedo, observou que a coluna de mercúrio conservou-se acima da superfície livre da substância na cuba, com a altura de 76 cm.

Com a experiência do tubo que, cheio de mercúrio e invertido num recipiente com o mesmo líquido, fica cheio só até um nível de cerca de 76 cm, Torricelli colocou em novas bases a afirmação aristotélica de que a "natureza tem horror ao vácuo". De fato, o tubo de mercúrio fica parcialmente cheio, não por causa de razões misteriosas que levariam os corpos a preencher os vazios existentes, mas em razão da pressão atmosférica (Figura 8.3).

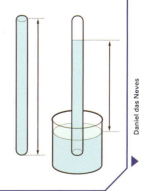

Figura 8.3: O tubo de vidro fica parcialmente cheio devido à pressão atmosférica.

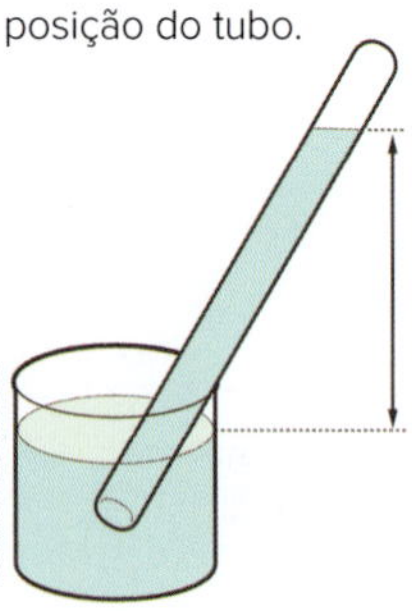

A experiência de Torricelli serviu para comprovar a existência da pressão atmosférica e, simultaneamente, medir o seu valor. Contudo, não satisfez os cientistas da época. Julgando que o vácuo não podia existir na natureza, eles diziam que a ascensão de mercúrio se fazia somente até a altura de 76 cm porque acima do mercúrio formavam-se vapores que o impediam de subir mais.

Pascal, tendo conhecimento da hipótese de Torricelli, repetiu a experiência com outros líquidos, como o vinho, o álcool comum e a água, e verificou que a massa das colunas dos líquidos observados era sempre igual à massa da coluna de mercúrio, com 76 centímetros. Por consequência, a pressão por centímetro quadrado de superfície do lugar onde eram realizadas as experiências era constante.

Os tubos empregados para repetir a experiência de Torricelli são conhecidos pelo nome de tubos de Torricelli. Têm comprimento de 80 cm a 85 cm e diâmetro de 6 mm a 7 mm (Figura 8.4).

Os experimentos de Pascal não haviam modificado ainda a opinião dos sábios, que continuaram a atribuir a influência de vapores à ascensão dos líquidos só até determinadas alturas. Finalmente, Pascal teve a ideia de repetir a experiência de Torricelli em altitudes diferentes e reconheceu, como supunha, que a coluna de mercúrio que fazia equilíbrio à pressão atmosférica era maior na base das montanhas e diminuía progressivamente à medida que o experimento era realizado a altitudes mais elevadas (Figura 8.5). Dessa forma, eliminou qualquer dúvida sobre a existência e o valor da pressão atmosférica, porque seria necessário admitir que a natureza tinha mais horror ao vácuo em um lugar que em outro, o que seria um absurdo.

Figura 8.4: Outra forma de provar a validade do experimento de Torricelli é inclinando o tubo. Independentemente da distância vertical, os níveis no tubo e na cuba ficam invariáveis, o que confirma que a altura da coluna de mercúrio elevada independe do diâmetro, da forma e da posição do tubo.

Daniel das Neves

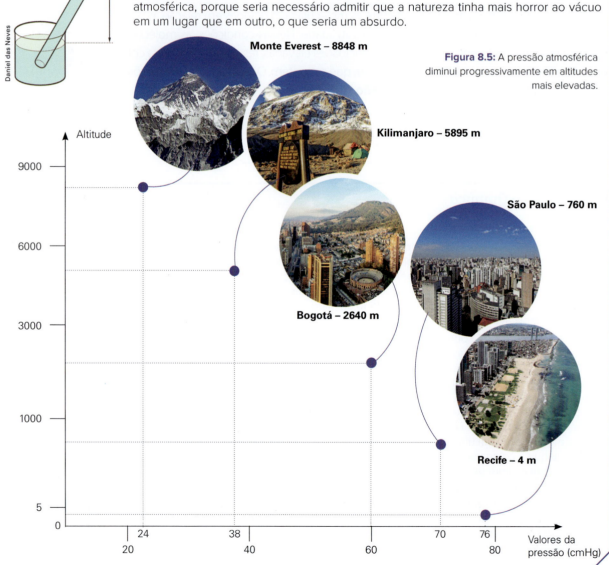

Figura 8.5: A pressão atmosférica diminui progressivamente em altitudes mais elevadas.

Fotos: Tom Grundy/Alamy/Fotoarena; Wallix/Shutterstock.com; Hemis/Alamy/Fotoarena; Dado Photos/Shutterstock.com; Hans Von Manteuffel/Pulsar Imagens

Exercício resolvido

Dentre as várias expressões muito usadas no cotidiano, algumas vezes dizemos: "pastel de vento" e "cabeça de vento". O ar nos dá a impressão do vazio. Do ponto de vista físico, uma garrafa vazia não tem nada dentro?

I. Pegue uma garrafa sem líquido dentro e emborque-a em um balde cheio de água.

II. Pegue um pedaço de mangueira, coloque dentro dela um pouco de água e sopre.

Quais explicações você daria para os dois procedimentos realizados?

Do ponto de vista físico, a garrafa estaria cheia de ar.

I. No caso da garrafa e do balde, por mais que empurremos a garrafa para baixo, a água não entra nela, pois está cheia de ar.

II. Se soprarmos a água dentro da mangueira, ela sai pela outra extremidade, pois o ar expirado empurra a água. Dessa forma, podemos concluir que o ar ocupa lugar no espaço.

Exercício proposto

Imagine que você está tomando um suco com canudinho, aspira e o líquido sobe. Parece que você está puxando o líquido para cima, mas não é isso o que acontece na realidade. Proponha uma explicação para o líquido subir pelo canudinho.

A Lei de Boyle

À temperatura constante, utilizando a propriedade da compressibilidade dos gases, o britânico Robert Boyle (Figura 8.6) estudou o efeito da pressão sobre o volume. Em 1661, ele chegou à conclusão por experiências que, independentemente da natureza química do gás, a variação de volume de certa massa fixa de gás é inversamente proporcional à variação de pressão, desde que a temperatura não varie. A transformação que ocorre com temperatura constante é chamada transformação isotérmica.

Figura 8.6: Robert Boyle (1627-1691).

A Figura 8.7 apresenta uma massa fixa de um gás qualquer. O recipiente é dotado de um êmbolo móvel e, à medida que reduzimos seu volume, a pressão em seu interior aumenta. Logo, pressão e volume são inversamente proporcionais:

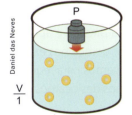 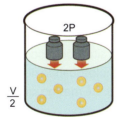 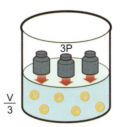 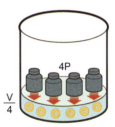

Figura 8.7: Experimento da Lei de Boyle.

P = pressão exercida pelas moléculas no interior do recipiente
V = volume ocupado por uma massa fixa de um gás

$$P \cdot V = 2P \cdot \frac{V}{2} = 3P \cdot \frac{V}{3} = 4P \cdot \frac{V}{4} = k \text{ (constante)}$$

Assim, qualquer que seja a pressão exercida sobre o gás, o volume final será inversamente proporcional à pressão final, isto é, o produto da pressão pelo volume é constante.

$$P \cdot V = k \text{ (constante)}$$

O valor da constante *k* depende da quantidade de gás no interior do recipiente e da temperatura, porém, independe da natureza do gás.

Para visualizarmos melhor a Lei de Boyle, podemos colocar os resultados nos Gráficos 8.1 e 8.2:

Podemos, então, concluir que:

$$P_1 \cdot V_1 = P_2 \cdot V_2 = P_3 \cdot V_3 = P_4 \cdot V_4$$

Figura 8.8: O volume do gás nesse balão meteorológico aumenta à medida que o balão sobe, pois a pressão atmosférica diminui com a altitude.

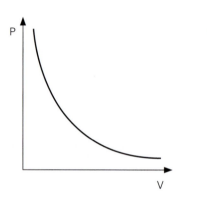

Gráfico 8.1: O gráfico de P × V (isoterma) é uma hipérbole.

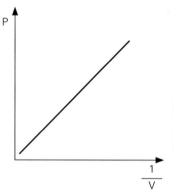

Gráfico 8.2: Gráfico de $P \times \frac{1}{V}$.

Mudanças de pressão no ambiente e possibilidades de adaptação do ser humano

Grande parte da população do planeta vive em regiões onde a pressão é aproximadamente 1 atm. No entanto, em múltiplas situações, todos nós podemos nos expor a variações significativas de pressão, por exemplo: quando nos deslocamos para regiões montanhosas, quando viajamos em aviões ou, até mesmo, quando nos deslocamos em elevadores no interior de edifícios altos.

Para certos intervalos de variação de pressão pouco acentuados, nossas orelhas sensibilizam-se, e o organismo reverte a variação da pressão com um bocejo ou movimentando o maxilar inferior para abrir as tubas auditivas (trompa de Eustáquio). A tuba auditiva interliga a orelha média com a garganta, permitindo que a pressão interna da membrana timpânica se iguale à pressão do ambiente. Em mergulhos, alguns órgãos, como os pulmões, sentem os efeitos da mudança de pressão. Os gases são mais solúveis em líquidos quando a pressão é aumentada sobre o sistema. Isso quer dizer que, ao mergulhar, os gases que entram nos pulmões são absorvidos pelo sangue em maior quantidade.

O retorno à superfície deve, portanto, ser lento e gradual, pois, do contrário, os gases produzirão bolhas no sangue provocando acidentes de descompressão.

Exercício resolvido

Um balão meteorológico com volume de 100 L é lançado de uma cidade cuja temperatura é de 25 °C e a pressão atmosférica local é igual a 1 atm. Qual será seu volume quando for resgatado em uma cidade com pressão atmosférica de 720 mmHg nessa mesma temperatura?

Dados: 1 atm = 760 mmHg.

Uma maneira prática de resolvermos o problema é extrair os dados e colocá-los em uma tabela:

	Volume (V)	Pressão (P)	Temperatura	Quantidade do gás
Início (1)	100 L	1 atm	25 °C	mesma
Final (2)	?	720 mmHg	25 °C	mesma

Vemos que a temperatura se mantém constante. Portanto, segue a Lei de Boyle. As pressões estão em unidades diferentes, mas devemos usá-las na mesma unidade.

1 atm ———— 760 mmHg
x ———— 720 mmHg
$x = 0{,}95$ atm

Pela Lei de Boyle: $P \cdot V = k$.

Em (1), temos:
$P_1 \cdot V_1 = k$
Em (2), temos:
$P_2 \cdot V_2 = k$
Então:
$P_1 \cdot V_1 = P_2 \cdot V_2$
1 atm · 100 L = V_2 · 0,95 atm
$V_2 = 105{,}3$ L

Encontramos como volume final 105,3 L. Justificando a Lei de Boyle: diminuindo a pressão, aumentamos o volume em dada temperatura.

Exercícios propostos

1. O gás liquefeito de petróleo (GLP) é uma mistura de hidrocarbonetos (compostos de hidrogênio e carbono), dentre eles o etano (C_2H_6), o propano (C_3H_8) e o butano (C_4H_{10}). No estado gasoso, o volume do GLP é aproximadamente 250 vezes maior que a mistura no estado líquido, ou seja, quando no estado liquefeito, ela ocupa um volume muito menor. A presença de etano é restrita no GLP porque torna difícil a liquefação da mistura. Sabendo-se que quanto mais carbonos nas moléculas menor será a dificuldade de liquefação, proponha uma justificativa para que a quantidade de etano seja restrita no GLP.

2. Certa massa de gás, ocupando o volume de 10 L à pressão de 2,5 atm, sofre uma transformação isotérmica. Na fase final, a pressão é o dobro da inicial. Qual é o volume final da massa gasosa?

Aquecer uma amostra gasosa causa expansão volumétrica. Nesse caso, a pressão permanece constante.

Esfriar uma bola de borracha cheia de gás causa redução volumétrica. Isso se consegue com uma bexiga de aniversário e nitrogênio líquido (–196 °C).

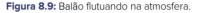

Balões

Os balões, para que possam subir, precisam ser menos densos que o ar. Essa propriedade já era conhecida pelos balonistas mais antigos.

O invólucro do balão, ou o balão propriamente dito, é confeccionado com material resistente, flexível, elástico e pouco denso, para garantir que o conjunto se mantenha menos denso que o ar, ao ser inflado com ar aquecido, proporcionando a subida do balão. O aquecimento do ar é feito com auxílio de um queimador (maçarico) fixo na boca do balão. Para a descida, basta desativar o queimador e deixar o ar interno esfriar (Figura 8.9).

Em 1804, Gay-Lussac (1778-1850) efetuou a ascensão de um balão de hidrogênio, a fim de estudar a variação magnética da Terra em relação à altura. Atingiu a altitude recorde de 7 mil metros. O balão de hidrogênio sobe porque o gás hidrogênio é menos denso que o ar.

Chanatip Travel/Shutterstock.com

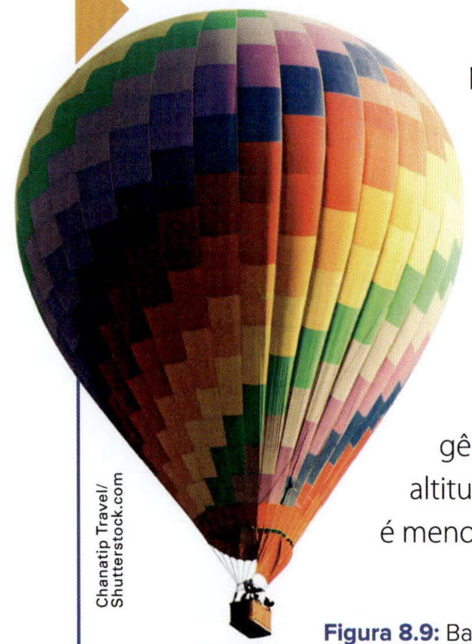

Figura 8.9: Balão flutuando na atmosfera.

A Lei de Charles

Museu Lambinet, Versailles, França/The Bridgeman Art Library/Fotoarena

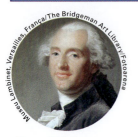

Figura 8.10: Jacques Alexandre César Charles (1746-1823).

O interesse de Jacques Alexandre César Charles (Figura 8.10) e Gay-Lussac por voos em balões levou-os a buscar novas tecnologias. Para isso, realizaram diversas experiências em laboratório visando melhorar o desempenho de seus balões. Estudando especificamente a relação entre volume e temperatura de um gás sob pressão constante, verificaram que o volume de um gás aumenta quando sua temperatura é elevada e diminui quando sua temperatura é reduzida. Essa lei ficou conhecida como Lei de Charles.

Quando colocamos em um gráfico (Gráfico 8.3) os resultados de volume e temperatura obtidos nas experiências, obtemos uma reta. Reduzindo cada vez mais a temperatura, pode-se observar que existe uma temperatura na qual o volume do gás é zero. Devemos entender que zero é o volume do gás, e não o da matéria, pois, sob pressão, o gás não desaparece, mas transforma-se em líquido, que obviamente ocupa volume. É impossível a existência de temperaturas inferiores a essa, pois implicariam volumes negativos.

Gráfico: ©DAE

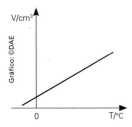

Gráfico 8.3: A Lei de Charles, em um gráfico de volume em função da temperatura, é uma reta.

William T. Kelvin (Figura 8.11) introduziu uma nova escala para medir temperatura. Colocou como zero a menor temperatura que teoricamente pode ser atingida, denominada **zero absoluto**. O zero absoluto corresponde a –273,15 °C ou, aproximadamente, – 273 °C.

Para transformarmos uma temperatura na escala Celsius em temperatura termodinâmica (Kelvin), basta somarmos a ela 273.

$$T (K) = t (°C) + 273$$

Pelas experiências realizadas por Charles e Gay-Lussac, podemos concluir que:

$$\frac{V}{T} = k \text{ (constante)} \quad \text{e} \quad \frac{P}{T} = k \text{ (constante)}$$

Coleção particular/The Bridgeman Art Library/Fotoarena

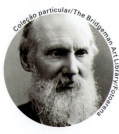

Figura 8.11: William T. Kelvin (1824-1907).

É interessante notar que, se colocarmos a temperatura em Kelvin, o gráfico terá um aspecto conforme o mostrado no Gráfico 8.4.

Observe que o gráfico nunca toca a origem, pois nessa temperatura (0 K) toda a massa gasosa estaria na fase sólida.

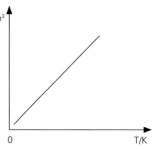

Gráfico 8.4: Observe que a reta nunca toca a origem, pois nessa temperatura (0 K) toda a massa gasosa estaria na fase sólida.

Transformação isocórica (ou isométrica)

A relação entre a quantidade do gás e o seu volume foi descoberta de Gay-Lussac e posteriormente interpretada por Amedeo Avogadro. Depois de ter realizado diversas experiências, Gay-Lussac descobriu que os volumes de gases que combinam, medidos nas mesmas condições de pressão e temperatura, estão entre si na razão de números inteiros e pequenos. Se tomarmos isoladamente um gás para estudo, com volume constante, a pressão e a temperatura variarão linearmente (Figura 8.12).

A representação gráfica P × T pode ser feita pela isocórica (Gráfico 8.5):

Daniel das Neves

Estado 1 — Massa: m; Pressão: P_1; Volume: V_1; Temperatura: T_1 — transformação isocórica → Estado 2 — Massa: m; Pressão: P_2; Volume: V; Temperatura: T_2

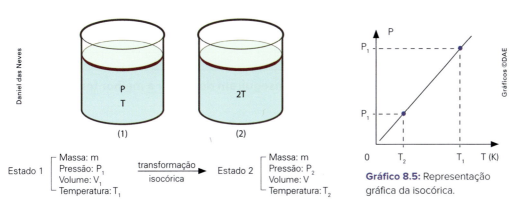

Figura 8.12: Esquema de transformação isocórica.

Gráfico 8.5: Representação gráfica da isocórica.

Gráficos ©DAE

Resumindo:

I. Isotérmica

$$P_1 \cdot V_1 = P_2 \cdot V_2$$

II. Isobárica

$$\frac{V_1}{T_1} = \frac{V_2}{T_2}$$

III. Isocórica

$$\frac{P_1}{T_1} = \frac{P_2}{T_2}$$

$$\frac{P_1 \cdot V_1}{T_1} = \frac{P_2 \cdot V_2}{T_2}$$

Exercício resolvido

Enche-se um balão com 5 mil litros de ar à temperatura de 27 ºC. Qual o volume final da massa gasosa no balão depois de a aquecermos com um maçarico, sendo que a temperatura final medida é igual a 500 K?

A pressão será constante, pois se trata de uma transformação isobárica.

Pelos dados da questão, nos estudos inicial e final:

	P	V	T
(1)	P	5 000 L	27 ºC
(2)	P	?	500 K

Transformando a temperatura T_1 em Kelvin, temos:

$T(K)_1 = t(ºC)_1 + 273$

$T_1 = 27 + 273$

$T_1 = 300\ K$

Aplicando a Lei de Charles:

$$\frac{V_1}{T_1} = \frac{V_2}{T_2}$$

$$\frac{5\,000}{300} = \frac{V_2}{500}$$

$V_2 = 8{,}33 \cdot 10^3\ L$

Exercícios propostos

1. Duzentos litros de uma massa de gás nitrogênio sob pressão de 500 mmHg sofrem uma transformação isotérmica na qual a pressão aumenta 10%. Qual o volume final do gás nessa transformação?

2. Certa massa gasosa ocupa um volume de 0,010 dm³ a 27 ºC, em dada pressão. A que temperatura o volume dessa mesma massa gasosa, na mesma pressão, será igual a 1 L?

Cientistas franceses afirmam que conseguiram descobrir a melhor temperatura para fazer pipoca

Os físicos Emmanuel Virot e Alexandre Ponomarenko, da Escola Politécnica de Paris, afirmam, que quando a pipoca chega ao limite de temperatura de 180 graus, a camada exterior do milho vai estourar, não importando o tamanho e a forma do grão.

A pesquisa também revelou novas informações sobre como o milho de pipoca pula e estoura e o som emitido quando o vapor de água é expelido rapidamente no processo (Figura 8.13).

Todo este processo, desde o grão de milho até a pipoca, demora centésimos de um segundo mas os dois físicos conseguiram estudar cada fase para compreender a base científica do processo de fazer pipoca. Os resultados da pesquisa foram publicados na revista especializada *Royal Society Interface*.

Usando câmeras de alta velocidade, que gravam 2,9 mil quadros por segundo, eles puderam observar a pipoca enquanto ela era aquecida em um forno. Durante o processo, os pesquisadores aumentavam a temperatura em dez graus a cada cinco minutos.

A umidade no interior do grão de milho de pipoca começa a se transformar em vapor quando a temperatura passa de 100 graus, mas quando aumenta para 180 graus, a pressão dentro do grão subiu para cerca de dez vezes a pressão atmosférica no nível do mar.

Sem conseguir aguentar a pressão, a camada exterior do grão arrebenta e a parte interna se expande, forçando o caminho para fora, através da casca já rompida.

Aos 170 graus, apenas 34% dos grãos tinham estourado, mas ao chegar aos 180 graus, 96% das pipocas estouraram.

"Descobrimos que a temperatura crítica é cerca de 180 graus, não importando o tamanho ou a forma do grão" afirmou Virot à agência de notícias AFP.

Figura 8.13: O milho se transforma em pipoca devido a formação de vapor de água em seu interior.

Continuando com a experiência, os cientistas analisaram a forma como a pipoca pula. A primeira a sair da casca foi uma estrutura mais protuberante, chamada de perna. A energia reprimida é liberada para esta estrutura e a empurra contra a superfície quente, lançando o grão para o alto, a uma altura que varia de alguns milímetros até centímetros.

[...]

Por fim, os dois estudaram o som característico feito pela pipoca. Eles descobriram que o ruído não está relacionado com pulo do grão, pois ele ocorria muito cedo.

Ao invés disso, os físicos concluíram que o som é, mais provavelmente, causado pela liberação repentina do vapor de água do grão. Além disso, depois que o grão de milho estoura, a queda de pressão transforma as cavidades no grão de milho em uma espécie de caixa acústica, onde o som ressoa.

Disponível em: <http://g1.globo.com/ciencia-e-saude/noticia/2015/02/pesquisadores-revelam-receita-da-pipoca-perfeita.html>. Acesso em 14 mar. 2017.

Lei de Avogadro: relacionando quantidade de matéria e volume

No princípio do século XIX, Gay-Lussac (Figura 8.15), estudando as reações químicas dos gases, percebeu que a razão entre o volume dos reagentes e o volume dos produtos era dada por números inteiros e pequenos. Por exemplo: se misturasse um volume de nitrogênio com três volumes de hidrogênio, obteria dois volumes de amônia (Figura 8.14).

Figura 8.14

Figura 8.15: Louis Joseph Gay-Lussac (1778-1850).

Em 1811, Amedeo Avogadro (1776-1856) publicou um artigo no *Journal of Physique*, no qual fez uma clara distinção entre átomos e moléculas, mostrando que Dalton havia confundido esses conceitos. O físico afirmava que os átomos não existiam isoladamente, mas sim unidos, formando moléculas. Assim, propôs que as moléculas de nitrogênio e hidrogênio eram diatômicas e que, quando na mesma temperatura e pressão, uma molécula de nitrogênio formava duas moléculas de amônia ao reagir com três moléculas de hidrogênio (Figura 8.16). Isso levou-o a concluir que volumes iguais de qualquer gás sob mesma temperatura e pressão contêm o mesmo número de moléculas. Assim, o trabalho de Gay-Lussac pode ser entendido como:

Figura 8.16.

Esse experimento e a sua consequência, por sugestão de Avogadro, mostram-nos que o volume (V) ocupado por um gás é proporcional à quantidade de moléculas (n), em dadas pressão e temperatura:

$$V \propto n \text{ (P e T constantes)}$$

Condições Normais de Temperatura e Pressão (CNTP)

Definem-se como pressão e temperatura normais a pressão de 1 atm e a temperatura de 273 K (0 °C). Experimentos mostram que, nessas condições, 1 mol de qualquer gás ocupa um volume de 22,7 L. Por exemplo, amostras de 1 mol de H_2, N_2 e O_2:

	H_2	N_2	O_2
Massa/g	2	28	32
n/mol	1	1	1
Moléculas	$6,0 \cdot 10^{23}$	$6,0 \cdot 10^{23}$	$6,0 \cdot 10^{23}$
Temperatura/K	273	273	273
Pressão/atm	1	1	1
Volume/L	22,7	22,7	22,7

Os gases H_2, N_2 e O_2 ocupam o mesmo volume de 22,7 L nas CNTP. Portanto, têm o mesmo número de moléculas. Como as moléculas possuem massas diferentes, as massas contidas nas três amostras são diferentes.

Química Aplicada

Gás ideal e gás real

As primeiras observações relativas ao comportamento dos gases e às medidas de pressão e volume tornaram-se conhecidas com os trabalhos realizados por Boyle em 1661.

Os valores de pressão e volume utilizados na época mostravam-se extremamente regulares. Posteriormente, com novos experimentos, ficou claro que as observações iniciais foram realizadas em situações experimentais muito restritas. À medida que essas condições eram modificadas, tornava-se evidente o afastamento do comportamento dos gases em relação às leis propostas originalmente.

Quando consideramos genericamente os gases, supomos um comportamento idealmente idêntico para todos eles. Entretanto, quando constatamos a natureza distinta de um gás específico e as respectivas condições às quais ele está submetido, verificamos o comportamento de um gás real.

Um gás irá aproximar-se cada vez mais de um comportamento ideal quanto maior for a temperatura e menor for a pressão (mais rarefeito). Nessas condições (vai depender do gás analisado o quão alta é a temperatura e baixa a pressão), as forças intermoleculares apresentam intensidade cada vez menor.

Tudo o que estudaremos sobre o comportamento dos gases baseia-se no modelo da Teoria do Gás Ideal.

- Pela Lei de Boyle, temos que: $\mathbf{P} \cdot \mathbf{V} = \boldsymbol{k}_1$ (T constante)
- Pela Lei de Charles, temos que: $\dfrac{\mathbf{V}}{\mathbf{T}} = \boldsymbol{k}_2$ (P constante)
- Pela Lei de Avogadro, temos que: $\dfrac{\mathbf{V}}{\mathbf{n}} = \boldsymbol{k}_3$ (P e T constantes)

Pelas três leis, temos que:

- a pressão é inversamente proporcional ao volume;
- o volume é diretamente proporcional à temperatura e
- o volume é diretamente proporcional à quantidade de matéria.

258 **Unidade 3** Fontes de recursos naturais

Logo, combinando essas equações, chegamos à **equação geral dos gases**:

$$P \cdot V : \frac{V}{T} : \frac{V}{n} \quad (T\ constante)$$

$$\frac{P \cdot V}{n \cdot T} = constante\ (símbolo\ R) \Rightarrow P \cdot V = n \cdot R \cdot T$$

Volume nas CNTP: 22,4 litros ou 22,7 litros?

A Lei de Avogadro afirma que "volumes iguais de gases quaisquer, nas mesmas condições de temperatura e pressão, têm o mesmo número de entidades elementares (átomos ou moléculas)".

Até 1982, a convenção adotada pela União Internacional de Química Pura e Aplicada (IUPAC) era 1 atmosfera de pressão e temperatura de 0 ºC ou de 273,15 K. Assim, determinava-se que o volume nas condições normais era de 22,4 L/mol.

Posteriormente, três principais motivos levaram a IUPAC a repensar esse valor para as condições normais. O primeiro deve-se à necessidade de uniformizar a unidade de medida de pressão, igualando-a com a do Sistema Internacional (SI), que é dada em Pascal (Pa). O segundo motivo é fato de o nível do mar não ser o mesmo em todo o planeta (na América Central, por exemplo, o mar tem um nível no Oceano Atlântico e outro nível no Oceano Pacífico). O terceiro diz respeito às influências das condições meteorológicas que o valor da pressão atmosférica sofre conforme o local em que a experiência está sendo realizada.

Para efeito de padronização compatível com o SI, adotou-se: 100 000 Pa para a medida de pressão, e 101 325 Pa para 1 atmosfera, superior ao padrão então adotado. Aplicando o novo valor de pressão à equação $P \cdot V = n \cdot R \cdot T$, temos que:

$V = ?$

$P = 100\,000\ Pa$

$n = 1,0\ mol$

$R = 8\,314,5\ Pa \cdot dm^3/mol \cdot K$

$T = 273,15\ K$

$$V = \frac{n \cdot R \cdot T}{P}$$

$$V = \frac{1,0\ mol \cdot 8\,314,5\ Pa \cdot dm^3/mol \cdot 273,15\ K}{P}$$

$V = 22,7\ dm^3/mol$ ou $V = 22,7\ L \cdot mol^{-1}$

Gás, vapores e aerodispersoides

As substâncias que podem causar danos à saúde são classificadas em gás, vapores e aerodispersoides, com características distintas quanto ao período de permanência no ar e às possibilidades de ingresso no organismo.

O gás é aquele que, em condições normais de pressão e temperatura, permanece sempre na fase gasosa. O vapor é a fase gasosa de uma substância que, em condições normais de pressão e temperatura, apresenta fase sólida ou líquida. Os aerodispersoides podem ser sólidos, chamados de poeiras e fumos, ou líquidos, denominados névoas e neblinas.

A constante R

NOTA: Os valores numéricos de R podem ser obtidos pelo volume de 1 mol de um gás qualquer medido nas CNTP.

Chamamos R a constante universal dos gases. Seu valor depende da pressão (P), do volume (V), da quantidade de matéria (n) e da temperatura (T). Esta deve ser medida na escala Kelvin (K); a quantidade de matéria é dada em mols; a pressão geralmente está em atmosfera (atm), milímetros de mercúrio (mmHg), Torricelli (torr) ou Pascal (Pa); o volume pode ser expresso em litros (L) ou metros cúbicos (m³).

Dependendo dos dados, caso não se faça nenhuma conversão de unidades, utilizamos diferentes valores numéricos para R. Para isso, basta verificar as unidades e compará-las com a tabela a seguir, selecionando o valor de R.

Valores numéricos de R	
Valor numérico	Unidades
0,082	atm · L · mol^{-1} · K^{-1}
62,3	torr · L · mol^{-1} · K^{-1}
62,3	mmHg · L · mol^{-1} · K^{-1}
8,3	m³ · Pa · mol^{-1} · K^{-1}

Algumas propriedades não estão explícitas na equação geral dos gases, por exemplo, a **densidade** (d). Como sabemos, densidade é a relação entre a massa e o volume ocupado pelo gás.

$$d = \frac{m}{V}$$

Se a **quantidade de matéria** (n) é a razão entre a massa do gás e sua massa molar, temos:

$$n = \frac{m}{M}$$

Logo, substituindo **n** na equação:

$$P \cdot V = \frac{m}{M} \cdot P = \frac{m}{V} \cdot \frac{R \cdot T}{M} \qquad P = d \cdot \frac{R \cdot T}{M} \qquad d = \frac{P \cdot M}{R \cdot T}$$

Figura 8.17: O *airbag* é equipamento de segurança obrigatório nos veículos nacionais desde 2014.

Airbag

Dirigir é uma atividade que envolve riscos. Portanto, todo cuidado é pouco para evitar ou minimizar as consequências de um acidente. Orientar e educar motoristas e pedestres, atualizar regras de trânsito e aprimorar dispositivos de segurança que visem oferecer maior proteção ao motorista e passageiros são essenciais.

Os cintos de segurança, de uso obrigatório, destacam-se por sua comprovada ação de proteção, sendo responsáveis por expressiva redução de mortes e lesões em acidentes (Figura 8.17).

O *airbag* é um equipamento de segurança obrigatório nos veículos nacionais desde 2014. No momento do impacto é enviado um sinal elétrico para o ignitor de gerador de gás. A reação gera gás para inflar a bolsa e o impacto só ocorre quando o bolsa começa a esvaziar. Se ele ocorresse no momento da inflação seria tão perigoso quanto a própria colisão do veículo.

Exercício resolvido

Muitas vidas têm sido salvas nos últimos anos devido a um dispositivo colocado no interior dos painéis dos carros, o *airbag*. Seu funcionamento ocorre da seguinte maneira: quando um veículo desacelera abruptamente em uma colisão, uma bolsa (saco) se enche instantaneamente de gás à frente dos passageiros, protegendo-os. A substância usada para esse fim é o azoteto ou azida de sódio (NaN$_3$), que no caso de uma colisão é detonada por eletricidade, liberando rapidamente grande quantidade de gás nitrogênio (N$_2$). Calcule:

a) a quantidade de matéria de nitrogênio gasoso necessária para inflar o *airbag*, sabendo que seu volume é de 50 L em uma região onde a pressão atmosférica é igual a 725 mmHg e a temperatura é de 22 °C.

b) a massa de nitrogênio produzida pelo NaN$_3$.

Dados: massa molar N$_2$ = 28,0 g · mol^{-1}; R = 62,3 mmHg · L · mol^{-1} · K^{-1}.

T = 22 + 273 = 295 K

Pressão	Volume	Quantidade de matéria	R	Temperatura
725 mmHg	50 L	?	62,3 mmHg · L · mol^{-1} · K^{-1}	295 K

a) Utilizando a equação geral dos gases, temos: P · V = n · R · T

Como queremos a quantidade de matéria: $n = \dfrac{P \cdot V}{R \cdot T}$

Ou seja:

$n = \dfrac{725 \cdot 50}{62,3 \cdot 295} = 2 \text{ mol}$

b) Como a massa molar de N$_2$ é igual a 28 g/mol, em dois mols teremos o dobro, 56 g de N$_2$.

Exercício proposto

O nitrato de amônio (NH$_4$NO$_3$) é um fertilizante amplamente utilizado na agricultura como fonte de nitrogênio. Entretanto, em razão de sua instabilidade térmica, possui alta capacidade explosiva, e é usado na fabricação de cartuchos explosivos em mineradoras. Por meio da ignição de um sistema detonador, esse sal se decompõe resultando em produtos gasosos de acordo com a seguinte equação química:

1 NH$_4$NO$_3$ (s) → 2 N$_2$ (g) + 2 H$_2$O (g) + $\dfrac{1}{2}$ O$_2$ (g)

Considerando um cartucho de volume igual a 5 L, contendo 800 g de nitrato de amônio, calcule a pressão em atmosferas, no instante em que ocorre a ruptura do cartucho, sabendo-se que a explosão eleva a temperatura para 167 °C.

Dados: R = 0,082 atm · L · mol^{-1} · K^{-1};

massas atômicas: H = 1u, N = 14u e O = 16u

Misturas gasosas

Até agora, estudamos isoladamente o comportamento de um gás. Contudo, o que encontramos na natureza, na maioria das vezes, é uma mistura gasosa. Imagine, então, um sistema gasoso composto por três gases diferentes, como vemos na Figura 8.18.

Para que agora possamos estudá-los, devemos estabelecer a condição de que os gases não reajam entre si. Nessa circunstância, os gases desenvolvem um movimento aleatório e a pressão total existente no recipiente é resultado das pressões exercidas por todos os gases que compõem a mistura (A, B e C).

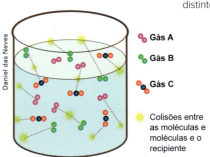

Figura 8.18: Sistema formado por três gases distintos.

Pressão parcial de um gás

A pressão parcial de um gás é a pressão que ele teria se ocupasse sozinho o recipiente que contém a mistura gasosa do qual faz parte, nas mesmas condições de pressão e temperatura. Em função da definição da pressão parcial, podemos escrever a seguinte equação:

$$P_A \cdot V = n_A \cdot R \cdot T$$

em que:

P_A = pressão exercida pelo gás A

V = volume do recipiente em que o gás está contido

n_A = quantidade de matéria do gás A

R = constante universal dos gases

T = temperatura termodinâmica (Kelvin)

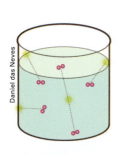

Figura 8.19: Representação do gás A ocupando o volume da mistura sozinho.

Agora, lembrando que no recipiente em que há três gases, a pressão total seria a soma da pressão parcial de cada gás, conhecida como Lei das Pressões Parciais de Dalton (Figura 8.19).

$$P_T = P_A + P_B + P_C$$

Se tivéssemos n gases, poderíamos escrever para a Lei de Dalton:

$$P_T = P_A + P_B + P_C + \ldots + P_n$$

em que:

P_T = pressão total

P_A = pressão exercida pelo gás A

P_B = pressão exercida pelo gás B

P_C = pressão exercida pelo gás C

Como os gases não reagem entre si, na amostra cada um se comporta independentemente. Se a amostra tiver n_A mols do gás A, n_B mols do gás B e n_C mols do gás C, podemos escrever:

$$P_A = \frac{n_A \cdot R \cdot T}{V}, \; P_B = \frac{n_B \cdot R \cdot T}{V}, \; e \; P_C = \frac{n_C \cdot R \cdot T}{V}$$

Exercício resolvido

Uma mistura gasosa contém 14 g de nitrogênio (N_2) e 8 g de oxigênio (O_2), ocupando um balão de 30 L a 27 °C. Qual a pressão de cada gás e qual a pressão no balão?

Dados: massas molares (em g · mol⁻¹) N_2 = 28 e O_2 = 32; R = 0,082 atm · L · mol⁻¹ · K⁻¹.

Como os gases não interagem entre si, podemos determinar a pressão de cada um como se o outro não estivesse presente. Primeiro, vamos calcular a quantidade de matéria de cada gás:

O_2
1 mol ———— 32 g
n_{O_2} ———— 8 g
n_{O_2} = 0,25 mol

N_2
1 mol ———— 28 g
n_{N_2} ———— 14 g
n_{N_2} = 0,50 mol

▶ Com a quantidade de matéria verificada, podemos tabular os dados e calcular as pressões parciais de cada gás usando a equação geral dos gases:

	Pressão	Volume	Quantidade de matéria	R	Temperatura
O_2	$? P_{O_2}$	30 L	0,25 mol	0,082 atm $\cdot$ L $\cdot$ mol^{-1} $\cdot$ K^{-1}	300 K
N_2	$? P_{N_2}$	30 L	0,50 mol	0,082 atm $\cdot$ L $\cdot$ mol^{-1} $\cdot$ K^{-1}	300 K

$$P_{N_2} = \frac{n_{N_2} \cdot R \cdot T}{V}_2 = \frac{(0,50) \cdot (0,082) \cdot (300)}{30} = 0,41 \text{ atm}$$

$$P_{O_2} = \frac{n_{O_2} \cdot R \cdot T}{V}_2 = \frac{(0,25) \cdot (0,082) \cdot (300)}{30} = 0,21 \text{ atm}$$

Utilizando a Lei de Dalton, temos que a pressão total é a soma das pressões parciais:

$P_T = P_{N_2} + P_{O_2}$

$P_T = 0,41 + 0,21$

$P_T = 0,62$ atm

A pressão de nitrogênio (P_{N_2}) é 0,41 atm; a pressão de oxigênio (P_{O_2}) é 0,21 atm; e a pressão do balão (P_T) é 0,062 atm.

Exercício proposto

São injetados simultaneamente num recipiente vazio 2,0 g de H_2 e 16 g de O_2 em um recipiente vazio, mantido a 0 °C, cujo volume é igual a 10 litros. Nessas condições, qual é a pressão dessa mistura gasosa dentro do recipiente?

Dados: $R = 0,082$ atm $\cdot$ L $\cdot$ mol^{-1} $\cdot$ K^{-1}; massas atômicas: H = 1u e O = 16u

Pressão parcial e fração em quantidade de matéria

É possível estabelecer relações entre os gases envolvendo suas quantidades e suas pressões parciais pela equação de gases.

Por exemplo, se considerarmos uma mistura gasosa constituída de dois gases A e B, podemos escrever que:

$$P_A = \frac{n_A \cdot R \cdot T}{V} \text{ (I) e } P_B = \frac{n_B \cdot R \cdot T}{V}, \text{ (I)}$$

Somando I e II, temos que:

$$P_A + P_B = \frac{n_A \cdot R \cdot T}{V} + \frac{n_B \cdot R \cdot T}{V}$$

Colocando o fator comum, $\frac{R \cdot T}{V}$, em evidência,

$$P_A + P_B = (n_A + n_B) \cdot \frac{R \cdot T}{V} \text{ (III)}$$

Dessa forma, podemos deduzir que a pressão total é dada por:

$P_T = P_A + P_B$

Logo, a quantidade de matéria total é obtida por:

$n_T = n_A + n_B$

Gases   Capítulo 8   263

Então, a pressão total pode ser escrita da seguinte forma:

$P_T \cdot V = n_T \cdot R \cdot T$, ou seja,

$$P_T = (n_A + n_B) \cdot \frac{R \cdot T}{V} \ \textbf{(IV)}$$

Relacionando a expressão de pressão parcial do gás A com a expressão da pressão total (I: IV) e cancelando os fatores comuns ($R \cdot T/V$),

$$\frac{P_A}{P_T} = \frac{\dfrac{n_A \cdot R \cdot T}{V}}{\dfrac{n_T \cdot R \cdot T}{V}} \text{, temos que:}$$

$$\frac{P_A}{P_T} = \frac{n_A}{n_T} \text{, ou seja } \frac{P_A}{P_T} = \frac{n_A}{n_A + n_B} \cdot P_T \ \textbf{(V)}$$

A relação $\dfrac{n_A}{n_A + n_B} = X_A$ é chamada de **fração em quantidade de matéria do gás A.**

A fração em quantidade de matéria (X) é adimensional e dá a razão entre a quantidade de matéria de um gás e a quantidade de matéria da mistura.

Podemos também representar a equação V da seguinte maneira:

$$P_A = X_A \cdot P_T$$

Exercício resolvido

O propano (C_3H_8) e o butano (C_4H_{10}) são gasosos em temperaturas normais e ambos constituem o gás GLP, muito usado em residências. O butano também é utilizado como combustível em isqueiros.

Uma mistura contendo 22 g de propano e 116 g de butano foi armazenada em um balão e exerceu uma pressão de 560 mmHg. Qual foi a pressão parcial exercida individualmente pelos gases?

Dados: massas molares (em g · mol⁻¹) $C_3H_8 = 44,0$; $C_4H_{10} = 58,0$.

I. Para determinar as pressões parciais, primeiro é necessário calcular as frações em quantidade de matéria de cada gás:

propano	butano
1 mol ——— 44 g	1 mol ——— 58 g
$n_{propano}$ ——— 22 g	n_{butano} ——— 116 g
$n_{propano} = 0,5$ mol	$n_{butano} = 2$ mol

$$X_{propano} = \frac{n_{propano}}{n_{propano} + n_{butano}} = \frac{0,5}{0,5 + 2} = 0,2$$

$$X_{butano} = \frac{n_{butano}}{n_{butano} + n_{propano}} = \frac{2}{2 + 0,5} = 0,8$$

II. Conhecendo as frações em quantidade de matéria de cada gás e a pressão total, podemos calcular as pressões parciais com a fórmula $P_A = X_A \cdot P_T$:

$P_{propano} = X_{propano} \cdot P_T$ $P_{butano} = X_{butano} \cdot P_T$

$P_{propano} = 0{,}2 \cdot 560$ $P_{butano} = 0{,}8 \cdot 560$

$P_{propano} = 112\,mmHg$ $P_{butano} = 448\,mmHg$

A pressão parcial do propano é 112 mmHg e a do butano é 448 mmHg.

Exercício proposto

Um balão contém 8,4 g de nitrogênio (N_2) e 9,6 g oxigênio (O_2) na fase gasosa. Sabendo-se que a pressão parcial do nitrogênio é igual a 0,6 atm, pedem-se:

a) a pressão da mistura;

b) a pressão parcial do O_2;

c) a temperatura da mistura, sabendo que o volume do balão é igual a 8,2 litros.

Dados: massas molares (em g · mol^{-1}) $N_2 = 28$ e $O_2 = 32$; $R = 0{,}082$ atm · L · mol^{-1} · K^{-1}.

Teoria Cinética Molecular dos Gases

Um de nossos sentidos, o olfato, é responsável pela percepção do cheiro agradável de um perfume ou do aroma de uma deliciosa refeição, por exemplo. Quando aspiramos moléculas das substâncias odoríferas dispersas no ar, nossas células olfativas ficam estimuladas e transmitem essa excitação aos centros cerebrais. Neles, as sensações tornam-se conscientes e são identificadas. Sabe-se que o olfato, tal qual o paladar, é um sentido de natureza química, por essa razão, para perceber o aroma e o sabor das substâncias é fundamental que as moléculas que tocam as mucosas sejam voláteis, isto é, consigam se desprender com facilidade da matéria que as contém.

Elementos não voláteis, como os metais, são inodoros. No entanto, numa substância volátil, quantidades infinitesimais já são suficientes, às vezes, para estimular células olfativas a transmitirem essa excitação ao centro nervoso. Um milionésimo de grama de **almíscar** ou de **mercaptana**, uma substância orgânica fétida, pode ser sentido de longe.

A equação $P \cdot V = n \cdot R \cdot T$ descreve como os gases se comportam, mas não explica por que atuam dessa maneira. Entre 1850 e 1880, James Clerk Maxwell (Figura 8.20), Ludwig Edward Boltzmann (Figura 8.21) e Rudolf Julius Emanuel Clausius (Figura 8.22) apresentaram uma conclusão satisfatória sobre o comportamento dos gases quando são mudadas as condições de pressão, temperatura, volume e massa nos experimentos. Esse modelo ficou conhecido como Teoria Cinética Molecular dos Gases e resume-se aos seguintes postulados:

Figura 8.20: James Clerk Maxwell (1831-1879).

Figura 8.21: Ludwig Edward Boltzmann (1844-1906).

Figura 8.22: Rudolf Julius Emanuel Clausius (1822-1888).

Almíscar
Substância de origem animal de odor muito ativo e perfumado. O almíscar é obtido do almiscareiro, um ruminante de pequeno porte da África e da Ásia, semelhante ao cabrito, que possui uma pequena bolsa entre o umbigo e os genitais, dentro do qual o almíscar é segregado por glândulas especiais.

Mercaptana
Composto da família química dos sulfetos orgânicos, caracterizados pela presença de grupos sulfidrilas (-SH). O estado físico é o gasoso no metilmercaptana e líquido nos demais. Tem geralmente odor desagradável mesmo em pequenas concentrações.

1. Os gases são constituídos por uma grande quantidade de partículas que estão em movimento constante, contínuo e aleatório. A pressão de um gás é provocada pelas colisões dessas partículas.
2. O volume ocupado pelas partículas gasosas é desprezível em relação ao volume do recipiente que as contém.
3. As forças de atração e repulsão entre as partículas gasosas são desprezíveis.
4. As colisões entre as partículas gasosas são elásticas. Poderá existir transferência de energia entre as partículas, mas a energia cinética média não se altera com o tempo, à temperatura constante.
5. A energia cinética média de uma partícula de gás é diretamente proporcional à temperatura termodinâmica.

Das proposições anteriores, temos:

$$E_c = k \cdot T \quad e \quad E_c = \frac{m \cdot v^2}{2}$$

O movimento browniano

O primeiro fenômeno que fez parte da concretização da Teoria Cinética Molecular dos Gases foi denominado movimento browniano (homenagem ao botânico inglês Robert Brown, que observou o fenômeno pela primeira vez). Ele consiste numa agitação irregular, rápida e contínua, em todas as direções, das partículas suspensas em um meio fluido qualquer, dependendo do valor da temperatura.

A explicação do fenômeno ajusta-se à Teoria Cinética Molecular dos Gases: moléculas livres em incessante movimento desordenado chocam-se em todas as direções com as partículas microscópicas em suspensão, determinando seu movimento errático em zigue-zague.

Lei de Graham: Efusão gasosa

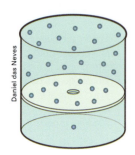

Figura 8.23.

A efusão gasosa consiste na passagem de um gás por um pequeno orifício. Veja sua representação na Figura 8.23.

Se dois gases diferentes, A e B, estiverem nas mesmas condições de pressão e temperatura, a energia cinética média de suas partículas será igual. Como $T_A = T_B$, temos que:

$$E_{c_A} = E_{c_B}$$

$$E_{c_A} = \frac{m_A \cdot v_A^2}{2} \quad e \quad E_{c_B} = \frac{m_B \cdot v_B^2}{2}$$

$$\frac{m_A \cdot v_A^2}{2} = \frac{m_B \cdot v_B^2}{2} \Rightarrow m_A \cdot v_A^2 = m_B \cdot v_B^2$$

Se m_A e m_B forem as massas molares M_A e M_B, podemos usar a Lei de Efusão de Graham para calcular a massa molecular de um gás desconhecido.

$$\frac{v_A}{v_B} = \frac{\sqrt{m_B}}{\sqrt{m_A}} = \frac{\sqrt{M_B}}{\sqrt{M_A}}$$

Exercício resolvido

Thomas Graham (1805-1869), um químico escocês do século XIX, realizou diversos experimentos sobre a velocidade de efusão dos gases, e descobriu que a velocidade com que um gás atravessa um pequeno orifício é proporcional à velocidade molecular média que, por sua vez, é inversamente proporcional à raiz quadrada da massa molar de um gás. Considere um recipiente contendo igual número de mols de gás hidrogênio (H_2), gás oxigênio (O_2) e trióxido de enxofre (SO_3), a 25 ºC e 1 atm de pressão. Ao abrirmos um pequeno furo na tampa desse recipiente, qual a sequência de efusão dos gases que você espera encontrar?

Dadas as massas molares: I. H_2 = 2 g/mol, II. O_2 = 32 g/mol e SO_3 = 80 g/mol

Pelo texto sabemos que a velocidade de efusão dos gases é proporcional à raiz quadrada das massas molares das substâncias, que são:
I. H_2 = 2 g/mol   II. O_2 = 32 g/mol SO_3 = 80 g/mol
Sendo assim a efusão dos gases pela sequência é: em primeiro H_2, em segundo O_2 e em terceiro SO_3.

Exercícios propostos

1. Muitos materiais, como plásticos e alguns tipos de borracha, possuem pequenos orifícios que, embora invisíveis aos nossos olhos, podem possibilitar o escape dos gases. Se você encher duas bolas de borracha, uma com nitrogênio e outra com hélio, qual delas murchará mais rapidamente? Justifique.

   Dado: Massas atômicas: He = 4 u e N = 14 u.

2. (Unesp-SP) Incêndio é uma ocorrência de fogo não controlado, potencialmente perigosa para os seres vivos. Para cada classe de fogo existe pelo menos um tipo de extintor. Quando o fogo é gerado por líquidos inflamáveis como álcool, querosene, combustíveis e óleos, os extintores mais indicados são aqueles com carga de pó químico ou gás carbônico.

   Considerando-se a massa molar do carbono = 12 g · mol^{-1}, a massa molar do oxigênio = 16 g. mol^{-1} e R = 0,082 atm · L · mol^{-1} · K^{-1}, o volume máximo, em litros, de gás liberado a 27ºC e 1 atm, por um extintor de gás carbônico de 8,8 kg de capacidade, é igual a:

   a) 442,8.

   b) 2 460,0.

   c) 4 477,2.

   d) 4 920,0.

   e) 5 400,0.

3. (FGV-SP) O gás hélio é utilizado para encher balões e bexigas utilizados em eventos comemorativos e em festas infantis. Esse gás pode ser comercializado em cilindros cujo conteúdo apresenta pressão de 150 bar a 300 K. Considerando-se que 1 atm = 1 bar, e que a massa de gás He no cilindro é 170 g, então, o valor que mais se aproxima do volume de gás hélio contido naquele cilindro a 300 K é:

   Dado: R = 0,082 atm · L · K^{-1} · mol^{-1}

   a) 14 L.

   b) 7,0 L.

   c) 1,0 L.

   d) 500 mL.

   e) 140 mL.

Difusão gasosa

Partículas gasosas mais leves tendem a dispersar num ambiente mais rapidamente que partículas gasosas com maior massa. A dispersão explica o porquê de sentirmos o cheiro de alimentos e de perfumes através do ar. Além disso, é a difusão gasosa que ajuda a manter a composição da atmosfera aproximadamente constante.

A difusão gasosa é a mais antiga das técnicas para o enriquecimento do urânio. Projetada inicialmente com finalidades militares, é capaz de enriquecer urânio a 90% sendo, por isso, a técnica considerada monopólio das potências nucleares.

Outro caso de difusão gasosa que pode ser perigoso e causar sérios problemas é o que ocorre com os gases de base clorofluorcarboneto, CFC, em altitudes elevadas. Nessas condições, ao sofrerem decomposição pela radiação solar, atacam a camada de ozônio.

Gases   Capítulo 8   267

CIÊNCIA, TECNOLOGIA, SOCIEDADE E AMBIENTE

Dentre os vários gases que compõem a atmosfera da Terra N_2, O_2, Ar, CO_2, O_3 e outros, a situação do ozônio é motivo de grande preocupação pelos problemas que pode causar ao meio ambiente, apontam especialistas. O ozônio é um gás azul-escuro, concentrado em uma região chamada estratosfera (situada entre 20 km e 40 km de altitude), e tem uma função muito importante para a vida na superfície terrestre (Figura 8.24). Ele é responsável pela absorção da radiação do Sol, a ultravioleta do tipo B (UV-B), prejudicial à vida de seres humanos – de outros animais e plantas também – e que pode causar sérias lesões, como queimaduras graves e câncer de pele.

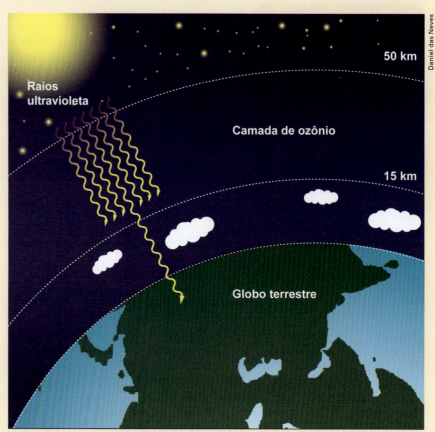

Figura 8.24: Representação das camadas da atmosfera terrestre. O ozônio localiza-se na região da estratosfera.

O ozônio é aquele que absorve energia com um comprimento de onda na faixa de 240 nm e 310 nm, e apresenta radiação na faixa do ultravioleta. A maior parte da energia vinda do Sol com comprimento de onda curto é absorvida pelo O_2, que provoca sua quebra em dois átomos de oxigênio.

$$O_2(g) \longrightarrow O(g) + O(g)$$

Esses átomos colidem frequentemente com moléculas de gás oxigênio formando o ozônio.

$$O(g) + O_2(g) \longrightarrow O_3(g)$$

Após formado, a molécula de ozônio absorve energia entre 200 nm e 310 nm e decompõe em oxigênio atômico e gás oxigênio,

$$O_3(g) \longrightarrow O(g) + O_2(g)$$

que é um processo contrário de sua formação (Figura 8.25).

Se não acontecesse esse processo de formação e destruição do ozônio na estratosfera, a crosta terrestre seria atingida pelos raios ultravioletas e a vida animal e vegetal não poderia sobreviver. Esse processo de formação e destruição de ozônio acontece no Planeta Terra há milhões de anos e protege toda a forma de vida.

À primeira vista, pode parecer insignificante a diferença entre o gás oxigênio e o ozônio, pois, enquanto o gás oxigênio é constituído por apenas dois átomos de oxigênio (O_2), o ozônio é constituído por três átomos (O_3). Contudo, essa diferença é fundamental para a manutenção da vida na Terra. A camada de ozônio é mais concentrada nos polos do que no Equador, neles ela está situada em uma altitude menos elevada, o que proporciona uma condição ideal para sua monitoração. Em 1982, pesquisadores perceberam que a camada de ozônio havia sofrido uma diminuição de cerca de 20% sobre a Antártida. A continuada medição do ozônio em nossa atmosfera nos anos seguintes mostrou que a camada ainda diminuia e que essa redução era cada vez maior.

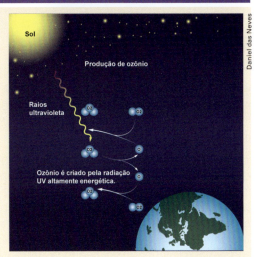

Figura 8.25: Esquema de formação e destruição do ozônio a partir da energia ultravioleta (UV). Imagem sem escala; cores-fantasia.

A preocupação dos cientistas com a redução da camada de ozônio era grande e, em 1995, os químicos Mário Molina, Paul Crutzen e F. Sherwood Rowland descobriram que os compostos denominados clorofluorcarbonetos (CFC), usados em geladeiras, aparelhos de ar-condicionado e propelentes nos aerossóis, por exemplo, são fontes de átomos de cloro, que catalisam a destruição do ozônio.

Observe as equações das reações estudadas por esses cientistas:

$$CF_2C\ell_2\ (g) \longrightarrow C\ell\ (g) + CF_2C\ell\ (g)$$
$$C\ell\ (g) + O_3\ (g) \longrightarrow C\ell O\ (g) + O_2\ (g)$$
$$C\ell O\ (g) + O\ (g) \longrightarrow C\ell\ (g) + O_2\ (g)$$

Figura 8.26: Na cor azul, o buraco na camada de ozônio com 28,2 milhões de quilômetros quadrados, tamanho documentado em outubro de 2015.

Em estudos recentes, publicados na revista *Science* de junho de 2016, a Profª. Susan Solomon, do MIT (Instituto de Tecnologia de Massachussets) nos EUA, afirma que a camada de ozônio está se recuperando. Isso significa que com a redução da produção de clorofluorcarbonetos (CFC) conseguimos começar a reverter uma situação que impactava a camada de ozônio.

Em medições efetuadas entre 2000 e 2015 os cientistas concluíram que o rombo sobre a Antártica encolheu em mais de 4 milhões km2, ou seja, pouco menos que a metade do território brasileiro (Figura 8.26). É muito importante saber que após a proibição dos CFC na maior parte do planeta, a camada de ozônio voltou a regenerar e conseguimos avanços significativos.

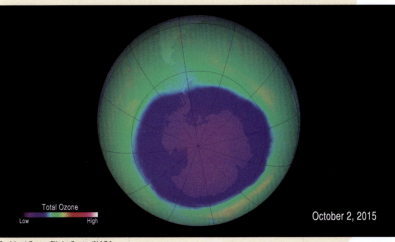

COM A PALAVRA...

Vitor A. R. Monteiro*

Gás e energia

O Brasil obtém uma grande porcentagem de sua energia de fontes hidroelétricas, cerca de 65% aproximadamente. Essa opção se deu devido à grande quantidade de rios, planalto e quedas-d'água existentes do relevo brasileiro.

Verdadeiramente, essa é uma opção muito interessante, uma vez que a energia obtida a partir da energia cinética da água, é limpa, renovável, não emite gases tóxicos. As duas principais desvantagens desse modelo são: a inundação de grandes áreas (e as implicações ecológicas que isso gera) e a dependência de fenômenos climáticos. Essa segunda desvantagem é algo muito importante, por exemplo, caso as chuvas tornem-se escassas em determinado período do ano (tal fenômeno ocorre tipicamente no inverno brasileiro). Nesse caso existe o risco de racionamento e até mesmo de interrupções (blecautes) de fornecimento de energia, como o que aconteceu em 2001 no Brasil. A situação é tão peculiar que o governo criou o mecanismo de bandeiras tarifárias. O consumidor paga sua tarifa de energia elétrica de acordo com o nível de água dos reservatórios. É um modelo sem paralelos.

Isso posto, torna-se imperativo que uma política séria de melhoria de infraestrutura do país passe pela diversificação da sua matriz energética.

O gás natural apresenta-se como sendo um bom candidato. Suas principais vantagens são: baixo custo (mais barato que etanol ou gasolina e rende muito mais por quilômetro rodado!); propicia elevado rendimento energético; produz impacto ambiental baixíssimo (sua combustão é mais completa/limpa, reduzindo a emissão de CO, CO_2 e NO_2); possui combustão facilmente controlável; possui chama com excelente estabilidade térmica, gerando produtos com melhor qualidade; proporciona redução de custos de estocagem; auxilia na melhora do desempenho de óleos lubrificantes, reduz custos de manutenção de motores de automóveis; contribui com a redução da poluição nas grandes cidades devido a sua baixa emissão de particulados; aumenta a vida útil de equipamentos, o que pode baratear o custo dos produtos; além disso, sua utilização não implica desmatamentos ou alagamentos de enormes espaços verdes.

O gás natural pode ser utilizado como combustível em nossas cozinhas (com grandes vantagens sobre o GLP), nas indústrias (principalmente de vidro, cerâmica e cimento, devido ao seu maior controle de temperatura), nos veículos automotivos e, principalmente, na geração de energia elétrica (usinas termoelétricas).

Será que temos gás para isso tudo? Não resta a menor dúvida. As reservas provadas nacionais são da ordem de 500 bilhões de metros cúbicos. Esse valor duplicou desde a virada do século, mesmo com aumento de consumo. Desde então os país investiu muito em exploração, produção, distribuição e logística do produto.

Em verdade, essa reserva ainda é pequena perto do que se estima encontrar sob a forma de hidratos. Hidratos pertencem à família dos clatratos que são estruturas semelhantes às gaiolas com gás aprisionado em sua estrutura. Sua aparência é semelhante ao gelo, mas tem ponto de fusão muito mais alto e é inflamável (é o gelo que queima!). Os depósitos de hidratos do subsolo marinho são incalculáveis, no entanto, a tecnologia disponível ainda não nos permite a exploração desse tipo de recurso de forma econômica. Precisamente, cada cm^3 de hidrato tem 180 cm^3 de gás aprisionado. O domínio de uma tecnologia que permita e viabilize economicamente a exploração desses imensos depósitos representa certamente uma revolução no mundo da busca por energia. Mas isso já é outro capítulo...

* Químico de Petróleo – Petrobras, Rio de Janeiro, RJ.

QUESTÕES

1. São várias as matrizes energéticas utilizadas tanto no Brasil quanto em outros países. Dependendo dos recursos disponíveis (rios, derivados fósseis, mares (orla), ventos, incidência luminosa etc.), um país pode optar por um tipo ou outro, ou o que é mais comum, diversificar suas matrizes. Levante as matrizes energéticas mais usadas e liste alguns prós e contras das mesmas.

2. O texto faz menção ao gás natural. Pesquise o que vem a ser o gás natural, sua composição, sua formação e onde é mais usado.

3. O texto menciona como possível fonte de energia num futuro próximo os hidratos pertencentes à família dos clatratos. Faça um pesquisa na internet sobre este material.

Exercícios finais

1. (Uece) Em alguns casos, há necessidade de coletar-se o produto de uma reação sob a água para evitar que ele escape e misture-se com o ar atmosférico. Uma amostra de 500 mL de oxigênio foi coletada sob a água a 23 °C e pressão de 1 atm. Sabendo-se que a pressão de vapor da água a 23 °C é 0,028 atm, o volume que o O_2 seco ocupará naquelas condições de temperatura e pressão será

   a) 243,0 mL
   b) 486,0 mL
   c) 364,5 mL
   d) 729,0 mL

2. (Uece) A panela de pressão, inventada pelo físico francês Denis Papin (1647-1712) é um extraordinário utensílio que permite o cozimento mais rápido dos alimentos, economizando combustível.

   Sobre a panela de pressão e seu funcionamento, pode-se afirmar corretamente que

   a) é uma aplicação prática da lei de Boyle-Mariotte.
   b) foi inspirada na lei de Dalton das pressões parciais.
   c) aumenta o ponto de ebulição da água na qual estão contidos os alimentos.
   d) o vapor de água represado catalisa o processo de cocção dos alimentos.

3. (UFPR) A equação geral dos gases ideais é uma equação de estado que correlaciona pressão, temperatura, volume e quantidade de matéria, sendo uma boa aproximação ao comportamento da maioria dos gases.

   Os exemplos descritos a seguir correspondem às observações realizadas para uma quantidade fixa de matéria de gás e variação de dois parâmetros. Numere as representações gráficas relacionando-as com as seguintes descrições.

   1. Ao encher um balão com gás hélio ou oxigênio, o balão apresentará a mesma dimensão.
   2. Ao encher um pneu de bicicleta, é necessária uma pressão maior que a utilizada em pneu de carro.
   3. O cozimento de alimentos é mais rápido em maiores pressões.
   4. Uma bola de basquete cheia no verão provavelmente terá aparência de mais vazia no inverno, mesmo que não tenha vazado ar.

   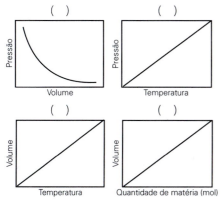

   Assinale a alternativa que apresenta a sequência correta na numeração das representações gráficas.

   a) 1 – 3 – 4 – 2.
   b) 2 – 3 – 4 – 1.
   c) 4 – 2 – 1 – 3.
   d) 4 – 3 – 1 – 2.
   e) 2 – 4 – 3 – 1.

4. (Unesp-SP) Uma equipe de cientistas franceses obteve imagens em infravermelho da saída de rolhas e o consequente escape de dióxido de carbono em garrafas de champanhe que haviam sido mantidas por 24 horas a diferentes temperaturas.

   As figuras 1 e 2 mostram duas sequências de fotografias tiradas a intervalos de tempo iguais, usando garrafas idênticas e sob duas condições de temperatura.

   Figura 1

   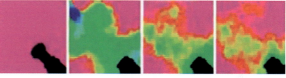

   Rolha saltando de garrafa de champanhe a 18 °C

   Figura 2

   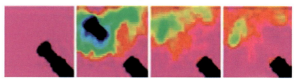

   Rolha saltando de garrafa de champanhe a 4 °C

   (Pesquisa Fapesp, janeiro de 2013. Adaptado.)

   As figuras permitem observar diferenças no espocar de um champanhe: a 18 °C, logo no início, observa-se que o volume de CO_2 disperso na nuvem gasosa – não detectável na faixa da luz visível, mas sim do infravermelho – é muito maior do que quando a temperatura é de 4 °C.

   Numa festa de fim de ano, os estudantes utilizaram os dados desse experimento para demonstrar a lei que diz:

   a) O volume ocupado por uma amostra de gás sob pressão e temperatura constantes é diretamente proporcional ao número de moléculas presentes.
   b) A pressão de uma quantidade fixa de um gás em um recipiente de volume constante é diretamente proporcional à temperatura.
   c) Ao aumentar a temperatura de um gás, a velocidade de suas moléculas permanece constante.
   d) A pressão de uma quantidade fixa de um gás em temperatura constante é diretamente proporcional à quantidade de matéria.
   e) O volume molar de uma substância é o volume ocupado por um mol de moléculas.

Exercícios finais

5. (UEM-PR) Os gases são substâncias presentes em nosso cotidiano em fatos como: a subida de um balão; o murchar, com o tempo, de uma bexiga de aniversário; o aumento da pressão interna de um pneu em dias quentes; a respiração do ser humano; entre outros. Sobre os gases, assinale a(s) alternativa(s) correta(s).

01) Em um gás, as moléculas estão em contínuo movimento e separadas entre si por grandes espaços vazios em relação ao tamanho delas. Além disso, o movimento das moléculas se dá em todas as direções e em todos os sentidos.

02) Um gás não possui forma própria. A forma adquirida é a do recipiente que o contém. Quando um gás é confinado em um recipiente, as moléculas do gás colidem continuamente contra as paredes do recipiente. Dessas colisões resulta o que se chama de pressão do gás.

04) Em um gás ideal ou perfeito a pressão é diretamente proporcional ao volume quando a temperatura é constante.

08) Um mol de um gás possui aproximadamente $6,023 \cdot 10^{23}$ moléculas do mesmo.

16) As moléculas constituintes de um gás possuem movimento desordenado. Esse movimento é denominado agitação térmica. Quanto mais intensa é a agitação térmica maior é a energia cinética de cada molécula e, em consequência, maior é a temperatura do gás.

6. (Unesp-SP) Os desodorantes do tipo aerossol contêm em sua formulação solventes e propelentes inflamáveis. Por essa razão, as embalagens utilizadas para a comercialização do produto fornecem no rótulo algumas instruções, tais como:

– Não expor a embalagem ao sol.

– Não usar próximo a chamas.

– Não descartar em incinerador.

Uma lata desse tipo de desodorante foi lançada em um incinerador a 25 °C e 1 atm. Quando a temperatura do sistema atingiu 621 °C, a lata explodiu. Considere que não houve deformação durante o aquecimento. No momento da explosão, a pressão no interior da lata era

a) 1,0 atm.   d) 24,8 atm.
b) 2,5 atm.   e) 30,0 atm.
c) 3,0 atm.

7. (UPM-SP) Três recipientes indeformáveis A, B e C, todos com volumes iguais, contêm, respectivamente, três diferentes gases de comportamento ideal, conforme a descrição contida na tabela a seguir.

Recipiente	Gás armazenado	Temperatura	Pressão
A	hélio (He)	400 K	3 atm
B	nitrogênio (N_2)	600 K	4,5 atm
C	oxigênio (O_2)	200 K	1 atm

Os balões são interligados entre si por conexões de volumes desprezíveis, que se encontram fechadas pelas válvulas 1 e 2. O sistema completo encontra-se ilustrado na figura a seguir.

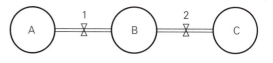

Ao serem abertas as válvulas 1 e 2, a mistura gasosa formada teve sua temperatura estabilizada em 300 K. Desse modo, a pressão interna final do sistema é igual a

a) 1,5 atm.   c) 2,5 atm.   e) 3,5 atm.
b) 2,0 atm.   d) 3,0 atm.

8. (Unimontes-MG) Um balão cheio de gás tem volume igual a 6,0 L no nível do mar. Esse balão é incitado a subir até que a pressão seja 0,45 atm. Durante a subida, a temperatura do gás decresce de 22 °C para 21 °C. Em relação às variações sofridas pelo gás, é correto afirmar que

a) o número de moléculas gasosas aumentará com o aumento do volume.

b) o volume do balão, na altitude final, equivalerá, aproximadamente, a 15,0 L.

c) a temperatura, ao ser reduzida, aumentará o número de moléculas gasosas.

d) a pressão, quando reduzida, provocará um aumento no volume do balão.

9. (Unicid – Medicina) Numa sala de triagem de um pronto-socorro, acidentalmente, um termômetro se quebrou e praticamente todo o mercúrio contido no bulbo se espalhou pelo chão. No momento do acidente, a temperatura da sala era de 25 °C.

a) Considerando o volume da sala 240 m^3, a pressão atmosférica do mercúrio $2,6 \cdot 10^{-6}$ atm a 25 °C e R = 0,082 atm $\cdot$ L $\cdot$ mol^{-1} $\cdot$ K^{-1}, calcule a quantidade de vapor de mercúrio, em g, que se espalhou na sala.

b) Qual é o nome da liga metálica formada entre o mercúrio e outro metal? Esse tipo de liga é uma mistura homogênea ou heterogênea?

10. (FMP-RS) O alumínio tem um largo emprego no mundo moderno, como, por exemplo, em latas de refrigerante, utensílios de cozinha, embalagens, na construção civil, etc. Esse metal de grande importância possui caráter anfótero, que, colocado em ácido clorídrico ou em uma solução aquosa de hidróxido de sódio concentrado, é capaz de reagir, liberando grande quantidade de calor. Uma latinha de refrigerante vazia pesa, em média, 13,5 g. Uma experiência com cinco latinhas foi realizada em um laboratório para testar sua durabilidade como indicado na reação abaixo.

$$2 A\ell \text{ (s)} + 6 HC\ell \text{ (aq)} \longrightarrow 2 A\ell C\ell_3 + 3 H_2 \text{ (g)}$$

O volume, em litros, de gás hidrogênio sob temperatura de 0 °C e pressão de 1 atm é de

a) 11,2
c) 84
e) 56

b) 16,8
d) 28

11. (Uece) Uma amostra de gás causador de chuva ácida, com massa de 4,80 g, ocupa um volume de 1 litro quando submetido a uma pressão de 1,5 atm e a uma temperatura de 27 °C. Esse gás é o

a) dióxido de enxofre.

b) trióxido de enxofre.

c) óxido nítrico.

d) dióxido de nitrogênio.

12. (UEPG-PR) Um balão-sonda cheio de gás hélio é lançado de uma estação meteorológica ao nível do mar. Sobre o sistema proposto, assinale o que for correto.

Dados:

$R = 0,082 \text{ atm} \cdot L \cdot mol^{-1} \cdot K^{-1}$

$R = 62,3 \text{ mmHg} \cdot L \cdot mol^{-1} \cdot K^{-1}$

Constante de Avogadro $= 6 \cdot 10^{23}$

$He = 4 \text{ g} \cdot mol^{-1}$

01) Ao nível do mar e à temperatura de 27 °C, um balão com volume de 820 L contém aproximadamente $2 \cdot 10^{25}$ átomos de He.

02) Na madrugada, a temperatura da estação meteorológica chega a 15 °C e o volume do balão fica maior em relação ao volume encontrado com 27 °C, porque ocorre a expansão isobárica dos gases.

04) O volume do balão será maior na altitude de 1 km do que ao nível do mar, porque a pressão atmosférica é menor nessa altitude (supondo que não ocorra alteração da temperatura na atmosfera até a altura de 1 km).

08) Ao nível do mar e à temperatura de 27 °C, um balão contendo 40 g de gás hélio tem o volume de 123 litros.

16) Se não ocorrer alteração do volume do gás, o aumento da temperatura promove a diminuição da pressão do gás.

13. (UPM-SP) Em um experimento no qual foi envolvido um determinado gás ideal X, uma amostra de 2,0 g desse gás ocupou o volume de 623 mL de um balão de vidro, sob temperatura de 127 °C e pressão de 1 000 mmHg. Considerando-se que esse gás X seja obrigatoriamente um dos gases presentes nas alternativas a seguir, identifique-o.

Dados: massas molares ($g \cdot mol^{-1}$)
$H = 1, N = 14, O = 16 \text{ e } S = 32$
constante universal dos gases ideais
$(R) = 62,3 \text{ mmHg} \cdot L \cdot mol^{-1} \cdot K^{-1}$

a) H_2
c) NO_2
e) SO_3

b) O_2
d) SO_2

14. (UEG-GO) Considere um recipiente de 6 L de capacidade e 27 °C de temperatura, o qual apresenta uma mistura de 1, 2 e 5 mols de dióxido de carbono, nitrogênio e argônio, respectivamente. A pressão exercida no recipiente, em atm, será de, aproximadamente:

Dado: $R = 0,082 \text{ atm} \cdot L \cdot mol^{-1} \cdot K^{-1}$

a) 4,1
c) 20,5

b) 8,2
d) 32,8

15. (FGV-SP) O consumo brasileiro total de explosivos não militares é da ordem de 200 mil t/ano por empresas mineradoras como a Vale (Carajás e Itabira), MBR, Yamana, dentre outras. O principal explosivo empregado é o nitrato de amônio, embalado em cartuchos. Sua ação como explosivo se deve à sua instabilidade térmica. Por meio da ignição de um sistema detonador, esse sal se decompõe resultando em produtos gasosos de acordo com a seguinte equação química:

$$NH_4NO_3 \longrightarrow N_2 \text{ (g)} + 2 H_2O \text{ (g)} + \frac{1}{2} O_2 \text{ (g)}$$

*(Explosivos em Expansão, em Posto de Escuta:
crônicas químicas e econômicas.
Albert Hahn, Editora Cla, 2012. Adaptado.)*

Considerando um cartucho com a capacidade de 1,0 L, contendo 160 g de nitrato de amônio, no instante da ignição, quando ocorre a completa reação de decomposição do sal a 167 °C, a pressão no interior do cartucho, no instante de sua ruptura e explosão é, em atm, igual a aproximadamente

(Dado: $R = 0,082 \text{ atm} \cdot L \cdot mol^{-1} \cdot K^{-1}; N = 14; O = 16; H = 1.$)

a) $1,0 \times 10^2$.
d) $2,5 \times 10^3$.

b) $1,0 \times 10^3$.
e) $7,0 \times 10^2$.

c) $2,5 \times 10^2$.

16. (Uern) Os refrigerantes são formados por uma mistura de água, gás carbônico e algum tipo de xarope, que dá a cor e o gosto da bebida. Mas essas três coisas não são combinadas de uma vez – primeiro, os fabricantes juntam a água e o gás, em um aparelho chamado carbonizador. Quando esses dois ingredientes se misturam, a água dissolve o CO_2, dando origem a uma terceira substância, o ácido carbônico, que tem forma líquida. Depois, acrescenta-se o xarope a esse ácido. O último passo é inserir uma dose extra de CO_2 dentro da embalagem para aumentar a pressão interna e conservar a bebida.

Disponível em: <http://mundoestranho.abril.com.br/materia/
como-se-coloca-o-gas-nos-refrigerantes>.

Gases **Capítulo 8** **273**

Exercícios finais

Com relação ao gás dos refrigerantes, é correto afirmar que

a) diminui, se aumentar a pressão.

b) está completamente dissolvido no líquido.

c) escapa mais facilmente do refrigerante quente.

d) escapa mais facilmente do refrigerante gelado.

17. (FGV-SP) Créditos de carbono são certificações dadas a empresas, indústrias e países que conseguem reduzir a emissão de gases poluentes na atmosfera. Cada tonelada de CO_2 não emitida ou retirada da atmosfera equivale a um crédito de carbono.

Disponível em: <http://www.brasil.gov.br/meio-ambiente/2012/04/credito-carbono>. Adaptado.

Utilizando-se R = 0,082 atm · L · mol⁻¹ · K⁻¹, a quantidade de CO_2 equivalente a 1 (um) crédito de carbono, quando coletado a 1,00 atm e 300 K, ocupa um volume aproximado, em m³, igual a

Dados: C = 12; O = 16.

a) 100.   c) 400.   e) 800.

b) 200.   d) 600.

18. (Uema) Ao se adquirir um carro novo, é comum encontrar no manual a seguinte recomendação: *mantenha os pneus do carro corretamente calibrados de acordo com as indicações do fabricante*. Essa recomendação garante a estabilidade do veículo e diminui o consumo de combustível. Esses cuidados são necessários porque sempre há uma perda de gases pelos poros da borracha dos pneus (processo chamado difusão). É comum calibrarmos os pneus com gás comprimido ou nas oficinas especializadas com nitrogênio. O gás nitrogênio consegue manter a pressão dos pneus constantes por mais tempo que o ar comprimido (mistura que contém além de gases, vapor da água que se expande e se contrai bastante com a variação de temperatura).

Considerando as informações dadas no texto e o conceito de difusão, pode-se afirmar, em relação à massa molar do gás, que

a) a do ar comprimido é igual à do gás nitrogênio.

b) quanto maior, maior será sua velocidade de difusão.

c) quanto menor, maior será sua velocidade de difusão.

d) quanto menor, menor será sua velocidade de difusão.

e) não há interferência na velocidade de difusão dos gases.

19. (Unifor-CE) O metano, CH_4, é formado nos aterros sanitários pela ação de certas bactérias em matéria orgânica queimada. Uma amostra de metano, coletada em um aterro, tem volume de 250 mL a 750 Torr e 27 °C.

(R = 0,0821 L · atm · K⁻¹ · mol⁻¹)

A quantidade de metano presente na amostra é:

a) 22 × 10² g   d) 16 × 10⁻² g

b) 25 × 10⁻² g   e) 30 × 10⁻² g

c) 19 × 10⁻² g

20. (UFG-GO)

Texto para a próxima questão:

O gás hidrogênio pode ser produzido em laboratório a partir da reação química entre zinco metálico e ácido clorídrico, conforme esquema e equação química não balanceada apresentados a seguir.

$$Zn + 2\,HC\ell \longrightarrow H_2 + ZnC\ell_2$$

Dados: $d_{HC\ell} \cong 1,2$ g/mL

R = 0,082 atm · L · mol⁻¹ · K⁻¹

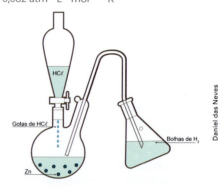

Levando em consideração a presença de 5 mg de hidrogênio no interior do frasco coletor com capacidade de 100 mL, e que ele esteja fechado, conclui-se que a pressão resultante, em atm, no interior do frasco a 25 °C será, aproximadamente, igual a:

a) 0,12   c) 0,36   e) 1,20

b) 0,24   d) 0,60

21. (UFG-GO) Em um processo industrial, um reator de 250 L é preenchido com uma mistura gasosa composta de 50 kg de N_2O; 37 kg de NO e 75 kg de CO_2. Considerando-se a temperatura de 527 °C, a pressão interna, em atm, do reator, será, aproximadamente,

Dado: R = 0,082 atm · L · mol⁻¹ · K⁻¹

a) 1   c) 350   e) 1069

b) 108   d) 704

22. (Unisinos-RS) Os gases perfeitos obedecem a três leis bastante simples: a lei de Boyle, a lei de Gay-Lussac e a lei de Charles, formuladas segundo o comportamento de três grandezas que descrevem as propriedades dos gases: o volume (V), a pressão (p) e a temperatura absoluta (T).

O número de moléculas influencia a pressão exercida pelo gás, ou seja, a pressão depende também, diretamente, da massa do gás. Considerando esses resultados, Paul Emile Clapeyron (1799-1844) estabeleceu uma relação entre as variáveis de estado com esta expressão matemática: pV = nRT, onde n é o número de mols, e R é a constante universal dos gases perfeitos.

Ao calibrar um pneu, altera-se o número de moléculas de ar no interior dele. Porém, a pressão e o volume podem, também, sofrer modificação com a variação da temperatura.

274

O gráfico *pressão* versus *volume*, que representa uma transformação isotérmica de uma quantidade fixa de um gás perfeito, é o

a)

b)

c)

d)

e)

23. (UEPB) Em algumas situações, é necessário transportar as amostras gasosas para os laboratórios para fazer as análises químicas necessárias para identificar os compostos presentes e suas concentrações. Como os gases estão, normalmente, em concentrações baixas, é necessário que sejam armazenados volumes bem maiores do que para os líquidos, que podem ser feitos em tanques que suportem pressões mais altas. Considerando que um tanque possua um volume de 2 litros, qual será a pressão de uma amostra de 1 mol de gás na temperatura normal?

(Dado: 1 mol do gás nas CNTP deve ter 22,7 L, temperatura de 273 K e pressão de 1 atm.)

a) 10 bar c) 1 atm e) 700 mmHg
b) 0,9 atm d) 11,35 atm

24. (UEM-PR) Analise os três sistemas abaixo, em que ocorrem variações de pressão, volume e temperatura em um gás, como indicado, e assinale a(s) alternativa(s) correta(s).

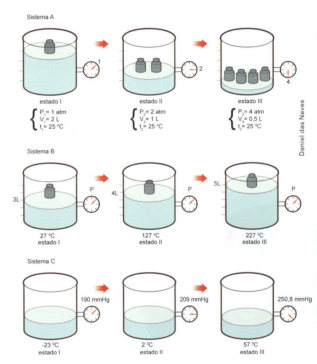

01) A transformação que ocorre no sistema A é chamada de isotérmica.

02) Para o sistema A, o valor de PV é constante, em função da variação de pressão.

04) A transformação que ocorre no sistema B é chamada isocórica.

08) O sistema C demonstra a descoberta de Charles e Gay-Lussac. Nesse sistema, sem se alterar o volume, a pressão de certa massa de gás varia linearmente com a variação da temperatura.

16) Transformações isobáricas de um gás ocorrem sem a variação da razão V/T desse gás.

CAPÍTULO 9

RESERVAS DA CROSTA TERRESTRE E TECNOLOGIA

A crosta terrestre constitui importante fonte de matérias-primas utilizadas na fabricação de diferentes tipos de materiais. Dela extraímos o ferro, o cobre, o alumínio, o magnésio e o petróleo, entre outros. Contudo, apesar da sua utilidade para as mais diversas atividades humanas, essa extração causa um grande problema para o meio ambiente (Figura 9.1).

Neste capítulo, vamos retratar como conseguimos dominar algumas técnicas de extração de minerais da crosta terrestre, bem como mostrar de que forma podemos calcular as quantidades de materiais envolvidos nesses processos químicos. Veremos também que as jazidas de minerais não são eternas e que os rejeitos industriais e domésticos precisam ser reciclados, visto os danos que eles provocam ao meio ambiente. Daí, os programas de reciclagem serem de grande relevância para a sociedade.

Figura 9.1: Extração de carvão em jazida a céu aberto, em Criciúma (SC). Uma grande preocupação é como usar os recursos naturais de que dispomos sem agredir o meio ambiente.

Ferro

Figura 9.2: Fragmento de um meteorito.

Nome do elemento: **ferro**

Símbolo químico: **Fe**

Número atômico: **26**

Massa atômica: **55,845**

Grupo da tabela: **8**

Configuração eletrônica: **2, 8, 14, 2**

Classificação: **metal de transição**

Fase de agregação: **sólida (T = 298 K)**

26 | Ferro | Fe
■ metais de transição
■ sólidos

Pedra muito dura, construída da mistura de sílica (SiO_2) cristalizada e sílica hidratada.

Os meteoritos foram a principal fonte de ferro no início da humanidade. Todavia, além de serem admirados e utilizados em rituais, apresentavam outra finalidade.

Os seres humanos trabalharam o ferro meteorítico muito antes de aprenderem a utilizar os materiais ferrosos da crosta terrestre (Figura 9.2). Os equimós da Groenlândia, depois de trabalharem o ferro com martelos de **sílex**, fabricavam facas. Quando Hernán Cortés, conquistador espanhol, perguntou aos chefes astecas de onde obtinham suas facas, eles apontaram para o céu. Maias, incas e astecas serviam-se de ferro meteorítico, que na época era considerado mais valioso que ouro. Os sumérios, civilização que habitava a região do Rio Eufrates de 4000 a.C. até 1950 a.C., e os egípcios também recolhiam o ferro dos meteoritos, os quais chamavam de "celestes". Existem indícios do uso desse metal na China e Índia antes mesmo de 2000 a.C.

Mas a utilização dos meteoritos não chegou a promover uma revolução tecnológica capaz de representar um marco histórico. Foi necessária a descoberta da fusão de materiais para que fosse inaugurada uma nova etapa na história da humanidade, a Idade dos Metais. Entre os anos 1200 a.C. e 1100 a.C., nas montanhas da Armênia, depois da invenção dos fornos e da descoberta da técnica de endurecimento de metais, principiou-se a Era da Metalurgia Industrial. O segredo da fundição propagou-se pelo Oriente Próximo, pelo Mediterrâneo e pela Europa Central, dando início à Idade do Cobre, sucedida pela Idade do Bronze e, posteriormente, pela Idade do Ferro.

As técnicas de trabalho com o ferro permaneceram fiéis aos modelos e estilos herdados da Idade do Bronze (Figura 9.3). Inicialmente, o ferro foi usado para fazer ornamentos, amuletos e estátuas, o que foi mantido durante muito tempo, adquirindo um valor sagrado que sobrevive até hoje em muitos povos.

Durante a Revolução Industrial, na Inglaterra, novos processos siderúrgicos para a obtenção do ferro foram testados e aplicados com êxito, gerando grandes lucros. Essas descobertas permitiram a expansão das estradas de ferro, a substituição da madeira na construção de navios e a evolução da Engenharia Civil, que começou a desenvolver as estruturas dos prédios e dos primeiros arranha-céus. O ferro estava presente em pontes, máquinas a vapor e trens. Uma nova era tecnológica teve início a partir do século XIX.

A descoberta da abundância dos minérios de ferro em solo brasileiro deu-se no final do século XVIII. Em 1811, com a vinda do barão de Eschwege para o Brasil, começaram a ser construídas as primeiras forjas catalãs, que logo se espalharam por Minas Gerais, fornecendo ferraduras para animais e ferramentas de trabalho. É importante ressaltar também o Intendente Câmara, que em Minas Gerais, no ano de 1815, conseguiu fundir ferro num alto-forno e obter **ferro-gusa**. As forjas de Eschwege e os fornos do Intendente Câmara foram o início da indústria siderúrgica no Brasil, mas os altos custos de transporte e a concorrência com o ferro estrangeiro não possibilitaram a prosperidade esperada.

A vinda da Família Real ao Brasil, no início do século XIX, fez D. João VI construir, em 1818, uma siderúrgica na região de Sorocaba (hoje pertencente ao município de Iperó), no estado de São Paulo, a Real Fábrica de Ferro São João de Ipanema (Figura 9.4), que funcionou deficitariamente até 1895. Nunca houve interesse em desenvolvê-la, principalmente porque o Brasil sofria influência da Inglaterra, que desejava vender produtos manufaturados de ferro para o Brasil. O pico de atividade da história da Real Fábrica de Ipanema aconteceu durante a Guerra do Paraguai.

Figura 9.3: Para a obtenção do ferro, os etruscos – civilização que habitava um trecho da região noroeste da atual Itália – utilizavam pequenos fornos feitos com argila e palha, dentro dos quais colocavam camadas de madeira e do mineral de onde obtinham o metal. Os fornos eram cônicos e tinham uma entrada inferior, pela qual introduziam a madeira e o minério de ferro, e uma abertura superior, para o escoamento da fumaça.

Ferro-gusa
É obtido da hematita (minério de ferro) e pode possuir de 3 a 6% de carbono, que o torna quebradiço e sem grande utilidade para ser usado diretamente. Contém ainda outras impurezas como silício, manganês, fósforo e enxofre. É matéria-prima para a fabricação do aço.

Figura 9.4: Fornos da Real Fábrica de Ferro São João de Ipanema, a primeira siderúrgica do Brasil, na região de Sorocaba (SP). Foto de 2014.

Reservas da crosta terrestre e tecnologia   Capítulo 9   277

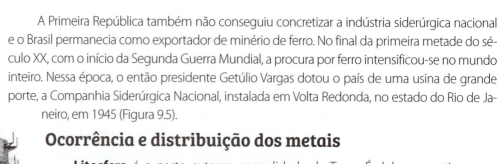

A Primeira República também não conseguiu concretizar a indústria siderúrgica nacional e o Brasil permanecia como exportador de minério de ferro. No final da primeira metade do século XX, com o início da Segunda Guerra Mundial, a procura por ferro intensificou-se no mundo inteiro. Nessa época, o então presidente Getúlio Vargas dotou o país de uma usina de grande porte, a Companhia Siderúrgica Nacional, instalada em Volta Redonda, no estado do Rio de Janeiro, em 1945 (Figura 9.5).

Ocorrência e distribuição dos metais

Litosfera é a parte externa consolidada da Terra. É dela que retiramos a maioria dos materiais para a alimentação, para o vestuário, para a moradia, para a tecnologia e para a indústria. O ferro está presente em 4,2% da litosfera, é o segundo metal mais abundante em nosso planeta, perdendo apenas para o alumínio (7,4%). Embora os compostos que o contenham sejam numerosos, predominam na forma de óxidos. A tabela ao lado mostra alguns minérios que contêm ferro na composição.

Minério	Fórmula
Hematita	Fe_2O_3
Magnetita	Fe_3O_4
Limonita	$2Fe_2O_3 \cdot 3H_2O$
Siderita	$FeCO_3$

Figura 9.5: Vista da Companhia Siderúrgica Nacional (CSN). Foto de 1953.

Magmáticas
Silicatos em fusão ou magma que, ao se solidificarem, produzem material vítreo. As rochas que se formam desse modo são denominadas ígneas ou magmáticas.

Exercício resolvido

A magnetita é um importante minério de ferro, com fórmula Fe_3O_4, encontrada principalmente na Suécia e na Rússia, onde há grandes depósitos de origem **magmática**. Qual a porcentagem do metal ferro existente em uma amostra de magnetita?

Dados: O = 16 u; Fe = 56 u.

I. Cálculo da massa molecular do Fe_3O_4

Fe = 56 · 3 = 168 u

O = 16 · 4 = 64 u

Fe_3O_4 = 232 u

II. Cálculo da porcentagem do ferro, sendo a massa total da magnetita correspondente a 100%

232 u ——— 100%

168 u ——— x

x = 72,4% de Fe

Exercício proposto

Entre os metais, o alumínio só perde na utilização comercial para o ferro. O minério de alumínio mais utilizado é a bauxita, que contém $Aℓ_2O_3$.

Sabendo que, em 2016, a produção mundial de alumínio foi da ordem de $4{,}78 \cdot 10^{10}$ kg por ano, determine a quantidade de $Aℓ_2O_3$, em toneladas, que deverá ser utilizada para suprir a produção mundial.

Dados: O = 16 u; Aℓ = 27 u.

278   Unidade 3   Fontes de recursos naturais

Lembre-se de que, no Sistema Internacional (SI), as unidades de medida têm os seguintes valores:

Unidade	Símbolo	Valor
Tonelada	t	1 t = 1 000 kg = 10^3 kg
Quilograma	kg	1 kg = 1 000 g = 10^3 g
Grama	g	1 g = 1 000 mg = 10^3 mg

Essas informações são fundamentais para que possamos desenvolver os cálculos de massa apresentados no capítulo.

No Brasil, jazidas de minérios de ferro foram descobertas em diversos estados (Figura 9.6). Destacam-se as do centro de Minas Gerais (Quadrilátero Ferrífero, na região de Itabira), de Mato Grosso (Morro do Urucum, na região de Corumbá) e do Pará (Serra dos Carajás, na região de Marabá).

Figura 9.6: Localização das principais jazidas de ferro no Brasil.

Fonte: <http://7a12.ibge.gov.br/vamos-conhecer-o-brasil/nosso-territorio/recursos-minerais.html>. Acesso em 15 mai. 2017. Adaptado.

Exercício resolvido

Minas Gerais possui grandes depósitos de hematita (Fe_2O_3), alguns com teor de ferro igual a 65%. Qual a quantidade de ferro que poderá ser extraída de 1,2 t desse minério, supondo que seu teor de ferro seja igual a 65%?

Dados: O = 16 u; Fe = 56 u.

I. Se o teor de ferro na hematita é de 65%, isso significa que, em 100 t de hematita, 65 t são de ferro.
II. Cálculo da porcentagem do ferro, sendo a massa total da hematita correspondente a 100%:

100 t de Fe_2O_3 ——— 65 t de Fe

1,20 t de Fe_2O_3 ——— x

$$x = \frac{1,2 \cdot 65}{100}$$

x = 0,78 t ou 780 kg de Fe

Poderá ser extraída 0,78 t ou 780 kg de ferro.

Exercício proposto

No interior da crosta terrestre, sódio e potássio são quase igualmente abundantes. Porém, na água do mar, o cloreto de sódio (NaCℓ) comparece com 2,8% e o cloreto de potássio (KCℓ), só com 0,8% em massa. Qual a quantidade de cloreto de sódio e de cloreto de potássio, em kg, que obteremos se evaporarmos 2 t de água do mar?

CIÊNCIA, TECNOLOGIA, SOCIEDADE E AMBIENTE

Figura 9.7: Vista aérea de mineração de ferro em Carajás (PA). Foto de 2010.

Rogério Reis/Pulsar Imagens

Muitos dos metais por nós utilizados não são encontrados facilmente na superfície da Terra; por isso, determinadas vezes são construídas minas para buscá-los em áreas mais profundas do planeta. Os depósitos naturais com metais em quantidades economicamente viáveis de exploração constituem as jazidas de minérios que, quando exploradas para a obtenção do metal ou dos compostos desejados, são responsáveis pela movimentação de enormes quantidades de materiais no processo de extração. A exploração de grandes jazidas de minérios mudou em muitos pontos do planeta a superfície original das respectivas regiões (Figura 9.7) para que seja possível obter os produtos necessário para a fabricação de novos compostos, calcula-se que sejam movimentadas, em média, 25 toneladas de materiais por um país desenvolvido.

O ferro de Carajás

Em Carajás há ouro, níquel, cobre, manganês, prata, molibdênio e, principalmente, o melhor minério de ferro do planeta. Só de ferro, são extraídas de Carajás, todo ano, 70 milhões de toneladas. Como as reservas já medidas são de 17 bilhões de toneladas, o ritmo atual de exploração promete trabalho para os próximos 240 anos.

Todo esse material já estava sob a floresta há cerca de 2,5 bilhões de anos. Quando um mineral tem valor comercial significativo, podemos chamá-lo de minério. Os minerais normalmente são matérias-primas utilizadas para a obtenção de metais. Na tabela e na Figura 9.8 a seguir estão listados alguns minerais importantes.

Metal	Mineral	Composição
Alumínio	Bauxita	Al_2O_3
Chumbo	Galena	PbS
Cobre	Calcopirita	Cu_2S
Estanho	Cassiterita	SnO_2
Manganês	Pirolusita	MnO_2
Mercúrio	Cinábrio	HgS
Titânio	Rutilo	TiO_2
Zinco	Esfarelita	ZnS

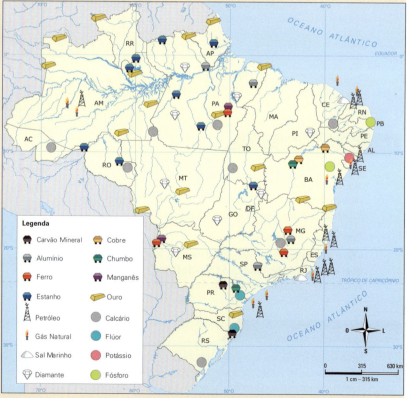

Figura 9.8: Distribuição das jazidas de diversos minérios no Brasil.

Fonte: <http://7a12.ibge.gov.br/vamos-conhecer-o-brasil/nosso-territorio/recursos-minerais.html>. Acesso em 15 mai. 2017.

Unidade 3 — Fontes de recursos naturais

Exercício resolvido

A doença sanguínea mais comum é a anemia, provocada pela falta de ferro no organismo. O indivíduo pode apresentar cansaço frequente, sem motivo aparente, e palidez. Normalmente, quando nos alimentamos de proteínas e minerais, suprimos nossa necessidade diária de ferro, algo em torno de 15 mg. Qual a quantidade necessária diária de átomos de ferro a ser ingerida para que uma pessoa supra suas necessidades?

Dados: Fe = 56 g $\cdot$ mol^{-1}; constante de Avogadro: 6 $\cdot$ 10^{23}.

A quantidade diária de ferro a ser ingerida é 15 mg, ou seja, $15,0 \cdot 10^{-3}$ g:

56 g de Fe ——— $6 \cdot 10^{23}$ átomos

$15 \cdot 10^{-3}$ g de Fe ——— x

$$x = \frac{15 \cdot 10^3 \cdot 6 \cdot 10^{23}}{56}$$

$x = 1,6 \cdot 10^{20}$ átomos

A quantidade diária de átomos de ferro que uma pessoa deve ingerir é de $1,6 \cdot 10^{20}$ átomos.

Exercício proposto

Sempre que doamos sangue, podemos salvar uma vida. Um pessoa saudável pode doar sangue a cada três meses, porque ele é reposto em poucos dias pelo organismo. Uma pessoa adulta pode ter cerca de $3,1 \cdot 10^{22}$ átomos de ferro. A partir desses dados, calcule a massa de ferro que essa pessoa possui em seu corpo.

Dados: Fe = 56 g $\cdot$ mol^1; constante de Avogadro = $6,0 \cdot 10^{23}$.

Experimento

Corrosão de ferro

Material (Figura 9.9)

- 3 pregos de ferro
- 3 copos de vidro (de 250 mL ou de 300 mL)
- Água suficiente para cobrir os pregos
- Óleo, quantidade equivalente a 1 cm do copo

Procedimento (Figura 9.10)

▸ Coloque um prego em cada copo.

▸ Ponha água em dois dos copos até cobrir os pregos e, em um deles, adicione também um pouco de óleo de cozinha.

▸ No terceiro copo, coloque somente o prego e deixe-o em contato com o ar.

▸ Durante oito dias, observe o que acontece com os sistemas.

Questões

1. O que você observou nos três copos?

2. Compare o prego no copo com água e o prego no copo com água e óleo. Há diferença entre ambos?

Figura 9.10.

Figura 9.9.

Reservas da crosta terrestre e tecnologia   Capítulo 9   281

Quinze séculos sem corrosão

Na cidade de Delhi, na Índia existe uma coluna de ferro erguida ao ar livre há mais de 1 500 anos que não apresenta o menor vestígio de ferrugem (Figura 9.11). O fato tomou ares de mistério e muitas teorias foram formuladas para explicá-lo. Uma delas foi que os antigos hindus já dominavam a arte de fabricar aço inoxidável muito antes de ser conhecido no Ocidente. Essa teoria acabou sendo abandonada depois que o material foi analisado.

O professor Ramamurthy Balasubramanian, do Instituto Indiano de Tecnologia (IIT), da cidade de Kanpur, afirmou que, como especialista em metalurgia, ficava intrigado com o perfeito estado de conservação da famosa coluna de ferro localizada no monumento de Qutub Minar, no sul de Nova Delhi. O pilar, de sete metros de altura, e que antigamente ficava na porta de um templo hindu, foi construído com ferro de grande pureza e colocado de uma forma que evitou a corrosão ao longo de 15 séculos.

Após longos estudos, o professor da IIT descobriu que o ferro usado na coluna continha grande quantidade de fósforo, cerca de 0,25%, contra os 0,05% verificados no ferro utilizado habitualmente. O professor disse que isso pode ser explicado pelo modo como o minério de ferro era tratado na época: ele era misturado ao carvão vegetal, sem a adição de pedra calcária. Além disso, o fósforo contido no ferro criou uma película na superfície da coluna, protegendo-a da corrosão. Testes feitos em laboratório comprovaram que este tipo de ferro resiste à corrosão.

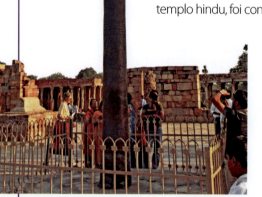

Figura 9.11: Após quinze séculos de existência, a coluna de ferro da cidade de Delhi, na Índia, não foi atacada pela ferrugem. Foto de 2009.

Exercício proposto

Com base no experimento da corrosão do prego nos copos, proponha uma explicação científica que possa justificar a não corrosão da coluna de Delhi.

Siderúrgica do ferro

Poucos minérios são substâncias quimicamente puras. Em geral, são misturas do mineral desejado com grandes quantidades de impurezas, como a areia e a argila, a chamada **ganga**. No caso do ferro, a eliminação parcial da ganga e o ajuste da granulometria (formação de pelotas) são duas das etapas mais importantes do seu processo de obtenção, ocorrido num alto-forno a partir de diversas reações químicas.

Para o processo, o forno é carregado pela abertura superior com uma mistura de minério (geralmente hematita – Fe_2O_3), coque (principalmente carbono) e calcário ($CaCO_3$), e recebe um jato de ar quente injetado pela parte inferior da fornalha. Esse ar quente contém oxigênio (O_2) e reage com o carbono do coque, que queima e desprende monóxido de carbono (CO). A entrada de ar quente é controlada para que haja a produção de CO, que nessa etapa é o produto principal (Figura 9.12).

A equação que representa essa reação é dada por:

$$2\ C\ (s)\ +\ O_2\ (g) \longrightarrow 2\ CO\ (g)\ +\ calor$$

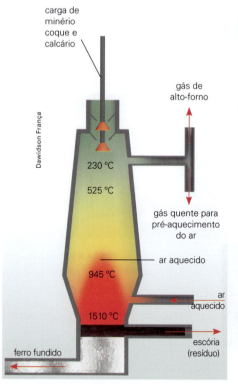

Figura 9.12: Alto-forno para a produção de ferro a partir de seus minérios.

O carbono e o monóxido de carbono reagem com o óxido de ferro(III) produzindo o metal ferro. As reações podem ser representadas como:

$$Fe_2O_3\ (s)\ +\ 3\ CO\ (g)\ \longrightarrow\ 2\ Fe\ (\ell)\ +\ 3\ CO_2\ (g)$$

$$Fe_2O_3\ (s)\ +\ 3\ C\ (s)\ \longrightarrow\ 2\ Fe\ (\ell)\ +\ 3\ CO\ (g)$$

Boa parte do dióxido de carbono formado no processo de obtenção do ferro vem da decomposição do calcário, $CaCO_3(s)$, e pode ser representada por:

$$CaCO_3\ (s)\ \longrightarrow\ CaO\ (s)\ +\ CO_2\ (g)$$

Quando o dióxido de carbono é colocado em contato com o **coque** virgem, produz mais CO, conforme a equação representada a seguir:

$$CO_2\ (g)\ +\ C\ (s)\ \longrightarrow\ 2\ CO\ (g)$$

Coque
Resíduo leve, duro e poroso obtido pelo aquecimento do carvão na ausência de ar.

O ferro obtido, uma liga de ferro e carbono, chamado ferro fundido ou ferro-gusa, escorre torre abaixo e acumula-se numa cuba existente no fundo do forno, na qual pode ser colhido por meio de uma abertura. Ele é um material quebradiço, principalmente pela presença de impurezas, como carbono, fósforo e enxofre. Para a produção do aço, essas impurezas são removidas com o uso do oxigênio (O_2), geralmente formando óxidos.

Os minérios de ferro contêm, em geral, silicatos e dióxido de silício. O dióxido de silício reage com a cal, formada pela calcinação do calcário, produzindo silicato de cálcio, que é líquido na temperatura do alto-forno e menos denso que o ferro líquido, flutuando sobre ele numa camada separada. Outros óxidos obtidos ou presentes também são dissolvidos na camada de silicato e constituem a **escória**, que é facilmente removida, livrando o ferro de muitas impurezas originais.

Escória
Resíduo obtido em processos metalúrgicos, como, por exemplo, a produção de aço.

$$SiO_2\ (s)\ +\ CaO\ (s)\ \longrightarrow\ CaSiO_3\ (\ell)$$

dióxido de silício   óxido de cálcio   silicato de cálcio

O ferro está em um lugar de destaque na economia mundial. Dentre os vários fatores que deram a ele essa posição, podemos destacar:

1. a utilização do coque mineral no processo de obtenção do ferro, pois substituiu com vantagens o carvão vegetal nos altos-fornos, por temperaturas mais altas, em ser possível a produção de um ferro com maior grau de pureza e em maior quantidade;

2. a descoberta de processos que possibilitaram a transformação do ferro-gusa em aço;

3. o conhecimento das propriedades magnéticas do ferro e a descoberta dos fenômenos eletromagnéticos, que deram sustentação para a construção dos dínamos e dos motores elétricos;

4. a melhoria das propriedades do aço pela adição de manganês.

O início da siderurgia no Brasil

Em 1587, Afonso Sardinha descobriu magnetita (Fe_3O_4) na atual região de Sorocaba, no interior de São Paulo, e iniciou a produção de ferro a partir da redução do minério. É a primeira fábrica de ferro de que se tem notícia no Brasil, conforme já mencionamos anteriormente.

As forjas construídas por Sardinha operaram até a sua morte, em 1629. Após essa data, a siderurgia brasileira entrou em um período de estagnação que durou até o século seguinte.

Reservas da crosta terrestre e tecnologia   Capítulo 9   283

Alumínio

Figura 9.13: Hans Christian Oersted (1777-1851).

Figura 9.14: Henri Sainte-Claire Deville (1818-1881).

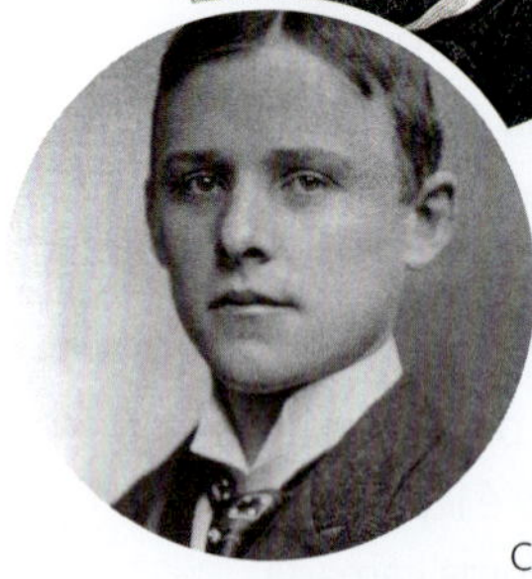

Figura 9.15: Charles Martin Hall (1863-1914).

Nome do elemento: **alumínio**

Símbolo químico: **Aℓ**

Número atômico: **13**

Massa atômica: **26,98153**

Grupo da tabela: **13**

Configuração eletrônica: **2, 8, 3**

Classificação: **metal**

Fase de agregação: **sólida**

O dinamarquês Hans Christian Oersted (Figura 9.13), em 1825, obteve pela primeira vez o alumínio puro aquecendo cloreto de alumínio (AℓCℓ$_3$) com um amálgama de potássio (liga de potássio e mercúrio). Tempos depois, em 1854, Henri Sainte-Claire Deville (Figura 9.14) obteve o alumínio reagindo cloreto de sódio-alumínio com sódio metálico. Durante 35 anos, essa era a única maneira conhecida de obter o alumínio puro. Um quilograma chegava a custar US$ 220,00. Na Exposição de Paris, em 1855, o alumínio era considerado um metal raro (embora hoje saibamos que é o terceiro elemento em abundância na crosta terrestre). Em meados do século XIX, Napoleão III (1808-1873), para impressionar seus convidados, colocava na mesa talheres de alumínio para serem usados.

Quando uma amostra do metal leve e prateado chegou a Oberlin, Ohio, o estadunidense Charles Martin Hall (Figura 9.15), então com 21 anos, ouviu comentários de seu professor que faria fortuna aquele que conseguisse obter o alumínio puro em grande quantidade e a preço baixo. Trabalhando um ano com equipamento improvisado e em precárias instalações, apresentou um processo capaz de transformar a bauxita, Aℓ$_2$O$_3$, em alumínio puro. Patenteou o invento e criou uma empresa, a Aluminum Corporation of America (Alcoa). Como consequência, em 1886, o preço estava reduzido a US$ 18,00 o quilograma.

Preço do alumínio no mercado internacional em 7 de fevereiro de 2017 (London Metal Exchange): US$ 1,81/kg.

No mesmo ano, o francês Paul-Louis Héroult (1863-1914), trabalhando independentemente, obteve uma patente francesa para um processo semelhante ao de Hall. Em 1893, a produção de alumínio havia crescido bastante, e com tanta rapidez, que já se fabricavam aproximadamente 5 toneladas do metal por ano ao preço de **US$ 4,50** o quilograma.

Quando o dirigível Hindenburg saiu de Frankfurt, em 1937, para a travessia do Atlântico até Nova Jersey, os passageiros estavam comodamente instalados a bordo, em cabines individuais e dispondo de um salão de jogos magnífico. O dirigível era inflado com bolsas de hidrogênio e o revestimento teria de ser de um material de excelente resistência e, principalmente, leve; por esse motivo, optou-se pelo alumínio. Na chegada a Nova Jersey, o dirigível incendiou e fez 32 vítimas. Esse tipo de transporte fracassou na época principalmente porque o hidrogênio é inflamável (Figura 9.16). Já o alumínio não apresenta esse problema em razão de suas características de peso e resistência, que lhe asseguram um lugar na construção dos modernos aviões.

Figura 9.16: Os dirigíveis não se popularizaram devido ao fato de seu combustível, o hidrogênio, ser muito inflamável.

O consumo de alumínio cresceu de forma espantosa. A combinação entre baixa densidade e resistência permitiu que ele pudesse ser aplicado onde outros metais não podem ser usados. Se compararmos iguais massas de alumínio e de cobre, por exemplo, o alumínio tem o dobro da condutividade elétrica do cobre. Além disso, resiste bem à corrosão quando exposto ao ar, porque reage com o oxigênio atmosférico, criando uma película muito fina de óxido de alumínio, $A\ell_2O_3$, que impede a corrosão interna do metal. A reação pode ser expressa pela seguinte equação:

$$A\ell \ (s) \ + \ O_2 \ (g) \longrightarrow A\ell_2O_3 \ (s)$$

A resistência e a ductilidade do alumínio aumentam em baixas temperaturas, o que não acontece com o cobre e com o ferro.

O alumínio não pode ser obtido em altos-fornos pela reação da bauxita com o carvão, pois, na temperatura necessária para a reação, ele se desprende na forma de vapor e é arrastado pelo monóxido de carbono, de acordo com a reação a seguir:

$$3 \ A\ell_2O_3 \ (s) \ + \ 9 \ C \ (s) \longrightarrow 6 \ A\ell \ (v) \ + \ 9 \ CO \ (g)$$

Se resfriarmos o alumínio formado, ele se converterá em óxido de alumínio, isto é, $A\ell_2O_3$ (s), novamente.

O americano Charles M. Hall sentiu que seria possível, por meio de um método eletrolítico, produzir grandes quantidades de alumínio a um custo inferior. O método foi descoberto, quase ao mesmo tempo, pelo jovem metalurgista francês Paul L. T. Héroult, que conseguiu desenvolver uma fornalha elétrica mais eficiente que a de Hall. Os dois jovens tornaram-se amigos e juntos aperfeiçoaram o processo Hall-Héroult, no qual é baseada a moderna indústria de alumínio até hoje, embora este processo ainda consuma grande quantidade de energia elétrica.

Para se ter uma ideia, cada quilograma de alumínio produzido consome de 2,2 a 3,3 quilowatts-hora, a mesma quantidade de energia gasta com um ferro de passar roupa ligado durante aproximadamente três horas.

> Uma latinha de alumínio vazia pesa, em média, 13,5 g. Setenta latinhas de alumínio vazias, em média, correspondem a 1 kg.
> Para reciclar o alumínio, são gastos apenas 5% da energia que seria utilizada para produzir o alumínio primário, ou seja, uma economia de 95%!

Exercício resolvido

Estimativas do IBGE preveem que as reservas brasileiras de bauxita sejam de 1,5 bilhão de toneladas, distribuídas na sua maioria no Vale do Rio Trombetas, no estado do Pará. Há jazidas também em Minas Gerais, na cidade de Poços de Caldas, uma das principais fontes do alumínio consumido na região Sudeste. Para fazer uma análise do teor de alumínio encontrado numa região, os estudiosos coletam uma amostra da jazida de bauxita e a submetem a testes de aferição.

Considere que uma amostra de bauxita apresentou concentração de $A\ell_2O_3$ igual a 47,5%:

a) Em 4 mil kg dessa bauxita, qual a quantidade de alumínio que poderá ser obtida?

b) Se para cada quilograma de alumínio produzido gastamos, em média, 2,5 quilowatts-hora (kWh) de energia elétrica, qual é, em reais, o consumo necessário para a obtenção do alumínio a partir dos 4 mil kg de que dispomos?

Dados: $A\ell = 27,0$ u e $O = 16,0$ u; 1 kg = 103 g;

1 kWh = R$ 0,80.

a) Primeiro, calculamos a quantidade de $A\ell_2O_3$ existente na bauxita. Como a concentração é de 47,5%, temos que :

100 kg de bauxita ——— 47,5 kg de $A\ell_2O_3$

4 000 kg de bauxita ——— x

$$x = \frac{4\,000 \cdot 47,5}{100}$$

$$x = 1\,900 \text{ kg de } A\ell_2O_3$$

Se a massa molecular do $A\ell_2O_3 = 2 \cdot 27,0 + 3 \cdot 16,0 = 102$ u, podemos escrever que em 1 mol de $A\ell_2O_3$ existem 2 mols de $A\ell$, ou seja:

1 mol de $A\ell_2O_3 = 102$ g

2 mols de $A\ell = 54,0$ g

Reservas da crosta terrestre e tecnologia   Capítulo 9   285

Al_2O_3 Al
102 g ——— 54,0 g
1 900 kg ——— y

$$y = \frac{1\,900 \cdot 54\,g}{102}$$

$$y \cong 1\,006 \text{ kg de } Al$$

Logo l a quantidade obtida será, aproximadamente, de 1 000 kg (1t) de Al.

b) Para cada kg de Al produzido, gastamos 2,5 kWh,

então:

1 kg de Al ——— 2,5 kWh
1 006 kg de Al ——— z
                    z = 2 515 kWh

1 kWh ——— R$ 0,80
2 515 kWh ——— w
         w = 2 515 · 0,80
         w = 2.012,00 reais

Assim, o gasto do consumo é de R$ 2.012,00.

Exercício proposto

Poderíamos citar a economia de energia elétrica como um dos principais benefícios da reciclagem do alumínio. Para reciclar uma tonelada de alumínio, gasta-se somente 5% da energia necessária para se produzir o alumínio primário, obtido diretamente da bauxita. Qual seria a economia, em reais, para cada tonelada de alumínio reciclado?

Dados: Al = 27 u e O = 16 u; 1 t = 10^3 kg; 1 kWh = R$ 0,80; 1 kg de Al = 2,5 kWh.

Ligas metálicas

Figura 9.17: Em razão da alta procura, a produção de aço é crescente.

Ao adicionarmos açúcar ao café, notamos que ele se dissolve alterando o paladar da bebida. No caso específico dos metais, ao fundi-los, observamos que eles também podem se dissolver uns nos outros formando, depois de resfriados, novos materiais cujas características são diferentes das apresentadas pelos componentes originais. O novo material formado é o que chamamos de **liga**.

O aço, por exemplo, é uma liga de ferro cuja produção cresce anualmente. A indústria mundial requer cada vez mais a fabricação de aços especiais, isto é, aqueles que contêm na composição metais como crômio, níquel, manganês, tungstênio e cobalto, conferindo-lhes elevada resistência à corrosão (Figura 9.17).

A importância das ligas metálicas está justamente no fato de possibilitarem que sejam obtidas propriedades diferentes das dos metais isolados, adequando assim seu uso para diversos fins. O amálgama odontológico utilizado em obturações dentais, cuja constituição é de 70% de Ag, 18% de Sn, 10% de Cu e 2% de Hg, é um desses casos. Outro caso bastante ilustrativo é o ouro, um metal muito mole quando puro, mas que adquire dureza significativa se misturado ao cobre. O ouro puro, numa escala arbitrária, é qualificado como 24 quilates. Já o ouro 18 quilates é uma liga em que 75% é ouro, ou seja, apresenta 18 partes em massa de ouro e 6 partes em massa de cobre ou prata. A solda comum, mistura de chumbo e estanho, é um exemplo de uma liga utilizada industrialmente em larga escala. Por ter o ponto de fusão constante e igual a 183 °C, diferentemente da temperatura de ebulição, que não é constante, a solda comum é classificada como uma **mistura eutética**, ou seja, uma mistura que apresenta temperatura de fusão constante e temperatura de ebulição variável. O Gráfico 9.1 ilustra o comportamento dessa mistura:

Gráfico 9.1: Tempo em função da temperatura em uma mistura eutética.

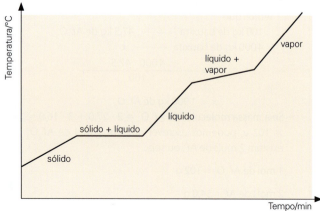

A construção de novos aviões, mais leves e mais seguros, é uma preocupação constante da moderna tecnologia, sendo eles um bom exemplo da utilização das ligas. Ligas leves e resistentes são pesquisadas e testadas exaustivamente. Na tabela ao lado, temos os elementos que participam da estrutura de um motor de um avião a jato e suas respectivas porcentagens.

Titânio	38%
Níquel	37%
Crômio	12%
Cobalto	6%
Alumínio	5%
Outros	2%

Química Aplicada

A solda

A proporção próxima de 60 partes de estanho para 40 de chumbo é a mais usada em uma solda por permitir a obtenção de uma liga metálica conhecida como **mistura eutética**. Isso significa que, com essa proporção, a liga praticamente passa da fase sólida para a líquida sem encontrar a fase intermediária (pastosa), que não é muito conveniente. Além disso, é nesse ponto da sua característica de temperatura que a liga apresenta o menor ponto de fusão.

A solda não pode ser utilizada em qualquer metal. Assim, a solda de estanho/chumbo voltada para trabalhos eletrônicos é utilizada para fazer conexões, principalmente em peças de cobre ou cobre que tenha sido previamente estanhado (Figura 9.18). Ferro, alumínio e outros são alguns metais que não podem ter nenhum componente soldado neles.

Figura 9.18: A solda de estanho/chumbo é utilizada em placas eletrônicas.

Exercícios resolvidos

1. A mais antiga mina de ouro em atividade no Brasil situa-se em Nova Lima, Minas Gerais. Dados oficiais informam que aproximadamente 24 toneladas de ouro são extraídas anualmente.

   Suponha que fôssemos utilizar toda essa produção para confeccionar anéis de 20 quilates, cada um com 10 gramas.

   a) Qual o número de anéis que poderíamos obter?

   b) Se utilizássemos a prata como outro metal para compor a liga, qual seria a quantidade necessária para que pudéssemos produzir esses anéis?

   a) Quando falamos de ouro 20 quilates, estamos nos referindo a uma liga contendo, em massa, 20 partes de ouro e 4 partes de prata. Ou seja, para cada 24 g da liga usada nos anéis, 20 g são de ouro e 4 g, de prata.

   Como definimos quilate em g, temos que
   $1\,t = 10^3\,kg = 10^6\,g$.
   Assim, temos:
   24 g de anéis ———— 20 g de ouro
   x ———— $24 \cdot 10^6$ g de ouro
   $$x = \frac{24 \cdot 24 \cdot 10^6}{20}$$
   $x = 28{,}8 \cdot 10^6$ g de anéis
   Se cada anel tem 10g, então:
   1 anel ———— 10 g
   y ———— $28{,}8 \cdot 10^6$ g de anéis
   $y = 28{,}8 \cdot 10^5$ anéis
   Poderíamos obter aproximadamente 2 880 000 anéis com as características desejadas.

   b) Para calcularmos a quantidade de prata utilizada, basta subtrairmos da massa total da liga a quantidade de ouro utilizada.

   Logo, a quantidade de prata necessária será:
   28,8 t − 24 t = 4,8 t de prata ou 4 800 kg.

2. O alumínio é o terceiro elemento mais abundante na crosta terrestre e, entre os metais, é o primeiro. O alumínio puro é mole e fraco. O que usualmente chamamos de alumínio é a liga de alumínio, que tem pequena proporção de outros elementos, fator de seu fortalecimento, e apresenta melhores propriedades que o alumínio puro. Uma das ligas de alumínio mais comuns apresenta 4% de cobre na composição, sendo o restante, alumínio. Suponha que um avião possua 30 t dessa liga de alumínio. Qual a quantidade de alumínio e de cobre que esse avião possui?

   Se a liga possui 4% de cobre, 96% são alumínio. Ou seja, em 100 toneladas da liga, 96 toneladas são de alumínio e 4 toneladas, de cobre.

   I. Cálculo da quantidade de alumínio

   100 t de liga ———— 96 t de alumínio
   30 t de liga ———— x
   $$x = \frac{30 \cdot 96}{100}$$
   $x = 28{,}8$ t de alumínio

   II. Cálculo da quantidade de cobre
   Se temos 30 t de liga e a quantidade de alumínio nela existente é de 28,8 t, então:
   $y = 30 - 28{,}8$
   $y = 1{,}2$ t de cobre

   A quantidade de alumínio no avião é de 28,8 t e a de cobre é de 1,2 t.

Reservas da crosta terrestre e tecnologia Capítulo 9

NOTA:

Misturas sólidas eutéticas são aquelas que se fundem sob temperatura constante sem que a composição da mistura seja alterada, isto é, os componentes da mistura sofrem fusão na mesma temperatura. A solda preparada com estanho e chumbo na proporção de 67% em massa de estanho (temperatura de fusão = 232 °C) e 33% em massa de chumbo (temperatura de fusão = 327 °C) ambos se fundem juntos a 183 °C.

Amorfo

Propriedade de compostos sólidos, como o vidro, que não apresentam organização de suas partículas (cristais).

Exercícios propostos

1. Num laboratório de química foi feita a seguinte experiência: aqueceu-se cuidadosamente uma amostra de 20 gramas de um material desconhecido e a cada dois minutos anotou-se a temperatura. Os valores obtidos foram colocados na tabela a seguir:

Temperatura/ °C	25	50	75	100	100	100	100	100	120	140	160	180
Tempo/min	0	2	4	6	8	10	12	14	16	18	20	22
Fase de agregação	sólida	sólida	sólida	sólida	sólida + líquida	sólida + líquida	sólida + líquida	sólida + líquida	líquida	líquida	líquida	líquida

a) Com os valores anotados, construa um gráfico da temperatura / °C × tempo/min.

b) Analisando o gráfico, podemos afirmar que se trata de uma mistura eutética? Justifique.

2. Uma liga de **aço inoxidável** é constituída basicamente de 0,4% de carbono, 18% de crômio, 1% de níquel e 80,6% de ferro. Um espeto de churrasco desse material, por exemplo, pode pesar 120 g. Quantos gramas de cada um desses elementos estão presentes nesse espeto?

Dados: C = 12 u; Cr = 52 u; Fe = 56 u; Ni = 59 u.

3. O silício é o segundo elemento mais abundante da crosta terrestre. Compostos de silício são usados desde a Antiguidade para a produção de peças cerâmicas. Na década de 1980, semicondutores, tendo por base silício, impulsionaram o progresso dos computadores. O silicato de sódio, quando tratado com ácido, produz um precipitado gelatinoso de SiO_2, **amorfo**, conhecido como sílica gel. A sílica gel é comumente usada como dessecante, pois pode absorver até 40% de seu peso em água. Com base nessa informação, calcule quantos mols de água podem ser absorvidos numa porção de 22,5 g de sílica gel.

Dados: H = 1 u; O = 16 u.

CIÊNCIA, TECNOLOGIA, SOCIEDADE E AMBIENTE

Reciclagem do alumínio

Figura 9.19:
O Brasil é um dos países que mais recicla alumínio no mundo, por volta de 97%, em 2015.

Barry Blackburn/Shutterstock.com

Quando abríamos uma lata de refrigerante, geralmente não nos preocupávamos com o destino do vasilhame. Contudo, essa prática mudou com o passar dos anos em virtude da possibilidade de reciclá-lo. Atualmente, as latas são fabricadas com alumínio, metal prateado muito leve e resistente à corrosão. Ele é utilizado também na fabricação de portas, janelas, coberturas de galpões, peças para automóveis, utensílios domésticos etc. Há uma extensa variedade de artigos produzidos com esse metal. O minério utilizado para a fabricação é a bauxita, que produz o óxido de alumínio, depois de convenientemente tratada, também chamado de alumina. Dela extraímos o alumínio com o qual podemos fabricar diversos tipos de objetos.

Uma importante característica do alumínio é o fato de ele ser infinitamente reciclável. Economizam-se cinco quilos de bauxita para cada quilo de alumínio reciclado (Figura 9.19). Se fôssemos extrair esse metal da bauxita, gastaríamos 95% mais energia elétrica do que reciclando a mesma quantidade de alumínio.

Reciclando o alumínio, além de agredirmos menos o meio ambiente, estamos desenvolvendo a consciência ecológica da comunidade e estimulando a reciclagem de outros materiais (Gráfico 9.2).

288 Unidade 3 Fontes de recursos naturais

Processo de reciclagem do alumínio (etapas)

1º - As latinhas são coletadas e encaminhadas para os locais de reciclagem. Para a realização desse processo a coleta seletiva de lixo é fundamental.
2º - Separar o alumínio das impurezas;
3º - Cortar todo o alumínio em pedacinhos.
4º - Fundir o material já limpo a 700°C;
5º - O processo de fundição (derretimento) gera o alumínio líquido;
6º - O alumínio líquido é transformado em lingotes ou chapas de alumínio. Estes são vendidos para as indústrias que fabricam produtos e embalagens de alumínio. Assim, o material retorna para a cadeia produtiva.

Do descarte à reutilização (fabricação de produtos com alumínio reciclável), o processo dura de 30 a 40 dias.

Fonte: Abal e Abralatas; *The Japan Aluminium Can Recycling Association; Cámara Argentina de la Industria del Aluminio y Metales Afines; The Aluminum Association; European Aluminium Association – EAA.*

Gráfico 9.2: Índice de reciclagem de latas de alumínio.

História da Química

Duralumínio, a primeira liga leve

Em 1910, o alemão Alfred Wilm (Figura 9.20), pesquisando os efeitos da têmpera – processo que consiste em um forte aquecimento do material seguido de um rápido resfriamento –, misturou 3,5% de cobre e 0,5% de magnésio ao alumínio e a liga não endureceu como ele esperava. Repetindo a mesma experiência dias depois, o pesquisador verificou que ela estava mais dura e resistente. Compreendeu, então, que os átomos se rearranjaram na estrutura, dando-lhe nova característica. Assim, ele criava a liga de duralumínio. Ligas de duralumínio são leves e fáceis de moldar, mas, posteriormente, adquirem alta resistência à deformação. Sua utilização vai da fabricação de utensílios domésticos à construção de estruturas de aviões.

Figura 9.20: Alfred Wilm (1869-1937).

Silício

Muitos dos compostos não têm origem histórica clara, há somente algumas evidências de como eles podem ter sido descobertos. O vidro é um deles. Segundo o historiador romano Caio Plínio II (23-79), mercadores fenícios cozinhavam em uma praia usando um vaso que estava colocado, por acaso, sobre um bloco de carbonato de sódio hidratado natural (trona), um material alcalino. O calor da fogueira em contato com a areia e com o álcali produziu um material líquido, que parecia uma gema preciosa quando frio. A beleza desse material, somado à curiosidade dos mercadores, os levou a tentar reproduzir o acontecido. Assim, belas peças de vidro, cuja descoberta também é desconhecida, foram encontradas nas pirâmides do Egito.

Nome do elemento: **silício**
Símbolo químico: **Si**
Número atômico: **14**
Massa atômica: **28,0855**
Grupo da tabela: **14**
Configuração eletrônica: **2, 8, 4**
Classificação: **ametal**
Fase de agregação: **sólida (T = 298 K)**

metaloide
sólidos

Reservas da crosta terrestre e tecnologia Capítulo 9 289

Na Idade Média já havia uma produção organizada de vidro, e Veneza era o centro dessa atividade industrial. No final do século XVII, apareceu o vidro laminado na França e, até o princípio do século XX, o sistema de produção era mantido em segredo: fabricava-se o vidro de maneira empírica com base, principalmente, na experiência do artesão. Adentrando o século XX, cientistas começaram a colaborar no processo de produção de vidro com a invenção de máquinas automáticas, tornando-o mais rápido.

A diversidade dos tipos de vidro existentes demonstra a grande importância desse material para a sociedade. O vidro comum, muito utilizado na fabricação de garrafas ou em janelas, é constituído majoritariamente de óxido de silício (SiO_2); os demais são uma mistura de óxido de sódio (Na_2O), óxido de cálcio (CaO) e óxido de alumínio ($A\ell_2O_3$), sendo os dois primeiros óxidos obtidos pela decomposição térmica do carbonato de cálcio (calcário) e do carbonato de sódio (barrilha).

$$CaCO_3(s) \longrightarrow CaO(s) + CO_2(g)$$
carbonato de cálcio — óxido de cálcio — dióxido de carbono

$$Na_2CO_3(s) \longrightarrow Na_2O(s) + CO_2(g)$$
carbonato de sódio — óxido de sódio — dióxido de carbono

Vidros coloridos são obtidos pela adição de óxido de metais, como ferro, manganês e cobalto. Quando substituímos parcialmente o silício por óxido de boro, obtemos um vidro com excepcional resistência a variações bruscas de temperatura, o pirex.

Os cristais de Murano

Durante o Império Romano houve um grande desenvolvimento da atividade vidreira, com o apogeu no século XIII, em Veneza. Após incêndios provocados pelos fornos de vidro da época, a indústria foi transferida para Murano, ilha próxima de Veneza.

Normalmente é utilizado como peças decorativas. Sua fabricação é artesanal e dificilmente em série. Feito com a técnica de soprar o vidro e, desta forma, produz peças de rara beleza, foi sendo aperfeiçoada pelas fundições.

Os Barovier (peças de vidro decorativas) são considerados os mais criativos e conhecidos por suas obras, seja pelos vidros límpidos, esmaltados em tons azuis, vidros madrepérola, ou pelos vidros avermelhados corneliano e murrini, que conferem ao material um aspecto semelhante ao do mosaico.

Do mecanismo de fusão dos metais até a conclusão da produção do murano, podem transcorrer três dias, variando conforme o nível de dificuldade oferecido pela peça.

Figura 9.21: As vidrarias de Murano produzem vidros em diversas cores e a fama de seus cristais e espelhos perdura até hoje.

O silício puro foi obtido pela primeira vez no princípio do século XIX. É o segundo elemento químico mais abundante da crosta terrestre, só perdendo para o oxigênio. Compostos de silício são conhecidos pela sociedade desde a Antiguidade. Chineses o utilizavam na fabricação de porcelanas. Índios do Pará usavam compostos de silício na técnica de confecção de utensílios de barro (Figura 9.22). Para a fabricação de tijolos, pisos cerâmicos, cimento, joias e vidro ainda utilizamos esse elemento.

Figura 9.22: Peças de cerâmica marajoara. Alguns tipos de barros possuem em sua composição aproximadamente 60% de óxido de silício.

O quartzo (Figura 9.23), tão abundante no Brasil Central, é formado por dióxido de silício (SiO$_2$), também conhecido como sílica. Em razão de suas propriedades elétricas, o quartzo pode ser usado, por exemplo, na fabricação de relógios e rádios. Ametista (Figura 9.24), opala e esmeralda (Figura 9.25) são exemplos de pedras preciosas que contêm silício em sua constituição, e são usadas principalmente na fabricação de joias. O granito, formado por mica, quartzo e feldspato, também apresenta complexas estruturas de silício.

Figura 9.23: Quartzo.

O elemento silício é obtido por meio da reação entre dióxido de silício e carbono a alta temperatura:

$$SiO_2\,(\ell) + 2\,C\,(s) \longrightarrow Si\,(\ell) + 2\,CO\,(g)$$
dióxido de silício — carbono — silício — monóxido de carbono

O silício obtido a partir dessa reação é usado na fabricação de transistores e de células solares (células que convertem energia solar em energia elétrica). Quando são adicionadas pequenas quantidades de outros elementos a um monocristal de silício, obtêm-se substâncias com propriedades elétricas únicas, os semicondutores. Esse processo é conhecido como dopagem. Para fabricar um semicondutor, é necessário que o silício utilizado tenha elevada pureza. Uma das técnicas utilizadas para obter silício puro consiste em reagi-lo com o gás cloro.

$$Si\,(s) + 2\,C\ell_2\,(g) \longrightarrow SiC\ell_4\,(\ell)$$
silício — cloro — tetracloreto de silício

Figura 9.24: Ametista.

Reagindo-se tetracloreto de silício com magnésio ou zinco puros, torna-se possível separar o silício purificado do cloreto de magnésio, bastando dissolvê-lo em água.

$$SiC\ell_4\,(g) + 2\,Mg\,(s) \longrightarrow 2\,MgC\ell_2\,(s) + Si\,(s)$$
tetracloreto de silício — magnésio — cloreto de magnésio — silício purificado

Figura 9.25: Esmeralda.

Exercício resolvido

Atualmente, o vidro fabricado em maior quantidade é o vidro de sódio e cálcio. Ele é usado na produção de vasos, garrafas, vidros para janelas, vidros para automóveis e louças de mesa. Uma composição representativa típica utilizada na fabricação de janelas e garrafas do século XIX apresentava a seguinte composição: 71,5% de SiO$_2$, 1,5% de Aℓ_2O$_3$, 13% de CaO e 14% de Na$_2$O. Um químico do século XXI, necessitando preparar um semicondutor, dispõe apenas de uma garrafa de vinho com data de 1853, que, vazia, pesa 360 g.

a) Qual a quantidade de matéria de silício puro que o químico conseguirá obter, supondo que não ocorram perdas no processo?

b) Quantos átomos de silício existem nessa garrafa?

Dados: SiO$_2$ = 60,0 g · mol^{-1}; Si = 28 g · mol^{-1}; constante de Avogadro = 6 · 10^{23}.

a) Primeiro, temos de calcular a massa, em gramas, de SiO$_2$ existente na garrafa.

100 g ——— 71,5 g são SiO$_2$
360 g ——— x

$$x = \frac{360 \cdot 71,5}{100}$$

$x \cong 257$ g de SiO$_2$

Como nos foram dadas as massas molares de SiO$_2$ e do Si, podemos relacioná-las.

SiO$_2$ — Si
60 g ——— 28 g
257 g ——— y

$$y = \frac{257 \cdot 28}{60}$$

$y \cong 120$ g

Reservas da crosta terrestre e tecnologia — Capítulo 9

Como em 1 mol de Si existem 28 g desse elemento:
1 mol de Si ——— 28 g
        n ——— 120 g

$n = \dfrac{12}{28}$

$n = 4{,}29$ mols

O químico conseguirá obter, na garrafa, 4,29 mols de Si.

b) Conhecendo a quantidade de matéria, podemos relacioná-la com a constante de Avogadro.

1 mol ——— $6 \cdot 10^{23}$ átomos de Si
4,29 mols ——— z
$z = 4{,}29 \cdot 6{,}0 \cdot 10^{23}$
$z = 2{,}6 \cdot 10^{24}$ átomos de Si

O número de átomos de Si na garrafa é $2{,}6 \cdot 10^{24}$.

Exercício proposto

Depois do oxigênio, o silício é o elemento mais abundante na crosta terrestre. Ocorre principalmente como óxido de silício (SiO_2) e também numa grande diversidade de silicatos minerais. Quando puro, tem estrutura similar à do diamante. Calcule a composição centesimal do silício no óxido de silício.

Dados: massas molares (em g · mol $^{-1}$) Si = 28; SiO_2 = 60.

CIÊNCIA, TECNOLOGIA, SOCIEDADE E AMBIENTE

Reciclagem do vidro

O vidro é material 100% reciclável. Muitas vezes é integrante da metade da composição dos novos produtos. Veja, a seguir, algumas das vantagens de reciclagem do vidro:

a) **Ambientais**
- Diminuição da quantidade de gás carbônico lançado na atmosfera pela produção do vidro.
- Diminuição do impacto ambiental em razão da redução da extração de minérios da natureza.
- Redução da quantidade de vidro que vai para os aterros sanitários (lixões), aumentando a vida útil desses depósitos.

b) **Econômicas**
- Diminuição da quantidade de matérias-primas utilizadas na produção do vidro e de seus respectivos custos (Gráficos 9.3 e 9.4).

- Aumento da produção anual e consequente geração de empregos.
- Diminuição da agressão ao ambiente.
- Contenção do consumo de água e de energia elétrica.

A sociedade deve participar ativamente da implantação de programas de reciclagem. É importante lembrar que, além de reciclar os materiais, deve-se planejar a sua reutilização e a redução do consumo.

Para que o processo de reciclagem do vidro possa ser mais eficiente, recomenda-se:
- retirar tampas;
- manter os rótulos, se possível;
- lavar as embalagens (evitando a proliferação de insetos e o mau cheiro);
- embrulhar o vidro quebrado (para evitar acidentes).

Grafico 9.3: Composição do vidro sem a utilização de cacos de vidro.

SEM CACO
- SiO_2 - Sílica (Areia)
- CaO - Cálcio (Calcário)
- Diversos
- Na_2O - Sódio (Barrilha)

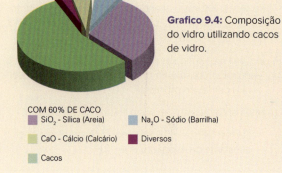

Grafico 9.4: Composição do vidro utilizando cacos de vidro.

COM 60% DE CACO
- SiO_2 - Sílica (Areia)
- Na_2O - Sódio (Barrilha)
- CaO - Cálcio (Calcário)
- Diversos
- Cacos

Veja, a seguir, os dez elementos mais abundantes da crosta terrestre (em massa):

Elemento	Abundância	Descoberta	Principais aplicações
Oxigênio (O) – do grego *oxy's* (ácido) e *génos* (gerador)	49,9%	1772, por Karl Wilhelm Scheele e Joseph Priestley	O_2: combustões; obtenção do aço; respiração artificial
Silício (Si) – do latim *silex* (pedra)	25,8%	1822, por Jöns Jacob Berzelius	Si: ligas de aço-silício e de semicondutores SiO_2: joalheria (pedras preciosas); obtenção de cimento e vidro; alvenaria Silicatos: composição de equipamentos elétricos, lubrificantes sólidos, cerâmicas, esmaltes, abrasivos, cosméticos, produtos farmacêuticos e borrachas de silicone
Alumínio (Aℓ) – do latim *alumen* (sabor adstringente)	7,6%	1825, por Hans Christian Oersted	Aℓ puro ou em ligas: construção de aviões, automóveis, barcos, cabos de transmissão e utensílios de cozinha $A\ell_2O_3$: obtenção do alumínio metálico, composição de pedras preciosas (rubis, topázios e safiras) $A\ell_2(SO_4)_3$: usado em tratamento de águas $A\ell(OH)_3$: antiácido estomacal
Ferro (Fe) – do latim *ferru*	4,7%	Antes de Cristo	Fe: construção civil, estruturas de pontes, veículos, motores, navios e ferramentas, dentre outras
Cálcio (Ca) – do latim *calx* (cal)	3,4%	1854, por Robert Wilhelm Bunsen e A. Mathies	Ca: obtenção de metais $CaCO_3$: obtenção da cal (CaO) CaO e $Ca(OH)_2$: agricultura (correção da acidez dos solos); construção civil (argamassa e caiação) $CaSO_4$: feitura de gesso e giz escolar $Ca_3(PO_4)_3$: fabricação do fósforo e de fertilizantes CaC_2 (carbureto): fabricação do acetileno
Sódio (Na) – do latim *natrium*. A palavra sódio provém de soda (carbonato de sódio – Na_2CO_3)	2,6%	1807, por Humphry Davy	Na: usado como catalisador na produção de lâmpadas e na construção de motores de aviões $NaNO_3$: fabricação da pólvora e de fertilizantes Na_2CO_3: produção de vidros e sabões $NaHCO_3$: antiácido estomacal, produção de extintores de incêndio e fermentos químicos. NaOH (soda cáustica): fabricação de sabões e obtenção de sais de sódio
Potássio (K) – do latim *kalium* (álcali). A palavra potássio provém de potassa (carbonato de potássio – K_2CO_3)	2,4%	1807, por Humphry Davy	K: liga K-Na, usada em trocadores de calor de reatores nucleares KCℓ: fabricação de adubos KOH: proidução de sabões cremosos e compostos de potássio KNO_3: fabricação da pólvora
Magnésio (Mg) – de Magnésia, cidade da Ásia Menor	2,3%	1808, por Humphry Davy	Mg: produção de ligas leves usadas na fabricação de aviões, de rodas de automóveis e de naves espaciais; fabricação de *flashes* fotográficos e de fogos de artifício MgO: construção de materiais refratários e fabricação de cosméticos e de produtos farmacêuticos $Mg(OH)_2$: antiácido estomacal (leite de magnésia)
Hidrogênio (H) – do grego *hydros* (água) e *génos* (gerador)	0,89% (primeiro no Universo – 75%)	1766, por Henry Cavendish	H_2: combustível; usado na fabricação da amônia (NH_3)
Titânio (Ti) – do grego *Titán* (gigantes da mitologia)	0,41%	1791, por William Gregor	Ti: participante de ligas leves, estáveis e altas temperaturas, tais como Al-Ti, Mo-Ti e aço-Ti, usado na construção de mísseis e de equipamentos navais

Elaborado pelos autores para fins didáticos.

NOTA:

A palavra estequiometria deriva do grego *stoicheîon* e *métron*, que significa "a medida dos elementos químicos", ou seja, as quantidades envolvidas de cada substância em uma reação química.

Inflamável
Substância que se converte em chamas com facilidade, isto é, acende-se rapidamente.

Estequiometria

Os primeiros cálculos de rendimento das massas de uma reação química foram efetuados a partir do trabalho do francês Antoine Laurent de Lavoisier (1743-1794), que fez uma série de experiências nas quais as substâncias participantes de uma reação química eram cuidadosamente pesadas, antes e depois da reação. Ao realizar reações em ambientes fechados, Lavoisier não encontrou qualquer alteração na massa após o término do processo. Propôs, então, que essa invariabilidade da massa fosse válida para qualquer reação e denominou sua proposição de **Lei da Conservação das Massas**. Depois de criteriosamente verificada por outros químicos, essa lei passou a ser unanimemente aceita.

Lavoisier realizou muitas experiências sobre reações de combustão. Descobriu que certo gás **inflamável**, obtido pela primeira vez no século XVII por Boyle, formava água. Esse gás recebeu o nome de hidrogênio. Lavoisier também mostrou que a matéria não poderia ser criada nem destruída. Contudo, o cientista teve sua carreira interrompida pela Revolução Francesa, quando foi guilhotinado em 1794, no final do século XVIII, pois era aristocrata e exercia um importante cargo no sistema de cobrança de impostos, muito impopular na época.

Modernamente, interpretamos a Lei de Lavoisier por meio de equações químicas. Por exemplo, a queima do carvão coque em um alto-forno, na presença de oxigênio, produz monóxido de carbono e pode ser representada pela equação:

$$2\ C\ (coque)\ +\ O_2\ (g)\ \longrightarrow\ 2\ CO\ (g)$$

Os compostos que estão à esquerda da seta são chamados **reagentes**, os que estão à direita, **produtos**. O sinal de adição (+) entre os reagentes é lido como: "reage com". Os algarismos que antecedem as fórmulas são chamados **coeficientes**. Quando o coeficiente for igual a 1, não há necessidade de representá-lo. Alguns estudiosos substituem a representação da seta por um símbolo de igualdade, portanto, ambas as representações devem ser entendidas como equidade. Como a matéria não pode ser nem criada nem destruída, a equação deve ter o mesmo número de átomos nos reagentes e nos produtos. Quando a igualdade é atingida, dizemos que a equação está **balanceada** ou **ajustada**.

Conhecendo as massas atômicas dos elementos envolvidos, podemos aplicar a Lei de Lavoisier na equação em termos de massa. Como a massa atômica do C é 12 u e a do O é 16 u, temos:

$$2\ C\ (s;\ coque)\ \ \ +\ \ \ O_2\ (g)\ \longrightarrow\ 2\ CO\ (g)$$
$$2 \cdot 12\ u\ \ \ \ \ \ \ \ \ \ 16 \cdot 2\ u\ \ \ \ \ \ \ \ 2(12\ u + 16u)$$
$$24\ u\ \ \ \ \ \ \ \ \ \ \ \ \ 32\ u\ \ \ \ \ \ \ \ \ \ \ 56\ u$$

Logo: $24\ u + 32\ u = 56\ u$

Em termos de quantidade de matéria, em mols, podemos escrever:

$$2\ C\ (s;\ coque)\ \ \ +\ \ \ O_2\ (g)\ \longrightarrow\ 2\ CO\ (g)$$
$$2\ mols\ \ \ \ \ \ \ \ \ \ \ 1\ mol\ \ \ \ \ \ \ \ \ \ 2\ mols$$

As massas molares são: massa molar do C = $12\ g \cdot mol^{-1}$

massa molar do O_2 = $32\ g \cdot mol^{-1}$

massa molar do CO = $28\ g \cdot mol^{-1}$

Portanto, comparando os dois lados da equação, temos:

2 C (s; coque)   + O_2 (g)   →   2 CO (g)
   24 g   32 g   56 g
                      56 g = 56 g

O que comprova a Lei de Lavoisier, pois 24 gramas de carbono reagem com 32 gramas de oxigênio, produzindo 56 gramas de monóxido de carbono.

O gás Hélio

O nome do segundo elemento mais abundante no universo, com 24%, vem do grego *hélios* (Sol). O gás hélio foi descoberto no espectro solar em 1868 por dois astrônomos, o francês Pierre Janssen (1824-1907) e o inglês Norman Lockyer (1836-1920). Na Terra, foi detectado por *Sir* Ramsay próximo a minerais de urânio em 1895. Está presente na atmosfera terrestre em pequena concentração, de onde escapa facilmente devido à sua leveza. Produto estável da fusão nuclear que ocorre no Sol e nas estrelas, é aplicado em balões dirigíveis, como gás de respiração para mergulho (80% de He e 20% de O_2), para refrigeração em reatores nucleares e como gás em anúncios luminosos.

História da Química

Antoine Laurent Lavoisier

Filho de uma família que pertencia à nobreza francesa, teve excelente educação e estudou nas melhores escolas francesas. Em 1764, graduou-se em Direito, mas nunca exerceu a profissão.

Lavoisier (Figura 9.26) tinha um grande interesse pelas Ciências, o que o estimulou durante o seu curso universitário a assistir às aulas de professores conceituados ligados à área. Talvez o Direito tenha perdido um bom advogado, mas a Química ganhou um de seus mais célebres cientistas.

Durante a Revolução Francesa, Lavoisier foi preso e executado em 8 de maio de 1794. Comenta-se que, no dia seguinte, o famoso matemático Joseph-Louis de Lagrange teria dito: "Não necessitaram senão de um momento para fazer cair essa cabeça e cem anos não serão suficientes para reproduzir outra semelhante".

Figura 9.26: Antoine Laurent Lavoisier (1743-1794).

Exercício resolvido

Quando queimamos o metano, CH_4 (g), principal componente do gás natural, na presença de oxigênio do ar, O_2 (g), produzimos dióxido de carbono, CO_2 (g), e água, H_2O (v). Com base nesses dados, escreva a equação balanceada que representa essa reação e justifique a Lei de Lavoisier. Dados: H = 1,0 u; C = 12 u; O = 16 u.

I. Primeiro, vamos separar as substâncias envolvidas em reagentes e produtos.

CH_4 (g) + O_2 (g) → CO_2 (g) + H_2O (v)
  reagentes   produtos

Agora, vamos equilibrar a equação:
- Como a molécula de CH_4 tem o mesmo número de átomos de C (carbono) que uma molécula de CO_2, os coeficientes dessas substâncias terão de ser **iguais**.
- O número de hidrogênios é quatro no lado dos reagentes, na molécula de CH_4, e dois no lado dos produtos, na molécula de H_2O. Para igualarmos o número de hidrogênios existentes nos reagentes e nos produtos, precisaremos alterar o coeficiente da água que, se for dois, promoverá a existência de quatro átomos de hidrogênio também no lado dos produtos.

CH_4 (g) + O_2 (g) → CO_2 (g) + 2 H_2O (v)

- Quanto ao oxigênio, há mais átomos de oxigênio no lado dos produtos – dois no CO_2 e dois no H_2O. Nos reagentes, são apenas dois os átomos de oxigênio, na molécula de O_2. Assim, o coeficiente do O_2 deverá ser igual a dois para que a equação fique equilibrada:

CH_4 (g) + 2 O_2 (g) → CO_2 (g) + 2 H_2O (v)

II. Vamos, agora, justificar a Lei de Lavoisier.
As massas obtidas das substâncias são:

$CH_4 = 12\,u + 4 \cdot 1\,u = 16\,u$

$O_2 = 16\,u \cdot 2 = 32\,u$

$CO_2 = 12\,u + 16\,u \cdot 2 = 44\,u$

$H_2O = 1\,u \cdot 2 + 16\,u = 18\,u$

Multiplicando as massas moleculares obtidas pelos coeficientes, temos:

$$CH_4\,(g) + 2\,O_2\,(g) \longrightarrow CO_2\,(g) + 2\,H_2O\,(v)$$

$$16\,u + 2 \cdot 32\,u = 44\,u + 2 \cdot 18\,u$$

$$16\,u + 64\,u = 44\,u + 36\,u$$

$$80\,u = 80\,u$$

Usando a massa em gramas, podemos escrever:

$$CH_4\,(g) + 2\,O_2\,(g) \longrightarrow CO_2\,(g) + 2\,H_2O\,(v)$$

$$16\,g + 64\,g = 44\,g + 36\,g$$

$$80\,g = 80\,g$$

A equação balanceada é

$$CH_4\,(g) + 2\,O_2\,(g) \longrightarrow CO_2\,(g) + 2\,H_2O\,(v).$$

Como podemos observar, as quantidades de massa são as mesmas nos reagentes e nos produtos, ou seja, 80 g, o que justifica a Lei de Lavoisier.

Exercício proposto

Numa reação de decomposição, um composto produz duas ou mais substâncias. O carbonato de cálcio sólido ($CaCO_3$), por exemplo, quando aquecido, produz óxido de cálcio sólido (CaO) e dióxido de carbono gasoso (CO_2). Tanto o reagente quanto os produtos são abundantes na natureza: o calcário e as conchas marinhas contêm $CaCO_3$ na constituição; o CaO é um produto muito utilizado na preparação de argamassa de pedreiros e na fabricação do vidro; o CO_2 é um dos produtos finais do metabolismo dos seres vivos em geral. Com base nesses dados, escreva a equação balanceada e justifique a Lei de Lavoisier.

Dados: C = 12 u; O = 16 u; Ca = 40 u.

Joseph Louis Proust (1754-1826), trabalhando com minerais, descobriu que certo composto, depois de purificado, continha sempre os mesmos elementos na mesma razão entre as massas. Essa constatação originou, em 1808, a **Lei da Composição Constante** ou **Lei das Proporções Definidas**.

Tomando como exemplo a reação entre o carvão e o oxigênio, cujo produto é o monóxido de carbono, temos que:

$$2\,C\,(coque) + O_2\,(g) \longrightarrow 2\,CO\,(g)$$

$$24\,g \qquad\qquad 32\,g \qquad\qquad 56\,g$$

Partindo do enunciado da Lei das Proporções Definidas, se colocarmos para reagir 48 g de carbono no exemplo anterior, qual a massa de oxigênio necessária para que todo o carbono seja consumido? Qual a massa de monóxido de carbono produzida?

Estabelecida a Lei de Lavoisier, podemos então aplicar a Lei de Proust:

$$2\,C\,(coque) + O_2\,(g) \longrightarrow 2\,CO\,(g)$$

$$24\,g \qquad\qquad 32\,g \qquad\qquad 56\,g$$

$$48 \qquad\qquad\quad x \qquad\qquad\quad y$$

Dessa forma, as proporções podem ser assim escritas:

$$\frac{24\,g}{48} = \frac{32\,g}{x} = \frac{56\,g}{y}$$

Logo:

$$x = \frac{48 \cdot 32}{24}$$

$$x = 64\,g$$

$$y = \frac{48 \cdot 56}{24}$$

$$y = 112\,g$$

História da Química

Joseph Louis Proust

Em 1801, formulou a Lei das Proporções Definidas, duramente combatida por oito anos, via cartas e artigos escritos em jornais, por Claude Louis Berthollet, outro eminente químico francês.

Berthollet achava que as constuituições de muitos compostos não eram constantes, mas Proust conseguiu provar que essa informação era falha (Figura 9.27).

Finalmente, em 1808, reconheceu-se que Proust estava correto, e sua lei, sem dúvida, ajudou a fortalecer a ideia do átomo de Dalton, na Química. Por seus trabalhos cuidadosos de purificação e análise de compostos químicos, Proust é considerado um dos fundadores da Análise Química.

Figura 9.27: Joseph Louis Proust (1754-1826).

Exercício resolvido

No passado, para obter o *flash* fotográfico, eram usadas lâmpadas de magnésio, uma pequena fita de magnésio metálico e oxigênio gasoso. Passando-se corrente elétrica pelo magnésio, ele reagia com o oxigênio produzindo muita luz, calor e óxido de magnésio. Essa reação pode ser representada por:

$$2\ Mg\ (s)\ +\ O_2\ (g) \longrightarrow 2\ MgO\ (s)$$

Um aluno pesou a fita de magnésio e obteve 1,2 grama. Depois do *flash*, cuidadosamente recolheu todo o óxido de magnésio formado e o pesou, obtendo 2 gramas.

a) Qual a quantidade de oxigênio que reagiu com o magnésio?

b) Se tivéssemos obtido 8 gramas de óxido de magnésio, quais teriam sido as quantidades necessárias de magnésio metálico e de oxigênio para que a reação se processasse por completo?

a) Aplicando a Lei de Lavoisier, podemos encontrar a massa do reagente que falta, ou seja, O_2.

$$2\ Mg\ (s) + O_2\ (g) \longrightarrow 2\ MgO\ (s)$$
$$1,2\ g\ +\ x \qquad\qquad 2\ g$$
$$1,2\ +\ x\ =\ 2,0$$
$$x\ =\ 0,8\ g\ de\ O_2.$$

A quantidade de oxigênio que reagiu com o magnésio foi 0,8 grama.

b) Agora, podemos aplicar a Lei de Proust.

$$2\ Mg\ (s) + O_2\ (g) \longrightarrow 2\ MgO\ (s)$$
$$1,2\ g\ +\ 0,8\ g \qquad\qquad 2\ g$$
$$z \qquad y \qquad\qquad 8\ g$$

As proporções podem, então, ser assim escritas:

$$\frac{1,2\ g}{z} = \frac{0,8\ g}{y} = \frac{2\ g}{8\ g}$$

Logo:
$$2 \cdot z = 1,2 \cdot 8$$
$$z = 4,8\ g\ de\ Mg$$
e
$$2 \cdot y = 0,8 \cdot 8$$
$$y = 3,2\ g\ de\ O_2$$

As quantidades de magnésio e oxigênio necessárias teriam sido, respectivamente, 4,8 gramas de magnésio metálico e 3,2 gramas de oxigênio.

Exercício proposto

Sabendo que em 100 gramas de gás carbônico (CO_2) existem 27,3 gramas de carbono e 72,7 gramas de oxigênio, pede-se:

a) Qual a massa de oxigênio necessária para transformar 16,2 gramas de carbono em gás carbônico? Qual a massa de gás carbônico produzida?

b) Quais as massas de carbono e oxigênio que necessitamos para produzir 200g de gás carbônico.

Cálculos estequiométricos

O estudo das reações químicas é a essência da Química e o estudo quantitativo entre reagentes e produtos é o que nos permite determinar as massas envolvidas nas reações químicas. Esse estudo recebe o nome de **cálculo estequiométrico**.

Para ilustrar o processo a seguir, que poderá ser empregado nos mais diversos problemas, usaremos a reação da obtenção do ferro em um alto-forno.

$$Fe_2O_3 \text{ (s)} + 3\ CO \text{ (g)} \longrightarrow 2\ Fe\ (\ell) + 3\ CO_2 \text{ (g)}$$
$$1 \text{ mol} \qquad 3 \text{ mol} \qquad\qquad 2 \text{ mol} \qquad 3 \text{ mol}$$

A equação química mostra que foram usados 1 mol de Fe_2O_3 e 3 mol de CO para a obter 2 mol de Fe e 3 mol de CO_2.

Conhecendo as massas atômicas dos elementos que compõem as substâncias envolvidas, podemos estabelecer as condições estequiométricas da reação. Sabendo que as massas atômicas dos elementos envolvidos são Fe = 56 u, C = 12 u e O = 16 u, temos que:

$Fe_2O_3 = 2 \cdot 56\ u + 3 \cdot 16\ u = 160\ u$

$CO = 12\ u + 16\ u = 28\ u$

$Fe = 56\ u$

$CO_2 = 12\ u + 2 \cdot 16\ u = 44\ u$

Então, a reação pode ser reescrita em termos de massa, como:

$$Fe_2O_3 \text{ (s)} + 3\ CO \text{ (g)} \longrightarrow 2\ Fe\ (\ell) + 3\ CO_2 \text{ (g)}$$
$$160\ g + 3 \cdot 28\ g \qquad 2 \cdot 56\ g \qquad 3 \cdot 44\ g$$

Observando a Lei de Lavoisier, temos que:

$160\ g + 84\ g = 112\ g + 132\ g$

$244\ g = 244\ g$

> **NOTA:**
> Além da unidade de massa em gramas, podemos trabalhar com qualquer outra que seja sugerida, como mg, kg e t.

Conclui-se, portanto, que, massa e mol são conceitos intimamente ligados. O fato de escrever as reações em termos de mol torna as resoluções mais claras à medida que os problemas ficam mais difíceis. Convém lembrar que quando desenvolvemos um cálculo estequiométrico, tanto os reagentes quanto os produtos envolvidos na reação devem sempre estar descritos na forma **pura**.

O ferro e a hemoglobina

Durante o percurso que o sangue faz pelo corpo humano, ele realiza trocas gasosas com os alvéolos pulmonares: passa o oxigênio e recebe o gás carbônico. Nesse processo, o ferro presente na hemoglobina – um pigmento existente nos glóbulos vermelhos – desempenha um papel fundamental, pois é o responsável pela adesão do oxigênio às células sanguíneas. Por esse motivo, precisamos absorver aproximadamente 15 mg de ferro por dia, assimilados diretamente da alimentação. Se somarmos todas as porções de ferro existentes em uma pessoa, a massa total não passa de 3 g, porém sua falta pode trazer graves complicações à saúde, como a anemia.

298 Unidade 3 Fontes de recursos naturais

O ferro e os alimentos

O ferro desempenha um papel importante nos processos metabólicos dos animais, sendo um constituinte vital das células de todos os mamíferos. A função do ferro no corpo limita-se quase exclusivamente ao transporte de gás oxigênio no sangue por intermédio da hemoglobina existente nos glóbulos vermelhos.

Um homem adulto absorve cerca de 5 mg de ferro por dia, enquanto a mulher absorve ligeiramente mais para contrabalançar as perdas durante a menstruação ou a gestação. Nas crianças, a absorção de ferro é muito maior, excedendo de 10 mg a 15 mg por dia. Há vários sais ferrosos, como o sulfato ferroso, bastante eficazes no tratamento de anemia causada pela deficiência de ferro.

Dos alimentos de origem animal mais ricos em ferro, destacam-se o fígado, o peixe e a gema de ovo. Os vegetais mais ricos nesse elemento são os feijões e as ervilhas e, de modo geral, as hortaliças.

Exercícios resolvidos

1. Depois de analisarmos uma amostra de minério de ferro, constatamos que o teor de hematita, Fe_2O_3, era de 65%.

a) Qual a quantidade de ferro metálico, expresso em massa, obteremos se colocarmos em um alto-forno uma carga inicial de 1,7 tonelada desse minério?

b) Qual quantidade de CO_2 será eliminada pela chaminé do alto-forno?

Dados: massas molares (em $g \cdot mol^{-1}$) $Fe_2O_3 = 160$; $CO = 28$; $Fe = 56$; $CO = 44$.

$$Fe_2O_3(s) + 3\,CO\,(g) \longrightarrow Fe_2O_3(s) + 3\,CO\,(g)$$

a) O primeiro passo é calcular a quantidade de Fe_2O_3 existente no minério.

1,7 t ———— 100%
x ———— 65%

$$x = \frac{1,7 \cdot 65}{100}$$

$x = 1,105$ t ou 1 105 kg de Fe_2O_3

A reação nos diz que:

$$Fe_2O_3\,(s) + 3\,CO\,(g) \longrightarrow 2\,Fe\,(\ell) + 3\,CO_2\,(g)$$
1 mol — 3 mol — 2 mol — 3 mol
160 kg — 3 · 28 kg — 2 · 56 kg — 3 · 44 kg

Observando a equação química, podemos relacionar a hematita com o ferro: para cada 160 kg de hematita, formam-se 56 · 2 kg = 112 kg de ferro. Então:

$Fe_2O_3\,(s)$ $Fe\,(\ell)$
160 kg ———— 112 kg
1 105 kg ———— y

$$y = \frac{1\,105,0 \cdot 112,0}{160}$$

$y = 773,5$ kg de Fe

A quantidade de ferro metálico obtida será igual a 773,5 kg.

b) Vamos calcular a quantidade de dióxido de carbono, CO_2, liberado na reação. Relacionando a hematita com o dióxido de carbono, temos que:

$$Fe_2O_3(s) + 3\,CO(g) \longrightarrow 2Fe(\ell) + 3CO_2\,(g)$$
160 kg — 3 · 28 kg — 2 · 56 kg — 3 · 44 kg

Para cada 160 kg de Fe_2O_3 (s) utilizados, a quantidade de CO_2 (g) liberado será:
3 · 44 kg = 132 kg

$Fe_2O_3\,(s)$ $CO_2\,(g)$
160 kg ———— 132 kg
1 105 kg ———— y

$$y = \frac{1\,105 \cdot 132}{160}$$

$y = 911,6$ kg

A quantidade de gás carbônico liberada na reação será igual a 911,6 kg.

2. O hidrogênio é o elemento químico mais abundante do universo e existe em grande quantidade nas regiões mais superficiais da Terra, principalmente na composição da água, como nos oceanos. Em meados do século XVII, o cientista inglês Robert Boyle obteve o hidrogênio reagindo ferro metálico (Fe) com ácido sulfúrico (H_2SO_4).

a) Qual quantidade de matéria (mol) de hidrogênio (H_2) será obtida se reagirmos o ácido com 56 gramas de ferro?

b) Qual quantidade de ácido sulfúrico, em gramas, será consumida?

Dados: massas molares (em $g \cdot mol^{-1}$) $Fe = 56$; $H_2SO_4 = 98$; $Fe_2(SO_4)_3 = 400$; $H_2 = 2$.

a) Primeiro, balanceamos a reação.

Reservas da crosta terrestre e tecnologia   Capítulo 9   **299**

$$2\,Fe\,(s) \quad + \quad 3\,H_2SO_4\,(aq) \quad \longrightarrow \quad Fe_2(SO_4)_3\,(aq) \quad + \quad 6\,H_2\,(g)$$

2 mol	3 mol	1 mol	6 mol
$2 \cdot 56$ kg	$3 \cdot 98$ g	400 g	$6 \cdot 2$ g

Agora, podemos relacionar o ferro em gramas com a quantidade de mols de hidrogênio.

$$\begin{array}{cc} Fe & H_2 \\ 112\,g \!\!-\!\!-\!\! & 6\,mol \\ 56\,g \!\!-\!\!-\!\! & x \end{array}$$

$$x = \frac{56 \cdot 6}{112}$$

$$x = 3 \text{ mol de } H_2.$$

Serão obtidos 3 mol de H_2 (g).

b) Para calcularmos a quantidade de ácido sulfúrico, podemos relacioná-lo com o ferro.

$$\begin{array}{cc} Fe & H_2SO_4 \\ 112\,g \!\!-\!\!-\!\! & 294\,g \\ 56\,g \!\!-\!\!-\!\! & y \end{array}$$

$$y = \frac{56 \cdot 294}{112}$$

$$y = 147 \text{ g } H_2SO_4.$$

A quantidade de ácido sulfúrico consumida será de 147 gramas.

3. Sempre que comemos muito ou rápido demais, podemos ter sensações desagradáveis oriundas da má digestão. Em nosso estômago, existem milhões de glândulas produtoras do ácido clorídrico ($HC\ell$), que em grande quantidade é responsável pela sensação do estômago "queimando", sintoma conhecido popularmente como azia. Certo medicamento recomendado para a azia traz a seguinte composição por comprimido: 400 mg de hidróxido de alumínio, $A\ell(OH)_3$, 400 mg de hidróxido de magnésio, $Mg(OH)_2$, e 30 mg de dimeticona. As reações de neutralização processam-se segundo as equações:

$$A\ell(OH)_3 + 3\,HC\ell \longrightarrow A\ell C\ell_3 + 3\,H_2O$$
$$Mg(OH)_2 + 2\,HC\ell \longrightarrow MgC\ell_2 + 2\,H_2O$$

Se a quantidade ingerida foi de quatro comprimidos em 24 horas:

a) Qual a massa do ácido clorídrico neutralizado?

b) Nesse período, qual quantidade de moléculas de $HC\ell$ foi consumida?

Dados: massas molares (em g · mol^{-1}): $A\ell(OH)_3 = 78$ e $Mg(OH)_2 = 58$; constante de Avogadro $= 6 \cdot 10^{23}$.

Nota: A dimeticona não participa da reação de neutralização.

a) Em quatro comprimidos, teremos 1 600 mg de $A\ell(OH)_3$ e 1 600 mg de $Mg(OH)_2$. Vamos, então, estabelecer as condições estequiométricas do problema. Tanto o hidróxido de alumínio quanto o hidróxido de magnésio participam das neutralizações.

$$A\ell(OH)_3\,(s) \quad + \quad 3\,HC\ell\,(aq) \quad \longrightarrow \quad A\ell C\ell_3\,(aq) \quad + \quad 3\,H_2O\,(\ell)\ (I)$$

78 mg	$3 \cdot 36{,}5$ mg		

$$Mg(OH)_2\,(s) \quad + \quad 2\,HC\ell\,(aq) \quad \longrightarrow \quad MgC\ell_2\,(aq) \quad + \quad 2\,H_2O\,(\ell)\ (II)$$

58 mg	$2 \cdot 36{,}5$ mg		

Neutralização com $A\ell(OH)_3$ (s)

$$\begin{array}{cc} A\ell(OH)_3 & HC\ell \\ 78\,mg \!\!-\!\!-\!\! & 3 \cdot 36{,}5\,mg \\ 1\,600\,mg \!\!-\!\!-\!\! & x \end{array}$$

$$x = 2\,246{,}2 \text{ mg}$$

Neutralização com $Mg(OH)_2$

$$\begin{array}{cc} Mg(OH)_2 & HC\ell \\ 58{,}0\,mg \!\!-\!\!-\!\! & 2 \cdot 36{,}5\,mg \\ 1\,600{,}0\,mg \!\!-\!\!-\!\! & y \end{array}$$

$$y = 2\,013{,}8 \text{ mg}$$

A massa total de $HC\ell$ neutralizado equivale a $x + y$, portanto, 4 260 mg.

300 Unidade 3 Fontes de recursos naturais

b) Vamos calcular a quantidade de moléculas de $HC\ell$ consumidas.

$$36,5 \text{ g de } HC\ell \text{ ——— } 6,0 \cdot 10^{23} \text{ moléculas}$$
$$4260 \cdot 10^{-3} \text{ g de } HC\ell \text{ ——— } z$$
$$z = 700,3 \cdot 1020$$
ou $z = 7 \cdot 10^{22}$ moléculas

Foram consumidas $7 \cdot 10^{22}$ moléculas.

4. Quando reagimos alumínio, $A\ell$, com ácido sulfúrico, H_2SO_4, produzimos sulfato de alumínio, $A\ell_2(SO_4)_3$, e hidrogênio gasoso, H_2.

a) Qual o volume de hidrogênio gasoso que obteremos nas CNTP reagindo 108 gramas de alumínio com ácido sulfúrico suficiente para o consumo total do metal?

b) Qual será a massa do sulfato de alumínio produzido nessas mesmas condições?

Dados: massas molares (em $g \cdot mol^{-1}$): $A\ell = 27$; $H_2SO_4 = 98$ e $A\ell_2(SO_4)_3 = 342$; volume molar de um gás nas CNTP $= 22,7 \text{ L} \cdot mol^{-1}$.

$$2 A\ell \text{ (s)} + 3 H_2SO_4\text{(aq)} \longrightarrow A\ell_2(SO_4)_3\text{(aq)} + 6 H_2 \text{ (g)}$$

a) Primeiro, vamos estabelecer as condições estequiométricas da reação:

$$2 A\ell \text{ (s)} + 3 H_2SO_4 \text{ (aq)} \longrightarrow A\ell_2(SO_4)_3 \text{ (aq)} + 6 H_2 \text{ (g)}$$
2 mol   3 mol   1 mol   6 mol

Relacionando o alumínio com o hidrogênio gasoso, podemos escrever:

$$2 A\ell \qquad 6 H_2$$
2 mol ——— 6 mol

Como a massa molar do $A\ell = 27$ g e o volume molar do hidrogênio é 22,7 L nas CNTP, podemos calcular o volume de hidrogênio liberado nas CNTP para 108 g de alumínio.

$$2 A\ell \qquad 6 H_2$$
$$2 \cdot 27 \text{ g} \text{ ——— } 6 \cdot 22,7 \text{ L}$$
$$108 \text{ g} \text{ ——— } x$$
$$x = \frac{108 \cdot 6 \cdot 22,7}{54}$$
$$x = 272,4 \text{ L de } H_2 \text{ nas CNTP}$$

Obteremos 272,4 litros de H_2 nas CNTP.

b) Cálculo da massa de $A\ell_2(SO_4)_3$ obtida:

$$2 A\ell \qquad A\ell_2(SO_4)_3$$
2 mol ——— 1 mol

As massas molares são: $A\ell$ 27 $g \cdot mol^{-1}$ e $A\ell_2(SO_4)_3 = 342 \text{ g} \cdot mol^{-1}$

$$2 A\ell \qquad A\ell_2(SO_4)_3$$
$$2 \cdot 27 \text{ g} \text{ ——— } 342$$
$$108 \text{ g} \text{ ——— } y$$

$$y = \frac{108 \cdot 342}{54}$$
$$y = 684 \text{ g de } A\ell_2(SO_4)_3$$

A massa de $A\ell_2(SO_4)_3$ produzido será igual a 684,0 gramas.

5. Em 1774, o cientista e filósofo inglês Joseph Priestley (1733-1804) obteve pela primeira vez o oxigênio isolado aquecendo o óxido de mercúrio I (HgO) e decompondo-o em mercúrio líquido e oxigênio gasoso. A reação citada pode ser assim descrita:

$$2 HgO \text{ (s)} \longrightarrow 2 Hg \text{ (}\ell\text{)} + O_2 \text{ (g)}$$

Havendo a decomposição de 2,01 g de HgO, pergunta-se:

a) Qual o volume de oxigênio obtido nas condições normais de temperatura e pressão (CNTP)?

b) Quantos átomos de mercúrio (III) foram obtidos a partir dessa reação?

Dados: massas molares (em $g \cdot mol^{-1}$): HgO = 217; Hg = 201 e O_2 = 32; volume molar de um gás nas CNTP = 22,7 $\text{L} \cdot mol^{-1}$; constante de Avogadro = $6 \cdot 10^{23}$.

a) I. Condições estequiométricas da reação:

$$2 HgO \text{ (s)} \longrightarrow Hg \text{ (}\ell\text{)} + O_2 \text{ (g)}$$
2 mol   1 mol   1 mol

III. Relação do óxido de mercúrio com o oxigênio:

$$2 HgO \qquad 1 O_2$$
2 mol ——— 1 mol

II. Cálculo do volume de O_2 liberado nas CNTP para 2,01 gramas de óxido de mercúrio, se a massa molar HgO é 217 g e o volume molar do oxigênio é 22,7 L nas CNTP.

$$2 HgO \qquad O_2$$
$$2 \cdot 217,0 \text{ g} \text{ ——— } 22,7 \text{ L}$$
$$2,01 \text{ g} \text{ ——— } x$$
$$x = \frac{2,01 \cdot 22,7}{434}$$
$$x = 0,105 \text{ L de } O_2 \text{ nas CNTP}$$

b) Calculemos do número de átomos de Hg obtidos:

$$2 HgO \qquad Hg$$
2 mol ——— 1 mol

A massa molar do HgO é 217 $g \cdot mol^{-1}$ e, como 1 mol de Hg corresponde a $6 \cdot 10^{23}$ átomos, temos:

$$2 HgO \qquad Hg$$
$$2 \cdot 217 \text{ g} \text{ ——— } 6,0 \cdot 10^{23} \text{ átomos}$$
$$2,01 \text{ g} \text{ ——— } y$$
$$y = \frac{2,01 \cdot 6 \cdot 10^{23} \text{ átomos}}{2 \ 217 \text{ g}}$$
$$y = 2,8 \cdot 10^{21} \text{ átomos de Hg}$$

Exercícios propostos

1. O chumbo não é um metal abundante na crosta terrestre. Devido à sua obtenção relativamente simples, é conhecido desde a Antiguidade. O minério mais comum que contém chumbo é a galena, PbS. Aquecendo a galena em fornos na presença de ar, obtém-se óxido de chumbo(II), PbO, e dióxido de enxofre, SO_2, segundo a reação:

$$2 PbS \text{ (s)} + 3 O_2 \text{ (g)} \longrightarrow 2 PbO \text{ (s)} + 2 SO_2 \text{ (g)}$$

Reservas da crosta terrestre e tecnologia   Capítulo 9   301

Qual quantidade de PbO e de SO_2 obteremos se reagirmos 520 kg de galena com ar suficiente?

Dados: massas molares (em $g \cdot mol^{-1}$): PbS = 239; O_2 = 32; PbO = 223; SO_2 = 64.

2. Quando em contato com o ar atmosférico úmido, o alumínio não sofre corrosão intensa com o oxigênio do ar, formando apenas uma fina película de óxido de alumínio, $A\ell_2O_3$. Essa, por apresentar alta aderência, acaba protegendo o material, impedindo sucessivas corrosões. A reação que forma o óxido de alumínio protetor pode ser representada como:

$$4\,A\ell\,(s)\ +\ 3\,O_2\,(g) \longrightarrow 2\,A\ell_2O_3\,(s)$$

Se dispusermos 6 mols de $A\ell$, qual quantidade de mols de O_2 será necessária para que a reação se complete? Qual a massa, em gramas, de $A\ell_2O_3$ obtida?

Dados: massas molares (em $g \cdot mol^{-1}$): $A\ell$ = 27; O = 32; $A\ell_2O_3$ = 102.

3. O leite de magnésia é um antiácido muito conhecido, formado por uma suspensão de hidróxido de magnésio, $Mg(OH)_2$, em água. No rótulo do produto, há a indicação de que, em cada colher de sopa (15 mL), são encontrados 1 200 mg de $Mg(OH)_2$ e a dose recomendada é de 1 a 4 colheres de chá (5 mL) diluídas em água. Sabendo que a reação de neutralização do hidróxido de magnésio é:

$$Mg(OH)_2\,(s) + 2\,HC\ell\,(aq) \longrightarrow MgC\ell_2\,(aq) + 2\,H_2O\,(\ell)$$

Calcule:

a) As massas do ácido clorídrico ($HC\ell$) neutralizado quando se toma a dose máxima e a dose mínima desse medicamento.

b) A massa do cloreto de magnésio formado na dosagem máxima.

Dados: massas molares (em $g \cdot mol^{-1}$): $Mg(OH)_2$ = 58; $HC\ell$ = 36,5; $MgC\ell_2$ = 95.

4. O monóxido de carbono, CO, é obtido em alto-forno quando reagimos carvão (coque) com oxigênio gasoso, O_2, liberando grande quantidade de energia. Havendo a reação de 0,5 tonelada de coque com oxigênio suficiente para um consumo total do coque, pergunta-se:

a) Qual o volume de monóxido de carbono formado nas condições normais de temperatura e pressão (CNTP)?

b) Qual a massa de oxigênio consumida nessa reação?

Dados: massas molares (em $g \cdot mol^{-1}$): C = 12; O_2 = 32 e CO = 28; volume molar de um gás nas CNTP = 22,7 $L \cdot mol^{-1}$.

5. Quando passamos uma corrente elétrica contínua em água, ela sofre decomposição, originando hidrogênio e oxigênio. Essa equação pode ser assim representada:

$$2\,H_2O\,(\ell) \longrightarrow 2\,H_2\,(g)\ +\ O_2\,(g)$$

a) Quais os volumes de hidrogênio e oxigênio obtidos nas condições normais de temperatura e pressão (CNTP) quando decompomos 1 kg de água?

b) Nesse volume, quantas moléculas de hidrogênio e oxigênio são formadas?

Dados: volume molar nas CNTP = 22,7 $L \cdot mol^{-1}$; constante de Avogadro = $6 \cdot 10^{23}$; massa molar H_2O = 18 $g \cdot mol^{-1}$.

Cálculo do rendimento

Normalmente, quando realizamos uma reação química, estamos preocupados com as quantidades dos produtos obtidos. Assim trabalham as indústrias químicas de uma forma geral, transformando reagentes em produtos para obter lucros. Surge a questão: como saber se o processo produtivo é lucrativo ou não? Para responder a essa pergunta, temos de recorrer a cálculos de rendimento.

Chamamos de **rendimento teórico** a quantidade de massa de produtos que seria obtida em condições ideais, de forma que todo o reagente se transformasse nos produtos que estamos interessados em obter. Vamos usar como exemplo a obtenção do silício a partir do dióxido de silício.

As massas molares em $g \cdot mol^{-1}$ são: SiO_2 = 60; Si = 28; C = 12 e CO = 28. Então:

$SiO_2\,(\ell)$	+	2 C (s)	$\longrightarrow$	Si (ℓ)	+	2 CO (g)
1 mol		2 mol		1 mol		2 mol
60 g		24 g		28 g		56 g

Teoricamente, para cada 60 g de SiO_2 que reagimos, a quantidade produzida de Si deveria ser igual a 28 g. Como acontecem perdas na separação e na purificação, o **rendimento**

real, ou simplesmente rendimento, é a quantidade de massa do produto puro realmente obtida na operação. O **rendimento percentual** é a razão entre a massa real do produto puro obtida e a massa teórica que esperaríamos obter se o rendimento fosse igual a 100%.

Rendimento teórico ———— 100%

Rendimento real ———— Rendimento percentual

$$Rendimento\ percentual = \frac{Rendimento\ real}{Rendimento\ teórico} \cdot 100\%$$

Suponha que reajamos 30 g de SiO_2 com carbono suficiente para que a reação se complete e que, depois de separada e pesada, a massa de silício obtida seja igual a 10 g. Qual o rendimento percentual da reação?

$$SiO_2\ (\ell) \quad + \quad 2\ C\ (s) \quad \longrightarrow \quad Si\ (\ell) \quad + \quad 2\ CO\ (g)$$

60 g		28 g
30 g		14 g

O balanço estequiométrico de massa mostra que, quando colocamos 30 g de SiO_2, a massa de silício que deveria ser obtida é de 14 g. Como obtivemos um rendimento real de 10 g de Si, evidentemente houve, no processo, uma perda de 4 g do composto. Podemos, portanto, calcular a porcentagem de Si obtido ou o rendimento percentual da reação.

14 g de Si ———— 100%

10 g de Si ———— x

$$x = \frac{10 \cdot 100}{14}$$

$$x = 71,4\%$$

> ### Rendimento do doce de abóbora
>
> Objetivo: Calcular a quantidade de doce obtida em relação a quantidade de abobora utilizada.
>
> Podemos calcular o rendimento do processo pesando a quantidade de doce obtida em relação ao 1 kg de abóbora.
>
> **Ingredientes:**
>
> - 1 kg de abóbora madura
> - 1 colher de sopa de cal virgem
> - 2 litros de água
> - 1 kg de açúcar
> - 1/2 litro de água
>
> **Modo de preparo:**
>
> Descasque a abóbora, corte-a em pedaços e deixe de molho em água e cal por três horas. Lave-a em seguida várias vezes até sair toda a cal. Faça uma calda com 1 kg de açúcar e $\frac{1}{2}$ litro de água. Junte os pedaços de abóbora e deixe-os cozinhar por aproximadamente 20 minutos.

Reservas da crosta terrestre e tecnologia   Capítulo 9

Exercício resolvido

A aspirina ($C_9H_8O_4$) é o analgésico mais utilizado no mundo. Preparada a partir da reação entre o ácido salicílico ($C_7H_6O_3$) e o anidrido acético ($C_4H_6O_3$), forma o ácido acético (CH_3CO_2H) e, como produto principal, o ácido acetilsalicílico ($C_9H_8O_4$):

$$C_7H_6O_3\,(s) \quad + \quad C_4H_6O_3\,(\ell) \quad \longrightarrow \quad C_9H_8O_4\,(\ell) \quad + \quad CH_3CO_2H\,(\ell)$$

ácido salicílico   anidrido acético   ácido acetilsalicílico   ácido acético

a) Vamos imaginar uma preparação a partir de 50 g de ácido salicílico com anidrido acético em excesso. Qual o rendimento teórico da formação da aspirina?

b) Se 60 g de aspirina forem obtidos, qual o rendimento percentual?

Dados: massas molares (em $g \cdot mol^{-1}$): $C_7H_6O_3 = 138$; $C_9H_8O_4 = 180$ g.

a) Primeiro estabeleceremos as condições estequiométricas do problema.

$$C_7H_6O_3\,(s) \quad + \quad C_4H_6O_3\,(\ell) \quad \longrightarrow \quad C_9H_8O_4\,(\ell) \quad + \quad CH_3CO_2H\,(\ell)$$

1 mol   1 mol   1 mol   1 mol

138 g   excesso   180 g   ——

O rendimento teórico da formação de aspirina será obtido relacionando o $C_7H_6O_3$ com o $C_9H_8O_4$.

$$C_7H_6O_3 \;\text{------}\; C_9H_8O_4$$
$$138\,g \;\text{------}\; 180\,g$$
$$50\,g \;\text{------}\; x$$

$$x = \frac{50 \cdot 180}{138}$$

$$x = 65{,}2\ g$$

b) Para calcularmos o rendimento percentual, podemos usar a fórmula:

$$\text{Rendimento percentual} = \frac{\text{Rendimento real}}{\text{Rendimento teórico}} \cdot 100\%$$

$$\text{Rendimento percentual} = \frac{60}{65{,}2} \cdot 100\%$$

$$\text{Rendimento percentual} = 92\%$$

Exercício proposto

O mineral anglesita é constituído de sulfato de chumbo ($PbSO_4$) e tem o seu nome provindo de Anglesey-Gales. É raro, as regiões de mineração de chumbo são umas das fontes de obtenção desse metal, podendo apresentar porcentagem alta do elemento químico em sua constituição. É um mineral que aparece sob a forma de cristal de cor branca conforme a incidência de luz, com consistência frágil, mole. Sua de obtenção é barata, e é muito apreciado por colecionadores por apresentar fluorescência. O metal chumbo não sofre corrosão facilmente, então, pode ser empregado para proteger tubos e cabos subterrâneos. Por absorver radiação, é usado como proteção em aparelhos de raios X e nos reatores nucleares. Considere que 2 toneladas do minério foram retiradas de uma mineração com 85% de pureza de sulfato de chumbo. Calcule a massa em kg de chumbo, obtida nesse processo.

Dados: massas atômicas em g/mol:
Pb = 208; S = 32; O = 16

Carvão

Genericamente recebem o nome de **carvão** materiais que possuem elevado teor do elemento químico carbono. No Período Carbonífero, compreendido entre 355 milhões e 275 milhões de anos atrás, a Terra foi abalada por sucessivos movimentos geológicos. Acredita-se que houve grandes turbulências e enormes cadeias montanhosas elevaram-se no planeta. Além disso, supõe-se que vulcões tiveram atividade intensa e que imponentes florestas que outrora dominaram o planeta afundaram na terra, misturando-se a animais soterrados. Esse processo, inúmeras vezes repetido, originou a formação de grandes depósitos de **materiais fósseis**. Sobre esses materiais, exercendo forte compressão, acumularam-se grandes quantidades de areia, lama e pedras.

Lentamente e de forma **anaeróbica**, os vegetais, ricos em carbono, na presença de bactérias e com a perda principalmente de hidrogênio e de oxigênio, se transformaram em carvão fóssil. Esse tipo de material, dependendo do teor de carbono existente na jazida, é classificado em: **antracito**, **hulha**, **linhito** e **turfa**.

- Antracito (Figura 9.28) é o mineral que possui entre 90% e 95% de carvão. Na maioria das vezes, é muito velho e queima com dificuldade, sem chama, fumaça ou cheiro. Devido ao seu alto poder calorífico, é bastante usado em indústrias de cal e vidro e tem grande valor comercial.
- A hulha (Figura 9.29) possui entre 75% e 90% de carbono e é, logo depois do antracito, o carvão fóssil de maior valor comercial.
- O linhito (Figura 9.30) é um carvão fóssil ainda imaturo, com cerca de 65% a 75% de carbono. Às vezes, ainda conserva a estrutura lenhosa e produz pouco calor, pois está impregnado de água e impurezas.
- A turfa (Figura 9.31), em processo inicial de carbonização, apresenta de 55% a 65% de carbono na composição. Sua maior ocorrência é em áreas pantanosas.

Na Antiguidade, as primitivas **forjas**, como as da Idade do Ferro, serviam-se do carvão mineral que aflorava em locais onde a erosão trouxe à superfície antigas florestas soterradas. Com a devastação das florestas europeias, a lenha tornou-se escassa e foi substituída, até o fim do século XVIII, pelo carvão, que passou a ser usado com finalidades domésticas. Contudo, somente após o aparecimento da máquina a vapor sua exploração tornou-se intensa e a quantidade de carvão retirada do solo cresceu significativamente. A Revolução Industrial só foi possível graças às máquinas a vapor, e o combustível para a produção desse vapor foi o carvão. Até ser trocado em boa parte pela eletricidade e pelo petróleo, fontes de energia desconhecidas na época, o consumo de carvão apresentou um crescimento acentuado ano a ano. Hoje, embora haja formas alternativas de energia, seu consumo continua intenso.

Materiais fósseis
Material de origem orgânica encontrado em estratos arqueológicos antigos.

Anaeróbica
Processo em que os organismos podem viver na ausência do ar ou do oxigênio livre.

Forjas
Fundição. Conjunto de fornalha, fole e bigorna utilizado para se trabalhar em metal.

Figura 9.28: Antracito.

Figura 9.29: Hulha.

Figura 9.30: Linhito.

Figura 9.31: Turfa.

Os 10 países com as maiores reservas de carvão do mundo		
País	Reservas provadas (bilhões de toneladas)	% das reservas globais
Estados Unidos	237	27,6
Rússia	157	18,2
China	114	13,3
Austrália	76,4	8,9
Índia	60,6	7,0
Alemanha	40,7	4,7
Cazaquistão	33,6	3,9
Ucrânia	33,8	3,9
África do Sul	30,1	3,5
Colômbia	6,7	0,8

Fonte: *Revista Exame* 13 set. 2016. Disponível em: <http://exame.abril.com.br/economia/os-15-paises-com-as-maiores-reservas-de-carvao-do-mundo/>. Acesso em: 25 abr 2017.

As principais jazidas carboníferas mundiais localizam-se no Hemisfério Norte; no Hemisfério Sul, concentram-se principalmente na Austrália. O Brasil não possui grandes reservas carboníferas no seu território, pois sua formação geológica ocorreu em condições adversas, durante o último período da Era Paleozoica. O período glacial foi desfavorável ao desenvolvimento da vida vegetal, o que explica por que nosso carvão é considerado de baixa qualidade. As maiores jazidas brasileiras estão localizadas, principalmente, no Rio Grande do Sul e em Santa Catarina.

O carvão consiste em uma mistura complexa de substâncias e contém componentes que poluem a atmosfera. Como é um material sólido, sua extração de jazidas subterrâneas é cara e, muitas vezes, perigosa. Além disso, nem sempre as minas de carvão são próximas a centros industriais produtivos, e o custo do transporte torna-se economicamente inviável.

O carvão pode ser superaquecido com vapor-d'água, removendo assim os compostos de enxofre e a água. A mistura resultante do aquecimento é constituída por metano, CH_4, hidrogênio, H_2, e monóxido de carbono, CO, e tem alto poder calorífico. Em razão da retirada do enxofre, a mistura gasosa torna-se menos poluente que o carvão original, e a massa sólida restante recebe o nome de **coque**. Como fonte de energia, o carvão foi superado pelo petróleo e pela eletricidade, mas na forma de coque a relação custo-benefício o mantém insubstituível nas indústrias de ferro e de aço.

Carvão mineral e meio ambiente

Na última década do século XIX foi iniciada a exploração do carvão mineral no estado de Santa Catarina, na região de Criciúma. As atividades da mineração atingiram terras férteis e poluíram as nascentes de rios e mananciais. Durante noventa anos sem respeitar as leis da mineração, a exploração transformou a região num foco de degradação ambiental. No final do século XX, a população começou a sentir os problemas causados na comunidade pela exploração do carvão. As fiscalizações, então, tornaram-se mais severas. Passado isso, a empresa e a população da região adquiriram consciência da necessidade de recuperar o estrago causado ao longo dos anos pela mineração e também da importância de fiscalizar com rigor a exploração de novas minas.

Pesquise quais foram os prejuízos ambientais causados pela extração de carvão em Criciúma e quais as atitudes tomadas para a recuperação dos prejuízos causados naquela cidade?

Exercício resolvido

Quando o carvão é queimado, os elementos contidos nele são volatizados (evaporam) e emitidos para a atmosfera juntamente com parte da matéria inorgânica que é liberada sob a forma de partículas de pó. Os principais produtos da combustão do carvão são:

I. CO_2 II. CO III. C IV. SO_2 V. NO

Qual o produto da combustão do carbono que pode ser visível a olho nu?

a) I   b) II   c) III   d) IV   e) V

Exercício proposto

Um gás liberado na combustão do carvão é extremamente nocivo à saúde humana e que pode, em casos de intoxicação aguda, levar à morte. De acordo com a Companhia Ambiental do Estado de São Paulo (Cetesb), a principal via de intoxicação é a respiratória. Uma vez inalado, o gás é rapidamente absorvido pelos pulmões e se liga à hemoglobina, impedindo o transporte eficiente do oxigênio. Por isso, a exposição prolongada está ligada ao aumento na incidência de infarto entre idosos. Além disso, uma vez na atmosfera, esse gás pode ser oxidado, transformando-se em dióxido de carbono. O gás tóxico mencionado no texto é:

a) SO_2 b) CO_2 c) CO d) SO_3 e) CH_4

Unidade 3   Fontes de recursos naturais

Carvão vegetal e madeira

O carvão vegetal (Figura 9.32) e a madeira tornaram-se, para muitos países, importantes fontes de energia renovável devido à formação de cartéis que controlam o petróleo no mundo. O aumento do preço do petróleo no início da década de 1970 incentivou as nações ricas a aumentarem suas pesquisas em combustíveis alternativos, inclusive o carvão vegetal e a madeira. Segundo a Academia Nacional de Ciências dos EUA, aproximadamente 2 bilhões de pessoas do planeta dependem da madeira e do carvão para suas necessidades energéticas.

Como matéria-prima, a madeira é usada principalmente na fabricação de papel (Figura 9.33). Os vegetais mais usados na fabricação do papel são o eucalipto e o pínus; em menor quantidade estão o bambu, o bagaço da cana-de-açúcar, a palha de arroz e o sisal. Os vegetais utilizados são plantados pelo ser humano e constituem importante fonte de recurso renovável de matéria-prima.

No processo de produção do papel, corta-se a parte do vegetal que servirá de matéria-prima (caule, folhas), picando-a em pedaços bem pequenos, que são cozidos em grandes tanques juntamente com água e soda cáustica. Dessa forma, separa-se a pasta de celulose. O eucalipto, por ter fibras de celulose mais curtas, fornece um papel de superfície bem lisa, usado para fazer principalmente cadernos e papel para fotocópias. Já o pínus, que tem fibras de celulose mais longas, é usado na fabricação de caixas e embalagens.

Figura 9.32: Carvão é importante fonte de energia.

Figura 9.33: O eucalipto é muito usado na fabricação de papel. Na imagem mata de eucaliptos em Ortigueira, PR. Foto de 2016.

CIÊNCIA, TECNOLOGIA, SOCIEDADE E AMBIENTE

Reciclagem do papel

O papel é um produto que pode ser reciclado várias vezes (Figura 9.34). Depois de coletado nas ruas, no comércio e nas indústrias, recebe o nome de aparas e é levado para uma central de triagem, onde é separado dos demais materiais e amarrado em fardos. Os fardos são vendidos para as fábricas de reciclagem de papel.

As aparas são classificadas de acordo com o tipo de papel e a quantidade de sujeira que elas contêm. Quanto mais limpa for uma apara, mais valiosa ela será e melhor será a qualidade do papel obtido de sua reciclagem. Há um setor de limpeza específico encarregado de retirar quaisquer outros materiais anexos, como metais, plásticos e areia.

Na fábrica de papel reciclado, as aparas são misturadas com água em um grande liquidificador. A pasta de celulose resultante vai para a máquina que produz o papel para a retirada da água e posterior prensagem e secagem, formando finalmente a folha de papel reciclado.

Podemos reciclar: jornais e revistas, folhas de caderno, formulários de computador, envelopes, fotocópias, caixas em geral, rascunhos e cartazes velhos, dentre outros elementos fabricados com papel.

Não podemos reciclar: papel-carbono, etiqueta adesiva, fita-crepe, guardanapos, fotografias, tocos de cigarros, papéis sujos, papéis sanitários e papéis metalizados.

A reciclagem de papel não exige **processos químicos** para a obtenção da pasta de celulose, evitando a poluição do ar e de rios.

Figura 9.34: A reciclagem reduz a necessidade de cortes de árvores, além de economizar água e energia elétrica. Gasta-se metade da energia usada na fabricação do papel a partir da madeira.

Reservas da crosta terrestre e tecnologia — Capítulo 9 — 307

Para se desenvolver, os vegetais absorvem CO_2 do ambiente a fim de formar celulose e outros compostos, liberando O_2, isto é, realizam fotossíntese. A fotossíntese (do grego: *photós* = luz; *synthesis* = síntese) é caracterizada pela reação do CO_2 da atmosfera com H_2O, produzindo $(CH_2O)_n$ de baixa massa molecular e O_2 e pode ser representada genericamente pela equação:

$$CO_2 (g) + H_2O (\ell) \longrightarrow (CH_2O)_n (aq) + O_2 (g)$$

A seguir, as moléculas resultantes são **polimerizadas**, produzindo compostos de maior massa molecular, como o amido, os açúcares e a celulose.

O plantio de árvores para a fabricação de papel contribui para a retirada de gás carbônico da atmosfera e para a emissão de oxigênio. Essa seria uma maneira adequada para minimizar o efeito estufa. Na ausência de luz, fator determinante na reação de fotossíntese, as plantas liberam, pelo fenômeno da respiração celular, certa quantidade de CO_2, que vai se juntar ao CO_2 liberado pela decomposição de folhas, madeiras e resíduos.

Nas florestas equatoriais, as massas de celulose, madeira e seiva permanecem praticamente constantes por milênios e, por essa simples razão, elas não podem alterar a composição da atmosfera terrestre.

No caso da floresta amazônica, por exemplo, pelo fato de durante milênios ela ter permanecido praticamente com o mesmo tamanho, podemos concluir que existe um equilíbrio entre o O_2 liberado e o CO_2 consumido.

Petróleo

Sabemos que a idade da Terra é de bilhões de anos. Durante esse tempo, nosso planeta passou, e ainda vem passando, por significativas mudanças. Erupções vulcânicas, separações dos continentes, deslocamento dos polos, movimentação dos oceanos, ação dos rios e acomodação da crosta terrestre são alguns dos fatores que contribuíram para muitas transformações na Terra.

Em decorrência de tais transformações, em certas épocas, grandes quantidades de vegetais e animais se depositaram no fundo dos lagos e mares, soterrados pelos movimentos da crosta terrestre, sob a pressão de camadas de rochas e sob ação de calor. Lentamente e de forma anaeróbica, esses restos de vegetais e animais foram se decompondo até originarem uma massa líquida e viscosa, que genericamente chamamos de **petróleo**, do latim: *petra* = pedra; *oleum* = óleo (óleo de pedra).

O betume é uma mistura de hidrocarbonetos de massa molecular elevada – portanto, pouco volátil – com outras substâncias orgânicas, como enxofre, nitrogênio e oxigênio, além de compostos metálicos. É usado para diversos fins como obtenção de asfalto, vedação de madeiras e impermeabilização de paredes e de lajes.

Nabucodonosor utilizou betume na construção dos Jardins Suspensos da Babilônia. Já os egípcios o empregaram nos processos de mumificação de seus mortos e na construção das pirâmides, enquanto os gregos e os romanos o usaram como armas incendiárias. Com o decorrer dos séculos, o betume continuou a ter aplicações significativas e, no século XVIII, passou a ser utilizado como medicamento, além de ter serventia na iluminação noturna, que até então era obtida por velas de cera ou por lâmpadas de óleo de baleia, gás ou carvão.

Figura 9.35: Edwin L. Drake (1819-1880).

Somente em 1859, quando Edwin L. Drake (Figura 9.35) perfurou o primeiro poço de petróleo em Titusville, Pensilvânia, o betume e os demais derivados do petróleo passaram a ter novas aplicações (Figura 9.36). Com o desenvolvimento do processo de destilação, esses elementos começaram a ganhar espaço: o homem do campo, por exemplo, já podia comprar lâmpadas de querosene para iluminar sua casa. Com a invenção dos motores a *diesel* e a gasolina, os derivados do petróleo, antes desprezados, passaram a ter novas aplicações.

> **Polimerizadas**
> Pequenas moléculas unem-se por meio de ligações químicas, formando longas estruturas denominadas macromoléculas.

Refinamento do petróleo

O petróleo tem composição variável independentemente do poço do qual é retirado. Alguns são pesados e **viscosos**, outros, leves e diluídos. A cor também varia, podendo ir do amarelo-claro ao negro. O refino do petróleo é um processo que culmina em sua separação em diversas frações. Pela **destilação fracionada** conseguimos separar frações como a gasolina, o querosene, o óleo *diesel* e o óleo lubrificante. Esse processo de aquecimento separa os componentes presentes no petróleo em grupos de compostos com temperaturas de ebulição semelhantes.

A porção do petróleo que não vaporiza na destilação, chamada de resíduo, pode ser usada como óleo combustível ou também ser processada em produtos de maior demanda (Figura 9.37).

Figura 9.36: Fotografia de Edwin L. Drake, à direita, e do poço, no fundo, em Titusville, Pensilvânia; o primeiro a ser perfurado em 1859 para extração de petróleo. World History Archive/Alamy/Fotoarena

Fração	Temperatura de ebulição / °C	Composição química aproximada	Emprego
Gases	até 40	de C_1 a C_4	gás combustível
Gasolina	de 30 a 200	de C_5 a C_{12}	combustível para motores
Querosene	de 180 a 300	de C_{12} a C_{16}	combustível para motores a jato
Diesel	de 330 a 350	de C_{16} a C_{18}	combustível para motores a óleo *diesel* e fornalhas
Óleos	de 300 a 400	de C_{18} a C_{25}	óleos lubrificantes para superfícies em atrito
Parafina	de 400 a 510	de C_{25} a C_{40}	fabricação de velas e de papel parafinado
Resíduos	acima de 510	acima C_{40}	piche, asfalto, impermeabilizante de madeira

Viscosos
Líquido que apresenta viscosidade, isto é, resistência ao movimento relativo de qualquer de suas partes que gera atrito em seu interior.

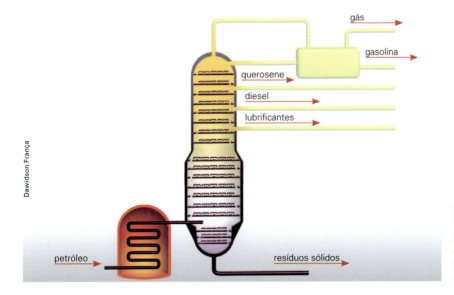

Figura 9.37: Fracionamento do petróleo em torres de destilação fracionada implantadas nas refinarias.

Exercícios resolvidos

1. Coloque as frações de petróleo a seguir em ordem crescente pelo número de átomos de carbono por moléculas: óleo *diesel*, gasolina, querosene, gás liquefeito de petróleo e asfalto.

Gás liquefeito de petróleo – até 4 carbonos.
Gasolina – de 5 a 12 carbonos.
Querosene – de 12 a 16 carbonos.
Óleo *diesel* – de 16 a 18 carbonos.
Asfalto – 40 ou mais carbonos.
Em ordem crescente, temos: gás liquefeito de petróleo <
< gasolina < querosene < óleo *diesel* < asfalto

2. A destilação fracionada é utilizada na separação dos componentes do petróleo que é uma substância oleosa, menos densa que a água, formada por uma mistura de componentes. O petróleo bruto é extraído do subsolo da crosta terrestre, e pode estar misturado com água salgada, areia e argila. Depois de separado, o petróleo é enviado para as refinarias para ser destilado. Observe o esquema da destilação fracionada ao lado e responda:

a) O gás natural é uma mistura de gases, sendo o principal constituinte o butano.

b) O petróleo é utilizado somente para a produção de combustíveis e poderia ser totalmente substituído pelo etanol, menos poluente.

c) A camada do Pré-Sal se encontra na Amazônia e a obtenção de seus derivados prejudicaria o meio ambiente, apressando sua destruição.

d) As substâncias que compõem o petróleo são hidrocarbonetos, cetonas e etanol.

e) As diferentes frações do petróleo são separadas em uma coluna de destilação, onde as moléculas menores como etano, propano e butano são retiradas no topo, e as moléculas maiores como etano, ceras, lubrificantes e alfalto são retiradas na base da coluna.

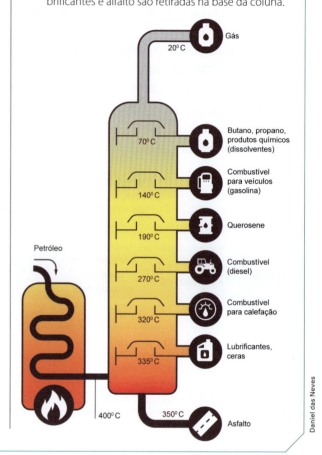

Exercícios propostos

1. O petróleo, uma das riquezas naturais do Rio Grande do Norte, é fonte de vários produtos cuja importância e aplicação tecnológica justificam seu valor comercial. Para que sejam utilizados no cotidiano, os componentes do petróleo devem ser separados numa refinaria.

Os componentes gasolina, querosene, óleo *diesel*, óleo lubrificante, parafina, entre outros, são misturas que apresentam diferentes temperaturas de ebulição.

O método usado para separar os diversos componentes do petróleo é:

a) destilação fracionada.

b) destilação simples.

c) reaquecimento.

d) craqueamento.

e) filtração.

2. Em média, os carros leves mais utilizados nas ruas consomem 30% a mais de álcool do que de gasolina percorrendo a mesma distância. Assim, há uma maneira simples de calcular se vale mais a pena abastecer com etanol ou gasolina em determinado posto de abastecimento: multiplique o valor da gasolina no posto de combustível por 0,7. Se o resultado for maior que o valor do etanol, vale abastecer com o álcool. Se o resultado for menor que valor do etanol, abasteça com gasolina. Considere um posto vendendo gasolina a R$ 4,00 cada litro e vendendo etanol a R$3,00. Seria mais vantajoso abastecer o carro com 50 litros de etanol ou de gasolina?

Craqueamento

O processo de craqueamento (do inglês, *cracking*) é a quebra de grandes cadeias de hidrocarbonetos, com baixo valor comercial, em pequenas cadeias que tenham maior valor comercial. O craqueamento pode ser térmico ou catalítico. O primeiro usa calor e altas pressões para se efetivar. O segundo faz uso de catalisadores – substâncias que facilitam o processo, no caso, diminuindo a necessidade de altas pressões – para a quebra das moléculas acontecer com menor dificuldade. Nos dois casos, o uso de temperaturas elevadas é essencial. Por exemplo, o hidrocarboneto com fórmula $C_{16}H_{34}$ pode quebrar-se dando origem a outras moléculas, como C_8H_{18} e C_8H_{16}, dois dos muitos constituintes da gasolina.

$$CH_3 - CH_2 - CH_2 - CH_2 - CH_2 - CH_2 - CH_2 - CH_2 - CH_2 - CH_2 - CH_2 - CH_2 - CH_2 - CH_2 - CH_2 - CH_3 \rightarrow$$

$$\rightarrow CH_3 - CH_2 - CH_2 - CH_2 - CH_2 - CH_2 - CH_2 - CH_3 + CH_2 = CH - CH_2 - CH_2 - CH_2 - CH_2 - CH_2 - CH_3$$

$$C_8H_{18} \text{ (octano)} \qquad\qquad C_8H_{16} \text{ (oct-1-eno)}$$

O craqueamento também gera gases residuais que contêm compostos de enxofre, retirados e processados para produzir enxofre puro. Essa é uma etapa muito importante no refino do petróleo e fundamental para o meio ambiente, porque o enxofre que as usinas petrolíferas não conseguem retirar é queimado com os combustíveis. O resultado é a produção do gás SO_2 (dióxido de enxofre), que oxidado, tanto na presença de O_2 (oxigênio do ar) como de O_3 (ozônio), culmina no SO_3 (trióxido de enxofre). Esse composto reage com vapor-d'água produzindo o ácido sulfúrico (H_2SO_4), que ocasiona a chuva ácida, representada pelas equações:

$$S(s) + O_2(g) \longrightarrow SO_2(g)$$
$$SO_2(g) + \frac{1}{2}O_2(g) \longrightarrow SO_3(g)$$
$$SO_3(g) + H_2O(v) \longrightarrow H_2SO_4(\ell)$$

Os compostos de enxofre, principalmente o dióxido de enxofre (SO_2), estão entre os gases poluentes mais prejudiciais da atmosfera. Eles são naturalmente produzidos a partir da decomposição bacteriana de matéria orgânica, além de serem expelidos pelos vulcões (Figura 9.38). Em locais onde a atividade humana é pequena, a concentração atmosférica desses derivados mantém-se estável e baixa. Nas grandes cidades, não há tal estabilidade, principalmente em razão da combustão de óleos e do carvão, responsáveis por cerca de 80% do SO_2 liberado na atmosfera. Por ser residual, o enxofre é um dos componentes de diferenciação no preço do petróleo. Assim, o petróleo do Oriente Médio, com baixo teor de enxofre, é mais caro que o da Venezuela, que possui um teor maior desse elemento.

Figura 9.38: Vista de Puerto Montt, no sul do Chile, da coluna de cinza e de lava que sai do vulcão Calbuco. Na erupção há uma grande emissão de compostos de enxofre. Foto de 2015.

Exercício proposto

Naturalmente, o petróleo é contaminado por enxofre (S) que, ao ser queimado em usinas térmicas ou em veículos, libera para o meio ambiente dióxido de enxofre (SO_2). Em contato com o oxigênio do ar (O_2), o dióxido de enxofre produz trióxido de enxofre (SO_3) e se espalha pelo planeta. Ao entrar em contato com a água da chuva, por exemplo, o trióxido de enxofre gera o ácido sulfúrico, produzindo a chuva ácida. O óleo *diesel* comercializado nos postos contém um máximo de enxofre de 10 gramas para cada 1 000 000 de gramas do produto (10 partes por milhão ou 10 ppm), conhecido como *diesel* S-10.

Considere que um caminhão foi abastecido com 100 litros óleo *diesel*. Qual a quantidade, em gramas, no meio ambiente, de ácido sulfúrico que será produzido por esse caminhão?

Dados: densidade do óleo *diesel* = 0,85 g/mL

massas molares em $g \cdot mol^{-1}$: S = 32 e H_2SO_4 = 98

Derivados do petróleo

Uma importante refinaria de petróleo (Figura 9.39) pode processar até 415 mil barris de petróleo por dia (dados de 2016) para a fabricação de: GLP (gás de cozinha), gasolina, *diesel*, óleos combustíveis, querosene para aviação e iluminação, nafta para petroquímica, aguarrás e coque, dentre outros produtos. Conforme a tabela apresentada na página 309, verifica-se que quase a totalidade dos derivados de petróleo é usada para a obtenção de energia, ou seja, envolve reações de combustão.

Reações de combustão

A gasolina não é uma substância pura, mas uma mistura de hidrocarbonetos. Essa mistura possui energia potencial armazenada, que é transformada em energia cinética quando reage com o oxigênio do ar, realizando trabalho.

A quantidade de oxigênio utilizada determina se uma reação de combustão é completa ou incompleta. Vamos supor que determinada gasolina seja composta de hidrocarbonetos com fórmula C_8H_{18}:

Luciano Claudino/Código19/Folhapress

Figura 9.39: Unidade de destilação de petróleo, em Paulínia, São Paulo. Para ser destilado, o petróleo percorre um oleoduto de 225 km, partindo do terminal marítimo localizado em São Sebastião, litoral norte do estado. Nessa unidade, o petróleo é separado em frações por destilação fracionada. Foto de 2015.

a) combustão completa

$$C_8H_{18}\ (\ell) \quad + \quad \frac{25}{2}\,O_2\ (g) \quad \rightarrow \quad 8\,CO_2\ (g) \quad + \quad 9\,H_2O\ (v)$$

b) combustões incompletas

$$C_8H_{18}\ (\ell) \quad + \quad \frac{17}{2}\,O_2\ (g) \quad \rightarrow \quad 8\,CO\ (g) \quad + \quad 9\,H_2O\ (v)$$

$$C_8H_{18}\ (\ell) \quad + \quad \frac{9}{2}\,O_2\ (g) \quad \rightarrow \quad 8\,C\ (s, fuligem) \quad + \quad 9\,H_2O\ (v)$$

Unidade 3 Fontes de recursos naturais

A gasolina comercializada muitas vezes recebe a adição de outros produtos em sua composição (Figura 9.40). No Brasil, pode-se adicionar etanol (álcool comum), resultando em uma mistura com diversas vantagens. Vamos esquematizar uma possível situação que acontece no interior de um motor de carro movido a gasolina:

no motor do carro	para o meio ambiente
- mistura de hidrocarbonetos - etanol - compostos de enxofre - oxigênio e nitrogênio do ar - Óleos	- gás carbônico, CO_2 - monóxido de carbono, CO - fuligem, C(s) - óxidos de enxofre, SO_2 e SO_3 - óxidos de nitrogênio, NO e NO_2 - ozônio, O_3 - etanal, $CH_3 - CHO$ - água - hidocarbonetos não queimados - outros compostos residuais

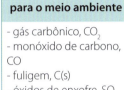

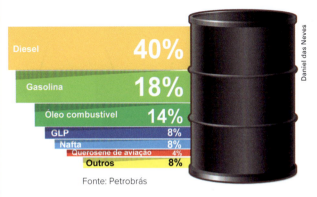

Fonte: Petrobrás

Figura 9.40: Quanto de cada barril é usado na produção de cada produto.

Contudo, todos esses gases lançados continuamente na atmosfera causam danos. Os óxidos de enxofre produzem o ácido sulfúrico (H_2SO_4) e o ácido sulfuroso (H_2SO_3); os óxidos de nitrogênio geram o ácido nítrico (HNO_3) e o ácido nitroso (HNO_2); o gás carbônico acumula calor e gera o efeito estufa, além de produzir o ácido carbônico (H_2CO_3), que quando precipita, dissolvido na água da chuva e unido aos ácidos citados anteriormente, produz a chuva ácida.

Química Aplicada

Gasolina

A gasolina, obtida pela destilação fracionada do petróleo, tem sofrido modificação com a evolução da indústria petrolífera e dos motores de combustão interna. Atualmente, as gasolinas que saem das refinarias são constituídas de misturas criteriosamente balanceadas desses hidrocarbonetos, visando atender aos requisitos de desempenho dos motores.

A gasolina voltada para o consumo vem da mistura de dois, três ou mais componentes obtidos em diferentes processos de refinação. Ela ainda pode receber a adição de outros compostos, como tolueno, xilenos, álcoois (metanol ou etanol anidros), e de aditivos especiais com finalidades específicas, como os antioxidantes e os antidetonantes.

Combustíveis poluentes e octanagem

De 1970 para cá foram intensificados os esforços, em todo o mundo, para diminuir a poluição causada pelas fases de escape dos veículos. As entidades governamentais de proteção ao meio ambiente estabeleceram limites para a emissão dos principais poluentes: o CO (monóxido de carbono), os HC (hidrocarbonetos não queimados) e os NOx (óxidos de nitrogênio). Tais limites obrigaram os fabricantes de veículos a aprimorar os projetos de seus motores e a lançar mão de dispositivos especiais, os conversores catalíticos, para reduzir os poluentes. Como consequência, houve a eliminação de derivados de chumbo da gasolina, um metal poluente que causa sérios danos à saúde humana. A composição da gasolina sofreu novas alterações. Já que era preciso manter a octanagem elevada sem usar chumbo tetraetila e chumbo tetrametila, novos aditivos surgiram no Brasil, como o etanol anidro, que elimina a necessidade do uso do chumbo e disponibiliza moléculas de oxigênio que melhoram a queima dos hidrocarbonetos.

Índice de octanos ou octanagem da gasolina

Para que o motor de um carro entre em funcionamento, é necessário que uma mistura de gasolina e ar seja borrifada em seu interior. Ali, a mistura recebe uma faísca elétrica e explode, produzindo gases. Esses gases aumentam a pressão dentro do cilindro de combustão, provocando a movimentação de um êmbolo, que faz o motor funcionar. É a intensidade da energia liberada durante a explosão que faz o carro movimentar. Dependendo da mistura, ao ser comprimida, pode explodir antes da hora, diminuindo a intensidade da explosão – em linguagem popular, o "motor está batendo pino" (Figura 9.41).

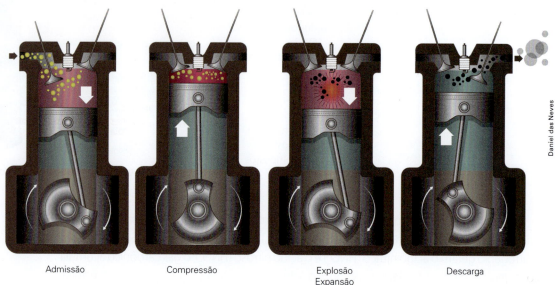

Admissão | Compressão | Explosão Expansão | Descarga

Figura 9.41: Sistema de funcionamento de um motor de explosão.

Uma gasolina é considerada de boa qualidade quando apresenta uma elevada resistência à compressão, sem explosão prematura.

Para medir a qualidade da gasolina são usados dois hidrocarbonetos como padrão: o heptano e o 2,2,4-trimetil-pentano. Ao primeiro, que apresenta baixíssima resistência à compressão, atribuiu-se o valor 0 (zero); ao segundo, o isoctano, que apresenta elevada resistência à compressão, o valor 100 (cem). Assim, uma gasolina com octanagem 90 se comporta como se fosse constituída de uma mistura de 10% de heptano com 90% de isoctano.

Índices de octanagem de algumas substâncias	
Substância	Octanagem
Heptano	0
Pent-1-eno	91
2, 2, 4-trimetil-pentano	100
Benzeno	106
Metanol	107
Etanol	108
Álcool terc-butílico	113
Éter-metil-terc-butílico (MTBE)	116
Éter-etil-terc-butílico (ETBE)	118

Portanto, uma boa gasolina é aquela que apresenta alta octanagem, ou seja, elevada resistência à compressão. É recorrente o desenvolvimento de pesquisas com a finalidade de obter misturas mais eficazes que melhorem o índice de octanos. Inicialmente, o limite de octanos foi estabelecido em 100, mas esse valor já foi ultrapassado.

Durante a destilação do petróleo, a primeira fração colhida da gasolina apresenta octanagem entre 50 e 55, valor muito baixo para ser disponibilizado ao mercado. Por esse motivo, as refinarias de petróleo adicionam à gasolina aditivos ou antidetonantes para elevar a octanagem. O chumbo tetraetila era o antidetonante usado anteriormente, mas seu uso foi proibido no Brasil por causar sérios danos à saúde da população decorrente da contaminação do ar pelo chumbo. Para aumentar a octanagem na gasolina, está em uso, além do etanol, o MTBE.

Combustíveis adulterados

O uso frequente de combustível adulterado causa vários problemas nos motores dos carros. Entre eles:

1. Entupimento da bomba de gasolina, localizada no tanque e responsável por levar o combustível até o motor. Em decorrência, o carro começa a falhar e o motor morre, sendo preciso dar a partida várias vezes para o carro voltar a funcionar.

2. Corrosão do sistema de injeção eletrônica, composto de um conjunto de peças que injeta a quantidade exata de gasolina nos cilindros para o motor funcionar, evitando desperdícios. Se esse sistema parar de funcionar, o carro também para.

3. Acúmulo de resíduos na parte interna do motor, causado pela queima da gasolina adulterada. Esses resíduos ocupam o espaço de movimentação das peças móveis do motor, dificultando sua articulação. Eles podem atingir ainda a bomba de óleo. Os defeitos no motor demoram a aparecer, cerca de 5 000 km depois dos primeiros abastecimentos com gasolina adulterada.

Exercício resolvido

A gasolina é uma mistura de vários compostos constituídos exclusivamente de carbono e hidrogênio. No Brasil, o governo estabelece que deve ser adicionado até 24% de etanol ao combustível. Uma gasolina de qualidade é aquela que apresenta alta octanagem, sendo dois os hidrocarbonetos escolhidos como padrão para medi-la.

a) O que é octanagem?

b) Quais são os hidrocarbonetos escolhidos como padrão?

a) A octanagem é um dos critérios que indica a qualidade da gasolina. Uma gasolina com octanagem 100 seria teoricamente constituída somente de 2,2,4-trimetil-pentano, e uma gasolina com octanagem 0 seria constituída apenas de heptano. Como neste combustível há centenas de compostos misturados, se possuir uma octanagem 90, ele se comportará como se fosse constituído de 90% de 2,2,4-trimetil-pentano e de 10% de heptano.

b) Os hidrocarbonetos escolhidos como padrão são o heptano (octanagem = 0) e o 2,2,4-trimetil-pentano ou isoctano (octanagem = 100).

Exercício proposto

A partir de 1992, o uso do chumbo tetraetila, agente antidetonante que se mistura à gasolina, foi proibido no Brasil.

a) Qual motivo levou à proibição desse antidetonante?

b) Qual a função de um antidetonante na gasolina?

Experimento

Identificação do teor de álcool na gasolina

O álcool etílico tem papel vital na combustão da gasolina, pois visa aumentar a octanagem em virtude de seu baixo poder calorífico. Além disso, propicia uma redução na taxa de produção de CO. A porcentagem de álcool é regulamentada por lei e, recentemente, foi estabelecido um novo padrão, que limita a dosagem entre 18% e 27%, sendo a margem de 1% para mais ou para menos. Se por um lado existem vantagens, por outro as desvantagens também estão presentes, dentre elas: elevação do consumo do combustível e aumento da produção de óxidos de nitrogênio.

Por esse motivo, o rigoroso controle do teor de álcool na gasolina só traz benefícios para a frota de veículos brasileiros e para o meio ambiente.

Esse experimento é utilizado nos postos de gasolina quando existe alguma dúvida sobre a gasolina que estamos comprando. Revela se a gasolina contém etanol acima das quantidades permitidas pela legislação.

Material

- 50 mL de água
- 1 colher de sopa de cloreto de sódio (NaCℓ)
- 50 mL de gasolina
- 1 proveta de 100 mL
- 1 bastão plástico de 30 cm
- 1 béquer de 100 mL ou copo de 250 mL

Procedimento

▶ Colocar 50 mL de gasolina em uma proveta de 100 mL.

▶ Completar o volume até 100 mL com a solução saturada de NaCℓ. A solução saturada de cloreto de sódio é obtida colocando-se uma colher de cloreto de sódio em um béquer de 100 mL e completando-o com água. Sabemos que a solução está saturada quando um pouco de sal permanece sem se dissolver na água, no fundo do béquer ou do copo.

▶ Agitar o líquido na proveta com o bastão de plástico.

▶ Manter em repouso por cinco minutos até a separação das duas fases.

▶ Ler o volume de ambas as fases.

▶ Denominar o volume da fase aquosa.

▶ Subtrair 50 mL de V′ e denominar este novo volume de V″, conforme a seguinte equação:

$$V'' = V' - 50\ mL$$

V″ corresponderá à quantidade de etanol presente em 50 mL da amostra de gasolina.

Calcular a porcentagem de álcool na gasolina por meio da seguinte relação:

50 mL ——— 100%

V″ ——— x

Cuidados importantes

A gasolina é um líquido bastante volátil. Durante a realização desse experimento, mantenha o laboratório com portas e janelas abertas e evite a inalação dos vapores do combustível. Além disso, a gasolina é altamente inflamável; assim, durante o trabalho neste experimento, **não deve haver qualquer chama acesa no laboratório**. Use óculos de proteção e luvas. Se possível, realize a atividade ao ar livre. Cuidado com o descarte. A gasolina sem etanol, separada, pode ser descartada em um tanque de combustível de um carro.

Disponível em: <www2.fc.unesp.br/lvq/exp02.htm>.
Acesso em: 20 mar. 2017. Adaptado.

Etanol: o álcool do Brasil

O Brasil, um dos maiores produtores de etanol no mundo, é pioneiro nessa produção a partir da extração da cana-de-açúcar. O etanol é um combustível renovável, mas sua produção não é considerada totalmente ecológica, já que exige grandes áreas para o plantio.

Já a gasolina é uma fonte de energia não renovável, é derivada do petróleo e é mais poluente que o etanol, que, apesar de emitir menos poluentes, exige grandes áreas para o plantio da cana-de-açúcar.

A combustão do etanol, assim como a da gasolina, produz dióxido de carbono, porém, com o plantio e crescimento da cana-de-açúcar, grande parte desse dióxido de carbono é utilizada no processo da fotossíntese. Como a demanda por gasolina é intensa, a adição de 27% de etanol à gasolina aumenta o rendimento desse combustível. Quando comparado com outros combustíveis fósseis, o preço do etanol é mais vantajoso.

Uma grande desvantagem para a produção do etanol é a grande extensão de terras que sua produção exige. A ocupação dessas terras pode diminuir a produção de alimentos essenciais para diminuir a fome no mundo. Com o aumento do consumo do etanol, novas áreas para o plantio são exigidas, o que aumenta o desmatamento das florestas, além de degradar o solo com o uso de fertilizantes e pesticidas. Há pouca mais de dez anos o manejo do vinhoto constituía uma desvantagem para a produção de etanol. Porém, seu uso controlado é reconhecidamente uma boa prática na cultura da cana do ponto de vista ambiental e produtivo, pois permite a total reciclagem dos resíduos industriais, aumento da fertilidade do solo, redução da captação de água para irrigação, redução do uso de fertilizantes químicos. Como o etanol tem um rendimento energético inferior ao da gasolina, economicamente, seu uso só é vantajoso se seu preço for inferior a 70% do preço da gasolina.

O monóxido de carbono

Um dos produtos da combustão incompleta, o monóxido de carbono é um gás incolor, inodoro e não constitui ameaça direta à vegetação ou a materiais a ele expostos. Contudo, é perigoso para os seres humanos por ligar-se fortemente à hemoglobina. A afinidade da hemoglobina pelo CO é cerca de 210 vezes maior em relação à afinidade pelo O_2. A tabela a seguir lista os efeitos do CO sobre o ser humano:

Hemoglobina desativada / %	Sintomas	Concentração de CO/ppmv
0	nenhum	0
1	nenhum	10
2	diminuição da capacidade visual	15
8	dores de cabeça	60
14	tonturas, fraqueza muscular	100
27	vômitos	200
33	inconsciência	270
de 65 a 70	morte	de 800 a 1 000

Parte por milhão em volume, ou seja, 1 L de um gás analisado em um milhão de litros do ar. Podemos utilizar também "ppm em massa".

Por essas razões, os gases nas grandes cidades são monitorados para garantir uma melhor qualidade de vida. Em cidades como São Paulo, adota-se o rodízio de automóveis para diminuir a quantidade de veículos nas ruas e, consequentemente, a poluição ambiental.

Como o CO é incolor e inodoro, o envenenamento pode ocorrer sem qualquer aviso prévio. Assim, lampiões de querosene, latas com carvão e outros combustíveis devem ser bem aerados para que não constituam riscos potenciais de envenenamento. Convém lembrar que a fumaça do cigarro quando aspirada também carrega grandes quantidades de CO.

CIÊNCIA, TECNOLOGIA, SOCIEDADE E AMBIENTE

Padrões de Qualidade do Ar

Os padrões de qualidade do ar (PQAr) variam de acordo com a abordagem adotada para balancear riscos à saúde, viabilidade técnica, considerações econômicas e vários outros fatores políticos e sociais, que, por sua vez, dependem, entre outras coisas, do nível de desenvolvimento e da capacidade de gerenciamento do Estado. As diretrizes recomendadas pela Organização Mundial da Saúde (OMS) levam em conta esta heterogeneidade e, em particular, reconhecem que, ao formularem políticas de qualidade do ar, os governos devem considerar cuidadosamente suas circunstâncias locais antes de adotarem os valores propostos como padrões nacionais.

Índice de qualidade do ar e saúde

Os parâmetros contemplados pela estrutura do índice utilizado pela CETESB (Companhia Ambiental do Estado de São Paulo) são:

- partículas inaláveis (MP10)
- partículas inaláveis finas (MP2,5)
- fumaça (FMC)
- ozônio (O_3)
- monóxido de carbono (CO)
- dióxido de nitrogênio (NO_2)
- dióxido de enxofre (SO_2)

Para efeito de divulgação, utiliza-se o índice mais elevado, isto é, embora a qualidade do ar de uma estação seja avaliada para todos os poluentes monitorados, a sua classificação é determinada pelo maior índice (pior caso). Essa qualificação do ar está associada a efeitos à saúde, portanto independe do padrão de qualidade/meta intermediária em vigor, e será sempre realizada conforme a tabela a seguir:

Qualidade do ar e efeitos à saúde		
Qualidade	**Índice**	**Significado**
N1 – Boa	0 – 40	-
N2 – Moderada	41 – 80	Pessoas de grupos sensíveis (crianças, idosos e pessoas com doenças respiratórias e cardíacas) podem apresentar sintomas como tosse seca e cansaço. A população, em geral, não é afetada.
N3 – Ruim	81 – 120	Toda a população pode apresentar sintomas como tosse seca, cansaço, ardor nos olhos, nariz e garganta. Pessoas de grupos sensíveis (crianças, idosos e pessoas com doenças respiratórias e cardíacas) podem apresentar efeitos mais sérios na saúde.
N4 – Muito Ruim	121 – 200	Toda a população pode apresentar agravamento dos sintomas como tosse seca, cansaço, ardor nos olhos, nariz e garganta e ainda falta de ar e respiração ofegante. Efeitos ainda mais graves à saúde de grupos sensíveis (crianças, idosos e pessoas com doenças respiratórias e cardíacas).
N5 – Péssima	> 200	Toda a população pode apresentar sérios riscos de manifestações de doenças respiratórias e cardiovasculares. Aumento de mortes prematuras em pessoas de grupos sensíveis.

Disponível em: <www.cetesb.sp.gov.br/>. Acesso em: 03 abr. 2017.

Individualmente, cada poluente apresenta diferentes efeitos sobre a saúde da população para faixas de concentração distintas, identificados por estudos epidemiológicos desenvolvidos dentro e fora do país. Tais efeitos sobre a saúde requerem medidas de prevenção a serem adotadas pela população afetada.

Exercício resolvido

Em termos energéticos, o grande sonho dos cientistas é utilizar o hidrogênio, H_2, como fonte de energia. Isso porque, além de ser o elemento mais abundante do universo (cerca de 75%), os carros movidos por ele produziriam vapor-d'água como resíduo. A tabela a seguir relaciona o hidrogênio com outros dois combustíveis muito usados atualmente. Compare:

Combustível	Calor de combustão em kJ/g
Hidrogênio	120
Gasolina	48,1
Etanol	16,7

Com base na tabela e em seus conhecimentos, responda:

a) Qual o poder energético de cada um dos três?

b) Qual o impacto ambiental que cada um causaria quando usado?

a) A tabela mostra que o hidrogênio é aquele que libera maior quantidade de energia por grama de combustível queimado. Depois, temos a gasolina e, por último, o etanol.

b) O hidrogênio, quando queimado, gera apenas vapor-d'água, não causando prejuízos para o ambiente. O etanol, cuja combustão libera aldeídos, polui o ambiente de forma moderada. Já a gasolina pode liberar, além de gás carbônico e água, monóxido de carbono, fuligem e gases de enxofre, sendo o combustível que mais agride o meio ambiente.

Exercício proposto

Por lei, todos os estados brasileiros estão obrigados a adicionar até 27% de álcool anidro à gasolina a fim de diminuir a combustão incompleta. Tal medida é tomada para restringir a poluição ambiental. Qual poluente queremos reduzir com tal atitude?

Gás natural

O aprimoramento das técnicas de iluminação elétrica, aliado à dificuldade de importação de matéria-prima para a produção de gás, como consequência da Primeira Guerra Mundial, fez que a iluminação a gás entrasse em declínio. Pouco a pouco os lampiões foram substituídos pela luz elétrica.

Em meados do século XX, com a intensificação da urbanização e da industrialização, diversas cidades brasileiras passaram a utilizar gás nas atividades domésticas e industriais. Esse gás era gerado a partir de uma fração de petróleo chamada nafta. Em 1988, a Bacia de Campos (Figura 9.42), localizada no estado do Rio de Janeiro, começou a produzir comercialmente o gás natural, possibilitando a substituição do gás derivado da nafta. Em razão da perspectiva de crescimento do consumo, particularmente da importação de gás da Bolívia, novos usos começaram a ser estimulados.

Figura 9.42: Plataforma B-51 na Bacia de Campos, RJ. Foto de 2011.

As vantagens do gás natural servem como motivação para a construção de novas termoelétricas e para o desenvolvimento de seu uso em veículos automotivos. De modo geral, o setor de gás natural deverá passar por uma grande transformação nos próximos anos, principalmente porque suas reservas mundiais são superiores às do petróleo. Veja na tabela abaixo qual a composição do gás natural importado da Bolívia:

Composição média (% em volume) do gás natural da Bolívia		
Metano	CH_4	91,8
Etano	C_2H_6	5,58
Propano	C_3H_8	0,97
Metil-propano	C_4H_{10}	0,03
Butano	C_4H_{10}	0,02
Pentano	C_5H_{12}	0,1
Gás carbônico	CO_2	0,8
Outros	N_2, He, Ar...	0,7

O meio ambiente seria o maior favorecido com o uso do gás natural como combustível, pois os produtos resultantes de sua combustão estão isentos de dióxido de enxofre e de partículas de fuligem.

Hoje, o gás natural constitui para o Brasil uma outra relevante fonte de energia. Embora o país importe gás da Bolívia, também conta com duas importantes fontes de abastecimento, a Bacia de Campos e a Bacia de Santos.

O Gasbol (Gasoduto Bolívia–Brasil), com uma extensão de 3 150 quilômetros, atravessa 120 municípios e abastece de gás natural as regiões Centro-Oeste e Sudeste do Brasil (Figura 9.43). Com baixa concentração de enxofre, o produto é utilizado na própria Replan, nas unidades de coque, hidrotratamento e enxofre, além de movimentar dois turbogeradores de energia elétrica.

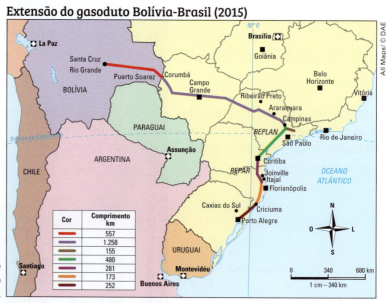

Figura 9.43: Linhas de extensão do gasoduto Bolívia-Brasil.

Fonte: COMGAS.

Motores dos ônibus espaciais são os mais poderosos do mundo

Os motores dos ônibus espaciais são capazes de erguer uma carga de 170 toneladas e de propiciar velocidade superior à de uma bala. Consomem um combustível mais frio que o espaço interestelar, mas os gases de seu escapamento atingem temperatura semelhante à de uma pequena estrela.

Quase todos os foguetes que foram lançados até hoje terminaram dispersos em pedaços no fundo do mar ou espalhados por regiões remotas. A maior parte dos motores dos foguetes é construída para voar apenas uma vez. Eles levam suas cargas ao espaço e depois caem de volta na Terra. Um foguete empregado no programa de exploração lunar Apollo é um bom exemplo. Quando se lançavam foguetes do modelo Saturno V durante o Apollo, os dois primeiros estágios eram descartados ainda na ascensão e caíam sobre o oceano Pacífico. Um terceiro estágio, conhecido como Saturno IVB, ou caía na Lua, ou era enviado para uma órbita em torno do Sol.

Já os motores principais dos ônibus espaciais, por sua vez, não são descartáveis. São trazidos de volta intactos depois de cada viagem. A maior parte dos propulsores voou pelo menos vinte missões até agora e foi projetada para, pelo menos, cem viagens.

Esses motores funcionam mais ou menos como o motor de um carro. Em um automóvel, a gasolina é injetada em uma câmara de combustão e uma faísca de ignição a detona. A explosão causa a movimentação de um pistão, que gera a força que movimenta o carro.

Os ônibus espaciais usam um tipo diferente de combustível, uma mistura de hidrogênio líquido (H_2) e oxigênio líquido (O_2). Os dois são aspergidos na forma de uma névoa fina para dentro de uma câmara de combustão, na qual uma vela de alta tecnologia gera a fagulha que deflagra sua ignição. Trata-se de um fogo contínuo alimentado por uma corrente ininterrupta de gotículas de H_2 e O_2.

Exercício resolvido

(Unisinos) Acidente entre caminhões bloqueia BR-290 em Arroio dos Ratos.

Colisão aconteceu por volta das 6h e resultou no vazamento da carga de gasolina.

Disponível em <http://zh.clicrbs.com.br>. Acesso em 04 out. 2015.

A gasolina, combustível de grande parte dos automóveis que circulam no mundo, e outros produtos, como o gás natural, GLP, os produtos asfálticos, a nafta petroquímica, o querosene, os óleos combustíveis, os óleos lubrificantes, o óleo *diesel* e o combustível de aviação, são obtidos por meio da _____ do petróleo. Esta é uma operação que se baseia nas diferenças de _____ dos componentes da mistura de hidrocarbonetos. O petróleo é um líquido oleoso, escuro, _____ em água e _____ denso que a água, encontrado em jazidas do subsolo da crosta terrestre.

As lacunas são corretamente preenchidas, respectivamente, por

a) destilação fracionada; ponto de fusão; insolúvel; menos.

b) destilação simples; ponto de ebulição; insolúvel; menos.

c) destilação fracionada; ponto de ebulição; solúvel; mais.

d) extração com solvente; ponto de ebulição; solúvel; mais.

e) destilação fracionada; ponto de ebulição; insolúvel; menos.

A obtenção do petróleo é realizada por meio da destilação fracionada. A destilação fracionada é um método usado para separar líquidos com diferentes pontos de ebulição. Os componentes do petróleo são polares e, consequentemente, imiscíveis em água. Por serem menos densos que a água, nela flutuam, fato que pode ser observado quando ocorre derramamento de petróleo no mar, pela formação de manchas escuras.

Exercício proposto

O gás natural pode ser encontrado no subsolo terrestre ou marítimo e é constituído de diversos hidrocarbonetos, principalmente o metano (CH_4). Encontramos também outras substâncias como etano, propano, nitrogênio e oxigênio. Uma teoria afirma que o gás natural é formado na ausência de oxigênio (forma anaeróbica) pela decomposição de materiais orgânicos que são acumulados por milhares de anos em rochas sedimentares. Pode ser usado como substituto da gasolina e óleo *diesel* em carros, indústrias e residências. No caso dos veículos recebe o nome de Gás Natural Veicular (GNV) e gera um baixo índice de poluentes quando comparado a outros combustíveis fósseis. Do ponto de vista ambiental, podemos considerar o que o GNV é uma fonte de energia limpa, pois não produz poluentes?

Reservas da crosta terrestre e tecnologia   Capítulo 9

COM A PALAVRA...

Wilson Jardim*

A estequiometria, a economia de átomos e o ambiente

A estequiometria é a base de todos os processos químicos industriais, pois somente por meio desse tipo de cálculo é que podemos prever a proporção correta de reagentes que devemos adicionar em um reator para que tenhamos o máximo de produto e o mínimo de resíduo, sem desperdício de dinheiro, tempo, energia e mão de obra.

Além disso, sob o ponto de vista ambiental, o uso racional de qualquer insumo (seja material, seja energético) é a chave da sustentabilidade e da preservação ambiental. Assim, para minimizar o impacto causado ao ambiente devido à produção de um bem qualquer, é muito importante pensarmos na economia dos átomos que irão fazer parte do processo. Vejamos o exemplo a seguir.

Ecologicamente, a melhor maneira de eliminarmos o gás sulfídrico (H_2S) dos processos industriais, que, além de ser muito tóxico, tem odor de ovos podres, é tratá-lo com um oxidante enérgico, como a água oxigenada (H_2O_2). Mas essa oxidação irá requerer quantidades diferentes do oxidante, dependendo de seu produto final:

$$H_2S + H_2O_2 \longrightarrow S + 2\,H_2O \quad (1)$$

$$H_2S + 4\,H_2O_2 \longrightarrow H_2SO_4 + 4\,H_2O \quad (2)$$

Note que no processo (1) a relação molar dos reagentes é de 1 : 1 (1 mol de H_2S para 1 mol de H_2O_2). Caso a oxidação seja completa – processo (2) –, a relação molar será de 1 : 4 (cada 1 mol de H_2S irá requerer 4 mols do oxidante).

Analisando essas duas possibilidades de destruir o composto indesejável (gás sulfídrico), sob o aspecto meramente econômico, a oxidação parcial seria a melhor opção, pois o custo de insumos no processo (2) é quatro vezes maior do que no processo (1). No entanto, nem sempre o aspecto econômico determina a escolha de um processo, pois na oxidação parcial forma-se o enxofre elementar (S), que é pouco solúvel em água e irá requerer um tratamento adicional para a sua remoção, além de uma destinação final compatível com a legislação ambiental vigente. Assim, o importante é conhecer a estequiometria da reação para usar a quantidade certa de reagente, buscando sempre um produto final mais adequado ecologicamente. Lembre-se de que, tomada ao pé da letra, nem sempre a economia de átomos é sinônimo de boas práticas ambientais.

* Prof. Dr. do Instituto de Química da Universidade Estadual de Campinas (Unicamp), SP.

QUESTÕES

1. O que significa economia de átomos em uma reação? Dê um exemplo.

2. Pensando na economia de átomos e no meio ambiente, em uma reação clássica do tipo A + B $\Rightarrow$ C + D, em que C é o produto desejado, quais características deve ter o produto não desejado D?

3. Após fazer uma pesquisa na internet sobre sustentabilidade, responda: é possível nos dias de hoje, com tamanho consumismo, ter um modo de vida sustentável? Dê sua opinião.

Unidade 3 Fontes de recursos naturais

Exercícios finais

1. (FMP-RS) O vidro é um sólido iônico com estrutura amorfa, a qual se assemelha à de um líquido. Forma-se pela solidificação rápida do líquido, em que os cristais não conseguem se organizar. Seu principal componente é a sílica, (SiO_2), que constituiu 70% do vidro e é fundida juntamente com óxidos de metais, que alteram o arranjo das ligações do sólido, tornando-o uma estrutura semelhante a de um líquido.

Ao ser gravado na sua decoração, a sílica do vidro sofre ataque do íon F^-, como a seguir:

$$SiO_2 \text{ (s)} + 6 \text{ HF (aq)} \longrightarrow SiF_6^{2-} \text{ (aq)} + 2 H_3O^+ \text{ (aq)}$$

Para criar um efeito decorativo em uma jarra que pesa 2,0 kg, a massa de ácido fluorídrico que deve ser empregada é

a) 4,0 kg   c) 700,0 g   e) 560,0 g

b) 2,8 kg   d) 666,7 g

2. (Fatec-SP)

Texto para a próxima questão:

Cinco amigos estavam estudando para a prova de Química e decidiram fazer um jogo com os elementos da Tabela Periódica:

– cada participante selecionou um isótopo dos elementos da Tabela Periódica e anotou sua escolha em um cartão de papel;

– os jogadores Fernanda, Gabriela, Júlia, Paulo e Pedro decidiram que o vencedor seria aquele que apresentasse o cartão contendo o isótopo com o maior número de nêutrons.

Os cartões foram, então, mostrados pelos jogadores.

$_{26}^{56}Fe$	$_{8}^{16}O$	$_{20}^{40}Ca$	$_{3}^{7}Li$	$_{17}^{35}C$
Fernanda	Gabriela	Júlia	Paulo	Pedro

Os isótopos representados contidos nos cartões de Paulo e Gabriela podem reagir entre si para formar óxido de lítio, segundo a reação balanceada

$$4 \text{ Li (s)} + O_2 \text{ (g)} \longrightarrow 2 Li_2O \text{ (s)}$$

A massa de lítio necessária para reagir completamente com 3,2 kg de oxigênio é, em quilogramas,

Massas molares:

Li: 7 g/mol;

O: 16 g/mol

a) 1,4   c) 2,8   e) 7,1

b) 1,8   d) 4,3

3. (Unicid-SP) Considere a reação:

$$H_2SO_4 \text{ (aq)} + BaC\ell_2 \text{ (aq)} \longrightarrow BaSO_4 \text{ (s)} + 2 HC\ell \text{ (aq)}$$

a) Escreva a fórmula estrutural do ácido sulfúrico e indique o tipo de ligação que forma essa substância.

b) Calcule a massa de sal, em g, cuja massa molar é 233 g/mol, formado quando uma alíquota de 10 mL de uma solução de cloreto de bário 12 g/100 mL reage completamente com uma solução aquosa de ácido sulfúrico.

4. (FASM-SP) A água oxigenada é uma solução aquosa de peróxido de hidrogênio (H_2O_2) indicada como agente bactericida nos ferimentos externos. É comercializada em frascos de plásticos opacos, pois a luz é um dos fatores responsáveis pela decomposição do peróxido de hidrogênio em água e gás oxigênio (O_2).

a) Escreva a fórmula estrutural do peróxido de hidrogênio, sabendo que nessa estrutura os átomos de oxigênio estão ligados entre si e que cada átomo de hidrogênio está ligado a um átomo de oxigênio. Indique o nome da força intramolecular que mantém unidos os átomos presentes em sua estrutura.

b) Na decomposição de 136 g de peróxido de hidrogênio foram liberados 38 L de gás oxigênio. Considere que a massa molar do peróxido de hidrogênio seja, aproximadamente, 34 g/mol, e que o volume molar do gás oxigênio, a 0 °C e 1 atm, seja 22,4 L/mol. Escreva a equação balanceada que representa a decomposição do peróxido de hidrogênio e calcule o rendimento dessa reação. Apresente os cálculos.

5. (UEG-GO) O ácido nítrico, em excesso, reagiu com 200 g de cobre metálico puro conforme a equação química a seguir.

$$Cu \text{ (s)} + 4HNO_3 \text{ (aq)} \longrightarrow Cu(NO_3)_2 \text{ (aq)} + 2 NO_2 \text{ (g)} + 2 H_2O(\ell)$$

Nas condições normais de temperatura e pressão (CNTP), o volume produzido de NO_2 (g), em litros, é de aproximadamente

Dado: Cu = 63,5.

a) 35

b) 45

c) 70

d) 100

e) 141

6. (FASM-SP) Em um laboratório químico, foi realizado um estudo da decomposição térmica de duas amostras de carbonato de cálcio de diferentes procedências, de acordo com a reação química:

$$CaCO_3 \text{ (s)} \xrightarrow{\Delta} CaO \text{ (s)} + CO_2 \text{ (g)}$$

A amostra 1 era uma amostra padrão, constituída de carbonato de cálcio puro. A amostra 2 continha impurezas que não sofriam decomposição na temperatura do experimento. Utilizando aparatos adequados para um sistema fechado, foram determinadas as massas dos sólidos no início da decomposição, e as massas dos sólidos e dos gases resultantes no final da decomposição. Os valores estão reportados na tabela:

Reservas da crosta terrestre e tecnologia   Capítulo 9

Exercícios finais

Amostra	Início	Final	
	Massa do sólido	Massa do sólido	Massa do gás
1	40,0 g	x	17,6 g
2	25,0	16,2 g	8,8 g

a) Determine o valor de x. Qual lei ponderal justifica este cálculo: Lei de Lavoisier ou Lei de Proust?

b) Determine o teor percentual de carbonato de cálcio na amostra 2. Apresente os cálculos efetuados.

7. (ITA-SP - Adaptada) Considere que 20 g de tiossulfato de potássio com pureza de 95% reagem com ácido clorídrico em excesso, formando 3,2 g de um sólido de coloração amarela. Assinale a alternativa que melhor representa o rendimento desta reação.

$$K_2S_2O_3 + 2\ HC\ell \longrightarrow SO_2 + H_2O + S + 2\ KC\ell$$

a) 100%   **c)** 80%   **e)** 65%

b) 95%   **d)** 70%

8. (Uece) O ácido fosfórico usado em refrigerante tipo "coca-cola" e possível causador da osteoporose, pode ser formado a partir de uma reação cuja equação química não balanceada é:

$$Ca_3(PO_4)_2 + H_2SO_4 \longrightarrow H_3PO_4 + CaSO_4.$$

Para obter-se 980 g de ácido fosfórico, a massa total dos reagentes (massa do H_2SO_4 + massa do $Ca_3(PO_4)_2$), em gramas, que devem ser usados é

a) 4 080.   **b)** 3 020.   **c)** 2 040.   **d)** 1 510.

9. (PUC-MG) O sulfato de zinco pode ser obtido por meio da reação exotérmica entre óxido de zinco e o ácido sulfúrico concentrado. A equação química dessa reação está apresentada abaixo.

$$ZnO\ (aq) + H_2SO_4(\ell) \longrightarrow ZnSO_4\ (aq) + H_2O(\ell)$$

Reagindo-se 100 kg de óxido de zinco com 50 kg de ácido sulfúrico concentrado e considerando-se um rendimento de 100 %, a massa de sulfato de zinco produzida será aproximadamente:

Dados: Zn = 65,4; O = 16; H = 1; S = 32.

a) 150 kg   **c)** 41,5 kg

b) 82,3 kg   **d)** 50 kg

10. (UPE-SSA) Clorato de potássio é usado nos sistemas de fornecimento de oxigênio em aeronaves, o que pode tornar-se perigoso, caso não seja bem planejado o seu uso. Investigações sugeriram que um incêndio na estação espacial MIR ocorreu por causa de condições inadequadas de armazenamento dessa substância. A reação para liberação de oxigênio é dada pela seguinte equação química:

$$2\ KC\ell O_3\ (s) \longrightarrow 2\ KC\ell\ (s) + 3\ O_2\ (g)$$

Qual o volume aproximado, em litros, de oxigênio produzido na MIR, a partir da utilização de 980 g do clorato de potássio nas CNTP?

Dados: Massas molares – O = 16 g/mol; $C\ell$ = 35,5 g/mol; k = 39 g/mol;

Volume molar CNTP = 22,4 L/mol

a) 600 L   **c)** 380 L   **e)** 134 L

b) 532 L   **d)** 268 L

11. (UPM-SP) A reação entre o ferro e a solução de ácido clorídrico pode ser equacionada, sem o acerto dos coeficientes estequiométricos, por

$$Fe\ (s) + HC\ell\ (aq) \longrightarrow FeC\ell_2\ (aq) + H_2\ (g)$$

Em uma análise no laboratório, após essa reação, foram obtidos 0,002 mol de $FeC\ell_2$. Considerando-se que o rendimento do processo seja de 80%, pode-se afirmar que reagiram

Dados: massas molares (g · mol^{-1})

H = 1, $C\ell$ = 35,5 e Fe = 56

a) $5\,600 \cdot 10^{-2}$ g de ferro.

b) $1,460 \cdot 10^{-1}$ g de ácido clorídrico.

c) $1,680 \cdot 10^{-1}$ g de ferro.

d) $1,825 \cdot 10^{-1}$ g de ácido clorídrico.

e) $1,960 \cdot 10^{-1}$ g de ferro.

12. (Fuvest-SP) Um dirigível experimental usa hélio como fluido ascensional e octano (C_8H_{18}) como combustível em seu motor, para propulsão. Suponha que, no motor, ocorra a combustão completa do octano:

$$C_8H_{18}\ (g) + \frac{25}{2}\ O_2\ (g) \longrightarrow 8\ CO_2\ (g) + 9\ H_2O\ (g)$$

Para compensar a perda de massa do dirigível à medida que o combustível é queimado, parte da água contida nos gases de exaustão do motor é condensada e armazenada como lastro. O restante do vapor de água e o gás carbônico são liberados para a atmosfera.

Qual é a porcentagem aproximada da massa de vapor de água formado que deve ser retida para que a massa de combustível queimado seja compensada?

Note e adote:
Massa molar (g/mol):

H_2O = 18; O_2 = 32; CO_2 = 44; C_8H_{18} = 114.

a) 11%   **c)** 39%   **e)** 70%

b) 16%   **d)** 50%

13. (PUC-RS) A pólvora é considerada a primeira mistura explosiva, usada na China, na Arábia e na Índia. Há textos chineses antigos que a denominam "substância química do fogo", mesmo sendo uma mistura de nitrato de potássio, carvão e enxofre. A combustão da pólvora pode ser representada pela seguinte equação:

$$4\ KNO_3 + 7\ C + S \longrightarrow 3\ CO_2 + 3\ CO + 2\ N_2 + K_2CO_3 + K_2S$$

O que caracteriza a explosão é o súbito aumento de volume, com grande liberação de energia. Nas CNTP, 520 g de pólvora produzem, por explosão,

a) 134,41 ℓ de gás carbônico.

b) 28,0 g de nitrogênio gasoso.

c) 10,0 mols de substâncias gasosas.

d) 179,2 ℓ de substâncias no estado gasoso.

e) 7,0 mols de substâncias gasosas oxigenadas.

14. (Uece) A glicose que ingerimos no cotidiano sofre uma degradação para fornecer energia ao nosso organismo, reagindo com oxigênio e produzindo água e dióxido de carbono. De acordo com a American Heart Association (AHA), a quantidade máxima de açúcar adicionado que um homem pode comer por dia é 37,5 g (9 colheres de chá) que correspondem a 150 calorias. A massa de gás carbônico produzida dentro desse limite será

a) 45 g.   b) 50 g.   c) 55 g.   d) 60 g.

15. (UEPG-PR) Em uma reação foram misturados 11,70 g de cloreto de sódio e 27,20 g de nitrato de prata, ambos em solução aquosa, de acordo com a reação abaixo.

$$NaC\ell \ (aq) + AgNO_3 \ (aq) \longrightarrow NaNO_3 \ (aq) + AgC\ell \ (s)$$

Sobre a reação, assinale o que for correto.

Dados: N = 14 g/mol; O = 16 g/mol; Na = 23 g/mol;

$C\ell$ = 35,5 g/mol; Ag = 108 g/mol.

01) O reagente em excesso nesta reação é o $NaC\ell$.

02) Esta reação envolve a transferência de elétrons.

04) A massa do reagente em excesso é 15,50 g.

08) Esta é uma reação de dupla troca.

16) A massa do precipitado de $AgC\ell$ formado é aproximadamente 23,0 g.

16. (Acafe-SC) Sob condições apropriadas em uma cuba eletrolítica ocorreu a eletrólise de uma solução aquosa de sulfato de cobre II. Nesse processo ocorreu a formação de 6,35 g de cobre e o desprendimento de um gás.

Dados: O = 16 g/mol; Cu = 63,5 g/mol.

semirreação catódica: $Cu_2^{2+}(aq) + 2e- \longrightarrow Cu \ (s)$

semirreação anódica: $2 H_2O \ (\ell) \longrightarrow O_2 \ (g) + 4 e^- + 4 H^+ (aq)$

O volume do gás produzido quando medido na CNTP é:

a) 2,24 L   c) 6,35 L

b) 1,12 L   d) 3,2 L

17. (Ulbra-TO)

Texto para a próxima questão:

No capítulo Fedores e Explosões, Oliver Sacks descreve o seguinte experimento:

"Fizemos juntos um vulcão com dicromato de amônio, ateando fogo em uma pirâmide de cristais alaranjados que se inflamou furiosamente, avermelhou-se e cuspiu uma chuva de centelhas para todo lado, inflando-se prodigiosamente, como um minivulcão em erupção."

(SACKS, O. *Tio Tungstênio*: Memórias de uma infância química. São Paulo: Cia. das Letras, 2002).

O experimento descrito, conhecido como vulcão químico, pode ser representado pela seguinte equação química, não balanceada:

$$(NH_4)_2Cr_2O_7 \ (s) \longrightarrow N_2 \ (g) + Cr_2O_3 \ (s) + H_2O \ (g)$$

Qual a massa aproximada do produto sólido formado, supondo um rendimento próximo de 100%, quando da utilização de 5 g de dicromato de amônio?

a) 1,0 g

b) 2,0 g

c) 3,0 g

d) 4,0 g

e) 5,0 g

18. (PUC-MG) A liga de estanho e chumbo (Sn-Pb) é empregada como solda metálica. Para a obtenção de estanho, é necessário extraí-lo da natureza. Uma fonte natural de estanho é o minério cassiterita. A equação química de redução da cassiterita, não balanceada, a estanho metálico é apresentada abaixo.

$$SnO_2 \ (s) + C \ (s) \longrightarrow Sn \ (s) + CO \ (g)$$

Reagindo-se 50 kg de carbono com 25 kg de minério cassiterita (100% de pureza) e considerando-se um rendimento de 100%, a massa de estanho produzida será aproximadamente:

a) 12,5 kg   c) 25 kg

b) 19,7 kg   d) 50 kg

19. (Udesc) A Estação Espacial Internacional (EEI) é um satélite artificial habitável que orbita nosso planeta a 422 km de altitude. Desde 02 de novembro de 2000, data da chegada dos primeiros astronautas a esta estação, a EEI vem batendo recordes, pois está continuamente habitada. Devido ao processo de respiração, um astronauta elimina diariamente cerca de 470 litros de gás carbônico (nas CNTP). Suponha que se utilizem filtros contendo hidróxido de sódio para absorver o CO_2 e transformá-lo em carbonato de sódio e água. Assinale a alternativa que apresenta a quantidade de massa de hidróxido de sódio necessária para que este astronauta permanecesse 07 (sete) dias nesta estação espacial.

a) 11,75 kg

b) 839 g

c) 1,68 kg

d) 5,40 kg

e) 240 g

Reservas da crosta terrestre e tecnologia   Capítulo 9

CAPÍTULO 10

SOLUÇÕES

Solução é toda mistura homogênea na qual um ou mais componentes dissolvem-se em outro componente. As partículas que os constituem têm dimensões de pequenas moléculas ou de íons e distribuição praticamente igual em qualquer porção da mistura. Embora nas soluções existam um **soluto** e um **solvente**, não há distinção rigorosa no emprego desses termos.

Solvente é o componente da solução que tem a capacidade de solver (desagregar) os demais elementos. **Soluto** é o componente que pode ser dissolvido em uma solução. Em geral, o elemento presente em maior quantidade é chamado de solvente. Mas há casos em que, mesmo se estiver presente em menor quantidade na solução, por uma questão de conveniência, ele pode ser intitulado de solvente. A água, por ser a substância mais abundante no planeta e dissolver inúmeras outras substâncias (iônicas e covalentes), ela é o típico exemplo de componente considerado solvente nas soluções (Figura 10.1).

As reações químicas que ocorrem nos seres vivos envolvem substâncias em meio aquoso, por isso as soluções aquosas são de grande interesse prático em nossas vidas.

Figura 10.1: O oceano pode ser considerado um exemplo de uma grande solução de sais dissolvidos em água.

Misturas homogêneas e heterogêneas

Gases, quando misturados, formam soluções gasosas, e os sólidos podem ser misturados sob condições adequadas para formarem soluções sólidas. Entretanto, por ora, as soluções aqui tratadas serão aquelas nas quais um sólido ou um líquido está disperso homogeneamente em um outro líquido. Muitas reações químicas são favorecidas quando os reagentes estão dissolvidos numa solução líquida (Figura 10.2).

Os exemplos a seguir servem para ilustrar as várias soluções e suas fases de agregação.

Figura 10.2: A mistura de um sólido colorido em água evolui para um estado uniforme homogêneo.

 Solução gasosa — Mistura de dois ou mais gases quaisquer: ar atmosférico (N_2, O_2 e outros); GLP (propano e butano); gás natural (metano e etano); gás de iluminação ou gás de rua (H_2, CH_4, CO e outros).

Solução líquida — Mistura de sólido/líquido, líquido/líquido, gás/líquido: sal de cozinha em água; açúcar comum em água; álcool etílico em água; óleo *diesel* em gasolina; oxigênio em água; gás carbônico em água.

Solução sólida — Mistura de sólido/sólido: cobre e estanho (bronze); cobre e zinco (latão); ferro e carbono (aço); ouro 18 k (ouro, cobre e prata).

Solução de cloreto de sódio

Imagine duas amostras distintas, uma de cloreto de sódio (NaCℓ) e outra de água (H$_2$O), ambas puras. No cloreto de sódio, os íons estão agregados por ação de forças eletrostáticas; na água, as moléculas estão interligadas por ligações de hidrogênio.

Ao colocar em contato uma amostra de cloreto de sódio sólido e uma de água, de modo que possam interagir, o sistema resultante é perfeitamente homogêneo, isto é, os íons do cloreto de sódio e as moléculas de água interatuam de modo compensador (Figura 10.3). Isso significa que os íons cloreto (Cℓ$^{1-}$) e os íons sódio (Na^{1+}) foram afastados uns dos outros, portanto, a atração eletrostática foi superada no cristal sólido do sal. O mesmo aconteceu entre as moléculas de água, em que parte das ligações de hidrogênio foram rompidas, dando lugar à nova interação **íon-dipolo**. Certamente, houve compensação energética, caso contrário, o NaCℓ seria praticamente insolúvel.

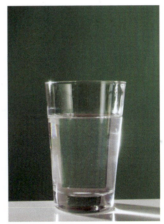

Figura 10.3: Dissolução de um sólido (NaCℓ) em um líquido.

De um modo geral, pode-se dizer que, quando as interações soluto-solvente são de mesma intensidade que as interações soluto-soluto e solvente-solvente, as condições mínimas são satisfeitas para que haja dissolução. As soluções que contêm íons dissolvidos são chamadas **soluções iônicas** (Figura 10.4).

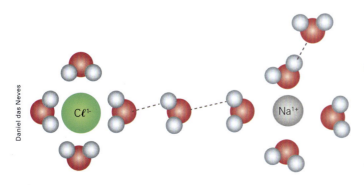

Figura 10.4: Representação das interações entre as moléculas de água e dos íons. As moléculas de água orientam-se com o polo negativo, em relação ao cátion Na^{1+}, e com o polo positivo, em relação ao ânion Cℓ$^{1-}$. Ilustração fora de escala; cores-fantasia.

Solução de álcool etílico e água

A mesma argumentação utilizada para o sistema NaCl vale para a mistura água-álcool etílico. Tanto entre as moléculas de água como entre as moléculas de álcool etílico existem ligações de hidrogênio que são separadas ao efetuarmos a mistura dos dois líquidos. Em compensação, novas ligações de hidrogênio surgem entre moléculas de água e álcool, favorecendo a formação da mistura homogênea (Figuras 10.5 e 10.6).

Figura 10.5: Mistura homogênea: o primeiro béquer contém água; o segundo, uma mistura água-álcool; o terceiro, apenas álcool (adicionou-se um corante ao álcool para melhor visualização).

Figura 10.6: Mistura heterogênea: água e óleo para motores são líquidos imiscíveis.

Figura 10.7: Quando uma garrafa morna de uma bebida gaseificada é aberta, o gás que escapa da solução forma espuma, devido à diminuição abrupta da pressão do CO_2.

Solução de heptano e octano

Heptano (C_7H_{16}) e octano (C_8H_{18}) são dois hidrocarbonetos líquidos. Sua principal fonte de obtenção é o petróleo. Ambos são formados por moléculas apolares, de modo que as interações heptano-heptano, octano-octano e heptano-octano possuem intensidades tão próximas que o simples fato de verter um sobre o outro já é suficiente para a dispersão das moléculas.

Temperatura e pressão no processo de dissolução

Na maioria dos sólidos, o aumento da temperatura favorece a dissolução. No entanto, há exceções, como o sulfato de lítio (Li_2SO_4), cuja capacidade de dissolver em água diminui com o aumento da temperatura. Assim como os gases que, em mistura com líquidos, dissolvem-se menos se a solução é aquecida; em contrapartida, têm sua dissolução facilitada quando há aumento da pressão.

Um exemplo é a dissolução do gás carbônico (CO_2) na fabricação de refrigerantes: ele é dissolvido no líquido sob pressão superior a 1 atmosfera e, quando a garrafa é aberta, a pressão retorna ao valor da pressão atmosférica, diminuindo a solubilidade do gás, que aparece na forma de bolhas no interior da solução refrigerante (Figuras 10.7 e 10.8).

Figura 10.8: Quando o êmbolo é deslocado para baixo, aumentando a pressão, ocorre um aumento na solubilidade do gás carbônico em água mantida à temperatura constante.

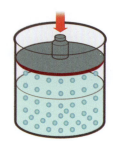

Solubilidade

O termo **solubilidade** ou **coeficiente de solubilidade** refere-se à capacidade que uma substância tem de se dissolver em outra. Sua medida descreve a quantidade de soluto que se dissolve em uma quantidade específica de solvente, em determinadas pressão e temperatura. Vimos, anteriormente, que o aumento da temperatura favorece, de modo geral, a solubilidade dos sólidos. Assim, é indispensável especificar a solubilidade de uma substância acompanhada da temperatura em que foi determinada sua medida.

A solubilidade do cloreto de sódio (NaCℓ), por exemplo, é igual a 35,8 g em 100 g de água a 10 °C. Isso significa que 35,8 g do soluto NaCℓ é o limite máximo para a substância se dissolver em 100 g de água na temperatura fornecida. Nessas condições, a solução é chamada **saturada** e qualquer quantidade adicional do mesmo soluto irá depositar-se no fundo do recipiente, gerando uma mistura heterogênea onde distinguimos duas fases (Figura 10.9).

Embora constitua outra fase, pois não faz parte da solução, o excesso de sólido que sofre deposição exerce um papel importante no sistema em razão da interface solução-fase sólida, em que íons da solução e da fase sólida permanecem em equilíbrio dinâmico promovido pela constante troca que há entre eles.

As soluções nas quais a quantidade não dissolvida de soluto atinge o limite de solubilidade são denominadas **insaturadas**. O exame cuidadoso da tabela mostra-nos que, com a elevação da temperatura, no que se refere à solubilidade, o cloreto de sódio (NaCℓ) tem um pequeno aumento; o nitrato de potássio (KNO$_3$) apresenta aumento considerável; e o dióxido de enxofre (SO$_2$) sofre diminuição.

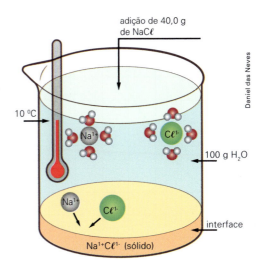

Figura 10.9: A figura representa uma solução saturada a 10 °C em que se dissolvem 35,8 g de NaCℓ em 100 g de H$_2$O, sendo que no fundo do recipiente estão depositados mais 4,2 g de NaCℓ.

Tabela de solubilidade, em gramas, de algumas substâncias por 100 g de água, em diferentes temperaturas												
Substância	Fórmula	0 °C	10 °C	20 °C	30 °C	40 °C	50 °C	60 °C	70 °C	80 °C	90 °C	100 °C
Cloreto de sódio	NaCℓ	35,7	35,8	36,0	36,3	36,6	37,0	37,3	37,8	38,4	39,0	39,8
Sulfato de potássio	K$_2$SO$_4$	7,35	9,22	11,11	12,97	14,76	16,50	18,17	19,75	21,4	22,8	24,1
Nitrato de potássio	KNO$_3$	13,3	20,9	31,6	45,8	63,9	86,3	110,0	138	169	202	246
Sulfato de prata	Ag$_2$SO$_4$	0,573	0,695	0,796	0,888	0,979	1,08	1,15	1,22	1,30	1,36	1,41
Dióxido de enxofre	SO$_2$	22,83	16,21	11,29	7,81	5,41	4,5	—	—	—	—	—

As plantas, o solo, a química e a agricultura

O crescimento das plantas se deve à presença de elementos essenciais no solo, tais como potássio, cálcio, magnésio, ferro, enxofre, fósforo e nitrogênio, além de carbono, hidrogênio e oxigênio. O nitrogênio, especificamente, é raríssimo nos minerais da crosta terrestre. Pela ação dos raios na atmosfera, através de uma sequência de reações, transforma-se em ácido nítrico (HNO$_3$, dissolvido nas gotas da chuva) e, em seguida, se dissocia no ânion nitrato (NO$_3^{1-}$) e cátion hidrogênio (H^{1+}). Com as chuvas, os íons dissolvidos nas gotas de água são transferidos para o solo onde são assimilados pelas raízes dos vegetais. Diante desse fenômeno, podemos questionar: se dependesse somente dos raios em dias de chuva, a quantidade de nitrogênio seria suficiente para o consumo dos vegetais? A resposta é não. Verifica-se a existência de outro mecanismo para suprir a necessidade dos vegetais: as bactérias (seres vivos unicelulares) fixadoras de nitrogênio da atmosfera que existem livremente no solo. Em solos ricos desse tipo de bactérias, o aproveitamento do nitrogênio é considerado ótimo e chega, por vezes, a dispensar a aplicação de adubos. Entretanto, em solos ácidos, tais bactérias não sobrevivem, o que justifica a adição de nitrogênio via fertilizante – aliás, os fertilizantes mais recentes combinam os elementos nitrogênio, fósforo e potássio.

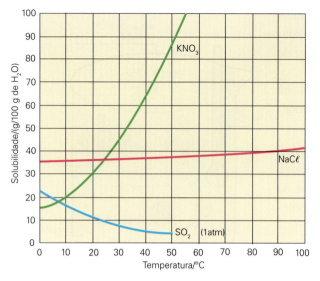

Curvas de solubilidade

Interpretações a respeito do Gráfico 10.1

I. Os pontos das curvas exprimem soluções saturadas.

II. Os pontos de interseção entre as curvas indicam a mesma solubilidade para substâncias diferentes na temperatura correspondente.

III. Os pontos abaixo de cada curva expressam soluções insaturadas para a respectiva substância (Gráfico 10.2).

Gráfico 10.1: Os valores de solubilidade de várias substâncias podem ser apresentados no mesmo gráfico. O exemplo ao lado apresenta NaCl, KNO_3 e SO_2. Os dados foram obtidos na "Tabela de solubilidade, em gramas, de algumas substâncias por 100 g de água, em diferentes temperaturas", apresentada anteriormente.

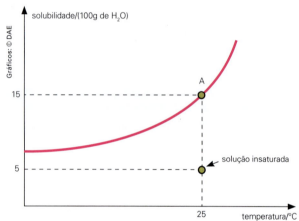

Gráfico 10.2: Como 15 g do soluto saturam 100 g de água a 25 °C, o ponto abaixo da curva mostra que somente 5 g do soluto estão dissolvidos em 100 g de água a 25 °C. Portanto, a solução é insaturada.

Exemplo:

Uma solução saturada pode ser preparada de forma conveniente dissolvendo-se uma quantidade de soluto superior à saturação prevista pela solubilidade, em dada temperatura. De acordo com o apresentado no item III e exposto no gráfico ao lado, se dissolvêssemos 17 g de A em 100 g de água a 25 °C, 15 g do soluto se dissolveriam e 2 g permaneceriam na fase sólida, depositando-se no fundo do recipiente. A esse sedimento na fase sólida dá-se o nome de **corpo de fundo**.

Exercício resolvido

Preparamos uma solução adicionando 4 g de sulfato de cobre II ($CuSO_4$) a 10 g de água, a 20 °C. A solução obtida será saturada ou insaturada?

Dado: solubilidade do $CuSO_4$ a 20 °C = 21 g/100 g H_2O.

Para resolvermos essa questão, usaremos a solubilidade do $CuSO_4$, cujo valor nos é fornecido. A solução citada foi preparada com 10 g de água, portanto, o máximo de soluto que consegue dissolver é 2,1 g de $CuSO_4$. Como foram adicionados 4 g de $CuSO_4$, a solução é saturada, permanecendo 1,9 g de sulfato de cobre na fase sólida em contato com a fase da solução.

Exercícios propostos

1. O gráfico do enunciado refere-se à solubilidade do sal dicromato de potássio cuja fórmula é $K_2Cr_2O_7$. A questão é: 25 g do soluto saturam 25 g de água a 60 °C?

2. Explique por que os coeficientes de solubilidade de diversas substâncias podem ser comparados na mesma temperatura e numa mesma quantidade do mesmo solvente.

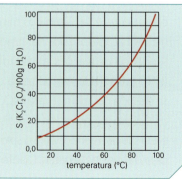

Vimos que é importante a presença do soluto no fundo do recipiente onde preparamos a solução, uma vez que é a garantia de que o líquido que sobrenada a fase sólida é uma solução saturada, isto é, alcançou seu respectivo coeficiente de solubilidade. Porém, é possível preparar uma solução chamada de supersaturada e, como o próprio nome diz, se trata de uma solução cuja concentração de soluto dissolvido é superior ao seu coeficiente de solubilidade na mesma temperatura. De fato, estranho! Mas vejamos como fazer: aquecemos uma solução com corpo de fundo (excesso de soluto) até que este seja dissolvido totalmente. A seguir, deixamos a solução resfriar até retornar à temperatura inicial, quando existia o corpo de fundo ou excesso, entretanto, se resfriarmos brandamente, sem agitações, a solução não depositará o excesso e assim permanecerá dissolvendo mais soluto do que seu coeficiente permite. Na verdade, qualquer agitação a devolverá ao seu estado inicial, de acordo com o respectivo coeficiente de solubilidade.

Concentração

A concentração de uma solução indica, usualmente, a quantidade de soluto dissolvida em uma quantidade de solução, embora possa ser também expressa pela quantidade de soluto dissolvida em uma quantidade de solvente.

Como a maioria das reações químicas é efetuada em meio a solventes, torna-se importante conhecer a concentração das soluções de maneira quantitativa, que pode ser expressa de diversas maneiras.

Porcentagem em massa

A porcentagem em massa exprime a quantidade proporcional de massa do soluto calculada sobre uma quantidade de cem partes de massa da solução, sendo que todas as massas devem estar na mesma unidade.

No caso de 10 g de hidróxido de sódio (NaOH) estarem dissolvidos em 70 g de água, a porcentagem do soluto é expressa da seguinte forma:

Massa do soluto = 10 g de NaOH

Massa do solvente = 70 g de H_2O

Massa da solução = 80 g (quantidade total → 100%)

% de NaOH

80 g de solução ——————— 100%

10 g de soluto ——————— x

$x = 12,5\%$ em massa de soluto

É importante indicar a porcentagem do soluto em relação à grandeza utilizada. Assim, deve-se expressar a % **em massa**. Fica claro que também poderíamos expressar a % **do solvente**. No exemplo anterior, a porcentagem de água (solvente) é de 87,5%, dada pela diferença da massa total pela massa do soluto.

A água do mar

A água do mar é uma solução que contém sais dissolvidos com concentração entre 33 e 37 gramas por litro. Por que a água do mar é salgada?

Os sais dissolvidos na água dos oceanos têm origens diversas, como: o desgaste das rochas da crosta por erosão, cujo material dissolvido é transportado pelos rios; as erupções vulcânicas submarinas; e até mesmo os sais que provêm de poluentes e das erupções vulcânicas, que liberam substâncias voláteis para a atmosfera, como dióxido de carbono, cloretos e sulfatos.

Por que a concentração de sais na água do mar se mantém praticamente constante? Porque, naturalmente, há o consumo de parte desses sais por organismos marinhos para a construção de seus esqueletos ou conchas, principalmente dos sais que contêm cálcio e fósforo. Assim, há o equilíbrio entre as fontes e o consumo, permitindo que a composição da água do mar se mantenha constante.

Soluções   Capítulo 10   331

Exercício resolvido

Quais massas de cloreto de sódio (NaCℓ) e de água são necessárias para se preparar 500 g de solução a 10% em massa do soluto?

I. A massa da solução é igual a 500 g, logo:

500 g de solução ————————— 100%

m_{soluto} ————————— 10%

$m_{soluto} = 50$ g

II. Cálculo da massa de água (solvente)

500 g − 50 g = 450 g

A massa de NaCℓ é 50 g e, a de água, é de 450 g.

Exercícios propostos

1. Uma solução aquosa de ácido sulfúrico tem concentração de 34% em massa de soluto e densidade igual a 1,25 g · mL^{-1}, a 25 ºC. Quantos gramas desse ácido estão dissolvidos em 1 L da solução?

2. Ao preparar uma solução aquosa um técnico utilizou 80 g de água e dissolveu nesta massa 5 g de açúcar comum. Expresse a porcentagem em massa de açúcar dissolvido na massa total da solução.

3. A densidade de uma solução aquosa de ácido clorídrico vale 1,1g/mL, a 25 ºC. A porcentagem em massa em relação ao soluto é 28% ou 28 m/m. Calcule a massa do soluto na água, considerando um litro dessa solução.

4. Considere 500 ml de uma solução aquosa de NaOH cuja concentração vale 1,0 g de NaOH por litro de solução (solução: 1,0 g/L). O frasco permanece aberto e se observa depois de algum tempo que o volume se reduziu a 450 mL. Considere apenas a evaporação do solvente e responda o que se solicita:

a) A concentração da solução aumentou ou diminuiu logo após a evaporação dos 50 mL do solvente?

b) Qual deve ser o valor da concentração em g/L da solução que restou após a evaporação?

Porcentagem em volume

Quando misturamos dois líquidos, a concentração pode ser expressa como porcentagem em volume. Numericamente, a porcentagem em volume corresponde ao volume de qualquer um dos líquidos em cem volumes de solução; e esses volumes devem estar na mesma unidade.

Para prepararmos uma solução de etanol em água, por exemplo, cuja porcentagem de etanol é 70% em volume, podemos adicionar 70 mL de etanol a 30 mL de água:

Volume da solução: 100 mL ——————— 100%

Volume de etanol: 70 mL ——————— x ∴

∴ $x = 70\%$ em volume

Poderíamos ter preparado a solução com 70 L de etanol e 30 L de água. De qualquer forma, as porcentagens em volume de etanol e de água seriam as mesmas (porcentagem em volume de água = 30%).

Miscíveis
Dois líquidos são miscíveis quando podem ser misturados em qualquer proporção, formando mistura homogênea.

Importante: O volume de dois líquidos **miscíveis**, quando misturados, não é necessariamente igual à soma dos volumes de cada líquido. A interação entre as moléculas de água e álcool, por exemplo, é responsável pela diminuição do volume da solução. Contudo, para nossos objetivos, consideraremos a adição dos volumes constituintes da solução um meio de obtermos o volume da solução, isto é, o volume da solução será a soma dos volumes dos dois líquidos considerados separadamente.

Exercício resolvido

Qual o percentual, em volume, de 2 mL de hexano (C_6H_{12}) dissolvidos em benzeno (C_6H_6) até o volume da solução completar 9 mL?

9 mL de solução ——————— 100%

2 mL de hexano ——————— x ∴

∴ x ≅ 22% em volume

O percentual em volume do hexano, nas condições anteriormente explicitadas, é de 22%.

Exercício proposto

Uma mistura é preparada com 50 mL de água e 25 mL de álcool. Expressar a % em volume de álcool na mistura, considerando as quantidades utilizadas.

Concentração em massa de soluto por volume de solução

Essa relação exprime a massa de soluto dissolvida em relação ao volume da solução. Suponha que precisássemos preparar 1 L de solução aquosa com 10 g de cloreto de sódio (NaCℓ). O valor da concentração indica que em 1 L de solução devem estar dissolvidos 10 g de cloreto de sódio.

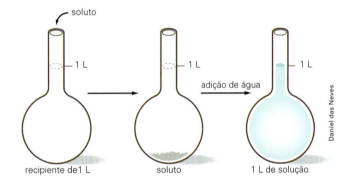

Figura 10.10: Passos da preparação de solução.

Os passos da preparação da solução são:

I. Pesar 10 g de cloreto de sódio.

II. Transferir a massa para um frasco cujo volume esteja aferido.

III. Acrescentar água sobre o cloreto de sódio até completar 1 L de solução (Figura 10.10).

A concentração da solução resultante é 10 g · L^{-1}.

Exercício resolvido

Um químico misturou etanol a 22 g de metanol até que se completassem 100 mL de solução. Qual a concentração obtida em grama por litro e em grama por mililitro de metanol na solução obtida?

A concentração pedida requer a quantidade em massa do componente metanol em relação ao volume da solução, então:

I. Concentração em grama por litro

22 g de metanol ——————— 100 mL de solução

m ——————— 1 000 mL de solução

m = 220 g de metanol em 1 L

Concentração em grama por litro = 220 g · L^{-1}

II. Concentração em grama por mililitro

22 g de metanol ——————— 100 mL de solução

m ——————— 1 mL de solução

m = 0,220 g de metanol em 1 mL

Concentração em grama por mililitro = 0,220 g · mL^{-1}

Logo, a concentração de metanol na solução obtida é de 220 g · L^{-1} ou 0,220 g · mL^{-1}.

Exercícios propostos

1. (Fuvest-SP) Considere duas latas do mesmo refrigerante, uma na versão *diet* e outra na versão comum. Ambas contêm o mesmo volume de líquido (300 mL) e têm a mesma massa quando vazias. A composição do refrigerante é a mesma em ambas, exceto por uma diferença: a versão comum contém certa quantidade de açúcar, enquanto a versão *diet* não contém açúcar (apenas a massa desprezível de um adoçante artificial). Pesando-se duas latas fechadas do refrigerante, foram obtidos os seguintes resultados:

Amostra	Massa (g)
lata com refrigerante comum	331,2
lata com refrigerante *diet*	316,2

Por esses dados, pode-se concluir que a concentração, em g/L, de açúcar no refrigerante comum é de, aproximadamente:

a) 0,020. **c)** 1,1. **e)** 50.

b) 0,050. **d)** 20.

2. Grama por litro é uma unidade de expressão de concentração muito usada em produtos comerciais, refrigerantes, água mineral e outros. Em certa água mineral consta no rótulo que a água envasada por esta empresa contém entre vários íons, o fluoreto cuja concentração é 0,04 mg/L. Considere 100 ml desta água e calcule quantos gramas de íons fluoreto seriam ingeridos por alguém que bebeu 100 ml desta água?

Concentração em quantidade de matéria

A concentração em quantidade de matéria deve expressar a quantidade de mols do soluto em relação a 1 L de solução.

Uma solução com 1 mol de glicose dissolvida em 2 L de solução tem concentração igual a 0,5 mol $\cdot$ L^{-1} de glicose. Assim, é importante observar que a quantidade de mols do soluto é sempre expressa em relação a **1 L** de solução.

Exemplos de concentração em mol $\cdot$ L^{-1} e suas respectivas leituras:

I. Solução 2 mol $\cdot$ L^{-1} de glicose significa que em 1 L de solução estão dissolvidos 2 mol de glicose.

II. Solução 0,5 mol $\cdot$ L^{-1} de $NaC\ell$ significa que em 1 L de solução está dissolvido 0,5 mol de cloreto de sódio.

III. Solução 0,01 mol $\cdot$ L^{-1} de ácido sulfúrico significa que em 1 L de solução está dissolvido 0,01 mol de ácido sulfúrico.

Exercício resolvido

Determine a concentração em mol $\cdot$ L^{-1} de uma solução preparada com 4 g de NaOH em água suficiente para 1 L de solução.

I. Cálculo da quantidade de matéria do soluto

Massa molar do NaOH = 40 g $\cdot$ mol^{-1}

$$1 \text{ mol de NaOH} \longrightarrow 40 \text{ g}$$
$$n \longrightarrow 4,0 \text{ g}$$
$$n = 0,1 \text{ mol de NaOH}$$

II. Cálculo da concentração da solução em 1,0 L de solução

Em 1 L está dissolvido 0,1 mol de NaOH, então:

C = 0,1 mol de NaOH por litro de solução ou

C = 0,1 mol/L ou C = 0,1 mol $\cdot$ L^{-1}

Logo, a concentração em mol $\cdot$ L^{-1} é de 0,1.

Exercícios propostos

1. Dissolve-se 0,06 g de ácido acético em água suficiente para completar 500 mL da solução. Qual a concentração em mol · L^{-1} da solução ácida, sabendo que a massa molar do ácido é 60 g · mol^{-1}?

2. Expresse a concentração em mol · L^{-1} para as soluções de NaOH e NaCℓ. Considere que, para ambas, as concentrações em g · L^{-1} valem 10.
   Dados: massas molares (em g · mol^{-1})
   NaOH = 40 e NaCℓ = 58,5.

3. Quantos gramas de hidróxido de potássio (KOH) são necessários para a preparação de 600 mL de uma solução 0,45 mol · L^{-1} de KOH?
   Dado: massa molar KOH = 56 g · mol^{-1}.

Concentração em quantidade de matéria para expressar íons dissolvidos em solução

Uma solução de cloreto de sódio (NaCℓ) 0,1 mol · L^{-1} contém 0,1 mol de NaCℓ em 1 L de solução. Retomando os passos da preparação dessa solução, é possível compreender o que acontece durante a dissolução do sólido cristalino NaCℓ em água (Figura 10.11).

À medida que o cloreto de sódio sólido é dissolvido em água, os íons Na^{1+} e Cℓ$^{1-}$, que estão no cristal do sólido, separam-se e transferem-se para o meio aquoso. Sua dissociação o torna invisível, causando a impressão aparente de que ele desapareceu (Figura 10.12).

Estando os íons Na^{1+} e Cℓ$^{1-}$ presentes na solução, é razoável expressar suas concentrações. Um dos métodos para prever tais concentrações iônicas consiste em escrever o processo quimicamente:

$$NaCℓ\ (s) \xrightarrow{\text{adição de água}} Na^{1+}\ (aq) + Cℓ^{1-}\ (aq)$$

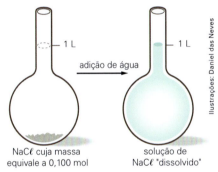

Figura 10.11: Transferência da massa do sal para o balão calibrado com a indicação de volume.

A equação química de dissolução do cloreto de sódio garante que cada par de íons no cristal produz um íon positivo e um íon negativo, evidentemente dissolvidos e dispersos na solução.

Então, se o cristal sólido é formado por 0,1 mol de NaCℓ ou 0,1 mol de pares de íons, que ao se dissolver transfere para o meio aquoso 0,1 mol de íons Na^{1+} e 0,1 mol de íons Cℓ$^{1-}$. Como todo o processo acontece no volume da solução, pode-se expressar a concentração em mol · L^{-1} para cada um dos íons, uma vez que eles são as partículas dispersas na solução.

Se a solução de cloreto de sódio (NaCℓ) é 0,1 mol · L^{-1}, isso quer dizer: em 1 L de solução de cloreto de sódio, há 0,1 mol de íons Na^{1+} e 0,1 mol de íons Cℓ$^{1-}$; logo, suas concentrações são iguais e valem 0,1 mol · L^{-1}.

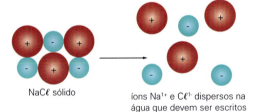

Figura 10.12: Representação do processo de dissolução.

Podemos desenvolver raciocínios semelhantes com a dissolução de cloreto de cálcio (CaCℓ$_2$) em água. Nesse caso, a fase sólida é constituída na proporção de um cátion Ca^{2+} para dois ânions Cℓ$^{1-}$. A proporção é mantida quando os íons estão dissolvidos.

Quimicamente, podemos escrever o processo de dissolução do seguinte modo:

$$CaCℓ_2\ (s) \xrightarrow{\text{adição de água}} Ca^{2+}\ (aq) + 2\ Cℓ^{1-}\ (aq)$$

Soluções Capítulo 10

Se a solução de $CaC\ell_2$ tem concentração $0,02\ mol \cdot L^{-1}$, significa que $0,02\ mol$ de $CaC\ell_2$ na fase sólida dissolve-se em água, produzindo $0,02\ mol$ de íons Ca^{2+} e $0,04\ mol$ de íons $C\ell^{1-}$ $(2 \cdot 0,02)$. Desse modo, a concentração de Ca^{2+} é $0,02\ mol \cdot L^{-1}$ e a de $C\ell^{1-}$ é $0,04\ mol \cdot L^{-1}$. Observe que a neutralidade das cargas é mantida.

$$x$$

$0,02\ mol$ de $Ca^{2+} = 0,04\ mol$ de cargas positivas

$0,04\ mol$ de $C\ell^{1-} = 0,04\ mol$ de cargas negativas

$$x$$

Cuidados com o descarte de resíduos

Uma grande parcela da população acredita que, ao descartar um resíduo pela água (pia, descarga etc.), está eliminando-o. No entanto, é preciso lembrar que essa água poderá voltar a fazer parte do dia a dia da população. Assim, não é raro encontrar rios com alta concentração de substâncias nocivas à saúde, como os íons pesados Pb^{2+}, Hg^{2+}, Cd^{2+}, provenientes de baterias. Remover esses íons é caro e difícil; mais fácil e simples é evitar que eles cheguem até os reservatórios de água.

Exercícios resolvidos

Calcule as concentrações (em $mol \cdot L^{-1}$) dos íons sódio (Na^{1+}) e sulfeto (S^{2-}) numa solução que foi preparada com $7,8\ g$ de sulfeto de sódio (Na_2S) em água suficiente para $2\ L$ de solução. Considere que todo o sal se dissolveu na água.

Dado: massa molar $Na_2S = 78\ g \cdot mol^{-1}$.

I. Cálculo da quantidade de matéria de sulfeto de sódio existente em $7,80\ g$

$$1\ mol\ de\ Na_2S \longrightarrow 78\ g$$
$$n \longrightarrow 7,8\ g$$
$$n = 0,1\ mol\ de\ Na_2S$$

II. Equação de dissolução

$$Na_2S\ (s) \xrightarrow[\text{água}]{\text{adição de}} 2\ Na^{1+}\ (aq) + S^{2-}\ (aq)$$

Na fase sólida, o sulfeto de sódio (Na_2S) está na proporção de **dois** cátions sódio para **um** ânion cloreto e essa proporção é mantida na solução. Então, $0,1\ mol$ de Na_2S sólido transfere para a solução $0,2\ mol$ de cátions Na^{1+} e $0,1\ mol$ de ânions S^{2-}. Como a dissolução acontece no volume de $2\ L$, as concentrações serão:

Concentração de $Na^{1+} = 0,2\ mol$ por $2\ L$ ou $0,1\ mol \cdot L^{-1}$

Concentração de $S^{2-} = 0,1\ mol$ por $2\ L$ ou $0,05\ mol \cdot L^{-1}$

Exercícios propostos

1. Qual a massa em gramas de sulfeto de sódio (Na_2S) deve ser dissolvida em água suficiente para obter $500\ mL$ de solução, de modo que a concentração de íons Na^{1+} seja $0,02\ mol \cdot L^{-1}$?

   Dado: massa molar $Na_2S = 78\ g \cdot mol^{-1}$.

2. Considere uma solução aquosa de $NaC\ell$ tão diluída que podemos expressá-la em partes por bilhão (ppb). Calcule a massa, em gramas, de sal dissolvido em um litro de solução aquosa em 4 ppb do mesmo sal.

336 Unidade 3 Fontes de recursos naturais

A água potável

A água que bebemos é uma mistura (solução) de substâncias com grande quantidade de íons dissolvidos. Aliás, a água extremamente pura não é adequada para o consumo, pois não contém os sais minerais dos quais necessitamos. Dependendo da fonte, essas quantidades de sais minerais podem sofrer grandes variações. No entanto, alguns íons dissolvidos estão sempre presentes na composição das águas minerais (esses íons formam sais solúveis). Por exemplo, na embalagem de certa água mineral, temos, por litro de água, 78 mg de cálcio (Ca^{2+}), 24 mg de magnésio (Mg^{2+}), 5 mg de sódio (Na^{1+}) e 1 mg de potássio (K^{1+}).

Diluição de soluções

Fabricantes de reagentes produzem grandes quantidades de soluções para venda, porém as fazem em número restrito de variações de concentração. Cabe ao comprador preparar as soluções com as concentrações adequadas às suas necessidades, a partir da(s) solução(ões) fornecida(s) pelo fabricante.

É frequente a necessidade de diminuir a concentração das soluções com a adição de mais solvente. O processo de acrescentar solvente a uma solução para torná-la menos concentrada é a diluição. Três situações devem ser levadas em conta quando se planeja realizar esse processo:

- o volume da solução **aumenta**;
- a quantidade de soluto **permanece a mesma**;
- a concentração da **solução diluída é sempre menor** que a concentração da primeira solução.

Um exemplo caseiro de diluição é a preparação do suco de laranja e da laranjada. Espremem-se as laranjas e obtém-se o suco de laranja. Se adicionarmos água a esse suco, ele é diluído e o resultado é o que chamamos de laranjada.

Como exemplo numérico de diluição, vamos acrescentar 150 mL de água a 100 mL de solução aquosa de NaOH com concentração 0,2 mol $\cdot$ L^{-1} para calcular a concentração em mol $\cdot$ L^{-1} da solução diluída (Figura 10.13).

Como adicionamos apenas água, a quantidade de matéria do soluto permaneceu constante. Calculamos, então, a quantidade em mols de NaOH na solução inicial.

A concentração dessa solução é 0,2 mol $\cdot$ L^{-1}, logo:

1 L de solução ———— 0,2 mol de NaOH
0,1 L de solução ———— x

$x = 0{,}02$ mol de NaOH

A seguir, calculamos a concentração da solução diluída utilizando a mesma quantidade de mols da solução inicial:

$$C = \frac{0{,}02 \text{ mol de NaOH}}{0{,}25 \text{ L}} = 0{,}08 \text{ mol} \cdot \text{L}^{-1}$$

Figura 10.13: Esquema de diluição de solução aquosa de NaOH.

100 ml de solução de NaOH

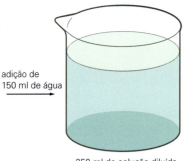
adição de 150 ml de água →
250 ml de solução diluída

> **O ciclo da água e a vida**
>
> Quando chove, ocorre uma grande diluição das substâncias contidas no solo. Toda a água com que convivemos contém, além do puro e simples H_2O, muitas outras substâncias nela dissolvidas ou em suspensão.
>
> Por outro lado, a evaporação também faz parte do ciclo da água. Como apenas as moléculas de H_2O passam para a fase gasosa, há o aumento da concentração de sais minerais na água presente no solo.
>
> Diante disso, podemos constatar que o ciclo da água, além da própria água, também favorece o transporte e a redistribuição de um grande conjunto de substâncias relacionadas à dinâmica da vida.

Exercício resolvido

Qual o volume de água, em mL, que deve ser adicionado a 100 mL de solução 0,2 mol · L^{-1} de NaOH para torná-la 0,08 mol · L^{-1}?

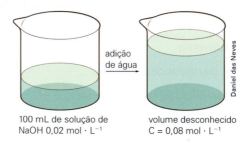

100 mL de solução de NaOH 0,02 mol · L^{-1} → adição de água → volume desconhecido C = 0,08 mol · L^{-1}

I. Cálculo da quantidade de matéria do soluto na solução inicial

0,2 mol de NaOH ——— 1 L de solução
x ——— 0,1 L de solução
x = 0,02 mol de NaOH

II. A mesma quantidade de matéria da solução original está presente na solução final diluída, cuja concentração deverá ser de 0,080 mol · L^{-1}.

0,08 mol de NaOH ——— 1 L de solução
0,02 mol de NaOH ——— V
V = 0,25 litro de solução diluída ou 250 mL

III. Observe que 250 mL é o volume final da solução diluída. Assim, foi necessário acrescentar 150 mL de água, uma vez que a solução inicial tem volume de 100 mL.

Exercícios propostos

1. Considere que 100 mL de solução aquosa de cloreto de potássio 0,2 mol · L^{-1} são diluídos com água destilada até que a concentração do sal esteja reduzida à metade. Que volume de água destilada deverá ser adicionado?

2. Adiciona-se 4 000 mL de água destilada a 1 000 mL de uma solução aquosa de nitrato de potássio (KNO_3) 0,2 mol · L^{-1}. Determine a concentração, em mol · L^{-1}, dos íons nitrato (NO_3^{1-}) na solução diluída.

3. Quantos mL de solução 2 mol/L de $HC\ell$ são necessários para reagirem completamente com 8 g de NaOH?

4. Uma solução aquosa de 150 mL contém 15 g de açúcar. Qual o volume de água que devemos adicionar a esta solução para reduzir à metade o valor da concentração em gramas por litro de açúcar?

Mistura de duas ou mais soluções com o mesmo solvente cujos solutos não reagem entre si

A mistura de duas ou mais soluções, cujos solutos não reagem entre si, podem ter cálculos efetuados com base nos princípios já estudados. Como exemplo está o cálculo da concentração em mol · L^{-1} de uma solução de NaCℓ, obtida pela mistura de 400 mL de solução de NaCℓ 0,1 mol · L^{-1} (solução A) com 100 mL de solução de NaCℓ 0,4 mol · L^{-1} (solução B) (Figura 10.14). Veja:

I. A quantidade de matéria de NaCℓ na solução resultante é a soma das quantidades de matéria de cada solução. Calculando essa quantidade em cada solução, temos:

Figura 10.14: Mistura de duas soluções com concentrações diferentes.

Solução A

1 L de solução ——— 0,1 mol NaCℓ

0,4 L de solução ——— n_A

$n_A = 0{,}04$ mol

400 ml de solução 0,100 mol · L^{-1} 100 ml de solução 0,400 mol · L^{-1} 500 ml de solução

Solução B

1 L de solução ——— 0,4 mol NaCℓ

0,1 L de solução ——— n_B

$n_B = 0{,}04$ mol

II. A quantidade de matéria de NaCℓ na solução resultante é igual a 0,04 + 0,04. Assim, 0,08 mol de NaCℓ.

III. O volume da solução resultante é a soma dos volumes de cada solução: 0,4 L + 0,1 L = 0,5 L. Assim:

$$C = \frac{0{,}08 \text{ mol}}{0{,}5 \text{ L}} = 0{,}16 \text{ mol} \cdot \text{L}^{-1}$$

Química Aplicada

Soluções gasosas diluídas

Dados sobre a atmosfera terrestre mostram que, no ar limpo e seco, o monóxido de carbono (CO) participa com 1,14 · 10^{25} g (valor médio) em 100 L de ar atmosférico. Nota-se que é uma solução muito diluída, de modo é possível expressar a concentração desse gás monóxido de carbono em relação ao ar em microgramas (μg) por litro de ar atmosférico terrestre. Assim, temos:

$$1{,}14 \cdot 10^{-5} \text{ g} \cdot 10^6 = 11{,}4 \text{ μg de CO em 100 L de ar}$$

Logo, a concentração do monóxido de carbono no ar seco e limpo pode ser expressa por:

$$C = \frac{11{,}4 \text{ μg}}{100 \text{ L}} \therefore$$

$$\therefore C = 0{,}114 \text{ μg} \cdot \text{L}^{-1}$$

NOTA:
Dados sobre a atmosfera terrestre mostram que no ar, limpo e seco, o CO participa com 8,8 · 10^{-6} g em cada 100 g de ar. Observe que é uma solução diluída, e expressá-la em porcentagem resultaria num número muito pequeno. Podemos expressar a concentração de CO numa quantidade maior de ar fazendo a seguinte operação:

8,8 · 10^{-6} g/100 g = x/10^6, resultando em 0,088 ppm, ou seja, em cada um milhão de gramas de ar, há 0,088 g de CO.

Pressão de vapor

Imagine um cilindro com água e um êmbolo móvel que repousa sobre o líquido. Considere que todas as variáveis estão sob controle: a temperatura é mantida constante e o indicador de pressão (manômetro) está acoplado a um êmbolo, que sofre variações conforme as mostradas na Figura 10.15.

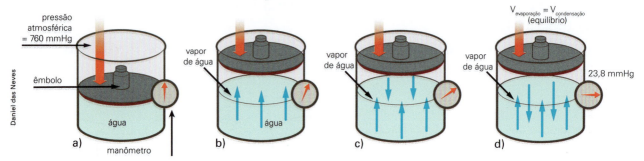

Figura 10.15:
(a) Êmbolo em contato com o líquido, não existe vapor-d'água.
(b) Ao puxar o êmbolo, imediatamente parte do líquido evapora. (c) A água continua evaporando e o processo de condensação também está presente, porém, em menor intensidade que o de evaporação.
(d) No instante em que a velocidade de evaporação fica igual à velocidade de condensação, temos um equilíbrio dinâmico. Nesse momento, a pressão exercida pelo vapor e medida pelo manômetro é de 23,8 mmHg e a temperatura é de 25 °C.

NOTA:
Líquidos puros diferentes, à mesma temperatura, têm pressões de vapor diferentes.

Nosso trabalho consiste em erguer o êmbolo em várias posições, sempre sob temperatura constante, e observar a indicação do manômetro relativa a cada posição do pistão. Veremos que, qualquer que seja a posição do êmbolo, a água líquida e o vapor alcançam sempre o equilíbrio. A experiência mostra que, a 25 °C, a pressão no interior do cilindro exercida pelo vapor-d'água vale **23,8 mmHg**. Caso o pistão seja movido para cima ou para baixo, a pressão do vapor no interior do cilindro será sempre 23,8 mmHg.

O fato de o manômetro ter registrado 23,8 mmHg revela que algumas moléculas da fase líquida, sobretudo as da superfície da água, passaram para a fase de vapor. Após certo tempo, a quantidade de vapor contida no volume disponível entre o êmbolo e a superfície da água permaneceu constante e, por isso, a pressão assumiu um valor constante.

A constância no valor da pressão do vapor pode nos conduzir à falsa ideia de que a evaporação e a condensação teriam cessado. Na realidade, o que acontece é que as velocidades de evaporação e condensação tornam-se iguais, estabelecendo um equilíbrio dinâmico entre as duas fases.

No exemplo da água, a 25 °C, a pressão do vapor-d'água é 23,8 mmHg, independentemente do volume do cilindro, da posição do êmbolo e da área da superfície da água. **A pressão do vapor de um líquido puro depende apenas e tão somente da temperatura do sistema e da natureza do líquido**.

Podemos concluir que, quando um líquido puro e seu vapor coexistem em equilíbrio, a pressão que o vapor exerce sobre o líquido será a **pressão de vapor do líquido**, dependendo apenas da variação da temperatura.

A panela de pressão

A panela de pressão permite que os alimentos sejam cozidos em água muito mais rapidamente do que em panelas convencionais. Isso porque sua tampa possui uma borracha de vedação que não deixa o vapor escapar. O único local de passagem do vapor para o meio externo é um orifício central na tampa, sobre o qual assenta um peso que controla a pressão.

É importante notar que, com o uso, o orifício central que controla a pressão dentro da panela pode entupir, fazendo com que a operação se torne perigosa. É preciso que esse orifício seja limpo constantemente para evitar problemas. Hoje em dia, essas panelas apresentam uma válvula de segurança, normalmente situada na tampa, para evitar acidentes.

Temperatura de ebulição

Suponha que a água seja aquecida a partir de 25 °C no interior de um cilindro. À medida que a temperatura aumenta, a pressão de vapor também aumenta, conforme podemos observar no Gráfico 10.3.

Nada de notável ocorrerá até 100 °C. Nessa temperatura, surgem bolhas de vapor no meio do líquido, que sobem de forma turbulenta, e a água entra em ebulição porque a pressão do vapor-d'água a 100 °C é 760 mmHg, igualando-se à pressão atmosférica no nível do mar.

Diante disso, uma conclusão interessante é que um líquido puro pode ter várias temperaturas de ebulição, uma vez que esse ponto depende da pressão externa exercida sobre o líquido. Se o experimento fosse realizado em um lugar onde a altitude é maior e, portanto, a pressão atmosférica menor, a temperatura de ebulição da água seria menor. Por isso se considera 100 °C a **temperatura de ebulição normal** da água pura, porque fica subentendido que a pressão sobre ela é 760 mmHg (Figura 10.16).

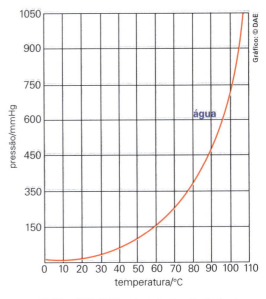

Gráfico 10.3: Gráfico do aquecimento da água.

Comparação das pressões de vapor entre líquidos puros diferentes

Para fazer a comparação, utilizaremos uma tabela em que constam três líquidos diferentes e as respectivas pressões de vapor, associadas a diferentes temperaturas. Vamos considerar em nossas observações três líquidos puros: acetona, álcool etílico e água (Figura 10.17).

Acetona		Álcool etílico		Água	
T/°C	P/mmHg	T/°C	P/mmHg	T/°C	P/mmHg
0	70,1	0	11,3	0	4,6
25	231	25	59	25	23,8
50	615,2	50	221,3	50	92,3
56,5	**760**	–	–	–	–
75	1 395	75	662,2	75	289,6
–	–	**78,4**	**760**	–	–
100	2 791	100	1 680,5	**100**	**760**

Figura 10.16: Água em ebulição e a formação de bolhas no interior do líquido.

T_E = temperatura de ebulição normal

T_E acetona = 56,5 °C

T_E álcool etílico = 78,4 °C

T_E água = 100 °C

Figura 10.17: Representação dos líquidos em cilindros.

Representando cada líquido em cilindros separados, temos:

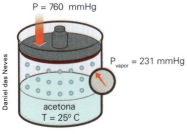
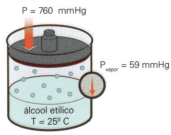

> **Volátil**
> Líquido que evapora com grande facilidade, pois apresenta baixo ponto de ebulição em razão de sua alta pressão de vapor.

Observa-se que na mesma temperatura os líquidos não têm a mesma pressão de vapor. As moléculas de água como as de álcool unem-se umas às outras por ligações de hidrogênio; as moléculas de álcool etílico realizam entre si ligações de hidrogênio, porém, em menor quantidade; as moléculas de acetona estão ligadas entre si por dipolos mais fracos que as ligações de hidrogênio. Portanto, a acetona evapora com mais facilidade e, por isso, **sua pressão de vapor é maior** (a acetona é mais **volátil**) que a do álcool etílico e que a da água na mesma temperatura.

Dentre os três líquidos na mesma temperatura, a água é o que apresenta a maior dificuldade para evaporar, por isso **sua pressão de vapor é menor** (a água é menos volátil). Pela mesma razão, a água é o líquido que, entre os três, apresenta a temperatura de ebulição mais elevada, pois requer uma temperatura mais elevada para sua pressão de vapor se iguale à pressão atmosférica, como mostra o Gráfico 10.4.

Interpretações a respeito do gráfico

I. Os valores de temperatura na abscissa representam as temperaturas de ebulição normal dos líquidos.

II. A acetona é o líquido mais volátil (menor temperatura de ebulição) entre os três.

III. Nas respectivas temperaturas de ebulição, os três líquidos têm a mesma pressão de vapor, uma vez que a pressão de vapor de qualquer líquido é igual à pressão atmosférica local na ebulição: água a 100 °C, pressão de vapor = 760 mmHg = pressão atmosférica; álcool etílico a 78,4 °C, pressão de vapor = 760 mmHg = pressão atmosférica; acetona a 56,5 °C, pressão de vapor = 760 mmHg = pressão atmosférica.

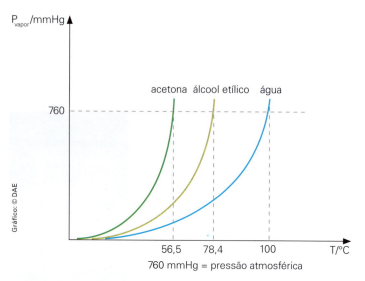

Gráfico 10.4: O líquido mais volátil tem pressão de vapor maior.

IV. É possível promover a ebulição de qualquer líquido em temperaturas inferiores à respectiva temperatura de ebulição normal. Basta dispor de um recipiente aberto, que contenha o líquido puro, onde a pressão ambiente seja menor que 760 mmHg, e aquecê-lo até que comecem a surgir bolhas em seu interior.

Química Aplicada

Acetona

Em condições ambiente, a acetona

$$CH_3-\overset{\overset{O}{\|}}{C}-CH_3$$

é um líquido altamente volátil (possui alta pressão de vapor e, consequentemente, baixo ponto de ebulição, 56,5 °C). É inflamável, incolor e apresenta cheiro agudo e penetrante característico (cheiro pungente). Originalmente, era obtida a partir da destilação da madeira, mas hoje em dia é produzida industrialmente pela fermentação do milho e do melaço ou ainda pela oxidação de derivados do petróleo (hidrocarbonetos). É muito usada na produção de medicamentos e como solvente (removedor de tintas, vernizes, esmalte de unhas). A acetona tem um consumo anual de mais de 1 bilhão de litros.

Imagine um pouco de água pura, num local acima do nível do mar, cuja pressão atmosférica seja 660 mmHg. Qual seria a temperatura de ebulição da água?

Para responder à essa questão, aconselhamos o uso de uma tabela com a relação **pressão de vapor × temperatura**. Encontrado o valor da pressão de vapor, 660 mmHg, veremos que a temperatura corresponde a 96,2 °C. Essa é a temperatura de ebulição da água no local indicado. Observe a Figura 10.18.

Figura 10.18: Ebulição da água em um local com pressão atmosférica igual a 660 mmHg.

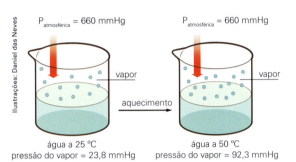

Suando para evaporar a água

Como nosso corpo possui cerca de 70% de água, é inevitável que parte dessa água, o suor especificamente, seja eliminada a todo momento pelos poros da pele.

O suor tanto pode evaporar quanto ser absorvido pelas roupas. A sua evaporação depende da temperatura corpórea (nosso corpo tem uma temperatura que varia aproximadamente de 36 °C a 37 °C). O acúmulo de suor em áreas como dobras, coxas, virilhas, axilas aumenta a umidade local, o que favorece o aparecimento de irritações da pele ou de infecções por bactérias e fungos. Uma única gota de suor pode ter até quinhentas substâncias diferentes.

Propriedades coligativas: aspectos qualitativos

Quando duas substâncias são misturadas no preparo de uma solução, a presença do soluto altera os valores das propriedades do solvente. Para avaliar os efeitos do soluto sobre o solvente, torna-se imprescindível conhecer as propriedades do solvente puro e as propriedades do solvente na solução e compará-las. Embora sejam muitas as interferências do soluto sobre o solvente, pelo menos três nos interessam de imediato: as variações na **pressão de vapor**, na **temperatura de ebulição** e na **temperatura de congelamento**.

Inicialmente, retomemos alguns valores para a água, uma vez que esse é solvente de maior interesse. Tais valores estão indicados na Figura 10.19.

A seguir, acrescentamos glicose à água, de modo a obter uma solução 0,5 mol · L⁻¹, e medimos as mesmas propriedades na solução aquosa de glicose (Figura 10.20):

Figura 10.19: Valores de temperatura e pressão da água.

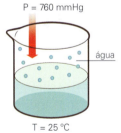

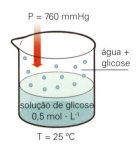

Figura 10.20: Mantendo a concentração e acrescentando glicose, as temperaturas de ebulição e congelamento aumentam.

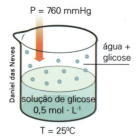

pressão de vapor = 23,3 mmHg
Temperatura de ebulição normal = 100,50 °C
Temperatura de congelamento normal = 1,86 °C

Figura 10.21: Com a concentração maior, os valores de pressão e temperatura ficam mais altos.

Depois, preparamos outra solução aquosa de glicose cuja concentração é 1 mol · L⁻¹ e novamente medimos as propriedades da água nessa solução mais concentrada (Figura 10.21):

Ao compararmos os valores das propriedades da água nas soluções com os valores de mesmas propriedades da água pura, chegamos à quatro conclusões:

- sob mesma temperatura, a pressão de vapor-d'água em solução **é menor que** a pressão de vapor-d'água pura;
- sob mesma pressão, a temperatura de ebulição da água em solução **é maior que** a temperatura de ebulição da água pura;
- sob mesma pressão, a temperatura de congelamento da água em solução **é menor que** a temperatura de congelamento da água pura;
- as variações observadas nos valores das propriedades (efeitos coligativos) é proporcional à concentração do soluto, ou seja, aumentam se há aumento da concentração e diminuem se há diminuição da concentração.

Em experimentos feitos com outros solutos, desde que a pressão e a temperatura sejam mantidas fixas, observa-se comportamento idêntico. No caso da ureia, $CO(NH_2)_2$, por exemplo, verifica-se que as tendências são as mesmas, isto é, o solvente água tem sua pressão de vapor reduzida, a temperatura de ebulição aumentada e a temperatura de congelamento reduzida.

Os valores de pressão de vapor, de temperatura de ebulição e de temperatura de congelamento experimentados pela água em solução de glicose e em solução de ureia não são exatamente iguais, embora sejam muito próximos. São tão próximos, que é possível generalizar as propriedades coligativas do seguinte modo:

> Para um dado solvente, a redução da pressão de vapor, a elevação da temperatura de ebulição e a redução da temperatura de congelamento, desde que a solução seja diluída, dependem fundamentalmente da concentração das moléculas ou dos íons do soluto em solução. Essas propriedades são denominadas **propriedades coligativas**.

A água entra em ebulição à temperatura ambiente?

Sim. A temperatura de ebulição de um líquido é aquela em que a pressão de vapor se iguala à pressão atmosférica ($P_v = P_{atm}$). A 25 °C, a pressão de vapor da água é 23,8 mmHg. Se diminuirmos a pressão externa de 760 mmHg para 23,8 mmHg, a água entrará em ebulição a 25 °C.

Não deixe a água congelar!

Em países de clima frio é costume adicionar aditivos especiais nos radiadores dos automóveis para evitar que a água congele. Utilizando os conhecimentos das propriedades coligativas, é comum adicionar etilenoglicol na água do radiador, o que causa a redução da temperatura de congelamento e o aumento da temperatura de ebulição. Como dissemos, o maior interesse, nesse caso, é evitar o congelamento da água.

Propriedades coligativas das soluções iônicas

Para entender as propriedades coligativas das soluções iônicas, é necessário levar em conta a quantidade de íons dissolvidos na solução.

Uma solução de cloreto de sódio (NaCℓ), por exemplo, cuja concentração é 0,01 mol · L⁻¹, não dispõe de 0,01 mol de soluto por litro de solução, uma vez que o cloreto de sódio dissocia-se quando colocado em água, segundo a equação química:

$$NaCℓ \, (s) \longrightarrow Na^{1+} \, (aq) + Cℓ^{1-} \, (aq)$$

Assim, 0,01 mol de NaCℓ sólido transfere para a solução 0,01 mol de íons sódio Na^{1+} e 0,01 mol de íons cloreto Cℓ$^{1-}$. O resultado previsível é a existência de 0,02 mol de íons na solução.

De acordo com o conceito de propriedades coligativas, todas as alterações verificadas na água são proporcionais a 0,02 mol de íons.

A mesma lógica aplica-se a uma solução de cloreto de cálcio, CaCℓ$_2$, cuja concentração é 0,02 mol · L^{-1}. Ao considerarmos a dissociação do cloreto de cálcio, temos:

$$CaCℓ_2 \text{ (s)} \longrightarrow Ca^{2+} \text{ (aq)} + 2\ Cℓ^{1-} \text{ (aq)}$$

Na dissociação de CaCℓ$_2$ em água, formam-se 0,02 mol de íons Ca^{2+} e 0,04 mol de íons Cℓ$^{1-}$, resultando 0,06 mol de íons em cada litro de solução. A intensidade das propriedades coligativas medidas no solvente é proporcional a 0,06 mol · L^{-1}, e não a 0,02 mol · L^{-1}.

Ao comparar os efeitos coligativos medidos em uma solução cujo soluto não se dissocia na solução, como a glicose, com os efeitos medidos em uma solução cujo soluto se dissocia, como o cloreto de sódio, os efeitos coligativos serão mais intensos na solução de cloreto de sódio, em razão de sua dissociação em íons, **desde que as duas soluções tenham a mesma concentração inicial.**

Caiu neve, e agora?

Nos países onde o frio é mais rigoroso, a água pode se precipitar na fase sólida – formando a **neve**. Nesses casos, uma maneira bastante comum para limpar as áreas afetadas é adicionar sal para derretê-la. Ao colocarmos sal sobre ela, estamos aumentando consideravelmente o número de partículas (íons Na^{1+} e Cℓ$^{1-}$), e a temperatura de solidificação da água irá diminuir (ficará abaixo de 0 °C). Isso faz que a neve passe para a fase líquida em temperaturas menores que 0 °C, provocando o seu derretimento mais rapidamente.

Exercício resolvido

Quando comparamos soluções 0,01 mol · L^{-1} de glicose, C$_6$H$_{12}$O$_6$, e 0,01 mol · L^{-1} de sulfato de alumínio, Aℓ$_2$(SO$_4$)$_3$:

a) qual delas apresenta efeitos coligativos mais intensos?

b) qual deverá ser a concentração da solução de glicose para que ela apresente os mesmos efeitos coligativos que a solução 0,01 mol · L^{-1} de sulfato de alumínio?

a) Como as propriedades coligativas assumem valores mais ou menos intensos em função da quantidade de partículas dispersas na solução, quer sejam moléculas, quer sejam íons, faz-se necessário avaliar tais quantidades em cada solução.

I. Solução de glicose:

$$C_6H_{12}O_6 \text{ (s)} \longrightarrow C_6H_{12}O_6 \text{ (aq)}$$
$$1 \qquad : \qquad 1$$

Como a glicose está totalmente dissolvida, a quantidade de moléculas da fase sólida é transferida para a solução na proporção de 1 para 1; logo, temos 0,01 mol de glicose dissolvido em 1 L de solução.

II. Solução de sulfato de alumínio:

$$Aℓ_2(SO_4)_3 \text{ (s)} \longrightarrow 2\ Aℓ^{3+} \text{ (aq)} + 3\ SO_4^{2-} \text{ (aq)}$$
$$1 \qquad\qquad : \qquad\qquad 5$$

Nesse caso, é dissolvido e dissociado 0,01 mol de sulfato de alumínio que, ao interagir com água, transfere para a solução 0,05 mol de íons (0,02 mol de Aℓ$^{3+}$ + 0,03 mol de SO$_4^{2-}$). Assim, a solução sulfato de alumínio é cinco vezes mais concentrada que a solução de glicose e os efeitos coligativos na solução de sulfato de alumínio são cinco vezes mais intensos.

b) A concentração de íons na solução de sulfato de alumínio é 0,05 mol · L^{-1}. Para que a solução de glicose apresente propriedades praticamente iguais, é necessário que sua concentração seja também de 0,05 mol de moléculas por litro de solução. Como a glicose não se dissocia (embora esteja dissolvida) ao interagir com a água, a solução de glicose deve ser cinco vezes mais concentrada que a do sulfato de alumínio e, portanto, apresentar 0,05 mol · L^{-1} de concentração.

Soluções Capítulo 10 345

> **Exercícios propostos**
>
> 1. Suponha que uma solução aquosa seja preparada na concentração de 0,2 mol/L em NaNO$_3$. Em relação aos efeitos coligativos observados nas propriedades da água desta solução, por qual fator ficariam multiplicados estes efeitos?
>
> 2. Ao compararmos duas soluções aquosas sendo a primeira 0,01 mol/L de cloreto de sódio e a outra 0,01 mol/L de nitrato de cálcio isto é Ca(NO$_3$)$_2$, na mesma temperatura, qual delas deve apresentar maior pressão de vapor-d'água?

Curvas de pressão de vapor-d'água e de uma solução aquosa 1 mol · L^{-1} de glicose

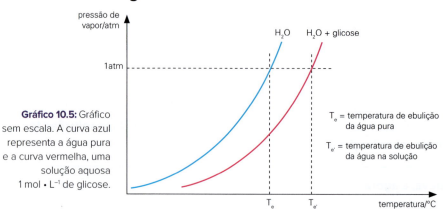

Gráfico 10.5: Gráfico sem escala. A curva azul representa a água pura e a curva vermelha, uma solução aquosa 1 mol · L^{-1} de glicose.

No Gráfico 10.5, a curva azul representa a variação da pressão de vapor-d'água pura em função da temperatura de 100 °C, que é a temperatura de ebulição da água a 760 mmHg (1 atm). A curva vermelha representa a pressão de vapor do solvente – a água – numa solução de um soluto não volátil – a glicose. Assim, podemos observar três mudanças das propriedades coligativas da água:

- redução da pressão de vapor-d'água em solução em relação à pressão de vapor do solvente puro em várias temperaturas;
- aumento da temperatura de ebulição da água em solução quando comparada à temperatura de ebulição da água pura em função da variação de pressão;
- diminuição da temperatura de congelamento da água em solução quando comparada à água pura.

A contribuição dos efeitos coligativos para a adaptação de certos animais

A água, quando congela, sofre aumento de volume em relação à fase líquida. É provável que muitos de nós já tenhamos vivido essa experiência ao esquecer no congelador uma garrafa de vidro cheia de água. Horas depois, ao abrir o congelador, encontramos a água solidificada e o frasco de vidro quebrado.

É possível concluir com essa experiência o que poderia acontecer com nossos músculos se sofrêssemos congelamento. Muito provavelmente nossas células sofreriam rupturas com a solidificação da água. Ao descongelar, o fluido escoaria, uma vez que as membranas estariam rompidas.

No entanto, existem animais, como aranhas e escaravelhos, que ao longo do processo evolutivo desenvolveram um modo de adaptação baseado no armazenamento de substâncias de pequena massa molar, como o glicol. A presença dessa substância em certas concentrações reduz a temperatura de congelamento da água para valores próximos de −40 °C. Isso garante a sobrevida desses animais em temperaturas muito baixas.

Exercício resolvido

O gráfico apresenta duas curvas relativas a um líquido puro e outra relativa a uma solução deste mesmo líquido na qual ele é o solvente.

Associe cada sistema líquido e solução às duas curvas representadas no gráfico.

Basta escolher uma temperatura em abscissa desde que intercepte as duas curvas e verificar que o líquido puro sempre tem maior pressão de vapor quando comparado ao mesmo líquido em solução na mesma temperatura, logo, a linha cheia corresponde ao solvente puro.

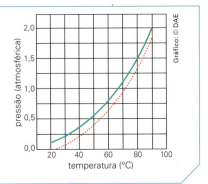

Exercício proposto

Em relação ao mesmo gráfico da questão anterior, estime a temperatura de ebulição do líquido puro e do líquido solvente na solução quando a pressão vale 0,5 atmosferas.

Osmose

A osmose também é uma propriedade coligativa, isto é, depende da concentração das moléculas e/ou dos íons dissolvidos em um solvente.

Para entendermos o conceito da osmose, é interessante observarmos a montagem representada na Figura 10.22.

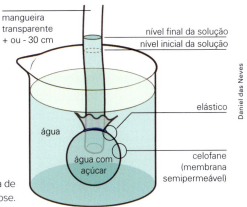

Figura 10.22: Esquema de representação da osmose.

Como obter a carne-seca?

A carne-seca, produto comum na região Norte e Nordeste do Brasil, pode ser obtida pela salga (adição do sal). O sal retira a água da carne por osmose – o solvente vai espontaneamente da região mais diluída (interior da carne) para a região mais concentrada (lado externo que contém sal).

A retirada da água retarda a reprodução de microrganismos, evitando que a carne se estrague.

O estado inicial é formado por uma solução de açúcar separada da água por uma membrana de celofane. Ao final, observa-se que o nível da solução elevou-se no interior da mangueira. Uma análise cuidadosa mostra que não houve passagem de açúcar da bolsa de celofane para a água contida no recipiente.

Caso o experimento fosse repetido, agora colocando uma solução de açúcar mais concentrada no interior do saco de celofane, o nível da solução se elevaria ainda mais. Isso mostra a dependência da altura da coluna da solução em função da concentração da solução no contato com a água através da membrana.

Modificando novamente o procedimento, dessa vez invertendo a posição da água e da solução – no saco de celofane, coloca-se água; no recipiente, a solução de açúcar –, observa-se que o nível da água no interior da mangueira diminui e que não existe açúcar no interior da bolsa de celofane.

As conclusões diante dessas observações são:

- a membrana é seletiva, permitindo somente a passagem da água (solvente);
- a passagem da água é um processo espontâneo;
- o solvente atravessa a membrana no sentido da solução mais concentrada em relação ao soluto.

Assim, podemos dizer que:

> Osmose é o processo no qual um solvente de um meio menos concentrado em relação ao soluto passa, através de uma membrana semipermeável, para um meio mais concentrado em relação ao soluto.

Membranas semipermeáveis

Nos processos osmóticos, a membrana deve ser escolhida de modo que permita a passagem do solvente e bloqueie o fluxo de soluto. O processo osmótico é de grande importância em processos biológicos, porque as membranas celulares são membranas semipermeáveis. Células sanguíneas, quando colocadas em água pura, ficam entumescidas e finalmente arrebentam. Vegetais retiram água e sais minerais do solo com a contribuição do processo osmótico (Figura 10.23).

Figura 10.23: Processo de osmose: (a) Um ovo com casca é colocado em vinagre. A casca é formada, predominantemente, de $CaCO$, que reage com o vinagre; (b) O ovo é colocado sem a casca, dissolvida no processo anterior, em um recipiente contendo água pura; (c) Depois de algum tempo, por osmose, o ovo estufa e rompe a membrana que o envolve.

> **Por que as saladas temperadas murcham?**
>
> Você já deve ter notado que, quando temperamos uma salada de folhas com sal e limão ou vinagre, depois de certo tempo, as folhas murcham. Isso ocorre devido à osmose: a água do interior das folhas (menos concentrado) passa para o exterior da folha (mais concentrado), fazendo com que elas murchem.

Pressão osmótica

Para compreender o processo de pressão osmótica, pode-se ilustrar um sistema com um tubo em forma de U e uma membrana semipermeável, que separa água de uma solução aquosa. Água e solução de cloreto de sódio são adicionadas no tubo em U, de modo que estejam inicialmente em níveis iguais. Uma membrana as separa conforme a Figura 10.24.

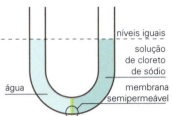

Figura 10.24: Esquema de tubo e membrana semipermeável.

Membranas artificiais podem ser utilizadas com grande eficiência em tais experimentos. A água atravessa a membrana da esquerda para a direita até que a coluna do lado direito exerça pressão suficiente para impedir a continuidade do processo. Temos, assim, o conceito operacional de pressão osmótica: a pressão que deve ser exercida sobre a solução para impedir a osmose (Figura 10.25).

Quanto maior a concentração de uma solução separada da água pura por uma membrana semipermeável, maior é a pressão osmótica da solução ou maior é a pressão que deve ser exercida sobre a solução para que se evite a osmose.

Se a pressão aplicada sobre a solução for maior que a pressão osmótica, o fluxo de água (solvente) é invertido e a água atravessa a membrana de forma não espontânea, no sentido da solução para a água pura, tornando a solução mais concentrada. Esse dispositivo (osmose inversa, reversa ou invertida) pode ser utilizado para obter água pura a partir da água dos oceanos (Figura 10.26).

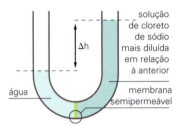

Figura 10.25: Esquema de pressão osmótica.

Ilustrações: Daniel das Neves

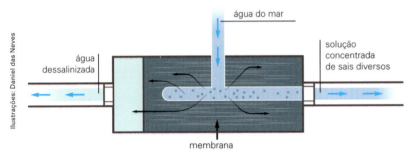

Figura 10.26: Processo de dessalinização da água por osmose inversa.

Pressão osmótica – Aspectos quantitativos

Verifica-se, experimentalmente, que a pressão osmótica de uma solução pode ser calculada pela equação determinada por Jacobus Henricus van't Hoff (Figura 10.27), em 1887.

Figura 10.27: Jacobus Henricus van't Hoff (1852-1911).

World History Archive/Alamy/Fotoarena

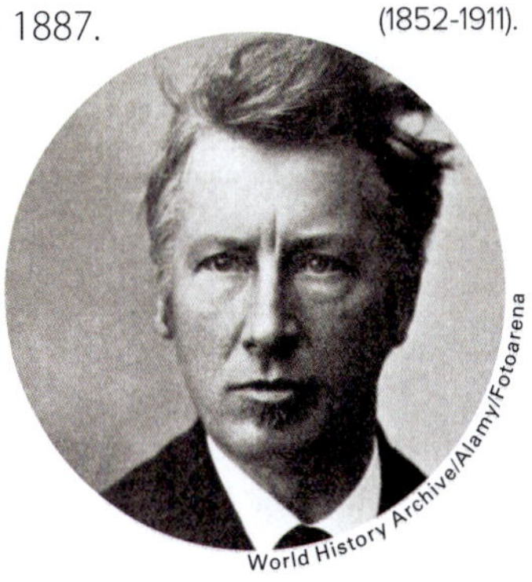

$P_{osmótica} = C \cdot R \cdot T$

$P_{osmótica}$ = pressão osmótica (observar as unidades de R)

C = concentração em quantidade de matéria de íons ou de moléculas de soluto por volume de solução em litros

R = constante dos gases

T = temperatura termodinâmica (Kelvin)

Uma vez que a pressão osmótica é proporcional à concentração de partículas do soluto, na unidade $mol \cdot L^{-1}$, podemos calcular a pressão osmótica ou a pressão que deve ser exercida sobre uma solução $1{,}0\ mol \cdot L^{-1}$ de glicose para evitar a osmose.

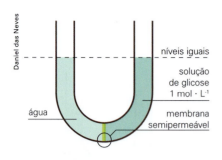

Figura 10.28: Esquema de osmose.

A Figura 10.28 permite visualizar o fenômeno.

O fluxo de água da esquerda para a direita é espontâneo. Assim, a pressão necessária para evitar esse processo (osmose) deve ser aplicada sobre a solução. Essa pressão é a pressão osmótica.

Utilizando a equação da pressão osmótica, $P_{osmótica} = C \cdot R \cdot T$, substituindo pelos valores numéricos, temos:

$$P_{osmótica} = 1{,}0 \text{ mol} \cdot L^{-1} \cdot 0{,}082 \text{ atm} \cdot L \cdot mol^{-1} \cdot K^{-1} \cdot 298 \text{ K}$$

$$P_{osmótica} = 24 \text{ atm}$$

A pressão exercida sobre a solução deve ser igual a 24 atm.

Química Aplicada

Osmose inversa

A água é, sem dúvida, o mais valioso de todos os recursos naturais. Embora o seu volume no planeta seja muito grande, ela é distribuída de forma irregular e, em sua maior parte, é inapropriada para o consumo humano, pois apresenta muitos sais dissolvidos em sua concentração, como a água do mar.

A concentração dessa água é em torno de 3,5% em massa, enquanto a concentração indicada para o consumo é 0,05% em massa de sais diversos.

Uma das maneiras de aproveitamento da água do mar para torná-la potável é submetê-la ao processo de osmose inversa, reversa ou invertida. É possível inverter o fluxo da osmose, isto é, forçar a passagem do solvente do meio mais concentrado para o meio mais diluído. Naturalmente, esse método requer energia e membranas resistentes, mas garante o fornecimento para as populações onde a água doce é inexistente ou em pouca quantidade.

Exercício resolvido

Calcule as pressões osmóticas, a 25°C, das soluções de cloreto de sódio nas concentrações a seguir e esboce o gráfico da pressão osmótica (ordenadas) *versus* a concentração de íons em solução (abscissas).

$C_I = 0{,}01 \text{ mol} \cdot L^{-1}$

$C_{II} = 0{,}015 \text{ mol} \cdot L^{-1}$

$C_{III} = 0{,}02 \text{ mol} \cdot L^{-1}$

As pressões osmóticas das três soluções podem ser calculadas pela expressão:
$P_{osmótica} = C \cdot R \cdot T$

Como as soluções são de cloreto de sódio (NaCℓ), é necessário considerar a concentração total de íons Na^{1+} e $Cℓ^{1-}$ em solução, uma vez que o cloreto de sódio dissocia-se segundo a equação:

$NaCℓ \text{ (s)} \longrightarrow Na^{1+} \text{ (aq)} + Cℓ^{1-} \text{ (aq)}$

A concentração iônica da solução I é 0,02 mol · L^{-1} (0,01 mol de Na^{1+} e 0,01 mol de $Cℓ^{1-}$ por litro de solução). As demais concentrações serão: solução II, 0,03 mol · L^{-1} de íons, e solução III, 0,04 mol · L^{-1} de íons.

A seguir, calculamos as pressões osmóticas:

I. $P_{osmótica} = 0{,}02 \text{ mol} \cdot L^{-1} \cdot 0{,}082 \text{ atm} \cdot L \cdot mol^{-1} \cdot K^{-1} \cdot 298 \text{ K} \therefore$
$\therefore P_{osmótica} = 0{,}49 \text{ atm}$

II. $P = 0{,}03 \text{ mol} \cdot L^{-1} \cdot 0{,}082 \text{ atm} \cdot L \cdot mol^{-1} \cdot K^{-1} \cdot 298 \text{ K} \therefore$
$\therefore P_{osmótica} = 0{,}73 \text{ atm}$

III. $P = 0{,}04 \text{ mol} \cdot L^{-1} \cdot 0{,}082 \text{ atm} \cdot L \cdot mol^{-1} \cdot K^{-1} \cdot 298 \text{ K} \therefore$
$\therefore P_{osmótica} = 0{,}98 \text{ atm}$

As pressões osmóticas das soluções I, II e III do cloreto de sódio são, respectivamente, 0,49 atm, 0,73 atm e 0,98 atm.

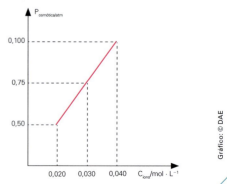

Unidade 3 — Fontes de recursos naturais

Exercício proposto

(Unifesp) Uma solução aquosa contendo 0,9% de NaCℓ (chamada de soro fisiológico) ou uma solução de glicose a 5,5% são isotônicas (apresentam a mesma pressão osmótica) com o fluido do interior das células vermelhas do sangue e são usadas no tratamento de crianças desidratadas ou na administração de injeções endovenosas.

a) Sem calcular as pressões osmóticas, mostre que as duas soluções são isotônicas a uma mesma temperatura.

b) O laboratorista preparou por engano uma solução de NaCℓ, 5,5% (ao invés de 0,9%). O que deve ocorrer com as células vermelhas do sangue se essa solução for usada em uma injeção endovenosa? Justifique.

Dados:

As porcentagens se referem à relação massa/volume.

Massas molares em g/mol:

NaCℓ 58,5

Glicose 180

Figura 10.29: A duas imagens correspondem a exemplos de misturas classificadas como coloides, que a olho nu não permitem identificar se são um sistema homogêneo ou um sistema heterogêneo. Somente com o auxílio da determinação de suas propriedades é possível comprovar que se trata de um sistema heterogêneo, denominado coloide.

Misturas coloidais

Quando tratamos de soluções verdadeiras ou simplesmente soluções, pensamos em sistemas homogêneos, em que pequenas partículas estão igualmente distribuídas e não há limites visíveis, ainda que com o auxílio de instrumentos. Há também misturas heterogêneas, cujas fronteiras entre uma fase e outra são tão delineadas que a simples observação a olho nu identifica interfaces nítidas, como nas misturas água-gasolina ou cascalho-areia (Figura 10.29).

Existe um terceiro sistema, o sistema coloidal, no qual a observação visual não distingue com clareza o homogêneo do heterogêneo. São sistemas com as seguintes características:

- apresentam, em sua maioria, aspecto turvo ou opaco.
- um dos componentes do sistema apresenta partículas com dimensões inferiores a 1 000 nanômetros (1 nanômetro = 1 nm = 10^{-9} m).

Essas definições não são rigorosas, mas servem de apoio para o entendimento de vários sistemas. Conhecendo alguns exemplos, notaremos quanto fazemos uso de produtos no sistema coloidal.

No dia a dia é comum nos depararmos com alguns materiais, como sabonetes, creme de barbear, creme dental, xampu, bolhas de sabão, cremes e loções cosméticas, chocolate, leite, infusão de café, manteiga, sorvete, geleia de frutas, gelatina, *chantilly*, neblina, nuvens, fumaça, borracha de pneus, isopor, **pedra-pomes**, tintas e pedras preciosas (como rubi e opala). Todos esses exemplos são classificados como sistemas coloidais ou coloides e, em razão de sua importância, é essencial entendermos os significados de **disperso** e **dispersante** nessas misturas.

Pedra-pomes
Rocha de origem vulcânica, porosa, leve e cheia de cavidades devido à expansão de gases liberados durante a solidificação da lava. É usada como abrasivo e no polimento de objetos.

Experimento

Bolhas de sabão

A execução exige a participação de duas pessoas.

Material

- 2 canudos de refrigerante de, aproximadamente, 20 cm de comprimento e 7 mm de diâmetro
- 1 canudo de refrigerante de, aproximadamente, 12 cm de comprimento e 7 mm de diâmetro
- 1 cola branca para papel
- 1 fita veda rosca (fita de *Teflon®*: película utilizada para vedar canos, vendida em lojas de materiais de construção com o nome de veda rosca)
- 2 copos de vidro de 250 mL ou de 300 mL
- 1 colher (sopa) de sabão em pó

Procedimento

▸ Prepare o sistema com canudinhos de refrigerante, conforme a Figura 10.30.

▸ Com cola de papel, cole os canudos 1 e 2 (de 20 cm, aproximadamente) ao canudo 3 (12 cm, aproximadamente) nas conexões 4 e 5.

▸ Vede a conexão com a fita veda rosca.

▸ Introduza os canudos, depois de colados, em copos com água e sabão em pó para produzirem bolhas (Figura 10.31).

▸ Pressione os pontos A, B e C.

▸ Peça para o outro integrante da dupla pressionar a posição C do canudo, de modo que impeça o fluxo de ar entre os canudos 1 e 2. Essa pressão deverá ser mantida até que o experimento seja finalizado.

▸ Sopre o canudo 1 para formar uma bolha de sabão pequena. Em seguida, pressione o canudo 1 na posição A.

▸ Sopre o canudo 2 para formar uma bolha de sabão maior que a anterior. Depois, imediatamente, pressione o canudo na posição B (Figura 10.32).

▸ Somente ao final dessas operações, a pressão sobre a posição C poderá ser cessada. Contudo, os pontos A e B deverão permanecer pressionados.

▸ Observe o que acontecerá com os volumes das bolhas de sabão.

▸ A última etapa consistirá em pressionar a posição C, mantendo as posições A e B pressionadas para o ar circular entre as duas bolhas. Depois de aproximadamente dois minutos, a bolha menor é "engolida" pelo canudo 1 e a bolha maior sofre expansão.

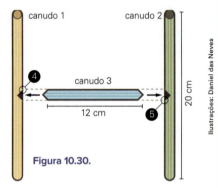

Figura 10.30.

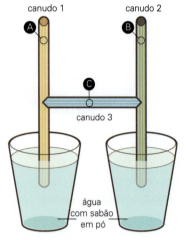

Figura 10.31.

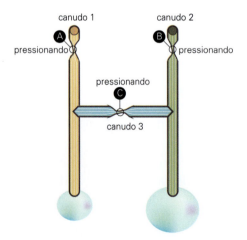

Figura 10.32.

As fases dispersa e dispersante das misturas coloidais

Considere uma mistura heterogênea de água e uma pequena quantidade de óleo. Agitando-se vigorosamente a mistura, o óleo fica disperso na forma de pequenas gotículas com dimensões de um sistema coloidal, isto é, inferior a 1 000 nanômetros. Embora esse sistema seja instável, ele será um coloide enquanto existir, porque as gotículas de óleo voltam a se aglutinar (Figura 10.33). O sistema coloidal obtido pela agitação é denominado **emulsão de óleo em água**, no qual o dispersante é a água (corresponde ao solvente nas soluções) e o disperso é o óleo (corresponde ao soluto nas soluções).

Imagine uma mistura heterogênea de óleo e uma pequena quantidade de água. Após a agitação vigorosa, formam-se gotículas de água dispersas no óleo. O sistema obtido, embora instável, é também uma emulsão, mas o dispersante, ou a fase contínua, é o óleo e o disperso, ou a fase descontínua, é a água, cujas dimensões das gotículas não excedem 1 000 nm (Figura 10.34).

Existem sistemas coloidais nos quais cada partícula coloidal é constituída de uma molécula muito grande (macromolécula), mesmo assim sua sedimentação ainda é imperceptível. Certas proteínas produzidas por seres vivos são exemplos de macromoléculas.

A tabela a seguir oferece exemplos de misturas coloidais nas quais estão evidenciados o disperso, o dispersante e seus respectivos nomes.

Figura 10.33: Representação da emulsão óleo em água (sistema coloidal).

Figura 10.34: Representação da emulsão água em óleo (sistema coloidal).

Dispersante	Disperso	Nome	Exemplo
gás	líquido	aerossol líquido	**neblina:** gotículas de água dispersas no ar
gás	sólido	aerossol sólido	**fumaça:** partículas sólidas com dimensões coloidais dispersas no ar
líquido	gás	espuma	**espuma de sabão ou bolhas de sabão:** nas espumas, a fase líquida (película da bolha) tem dimensões coloidais, enquanto o gás, no interior da película, é o disperso
líquido	líquido	emulsão	**maionese:** vinagre, óleo e gema de ovo batidos; a gema é constituída de proteínas (lecitinas) que promovem a interação entre o vinagre e o óleo
líquido	sólido	sol	**creme dental:** partículas com dimensões coloidais de substâncias antiácidas e outras que conferem sabor ao creme dental; todas dispersas em meio aquoso
sólido	gás	espuma sólida	**pedra-pomes:** a fase dispersante é a sólida; nos microporos da fase sólida permanece o gás
sólido	líquido	gel	**gelatina:** as moléculas de proteínas se entrelaçam e confinam as moléculas de água nessa rede de moléculas proteicas
sólido	sólido	suspensão sólida	**vidro colorido:** vidro é a fase dispersante com partículas metálicas dispersas

Propriedade dos coloides: sedimentação imperceptível

Uma partícula sólida dispersa num líquido, se for mais densa que ele, deposita-se no fundo do recipiente; se for menos densa, flutua. Com os balões a gás acontece o mesmo fenômeno. Aquele que é mais denso que o ar permanece no chão, e o menos denso sobe através da atmosfera, com movimentos em zigue-zague, em consequência das correntes de ar.

Segundo esse raciocínio, vamos imaginar e descrever o que acontece quando adicionamos uma gota de cola de papel (cola branca) em um litro de água, por exemplo. Inicialmente a massa da cola deposita-se no fundo do frasco. Em seguida, se agitarmos a mistura vigorosamente, ela assumirá um aspecto leitoso, aparentemente homogêneo.

Contudo, ainda se pode observar que há dois componentes na mistura. Um é a água e o outro, a cola, dispersa na forma de gotículas invisíveis, cuja sedimentação é tão lenta que torna sua acomodação imperceptível. Nesse caso, a água constitui a fase dispersante ou contínua e o conjunto de gotículas de cola, a fase dispersa ou descontínua. Cada gotícula de cola é uma partícula coloidal (Figura 10.35).

As partículas coloidais são agregados de moléculas denominadas micelas. Experiências mostram que partículas com dimensões inferiores a 1 000 nanômetros dispersas num meio sedimentam-se de forma muito lenta e imperceptível. Assim, considera-se o valor 1 000 nm como o limite máximo para a dimensão de partículas coloidais. No entanto, deve ficar claro que esse valor é apenas uma referência, pois tanto há partículas com dimensões inferiores a 1 000 nm, que têm velocidade de sedimentação imperceptível, quanto há partículas de dimensões com valores superiores a 1 000 nm, que apresentam igual comportamento.

Geralmente, em partículas com dimensões acima de 1 000 nm, a sedimentação torna-se mais rápida e mais perceptível. Observa-se que não há limite inferior, apenas sabemos que as dimensões das partículas em um meio podem ser tão pequenas como a dimensão de uma molécula de álcool etílico ou de água, que não formam mais sistemas coloidais, mas sim soluções verdadeiras, nas quais não há sedimentação.

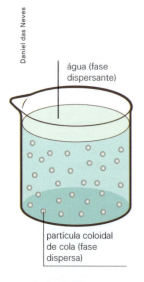

Figura 10.35: Sistema coloidal: água + cola.

Química Aplicada

O solo, o intemperismo e os coloides

Geólogos e geógrafos dizem que o solo deriva das rochas num constante processo de transformação. Como isso acontece? O calor proveniente do interior da Terra é responsável pelos movimentos dos continentes, que flutuam sobre um líquido fundido no interior da Terra. Vulcões se encarregam de ejetar parte dessa massa derretida, que irá permanecer exposta à atmosfera e à hidrosfera após a erupção. O produto da exposição resultará no que conhecemos por **solo**. Ao conjunto de interações entre as rochas derretidas lançadas pelos vulcões e o ambiente que passam a integrar se dá o nome de **intemperismo**. Observe a importância do gás oxigênio e da água, pois onde pudermos encontrar água e oxigênio e um fragmento de rocha ocorrerá o fenômeno de intemperismo.

No estudo de ligações de hidrogênio, vimos que o congelamento da água pode causar rompimento de rochas, sobretudo em regiões frias do planeta onde o fato é mais comum. À medida que uma rocha sofre ruptura, novas faces são criadas, aumentando a área de contato com o gás oxigênio e a água, dois poderosos agentes do intemperismo, que irão reagir com os constituintes das rochas, os minerais, como denominados pelos geólogos, ou as substâncias, como preferem os químicos. Se imaginarmos que esse processo de ruptura e reações químicas são constantes, chegamos à conclusão de que o processo evoluirá até que a rocha fique praticamente pulverizada, em pequenos grânulos constituintes do solo.

Ocorre que os diferentes minerais ou substâncias sofrem intemperismo em velocidades diferentes, apesar de estarem no mesmo ambiente. Ao comparar um mesmo intervalo de tempo, observamos que as reações mais lentas levam à formação de produtos com maior granulação em relação aos produtos formados pelas reações mais rápidas. Essas subdividem as partículas em pedaços menores no mesmo intervalo de tempo considerado para o intemperismo. Os fragmentos ou grânulos produzidos pelas reações mais rápidas possuem dimensões de partículas que constituem os sistemas coloidais.

Quando a água da chuva penetra no solo em direção aos aquíferos subterrâneos carrega consigo, no percurso, tanto as substâncias solúveis quanto algumas partículas coloidais, mesmo sendo insolúveis. É um transporte mecânico.

Exercício resolvido

Segundo o texto, o solo é resultante de um processo destrutivo?

Pode-se afirmar que sim, ao considerar que o solo é resultante da fragmentação de um corpo que, há milhares de anos, era uma rocha com dimensões gigantescas, provavelmente.

Exercício proposto

(Fuvest-SP) Azeite e vinagre, quando misturados, separam-se logo em duas camadas. Porém, adicionando-se gema de ovo e agitando-se a mistura, obtém-se a maionese, que é uma dispersão coloidal. Nesse caso, a gema de ovo atua como um agente

a) emulsificador.
b) hidrolisante.
c) oxidante.
d) redutor.
e) catalisador.

Efeito Tyndall

Figura 10.36: John Tyndall (1820-1893).

Em dois copos de vidro com água, preparamos dois sistemas conforme descritos a seguir.

1. Solução verdadeira: em um copo, colocamos uma colher de chá de açúcar e misturamos até que ele se dissolva por completo. A solução deverá ser transparente.

2. Sistema coloidal: no outro copo, pingamos uma gota de cola branca para papel e misturamos até sua completa dissolução. A solução deverá ficar turva.

Utilizando uma fonte de luz com foco de pequeno diâmetro, um *led* – pequena lâmpada indicadora de painel – ou um *laser* – presente em alguns chaveiros e canetas –, sobre os copos, observamos que a luz propaga-se normalmente na solução verdadeira, enquanto no sistema coloidal há um espalhamento dessa luz. O efeito verificado nos coloides é denominado efeito Tyndall, nome dado em homenagem ao notável físico inglês John Tyndall (Figura 10.36), um dos maiores estudiosos do fenômeno da dispersão da luz por partículas coloidais (Figura 10.37).

Figura 10.37: Sistema coloidal com dispersão da luz nas gotículas de água do ar.

COM A PALAVRA...

Fernando Galembeck*

Coloides em toda parte

Coloides fazem parte de toda a nossa vida, desde o leite, que é o primeiro alimento, até nosso sangue, incluindo sabões e detergentes, adesivos, papéis, corantes e pigmentos, tintas, pneus e outros produtos que usamos diariamente. Hoje, os coloides recebem uma renovada atenção, porque as nanopartículas (estruturas com dimensões nanométricas – 10^{-9} m, um bilionésimo de metro), que são uma parte essencial da Nanotecnologia, são também sistemas coloidais.

O que torna um sistema coloidal peculiar é a existência de estruturas com dimensões muito pequenas, menores que dez mícrons. Partículas de sílica, como as da areia, sedimentam rapidamente em água. Entretanto, as partículas de sílica com diâmetro muito pequeno são mais leves e sedimentam muito devagar, de maneira que, para nós, parecem não sedimentar.

Areia dispersa na água forma um líquido turvo, opaco. No entanto, nanopartículas de sílica, com diâmetros de apenas 10 a 20 nanômetros, formam líquidos transparentes. Assim, nós encontramos nos coloides propriedades novas, vinculadas ao seu tamanho, isto é, que dependem de seu pequeno tamanho.

O conhecimento e o uso dessas propriedades ajudam-nos muito na solução de problemas do dia a dia e de problemas tecnológicos.

Voltando ao leite, que é um alimento completo: ele é o modo que a natureza encontrou para misturar, na forma de um líquido de composição bastante homogênea e fácil de ingerir, as proteínas, as gorduras e os sais minerais de que necessitamos para nos alimentar e que são substâncias químicas imiscíveis entre si. No leite, a gordura e o fosfato de cálcio estão na forma coloidal de partículas muito pequenas, que se mantêm estabilizadas no meio da água com a ajuda da lecitina e das proteínas.

Da mesma forma que no leite, coloides ajudam-nos a resolver muitos de nossos problemas mais graves, sejam tecnológicos, sejam ambientais. É o conhecimento da natureza dos coloides e de suas propriedades que nos permite tanto fazer o tratamento de água potável e também dos esgotos quanto melhorar solos agrícolas, purificar o ar que respiramos e produzir melhor qualquer produto industrial, do automóvel ao computador.

Quem não conhece os fenômenos apresentados pelos sistemas coloidais não compreende uma grande parte do que se passa ao seu redor e não pode interferir de maneira inteligente, nem em seu meio ambiente nem nos processos e produtos tecnológicos. O domínio dos fenômenos coloidais tem tido uma enorme importância na criação de novos produtos e de processos industriais mais econômicos e não agressivos ao meio ambiente, contribuindo, assim, para a criação de empregos, de riqueza e de uma melhor qualidade de vida. Além de seu próprio valor, a Química Coloidal é uma excelente porta de entrada para os estudantes que estão atraídos pela Nanotecnologia e estão interessados em trabalhar para a realização de seu enorme potencial de criação de novos produtos e processos.

* Professor Titular aposentado do Instituto de Química da Universidade Estadual de Campinas (Unicamp), SP.

▸ QUESTÕES

1. Alguns produtos, como sucos, tintas, remédios etc., têm em seu rótulo a seguinte frase: "agite antes de usar". Qual o motivo desta recomendação?

2. Ao olharmos para uma amostra qualquer, é possível assegurar que ela seja uma substância pura ou mistura? Sendo mistura, podemos assegurar que seja homogênea ou heterogênea?

3. Segundo o autor, o conhecimento das propriedades de sistemas coloidais traz muitas vantagens. Quais as expectativas imediatas sobre a aplicação dos coloides?

Exercícios finais

1. (Unicid-SP) O gráfico apresenta as solubilidades dos sais A, B, C, D, E e F em função da temperatura.

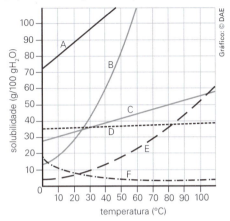

a) Indique o sal cuja solubilidade em água é menos afetada pelo aumento de temperatura.

b) Considere uma solução preparada com 33 g do sal B em 50 g de água, a 40 °C. A mistura resultante apresenta corpo de fundo? Justifique sua resposta.

2. (UEPG-PR) Analisando as cinco soluções de NaCℓ apresentadas na tabela abaixo, assinale o que for correto.

Solução	Volume da amostra (mL)	Massa de NaCℓ (g)
1	200	50
2	500	20
3	500	100
4	1 000	100
5	1 000	200

01) A solução 1 é a mais concentrada.

02) A solução 2 é a menos concentrada.

04) A solução 3 corresponde à metade da concentração da solução 4.

08) A solução 3 possui a mesma concentração que a solução 5.

16) Ao acrescentar 1 000 mL à solução 4, tem-se a mesma concentração da solução 2.

3. (Imed-RS) Considere um frasco de 1 000 mL, completamente cheio, contendo uma solução aquosa 0,5 mol/L de $CuSO_4$. A respeito dessa solução, assinale a alternativa correta.

a) O frasco contém 0,5 mols de $CuSO_4$ por litro de solução.

b) A cada 1 000 mL de solução, encontramos 0,5 g de $CuSO_4$.

c) O sulfato de cobre é um ácido de Arrhenius.

d) Para obtermos uma solução 1 M de $CuSO_4$, a partir da solução 0,5 M, basta diluir a solução estoque duas vezes.

e) Uma vez que a concentração molar, molaridade, dessa solução de $CuSO_4$ é 0,5 M, sua concentração comum, C, é 0,5 M.

4. (Uece) O magnésio subministrado na forma de cloreto de magnésio tem papel importante para o fortalecimento dos músculos e nervos, função imunológica, reforça a estrutura óssea, regula os níveis de pressão arterial e o açúcar do sangue etc. A título experimental, um estudante de bioquímica preparou uma solução de cloreto de magnésio utilizando 200 g de água e 20 g de cloreto de magnésio que passou a ter densidade de 1,10 g/mL. Para essa solução, a concentração em quantidade de matéria é, aproximadamente,

a) 1,05 mol/L.

b) 1,20 mol/L.

c) 1,30 mol/L.

d) 1,50 mol/L.

5. (PUC-MG) A tabela apresenta a composição química de uma água mineral.

Substância	Concentração/mgL^{-1}
Bicarbonato (HCO_3^-)	6 100
Bário (Ba^{2+})	412
Cálcio (Ca^{2+})	2 000
Dióxido de carbono (CO_2)	1 100
Fluoreto (F^-)	19
Magnésio (Mg^{2+})	729
Potássio (K^+)	390
Sódio (Na^+)	460

É incorreto afirmar que um litro dessa água possui:

Dados: H = 1; C = 12; Ba = 137; Ca = 40; O = 16; F = 19; Mg = 24; K = 39; Na = 23.

a) 0,1 mol de bicarbonato e 0,05 mol de cálcio.

b) 0,025 mol de dióxido de carbono e 0,001 mol de fluoreto.

c) 0,01 mol de potássio e 0,02 mol de sódio.

d) 0,03 mol de bário e 0,003 mol de magnésio.

6. (UPF-RS) Uma das formas de obtenção de ácido clorídrico pode ocorrer por meio da reação entre gás cloro ($Cℓ_2$(g)) e gás hidrogênio (H_2(g)), seguida pela dissolução, em água, do produto obtido. As equações dessas reações, sem ajuste estequiométrico, estão abaixo representadas:

$$Cℓ_2 (g) + H_2 (g) \longrightarrow HCℓ (g)$$
$$HCℓ (g) + H_2O (g) \xrightarrow{H_2O (ℓ)} HCℓ (aq)$$

Desse modo, considerando que 35,5 g de gás cloro ($Cℓ_2$(g)) sejam colocados para reagir com 1,5 mol de gás hidrogênio (H_2(g)) e que o produto obtido dessa reação seja dissolvido em 1,0 L de água, é correto afirmar que:

Soluções Capítulo 10 357

Exercícios finais

a) Há reagente em excesso, o qual, nesse caso, é o gás cloro.

b) A quantidade de cloreto de hidrogênio produzida é de 73 g.

c) A concentração da solução será de $73 \ g \cdot L^{-1}$.

d) A quantidade de gás hidrogênio que reage é de 3 g.

e) A concentração em quantidade de matéria da solução é de $1 \ mol \cdot L^{-1}$.

7. (Imed-RS) Um aluno precisa preparar 0,5 L de uma solução 2 M de nitrato de prata. Assinale a alternativa que apresenta a massa de $AgNO_3$ necessária para preparar essa solução.

a) 17 g de $AgNO_3$.

b) 34 g de $AgNO_3$.

c) 154 g de $AgNO_3$.

d) 170 g de $AgNO_3$.

e) 340 g de $AgNO_3$.

8. (Cefet-MG) Um dos motivos da crescente contaminação das águas por hormônios presentes nos anticoncepcionais é o fato de que, 24 h após a ingestão de um comprimido contendo, em média, 35×10^{-3} de etinilestradiol, 90% é excretado pela urina de forma inalterada e somente 10% é metabolizado. Considerando-se que uma mulher ingere um comprimido de anticoncepcional por dia e que o volume diário de urina é de 1,5 L, a concentração média de etinilestradiol na urina dessa mulher, em g/L, é igual a

a) $35,0 \times 10^{-6}$.

b) $31,5 \times 10^{-6}$.

c) $30,0 \times 10^{-6}$.

d) $23,0 \times 10^{-6}$.

e) $21,0 \times 10^{-6}$.

9. (PUC-RJ) Considere as seguintes informações:

I. A quantidade de sais dissolvidos no Mar Morto é da ordem de 40×10^9 ton.

II. O volume de água no Mar Morto é $122 \times 10^9 \ m^3$ com os sais dissolvidos.

III. A massa de 1,00 L de água do Mar Morto é 1,24 kg.

IV. A massa de 1,00 L de água doce é 1,03 kg.

a) Calcule a concentração de sais dissolvidos, em g/L, nas águas do Mar Morto.

b) Calcule o volume de água do Mar Morto que tem massa equivalente à de 1,00 L de água doce.

10. (FGV-SP)

A cachaça é um produto genuinamente brasileiro reconhecido internacionalmente e registrado na Organização Mundial de Comércio. A produção artesanal, com a utilização de alambiques de cobre, atinge 300 milhões de litros por ano. Os apreciadores avaliam que o produto artesanal tem melhor qualidade e sabor do que o produzido em alambiques de aço inoxidável; entretanto a cachaça artesanal apresenta o teor de cobre residual que deve obedecer ao limite máximo de 5 mg/L.

Disponível em: <www.scielo.br/pdf/qn/v32n4/v32n4a04.pdf>.
Adaptado.

A quantidade máxima de cobre, em quilogramas, que pode ser encontrada no volume considerado de cachaça artesanal produzida durante um ano no Brasil e que respeita o limite máximo de cobre nessa bebida é

a) $1,5 \times 10^2$.

b) $1,5 \times 10^3$.

c) $1,5 \times 10^4$.

d) $1,5 \times 10^5$.

e) $1,5 \times 10^6$.

11. (UPM-SP) Em uma análise de laboratório, uma amostra de ferro com 100% de pureza foi tratada com 10 mL, de solução $1,0 \ mol \times L^{-1}$ de $HC\ell$ até completa dissolução. A reação ocorrida nesse processo é representada pela equação não balanceada abaixo:

$$Fe \ (s) + HC\ell \ (aq) \longrightarrow FeC\ell_2 \ (aq) + H_2 \ (g)$$

Assim, pode-se afirmar que as massas de ferro na amostra e de hidrogênio liberada por essa reação são, respectivamente,

Dados: massas molares ($g \cdot mol^{-1}$): H = 1; $C\ell$ = 35 e Fe = 56.

a) 0,28 g e 0,01 g.

b) 0,56 g e 0,04 g.

c) 0,28 g e 0,02 g.

d) 0,84 g e 0,01 g.

e) 0,84 g e 0,04 g.

12. (PUC-RS) Analise as informações e a tabela a seguir.

A toxicologia é a ciência que estuda as substâncias tóxicas ou venenosas e sua capacidade de interferir em organismos vivos, sejam eles plantas ou animais [...] Um parâmetro importante em toxicologia é a chamada dose letal 50 (DL_{50}), definida como a quantidade de uma substância química que, quando administrada em uma única dose por via oral, expressa em massa da substância por massa de animal [...], produz a morte de 50% dos animais dentro de um período de observação.

L.C.F. Pimentel et al.. "O inacreditável emprego de produtos químicos perigosos no passado, *Química Nova* 29, 2006, 1138-49" (adaptado).

Tabela – DL_{50} de substâncias	
Substância	**DL_{50} em rato via oral (mg/kg de massa corporal)**
sulfato de cobre(II)	3 000
nicotina	60
dioxina	0,02

De acordo com as informações acima, em relação a ratos, é correto afirmar:

a) A nicotina é 3 000 vezes mais tóxica do que a dioxina.

b) Ingerindo 0,1 mol de sulfato de cobre, um rato de 100 g provavelmente não morreria.

c) Um gole de solução 0,1 g/L de sulfato de cobre é mais perigoso do que igual volume de solução 10 g/L de nicotina.

d) O sulfato de cobre é mais tóxico do que a dioxina.

e) A ingestão de uma dose de 60 mg de nicotina por um rato de 100 g seria fatal.

13. (UFRGS-RS) O trióxido de arsênio, As_2O_3 é utilizado como quimioterápico no tratamento de alguns tipos de leucemia mieloide aguda. O protocolo de um determinado paciente indica que ele deva receber uma infusão intravenosa com 4,95 mg de trióxido de arsênio, diluídos em soro fisiológico até o volume final de 250 mL.

A concentração em mol/L de trióxido de arsênio na solução utilizada nessa infusão é

a) $1,0 \times 10^{-1}$.

b) $2,5 \times 10^{-2}$.

c) $1,0 \times 10^{-4}$.

d) $2,5 \times 10^{-5}$.

e) $1,0 \times 10^{-6}$.

Texto para a próxima questão:

Leia o texto para responder à questão.

As informações destacadas abaixo foram retiradas do rótulo de um refrigerante "zero açúcar":

Ingredientes:

Água gaseificada, extrato de nós e cola, cafeína, aroma natural, corante, caramelo IV, acidulante ácido fosfórico, edul-corantes artificiais: ciclamato de sódio (24 mg), acessulfame de potássio 5 mg, e aspartame 12mg, por 100 mL, conservador, benzoato de sódio, regulador de acidez, citrato de sódio. Prazo de validade/lote: vide marcação. Aut. CCI/RJ Ind. Brasileira

A água gaseificada apresenta o seguinte equilíbrio químico:

$$CO_2(aq) + 2H_2O(\ell) \rightleftarrows HCO_3^-(aq) + H_3O^+(aq)$$

E ainda estão presentes acidulantes utilizados para realçar o sabor e para inibir o desenvolvimento de microrganismos. Os acidulantes, comumente usados pela indústria alimentícia, são os ácidos cítrico ($C_6H_8O_7$) e fosfórico (H_3PO_4). Para regular a acidez do meio usa-se o citrato de sódio ($C_6H_7O_7Na$) e para substituir o açúcar usa-se o aspartame ($C_{14}H_{18}N_2O_5$) e o ciclamato de sódio ($NaC_6H_{12}SNO_3$).

14. (Uepa) Sobre a presença do aspartame em 100 mL do refrigerante, é correto afirmar que a concentração desse adoçante no meio é:

a) 0,0012 g/L

b) 0,012 g/L

c) 0,12 g/L

d) 12,0 g/L

e) 120,0 g/L

15. (UPE) Um técnico químico percebeu que a pia do seu laboratório estava com aspecto amarelo-avermelhado por causa da incrustação de ferro. Decidiu então limpá-la. Para isso, resolveu preparar 100 mL de uma solução de ácido clorídrico, $HC\ell$, na concentração 6,0 mol/L a partir da solução de ácido $HC\ell$, alta pureza, disponibilizada comercialmente em frasco reagente.

Para o preparo de 100 mL de uma solução de ácido clorídrico 6,0 mol/L, é necessário que o técnico retire do frasco reagente um volume, em mL, de solução de $HC\ell$ igual a

Dados: Massa molar ($HC\ell$) = 36,5 g/mol; Densidade (solução de $HC\ell$) = 1,18 g/mL; Porcentagem em massa de $HC\ell$ = 37%.

a) 30,0.

b) 50,2.

c) 60,5.

d) 102,4.

e) 100,0.

16. (UEG-GO) Uma solução estoque de hidróxido de sódio foi preparada pela dissolução de 4 g do soluto em água, obtendo-se ao final 100 mL e, posteriormente, determinado volume foi diluído para 250 mL, obtendo-se uma nova solução de concentração igual a 0,15 mol $\times L^{-1}$.

O volume diluído, em mL, da solução estoque, é aproximadamente

a) 26

b) 37

c) 50

d) 75

17. (UEG-GO) Considere 5 L de uma solução aquosa contendo 146 g de cloreto de sódio que será utilizada como solução de partida para outras de mais baixa concentração. Uma quantidade de 2 mL dessa solução contém uma massa de soluto, em miligramas, de aproximadamente

a) 3

b) 29

c) 58

d) 73

e) 292

18. (Udesc) Para limpeza de superfícies como concreto, tijolo, dentre outras, geralmente é utilizado um produto com nome comercial de "ácido muriático". A substância ativa desse produto é o ácido clorídrico ($HC\ell$), um ácido inorgânico forte, corrosivo e tóxico. O volume de $HC\ell$ em mililitros, que deve ser utilizado para preparar 50,0 mL de $HC\ell$ 3 mol/L, a partir da solução concentrada com densidade de 1,18 g/cm^3 e 37% m/m é, aproximadamente:

a) 150 mL

b) 12,5 mL

c) 125 mL

d) 8,7 mL

e) 87 mL

19. (UEPG-PR) A titulação de uma amostra de calcário (carbonato de cálcio impuro), de massa 20 g, consome 100 mL de solução 72 g/L de ácido clorídrico. Sobre o assunto, assinale o que for correto.

Dados:

$H = 1$ g/mol; $Ca = 40$ g/mol; $C = 12$ g/mol;

$O = 16$ g/mol; $C\ell = 35$ g/mol

01) A fórmula do carbonato de cálcio é $CaCO_3$.

02) A concentração do ácido clorídrico em 2 mol/L é 2.

04) A porcentagem de pureza do calcário é 50%.

08) O ácido clorídrico é um oxiácido considerado forte em meio aquoso.

Soluções   Capítulo 10   359

Exercícios finais

20. (UPM-SP) Em um experimento de laboratório, realizado sob pressão constante e ao nível do mar, foram utilizadas duas soluções, A e B, ambas apresentando a água como solvente e mesmo sal como soluto não volátil, as quais, estando inicialmente na fase líquida, foram aquecidas até ebulição. Desse experimento, foram coletados os dados que constam da tabela abaixo:

Solução	Temperatura de ebulição ($^\circ$C)
A	104,2
B	106,7

Um analista, baseando-se nos resultados obtidos, fez as seguintes afirmações:

I. A pressão de vapor de ambas as soluções é menor do que a pressão de vapor da água pura.

II. A solução A apresenta menor concentração de sal em relação à concentração salina da solução B.

III. As forças de interação intermoleculares na solução B apresentam maior intensidade do que as forças de interação existentes, tanto na solução A como na água.

É correto dizer que

a) nenhuma afirmação é verdadeira.

b) as afirmações I e II são verdadeiras.

c) as afirmações I e III são verdadeiras.

d) as afirmações II e III são verdadeiras.

e) todas as afirmações são verdadeiras.

21. (PUC-RS) Tanto distúrbios intestinais graves quanto a disputa em uma maratona podem levar a perdas importantes de água e eletrólitos pelo organismo. Considerando que essas situações exigem a reposição cuidadosa de substâncias, um dos modos de fazê-lo é por meio da ingestão de soluções isotônicas. Essas soluções

a) contêm concentração molar de cloreto de sódio igual àquela encontrada no sangue.

b) contêm massa de cloreto de sódio igual à massa de sacarose em dado volume.

c) têm solvente com capacidade igual à do sangue para passar por uma membrana semipermeável.

d) apresentam pressão osmótica igual à pressão atmosférica.

e) apresentam pressão osmótica igual à da água.

22. (Unicamp-SP) O etilenoglicol é uma substância muito solúvel em água, largamente utilizado como aditivo em radiadores de motores de automóveis, tanto em países frios como em países quentes.

Considerando a função principal de um radiador, pode-se inferir corretamente que

a) a solidificação de uma solução aquosa de etilenoglicol deve começar a uma temperatura mais elevada que a da água pura e sua ebulição, a uma temperatura mais baixa que a da água pura.

b) a solidificação de uma solução aquosa de etilenoglicol deve começar a uma temperatura mais baixa que a da água pura e sua ebulição, a uma temperatura mais elevada que a da água pura.

c) tanto a solidificação de uma solução aquosa de etilenoglicol quanto a sua ebulição devem começar em temperaturas mais baixas que as da água pura.

d) tanto a solidificação de uma solução aquosa de etilenoglicol quanto a sua ebulição devem começar em temperaturas mais altas que as da água pura.

23. (Fuvest-SP) Louis Pasteur realizou experimentos pioneiros em Microbiologia. Para tornar estéril um meio de cultura, o qual poderia estar contaminado com agentes causadores de doenças, Pasteur mergulhava o recipiente que o continha em um banho de água aquecida à ebulição e à qual adicionava cloreto de sódio.

Com a adição de cloreto de sódio, a temperatura de ebulição da água do banho, com relação à da água pura, era _____. O aquecimento do meio de cultura provocava _____.

As lacunas podem ser corretamente preenchidas, respectivamente, por:

a) maior; desnaturação das proteínas das bactérias presentes.

b) menor; rompimento da membrana celular das bactérias presentes.

c) a mesma; desnaturação das proteínas das bactérias.

d) maior; rompimento da membrana celular dos vírus.

e) menor; alterações no DNA dos vírus e das bactérias.

24. (UEM-PR) Em um tubo de vidro que tem na extremidade inferior uma membrana semipermeável, foram adicionados 17 g de sacarose ($C_{12}H_{22}O_{11}$) em 100 mL de água. A partir dessas informações, assinale o que for correto.

01) A concentração da solução de sacarose é de aproximadamente 0,5 mol/L.

02) Ao mergulhar o tubo em um recipiente contendo uma solução de sacarose com concentração de 2,0 mol/L, o volume de líquido dentro do tubo vai diminuir.

04) A passagem de água através de uma membrana semipermeável é chamada de fagocitose.

08) Quando o tubo for mergulhado em um recipiente, a solução contida nele é hipertônica em relação a uma solução de sacarose de concentração 2,0 mol/L contida nesse recipiente.

16) Uma solução aquosa com concentração de 18 g/L de glicose ($C_6H_{12}O_6$) possui menor pressão osmótica do que a solução de sacarose descrita no enunciado, nas mesmas condições de temperatura e pressão.

25. (UEG-GO) As propriedades físicas dos líquidos podem ser comparadas a partir de um gráfico de pressão de vapor em função da temperatura, como mostrado no gráfico hipotético a seguir para as substâncias A, B, C e D.

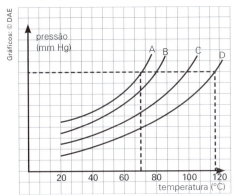

Segundo o gráfico, o líquido mais volátil será a substância

a) A   b) B   c) C   d) D

26. (Udesc) Quando um soluto não volátil é adicionado a um determinado solvente puro, uma solução é formada e suas propriedades físico-químicas podem ser alteradas. Este fenômeno é denominado efeito coligativo das soluções.

Considere estes efeitos e analise as proposições.

I. O abaixamento da pressão máxima de vapor de um líquido faz com que este tenha um maior ponto de ebulição. Tal fato é possível quando uma colher de sopa de açúcar (sacarose) é adicionada a uma panela contendo 1 litro de água, por exemplo. Este fenômeno é conhecido como ebulioscopia ou ebuliometria.

II. Uma tática interessante para acelerar o resfriamento de bebidas consiste na adição de sal de cozinha ao recipiente com gelo em que elas estão imersas. Neste caso, o efeito crioscópico está presente. Considerando um número idêntico de mols de cloreto de sódio e brometo de magnésio em experimentos distintos, o efeito coligativo resultante será o mesmo, pois este independe da natureza da substância utilizada.

III. A pressão osmótica do sangue humano é da ordem de 7,8 atm devido às substâncias nele dissolvidas. Desta forma, é fundamental que, ao se administrar uma determinada solução contendo um medicamento via intravenosa, a pressão osmótica deste último seja hipotônica em relação à da corrente sanguínea, sob o risco de que as hemácias possam se romper ao absorverem um excesso de partículas administradas.

Assinale a alternativa correta.

a) Somente a afirmativa I é verdadeira.
b) Somente as afirmativas I e III são verdadeiras.
c) Somente as afirmativas I e II são verdadeiras.
d) Somente as afirmativas II e III são verdadeiras.
e) Somente a afirmativa III é verdadeira.

27. (FMJ-SP) Considere os sistemas 1, 2 e 3 numa mesma temperatura e o comportamento de cada um desses sistemas representados no gráfico.

1. Água pura.

2. Solução aquosa 0,5 mol × L^{-1} de glicose.

3. Solução aquosa 0,5 mol × L^{-1} de KCℓ.

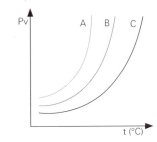

a) Associe cada um dos sistemas (1, 2 e 3) a cada uma das curvas (A, B e C) e indique qual o sistema mais volátil.

b) A adição de um soluto não volátil aumenta ou diminui a pressão máxima de vapor de um solvente? Justifique sua resposta.

28. (UPM-SP) Ao investigar as propriedades coligativas das soluções, um estudante promoveu o congelamento e a ebulição de três soluções aquosas de solutos não voláteis (A, B e C), ao nível do mar. O resultado obtido foi registrado na tabela abaixo.

Solução	Ponto de congelamento (°C)	Ponto de ebulição (°C)
A	-1,5	101,5
B	-3,0	103,0
C	-4,5	104,0

Após a análise dos resultados obtidos, o estudante fez as seguintes afirmações:

I. a solução A é aquela que, dentre as soluções analisadas, apresenta maior concentração em mol × L^{-1}.

II. a solução B é aquela que, dentre as soluções analisadas, apresenta menor pressão de vapor.

III. a solução C é aquela que, dentre as soluções analisadas, apresenta menor volatilidade.

De acordo com os dados fornecidos e com seus conhecimentos, pode-se dizer que apenas

a) a afirmação I está correta.
b) a afirmação II está correta.
c) a afirmação III está correta.
d) as afirmações I e II estão corretas.
e) as afirmações II e III estão corretas.

Exercícios finais

29. (PUC-PR) Os compostos iônicos e moleculares interferem de formas diferentes na variação da pressão osmótica de um organismo. Como regra geral, podemos afirmar que, considerando uma mesma quantidade de matéria, os efeitos causados pelo consumo de sal são mais intensos que os de açúcar. Considere que soluções aquosas diferentes tenham sido preparadas com 50 g de nitrato de cálcio e 50 g de glicerina (propan -1, 2, 3 - triol), formando dois sistemas em que cada um apresente 2,0 litros de solução a 20 ºC. A razão existente entre a pressão osmótica do sistema salino em relação à pressão osmótica do sistema alcoólico é, aproximadamente:

Dado: Use 0,082 atm · L/mol · K para a constante universal dos gases perfeitos.

a) 0,56.   c) 1,68.   e) 11.

b) 1.   d) 2.

30. (USF-SP) A adição de determinados solutos em meio aquoso muda algumas das propriedades físicas do solvente. Considere três recipientes que contenham 1,0 L de soluções aquosas com concentração molar igual a 0,5 mol/L das seguintes substâncias:

I. Sacarose – $C_{12}H_{22}O_{11}$.

II. Cloreto de sódio – $CaC\ell$.

III. Nitrato de cálcio – $Ca(NO_3)_2$.

Ao medir algumas das propriedades físicas dessas soluções, foi observado que

a) a solução de sacarose apresentava pontos de fusão e ebulição superiores ao da água pura.

b) a solução de cloreto de sódio apresentava ponto de congelamento inferior à solução de nitrato de cálcio.

c) a solução de nitrato de cálcio é que apresentava o menor valor de pressão de vapor.

d) apenas as soluções iônicas possuíam pontos de ebulição superiores ao da água pura.

e) a maior variação entre os pontos de fusão e ebulição para essas substâncias será observada para a solução de sacarose.

31. (UEM-PR) Coloide é uma dispersão heterogênea com tamanho médio da partícula do disperso entre 1 a 1 000 nanômetros. Quanto aos sistemas coloidais, assinale o que for correto.

01) Pectização é o nome dado ao processo que ocorre quando se retira dispersante da fase sol, resultando na fase gel.

02) A gelatina é um coloide que pode ser classificada como sol ou gel dependendo exclusivamente das quantidades de proteína e água misturadas.

04) Camada de solvatação é o nome dado a uma "película" formada pela adsorção das partículas do dispersante na superfície das partículas do disperso.

08) Em um recipiente contendo 3 litros de água pura adicionam-se 3 colheres de sopa de óleo de soja e agita-se a solução por 5 minutos. Em seguida adicionam-se 7 gotas de um detergente. Após a adição do óleo, e até completarem-se 5 minutos, temos uma dispersão coloidal, e após adicionar o detergente começa a ocorrer um processo de emulsificação.

16) A diálise não pode ser usada para purificar um coloide.

32. (PUC-RS) Um dos cuidados básicos em relação à prevenção da gripe A, cujo vírus é conhecido como H1N1, consiste em fazer vacina. Entretanto, também é fundamental lavar as mãos com frequência e usar o álcool gel. Em relação a esse produto, pode-se afirmar que é uma

a) solução diluída de etanol.

b) suspensão de álcool etílico.

c) dispersão coloidal contendo etanol.

d) mistura homogênea de álcool etílico e metanol.

e) mistura homogênea de etanol e um tensoativo.

33. (UFRGS-RS) Na gastronomia, empregam-se diversos conhecimentos provindos de diferentes áreas da Química. Considere os conhecimentos químicos listados no bloco superior abaixo e os processos relacionados à produção e conservação de alimentos, listados no bloco inferior.

Associe adequadamente o bloco inferior ao superior.

1. Propriedades coligativas

2. Coloides

3. Emulsões

4. Reversibilidade de reações

(////) Produção de charque

(////) Preparo de gelatina

(////) Preparo de maionese

A sequência correta de preenchimento dos parênteses, de cima para baixo, é

a) 1, 2 e 3.   c) 2, 3 e 4.

b) 1, 2 e 4.   d) 2, 1 e 3.

e) 3, 4 e 2.

34. (Cesgranrio-RJ) O colágeno é a proteína mais abundante no corpo humano, fazendo parte da composição de órgãos e tecidos de sustentação. Apesar de não ser comestível, seu aquecimento em água produz uma mistura de outras proteínas comestíveis, denominadas gelatinas. Essas proteínas possuem diâmetros médios entre 1 nm e 1 000 nm e, quando em solução aquosa, formam sistemas caracterizados como

a) soluções verdadeiras.

b) dispersantes.

c) coagulantes.

d) homogêneos.

e) coloides.

ATIVIDADE INVESTIGATIVA

A humanidade e a água

Distribuição de água no planeta

A quantidade de água no planeta é estimada em, aproximadamente, $1,3 \cdot 10^9$ km³ ou $1,3 \cdot 10^{21}$ L, distribuídos de maneira irregular. Desse total, 97% estão nos oceanos, ou seja, água salgada que não é adequada para o consumo imediato (consumo diário). Somente os 3% restantes são de água doce, adequada para o consumo. Entretanto, 2% estão retidos em calotas polares e geleiras, regiões de difícil acesso que inviabilizam o consumo em grande escala, restando apenas 1%, presente em rios, lagos e lençóis subterrâneos, que, mesmo assim, nem sempre estão disponíveis para consumo imediato.

Localização	%	km³
Oceanos	97	1 230 000 000
Atmosfera	0,001	12 700
Rios	0,0001	1 200
Lençóis subterrâneos	0,31	4 000 000
Lagos	0,009	123 000
Calotas polares e geleiras	2	28 000 000

Uso da água disponível

A irrigação para a agricultura consome 69% do volume de água disponível em escala global; a indústria, 23%; o uso doméstico, 8%. Desse montante, 90% da água para uso doméstico e industrial pode retornar aos rios e ser novamente utilizada. Para garantir uma razoável qualidade de vida, são necessários 80 L de água por habitante/dia. Há regiões no planeta em que o consumo de água não ultrapassa 6 L por habitante/dia, mas também existem regiões em que o consumo atinge 500 L por habitante/dia.

O ciclo da água

A fração de água utilizada pelo ser humano (aproximadamente 1%) seria rapidamente consumida se não fosse o ciclo hidrológico. Esse ciclo, movido pela energia solar, consiste na evaporação e na transpiração, seguida de condensação e precipitação. Por isso, a água constitui um recurso renovável, mas não dispensa a preocupação em relação ao seu tratamento antes de ser servida às populações.

O tratamento da água

Grande parte da água da rede de abastecimento urbano é "água usada". Por isso, ela deve receber tratamento adequado antes de ser distribuída novamente para a população.

A seguir, apresentaremos, de maneira simplificada, as etapas de tratamento da água.

1. **Filtração grosseira:** remoção de material disperso na água que possua dimensões grosseiras.

2. **Sedimentação/decantação:** os sólidos em suspensão que não foram retidos por peneiras, depositam-se lentamente no fundo do tanque de decantação devido à ação do hidróxido de alumínio, (insolúvel, formado pela combinação do sulfato de alumínio com o hidróxido de cálcio, que são adicionados à água), que precipita-se no tanque carregando consigo o material particulado, finamente dividido, que ainda está disperso na água.

3. **Aeração:** a adição de ar na massa de água ajuda no processo de degradação de substâncias orgânicas, além de manter a água tratada devido ao oxigênio.

4. **Adição de cloro:** o cloro funciona como agente esterilizante, isto é, elimina bactérias presentes na água.

Atividade proposta

1. Apesar de aproximadamente 71% da superfície da Terra ser coberta por água, apenas uma pequena parte é considerada doce. Qual a disponibilidade de água doce no planeta e no Brasil? Qual a importância das reservas de água doce para os países?

2. Pesquise sobre a Lei das Águas estabelecida na Constituição de 1988 e quantos municípios possuem água tratada no Brasil.

Enem

1. A minimização do tempo e custo de uma reação química, bem como o aumento na sua taxa de conversão, caracteriza a eficiência de um processo químico. Como consequência, produtos podem chegar ao consumidor mais baratos. Um dos parâmetros que mede a eficiência de uma reação química é o seu rendimento molar (R, em %), definido como

$$R = \frac{n_{produto}}{n_{reagente\ limitante}} \times 100$$

em que *n* corresponde ao número de mols. O metanol pode ser obtido pela reação entre brometo de metila e hidróxido de sódio, conforme a equação química:

$$CH_3Br + NaOH \rightarrow CH_3OH + NaBr$$

As massas molares (em g/mol) desses alimentos são:

$$H = 1; C = 12; O = 16; Na = 23; Br = 80.$$

O rendimento molar da reação, em que 32 g de metanol foram obtidos a partir de 142,5 g de brometo de metila e 80 g de hidróxido de sódio, é mais próximo de

a) 22%.   c) 50%.   e) 75%.

b) 40%.   d) 67%

2.

Para cada litro de etanol produzido em uma indústria de cana-de-açúcar são gerados cerca de 18 L de vinhaça que é utilizada na irrigação das plantações de cana-de-açúcar, já que contém teores médios de nutrientes N, P e K iguais a 357 mg/L, 60 mg/L, e 2 034 mg/L, respectivamente.

SILVA, M. A. S.; GRIEBELER, N. P.; BORGES, L. C. Uso de vinhaça e impactos nas propriedades do solo e lençol freático. *Revista Brasileira de Engenharia Agrícola e Ambiental*. n. 1, 2007 (adaptado).

Na produção de 27 000 L de etanol, a quantidade total de fósforo, em kg, disponível na vinhaça será mais próxima de

a) 1.   c) 60.   e) 1 000.

b) 29.   d) 170.

3. O soro fisiológico é uma solução aquosa de cloreto de sódio (NaCℓ) comumente utilizada para higienização ocular, nasal, de ferimentos e de lentes de contato. Sua concentração é 0,90% em massa e densidade igual a 1,00 g/mL.

Qual massa de (NaCℓ), em grama, deverá ser adicionada à água para preparar 500 mL desse soro?

a) 0,45   c) 4,50   e) 45,00

b) 0,90   d) 9,00

4.

O cobre presente nos fios elétricos e instrumentos musicais é obtido a partir da ustulação do minério calcosita (Cu_2S). Durante esse processo, ocorre o aquecimento desse sulfeto na presença de oxigênio, de forma que o cobre fique "livre" e o enxofre se combine com o O_2 produzindo SO_2, conforme a equação química:

$$Cu_2S\ (s) + O_2\ (g) \xrightarrow{\Delta} 2Cu\ (\ell) + SO_2\ (g)$$

As massas molares dos elementos Cu e S são, respectivamente, iguais a 63,5 g/mol e 32 g/mol.

CANTO, E. L. *Minerais, minérios, metais*: de onde vêm?, para onde vão? São Paulo: Moderna, 1996 (adaptado).

Considerando que se queira obter 16 mols do metal em uma reação cujo rendimento é de 80%, a massa, em gramas, do minério necessária para obtenção do cobre é igual a

a) 955.   c) 1 590.   e) 3 180.

b) 1 018.   d) 2 035.

5. Para proteger estruturas de aço da corrosão, a indústria utiliza uma técnica chamada galvanização. Um metal bastante utilizado nesse processo é o zinco, que pode ser obtido a partir de um minério denominado esfalerita (ZnS), de pureza 75%. Considere que a conversão do minério em zinco metálico tem rendimento de 80% nesta sequência de equações químicas:

$$2\ ZnS + 3\ O_2 \longrightarrow 2\ ZnO + 2\ SO_2$$

$$ZnO + CO \longrightarrow Zn + CO_2$$

Considere as massas molares:

ZnS (97 g/mol); O_2 (32 g/mol); ZnO (81 g/mol); SO_2 (64 g/mol); CO (28 g/mol); CO_2 (44 g/mol); e Zn (65 g/mol).

Que valor mais próximo de massa de zinco metálico, em quilogramas, será produzido a partir de 100 kg de esfalerita?

a) 25   c) 40   e) 54

b) 33   d) 50

6. A hidroponia pode ser definida como uma técnica de produção de vegetais sem necessariamente a presença de solo. Uma das formas de implementação é manter as plantas com suas raízes suspensas em meio líquido, de onde retiram os nutrientes essenciais. Suponha que um produtor de rúcula hidropônica precise ajustar a concentração de íon nitrato (NO_3^-) para 0,09 mol/L em um tanque de 5 000 litros e, para tanto, tem em mãos uma solução comercial nutritiva de nitrato de cálcio 90 g/L.

As massas molares dos elementos N, O e Ca são iguais a 14 g/mol, 16 g/mol e 40 g/mol, respectivamente.

Qual o valor mais próximo do volume da solução nutritiva, em litros, que o produtor deve adicionar ao tanque?

a) 26   c) 45   e) 82

b) 41   d) 51

7.

O vinagre vem sendo usado desde a Antiguidade como conservante de alimentos, bem como agente de limpeza e condimento. Um dos principais componentes do vinagre é o ácido acético (massa molar 60 g/mol cuja faixa de concentração deve se situar entre 4% a 6% m/v). Em um teste de controle de qualidade foram analisadas cinco marcas de diferentes vinagres, e as concentrações de ácido acético, em mol/L, se encontram no quadro.

364

Amostra	Concentração de ácido acético (mol/L)
1	0,007
2	0,070
3	0,150
4	0,400
5	0,700

RIZZON, L. A. *Sistema de produção de vinagre*.
Disponível em: <www.sistemasdeproducao.cnptia.embrapa.br>.
Acesso em: 14 ago. 2012 (adaptado).

A amostra de vinagre que se encontra dentro do limite de concentração tolerado é a

a) 1.   b) 2.   c) 3.   d) 4.   e) 5.

8. O cobre, muito utilizado em fios da rede elétrica e com considerável valor de mercado, pode ser encontrado na natureza na forma de calcocita, $Cu_2S(s)$, de massa molar 159 g/mol. Por meio da reação

$$Cu_2S\ (s) + O_2\ (g) \longrightarrow 2\ Cu\ (s) + SO_2\ (g),$$

é possível obtê-lo na forma metálica. A quantidade de matéria de cobre metálico produzida a partir de uma tonelada de calcocita com 7,95% (m/m) de pureza é

a) $1,0 \times 10^3$ mol.

b) $5,0 \times 10^2$ mol.

c) $1,0 \times 10^0$ mol.

d) $5,0 \times 10^{-1}$ mol.

e) $4,0 \times 10^{-3}$ mol.

9. A água potável precisa ser límpida, ou seja, não deve conter partículas em suspensão, tais como terra ou restos de plantas, comuns nas águas de rios e lagoas. A remoção das partículas é feita em estações de tratamento, onde $Ca(OH)_2$ em excesso e $A\ell_2(SO_4)_3$ são adicionados em um tanque para formar sulfato de cálcio e hidróxido de alumínio. Esse último se forma como flocos gelatinosos insolúveis em água, que são capazes de agregar partículas em suspensão. Em uma estação de tratamento, cada 10 gramas de hidróxido de alumínio é capaz de carregar 2 gramas de partículas. Após decantação e filtração, a água límpida é tratada com cloro e distribuída para as residências. As massas molares dos elementos H, O, $A\ell$, S e Ca são, respectivamente, 1 g/mol, 16 g/mol, 27 g/mol, 32 g/mol e 40 g/mol.

Considerando que 1 000 litros da água de um rio possuem 45 gramas de partículas em suspensão, a quantidade mínima de $A\ell_2(SO_4)_3$ que deve ser utilizada na estação de tratamento de água, capaz de tratar 3 000 litros de água de uma só vez, para garantir que todas as partículas em suspensão sejam precipitadas, é mais próxima de

a) 59 g.

b) 493 g.

c) 987 g.

d) 1 480 g

e) 2 960 g.

10. O álcool comercial (solução de etanol) é vendido na concentração de 96%, em volume. Entretanto, para que possa ser utilizado como desinfetante, deve-se usar uma solução alcoólica na concentração de 70%, em volume. Suponha que um hospital recebeu como doação um lote de 1 000 litros de álcool comercial a 96%, em volume, e pretende trocá-lo por um lote de álcool desinfetante.

Para que a quantidade total de etanol seja a mesma nos dois lotes, o volume de álcool a 70% fornecido na troca deve ser mais próximo de

a) 1 042 L.

b) 1 371 L.

c) 1 428 L.

d) 1 632 L.

e) 1 700 L.

11.

    Diesel é uma mistura de hidrocarbonetos que também apresenta enxofre em sua composição. Esse enxofre é um componente indesejável, pois o trióxido de enxofre gerado é um dos grandes causadores da chuva ácida. Nos anos 1980, não havia regulamentação e era utilizado óleo *diesel* com 13 000 ppm de enxofre. Em 2009, o *diesel* passou a ter 1 800 ppm de enxofre (S1800) e, em seguida, foi inserido no mercado o *diesel* S500 (500 ppm). Em 2012, foi difundido o *diesel* S50, com 50 ppm de enxofre em sua composição. Atualmente, é produzido um *diesel* com teores de enxofre ainda menores.

Os Impactos da má qualidade do óleo diesel brasileiro.
Disponível em: www.cnt.org.br. Acesso em: 20 dez. 2012 (adaptado).

A substituição do *diesel* usado nos anos 1980 por aquele difundido em 2012 permitiu uma redução percentual de emissão de SO_3 de

a) 86,2%.

b) 96,2%.

c) 97,2%.

d) 99,6%.

e) 99,9%.

12. Em um caso de anemia, a quantidade de sulfato de ferro (II) ($FeSO_4$, massa molar igual a 152 g/mol) recomendada como suplemento de ferro foi de 300 mg/dia. Acima desse valor, a mucosa intestinal atua como barreira, impedindo a absorção de ferro. Foram analisados cinco frascos de suplemento, contendo solução aquosa de $FeSO_4$, cujos resultados encontram-se no quadro.

Enem

Frasco	Concentração de sulfato de ferro(II) (mol/L)
1	0,02
2	0,20
3	0,30
4	1,97
5	5,01

Se for ingerida uma colher (10 mL) por dia do medicamento para anemia, a amostra que conterá a concentração de sulfato de ferro (II) mais próxima da recomendada é a do frasco de número

a) 1.   c) 3.   e) 5.

b) 2.   d) 4.

13.

A produção de aço envolve o aquecimento do minério de ferro, junto com carvão (carbono) e ar atmosférico em uma série de reações de oxirredução. O produto é chamado de ferro-gusa e contém cerca de 3,3% de carbono. Uma forma de eliminar o excesso de carbono é a oxidação a partir do aquecimento do ferro-gusa com gás oxigênio puro. Os dois principais produtos formados são aço doce (liga de ferro com teor de 0,3% de carbono restante) e gás carbônico. As massas molares aproximadas dos elementos carbono e oxigênio são, respectivamente, 12 g/mol e 16 g/mol.

LEE, J. D. *Química Inorgânica não tão concisa.*
São Paulo: Edgard Blücher, 1999 (adaptado).

Considerando que um forno foi alimentado com 2,5 toneladas de ferro-gusa, a massa de gás carbônico formada, em quilogramas, na produção de aço doce, é mais próxima de

a) 28.

b) 75.

c) 175.

d) 275.

e) 303.

14. A varfarina é um fármaco que diminui a agregação plaquetária, e por isso é utilizada como anticoagulante, desde que esteja presente no plasma, com uma concentração superior a 1,0 mg/L. Entretanto, concentrações plasmáticas superiores a 4,0 mg/L podem desencadear hemorragias. As moléculas desse fármaco ficam retidas no espaço intravascular e dissolvidas exclusivamente no plasma, que representa aproximadamente 60% do sangue em volume. Em um medicamento, a varfarina é administrada por via intravenosa na forma de solução aquosa, com concentração de 3,0 mg/mL. Um indivíduo adulto, com volume sanguíneo total de 5,0 L, será submetido a um tratamento com solução injetável desse medicamento.

Qual é o máximo volume da solução do medicamento que pode ser administrado a esse indivíduo, pela via intravenosa, de maneira que não ocorram hemorragias causadas pelo anticoagulente?

a) 1,0 mL

b) 1,7 mL

c) 2,7 mL

d) 4,0 mL

e) 6,7 mL

15.

Aspartame é um edulcorante artificial (adoçante dietético) que apresenta potencial adoçante 200 vezes maior que o açúcar comum, permitindo seu uso em pequenas quantidades. Muito usado pela indústria alimentícia, principalmente nos refrigerantes *diet*, tem valor energético que corresponde a 4 calorias/grama. É contraindicado a portadores de fenilcetonúria, uma doença genética rara que provoca o acúmulo da fenilalanina no organismo, causando retardo mental. O IDA (índice diário aceitável) desse adoçante é 40 mg/kg de massa corpórea.

Disponível em: <http://boaspraticasfarmaceuticas.blogspot.com>.
Acesso em: 27 fev. 2012.

Com base nas informações do texto, a quantidade máxima recomendada de aspartame, em mol, que uma pessoa de 70 kg de massa corporal pode ingerir por dia é mais próxima de

Dado: massa molar do aspartame = 294 g/mol

a) $1,3 \times 10^{-4}$.

b) $9,5 \times 10^{-3}$.

c) 4×10^{-2}.

d) 2,6.

e) 823.

16.

Pesquisadores conseguiram produzir grafita magnética por um processo inédito em forno com atmosfera controlada e em temperaturas elevadas. No forno são colocados grafita comercial em pó e óxido metálico, tal como CuO. Nessas condições, o óxido é reduzido e ocorre a oxidação da grafita, com a introdução de pequenos defeitos, dando origem à propriedade magnética do material.

VASCONCELOS, Y. "Um imã diferente". Disponível em:
<http://revistapesquisa.fapesp.br>. Acesso em:
24 fev. 2012 (adaptado).

Considerando o processo descrito com um rendimento de 100%, 8 g de CuO produzirão uma massa de CO_2 igual a

Dados: Massa molar em g/mol: C = 12; O = 16; Cu = 64.

a) 2,2g.

b) 2,8g.

c) 3,7g.

d) 4,4g.

e) 5,5g.

17. No Japão, um movimento nacional para a promoção da luta contra o aquecimento global leva o *slogan*: **1 pessoa, 1 dia, 1 kg de CO_2 a menos!** A ideia é cada pessoa reduzir em 1 kg a quantidade de CO_2 emitida todo dia, por meio de pequenos gestos ecológicos, como diminuir a queima de gás de cozinha.

Um hambúrguer ecológico? É pra já!
Disponível em: <http://lqes.iqm.unicamp.br>.
Acesso em: 24 fev. 2012 (adaptado).

Considerando um processo de combustão completa de um gás de cozinha composto exclusivamente por butano (C_4H_{10}), a mínima quantidade desse gás que um japonês deve deixar de queimar para atender à meta diária, apenas com esse gesto, é de

Dados: CO_2 (44 g/mol); C_4H_{10} (58 g/mol).

a) 0,25 kg.

b) 0,33 kg.

c) 1,0 kg.

d) 1,3 kg.

e) 3,0 kg.

18.

O peróxido de hidrogênio é comumente utilizado como antisséptico e alvejante. Também pode ser empregado em trabalhos de restauração de quadros enegrecidos e no clareamento de dentes. Na presença de soluções ácidas de oxidantes, como o permanganato de potássio, este óxido decompõe-se, conforme a equação a seguir:

$$5\ H_2O_2(aq) + 2\ KMnO_4(aq) + 3\ H_2SO_4(aq) \longrightarrow$$
$$\longrightarrow 5\ O_2(g) + 2\ MnSO_4(aq) + K_2SO_4(aq) + 8\ H_2O(\ell)$$

ROCHA-FILHO, R. C. R.; SILVA, R. R. *Introdução aos Cálculos da Química*. São Paulo: McGraw-Hill, 1992.

De acordo com a estequiometria da reação descrita, a quantidade de permanganato de potássio necessária para reagir completamente com 20,0 mL de uma solução 0,1 mol/L de peróxido de hidrogênio é igual a

a) $2,0 \times 10^0$ mol

b) $2,0 \times 10^{-3}$ mol

c) $8,0 \times 10^{-1}$ mol

d) $8,0 \times 10^{-4}$ mol

e) $5,0 \times 10^{-3}$ mol

19.

A composição média de uma bateria automotiva esgotada é de aproximadamente 32% Pb, 3% PbO, 17% PbO_2 e 36% $PbSO_4$. A média de massa da pasta residual de uma bateria usada é de 6kg, onde 19% é PbO_2, 60% $PbSO_4$ e 21% Pb. Entre todos os compostos de chumbo presentes na pasta, o que mais preocupa é o sulfato de chumbo (II), pois nos processos pirometalúrgicos, em que os compostos de chumbo (placas das baterias) são fundidos, há a conversão de sulfato em dióxido de enxofre, gás muito poluente.

Para reduzir o problema das emissões de $SO_2(g)$, a indústria pode utilizar uma planta mista, ou seja, utilizar o processo hidrometalúrgico para a dessulfuração antes da fusão do composto de chumbo. Nesse caso, a redução de sulfato presente no $PbSO_4$ é feita via lixiviação com solução de carbonato de sódio (Na_2CO_3) 1M a 45 °C, em que se obtém o carbonato de chumbo (II) com rendimento de 91%. Após esse processo, o material segue para a fundição para obter o chumbo metálico.

$$PbSO_4 + Na_2CO_3 \rightarrow PbCO_3 + Na_2SO_4$$

Dados: Massas Molares em g/mol Pb = 207; S = 32; Na = 23; O = 16; C = 12.

ARAÚJO, R. V. V.; TINDADE, R. B. E.; SOARES, P. S. M.
Reciclagem de chumbo de bateria automotiva: estudo de caso.
Disponível em: <//www.iqsc.usp.br>. Acesso em: 17 abr. 2010 (adaptado).

Segundo as condições do processo apresentado para a obtenção de carbonato de chumbo (II) por meio da lixiviação por carbonato de sódio e considerando uma massa de pasta residual de uma bateria de 6 kg, qual quantidade aproximada, em quilogramas, de $PbCO_3$ é obtida?

a) 1,7 kg

b) 1,9 kg

c) 2,9 kg

d) 3,3 kg

e) 3,6 kg

20.

Todos os organismos necessitam de água e grande parte deles vive em rios, lagos e oceanos. Os processos biológicos, como respiração e fotossíntese, exercem profunda influência na química das águas naturais em todo o planeta. O oxigênio é ator dominante na química e na bioquímica da hidrosfera. Devido à sua baixa solubilidade em água (9,0 mg/L a 20 °C), a disponibilidade de oxigênio nos ecossistemas aquáticos estabelece o limite entre a vida aeróbica e anaeróbica. Nesse contexto, um parâmetro chamado Demanda Bioquímica de Oxigênio (DBO) foi definido para medir a quantidade de matéria orgânica presente em um sistema hídrico. A DBO corresponde à massa de O_2 em miligramas necessária para realizar a oxidação total do carbono orgânico em um litro de água.

BAIRD, C. *Química Ambiental*. Ed. Bookman, 2005 (adaptado).

Dados: Massas molares em g/mol: C = 12; H = 1; O = 16.

Suponha que 10 mg de açúcar (fórmula mínima CH_2O e massa molar igual a 30 g/mol) são dissolvidos em um litro de água; em quanto a DBO será aumentada?

a) 0,4 mg de O_2/litro

b) 1,7 mg de O_2/litro

c) 2,7 mg de O_2/litro

d) 9,4 mg de O_2/litro

e) 10,7 mg de O_2/litro

UNIDADE 4

DINÂMICA DAS TRANSFORMAÇÕES QUÍMICAS

Para o ser humano, o fogo foi provavelmente o primeiro agente transformador da matéria, capaz de conduzi-la de um estado a outro: minerais → metais; barro → tijolo/telha/utensílios cerâmicos; areia → vidro. O fogo ajudou as antigas civilizações a produzir com rapidez tudo o que a natureza, talvez, levaria tempo para fazer. Apesar de todos esses feitos técnicos, a relação entre o ser humano e as transformações obtidas pelo fogo mantinha-se imbuída de um caráter mágico-religioso. Ainda hoje, o fogo é um poderoso agente transformador, nas indústrias, nos laboratórios, nas residências... Contudo, o domínio sobre ele deixou de ter feição sobrenatural e tornou-se uma ferramenta da ciência e da tecnologia. Na atualidade, a supremacia tecnológica disponibiliza outras fontes de energia que, aliadas ao conhecimento da estrutura da matéria, possibilita a "criação" de novos materiais por meio das transformações químicas.

Ao acendermos um fósforo a reação ocorre devido à uma ação mecânica: a fricção na superfície da caixa. A energia liberada nesse momento, desencadeia uma reação química entre o fósforo e o oxigênio causando a ignição e o clorato de potássio pega fogo gerando a chama.

CAPÍTULO 11

TERMOQUÍMICA

Nos seres vivos, o mecanismo de obtenção de energia tem como principal fonte as gorduras (lipídios), os açúcares (carboidratos) e as proteínas (Figura 11.1). Portanto, os processos metabólicos como respiração, locomoção, digestão e reprodução, entre outros, dependem da energia adquirida dos alimentos ingeridos. Dessa forma, os carboidratos, as gorduras e as proteínas, além de outras funções importantes no organismo, agem como fonte de energia proporcionando, em especial, ao ser humano a possibilidade de realização de suas atividades: trabalho, estudo, prática de esportes etc.

Componentes energéticos dos alimentos

Uma dieta balanceada deve conter, fundamentalmente, água, proteínas, gorduras, açúcares e sais minerais. Tais substâncias estão presentes em diferentes quantidades nos alimentos, porém nem todos os alimentos apresentam todas as substâncias.

Neste capítulo, vamos conhecer a importância desses fornecedores de energia (com destaque para gorduras, carboidratos e proteínas) e o papel que exercem na vida do ser humano.

Figura 11.1: Nutrientes: fonte de energia para os seres vivos.

I. Gorduras

Do ponto de vista das estruturas químicas, as gorduras e os óleos são bem parecidos. A diferença está nas temperaturas de fusão. As gorduras são sólidas e os óleos são líquidos à temperatura ambiente (cerca de 25 °C).

II. Carboidratos ou açúcares (glicídios)

É o nome utilizado para designar grande variedade de substâncias. Constituem-se principalmente de átomos de carbono, hidrogênio e oxigênio. São os principais nutrientes convertidos em energia nos organismos vivos e são consumidos nas formas de frutose, glicose, amido, lactose, entre outros.

III. Proteínas

São macromoléculas presentes nos seres vivos, que participam de vários processos celulares, sendo responsáveis pela replicação do DNA, respostas aos estímulos químicos e físicos e pelo transporte de moléculas. Além de ter função estrutural, como na formação de músculo e pelo pele, unhas, cabelos, entre outros. Elas constituem aproximadamente 15% da massa corpórea humana.

Outras proteínas, as **enzimas**, exercem com êxito a importante função de auxiliar reações químicas ocorridas no corpo humano (ação enzimática).

Estimativa da quantidade de energia fornecida pelos nutrientes

As gorduras e os carboidratos participam de uma série de reações químicas nos organismos vivos na presença do oxigênio proveniente do ar atmosférico e os produtos dessa reação são gás carbônico, água e energia.

É possível calcular a quantidade de energia obtida pela queima de gorduras, carboidratos e proteínas realizando experiências em um calorímetro – aparelho que permite efetuar a medição do calor desprendido ou recebido por um sistema quando sucedem transformações físicas ou químicas (Figura 11.2). A combustão que ocorre no calorímetro equivale ao processo realizado no interior das células em relação à quantidade de energia, as quais contam com o indispensável auxílio das enzimas para reagir na temperatura do corpo humano.

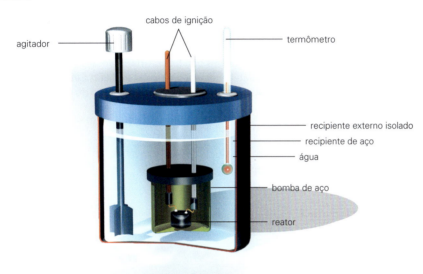

Figura 11.2: Bomba calorimétrica é um tipo de calorímetro empregado para medir quantidades de calor liberado em reações de combustão.
O calor liberado pela reação é absorvido pelas várias partes do instrumento, cujo reflexo é percebido pela variação de temperatura do termômetro.

Valores obtidos por meio de calorímetros revelam que para cada quilo de gordura são gerados cerca de 9 mil kcal (quilocaloria); para os açúcares e as proteínas, os valores aproximam-se de 4 mil kcal por quilo de substância.

Uma caloria (1 cal) é a quantidade de calor necessária para elevar em 1 °C (de 14,5 °C para 15,5 °C) 1 grama de água, a 1 atm. A partir da própria definição de caloria, tem-se que: 1 000 gramas de água requerem 1 000 calorias para sofrer elevação de 1 °C.

Daí, conclui-se que 1 quilocaloria (1 kcal) equivale a 1 000 cal:

$$1 \text{ kcal} = 1\,000 \text{ cal}$$

A unidade referente ao poder calorífico dos alimentos denomina-se **Caloria**, com **C** em maiúsculo, e significa:

$$1\,000 \text{ cal} = 1 \text{ kcal} = 1 \text{ Cal}$$

Com base nos valores relativos à combustão dos componentes dos alimentos, monta-se o quadro a seguir, por grama desses componentes.

	Cal	kcal	cal
Gorduras	9	9	9 000
Carboidratos	4	4	4 000
Proteínas	4	4	4 000

Exercício resolvido

Determinada marca de requeijão apresenta, no rótulo, as seguintes características:

Composição por 100 gramas:
Água → 79%
Proteínas → 17%
Gorduras → 0,3%
Carboidratos → 2,7%

Considerando esses dados, calcule o valor calorífico contido em 200 g do citado requeijão.

Verifica-se que a soma das porcentagens não totaliza 100%. Pode-se atribuir a diferença a outras substâncias que não têm caráter energético ou ainda creditá-la a imprecisões nas medidas.

I. Primeiro, determina-se a massa de cada componente em 200 g do requeijão.

Proteína

100 g de requeijão —— 17 g de proteína (17%)
200 g de requeijão —— x

$$x = \frac{200 \cdot 17}{100} = 34 \text{ g de proteína}$$

Gordura

100 g de requeijão —— 0,3 g de gordura (0,3%)
200 g de requeijão —— y

$$y = \frac{200 \cdot 0,3}{100} = 0,6 \text{ g de gordura}$$

Carboidrato

100 g de requeijão —— 2,7 g de carboidrato (2,7%)
200 g de requeijão —— z

$$z = \frac{200 \cdot 2,7}{100} = 5,4 \text{ g de carboidrato}$$

II. Depois, com base tabela da página 371 é possível identificar o valor calorífico de cada substância.

Proteína	Gordura	Carboidrato
1 g —— 4 Cal	1 g —— 9 Cal	1 g —— 4 Cal
34 g —— Q_p	0,6 g —— Q_g	5,4 g —— Q_c
$Q_p = 136$ Cal	$Q_g = 5,4$ Cal	$Q_c = 21,6$ Cal

Assim, o valor calorífico será: $136 + 5,4 + 21,6 = 163$ Cal.

Exercício proposto

Um jogador de futebol escalado para jogar na lateral esquerda de seu time se vê obrigado a correr durante 15 segundos para evitar aquilo que seria o gol do adversário. Qual é o consumo de energia para esse atleta completar o percurso no tempo indicado?

(Dado: considere que são consumidos 12 kcal por minuto na prática deste esporte.)

Utilizando métodos de laboratório, é possível determinar as quantidades das substâncias que constituem os vários alimentos.

Com base no processo aplicado na resolução do Exercício Resolvido anterior, construiu-se uma tabela em que constam os valores caloríficos de alguns alimentos.

Valores caloríficos de alguns alimentos					
Partícula	Proteínas (%)	Gorduras (%)	Carboidratos (%)	Água (%)	Cal/100 g de alimento
Leite	3,5	3,5	4,9	87,4	65
Ovo	12,9	11,5	0,9	73,7	163
Batata	2,6	0,1	21,1	75,1	93
Tomate	1,1	0,2	19,7	93,5	22
Cenoura	1,1	0,2	19,7	88,2	42
Carne de frango	23,8	3,8	0	71	136
Carne fresca de boi	5,5	79,9	0	14,4	744
Laranja	1,0	0,2	12,2	86	49
Banana	1,1	0,2	22,2	75,7	85

Elaborada pelos autores para fins didáticos.

À medida que o organismo é solicitado a desempenhar certas atividades, há o que chamamos de **consumo energético**.

A tabela a seguir mostra o consumo energético quando se praticam alguns tipos de exercícios físicos:

Atividade	Energia consumida/(Cal/min)
Futebol (competição)	12
Corrida a pé	10
Corrida de bicicleta	5
Vôlei (competição)	8
Natação (lazer)	6
Caminhada em terreno acidentado	11

Elaborada pelos autores para fins didáticos.

Diet × light

A expressão *light* é utilizada no rótulo de alimentos para indicar o atributo de reduzido valor energético ou reduzido teor de um ou mais componentes da receita original. Se, em uma embalagem, lê-se a informação: "30% de redução em gordura", isso significa que esse produto contém 30% a menos de gordura (ou seja, contém 70% de gordura) em relação ao produto não modificado, que não é *light*. Por exemplo: um tablete de manteiga industrializada contém cerca de 85% de gordura, isto é, a cada 100 g de manteiga, 85 g são de gordura. Uma manteiga *light* com redução de 30% de gordura deverá conter 59,5 g de gordura (85 g menos 30% de 85%); uma diminuição de 25,5 g de gordura para cada 100 g de manteiga.

Observação: O valor energético deve referir-se a 100 g ou 100 mL do produto acabado, isto é, exposto à venda para o consumidor final.

Já a expressão *diet* é utilizada para alimentos destinados a fins especiais, como:

- dietas para controle de peso;
- dietas com restrição de carboidratos;
- dietas com restrição de gorduras;
- dietas com restrição de proteínas;
- dietas com restrição de sódio;
- dietas de ingestão controlada de açúcares.

Observação: Os alimentos do tipo *diet* com restrições em carboidratos, gorduras e açúcares apresentam menor valor calórico em relação aos mesmos alimentos não modificados.

Termoquímica **Capítulo 11** 373

Exercício resolvido

Um pedaço de pizza contém 10 g de proteína, 20 g de carboidrato e 7 g de gordura.

a) Qual é o valor calorífico, em Cal, desse pedaço de pizza?

b) Quantos pedaços iguais a esse uma pessoa deverá consumir após praticar 15 minutos de futebol a fim de repor a energia gasta?

Observação: utilize os dados das tabelas anteriores.

a)
Proteína	Gordura	Carboidrato
1 g —— 4 Cal	1 g —— 9 Cal	1 g —— 4 Cal
10 g —— Q_p	7 g —— Q_g	5,4 g —— Q_c
Q_p = 40 Cal	Q_g = 5,4 Cal	Q_c = 80 Cal

Esse pedaço de pizza tem um valor calorífico de: 40 + 63 + 80 = 183 Cal.

b) A prática do futebol consome 12 Cal/min, e a atividade durou 15 minutos. O praticante consumiu, portanto: 12 Cal · 15 min = 180 Cal.

O pedaço de pizza fornece 183 Cal; logo:

$$\frac{180 \text{ Cal}}{183 \text{ Cal/pedaço}} \cong 1 \text{ pedaço}$$

Para repor a energia gasta, o praticante deverá comer 1 pedaço de pizza.

Exercício proposto

Ao término de uma partida de futebol, os jogadores deverão se alimentar adequadamente para repor a energia consumida durante o jogo. Considerando apenas a corrida na defesa do gol adversário (15s), quantos gramas de ovos este tipo de atleta deve consumir para repor o consumo energético sabendo que um ovo tem aproximadamente 56 g? (Consulte a tabela de energia e alimentos.)

Trabalho, calor e temperatura

No aprendizado da Termoquímica, usa-se com frequência os termos **trabalho**, **calor** e **temperatura**. Os estudos iniciais sobre calor e trabalho estão relacionados com o funcionamento de uma máquina a vapor. Observe a Figura 11.3:

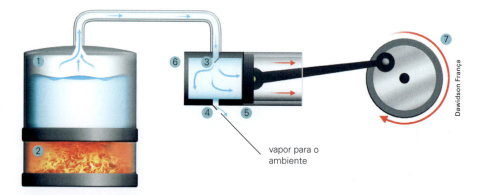

Figura 11.3: Esquema de funcionamento de uma máquina a vapor.

A caldeira (1) contém água aquecida pela queima na fornalha (2). O vapor de água produzido na caldeira (1) empurra a válvula (3) e penetra no cilindro (6), enquanto a válvula (4) permanece fechada. No interior do cilindro (6), o vapor empurra o pistão (5), o que impulsiona um sistema de bielas que faz girar a roda (7). Com o giro da roda, o pistão (5) retorna, fechando a válvula (3) e abrindo a válvula (4), empurrando o vapor para o ambiente.

> Carnot procurou uma regra que permitisse relacionar a energia mecânica produzida e o calor fornecido. Intuiu, dessa forma, o primeiro princípio da Termodinâmica, conhecido como o Ciclo de Carnot, que nada mais é que uma reafirmação do Princípio da Conservação de Energia.

Em 1824, Sadi Carnot (1796-1832) interpretou o funcionamento da máquina a vapor, sugerindo que o vapor de água fosse o agente transportador do calor proveniente da queima de combustível. A partir daí, o vapor realizaria trabalho empurrando o êmbolo. Quando o êmbolo retornasse, o calor seria transferido para o ambiente por meio do vapor expulso pela válvula (4), de tal modo que o fluxo de calor se propagaria entre duas fontes com temperaturas diferentes: o vapor aquecido e o ambiente.

Noção de trabalho

Em 1826, o engenheiro francês J. Poncelet (1788-1867) empregou pela primeira vez o termo **trabalho** para indicar um esforço realizado para vencer uma resistência. Triturar um sólido até transformá-lo em pó, desbastar uma peça metálica com uma pedra de amolar, puxar um carro, comprimir uma mola são exemplos de trabalho.

É necessário considerar que só há trabalho se houver resistência. E a superação da resistência só é alcançada com movimento. Contudo, não é qualquer movimento que realiza trabalho: é preciso que o movimento seja ordenado. Assim, para haver trabalho devem existir sempre, no mínimo, dois componentes. Um que origina a resistência e outro que vence a resistência.

A Figura 11.4 mostra uma situação em que há equilíbrio, na qual as pressões interna e externa são iguais a ponto de o êmbolo permanecer estacionado. No entanto, o êmbolo pode ser deslocado por uma força externa – uma mão que o empurra, por exemplo – que atue sobre ele e o faça comprimir o gás, vencendo a resistência à compressão do gás. A situação pode ser invertida também quando o gás é aquecido de tal modo que seu volume se expande, superando a resistência do êmbolo e da força exercida sobre ele.

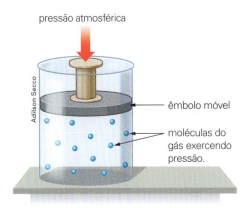

Figura 11.4: Esquema de cilindro de êmbolo móvel com gás em seu interior.

Observa-se que, em ambos os casos, estão presentes dois componentes. No primeiro, a mão, com movimento ordenado, realiza trabalho sobre o gás. No segundo, o processo inverte-se quando o aquecimento do gás, com a expansão de seu volume, passa a realizar trabalho sobre o êmbolo, sobre a mão e sobre a atmosfera.

Noção de calor

Dominando a Física e a Química até fins do século XVIII, a Teoria do calórico considerava o calor como um fluido. Espalhado por toda a natureza, esse fluido era propagado ou conservado pelos corpos de acordo com suas propriedades e temperatura.

Após tantos séculos aprendendo a dominar o fogo, é coerente supor que o ser humano tenha feito vários experimentos para conhecer o calor, procurando inúmeras vezes uma forma de enunciá-lo.

Ao aquecer um sistema, a temperatura aumenta, sendo esse um indício de que houve o ganho ou a introdução de um fator capaz de provocar alterações no conjunto. Ao resfriar um sistema, a temperatura diminui, revelando a perda do que mantinha o conjunto aquecido. À variável desse perde-ganha, deu-se o nome de **calor**.

No início do século XVII, considerava-se que o calor fazia parte dos materiais e que podia sair dos corpos e/ou penetrar neles. No mesmo período, outra hipótese propunha que o calor era o resultado do movimento de pequenas partículas que constituíam os corpos.

Atualmente, o calor é explicado como a passagem de energia de um sistema, a dada temperatura, para outro que esteja em temperatura inferior, de modo que a transferência aconteça no começo em razão da diferença de temperatura entre eles. Dessa forma, o calor é transitório, e sua transferência ocorre somente entre sistemas com temperaturas diferentes. As trocas de calor cessam assim que as temperaturas atingem valor igual.

Água esfria em recipiente de barro

Desde que a humanidade aprendeu a trabalhar com o barro na confecção de vasilhames, descobriu também que neles a água permanece fresca. A técnica de manter a água em vasilhames de barro para conservá-la numa temperatura agradável é anterior às explicações do fenômeno. Agora, sabe-se por que isso acontece: devido à porosidade do barro a água atravessa as paredes do vasilhame, mantendo-o umedecido por fora. A água depositada externamente evapora, retirando energia do barro, que por sua vez tira energia da água armazenada. Com esse fluxo de energia do líquido para o exterior do recipiente, está garantido o frescor da água.

Noção de temperatura

Quando são adicionados vários baldes cheios de água, porém com volumes diferentes, no interior de um tonel, o volume final da água será a soma dos volumes dos baldes. O mesmo acontece quando juntamos os trilhos para construir uma estrada de ferro: o comprimento da estrada de ferro será dado pela soma dos comprimentos dos trilhos. A ideia repete-se quando depositamos várias amostras de açúcar, de diferentes massas, no prato de uma balança. O instrumento acusará a soma das massas das diversas amostras. O volume, o comprimento e a massa são propriedades denominadas **extensivas**, pois são obtidas pela soma das partes do sistema. Para medir as propriedades extensivas, basta compará-las com um padrão. Volumes são comparados com um volume-padrão, comprimentos são comparados com um comprimento-padrão e massas são comparadas com uma massa-padrão.

No caso da temperatura, por mais que seja uma propriedade familiar, ainda é difícil encontrar uma definição precisa para ela. Não se pode medir a temperatura como se medem volumes, comprimentos e massas. Não se aplica a adição nesse caso. Assim, quando colocamos juntas quatro barras de ferro, cada uma a 20 °C, todas permanecem com os mesmos 20 °C de temperatura. Essa propriedade, característica da temperatura, é denominada **intensiva**.

A medida da temperatura está baseada no Princípio Zero da Termodinâmica, cujo enunciado é:

> Quando dois sistemas estão em equilíbrio térmico, ambos têm a mesma temperatura.

Naturalmente, os sistemas que não estão em equilíbrio térmico têm temperaturas diferentes (Figura 11.5).

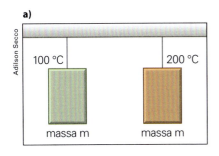
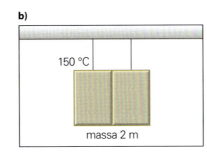

Figura 11.5:
a) sistemas com temperaturas diferentes.
b) sistemas em equilíbrio térmico.

O princípio pode ser ilustrado com uma situação bem simples. Juntando materiais distintos como pedra, madeira, lã, água e cortiça, todos com temperaturas diferentes, em um ambiente isento de radiação solar, o calor fluirá dos corpos mais quentes para os corpos mais frios até que todos estejam em equilíbrio térmico, isto é, na mesma temperatura.

Os termômetros são utilizados para medir temperaturas. A base é essencialmente o Princípio Zero da Termodinâmica, visto que, se dois corpos estão em equilíbrio térmico com um terceiro, esses dois corpos estão em equilíbrio térmico entre si.

Desde 1657, estudiosos de Florença sabiam como utilizar o equilíbrio térmico da água e do gelo; a esse equilíbrio foi atribuído o valor de 0 °C de temperatura. Em 1742, Celsius designou o valor 0 °C como a temperatura de equilíbrio entre água e gelo e o valor 100 °C como a temperatura de equilíbrio entre água líquida e água vapor, sob pressão de 1 atm. O termômetro recebia marcas, com intervalos uniformes entre os valores de 0 a 100, às quais correspondiam os graus de temperatura. Dessa forma, quando um termômetro é colocado em contato com uma placa de cobre suavemente aquecida, ele e a placa entrarão em equilíbrio térmico após alguns instantes. O termômetro indicará a temperatura adquirida por ambos.

Temperatura e calor

A palavra **temperatura** é de origem latina e significa composição de uma mistura. Daí, o uso do termo para indicar a composição da mistura entre o corpo e o suposto termogêneo.

No século XVII, o calor era considerado capaz de se deslocar, entrando nos corpos e saindo deles. A ele era dado o nome de **termogêneo** ou **substância termogênea**. Quando o termogêneo penetrava em um corpo, a temperatura do corpo se elevava. Quando o termogêneo escoava de um corpo, a temperatura do corpo diminuía. Se o corpo perdesse todo o termogêneo, então ele ficaria com zero grau de temperatura.

Até a metade do século XVIII, utilizava-se um determinado grau de temperatura para a composição de um material misturado e o termogêneo, por exemplo. Ainda hoje há reminiscências desse termo: quando se indica o teor de álcool em graus nos rótulos de bebidas e do álcool comum; ou no uso da palavra tempero, indicando a mistura utilizada em alimentos.

Atualmente, a temperatura de um sistema está associada à sua energia térmica, que é uma forma de energia relacionada ao movimento das partículas presentes no interior desse sistema. Desse modo, todos os sistemas possuem energia térmica. No entanto, não há sentido em afirmar que os sistemas contêm calor, pois o calor manifesta-se transitivamente entre dois sistemas com temperaturas diferentes. Uma vez estabelecido o equilíbrio térmico entre os dois sistemas, o trânsito de calor cessa, porém cada sistema continuará contendo energia térmica.

Correndo em dias quentes

Em dias de temperaturas elevadas é de grande importância tomar medidas de segurança contra o calor. Correr sob o sol requer precauções especiais. É essencial minimizar a perda de líquidos e o ganho de temperatura. A seguir são listadas algumas sugestões:

- Beber água sempre que for possível. Água é de vital importância na prevenção de problemas com o calor. O corpo perde considerável quantidade de líquidos antes de vir a sensação de sede.
- Evitar bebidas alcoólicas ou com cafeína, pois elas possuem efeito diurético.
- Correr no período mais fresco do dia.

- Estar alerta ao fato de que umidade alta impede o resfriamento do corpo através da evaporação do suor.
- Vestir roupa branca para refletir os raios solares. Evitar cores escuras que absorvem o calor.
- Escolher um percurso com sombras. Correr onde tiver acesso à água.
- Borrifar no corpo um pouco de água para ajudar a refrescá-lo.
- Remover a roupa molhada, pois esta atrapalha a evaporação do suor do corpo.
- Evitar correr quando a umidade relativa do ar ultrapassar 90%.
- Evitar correr longas distâncias sozinho.

Reações químicas em Termoquímica: entalpia

A Termodinâmica trabalha com o fluxo de energia nas transformações, quer sejam naturais, quer sejam realizadas em laboratórios e indústrias.

Curiosamente, o conhecimento acumulado sobre energia, seus fluxos e efeitos baseia-se em um pequeno conjunto de princípios ou leis da Termodinâmica, apoiados em resultados puramente experimentais, isto é, em conhecimento adquirido empiricamente. A Primeira Lei da Termodinâmica estabelece que:

> A energia do Universo é constante.
>
> ou
>
> A energia não pode ser criada nem destruída.

"A energia do Universo é constante" trata-se de um aforismo, isto é, uma sentença breve e que explica algum conceito. De modo geral, o interesse está em acompanhar trocas de energia envolvidas em reações químicas que acontecem em frascos de laboratório ou em sistemas industriais, assim como os efeitos desses sistemas sobre as regiões circunvizinhas a eles. Portanto, o enunciado quer dizer que a energia contida em um sistema somada à energia do ambiente é constante. Uma quantidade de energia liberada pelo sistema manifesta-se na vizinhança e vice-versa.

Quando um sistema transfere energia para o ambiente, essa energia fica acumulada no ambiente. Quando um ambiente que circunda um sistema fornece energia para esse mesmo sistema, a energia do ambiente é diminuída e essa diferença aparece no sistema.

O refrigerador

O refrigerador é uma máquina de transferência de calor que capta o calor interno e o põe para fora. Isso ocorre em razão da constante evaporação e condensação do fluido refrigerante. Para que se processe a evaporação, ou seja, a troca da fase líquida para a gasosa, faz-se necessário calor, que é absorvido dos produtos existentes no refrigerador. A troca oposta, a condensação, expulsa o calor, que é liberado do fluido refrigerante para o exterior do refrigerador.

Unidade 4 Dinâmica das transformações químicas

Trocas de calor com a vizinhança

Uma aplicação da Primeira Lei da Termodinâmica pode ser ilustrada pela dissolução do hidróxido de sódio em água. O processo utiliza água, hidróxido de sódio, um termômetro e um erlenmeyer de 250 mL. Observe a Figura 11.6:

Tal processo pode ser representado pela seguinte equação química:

$$\text{NaOH (s)} \xrightarrow{\text{água}} \text{Na}^{1+} \text{(aq)} + \text{OH}^{1-} \text{(aq)}$$
sistema inicial → sistema final

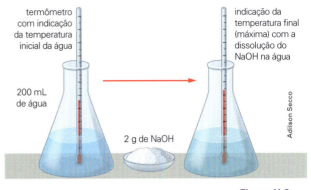

Figura 11.6: Esquema da aplicação da Primeira Lei da Termodinâmica. Imagem sem escala; cores-fantasia.

No sistema inicial, as substâncias estão caracterizadas, com quantidade de matéria, pressão, temperatura e volume estabelecidos. Infelizmente, a energia interna total de cada substância não é conhecida.

À medida que a dissolução acontece, a temperatura aumenta. Ao término do processo, o sistema final apresentará uma temperatura superior à temperatura do sistema inicial. Portanto, a dissolução do NaOH em água libera calor para o ambiente, isto é, trata-se de um processo **exotérmico**. Um observador no local terá a sensação de aquecimento próximo ao erlenmeyer.

Ao final da operação, o sistema, ou a solução, tem seu estado definido: volume, quantidade de matéria, pressão e temperatura estão caracterizados, porém a energia armazenada na solução é desconhecida, assim como a energia armazenada nas substâncias inicialmente.

Quando outra substância for dissolvida em água e a temperatura da solução resultante for inferior à temperatura inicial, tal processo será **endotérmico**.

CIÊNCIA, TECNOLOGIA, SOCIEDADE E AMBIENTE

Uma solução ou um coloide para moderar a dor?

É comum a imagem de algum atleta sendo atendido do lado de fora de uma quadra ou de um campo. Rapidamente, o médico e seus auxiliares aplicam-lhe uma compressa sobre a região atingida ou utilizam um *spray*. Tanto um método quanto o outro visam reduzir a dor no jogador lesionado.

A compressa é constituída por um invólucro selado contendo um sal, como nitrato de amônio. Esse invólucro é introduzido num segundo recipiente com água, que também é fechado. Enquanto essas duas substâncias não entram em contato, nada se observa. Se for necessário utilizar a compressa, basta acioná-la adequadamente para que o invólucro interno seja rompido e o sal se dissolva na água **endotermicamente**, isto é, absorvendo calor do ambiente. Ao colocar a compressa fria em contato com a musculatura, o atleta sentirá o alívio da dor. O frio contrai os vasos sanguíneos e reduz a sensibilidade dos nervos, o que causa a sensação no cérebro de que houve a redução da dor e leva ao relaxamento dos músculos.

O *spray* consiste de um coloide ou aerossol líquido, no qual o dispersante é o gás propelente (indicado no frasco) e o disperso é um líquido volátil expelido pela válvula na forma de gotículas com dimensões coloidais. Quando esse líquido é aplicado na região lesionada, rapidamente as gotículas evaporam resfriando o músculo, pois entre a pele e as gotas do *spray* a troca de calor é muito rápida. Qual, então, a vantagem do *spray*? Se a dor for muito intensa, a aplicação do *spray* é recomendada; se for suportável, a compressa é suficiente.

O cálculo do calor liberado durante a dissolução pode ser efetuado caso considere-se que esse calor é o que foi absorvido pelo erlenmeyer e pela água, desprezando o calor perdido para o meio.

A partir da massa de NaOH, a variação de temperatura e outras informações, supõe-se que o valor obtido para o calor liberado tenha sido 2 kJ. Esse resultado deve ser interpretado como a quantidade de calor liberada na dissolução de 2 g de NaOH em 200 mL de água nas condições do experimento. É convencional expressar, em um processo em função da quantidade de matéria envolvida na transformação, a quantidade de calor liberada ou consumida. Como a massa de 2 g de NaOH equivale a 0,05 mol, a quantidade de calor liberada seria de 43 kJ, caso esteja dissolvido 1 mol.

Assim sendo, o calor liberado é incorporado à equação química de dissolução em relação a 1 mol de soluto que se dissolve:

$$NaOH \text{ (s)} \xrightarrow{\text{água}} Na^{1+} \text{ (aq)} + OH^{1-} \text{ (aq)} + 43 \text{ kJ} \cdot mol^{-1}$$

As equações das reações termoquímicas

É possível demonstrar que a quantidade de calor liberada ou consumida por uma reação química, à pressão constante, independe do caminho processado por ela, subordinando-se apenas a seu estado inicial (reagentes) e a seu estado final (produtos).

Considere-se, por exemplo, a reação entre o estanho e o cloro, à pressão constante, liberando 325 kJ por mol de estanho que reage:

$$Sn \text{ (s)} + C\ell_2 \text{ (g)} \longrightarrow SnC\ell_2 \text{ (s)} + 325 \text{ kJ} \cdot mol^{-1} \text{ (I)}$$

A seguir, o $SnC\ell_2$ é submetido à reação com o cloro sob pressão constante e libera 186 kJ por mol de $SnC\ell_2$:

$$SnC\ell_2 \text{ (s)} + C\ell_2 \text{ (g)} \longrightarrow SnC\ell_4 \text{ (}\ell\text{)} + 186 \text{ kJ} \cdot mol^{-1} \text{ (II)}$$

Como a troca de calor numa reação sob pressão constante independe dos vários caminhos de reação, pode-se levar em conta que a reação é a soma das duas reações anteriores:

$$Sn \text{ (s)} + 2\,C\ell_2 \text{ (g)} \longrightarrow SnC\ell_4 \text{ (}\ell\text{)} \text{ (III)}$$

Como o calor da reação (Q) depende somente dos estados inicial e final, o calor da reação (III) é igual à soma dos calores das reações (I) e (II):

$$
\begin{array}{ccccc}
& Q = 325 \text{ kJ} \cdot mol^{-1} & & Q = 186 \text{ kJ} \cdot mol^{-1} & \\
& +\,C\ell_2 & & +\,C\ell_2 & \\
Sn & \rule{3cm}{0.4pt} & SnC\ell_2 & \rule{3cm}{0.4pt} & SnC\ell_4 \\
& I & & II &
\end{array}
$$

$$
\begin{array}{ccc}
& Q = 511 \text{ kJ} \cdot mol^{-1} & \\
& +2\,C\ell_2 & \\
Sn & \rule{6cm}{0.4pt} & SnC\ell_4 \\
& III &
\end{array}
$$

A experiência mostra que a reação (III) libera 511 kJ. Os dois resultados revelam que o calor liberado é o mesmo, quer a reação seja realizada numa única etapa, quer seja realizada em duas ou mais. Assim, o calor trocado depende somente do estado inicial e final da reação quando sob pressão constante.

É importante lembrar que a energia armazenada nas substâncias não é conhecida; portanto, o calor trocado durante uma reação é apenas uma indicação de quanto diminui ou aumenta a energia do sistema. Não se pode afirmar que um sistema reagente contendo 1 000 kJ, após uma reação, passe a conter 700 kJ, liberando 300 kJ. Entretanto, pode-se afirmar que, no curso da reação, 300 kJ foram liberados, independentemente do conteúdo energético inicial, que é desconhecido.

A transpiração é uma defesa natural do organismo contra as temperaturas que lhe podem ser danosas. O suor contém água, que absorve o calor do corpo ao evaporar sobre a pele, reduzindo assim a temperatura. O mesmo efeito pode ser observado, mais facilmente, umedecendo a pele com álcool ou acetona.

Não só o álcool, a acetona ou a água, mas qualquer substância, passando de líquido a vapor, retira do meio ambiente o calor necessário para essa transformação. Os aparelhos de ar-condicionado aproveitam-se desse fenômeno para subtrair calor do ambiente e resfriá-lo.

Química Aplicada

Aproximadamente 0,3% da luz solar que atinge a superfície da Terra é convertida, pela fotossíntese, em energia química, isto é, na produção de açúcar pelos vegetais verdes. A energia permanece armazenada nas moléculas de açúcar presentes nas células vivas dos vegetais. Essa energia pode ser liberada pela reação inversa à da fotossíntese por combustão (queima) ou por outras reações em sistemas biológicos, a respiração, por exemplo. O processo de respiração libera energia para outras atividades biológicas vitais como osmose, crescimento, multiplicação celular etc. Entretanto, somente uma fração do açúcar produzido na fotossíntese é consumida na respiração, caso contrário os vegetais não cresceriam.

Apenas uma pequena porção de matéria vegetal e animal, estimada em 1 parte em 10 000 partes, é enterrada no solo ao longo de milhões de anos. Ela se transforma em petróleo, carvão mineral e gás natural, que hoje extraímos e aproveitamos na forma de combustíveis fósseis. Acredita-se que a energia total soterrada na forma de combustíveis fósseis seja algo próximo de $5,5 \cdot 10^{19}$ kJ.

Exercício resolvido

O texto do boxe acima afirma que o açúcar produzido durante a fotossíntese é consumido, em parte, para a manutenção dos seres vivos que respiram, denominados seres aeróbicos. Há seres vivos que não dependem do oxigênio para o seu metabolismo?

Sim, os seres anaeróbicos. Certas bactérias anaeróbicas causam o botulismo ao se desenvolverem em alimentos cujas embalagens não foram esterilizadas de modo adequado. O tétano é outra doença que pode ser adquirida pela ação de bactérias anaeróbicas. Os lactobacilos também são anaeróbicos, no entanto, trazem vantagens em determinados processos, como na produção de iogurtes e coalhadas. O processo químico dos seres anaeróbicos para obtenção de energia é a fermentação, cuja equação química é:

$$C_6H_{12}O_6 \longrightarrow 2\,C_2H_6O^* + 2\,CO_2$$

*Álcool etílico ou etanol.

Termoquímica **Capítulo 11** 381

Exercícios propostos

1. Qual é o significado da afirmação de que 0,3% da energia solar que chega à Terra é convertida em energia química?

2. O texto afirma que a respiração dos vegetais acontece segundo uma reação contrária à fotossíntese. Escreva a equação química da respiração.

3. A equação que representa a respiração vegetal deve ser endotérmica ou exotérmica?

4. Compare a quantidade de energia "soterrada" na forma de combustíveis fósseis com o valor $2,0 \cdot 10^{10}$ kJ, liberado numa explosão nuclear.

NOTA:
Os valores de variação de entalpia das reações são encontrados em tabelas em que se especificam a temperatura e a pressão.

A entalpia

Há uma propriedade atribuída às substâncias denominada **entalpia** (H), e sua variação em uma reação dependerá dos reagentes e dos produtos. A definição de entalpia foge aos interesses deste curso, porém é útil saber que a variação de entalpia (ΔH) independe do caminho da reação.

À pressão constante, o valor da **variação de entalpia** é igual ao calor que a reação troca com o ambiente:

$$\Delta H = Q_p$$

Q_p = calor requerido ou liberado sob pressão constante
ΔH = variação de entalpia

É importante ressaltar que os valores de entalpia (H) não são conhecidos e não possuem nenhum significado quando isolados. Durante a reação, observa-se o ΔH, ou variação de entalpia, comparando-se reagentes e produtos.

Reações endotérmicas apresentam sempre valores de ΔH **positivo**, uma vez que a energia flui do ambiente para a reação. **Reações exotérmicas** apresentam sempre valores de ΔH **negativo**, uma vez que a energia flui da reação para o ambiente

Por exemplo:

$$CaO\ (s) + 3\ C\ (s) \longrightarrow CaC_2\ (s) + CO\ (g) \qquad \Delta H = +465\ kJ \cdot mol^{-1}$$

Essa equação nos informa que 1 mol de óxido de cálcio sólido, CaO (s), reage com 3 mols de carbono sólido, C (s), produzindo 1 mol de carbeto de cálcio sólido, CaC_2 (s), e 1 mol de monóxido de carbono gasoso, CO (g). São absorvidos 465 kJ de energia do ambiente para que a reação se processe.

A transformação anterior pode ser representada num diagrama em que compareçam reagentes e produtos.

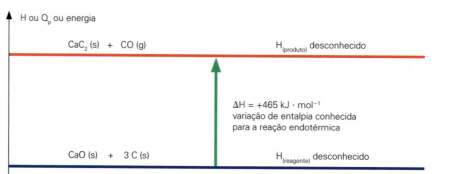

Unidade 4 Dinâmica das transformações químicas

O diagrama revela que os produtos contêm 465 kJ de energia a mais quando comparados aos reagentes, embora não se saibam nem a quantidade de energia dos reagentes, nem a dos produtos.

Um diagrama semelhante pode ser construído para uma reação exotérmica.

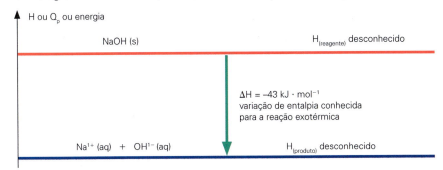

Conforto térmico

As condições climáticas geralmente não interferem na temperatura interna do corpo humano, que permanece constante. O ser humano é homeotérmico e sua temperatura interna varia de 33 °C a 41 °C. As alterações só vão ocorrer quando a temperatura do ambiente ultrapassar limites em que o organismo não consegue mais equilibrá-la, quer seja baixa, quer seja alta.

O metabolismo do corpo se dá com a queima de calorias e, consequentemente, com a produção de energia, o que faz o ser humano trocar calor com o meio. Essa troca pode ser feita por condução, convecção, radiação e evaporação.

O organismo humano faz a troca com o meio por condução quando há o contato entre o corpo e algum objeto alterado pelo meio, tornando-se mais quente ou mais frio. Há troca de calor por convecção quando o corpo está próximo de um objeto mais quente ou mais frio. A troca de calor por radiação acontece entre o sol e o ser humano em questão. Com a evaporação, só há perda de calor.

Exercício resolvido

A reação de decomposição da água em suas substâncias simples é representada pela equação termoquímica:

$$H_2O\,(\ell) \rightarrow H_2\,(g) + \frac{1}{2}O_2\,(g) \qquad \Delta H = +286\ kJ \cdot mol^{-1}$$

Sabendo-se que o ΔH da equação se refere à energia consumida em função da equação ajustada, pergunta-se:

a) A reação é endotérmica ou exotérmica?

b) Qual é a quantidade de energia necessária para decompor 180 g de água? Represente a equação do enunciado num diagrama de entalpia.

a) Como o sinal do ΔH é positivo, a reação é endotérmica.
b) De acordo com a equação, 1 mol de água líquida (18 g) consome 286 kJ para sofrer decomposição. Assim:

$$\frac{18\ g}{180\ g} = \frac{286\ g}{Q} \therefore Q = 2\,860\ kJ$$

Observa-se que a variação de entalpia é uma propriedade extensiva do sistema, isto é, que pode ser obtida pela soma das partes do sistema.

Veja abaixo representação do diagrama:

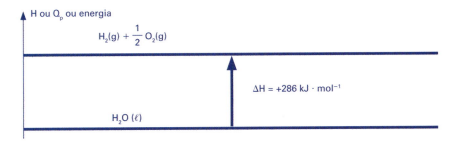

Termoquímica Capítulo 11 383

> **Exercício proposto**
>
> Escreva a equação termoquímica e o respectivo diagrama de entalpia para a transformação do óxido de mercúrio(II) em mercúrio líquido (Hg) e gás oxigênio (O_2). Considere a equação ajustada com os menores coeficientes inteiros e que o valor da variação de entalpia para estes coeficientes vale +181,4 kJ · mol^{-1} e obtido a 25 °C.

NOTA:
Qualquer equação termoquímica deve ser acompanhada do valor numérico da variação de entalpia proporcional aos coeficientes da equação, com a unidade "energia por mol". Portanto, se multiplicarmos os coeficientes da equação, teremos de efetuar a mesma operação com o valor numérico da variação de entalpia, mantendo a unidade em kJ/mol.

Calorímetros e a medida do calor de reação (ou entalpia de reação)

Os **calorímetros** constituem um grupo de instrumentos destinados a determinar variações de energia em processos nos quais a variação de temperatura exerce papel significativo (Figura 11.7). Eles requerem calibração; no entanto, é possível efetuar um experimento simples com um calorímetro improvisado. Recipientes de isopor tornam-se úteis para ilustrar o conceito de calor de reação.

Figura 11.7: Calorímetro usado em laboratório.

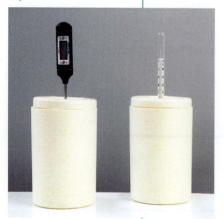

Figura 11.8: Imagem de um calorímetro "improvisado". Útil, prático e barato, o isopor da esquerda utiliza um termômetro digital, o da direita utiliza um termômetro a álcool. Ambos os calorímetros servem para nossos objetivos.

> **Experimento**
>
> **Calor liberado na decomposição da água oxigenada**
>
> **Materiais e reagentes**
>
> - Recipiente de isopor® utilizado para manter a temperatura de mamadeira, latinhas de refrigerantes etc. Ele será utilizado como um calorímetro (Figura 11.8), isto é, conduziremos a decomposição da água oxigenada em seu interior e os respectivos instrumentos necessários para determinarmos o calor da reação.
> - Termômetro de álcool para medir temperaturas entre 20 °C e 60 °C. Esse tipo de termômetro é utilizado em sistemas de refrigeração e galpões para a criação de frangos, por exemplo. São termômetros disponíveis no comércio e encontrados com muita facilidade. Se houver algum termômetro digital ao alcance dos alunos e/ou dos professores, também poderá ser utilizado.
> - Fermento biológico.
> - Água oxigenada 10 volumes.

384 Unidade 4 Dinâmica das transformações químicas

Procedimento

- Como esses porta-latas não possuem tampa, serão necessários dois. Um deles será o calorímetro propriamente dito e o segundo terá seu fundo cortado para servir de tampa para o primeiro. É importante que a tampa fique bem ajustada. Qualquer um dos termômetros que for utilizado deverá estar em contato com a água oxigenada e bem ajustado ao furo preparado na tampa. Além disso, será necessário fazer outro furo na mesma tampa, com a finalidade de permitir que o gás oxigênio, produzido durante a reação, escape. Assim, garante-se a pressão constante no interior do calorímetro.

- Adicione ao calorímetro o conteúdo de um frasco de 100 mL de água oxigenada 10 volumes (10 V com indicação no rótulo). Mais precisamente, a concentração de água oxigenada no conteúdo do frasco vale 3% na relação m/v.

- Meça a temperatura da solução de água oxigenada no interior do isopor antes de qualquer procedimento.

- Adicione, aproximadamente, meia colher de chá de fermento biológico na solução de água oxigenada e feche rapidamente o calorímetro. O gás oxigênio produzido durante a reação de decomposição estará saindo pelo furo, feito para esse fim.

- Agite muito suavemente o calorímetro para que o fermento permaneça misturado com a solução.

- Será necessário acompanhar a variação de temperatura até que o valor atinja um máximo estável.

NOTA:

Guarde o calorímetro de isopor para realizar outras experiências e quanto ao descarte, todas as substâncias podem ser lançadas na pia, sem prejuízo ao ambiente.

Considerações e cálculos

1. A água oxigenada tem concentração 10 volumes e 3% em proporção m/v. O que significa isto?

2. O termômetro indicou aumento de temperatura. Isso significa que a reação é exotérmica?

3. Como estimar a quantidade de calor ou energia liberada?

Disponível em: <http://qnesc.sbq.org.br/online/qnesc29/10-EEQ-6106.pdf>. Acesso em: 17 abr. 2017. (Adaptado.)

A variação de entalpia de formação ($\Delta_f H^0$)

Uma reação de relevante importância nos processos termoquímicos é a de formação de uma substância. A variação de entalpia nas reações de formação em condições padronizadas é chamada de variação de entalpia de formação ou entalpia-padrão de formação. Ela pode ser definida da seguinte maneira:

> **Entalpia-padrão de formação** é a energia liberada ou consumida quando 1 mol da substância é concebido a partir de seus elementos constituintes na forma mais estável. Os reagentes e os produtos devem estar nas condições-padrão, isto é, 25 °C e 1 atm.

Consequentemente, substâncias simples como N_2 (g), H_2 (g), O_2 (g), C (grafita) e S (rômbico) possuem entalpia-padrão de formação igual a **zero**.

Abrevia-se a entalpia-padrão de formação para $\Delta_f H^0$ ou ΔH^0_{298}. Caso a temperatura seja outra que não a padrão, costuma-se indicá-la como ΔH_{273}.

Observe exemplos de equações que representam entalpias-padrão de formação:

$$C \text{ (grafita)} + O_2 \text{ (g)} \longrightarrow CO_2 \text{ (g)} \qquad \Delta_f H^0 \text{ do gás carbônico}$$

$$H_2 \text{ (g)} + \frac{1}{2} O_2 \text{ (g)} \longrightarrow H_2O \text{ (ℓ)} \qquad \Delta_f H^0 \text{ da água líquida}$$

Termoquímica   Capítulo 11   **385**

Aplicando esses conceitos numa reação que envolve sódio e oxigênio para a formação de óxido de sódio (Na_2O), obtém-se:

$$2\ Na\ (s) + \frac{1}{2}\ O_2\ (g) \longrightarrow Na_2O\ (s) \qquad \Delta_f H^0 = -412,2\ kJ \cdot mol^{-1}$$

O valor de $\Delta_f H^0$ **é encontrado experimentalmente**, de modo que é possível determinar a entalpia de formação do óxido de sódio sólido aplicando o conceito de ΔH:

$\Delta H = H\ (produtos) - H\ (reagentes)$

$-412,2\ kJ \cdot mol^{-1} = H(Na_2O\ (s)) - [(2 \cdot H(Na\ (s)) + \frac{1}{2}\ H(O_2\ (g))]$

$-412,2\ kJ \cdot mol^{-1} = H(Na_2O\ (s)) - 0$

$H_f^0 (Na_2O\ (s)) = -412,2\ kJ \cdot mol^{-1}$ ou

$\Delta_f H^0 (Na_2O\ (s)) = -412,2\ kJ \cdot mol^{-1}$

Suponha que se pretenda conhecer o ΔH da reação a seguir nas condições-padrão (25 °C e 1 atm):

$$C_6H_{12}O_6\ (s) + 6\ O_2\ (g) \longrightarrow 6\ CO_2\ (g) + 6\ H_2O\ (\ell) \qquad \Delta H^0_{reação} = ?$$

Um caminho é executar a experiência no calorímetro. Outro, é buscar em tabelas específicas o valor da entalpia-padrão de formação de cada substância envolvida na reação da qual se pretende obter o valor de ΔH. Considere que, consultando uma tabela, encontram-se os seguintes valores:

$\Delta_f H^0(C_6H_{12}O_6\ (s)) = -1\,268,2\ kJ \cdot mol^{-1}$

$\Delta_f H^0(CO_2\ (g)) = -393,51\ kJ \cdot mol^{-1}$

$\Delta_f H^0(H_2O\ (\ell)) = -285,83\ kJ \cdot mol^{-1}$

$\Delta_f H^0(O_2\ (g)) = 0$

Nesse caso, conclui-se que:

$$\Delta H^0_{reação} = [6\ \Delta H_f\ (CO_2\ (g)) + 6 \cdot \Delta_f H^0 H_2O\ (\ell)] - [\Delta_f H^0 C_6H_{12}O_6\ (s) + 6 \cdot \Delta_f H^0 O_2\ (g)]$$

Substituindo os valores dados, com as respectivas unidades, e multiplicando-os pelos coeficientes correspondentes, obtém-se:

$$\Delta H^0_{reação} = [6\ mol\ (-393,51\ kJ \cdot mol^{-1}) + 6\ mol\ (-285,83\ kJ \cdot mol^{-1})] - [1\ mol\ (-1\,268,2\ kJ \cdot mol^{-1}) + 6\ mol\ (0)]$$

$$\Delta H_{reação} = -2870,84\ kJ \cdot mol^{-1}$$

Assim, torna-se clara a importância de uma tabela com valores de entalpia-padrão de formação, uma vez que o ΔH de outras reações pode ser determinado com o auxílio desses valores predeterminados.

386 ▸ **Unidade 4** Dinâmica das transformações químicas

Entalpias-padrão de formação (25 °C e 1 atm) em $kJ \cdot mol^{-1}$ (valores aproximados)			
Substância	$\Delta_f H^0$	Substância	$\Delta_f H^0$
$A\ell_2O_3$ (s)	–1 675	H_2O (g)	–242
CO_2 (g)	–393	NH_3 (g)	–46
CaO (s)	–635	C_2H_6O (ℓ)	–278
$HC\ell$ (g)	–93	C_2H_4 (g)	+53
H_2O (ℓ)	–286	Fe_2O_3 (s)	–824

Energia natural

Considerada como um processo químico, a fotossíntese é o mais importante dentre os que se efetuam na superfície da Terra. Isso porque os compostos de carbono, sintetizados nesse processo, tornam-se aproveitáveis como fonte de energia tanto para as plantas que realizam a fotossíntese como para os demais seres vivos que se alimentam dela. É evidente que as plantas verdes constituem as fábricas de alimento do mundo. Os animais vivem se alimentando de plantas ou de outros animais que também se alimentaram de plantas.

Energia fóssil

A energia à disposição do ser humano pela queima dos chamados combustíveis fósseis, como o carvão e o petróleo, é simplesmente a energia captada de eras mais antigas. É por essa razão que se chama energia fóssil.

Exercício resolvido

Com o auxílio da tabela acima, calcule a variação de entalpia a 25 °C e 1 atm para a reação:

$$Fe_2O_3 \text{ (s)} + 2\ A\ell \text{ (s)} \longrightarrow 2\ Fe \text{ (s)} + A\ell_2O_3 \text{ (s)} \qquad \Delta H^0_{reação} = ?$$

O cálculo de ΔH é dado por:

$$\Delta H^0_{reação} = [\Delta H_f\ A\ell_2O \text{ (s)} + 2 \cdot \Delta H^0_f\ Fe \text{ (s)}] - [\Delta H^0_f\ Fe_2O_3 \text{ (s)} + 2 \cdot \Delta H^0_f\ A\ell \text{ (s)}]$$

$$\Delta H^0_{reação} = [1 \text{ mol } (-1\,675 \text{ kJ} \cdot mol^{-1}) + 2 \text{ mol } (0)] - [1 \text{ mol } (-824 \text{ kJ} \cdot mol^{-1}) + 2 \text{ mol } (0)]$$

$$\Delta H^0_{reação} = -851 \text{ kJ} \cdot mol^{-1}$$

NOTA:

As entalpias-padrão de formação de $A\ell$ e Fe são nulas. O valor negativo determinado corresponde a uma reação exotérmica.

Exercícios propostos

1. Por que a equação seguinte não corresponde à entalpia de formação do dióxido de carbono nas condições fixadas pela definição? CO (g) + 1/2 O_2 (g) = CO_2 (g)

2. Escreva de forma correta a formação do dióxido de carbono, conforme definição de entalpia de formação.

3. Na tabela sobre entalpias de formação acima consta o óxido de alumínio com o valor de entalpia de formação igual a –1 675 kJ/ mol. Escreva a equação de entalpia de formação para o óxido de alumínio elaborando as fórmulas, os estados físicos de todas as substâncias e o respectivo valor de variação de entalpia para óxido de alumínio.

4. Conforme a definição dada sobre entalpia de formação, sempre nos referimos ao calor liberado ou consumido para cada 1 mol da substância formada. Portanto, está correto afirmar que na formação de 1 mol de óxido de alumínio a partir das substâncias constituintes, são liberados 1 675 kJ?

Termoquímica **Capítulo 11** 387

O processo utilizado para calcular o $\Delta H^0_{reação}$ nos dois exemplos anteriores é a aplicação da **Lei de Hess**: a quantidade de energia liberada ou consumida numa reação química independe dos caminhos que os reagentes tomam para se transformarem em produtos.

A reação pode ser realizada em várias etapas, porém o que vai determinar os valores de ΔH é o sistema reagente, o sistema produto e a diferença entre eles.

Para a realização de cálculos, a lei é escrita do seguinte modo:

$$\Delta H^0_{reação} = \Sigma\, n\, \Delta_f H^0 \text{ (produtos)} - \Sigma\, n\, \Delta_f H^0 \text{ (reagentes)}$$

Σ = somatório
n = quantidade de matéria de cada produto e de cada reagente
$\Delta_f H^0$ = entalpia-padrão de formação das espécies escritas na equação

Muitos elementos se apresentam na natureza arranjados de várias formas, mas somente uma delas é utilizada nas medidas de entalpias-padrão de formação, visto que o calor, ou entalpia de formação ($\Delta_f H^0$), requer que os elementos sejam considerados em sua forma mais estável.

Há alguns anos, consideravam-se duas formas para o carbono (variedades alotrópicas): o diamante (C_n) e a grafita (C_n), ambos sólidos e com ligações covalentes. Em 1985, Harold W. Kroto (1939-2016) e Richard E. Smalley (1943-2005), ao longo de exaustivas experiências, descobriram uma variedade alotrópica do diamante e da grafita, o fulereno (C_{60}), cuja molécula é semelhante a uma bola de futebol, constituída de gomos com 12 pentágonos e 20 hexágonos de átomos de carbono fechando a esfera da molécula. Cada átomo de carbono faz uma ligação dupla e duas ligações simples com os átomos de carbono vizinhos (Figura 11.9).

Na grafita, os átomos de carbono estão dispostos em hexágonos que se ligam a outros hexágonos formando planos. As camadas de anéis hexagonais estão dispostas em paralelo e, por esse motivo, deslizam facilmente umas sobre as outras quando submetidas a esforços. Esse fato confere à grafita a qualidade de lubrificante.

No diamante, os átomos de carbono estão dispostos na forma de tetraedros, unidos por ligações simples.

Figura 11.9: Estrutura das três formas alotrópicas do carbono: grafita, com estrutura lamelar (em forma de lâminas); diamante, com estrutura tridimensional; e fulereno, cuja molécula é semelhante a uma bola de futebol.

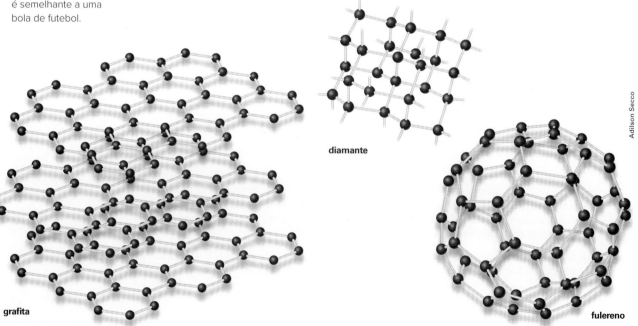

Nos casos em que os elementos químicos apresentam formas alotrópicas, somente a mais estável a 25 °C (298 K) e pressão de 1 atm será usada como referência, uma vez que apresenta, pela própria definição de $\Delta_f H^0$, entalpia de formação nula. Sendo assim, para o elemento carbono, a forma alotrópica grafita tem entalpia nula, porém o diamante e o fulereno apresentam entalpias maiores que zero.

Entalpias-padrão para as variedades alotrópicas do elemento carbono	
Substância	$\Delta_f H^0$ / kJ · mol^{-1} de carbono
C (grafita)	0
C (diamante)	1,9
C (fulereno, C_{70})	36,8

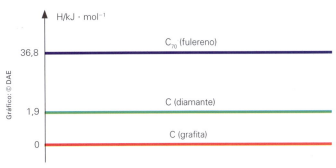

História da Química

Fulerenos: chegada inesperada

A Ciência mostra que pequenos indícios podem oferecer caminhos para grande parte do conhecimento desenvolvido pelo ser humano. Não foi diferente com o dr. Harold W. Kroto (Figura 11.10), interessado nas estruturas de moléculas cujos átomos de carbono ligavam-se alternando ligações simples e triplas. Para suas pesquisas, dr. Kroto utilizou dois outros elementos, além do carbono: o nitrogênio e o hidrogênio (H—C≡C—C≡C—C≡N). Durante suas investigações, ele próprio sintetizou a molécula HC$_5$N, indicada nos parênteses acima.

Coincidentemente, por outros ramos da pesquisa científica, foram detectadas no espaço cósmico estruturas semelhantes àquela sintetizada em laboratório pelo dr. Kroto. Assim, moléculas produzidas exclusivamente em laboratório haviam sido percebidas na natureza. O próximo passo seria entender essas moléculas e saber qual o ambiente cósmico que as produzia.

Foi necessário simular experiências que envolviam temperaturas elevadas, material refratário, equipamentos adequados e grafita como material de partida.

No meio desse aparato tecnológico em busca da síntese de estruturas semelhantes àquelas detectadas no Cosmo, uma estranha molécula com massa molecular 720 u e constituída somente de carbono, C_{60}, surgia frequentemente como resultado dos trabalhos experimentais de Kroto e seus colaboradores. Na realidade, o C_{60} havia sido obtido a partir da grafita.

Em homenagem a Richard Buckminster Fuller, o arquiteto que projetou a Biosfera de Montreal (Figura 11.11), Kroto deu o nome de **fulereno** ao C_{60} devido à sua profunda semelhança geométrica com os pavilhões planejados pelo arquiteto.

Os anos seguintes a uma descoberta desse porte são repletos de publicações em revistas, de palestras, de pesquisas sobre a aplicação desse tipo de molécula e indagações sobre outras moléculas parecidas.

Sabe-se hoje que o C_{60} é encontrado em fuligem de chaminés e que há outros fulerenos, como o C_{70} e o C_{76}.

A família dessas moléculas aumentou consideravelmente nos últimos anos. Fulerenos gigantes, como C_{240}, C_{540} e C_{960} têm sido produzidos a partir de experiências que envolvem grafita. Pode-se dizer que, em relação ao carbono, as variedades alotrópicas se estendem para além da grafita e do diamante, uma vez que os fulerenos são os novos alótropos.

Figura 11.10: Harold W. Kroto (1939-2016).

Figura 11.11: A Biosfera de Montreal é um museu dedicado ao meio ambiente. Foi o pavilhão dos Estados Unidos na exposição mundial de 1967.

Termoquímica Capítulo 11 389

A variação de entalpia de combustão ($\Delta_c H^0$)

Outra reação de grande interesse é a de combustão, pois é com a queima de combustíveis que a humanidade obtém quase 70% da energia consumida por ano.

Moléculas que possuem carbono, hidrogênio e oxigênio ou somente carbono e hidrogênio queimam completamente e formam, como produtos da reação, gás carbônico e água. O calor liberado em uma combustão pode ser medido com o uso de um calorímetro ou calculado com apoio das entalpias-padrão de formação de todas as substâncias escritas na equação (Figuras 11.12 e 11.13). Para tanto, define-se a entalpia-padrão de combustão ($\Delta_c H^0$) da seguinte forma:

> **Entalpia-padrão de combustão** é a energia liberada na queima de 1 mol do combustível, com reagentes e produtos a 25 °C e 1 atm.

Entalpias-padrão de combustão (25 °C e 1 atm) em kJ · mol^{-1} (valores aproximados)	
Substância	$\Delta_c H^0$
C (grafita)	−393,5
CO (g)	−283
CH$_4$ (s)	−890
C$_2$H$_6$ (g)	−1 561
C$_3$H$_8$ (g)	−2 219
C$_4$H$_{10}$ (g)	−2 877

Figura 11.12: Queima do gás butano obtido a partir do petróleo. O butano é o principal componente do gás engarrafado para uso doméstico.

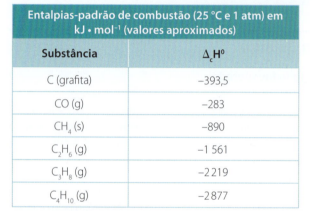

Figura 11.13: Poço de petróleo incendiado em 1991 no Kuwait. Típica reação exotérmica relativa à queima de várias substâncias combustíveis.

A equação da reação de combustão

Quando as moléculas do combustível são constituídas somente de carbono e hidrogênio, a queima dessas substâncias produz CO$_2$ e H$_2$O. Na equação de combustão, todas as espécies envolvidas deverão ser escritas conforme o exemplo a seguir, que se refere à queima do propano (C$_3$H$_8$):

$$C_3H_8 \text{ (g)} + 5\, O_2 \text{ (g)} \longrightarrow 3\, CO_2 \text{ (g)} + 4\, H_2O \text{ (g)} \qquad \Delta_c H^0 = -2\,219 \text{ kJ} \cdot \text{mol}^{-1}$$

Todas as substâncias envolvidas na equação estão indicadas com suas respectivas fases de agregação nas condições-padrão (25 °C, 1 atm). Mesmo reconhecendo que as reações de combustão liberam calor (exotérmicas) e que, por isso, os produtos formados estarão em temperaturas mais elevadas, é possível experimentalmente determinar o ΔH de combustão resfriando os produtos à mesma temperatura dos reagentes no início da reação (25 °C). A energia liberada na reação de combustão corresponderá à energia liberada pelos produtos da combustão quando eles são resfriados à temperatura ambiente. Observe o esquema a seguir.

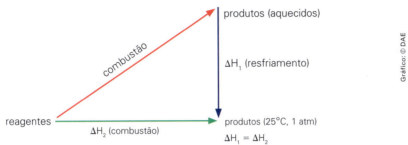

Observa-se que o $\Delta_c H^0$ da equação da queima do propano poderia ser obtido com os valores de $\Delta_f H^0$ de cada substância aplicados na Lei de Hess. Consultando uma tabela de $\Delta_f H^0$ para as substâncias envolvidas, verificam-se:

C_3H_8 (g) $\Delta_f H^0 = -105$ kJ · mol^{-1}
O_2 (g) $\Delta_f H^0 = 0$
CO_2 (g) $\Delta_f H^0 = -393$ kJ · mol^{-1}
H_2O (ℓ) $\Delta_f H^0 = -286$ kJ · mol^{-1}

Escrevendo a equação:

C_3H_8 (g) + 5 O_2 (g) ⟶ 3 CO_2 (g) + 4 H_2O (g) $\Delta_c H^0 = ?$
1 (−105)   5 (0)   3 (−393)   4 (−286)

$\Delta H^0_{reação}$ = Σ n $\Delta_f H^0$ (produtos) − Σ n $\Delta_f H^0$ (reagentes)
$\Delta_c H^0$ = [4 (−286) + 3 (−393)] − [1 (−105) + 5 (0)]
$\Delta_c H^0$ = [(−1 144) + (−1 179)] − [−105]
$\Delta_c H^0$ = −2 218 kJ · mol^{-1} ∴
∴ $\Delta_c H^0 C_3H_8 = -2\,218$ kJ · mol^{-1}

Química Aplicada

Combustão

Uma reação de combustão é autossustentável e libera luz, calor, fumaça e gases. Para que ela ocorra, é necessária a união de quatro elementos essenciais do fogo:

- calor – forma de energia que eleva a temperatura dos corpos gerada por processos físicos ou químicos.
- combustível – toda a substância capaz de queimar e alimentar a combustão. Elemento que serve de campo de propagação ao fogo. Os combustíveis podem ser sólidos, líquidos ou gasosos.
- comburente – elemento que possibilita vida às chamas e intensifica a combustão. O mais comum é o gás oxigênio desempenhar esse papel, porém não é o único, uma vez que há outros gases com a mesma finalidade.
- reação em cadeia – a queima autossustentável. É a união dos três itens anteriores descritos, gerando uma reação química.

Quando o calor irradiado das chamas atinge o combustível, ele é decomposto em partículas menores que se combinam com o comburente e queimam, irradiando outra vez calor para o combustível. Forma-se, assim, um ciclo constante.

NOTA:

equações que envolvem a queima de uma substância simples na presença de gás oxigênio podem ser tratadas como combustão do reagente ou formação do produto.

Determinação da entalpia-padrão de formação do fulereno, C_{70}, por meio de medidas calorimétricas de combustão

A combustão do C_{70} deve ser escrita do seguinte modo:

$$C_{70} (s) + 70\ O_2 (g) \longrightarrow 70\ CO_2 (g) \qquad \Delta_f H^0 = \Delta_c H^0 = -30\,123\ kJ \cdot mol^{-1}$$

Aplicando a Lei de Hess:

$\Delta_f H^0 = 70 \cdot \Delta_f H^0 CO_2 - (1 \cdot \Delta_f H^0\ C_{70} + 70 \cdot \Delta_f H^0\ O_2)$
$-30\,123\ kJ \cdot mol^{-1} = 70 \cdot (-393,5\ kJ \cdot mol^{-1}) - (\Delta_f H^0 C_{70} + 0)$
$\Delta_f H^0 C_{70} = 2\,578\ kJ \cdot mol^{-1}$

Dividindo o valor do $\Delta_f H^0\ C_{70}$ por 70, obtemos a variação de entalpia por mol de átomos de carbono:

$$\Delta_f H^0 = 36,8\ kJ \cdot mol^{-1}\ \text{de átomos de carbono}$$

Exercício proposto

(UEL-PR) A pirolusita é um dos mais importantes minérios que contêm o dióxido de manganês (MnO_2). Na indústria metalúrgica, o manganês puro pode ser obtido por processo térmico a partir da pirolusita, através da reação:

$$3\ MnO_2 (s) + 4\ A\ell (s) \longrightarrow 2\ A\ell_2O_3 (s) + 3\ Mn (s)$$

(Dados: entalpias de formação a 25 °C e 1 atm em kJ/mol: $MnO_2 (s) = -521,0$; $A\ell_2O_3 (s) = -1\,676,0$.)

(Massa molar (g/mol): Mn = 55,0.)

Com base nessas informações, é correto afirmar que na produção de 11,0 g de manganês puro, a partir das entalpias de formação das substâncias, ocorre:

a) absorção de 358 kJ de energia.

b) liberação de 358 kJ de energia.

c) absorção de 119 kJ de energia.

d) liberação de 119 kJ de energia.

e) liberação de 146 kJ de energia.

Outra maneira de aplicar a Lei de Hess nos cálculos sobre entalpias de reação

Este método consiste em usar equações químicas de reações, as quais os valores de ΔH são conhecidos para, a partir deles, obter a variação de entalpia de outra reação cujo valor não pode ser determinado experimentalmente.

Um dos exemplos mais conhecidos e interessante é o da determinação do valor de ΔH da reação entre carbono grafita e oxigênio para formar monóxido de carbono.

São conhecidos os valores de ΔH para as reações:

$$CO (g) + \frac{1}{2} O_2 (g) \longrightarrow CO_2 (g) \qquad \Delta_c H^0 = -283\ kJ \cdot mol^{-1}\ \text{(equação I)}$$

$$C\ (grafita) + O_2 (g) \longrightarrow CO_2 (g) \qquad \Delta_f H^0 = -393\ kJ \cdot mol^{-1}\ \text{(equação II)}$$

Equação cujo ΔH se pretende conhecer:

$$C\ (grafita) + \frac{1}{2} O_2 (g) \longrightarrow CO (g) \qquad \Delta_f H^0 = ?\ \text{(equação III)}$$

Serão trabalhadas as equações I e II de tal modo que se mantenham o C (grafita) no reagente e o CO (g) no produto a partir das equações I e II. Essas equações podem ser invertidas ou multiplicadas por qualquer número, conforme a necessidade.

Quando invertidas, o ΔH tem o sinal trocado; quando multiplicadas, o ΔH também deve ser multiplicado pelo mesmo número, uma vez que a entalpia é uma propriedade extensiva, isto é, seu valor depende das quantidades de substâncias envolvidas na reação.

392 **Unidade 4** Dinâmica das transformações químicas

Na prática, resolver o exercício significa manter a equação II como está escrita e inverter a equação I para aparecer CO (g) no produto, conforme consta na equação III.

equação I invertida: CO_2 (g) $\longrightarrow$ CO (g) $+ \dfrac{1}{2} O_2$ (g) $\Delta H^0_I = +283 \text{ kJ} \cdot \text{mol}^{-1}$

equação II mantida: C (grafita) $+ O_2$ (g) $\longrightarrow CO_2$ (g) $\Delta H^0_{II} = -393 \text{ kJ} \cdot \text{mol}^{-1}$

soma das equações: C (grafita) $+ \dfrac{1}{2} O_2$ (g) $\longrightarrow$ CO (g) $\Delta H^0_{III} = -110 \text{ kJ} \cdot \text{mol}^{-1}$

$\Delta H^0_{III} = \Delta H^0_I + \Delta H^0_{II}$
$\Delta H^0_{III} = 283 + (-393)$
$\Delta H^0_{III} = -110 \text{ kJ} \cdot \text{mol}^{-1}$

Exercício resolvido

Calcule a entalpia-padrão de formação do FeO (s), ($\Delta_f H^0$), conhecendo os valores de variação de entalpia para as reações representadas pelas equações:

equação I: FeO (s) + C (grafita) $\longrightarrow$ Fe (s) + CO (g) $\Delta H^0_I = +156 \text{ kJ} \cdot \text{mol}^{-1}$

equação II: C (grafita) + O (g) $\longrightarrow$ CO (g) $\Delta H^0_{II} = -393 \text{ kJ} \cdot \text{mol}^{-1}$

equação III: CO (g) $+ \dfrac{1}{2}$ O (g) $\longrightarrow$ CO (g) $\Delta H^0_{III} = -283 \text{ kJ} \cdot \text{mol}^{-1}$

O que se pretende calcular é o valor de $\Delta_f H^0$ para o FeO; portanto:

equação IV: Fe (s) $+ \dfrac{1}{2} O_2$ (g) $\longrightarrow$ FeO (s) $\Delta_f H^0 = ?$

Para obter a equação IV, conhecendo as equações I, II e III, deve-se inverter as equações I e III e manter a equação II:

equação I invertida: Fe (s) + CO (g) $\longrightarrow$ FeO (s) + C (grafita) $\Delta H^0_I = -156 \text{ kJ} \cdot \text{mol}^{-1}$

equação II mantida: C (grafita) $+ O_2$ (g) $\longrightarrow CO_2$ (g) $\Delta H^0_{II} = -393 \text{ kJ} \cdot \text{mol}^{-1}$

equação III invertida: CO_2 (g) $\longrightarrow$ CO (g) $+ \dfrac{1}{2} O_2$ (g) $\Delta H^0_{III} = +283 \text{ kJ} \cdot \text{mol}^{-1}$

somando: Fe (s) $+ \dfrac{1}{2} O_2$ (g) $\longrightarrow$ FeO (s) $\Delta H^0_{IV} = -266 \text{ kJ} \cdot \text{mol}^{-1}$

$\Delta H^0_{IV} = \Delta H^0_I + \Delta H^0_{II} + \Delta H^0_{III}$
$\Delta H^0_{IV} = -156 + (-393) + 283$
$\Delta H^0_{IV} = -156 + (-393) + 283$
$\Delta H^0_{IV} = -266 \text{ kJ} \cdot \text{mol}^{-1}$

Exercício proposto

(UFSCAR) O cultivo da cana-de-açúcar faz parte da nossa história, desde o Brasil Colônia. O açúcar e o álcool são seus principais produtos. Com a crise mundial do petróleo, o incentivo à fabricação de carros a álcool surgiu, na década de 1970, com o Proálcool. Esse Programa Nacional acabou sendo extinto no final da década de 1990. Um dos pontos altos nas discussões em Joanesburgo sobre desenvolvimento sustentável foi o pacto entre Brasil e Alemanha para investimento na produção de carros a álcool.

a) Escreva a equação de combustão do etanol, devidamente balanceada. Calcule o calor de combustão de 1 mol de etanol, a partir das seguintes equações:

$$\Delta_f H^0 \text{ (kJ/mol)}$$

I – C (s) $+ O_2$ (g) $\longrightarrow CO_2$ (g) -394

II – H_2 (g) $+ \dfrac{1}{2} O_2$ (g) $\longrightarrow H_2O$ (ℓ) -286

III – 2 C (s) + 3 H_2 (g) $+ \dfrac{1}{2} O_2$ (g) $\longrightarrow C_2H_5OH$ (ℓ) -278

b) A reação de combustão do etanol é endotérmica ou exotérmica? Justifique sua resposta.

Energia de ligação e sua relação com a entalpia da reação

A **energia de ligação** é definida como a energia necessária para quebrar 1 mol de ligações entre dois átomos, quer sejam de ligações simples, quer sejam de ligações duplas ou triplas. Conforme visto no estudo das ligações, ficou estabelecido que o par de elétrons exerce atração simultânea sobre os núcleos dos átomos envolvidos numa ligação covalente. Então, a energia de ligação é maior quanto maior for a atração simultânea entre os pares de elétrons e os núcleos envolvidos na ligação química.

Em algumas situações, a energia de ligação é utilizada para prever variações de entalpia de formação, cujo processo se baseia nos seguintes conceitos:

- Uma reação química pode ser analisada como um rearranjo de átomos que se organizam para formar novas moléculas.

- As ligações entre os átomos das moléculas do(s) reagente(s) são quebradas e o processo de quebra de ligações é necessariamente um processo endotérmico.

- As ligações entre os átomos das moléculas do(s) produto(s) são formadas e o processo de formação de novas ligações é necessariamente exotérmico.

- O saldo da energia resultante da diferença entre o consumo de energia para romper as ligações das moléculas reagentes e a energia liberada na formação de ligações nas moléculas do produto tem valor muito próximo ao ΔH da reação.

O valor da energia de ligação é um valor médio obtido a partir das medidas de ruptura de uma mesma ligação, porém presentes em moléculas diferentes. Por exemplo, as energias de ligação entre o hidrogênio e o oxigênio na água e na água oxigenada são diferentes. No entanto, considera-se um valor médio que será utilizado indistintamente sempre que surgir a ligação H — O.

A variação de entalpia de uma reação química deve ser obtida preferencialmente por meio de medidas calorimétricas em detrimento dos valores médios de energia de ligação.

A aplicação da energia de ligação e a previsão do ΔH de uma reação

Se a energia de ligação proporciona a previsão do ΔH de uma reação, torna-se importante dispor dos valores das energias de ligação existentes entre vários átomos.

Energia de ligação em kJ · mol⁻¹ (valores aproximados)			
Ligação	Energia	Ligação	Energia
H — H	435	H — F	564
O $=$ O	493	H — Cℓ	431
F — F	155	H — Br	365
Cℓ — Cℓ	242	H — I	298
Br — Br	193	C — C	345
I — I	151	C $=$ C	609
N $\equiv$ N	944	C $\equiv$ C	838
H — O	462	C — H	413
N — H	390	C $=$ O	803
C — Cℓ	339	Cℓ — O	205

Elaborada pelos autores para fins didáticos.

394 Unidade 4 Dinâmica das transformações químicas

Percebe-se, além da utilização do metódo aplicado para tal verificação, como a energia de ligação pode se aproximar do valor de ΔH experimental de uma reação. Para tanto, considera-se a reação de 1 mol de H_2 e 1 mol de $Cℓ_2$ para formar 2 mols de $HCℓ$, todos nas condições-padrão:

$$H_2(g) + Cℓ_2(g) \longrightarrow 2\,HCℓ(g)$$
$$H—H + Cℓ—Cℓ \longrightarrow 2\,H—Cℓ$$

Todas as ligações hidrogênio–hidrogênio e cloro–cloro são quebradas, portanto se trata de processos endotérmicos. Em contrapartida, as ligações hidrogênio–cloro são formadas, dessa forma, o processo é exotérmico. Consultando a tabela da página 394, conclui-se que:

$$H—H \quad + \quad Cℓ—Cℓ \quad \longrightarrow \quad 2\,H—Cℓ$$
1 mol · 435 kJ · mol⁻¹   1 mol · 242 kJ · mol⁻¹   2 mol · 431 kJ · mol⁻¹

Reagentes		Produtos
Total da energia consumida para "quebrar" todas as ligações dos reagentes (processo endotérmico) 435 + 242 = +677 kJ · mol⁻¹	=	Total da energia liberada para "formar" todas as ligações dos produtos (processo exotérmico) 2 · (−431) = −862 kJ · mol⁻¹

Para determinar o ΔH da reação, previsto pelas energias de ligação, basta somar algebricamente os dois valores com os respectivos sinais:

$ΔH_{calculado} = (+677) + (−862)$
$ΔH_{calculado} = −185$ kJ · mol⁻¹

A equação para a síntese de 2 mols de $HCℓ$ fica assim demonstrada:

$$H_2(g) + Cℓ_2(g) \longrightarrow 2\,HCℓ(g) \quad ΔH_{reação} = −185 \text{ kJ} \cdot \text{mol}^{-1}$$

Observe que a equação acima pode ser dividida por dois; assim procedendo, teremos a entalpia-padrão de formação do $HCℓ$ prevista pelos valores de energia de ligação:

$$\tfrac{1}{2}H_2(g) + \tfrac{1}{2}Cℓ_2(g) \longrightarrow HCℓ(g) \quad Δ_fH^0 = −92{,}5 \text{ kJ} \cdot \text{mol}^{-1}$$

As entalpias-padrão de formação estão listadas na tabela da página 387, na qual podemos ver que para o $HCℓ(g)$ consta o valor 293 kJ · mol⁻¹.

Quando comparamos o valor obtido com o valor tabelado, observamos que os valores de energia de ligação são bons auxiliares para se prever variações de entalpia em algumas reações (Figura 11.14).

Figura 11.14: A energia de ligação do $N_2(g)$ é maior que a do $O_2(g)$, por isso o gás nitrogênio é mais estável do que o gás oxigênio.

Química Aplicada

Por que as reações químicas são importantes para o corpo humano?

As reações químicas envolvem a formação ou o rompimento de ligações entre átomos. Essas reações ocorrem continuamente em todas as células do corpo humano e se configuram como os meios pelos quais as estruturas corporais são construídas e as funções corporais executadas. Após uma reação química, o número total de átomos permanece o mesmo, contudo surgem novas moléculas com novas propriedades, por conta do rearranjo que acontece entre eles.

A energia química é a energia liberada ou absorvida na quebra ou na formação de ligações químicas.

Quando uma ligação química é formada, é requerida energia. Quando uma ligação química é quebrada, uma quantidade de energia é liberada.

Os processos de construção do corpo – a formação de ossos, o crescimento do cabelo e das unhas, a reposição de células danificadas, por exemplo – sucedem basicamente por meio das reações que absorvem energia. Por sua vez, as reações que liberam energia devido ao desdobramento de alimentos é que podem ser utilizadas nos processos de construção do corpo, além de mantê-lo aquecido.

Exercício resolvido

Estime o valor da entalpia de formação da amônia (NH_3) utilizando os valores de energia de ligação fornecidos pela tabela da página 394. Em seguida, compare o resultado obtido com a entalpia de formação de NH_3 constante da tabela da página 387.

$$\frac{1}{2} N_2\,(g) + \frac{3}{2} H_2\,(g) \longrightarrow NH_3\,(g) \qquad \Delta H_{previsto} = ?$$

Nos reagentes, o processo é endotérmico; nos produtos, é exotérmico. Portanto:

$$\frac{1}{2}\,(N\equiv N) + \frac{3}{2}\,H - H \longrightarrow H - N - H$$
$$\qquad\qquad\qquad\qquad\qquad\qquad\qquad |$$
$$\qquad\qquad\qquad\qquad\qquad\qquad\qquad H$$

$$\frac{1}{2}\,(+944) \qquad \frac{3}{2}\,(+435) \qquad\qquad 3\,(-390)$$

$$\Delta H_{previsto} = (472 + 652{,}5) + (-1\,170)$$

$$\Delta H_{previsto} = -45{,}5\ kJ \cdot mol^{-1}$$

Comparando os valores:

$\Delta H_{previsto} = -45{,}5\ kJ \cdot mol^{-1}$ e $\Delta H^0_{f\ NH_3}\,(g) = -46\ kJ \cdot mol^{-1}$ (tabela da página 387)

A diferença é de $0{,}5\ kJ \cdot mol^{-1}$.

Exercício proposto

(Fuvest-SP) Pode-se conceituar energia de ligação química como sendo a variação de entalpia (ΔH) que ocorre na quebra de 1 mol de uma dada ligação.

Assim, na reação representada pela equação:

$$NH_3\,(g) \longrightarrow N\,(g) + 3\,H\,(g); \qquad\qquad \Delta H = 1\,170\ kJ/mol\ NH_3$$

são quebrados 3 mols de ligação N — H, sendo, portanto, a energia de ligação N — H igual a 390 kJ/mol.

Sabendo-se que na decomposição:

$$N_2H_4\,(g) \longrightarrow 2\,N\,(g) + 4\,H\,(g); \qquad\qquad \Delta H = 1\,720\ kJ/mol\ N_2H_4$$

são quebradas ligações N — N e N — H, qual o valor, em kJ/mol, da energia de ligação N — N?

a) 80

b) 160

c) 344

d) 550

e) 1 330

COM A PALAVRA...

Profª Drª Elisa S. Orth*

QUANTA ENERGIA!

Quanta energia as reações químicas podem fornecer? A resposta simples é: bastante! Certamente não existe uma única resposta para essa pergunta e de fato sabemos que as reações químicas podem absorver ou liberar calor. O fato é que o calor fornecido por muitas reações pode ser aproveitado para diversas finalidades.

O exemplo mais clássico é a queima de combustíveis, que tem beneficiado a sociedade com provimento de energia, por exemplo, para o transporte. Um bom combustível é aquele cuja reação de combustão libera uma grande quantidade de energia. No entanto, esse não é o único fator, pois é necessário considerar quanta energia é liberada por massa do combustível, conhecido como densidade de energia. Um combustível que vem atraindo muito atenção atualmente é o hidrogênio, justamente por apresentar uma das mais altas densidades de energia (~140 MJ/ kg),

Aliás, os ônibus espaciais utilizam hidrogênio como combustível. Na verdade, reações químicas regem toda a trajetória de um ônibus espacial, desde seu lançamento até entrar em órbita. Inicialmente, tem-se o lançamento do ônibus espacial e devido à grande energia requerida, é necessário um propelente que é uma mistura de um combustível (alumínio em pó) e um oxidante ($NH_4C\ell O_4$). A reação que ocorre libera muito calor e forma uma grande quantidade de gás, que por sua vez expande com o calor, levando ao lançamento do ônibus espacial. Em seguida, para entrar em órbita, o ônibus utiliza hidrogênio líquido (combustível) e oxigênio líquido (oxidante). Finalmente, o ônibus espacial conta com outro sistema de propulsão, que decorre da reação do combustível CH_3HNNH_2 com o oxidante N_2O_4, conhecido como propelente hipergólico. Nesse caso, os compostos entram em ignição ao se encontrarem, liberando também grande quantidade de gás e de calor.

Outra reação que libera muita energia é a decomposição da nitroglicerina, no entanto sua alta sensibilidade ao choque dificultava sua aplicação. O químico Alfred Nobel estudou por anos como estabilizar a nitroglicerina, que lhe rendeu mais de 350 patentes, dentre elas a dinamite. A dinamite se mostrou bastante segura, sendo um dos explosivos mais aplicados nos setores de construção e mineração, que acabou também sendo utilizado para fins bélicos. Por outro lado, Alfred Nobel demonstrava preocupações com a paz mundial. Devido às suas descobertas e inúmeras empresas, Alfred Nobel tornou-se muito rico e deixou um testamento onde exigia que sua fortuna deveria ser utilizada para premiar pessoas que tem trazido benefícios extraordinários na área da física, química, fisiologia ou medicina, literatura e paz. Albert Einstein certa vez declarou "Alfred Nobel inventou um explosivo mais poderoso que qualquer outro conhecido - um meio de destruição extremamente eficaz. Para reparar sua descoberta e aliviar sua consciência, ele instituiu o prêmio pela promoção da paz." No entanto, ninguém nunca soube se Alfred Nobel se sentiu dessa forma, mas a Fundação Nobel, criada em 1 900, premia até hoje descobertas importantes para a humanidade. Independente do uso do dinamite para fins bélicos, sabe-se que a o manuseio seguro de explosivos foi essencial para o crescimento da construção civil e mineração, permitindo, por exemplo, construções de estradas, antes inimagináveis.

Resumindo, ainda bem que diversas reações químicas liberam muita energia, pois possibilitou tantos avanços importantes para a humanidade.

◤ QUESTÕES

1. De acordo com o texto, um combustível com alta densidade de energia é um ótimo combustível. O gás hidrogênio seria um bom exemplo de combustível com alta densidade de energia. No entanto, o fato de ser um gás em condições ambiente traz alguns transtornos. Indique algumas desvantagens de um combustível no estado gasoso para automóveis e afins.

2. O texto menciona o uso do propelente hipergólico em ônibus espaciais, pesquise na internet mais detalhes sobre o que vem a ser este propelente.

* Doutora em Química pela UFSC na área de físico-química orgânica. Pós-doutora na UFPR na área de nanomateriais. Professora da Universidade Federal do Paraná, Curitiba, PR.

Exercícios finais

1. **(Fuvest-SP)** A matriz energética brasileira é constituída, principalmente, por usinas hidrelétricas, termelétricas, nucleares e eólicas, e também por combustíveis fósseis (por exemplo, petróleo, gasolina e óleo *diesel*) e combustíveis renováveis (por exemplo, etanol e biodiesel).

   a) Para cada tipo de usina da tabela abaixo, assinale no mapa seguinte, utilizando o símbolo correspondente, um estado, ou a divisa de estados limítrofes, em que tal usina pode ser encontrada.

Usina	Símbolo
Hidrelétrica binacional em operação	●
Hidrelétrica de grande porte em construção	■
Nuclear em operação	▲
Eólica em operação	Y

   A entalpia de combustão do metano gasoso, principal componente do gás natural, corrigida para 25 °C, é –213 kcal/mol e a do etanol líquido, à mesma temperatura, é –327 kcal/mol.

   b) Calcule a energia liberada na combustão de um grama de metano e na combustão de um grama de etanol. Com base nesses valores, qual dos combustíveis é mais vantajoso sob o ponto de vista energético? Justifique.

   Dados: Massa molar (g/mol): $CH_4 = 16$; $C_2H_6O = 46$.

2. **(Fuvest-SP)** O biogás, produzido por digestão anaeróbia de resíduos orgânicos, contém principalmente metano e dióxido de carbono, além de outros gases em pequenas quantidades, como é o caso do sulfeto de hidrogênio.

   Para que o biogás seja utilizado como combustível, é necessário purificá-lo, aumentando o teor de metano e eliminando os demais componentes, que diminuem o seu poder calorífico e causam danos às tubulações.

   Considere uma amostra de biogás cuja composição, em massa, seja 64,0% de metano (CH_4), 32,0% de dióxido de carbono (CO_2) e 4,0% de sulfeto de hidrogênio (H_2S).

   a) Calcule a energia liberada na combustão de um quilograma dessa amostra de biogás.

   b) Calcule o ganho de energia, por quilograma, se for utilizado biogás totalmente isento de impurezas, em lugar da amostra que contém os outros gases.

   c) Além de aumentar o poder calorífico, a purificação do biogás representa uma diminuição do dano ambiental provocado pela combustão. Explique por quê.

   d) Em aterros sanitários, ocorre a formação de biogás, que pode ser recolhido. Em um aterro sanitário, tubos foram introduzidos para captação dos gases em duas diferentes profundidades, como é mostrado na figura.

   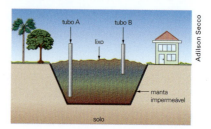

   Em qual dos tubos, A ou B, é recolhido biogás com maior poder calorífico? Explique.

   Note e adote:

   Calor de combustão (kJ/kg)

CH_4	55×10^3
H_2S	15×10^3

3. **(Unicamp-SP)** Uma reportagem em revista de divulgação científica apresenta o seguinte título: *Pesquisadores estão investigando a possibilidade de combinar hidrogênio com dióxido de carbono para produzir hidrocarbonetos, com alto poder energético, "ricos em energia"*. O texto da reportagem explicita melhor o que está no título, ao informar que "em 2014 um grupo de pesquisadores desenvolveu um sistema híbrido que usa bactérias e eletricidade, conjuntamente, em um coletor solar, para gerar hidrogênio a partir da água, e fazer sua reação com dióxido de carbono, para produzir isopropanol", como representa a equação a seguir.

   $3\,CO_2 + 4\,H_2 \rightarrow C_3H_8O + 2{,}5\,O_2 \longrightarrow \Delta_rH^0 = +862$ kJ/mol

   a) Considerando que a entalpia-padrão de formação da água é -286 kJ/mol, qual é a quantidade de energia que seria utilizada na produção de 1 mol de isopropanol, a partir de água e CO_2, da maneira como explica o enunciado acima?

   b) Qual seria a energia liberada pela queima de 90 gramas de isopropanol obtido dessa maneira? Considere uma combustão completa e condição padrão.

4. **(Unicamp-SP)** *Hot pack* e *cold pack* são dispositivos que permitem, respectivamente, aquecer ou resfriar objetos rapidamente e nas mais diversas situações. Esses dispositivos geralmente contêm substâncias que sofrem algum processo quando eles são acionados. Dois processos bastante utilizados nesses dispositivos e suas respectivas energias estão esquematizados nas equações 1 e 2 apresentadas a seguir.

$NH_4NO_3(s) + H_2O(\ell) \rightarrow NH_4^+\,(aq) + NO_3^-(aq)$	$\Delta H = 26$ kJ mol^{-1}	1
$CaC\ell_2(s) + H_2O(\ell) \rightarrow Ca^{2+}(aq) + 2\,C\ell^-(aq)$	$\Delta H = -82$ kJ mol^{-1}	2

398

De acordo com a notação química, pode-se afirmar que as equações 1 e 2 representam processos de

a) dissolução, sendo a equação 1 para um *hot pack* e a equação 2 para um *cold pack*.

b) dissolução, sendo a equação 1 para um *cold pack* e a equação 2 para um *hot pack*.

c) diluição, sendo a equação 1 para um *cold pack* e a equação 2 para um *hot pack*.

d) diluição, sendo a equação 1 para um *hot pack* e a equação 2 para um *cold pack*.

5. (Unesp-SP) O esquema representa um calorímetro utilizado para a determinação do valor energético dos alimentos.

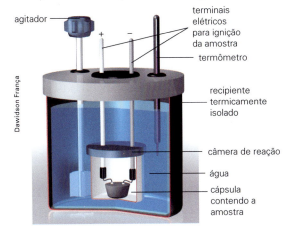

A tabela nutricional de determinado tipo de azeite de oliva traz a seguinte informação: "Uma porção de 13 mL (1 colher de sopa) equivale a 105 kcal".

Considere que o calor específico da água seja $1\,kcal \times kg^{-1} \times °C^{-1}$ e que todo o calor liberado na combustão do azeite seja transferido para a água. Ao serem queimados 2,6 mL desse azeite, em um calorímetro contendo 500 g de água inicialmente a 20,0 °C e à pressão constante, a temperatura da água lida no termômetro deverá atingir a marca de

a) 21,6 °C.   c) 45,2 °C.   e) 52,0 °C.
b) 33,2 °C.   d) 63,2 °C.

6. (Unesp-SP) Em 1840, o cientista Germain Henri Hess (1802-1850) enunciou que a variação de entalpia (ΔH) em uma reação química é independente do caminho entre os estados inicial e final da reação, sendo igual à soma das variações de entalpias em que essa reação pode ser desmembrada. Durante um experimento envolvendo a Lei de Hess, através do calor liberado pela reação de neutralização de uma solução aquosa de ácido cianídrico (HCN) e uma solução aquosa de hidróxido de sódio (NaOH), foi obtido o valor de 2,9 kcal $\times$ mol^{-1} para a entalpia nesta reação. Sabendo que a entalpia liberada pela neutralização de um ácido forte e uma base forte é de 13,3 kcal $\times$ mol^{-1}, que o ácido cianídrico é um ácido muito fraco e que o hidróxido de sódio é uma base muito forte, calcule a entalpia de ionização do ácido cianídrico em água e apresente as equações químicas de todas as etapas utilizadas para esse cálculo.

7. (Unicamp-SP) Um artigo científico recente relata um processo de produção de gás hidrogênio e dióxido de carbono a partir de metanol e água. Uma vantagem dessa descoberta é que o hidrogênio poderia assim ser gerado em um carro e ali consumido na queima com oxigênio. Dois possíveis processos de uso do metanol como combustível num carro – combustão direta ou geração e queima do hidrogênio – podem ser equacionados conforme o esquema abaixo:

$CH_3OH\,(g) + \frac{3}{2} O_2\,(g) \rightarrow CO_2\,(g) + 2\,H_2O\,(g)$	combustão direta
$CH_3OH\,(g) + H_2O\,(g) \rightarrow CO_2\,(g) + 3\,H_2\,(g)$ $H_2O\,(g) + \frac{1}{2} O_2\,(g) \rightarrow H_2O\,(g)$	geração e queima de hidrogênio

De acordo com essas equações, o processo de geração e queima de hidrogênio apresentaria uma variação de energia

a) diferente do que ocorre na combustão direta do metanol, já que as equações globais desses dois processos são diferentes.

b) igual à da combustão direta do metanol, apesar de as equações químicas globais desses dois processos serem diferentes.

c) diferente do que ocorre na combustão direta do metanol, mesmo considerando que as equações químicas globais desses dois processos sejam iguais.

d) igual à da combustão direta do metanol, já que as equações químicas globais desses dois processos são iguais.

8. (Fuvest-SP) A partir de considerações teóricas, foi feita uma estimativa do poder calorífico (isto é, da quantidade de calor liberada na combustão completa de 1 kg de combustível) de grande número de hidrocarbonetos. Dessa maneira, foi obtido o seguinte gráfico de valores teóricos:

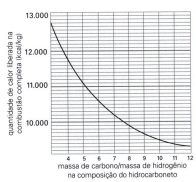

Com base no gráfico, um hidrocarboneto que libera 10 700 kcal/kg em sua combustão completa pode ser representado pela fórmula

Dados: Massas molares (g/mol), C = 12,0; H = 1,00.

a) CH_4 c) C_4H_{10} e) C_6H_6
b) C_2H_4 d) C_5H_8

Termoquímica   Capítulo 11   **399**

CAPÍTULO 12

CINÉTICA QUÍMICA

A palavra petróleo vem do latim, *petra* e *oleum*, correspondendo à expressão "pedra de óleo". [...]

Estudos arqueológicos mostram que a utilização do petróleo iniciou-se 4000 anos antes de Cristo, sob diferentes denominações, tais como betume, asfalto, alcatrão, lama, resina, azeite, nafta, óleo de São Quirino, nafta da Pérsia, entre outras. [...]

Dentre diversas teorias existentes para explicar a origem do petróleo, a mais aceita, atualmente, é a de sua origem orgânica, ou seja, tanto o petróleo como o gás natural, são combustíveis fósseis, da mesma forma que o carvão. Sua origem se dá a partir de matéria orgânica, animal e vegetal (principalmente algas), soterrada pouco a pouco por sedimentos caídos no fundo de antigos mares ou lagos, em condições de ausência de oxigênio, que, se ali existisse, poderia destruí-los por oxidação. Entretanto, mesmo assim a matéria orgânica desses tecidos passou por drásticas modificações, graças à temperatura e à pressão causada pelo soterramento prolongado, de modo que praticamente só restaram o carbono e o hidrogênio, que, sob condições adequadas, combinaram-se para formar o petróleo ou gás.

Disponível em: <http://www.igc.usp.br/index.php?id=309>. Acesso em: 22 maio 2017.

O petróleo sempre existiu? Quando as reservas mundiais acabarem, nunca mais haverá petróleo?

Essas duas perguntas podem ser respondidas com base no ponto de vista químico. A resposta para a primeira: o petróleo é formado por materiais orgânicos que se decompuseram ao longo dos anos. Para a segunda: sim, é possível haver petróleo novamente caso as reservas acabem.

Ao sofrer reação de decomposição, os materiais orgânicos formam, sobretudo, uma mistura de hidrocarbonetos (compostos que possuem apenas carbono e hidrogênio em sua estrutura), conhecida por petróleo (Figura 12.1). Dessa forma, aterros de lixo dos grandes centros poderão, um dia, se tornar reservatório de petróleo. Contudo, esse processo é demorado por causa do tempo dos processos naturais.

Porém, se a necessidade de petróleo é urgente, caberia acelerar a sua produção a partir do lixo?

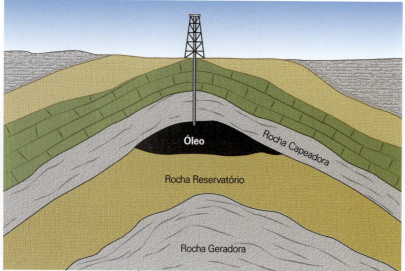

Figura 12.1: A formação do petróleo por meio da decomposição de matéria orgânica é um processo muito lento.

Adilson Secco

A cinética das transformações

As transformações químicas ocorrem o tempo todo, assim como a formação do petróleo que levou milhões de anos, tantas outras reações, com diferentes tempos estão ocorrendo a todo momento; em nosso corpo – como na respiração, na prática de exercícios físicos, na digestão de algum alimento – consciente ou inconscientemente; no meio ambiente (atmosfera, solo, nas águas). Enfim, onde existe matéria, existe a possibilidade de transformações.

Todas essas reações se processam com determinada velocidade, e a rapidez com que ocorrem é importante no processo. Por exemplo:

$$6\ NaN_3\ (\ell) + Fe_2O_3\ (s) \xrightarrow{faísca} 3\ Na_2O\ (s) + 3\ Fe\ (s) + 9\ N_2\ (g)$$

Figura 12.2: O *air bag*, usado para a proteção dos usuários de veículos automotivos, é inflado pelo gás nitrogênio.

Tal reação ocorre quando um *air bag*, é acionado (Figura 12.2). Duas são as peculiaridades que a tornam indicada para esse fim. A primeira é o tempo de processamento, que, por ser praticamente instantâneo, faz acionar, logo no momento da colisão um dispositivo que produz uma faísca necessária para que ocorra a reação. A segunda é a grande quantidade de gás nitrogênio formado, responsável pelo rápido aumento do volume do recipiente que contém as substâncias da reação, criando um anteparo macio para o motorista e/ou passageiros.

Figura 12.3: A decomposição dos alimentos é um exemplo de reação lenta.

Inicialmente, para efetuar o estudo das reações químicas e da velocidade com que elas se processam, é fundamental ter conhecimento sobre a viabilidade da reação, pois nem sempre a mistura de duas ou mais substâncias é suficiente para que ela seja realizada. Se a reação for factível, precisa-se conhecer a sua velocidade.

A decomposição de um alimento, por exemplo, pode ser considerada uma reação lenta se comparada à que ocorre no *air bag*, pois demora alguns dias para ser processada (Figura 12.3). No entanto, se for comparada à reação da formação do petróleo, que leva milhões de anos, ela pode ser considerada uma reação rápida (Figura 12.4).

Figura 12.4: A formação do petróleo pode ser considerada um exemplo de reação química lenta, quando comparada com a reação química que ocorre em um *air bag*.

A velocidade das reações

Algumas semanas podem ser suficientes para certos alimentos estragarem. Porém são insuficientes para que a decomposição dos materiais orgânicos forme petróleo.

Assim, a velocidade das reações químicas podem variar por uma extensa faixa de tempo. Por exemplo, as reações explosivas levam frações de segundo para ocorrer; a queima de um palito de fósforo demora menos de um minuto, e a queima de uma vela costuma demorar algumas horas; os alimentos podem levar dias para estragar; a corrosão de um carro pode levar anos; a erosão de pedras, milhares ou até milhões de anos.

As condições que determinam a velocidade de uma reação são muitas; A velocidade depende não só da composição dos reagentes como também de seu estado físico, da homogeneidade da sua mistura, da temperatura e pressão, da concentração dos reagentes, ou mesmo de certas circunstâncias físicas tais como irradiação de luz.

Cinética química Capítulo 12   401

Condições essenciais para a realização de uma reação química

- **Contato:** Para que uma reação aconteça, é necessário que haja contato entre as espécies envolvidas, ou seja, deve haver colisões. Em reações envolvendo apenas uma espécie, como as reações de decomposição, haverá colisões entre moléculas da própria espécie. Por exemplo, o ácido carbônico pode sofrer decomposição, produzindo água e gás carbônico:

$$H_2CO_3 \,(aq) \longrightarrow H_2O \,(\ell) + CO_2 \,(g)$$

- **Afinidade química:** Condição que duas ou mais espécies possuem de reagirem ao entrarem em contato. Vale ressaltar que o fato de uma reação química ocorrer significa que as espécies envolvidas possuem afinidade química, contudo o contrário não é, necessariamente, verdadeiro. A neutralização de um ácido por uma base se dá de maneira rápida – provavelmente, cada colisão entre um íon hidrônio e um íon hidroxila resulta em uma reação. No entanto, a reação entre gás hidrogênio e gás oxigênio (em condição ambiente) formando água é extremamente lenta.

> O número de colisões pode chegar a 10^{10} colisões por segundo, dependendo das condições de temperatura e pressão.

Teoria das Colisões – as colisões efetivas e o complexo ativado

É fato que uma reação acontece em razão do contato entre os reagentes. Ao investigar uma reação na fase gasosa, verifica-se que o número de colisões por segundo é extremamente **alto**. Porém, não são todas as colisões que, necessariamente, levam ao produto final. Se isso acontecesse, em poucos instantes qualquer reação gasosa teria seu fim imediato.

Ao examinar as reações, observa-se que a grande maioria delas precisa de certo tempo para processar. Isso leva a crer que, durante as colisões das espécies, alguma situação especial deve ocorrer para que elas sofram reação e formem o produto final. A Teoria das Colisões explica que uma reação acontece quando as espécies sofrem colisões com orientação favorável e tais colisões sejam suficientemente energéticas.

Supõe-se a seguinte reação entre as espécies genéricas:

$$A_2 \,(g) + B_2 \,(g) \longrightarrow 2 \,AB \,(g)$$

Será que qualquer colisão entre as espécies A_2 e B_2 propiciará uma reação entre elas? Para responder a essa pergunta, analise as duas possibilidades a seguir.

> O recurso de utilizar modelos para exemplificar os conceitos químicos é uma prática eficiente, uma ferramenta a mais para ilustrar aquilo que não é possível ver, mas do qual se tem conhecimento teórico de que possa estar ocorrendo.

O **modelo** acima traz duas das inúmeras possibilidades de colisões. Com base nessas ilustrações, pode-se verificar que, mesmo com orientação favorável, a reação pode não ocorrer se as colisões não forem suficientemente energéticas. **Energia de ativação** é a energia mínima a ser alcançada pelos reagentes para formar os produtos, representada por E_a. Ao conjunto das espécies envolvidas na colisão com energia suficiente para resultar no(s) produto(s) final(is), dá-se o nome de **complexo ativado**, que representa o estado de transição entre os reagentes e os produtos.

Assim, podemos concluir que, para que uma reação aconteça, é necessário que haja colisões com orientação favorável e energia de ativação suficiente. Essas condições estabelecem o que chamamos de **colisões efetivas**, conforme o modelo a seguir.

$$A-A + B-B \longrightarrow \begin{matrix} A \cdots B \\ \vdots \quad \vdots \\ A \cdots B \end{matrix} \longrightarrow A-B + A-B$$

complexo ativado

O modelo das colisões supõe que, para uma reação acontecer, é necessário que haja colisões entre as moléculas. Isso ajuda a explicar o porquê de o aumento no número de colisões, assim como o aumento na energia das colisões, levar ao aumento na velocidade das reações.

Tal modelo propõe que, durante a formação do complexo ativado, algumas ligações são enfraquecidas e quebradas (ligações A — A e B — B) enquanto novas ligações são formadas (ligações A — B). Vale destacar que a energia do complexo ativado, obtida pelas colisões entre as moléculas, será sempre maior que a soma das energias dos reagentes ou a soma das energias dos produtos.

O uso de gráficos é uma maneira comum de representar a formação de um complexo ativado em uma reação química. Com o auxílio do Gráfico 12.1 abaixo, podem-se obter muitas informações sobre determinada reação, como: a **energia dos reagentes** (E_R), a **energia dos produtos** (E_P) e a **energia de ativação** (E_a), que pode ser vista como uma barreira de energia a ser vencida para que seja atingido o estado ativado.

Com a representação da energia em termos de entalpia, a diferença entre a entalpia dos produtos e a dos reagentes fornece o ΔH ($\Delta H = H_P - H_R$), que indica se a reação é exotérmica ($\Delta H < 0 \rightarrow$ libera energia) ou endotérmica ($\Delta H > 0 \rightarrow$ consome energia). No Gráfico 12.1, como a entalpia dos produtos é menor que a dos reagentes, $\Delta H < 0$, a reação exemplificada é exotérmica.

A análise do Gráfico 12.1 permite ainda obter informações acerca da velocidade da reação. Para que uma reação ocorra, é necessário que, durante as colisões dos reagentes, um complexo ativado, com energia suficiente para dar prosseguimento à reação, se forme. Assim, quanto maior for a energia de ativação (E_a), maior será a dificuldade de as colisões entre as moléculas levarem à formação do complexo ativado. Dessa forma, apesar do grande número de colisões entre as moléculas envolvidas em uma reação, somente as colisões com energia igual ou maior que a energia de ativação serão realmente efetivas. Quando a E_a for grande, as chances de uma colisão ser efetiva serão menores e a reação será lenta; quando a E_a for pequena, as chances de uma colisão ser efetiva serão maiores e a reação será rápida.

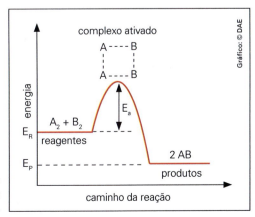

Gráfico 12.1: Formação de um complexo ativado em uma reação química.

Cinética química Capítulo 12 403

O fato de a reação ser exotérmica ou endotérmica não tem relação alguma com a rapidez com que a reação se processa. A velocidade de uma reação está diretamente ligada à quantidade de energia de ativação envolvida.

Calculando a velocidade média de uma reação

Na prática, medir a velocidade de uma reação pode ser tarefa bastante complicada. Dependendo da rapidez com que a reação se processa, sequer há tempo para acionar um cronômetro. Na teoria, porém, medir a **velocidade média** com que uma reação ocorre é uma tarefa bem simples. Para isso, basta saber a quantidade de reagente consumido ou a quantidade de produto produzido e do tempo utilizado para sua efetuação.

$$v_m = \frac{\Delta Q}{\Delta t}$$

ΔQ = variação na quantidade de uma substância

Δt = intervalo de tempo

A quantificação de reagentes ou produtos pode ser expressa de várias formas: em quantidade de matéria (n), em massa (m), em volume (V) e em número de moléculas, dependendo das circunstâncias. Por exemplo, para as substâncias sólidas, é indicada a medição em massa, usando uma balança; para as substâncias líquidas, é usual medir em termos de volume. O importante é saber transformar uma unidade em outra quando necessário. Sendo assim, a partir de determinada quantidade de água, pode-se estabelecer o seguinte raciocínio:

Em um copo, há 180 mL de água, valor que também pode ser expresso em massa. Para isso, é necessário conhecer a densidade da água ($d = 1,0 \ g \cdot mL^{-1}$). Como a densidade é a relação entre a massa e o volume, efetuando o cálculo obtém-se a massa de 180 g de água. Como a massa molar da água vale $18 \ g \cdot mol^{-1}$, por meio de cálculos, conforme mostrado abaixo, encontra-se a quantidade de 10 mols de água.

18 g de água ——————— 1 mol ($6,0 \cdot 10^{23}$ moléculas de água)

180 g de água ——————— x

$x = 10 \ mols \ (6,0 \cdot 10^{24} \ moléculas \ de \ água)$

Usando a constante de Avogadro ($6,0 \cdot 10^{23}$), pode-se ainda dizer que se dispõe de $10 \cdot 6,0 \cdot 10^{23}$, ou seja, $6,0 \cdot 10^{24}$ moléculas de água.

Relação entre a velocidade de reação e a estequiometria

Se uma reação química pode ser representada por uma equação química balanceada, a relação em mol das espécies envolvidas pode ser facilmente obtida. Por exemplo, na reação de combustão do propano (C_3H_8), a reação química pode ser representada pela seguinte equação:

$$C_3H_8 \ (g) \quad + \quad 5 \ O_2 \ (g) \quad \longrightarrow \quad 3 \ CO_2 \ (g) \quad + \quad 4 \ H_2O \ (g)$$

C_3H_8	O_2	CO_2	H_2O
1 mol	5 mol	3 mol	4 mol
44 g	160 g	132 g	72 g

Cada mol de propano reage com 5 mols de oxigênio e produz 3 mols de gás carbônico e 4 mols de água – tudo em um mesmo intervalo de tempo. Portanto, sabendo a velocidade de consumo (se for um reagente) ou de produção (se for um produto) de alguma espécie, é possível determinar a velocidade de qualquer outra espécie envolvida na reação.

404 **Unidade 4** Dinâmica das trasformações químicas

A estequiometria em gráficos

A variação de concentração das espécies envolvidas em uma reação química pode ser representada por gráficos. Nesse caso, a diferenciação entre reagentes e produtos é muito clara: a concentração dos reagentes diminui com o tempo (curvas descendentes) enquanto a concentração dos produtos aumenta (curvas ascendentes). Além disso, um comparativo entre a taxa de mudança permite avaliar a proporção estequiométrica entre as espécies. Os exercícios a seguir exemplificam tal situação.

Exercícios resolvidos

1. Considerando o exemplo da combustão do propano e que, em um intervalo de tempo de 2 s, foram consumidos 10 mols de propano, responda:

$$C_3H_8 (g) + 5 O_2 (g) \rightarrow 3 CO_2 (g) + 4 H_2O (g)$$

a) Qual a velocidade de consumo do propano em mol por segundo e massa por segundo?

b) Qual a velocidade de consumo do oxigênio (mol/s e massa/s)?

c) Qual a velocidade de produção do gás carbônico (mol/s e massa/s)?

d) Qual a velocidade de produção da água (mol/s e massa/s)?

a) $V = \dfrac{\Delta n}{\Delta t} = \dfrac{10}{2} = 5$ mol/s

$V = \dfrac{\Delta m}{\Delta t} = \dfrac{440}{2} = 220$ g/s

b) $V = \dfrac{\Delta n}{\Delta t} = \dfrac{50}{2} = 25$ mol/s

$V = \dfrac{\Delta m}{\Delta t} = \dfrac{1\,600}{2} = 800$ g/s

c) $V = \dfrac{\Delta n}{\Delta t} = \dfrac{30}{2} = 15$ mol/s

$V = \dfrac{\Delta m}{\Delta t} = \dfrac{1\,320}{2} = 660$ g/s

d) $V = \dfrac{\Delta n}{\Delta t} = \dfrac{40}{2} = 20$ mol/s

$V = \dfrac{\Delta m}{\Delta t} = \dfrac{720}{2} = 360$ g/s

2. (UFPE) O gráfico a seguir representa a variação de concentração das espécies A, B e C com o tempo:

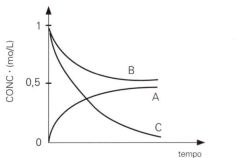

Gráfico: © DAE

Qual das alternativas contém a equação química que melhor descreva a reação representada pelo gráfico?

a) 2 A + B → C
b) A → 2 B + C
c) B + 2 C → A
d) 2 B + C → A
e) B + C → A

O primeiro passo é verificar quais são as espécies reagentes e quais são os produtos.
Como as curvas das espécies B e C são descendentes, isto é, as concentrações destas espécies vão diminuindo com o tempo, elas representam os reagentes. Como a curva da espécie A é ascendente, ela representa um produto. Então, em um primeiro momento, saberíamos dizer que a equação que descreve esta reação é: B + C → A.
O segundo passo é determinar a estequiometria da reação. Pelo gráfico, podemos verificar que, depois de certo tempo (arbitrário), há um consumo de quase 0,5 mol/L de B, enquanto o consumo de C é praticamente o dobro (quase 1 mol/L); tal fato permite inferir que a estequiometria entre B e C é de 1:2; isto é, para cada mol de B que é consumido, são consumidos 2 mols de C. Neste mesmo intervalo de tempo, é produzido 0,5 mol/L de A; quer dizer, a estequiometria de A é igual a de B (1:1). Portanto, podemos afirmar que a equação que descreve esta reação é: B + 2C → A, conforme ilustra a alternativa **c**.

3. Supõe-se que em um bujão com gás de cozinha de 13 kg haja exclusivamente gás butano (C_4H_{10}), que, ao queimar com o oxigênio do ar numa combustão completa, produza água e gás carbônico. Essa reação pode ser representada da seguinte maneira:

$$1\ C_4H_{10} (g) + \dfrac{13}{2} O_2 (g) \longrightarrow 5 H_2O (g) + 4 CO_2 (g)$$

Considerando que, ao deixar uma chama acesa do fogão até todo o gás contido no bujão acabar, decorreram cinco dias, calcule a velocidade média de consumo do butano, em gramas por hora e em mols por hora.

Observe que, tendo quatro substâncias envolvidas na reação – butano, oxigênio, água e gás carbônico –, poderíamos, inicialmente, calcular a velocidade de cada uma delas. O importante é termos em mente que, se estivermos nos referindo ao reagente, verificaremos a velocidade com que ele é consumido durante a reação; se estivermos nos referindo ao produto, a velocidade calculada será uma velocidade de produção.

Cinética química **Capítulo 12** 405

I. Cálculo da velocidade de consumo em gramas por hora
13 kg = 13 000 g
5 dias = 120 h

$$V_m = \frac{\Delta Q}{\Delta t} = \frac{13\,000\,g}{120\,h}$$

$V_m = 108,3\,g \cdot h^{-1}$

II. Cálculo da velocidade de consumo em mols por hora
$M_{C_4H_{10}} = 58\,g \cdot mol^{-1}$

1 mol ——— 58 g
x ——— 13 000 g
x = 224,1 mol

$$V_m = \frac{\Delta Q}{\Delta t} = \frac{224,1\,mol}{120\,h}$$

$V_m = 1,87\,mol \cdot h^{-1}$

A velocidade de consumo do butano é $108,3\,g \cdot h^{-1}$ ou $1,87\,mol \cdot h^{-1}$.

4. O dicromato de amônio – $(NH_4)_2Cr_2O_7$ – é um sólido alaranjado usado em experimentos que simulam um pequeno vulcão por causa de seu comportamento pirotécnico. Ele necessita de um aquecimento forte para dar início à reação, que prossegue espontaneamente com a liberação de calor, mesmo após a remoção da fonte de aquecimento.

Com base nessas informações, explique por que a reação necessita de aquecimento para ter início e por que prossegue sem a presença da fonte de calor.

A reação necessita de aquecimento para ter início porque o reagente não possui energia suficiente para reagir, dependendo, portanto, do fornecimento de energia externa para alcançar a quantidade de energia de ativação necessária. Como a reação é exotérmica, a própria energia liberada se encarrega do prosseguimento do processo.

5. Considere o diagrama abaixo representando a variação de entalpia de uma reação química A + B produzindo C.

Qual a energia de ativação do processo? Qual a energia de ativação da reação inversa?

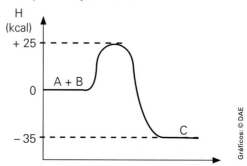

A energia de ativação da reação direta é igual a 25 kcal (ΔH dos reagentes, zero, até o topo da curva, 25 kcal).
A energia de ativação da reação inversa é igual a 60 kcal (ΔH do reagente, agora a espécie C é o reagente da reação inversa, até o topo da curva – vai de –35 até 25 kcal; esse intervalo é de 60 kcal).

Exercícios propostos

1. (UFMG) Uma chama queima metano completamente, na razão de 2 L/min, medidos nas CNTP. O calor de combustão do metano é 882 kJ/mol.

   a) Calcule a velocidade de liberação de energia.

   b) Calcule, em mol/min, a velocidade de produção de gás carbônico.

   c) Calcule a massa de oxigênio consumida em 20 minutos.

   (Volume de um gás nas CNTP = 22,4 L/mol.)

   $CH_4 + 2\,O_2 \longrightarrow CO_2 + 2\,H_2O$

2. A equação química abaixo representa a reação entre persulfato e iodeto:

   $S_2O_8^{2-} + 2\,I^- \longrightarrow 2\,SO_4^{2-} + I_2$

   O andamento desta reação pode ser feito pela formação de I_2 que apresenta cor bem característica (vinho escuro). Coloca-se para reagir quantidades estequiométricas de 10 mols e 5 mols, respectivamente (1:2).

   Represente o consumo dessas substâncias por meio de um gráfico de concentração pelo tempo.

3. A equação a seguir fornece informações sobre as energias dos reagentes e dos produtos na reação de combustão do etanol:

   $C_2H_6O + 3\,O_2 \longrightarrow 2\,CO_2 + 3\,H_2O$

   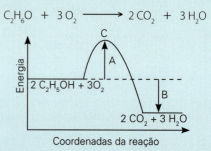

   Analisando o diagrama dessa reação é correto afirmar que:

   a) A é a energia do complexo ativado.

   b) B é a energia de ativação da reação direta.

   c) C representa a energia de formação do produto.

   d) B representa a energia de ativação da reação inversa.

   e) C representa a energia do complexo ativado.

Fatores que influenciam na velocidade de uma reação

Veja alguns fatores que podem alterar a velocidade de uma reação.

- **Temperatura**

No dia a dia, é comum se deparar com reações cuja velocidade está diretamente relacionada à influência da temperatura. A geladeira, por exemplo, é usada para reduzir a velocidade de decomposição dos alimentos. Assim, quando se guarda algum alimento numa geladeira ou quando se o cozinha, interfere-se na velocidade com que certas reações acontecem.

Sabe-se que, para uma reação acontecer, é preciso que ocorram colisões efetivas entre as moléculas. Quando se aquece uma substância, é fornecida a ela energia na forma de calor, o que faz suas moléculas ficarem mais agitadas. Consequentemente, as chances de colisão entre elas aumentam acarretando um maior número de colisões efetivas. Portanto, a elevação da temperatura faz a velocidade de uma reação aumentar (Figura 12.5).

Aumento de temperatura ⟶ Aumento na velocidade de reação

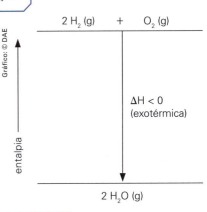

Figura 12.5: A aproximação da vela acesa eleva a temperatura da mistura de hidrogênio e oxigênio no interior da bexiga, promovendo o aumento da velocidade da reação entre esses dois gases.

$2\,H_2\,(g) + O_2\,(g)$

$\Delta H < 0$ (exotérmica)

$2\,H_2O\,(g)$

Na pressão ambiente, depois que a água entra em ebulição, sua temperatura não aumenta mais. Por isso, manter o fogo do fogão alto, apenas aumenta a taxa de evaporação da água. Para reduzir o tempo de cozimento dos alimentos, é mais indicado a utilização da panela de pressão, já que a água em seu interior entrará em ebulição em uma temperatura acima da temperatura alcançada na pressão ambiente.

- **Superfície de contato**

Outro fator de grande importância na velocidade de uma reação é a superfície de contato dos reagentes. Como a reação se torna efetiva pela colisão entre as espécies participantes da reação, quanto maior a superfície de contato dessas espécies maior é a probabilidade dessas colisões efetivas ocorrerem.

No cotidiano, é possível observar as várias reações que acontecem com maior ou menor velocidade em virtude da superfície de contato. Por exemplo: dois materiais de mesma massa, com composições muito parecidas, como o prego e a palha de aço, quando colocados sobre a pia da cozinha enferruja. Porém, verifica-se que a palha de aço enferruja muito mais rapidamente que o prego. Isso acontece porque o prego tem apenas uma pequena área que está em contato com o ar e com a umidade da atmosfera, enquanto a palha de aço, por ser filamentosa, apresenta maior área de contato com o ambiente (Figura 12.6).

Figura 12.6: Enquanto a palha de aço enferruja rapidamente, o mesmo processo ocorre mais lentamente no ferro.

Cinética química Capítulo 12 407

- **Concentração dos reagentes**

madeira + oxigênio —fogo→ gás carbônico + água + calor

Figura 12.7: O aumento da concentração de oxigênio acelera a combustão em um forno a lenha ou em uma lareira.

Quando um forno a lenha é acendido, normalmente sopra-se ou abana-se sobre as chamas para que o fogo se firme com mais rapidez. De fato, aumenta-se a quantidade de oxigênio disponível para a combustão, o que torna mais ágil a reação. Se quiser aumentar o fogo ou prolongar a queima, será necessário colocar mais lenha na fogueira (Figura 12.7).

Como a velocidade da reação se reduz à medida que a concentração do(s) reagente(s) diminui, convém expressar esse processo por meio de gráfico. Observe os Gráficos 12.2 e 12.3.

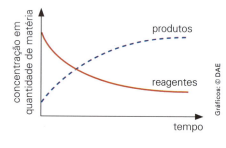

Gráfico 12.2: Diminuição da concentração do reagente em função do tempo.

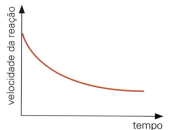

Gráfico 12.3: Corresponde à redução da velocidade em função da diminuição da concentração dos reagentes.

- **Pressão**

Quando a reação possui algum dos reagentes na fase gasosa, mudanças de pressão no sistema podem interferir na velocidade da reação. Isso se dá porque o volume de um gás sofre grandes alterações se houver variação de pressão, possibilitando maior ou menor frequência de colisões entre as moléculas; portanto, uma alteração na velocidade da reação. Suponha-se, por exemplo, a reação entre monóxido de carbono (CO) e dióxido de nitrogênio (NO_2), produzindo dióxido de carbono (CO_2 – gás carbônico) e óxido de nitrogênio (NO). Se a reação for feita dentro de um recipiente que possua êmbolo, possibilitando alterar o volume do meio, podem-se verificar quais os efeitos dessa modificação na reação.

Ao pressionar o êmbolo (aumentando a pressão), nota-se que o volume em B fica menor do que em A. Se diminuir o espaço que as moléculas ocupam, considerando que estão em movimento constante, o número de colisões entre elas e, consequentemente, a velocidade da reação aumentam (Figura 12.8).

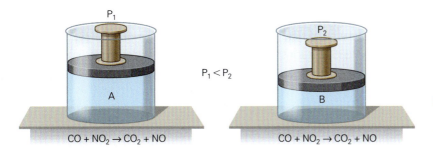

Figura 12.8: A velocidade da reação e o número de colisões entre as moléculas aumentam ao diminuir o volume.

Observação: quando se diminui o volume mantendo a mesma quantidade de matéria, pode-se dizer que a concentração sofreu aumento.

Experimento

Influência da variação de pressão sobre as substâncias em diferentes fases de agregação

Material

- 1 seringa descartável de 5 mL
- 5 mL de água
- areia ou sal de cozinha ou açúcar em quantidade suficiente para preencher a seringa

Procedimento

▸ Encha a seringa com ar, tape sua saída e desloque o êmbolo de forma que diminua o volume dentro da seringa. Marque até onde você conseguiu empurrá-lo (Figura 12.9).

▸ Esvazie a seringa para enchê-la, na sequência, com água. Tape sua saída e desloque o êmbolo até diminuir o volume dentro da seringa. Marque até onde você conseguiu empurrá-lo.

▸ Esvazie a seringa e realize novamente o procedimento aqui apresentado, mas agora com uma das substâncias sólidas requisitadas no item **Material**.

▸ Análise todos os resultados e tente explicar suas conclusões a respeito da influência da pressão sobre substâncias nas fases gasosa, líquida e sólida.

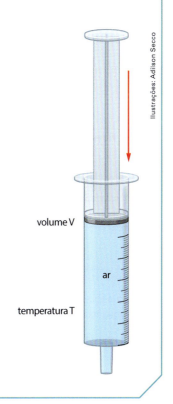

Figura 12.9: Tapando a saída da seringa e deslocando o êmbolo até a sua metade, teremos a mesma quantidade de ar dentro da seringa, só que a metade do volume. Desse modo, haverá maior número de colisões entre as moléculas.

Exercício proposto

Quando duas bexigas são enchidas, uma com água e outra com ar, e deixadas na geladeira por algumas horas, verifica-se que a bexiga com ar diminui de volume enquanto a bexiga com água não têm alteração de volume. Com base em tudo o que foi visto neste capítulo, qual é a explicação para tal fato?

- **Catalisador**

Sem dúvida, entre os fatores que interferem na velocidade de uma reação, esse é o que mais influencia no processo.

Desde há muito tempo, sabe-se que a velocidade de várias reações pode ser alterada pela presença de certas substâncias, que não são representadas na equação estequiométrica do processo. A essas substâncias se dá o nome de catalisadores. A palavra "catálise" (do grego: *katálysis*) foi introduzida, em 1835, por Jöns Jacob Berzelius (1779-1848), químico sueco.

> **Catalisadores** são substâncias que, adicionadas em pequena quantidade às reações químicas, proporcionam um novo caminho cuja energia de ativação é menor, tornando a reação mais rápida na mesma temperatura.

Hoje, várias definições tentam explicar, de maneira mais abrangente e precisa, qual o significado do catalisador. Porém, tais conceitos podem ser simplificados para a alegação de que uma substância é considerada um catalisador quando ela participa de uma reação e não é consumida no produto final (não entra na estequiometria do processo), ou seja, quando participa, mas se regenera no final, mesmo que possa sofrer alterações no decorrer do processo.

Contudo, deve-se ficar atento aos pormenores de simplificar um conceito. Por exemplo, se o conceito ora apresentado fosse seguido, um catalisador teria duração infinita, o que não é o caso. Com o tempo, um catalisador pode perder sua eficiência – nas indústrias, são utilizados os termos "envenenados" ou "desgastados".

Quando, numa reação, o catalisador está na mesma fase dos reagentes, trata-se de uma **catálise homogênea**. Quando o catalisador e os reagentes formarem mais de uma fase, trata-se de uma **catálise heterogênea**.

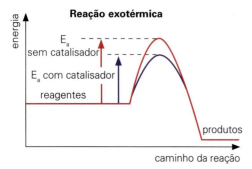

Gráfico 12.4: Gráfico de uma reação exotérmica.

Catálise homogênea

A decomposição do acetaldeído (etanal → CH_3CHO) pode ser acelerada pela presença de vapor de iodo:

I) sem iodo

$$CH_3CHO\ (g) \longrightarrow CH_4\ (g) + CO\ (g) \qquad (v_1)$$

II) com iodo

$$CH_3CHO\ (g) + I_2\ (g) \longrightarrow CH_4\ (g) + CO\ (g) + I_2\ (g) \qquad (v_2)$$

Observa-se que, em II, a presença de iodo aparentemente não interfere em nada na reação, pois ele não sofre alteração alguma. Porém, ao comparar as duas velocidades, verifica-se que v_2 é aproximadamente 10 mil vezes maior que v_1, à temperatura de 518 °C. De alguma maneira, o iodo interfere no processo, alterando o mecanismo da reação e diminuindo a energia de ativação. Isso é comprovado quando se compara a energia de ativação da reação sem iodo (E_a = 45,5 cal) com a energia de ativação da reação com iodo (E_a = 32,5 cal).

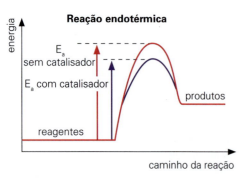

Gráfico 12.5: Gráfico de uma reação endotérmica.

Pode-se representar graficamente a influência do catalisador tanto em uma reação exotérmica como em uma reação endotérmica. Veja os Gráficos 12.4 e 12.5 ao lado.

Convém destacar que a energia dos reagentes e dos produtos não se altera, logo o valor do ΔH é o mesmo com ou sem catalisador. Somente a energia necessária para atingir o complexo ativado é que fica menor, aumentando a velocidade da reação.

Catálise heterogênea

Muitas reações lentas numa fase homogênea procedem rapidamente quando em contato com a superfície sólida de um catalisador. As superfícies mais usadas são as dos metais de transição, como: platina, paládio, níquel, prata e ferro. Além de aumentar a velocidade das reações, a presença do catalisador pode, nesse tipo de catálise, alterar o resultado da reação.

I) $HCOOH\,(\ell) \longrightarrow H_2O\,(\ell) + CO\,(g)$ (colocando $A\ell_2O_3\,(s)$ como catalisador)

II) $HCOOH\,(\ell) \longrightarrow H_2\,(g) + CO_2\,(g)$ (colocando $ZnO\,(s)$ como catalisador)

Por exemplo, verifica-se que a decomposição do ácido fórmico (HCOOH) tanto pode gerar água e monóxido de carbono (I) quanto gás hidrogênio e dióxido de carbono (II), dependendo do catalisador utilizado (Figura 12.10).

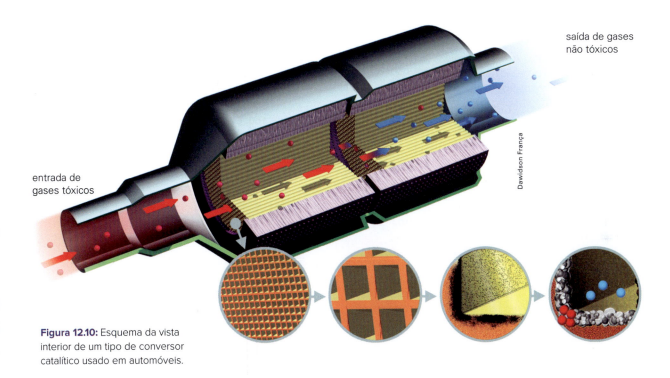

Figura 12.10: Esquema da vista interior de um tipo de conversor catalítico usado em automóveis.

Algumas das possíveis reações que acontecem na superfície de um catalisador convertendo gases tóxicos (CO e NO) em gases não tóxicos (N_2, CO_2 e O_2) podem ser representadas pelas seguintes equações:

$2\,CO + 2\,NO \longrightarrow 2\,CO_2 + N_2$
$2\,CO + O_2 \longrightarrow 2\,CO_2$
$2\,NO \longrightarrow N_2 + O_2$

Exercícios resolvidos

1. De acordo com a sabedoria popular, quando desejamos fazer uma fogueira, inicialmente colocamos pequenos gravetos para iniciar o fogo e depois vamos adicionando pedaços maiores de madeira. Sabemos também que, em condições similares, os pedaços (massas iguais) menores queimam bem mais rápido que os pedaços maiores. Qual o fator determinante para que pequenos gravetos queimem mais rápido que pedaços maiores?

a) Pressão ao redor da fogueira.
b) A superfície de contato dos gravetos ser maior.
c) A temperatura atingir valores maiores com os gravetos.
d) A concentração de oxigênio ser maior quando se utiliza gravetos.
e) Os gravetos serem catalisadores naturais.

Alternativa b. A pressão, a temperatura e a concentração de oxigênio são praticamente iguais nas duas situações; o fator determinante é a superfície de contato – para uma mesma massa de madeira, quanto mais pedaços, maior a superfície de contato. Os gravetos e os pedaços de madeira são madeira do mesmo jeito, por isso não existe catalisador neste caso.

2. Foram feitos quatro experimentos; em cada um deles foi adicionada água oxigenada em um copo e feito os seguintes procedimentos: a) deixada em temperatura ambiente; b) aquecida a 60 °C; c) deixada em temperatura ambiente e acrescentado a ela MnO_2 (catalisador); d) aquecida a 60 °C e adicionado a ela MnO_2. O gráfico abaixo ilustra qualitativamente a produção de oxigênio em razão da decomposição da água oxigenada. Correlacione cada experimento, **a**, **b**, **c** e **d**, com as curvas 1, 2, 3 e 4 do gráfico.

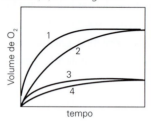

Quanto maior a temperatura, maior a velocidade da reação (produção do gás oxigênio); a presença do catalisador aumenta muito a velocidade da reação (ocorre borbulhamento de oxigênio – como quando acrescentamos água oxigenada em um ferimento; no sangue existem enzimas que catalisam a decomposição da água oxigenada e o oxigênio formado atua desinfetando os ferimentos). Portanto, o experimento que produz mais oxigênio rapidamente (curva 1) é aquele com catalisador e a 60 °C – experimento **d**. O experimento com catalisador à temperatura ambiente é o 2. Os experimentos sem catalisador são os 3 e 4 – a temperatura ambiente é o experimento 4 e aquele a 60 °C é o experimento 3.

Exercícios propostos

1. Alguns metais quando adicionados em meio ácido reagem produzindo gás hidrogênio, como é o caso da reação entre magnésio e ácido clorídrico:

$$Mg\ (s)\ +\ 2\ HC\ell\ (aq)\ \longrightarrow\ MgC\ell_2\ (aq)\ +\ H_2\ (g)$$

A tabela abaixo traz informações sobre quatro experimentos e suas condições (feitos à mesma temperatura). A partir destes dados, avalie com certo ou errado as proposições a seguir.

Experimento	Condição do metal	Condição da solução de HCℓ
1	Pedaço	Concentração 0,1 mol/L
2	Pedaço	Concentração 0,5 mol/L
3	Raspas	Concentração 0,1 mol/L
4	Raspas	Concentração 0,5 mol/L

I. Essas condições não alteram a velocidade da reação;
II. No experimento 4 a velocidade será maior;
III. Se a massa do metal for a mesma em todos os experimentos e houver ácido suficiente para reagir, no final a quantidade de H_2 produzida será a mesma.

a) Apenas a proposição I é verdadeira;
b) Apenas a proposição II é verdadeira;
c) Todas as proposições estão certas;
d) Apenas as proposições II e III estão corretas;
e) Todas as proposições estão erradas.

2. (Enem) O milho verde recém-colhido tem um sabor adocicado. Já o milho verde comprado na feira, um ou dois dias depois de colhido, não é mais tão doce, pois cerca de 50% dos carboidratos responsáveis pelo sabor adocicado são convertidos em amido nas primeiras 24 horas. Para preservar o sabor do milho verde pode-se usar o seguinte procedimento em três etapas:

1) Descascar e mergulhar as espigas em água fervente por alguns minutos.
2) Resfriá-las em água corrente.
3) Conservá-las na geladeira.

412 Unidade 4 Dinâmica das transformações químicas

A preservação do sabor original do milho verde pelo procedimento descrito pode ser explicada pelo seguinte argumento:

a) O choque térmico converte as proteínas do milho em amido até a saturação; este ocupa o lugar do amido que seria formado espontaneamente.

b) A água fervente e o resfriamento impermeabilizam a casca dos grãos de milho, impedindo a difusão de oxigênio e a oxidação da glicose.

c) As enzimas responsáveis pela conversão desses carboidratos em amido são desnaturadas pelo tratamento com água quente.

d) Microrganismos que, ao retirarem nutrientes dos grãos, convertem esses carboidratos em amido, são destruídos pelo aquecimento.

e) O aquecimento desidrata os grãos de milho, alterando o meio de dissolução onde ocorreria espontaneamente a transformação desses carboidratos em amido.

Molecularidade de uma reação – colisões moleculares

Várias reações químicas aparentemente simples são, de fato, complexas, pois seu processo é efetivado por meio de duas ou mais etapas. Cada uma dessas etapas é chamada de **reação elementar**. Por exemplo: a decomposição do gás ozônio (O_3) em gás oxigênio (O_2) é uma reação química que acontece na atmosfera, representada de modo simplificado pela equação química $2 O_3 (g) \rightarrow 3 O_2 (g)$. Essa maneira de escrever a decomposição do ozônio é muito útil quando há interesse somente na estequiometria da reação: 2 mols de ozônio produzem 3 mols de oxigênio.

Contudo, uma reação em geral não ocorre tão facilmente como foi representado acima. Investigando melhor a reação, pesquisadores perceberam, baseados em dados experimentais, que ela acontece obedecendo a alguns passos. Na primeira etapa, o ozônio produz gás oxigênio e um oxigênio atômico. Na segunda, esse oxigênio atômico, em contato com outra molécula de ozônio, produz duas moléculas de gás oxigênio. Somando as duas etapas, as duas moléculas de ozônio geraram três moléculas de gás oxigênio.

$$
\text{reações elementares} \begin{cases} O_3 \longrightarrow O_2 + O & \text{(1ª etapa)} \\ O + O_3 \longrightarrow 2 O_2 & \text{(2ª etapa)} \end{cases}
$$

Verificar corretamente quais são os passos (etapas) de uma reação não é uma tarefa das mais simples. Trata-se de um trabalho complicado e, por esse motivo, poucas reações têm seu mecanismo conhecido.

A **molecularidade** de uma reação pode ser definida como o número de **moléculas** de reagentes utilizadas para formar o complexo ativado, expressando a maneira exata como acontece uma reação. Conhecendo as etapas de uma reação, pode-se melhor estudá-la e até controlá-la, diminuindo ou aumentando sua velocidade, por exemplo.

> O conceito não é exclusivo para moléculas. Ele se estende para íons, átomos e demais espécies representativas de unidades químicas.

Se a reação utiliza uma única partícula para formar o complexo ativado, ela será classificada como reação **unimolecular**. Quando a formação do complexo ativado envolve duas partículas (iguais ou diferentes), a reação será classificada como **bimolecular**. No caso de envolver três partículas, **trimolecular**. Reações que precisam de quatro ou mais partículas para formar o complexo ativado são muito raras, pois é pouco provável que ocorra uma colisão, com efetividade, de quatro ou mais partículas.

Importante:

O conceito de molecularidade deve ser aplicado apenas para as reações elementares. Se a reação ocorre em várias etapas, como na decomposição do ozônio, não é possível falar de sua molecularidade, pois a primeira etapa ocorre com a utilização de apenas uma espécie (O_3), enquanto a segunda utiliza duas espécies (O e O_3). O primeico caso é unimolecular e o segundo é bimolecular.

Cinética química Capítulo 12 413

A Lei de Velocidade: calculando a velocidade instantânea de uma reação elementar

Já foi apresentado nesta obra como efetuar o cálculo da velocidade média de uma reação em certo intervalo de tempo. Nos estudos de Cinética é importante também calcular a velocidade instantânea, isto é, a velocidade num dado instante t, levando em consideração que tal velocidade só pode ser calculada quando a reação for elementar.

Para uma reação elementar genérica, temos:

$$aA \; + \; bB \longrightarrow produtos$$

A expressão que calcula a velocidade é dada por:

$v = k \cdot [A]^a \cdot [B]^b$, em que

v é a velocidade instantânea da reação;

k é a constante de velocidade (depende da reação e da temperatura);

$[A]$ é a concentração em $mol \cdot L^{-1}$ do reagente A;

$[B]$ é a concentração em $mol \cdot L^{-1}$ do reagente B;

a e b são os expoentes de A e B, respectivamente.

$$NO \, (g) + O_3 \, (g) \longrightarrow NO_2 \, (g) + O_2 \, (g)$$

Assim, se de antemão soubermos que uma reação é elementar, pois experimentos foram realizados e comprovaram isso, a equação da Lei de Velocidade pode ser aplicada. Por exemplo, experimentos mostram que a reação entre óxido nítrico (NO) e ozônio (O_3) é elementar. A Lei de Velocidade para essa reação fica:

$$v = k \cdot [NO \, (g)] \cdot [O_3 \, (g)]$$

Isso significa que a velocidade dessa reação é diretamente proporcional à concentração de NO (óxido nítrico) e à concentração de O_3 (ozônio). Se a concentração de uma dessas espécies dobrar, a velocidade dobra também; e assim por diante.

Como saber se uma reação é elementar?

Quando se analisa uma reação química pela sua equação química, não é possível assegurar de antemão que se trata de uma etapa elementar; aliás, em geral, as equações que representam as reações não são elementares. A maioria dessas reações é mais complexa, possuindo um mecanismo que envolve uma série de reações elementares.

A verificação da elementaridade de uma reação é feita de modo experimental seguindo o seguinte procedimento. Exemplifica-se a reação entre monóxido de nitrogênio (NO) e gás cloro ($C\ell_2$):

$$2\,NO \, (g) \; + \; C\ell_2 \, (g) \longrightarrow 2\,NOC\ell \, (g)$$

A Lei de Velocidade para essa reação é:

$$v = k \cdot [NO]^a \cdot [C\ell_2]^b$$

Se a reação fosse elementar, seria $a = 2$ e $b = 1$ (coeficientes estequiométricos da reação). No entanto, essa confirmação deverá ser feita de modo empírico, de acordo com determinados procedimentos.

I. Para uma dada concentração dos reagentes (no caso, NO e $C\ell_2$), mede-se a velocidade da reação.

II. Muda-se a concentração de apenas um dos reagentes e mantêm-se todas as outras condições constantes (temperatura e concentração dos outros reagentes); isso permite avaliar a influência desse reagente na velocidade da reação.

III. Se a concentração de NO for dobrada e a concentração de $C\ell_2$ mantida a temperatura constante, é possível avaliar a influência de NO na velocidade da reação. Se a velocidade da reação for diretamente proporcional à concentração de NO, significa que a = 1; por exemplo, se a concentração de NO dobra, a velocidade dobra também. Se a velocidade da reação for proporcional ao quadrado da concentração, significa que a = 2; por exemplo, a concentração de NO dobra, a velocidade quadruplica. Dificilmente os expoentes na Lei de Velocidade serão diferentes de 1 e 2 para as reações mais simples; porém, eles sempre poderão ser obtidos por meio desse procedimento.

IV. A mesma avaliação pode ser feita para os outros reagentes. No caso desse exemplo, altera-se a concentração de $C\ell_2$ (mantendo a temperatura e a concentração de NO constantes), e sua influência na velocidade da reação pode ser verificada.

Os dados experimentais apresentados na tabela a seguir ilustram o procedimento para determinar a Lei de Velocidade para essa reação, numa dada temperatura constante:

	Concentração inicial		Velocidade da reação
Experimento	[NO] em mol $\cdot$ L^{-1}	[$C\ell_2$] em mol $\cdot$ L^{-1}	em mol $\cdot$ L^{-1} $\cdot$ min^{-1}
I	0,1	0,1	$5,0 \cdot 10^{-5}$
II	0,2	0,1	$10,0 \cdot 10^{-5}$
III	0,1	0,2	$5,0 \cdot 10^{-5}$

Nas condições do experimento I, a velocidade da reação foi de 5,0 mol $\cdot$ L^{-1} $\cdot$ min^{-1}. Para o experimento II, só ocorre mudança na concentração de NO (dobra). Essa mudança faz com que a velocidade da reação também dobre; isso significa que na Lei de Velocidade, o expoente com relação à concentração de NO seja 1 – [NO]. Portanto, a reação é de primeira ordem com relação ao NO.

No experimento III, a concentração de NO permanece constante com relação ao experimento I e a concentração de $C\ell_2$ dobra. No entanto, essa mudança na concentração de $C\ell_2$ não altera a velocidade da reação (continua 5,0 mol/L $\cdot$ min). Isso significa que a reação é de ordem zero com relação ao $C\ell_2$; isto é: $[C\ell_2]^0 = 1$.

Portanto, a Lei de Velocidade dessa reação é:

$v = k \cdot [NO]^1 \cdot [C\ell_2]^0$

$v = k \cdot [NO]$

Observação: se a concentração de uma espécie for alterada, porém isso não modificar a velocidade da reação, significa que tal espécie não faz parte da equação da Lei de Velocidade (expoente zero). Não que essa espécie não seja importante; ao contrário, se for um reagente não haverá reação sem ela. Essa situação quer dizer que tal espécie não faz parte da etapa elementar lenta da reação, etapa esta que define a Lei de Velocidade da reação.

Cinética química   Capítulo 12   415

Exercício resolvido

(Unesp) A cinética da reação

$$2\,HgC\ell_2 + C_2O_4^{2-} \longrightarrow 2\,C\ell^- + 2\,CO_2\,(g) + Hg_2C\ell_2\,(s)$$

foi estudada em solução aquosa, seguindo o número de mols de $Hg_2C\ell_2$ que precipita por litro de solução por minuto. Os dados obtidos estão na tabela.

$[HgC\ell_2]$ $[mol \cdot L^{-1}]$	$[C_2O_4^{2-}]$ $[mol \cdot L^{-1}]$	Velocidade $[mol \cdot L^{-1} \cdot min^{-1}]$
0,100	0,15	$1,8 \cdot 10^{-5}$
0,100	0,30	$7,2 \cdot 10^{-5}$
0,050	0,30	$3,6 \cdot 10^{-5}$

Pede-se:

a) Determinar a equação de velocidade da reação.

b) Calcular o valor da constante de velocidade da reação.

c) Qual será a velocidade da reação quando $[HgC\ell_2] = 0,010$ mol/L e $[C_2O_4^{2-}] = 0,010$ mol/L?

a) Do primeiro para o segundo experimento a concentração de $HgC\ell_2$ permaneceu constante e a concentração de $C_2O_4^{2-}$ dobrou; isto provocou um aumento de 4 vezes na velocidade da reação $(7,2 \cdot 10^{-5}/1,8 \cdot 10^{-5} = 4)$. Isso significa que a velo-

cidade da reação depende da concentração de $C_2O_4^{2-}$ ao quadrado – $[C_2O_4^{2-}]^2$. A análise da influência da concentração de $HgC\ell_2$ na velocidade da reação é mais fácil de ser feita do experimento III para o II – a concentração de $C_2O_4^{2-}$ mantém-se constante (0,30 mol/L) enquanto a concentração de $HgC\ell^2$ dobra (de 0,050 para 0,100 mol/L). Esta mudança faz com que a velocidade da reação dobre (de 3,6 para 7,2 mol/L · min). Isto significa que a velocidade da reação depende da concentração de $HgC\ell^2$ elevado a "1" – $[HgC\ell_2]^1$.
Portanto, a Lei de Velocidade desta reação é:
$$v = k \cdot [C_2O_4^{2-}]^2 \cdot [HgC\ell_2]$$

b) Sabendo da equação e tendo as concentrações, é possível determinar a constante de velocidade da reação. Para isso, pode-se usar qualquer um dos 3 experimentos, pois, numa mesma temperatura, o valor de k é o mesmo. Usando o primeiro experimento, temos:
$$1,8 \cdot 10^{-5} = k \cdot (0,15)^2 \cdot (0,100)$$
$$k = 8,0 \cdot 10^{-3}\ L^2/mol^2 \cdot min^{1-}$$

c) Sabendo o valor da constante de velocidade, podemos calcular a velocidade para quaisquer valores de concentrações de $HgC\ell_2$ e $C_2O_4^{2-}$, nesta mesma temperatura.
$$v = 8 \cdot 10^{-3} \cdot (0,010)^2 \cdot (0,010)$$
$$v = 8,0 \cdot 10^{-9}\ mol \cdot L^{-1} \cdot min^{-1}$$

Exercício proposto

Alguns experimentos foram realizados para estudar a cinética da reação entre hidrogênio e monóxido de nitrogênio, conforme equação abaixo.

$$2\,H_2\,(g) + 2\,NO\,(g) \longrightarrow N_2\,(g) + 2\,CO_2\,(g) + 2\,H_2O\,(g)$$

Os resultados obtidos para cinco experimentos estão contidos na tabela ao lado.

Baseado nas informações contidas na tabela, qual a Lei de Velocidade para esta reação?

Experimento	$[H_2]$ $mol \cdot L^{-1}$	$[NO]$ $mol \cdot L^{-1}$	Velocidade $mol \cdot L^{-1} \cdot s^{-1}$
1	0,1	0,1	0,1
2	0,2	0,1	0,2
3	0,1	0,2	0,4
4	0,3	0,1	0,3
5	0,1	0,3	0,9

a) $v \cdot k = [H_2]$

b) $v \cdot k = [NO]$

c) $v \cdot k = [H_2] \cdot [NO]$

d) $v \cdot k = [H_2]^2 \cdot [NO]$

e) $v \cdot k = [H_2] \cdot [NO]^2$

A etapa lenta determina a velocidade de uma reação

Em um trabalho em que a reação ocorre em várias fases, a etapa elementar mais lenta vai determinar a velocidade da reação. É fácil compreender o porquê. Imagine que seja necessário realizar uma viagem rodoviária de São Paulo ao Rio de Janeiro. Aparentemente, a impressão é de que a viagem acontecerá em uma única etapa – sair de São Paulo e chegar ao Rio de Janeiro. Porém, na prática, verificamos que ela vai acontecer em, no mínimo, três etapas: 1) primeiro, transporta-se até a rodoviária, o que leva uns 10 minutos, por exemplo; 2) em seguida, embarca-se no ônibus rodoviário e são gastas 5 horas (300 min); 3) por fim, locomove-se da rodoviária do Rio de Janeiro até o destino, mais uns 5 minutos, hipoteticamente. Como a segunda etapa gastou a maior parte do tempo, praticamente se arredonda o tempo da viagem para 6 horas. Com as reações químicas, temos uma situação similar.

416 **Unidade 4** Dinâmica das transformações químicas

Para exemplificar a catálise homogênea, utiliza-se a decomposição do acetaldeído para ilustrar a influência do catalisador em uma reação. Fala-se que o catalisador alterou o mecanismo como a reação se processou. Pois bem, baseados em dados experimentais, pesquisadores sugerem que essa reação acontece de acordo com etapas elementares.

Figura 12.11: Cato Maximilian Guldberg (1836-1902) e Peter Waage (1833-1900).

$$CH_3CHO\,(g) + I_2\,(g) \xrightarrow{k_1} CH_3I\,(g) + HI\,(g) + CO\,(g) \quad (1^a \text{ etapa})$$
$$CH_3I\,(g) + HI\,(g) \xrightarrow{k_2} CH_4\,(g) + I_2\,(g) \quad (2^a \text{ etapa})$$
$$CH_3CHO \xrightarrow{I_2\,(g)} CH_4\,(g) + CO\,(g) \quad (\text{equação completa})$$

Na primeira etapa, o acetaldeído, em contato com o iodo, produz metiliodo, ácido iodídrico e monóxido de carbono. Na segunda etapa, o metiliodo em contato com o ácido iodídrico reage produzindo metano e iodo. Nota-se que, ao somarmos as duas reações, teremos a equação completa da reação. Se a primeira etapa for mais lenta, pode-se concluir que ela vai determinar a velocidade da reação. Para esse caso, a expressão da velocidade será: $v = k_1 \cdot [CH_3CHO]^1 \cdot [I_2]^1$. Isso quer dizer que a velocidade da reação vai depender das concentrações de acetaldeído e iodo elevado a um (1).

A Lei de Velocidade das Reações ou a Lei de Guldberg-Waage, proposta em 1867 pelos cientistas noruegueses Cato Maximilian Guldberg e Peter Waage (Figura 12.11), é enunciada do seguinte modo:

> A velocidade de uma reação química elementar, em dada temperatura, é diretamente proporcional ao produto das concentrações dos reagentes, em mol · L^{-1}, elevadas aos seus respectivos coeficientes.

Ordem de reação

Os expoentes que constam na Lei de Velocidade vão determinar a ordem da reação. No caso da reação elementar genérica citada anteriormente:

aA + bB ⟶ produtos

$v = k \cdot [A]^a \cdot [B]^b$

a + b = ordem global da reação

a = ordem da reação com relação ao reagente A

b = ordem da reação com relação ao reagente B

NOTA:
Se a reação ocorre em etapas, os expoentes precisam ser determinados experimentalmente.

Pose para a foto

Click! Pronto, a foto está tirada.

Bem, isso nem sempre foi assim. No início do século XIX, o tempo de exposição para conseguir uma foto chegava a durar cerca de oito horas. Haja paciência! Somente era viável tirar fotos de paisagens.

Em 1935, o pintor e físico francês L. J. Mandé Daguerre (1787-1851) descobriu acidentalmente que vapores de mercúrio (devido a um termômetro quebrado dentro do seu armário) em contato com iodeto de prata usado nos filmes aceleravam e melhoravam a revelação. Essa descoberta fez com que o tempo de exposição para obter uma fotografia caísse para meia hora. Tal processo foi o precursor da fotografia moderna.

Exercícios resolvidos

1. Considerando elementar a equação química a seguir, qual é a expressão que representa sua velocidade?

$$2\,NO\,(g)\ +\ O_2 \longrightarrow 2\,NO_2\,(g)$$

$v = k \cdot [NO]^2 \cdot [O_2]^1$

A ordem da reação em relação a NO é 2; a ordem da reação em relação a O_2 é 1; a ordem global da reação é 3. A respectiva expressão da velocidade é $v = k \cdot [NO]^2 \cdot [O_2]^1$.

2. A reação entre água oxigenada e ácido clorídrico pode ser representada pela equação química:

$$H_2O_2 + 2\,C\ell^{1-} + 2\,H_3O^{1+} + \longrightarrow 2\,H_2O + C\ell_2$$

A cinética desta reação foi acompanhada pelo tempo de formação de cloro ($C\ell_2$), e os resultados estão sumarizados na tabela abaixo. Com base nestes dados, é possível dizer que a Lei de Velocidade desta reação dependa apenas da concentração de:

Experiência	$[H_2N_2]$ mol/L	$[C\ell^-]$ mol/L	$[H_3O^+]$ mol/L	Tempo (s)
I	0,8	0,1	0,8	70
II	0,5	0,1	0,8	105
III	0,8	0,2	0,5	70
IV	0,8	0,1	0,8	120

(a) H_2O_2 e $C\ell^-$

b) H_2O_2 e H_3O^+

c) H_2O_2

d) H_3O^+

e) $C\ell^-$

3. Dada a equação que representa a reação química entre o dióxido de nitrogênio e o monóxido de carbono a seguir:

$$NO_2\ +\ CO \longrightarrow CO_2\ +\ NO$$

Estudos cinéticos comprovam que alterações na concentração do reagente monóxido de carbono não influi na velocidade da reação, mas o dióxido de nitrogênio, quando sua concentração dobra, causa um aumento de quatro vezes na velocidade da reação. Sendo assim, qual é a molecularidade da reação com relação a cada reagente e qual é a Lei de Velocidade da reação?

Como o reagente CO não interfere na velocidade da reação, sua ordem é zero (molecularidade zero com relação ao CO). Já o NO_2, quando sua concentração é dobrada, altera a velocidade em quatro vezes, isto significa que sua molecularidade é de ordem dois. Então, a equação da Lei de Velocidade desta reação é $v = k \cdot [NO_2]^2$.

Exercícios propostos

1. A reação genérica entre as espécies AB_2 e CB ocorre de acordo com a seguinte equação química:

$$AB_2\ +\ CB \longrightarrow AB\ +\ CB_2$$

Sabendo-se que a Lei de Velocidade desta reação é dada por $v = k \cdot [AB_2] \cdot [CB]$, o que pressupõe uma reação que acontece em uma única etapa elementar, é correto afirmar que esta reação é de:

a) 3ª ordem e molecularidade 2.

b) 2ª ordem e molecularidade 3.

c) 3ª ordem e molecularidade 3.

d) 2ª ordem e molecularidade 2.

e) 5ª ordem e molecularidade 5.

2. A equação química que representa a reação genérica entre X e Y está estequiometricamente representada a seguir, juntamente com os valores das velocidades de reação para três situações distintas (concentrações em mol por litro). Com relação a esta cinética, responda:

$$3\,X\ +\ 2\,Y \longrightarrow Z\ +\ 5\,W$$

a) Qual é a Lei de Velocidade?

b) Qual é a molecularidade desta reação?

c) Esta reação é elementar?

Velocidade	x	y
10	5	10
40	10	10
40	10	20

418 **Unidade 4** Dinâmica das trasformações químicas

COM A PALAVRA...

Marcello Moreira Santos*

Velocidade

Cinética química é a parte da Química que estuda o tempo de processamento de uma reação química, sua velocidade, ou seja, quanto ela demora para atingir o equilíbrio, e isso independe de sua possibilidade de atingi-lo (termodinâmica).

O que falar sobre a velocidade senão que uma reação ocorreria de todo modo, independentemente do tempo, e que constantemente fluiria, pois uma reação é muito mais do que o caminho dos reagentes aos produtos ou a transmutação alquímica transformando e combinando os brutos?

Contudo, não há como falar em velocidade e não pensar que uma reação sem catalisador demoraria muito e, na visão da maioria de nós, aparentemente não aconteceria. Então, a chave da velocidade seria a catálise, isto é, basta o catalisador aparecer e o que deveria acontecer rapidamente ocorre, parecendo que somente assim a reação se dá.

A reação realizar-se-á em etapas e, para sabermos sua velocidade, a etapa lenta é determinante. A rapidez do processo estará em um ponto dessa reação oscilante que leva os reagentes aos produtos deslocando o equilíbrio para a direita no tempo exato; o processo aparentemente cessará findando uma reação perfeita que não termina, apenas se equilibra.

Há necessidade da físico-química para explicar a velocidade de uma reação que, apesar de termodinamicamente favorável, nunca chega a contento, pois cineticamente é muito estável. Também nos servimos dessa parte da Química para saber como mudar essa situação, que, sem interferência externa, não se poderia pensar de outra maneira senão que seria uma reação eterna, num equilíbrio constante e estável.

Uma reação sem velocidade está estagnada em um equilíbrio perfeito, precisando, pois, de um auxílio externo para ocorrer, sem o qual não aconteceria. Daí acreditarmos que a catálise seria a solução e que o catalisador acelerou o tempo mudando nossa percepção de tudo, inclusive a temporal, ou ao menos mudou a nossa noção de lento.

Cinética química é um dos mais complexos e intrigantes, e por isso apaixonante, aspectos da Química.

QUESTÕES

1. Com um pouco de água oxigenada (destas comercializadas em supermercados e farmácias), faça o seguinte experimento: coloque alguns mililitros desta água oxigenada em um copo (tipo americano de 200 mL); depois, coloque um pouco de raspas de batata e observe o que ocorre. A batata foi consumida ou não? Que conclusões é possível tirar deste experimento?

2. Suponha que uma prova de revezamento de bastão deverá ser feita por quatro animais. Um guepardo, um coelho, uma tartaruga e um cavalo (nesta ordem). Cada animal deverá percorrer 100 metros e, como em uma prova de atletismo, o bastão deverá ser passado de um competidor para o outro até finalizar os 400 metros. Considerando seus conhecimentos acerca da velocidade máxima que cada um destes animais pode atingir, que etapa deverá ser a mais lenta da corrida?

3. Algumas propagandas de medicamentos dizem que sua ação é mais rápida, pois ele se encontra na forma de pó (ou em gotas – em solução) em vez de comprimidos. De acordo com seus conhecimentos acerca de cinética química, por que isso ocorre?

* Prof. Dr. do Instituto de Química da Universidade de Brasília, Brasília, DF

Exercícios finais

1. (Fuvest-SP) Ao abastecer um automóvel com gasolina, é possível sentir o odor do combustível a certa distância da bomba. Isso significa que, no ar, existem moléculas dos componentes da gasolina, que são percebidas pelo olfato. Mesmo havendo, no ar, moléculas de combustível e de oxigênio, não há combustão nesse caso. Três explicações diferentes foram propostas para isso:

    I. As moléculas dos componentes da gasolina e as do oxigênio estão em equilíbrio químico e, por isso, não reagem.

    II. À temperatura ambiente, as moléculas dos componentes da gasolina e as do oxigênio não têm energia suficiente para iniciar a combustão.

    III. As moléculas dos componentes da gasolina e as do oxigênio encontram-se tão separadas que não há colisão entre elas.

    Dentre as explicações, está correto apenas o que se propõe em

    a) I.
    b) II.
    c) III.
    d) I e II.
    e) II e III.

2. (UEPG-PR) Considere o esquema (em nível microscópico) abaixo, referente a uma determinada reação elementar entre as moléculas A e B.

    De acordo com esse esquema, assinale o que for correto.

    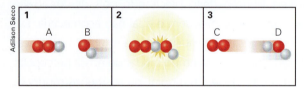

    01) Se as concentrações de ambos os reagentes no item 1 forem duplicadas a uma temperatura constante, a velocidade da reação também será duplicada.

    02) O esquema representa uma colisão eficaz, pois as moléculas mostradas no item 3 são diferentes das do item 1.

    04) A equação da velocidade para essa reação depende da concentração de apenas um dos reagentes.

    08) No item 2 é mostrado o complexo ativado da reação.

3. (UEPG-PR) Considere a seguinte reação genérica: A + B → C + + D. A seguir, é representado o gráfico de variação da entalpia da reação genérica abaixo, na ausência e presença do catalisador.

    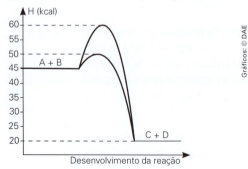

    Sobre o gráfico, assinale o que for correto.

    01) A energia de ativação na ausência do catalisador é 40 kcal.

    02) A energia de ativação na presença do catalisador é 30 kcal.

    04) A variação entre a energia de ativação na ausência e presença do catalisador é de 10 kcal.

    08) A reação é exotérmica.

    16) A variação de entalpia da reação é de −25 kcal.

4. (UPE) Em uma seleção realizada por uma indústria, para chegarem à etapa final, os candidatos deveriam elaborar quatro afirmativas sobre o gráfico apresentado a seguir e acertar, pelo menos, três delas.

    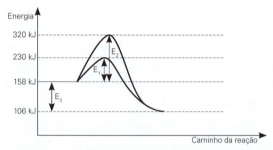

    Um dos candidatos construiu as seguintes afirmações:

    I. A reação pode ser catalisada, com formação do complexo ativado, quando se atinge a energia de 320 kJ.

    II. O valor da quantidade de energia E_3 determina a variação de entalpia (ΔH) da reação, que é de −52 kJ.

    III. A reação é endotérmica, pois ocorre mediante aumento de energia no sistema.

    IV. A energia denominada no gráfico de E_2 é chamada de energia de ativação que, para essa reação, é de 182 kJ.

    Quanto à passagem para a etapa final da seleção, esse candidato foi

    a) aprovado, pois acertou as afirmações I, II e IV.
    b) aprovado, pois acertou as afirmações II, III e IV.
    c) reprovado, pois acertou, apenas, a afirmação II.
    d) reprovado, pois acertou, apenas, as afirmações I e III.
    e) reprovado, pois acertou, apenas, as afirmações II e IV.

5. (UPE) Analise o gráfico a seguir:

    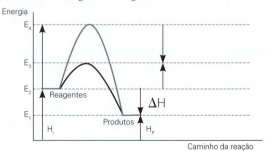

Um gráfico desse tipo corresponde à

a) reversibilidade da desidratação/hidratação de um álcool.

b) fusão do gelo produzido com água de coco e com água mineral.

c) ebulição da água destilada sob condições diferentes de pressão.

d) fotossíntese realizada com uma maior e uma menor incidência luminosa.

e) hidrólise da ureia em amônia e dióxido de carbono, com e sem a ação da urease.

6. (Unesp-SP) Um professor de Química apresentou a figura como sendo a representação de um sistema reacional espontâneo.

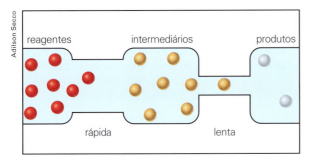

Em seguida, solicitou aos estudantes que traçassem um gráfico da energia em função do caminho da reação, para o sistema representado.

Para atender corretamente à solicitação do professor, os estudantes devem apresentar um gráfico como o que está representado em

a)

b)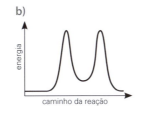

c)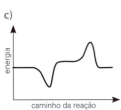

d)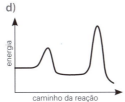

e)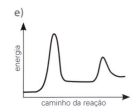

7. (Unisc-RS) Considerando que em uma reação hipotética A → B + C, observou-se a seguinte variação na concentração de A em função do tempo:

A (mol L^{-1})	0,240	0,200	0,180	0,162	0,153
Tempo (s)	0	180	300	540	840

A velocidade média (V$_m$) da reação no intervalo de 180 a 300 segundos é

a) $1,66 \cdot 10^{-4}$ mol L$^{-1} \cdot$ s^{-1}

b) $3,32 \cdot 10^{-4}$ mol L$^{-1} \cdot$ s^{-1}

c) $1,66 \cdot 10^{-2}$ mol L$^{-1} \cdot$ s^{-1}

d) $0,83 \cdot 10^{-2}$ mol L$^{-1} \cdot$ s^{-1}

e) $0,83 \cdot 10^{-4}$ mol L$^{-1} \cdot$ s^{-1}

8. (USC-SP) Um estudo para verificar o efeito da cinética de degradação e o tempo de prateleira de um suco de manga analisou a velocidade de decomposição da vitamina C em três temperaturas diferentes: 25 °C, 35 °C e 45 °C. O gráfico mostra o resultado da análise.

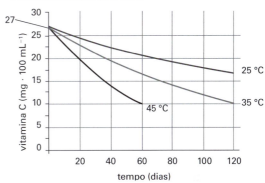

O estudo considerou o tempo de prateleira como sendo o tempo de meia-vida da concentração de vitamina C.

a) Determine, utilizando o gráfico acima, o tempo de prateleira aproximado para um suco de manga armazenado a uma temperatura de 35 °C.

b) Para o experimento cuja velocidade de degradação foi maior, calcule a velocidade média de degradação da vitamina C, em mg $\cdot$ L$^{-1} \cdot$ dia^{-1} nos primeiros 60 dias.

9. (Imed-SP) Assinale a alternativa que contém apenas fatores que afetam a velocidade de uma reação química.

a) Temperatura, superfície de contato e catalisador.

b) Concentração dos produtos, catalisador e temperatura.

c) Tempo, temperatura e superfície de contato.

d) Rendimento, superfície de contato e concentração dos produtos.

e) Rendimento, superfície de contato e temperatura.

Exercícios finais

10. (UEMG) Um professor, utilizando comprimidos de antiácido efervescente à base de NaHCO$_3$, realizou quatro procedimentos, ilustrados a seguir:

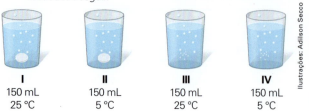

I	II	III	IV
150 mL	150 mL	150 mL	150 mL
25 °C	5 °C	25 °C	5 °C

Procedimento I – Comprimido inteiro e água a 25 °C

Procedimento II – Comprimido inteiro e água a 5 °C

Procedimento III – Comprimido pulverizado e água a 25 °C

Procedimento IV – Comprimido pulverizado e água a 5 °C

A reação ocorreu mais rapidamente no procedimento

a) I.
b) II.
c) III.
d) IV.

11. (Uerj) No preparo de pães e bolos, é comum o emprego de fermentos químicos, que agem liberando gás carbônico, responsável pelo crescimento da massa. Um dos principais compostos desses fermentos é o bicarbonato de sódio, que se decompõe sob a ação do calor, de acordo com a seguinte equação química:

$$2\,NaHCO_3\,(s) \longrightarrow Na_2CO_3\,(s) + H_2O\,(g) + CO_2\,(g)$$

Considere o preparo de dois bolos com as mesmas quantidades de ingredientes e sob as mesmas condições, diferindo apenas na temperatura do forno: um foi cozido a 160 °C e o outro a 220 °C. Em ambos, todo o fermento foi consumido.

O gráfico que relaciona a massa de CO$_2$ formada em função do tempo de cozimento, em cada uma dessas temperaturas de preparo, está apresentado em:

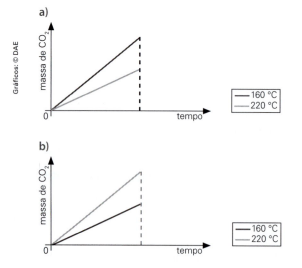

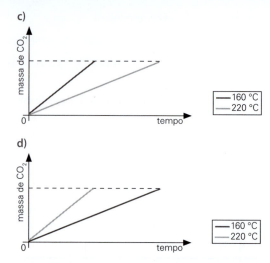

12. (UEPG-PR) Nos tubos de ensaio A, B, C e D foram adicionados 2,0 g de zinco e 10 mL de ácido clorídrico 1,0 mol/L. A diferença entre os tubos é a granulometria do zinco e a temperatura. Observou-se o desprendimento de gás nos 4 tubos. A partir do esquema abaixo, que representa o início do processo, dê como resposta a soma das alternativas corretas.

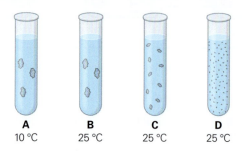

A	B	C	D
10 °C	25 °C	25 °C	25 °C

01) A velocidade da reação é maior no tubo B do que no tubo A.

02) O tubo que apresenta a maior velocidade de reação é o D.

04) A reação que ocorre é

$$Zn\,(s) + 2\,HC\ell\,(aq) \longrightarrow ZnC\ell_2\,(aq) + H_2\,(g).$$

08) O tubo C apresenta uma velocidade de reação maior que no tubo B, porque a superfície de contato do zinco é maior no tubo C.

16) A velocidade de reação do Zn nos tubos obedece à seguinte ordem: A < B < C < D.

13. (Uece) Alguns medicamentos são apresentados na forma de comprimidos que, quando ingeridos, dissolvem-se lentamente no líquido presente no tubo digestório, garantindo um efeito prolongado no organismo. Contudo, algumas pessoas, por conta própria, amassam o comprimido antes de tomá-lo.

Esse procedimento é inconveniente, pois reduz o efeito prolongado devido

a) à diminuição da superfície de contato do comprimido, provocando redução na velocidade da reação.

b) à diminuição da superfície de contato, favorecendo a dissolução.

c) ao aumento da velocidade da reação em consequência do aumento da superfície de contato do comprimido.

d) à diminuição da frequência de colisões das partículas do comprimido com as moléculas do líquido presente no tubo digestório.

14. (PUCC-SP) Para mostrar a diferença da rapidez da reação entre ferro e ácido clorídrico, foi utilizado o ferro em limalha e em barra. Pingando dez gotas de ácido clorídrico 1,0 mol/L $^{-1}$ em cada material de ferro, espera-se que a reação seja

a) mais rápida no ferro em barra porque a superfície de contato é menor.

b) mais rápida no ferro em limalha porque a superfície de contato é maior.

c) igual, pois a concentração e a quantidade do ácido foram iguais.

d) mais lenta no ferro em limalha porque a superfície de contato é menor.

e) mais lenta no ferro em barra porque a superfície de contato é maior.

15. (FGV-SP) Os automóveis são os principais poluidores dos centros urbanos. Para diminuir a poluição, a legislação obriga o uso de catalisadores automotivos. Eles viabilizam reações que transformam os gases de escapamento dos motores, óxidos de nitrogênio e monóxido de carbono, em substâncias bem menos poluentes.

Os catalisadores _____ a energia de ativação da reação no sentido da formação dos produtos, _____ a energia de ativação da reação no sentido dos reagentes e _____ no equilíbrio reacional.

No texto, as lacunas são preenchidas, correta e respectivamente, por:

a) diminuem… aumentam… interferem

b) diminuem… diminuem… não interferem

c) diminuem… aumentam… não interferem

d) aumentam… diminuem… interferem

e) aumentam… aumentam… interferem

16. (Fuvest-SP) O eugenol, extraído de plantas, pode ser transformado em seu isômero isoeugenol, muito utilizado na indústria de perfumes. A transformação pode ser feita em solução alcoólica de KOH.

Foram feitos três experimentos de isomerização, à mesma temperatura, empregando-se massas iguais de eugenol e volumes iguais de soluções alcoólicas de KOH de diferentes concentrações. O gráfico a seguir mostra a porcentagem de conversão do eugenol em isoeugenol em função do tempo para cada experimento.

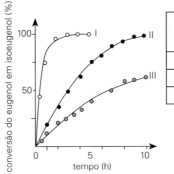

Analisando-se o gráfico, pode-se concluir corretamente que

a) a isomerização de eugenol em isoeugenol é exotérmica.

b) o aumento da concentração de KOH provoca o aumento da velocidade da reação de isomerização.

c) o aumento da concentração de KOH provoca a decomposição do isoeugenol.

d) a massa de isoeugenol na solução, duas horas após o início da reação, era maior do que a de eugenol em dois dos experimentos realizados.

e) a conversão de eugenol em isoeugenol, três horas após o início da reação, era superior a 50% nos três experimentos.

17. (UFSM-RS) Os sais estão presentes nos *shows* pirotécnicos. Os fogos de artifício utilizam sais pulverizados de diferentes íons metálicos como, por exemplo, o sódio (cor amarela) e o potássio (cor violeta), misturados com material explosivo, como a pólvora. Quando a pólvora queima, elétrons dos metais presentes sofrem excitação eletrônica, liberando a energia na forma de luz.

Sobre a cinética da reação, é correto afirmar:

a) Quanto maior a superfície de contato entre os reagentes, mais rápida é a reação; assim, quanto mais dividido o reagente sólido, mais a reação será acelerada.

b) A queima dos fogos de artifício é facilitada pelo uso de sais pulverizados, pois estes diminuem a energia de ativação da reação.

c) A temperatura gerada na queima de fogos de artifício reduz a frequência dos choques entre as partículas de reagentes, tornando a reação mais rápida.

d) A reação é mais rápida, pois, ao se utilizar o sal pulverizado, a frequência das colisões é menor, favorecendo, assim, a reação.

e) A pólvora age como um catalisador, diminuindo a energia de ativação total da reação química.

Exercícios finais

18. (Cefet-MG) Em um recipiente de vidro preenchido com peróxido de hidrogênio foram inseridas pequenas porções de óxido de manganês sólido. Em seguida, tampou-se o recipiente e observou-se a formação exotérmica de bolhas de gás oxigênio, conforme a equação seguinte.

$$H_2O_2(\ell) \xrightarrow{MnO_2(s)} 1/2\, O_2(g) + H_2O(\ell)$$

A velocidade da decomposição do peróxido de hidrogênio é proporcional

a) à elevação da pressão interna do recipiente de vidro.

b) à quantidade de matéria das substâncias líquidas da reação.

c) à quantidade de calor absorvida pelo gás oxigênio e pela água.

d) à superfície de contato das partículas de óxido de manganês.

e) ao número de complexos ativados formados entre o gás oxigênio e a água.

Texto para a próxima questão.

A bioluminescência é o fenômeno de emissão de luz visível por certos organismos vivos, resultante de uma reação química entre uma substância sintetizada pelo próprio organismo (luciferina) e oxigênio molecular, na presença de uma enzima (luciferase). Como resultado dessa reação bioquímica é gerado um produto em um estado eletronicamente excitado (oxiluciferina*). Este produto, por sua vez, desativa-se por meio da emissão de luz visível, formando o produto no estado normal ou fundamental (oxiluciferina). Ao final, a concentração de luciferase permanece constante.

Luciferina + O_2 $\xrightarrow{luciferase}$ Oxiluciferina* $\longrightarrow$ Oxiluciferina hv$_{(450-620\,nm)}$

O esquema ilustra o mecanismo geral da reação de bioluminescência de vagalumes, no qual são formados dois produtos diferentes em estados eletronicamente excitados, responsáveis pela emissão de luz na cor verde ou na cor vermelha.

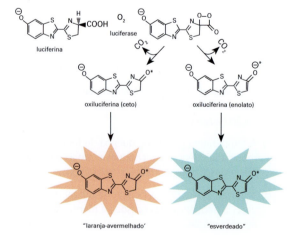

(BECHARA, Etelvino J. H. e VIVIANI, Vadim R. *Revista virtual de química*, 2015. Adaptado.)

19. (Unesp-SP) A partir das informações contidas no texto, é correto afirmar que a enzima luciferase

a) aumenta a energia de ativação da reação global de formação da oxiluciferina.

b) é um dos produtos da reação.

c) é responsável pela emissão de luz.

d) é o intermediário da reação, a partir do qual se originam os produtos.

e) atua como catalisador, pois interfere na reação sem ser consumida no processo.

20. (Cefet-MG) Observe os dados referentes à reação reversível entre os compostos A e B.

$$A(g) \rightleftharpoons B(g) \quad K_{eq} = 1,5$$

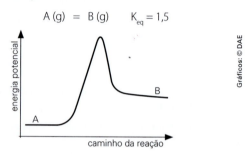

No equilíbrio, a conversão de A em B, comparada à reação inversa,

a) possui velocidade maior.

b) é acelerada pelo uso do catalisador.

c) envolve menor variação de entalpia.

d) apresenta maior energia de ativação.

e) é favorecida pelo aumento da pressão.

21. (UFRGS-RS) A reação global de oxidação do SO_2 é representada por

$$SO_2(g) + 1/2\, O_2 \longrightarrow 1\, SO_3(g).$$

Na presença de NO_2, essa reação é processada em duas etapas que ocorrem no mesmo recipiente, conforme representado abaixo.

$$NO_2(g) + SO_2(g) \longrightarrow SO_3(g) + NO(g)$$

$$NO(g) + 1/2\, O_2(g) \longrightarrow NO_2(g)$$

Assinale a alternativa que preenche corretamente as lacunas do enunciado abaixo, na ordem em que aparecem.

Em relação à reação global, o NO_2 é um _____, e sua concentração _____ com o tempo.

a) reagente – diminui

b) reagente – não se altera

c) catalisador – diminui

d) catalisador – não se altera

e) produto – aumenta

22. (FGV-SP) O uso de catalisadores para diminuir a emissão de gases poluentes pelos escapamentos dos automóveis tem contribuído para redução da taxa de aumento da poluição urbana.

São representadas duas curvas das energias envolvidas na reação das espécies reagentes A + B → C + D na presença e na ausência do catalisador.

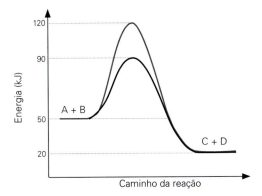

Em relação à sua atuação no processo reacional, é correto afirmar que o catalisador

a) aumenta a energia de ativação da reação direta, diminui a energia de ativação da reação inversa e desloca o equilíbrio reacional no sentido dos produtos.

b) aumenta a energia de ativação da reação direta, aumenta a energia de ativação da reação inversa e não altera o equilíbrio reacional.

c) diminui a energia de ativação da reação direta, aumenta a energia de ativação da reação inversa e desloca o equilíbrio reacional no sentido dos produtos.

d) diminui a energia de ativação da reação direta, diminui a energia de ativação da reação inversa e não altera o equilíbrio reacional.

e) diminui a energia de ativação da reação direta, diminui a energia de ativação da reação inversa e desloca o equilíbrio reacional no sentido dos produtos.

23. (Unesp-SP) O esquema apresentado descreve os diagramas energéticos para uma mesma reação química, realizada na ausência e na presença de um agente catalisador.

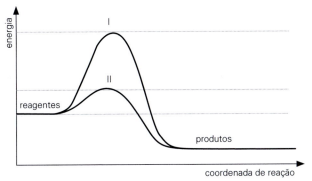

Com base no esquema, responda qual a curva que representa a reação na presença de catalisador. Explique sua resposta e faça uma previsão sobre a variação da entalpia dessa reação na ausência e na presença do catalisador.

24. (IME-RJ) O gráfico abaixo ilustra as variações de energia devido a uma reação química conduzida nas mesmas condições iniciais de temperatura, pressão, volume de reator e quantidades de reagentes em dois sistemas diferentes. Estes sistemas diferem apenas pela presença de catalisador. Com base no gráfico, é possível afirmar que:

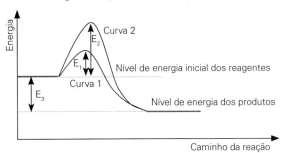

a) A curva 1 representa a reação catalisada, que ocorre com absorção de calor.

b) A curva 2 representa a reação catalisada, que ocorre com absorção de calor.

c) A curva 1 representa a reação catalisada com energia de ativação dada por $E_1 + E_3$.

d) A curva 2 representa a reação não catalisada, que ocorre com liberação de calor, e a sua energia de ativação é dada por $E_2 + E_3$.

e) A curva 1 representa a reação catalisada, que ocorre com liberação de calor, e a sua energia de ativação é dada por E_1.

25. (UFTM-MG) O gráfico apresenta a variação de energia em função do sentido da reação para decomposição do peróxido de hidrogênio.

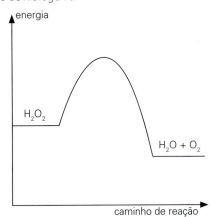

Quanto à decomposição do peróxido de hidrogênio, podemos afirmar que:

Exercícios finais

a) a reação é exotérmica, porque há liberação de energia.

b) a reação ocorre com absorção de energia.

c) na presença de um catalisador, ocorre aumento da energia de ativação.

d) na presença de um catalisador, ocorre diminuição do calor de reação.

e) o peróxido de hidrogênio é uma mistura homogênea de água e gás oxigênio.

26. (UFRGS-RS) Abaixo está representado o perfil de energia ao longo do caminho da reação de isomerização do cis-but-2-eno para o trans-but-2-eno.

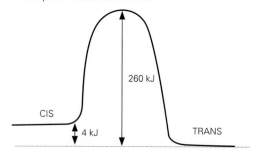

Considere as seguintes afirmações a respeito da velocidade dessa reação.

I. A barreira de energia de ativação da reação direta é de 256 kJ.

II. Como a reação é exotérmica, sua velocidade diminuirá com o aumento da temperatura.

III. A presença de catalisador tornará a reação mais exotérmica.

Quais estão corretas?

a) Apenas I.

b) Apenas II.

c) Apenas III.

d) Apenas I e II.

e) I, II e III.

27. (UFRGS-RS) Para a obtenção de um determinado produto, realiza-se uma reação em duas etapas.

O caminho dessa reação é representado no diagrama abaixo.

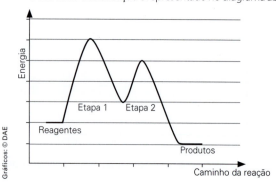

Considere as afirmações abaixo, sobre essa reação.

I. A etapa determinante da velocidade da reação é a etapa 2.

II. A reação é exotérmica.

III. A energia de ativação da etapa 1 é maior que a energia de ativação da etapa 2.

Quais estão corretas?

a) Apenas I.

b) Apenas II.

c) Apenas III.

d) Apenas II e III.

e) I, II e III.

28. (UEPG-PR) Dada a equação genérica: aA + bB → cC + dD e aplicando-se a lei da ação das massas, tem-se a expressão abaixo para o cálculo da velocidade dessa reação. Sobre o assunto, assinale o que for correto.

$$v = k\,[A]^a \cdot [B]^b$$

01) [A] e [B] representam a concentração molar dos reagentes.

02) Quanto maior o valor de k maior será a velocidade da reação.

04) Quanto maior a ordem da reação, menor será a influência da concentração dos reagentes sobre a velocidade.

08) A soma dos expoentes (a + b) indica a ordem da reação.

29. (UEPG-PR) No que diz respeito à velocidade ou taxa de desenvolvimento das reações químicas, assinale o que for correto.

01) A velocidade de uma reação pode ser reduzida com a adição de um inibidor, como, por exemplo, os conservantes nos alimentos.

02) Quando uma reação se desenvolve em duas ou mais etapas distintas, e há uma etapa lenta, esta não deve ser considerada no cálculo da velocidade da reação.

04) A ação de um catalisador pode ser inibida por substâncias, como impurezas, por exemplo, que pela sua ação inibidora são denominadas venenos.

08) Reações endotérmicas ocorrem mais rapidamente do que reações exotérmicas.

16) Reações entre compostos inorgânicos iônicos são mais rápidas do que reações entre compostos orgânicos de peso molecular elevado formados por ligações covalentes.

30. (UFRGS-RS) Na reação

$$NO_2(g) + CO(g) \longrightarrow CO_2(g) + NO(g)$$

a lei cinética é de segunda ordem em relação ao dióxido de nitrogênio e de ordem zero em relação ao monóxido de carbono. Quando, simultaneamente, dobrar-se a concentração de dióxido de nitrogênio e reduzir-se a concentração de monóxido de carbono pela metade, a velocidade da reação

a) será reduzida a um quarto do valor anterior.
b) será reduzida à metade do valor anterior.
c) não se alterará.
d) duplicará.
e) aumentará por um fator de 4 vezes.

31. (UEPG-PR) Considerando a seguinte reação genérica:

$$3\,Z + 2\,Y \longrightarrow 4\,X$$

as etapas do mecanismo dessa reação estão abaixo representadas:

$$2Z + Y \longrightarrow W \text{ (lenta)}$$
$$Y + W \longrightarrow K \text{ (rápida)}$$
$$K + Z \longrightarrow 4X \text{ (rápida)}$$

01) Se duplicar a concentração de Z, a velocidade quadruplica.
02) Se duplicar a concentração de Y, a velocidade dobra.
04) A ordem da reação é 3.
08) Se triplicar simultaneamente as concentrações de Z e Y, a velocidade da reação ficará 27 vezes maior.
16) A expressão da Lei da Velocidade da Reação é a seguinte: $v = k\,[Z] \cdot [Y]$.

32. (Fepar-PR)

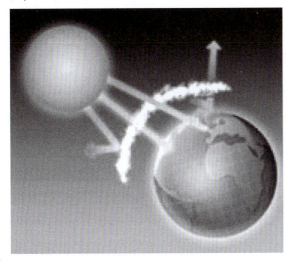

Um dos grandes problemas ambientais nas últimas décadas tem sido a redução da camada de ozônio. Uma das reações que contribui para a destruição dessa camada é expressa pela seguinte equação:

$$NO\,(g) + O_3\,(g) \longrightarrow NO_2\,(g) + O_2\,(g)$$

Os dados abaixo foram coletados em laboratório, a 25 °C.

Experiência	[NO]/ mol·L⁻¹	[O₃]/ mol·L⁻¹	Velocidade/ mol·L⁻¹·s⁻¹
1	$1 \cdot 10^{-6}$	$3 \cdot 10^{-6}$	$0{,}66 \cdot 10^{-4}$
2	$1 \cdot 10^{-6}$	$6 \cdot 10^{-6}$	$1{,}32 \cdot 10^{-4}$
3	$1 \cdot 10^{-6}$	$9 \cdot 10^{-6}$	$1{,}98 \cdot 10^{-4}$
4	$2 \cdot 10^{-6}$	$9 \cdot 10^{-6}$	$3{,}96 \cdot 10^{-4}$
5	$3 \cdot 10^{-6}$	$9 \cdot 10^{-6}$	$5{,}94 \cdot 10^{-4}$

Considere os dados e avalie as afirmativas.

( ) A expressão da Lei da Velocidade é $v = k \cdot [NO] \cdot [O_3]^2$.
( ) A reação é de segunda ordem.
( ) O valor da constante da velocidade é $7{,}3 \cdot 10^{14}$.
( ) A velocidade fica inalterada se variarmos igualmente as concentrações de NO e O_3.
( ) Se o uso de um catalisador provocasse o aumento de velocidade da reação, isso seria consequência da diminuição da energia de ativação do sistema.

33. (Uepa) De um modo geral, a ordem de uma reação é importante para prever a dependência de sua velocidade em relação aos seus reagentes, o que pode influenciar ou até mesmo inviabilizar a obtenção de um determinado composto. Sendo assim, os dados da tabela abaixo mostram uma situação hipotética da obtenção do composto "C" a partir dos reagentes "A" e "B".

Experimento	[A] mol·L⁻¹	[B] mol·L⁻¹	Velocidade inicial (mol·L⁻¹·s⁻¹)
01	0,1	0,1	$4{,}0 \cdot 10^{-5}$
02	0,1	0,2	$4{,}0 \cdot 10^{-5}$
03	0,2	0,1	$16{,}0 \cdot 10^{-5}$

A partir dos dados da tabela acima, é correto afirmar que a reação: A + B → C é de:

a) 2ª ordem em relação a "A" e de ordem zero em relação a "B".
b) 1ª ordem em relação a "A" e de ordem zero em relação a "B".
c) 2ª ordem em relação a "B" e de ordem zero em relação a "A".
d) 1ª ordem em relação a "B" e de ordem zero em relação a "A".
e) 1ª ordem em relação a "A" e de 1ª ordem em relação a "B".

Cinética química Capítulo 12 **427**

CAPÍTULO 13

EQUILÍBRIO QUÍMICO

A formação do equilíbrio químico

Em geral, para representar uma reação química, usa-se uma seta para indicar a ocorrência dessa transformação (A → B), dando a ideia de que todo reagente se transforma no produto. Contudo, tal fato nem sempre é verdade; dependendo das condições, depois de certo tempo é possível coexistir reagente(s) e produto(s).

O caso de tetróxido de dinitrogênio (N_2O_4), que se decompõe formando dióxido de nitrogênio (NO_2), é representado conforme a equação:

$$N_2O_4 \longrightarrow 2\,NO_2$$

Conforme pode ser visto na Figura 13.1, quanto menor a temperatura (frasco da direita, imerso em gelo), menor a concentração de NO_2; isto pode ser verificado pela coloração no interior do tubo, pois como o NO_2 é marrom e o N_2O_4 é incolor, quanto menos intensa a cor marrom, menor a quantidade de NO_2. À medida que a temperatura aumenta (frasco do meio e depois o da esquerda, em que o frasco está imerso em água quente), observa-se aumento da intensidade marrom, indicando aumento da concentração de NO_2 (em detrimento da decomposição do N_2O_4).

Se a temperatura for mantida constante, a quantidade de cada espécie (N_2O_4 e NO_2) permanece constante também. Portanto, caso existam quantidades significativas de reagentes e produtos, elas não mudam e permanecem constantes indefinidamente, numa temperatura constante (Figura 13.1).

Aparentemente, a reação estaria finalizada, entretanto não é isso que acontece. Estudos mais apurados demonstram que a reação prossegue, isto é, os reagentes continuam formando produtos; o que também poderia parecer estranho, pois após certo tempo se supõe que todo reagente teria acabado. O fato é que o produto também reage, recuperando o reagente. No caso apresentado no capítulo, o N_2O_4 reage formando NO_2, mas o NO_2 também reage formando o N_2O_4.

Figura 13.1: Dependendo da temperatura, as duas espécies, N_2O_4 e NO_2, coexistem em um equilíbrio químico. Quanto maior a temperatura, mais o equilíbrio desloca-se no sentido de formação de NO_2 do que no sentido de consumo do N_2O_4. Se a temperatura for mantida constante, as quantidades também permanecem constantes.

Depois de algum tempo, mantendo-se as condições reacionais constantes, a velocidade de consumo de uma espécie é igual à velocidade de formação. Logo, a quantidade das espécies permanece constante e se estabelece o equilíbrio químico, que é um processo dinâmico.

Portanto, é mais correto representar tal reação com uma dupla seta ou um sinal de igual para indicar que, no equilíbrio, a reação ocorre em ambos os sentidos: tanto reagente se transforma em produto quanto produto se transforma em reagente, em igual velocidade.

$$N_2O_4 \rightleftharpoons 2\,NO_2 \quad \text{ou} \quad N_2O_4 = 2\,NO_2$$

Em 1863, os químicos noruegueses Cato Maximiliam Guldberg (1836-1902) e Peter Waage (1833-1900), estudando a hidrólise da sacarose (sacarose + água = glicose + frutose), reconheceram que o equilíbrio químico é uma condição dinâmica. Ao contrário do que se acreditava até então, eles verificaram que a reação não era interrompida e, sim, que as velocidades das reações direta e inversa se igualavam.

Na grande maioria das reações em ambiente fechado, a quantidade de reagente restante não é desprezível e um equilíbrio químico dinâmico é estabelecido. Os reagentes estão constantemente se transformando em produtos e produtos se transformando em reagentes.

Por exemplo, em um recipiente são colocados os gases hidrogênio e nitrogênio, uma mistura que resulta na formação de amônia, conforme mostra a equação a seguir:

$$3\ H_2\ (g) + 1\ N_2\ (g) \longrightarrow 2\ NH_3\ (g)$$

A equação química representada já está balanceada, pois as quantidades estequiométricas com que cada substância participa da reação já foram colocadas (proporção 3 : 1 : 2).

Se o gás amônia for colocado em um outro recipiente, ele reage decompondo-se e formando os gases hidrogênio e nitrogênio (proporção 2 : 3 : 1):

$$2\ NH_3\ (g) \longrightarrow 3\ H_2\ (g) + 1\ N_2\ (g)$$

NOTA:
Algumas representações do estado em que as espécies podem ser encontradas em equações químicas: (s) fase sólida, (ℓ) fase líquida, (g) fase gasosa, (aq) fase aquosa, (conc) solução concentrada, (v) fase vapor.

As Figuras 13.2 e 13.3 representam essas duas situações.

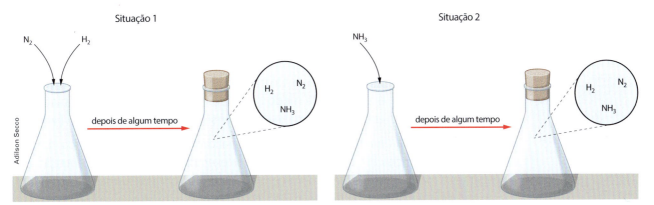

Figura 13.2 e 13.3: A quantidade final de cada espécie irá depender da temperatura do sistema. Porém, tanto colocando H_2 e N_2 no começo (situação 1) ou NH_3 (situação 2), no final teremos uma mistura das três espécies.

Nota-se que nas mesmas condições, independentemente de colocar hidrogênio (H_2) e nitrogênio (N_2) – situação 1 – ou amônia (NH_3) –, situação 2, depois de certo tempo se tem a mesma situação nos dois recipientes, ou seja, uma mistura dos três componentes. A quantidade de cada um depende da temperatura do sistema.

Para simplificar, as duas reações podem ser escritas em uma única representação, com o uso de dupla seta, demonstrando que a reação ocorre em ambos os sentidos, tanto no direto (formação da amônia) quanto no inverso (formação de hidrogênio e nitrogênio). Toda reação que tiver esse comportamento será uma **reação reversível**.

$$3\ H_2\ (g) + 1\ N_2\ (g) \rightleftarrows 2\ NH_3\ (g)$$

Sempre que houver reações reversíveis em **sistemas fechados** (em que não há troca de matéria com a vizinhança), elas irão caminhar espontaneamente para um equilíbrio químico, ou seja, a situação com a menor quantidade de energia necessária para a manutenção do sistema. Vejamos que algumas características indicam quando uma reação reversível atingiu o equilíbrio químico:

1. A velocidade da reação direta iguala-se à velocidade da reação inversa: $v_d = v_i$.

2. As concentrações das substâncias permanecem constantes, dando a impressão de que a reação terminou (isso não significa que ficam iguais), porém ela continua. Em tais casos, a quantidade de reagente(s) consumida no processo direto é igualmente reposta por meio da reação inversa.

3. Ao final, se não houver variação das condições reacionais, a proporção (porcentagem) que existirá de cada um dos componentes do equilíbrio será a mesma, independentemente das condições iniciais, isto é, de um processo apenas com reagentes (por exemplo, hidrogênio e nitrogênio), ou com todas as substâncias (hidrogênio, nitrogênio e amônia), ou somente com amônia.

4. Em cada condição de equilíbrio, a energia será a mínima necessária para a manutenção do sistema.

Com base nos conceitos cinéticos, sabe-se que, quanto maior a concentração de um reagente, maior a velocidade de uma reação. Assim, se uma quantidade de hidrogênio e nitrogênio for colocada em um recipiente fechado, a velocidade da reação direta vai diminuindo com a redução da concentração dos reagentes. Uma situação contrária acontece com a reação inversa. No início, a concentração de amônia é nula, portanto, a velocidade da reação inversa é zero. Porém, com o passar do tempo, há a formação de amônia por meio da reação direta, ou seja, sua concentração aumenta, levando a velocidade da reação inversa a se intensificar. Isso vai acontecendo até que ambas as velocidades se igualem. Nesse instante, o equilíbrio é atingido. De modo geral, representa-se por gráfico a situação de equilíbrio de uma reação reversível. Observe o Gráfico 13.1 ao lado.

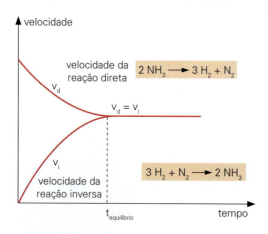

Gráfico 13.1: O gráfico representa o alcance do equilíbrio a partir da mistura dos gases hidrogênio e nitrogênio.

Outra maneira de representar o equilíbrio graficamente é pela variação da concentração das substâncias em função do tempo. Nos exemplos a seguir, a concentração dos reagentes é máxima no início e diminui com o tempo por conta da formação do produto, cujo aumento é gradual pela reação inversa. Esse processo ocorre até o momento em que o sistema atinge o equilíbrio. A partir desse instante, as concentrações permanecem constantes, mas não necessariamente iguais entre si (Gráficos 13.2 e 13.3).

Gráficos 13.2 e 13.3: Os gráficos I e II representam que o equilíbrio também pode ser alcançado se colocarmos inicialmente só amônia. Isso mostra que os dois sistemas, no final, são constituídos pelas mesmas espécies químicas.

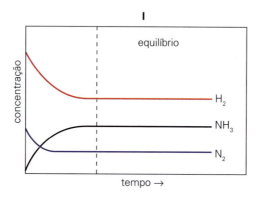
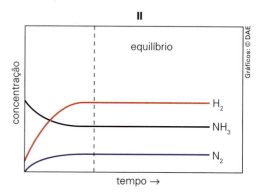

> ## História da Química
>
> ### A amônia
>
> A amônia (NH_3) é uma das substâncias mais importantes da indústria, usada na fabricação de fertilizantes, ácido nítrico e nitratos, entre outras coisas. Todos os anos são produzidas mais moléculas de amônia do que de qualquer outra substância. Ela é um gás incolor, inflamável e de odor pungente bem característico.
>
> A amônia dissolve-se prontamente em água em razão das interações por ligações de hidrogênio entre ambas. Aliás, a amônia, quando na fase líquida (PF = –33 °C, a 1 atm), assemelha-se à água no que se refere à capacidade de se comportar como solvente.

Unidade 4 Dinâmica das transformações químicas

Em 1912, o químico Fritz Haber (Figura 13.4) desenvolveu o processo para sintetizar a amônia diretamente a partir do gás nitrogênio (N_2) e do gás hidrogênio (H_2). Devido aos seus trabalhos na síntese da amônia, Haber foi agraciado com o Prêmio Nobel de Química em 1918. O processo, chamado de Haber-Bosch, homenageia também o engenheiro Carl Bosch (Figura 13.5), que desenvolveu o equipamento para a produção industrial da amônia sintética. Se ainda hoje é difícil obter as condições T = 500 °C e P = 200 atm, naquela época o processo era mais complexo.

No início, a amônia foi usada para fins bélicos (fabricação de explosivos), contudo tornou-se a principal fonte mundial de nitrogênio fixado com o passar dos anos. A síntese da amônia em grandes quantidades permitiu a obtenção de extensos volumes de fertilizantes, aumentando a produção de grãos, o que ajudou a salvar milhões de pessoas da fome.

Figura 13.4: Fritz Haber (1868-1934).

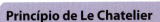

Figura 13.5: Carl Bosch (1874-1940).

O deslocamento do equilíbrio

O equilíbrio dinâmico estável formado por um conjunto de substâncias, reagentes e produtos permanece inalterado, a menos que algum fator provoque a mudança no sistema. No instante em que ocorre uma alteração, o sistema a absorve e procura uma nova situação de equilíbrio.

Proposto em 1884, sem demonstração, o trabalho mais conhecido do químico francês Le Chatelier (Figura 13.6) foi a definição de como um sistema químico em equilíbrio reage às perturbações impostas pelo exterior. Posteriormente, o trabalho ganhou *status* de princípio e passou a ser chamado de Princípio de Le Chatelier.

Figura 13.6: Henry Louis Le Chatelier (1850-1936).

> **Princípio de Le Chatelier**
>
> Quando se provoca algum tipo de perturbação em um sistema reacional em equilíbrio, este é deslocado no sentido de anular tal perturbação, e o sistema procura atingir um novo estado de equilíbrio.

Figura 13.7: O aumento ou diminuição da temperatura causa mudança em todo o sistema em que N_2O_4 e NO_2 fazem parte.

Retomando o exemplo utilizado na abertura do capítulo, para o sistema N_2O_4/NO_2 em equilíbrio, verifica-se experimentalmente que, à medida que a temperatura aumenta, o sistema é perturbado; em consequência, a quantidade de NO_2 aumenta (ou seja, intensifica-se a coloração marrom) em detrimento da diminuição de N_2O_4. Na equação representada, $N_2O_4 \rightleftarrows 2\ NO_2$, lê-se que o equilíbrio foi deslocado para a direita (no sentido do produto). Se houver um outro aumento de temperatura, um novo estado de equilíbrio será alcançado.

No mesmo exemplo, caso a temperatura diminua, o sistema também é perturbado; como consequência, a quantidade de NO_2 diminui e a de N_2O_4 aumenta – fato que pode ser visualizado pela diminuição da intensidade da coloração marrom do sistema. Na equação representada, $N_2O_4 \rightleftarrows 2\ NO_2$, lê-se que o equilíbrio foi deslocado para a esquerda (no sentido do reagente). Observe a Figura 13.7.

O deslocamento do equilíbrio químico ocorre, no sentido dos produtos ou dos reagentes, para absorver a perturbação externa imposta a ele. Em situações de aumento ou diminuição de temperatura, uma das

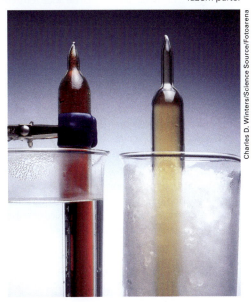

$$2\ NO_2\ (g) \underset{\text{endotérmica } (\Delta H > 0)}{\overset{\text{exotérmica } (\Delta H < 0)}{\rightleftarrows}} N_2O_4\ (g)$$

Equilíbrio químico Capítulo 13 **431**

reações será mais beneficiada do que a outra até que o equilíbrio seja restabelecido, não importando se a reação é direta ou inversa. As variações de temperatura aumentam ou diminuem a velocidade da reação em um sentido até que o equilíbrio seja restabelecido, ou seja, até que as velocidades de reação direta e inversa se igualem novamente. No sistema N_2O_4/NO_2, por exemplo, o aumento da temperatura fez com que a velocidade da reação direta se tornasse maior que a reação inversa, isso foi percebido pela acentuação da coloração marrom do sistema. Porém, em um dado momento, o equilíbrio é restabelecido e as velocidades da reação direta e inversa se igualam novamente.

Numa reação reversível, o deslocamento de um equilíbrio pode ocorrer, essencialmente, de duas maneiras:

1. A velocidade da reação direta fica maior que a velocidade da reação inversa:

$$V_{direta} > V_{inversa}$$

Neste caso, dizemos que o equilíbrio é deslocado para a direita (sentido dos produtos).

2. A velocidade da reação direta fica menor que a velocidade da reação inversa:

$$V_{direta} < V_{inversa}$$

Nesse caso, dizemos que o equilíbrio é deslocado para a esquerda (sentido dos reagentes).

Exercícios resolvidos

1. A partir dos conceitos utilizados para definir um estado de equilíbrio químico, estabeleça se há equilíbrio dinâmico ou estado estacionário em cada uma das seguintes situações. Dê as razões para sua conclusão em cada caso.

   a) Um time de basquete em ação e o banco de reservas. O número de jogadores é constante.

   b) O mercúrio líquido e o vapor de mercúrio num termômetro. A temperatura é constante.

   c) A represa de Furnas e seu lago. O nível de água é constante, embora um rio deságue no lago.

   d) Um leão bem alimentado numa jaula. O peso do leão é constante.

   e) Pelo fim da tarde, a bica de água tem, constantemente, uma fila de dez pessoas.

Equilíbrio dinâmico: afirmativas **a** e **b**, pois descrevem processos em sistemas fechados. No item **a**, o time de basquete troca seus atletas no sistema quadra–banco, mantendo constante o número de jogadores em cada situação. No item **b**, a velocidade de condensação no termômetro do vapor de mercúrio é igual à velocidade de evaporação do mercúrio líquido; por isso, a quantidade de moléculas de vapor, assim como a quantidade de moléculas na fase líquida, é constante.

Estado estacionário: afirmativas **c, d, e**, pois são sistemas abertos (a rigor, um sistema só entra em equilíbrio quando o mesmo for fechado) o que torna impossível a existência de equilíbrios dinâmicos, embora haja constância de algumas propriedades.

2. Com relação aos conceitos sobre equilíbrio químico, verifique a alternativa **incorreta**:

   a) A velocidade da reação direta é igual à velocidade da reação inversa.

   b) Ambas as reações (direta e inversa) ocorrem simultaneamente, pois se trata de um equilíbrio dinâmico).

   c) Não se verifica mais mudanças nas características macroscópicas do sistema (desde que fechado).

   d) Os sistemas atingem o estado de equilíbrio de maneira espontânea.

   (e) Obrigatoriamente, as concentrações de todas as substâncias participantes do equilíbrio devem ser iguais.

a) Correta – o sistema atinge o equilíbrio justamente no momento em que as velocidades se igualam.

b) e c) Corretas – as reações direta e inversa continuam a acontecer; o equilíbrio é dinâmico, porém, como as velocidades das reações direta e inversa são iguais, macroscopicamente, a impressão é que as reações cessaram.

d) Todo sistema vai para o estado de equilíbrio espontaneamente (situação de menor energia para aquela condição).

3. Analise o diagrama a seguir que traz informações acerca das variações das concentrações de NO_2 e N_2O_4 até atingirem o equilíbrio químico. Encontre a alternativa **incorreta**.

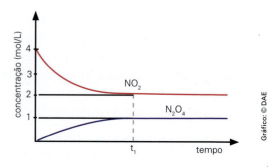

432 Unidade 4 Dinâmica das transformações químicas

a) Pelo diagrama, pode-se propor que a equação química que representa esta reação é 2 NO$_2$ ⇌ N$_2$O$_4$.

(b)) Como as concentrações de NO$_2$ e N$_2$O$_4$ não se igualaram, o sistema não atingiu o equilíbrio químico.

c) No tempo t$_1$, o sistema entra em equilíbrio químico.

d) Depois que o sistema entra em equilíbrio, mudanças externas podem alterar o equilíbrio no sentido dos produtos ou reagentes.

e) No tempo t$_1$, as velocidades das reações direta e inversa se igualam.

a) Correta – como a curva do NO$_2$ é descendente, esta espécie é o reagente; como a curva do N$_2$O$_4$ é ascendente, esta espécie é o produto; pela variação de concentração verificada no diagrama (4 para 2 no caso do NO$_2$; 0 para 1 no caso do N$_2$O$_4$) pode-se determinar a estequiometria da reação.

b) Errada – as concentrações não precisam necessariamente se igualarem; elas ficam constantes quando o equilíbrio é atingido.

c) Correta – o tempo t$_1$ é o momento em que as concentrações ficam constantes, indicando que o equilíbrio foi atingido.

d) Correta – princípio de Le Chatelier.

e) Correta – o equilíbrio é atingido justamente quando as velocidades das reações direta e inversa se igualam.

Exercícios propostos

1. Considere o equilíbrio químico representado pela seguinte equação:

[Co(H$_2$O)$_6$]$^{2+}$ (aq) + 4 Cℓ$^{1-}$ (aq) ⇌ [CoCℓ$_4$]$^{2-}$ (aq) + 6 H$_2$O (ℓ)

Informação: o composto [Co(H$_2$O)$_6$]$^{2+}$, em solução aquosa, fica rosado e o composto [CoCℓ$_4$]$^{2-}$, em solução aquosa, fica azulado.

De acordo com o esquema representado abaixo, quando a temperatura é aumentada, para que lado o equilíbrio é deslocado? E quando a temperatura é reduzida, para que lado é deslocado o equilíbrio?

A violeta B azul C rosado

2. A equação a seguir representa o equilíbrio químico estabelecido entre íons ferro (Fe^{3+}) e íons tiocianato (SCN$^-$).

Fe^{3+} (aq) + SCN^{1-} (aq) ⇌ FeSCN^{2+} (aq)

Considerando o gráfico abaixo, que representa as variações das concentrações das espécies até atingir o equilíbrio, responda:

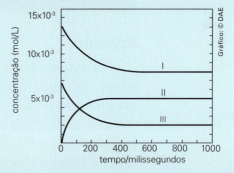

a) A partir de que instante o sistema entrou em equilíbrio?

b) Podemos determinar quais as curvas que representam cada componente do equilíbrio?

Fatores que podem deslocar o equilíbrio de um sistema

Sabe-se que uma reação reversível caminha espontaneamente para atingir o equilíbrio químico e ali permanece, pois se trata da condição na qual o sistema necessita de uma quantidade de energia mínima para se manter. Contudo, um equilíbrio químico pode ser deslocado quando o sistema sofre interferências de formas específicas.

As alterações de **temperatura**, **pressão** e **concentração** provocam o deslocamento do equilíbrio no sentido da formação dos reagentes ou dos produtos, numa tentativa do sistema de amenizar essas interferências.

Temperatura

Quando a temperatura é aumentada ou diminuída num sistema no qual está ocorrendo uma reação reversível, interfere-se diretamente no equilíbrio desse sistema. Ao aumentar a temperatura, fornece-se energia, aumentando o movimento das moléculas presentes. Assim, intensifica-se o número de colisões efetivas e, como consequência, a velocidade da reação.

Porém, as velocidades das reações direta e inversa não serão alteradas com a mesma intensidade. Como a reação endotérmica absorve calor ao processar, ela se beneficia do aumento da temperatura de modo mais intenso do que a exotérmica. Logo, quando se eleva a temperatura de uma reação, o equilíbrio é deslocado no sentido da reação que for endotérmica. O inverso é observado quando se diminui a temperatura, com o equilíbrio deslocado no sentido exotérmico.

Voltando ao exemplo do equilíbrio químico entre NO_2/N_2O_4 do início do capítulo, percebe-se que, em temperaturas muito baixas, o equilíbrio está bem deslocado no sentido da espécie N_2O_4. À medida que a temperatura aumenta, cada vez mais o equilíbrio vai sendo deslocado no sentido de produzir NO_2 (coloração amarronzada).

Isto nos permite deduzir que a reação de formação do NO_2 é endotérmica, pois qualquer aumento na temperatura desloca o equilíbrio neste sentido (na representação da equação $N_2O_4 = 2\ NO_2$, dizemos que o equilíbrio é deslocado para a direita). Do mesmo modo, podemos deduzir que a reação de formação do N_2O_4 é exotérmica, pois em baixas temperaturas o equilíbrio é deslocado neste sentido (na representação dessa equação, dizemos que o equilíbrio é deslocado para a esquerda).

> Na prática, dizemos que um aumento de temperatura desloca o equilíbrio no sentido da reação endotérmica, enquanto uma diminuição da temperatura desloca o equilíbrio no sentido da reação exotérmica.

Pressão

Ao analisar um sistema em equilíbrio químico no qual pelo menos uma substância está na fase gasosa, verifica-se que alterações na pressão podem causar modificações significativas na velocidade das reações. Considerando o exemplo de uma seringa – em cuja ponta em que se coloca a agulha é tapada e o ar em seu interior é comprimido – observa-se que, ao confinar o ar a um volume menor que o ocupado pela mesma quantidade de gás em condições normais, o número de colisões entre as moléculas ali contidas aumenta e o sistema encontra uma maneira de compensar essa alteração (Princípio de Le Chatelier).

Num eventual aumento de pressão, o equilíbrio é deslocado no sentido da diminuição da quantidade de moléculas gasosas disponíveis, na tentativa de reduzir o número de elementos para as colisões. O contrário acontecerá caso haja uma redução da pressão.

Por exemplo, o equilíbrio representado pela reação a seguir ocorre no interior de um recipiente em que se possa alterar a pressão (Figura 13.8):

$$N_2\ (g)\ +\ 3\ H_2\ (g) \rightleftharpoons 2\ NH_3\ (g)$$

Figura 13.8: Quando aumentamos a pressão ao empurrar o êmbolo, o equilíbrio desloca-se no sentido da diminuição da quantidade total de moléculas. O número de átomos não se altera, o que muda é o arranjo.

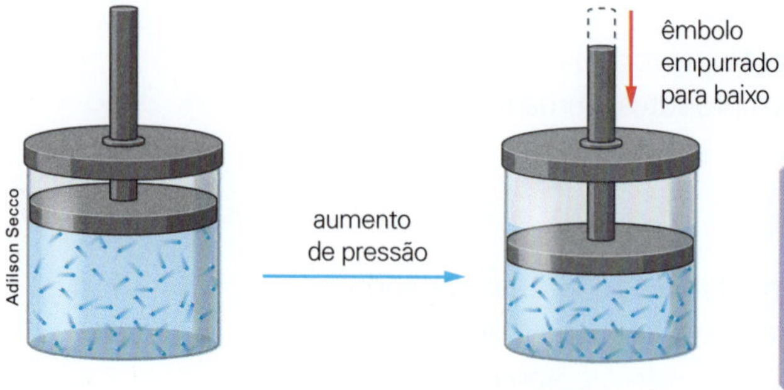

Adilson Secco

aumento de pressão

êmbolo empurrado para baixo

> De forma prática, um aumento na pressão desloca o equilíbrio no sentido da formação de uma quantidade menor de moléculas de gás, enquanto uma diminuição na pressão desloca o equilíbrio no sentido da formação de uma quantidade maior de moléculas de gás.

$N_2\ (g) + 3\ H_2\ (g) = 2\ NH_3\ (g)$

434 **Unidade 4** Dinâmica das transformações químicas

> **Smog fotoquímico**
>
> O *smog* fotoquímico é um tipo de nevoeiro com fumaça que pode surgir em grandes cidades. Uma típica substância encontrada no *smog* é o PAN – nitrato de peroxiacetila (ver a fórmula na página 235) –, obtido pela reação do NO_2 com hidrocarbonetos (provenientes dos combustíveis) e o oxigênio do ar. O PAN é um agente lacrimogêneo responsável por grande parte da irritação dos olhos.
>
> O dióxido de nitrogênio (NO_2) é um gás que, juntamente com o material particulado do ar, é responsável pela cor avermelhada do *smog*.

Química Aplicada

O cheiro dos peixes

Peixes mortos podem ter um cheiro bem desagradável em razão da formação de substâncias provenientes da decomposição de proteínas. Uma dessas substâncias é a metilamina que, na presença de água, forma o equilíbrio:

$$H_3CNH_2\ (g) + H_2O\ (\ell) \rightleftharpoons H_3CNH_3^{1+}\ (aq) + OH^{1-}\ (aq)$$

Para diminuir esse cheiro, pode-se adicionar um ácido (limão ou vinagre, por exemplo) que reaja com a hidroxila ($H^{1+} + OH^{1-} \rightleftharpoons H_2O$), formando água. Com a diminuição dos íons OH^{1-}, o equilíbrio é deslocado para a direita, diminuindo a concentração de metilamina, responsável pelo cheiro desagradável.

A adição de um gás inerte ao equilíbrio

Se ao recipiente contendo o equilíbrio químico de um sistema gasoso for adicionado outra espécie inerte, isto é, que não reaja com as espécies formadoras do equilíbrio, a pressão total do sistema aumenta. Contudo, a pressão parcial de cada espécie formadora do equilíbrio do sistema químico permanece a mesma. Nesse caso, o equilíbrio não sofre deslocamento, pois não há variação da pressão parcial das espécies formadoras do equilíbrio.

Quantidades iguais de moléculas gasosas como reagente e produto (na equação)

Quando as quantidades de moléculas gasosas forem iguais tanto no reagente como no produto, mudanças na pressão não interferem no equilíbrio. Isso porque o deslocamento do equilíbrio não diminui o número de moléculas, não havendo, assim, deslocamento para a direita nem para a esquerda.

Por exemplo, no equilíbrio a seguir, uma alteração na pressão não provoca deslocamento, pois a quantidade de moléculas reagentes gasosas (1 mol de O_2; o carbono não está no estado gasoso) é igual à quantidade de moléculas gasosas de produto (1 mol de CO_2).

$$C\ (s) + O_2\ (g) = CO_2\ (g)$$

O fato de em uma equação química a quantidade de moléculas gasosas de reagentes ser igual à quantidade de moléculas gasosas de produtos não significa que a concentração dessas espécies sejam iguais no equilíbrio. A concentração (ou pressão parcial) de O_2 não deve ser, necessariamente, igual à concentração (ou pressão parcial) de CO_2.

> **NOTA:**
>
> A presença de um catalisador não desloca o equilíbrio químico em nenhum sentido.
>
> Um catalisador aumenta a velocidade tanto da reação direta quanto da reação inversa, fazendo com que o equilíbrio seja atingido mais rapidamente.

Equilíbrio químico Capítulo 13 **435**

Concentração

A velocidade de uma reação depende da concentração dos reagentes no sistema. Assim, se a concentração das espécies presentes em um equilíbrio químico for alterada, altera-se também a velocidade da reação e, consequentemente, o equilíbrio será deslocado.

No equilíbrio representado a seguir, a velocidade da reação direta é igual à velocidade da reação inversa.

$$2\,C\ell_2\,(g)\,+\,2\,H_2O\,(g)\,\rightleftharpoons\,4\,HC\ell\,(g)\,+\,O_2\,(g)$$

Se mais cloro ($C\ell_2$) for adicionado ao sistema, a velocidade da reação direta aumenta e o equilíbrio é deslocado para a direita, diminuindo a quantidade de cloro e água e aumentando a quantidade de ácido clorídrico e oxigênio. O Gráfico 13.4 representa bem essa situação.

No início, a concentração de cada uma das espécies é constante, ou seja, o sistema está em equilíbrio. No instante t_1, é adicionado mais cloro ao sistema, o que aumenta a concentração dessa substância, tirando o sistema do equilíbrio. Desse momento em diante, o sistema procura compensar a alteração sofrida e busca reduzir a concentração de cloro do meio. Como resultado, o equilíbrio é deslocado para a direita, diminuindo a concentração de cloro e água e aumentando a concentração de ácido clorídrico e oxigênio, até que um novo estado de equilíbrio seja estabelecido, verificado a partir do instante t_2.

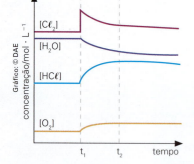

Gráfico 13.4: No gráfico, podemos observar que quando adicionamos $C\ell_2$, o equilíbrio é deslocado para a direita.

Em termos práticos, o aumento da concentração de uma espécie desloca o equilíbrio no sentido do consumo dessa espécie, enquanto a diminuição da concentração de uma espécie desloca o equilíbrio no sentido de sua produção.

Exercícios resolvidos

1. (Enem) Os refrigerantes têm-se tornado cada vez mais o alvo de políticas públicas de saúde. Os de cola apresentam ácido fosfórico, substância prejudicial à fixação de cálcio, o material que é o principal componente da matriz dos dentes. A cárie é um processo dinâmico de desequilíbrio do processo de desmineralização dentária, perda de minerais em razão da acidez. Sabe-se que o principal componente do esmalte do dente é um sal denominado hidroxiapatita. O refrigerante, pela presença de sacarose, faz decrescer o pH do biofilme (placa bacteriana), provocando a desmineralização do esmalte dentário. Os mecanismos de defesa salivar levam de 20 a 30 minutos para normalizar o nível do pH, remineralizando o dente. A equação química seguinte representa esse processo:

$$Ca_5(PO_4)_3OH\,(s) \underset{mineralização}{\overset{desmineralização}{\rightleftharpoons}} 5\,Ca^{2+}\,(aq) + 3\,PO_4^{3-}\,(aq) + OH^{1-}\,(aq)$$
$$\text{hidroxiapatita}$$

Considerando que uma pessoa consuma refrigerantes diariamente, poderá ocorrer um processo de desmineralização dentária, devido ao aumento da concentração de:

a) OH^-, que reage com os íons Ca^{2+}, deslocando o equilíbrio para a direita.

b) H^+, que reage com as hidroxilas OH^-, deslocando o equilíbrio para a direita.

c) OH^-, que reage com os íons Ca^{2+}, deslocando o equilíbrio para a esquerda.

d) H^+, que reage com as hidroxilas OH^-, deslocando o equilíbrio para a esquerda.

e) Ca^{2+}, que reage com as hidroxilas OH^-, deslocando o equilíbrio para a esquerda.

a) Incorreta. O consumo de refrigerantes diminui o pH, aumentando, assim, a concentração de íons H^+ e diminuindo a concentração de OH^-, deslocando o equilíbrio químico para a direita e, dessa forma, contribuindo para o processo de desmineralização dos dentes.

b) Correta – diminuindo o pH, aumenta a concentração de H^+; que reage com OH^- (diminui sua concentração) e faz o equilíbrio deslocar para a direita, aumentando a desmineralização.

c) Incorreta. O consumo de refrigerantes diminui o pH, aumentando, assim, a concentração de íons H^+, e diminuindo a concentração de OH^-, deslo-

436 Unidade 4 Dinâmica das transformações químicas

cando o equilíbrio químico para a direita e, dessa forma, contribuindo para o processo de desmineralização dos dentes.

d) Incorreta. O consumo de refrigerantes diminui o pH, aumentando, assim, a concentração de íons H^{1+}, os quais reagem com os íons OH^{1-}, deslocando o equilíbrio químico para a direita e, dessa forma, contribuindo para o processo de desmineralização dos dentes.

e) Incorreta. O aumento na concentração de Ca^{2+} faz com que o equilíbrio químico seja deslocado no sentido contrário, isto é, para a esquerda, no sentido da mineralização.

2. (Udesc) O processo industrial de produção de amônia (NH_3) envolve o seguinte equilíbrio químico: $N_2(g) + 3\,H_2(g) \rightleftharpoons 2\,NH_3(g)$. O gráfico abaixo mostra, aproximadamente, as porcentagens de amônia em equilíbrio com os gases nitrogênio e hidrogênio na mistura da reação.

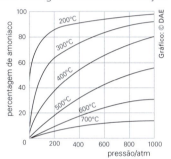

De acordo com o gráfico e as informações acima, analise as proposições:

I – A formação da amônia é favorecida em condições de alta pressão e baixa temperatura.

II – A reação de formação da amônia é um processo endotérmico.

III – Em um recipiente fechado, à pressão constante, o aumento da temperatura favorece a decomposição da amônia.

IV – Um aumento na concentração de gás nitrogênio causará um deslocamento do equilíbrio químico no sentido dos reagentes.

Assinale a alternativa correta.

a) Somente as afirmativas II e IV são verdadeiras.
b) Somente as afirmativas II e III são verdadeiras.
c) Somente as afirmativas III e IV são verdadeiras.
d) Somente as afirmativas I e IV são verdadeiras.
e) Somente as afirmativas I e III são verdadeiras.

I – Verdadeira – a porcentagem de amoníaco aumenta à medida que a temperatura diminui (gráfico); isso significa que o processo é exotérmico; Aumentos de pressão deslocam o equilíbrio no sentido de diminuir o números de moléculas gasosas (sentido de produção de amoníaco).

II – Errada – o equilíbrio é deslocado para a direita quando a temperatura é diminuída; isso significa que a produção da amônia é exotérmica.

III – Verdadeira – o aumento de temperatura desloca o equilíbrio no sentido da reação endotérmica (decomposição da amônia).

IV – Errada – o aumento da concentração de uma espécie desloca o equilíbrio no sentido contrário (dos produtos).

3. (ENEM) O pH do solo pode variar em uma faixa significativa devido a várias causas. Por exemplo, o solo de áreas com chuvas escassas, mas com concentrações elevadas do sal solúvel carbonato de sódio (Na_2CO_3), torna-se básico devido à reação de hidrólise do íon carbonato, segundo o equilíbrio:

$$CO_3^{2-}(aq) + H_2O(\ell) \rightleftharpoons HCO_3^-(aq) + OH^-(aq)$$

Esses tipos de solo são alcalinos demais para fins agrícolas e devem ser remediados pela utilização de aditivos químicos.
BAIRD, C. *Química ambiental*. São Paulo: Artmed, 1995 (adaptado).

Suponha que, para remediar uma amostra desse tipo de solo, um técnico tenha utilizado como aditivo a cal virgem (CaO). Nesse caso, a remediação:

a) foi realizada, pois o caráter básico da cal virgem promove o deslocamento do equilíbrio descrito para a direita, em decorrência da elevação do pH do meio.

b) foi realizada, pois o caráter ácido da cal virgem promove o deslocamento do equilíbrio descrito para a esquerda, em decorrência da redução do pH do meio.

c) não foi realizada, pois o caráter ácido da cal virgem promove o deslocamento do equilíbrio descrito para a direita, em decorrência da redução do pH do meio.

d) não foi realizada, pois o caráter básico da cal virgem promove o deslocamento do equilíbrio descrito para a esquerda, em decorrência da elevação do pH do meio.

e) não foi realizada, pois o caráter neutro da cal virgem promove o deslocamento do equilíbrio descrito para a esquerda, em decorrência da manutenção do pH do meio.

a) Incorreta. A remediação não foi realizada, pois a cal virgem apresenta caráter básico, o que aumenta a concentração de íons OH^- e desloca o equilíbrio para a esquerda.

b) Incorreta. A remediação não foi realizada, pois a cal virgem apresenta caráter básico, o que aumenta a concentração de íons OH^- e desloca o equilíbrio para a esquerda.

c) Incorreta. Apesar de a remediação não ter sido realizada, a cal virgem apresenta caráter básico, o que aumenta a concentração de íons OH^- e desloca o equilíbrio para a esquerda.

d) Correta.

e) Incorreta. Apesar de a remediação não ter sido realizada, a cal virgem apresenta caráter básico, o que aumenta a concentração de íons OH^- e desloca o equilíbrio para a esquerda.

Exercícios propostos

1. (Enem) Às vezes, ao abrir um refrigerante, percebe-se que uma parte do produto vaza rapidamente pela extremidade do recipiente. A explicação para esse fato está relacionada à perturbação do equilíbrio químico existente entre alguns dos ingredientes do produto de acordo com a equação:

$$CO_2\,(g) + H_2O\,(\ell) \rightleftharpoons H_2CO_3\,(aq)$$

A alteração do equilíbrio anterior, relacionada ao vazamento do refrigerante nas condições descritas, tem como consequência a:

a) liberação de CO_2 para o ambiente.
b) elevação da temperatura do recipiente.
c) elevação da pressão interna do recipiente.
d) elevação da concentração de CO_2 no líquido.
e) formação de uma quantidade significativa de H_2O.

2. (Enem) Sabões são sais de ácidos carboxílicos de cadeia longa utilizados com a finalidade de facilitar, durante processos de lavagem, a remoção de substâncias de baixa solubilidade em água, por exemplo, óleos e gorduras. A figura a seguir representa a estrutura de uma molécula de sabão.

CO_2^- Na^+

Em solução, os ânions do sabão podem hidrolisar a água e, desse modo, formar o ácido carboxílico correspondente. Por exemplo, para o estearato de sódio, é estabelecido o seguinte equilíbrio:

$$CH_3(CH_2)_{16}COO^- + H_2O \rightleftharpoons CH_3(CH_2)_{16}COOH + OH^-$$

Uma vez que o ácido carboxílico formado é pouco solúvel em água e menos eficiente na remoção de gorduras, o pH do meio deve ser controlado de maneira que evite que o equilíbrio acima seja deslocado para a direita. Com base nas informações do texto, é correto concluir que os sabões atuam de maneira:

a) mais eficiente em pH básico.
b) mais eficiente em pH ácido.
c) mais eficiente em pH neutro.
d) eficiente em qualquer faixa de pH.
e) mais eficiente em pH ácido ou neutro.

3. Considere o equilíbrio genérico A = B, sendo a reação direta endotérmica. Três experimentos foram feitos para se estudar esse equilíbrio e os resultados estão sumarizados na tabela abaixo.

experimento	condições
1	a 25 °C e sem catalisador
2	a 200 °C e sem catalisador
3	a 25 °C e com catalisador

O gráfico abaixo mostra a variação das concentrações de A e B, em função do tempo, para o experimento 1.

Quais, dentre os três gráficos a seguir, mostra corretamente as mudanças das concentrações de A e B, em função do tempo, nos experimentos 2 e 3, respectivamente?

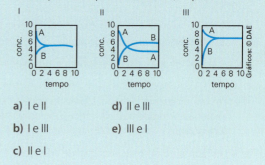

a) I e II
b) I e III
c) II e I
d) II e III
e) III e I

Lei da Ação das Massas – A constante K_c

Agora, um equilíbrio será analisado de maneira quantitativa, isto é, com base na quantidade de cada espécie participante. Pode-se representar qualquer reação química por meio de uma relação entre as substâncias presentes. Por exemplo, para a reação:

$$1\,CO\,(g) + 1\,H_2O\,(g) \rightleftharpoons 1\,CO_2\,(g) + 1\,H_2\,(g)$$

É estabelecida a seguinte relação:

$$Q = \frac{[CO_2\,(g)] \cdot [H_2\,(g)]}{[CO\,(g)] \cdot [H_2O\,(g)]}$$

em que:

Q = expressão da Lei da Ação das Massas (quociente da reação);

[CO_2 (g)] = concentração do gás carbônico em mol · L^{-1};

[H_2 (g)] = concentração do gás hidrogênio em mol · L^{-1};

[CO (g)] = concentração do gás monóxido de carbono em mol · L^{-1};

[H_2O (g)] = concentração de água em mol · L^{-1}.

CO_2 na dose certa

O CO_2 tem ganhado o *status* de vilão por estar associado ao efeito estufa, causador do aumento da temperatura média da Terra. No entanto, na dose certa, se faz necessária a presença dos "gases estufa", como o CO_2, pois eles absorvem parte das radiações infravermelhas, determinando o clima moderado do planeta e permitindo, assim, a manutenção da a vida. O problema está no desequilíbrio das quantidades desses gases (aumento), elevando a temperatura média da Terra com consequências imprevisíveis ao planeta.

Por convenção, a expressão é montada colocando a(s) concentração(ões) do(s) produto(s) no numerador e a(s) concentração(ões) do(s) reagente(s) no denominador. Em ambos os casos, as concentrações devem ser elevadas aos respectivos coeficientes na equação balanceada (no exemplo apresentado, todos esses valores são iguais a um).

No instante inicial (t = 0), a concentração dos produtos que ainda não começaram a ser formados é igual a zero. Portanto, Q será igual a zero. Conforme a reação acontece, produtos são formados e reagentes, consumidos. Assim, o numerador da equação aumenta e o denominador diminui, fazendo com que o valor de Q aumente. Esse processo acontece gradativamente, conforme o ritmo da reação, até o ponto em que as concentrações não se alteram mais, ou seja, quando se atinge o equilíbrio químico. A partir desse ponto, o valor de Q mantém-se constante. Observe o esquema na Figura 13.9, ao lado.

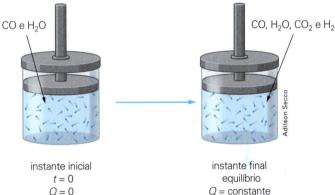

Figura 13.9: Esquema de equilíbrio químico.

Agora vamos analisar a tabela que se segue para o equilíbrio abaixo em dada temperatura:

$$3\ H_2\ (g) + 1\ N_2\ (g) \rightleftharpoons 2\ NH_3\ (g)$$

Experimento	Concentração inicial/(mol · L^{-1})			Concentração no equilíbrio/(mol · L^{-1})			Q no equilíbrio
	N_2	H_2	NH_3	N_2	H_2	NH_3	$Q = \dfrac{[NH_3]^2}{[H_2]^3 \cdot [n_2]}$
1	1,000	3,000	0	0,325	0,975	1,350	6,05
2	1,000	1,000	0	0,781	0,343	0,438	6,09
3	1,000	1,000	1,000	0,885	0,655	1,230	6,08

Seja qual for a concentração inicial dos componentes (experimentos 1, 2 e 3), as concentrações permanecem constantes e a relação entre elas (Q) é a mesma em todos os experimentos (o erro centesimal é decorrente de aproximações nos cálculos), quando a reação atinge o equilíbrio. Isso quer dizer que, em dada temperatura, o valor de Q é constante quando a reação atingir o equilíbrio, sem depender da concentração inicial de todas as substâncias, reagentes e produtos. Assim, o quociente é igual à **constante de equilíbrio (K_c)**:

$$Q = K_c = \frac{[\text{Produto}]^{\text{coeficiente}}}{[\text{Reagente}]^{\text{coeficiente}}}$$

em que K_c é a constante de equilíbrio em função das concentrações das substâncias em $mol \cdot L^{-1}$.

> As espécies que estão na fase sólida não sofrem variação na concentração. Portanto, elas não compõem a equação, uma vez que seus valores de concentração já estão embutidos no valor de K_c.

A verificação do valor de Q é importante por permitir que, estando os valores de K_c tabelados, determine-se quando um sistema entra em equilíbrio. Por exemplo, para o equilíbrio a seguir, a constante de equilíbrio (K_c) é igual a $2{,}06 \cdot 10^{-2}$, a 458 °C.

$$2\,HI\,(g) \rightleftharpoons H_2\,(g) + I_2\,(g)$$

Assim, se 10 mol de iodeto de hidrogênio (HI) for colocado inicialmente em um recipiente de volume 1 L, pode-se calcular a concentração final de cada uma das espécies. No tempo zero, há 10 mol do ácido e zero de hidrogênio e iodo.

	$2\,HI\,(g) \rightleftharpoons H_2\,(g) + I_2\,(g)$			$Q = \dfrac{[H_2] \cdot [I_2]}{[HI]^2}$
Início	$10\,mol \cdot L^{-1}$	0	0	0

Com o passar do tempo, o HI se decompõe, formando hidrogênio e iodo. Cada 2 mol de HI decomposto produz 1 mol de hidrogênio e 1 mol de iodo (estequiometria da reação). Com isso, o quociente aumenta até se igualar à constante de equilíbrio ($Q = K_c = 2{,}06 \cdot 10^{-2}$); é quando a reação atinge o equilíbrio.

Para solucionar esse problema, pode-se montar uma equação em que, para cada $2x$ mol de HI (g) que reage, formam-se x mol de H_2 (g) e x mol de I_2 (g).

NOTA:
É usual não indicar as unidades. O valor de K_c pode ser representado adimensionalmente.

	$2\,HI\,(g) \rightleftharpoons H_2\,(g) + I_2\,(g)$			$Q = \dfrac{[H_2] \cdot [I_2]}{[HI]^2}$
Início	$10\,mol \cdot L^{-1}$	0	0	0
Equilíbrio	$(10 - 2x)\,mol \cdot L^{-1}$	$x\,mol \cdot L^{-1}$	$x\,mol \cdot L^{-1}$	$2{,}06 \cdot 10^{-2}$

Aplicando a equação:

$$K_c = 2{,}06 \cdot 10^{-2} = \frac{x \cdot x}{[(100 - 2x)]^2} \quad \therefore \quad x = 1{,}11$$

Unidade 4 Dinâmica das transformações químicas

Logo:

$[H_2] = [I_2] = 1,11 \ mol \cdot L^{-1}$ e $[HI] = 7,78 \ mol \cdot L^{-1}$.

> $Q = K_c$ indica que o sistema está em equilíbrio.
>
> $Q > K_c$ indica que o equilíbrio é deslocado para a esquerda, diminuindo o valor de Q até que esse se iguale ao de K_c; nesse momento, o equilíbrio é restabelecido.
>
> $Q < K_c$ indica que o equilíbrio é deslocado para a direita, aumentando o valor de Q até que este se iguale ao de K_c; nesse momento, o equilíbrio é restabelecido.

A constante de equilíbrio K_p

Quando um equilíbrio químico for composto de espécies na fase gasosa, a forma mais conveniente de avaliar esse equilíbrio é com a verificação das pressões parciais de cada espécie que dele faz parte. Assim, para o equilíbrio químico:

$$N_2 \ (g) \ + \ 3 \ H_2 \ (g) \ \rightleftharpoons \ 2 \ NH_3 \ (g)$$

a constante de equilíbrio seria dada por:

$$K_p = \frac{(p_{NH_3})^2}{(p_{N_2}) \cdot (p_{H_2})^3}$$

em que:

p_{N_2} = pressão parcial do nitrogênio;

p_{H_2} = pressão parcial do hidrogênio;

p_{NH_3} = pressão parcial da amônia.

> Somente espécies na fase gasosa podem fazer parte da equação do cálculo de K_p.

Uma questão de temperatura

É válido lembrar que somente a temperatura é capaz de alterar o valor de K_c e de K_p. Tanto a pressão quanto a concentração podem deslocar o equilíbrio, todavia elas não provocam alteração no valor das constantes.

A seguir vemos o exemplo de um equilíbrio no qual as pressões parciais são alteradas e o valor de K_c permanece constante.

$$2 \ NO_2 \ (g) \ \rightleftharpoons \ N_2O_4 \ (g)$$

Pressão	n_{NO_2}	$n_{N_2O_4}$	V/L	$[NO_2]$	$[N_2O_4]$
p_1	0,52	0,74	1	0,52	0,74

$$K_c = \frac{[N_2O_4]}{[NO_2]^2} = \frac{0,74}{(0,52)^2} \simeq 2,7 \ L \cdot mol^{-1}$$

Se a pressão é aumentada até o volume cair pela metade, o equilíbrio é deslocado no sentido de atenuar esse aumento, diminuindo a quantidade de moléculas no recipiente. Lembrando que o sistema é necessariamente fechado (condição para que haja equilíbrio), moléculas de NO_2 agrupam-se formando moléculas de N_2O_4 (o equilíbrio é deslocado para a direita na equação). Quando isso acontece, novas quantidades das espécies estão em equilíbrio.

Pressão	n_{NO_2}	$n_{N_2O_4}$	V/L	$[NO_2]$	$[NO_2]$
p_2	0,38	0,81	0,5	0,776	1,612

$$K_c = \frac{[N_2O_4]}{[NO_2]^2} = \frac{1,612}{(0,776)^2} \simeq 2,7 \; L \cdot mol^{-1}$$

Observação: o valor de K_c permanece o mesmo.

Química Aplicada

Entra gás oxigênio – sai gás carbônico

A respiração é a função pela qual os seres vivos absorvem oxigênio (inspiração) e expelem gás carbônico (expiração). Esse processo comporta-se de maneira excepcional, pois, apesar de não ser um sistema fechado, pode ser encarado como reversível, estando sujeito ao princípio de Le Chatelier.

O oxigênio que entra nos pulmões durante a respiração se liga à hemoglobina (Hb) segundo o equilíbrio:

$$Hb + O_2 \rightleftharpoons HbO_2$$

Como nos pulmões a concentração de oxigênio é alta, esse equilíbrio está deslocado para a direita, no sentido de maior formação da espécie HbO_2. Tal espécie é transportada até os tecidos pelo sangue. Uma vez nos tecidos, a concentração do oxigênio é menor, fazendo com que o equilíbrio seja deslocado para a esquerda, liberando o oxigênio.

O oxigênio liberado nos tecidos é captado pela mioglobina (Mb), formando um novo equilíbrio:

$$Mb + O_2 \rightleftharpoons MbO_2$$

Esse oxigênio fica "guardado" na mioglobina até que seja requisitado para reagir e produzir energia. O gás carbônico produzido durante tais reações é eliminado pela hemoglobina.

A toxidez do monóxido de carbono – CO

A molécula de CO tem afinidade pela hemoglobina cerca de 150 vezes maior que o oxigênio. Isso significa que o CO compete com o oxigênio para se ligar à hemoglobina caso o ar inspirado tenha um alto conteúdo de CO. Como sua afinidade é maior, acaba prevalecendo o seguinte equilíbrio (deslocado para a direita):

$$Hb + CO_2 \rightleftharpoons HbCO$$

Esse é o motivo de considerarmos o CO como uma substância venenosa. Se ele estiver presente em quantidades suficientes para impedir que o oxigênio se ligue à hemoglobina, a pessoa pode morrer asfixiada.

Animais de sangue azul

O ser humano, assim como todos os demais mamíferos, utiliza a hemoglobina para transportar o gás oxigênio até seus tecidos. Na composição dessa molécula, aparece o elemento metálico ferro, que confere ao sangue a coloração vermelha e por meio do qual o gás oxigênio se prende para ser transportado.

No entanto, em 1847, R. Harless descobriu que o sangue do polvo e das lesmas continha o elemento cobre na hemocianina, substância responsável pelo transporte de oxigênio. Devido à presença do cobre, o sangue desses animais apresenta a coloração azul. Hoje, sabe-se que as aranhas também possuem o sangue azul.

442 **Unidade 4** Dinâmica das transformações químicas

Exercícios resolvidos

1. No equilíbrio:

$$2\,NOC\ell\,(g) \rightleftarrows 2\,NO\,(g) + C\ell_2\,(g)$$

o valor da constante K_c é $4,7 \cdot 10^{-4}$ mol/L. Com o aumento da concentração de NO, mantendo-se a temperatura constante:

a) o valor de K_c aumenta.

b) o valor de K_c diminui.

c) o equilíbrio desloca-se para o sentido da formação dos produtos.

d) não há deslocamento de equilíbrio.

(e) o valor de K_c não se altera.

Somente variações na temperatura altera o valor de K_c. Aumentando a concentração de NO, o equilíbrio é deslocado no sentido do reagente (esquerda).

2. A reação entre monóxido de carbono e água produzindo gás carbônico e gás hidrogênio pode ser representada conforme equação química abaixo:

$$CO\,(g) + H_2O\,(g) \rightleftarrows CO_2\,(g) + H_2\,(g)$$

Numa dada condição de temperatura, o valor da constante de equilíbrio vale 25. Se uma mistura inicial contiver 1 mol de CO, 1 mol de H_2O, 2 mols de CO_2 e 2 mol de H_2 em um recipiente de 1 litro, quais as concentrações de todas as espécies quando o equilíbrio for atingido?

Primeiro devemos verificar se a reação está em equilíbrio; se $Q = K_c$

	CO (g)	+ H₂O (g)	= CO₂ (g)	+ H₂ (g)
	1	1	2	2

$$Q = \frac{[CO_2] \cdot [H_2]}{[CO] \cdot [H_2O]} = \frac{2 \cdot 2}{1 \cdot 1} \cdot 1 = 4$$

Se $Q \neq K_c$; significa que não está em equilíbrio; para que Q se iguale a K_c, ele deve aumentar (atingir o valor de 25). Para isso, a reação deve ocorrer no sentido da direita – aumentar o numerador e diminuir o denominador.

	CO (g)	+ H₂O (g)	= CO₂ (g)	+ H₂ (g)
Início	1	1	2	2
Reage/forma	x	x	x	x
Equilíbrio	1 − x	1 − x	2 + x	2 + x

$$K_c = \frac{[CO_2] \cdot [H_2]}{[CO] \cdot [H_2O]} = \frac{(2+x) \cdot (2+x)}{(1-x) \cdot (1-x)} = 25$$

$$25 = \frac{(2+x)^2}{(1-x)^2}$$

Tirando raiz quadrada dos dois lados: $5 = \frac{(2+x)}{(1-x)}$

Logo $x = 0,5$

Assim:
$[CO_2] = 1 - x = 1 - 0,5 = 0,5$ mol/L
$[H_2O] = 1 - x = 1 - 0,5 = 0,5$ mol/L
$[CO_2] = 2 + x = 2 + 0,5 = 2,5$ mol/L
$[H_2] = 2 + x = 2 + 0,5 = 2,5$ mol/L

3. A equação abaixo representa o equilíbrio entre hidrogênio, iodo e iodeto de hidrogênio, numa dada temperatura.

$$H_2\,(g) + I_2\,(g) \rightleftarrows 2\,HI\,(g)$$

No momento t_1, o equilíbrio foi perturbado e depois de certo tempo (t_2 – no gráfico) o equilíbrio foi restabelecido. Calcule os valores de K_c nos dois momentos em que o equilíbrio foi estabelecido e analise os resultados.

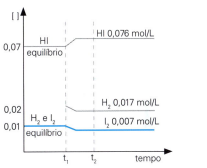

Os valores são os mesmos (dentro do erro experimental), $K_c = 49$ – conforme esperado, já que a temperatura é a mesma. O equilíbrio é deslocado para a direita no tempo t_2, pois mais H_2 é acrescentado neste momento.

Exercícios propostos

1. A reação entre um ácido carboxílico e um álcool é conhecida como esterificação, e pode ser genericamente representada por meio da seguinte equação química:

$$RCOOH\,(\ell) + R'OH\,(\ell) \rightleftarrows RCOOR'\,(\ell) + H_2O\,(\ell)$$

a) Por que a adição de um agente desidratante aumenta o rendimento na formação de éster?

b) Em um recipiente de 1 litro, foram adicionados 1 mol de ácido e 1 mol de álcool. Sabendo que nestas condições $K_c = 9$, calcule a concentração de éster no equilíbrio.

2. Em um ambiente fechado, o carbonato de cálcio forma um equilíbrio com óxido de cálcio e gás carbônico, conforme equação termoquímica abaixo:

$$CaCO_3\,(s) = CaO\,(s) + CO_2\,(g) \quad \Delta H = +177,5 \text{ kJ/mol}$$

Aumentos na temperatura vão favorecer a decomposição ou a formação do carbonato de cálcio? Justifique sua resposta.

3. A amônia é hoje a terceira substância mais produzida no mundo, sendo utilizada principalmente na obtenção de fertilizantes e ácido nítrico. Cerca de 80% da produção mundial é usada na fertilização do solo, contribuindo na produção de alimentos para bilhões de pessoas. Em 1912, Fritz Haber desenvolveu um método economicamente viável para a produção de amônia a partir da reação:

$$N_2 (g) + 3 H_2 (g) \rightleftarrows 2 NH_3 (g) \qquad \Delta H = -92 \text{ kJ}$$

Com base na reação, realizada em um recipiente fechado de volume constante, a dada temperatura, são feitas as afirmações seguintes. Assinale a incorreta:

a) A constante de equilíbrio da reação expressa em termos de pressões parciais, K_p, é dada pela expressão

$$K_p = \frac{(P_{NH_3})^2}{(P_{N_2})(P_{H_2})^3}$$

b) Um aumento na temperatura do sistema diminui a quantidade de amônia produzida.

c) Se a pressão parcial de H_2 for aumentada, a quantidade de N_2 presente no equilíbrio diminuirá.

d) A adição de um catalisador favorece para que o equilíbrio seja atingido mais rapidamente.

e) Com um aumento da pressão, a tendência é que o equilíbrio se desloque para os reagentes, uma vez que eles ocupam um menor volume no recipiente.

Equilíbrio iônico

Dentre as muitas substâncias encontradas na natureza, algumas geram íons a partir de dissociações ou ionizações, se dissolvidas em **solventes**. Quando esses sistemas atingem o equilíbrio, torna-se possível aplicar os mesmos princípios que até agora foram estudados. É importante destacar que se trata de equilíbrio químico, mas o fato de haver pelo menos uma espécie iônica no sistema faz com que esse equilíbrio seja chamado de **equilíbrio iônico**. O vinagre, por exemplo, é uma mistura de ácido acético dissolvido em água:

> Será tratado aqui, preferencialmente, o solvente água.

$$HAc \underset{}{\overset{H_2O}{\rightleftarrows}} H^{1+} + Ac^{1-}$$

Sua equação de equilíbrio pode ser escrita da seguinte maneira:

$$K_c = \frac{[Ac^{1-}] \cdot [H^{1+}]}{[HAc]}$$

Percebe-se que a equação obedece à mesma forma: concentração dos produtos no numerador dividida pela concentração dos reagentes, sendo todas elevadas aos coeficientes a elas relativos. Em qualquer caso, o valor de K_c depende somente da temperatura. Assim, para esse equilíbrio a 25 °C, $K_c = 1,8 \cdot 10^{-5}$.

Lei da Diluição de Ostwald

Em 1880, o químico alemão Wilhelm Ostwald (Figura 13.10), juntamente com Arrhenius, correlacionou a força de um ácido a seu grau de dissociação. Desse trabalho, resultou a expressão conhecida como **Lei da Diluição de Ostwald**.

Além do trabalho sobre a diluição dos ácidos, Ostwald contribuiu no estudo da catálise, ganhando o Prêmio Nobel de Química em 1909: "A aceleração das reações lentas é importante para a indústria química, pois tempo é dinheiro". Ostwald desenvolveu ainda o processo para oxidar a amônia em NO, utilizado na síntese do ácido nítrico (Processo de Ostwald).

Nos casos da solução diluída de uma base ou um ácido fracos, a equação de equilíbrio pode ser simplificada:

$K_a = \alpha^2 \cdot C$ (monoácido fraco)

$K_b = \alpha^2 \cdot C$ (monobase fraca)

Figura 13.10:
Wilhelm Ostwald
(1853-1932).

Album/Akg-images/Fotoarena

444 **Unidade 4** Dinâmica das transformações químicas

Sendo:

α = grau de ionização = número de moléculas ionizadas/número de moléculas dissolvidas

C = concentração em mol por litro

> Observação: Apesar de haver várias representações para a constante de equilíbrio (K_c, K_p, K_a, K_b, K_i, K_h, K_s), salienta-se que elas são apenas registros efetuados a fim de especificar o tipo de equilíbrio considerado.

Para chegar à equação $K_a = \alpha^2 \cdot C$ para o volume de 1 litro:

	HA $\rightleftharpoons$ H^{1+} + A^{1-}		
Início	n	0	0
Reação	αn	——	——
Formação	——	αn	αn
Equilíbrio	n − αn	αn	αn

No equilíbrio:

$$K_a = \frac{[H^{1+}] \cdot [A^{1-}]}{[HA]}$$

$$K_a = \frac{(\alpha \cdot C) \cdot (\alpha \cdot C)}{C - \alpha C}$$

$$K_a = \frac{\alpha^2 \cdot C^2}{C \cdot (1 - C)}$$

Quando o ácido é fraco, α é muito pequeno: $1 - \alpha \simeq 1$, então:

$$K_a = \frac{\alpha^2 \cdot C^2}{C}$$

$$K_a = \alpha^2 \cdot C$$

Exercício resolvido

Sabendo que o hidróxido de amônio (NH_4OH), em solução aquosa $1{,}0 \cdot 10^{-3}$ mol/L e a temperatura ambiente, tem um grau de ionização de aproximadamente 1%, determine sua constante de ionização nesta dada temperatura.

	NH$_4$OH (aq) =	NH$_4^+$ (aq) +	OH$^-$ (aq)
Início	10^{-3}	0	0
Reage/forma	1% (10^{-5})	10^{-5}	10^{-5}
equilíbrio	$10^{-3} - 10^{-5} \cong 10^{-3}$	10^{-5}	10^{-5}

$$K_i = \frac{[NH_4^-] \cdot [OH^-]}{[NH_4OH]} = \frac{(10^{-5}) \cdot (10^{-5})}{(10^{-3})} = 10^{-7}$$

Exercício proposto

A constante de ionização de um certo ácido a 25 °C é igual a $4{,}2 \cdot 10^{-5}$. Calcule seu grau de dissociação em solução 0,08 mol por litro.

a) 9,211% **b)** 1,922% **c)** 2,291% **d)** 2,921% **e)** 2,192%

Equilíbrio químico Capítulo 13 445

Equilíbrio iônico da água

A água também é uma substância que sofre ionização, com o seguinte equilíbrio:

$$H_2O \rightleftharpoons H^{1+} + OH^{1-}$$

$$K_c = \frac{[H^{1+}] \cdot [OH^{1-}]}{[H_2O]}$$

Porém, como a quantidade de água que se ioniza é muito pequena, diz-se que $[H_2O]$ é praticamente constante. Assim, $K_c \cdot [H_2O]$ = constante = K_w, resultando em:

$$K_w = [H^{1+}] \cdot [OH^{1-}] \text{ produto iônico da água}$$

A 25 °C, a água pura apresenta: $[H^{1+}] = 1{,}0 \cdot 10^{-7}$ mol $\cdot$ L^{-1} e $[OH^{1-}] = 1{,}0 \cdot 10^{-7}$ mol $\cdot$ L^{-1}. Assim, $K_w = 1{,}0 \cdot 10^{-7} \cdot 1{,}0 \cdot 10^7 = 1{,}0 \cdot 10^{-14}$ mol^2 $\cdot$ L^{-2}.

Apesar de essa ionização ser muito baixa, como a Terra é um planeta onde cerca de 70% da superfície é coberta por água e os organismos vivos dependem dessa substância, esse equilíbrio torna-se essencialmente importante. A tabela a seguir mostra os vários valores da constante de equilíbrio da água (K_w) em determinadas temperaturas.

Produto iônico da água em várias temperaturas							
Temperatura/°C	0	10	20	25	30	40	100
K_w/(mol^2 $\cdot$ L^{-1})	$0{,}12 \cdot 10^{-14}$	$0{,}29 \cdot 10^{-14}$	$0{,}68 \cdot 10^{-14}$	$1{,}0 \cdot 10^{-14}$	$1{,}47 \cdot 10^{-14}$	$2{,}92 \cdot 10^{-14}$	$47{,}6 \cdot 10^{-14}$

Acidez e basicidade – pH e pOH

A água pura sempre será neutra, porém é impossível encontrar água totalmente pura. Isso significa que, dependendo das espécies dissolvidas na água, podemos ter alterações nas concentrações de H^{1+} e OH^{1-}.

Se a concentração de H^{1+} é igual à concentração de OH^{1-}, o meio é **neutro**. Se por algum motivo as concentrações forem diferentes, os meios tornar-se-ão ácidos ou básicos. A maneira mais simples de promover essa alteração é dissolvendo um ácido ou uma base em água.

$[H^{1+}] = [OH^{1-}]$ $\rightleftharpoons$ meio neutro

$[H^{1+}] > [OH^{1-}]$ $\rightleftharpoons$ meio ácido

$[H^{1+}] < [OH^{1-}]$ $\rightleftharpoons$ meio básico (alcalino)

Independentemente de o meio ser neutro, ácido ou básico, em dada temperatura $[H^{1+}] \cdot [OH^{1-}]$ é constante e vale $1{,}0 \cdot 10^{-14}$. Isso significa que se $[H^{1+}]$ aumenta, obrigatoriamente $[OH^{1-}]$ diminui na mesma proporção, como mostra o Gráfico 13.5 abaixo.

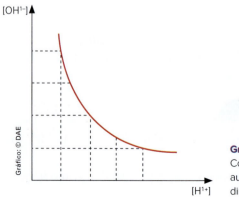

Gráfico 13.5: Conforme H^{1+} aumenta, OH^{1-} diminui.

Para tentar simplificar os cálculos, o bioquímico Soren Peter Lauritz Sorensen (Figura 13.11), em 1909, introduziu o conceito de **potencial hidrogeniônico (pH)**.

$$pH = -\log [H^{1+}]$$

De maneira semelhante, pode-se determinar também o **potencial hidroxiliônico (pOH)**.

pOH = -log [OH^{1-}]

Como [H^{1+}] · [OH^{1-}] = 1,0 · 10^{-14}, conclui-se que:

pH + pOH = 14

Na tabela a seguir, são listados alguns valores das concentrações de H^{1+} e OH^{1-}. Nota-se que, nesses casos, é simples encontrar os valores de pH e pOH.

pH, pOH, acidez e basicidade a 25 °C			
[H^{1+}]/(mol · L^{-1})	pH	[OH^{1-}]/(mol · L^{-1})	pOH
10	−1	10^{-15}	15
1	0	10^{-14}	14
10^{-1}	1	10^{-13}	13
10^{-2}	2	10^{-12}	12
10^{-3}	3	10^{-11}	11
10^{-4}	4	10^{-10}	10
10^{-5}	5	10^{-9}	9
10^{-6}	6	10^{-8}	8
10^{-7}	7	10^{-7}	7
10^{-8}	8	10^{-6}	6
10^{-9}	9	10^{-5}	5
10^{-10}	10	10^{-4}	4
10^{-11}	11	10^{-3}	3
10^{-12}	12	10^{-2}	2
10^{-13}	13	10^{-1}	1
10^{-14}	14	1	0
10^{-15}	15	10	−1

Figura 13.11: Soren Peter Lauritz Sorensen (1868-1939).

RESUMINDO

Meio neutro

[H^{1+}] = 1,0 · 10^{-7} mol · L^{-1}, logo pH = 7,0

[OH^{1-}] = 1,0 · 10^{-7} mol · L^{-1}, logo pOH = 7,0

Meio ácido

[H^{1+}] > 1,0 · 10^{-7} mol · L^{-1}, logo pH < 7,0

[OH^{1-}] < 1,0 · 10^{-7} mol · L^{-1}, logo pOH > 7,0

Lembrando que pH + pOH = 14

Meio básico (alcalino)

[H^{1+}] < 1,0 · 10^{-7} mol · L^{-1}, logo pH > 7,0

[OH^{1-}] > 1,0 · 10^{-7} mol · L^{-1}, logo pOH < 7,0

Lembrando que pH + pOH = 14

No quadro abaixo, pode-se conferir o pH de algumas substâncias comuns no dia a dia.

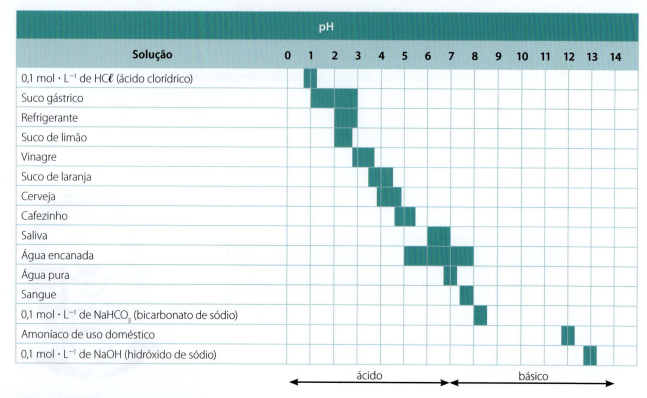

Solução	pH
0,1 mol · L⁻¹ de HCℓ (ácido clorídrico)	1
Suco gástrico	2–3
Refrigerante	3
Suco de limão	3
Vinagre	3
Suco de laranja	4
Cerveja	4–5
Cafezinho	5
Saliva	6–7
Água encanada	6–8
Água pura	7
Sangue	7–8
0,1 mol · L⁻¹ de NaHCO₃ (bicarbonato de sódio)	8
Amoníaco de uso doméstico	11–12
0,1 mol · L⁻¹ de NaOH (hidróxido de sódio)	13

ácido ← → básico

Química Aplicada

A Química que não sai da cabeça – o pH e nossos cabelos

É comum alguns produtos de higiene, como sabonetes, xampus, cremes hidratantes e desodorantes, enfatizarem o valor adequado de seu pH. Mas o que o pH tem a ver com isso? Tem tudo a ver. Como no caso dos cabelos.

Cada fio de cabelo é formado por um conjunto de fios mais finos (moléculas "bem compridas"), que estão ligados entre si de três maneiras: I. por meio de ligações de hidrogênio; II. por meio de pontes salinas (interações ácido-base); e III. por meio de pontes de dissulfeto. A Figura 13.12 ilustra os três tipos de interações.

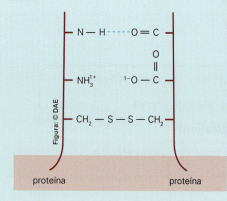

Figura 13.12: Tipos de interações que formam um fio de cabelo.

Dependendo do procedimento utilizado, alteram-se esses três tipos de interações provocando uma mudança no visual. Por exemplo, quando se molha o cabelo, parte das ligações de hidrogênio é quebrada. Ao secá-lo, as ligações são formadas novamente. Tal artifício pode ser utilizado para delinear o cabelo em uma nova posição.

Caso o cabelo seja lavado em um meio ácido (pH em torno de 1,0 a 2,0), tanto as ligações de hidrogênio quanto as pontes salinas serão quebradas. Se for lavado em um meio levemente alcalino (pH em torno de 8,5), também haverá quebra das pontes de dissulfeto. Assim, o uso excessivo de um xampu alcalino pode provocar a formação das famosas "pontas" em razão da quebra dessas pontes. Aumentando o pH até 12, aproximadamente, todas as interações são rompidas e o resultado é a dissolução do cabelo.

Considerando que o cabelo tem força máxima em pH entre 4,0 e 5,0 e que o uso frequente de xampus tende a aumentar o pH (torná-lo alcalino), é interessante usar, de vez em quando, um produto levemente ácido para baixar o pH, deixando-o em um valor mais adequado.

Para desempenhar sua função da melhor maneira possível, cada local de nosso organismo possui um valor ideal de pH.

Zona do organismo	pH ideal
Boca	6,8
Estômago	1,6 – 1,8
Intestino delgado	6,0 – 6,5
Sangue	7,35 – 7,45
Plasma	7,38 – 7,41
Lágrima	7,4

Por exemplo, nosso estômago é relativamente ácido por conta da presença do ácido clorídrico – HCl –, o que facilita a digestão. Algumas pessoas, frequentemente, sofrem com um aumento nessa acidez estomacal (o pH diminui), a famosa azia. Para combater esse desvio, é necessário ingerir uma base (solução de bicarbonato de sódio, leite de magnésia) a fim de restabelecer o pH.

Exercícios resolvidos

1. Praticamente todos alimentos que ingerimos apresentam pH neutro, em geral eles são ácidos ou básicos. Dos exemplos listados abaixo e considerando que nestes sistemas ocorre 100% de ionização, julgue certo ou errado as proposições a seguir.

I – Todos os sistemas são formados por substâncias ácidas.

II – O pOH da saliva é igual a 6.

III – O vinagre é mais ácido que a clara de ovo.

IV – O pH do vinagre é igual a 3.

Sistema	$[H_3O^+]$
Vinagre	10^{-3}
Saliva	10^{-6}
Clara de ovo	10^{-8}

I – Errada – a clara de ovo é básica – pH = 8

II – Errada – saliva tem pH = 6 (logo o pOH é 8)

III – Certa – quanto maior $[H_3O^{1+}]$, mais ácido ($10^{-3} > 10^{-8}$)

IV – Certa – com a $[H_3O^{1+}] = 10^{-3}$; pH = 3

2. (Enem) A chuva em locais não poluídos é levemente ácida. Em locais onde os níveis de poluição são altos, os valores do pH da chuva podem ficar abaixo de 5,5, recebendo, então, a denominação de "chuva ácida". Esse tipo de chuva causa prejuízos nas mais diversas áreas: construção civil, agricultura, monumentos históricos, entre outras.

A acidez da chuva está relacionada ao pH da seguinte forma: concentração de íons hidrogênio = 10^{-pH}, sendo que o pH pode assumir valores entre 0 e 14.

Ao realizar o monitoramento do pH da chuva em Campinas (SP) nos meses de março, abril e maio de 1998, um centro de pesquisas coletou 21 amostras, das quais quatro têm seus valores mostrados na tabela:

Mês	Amostra	pH
Março	6ª	4
Abril	8ª	5
Abril	14ª	6
Maio	18ª	7

A análise da fórmula e da tabela permite afirmar que:

I. da 6ª para a 14ª amostra ocorreu um aumento de 50% na acidez.

II. a 8ª amostra é a menos ácida dentre as expostas.

III. a 8ª amostra é dez vezes mais ácida que a 14ª.

IV. as únicas amostras de chuvas denominadas ácidas são a 6ª e a 8ª.

São corretas **apenas** as afirmativas

a) I e II.

b) II e IV.

c) I, II e IV.

d) I, III e IV.

(e) II, III e IV.

Equilíbrio químico   Capítulo 13   449

Exercícios propostos

1. A concentração hidrogeniônica no suco de limão puro é de aproximadamente 10^{-3} mol por litro. Determine o pH de um suco preparado com 30 mL do suco puro de limão com água suficiente para preparar um copo de 300 mL.

2. A tabela a seguir fornece a concentração hidrogeniônica ou hidroxiliônica a 25 °C, em mol/L, de alguns produtos:

Produto	Concentração em mol/L
Refrigerantes à base de cola	$[OH^{1-}] = 1,0 \cdot 10^{-11}$
Leite de vaca	$[H^{1+}] = 1,0 \cdot 10^{-6}$
Clara de ovo	$[OH^{1-}] = 1,0 \cdot 10^{-6}$
Água com gás	$[H^{1+}] = 1,0 \cdot 10^{-4}$
Água do mar	$[H^{1+}] = 1,0 \cdot 10^{-8}$

Com base nesses dados, **não** é correto afirmar que:

a) a água do mar tem pOH = 6;

b) a água com gás tem pH maior do que refrigerantes à base de cola e menor do que o leite de vaca;

c) a água do mar tem pH básico;

d) a clara de ovo é mais básica que o leite de vaca;

e) a clara de ovo tem maior pH do que a água do mar.

3. Ao analisar o sumo de um determinado suco de tomate, determinou-se que a concentração hidrogeniônica (H^+) era igual a 0,001 mol/L. Qual é o pH desse suco de tomate?

4. (Enem) Numa rodovia pavimentada, ocorreu o tombamento de um caminhão que transportava ácido sulfúrico concentrado. Parte da sua carga fluiu para um curso d'água não poluído que deve ter sofrido, como consequência,

I. mortalidade de peixes acima da normal no local do derrame de ácido e em suas proximidades.

II. variação do pH em função da distância e da direção da corrente de água.

III. danos permanentes na qualidade de suas águas.

IV. aumento momentâneo da temperatura da água no local do derrame.

É correto afirmar que, dessas consequências, **apenas** podem ocorrer

a) I e II. **c)** II e IV. **e)** II, III e IV.

b) II e III. **d)** I, II e IV.

NOTA:

Após as refeições, o pH da boca abaixa em virtude da digestão. Escovar os dentes, além de mantê-los saudáveis, ajuda a prevenir as aftas.

A afta pode ser formada em decorrência de uma pequena lesão na boca, como corte, queimadura ou algum furo ou lesão. Isso ocorre porque o machucado torna o local mais ácido. A afta, assim, é um simples foco de acidez acentuada. Contudo, ela não é necessariamente formada por causa de uma lesão, pois problemas de acidez do organismo também podem ocasioná-la.

Titulação ácido-base e indicadores

Uma das reações mais comuns em Química é a reação de neutralização, na qual substâncias ácidas em contato com substâncias básicas podem ser neutralizadas mutuamente:

$$\text{ácido + base} \longrightarrow \text{sal + água}$$

O exemplo mais frequente é a reação entre o ácido clorídrico (muriático) e o hidróxido de sódio (soda cáustica), formando cloreto de sódio e água.

$$\underset{\text{ácido clorídrico}}{HC\ell} + \underset{\text{hidróxido de sódio}}{NaOH} \longrightarrow \underset{\text{cloreto de sódio}}{NaC\ell} + \underset{\text{água}}{H_2O}$$

Utilizando essa reação, pode-se determinar a concentração de soluções ácidas ou básicas a partir de uma solução de concentração conhecida.

Suponha-se que, ao organizar as prateleiras de um laboratório, encontra-se um frasco com ácido clorídrico, o qual se quer determinar a concentração. Para isso, é possível utilizar uma reação de neutralização, como a exemplificada acima, no processo de titulação, conforme a sequência.

450 Unidade 4 Dinâmica das transformações químicas

No processo denominado **titulação** (em inglês *titration*, que significa ensaio, um teste de qualidade), mistura-se uma solução de concentração conhecida (solução-padrão) com outra solução de concentração desconhecida com o intuito de determinar essa concentração desconhecida. O ponto de equivalência é aquele em que quantidades estequiométricas do ácido e da base são iguais. O indicador pode ser usado para mostrar o ponto final da titulação.

O processo de titulação pode ser realizado por meio de etapas conforme descritas a seguir.

Primeiro passo:

Prepara-se de uma solução alcalina (por exemplo, NaOH), com concentração conhecida em mol · L⁻¹.

Sabendo que:

$$C = \frac{n}{V}$$

e que

$$n = \frac{\text{massa (m)}}{\text{massa molar (M)}}$$

mas desconhecendo a concentração do ácido, deve-se preparar uma solução básica de concentração 1,0 mol · L⁻¹. Para preparar 100 mL dessa solução, é necessário calcular a massa da base, no caso, do NaOH.

Dados:

$C = 1{,}0 \text{ mol} \cdot L^{-1}$

$M_{(NaOH)} = 40 \text{ g} \cdot mol^{-1}$

$V = 100 \text{ mL} = 0{,}1 \text{ L}$

Substituindo *n* na fórmula:

$$C = \frac{m}{M \cdot V}$$

Logo:

$$1{,}0 \text{ mol} \cdot L^{-1} = \frac{m}{40 \text{ g} \cdot mol^{-1} \cdot 0{,}1 \text{ L}}$$

$$m = 4{,}0 \text{ g}$$

Assim, obtemos 100 mL de uma solução de concentração conhecida de NaOH.

Segundo passo:

Coloca-se um volume conhecido do ácido em um recipiente adequado (por exemplo, um erlenmeyer). Em seguida, adiciona-se, gota a gota, a solução da base sobre a solução ácida, conforme a ilustração ao lado. A adição da base é feita com uma bureta, pois é um instrumento com graduação, o que permite verificar precisamente o volume gasto durante a titulação.

O processo de titulação é simples. Para encontrar a concentração do ácido, prepara-se a solução de uma base com concentração conhecida e um sistema é montado, como mostra a Figura 13.13. Para encontrar a concentração de uma base, o procedimento dever ocorrer de maneira inversa; prepare-se uma solução ácida de concentração conhecida e um sistema é montado pela inversão dos reagentes; ou seja, o ácido deve ser colocado na bureta e a base no erlenmeyer.

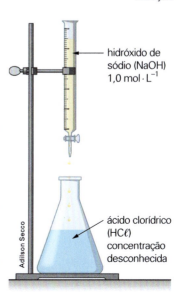

Figura 13.13: Esquema do processo de titulação.

hidróxido de sódio (NaOH) 1,0 mol · L⁻¹

ácido clorídrico (HCℓ) concentração desconhecida

Equilíbrio químico Capítulo 13 451

Terceiro passo:

Consiste no gotejamento de uma solução básica sobre o ácido até a neutralização completa deste. Isso deve ser feito agitando o erlenmeyer a fim de que a homogeneização aconteça de imediato, sem excedentes.

A neutralização acontece quando o pH no erlenmeyer chega a 7,0.

$$OH^{1-} + H^{1+} \longrightarrow H_2O$$

Para saber se a quantidade de base adicionada é a necessária para que o ácido se neutralize, usa-se um indicador, um tipo de ácido fraco que apresenta grau de ionização baixo e muda de cor, dependendo do pH em que está. Quando uma pequena quantidade dessa espécie é adicionada a uma solução, dependendo da cor que essa solução adquirir, é possível saber o pH da solução.

A seguir, estão listados os indicadores mais conhecidos e suas respectivas **cores**, dependendo do pH do meio em que estão.

> É importante destacar que a cor do indicador depende da cor da solução em que for adicionado; por esse motivo, soluções incolores são as que mais recorrem a esse recurso. Muitas das soluções com outras cores se utilizam desses indicadores, bastando para isso verificar a alteração da cor do meio, independentemente das cores já esperadas.

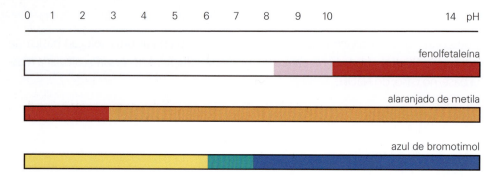

Na titulação ácido-base, o indicador mais utilizado é a fenolftaleína. Assim, no experimento apresentado, algumas gotas desse indicador são colocadas na solução ácida, que deverá permanecer incolor. Os indicadores também são soluções levemente ácidas e, à medida que goteja-se a base, o pH do meio aumenta até o ponto em que a solução passa de incolor para levemente rosa. Nesse ponto, o pH está em torno de 8,0 e deve-se parar o processo.

Quarto passo:

Essa etapa consiste na verificação do volume de base consumido para calcular a concentração do ácido. Serve como exemplo o cálculo da concentração de uma solução de ácido clorídrico, que utilizou 15,4 mL de solução de hidróxido de sódio a 1,0 mol · L⁻¹ para titular 10 mL desse ácido.

Nesse caso, emprega-se a expressão $C_1 \cdot V_1 = C_2 \cdot V_2$, uma vez que o ácido e a base apresentam um hidrogênio e uma hidroxila ionizáveis, respectivamente. Assim:

$$C_1 \cdot V_1 = C_2 \cdot V_2$$

$$1,0 \cdot 15,4 = C_2 \cdot 10$$

$$C_2 = \frac{15,4 \cdot 1,0}{10}$$

$$C_2 = 1,54 \text{ mol} \cdot L^{-1}$$

O pH e as plantas

Solos de regiões calcárias geralmente são alcalinos (pH entre 7,0 e 7,5). Solos de arenito, argila, pântano e turfa são ácidos (pH entre 6,5 e 7,0). Esse pH dos solos é muito importante para as plantas, pois elas se comportam de forma diferente dependendo da região em que estão. Há plantas que só crescem em um intervalo determinado de pH, enquanto outras tem seu comportamento definido conforme a acidez do solo. As hortênsias, por exemplo, apresentam características diferentes: as que crescem em solos alcalinos têm flores rosa e as que crescem em solos ácidos têm flores azuis (Figura 13.14).

O tornassol, usado na fabricação de indicadores de pH, é obtido de uma planta, o líquen. O papel de tornassol, quando mergulhado em uma solução básica (alcalina), fica azul (Figura 13.15).

Figura 13.14: Hortênsias de flores azuis (solo ácido) e hortênsias de flores rosa (solo alcalino).

Figura 13.15: O papel de tornassol azul indica se uma solução é ácida. Em meio básico ou neutro ele permanece azul.

Exercício resolvido

Em um rótulo de um produto de limpeza vem a informação de que a concentração de amônia (NH_3) é igual a 9,5 g/L. Com o intuito de verificar se a concentração de amônia corresponde à indicada no rótulo, 5,0 mL desse produto foram titulados com ácido clorídrico de concentração 0,100 mol/L. Para consumir toda a amônia dessa amostra foram gastos 25,0 mL do ácido.

Com base nas informações fornecidas responda às questões e assinale a opção correta.

I – Qual é a concentração da solução calculada com os dados da titulação?

II – A concentração indicada no rótulo é correta?

a) 0,12 mol/L / sim

b) 0,25 mol/L / não

c) 0,25 mol/L / sim

d) 0,50 mol/L / não

e) 0,50 mol/L / sim

Dados:

C_{NH_3} = 9,5 g/L; V_{NH_3} = 5,0 mL; $M_{HC\ell}$ = 0,100 mol/L; $V_{HC\ell}$ = 25 mL

Determinando a concentração de NH_3 em mol por litro:

Massa molar (MM) da amônia = 17 g/mol. Assim, segundo os dados do rótulo, a concentração da amônia seria:

1 mol de NH_3 = 17 g;

logo, 9,5 g = 0,56 mol – M_{NH_3} = 0,56 mol/L

Na titulação, temos:

$M_{NH_3} \cdot V_{NH_3} = M_{HC\ell} \cdot V_{HC\ell}$

$M_{NH_3} = \dfrac{M_{HC\ell} \cdot V_{HC\ell}}{V_{NH_3}}$

$M_{NH_3} = \dfrac{0,1 \text{ mol/L} \cdot 25 \text{ mL}}{5,0 \text{ mL}}$

M_{NH_3} = 0,50 mol/L (o valor está diferente do indicado pelo rótulo)

Exercício proposto

Uma solução de 0,252 g de ácido nítrico é titulada com uma solução de NaOH 0,25 mol/L. Quantos mL da solução básica são necessários para neutralizar completamente o ácido? (Dados: massas molares: HNO_3 = 63 g/mol e NaOH = 40 g/mol.)

a) 5,00 mL   b) 10,00 mL   c) 12,00 mL   d) 16,00 mL   e) 20,00 mL

Hidrólise salina

Hidrólise (do grego *hydro*: água; *lýsis*: quebra) significa quebra da molécula de água. **Hidrólise salina** refere-se à quebra de uma molécula de água por um sal.

Num primeiro momento, conclui-se que, com a dissolução de um sal em água, se obtém uma solução neutra; porém, nem sempre é isso que ocorre. Se, pela definição de Arrhenius, um sal é o produto da reação entre um ácido e uma base:

$$\text{ácido + base} \longrightarrow \text{sal + água}$$

O sal é formado pela parte negativa do ácido (ânion) e pela parte positiva da base (cátion).

Por exemplo:

$$HC\ell \ (aq) + NaOH \ (aq) \longrightarrow NaC\ell \ (aq) + H_2O \ (\ell)$$

Logo, o sal ($NaC\ell$) é formado pelo cátion Na^{1+} e pelo ânion $C\ell^{1-}$. Ressalta-se que, como se trata de meio aquoso e de um composto solúvel, é mais adequado representá-lo dissolvido na forma de Na^{1+} e $C\ell^{1-}$.

Contudo, dependendo do sal, a solução pode ficar básica (pH > 7,0) ou ácida (pH < 7,0). Assim, para identificar o comportamento de um sal quando dissolvido em água, é necessário saber sua origem, ou seja, a partir de qual ácido e de qual base ele foi formado. Dependendo da força do ácido e/ou da base de origem, pode-se ter um tipo diferente de comportamento para o sal.

> **NOTA:**
> É fundamental saber identificar ácidos e bases fortes e fracos. Para tanto, há regras práticas que facilitam essa identificação.

ÁCIDOS		
Hidrácidos Fortes: $HC\ell$, HBr e HI Moderado: HF Fracos: os demais	**Oxiácidos** O valor de Δ (diferença entre o número de oxigênios e o de hidrogênios na molécula) permite identificá-los. Fortes: $\Delta \geqslant 2$ Moderados: $\Delta = 1$ (exceção: H_2CO_3, que é fraco) Fracos: $\Delta < 1$ Quanto maior o valor de Δ, mais forte é o oxiácido.	**Ácidos orgânicos** Fracos, em geral.
BASES		
Fortes: hidróxidos de metais alcalinos e alcalinoterrosos Fracas: demais hidróxidos		

Em relação à hidrólise salina, há quatro possibilidades:

a) Sal formado por um ácido forte e uma base forte.

Exemplo: $NaC\ell$.

$$NaC\ell \ (aq) + HOH \ (\ell) \rightleftharpoons NaOH \ (aq) + HC\ell \ (aq)$$

Tanto o hidróxido de sódio, NaOH, quanto o ácido clorídrico, $HC\ell$, são base e ácido fortes, respectivamente. Isso significa que, em água, essas espécies encontram-se preferencialmente dissociadas. Assim, seriam mais bem representadas desta forma:

$$Na^{1+} \ (aq) + C\ell^{1-} \ (aq) + HOH \ (\ell) \rightleftharpoons Na^{1+} \ (aq) + OH^{1-} \ (aq) + H^{1+} \ (aq) + C\ell^{1-} \ (aq)$$

Nesse caso, pode-se constatar que tanto Na^{1+} quanto $C\ell^{1-}$ não provocam a hidrólise, permanecendo, assim, o **meio neutro**.

b) Sal formado por um ácido forte e uma base fraca.

Exemplo: $NH_4C\ell$.

$$\underset{\text{sal}}{NH_4C\ell \ (aq)} + HOH \ (\ell) \rightleftharpoons \underset{\text{base fraca}}{NH_4OH \ (aq)} + \underset{\text{ácido forte}}{HC\ell \ (aq)}$$

454 | Unidade 4 | Dinâmica das transformações químicas

Essa reação seria melhor representada por:

$$NH_4^{1+} (aq) + C\ell^{1-} (aq) + HOH (\ell) \rightleftharpoons NH_4OH (aq) + H^{1+} (aq) + C\ell^{1-} (aq)$$

Por ser fraca, a base originada mantém-se na forma associada, enquanto o ácido produzido, por ser forte, permanece na forma ionizada. Como o ácido se encontra mais ionizado que a base, há mais espécies H^{1+} que OH^{1-} solução, o que define o meio como sendo um **meio ácido** (pH < 7,0).

c) Sal formado por um ácido fraco e uma base forte.

Exemplo: NaCN.

$$\underset{\text{sal}}{NaCN\ (aq)} + HOH (\ell) \rightleftharpoons \underset{\text{base forte}}{NaOH\ (aq)} + \underset{\text{ácido fraco}}{HCN\ (aq)}$$

Esta reação seria mais bem representada por:

$$Na^{1+} (aq) + CN^{1-} (aq) + HOH (\ell) \rightleftharpoons Na^{1+} (aq) + OH^{1-} (aq + HCN (aq)$$

Como o ácido produzido é fraco, ele fica na forma molecular, enquanto a base formada, por ser forte, fica dissociada. Como a base se encontra mais ionizada que o ácido, há mais espécies OH^{1-} que H^{1+} solução, o que define o meio como sendo um **meio básico** (pH > 7,0).

d) Sal formado por um ácido fraco e uma base fraca.

Exemplo: NH_4CN.

Como as duas espécies são fracas, é necessário saber qual delas é a mais fraca para que seja possível determinar aquela que apresenta maior quantidade de íons na solução. A ionização do ácido aumenta a quantidade de H^{1+}, diminuindo o pH do meio, enquanto a dissociação da base aumenta a quantidade de OH^{1-}, aumentando o pH do meio. Então, se a base estiver mais dissociada, o meio será básico; caso contrário, o meio será ácido.

Para saber qual das espécies é a mais fraca, verifica-se a constante de equilíbrio de cada uma delas, K_a e K_b. O valor da constante identifica o quanto um equilíbrio está deslocado para a direita ou para a esquerda: quanto maior for esse valor, mais o ácido estará ionizado e a base estará dissociada.

Assim, verifica-se se o sal NH_4CN deixa o meio ácido ou básico:

$$NH_4OH \rightleftharpoons \quad K_b = 1,7 \cdot 10^{-5}$$

$$HCN \rightleftharpoons \quad K_a = 4,9 \cdot 10^{-10} \therefore K_a < K_b$$

Observa-se que tanto o valor de K_a quanto o de K_b são baixos, tratando-se, portanto, de ácido e base fracos. Apesar de os dois serem fracos, o ácido cianídrico é o mais fraco, tendendo a ficar ainda mais na forma molecular. Conclusão: a quantidade de H^{1+} livre é menor que a de OH^{1-}. Assim, o meio é básico. Caso o valor de K_a fosse maior que o de K_b, o meio seria ácido.

> Resumindo:
>
> Sal de ácido forte e base forte $\Rightarrow$ meio neutro
>
> Sal de ácido forte e base fraca $\Rightarrow$ meio ácido
>
> Sal de ácido fraco e base forte $\Rightarrow$ meio básico
>
> Sal de ácido fraco e base fraca $\Rightarrow K_a > K_b$ – meio ácido
>
> $K_a < K_b$ – meio básico

Exercício resolvido

Qual dos seguintes sais produz uma solução com pH < 7 ao ser dissolvido em água?

a) NaCℓ
b) NH₄NO₃ *(assinalada)*
c) K₂CO₃
d) KNO₃
e) Na₂SO₄

a) NaCℓ: Forma uma solução neutra, com pH = 7 (não ocorre hidrólise), sal originado pela neutralização entre um ácido forte (HCℓ) e uma base forte (NaOH).

b) NH₄NO₃: Forma uma solução ácida, com pH < 7 (ocorre hidrólise ácida), sal originado pela neutralização entre um ácido forte (HNO₃) e uma base fraca (NH₄OH).

c) K₂CO₃: Forma uma solução básica, com pH > 7 (ocorre hidrólise básica), sal originado pela neutralização entre um ácido fraco (H₂CO₃) e uma base forte (KOH).

d) KNO₃: Forma uma solução neutra, com pH = 7 (não ocorre hidrólise), sal originado pela neutralização entre um ácido forte (HNO₃) e uma base forte (KOH).

e) Na₂SO₄: Forma uma solução neutra, com pH = 7 (não ocorre hidrólise), sal originado pela neutralização entre um ácido forte (H₂SO₄) e uma base forte (NaOH).

Exercício proposto

(UFMS) Com respeito à hidrólise de sais, analise as proposições a seguir e dê como resposta a soma do(s) item(ns) correto(s).

(01) Os compostos cianeto de sódio (NaCN), sulfato de sódio (Na₂SO₄) e cloreto de amônio (NH₄Cℓ), quando dissolvidos em água, tornam o meio, respectivamente: básico, neutro e ácido.

(02) Os compostos hidrogenocarbonato de sódio (NaHCO₃) e fluoreto de boro (BF₃) são, respectivamente, sal de solução básica e base de Bronsted-Lowry, pois o boro tem par eletrônico disponível.

(04) Entre os sais Na₂S e (NH₄)₂SO₄, o primeiro é um sal formado por base forte e ácido fraco que se hidrolisa ao ser dissolvido em água, produzindo uma solução básica.

(08) Solução aquosa ácida é obtida quando se dissolve em água o sal K₂CO₃.

(16) Solos contendo altos teores de íons ferro e alumínio são, em geral, básicos por sofrerem hidrólise.

Produto de solubilidade

A situação apresentada a seguir é um caso especial de sistema soluto-solvente, no qual o soluto é um sólido iônico (sal) e a solução é saturada. Ocorre que a quantidade de soluto dissolvido atinge seu limite, estabelecendo um equilíbrio químico. Isso quer dizer que, para cada **molécula** do soluto que se dissociar, haverá outra que se associará a ele. Um exemplo disso é o BaSO₄ em equilíbrio, conforme mostrado na Figura 13.16.

Apesar de as substâncias iônicas não formarem moléculas, é usual, por motivos didáticos, representá-las como tal. No exemplo, cada "molécula" de BaSO₄ equivale a um conjunto iônico composto de Ba²⁺ e SO₄²⁻, na proporção 1 : 1.

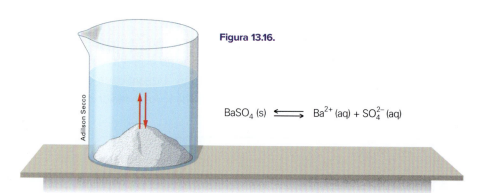

Figura 13.16.

$$BaSO_4\ (s) \rightleftharpoons Ba^{2+}\ (aq) + SO_4^{2-}\ (aq)$$

Em determinada temperatura, quando o equilíbrio é atingido, a expressão para a constante de equilíbrio é dada por:

$$K = \frac{[Ba^{2+}] \cdot [SO_4^{2-}]}{[BaSO_4]}$$

Unidade 4 • Dinâmica das transformações químicas

Como a concentração de um sólido é constante ($[BaSO_4]$ = constante), pode-se escrever a equação da seguinte maneira:

$K \cdot [BaSO_4] = [Ba^{2+}] \cdot [SO_4^{2-}]$

$K \cdot [BaSO_4] = $ constante $= K_{PS}$

Assim:

$$K_{PS} = [Ba^{2+}] \cdot [SO_4^{2-}]$$

K_{PS} ou K_S ou P_S é o **Produto de Solubilidade** ou **Constante do Produto de Solubilidade**.

Generalizando:

$$K_{PS} = [\text{cátion}]^{\text{coeficiente}} \cdot [\text{ânion}]^{\text{coeficiente}}$$

> Importante: não confundir solubilidade com produto de solubilidade.

Assim, se a solubilidade de um sal é conhecida, pode-se calcular o valor do K_{PS} ou, se o valor do K_{PS} é conhecido, pode-se encontrar a concentração dos íons usando a expressão da constante de equilíbrio.

Por exemplo:

a) A solubilidade do sulfato de cálcio em água é de $4,9 \cdot 10^{-3}$ mol $\cdot$ L^{-1} a 25 °C. Calcule o valor do K_{PS} para o $CaSO_4$ nessa temperatura.

O equilíbrio de solubilidade é:

$$CaSO_4 \text{ (s)} \rightleftharpoons Ca^{2+} \text{ (aq)} + SO_4^{2-} \text{ (aq)}$$

A expressão de equilíbrio é dada por:

$$K_{PS} = [Ca^{2+}] \cdot [SO_4^{2-}]$$

Pela expressão, quando 1 mol de $CaSO_4$ é dissolvido, há a formação de 1 mol de Ca^{2+} e 1 mol de SO_4^{2-} (estequiometria).

Dessa forma, quando forem dissolvidos $4,9 \cdot 10^{-3}$ mol, será formada a mesma quantidade de cada um dos íons. Logo:

$$K_{PS} = 4,9 \cdot 10^{-3} \cdot 4,9 \cdot 10^{-3} = 2,4 \cdot 10^{-5}$$

b) O produto de solubilidade do iodeto de prata, AgI, é $8,5 \cdot 10^{-17}$ a 25 °C. Qual é a solubilidade em mol $\cdot$ L^{-1} do AgI em água nessa temperatura?

O equilíbrio de solubilidade é:

$$AgI \text{ (s)} \rightleftharpoons Ag^{1+} \text{ (aq)} + I^{1-} \text{ (aq)}$$

A expressão de equilíbrio é dada por:

$$K_{PS} = [Ag^{1+}] \cdot [I^{1-}]$$

Como $[Ag^{1+}] = [I^{1-}]$, então:

$$K_{PS} = [Ag^{1+}]^2 \rightleftharpoons 8,5 \cdot 10^{-17} = [Ag^{1+}]^2$$

$$[Ag^{1+}] = \sqrt{8,5 \cdot 10^{-17}}$$

$$\text{logo, } [Ag^{1+}] = 9,2 \cdot 10^{-9}.$$

Portanto, a solubilidade do AgI é de $9,2 \cdot 10^{-9}$ mol $\cdot$ L^{-1}.

> **Qual é a parte mais dura do corpo?**
>
> O esmalte dos dentes é a substância mais dura do corpo. Ele é formado principalmente por um mineral denominado hidroxiapatita, representado da seguinte forma: $Ca_{10}(PO_4)_6(OH)_2$.
>
> Logo após as refeições, o pH bucal torna-se mais ácido, podendo atacar o esmalte:
>
> $$Ca_{10}(PO_4)_6(OH)_2 \text{ (s)} + 8\ H^{1+} \text{ (aq)} \rightleftharpoons 10\ Ca^{2+} \text{ (aq)} + 6\ HPO_4^{2-} \text{ (q)} + 2\ H_2O\ (\ell)$$
>
> Por isso, é fundamental que os dentes sejam escovados após as refeições.
>
> O íon fluoreto (F^{1-}), presente nas águas tratadas e em quase todas as pastas de dentes, pode reagir com a hidroxiapatita para formar fluorapatita $Ca_{10}(PO_4)_6F_2$. Esse mineral é muito mais resistente ao ataque dos ácidos, evitando assim o desgaste do esmalte.

Exercícios resolvidos

1. Sabendo que o sulfato de chumbo(II) $(PbSO_4)$ possui solubilidade de 0,041 g/L em água, a 18 °C, determine a constante de solubilidade deste sal na referida condição.

a) $1,8 \cdot 10^{-8}$ ✓

b) $2,4 \cdot 10^{-5}$

c) $4,5 \cdot 10^{-4}$

d) $5,5 \cdot 10^{-7}$

e) $5,5 \cdot 10^{7}$

A equação que representa a dissolução do $PbSO_4$ é:

$$PbSO_4 \text{ (s)} = Pb^{2+} \text{ (aq)} + SO_4^{2-} \text{ (aq)}$$

$$K_{PS} = [Pb^{2+} \text{ (aq)}] \cdot [SO_4^{2-} \text{ (aq)}]$$

Primeiro, é preciso determinar a solubilidade do sulfato de chumbo II em mol por litro

0,041 g de sulfato de chumbo $(MM_{PbSO_4} = 303 \text{ g/mol})$

$$n = \frac{m}{MM} = \frac{0,041\ g}{303\ g/mol} = 1,35 \cdot 10^{-4}\ mol$$

Como a estequiometria de dissolução é de 1:1:1, para cada mol de sulfato que se dissolve forma-se um mol de Pb^{2+} e um mol de SO_4^{2-}.

Logo: $M_{Pb^{2+}} = [Pb^{2+} \text{ (aq)}] = 1,35 \cdot 10^{-4} \text{ mol/L}$

$M_{SO_4^{2-}} = [SO_4^{2-} \text{ (aq)}] = 1,35 \cdot 10^{-4} \text{ mol/L}$

Assim: $K_{PS} = 1,35 \cdot 10^{-4} \cdot 1,35 \cdot 10^{-4}$

$K_{PS} = 1,82 \cdot 10^{-8}$

2. O produto de solubilidade – K_{PS} – do hidróxido de ferro(III) $(Fe(OH)_3)$, a 25 °C, é igual a $2,7 \cdot 10^{-39}$. Qual é a solubilidade desta base, em mol/L e g/L?
(dado: MM $Fe(OH)_3 = 107$ g/mol).

A equação que representa esta dissolução é:

$$Fe(OH)_3 \text{ (s)} = Fe^{3+} \text{ (aq)} + 3\ OH^{1-} \text{ (aq)}$$
$$\phantom{Fe(OH)_3 \text{ (s)} = } S \qquad\quad S \qquad\quad 3\ S$$

Para cada mol de $Fe(OH)_3$ que se dissolve, forma-se 1 mol de Fe^{3+} e 3 mol de OH^{1-};

$$K_{PS} = [Fe^{3+}] \cdot [OH^{1-}]^3$$

$$K_{PS} = S \cdot (3\ S)^3 = 27S^4$$

$$2,7 \cdot 10^{-39} = 27S^4$$

$$S^4 = \frac{2,7 \cdot 10^{-39}}{27} = 1,0 \cdot 10^{-40}$$

$$S = 1,0 \cdot 10^{-10} \text{ mol/L}$$

Em g/L, fica:

$$n = \frac{m}{MM}$$

$$m = n \cdot MM = 10^{-10} \text{ mol} \cdot 107 \text{ g/mol}$$

$m = 1,07 \cdot 10^{-8}$ g; e em 1 litro, fica: $C = 1,07 \cdot 10^{-8}$ g/L

Exercícios propostos

1. Os chamados cálculos renais apresentam como principal constituinte o sal fosfato de cálcio, $Ca_3(PO_4)_2$ (s). Determine o valor da concentração de íons fosfato (PO_4^{3-}) que devem estar presentes na urina para favorecer a precipitação do sal. (Dados: concentração média de íons Ca^{2+} na urina: $2 \cdot 10^{-3}$ mol/L; K_{PS} do $Ca_3(PO_4)_2 = 10^{-25}$; raiz quadrada de 0,125 = 0,354.)

a) $3,54 \cdot 10^{-5}$ mol/L

b) $3,54 \cdot 10^{-6}$ mol/L

c) $3,54 \cdot 10^{-7}$ mol/L

d) $3,54 \cdot 10^{-9}$ mol/L

e) $3,54 \cdot 10^{-8}$ mol/L

2. O carbonato de cálcio, substância de fórmula $CaCO_3$, é o principal componente de rochas como os calcários. Sua formação a partir de carbonatos e íons cálcio está diretamente relacionada com sua solubilidade. Determine o produto de solubilidade (K_{PS}) do carbonato de cálcio $(CaCO_3)$ que apresenta solubilidade de 0,013 g/L a 20 °C. (Dados: Ca = 40; C = 12; O = 16.)

Unidade 4 Dinâmica das transformações químicas

COM A PALAVRA...

André Galembeck*

Por que a cola cola?

Não se usa cola branca para colar tubos de PVC, nem cola de PVC para colar sapatos.

Também não se usa cola de sapateiro para colar papel, e assim por diante. Isso quer dizer que, do ponto de vista do tubo de PVC, a cola branca não pode ser considerada uma cola.

Para uma cola ser chamada de cola, devemos saber o que essa cola cola! Essa observação, aparentemente óbvia, esconde uma verdade muito importante: uma boa cola deve "gostar" do tipo de material ao qual vai aderir, ter afinidade com esse material.

Coloque uma gota de água sobre uma superfície de vidro. Faça o mesmo em um pedaço de plástico, desses utilizados em garrafas de água mineral ou em um copo descartável.

Observe bem de perto, com o auxílio de uma lente de aumento, se necessário. Você perceberá que a gota de água se espalha melhor sobre o vidro do que sobre o plástico. A água "gosta" mais do vidro que do plástico, isto é, interações na interface água/vidro são mais eficientes, mais fortes, que interações na interface água/plástico. O mesmo princípio é utilizado para explicar a existência de diferentes colas para diferentes materiais. Para a cola agir, ela deve ser espalhada sobre a superfície. Para ser espalhada eficientemente, deve interagir bem com a superfície, sentir-se atraída por ela.

Isso explica, também, o fato de a cola de silicone não funcionar se a superfície do vidro estiver empoeirada ou engordurada. Já notaram que vários fabricantes recomendam que a superfície seja previamente limpa antes de se fazer a aplicação?

Outro fato importante é que uma superfície, aparentemente lisa a olho nu, se observada microscopicamente pode revelar-se bastante irregular e porosa. Se a cola tende a se espalhar nessa superfície, ela tenderá a penetrar nos poros e isso fará com que a adesão seja ainda melhor. Outro fato fundamental e bem conhecido: as colas secam. Secagem significa perda de líquido, que, no caso das colas, ocorre por evaporação. O líquido ou solvente varia dependendo do tipo de cola. No caso da cola branca é água mesmo. Faça o experimento: coloque algumas gotas de cola branca sobre uma folha de papel e aguarde. Conforme a cola seca e endurece, ocorre evaporação de água.

Para que o material permaneça aderido, devem ser desenvolvidas interações entre a superfície do material e a cola durante a secagem. Essas interações podem ser ligações químicas propriamente ditas (ligações covalentes), que resultam de reações químicas que ocorrem durante a secagem (já notou que a Durepoxi® só endurece se for exposta ao ambiente?).

Outro tipo de interação comum são as ligações de hidrogênio (antigamente conhecidas como pontes de hidrogênio), que são, na verdade, forças intermoleculares (entre moléculas).

Um processo aparentemente simples como a secagem de uma cola apresenta vários aspectos em que o entendimento e a aplicação de conceitos de Química têm papel fundamental.

Sabemos que todo o sistema tende para um estado de equilíbrio. No caso de um bom adesivo, no estado de equilíbrio, uma superfície tem de estar aderida firmemente a outra, ou seja, a aplicação da cola deve expô-la a condições em que adesão seja sinônimo de equilíbrio.

E então, responda você: por que a cola branca, usada para colar papel, também pode ser usada para colar madeira?

▶ QUESTÕES

1. Por que alguns fabricantes pedem para que se passe uma lixa sobre a superfície antes de colocar a cola?

2. As interações entre a cola e as superfícies a serem coladas podem ser por meio de interações intermoleculares e/ou ligações químicas. De acordo com seus conhecimentos químicos até o momento, que tipo de interação deve colar melhor?

3. E agora, responda você: Por que a cola branca, usada para colar papel, também pode ser usada para colar madeira?

* Prof. Dr. do Departamento de Química da Universidade Federal de Pernambuco, Recife, PE.

Equilíbrio químico **Capítulo 13**

459

Exercícios finais

1. (UFPA) O gráfico abaixo se refere ao comportamento da reação "A$_2$ + B$_2$ = 2 AB".

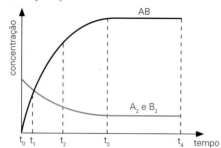

Pode-se afirmar que o equilíbrio dessa reação será alcançado quando o tempo for igual a

a) t$_0$.   b) t$_1$.   c) t$_2$.   d) t$_3$.   e) t$_4$.

2. (UFG-GO) As reações a seguir são fundamentais para o equilíbrio ácido-base em mamíferos.

CO$_2$ + H$_2$O = H$_2$CO$_3$ = H$^+$ + HCO$_3^-$

Com base nessas reações, conclui-se que um primata, introduzido em uma atmosfera rica em CO$_2$, após a absorção desse gás, apresentará, como resposta fisiológica imediata, uma

a) hiperventilação devido à resposta bulbar decorrente do aumento da concentração de íons H$^+$ no líquido intracelular.
b) hiperventilação devido à resposta renal decorrente do aumento da concentração de íons HCO$_3^-$ no ultrafiltrado glomerular.
c) hipoventilação devido à resposta bulbar decorrente do aumento da concentração de H$_2$CO$_3$ no líquido intracelular.
d) hipoventilação devido à resposta pulmonar decorrente do aumento da concentração de HCO$_3^-$ nos alvéolos.
e) hipoventilação devido à resposta renal decorrente do aumento H$^+$ no ultrafiltrado glomerular.

3. (Fuvest-SP) Recifes de coral são rochas de origem orgânica, formadas principalmente pelo acúmulo de exoesqueletos de carbonato de cálcio secretados por alguns cnidários que vivem em colônias. Em simbiose com os pólipos dos corais, vivem algas zooxantelas. Encontrados somente em mares de águas quentes, cujas temperaturas, ao longo do ano, não são menores que 20 °C, os recifes de coral são ricos reservatórios de biodiversidade. Como modelo simplificado para descrever a existência dos recifes de coral nos mares, pode-se empregar o seguinte equilíbrio químico:

CaCO$_3$ (s) + CO$_2$ (g) + H$_2$O (ℓ) = Ca^{2+} (aq) + 2 HCO$_3^-$ (aq)

a) Descreva o mecanismo que explica o crescimento mais rápido dos recifes de coral em mares cujas águas são transparentes.
b) Tomando como base o parâmetro de solubilidade do CO$_2$ em água, justifique por que ocorre a formação de recifes de coral em mares de água quente.

4. (EsPCEx-SP) Os corais fixam-se sobre uma base de carbonato de cálcio (CaCO$_3$), produzido por eles mesmos. O carbonato de cálcio em contato com a água do mar e com o gás carbônico dissolvido pode estabelecer o seguinte equilíbrio químico para a formação do hidrogenocarbonato de cálcio:

CaCO$_3$ (s) + CO$_2$ (g) + H$_2$O (ℓ) = Ca(HCO$_3$)$_2$ (aq)

Considerando um sistema fechado onde ocorre o equilíbrio químico da reação mostrada acima, assinale a alternativa correta.

a) Um aumento na concentração de carbonato causará um deslocamento do equilíbrio no sentido inverso da reação, no sentido dos reagentes.
b) A diminuição da concentração do gás carbônico não causará o deslocamento do equilíbrio químico da reação.
c) Um aumento na concentração do gás carbônico causará um deslocamento do equilíbrio no sentido direto da reação, o de formação do produto.
d) Um aumento na concentração de carbonato causará, simultaneamente, um deslocamento do equilíbrio nos dois sentidos da reação.
e) Um aumento na concentração do gás carbônico causará um deslocamento do equilíbrio no sentido inverso da reação, no sentido dos reagentes.

5. (Unicid-SP) O metanol, CH$_3$OH, é utilizado como solvente, anticongelante, material de partida para outros produtos químicos e também na produção de biodiesel. Considere a seguinte reação:

CO (g) + 2 H$_2$ (g) = CH$_3$OH (g) + energia

Disponível em: <http://qnint.sbq.org.br>. (Adaptado.)

a) Escreva a expressão que representa a constante de equilíbrio (K$_c$) dessa reação e calcule o seu valor para um sistema em que, nas condições de equilíbrio, as concentrações de metanol, monóxido de carbono e hidrogênio sejam 0,145 mol · L^{-1}, 1 mol · L^{-1} e 0,1 mol · L^{-1}, respectivamente.
b) Considerando o princípio de Le Chatelier, o que acontece no sistema em equilíbrio quando a pressão é aumentada? Justifique sua resposta.

6. (Unisc-RS) Considere a reação a seguir,

1 N$_2$ (g) + 1 O$_2$ (g) ⇌ (endotérmica/exotérmica) 2 NO (g)   ΔH = +43,2 Kcal

O único fator que provoca seu deslocamento para a direita é

a) a adição do gás NO.
b) o aumento de pressão sobre o sistema.
c) a retirada de N$_2$ gasoso do sistema.
d) a diminuição da pressão do sistema.
e) o aumento da temperatura sobre o sistema.

7. (PUC-PR) O Princípio de Le Chatelier infere que quando uma perturbação é imposta a um sistema químico em equilíbrio, este irá se deslocar de forma a minimizar tal perturbação.

Disponível em: <brasilescola.com/exercicios-quimica/exercicios-sobre-principio-le-chatelier.htm>.

O gráfico apresentado a seguir indica situações referentes à perturbação do equilíbrio químico indicado pela equação
$H_2 (g) + I_2 (g) \rightleftharpoons 2 HI (g)$

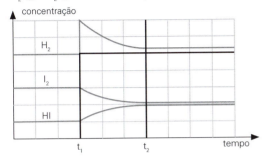

A partir da equação química apresentada e da observação do gráfico, considerando também que a reação é endotérmica em favor da formação do ácido iodídrico, a dinâmica do equilíbrio favorecerá

a) a formação de iodo quando da adição de gás hidrogênio.
b) o consumo de iodo quando da adição de gás hidrogênio.
c) a diminuição na quantidade de ácido iodídrico quando do aumento da temperatura.
d) o aumento na quantidade das substâncias simples quando ocorrer elevação da pressão total do sistema.
e) formação de gás hidrogênio na reação direta a partir de t_1, em virtude da adição de ácido iodídrico.

8. (UEMG) Zuenir Ventura, em sua crônica "Bonito por Natureza", coloca o seguinte texto sobre a Gruta do Lago Azul.

"O passeio vale todos os sacrifícios, se é que se pode falar assim. Porque o espetáculo de descida é quase alucinógeno: é um milagre que aquelas estalactites da finura de agulha que descem do teto da gruta possam se sustentar como se fossem gotas interrompidas."

VENTURA, 2012, p. 127.

A equação química que mostra a formação das estalactites está representada a seguir.

$Ca^{2+} (aq) + 2 HCO_3^- (aq) \rightleftharpoons CaCO_3 (s) + CO_2 (g) + H_2O (\ell)$

É **correto** afirmar que a formação das estalactites é favorecida na seguinte condição:

a) Evaporação constante da água.
b) Diminuição da concentração de íons Ca^{2+}.
c) Retirada de íons de bicarbonato.
d) Abaixamento da temperatura no interior da caverna.

9. (PUC-MG) A constante de equilíbrio informa as concentrações dos produtos e reagentes presentes no equilíbrio de uma reação química.

É **incorreto** afirmar que o valor da constante de equilíbrio:

a) não depende da pressão.
b) depende da temperatura.
c) não pode ser negativo.
d) depende da concentração inicial dos reagentes.

10. (UEPG-PR) Amônia gasosa (NH_3) foi obtida em um recipiente a 25 °C, onde se adicionou 1,0 mol de N_2 (g) e 3,0 mols de H_2 (g). Considerando a reação e a condição de equilíbrio do sistema, assinale o que for correto.

01) A reação é representada pela equação
$N_2 (g) + 3 H_2 (g) = 2 NH_3 (g)$.

02) A constante de equilíbrio pode ser expressa como
$K_c = [NH_3]^3 / [N_2]^2[H_2]$.

04) Se no equilíbrio $[NH_3] = [N_2] = [H_2] = 2,0$ mol/L, então $K_c = 0,25$.

08) A retirada de gás amônia do sistema desloca o equilíbrio para a esquerda.

16) A formação de 0,1 mol de NH_3 indica que em condições de estequiometria reagiu 0,3 mol de N_2.

11. (Unifesp) Certo produto utilizado como "tira-ferrugem" contém solução aquosa de ácido oxálico, $H_2C_2O_4$, a 2% (m/V). O ácido oxálico é um ácido diprótico e em suas soluções aquosas ocorrem duas reações de dissociação simultâneas, representadas pelas seguintes equações químicas:

Primeira dissociação:
$H_2C_2O_4 (aq) = HC_2O_4^- (aq) + H^+ (aq) \quad K_{a_1} = 5,9 \times 10^{-2}$

Segunda dissociação:
$HC_2O_4^- (aq) = C_2O_4^{2-} (aq) + H^+ (aq) \quad K_{a_2} = 6,4 \times 10^{-2}$

Equilíbrio global:
$H_2C_2O_4 (aq) = C_2O_4^{2-} (aq) + 2 H^+ (aq) \quad K_a = ?$

a) Expresse a concentração de ácido oxálico no produto em g/L e em mol/L.

b) Escreva a expressão da constante K_a do equilíbrio global e calcule seu valor numérico a partir das constantes K_{a_1} e K_{a_2}.

Dados: C = 12; H = 1; O = 16.

12. (USF-SP) O sistema gasoso a seguir representa um importante equilíbrio químico existente na atmosfera terrestre, especialmente em regiões bastante poluídas com emissão do dióxido de enxofre que é derivado da combustão de determinados combustíveis.

$2 SO_2 + O_2 \rightleftharpoons 2 SO_3$

Para esse equilíbrio químico, determine

Exercícios finais

a) a expressão que representa a constante de equilíbrio para esse sistema, em função de suas concentrações molares.

b) o valor da constante de equilíbrio, sabendo que a reação iniciou com 50 g de SO_2 e com quantidade suficiente de O_2 em um recipiente de 2,0 L e atingiu o equilíbrio após 40% de transformação dos reagentes em produto.
(Dados valores das massas em g · mol^{-1}: O = 16,0 e S = 32,0.)

c) quais ações podem ser realizadas no sistema, considerando variações de pressão e concentração, para aumentar a quantidade de produto formado.

13. (Unicid-SP) Considere os equilíbrios:

    1. $2SO_2(g) + O_2(g) \rightleftharpoons 2SO_3(g)$
       $K_c = 9,9 \cdot 10^{25}$ a 25 °C
    2. $O_2(g) + N_2(g) \rightleftharpoons 2NO(g)$
       $K_c = 4,0 \cdot 10^{-30}$ a 25 °C

    a) Com base nos valores de K_c, informe a direção preferencial de cada um desses sistemas.

    b) A que fenômeno ambiental a equação 1 pode ser corretamente relacionada? Explique como ela participa da formação desse fenômeno.

14. (Fuvest-SP) Uma das formas de se medir temperaturas em fase gasosa é por meio de reações com constantes de equilíbrio muito bem conhecidas, chamadas de reações-termômetro. Uma dessas reações, que ocorre entre o ânion tiofenolato e o 2, 2, 2 – trifluoroetanol, está representada pela equação química

    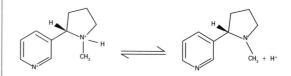

    Para essa reação, foram determinados os valores da constante de equilíbrio em duas temperaturas distintas.

Temperatura (k)	Constante de equilíbrio
300	$5,6 \times 10^9$
500	$7,4 \times 10^3$

    a) Essa reação é exotérmica ou endotérmica? Explique, utilizando os dados de constante de equilíbrio apresentados.

    b) Explique por que, no produto dessa reação, há uma forte interação entre o átomo de hidrogênio do álcool e o átomo de enxofre do ânion.

15. (Unicamp-SP) O sangue que circula por todo o nosso corpo é muito resistente a alterações, mas acaba sendo o depósito de muitos resíduos provenientes da ingestão de alguma substância. No caso dos fumantes, o contato com a nicotina após o consumo de um cigarro leva à variação de concentração de nicotina no sangue ao longo do tempo, como mostra o gráfico a seguir.

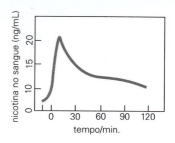

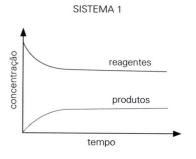

a) Considere o momento em que a quantidade de nicotina no sangue de um fumante atinge seu valor máximo. Se nesse momento o pH do sangue for de 7,4, qual espécie estará em maior concentração (mol/L): o H^+ ou a nicotina total? Justifique sua resposta.

b) A constante de equilíbrio da equação acima é $1,00 \times 10^{-8}$. Qual das formas da nicotina estará em maior concentração no sangue: a forma protonada ou a desprotonada? Justifique sua resposta.

(Dados: massa molar da nicotina = 162,2 g mol^{-1}, $\log_{10} 4 = 0,6$.)

16. (FASM-SP) Analise os gráficos dos sistemas 1 e 2.

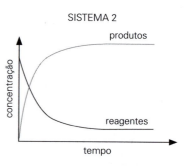

Os gráficos mostram a variação da concentração de reagentes e de produtos em dois sistemas, em que ocorrem, respectivamente, as reações genéricas A = B e X = Y até que ambos entrem em equilíbrio dinâmico.

462

a) Considerando que ambos os equilíbrios ocorrem na mesma temperatura, determine qual das reações apresenta a maior constante de equilíbrio. Justifique sua resposta.

b) Considere que, em um recipiente de 5 litros, foi adicionado 0,3 mol da substância A. Calcule a concentração da substância B no sistema em equilíbrio e a constante de equilíbrio para o sistema 1, sabendo que apenas 20% de A se converteu em B.

17. (FMJ-SP) Considere o esquema de um sistema utilizado para demonstrar a condutividade elétrica de soluções e a tabela que apresenta três soluções aquosas, de mesma concentração, testadas nesse sistema.

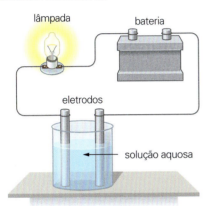

Soluções		Constante ácida 25 °C (K_a)
1	$HC\ell O_2$	$1,1 \times 10^{-2}$
2	CH_3COOH	$1,8 \times 10^{-5}$
3	C_6H_5OH	$1,3 \times 10^{-10}$

O circuito elétrico desse sistema se fecha quando os eletrodos são imersos numa solução contendo íons livres, um material condutor. A lâmpada brilha com intensidade proporcional à passagem de corrente elétrica e à concentração de íons livres na solução.

a) A lâmpada apresentou menor intensidade luminosa quando qual solução foi testada? Justifique sua resposta.

b) O equilíbrio químico envolvido na ionização do composto presente na solução de número 2 pode ser representado pela equação:

CH_3COOH (aq) $= H^+$ (aq) $+ CH_3COO^-$ (aq)

Considerando que uma amostra desse ácido foi diluída com água até se obter uma solução com concentração de íons H^+ igual a 10^{-4} mol · L^{-1} a 25 °C. Determine o valor da concentração, em mol · L^{-1}, do ânion e do ácido nessa solução. Apresente os cálculos efetuados.

18. (UPF-RS) Para os ácidos listados a seguir foram preparadas soluções aquosas de mesmo volume e concentração.

I. Ácido cloroso ($HC\ell O_2$) $K_a = 1,1 \times 10^{-2}$

II. Ácido fluorídrico (HF) $K_a = 6,7 \times 10^{-4}$

III. Ácido hipocloroso ($HC\ell O$) $K_a = 3,20 \times 10^{-8}$

IV. Ácido cianídrico (HCN) $K_a = 4,0 \times 10^{-10}$

Considerando as constantes de ionização (K_a), a concentração do íon H_3O^+ é:

a) menor na solução do ácido I.

b) maior na solução do ácido I.

c) igual nas soluções dos ácidos III e IV.

d) igual nas soluções dos ácidos I, II, III e IV.

e) maior na solução do ácido IV.

19. (UEG-GO) Uma solução de hidróxido de potássio foi preparada pela dissolução de 0,056 g de KOH em água destilada, obtendo-se 100 mL dessa mistura homogênea.

(Dado: MM(KOH) = 56 g $\times$ mol^{-1}.)

De acordo com as informações apresentadas, verifica-se que essa solução apresenta

a) pH = 2   c) pH = 10   e) pH > 13

b) pH < 7   d) pH = 12

20. (FALBE)

(Dados: K_a do $CH_3COOH = 2,0 \times 10^{-5}$ mol · L^{-1}.)

Uma solução preparada a partir da dissolução de ácido acético em água destilada até completar o volume de um litro apresenta pH igual a 3,0. A quantidade de matéria de ácido acético inicialmente dissolvida é aproximadamente igual a

a) 1×10^{-6} mol   c) 5×10^{-2} mol

b) 1×10^{-3} mol   d) 1×10^{-2} mol

21. (Fuvest-SP) Em ambientes naturais e na presença de água e gás oxigênio, a pirita, um mineral composto principalmente por dissulfeto de ferro (FeS_2), sofre processos de intemperismo, o que envolve transformações químicas que acontecem ao longo do tempo. Um desses processos pode ser descrito pelas transformações sucessivas, representadas pelas seguintes equações químicas:

$2 FeS_2$ (s) $+ 7 O_2$ (g) $+ 2 H_2O$ (ℓ) $\rightarrow 2 Fe^{2+}$ (aq) $+ 4 SO_4^{2-}$ (aq) $+ 4 H^+$ (aq)

$2 Fe^{2+}$ (aq) $+ 1/2 O_2$ (g) $+ 2 H^+$ (aq) $\rightarrow 2 Fe^{3+}$ (aq) $+ H_2O$ (ℓ)

$2 Fe^{3+}$ (aq) $+ 6 H_2O$ (ℓ) $\rightarrow 2 Fe(OH)_3$ (s) $+ 6 H^+$ (aq)

Considerando a equação química que representa a transformação global desse processo, as lacunas da frase "No intemperismo sofrido pela pirita, a razão entre as quantidades de matéria do FeS_2 (s) e do O_2 (g) é ____, e, durante o processo, o pH do solo ____" podem ser corretamente preenchidas por

a) 1/4; diminui.   d) 4/15; diminui.

b) 1/4; não se altera.   e) 4/15; não se altera.

c) 2/15; aumenta.

Equilíbrio químico   Capítulo 13   463

Exercícios finais

22. (Fuvest-SP) Dependendo do pH do solo, os nutrientes nele existentes podem sofrer transformações químicas que dificultam sua absorção pelas plantas. O quadro mostra algumas dessas transformações, em função do pH do solo.

Elementos presentes nos nutrientes	pH do solo							
	4	5	6	7	8	9	10	11
Fósforo	Formação de fosfatos de ferro e de alumínio, poucos solúveis em água.			Formação de fosfatos de cálcio, poucos solúveis em água.				
Magnésio					Formação de carbonatos pouco solúveis em água.			
Nitrogênio	Redução dos íons nitrato a íons amônio.							
Zinco				Formação de hidróxidos pouco solúveis em água.				

Para que o solo possa fornecer todos os elementos citados na tabela, o seu pH deverá estar entre

a) 4 e 6.   **c)** 6 e 7.   **e)** 8,5 e 11.

b) 4 e 8.   **d)** 6 e 11.

23. (UFRGS-RS) A água mineral com gás pode ser fabricada pela introdução de gás carbônico na água, sob pressão de aproximadamente 4 atm.

Sobre esse processo, considere as afirmações abaixo.

I. Quando o gás carbônico é introduzido na água mineral, provoca a diminuição na basicidade do sistema.

II. Quando a garrafa é aberta, parte do gás carbônico se perde e o pH da água mineral fica mais baixo.

III. Como o gás carbônico é introduzido na forma gasosa, não ocorre interferência na acidez da água mineral.

Quais estão corretas?

a) Apenas I.   **d)** Apenas II e III.

b) Apenas III.   **e)** I, II e III.

c) Apenas I e II.

24. (FASM-SP) A tabela apresenta os valores da concentração de íons H⁺, em mol/L, medidos a 25 °C, de um grupo de produtos.

Produto	[H⁺]
Refrigerante	10^{-3}
Alvejante caseiro	$10^{-12,5}$
Vinho	$10^{-3,5}$
Leite de magnésia	10^{-10}
Cerveja	$10^{-4,5}$

a) Na tabela reproduzida abaixo, complete o valor medido de pH a 25 °C.

Produto	[H⁺]	pH
Refrigerante	10^{-3}	
Alvejante caseiro	$10^{-12,5}$	
Vinho	$10^{-3,5}$	
Leite de magnésia	10^{-10}	
Cerveja	$10^{-4,5}$	

b) Determine a concentração de íons hidroxila, [OH⁻], em mol/L, no leite de magnésia, apresentando os cálculos. Apresente um produto da tabela com propriedades para neutralizar o pH do leite de magnésia.

25. (Cefet-MG) Um estudante insere 1 mol de um ácido monoprótico (HX) em um litro de água destilada. Após homogeneizar o conteúdo da solução, aguarda o tempo suficiente para que o equilíbrio químico seja alcançado, sendo que o k_a(HX) = $1,0 \times 10^{-4}$ mol L⁻¹. Nessas condições, a solução apresenta

a) pH maior que 7,0.

b) concentrações baixas de H⁺ e X⁻.

c) quantidades iguais de íons e ácido.

d) velocidade de ionização igual a zero.

e) concentração de HX igual a $1,0 \times 10^{-4}$ mol/L⁻¹.

26. (PUC-MG) O pH do sangue humano deve ficar entre 7,35 e 7,45. O equilíbrio químico abaixo ajuda a manter esse valor.

$$CO_2 + H_2O = H^+ + HCO_3^-$$

As crises de ansiedade levam geralmente as pessoas a respirarem muito rapidamente, acarretando uma perda maior de dióxido de carbono pelos pulmões.

É **correto** afirmar que essa perda:

a) desloca o equilíbrio para o lado direito.

b) aumenta o pH do sangue.

c) aumenta a acidez do sangue.

d) pode ser compensada pela injeção de uma solução de NaOH.

27. (Cefet-MG) Um professor de Química propôs a manipulação de um indicador ácido-base que se comportasse da seguinte maneira:

pH	Cor da solução
< 7	amarela
= 7	alaranjada
> 7	vermelha

As cores das soluções aquosas de NaCN, NaCℓ e NH₄Cℓ, na presença desse indicador, são, respectivamente

a) amarela, alaranjada e vermelha.
b) amarela, vermelha e alaranjada.
c) vermelha, alaranjada e amarela.
d) alaranjada, amarela e vermelha.
e) alaranjada, amarela e alaranjada.

28. (Fuvest-SP) Muitos medicamentos analgésicos contêm, em sua formulação, o ácido acetilsalicílico, que é considerado um ácido fraco (constante de ionização do ácido acetilsalicílico = $3,2 \times 10^{-4}$). A absorção desse medicamento no estômago do organismo humano ocorre com o ácido acetilsalicílico em sua forma não ionizada.

a) Escreva a equação química que representa a ionização do ácido acetilsalicílico em meio aquoso, utilizando fórmulas estruturais.

b) Escreva a expressão da constante de equilíbrio para a ionização do ácido acetilsalicílico. Para isto, utilize o símbolo AA para a forma não ionizada e o símbolo AA⁻ para a forma ionizada.

c) Considere um comprimido de aspirina contendo 540 mg de ácido acetilsalicílico, totalmente dissolvido em água, sendo o volume da solução 1,5 L. Calcule a concentração, em mol/L, dos íons H⁺ nessa solução. Em seus cálculos, considere que a variação na concentração inicial do fármaco, devido à sua ionização, é desprezível.

d) No pH do suco gástrico, a absorção do fármaco será eficiente? Justifique sua resposta.

Note e adote:

pH do suco gástrico: 1,2 a 3,0.

Massa molar do ácido acetilsalicílico: 180 g/mol

ácido acetilsalicílico

29. (Unicid-SP) Procurando informações sobre o ácido salicílico, um grupo de estudantes encontrou os seguintes dados:

Fórmula estrutural	K_a a 25 °C
COOH / OH	$1,07 \times 10^{-3}$
	$1,8 \times 10^{-14}$

MARTELL, Arthur E.; SMITH, Robert M. *Critical Stability Constants*, 1976.

a) Utilize fórmulas e equações químicas para explicar o significado dos valores de K_a anotados na tabela.

b) Sabendo que a concentração de íons [H⁺] em uma solução aquosa de ácido salicílico foi determinada igual a 1×10^{-3} mol/L, calcule o pH dessa solução, a 25 °C.

30. (Fepar-PR)

Com nome derivado do francês *vin aigre* (vinho ácido), o vinagre é resultado de atividade bacterial, que converte líquidos alcoólicos, como vinho, cerveja, cidra, em uma fraca solução de ácido acético. De baixo valor calórico, o vinagre tem substâncias antioxidantes em sua composição, além de ser um coadjuvante contra a hipertensão.

Uma amostra de 20,0 mL de vinagre (densidade igual a 1,02 g/mL) necessitou de 60,0 mL de solução aquosa de NaOH 0,20 mol × L⁻¹ para completa neutralização.

(Dados: C = 12 g × mol⁻¹; H = 1 g × mol⁻¹; O = 16 g × mol⁻¹: grau de ionização do ácido acético a 25 °C, α = 0,55%: log 3,3 = 0,52.)

Com base nas informações, faça o que se pede. Apresente a resolução.

a) Determine a porcentagem em massa de ácido acético no vinagre.

b) Determine o volume de KOH 0,10 mol × L⁻¹ que contém quantidade de íons OH⁻ equivalente à encontrada nos 60 mL de solução aquosa de NaOH 0,20 mol × L⁻¹.

c) Determine o pH do vinagre.

d) Calcule a constante de ionização do ácido acético a 25 °C.

31. (UCS-RS) A titulação é um processo clássico de análise química quantitativa. Nesse tipo de análise, a quantidade da espécie de interesse pode ser determinada por meio do volume de uma solução de concentração conhecida (denominada titulante) que foi gasto para reagir completamente com um volume predeterminado de amostra, na presença de um indicador apropriado (denominado titulado). A titulação de 50 mL de uma solução aquosa de ácido clorídrico, com uma solução aquosa de hidróxido de sódio de concentração molar igual a 0,1 ml/L, utilizando fenolftaleína como indicador, está representada no gráfico a seguir.

Equilíbrio químico Capítulo 13 465

Exercícios finais

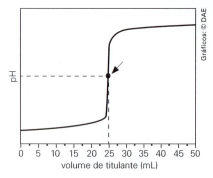

Considerando as informações do enunciado e do gráfico, assinale a alternativa correta.

a) O número de mols do ácido, no ponto indicado pela seta, é duas vezes maior que o número de mols da base.

b) O pH do meio torna-se ácido após a adição de 30 mL de titulante.

c) A concentração molar do ácido é igual a 0,05 mol/L.

d) O titulado torna-se incolor ao término da análise.

e) O sal formado durante a titulação sofre hidrólise básica.

32. (UPE-SSA) O gráfico abaixo foi obtido com os dados da titulação de uma amostra de determinada substância presente em um produto comercial.

Nesse caso, o produto comercial e o titulante, usados no procedimento experimental, correspondem, respectivamente, à(ao)

a) ureia e solução de ácido fosfórico.

b) ácido nítrico e hidróxido de sódio.

c) vinagre e solução de hidróxido de sódio.

d) soda cáustica e solução de ácido sulfúrico.

e) ácido muriático e solução de hidróxido de potássio.

33. (UFJF-Pism-MG)

Um caminhão [...], com 17,6 metros cúbicos de ácido sulfúrico colidiu com outro caminhão, [...], provocando o vazamento de todo o ácido. O produto percorreu o sistema de drenagem e atingiu o córrego Piçarrão. O ácido ficou contido em uma pequena parte do córrego, [...], o que possibilitou aos técnicos a neutralização do produto.

Disponível em: <www.cetesb.sp.gov.br/noticentro/2008/05/30_vazamento.pdf.>. Acesso em: 26 out. 2016.

Para minimizar os problemas ambientais causados pelo acidente que acabou de ser descrito, indique qual dos sais abaixo pode ser utilizado para neutralizar o ácido sulfúrico:

a) Cloreto de sódio.

b) Cloreto de amônio.

c) Carbonato de cálcio.

d) Sulfato de magnésio.

e) Brometo de potássio.

34. (Unesp-SP) Em um estudo sobre extração de enzimas vegetais para uma indústria de alimentos, o professor solicitou que um estudante escolhesse, entre cinco soluções salinas disponíveis no laboratório, aquela que apresentasse o mais baixo valor de pH.

Sabendo que todas as soluções disponíveis no laboratório são aquosas e equimolares, o estudante deve escolher a solução de

a) $(NH_4)_2C_2O_4$.

b) K_3PO_4.

c) Na_2CO_3.

d) KNO_3.

e) $(NH_4)_2SO_4$.

35. (UFRGS-RS) A coluna da esquerda, abaixo, relaciona cinco misturas realizadas experimentalmente; a coluna da direita, os tipos de classificação de quatro daquelas misturas.

Associe corretamente a coluna da direita à da esquerda.

1. $NaNO_3 + H_2O$	( ) solução básica
2. $NH_4Cl + H_2O$	( ) solução não eletrolítica
3. $CaO + H_2O$	( ) solução ácida
4. $C_6H_{14} + H_2O$	( ) mistura com duas fases líquidas
5. $C_6H_{12}O_6 + H_2O$	

A sequência correta de preenchimento dos parênteses, de cima para baixo, é

a) 1 – 5 – 2 – 4

b) 2 – 4 – 3 – 1

c) 2 – 1 – 3 – 4

d) 3 – 4 – 1 – 5

e) 3 – 5 – 2 – 4

36. (UFRGS-RS) O equilíbrio de solubilidade do cloreto de prata é expresso pela reação $AgCl\ (s) = Ag^+\ (aq) + Cl^-\ (aq)$, cuja constante de equilíbrio tem o valor $1,7 \times 10^{-10}$.

Sobre esse equilíbrio, é correto afirmar que

a) uma solução em que $[Ag^+] = [Cl^-] = 1,0 \times 10^{-5}\ mol \times L^{-1}$ será uma solução supersaturada.

b) a adição de cloreto de prata sólido a uma solução saturada de $AgCl$ irá aumentar a concentração de cátions prata.

c) a adição de cloreto de sódio a uma solução saturada de AgCℓ irá diminuir a concentração de cátions prata.

d) a adição de nitrato de prata a uma solução supersaturada de AgCℓ irá diminuir a quantidade de AgCℓ precipitado.

e) a mistura de um dado volume de uma solução em que [Ag⁺] = 1,0 × 10⁻⁶ mol × L⁻¹, com um volume igual de uma solução em que [Cℓ⁻] = 1,0 × 10⁻⁶ mol × L⁻¹, irá produzir precipitação de AgCℓ.

37. (UFR-PE) Pesquisadores de Harvard desenvolveram uma técnica para preparar nanoestruturas auto-organizadas na forma que lembram flores. Para criar as estruturas de flores, o pesquisador dissolveu cloreto de bário e silicato de sódio num béquer. O dióxido de carbono do ar se dissolve naturalmente na água, desencadeando uma reação que precipita cristais de carbonato de bário. Como subproduto, ela também reduz o pH da solução que rodeia imediatamente os cristais, que então desencadeia uma reação com o silicato de sódio dissolvido. Esta segunda reação adiciona uma camada de sílica porosa que permite a formação de cristais de carbonato de bário para continuar o crescimento da estrutura.

"Beautiful "flowers" self-assemble in a beaker". Disponível em: <www.seas.harvard.edu/news/2013/05/beautiful-flowers-self-assemble-beaker>. Acesso em: 10 ago. 2013.

Na tabela a seguir são mostrados valores de produto de solubilidade de alguns carbonatos.

Sal	K_{PS} (25 °C)
$BaCO_3$	$8,1 \times 10^{-9}$
$CaCO_3$	$3,8 \times 10^{-9}$
$SrCO_3$	$9,40 \times 10^{-10}$

a) Suponha que num béquer foram dissolvidos cloretos de bário, cálcio e estrôncio de modo que a concentração de cada sal é igual a 1μ mol × L⁻¹. Com a dissolução natural do gás carbônico do ar, qual carbonato irá primeiramente cristalizar?

b) Num béquer há uma solução 1μ mol × L⁻¹ de cloreto de bário. Calcule qual a concentração de íons carbonato necessária para que o cristal de carbonato de bário comece a se formar.

38. (Acafe-SC) Cálculo renal, também conhecido como pedra nos rins, são formações sólidas contendo várias espécies químicas, entre elas o fosfato de cálcio, que se acumula nos rins, causando enfermidades.

Assinale a alternativa que contém a concentração dos íons Ca²⁺ em uma solução aquosa saturada de fosfato de cálcio.

(Dados: Considere que a temperatura seja constante e o produto de solubilidade (K_{PS}) do fosfato de cálcio em água seja 1,08 × 10⁻³³.)

a) 3 × 10⁻⁷ mol/L

b) 1 × 10⁻⁷ mol/L

c) 2 × 10⁻⁷ mol/L

d) 27 × 10⁻⁷ mol/L

39. (UFG-GO) O produto de solubilidade, K_{PS}, fornece informação sobre a solubilidade de sais em água. A tabela a seguir apresenta o K_{PS} de dois sais de iodo.

Sal	K
CuI	$1,0 \times 10^{-12}$
BiI_3	$2,7 \times 10^{-19}$

Considerando essas informações, justifique qual dos sais é mais solúvel em água.

40. (ITA-SP) Uma solução aquosa saturada em fosfato de estrôncio [$Sr_3(PO_4)_2$] está em equilíbrio químico à temperatura de 25 °C, e a concentração de equilíbrio do íon estrôncio, nesse sistema, é de 7,5 × 10⁻⁷ mol/L⁻¹. Considerando-se que ambos os reagentes (água e sal inorgânico) são quimicamente puros, assinale a alternativa **correta** com o valor do $pK_{PS(25°C)}$ do $Sr_3(PO_4)_2$.

(Dado: K_{PS} = constante do produto de solubilidade.)

a) 7,0

b) 13,0

c) 25,0

d) 31,0

e) 35,0

41. (Unifesp) Um composto iônico, a partir da concentração de sua solução aquosa saturada, a 25 °C, pode ser classificado, de acordo com a figura, quanto à solubilidade em água.

Um litro de solução aquosa saturada de $PbSO_4$ (massa molar 303 g/mol), a 25 °C, contém 45,5 mg de soluto. O produto de solubilidade do $CaCrO_4$ a 25 °C é 6,25 × 10⁻⁴. Quanto à solubilidade em água a 25 °C, os compostos $PbSO_4$ e $CaCrO_4$ podem ser classificados, respectivamente, como:

a) insolúvel e ligeiramente solúvel.

b) insolúvel e solúvel.

c) insolúvel e insolúvel.

d) ligeiramente solúvel e insolúvel.

e) ligeiramente solúvel e solúvel.

CAPÍTULO 14

ELETROQUÍMICA

Na atualidade, grande parte da humanidade vive em contato com uma de suas maiores conquistas: a **eletricidade**. Ela pode ser obtida por diversas formas, como a partir de combustíveis e de usinas hidrelétricas e nucleares. Seria difícil imaginar o mundo contemporâneo sem a eletricidade. Quando é necessário utilizar aparelhos portáteis, como celulares, rádios e computadores, a eletricidade é obtida por meio de processos eletroquímicos.

Neste capítulo, será iniciado o estudo da **Eletroquímica**. Um experimento simples exemplificará o assunto, mostrando como é possível obter energia elétrica a partir de reações químicas (Figuras 14.1 e 14.2).

Figuras 14.1 e 14.2: É difícil até mesmo imaginar como seria a vida nos dias de hoje sem a eletricidade. Na maioria dos equipamentos que costumamos utilizar cotidianamente a energia é obtida mediante processos eletroquímicos.

Obtenção de eletricidade

É possível aproveitar a energia produzida nas reações químicas utilizando materiais simples, como uma liga de magnésio usada em soldas de rodas de magnésio de veículos e fios de cobre utilizados para aterramentos residenciais.

Os metais, quando inseridos em uma solução ácida, criam dispositivos que permitem operar pequenos aparelhos eletrônicos à base de pilhas de 1,5 volt, do tipo AA. Por ora, será analisado apenas como a eletricidade é obtida com base em experimentos simples.

Experimento

Obtendo eletricidade por meio de reações químicas

Material

- 1 vidro de maionese ou similar de 500 g com tampa rosqueável
- 50 g (aproximadamente) de massa de modelar
- 400 mL de suco de laranja ou de limão
- 1 barra de magnésio com cerca de 20 cm de comprimento e 0,5 cm de diâmetro (barras desse material podem ser encontradas em casas de materiais de construção ou em lojas de produtos para piscinas)
- 1 barra de cobre com tamanho e diâmetro semelhantes aos da barra de magnésio (essas barras são usadas para fazer aterramentos e podem ser encontradas em casas de materiais de construção ou lojas de materiais elétricos)
- 2 pedaços de fio de cobre de 50 cm
- 1 relógio de mesa

Procedimento

▶ Com cuidado, faça dois furos de aproximadamente 0,5 cm de diâmetro na tampa plástica do vidro de maionese (Figura 14.3).

▶ Introduza as barras dos metais nos furos, deixando aproximadamente 3 cm acima da tampa, e fixe-as à tampa com massa de modelar.

▶ Coloque, no interior do recipiente de vidro, o suco da fruta escolhida.

▶ Rosqueie a tampa com as barras metálicas na boca do vidro.

▶ Ligue um dos pedaços de fio de cobre à barra de magnésio e ao relógio pelo polo negativo.

▶ Ligue o outro pedaço de fio de cobre à barra de cobre e ao relógio pelo polo positivo.

▶ Atenção: Observe os cuidados necessários para o descarte dos materiais aqui utilizados.

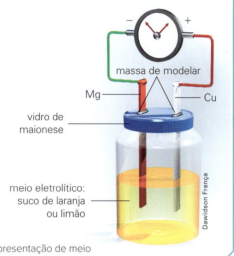

Figura 14.3: Representação de meio eletrolético com materiais comuns.

Há milhares de anos, o filósofo grego Tales de Mileto (c. 625 a.C.-c. 550 a.C.) observou que o **âmbar-amarelo**, encontrado principalmente no litoral do mar Báltico, quando friccionado na seda ficava eletrizado e, se as cargas elétricas fossem opostas, tinha a propriedade de atrair fragmentos de palha e outros corpos leves. Os gregos chamavam essa resina de *élektron*, palavra que deu origem ao termo eletricidade.

O âmbar-amarelo, ou âmbar-gris (ou apenas âmbar) é uma resina fóssil translúcida, dura e quebradiça.

Mais de dois mil anos depois, o físico alemão Otto von Guericke inventou a primeira máquina capaz de produzir eletricidade estática (Figura 14.4). Era uma esfera de enxofre dotada de um dispositivo mecânico que, sofrendo rotação, se tornava eletrificada quando em contato com alguma parte do corpo humano (Figura 14.5). Com isso, pessoas passaram a ganhar a vida atraindo penas e papéis e inflamando o álcool com seus corpos eletrizados, como fazem muitos mágicos nos dias de hoje.

Figura 14.4: Máquina inventada por Otto von Guericke capaz de produzir eletricidade.

Figura 14.5: Experimento de eletrização realizado no século XVII: um menino é suspenso por cordas isolantes e posto em contato com a máquina de produzir eletricidade de Otto von Guericke. Pedaços de papel são atraídos por ele, e suas mãos, quando próximas a outras pessoas, expelem faíscas.

Figura 14.6: René Descartes foi um dos cientistas que usaram o conceito de eletricidade para explicar as sensações humanas.

Cientistas valeram-se do estudo da eletricidade para explicar, até mesmo as sensações humanas. Naquela época, o modelo da função cerebral era baseado nos estudos do filósofo e cientista francês René Descartes (1596-1650), que propôs a ideia do arco reflexo ao analisar os movimentos involuntários do corpo humano quando, por exemplo, alguém queima a mão ou o pé (Figura 14.6).

Descartes escreveu: "A chama que queima a mão é transmitida pelo sistema nervoso até o cérebro como um estímulo, o qual atormenta o homem como uma pequena chama". O professor suíço de Anatomia em Göttingen, na Alemanha, Albrecht von Haller (1708-1777), chegou a questionar a presença do fluido nervoso e da matéria elétrica em animais.

O trabalho de Galvani

Na segunda metade do século XVIII, o cientista italiano Luigi Galvani (Figura 14.7), professor de Anatomia da Universidade de Bolonha, na Itália, foi um dos primeiros a investigar experimentalmente o fenômeno da eletricidade em animais. Ele observou que a eletricidade causava contrações em pernas de sapos e de outros animais mortos quando elas eram colocadas em contato com dois metais diferentes. Nenhuma eletricidade era aplicada aos metais, levando Galvani a concluir que os músculos das pernas do sapo estavam gerando eletricidade por si.

Figura 14.7: Luigi Galvani (1737-1798).

O trabalho de Galvani foi analisado por outro cientista italiano, Alessandro Giuseppe Anastácio Volta (Figura 14.8), professor de Física da Universidade de Pavia, na Itália, que considerou a possibilidade de a eletricidade verificada nas rãs, ser advinda da utilização de diferentes metais. Com o objetivo de mostrar que a eletricidade não era de origem animal, associou pares de metais sob a forma de placas sobrepostas, visando obter uma **força eletromotriz** comparável às produzidas pelas máquinas elétricas. Volta constatou que uma força eletromotriz de maior magnitude era obtida quando empilhava vários discos de zinco e prata. A partir daí, verificou que, quando os discos terminais eram do mesmo metal, a tensão elétrica desaparecia, o que não acontecia quando os discos terminais eram de metais diferentes. Essa tensão gerada nos terminais não dependia da quantidade de discos empilhados.

Realizando uma outra experiência, notou que, quando os pares zinco/prata eram separados por papelão umedecido com solução salina, as tensões elétricas se somavam. Estava inventada a pilha elétrica. Alessandro Volta divulgou sua descoberta em 20 de março de 1800 (Figura 14.9).

Figura 14.8: Alessandro Volta (1745-1827).

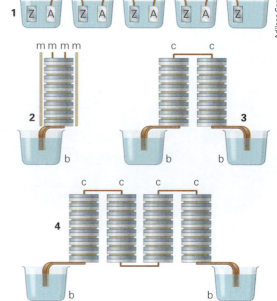

Figura 14.9: Desenho de pilhas publicado na *Philosophical Transactions of Royal Society of London*, em 1800. Na figura 1, conjunto de copos com uma solução de água e cloreto de sódio, na qual placas de zinco (Z) e prata (A) estão mergulhadas. Nas figuras 2, 3 e 4, pilhas montadas com os discos dos metais zinco (Z) e prata (A) separados por meio de algodão embebido em salmoura.

Química Aplicada

O nascimento da Eletroquímica

Mesmo simples, a bateria de Volta possibilitou algumas descobertas importantes no campo da Eletroquímica. Entre os mais significativos avanços, estão:

- a procura por fontes de energia eletroquímicas;
- a bioeletroquímica, em razão do debate entre Galvani e Volta;
- a eletrodeposição;
- além da contribuição para o avanço de outras áreas, como as telecomunicações.

O impacto da descoberta de Alessandro Volta pode ser observado tanto na área acadêmica como em suas aplicações. O entusiasmo e o assombro causados pela novidade da pilha de Volta no mundo científico, no início do século XIX, são comparáveis ao ocorrido com o advento da energia nuclear na década de 1940.

Pilhas ou células eletroquímicas

Figura 14.10: a) lâmina de zinco mergulhada em solução de sulfato de cobre(II) (azul) em um béquer; no outro béquer, lâmina de cobre mergulhada em solução de sulfato de zinco. b) e c), depois de algum tempo, a lâmina de zinco sofreu desgaste e a lâmina de cobre permanece inalterada.

Ao colocar uma lâmina de zinco (Zn) em uma solução de sulfato de cobre(II) ($CuSO_4$) e uma lâmina de cobre (Cu) em uma solução de sulfato de zinco ($ZnSO_4$), cada uma em um béquer, verifica-se que:

- com o passar do tempo, a lâmina de zinco sofre corrosão originando grânulos de cobre no fundo do béquer, pois os átomos da lâmina de zinco são transformados em íons zinco que passam a interagir com a solução;
- logo, a coloração azul da solução de sulfato de cobre(II) torna-se menos intensa, pois os íons cobre da solução, que são azuis, transformam-se em cobre metálico na superfície do zinco, escoando para o fundo do béquer;
- no outro béquer nada se nota, nem com a placa de cobre, nem com a solução de sulfato de zinco, pois, aparentemente, não ocorre reação química (Figura 14.10).

A explicação para tal fenômeno é que ocorrem transferências espontâneas de elétrons do Zn metálico para os íons Cu^{2+} (aq). A reação apresentada, incluindo a transferência de elétrons, deve ser escrita da seguinte forma:

$$Zn \text{ (metal)} \longrightarrow Zn^{2+} \text{ (aq)} + 2\,e^-$$

$$Cu^{2+} \text{ (aq)} + 2\,e^- \longrightarrow Cu \text{ (metal)}$$

Essa transferência de cargas negativas gera um **fluxo de elétrons**. Quando ele é conduzido através de um fio condutor externo, de maneira que possa ser aproveitado para realizar um trabalho, há uma **pilha** ou **célula eletroquímica**.

Oxidação e redução

Quando uma espécie química **perde** elétrons para outra espécie química, ocorre **oxidação**. Assim, oxidar-se significa perder elétrons. Quando uma espécie química **retira** elétrons de outra espécie química, ocorre **redução**. Assim, reduzir-se significa retirar elétrons. É importante salientar que ambos os processos ocorrem simultaneamente.

Na reação a seguir, o cátion cobre(II) retira dois elétrons do zinco metálico, reduzindo-se a cobre metálico; ao mesmo tempo com a perda desses elétrons, o zinco metálico é oxidado a zinco(II).

$$Zn \text{ (metal)} \longrightarrow Zn^{2+} \text{ (aq)} + 2\,e^-$$
$$Cu^{2+} \text{ (aq)} + 2\,e^- \longrightarrow Cu \text{ (metal)}$$

> **NOTA:**
> O termo **oxidação** também pode ser entendido como aumentar o número de oxidação, e o termo **redução** pode ser entendido como reduzir o número de oxidação.

Logo:

$$Zn \text{ (metal)} \longrightarrow Zn^{2+} \text{ (aq)} + 2\,e^- \quad \textbf{oxidação}$$
$$Cu^{2+} \text{ (aq)} + 2\,e^- \longrightarrow Cu \text{ (metal)} \quad \textbf{redução}$$

O funcionamento de uma pilha provém de reações químicas espontâneas. Elas permitem obter um fluxo de elétrons que, por sua vez, percorre um circuito externo. É possível verificar a manifestação desse fluxo em uma pilha conhecida como **pilha de Daniell**.

A pilha de Daniell

Em 1836, o físico e químico britânico John Frederic Daniell (Figura 14.11), necessitando de uma fonte de corrente elétrica estável para uso em telégrafos, desenvolveu uma pilha com cobre e zinco (Figura 14.12).

Figura 14.11: John Frederic Daniell (1790-1845).

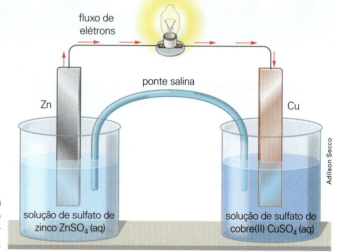

Figura 14.12: Esquema da pilha de cobre e zinco utilizada por Daniell.

Uma lâmina de cobre é colocada em uma solução de 1 mol · L⁻¹ de sulfato de cobre(II) ($CuSO_4$); e uma lâmina de zinco, em uma solução de 1 mol · L⁻¹ de sulfato de zinco ($ZnSO_4$). Cada uma delas vai se comportar como um eletrodo, ou seja, terminal pelo qual entram ou saem elétrons.

Os elétrons fluem espontaneamente da lâmina de zinco para a lâmina de cobre através do fio condutor. Os íons Zn^{2+} formados devido à perda de elétrons da lâmina de zinco migram para a solução. Esse fluxo de elétrons circula pelo fio fazendo a lâmpada acender.

Os elétrons provenientes do eletrodo de zinco que escoam para o eletrodo de cobre promovem a redução dos cátions Cu^{2+} dissolvidos na solução. Assim, no eletrodo de cobre ocorre a redução dos cátions Cu^{2+} e, no eletrodo de zinco, a oxidação do zinco metálico.

O eletrodo que sofre oxidação é denominado **ânodo** e é o polo negativo da pilha.

O eletrodo que sofre redução é denominado **cátodo** e é o polo positivo da pilha.

Eletrodos são condutores que proporcionam a passagem de corrente elétrica de um sistema para outro. Uma placa metálica, por exemplo, pode ser um eletrodo ao transferir ou receber elétrons quando mergulhada em uma solução eletrolítica.

Em algumas situações práticas, os eletrodos podem participar das reações, sendo consumidos ou sofrendo deposição. Nesse caso, são denominados **eletrodos ativos**. Eletrodos de pilhas são exemplos de eletrodos ativos.

No entanto, existem situações nas quais os eletrodos servem simplesmente de meio para a passagem de corrente elétrica. Nesse caso, são denominados **eletrodos inertes**. Grafita, platina e ouro são ótimas substâncias para a produção de eletrodos inertes.

É comum, em Eletroquímica, os textos referirem-se ao eletrodo de determinado metal em contato com os cátions desse metal. Por exemplo, zinco metálico em contato com uma solução aquosa de cátions Zn^{2+}. Pode-se representar o processo que ocorre em cada eletrodo separadamente, conhecido como **semirreação**.

> **NOTA:**
>
> Todo balanceamento de reações de oxidação e redução deve ser feito igualando-se as quantidades de elétrons.

Semirreação de oxidação: $Zn \text{ (metal)} \longrightarrow Zn^{2+} \text{ (aq)} + 2 e^-$

Semirreação de redução: $Cu^{2+} \text{ (aq)} + 2 e^- \longrightarrow Cu \text{ (metal)}$

Se as duas semirreações forem somadas, obtém-se a reação completa:

$$Zn \text{ (metal)} \longrightarrow Zn^{2+} \text{ (aq)} + 2e^-$$

$$Cu^{2+} \text{ (aq)} + 2e^- \longrightarrow Cu \text{ (metal)}$$

$$\overline{Zn \text{ (metal)} + Cu^{2+} \text{ (aq)} \longrightarrow Cu \text{ (metal)} + Zn^{2+} \text{ (aq)}}$$

Com o funcionamento espontâneo da pilha, a placa de zinco sofre corrosão (diminuição de massa) devido à migração dos cátions Zn^{2+} para a solução. No eletrodo de cobre o processo é inverso, isto é, os cátions Cu^{2+} em solução migram para a lâmina de cobre aumentando sua massa (deposição).

O balanço final desse processo resultaria no aumento da concentração de Zn^{2+} no eletrodo de zinco, que ficaria carregado positivamente, enquanto haveria a diminuição da concentração de Cu^{2+} no eletrodo de cobre, o que deixaria o eletrodo de cobre carregado negativamente. Como consequência, **a pilha não funcionaria**.

Para resolver esse problema, adapta-se um dispositivo chamado de **ponte salina**, cuja função é fornecer tanto ânions para a solução com o eletrodo de zinco quanto cátions para a solução com o eletrodo de cobre. A ponte salina é constituída de um tubo em forma de U, preenchido com um eletrólito, como o $KC\ell$ (aq) ou o $NaNO_3$ (aq).

À medida que acontecem a oxidação e a redução nos eletrodos, os íons da ponte salina mantêm as soluções neutras nos dois eletrodos: os cátions migram para o cátodo e os ânions migram para o ânodo, a fim de neutralizar a carga em excesso em cada eletrodo. Na ponte salina não há fluxo de elétrons, mas a passagem de íons. Através do circuito externo (o fio), ocorre o fluxo de elétrons, mantendo a pilha em regime de trabalho.

> **NOTA:**
>
> Por convenção da IUPAC, representa-se o ânodo à esquerda (oxidação) e o cátodo à direita (redução).

A pilha de Daniell pode ser assim representada:

$$Zn \text{ (s)} \,|\, Zn^{2+} \text{ (aq)} \,||\, Cu^{2+} \text{ (aq)} \,|\, Cu \text{ (s)}$$

Eletroquímica Capítulo 14   **473**

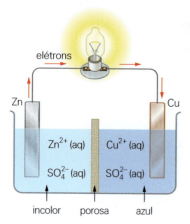

Figura 14.13: Outra montagem para uma pilha.

A leitura dessa representação é: O Zn (s) sofre oxidação ao transferir 2 elétrons e forma o cátion Zn^{2+} (aq). O cátion Cu^{2+} (s) ao receber 2 elétrons vindos do Zn (s) sofre redução e forma o metal Cu (s).

O conjunto contendo os béqueres e a ponte salina (apresentado na página 472 deste livro) pode ser substituído por um recipiente contendo uma parede divisória porosa (Figura 14.13). Através dela, as duas soluções fazem contato, permitindo a passagem de íons de um lado para outro, de forma que complete o circuito elétrico.

> **Resumo para a pilha de Daniell**
>
> Semirreação de oxidação:
>
> $Zn (s) \longrightarrow Zn^{2+} (aq) + 2 e^-$
>
> Ânodo – Polo negativo – Corrosão do Zn (s)
>
> A concentração da solução de Zn^{2+} (aq) aumenta.
>
> Semirreação de redução:
>
> $Cu^{2+} (aq) + 2 e \longrightarrow Cu (s)$
>
> Cátodo – Polo positivo – Deposição de Cu (s)
>
> A concentração da solução de Cu^{1+} (aq) diminui.
>
> O fluxo de elétrons na pilha é do eletrodo que sofre oxidação para o eletrodo que sofre redução, ou seja, do eletrodo de zinco para o eletrodo de cobre.
>
> A reação global da pilha é dada pela soma das semirreações de oxidação e redução.
>
> $Zn (s) \longrightarrow Zn^{2+} (aq) + 2 e^-$
> $Cu^{2+} (aq) + 2 e \longrightarrow Cu (s)$
> _____
> $Zn (s) + Cu^{2+} (aq) \longrightarrow Zn^{2+} (aq) + Cu (s)$
>
> Podemos usar esse resumo para outras pilhas se tivermos um parâmetro conhecido.

Exercício resolvido

Montou-se uma pilha constituída por eletrodos de chumbo e de prata mergulhados em soluções aquosas de seus sais, conforme a figura a seguir.

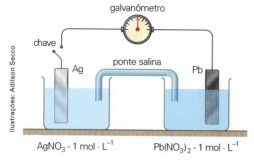

Ao fechar a chave do circuito depois de algum tempo, nota-se que a lâmina de chumbo sofreu corrosão e que houve deposição na lâmina de prata. Com base nessas informações, responda:

a) Qual é o sentido do fluxo de elétrons?
b) Qual é a semirreação de oxidação?
c) Qual é a semirreação de redução?
d) Qual é a reação completa?
e) Qual é o cátodo?
f) Qual é o ânodo?
g) Qual é a função da ponte salina?

a) A lâmina de chumbo sofre corrosão, ou seja, os íons Pb^{2+} migram para a solução, fornecendo à pilha um fluxo de elétrons do eletrodo de chumbo para o eletrodo de prata.

b) Os elétrons são cedidos pelo Pb; portanto, ele sofre oxidação:

$Pb (s) \longrightarrow Pb^{2+} (aq) + 2 e^-$

c) Cada íon Ag^{1+} recebe 1 e^- na lâmina de prata; logo, o Ag^{1+} está em redução:

Ag^{1+} (aq) + 1 $e^- \longrightarrow$ Ag (s)

d) Obtemos a reação completa somando as semirreações de oxidação e redução. A semirreação de redução deve ser multiplicada por dois com a finalidade de igualar a quantidade de elétrons nas equações dos dois eletrodos:

Pb (s) $\longrightarrow$ 2e^- + Pb^{2+} (aq)
2 Ag^{1+} (aq) + 2$e^- \longrightarrow$ 2 Ag (s) (×2)
_____
Pb (s) + 2 Ag^{1+} (aq) $\longrightarrow$ Pb^{2+} (aq) + 2 Ag (s)

e) Cátodo é o eletrodo para o qual fluem os elétrons; logo, é o eletrodo de prata.

f) Ânodo é o eletrodo de onde partem os elétrons; logo, é o eletrodo de chumbo.

g) A ponte salina tem por função permitir que as soluções dos dois eletrodos permaneçam neutras.

Exercício proposto

Dada a pilha representada por Mg (s) | Mg^{2+} (aq) || $Aℓ^{3+}$ (aq)|Aℓ (s), monte o esquema de funcionamento e responda:

a) Qual é o sentido do fluxo de elétrons?
b) Qual é a semirreação de oxidação?
c) Qual é a semirreação de redução?
d) Qual é a reação completa?
e) Qual é o cátodo?
f) Qual é o ânodo?
g) Qual é a função da ponte salina?

Diferença de potencial (ddp) de uma pilha

É possível medir a voltagem em uma pilha intercalando o voltímetro entre as lâminas metálicas dos eletrodos. Na pilha de Daniell, pode-se intercalá-lo entre as lâminas de zinco e de cobre, como mostra a Figura 14.14.

A unidade da diferença de potencial (ddp ou ΔE^0) é o **volt (V)**, que representa a tendência dos elétrons de se moverem de um eletrodo para outro. Quando se une um cátodo a um ânodo, o fluxo de elétrons vai do ânodo para o cátodo espontaneamente.

Figura 14.14: Esquema de montagem da pilha de Daniell sem a ponte salina (a): a voltagem da pilha é nula. Com a ponte salina (b), a voltagem da pilha é +1,098 V.

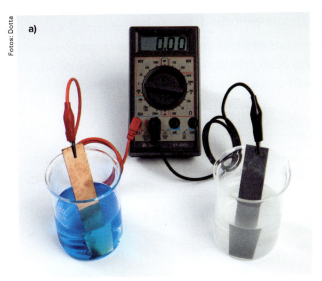

A garrafa de Leyden

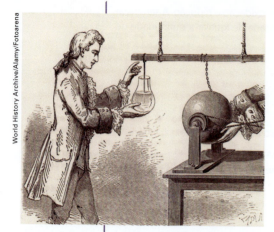

Figura 14.15: A garrafa de Leyden armazena eletricidade e solta faíscas.

A garrafa de Leyden foi o primeiro aparelho feito especificamente para armazenar carga elétrica. Até hoje, ela é utilizada para demonstrações de eletrostática em laboratórios, pois solta faíscas elétricas, impressionando o espectador (Figura 14.15). No entanto, a garrafa de Leyden não tem aplicações na tecnologia da eletricidade. O capacitor (condensador) mais utilizado atualmente é o capacitor plano, formado por duas placas planas paralelas.

A garrafa de Leyden foi inventada em Leyden, na Holanda, há mais de dois séculos. Ela se porta como um reservatório para conter um vultoso volume de eletricidade. Foi o primeiro capacitor a armazenar grande quantidade de energia elétrica.

Valores de potenciais de eletrodo em relação a um eletrodo-padrão

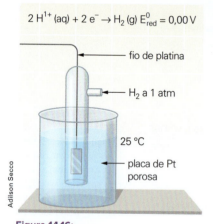

Figura 14.16: Representação do EPH, constituído de um tubo de vidro em que é posto uma lâmina de platina na qual ocorre a redução de íons hidrogênio, H^{1+}. Por ser gasoso, o hidrogênio é borbulhado sobre a lâmina de platina.

Para conhecer os valores dos potenciais eletroquímicos dos diversos eletrodos, é importante a escolha de um eletrodo-padrão que possa ser comparado com os demais. O **eletrodo de hidrogênio** foi convencionado como o eletrodo-padrão, com sigla EPH, de eletrodo-padrão de hidrogênio. Quando o sistema está em condições específicas – pressão de 1 atm para o H$_2$ (g), concentração de 1 mol · L^{-1} de H^{1+} (aq) para a solução ácida e temperatura de 25 °C –, **o valor do potencial eletroquímico desse eletrodo é, por definição, zero**. Abrevia-se o potencial eletroquímico por E^0, que significa potencial-padrão (Figura 14.16).

A utilização do EPH para a determinação de potenciais eletroquímicos nas condições-padrão pode ser descrita em duas situações:

Primeira situação: pilha-padrão com eletrodos de zinco e hidrogênio / Pt.

Espontaneamente, o fluxo de elétrons acontece do eletrodo de zinco para o eletrodo de hidrogênio. A diferença de potencial dessa pilha, no início do experimento, é de +0,76 V. Nessa condição, o eletrodo de zinco sofre oxidação e a equação que representa o processo é:

$$Zn\ (s) \longrightarrow Zn^{2+}\ (aq) + 2\ e^- \qquad E^0_{Zn} = ?$$

Por sua vez, o eletrodo-padrão de hidrogênio (EPH) sofre redução e a equação que representa o processo é:

$$\underset{\text{na solução ácida}}{2\ H^{1+}\ (aq)} + \underset{\text{no fio de platina}}{2\ e^-} \longrightarrow \underset{\text{gás formado na superfície da platina}}{H_2\ (g)} \qquad E^0 = 0,00\ V$$

A soma das duas equações resulta na equação completa da pilha, cuja diferença de potencial revelou ser, experimentalmente (medida no voltímetro), igual a +0,76 V. Dessa forma, a soma dos valores de E^0 das duas semirreações deve resultar no valor da ΔE^0 obtido experimentalmente:

$$Zn\ (s) \longrightarrow Zn^{2+}\ (aq) + 2\cancel{e^-} \qquad E^0_{Zn} = ?$$
$$2\ H^{1+}\ (aq) + 2\cancel{e^-} \longrightarrow H_2\ (g) \qquad E^0_H = 0,00\ V\ (por\ definição)$$
$$Zn\ (s) + 2\ H^{1+}\ (aq) \longrightarrow Zn^{2+}\ (aq) + H_2\ (g) \qquad \Delta E^0_{pilha} = +0,76\ V$$

Assim, conclui-se que o potencial de oxidação do zinco metálico vale +0,76 V.

É necessário observar que o potencial obtido para o zinco é exatamente o potencial eletroquímico (E^0) de oxidação do metal em questão.

Seria possível expressar esse potencial na forma de redução. Para isso, é suficiente escrever a equação invertida com o sinal de E^0 trocado.

Oxidação do zinco:
$$Zn\ (s) \longrightarrow Zn^{2+}\ (aq) + 2\ e^- \qquad E^0_{oxi} = +0,76\ V$$

Redução do cátion Zn^{2+}:
$$Zn^{2+}\ (aq) + 2\ e^- \longrightarrow Zn\ (s) \qquad E^0_{red} = -0,76\ V$$

Segunda situação: pilha-padrão com eletrodos de cobre e hidrogênio / Pt.

Espontaneamente, o fluxo de elétrons ocorre do EPH para o eletrodo de cobre, e a medida da diferença de potencial (obtida com o voltímetro) é +0,34 V. Assim, o valor da ΔE^0 deve ser igual ao valor obtido de forma experimental:

$$H_2\ (g) \longrightarrow 2\ H^{1+}\ (aq) + 2\cancel{e^-} \qquad E^0_H = 0,00\ V\ (por\ definição)$$
$$Cu^{2+}\ (aq) + 2\cancel{e^-} \longrightarrow Cu\ (s) \qquad E^0_{Cu} = ?$$
$$H_2\ (g) + Cu^{2+}\ (aq) \longrightarrow 2\ H^{1+}\ (aq) + Cu\ (s) \qquad \Delta E^0 = +0,34\ V$$

Figura 14.17: Alguns seres vivos, como a enguia, são capazes de gerar correntes elétricas de até 120 milivolts.

Logo, o potencial de redução do Cu^{2+} nas condições-padrão vale +0,34 V.

Eletricidade animal

Os povos da Antiguidade conheciam bem certos tipos de bagre, raia e enguia (Figura 14.17), seres vivos dotados de um temível poder: segurá-los ou apenas estar próximo deles na água poderia causar doloridas contrações musculares, mal-estar súbito, perda dos sentidos e, para pequenos animais, até mesmo a morte. Para tratamento de algumas doenças, os médicos receitavam ao paciente contato com esses peixes. Faziam-no sem desconfiar que o espasmo provocado era um fenômeno de natureza semelhante ao raio celeste. Apenas no século XVIII, os estudiosos da eletricidade começaram a suspeitar de que os choques provocados pela garrafa de Leyden se pareciam muito com os causados pelos peixes. Com as primeiras provas experimentais, a certeza logo se espalhou: havia, de fato, animais que produziam espontaneamente "fluido elétrico". Faraday demonstrou isso de forma cabal ao medir a corrente dos animais com um galvanômetro.

Eletroquímica Capítulo 14 477

A relatividade dos potenciais de eletrodo

Para padronizar o uso dos potenciais de eletrodo, a IUPAC sugere a utilização deles na forma de redução. Conforme os dois exemplos citados nas páginas 476 e 477, o eletrodo de hidrogênio, EPH, reduz-se quando conectado ao eletrodo de zinco, ambos em condições-padrão. Entretanto, o mesmo EPH oxida-se quando conectado ao eletrodo de cobre nas mesmas condições.

Diante disso, é recomendável uniformizar a informação, com o objetivo de facilitar o entendimento do fenômeno, escrevendo os três potenciais – o de zinco, o de cobre e o EPH – na forma de potenciais de redução (E_{red}^0). Adotando esse critério, torna-se mais fácil julgar qual eletrodo sofre redução ou qual sofre oxidação quando conectados para a construção de uma pilha. Organizando os três eletrodos, temos:

Eletrodo	E_{red}^0/V
$Zn^{2+} + 2\,e^- \rightleftharpoons Zn$	$-0,76$
$2\,H^{1+} + 2\,e^- \rightleftharpoons H_2$	$0,00$ (por definição)
$Cu^{2+} + 2\,e^- \rightleftharpoons Cu$	$+0,34$

Se a leitura é realizada da esquerda para a direita, o valor de E^0 é de redução; se a leitura é realizada da direita para a esquerda, o valor deve ser lido com o sinal trocado e corresponde ao E^0 de oxidação da espécie escrita à direita.

Entre todos os íons presentes, o cátion Cu^{2+} é aquele que possui o maior valor de E_{red}^0 ($+0,34$ V), por isso se reduz preferencialmente. Entretanto, ao comparar a possibilidade de oxidação entre as três espécies que podem oxidar (Cu, H_2 e Zn), verifica-se que o zinco metálico (Zn) apresenta o maior valor de E_{oxi}^0 ($+0,76$ V), tendo a preferência em oxidar.

Valores de semirreação em relação ao eletrodo-padrão (H_2)	
Semirreação	E_{red}^0/V
Li^{1+} (aq) $+ e^- \longrightarrow Li$ (s)	$-3,04$
Cs^{1+} (aq) $+ e^- \longrightarrow Cs$ (s)	$-2,92$
Na^{1+} (aq) $+ e^- \longrightarrow Na$ (s)	$-2,71$
Mg^{2+} (aq) $+ 2\,e^- \longrightarrow Mg$ (s)	$-2,38$
$A\ell^{3+}$ (aq) $+ 3\,e^- \longrightarrow A\ell$ (s)	$-1,66$
$2\,H_2O$ (ℓ) $+ e^- \longrightarrow H_2$ (g) $+ 2\,OH^{1-}$ (aq)	$-0,83$
Zn^{2+} (aq) $+ 2\,e^- \longrightarrow Zn$ (s)	$-0,76$
Fe^{2+} (aq) $+ 2\,e^- \longrightarrow Fe$ (s)	$-0,44$
Ni^{2+} (aq) $+ 2\,e^- \longrightarrow Ni$ (s)	$-0,25$
Sn^{2+} (aq) $+ 2\,e^- \longrightarrow Sn$ (s)	$-0,14$
Pb^{2+} (aq) $+ 2\,e^- \longrightarrow Pb$ (s)	$-0,13$
$2\,H^{1+}$ (aq) $+ 2\,e^- \longrightarrow H_2$ (g)	$0,00$
Cu^{2+} (aq) $+ 2\,e^- \longrightarrow Cu$ (s)	$+0,34$
Ag^{1+} (aq) $+ e^- \longrightarrow Ag$ (s)	$+0,80$
Br_2 (ℓ) $+ 2\,e^- \longrightarrow 2\,Br^{1-}$ (aq)	$+1,07$
O_2 (g) $+ 4\,H^{1+}$ (aq) $+ 4\,e^- \longrightarrow 2\,H_2O$ (ℓ)	$+1,23$
$C\ell_2$ (g) $+ 2\,e^- \longrightarrow 2\,C\ell^{1-}$ (aq)	$+1,36$
Au^{3+} (aq) $+ 3\,e^- \longrightarrow Au$ (s)	$+1,50$
F_2 (g) $+ 2\,e^- \longrightarrow 2\,F^{1-}$ (aq)	$+2,87$

Potenciais-padrão de redução e suas aplicações

Na tabela ao lado, são elencados valores obtidos em relação ao eletrodo-padrão de H_2 ($E^0 = 0,00$ V), a 25 °C, 1 atm de pressão e soluções 1 mol $\cdot$ L^{-1}.

Com os valores tabelados, é possível prever ou calcular a diferença de potencial (ddp, fem ou ΔE^0) para qualquer pilha. O cálculo da ddp de uma pilha nas condições-padrão requer os seguintes passos:

1. Reconhecer o par de eletrodos envolvidos na pilha.

2. Verificar qual deles apresenta o maior potencial de redução.

3. Escrever o eletrodo de maior E_{red}^0 como uma semirreação de redução.

4. Escrever o eletrodo de menor E_{red}^0 como uma semirreação de oxidação.

5. Igualar as quantidades de elétrons nas duas semirreações (a multiplicação de uma semirreação por um número qualquer não altera seu E^0 – propriedade intensiva).

6. Somar algebricamente as duas semirreações resultando na reação completa da pilha.

7. Obter a ddp da pilha somando os E^0 das duas semirreações.

478 Unidade 4 Dinâmica das transformações químicas

Geradores de eletricidade

Em 1831, Michael Faraday descobriu que a variação na intensidade da corrente elétrica que percorre um circuito fechado induz uma corrente em uma bobina próxima. Uma corrente induzida também é observada ao introduzir um ímã nessa bobina. Essa indução magnética teve imediata aplicação na geração de correntes elétricas. Uma bobina próxima a um ímã que gira é exemplo de um gerador de corrente elétrica alternada (Figura 14.18).

Os geradores foram se aperfeiçoando até se tornarem as principais fontes de suprimento de eletricidade empregadas, em especial na iluminação. Em 1875, foi instalado um gerador em Gare du Nord, Paris, para ligar as lâmpadas do arco da estação.

Foram construídas máquinas a vapor para movimentar os geradores, o que estimulou a invenção de turbinas a vapor e turbinas para utilização de energia hidrelétrica. A primeira hidrelétrica foi instalada em 1886 junto às cataratas do Niágara.

Figura 14.18: Um dos primeiros usos da eletricidade foi o telégrafo. Na imagem, o primeiro telégrafo com teclado inventado por David E. Hughes em 1856.

Exercício resolvido

Qual é a diferença de potencial para a pilha de Daniell?

Oxidação: Zn (metal) ⟶ Zn²⁺ (aq) + 2e⁻ $E^0_{oxi} = +0{,}76$ V
Redução: Cu²⁺ (aq) + 2e⁻ ⟶ Cu (metal) $E^0_{red} = +0{,}34$ V

Reação completa: Zn (metal) + Cu²⁺ (aq) ⟶ Zn²⁺ (aq) + Cu (metal) $\Delta E^0 = +1{,}10$ V

Intercalando-se o voltímetro, o valor encontrado será +1,10 V.

Exercício proposto

Determine a diferença de potencial-padrão (ΔE^0) nas pilhas representadas abaixo. Consulte a tabela de potenciais de redução.

a) Li (s) | Li¹⁺ (aq) || Ni²⁺ (aq) | Ni (s)

b) Mg (s) | Mg²⁺ (aq) || Ag¹⁺ (aq) | Ag (s)

c) Zn (s) | Zn²⁺ (aq) || Au³⁺ (aq) | Au (s)

d) Aℓ (s) | Aℓ³⁺ (aq) || Cu²⁺ (aq) | Cu (s)

Reações espontâneas e não espontâneas

As pilhas funcionam porque há um fluxo espontâneo de elétrons do eletrodo com menor potencial de redução para o eletrodo com maior potencial de redução. De posse da tabela com os potenciais, é possível prever se uma reação ocorre espontaneamente ou não.

O sinal de ΔE^0 positivo encontrado nas pilhas indica que a reação ocorre espontaneamente. Em uma reação inversa, isto é, não espontânea, o ΔE^0 terá um valor negativo. A pilha de Daniell, tomada até aqui como exemplo, tem ΔE^0 positivo; portanto, é uma reação espontânea. Na montagem teórica da pilha invertendo o fluxo de elétrons, isto é, do cobre para o zinco, verifica-se que ΔE^0 assume um valor **negativo**, indicando **não espontaneidade**.

Oxidação: Cu (metal) ⟶ Cu²⁺ (aq) + 2e⁻ $E^0_{oxi} = -0,34$ V
Redução: Zn²⁺ (aq) + 2e⁻ ⟶ Zn (metal) $E^0_{red} = -0,76$ V
Reação completa: Cu (metal) + Zn²⁺ (aq) ⟶ Cu²⁺ (aq) + Zn (metal) $\Delta E^0 = -1,10$ V

Assim:

$\Delta E^0 > 0$ **reação espontânea**
$\Delta E^0 < 0$ **reação não espontânea**

Exercício resolvido

Uma indústria dispõe de dois tanques para estocar uma solução de sulfato de níquel(II) (NiSO₄) de concentração 1 mol · L⁻¹. Um deles é constituído de ferro e o outro tem um revestimento interno de chumbo. Em qual deles podemos estocar nossa solução sem que haja reação entre a solução e o tanque?

Dados:

Pb²⁺ + 2 e⁻ ⟶ Pb $E^0 = -0,13$ V
Ni²⁺ + 2 e⁻ ⟶ Ni $E^0 = -0,25$ V
Fe²⁺ + 2 e⁻ ⟶ Fe $E^0 = -0,44$ V

Pode haver três situações distintas:
• a solução de sulfato de níquel reage espontaneamente com um dos dois metais;
• a solução de sulfato de níquel reage espontaneamente com os dois metais;
• a solução de sulfato de níquel não reage espontaneamente com nenhum dos dois metais.

Para obter a resposta procurada, é preciso avaliar os potenciais de redução dos metais envolvidos e do níquel. Comparativamente:

Para identificar a espontaneidade da reação, verifica-se o sinal de ΔE^0 nos dois sistemas.
Se $\Delta E^0 > 0$, ocorre uma **reação espontânea**
Se $\Delta E^0 < 0$, ocorre uma **reação não espontânea**

• Solução de Ni²⁺ no tanque de ferro:

Oxidação: Fe (s) ⟶ Fe²⁺ (aq) + 2e⁻ $E^0_{oxi} = +0,44$ V
Redução: Ni²⁺ (aq) + 2e⁻ ⟶ Ni (s) $E^0_{red} = -0,25$ V
Reação completa: Fe (s) + Ni²⁺ (aq) ⟶ Fe²⁺ (aq) + Ni (s) $\Delta E^0 = +0,19$ V

• Solução de Ni²⁺ no tanque revestido de chumbo:

Oxidação: Pb (s) ⟶ Pb²⁺ (aq) + 2e⁻ $E^0_{oxi} = +0,13$ V
Redução: Ni²⁺ (aq) + 2e⁻ ⟶ Ni (s) $E^0_{red} = -0,25$ V
Reação completa: Pb (s) + Ni²⁺ (aq) ⟶ Pb²⁺ (aq) + Ni (s) $\Delta E^0 = -0,12$ V

• É possível estocar nossa solução no recipiente em que $E^0 < 0$, isto é, no tanque de chumbo, pois nele a reação não ocorreria espontaneamente.

Exercício proposto

Se mergulharmos uma liga qualquer em ácido clorídrico, ela poderá ser: totalmente oxidada, parcialmente oxidada ou permanecer inalterada. Usando os potenciais de redução de semirreações, podemos prever qual das situações é a mais provável de acontecer. No caso do bronze, uma liga feita de cobre e estanho, qual seria o comportamento mais provável?

a) $C\ell_2 (g) + 2 e^- \longrightarrow 2 C\ell_2 (aq) \quad \Delta E^0 = +11,36\ V$
b) $Cu^{2+} (aq) + 2 e^- \longrightarrow Cu^0 (s) \quad \Delta E^0 = +10,34\ V$
c) $2 H^{1+} (aq) + 2 e^- \longrightarrow H_2 (s) \quad \Delta E^0 = 0,00\ V$
d) $Sn^{2+} (aq) + 2 e^- \longrightarrow Sn^0 (s) \quad \Delta E^0 = -0,14\ V$

Agente oxidante e agente redutor

Numa reação em que há oxidação e redução (oxirredução), como a reação ocorrida na pilha de Daniell, o zinco oxida ($Zn \longrightarrow Zn^{2+} + 2 e^-$) e o cobre reduz ($Cu^{2+} + 2 e^- \longrightarrow Cu$).

$$Zn\ (metal) + Cu^{2+}\ (aq) \longrightarrow Zn^{2+}\ (aq) + Cu\ (metal)$$

Nesse processo, o íon Cu^{2+} (aq) retira elétrons do zinco, provocando sua oxidação (zinco); portanto, o cátion Cu^{2+} (aq) é uma espécie oxidante, ou seja, é o **agente oxidante**. Ao passo que o zinco teve a quantidade de elétrons diminuída, levando à redução do Cu^{2+} (aq); portanto, o zinco metálico é o **agente redutor**.

Analisando a tabela de potenciais de redução (página 478), o íon Li^{1+} (aq) é a espécie que possui menor potencial de redução, por isso é o mais difícil ser reduzido. Portanto, trata-se de um agente oxidante fraco.

$Li^{1+} (aq) + 1 e^- \longrightarrow Li (s) \qquad E^0_{red} = -3,04\ V$

O F_2 (g) é a espécie química com o maior potencial de ser reduzido, por isso é facilmente reduzido. Portanto, trata-se de um excelente agente oxidante.

$F_2 (g) + 2 e^- \longrightarrow 2 F^{1-} (aq) \qquad E^0_{red} = +2,87\ V$

NOTA:

Agente oxidante: É a espécie química (molécula, íon, metal, ...) que contém o elemento que sofre redução, isto é, provoca a oxidação.

Agente redutor: É a espécie química (molécula, íon, metal, ...) que contém o elemento que sofre oxidação, isto é, provoca a redução.

Exercício resolvido

Considerando o funcionamento da pilha apresentada a seguir, indique, entre as espécies químicas, qual é o agente oxidante e qual é o agente redutor.

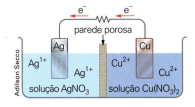

Oxidação: $Cu (s) \longrightarrow Cu^{2+} (aq) + 2e^-$
Redução: $2 Ag^{1+} (aq) + 2e^- \longrightarrow 2 Ag (s)$
Reação completa: $Cu (s) + 2 Ag^{1+} (aq) \longrightarrow Cu^{2+} (aq) + 2 Ag (s)$

Logo, o agente oxidante é o Ag^{1+} (aq) e o agente redutor é o Cu (s).

Exercícios propostos

1. Observe as equações I e II a seguir. São equações de reações que, em água, ocorrem espontaneamente, no sentido indicado, em condições-padrão.

   I. Fe (s) + Sn^{2+} (aq) $\longrightarrow$ Fe^{2+} (aq) + Sn (s)

   II. Fe (s) + Pb^{2+} (aq) $\longrightarrow$ Fe^{2+} (aq) + Pb (s)

   Nessas duas reações, o ferro atua como agente oxidante ou redutor? Explique sua resposta.

2. As pilhas de mercúrio são muito utilizadas em relógios, câmaras fotográficas, calculadoras e aparelhos de audição. As reações que ocorrem durante o funcionamento da pilha são:

   Zn (s) + 2 OH^{1-} (aq) $\longrightarrow$ ZnO (s) + H$_2$O (ℓ) + 2 e$^-$

   HgO (s) + H$_2$O (ℓ) + 2 e$^-$ $\longrightarrow$ Hg (s) + 2 OH^{1-} (aq)

   Com base nessas duas reações, responda:

   a) Qual é o ânodo e qual é o cátodo da pilha?

   b) Qual é o agente oxidante e qual é o redutor?

Química Aplicada

A pilha seca de Leclanché

A pilha seca de Leclanché, muito utilizada em rádios, brinquedos e lanternas, é facilmente encontrada em qualquer loja comercial, sendo usada como fonte de energia primária. Ela é formada por um recipiente de zinco contendo uma pasta úmida com cloreto de amônio (NH$_4$Cℓ), cloreto de zinco (ZnCℓ_2) e dióxido de manganês (MnO$_2$). Um bastão de grafita mergulhado no centro dessa pasta funciona como o cátodo (polo positivo); e o zinco do envoltório, como o ânodo (polo negativo).

ânodo: Zn (s) $\longrightarrow$ Zn^{2+} (s) + 2 e$^-$

cátodo: 2 NH$_4^{1+}$ (aq) + 2 e$^-$ $\longrightarrow$ 2 NH$_3$ (g) + H$_2$ (g)

Conforme a reação acima, as substâncias produzidas no cátodo são gasosas, o que poderia fazer a pilha explodir. Por esse motivo, coloca-se dióxido de manganês (MnO$_2$) para reagir com o gás hidrogênio (H$_2$) formado:

2 MnO$_2$ (s) + H$_2$ (g) $\longrightarrow$ Mn$_2$O$_3$ (s) + H$_2$O (ℓ)

Quanto à amônia gasosa (NH$_3$) obtida, observa-se que ela é absorvida pelos íons Zn^{2+} (aq).

Zn^{2+} (aq) + NH$_3$ (g) + 2 Cℓ^{1-} (aq) $\longrightarrow$ Zn(NH$_3$)$_2$Cℓ_2 (s)

Veja nas Figuras 14.19 e 14.20 o esquema de funcionamento de dois tipos de pilhas, a de lítio e a de zinco.

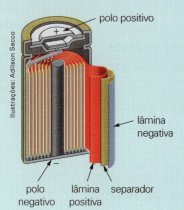

Figura 14.19: Esquema de pilha de lítio/dióxido de manganês.

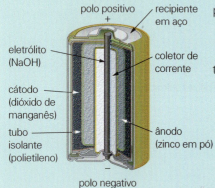

Figura 14.20: Esquema de pilha de zinco/dióxido de manganês (alcalina).

A bateria de automóveis

A bateria usada nos automóveis possui seis pilhas, cada uma gerando **aproximadamente** 2,0 volts, num total de 12 volts (seis pilhas colocadas em série). Esse tipo de bateria tem a capacidade de fornecer grandes quantidades de energia durante um curto espaço de tempo, além da vantagem de ser recarregável.

> Tal variação dependerá de a bateria estar ou não com carga completa.

Ela é composta de um conjunto de placas de chumbo, algumas cheias com chumbo poroso (ânodo) e outras cheias com óxido de chumbo(IV) (cátodo), mergulhadas em uma solução de ácido sulfúrico (Figura 14.21).

No ânodo, a semirreação de oxidação é representada por:

$$Pb\ (s) + H_2SO_4\ (aq) \longrightarrow PbSO_4\ (s) + 2\ H^{1+}\ (aq) + 2\ e^-$$

No cátodo, a semirreação de redução é representada por:

$$PbO_2\ (s) + H_2SO_4\ (aq) + 2\ H^{1+}\ (aq) + 2\ e^- \longrightarrow PbSO_4\ (s) + 2\ H_2O\ (\ell)$$

Somando-se as semirreações de oxidação e redução, temos a reação completa que produz a descarga da bateria:

$$Pb\ (s) + PbO_2\ (s) + 2\ H_2SO_4\ (aq) \longrightarrow 2\ PbSO_4\ (s) + 2\ H_2O\ (\ell) \quad E^0 = +2{,}15\ V$$

Pela reação de descarga (processo espontâneo), percebe-se que o ácido sulfúrico é consumido durante o processo, produzindo água. Sua densidade, inicialmente de 1,30 g/cm³, diminui até aproximadamente 1,10 g/cm³.

Quando a bateria está carregando (processo não espontâneo), a reação ocorre no sentido contrário.

$$2\ PbSO_4\ (s) + 2\ H_2O\ (\ell) \longrightarrow Pb\ (s) + PbO_2\ (s) + 2\ H_2SO_4\ (aq) \quad E^0 = +1{,}98\ V$$

Num processo simultâneo, a água é consumida e o ácido sulfúrico se concentra. A medida da densidade da solução, ao longo do processo de descarga da bateria, é usada para avaliar seu estado.

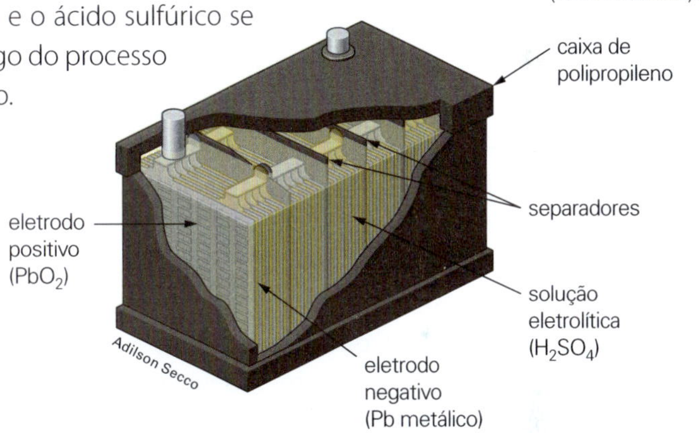

Figura 14.21: Esquema de bateria chumbo/óxido de chumbo (chumbo/ácido).

- caixa de polipropileno
- eletrodo positivo (PbO_2)
- separadores
- solução eletrolítica (H_2SO_4)
- eletrodo negativo (Pb metálico)

Adilson Secco

Exercício resolvido

Uma bateria compreende uma ou mais de uma pilha e é fonte portátil de eletricidade. Nos automóveis, a bateria mais utilizada é a de chumbo. As suas reações durante a descarga estão representadas a seguir:

$$PbSO_4 + 2\ e^- \longrightarrow Pb + SO_4^{2-} \qquad E^0 = -0{,}356\ V$$
$$PbO_2 + SO_4^{2-} + 4\ H^+ + 2\ e^- \longrightarrow PbSO_4 + 2\ H_2O \qquad E^0 = +1{,}615\ V$$

De posse dessas informações, escreva a equação da reação completa e calcule o potencial-padrão da pilha.

Numa bateria de chumbo, o Pb (s) sofre oxidação; portanto, a semirreação fornecida deverá ser invertida e o sinal de E^0 deverá ser trocado. Mantém-se a semirreação de redução e, então, soma-se ambas:

$$Pb\ (s) + SO_4^{2-}\ (aq) \longrightarrow PbSO_4^{2-}\ (s) + \cancel{2\ e^-} \qquad E^0_{oxi} = +0{,}356\ V$$
$$PbO_2\ (s) + SO_4^{2-}\ (aq) + 4\ H^{1+}\ (aq) + \cancel{2\ e^-} \longrightarrow PbSO_4^{2-}\ (s) + 2\ H_2O\ (\ell) \qquad E^0_{red} = +1{,}615\ V$$

$$Pb\ (s) + PbO_2\ (s) + SO_4^{2-}\ (aq) + 4\ H^{1+}\ (aq) \longrightarrow 2\ PbSO_4\ (s) + 2\ H_2O\ (\ell)$$

Cálculo do potencial-padrão da pilha:

$$\Delta E^0 = E^0_{oxi} + E^0_{red} \longrightarrow +0{,}356\ V + (+1{,}615\ V) = +1{,}971\ V$$

Eletroquímica **Capítulo 14** **483**

Exercício proposto

(UFMG) Uma bateria de carro é, basicamente, constituída de placas de chumbo metálico e placas de chumbo recobertas com óxido de chumbo (IV), em uma solução de H_2SO_4. Esta equação representa o funcionamento de uma bateria:

$$PbO_2 \text{ (s)} + Pb \text{ (s)} + 2\, H^+ \text{ (aq)} + 2\, HSO_4^- \text{ (aq)} \underset{\text{recarga}}{\overset{\text{descarga}}{\rightleftarrows}} 2\, PbSO_4 \text{ (s)} + 2\, H_2O \text{ (}\ell\text{)}$$

Considerando-se essas afirmações, é **incorreto** afirmar que:

a) a densidade da solução aumenta no processo de recarga.

b) o óxido PbO_2 sofre redução no processo de descarga.

c) o pH da solução de uma bateria que está descarregando aumenta.

d) os elétrons migram, na descarga, do eletrodo de PbO_2 para o eletrodo de Pb.

Raios e relâmpagos

Os raios aparecem em nuvens que se formam em dias de muita umidade e calor. Por isso, são mais comuns no verão. Tudo começa quando o ar quente e úmido próximo ao solo, que é mais leve, sobe em direção à nuvem. À medida que ele sobe, vai esfriando até chegar no topo da nuvem, a uma temperatura de aproximadamente 30 graus negativos. No topo faz muito frio e o vapor da nuvem se transforma em gotinhas de água que congelam, formando, então, o granizo. Com o vento das tempestades, o granizo se move e surgem cargas elétricas positivas e negativas que se dividem. Quando elas se encontram, acontece um choque elétrico, que é o raio.

Na superfície terrestre, geralmente as cargas elétricas se acumulam nas pontas de objetos altos, como árvores e prédios. Embora assustadores, os raios são importantes para a vida na Terra, porque fazem uma faxina na atmosfera, atraindo a poeira que fica no ar. Além disso, produzem substâncias químicas que, levadas pela chuva, deixam a terra mais fértil. No Brasil, a maior incidência de raios está na região Amazônica, seguida pelas regiões Centro-Oeste e Sudeste. Os principais motivos seriam a umidade e o calor da Amazônia e as movimentações de frentes de ar nas cadeias de montanhas do Sudeste.

Para-raios

O para-raios é um caminho mais eficiente para a passagem da energia elétrica entre nuvem e terra. Consta basicamente de uma ligação metálica (cobre, alumínio etc.) que possui na extremidade superior uma haste para fixação sobre prédios, casas, caixas-d'água, por exemplo, e na extremidade inferior uma haste metálica enterrada no solo.

É uma forma encontrada não para evitar a ocorrência de raios, mas para procurar desviá-los de possíveis alvos. Para que funcione, é importante que o "alvo" seja mais atraente que o objeto protegido.

Sua presença aumenta a chance de ocorrência de raios no local, contudo, em compensação, eles serão atraídos para um caminho especial, desviando-se de locais incertos.

Mesmo um para-raios bem construído não garante 100% da integridade das benfeitorias, dos animais e das pessoas do local, até porque a energia veiculada pelo para-raios pode ser muito grande, o que torna o local vulnerável a uma série de efeitos do raio.

Eletrólise: processos eletroquímicos não espontâneos

Na primeira parte deste capítulo, foi visto que reações químicas espontâneas são aproveitadas em dispositivos práticos, como as pilhas, que disponibilizam a energia necessária para colocar em funcionamento muitos aparelhos eletroeletrônicos.

Unidade 4 Dinâmica das transformações químicas

Há, no entanto, reações químicas não espontâneas que só acontecem à custa de energia externa fornecida aos reagentes. Essas reações também são importantes porque, a partir delas, podem-se obter várias substâncias, até mesmo as voltadas para interesses econômicos. O alumínio, por exemplo, pode ser obtido a partir da bauxita, submetida à ação de uma corrente elétrica.

Reações químicas realizadas com o auxílio da corrente elétrica são chamadas de **eletrólise** (*eletro* = elétrons; *lise* = quebra). Por conveniência, a eletrólise pode ser dividida em **eletrólise ígnea** (sem a presença de água) e eletrólise aquosa (com a **presença de água**).

Eletrólise ígnea – Ausência de água

Tomando como exemplo a eletrólise do cloreto de sódio fundido, o processo consiste na passagem da corrente elétrica por uma massa de sal fundido, feita com a introdução de dois eletrodos de grafita (eletrodos inertes) conectados a um gerador – uma pilha, por exemplo.

Como a pilha trabalha espontaneamente, os elétrons por ela fornecidos promovem, no interior da cuba, uma reação **não espontânea** de obtenção do gás cloro ($C\ell_2$) e do sódio metálico (Na (s)) a partir do cloreto de sódio. Durante o processo de eletrólise, esse fenômeno é equacionado conforme a equação abaixo:

$$NaC\ell \text{ (s)} \xrightarrow{\text{fusão}} Na^{1+} (\ell) + C\ell^{1-} (\ell)$$

$$Na^{1+} (\ell) + C\ell^{1-} (\ell) \longrightarrow Na \text{ (s)} + \frac{1}{2} C\ell_2 \text{ (g)}$$

A própria experiência diária demonstra que a equação descrita acima representa um fenômeno não espontâneo, pois, caso contrário, os saleiros de mesa formariam sódio em seu interior e o gás cloro vazaria pelos orifícios da tampa.

A conexão de uma pilha ou bateria a um sistema ajuda a compreender o mecanismo da eletrólise (Figura 14.22).

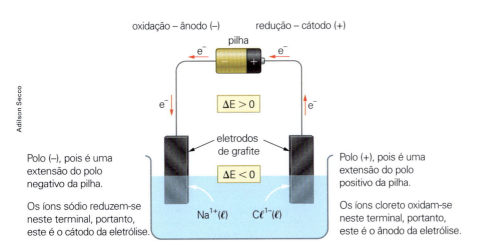

Figura 14.22: Esquema de pilha e uma cuba eletrolítica conectadas para a produção de sódio e cloro.

Os elétrons saem do ânodo da pilha para o cátodo. Os íons sódio são atraídos pelo eletrodo carregado negativamente e reduzem-se na superfície desse eletrodo. O processo pode ser representado pela equação:

$$Na^{1+} (\ell) + 1 e^- \longrightarrow Na \text{ (s)}$$

Como se trata de um processo de redução, esse eletrodo é denominado **cátodo**.

O outro eletrodo da grafita conectado ao polo positivo da pilha atrai os ânions cloreto que se oxidam na superfície desse eletrodo. O processo pode ser representado pela equação:

$$C\ell^{1-}(\ell) \longrightarrow Na(s) + \frac{1}{2}C\ell_2(g) + 1\,e^-$$

Como se trata de um processo de oxidação, esse eletrodo é denominado **ânodo**.

A reação completa da eletrólise é a soma das duas semirreações (Figura 14.23):

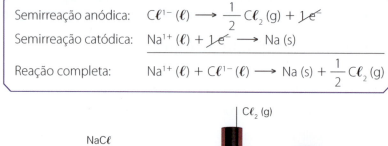

NOTA:
A soma das semirreações deve ser efetuada depois que as quantidades de elétrons forem igualadas em ambas.

Em qualquer um dos processos, na pilha e na eletrólise, o ânodo sempre é o polo em que ocorre a oxidação, enquanto o cátodo é sempre o polo em que ocorre a redução. Quanto aos sinais dos eletrodos, eles adquirem sinais contrários aos da pilha.

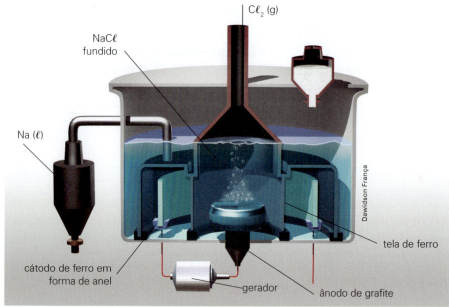

Figura 14.23: Esquema de eletrólise do cloreto de sódio fundido.

Exercício resolvido

O magnésio metálico é obtido em um processo muito semelhante ao do sódio metálico em eletrólise ígnea. Os íons Mg^{2+} são extraídos da água do mar, sendo o segundo cátion em maior abundância nesse meio, perdendo apenas para o Na^{1+}. Os íons Mg^{2+} são removidos pela adição de hidróxido de cálcio, $Ca(OH)_2$, formando hidróxido de magnésio, $Mg(OH)_2$, que precipita. Esse precipitado é decantado em grandes tanques e separado da água do mar por filtração. O $Mg(OH)_2$ é tratado, então, com uma solução aquosa de ácido clorídrico, $HC\ell$, formando cloreto de magnésio, $MgC\ell_2$. A evaporação da água origina o $MgC\ell_2$ sólido.

Faça um esquema da eletrólise ígnea do $MgC\ell_2$ fundido, indicando:

a) os produtos obtidos no cátodo e no ânodo;

b) as semirreações de oxidação e redução;

c) a reação completa na célula eletrolítica.

a) No cátodo, que é o polo negativo, obtemos o $Mg(s)$; no ânodo, que é o polo positivo, o $C\ell_2(g)$.

b) Semirreação de oxidação:
$2\,C\ell^{1-}(\ell) \longrightarrow C\ell_2 + 2\,e^-$
Semirreação de redução:
$Mg^{2+}(\ell) + 2\,e^- \longrightarrow Mg(\ell)$

c) Reação completa:
$2\,C\ell^{1-}(\ell) \longrightarrow C\ell_2(g) + 2e^-$
$Mg^{2+}(\ell) + 2e^- \longrightarrow Mg(\ell)$
_____
$2\,C\ell^{1-}(\ell) + Mg^{2+}(\ell) \longrightarrow C\ell_2(g) + Mg(\ell)$

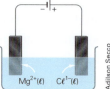

Exercício proposto

O processo de Heroult-Hall para a obtenção do alumínio metálico a partir do óxido de alumínio, Al_2O_3, componente da bauxita, é representado pelo esquema a seguir.

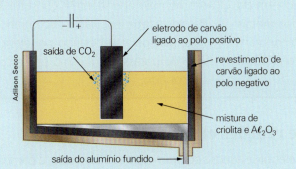

Considerando o esquema apresentado, equacione as semirreações de oxidação e redução que acontecem no cátodo e no ânodo da eletrólise.

A eletrólise aquosa – Presença de água

No item anterior, verificou-se a eletrólise ígnea do cloreto de sódio. Esse é um processo razoavelmente simples, no qual apenas dois tipos de íons, Na^{1+} e Cl^{1-}, são as espécies responsáveis pelas reações no interior de um tanque eletrolítico, que é alimentado pela corrente elétrica fornecida por um **gerador**.

No entanto, quando a eletrólise do cloreto de sódio é realizada em meio aquoso, são outros os produtos formados no ânodo e no cátodo: gás cloro e o gás hidrogênio, respectivamente. Isso significa que, de algum modo, a água está participando da eletrólise. Nesse caso, em vez de o íon Na^{1+} ser reduzido no cátodo, é a água que sofre redução, produzindo gás hidrogênio. O íon Cl^{1-} continua sendo oxidado no ânodo, formando o gás cloro (Cl_2).

Por meio dos exemplos a seguir, verifica-se que, na eletrólise aquosa, a água tanto pode participar (oxidando e/ou reduzindo) quanto não.

> O gerador pode ser uma pilha ou várias, em série, como nas baterias automotivas.

$NaNO_3$ $\begin{cases} \text{ânodo} \Rightarrow \text{produto: } O_2 \text{ (oxidação da água)} \\ \text{cátodo} \Rightarrow \text{produto: } H_2 \text{ (redução da água)} \end{cases}$

$NaCl$ $\begin{cases} \text{ânodo} \Rightarrow \text{produto: } Cl_2 \text{ (oxidação do } Cl^{1-}) \\ \text{cátodo} \Rightarrow \text{produto: } H_2 \text{ (redução da água)} \end{cases}$

$Cu(NO_3)_2$ $\begin{cases} \text{ânodo} \Rightarrow \text{produto: } O_2 \text{ (oxidação da água)} \\ \text{cátodo} \Rightarrow \text{produto: } Cu \text{ (redução do } Cu^{2+}) \end{cases}$

$CuCl_2$ $\begin{cases} \text{ânodo} \Rightarrow \text{produto: } Cl_2 \text{ (oxidação do } Cl^{1-}) \\ \text{cátodo} \Rightarrow \text{produto: } Cu \text{ (redução do } Cu^{2+}) \end{cases}$

Qual é, então, o critério que serve de apoio para a previsão das espécies que sofrerão oxidação e redução? Novamente, a tabela de potenciais de redução será o instrumento mais útil e adequado.

As equações abaixo mostram o processo de oxidação e redução da água:

oxidação: $2\,H_2O \longrightarrow O_2 + 4\,H^{1+} + 4\,e^-$

redução: $2\,H_2O + 2\,e^- \longrightarrow H_2 + 2\,OH^{1-}$

O elemento químico potássio

O nome potássio vem da palavra inglesa *potash* (*pot ashes*). A origem do símbolo vem do latim *kalium*. O potássio metálico, um dos metais mais reativos e eletropositivos, apresenta cor branco-prateada, que perde o brilho quando exposto ao ar.

Foi o primeiro metal isolado por eletrólise. É o sétimo mais abundante e constitui 2,4% da massa da crosta terrestre. Não é encontrado livre na natureza, mas pode ser obtido por eletrólise do hidróxido de potássio, o mesmo processo pelo qual foi descoberto.

A previsão de reações eletrolíticas aquosas

Para realizar a eletrólise aquosa do brometo de sódio (NaBr), o primeiro passo é identificar quais espécies, dentre todas as presentes no sistema, podem sofrer redução ou oxidação. Quanto ao NaBr, os íons dissolvidos são Na^{1+} e Br^{1-}; em relação ao solvente, as espécies presentes são as moléculas de água.

Retomando a tabela de potenciais de redução, identificam-se as seguintes semirreações, em volts, das espécies que estão envolvidas no exemplo: Na^{1+}, Br^{1-} e H_2O.

I. Na^{1+} (aq) + 1 e$^-$ $\longrightarrow$ Na (s) $\qquad E^0_{red} = -2{,}71$ V

II. $2 H_2O$ (ℓ) + 2 e$^-$ $\longrightarrow$ H_2 (g) + 2 OH^{1-} (aq) $\quad E^0_{red} = -0{,}83$ V

III. Br_2 (ℓ) + 2 e$^-$ $\longrightarrow$ 2 Br^{1-} (aq) $\qquad E^0_{red} = +1{,}07$ V

IV. O_2 (g) + 4 H^{1+} (aq) + 4 e$^-$ $\longrightarrow$ $2 H_2O$ (ℓ) $\quad E^0_{red} = +1{,}23$ V

Observação: Perceba que a reação de oxidação da água é obtida escrevendo a equação IV da direita para a esquerda ($2 H_2O$ (ℓ) $\longrightarrow O_2$ (g) + 4 H^{1+} (aq) + 4 e$^-$ $E^0 = -1{,}23$ V). No caso da água, a oxidação e a redução não são processos inversos.

Segundo os dados anteriores, as espécies que podem sofrer redução presentes na cuba eletrolítica, são o Na^{1+} e a água. Da mesma forma, em uma leitura da direita para a esquerda, as espécies que podem se oxidar, são o Br^{1-} e a água.

No cátodo: redução

Na^{1+} (aq) + 1 e$^-$ $\longrightarrow$ Na (s) $\qquad E^0_{red} = -2{,}71$ V

$2 H_2O$ (ℓ) + 2 e$^-$ $\longrightarrow H_2$ (g) + 2 OH^{1-} (aq) $\qquad E^0_{red} = -0{,}83$ V

Conforme os valores do potencial de redução tabelados, a água tem maior potencial de redução em relação ao potencial de redução dos íons sódio. Portanto, a água vai se reduzir e os íons sódio permanecerão em solução.

No ânodo: oxidação

Escrevendo as equações III e IV da direita para a esquerda, têm-se:

$2 Br^{1-}$ (aq) $\longrightarrow Br_2$ (ℓ) + 2 e$^-$ $\qquad E^0 = -1{,}07$ V

$2 H_2O$ (ℓ) $\longrightarrow O_2$ (g) + 4 H^{1+} (aq) + 4 e$^-$ $\qquad E^0 = -1{,}23$ V

Conforme os valores de potencial, bem como as equações escritas, o bromo tem um potencial de oxidação maior que o da água; logo, o brometo se oxidará.

Reação completa

Finalmente, a reação completa pode ser escrita, uma vez que se conhece as semirreações que efetivamente deverão ocorrer:

488 **Unidade 4** Dinâmica das transformações químicas

Semirreação
catódica: $2\,H_2O\,(\ell) + 2\,e^- \longrightarrow H_2\,(g) + 2\,OH^{1-}\,(aq)$ $E_0 = -0,83\,V$

Semirreação
anódica: $2\,Br^{1-}\,(aq) \longrightarrow Br_2\,(\ell) + 2\,e^-$ $E_0 = -1,07\,V$

Reação
completa: $2\,H_2O\,(\ell) + 2\,Br^{1-}\,(aq) \longrightarrow H_2\,(g) + 2\,OH^{1-}\,(aq) + Br_2\,(aq)$ $\Delta E_0 = -1,90\,V$

$$\Delta E^0 < 0$$
processo não espontâneo

Observação: É possível verificar a formação do ânion hidróxido, OH^{1-}, na região do cátodo, colocando uma gota de fenolftaleína (indicador ácido-base) e observando a coloração avermelhada ao redor desse eletrodo.

Os valores dos potenciais de redução informam quais reações são possíveis, porém não há nenhum dado relativo às suas velocidades: reações espontâneas podem ser muito lentas e não oferecem interesse prático. Além disso, os valores de E^0 são tabelados em condições-padrão, no entanto raramente as eletrólises são realizadas em tais condições.

Em função desses argumentos, algumas generalizações podem ser feitas quando há possibilidade de diversas semirreações no tanque eletrolítico sob a ação de corrente elétrica contínua. Vejamos algumas:

Reações catódicas

- A maioria dos cátions pode ser reduzida à forma metálica quando em solução aquosa, exceto os cátions dos metais dos grupos I (alcalinos) e II (alcalinoterrosos) e o alumínio.

- Quando o eletrólito é um ácido forte, em solução aquosa, a espécie que sofre redução é o $H^{1+}\,(aq)$, e não a água: $2\,H^{1+}\,(aq) + 2\,e^- \longrightarrow H_2\,(g)$.

- Ocorre redução da água quando o cátion do eletrólito é dos grupos I (alcalinos) e II (alcalinoterrosos) ou é o $A\ell^{3+}$: $2\,H_2O\,(\ell) + 2\,e^- \longrightarrow H_2\,(g) + 2\,OH^{1-}\,(aq)$.

Reações anódicas

- Ânions simples, como cloreto, brometo e iodeto, oxidam-se para formar as moléculas de cloro ($C\ell_2$), bromo (Br_2) e iodo (I_2), respectivamente.

- O ânion hidróxido oxida-se quando o eletrólito é uma base forte. A equação de oxidação é: $2\,OH^{1-}\,(aq) \longrightarrow H_2O\,(\ell) + 1/2\,O_2\,(g) + 2\,e^-$.

- As moléculas de água vão se oxidar somente quando o ânion em solução for diferente dos exemplos citados anteriormente, como nitratos, sulfatos, fluoretos e fosfatos.

Importante: As equações apresentadas para as reações catódicas e anódicas são encontradas nas tabelas de potenciais de redução. Para resolver qualquer questão que envolva equacionamento de processos não espontâneos, a tabela de potenciais de redução serve de apoio.

Eletroquímica Capítulo 14 489

CIÊNCIA, TECNOLOGIA, SOCIEDADE E AMBIENTE

Galvanoplastia

Figura 14.24: Peças revestidas com crômio.

Galvanoplastia é o processo químico pelo qual se dá proteção superficial, por meio de reações químicas, a determinadas peças, fazendo com que tenham maior durabilidade. Nesse processo é realizada uma eletrólise, e deposita-se um metal na superfície do outro para protegê-lo ou para efeito decorativo.

O nome é uma homenagem a Luigi Galvani, cirurgião que realizou estudos sobre fenômenos elétricos. O vocabulário técnico reserva o termo "galvanizadas" para as peças de ferro que recebem eletrodeposição de zinco. A deposição eletrolítica pode levar à produção de peças prateadas e douradas, além de outras em que ocorre estanhagem, cadmiagem, latonagem, niquelagem.

Cromagem

O crômio caracteriza-se como um metal de cor branca e muito duro quando obtido por eletrodeposição. Apesar de resistente ao calor e à corrosão atmosférica, é atacado pelos ácidos clorídrico (HCl) e sulfúrico (H_2SO_4). Extremamente aderente ao aço, tem bastante uso em fins industriais. É muito utilizado também no revestimento de peças decorativas (Figura 14.24).

Conforme o tipo de deposição que se deseja obter, são aplicadas camadas de crômio sobre o aço. Assim, é possível ter uma peça de alto brilho de crômio fino ou uma de crômio duro, mais espesso e não brilhante. O crômio não deve ser aplicado diretamente sobre o ferro; apenas o aço inox pode receber aplicação direta desse metal. Deve-se antes aplicar uma camada de cobre ou níquel sobre o ferro para somente depois, na sequência, ser aplicado o crômio.

Plásticos também podem receber película de crômio para fins decorativos, como o náilon, o policarbonato e o polipropileno, entretanto antes as peças plásticas devem receber uma camada condutora.

Corrosão galvânica

Figura 14.25: Em tubulações de metal expostas ao tempo, é comum ocorrer a corrosão galvânica.

Com exceção de poucos, como o ouro e a platina, a maioria dos metais é encontrada na natureza na forma de compostos, geralmente óxidos e sulfetos. Isso significa que tais compostos são as variedades mais estáveis para esses metais.

A corrosão de um metal pode ser vista como a tendência para o retorno a um composto estável. Por exemplo, quando uma peça de aço enferruja, o ferro – nesse caso, o principal componente – está retornando à forma de óxido, que é o composto original do minério.

A corrosão galvânica é provavelmente o tipo mais comum de corrosão devido à presença de água. Esse processo ocorre tanto em metais expostos ao tempo (sujeitos à ação da umidade e da chuva) quanto em metais submersos na água ou sob o solo. É o caso de reservatórios, tubulações e estruturas cobertas pelo solo ou água (Figura 14.25).

Eletrodeposição catódica

O processo de eletrodeposição consiste em revestir uma peça de metal para, por exemplo, conferir-lhe resistência à corrosão e ao atrito ou para atribuir a ela um aspecto decorativo.

Diante das finalidades citadas, os metais mais indicados como revestimento são: crômio, níquel, alumínio, zinco, índio, prata e ouro.

Para efetuar o revestimento, deve-se utilizar a peça a ser revestida como cátodo de um processo eletrolítico (Figura 14.26). O processo é relativamente rápido. O objeto que receberá o revestimento é submerso por alguns instantes em solução que contenha o **cátion** do metal, que servirá para o revestimento. O objeto deverá permanecer na solução durante o tempo que for necessário para que se forme sobre ele uma delgada película metálica.

> O cátion desse metal será reduzido à forma metálica.

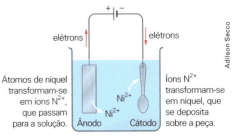

Figura 14.26: Niquelagem de uma peça metálica.

Eletrodeposição anódica

Alguns poucos metais não necessitam da deposição de outro metal para evitar sua corrosão. Isso porque, ao reagirem com o gás oxigênio do ar, formam o óxido correspondente, que funciona como uma película protetora por logo aderir à superfície.

O exemplo mais conhecido é o do alumínio, que forma óxido de alumínio ($Aℓ_2O_3$) ao reagir com o gás oxigênio do ar. Quando uma peça de alumínio metálico é exposta ao ar, inicia-se o processo de corrosão (oxidação) e o óxido formado cria uma fina camada protetora sobre a peça. É essa camada que funciona como um revestimento natural que interrompe o processo de corrosão.

Porém, para uma proteção mais prolongada, a peça de alumínio deve ser utilizada como ânodo em uma eletrólise. Nesse caso, com o uso de um eletrólito adequado, as moléculas de água oxidam-se no eletrodo de alumínio segundo a equação:

$$2\ H_2O\ (ℓ) \longrightarrow O_2\ (g) + 4\ H^{1+}\ (aq) + 4\ e^-$$

O oxigênio gerado, conforme a reação apresentada, reage com o alumínio do eletrodo formando o óxido de alumínio, que revestirá a peça com uma camada mais espessa (maior proteção) do que a formada pelo processo natural.

> **NOTA:**
> Metais que apresentam potencial de oxidação baixo (ouro, platina e prata, entre outros) dificilmente sofrem corrosão, não precisando de proteção. Esses metais são chamados de **metais nobres**.

Corrosão

A corrosão pode ser considerada como a deterioração de materiais metálicos (ou não) pela ação química do ambiente no qual estão esses materiais. É um processo espontâneo e por conta dele esses materiais são transformados em produtos de aplicabilidade comprometida.

Os processos de corrosão que envolvem reações de oxirredução são mais bem compreendidos com o apoio dos valores de ΔE^0.

A corrosão do ferro e do aço

O ferro e o aço são produtos que despertam grande interesse econômico e, por esse motivo, torna-se importante saber como protegê-los do processo de corrosão. Quando o ferro ou o aço estão expostos em um ambiente com oxigênio e umidade, a oxidação do metal acontece de modo espontâneo e o resultado é a formação da ferrugem, o óxido de ferro hidratado. Nesse caso, ao contrário do alumínio, o óxido de ferro hidratado vai se desprendendo da superfície metálica e a cinética de corrosão é mantida.

> O aço é uma liga que apresenta predominância do ferro em sua composição.

Os metais protetores do ferro e do aço

Com a finalidade de proteger o ferro e o aço do processo de oxidação – que resulta na formação da ferrugem –, metais com potencial de redução menor que o potencial de redução do ferro (maior potencial de oxidação) podem ser depositados sobre eles. Metais como o zinco e o magnésio satisfazem essa condição, servindo como protetores, uma vez que se oxidam prioritariamente em relação ao ferro.

Química Aplicada

Metais de sacrifício

Folhas de zinco ou chapas galvanizadas são assim chamadas quando uma chapa de aço recebe uma fina camada de zinco para protegê-la da corrosão. O mesmo princípio é utilizado quando se adiciona uma fina camada de estanho às latas de conserva, por exemplo.

Para retardar a corrosão do aço em canalizações de água, gasodutos, oleodutos, cascos de navio e outros, costumamos ligá-los a blocos de magnésio, que funcionam como metais de sacrifício. O magnésio é corroído mais rapidamente, retardando a corrosão do aço (Figura 14.27). Esse processo foi usado para estancar a corrosão da Estátua da Liberdade, nos Estados Unidos, no fim do século XIX, quando os sinais de deterioração das estruturas de ferro eram evidentes.

É possível também que ocorra um processo ao contrário: quando colocamos dois metais em contato, o metal de potencial de oxidação mais elevado será corroído mais rapidamente. Por isso, não devemos, por exemplo, fixar uma janela de alumínio com parafusos de ferro, pois a janela de alumínio seria corroída, servindo de metal de sacrifício do ferro e preservando o parafuso.

Figura 14.27: Para evitar a corrosão de peças de navios que ficam constantemente em contato com a água são usados blocos de magnésio. Como o magnésio se oxida mais rápido, o processo de corrosão do aço é retardado.

Exercício resolvido

Para fazer a proteção catódica de um tubo de ferro voltado ao transporte de água, os técnicos costumam ligá-lo a um ânodo de magnésio, evitando a oxidação do ferro. Dessa forma, a tubulação de ferro terá maior vida útil. Com base nessas informações:

a) escreva a reação espontânea que ocorre entre o ferro e o magnésio.

b) descreva o que acontece com a placa de magnésio ao longo do tempo.

Dados os potenciais de redução:

$Mg^{2+} + 2e^- \longrightarrow Mg$ $E^0 = -2,38$ V

$Fe^{2+} + 2e^- \longrightarrow Fe$ $E^0 = -0,44$ V

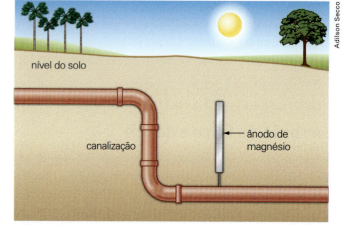

O magnésio, por ter maior potencial de oxidação (menor potencial de redução), deverá fornecer os elétrons necessários para evitar que o ferro oxide. Assim, devemos inverter a semirreação de redução do magnésio e manter a do ferro. A reação espontânea (completa) é a soma das duas semirreações:

Semirreação anódica: $Mg(s) \longrightarrow Mg^{2+}(aq) + 2e^-$
Semirreação catódica: $Fe^{2+}(aq) + 2e^- \longrightarrow Fe(s)$
Reação completa: $Mg(s) + Fe^{2+}(aq) \longrightarrow Mg^{2+}(aq) + Fe(s)$

b) Com o passar do tempo, haverá corrosão na placa de magnésio que funciona como metal de sacrifício.

> **Exercício proposto**
>
> Uma pessoa que está construindo sua casa deseja colocar portas e janelas de alumínio, pois sabe que ele é mais resistente à corrosão que o ferro. No entanto, as instalações foram feitas com parafusos de ferro. Discuta se o procedimento utilizado foi correto ou não. Explique o que acontecerá com as esquadrias de alumínio e com o parafuso de ferro depois de algum tempo.
>
> Dados:
> $Fe^{2+} + 2\,e^- \longrightarrow Fe \quad E^0 = -0,44\,V$
> $A\ell^{3+} + 3\,e^- \longrightarrow A\ell \quad E^0 = -1,66\,V$

Ferrugem

A deterioração de um metal ocorre por processos eletroquímicos, ou seja, por reações de oxirredução. O ferro, por exemplo, enferruja porque há a formação de uma pilha entre um ponto e outro do metal. Esse processo não é tão simples, pois o ferro se oxida em Fe^{2+} e Fe^{3+} e a ferrugem formada é uma mistura de óxidos de ferro 2+ e 3+. A presença do ar e da umidade é fundamental na formação da ferrugem; sem esses componentes ela não se forma. No ar, a presença de dióxido de carbono (CO_2) e dióxido de enxofre (SO), bem como de bactérias que tornam o meio úmido ácido, acelera a formação da ferrugem.

Ambientes salinos, como o mar e suas vizinhanças, também aceleram o processo, uma vez que aumentam a condutividade elétrica entre os polos da pilha formada (Figura 14.28). A prevenção mais utilizada contra a ferrugem é a pintura. Atualmente, existem tintas especiais para combater a ferrugem, até mesmo constituídas da própria ferrugem, como a utilizada em 1991 na recuperação das estruturas de ferro da estátua do Cristo Redentor, no Rio de Janeiro.

Figura 14.28: O processo de ferrugem é acelerado em metais expostos à ambientes salinos.

Aspectos quantitativos nos processos eletroquímicos

Na indústria eletroquímica, além de todos os aspectos técnicos aplicados no processamento das reações, há o interesse em prever as quantidades de substâncias produzidas no interior dos tanques ou das cubas.

Uma vez que tais reações são efetuadas sob a ação de corrente elétrica, não é surpresa que haja relações entre a corrente elétrica aplicada gasta e as massas ou os volumes obtidos, conforme as fases de agregação dos produtos. A relação é relativamente simples, desde que se conheçam as equações das reações das espécies envolvidas no cátodo e no ânodo.

Tomando como exemplo a equação de redução do cátion sódio durante a eletrólise ígnea do cloreto de sódio, pode-se formular a seguinte questão: Quantos gramas de sódio se obtêm durante o processo, usando certo valor de corrente elétrica e determinado intervalo de tempo?

Para responder a essa pergunta, deve-se considerar que a massa de sódio produzida depende da quantidade de elétrons fornecidos pelo gerador de corrente elétrica. Esses elétrons reduzem os cátions sódio segundo a equação abaixo:

$Na^{1+} + 1\,e^- \longrightarrow Na$

A leitura dessa equação garante que:

1 mol de cátion Na^{1+} + 1 mol de elétrons $\longrightarrow$ 1 mol de sódio metálico (23 g)

(Dado: massa molar do Na = 23 g · mol^{-1}.)

Então, quando é fornecido 1 mol de elétrons para o cátodo, forma-se 1 mol de sódio metálico que corresponde à massa de 23 g desse metal.

Exemplos de semirreações que envolvem massas, volumes e quantidade de elétrons:

Semirreações de redução:

$$Cu^{2+} \quad + \quad 2\,e^- \quad \longrightarrow \quad Cu$$
$$\text{1 mol} \qquad\qquad \text{2 mol} \qquad\qquad \text{1 mol (63,5 g)}$$

Nesse caso, a redução de 1 mol de cátion cobre requer 2 mols de elétrons para produzir 1 mol de cobre metálico, que corresponde à massa de 63,5 g.

$$A\ell^{3+} \quad + \quad 3\,e^- \quad \longrightarrow \quad A\ell$$
$$\text{1 mol} \qquad\quad \text{3 mol} \qquad\qquad \text{1 mol (27 g)}$$

$$2\,H_2O \quad + \quad 2\,e^- \quad \longrightarrow \quad 2\,HO^{1-} \quad + \quad H_2$$
$$\text{2 mol} \qquad\qquad \text{2 mol} \qquad\qquad \text{2 mol} \qquad\qquad \text{1 mol (2 g)}$$
$$\text{22,7 L (CNTP)}$$

Semirreações de oxidação:

$$2\,C\ell^{1-} \quad \longrightarrow \quad 2\,e^- \quad + \quad C\ell_2$$
$$\text{2 mol} \qquad\qquad \text{2 mol} \qquad\qquad \text{1 mol (71 g)}$$
$$\text{22,7 L (CNTP)}$$

$$2\,H_2O \quad \longrightarrow \quad 4\,e^- \quad + \quad 4\,H^{1+} \quad + \quad O_2$$
$$\text{2 mol} \qquad\qquad \text{4 mol} \qquad\qquad \text{4 mol} \qquad\qquad \text{1 mol (32 g)}$$
$$\text{22,7 L (CNTP)}$$

Assim, a partir da quantidade de mols de elétrons que circulam no processo, pode-se determinar a quantidade, em massa ou volume, das substâncias obtidas nos eletrodos.

A relação da quantidade de elétrons com a carga elétrica

A carga de 1 mol de elétrons pode ser expressa em coulomb (C). Um mol de elétrons vale aproximadamente 96 500 C. Por sua vez, a carga está relacionada com o tempo e a intensidade de corrente elétrica da seguinte maneira:

(carga) $\quad = \quad$ (corrente elétrica) $\quad \cdot \quad$ (tempo)

quantidade de coulombs $\qquad$ quantidade de ampères $\qquad$ quantidade de segundos

---

A corrente elétrica pode ser medida em um amperímetro; e o tempo, em um cronômetro. Com essas medidas, calculamos a quantidade de carga, em coulomb, consumida ao longo do processo de oxirredução.

Em 1909, o estadunidense Robert Millikan determinou experimentalmente que um elétron tinha carga de $1,602 \cdot 10^{-19}$ C.

$$1\,e^- = 1,602 \cdot 10^{-19}\,C$$

No mundo macroscópico, esse valor é infinitamente pequeno; por isso, usa-se a quantidade de matéria para efeito de cálculos:

494 Unidade 4 Dinâmica das transformações químicas

6,0 · 10²³ (elétrons por mol) está para uma carga Q assim como 1 elétron está para 1,6 · 10⁻¹⁹ C. Este cálculo resulta em aproximadamente 96 500 C por mol de elétrons. Este valor e sua respectiva unidade valem por definição 1,0 faraday (1,0 F).

Por exemplo:

Para o cálculo da massa de sódio (em gramas) e do volume de gás cloro (em litros), medidos nas CNTP durante a eletrólise ígnea de NaCl, num período de 1 000 segundos sob ação de corrente elétrica contínua de 1 ampère (1 A), deve-se realizar os seguintes procedimentos:

I. Calcular a carga em coulomb usando as unidades do SI, visto que o tempo e a corrente são conhecidos.

Q (carga) = i (corrente) · t (tempo)

Q (C) = 1 A · 1 000 s

Q = 1 000 C

O resultado representa a carga que circula nos dois eletrodos (cátodo e ânodo).

II. Calcular a massa de sódio obtida usando a equação da reação no cátodo.

$$Na^{1+} \quad + \quad 1\,e^- \quad \longrightarrow \quad Na$$

1 mol	1 mol
96 500 C	23 g
1 000 C	m

$$m \cong 0,24\text{ g}$$

III. Determinar o volume de cloro usando a equação da reação no ânodo.

$$2\,C\ell^{1-} \quad \longrightarrow \quad 2\,e^- \quad + \quad C\ell_2$$

2 mol	1 mol
2 · 96 500 C	22,7 L (CNTP)
1 000 C	V

$$V \cong 0,12\text{ L}$$

Exercícios resolvidos

1. No processo de revestimento de um objeto metálico, utilizou-se sal de ouro(III) em solução. (Nota: Nas operações de revestimento, o próprio objeto submetido ao processo funciona como cátodo.)

a) Escreva a equação balanceada para a redução do Au^{3+}.

b) Quantos gramas de ouro são depositados no objeto quando se aplica uma carga de $1,00 \cdot 10^4$ C?

(Dados: Massa atômica do Au = 197 u, carga de um mol de elétrons = 96 500 C.)

a) $Au^{3+} \quad + \quad 3\,e^- \quad \longrightarrow \quad Au$

b) $Au^{3+} \quad + \quad 3\,e^- \quad \longrightarrow \quad Au$

3 mol	1 mol
3 · 96 500 C	197 g
$1,00 \cdot 10^4$ C	m

Logo, $m \cong 6,80$ g de ouro metálico.

2. Quando descrevemos uma pilha eletroquímica ou uma cuba na qual realizamos uma eletrólise, os termos cátodo e ânodo referem-se aos eletrodos em que ocorrem as reações de redução e oxidação, respectivamente. No entanto, a polaridade dos eletrodos da pilha e da eletrólise possuem sinais contrários. Suponha a eletrólise do iodeto de sódio (NaI) em solução aquosa. A partir dos potenciais de redução fornecidos, responda:

Eletroquímica   Capítulo 14   495

a) Quais reações acontecem no cátodo e no ânodo?

b) Qual é a reação global da eletrólise?

Dados: potenciais de redução:

$$I_2 (g) + 2 e^- \longrightarrow 2 I^{1-} (aq) \qquad E^0 = +0{,}535\,V$$

$$Na^{1+} (aq) + 1 e^- \longrightarrow Na (s) \qquad E^0 = -2{,}71\,V$$

$$2 H_2O (\ell) + 2 e^- \longrightarrow H_2 (g) + 2 OH^{1-} (aq) \quad E^0 = -0{,}83\,V$$

$$O_2 (g) + 4 H^{1+} (aq) + 4 e^- \longrightarrow 2 H_2O (\ell) \quad E^0 = +1{,}23\,V$$

Analisando os possíveis processos de oxidação na solução de NaI em água, temos:

• Oxidação

$$2 I^{1-} (aq) \longrightarrow I (aq) + 2 e^- \qquad E^0_{oxi} = -0{,}53\,V$$

$$2 H_2O (\ell) \longrightarrow O_2 (g) + 4 H^{1+} (aq) + 4 e^- \quad E^0_{oxi} = -1{,}23\,V$$

A equação do íon I^{1-} (iodeto) tem maior potencial de oxidação que a da água, devendo acontecer preferencialmente.

Analisando os possíveis processos de redução na solução de NaI em água, temos:

• Redução

$$Na^{1+} (aq) + 1 e^- \longrightarrow Na (s) \qquad E^0_{red} = -2{,}71\,V$$

$$2 H_2O (\ell) + 2 e^- \longrightarrow H_2 (g) + 2 OH^{1-} (aq) \quad E^0_{red} = -0{,}83\,V$$

A equação da água possui um potencial de redução maior que o da equação do íon Na^{1+}, devendo acontecer preferencialmente.

Assim:

a) cátodo: $2 H_2O (\ell) + 2 e^- \longrightarrow H_2 (g) + 2 OH^{1-} (aq)$

ânodo: $2 I^{1-} (aq) \longrightarrow I_2 (aq) + 2 e^-$

b) reação global:

$$NaI (s) + H_2O (\ell) \longrightarrow Na^{1+} (aq) + OH^{1-} (aq) + H_2 (g) + I_2 (aq)$$

3. O alumínio, terceiro elemento em abundância na crosta terrestre, possui inúmeras aplicações. Está presente, por exemplo, no papel-alumínio usado na cozinha, nas latas de refrigerantes e na construção de aeronaves. Tem uma pequena densidade e grande resistência à corrosão. Calcule a massa de alumínio metálico que se pode obter numa eletrólise em 1 hora com uma corrente de 5,0 A.

Dados:

$$A\ell^{3+} + 3 e^- \longrightarrow A\ell$$

1 mol de $e^- = 9{,}65 \cdot 10^4\,C$

Massa atômica: $A\ell = 27{,}0\,u$

I. Cálculo da quantidade de carga.

$i = 5{,}00\,A$

$t = 1$ hora $= 3\,600\,s$

Como a quantidade de carga é:

$Q = i \cdot t$

$Q = 5{,}00 \cdot 3\,600$

$Q = 1{,}80 \cdot 10^4\,C$

II. Cálculo da quantidade de matéria de elétrons.

$$
\begin{array}{lcl}
1\ \text{mol de } e^- & \text{———} & 9{,}65 \cdot 10^4\,C \\
n & \text{———} & 1{,}80 \cdot 10^4\,C
\end{array}
$$

$n \cong 0{,}187$ mol de elétrons

III. Relação entre a quantidade de matéria de elétrons e quantidade de alumínio metálico produzido.

$$2 A\ell^{3+} + 6 e^- \longrightarrow 2 A\ell$$

6 mol de elétrons $= 2$ mol de $A\ell = 2 \cdot 27{,}0\,g$

Então:

$$
\begin{array}{lcl}
6\ \text{mol de elétrons} & \text{———} & 54{,}0\,g \\
0{,}187\ \text{mol de elétrons} & \text{———} & x
\end{array}
$$

$x \cong 1{,}68\,g$

4. A bateria usada nos automóveis, também conhecida como bateria de chumbo, alimenta o motor de arranque dos carros com eletricidade. Quando o motor do carro está funcionando, a bateria é recarregada pela corrente do alternador. Há dois tipos de eletrodos numa bateria de chumbo: um deles é de chumbo metálico poroso; e outro, de óxido de chumbo. Quando a bateria está funcionando como fonte de energia, o eletrodo de chumbo é oxidado, no ânodo, a sulfato de chumbo(II), conforme a equação:

$$Pb (s) + SO_4^{2-} (aq) \longrightarrow PbSO_4 (s) + 2 e^-$$

Suponha que um carro tenha uma bateria que forneça uma intensidade de corrente de 1,50 A e que os eletrodos de chumbo tenham massa de 6,000 kg. Considere que o alternador desse carro parou de funcionar e, portanto, a bateria parou de ser recarregada. Quanto tempo decorrerá até que a massa toda do chumbo seja consumida? Para isso, considere que a solução de H_2SO_4 seja suficiente.

Dados:

$$Pb \longrightarrow Pb^{+2} + 2 e^-$$

1 mol de $e^- = 9{,}65 \cdot 10^4\,C$

Massa atômica: $Pb = 207\,u$

Cálculo da quantidade de matéria de chumbo na bateria:

$$
\begin{array}{lcl}
1\ \text{mol de } Pb & \text{———} & 207\,g \\
n & \text{———} & 6\,000\,g
\end{array}
$$

$n \cong 29$ mol

Pela estequiometria da reação, temos:

$$
\begin{array}{lcl}
Pb & \longrightarrow & Pb^{+2} + 2 e^- \\
1\ \text{mol} & & 2\ \text{mol de } e^-
\end{array}
$$

Então:

$$
\begin{array}{lcl}
1\ \text{mol} & \text{———} & 2\,(9{,}65 \cdot 10^4\,C) \\
29\ \text{mol} & \text{———} & x
\end{array}
$$

$x \cong 5{,}6 \cdot 10^6\,C$

Como $Q = i \cdot t$

$\qquad Q = 5{,}6 \cdot 10^6\,C$

$\qquad i = 1{,}50\,A$

$\qquad 5{,}6 \cdot 10^6 = 1{,}50 \cdot t$

$\qquad t \cong 3{,}73 \cdot 10^6\,s$

Decorrerão, aproximadamente, $3{,}73 \cdot 10^6$ segundos.

> **Exercício proposto**
>
> Uma fábrica de alumínio usa como matéria-prima a alumina (óxido de alumínio – $A\ell_2O_3$), em uma cuba eletrolítica. O alumínio sofre eletrólise ígnea e consome uma corrente elétrica de 125 000 amperes. Qual é a massa de alumínio em toneladas produzida por essa fábrica em um dia?
>
> (Dados: Massa molar do $A\ell = 27$ g · mol^{-1}.)
>
> (Constante de Faraday = 96 500 C.)

História da Química

Michael Faraday

Na primeira metade do século XIX, vários cientistas ingleses participaram ativamente das pesquisas em ciências. John Dalton (1766-1844), em 1808, propôs sua Teoria Atômica da Matéria.

Na mesma época, Sir Humpry Davy (1778-1829) isolou, por eletrólise, seis novos elementos químicos (Na, K, Mg, Ca, Sr e Ba). James Joule (1818-1889) e Lorde Kelvin (1824-1907) estabeleceram a base para as leis da Termodinâmica.

O cientista experimental do século XIX, Michael Faraday (Figura 14.29), lia tudo o que caía em suas mãos, mesmo sem ter uma escolaridade formal, pois trabalhava como aprendiz de encadernador. Um livro em particular o impressionou: *Conversations in Chemistry*, escrito por Mr. James Marcet. Logo, Faraday estava realizando experimentos simples de Química.

Entre 1831 e 1834, ele estabeleceu as leis da eletrólise. Demonstrou que certa quantidade de corrente elétrica que passasse por uma solução aquosa de H_2SO_4 produziria a mesma quantidade de H_2, independentemente da concentração do ácido, do tamanho dos eletrodos ou da voltagem aplicada.

Faraday concluiu que a quantidade de substância produzida pela eletrólise seria proporcional à corrente utilizada, independentemente de outros fatores.

Figura 14.29: Michael Faraday (1791-1867).

Em meados de dezembro de 1833, iniciou um estudo quantitativo da eletrólise de vários cátions metálicos e, em 9 de janeiro de 1834, publicou seu trabalho na *Philosophical Transactions of the Royal Society,* no qual introduziu o vocabulário básico da Eletroquímica, utilizando pela primeira vez os termos "ânodo", "cátodo", "íons", "eletrólito" e "eletrólise".

As maiores contribuições de Faraday, entretanto, foram no campo da Física, em eletricidade e magnetismo. Em 1821, descobriu o princípio de funcionamento de um motor elétrico em sua forma mais simplificada: um fio, pelo qual passava corrente elétrica, que girava em torno de um polo magnético. Em 1831, demonstrou que poderia ser criado um potencial elétrico ao rotacionar um disco de cobre entre os polos de um ímã permanente, descobrindo, assim, o princípio básico dos modernos geradores de eletricidade.

Número de oxidação (Nox)

Grande parte das reações de oxirredução é mais complexa das que foram vistas no estudo de pilhas e eletrólise. Para fazer o balanceamento dessas equações, é necessário observar certas regras, e o conceito de número de oxidação (Nox) será de fundamental importância nesse processo.

O Nox de um íon monoatômico que participa de um composto iônico é a própria carga do íon. Por exemplo:

I. $NaC\ell \Rightarrow Na^{1+}$: Nox = +1

$C\ell^{1-}$: Nox = −1

O **Nox** de um átomo que participa de uma molécula, unido a outros átomos por ligações covalentes, é a carga que ele possuiria se, supostamente, os elétrons que ele compartilha com os outros átomos fossem transferidos para o átomo mais eletronegativo.

Eletroquímica Capítulo 14 497

II. H − Cℓ

O par de elétrons compartilhado por hidrogênio e cloro está deslocado no sentido do cloro por ser ele o elemento mais eletronegativo. Nesse caso, considerando que os elétrons fossem transferidos para o elemento mais eletronegativo, o cloro ficaria com carga −1 e o hidrogênio com carga +1. Conforme o conceito apresentado nesta seção, o Nox do cloro é sua carga hipotética (−1) e o Nox do hidrogênio também é sua carga hipotética (+1), quando ambos estão ligados covalentemente. É importante destacar que as cargas não existem de fato – trata-se de um recurso teórico para se definir o número de oxidação.

III. H_2O e CO_2

Água:

$$\underset{H \qquad H}{\overset{O}{\diagup \diagdown}}$$

O átomo de oxigênio está ligado aos dois átomos de hidrogênio por duas ligações covalentes simples. Conforme a definição, o Nox do oxigênio = −2 e o Nox do hidrogênio = +1.

IV. Dióxido de carbono:

$$O = C = O$$

Para ligações múltiplas, o conceito continua valendo; porém, deve-se atentar para o fato de que, em uma ligação dupla, dois pares de elétrons estarem sendo compartilhados. Como os elétrons permanecem mais próximos do oxigênio, conclui-se que esse é mais eletronegativo e que, hipoteticamente, assumiria a carga −2, ou seja, seu Nox = −2. O carbono, por sua vez, teria seus quatro elétrons sendo atraídos com mais intensidade pelos dois átomos de oxigênio, ficando com a carga hipotética +4, ou seja, seu Nox = +4.

Tal procedimento pode ser utilizado para determinar o Nox de qualquer átomo presente em um composto covalente, bastando analisar cada ligação que esse átomo faz e considerar a eletronegatividade de todos os átomos envolvidos. No entanto, não é necessário recorrer às fórmulas estruturais toda vez que se necessite determinar o Nox dos átomos constituintes de uma molécula.

Alguns átomos têm um comportamento constante com relação ao Nox, isto é, independentemente do átomo com o qual eles interagem no composto, apresentam sempre o mesmo Nox. Os demais elementos assumem Nox em função do ambiente químico do qual fazem parte. Na prática, considera-se conhecido o Nox dos elementos que apresentam Nox constantes e calcula-se o Nox dos demais segundo algumas regras.

Regras para se determinar o Nox

a) Substâncias simples apresentam Nox = 0.

Por exemplo: H_2, N_2, F_2, Ag, Fe.

b) Cátions dos metais do grupo I (alcalinos) e o cátion prata apresentam Nox = +1.

c) Cátions dos metais do grupo II (alcalinoterrosos) e o cátion zinco apresentam Nox = +2.

d) O hidrogênio apresenta predominantemente Nox = +1 (nos hidretos metálicos: Nox = −1).

Por exemplo: NaH e CaH_2.

498 ▶ Unidade 4 Dinâmica das transformações químicas

e) O oxigênio apresenta predominantemente Nox = −2 (nos peróxidos: Nox = −1).

Por exemplo: H_2O_2.

f) O cátion alumínio (Al^{3+}) apresenta Nox = +3.

g) Íons monoatômicos apresentam Nox = carga do íon.

Por exemplo: Na^{1+}, Ca^{2+} e Sc^{3+}.

h) A soma dos Nox de todos os átomos em uma molécula é igual a zero.

i) A soma dos Nox de todos os átomos em um íon poliatômico é igual à carga do íon.

CIÊNCIA, TECNOLOGIA, SOCIEDADE E AMBIENTE

Célula a combustível

As células a combustível são pilhas que convertem energia química em energia elétrica e térmica, gerando eletricidade continuamente devido ao uso de um combustível, que nesse caso, é o gás hidrogênio.

O gás hidrogênio (H_2) é bombeado para o ânodo (polo negativo), onde sofre oxidação segundo a equação:

$$2\ H_2\ (g) \longrightarrow 4\ H^{1+} + 4\ e^-$$

Os elétrons são conduzidos através do eletrodo de níquel até atingirem o circuito externo, onde temos um fluxo de elétrons – corrente elétrica – do ânodo para o cátodo. As moléculas de gás hidrogênio (H_2) que não foram quebradas, realimentam o processo até que sejam quebradas e forneçam os elétrons necessários para o processo, e os íons H^{1+} atravessam o eletrólito.

Do outro lado da célula combustível, o ar (que contém o gás O_2) é bombeado para atingir o cátodo (polo positivo). O oxigênio (O_2), ao entrar em contato com o cátodo, reage com os íons H^+ produzindo água (H_2O) segundo a equação:

$$O_2 + 4\ H^{1+} + 4\ e^- \longrightarrow 2\ H_2O$$

A obtenção de eletricidade por esse processo tem baixo impacto ambiental, sem ruídos, materiais particulados, emissão de dióxido de carbono e outros gases. O H^{1+} produzido reage com o O_2 do ar, produzindo H_2O vapor.

Esse processo de célula a combustível é um processo contínuo, ao contrário das pilhas, pois, enquanto houver fornecimento de combustível (H_2) e do agente oxidante (O_2), a célula com combustível funciona (Figura 14.30).

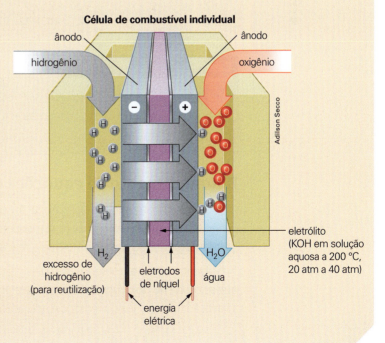

Figura 14.30: Esquema de uma célula a combustível.

Exercícios resolvidos

1. Qual é o número de oxidação do cloro nos seguintes compostos: HCl, $HClO$, $HClO_2$, $HClO_3$ e $HClO_4$?

H Cl	H Cl O	H Cl O$_2$	H Cl O$_3$	H Cl O$_4$
$+1$?	$+1$? -2	$+1$? -2	$+1$? -2	$+1$? -2
$+1+x=0$	$+1+x-2=0$	$+1+x-4=0$	$+1+x-6=0$	$+1+x-8=0$

Como a soma dos Nox dos átomos na molécula deve ser igual a zero, têm-se:

$1+x=0$	$1+x-2=0$	$1+x-4=0$	$1+x-6=0$	$1+x-8=0$
$x=-1$	$x=+1$	$x=+3$	$x=+5$	$x=+7$

Os números de oxidação do cloro nas substâncias são: $HCl=-1$; $HClO=+1$; $HClO_2=+3$; $HClO_3=+5$; $HClO_4=+7$.

2. Determine os números de oxidação dos elementos que formam os íons:

a) PO_4^{3-} **b)** NO_3^{1-} **c)** $Cr_2O_7^{2-}$ **d)** S^{2-} **e)** Cu^{2+}

Quando calculamos o Nox de íons, devemos levar em consideração a carga do íon, isto é, a soma dos Nox de todos os átomos constituintes do íon deve ser igual à carga do íon.

a) $P\,O_4^{3-}$ $x+4(-2)=-3$ ∴ $x=+5$ (Nox do fósforo no ânion fosfato)
b) $N\,O_3^{1-}$ $x+3(-2)=-1$ ∴ $x=+5$ (Nox do nitrogênio no ânion nitrato)
c) $Cr_2O_7^{2-}$ $2x+7(-2)=-2$ ∴ $x=+6$ (Nox do crômio no ânion dicromato)
d) S^{2-} O íon S^{2-} é monoatômico, então seu Nox é a própria carga, ou seja, -2.
e) Cu^{2+} O íon Cu^{2+} é monoatômico, então seu Nox é a própria carga, ou seja, $+2$.

3. Quais os números de oxidação dos metais nos compostos: $CuSO_4$, $Ni(NO_3)_2$, $CrPO_4$, CdS e $CoCl_2$?

Os metais Cu, Ni, Cr, Cd e Co não fazem parte da relação dos elementos que apresentam Nox constante. Uma maneira de encontrarmos seus números de oxidação é relacionando os cátions que formam esses sais com os ácidos que apresentem seus ânions. Dessa forma, temos os ácidos H_2SO_4, HNO_3, H_3PO_4, H_2S e HCl. Considerando que nos ácidos o número de oxidação do hidrogênio é $+1$, podemos calcular o Nox dos elementos que compõem os ácidos.

H$_2$ S O$_4$	H N O$_3$	H$_3$ P O$_4$	H$_2$ S	H Cl
$+1$ $+6$ -2	$+1$ $+5$ -2	$+1$ $+5$ -2	$+1$ -2	$+1$ -1
$+2$ $+6$ -8	$+1$ $+5$ -6	$+3$ $+5$ -8	$+2$ -2	$+1$ -1

Confrontando, agora, esses ácidos com as substâncias do problema, vemos que os ânions são os mesmos. Portanto, seus números de oxidação também os serão. Logo, podemos descobrir os Nox dos valores desconhecidos:

Cu S O$_4$	Ni (N O$_3$)$_2$	Cr P O$_4$	Cd S	Co Cl$_2$
$+2$ $+6$ -2	$+2$ $+5$ -2	$+3$ $+5$ -2	$+2$ -2	$+2$ -1
$+2$ -6 -8	$+2$ $+10$ -12	$+3$ $+5$ -8	$+2$ -2	$+2$ -2

Exercício proposto

Calcule os números de oxidação dos elementos que constituem as seguintes espécies:

$KMnO_4$	$Fe(NO_3)_3$	$Al(OH)_3$	Na_2SO_4	$Zn_3(PO_4)_2$
KCl	$K_2Cr_2O_7$	$Pb(OH)_4$	As_2O_3	

Balanceamento de equações envolvendo oxirredução

O balanceamento de uma equação química é um recurso numérico utilizado para deixar tanto os reagentes quanto os produtos com a mesma quantidade de átomos, independentemente do mecanismo que a reação possa ter.

Dentre os vários métodos possíveis para ajustar os coeficientes, optou-se aqui por aquele que se baseia no Nox, cuja essência consiste em igualar a variação total do Nox do oxidante com a variação total do Nox do redutor. A aplicação desse método é ilustrada no exemplo a seguir.

$$HNO_3 + H_2S \longrightarrow NO + S + H_2O$$

500 Unidade 4 Dinâmica das transformações químicas

I. Identificar os Nox de todos os elementos envolvidos na equação.

$$HNO_3 \quad + \quad H_2S \quad \longrightarrow \quad NO \quad + \quad S \quad + \quad H_2O$$

$$\underset{+1+5-2}{} \qquad \underset{+1-2}{} \qquad \underset{+2-2}{} \qquad \underset{0}{} \qquad \underset{+1-2}{}$$

II. Verifique quais elementos sofrem alteração de Nox.

$$\underset{+5}{HNO_3} \quad .... \quad \underset{-2}{NO}$$

$$\underset{-2}{H_2S} \quad .... \quad \underset{0}{S}$$

III. Determine a variação do Nox de cada elemento.

N: diminuiu de 3 unidades (redução) $\Rightarrow \Delta = 3$

S: aumentou de 2 unidades (oxidação) $\Rightarrow \Delta = 2$

IV. Multiplique o Δ encontrado na etapa anterior pelo índice do respectivo elemento.

HNO_3: N { 3 (Δ) $\cdot$ 1 (índice) = 3 (variação total no oxidante)

H_2S: S { 2 (Δ) $\cdot$ 1 (índice) = 2 (variação total no redutor)

V. Iguale a variação total do Nox no oxidante com a variação total do Nox no redutor, lembrando que os processos de oxidação e redução são simultâneos. Para tanto, utiliza-se a variação total do Nox no oxidante (3) como coeficiente do redutor e a variação total do Nox no redutor (2) como coeficiente do oxidante:

$$HNO_3 + \underline{3}\,H_2S \longrightarrow NO + S + H_2O$$

$$\underline{2}\,HNO_3 + 3\,H_2S \longrightarrow NO + S + H_2O$$

VI. Determine os demais coeficientes por tentativas.

$$2\,HNO_3 + 3\,H_2S \longrightarrow 2\,NO + 3\,S + 4\,H_2O$$

Exercícios resolvidos

1. Faça o balanceamento da equação abaixo pelo método da oxirredução.

$$KMnO_4 + H_2SO_4 + HC\ell \longrightarrow MnSO_4 + K_2SO_4 + C\ell_2 + H_2O$$

I. $\underset{+1+7\ -2}{K\ Mn\ O_4} + \underset{+1\ +6\ -2}{H_2\ S\ O_4} + \underset{+1\ -1}{K\ C\ell} \longrightarrow \underset{+2\ +6\ -2}{Mn\ S\ O_4} + \underset{+1+6\ -2}{K_2\ S\ O_4} + \underset{0}{C\ell_2} + \underset{+1\ -2}{H_2\ O}$

II. $\underset{+7}{KMnO_4} \quad .... \quad \underset{+2}{MnSO_4}$

$\quad\underset{+1}{KC\ell} \quad .... \quad \underset{0}{C\ell_2}$

III. Mn: $\Delta = 5$

$\quad C\ell: \Delta = 1$

IV. $KMnO_4$: Mn $\Rightarrow 5 \cdot 1 = 5$

$\quad KC\ell: C\ell \Rightarrow 1 \cdot 1 = 1$

V. $\underline{1}\,KMnO_4 + H_2SO_4 + \underline{5}\,KC\ell \longrightarrow MnSO_4 + K_2SO_4 + C\ell_2 + H_2O$

VI. $1\,KMnO_4 + 4\,H_2SO_4 + 5\,KC\ell \longrightarrow 1\,MnSO_4 + 3\,K_2SO_4 + \dfrac{5}{2}\,C\ell_2 + 4\,H_2O$

Se quisermos escrever a equação química com os menores números inteiros, basta multiplicar todos os coeficientes estequiométricos por dois.

$$2\,KMnO_4 + 8\,H_2SO_4 + 10\,KC\ell \longrightarrow 1\,MnSO_4 + 6\,K_2SO_4 + 5\,C\ell_2 + 8\,H_2O$$

O método de ajuste dos coeficientes baseado no Nox pode ser aplicado indistintamente. No entanto, às vezes, é necessário um ajuste adequado a determinados tipos de equação, como mostra o exemplo a seguir.

Vamos balancear, pelo método da oxirredução, a equação:

$$MnO_2 + HC\ell \longrightarrow MnC\ell_2 + H_2O + C\ell_2$$

I. $\underset{+4\ -2}{Mn\ O_2}\ +\ \underset{+1\ -1}{H\ C\ell}\ \longrightarrow\ \underset{+2\ -1}{Mn\ C\ell_2}\ +\ \underset{+1\ -2}{H_2\ O}\ +\ \underset{0}{C\ell_2}$

II. $\underset{+4}{MnO_2}\ ....\ \underset{+2}{MnC\ell_2}\qquad\underset{-1}{HC\ell}\ ....\ \underset{0}{C\ell_2}$

III. Mn: $\Delta = 2$
Cl: $\Delta = 1$

IV. Nesse caso, como o cloro aparece novamente com Nox $= -1$ no $MnC\ell_2$, devemos utilizar o $C\ell_2$ para efetuar os cálculos.

MnO_2: Mn $\Rightarrow 1 \cdot 2 = 2$
$C\ell_2$: $\overset{\cdot}{C}\ell \Rightarrow 2 \cdot 1 = 2$

V. $\underline{2}\,MnO_2 + HC\ell \longrightarrow MnC\ell_2 + H_2O + \underline{2}\,C\ell_2$

VI. $2\,MnO_2 + 8\,HC\ell \longrightarrow 2\,MnC\ell_2 + 4\,H_2O + 2\,C\ell_2$

Se quisermos escrever a equação química com os menores números inteiros, basta dividirmos todos os coeficientes estequiométricos por dois.

$$MnO_2 + 4\,HC\ell \longrightarrow MnC\ell_2 + 2\,H_2O + C\ell_2$$

2. O permanganato de potássio ($KMnO_4$) é muito empregado como agente oxidante, sendo usado para oxidar compostos orgânicos e como oxidante leve. Nos laboratórios de Química, é utilizado para oxidar a água oxigenada (H_2O_2) na determinação de sua concentração em meio ácido. A reação que ocorre com a água oxigenada é a seguinte:

$$KMnO_4 + H_2SO_4 + H_2O_2 \longrightarrow K_2SO_4 + MnSO_4 + H_2O + O_2$$

I. $\underset{+1\ +7\ -2}{K\ Mn\ O_4}\ +\ \underset{+1\ +6\ -2}{H_2\ S\ O_4}\ +\ \underset{+1\ -1}{H_2\ O_2}\ \longrightarrow\ \underset{+1\ +6\ -2}{K_2\ S\ O_4}\ +\ \underset{+2\ +6\ -2}{Mn\ S\ O_4}\ +\ \underset{+1\ -1}{H_2\ O}\ +\ \underset{0}{O_2}$

II. $\underset{+7}{KMnO_4}\ ....\ \underset{+2}{MnSO_4}\qquad\underset{-1}{H_2O_2}\ ....\ \underset{0}{O_2}$

III. Mn: $\Delta = 5$
   O: $\Delta = 1$

IV. $KMnO_4$: Mn $\Rightarrow 5 \cdot 1 = 5$
   H_2O_2: O $\Rightarrow 2 \cdot 1 = 2$

V. $\underline{2}\,KMnSO_4\ +\ H_2SO_4\ +\ 5\,H_2O_2\ \longrightarrow\ K_2SO_4\ +\ MnSO_4\ +\ H_2O\ +\ O_2$

A equação balanceada é:

$$2\,KMnO_4\ +\ H_2SO_4\ +\ 5\,H_2O_2\ \longrightarrow\ 1\,K_2SO_4\ +\ MnSO_4\ +\ H_2O\ +\ 5\,O_2$$

A seguir, completamos os outros coeficientes estequiométricos:

$$2\,KMnO_4\ +\ 3\,H_2SO_4\ +\ 5\,H_2O_2\ \longrightarrow\ 1\,K_2SO_4\ +\ 2\,MnSO_4\ +\ 8\,H_2O\ +\ 5\,O_2$$

Exercícios propostos

1. Faça o balanceamento da equação abaixo pelo método da oxirredução.

$$NH_3 + O_2 \longrightarrow NO + H_2O$$

2. Em altos-fornos, a produção do ferro metálico é realizada fazendo-se reagir monóxido de carbono (CO) com óxido de ferro(III) (Fe_2O_3). Como produto, obtemos também o dióxido de carbono (CO_2) de acordo com a equação:

$$Fe_2O_3\,(s) + C\,(s) \longrightarrow Fe\,(s) + CO\,(g)$$

Sobre essa reação, assinale a afirmativa **incorreta**.

a) O carbono atua como agente oxidante.

b) O ferro do Fe_2O_3 sofre uma redução.

c) O oxigênio não sofre variação de nox na reação.

d) Após o balanceamento da equação, a soma dos coeficientes mínimos e inteiros das espécies envolvidas é igual a 9.

Unidade 4 Dinâmica das transformações químicas

3. As reações de oxidação e redução muitas vezes são observadas com mudanças de cores. O permanganato de potássio ($KMnO_4$) é violeta e o sulfato de ferro(II) é esverdeado. Já o sulfato de manganês ($MnSO_4$) é incolor e o sulfato de ferro(III) [$Fe_2(SO_4)_3$] tem a cor amarelo-ferrugem e podemos visualizar a reação pela mudança de cor. Da equação abaixo, a soma dos coeficientes mínimos inteiros, após o balanceamento, é:

$$KMnO_4 + FeSO_4 + H_2SO_4 \longrightarrow MnSO_4 + Fe_2(SO_4)_3 + K_2SO_4 + H_2O$$

a) 7   b) 15   c) 40   d) 36   e) 21

Química Aplicada

Lentes fotossensíveis para óculos de sol

As reações de oxirredução são a base para muitas aplicações tecnológicas úteis e interessantes. Uma dessas aplicações é o vidro fotocromático, usado nas lentes fotossensíveis. As lentes fotocromáticas podem mudar de 85% de transmissão de luz para, apenas, 22% de transmissão quando expostas à luz solar intensa.

O vidro fotocromático é composto de tetraedros de átomos de oxigênio e silício ligados de uma forma desordenada e contendo cristais de cloreto de prata aprisionados entre esses tetraedros. Quando o vidro está claro, a luz visível passa através das moléculas. Entretanto, o vidro absorve luz ultravioleta, e essa energia dispara uma reação de oxirredução entre Ag^+ e $C\ell^-$:

$$Ag^+ + C\ell^- \xrightarrow{\text{luz ultravioleta}} Ag^0 + C\ell^0$$

Para evitar que a reação se reverta rapidamente, adicionam-se uns poucos íons Cu^{1+} aos cristais de cloreto de prata. Esses íons Cu^+ reagem com os átomos de cloro recém-formados:

$$Cu^+ + C\ell^0 \longrightarrow Cu^{2+} + C\ell^-$$

Os átomos de prata se movem para a superfície do cristal e formam pequenos aglomerados de prata metálica coloidal. Essa prata metálica absorve a luz visível, fazendo a lente parecer escura (colorida).

Se o vidro for tirado da luz, os íons Cu^{2+} movem-se lentamente para a superfície do cristal, onde interagem com a prata metálica:

$$Cu^{2+} + Ag^0 \longrightarrow Cu^+ + Ag^+$$

O vidro clareia à medida que os íons prata se juntam aos íons cloreto nos cristais.

HEIN & ARENA. *Fundamentos de Química Geral*. Rio de Janeiro: Editora LTC, 1998. p. 413.

Balanceamento de equações iônicas

Quando uma equação química se apresentar na forma iônica, será adotado aqui o mesmo procedimento usado para as equações não iônicas, com o cuidado de efetuar o ajuste das cargas positivas e negativas em ambos os lados da equação. Por exemplo, a reação do permanganato de potássio com a água oxigenada na forma iônica:

$$MnO_4^{1-} + H^{1+} + H_2O_2 \longrightarrow Mn^{2+} + H_2O + O_2$$

I. $MnO_4^{1-} + H^{1+} + H_2O_2 \longrightarrow Mn^{2+} + H_2O + O_2$
   $+7\ -2$ $+1$ $+1\ -1$ $+2$ $1-2$ 0

II. MnO_4^{1-} .... Mn^{2+} H_2O_2 .... O_2
   $+7$ $+2$ -1 0

III. Mn: $\Delta = 5$

O: $\Delta = 1$

IV. MnO_4^{1-}: Mn $\Rightarrow 5 \cdot 1 = 5$

H_2O_2: O $\Rightarrow 1 \cdot 2 = 2$

Eletroquímica   Capítulo 14   503

$$V. \underline{2}\,MnO_4^{1-} + \underline{5}\,H_2O_2 + H^{1+} \longrightarrow Mn^{2+} + H_2O + O_2$$

$$VI.\ 2\,MnO_4^{1-} + 6\,H^{1+} + 5\,H_2O_2 \longrightarrow 2\,Mn^{2+} + 8\,H_2O + 5\,O_2$$

VII. Verifica-se o equilíbrio de cargas entre os dois membros da equação. Reagentes e produtos devem ter a mesma quantidade de carga com o mesmo sinal.

$$2\,MnO_4^{1-} + 5\,H_2O_2 + 8\,H^{1+} \longrightarrow 2\,Mn^{2+} + 8\,H_2O + 5\,O_2$$

cargas: $2(-1) + 5(0) + 8(+1) = 2(+2) + 8(0) + 5(0)$

Exercício resolvido

Nas análises volumétricas realizadas nos laboratórios, costuma-se empregar permanganato de potássio para reagir com sulfato de ferro(II), em meio ácido, segundo a equação iônica a seguir:

$$MnO_4^{1-} + Fe^{2+} + H^{1+} \longrightarrow Mn^{2+} + Fe^{3+} + H_2O$$

Escreva a equação química devidamente balanceada.

I. $MnO_4^{1-} + Fe^{2+} + H^{1+} \longrightarrow Mn^{2+} + Fe^{3+} + H_2O$
   $+7\ -2 \quad +2 \quad\ +1 \qquad\quad +2 \qquad +3 \quad +1\ -2$

II. MnO_4^{1-} .... Mn^{2+} Fe^{2+} .... Fe^{3+}
    $+7 \qquad\qquad\quad +2 \qquad\ +2 \qquad\qquad +3$

III. **Mn:** $\Delta = 5$
     Fe: $\Delta = 1$

IV. MnO_4^{1-}: Mn $\Rightarrow 5 \cdot 1 = 5$
    Fe^{2+}: Fe $\Rightarrow 1 \cdot 1 = 1$

V. $\underline{1}\,MnO_4^{1-} + \underline{5}\,Fe^{2+} + H^{1+} \longrightarrow Mn^{2+} + Fe^{3+} + H_2O$

VI. $1\,MnO_4^{1-} + 5\,Fe^{2+} + 8\,H^{1+} \longrightarrow 1\,Mn^{2+} + 5\,Fe^{3+} + 4\,H_2O$
reagentes $\Rightarrow -1 + 10 + 8 = +17$

VII. **Equilíbrio de cargas**
produtos $\Rightarrow +2 + 15 = +17$

Exercícios propostos

1. A respeito da equação iônica de oxirredução abaixo, não balanceada, são feitas as seguintes afirmações:

$$IO_3^- + HSO_3^- \longrightarrow I_2 + SO_4^{2-} + H^+ + H_2O$$

I. A soma dos menores coeficientes inteiros possível para o balanceamento é 17.

II. O agente oxidante é o ânion iodato.

III. O composto que ganha elétrons sofre oxidação.

IV. O Nox do enxofre varia de +5 para +6.

Das afirmações acima, estão corretas somente

a) II e III.

b) I e II.

c) I e III.

d) II e IV.

e) I e IV.

2. Faça o balanceamento da equação abaixo:

$$BrO_3^{1-}\,(aq) + Br^{1-}\,(aq) + H^{1+}\,(aq) \longrightarrow H_2O\,(\ell) + Br_2\,(\ell)$$

3. Quando uma pessoa ingere bebida alcoólica, o álcool etílico, C_2H_6O, passa rapidamente para a corrente sanguínea, pela qual é levado a todas as partes do corpo. De acordo com a legislação vigente no Brasil, uma pessoa está incapacitada para dirigir com segurança se tiver no sangue uma concentração de álcool etílico superior a $0,8\ g \cdot L^{-1}$. Nas estradas brasileiras, a polícia se vale de um dispositivo, o bafômetro, que determina a quantidade de álcool etílico ingerida pela pessoa, indicando se está acima ou abaixo do limite permitido.

O bafômetro é formado por um pequeno tubo contendo uma mistura aquosa ácida de íons dicromato, Cr_2O^{2-}, de cor laranja. Ao soprar o tubo, se o indivíduo estiver alcoolizado, o álcool etílico gasoso eliminado pelos pulmões reage com o íon dicromato laranja, tornando-o esverdeado devido à redução do crômio dos íons dicromato para Cr^{3+}. Nesse processo, o álcool etílico é oxidado a aldeído acético, C_2H_4O.

Escreva a equação de oxirredução balanceada verificada nesse caso.

4. O íon permanganato reage com o íon iodato na presença de água produzindo dióxido de manganês, íon periodato e íon hidróxido segundo a equação abaixo:

$$MnO_4^-\,(aq) + IO_3^-\,(aq) + H_2O\,(\ell) \longrightarrow$$
$$\longrightarrow MnO_2(s) + IO_4^-\,(aq) + OH^-\,(aq)$$

Após o balanceamento, com os menores coeficientes inteiros, da equação química anterior pode-se afirmar:

a) A soma é 13.

b) O íon MnO_4^- é agente redutor.

c) O número de oxidação do manganês varia de +4 para +7.

d) A água é agente oxidante.

e) O número de oxidação do manganês no dióxido de manganês é +7.

504   **Unidade 4**   Dinâmica das transformações químicas

COM A PALAVRA...

Celio Pasquini*

Eletroquímica e a geração de energia

As reações baseadas na transferência de elétrons encontram diversas aplicações e estão no cerne de muitos fenômenos de interesse de nosso dia a dia. Da corrosão de metais e estruturas metálicas até as pilhas que inadvertidamente ainda descartamos sem os cuidados necessários para com o meio ambiente, as reações eletroquímicas desempenham um papel relevante em muitos aspectos de nossa vida.

O uso crescente dos combustíveis fósseis está levando nosso meio ambiente a desequilíbrios que, a longo prazo, podem acentuar alterações que irão dificultar muito a nossa vida sobre a face da Terra. A substituição desse tipo de fonte de energia, contudo, ainda parece distante e, em vista de sua abundância e da tecnologia que se desenvolveu ao redor de seu aproveitamento, ela permanecerá entre nós por muito tempo.

Um sonho que permanece cada vez mais vivo é o de construir fontes de energia "limpas". Imagine a fonte de energia ideal, uma que, em operação, gerasse somente e tão somente água! Esse tipo de fonte não é mais propriamente um sonho e muitos protótipos, ainda com problemas e com rendimentos não ideais, estão em operação, e um grande esforço de pesquisa está sendo desenvolvido para que esses dispositivos se tornem viáveis economicamente. Essa fonte é denominada de Célula de Combustível, e nela, por meio de reações de transferência de elétrons, obtemos:

$$H_2 + \frac{1}{2}O_2 \longrightarrow H_2O$$

É lógico que se poderia queimar H_2 e O_2 para produzir energia térmica e empregá-la, por exemplo, em um motor de combustão interna ou turbina; porém, se for necessário potência elétrica, a conversão direta da energia livre associada à reação aqui descrita leva a um resultado muito mais satisfatório em termos de rendimento.

O desafio tecnológico de viabilizar esse tipo de fonte é enorme, e os problemas são, por exemplo, como armazenar o hidrogênio necessário à célula. Porém, talvez em breve, quem sabe, teremos essas fontes limpas de energia em nossos carros e, quando um deles passar por nós, silencioso e jogando somente vapor de água por seu escapamento, poderemos nos lembrar de que uma simples reação eletroquímica é a responsável pela tecnologia que manterá nosso conforto sem agredir o meio ambiente!

* Prof. Dr. do Instituto de Química da Universidade Estadual de Campinas (Unicamp), Campinas, SP.

▸ QUESTÕES

1. Faça uma pesquisa e encontre os tipos de geração de energia que estão sendo usados atualmente, além dos mais tradicionais (fósseis, de hidrelétricas, nuclear e termelétricas).

2. Por que o armazenamento do hidrogênio é um desafio para sua utilização como combustível?

3. Do ponto de vista ambiental, um carro elétrico ou com célula a combustível seria melhor? Encontre argumentos para discutir esse assunto.

Exercícios finais

1. (UEG-GO) O escurecimento de talheres de prata pode ocorrer devido à presença de derivados de enxofre encontrados nos alimentos. A equação química de oxidação e redução que representa esse processo está descrita a seguir.

$$4\,Ag\,(s) + 2\,H_2S\,(g) + O_2\,(g) \rightarrow 2\,Ag_2S\,(s) + 2\,H_2O\,(\ell)$$

Nesse processo, o agente redutor é

a) sulfeto de hidrogênio.

b) oxigênio gasoso.

c) sulfeto de prata.

d) prata metálica.

e) água.

2. (Uneb)

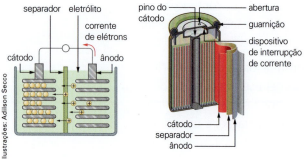

Grandes *recalls* de fabricantes de baterias de íons de lítio para *notebooks* suscitaram questões sobre como essas fontes de energia podem aquecer a ponto de pegar fogo. Igualmente válida é a dúvida sobre por que os acidentes não são mais frequentes: são poucos proporcionalmente às centenas de milhões de baterias vendidas anualmente.

As células eletroquímicas de íons de lítio empregam vários materiais, mas quase todas são recarregáveis, como as usadas em câmeras fotográficas e telefones celulares, que utilizam óxido de lítio-cobalto no cátodo e grafite no ânodo.

Embora essa formulação seja "de certo modo inerentemente insegura", a fabricação cuidadosa e os dispositivos de segurança embutidos limitaram os acidentes a poucas ocorrências. Mesmo assim, os fabricantes de baterias têm aumentado a capacidade de carga em determinada célula devido à demanda dos fabricantes de eletrônicos por maior durabilidade. Portanto, agora a margem de erros é ainda menor. Aumentando o número de íons na célula, os fabricantes quadruplicaram a capacidade energética desde seu lançamento comercial em 1991.

FISCHETTI. 2013. p. 10-11.

O cátodo da célula eletroquímica é formado por óxido de lítio e de cobalto, $LiCoO_2(s)$; e o ânodo, por grafite, quando a bateria está descarregada. Durante a recarga, a corrente elétrica é invertida, e os íons de lítio são reduzidos no eletrodo do grafite. Na descarga, os íons de lítio, Li^+, deixam o grafite, após reação e voltam a formar óxido de lítio e de cobalto.

Com base nas informações do texto, nas figuras e considerando-se o funcionamento de célula eletroquímica e a força eletromotriz de célula igual a 3,7 V, é correto afirmar:

a) O eletrólito é uma solução aquosa de sal de lítio.

b) O óxido de $LiCoO_2$ é oxidado a CoO_2, na recarga da pilha.

c) A oxidação e a redução ocorrem, respectivamente, no cátodo e no ânodo, durante a descarga da pilha.

d) A voltagem de bateria, formada a partir da ligação em paralelo de quatro células eletroquímicas de óxido de lítio-cobalto, é, aproximadamente, 15 V.

e) A ligação entre o cátodo e o ânodo através do separador, por meio de partículas metálicas, desvia o fluxo de corrente elétrica e causa resfriamento da célula eletroquímica.

3. (Fepar-PR) Quando mergulhamos uma placa de zinco em uma solução de sulfato de cobre(II), nota-se que, com o passar do tempo, a cor cinza da lâmina de zinco é substituída por uma cor avermelhada na parte que ficou em contato com a solução; além disso, a solução, antes azul, vai clareando.

(Dados: $Cu = 63,5\,g \cdot mol^{-1}$; $S = 32\,g \cdot mol^{-1}$; $O = 16\,g \cdot mol^{-1}$.)

A respeito do experimento apresentado, julgue as afirmativas.

( ) A cor avermelhada obtida sobre a lâmina de zinco deve-se à oxidação dos cátions de cobre, que se transformam em cobre metálico.

( ) A solução de sulfato de cobre(II) vai clareando porque o zinco perde elétrons, doando-os para os íons cobre que diminuem sua concentração em solução.

( ) Esse processo representa uma reação de oxirredução, pois envolve perda e ganho de elétrons; a espécie oxidada é chamada de agente redutor, porque provoca a redução da outra espécie.

( ) Nesse processo, o agente oxidante tem número de oxidação +2.

( ) Considerando a concentração final da solução de sulfato de cobre(II), a massa de sal que ainda existe em solução é de 1,595 g.

4. (FASM-SP) A remoção de nitrogênio é um processo importante no tratamento de efluentes líquidos industriais. Em processos convencionais de tratamento, uma das etapas de remoção de nitrogênio é a desnitrificação, cuja equação global está representada a seguir:

$$6\,NO_3^- + 5\,CH_3OH \rightarrow 3\,N_2 + 5\,CO_2 + 7\,H_2O + 6\,OH^-$$

a) Determine o número de oxidação do nitrogênio nas espécies envolvidas na desnitrificação.

b) Considere que o volume molar dos gases nas CNTP é igual a 22,4 mol · L^{-1}. Calcule o volume de gás nitrogênio, medido nas CNTP, produzido na desnitrificação de 1 000 litros de um efluente contendo NO_3^- em uma concentração de 4 × 10^{-3} mol · L^{-1}.

5. (UPE) Um fio de cobre foi retorcido em formato de uma "árvore de Natal" e colocado dentro de um béquer. Em seguida, transferiu-se um volume de uma solução salina para a vidraria, o suficiente para cobrir o objeto metálico. Após determinado período, a solução ficou azulada, e pequenos cristais cobriram toda a superfície da árvore de Natal.

Dados:

Na$^+$ + 1 e → Na^0 $E^0_{red} = -2,71$ V
Mg^{++} + 2 e → Mg^0 $E^0_{red} = -2,36$ V
Ag$^+$ + 1 e → Ag^0 $E^0_{red} = +0,80$ V
Cu^{++} + 2 e → Cu^0 $E^0_{red} = +0,34$ V
Ni^{++} + 2 e → Ni^0 $E^0_{red} = -0,25$ V

Qual é o sal presente na solução adicionada ao béquer?

a) NaCℓ
b) MgCℓ$_2$
c) AgNO$_3$
d) Cu(NO$_3$)$_2$
e) Ni(NO$_3$)$_2$

6. (UPF-RS) Na pilha de Daniell, ocorre uma reação de oxirredução espontânea, conforme representado esquematicamente na figura abaixo.

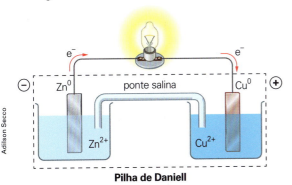

Pilha de Daniell

Considerando a informação apresentada, analise as afirmações a seguir.

I. Na reação de oxirredução espontânea, representada na pilha de Daniell, a espécie que se oxida, no caso o Zn (s), transfere elétrons para a espécie que sofre redução, os íons Cu^{2+} (aq).

II. O Zn (s) sofre redução, transferindo elétrons para os íons Cu^{2+} (aq) que sofrem oxidação.

III. Para que ocorra a reação de oxirredução espontânea, o potencial de redução do eletrodo de cobre deve ser maior do que o do eletrodo de zinco.

IV. A placa de Zn (s) sofre corrosão, tendo sua massa diminuída, e sobre a placa de cobre ocorre depósito de cobre metálico.

V. A concentração de íons Cu^{2+} (aq) aumenta, e a concentração de íons Zn^{2+} (aq) diminui em cada um dos seus respectivos compartimentos.

Está correto apenas o que se afirma em:

a) I, III e IV.
b) II e V.
c) I, II e V.
d) III, IV e V.
e) II e III.

7. (Unicamp-SP) "Ferro Velho Coisa Nova" e "Compro Ouro Velho" são expressões associadas ao comércio de dois materiais que podem ser reaproveitados. Em vista das propriedades químicas dos dois materiais mencionados nas expressões, pode-se afirmar corretamente que

a) nos dois casos as expressões são apropriadas, já que ambos os materiais se oxidam com o tempo, o que permite distinguir o "novo" do "velho".

b) nos dois casos as expressões são inapropriadas, já que ambos os materiais se reduzem com o tempo, o que não permite distinguir o "novo" do "velho".

c) a primeira expressão é apropriada, pois o ferro se reduz com o tempo, enquanto a segunda expressão não é apropriada, pois o ouro é um material inerte.

d) a primeira expressão é apropriada, pois o ferro se oxida com o tempo, enquanto a segunda expressão não é apropriada, pois o ouro é um material inerte.

8. (FMP) Arqueólogos franceses encontraram grandes quantidades de dióxido de manganês em resquícios de carvão e fuligem das fogueiras. Isso sugere que os Neandertais não gastavam tanta energia atrás desse composto químico só para pintar o corpo, como suspeitavam os pesquisadores, e, sim, para fazer fogueiras. Mas qual a relação desse mineral com fogo? Toda. Por ser um mineral muito abrasivo, quando moído e colocado sobre madeira, diminui a temperatura necessária para combustão – a centelha ideal para facilitar a vida dos nossos primos distantes.

Disponível em: <http://super.abril.com.br/ciencia/neandertais-usavam-quimica-para-acender-fogo>. Acesso em: 18 jul. 2016. Adaptado.

Exercícios finais

O dióxido de manganês, ao ser misturado à madeira, era lentamente aquecido em presença do ar, sofrendo decomposição com liberação de oxigênio e facilitando a combustão da madeira para acender as fogueiras, segundo a seguinte equação:

$$2 \, MnO_2 \rightarrow Mn_2O_3 + \frac{1}{2} O_2$$

O dióxido de manganês é um poderoso agente

a) redutor, por oxidar o oxigênio, sofrendo oxidação.

b) redutor, por oxidar o oxigênio, sofrendo redução.

c) redutor, por reduzir o oxigênio, sofrendo oxidação.

d) oxidante, por oxidar o oxigênio, sofrendo redução.

e) oxidante, por reduzir o oxigênio, sofrendo oxidação.

9. (FASM-SP) Nesta última década, assistiu-se a um aumento na demanda por pilhas e baterias cada vez mais leves e de melhor desempenho. Consequentemente, existe atualmente no mercado uma grande variedade de pilhas e baterias que utilizam níquel, cádmio, zinco e chumbo em suas fabricações. Usadas em automóveis, as baterias de chumbo, conhecidas como chumbo-ácido, apresentam um polo negativo, constituído de chumbo metálico, e um polo positivo, constituído de óxido de chumbo (IV).

Polo negativo:

$Pb \, (s) + SO_4^{-2} \, (aq) \rightarrow PbSO_4 \, (s) + 2 \, e^-$ $E^0 = +0,36 \, V$

Polo positivo:

$PbO_2 \, (s) + SO_4^{-2} \, (aq) + 4 \, H^+ + 2 \, e^- \rightarrow PbSO_4 \, (s) + 2 \, H_2O \, (\ell)$
$E^0 = +1,68 \, V$

Disponível em: <www.qnint.sbq.org.br>. Adaptado.

a) Baseando-se na localização dos elementos cádmio e zinco em seus estados mais estáveis na Classificação Periódica, indique qual desses elementos apresenta maior raio atômico. Justifique sua resposta.

b) Considerando os potenciais de redução padrão medidos a 25 °C e as semirreações nos eletrodos da bateria chumbo-ácido, indique o ânodo e calcule, em volts, o valor da diferença de potencial da reação global.

10. (PUC-RJ) Considere as seguintes semicélulas e os respectivos potenciais-padrão de redução, numerados de I a VI.

I. Mn^{2+} (aq)/Mn (s)	$E^0 = -1,18 \, V$
II. $A\ell^{3+}$ (aq)/$A\ell$ (s)	$E^0 = -1,66 \, V$
III. Ni^{2+} (aq)/Ni (s)	$E^0 = -0,25 \, V$
IV. Pb^{2+} (aq)/Pb (s)	$E^0 = -0,13 \, V$
V. Ag^+ (aq)/Ag (s)	$E^0 = +0,80 \, V$
VI. Cu^{2+} (aq)/Cu (s)	$E^0 = +0,34 \, V$

As duas semicélulas que formariam uma pilha com maior diferença de potencial são

a) I e III
b) II e V
c) II e IV
d) IV e VI
e) V e VI

11. (Fepar-PR)

Uma das pilhas empregadas em aparelhos sem fio (câmeras de vídeo, barbeadores, telefones, ferramentas portáteis) é a pilha de níquel-cádmio. Essa pilha apresenta uma voltagem de 1,4 V, que se mantém constante até a descarga, demora mais tempo para se descarregar e pode ser recarregada até 4 000 vezes.

A pilha de níquel-cádmio é baseada nas seguintes reações em meio alcalino (KOH):

$Cd + 2 \, OH^- \rightarrow Cd(OH)_2 + 2 \, e^-$
$2 \, NiO(OH) + 2 \, H_2O + 2 \, e^- \rightarrow 2 \, Ni(OH)_2 + 2 \, OH^-$
——————————————————————————————
$Cd + 2 \, NiO(OH) + 2 \, H_2O \rightarrow Cd(OH)_2 + 2 \, Ni(OH)_2$

Sobre o assunto, avalie as afirmativas.

( ) No polo positivo ocorre a reação de redução do níquel.

( ) O cádmio funciona como ânodo da pilha.

( ) O níquel tem menor potencial de redução do que o cádmio.

( ) O agente redutor da pilha é o níquel.

( ) No eletrodo de cádmio há ganho de elétrons.

12. (PUC-RS) O funcionamento da pilha comumente utilizada em controles remotos de TV, também conhecida como pilha seca ou de Leclanché, é expresso pela equação química a seguir:

$Zn \, (s) + 2 \, MnO_2 \, (s) + 2 \, NH_4^+ \, (aq) \rightarrow Zn^{2+} \, (aq) +$
$+ \, Mn_2O_3 \, (s) + 2 \, NH_3 \, (g) + H_2O \, (\ell)$

Um dos motivos de essa pilha não ser recarregável é porque

a) a reação ocorre em meio ácido.

b) a pilha é lacrada para evitar vazamentos.

c) o processo inverso necessita de muita energia.

d) a massa dos produtos é igual à massa dos reagentes.

e) a amônia sai de dentro da pilha, impossibilitando a reação inversa.

13. (IFSC) A corrosão é um processo eletroquímico que envolve reações de oxirredução.

Com base na definição dada, assinale a soma da(s) proposição(ões) correta(s).

01) Em uma reação de oxirredução, o agente oxidante recebe elétrons do agente redutor.

02) Os metais têm maior probabilidade de sofrerem oxidação, quando comparados com os não metais.

04) As pilhas, os processos de eletrólise e a destilação fracionada também são exemplos de sistemas onde ocorrem reações de oxirredução.

08) Nas pilhas, as reações de oxirredução ocorrem de forma espontânea.

16) O ouro tem um elevado potencial de redução, o que significa que ele é um bom agente redutor.

14. (FGV-SP) Fontes alternativas de energia têm sido foco de interesse global como a solução viável para crescentes problemas do uso de combustíveis fósseis. Um exemplo é a célula a combustível microbiológica que emprega como combustível a urina. Em seu interior, compostos contidos na urina, como ureia e resíduos de proteínas, são transformados por micro-organismos que constituem um biofilme no ânodo de uma célula eletroquímica que produz corrente elétrica.

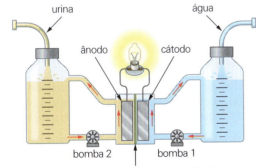

Célula a combustível microbiológica

Sobre essa célula eletroquímica, é correto afirmar que, quando ela entra em operação com a geração de energia elétrica, o biofilme promove a

a) oxidação, os elétrons transitam do ânodo para o cátodo, e o cátodo é o polo positivo da célula.

b) oxidação, os elétrons transitam do cátodo para o ânodo, e o cátodo é o polo positivo da célula.

c) oxidação, os elétrons transitam do ânodo para o cátodo, e o cátodo é o polo negativo da célula.

d) redução, os elétrons transitam do ânodo para o cátodo, e o cátodo é o polo positivo da célula.

e) redução, os elétrons transitam do cátodo para o ânodo, e o cátodo é o polo negativo da célula.

15. (IFSC) A figura a seguir representa uma pilha com os respectivos potenciais de redução.

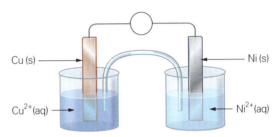

Cu^{2+} (aq) + 2 e → Cu (s) $E^0 = +0,34$ V

Ni^{2+} (aq) + 2 e → Ni (s) $E^0 = -0,25$ V

Sobre as pilhas, leia e analise as seguintes proposições e assinale a soma da(s) correta(s).

01) Uma pilha é o emprego controlado de reações espontâneas de oxirredução, gerando corrente elétrica.

02) Em uma pilha, os elétrons são transferidos do cátodo para o ânodo.

04) Na pilha apresentada, o cobre atua como agente oxidante.

08) A pilha gera uma voltagem de 90 milivolts.

16) Em todas as pilhas, o ânodo corresponde ao polo positivo, ou seja, polo onde ocorre a reação de oxidação.

32) O níquel sofre redução na pilha apresentada.

16. (FMP) A galvanoplastia é uma técnica que permite dar um revestimento metálico a uma peça, colocando tal metal como polo negativo de um circuito de eletrólise. Esse processo tem como principal objetivo proteger a peça metálica contra a corrosão. Vários metais são usados nesse processo, como, por exemplo, o níquel, o cromo, a prata e o ouro. O ouro, por ser o metal menos reativo, permanece intacto por muito tempo.

Deseja-se dourar um anel de alumínio e, portanto, os polos são mergulhados em uma solução de nitrato de ouro(III) [$Au(NO_3)_3$].

Ao final do processo da eletrólise, as substâncias formadas no cátodo e no ânodo são, respectivamente,

a) H_2 e NO_3^- d) Au e NO_2

b) N_2 e Au   e) O_2 e H_2

c) Au e O_2

Exercícios finais

17. (Unicamp-SP) O uso industrial do cloreto de sódio se dá principalmente no processo de obtenção de alguns importantes produtos de sua eletrólise em meio aquoso. Simplificadamente, esse processo é feito pela passagem de uma corrente elétrica em uma solução aquosa desse sal. Pode-se afirmar que, a partir desse processo, seriam obtidos:

a) gás hidrogênio, gás oxigênio e ácido clorídrico.

b) gás hidrogênio, gás cloro e ácido clorídrico.

c) gás hidrogênio, gás cloro e hidróxido de sódio em solução.

d) gás hidrogênio, gás oxigênio e hidróxido de sódio em solução.

18. (Unesp-SP) Leia o texto para responder à questão.

O silício metalúrgico, purificado até atingir 99,99% de pureza, é conhecido como silício eletrônico. Quando cortado em fatias finas, recobertas com cobre por um processo eletrolítico e montadas de maneira interconectada, o silício eletrônico transforma-se em *microchips*.

A figura reproduz uma das últimas etapas da preparação de um *microchip*.

As fatias de silício são colocadas numa solução de sulfato de cobre. Nesse processo, íons de cobre deslocam-se para a superfície da fatia (cátodo), aumentando a sua condutividade elétrica.

Disponível em: <http://umumble.com>. Adaptado.

A semirreação na superfície da fatia de silício, cátodo, é representada por:

a) $Cu^{2+} + 2\,H_2O \to O_2\,(g) + 4\,H^+ + Cu\,(s)$.

b) $2\,Cu^+ + H_2O \to 2\,Cu\,(s) + H_2O + 2\,e^-$.

c) $2\,SO_4^{2-} + S_2O_8^{2-} + 2\,e^-$.

d) $Si\,(s) + 4\,e^- \to Si^{4+}\,(s)$.

e) $Cu^{2+} + 2\,e^- \to Cu\,(s)$.

19. (UFJF-PISM) Para a fabricação de latas para armazenar alimentos, óleos, conservas, etc. são utilizadas as "folhas de flandres", as quais são compostas por chapas de aço revestidas com estanho através do processo de galvanização. A figura abaixo representa o processo de produção das folhas de flandres.

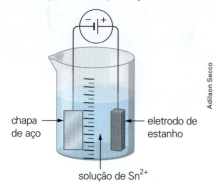

Marque a alternativa correta com relação ao processo de galvanização descrito.

a) A redução do estanho ocorre na chapa de aço.

b) Os elétrons fluem da chapa de aço para o eletrodo de estanho.

c) O polo negativo corresponde ao ânodo.

d) Esse processo ocorre espontaneamente.

e) Neste processo ocorre a conversão da energia química em energia elétrica.

20. (UFM) A purificação do cobre é essencial para sua aplicação em fios condutores de corrente elétrica. Como esse metal contém impurezas de ferro, zinco, ouro e platina, é preciso realizar um processo de purificação na indústria para obtê-lo com mais de 99% de pureza. Para isso, é necessário colocá-lo no ânodo de uma cuba com solução aquosa de sulfato de cobre e aplicar corrente elétrica de forma a depositá-lo no cátodo, fazendo-o atingir essa pureza. Apesar de ser um método lento e de consumir grande quantidade de energia, os custos de produção são compensados pelos subprodutos do processo, que são metais como ouro, platina e prata. O método de purificação do cobre é conhecido como

a) pilha galvânica, sendo que, no ânodo, ocorre a oxidação do cobre metálico, e o metal que se deposita no cátodo é resultado da redução dos íons Cu^{2+} da solução aquosa.

b) eletrólise, sendo que, no ânodo, ocorre a oxidação do cobre metálico, e o metal que se deposita no cátodo é resultado da redução dos íons Cu^{2+} da solução aquosa.

c) eletrólise, sendo que, no ânodo, ocorre a redução do cobre metálico, e o metal que se deposita no cátodo é resultado da oxidação dos íons Cu^{2+} da solução aquosa.

d) pilha galvânica, sendo que, no ânodo, ocorre a redução do cobre metálico, e o metal que se deposita no cátodo é resultado da oxidação dos íons Cu^{2+} da solução aquosa.

21. (UEMG) A eletroquímica é uma área da Química com grande aplicação industrial, dentre elas, destacam-se a metalúrgica e a área de saneamento. Na metalurgia extrativa, utiliza-se um metal como agente redutor para obtenção de outro no estado elementar. Já na área de saneamento, o tratamento de águas residuais utiliza o processo químico descrito para transformar um composto químico em outro por meio da aplicação de uma corrente elétrica através da solução.

Considere os seguintes potenciais de redução descritos abaixo:

	E^0 (volt)
$Mg^{2+} + 2\,e^- \to Mg$	$-2,38$
$Zn^{2+} + 2\,e^- \to Zn$	$-0,76$
$Fe^{2+} + 2\,e^- \to Fe$	$-0,44$
$Ni^{2+} + 2\,e^- \to Ni$	$-0,25$
$Cu^{2+} + 2\,e^- \to Cu$	$+0,34$
$Ag^{2+} + 2\,e^- \to Ag$	$+0,8$

O par de compostos que poderia ser utilizado na metalurgia extrativa, bem como o nome do processo aplicado na área de saneamento, está corretamente descrito na opção:

a) Mg como redutor para obter Zn, eletrólise.

b) Cu como redutor para obter Ni, eletrólise.

c) Ag como redutor para obter Mg, destilação.

d) Fe como redutor para obter Ag, destilação.

22. (PUC-MG) Numere a segunda coluna de acordo com a primeira, relacionando o elemento sublinhado com seu número de oxidação (Nox).

1. A$\underline{\ell}_2$S$_3$ ( ) -1
2. $\underline{K}_2$S   ( ) 0
3. $\underline{Sr}C\ell_2$ ( ) $+1$
4. K$\underline{F}$ ( ) $+2$
5. $\underline{O}_3$ ( ) $+3$

A sequência correta encontrada é:

a) $4-5-3-2-1$ c) $2-3-5-4-1$
b) $4-5-2-3-1$ d) $2-3-5-1-4$

23. (PUC-MG) Numere a segunda coluna de acordo com a primeira, relacionando o elemento sublinhado com seu número de oxidação (Nox).

1. Mg$\underline{S}$ ( ) -2
2. Li$\underline{F}$ ( ) -1
3. $\underline{H}_2$ ( ) 0
4. $\underline{Na}C\ell$ ( ) $+1$
5. $\underline{Sr}C\ell_2$ ( ) $+2$

A sequência correta encontrada, de cima para baixo, é:

a) $1-2-3-4-5$ c) $4-3-2-1-5$
b) $5-4-3-2-1$ d) $3-4-2-5-1$

24. (UFPR) Recentemente, foram realizados retratos genéticos e de *habitat* do mais antigo ancestral universal, conhecido como LUCA. Acredita-se que esse organismo unicelular teria surgido a 3,8 bilhões de anos e seria capaz de fixar CO_2, convertendo esse composto inorgânico de carbono em compostos orgânicos.

Para converter o composto inorgânico de carbono mencionado em metano (CH_4), a variação do NOX no carbono é de:

a) 1 unidade.   d) 6 unidades.
b) 2 unidades.   e) 8 unidades.
c) 4 unidades.

25. (Unesp-SP)

Nas últimas décadas, o dióxido de enxofre (SO_2) tem sido o principal contaminante atmosférico que afeta a distribuição de liquens em áreas urbanas e industriais. Os liquens absorvem o dióxido de enxofre e, havendo repetidas exposições a esse poluente, eles acumulam altos níveis de sulfatos (SO_4^{2-}) e bissulfatos (HSO_4^-), o que incapacita os constituintes dos liquens de realizarem funções vitais, como fotossíntese, respiração e, em alguns casos, fixação de nitrogênio.

(LIJTEROFF, Rubén et al. *Revista Internacional de contaminaciónambiental*, maio de 2009. Adaptado.)

Nessa transformação do dióxido de enxofre em sulfatos e bissulfatos, o número de oxidação do elemento enxofre varia de _____ para _____; portanto, sofre _____.

As lacunas desse texto são, correta e respectivamente, preenchidas por:

a) $-4, -6$ e redução.   d) $+2, +4$ e oxidação.
b) $+4, +6$ e oxidação.   e) $-2, -4$ e oxidação.
c) $+2, +4$ e redução.

26. (UFRGS-RS) Postar fotos em redes sociais pode contribuir com o meio ambiente. As fotos digitais não utilizam mais os filmes tradicionais; no entanto os novos processos de revelação capturam as imagens e as colocam em papel de fotografia, de forma semelhante ao que ocorria com os antigos filmes. O papel é então revelado com os mesmos produtos químicos que eram utilizados anteriormente.

Exercícios finais

O quadro abaixo apresenta algumas substâncias que podem estar presentes em um processo de revelação fotográfica.

Substância	Fórmula
Brometo de prata	$AgBr$
Tiossulfato de sódio	$Na_2S_2O_3$
Sulfito de sódio	Na_2SO_3
Sulfato duplo de alumínio e potássio	$KA\ell(SO_4)_2$
Nitrato de prata	$AgNO_3$

Sobre essas substâncias, é correto afirmar que os átomos de

a) prata no $AgBr$ e no $AgNO_3$ estão em um mesmo estado de oxidação.

b) enxofre no $Na_2S_2O_3$ e no Na_2SO_3 estão em um mesmo estado de oxidação.

c) sódio no $Na_2S_2O_3$ estão em um estado mais oxidado que no Na_2SO_3.

d) enxofre no $Na_2S_2O_3$ estão em um estado mais oxidado que no Na_2SO_3.

e) oxigênio no $KA\ell(SO_4)_2$ estão em um estado mais oxidado que no $AgNO_3$.

Texto para a próxima questão

Uma medida adotada pelo governo do estado para amenizar a crise hídrica que afeta a cidade de São Paulo envolve a utilização do chamado "volume morto" dos reservatórios do Sistema Cantareira. Em artigo publicado pelo jornal *O Estado de S. Paulo*, três especialistas alertam sobre os riscos trazidos por esse procedimento que pode trazer à tona poluentes depositados no fundo das represas, onde se concentram contaminantes que não são tratados por sistemas convencionais. Entre os poluentes citados que contaminam os mananciais há compostos inorgânicos, orgânicos altamente reativos com os sistemas biológicos, microbiológicos e vírus. Segundo as pesquisadoras, "quanto mais baixo o nível dos reservatórios, maior é a concentração de poluentes, recomendando maiores cuidados".

Disponível em: <http://sao-paulo.estadao.com.br>. Adaptado.

27. (Unesp-SP) De modo geral, em sistemas aquáticos a decomposição de matéria orgânica de origem biológica, na presença de oxigênio, se dá por meio de um processo chamado degradação aeróbica. As equações representam reações genéricas envolvidas na degradação aeróbica, em que "MO" = matéria orgânica contendo nitrogênio e enxofre.

$$(CH_2O)_n + n\,O_2 \rightarrow n\,CO_2 + n\,H_2O$$

$$Mo\,(C, H, N, S) + n\,O_2 \rightarrow CO_2 + H_2O + NO_3^- + SO_4^{2-}$$

Analisando as equações apresentadas, é correto afirmar que no processo de degradação aeróbica ocorrem reações de

a) decomposição, em que o oxigênio não sofre alteração em seu número de oxidação.

b) oxirredução, em que o oxigênio atua como agente redutor.

c) decomposição, em que o oxigênio perde elétrons.

d) oxirredução, em que o oxigênio sofre oxidação.

e) oxirredução, em que o oxigênio atua como agente oxidante.

28. (UPF-RS) No ano de 2015, ocorreu o rompimento das barragens de Fundão e Santarém e o despejo de toneladas de rejeitos de minério de ferro no meio ambiente. Dentre esses rejeitos, encontra-se a hematita, um minério de ferro que apresenta fórmula molecular Fe_2O_3.

A equação geral que representa o processo de obtenção do ferro metálico a partir da hematita é:

$$3\,Fe_2O_3\,(s) + 9\,CO\,(g) \rightarrow 6\,Fe\,(s) + 9\,CO_2\,(g)$$

Acerca desse processo, complete as lacunas:

Na hematita (Fe_2O_3 (s)), o íon ferro apresenta-se na forma de _____, com número de oxidação _____. Dessa maneira, uma das formas de obtenção de ferro metálico, a partir da hematita, consiste resumidamente em o íon ferro _____ elétrons, em um processo denominado _____.

A alternativa que completa corretamente, na sequência, as lacunas da frase é:

a) cátion, 2+, doar, oxidação.

b) ânion, 3+, receber, redução.

c) íon, 2+, receber, oxidação.

d) ânion, 2+, receber, redução.

e) cátion, 3+, receber, redução.

29. (Unifesp-SP) O cloreto de alumínio anidro, $A\ell C\ell_3$ (s), tem grande importância para a indústria química, pois é empregado como catalisador em diversas reações orgânicas. Esse composto pode ser obtido pela reação química entre cloro gasoso, $C\ell_2$ (g), e alumínio metálico, $A\ell$ (s).

a) Indique como variam os números de oxidação do cloro e do alumínio nessa reação e qual desses reagentes atua como agente redutor.

b) Escreva a equação balanceada dessa reação química e calcule a massa de cloreto de alumínio anidro que é obtida pela reação completa de 540 g de alumínio com cloro em excesso. Apresente os cálculos.

(Dados: $A\ell = 27$; $C\ell = 35,5$.)

Texto para a próxima questão

Leia o texto abaixo e responda à questão a seguir.

O cloro é empregado para potabilizar a água de consumo dissolvendo-o nela. Também é usado como oxidante, branqueador e desinfetante. É gasoso e muito tóxico (neurotóxico), foi usado como gás de guerra na Primeira e na Segunda Guerra Mundial. Ele pode ser obtido, de acordo com a reação não balanceada:

$$MnO_2 + HC\ell \rightarrow MnC\ell_2 + H_2O + C\ell_2$$

30. (IFSul-RS) Os coeficientes (menores números inteiros possíveis) que tornam a reação balanceada são, respectivamente, iguais a

a) 1; 2; 1; 1; 1.

b) 1; 4; 1; 2; 1.

c) 2; 6; 2; 1; 1.

d) 2; 8; 2; 1; 2.

31. (PUC-Campinas) Cloreto de sódio, um composto iônico, é o principal componente do sal de cozinha, sendo retirado da água do mar. Já o sódio metálico não existe na natureza e, para obtê-lo, pode-se realizar a eletrólise ígnea do cloreto de sódio. Sabendo que o elemento sódio pertence ao grupo 1 da Tabela Periódica, quando se realiza a eletrólise ígnea para obtenção do sódio metálico, o número de oxidação desse elemento varia de

a) 0 para −1.

b) −1 para 0.

c) −1 para +1.

d) 0 para +1.

e) +1 para 0.

32. (Uema) Leia a notícia que trata do transporte e da expansão do manganês.

A VLI, empresa especializada em operações logísticas, além de incentivar por meio do projeto "Trilhos Culturais – Jovens multiplicadores" a difusão de diversos conhecimentos em comunidades que ficam às margens das linhas férreas brasileiras, a promoção e a participação social em ações educativas, incluiu em suas atividades o transporte de manganês, pelo corredor Centro-Norte. Este metal apresenta vários estados de oxidação em diferentes espécies, como, por exemplo, $MnCO_3$, MnF_3, K_3MnO_4 e MnO_4^{-2}.

O manganês é transportado da cidade paraense Marabá até o porto do Itaqui, passando pela estrada de ferro Carajás, e segue em navios para outras cidades do litoral brasileiro, como também para a Europa, a Ásia e os Estados Unidos.

Jornal O Estado do Maranhão.

Os números de oxidação do manganês nas espécies relacionadas no texto, respectivamente, são

a) +2, +3, +5 e +6.

b) +2, +5, +3 e +6.

c) +2, +6, +3 e +5.

d) +2, +3, +6 e +5.

e) +2, +5, +6 e +3.

33. (ITA-SP) Assinale a opção que contém o número de oxidação do crômio no composto $[Cr(NH_3)_4\,C\ell_2]^+$.

a) Zero.

b) +1.

c) +2.

d) +3.

e) +4.

34. (UFRGS-RS) A pirita, de fórmula FeS_2, foi uma das primeiras estruturas cristalinas resolvidas por métodos de difração de raios X, e os cristais cúbicos simples mostram claramente a ligação enxofre-enxofre [S-S], com carga total 2-, dentro das unidades. Assim, FeS_2 poderia ser chamado de persulfeto de ferro, em vez de dissulfeto de ferro como é usualmente denominado.

O nome persulfeto de ferro seria adequado, pois

a) o estado de oxidação do enxofre nesse composto é −1, semelhante ao oxigênio nos peróxidos.

b) o estado de oxidação do ferro nesse composto é +4, e é o estado mais oxidado possível do ferro.

c) o estado de oxidação do ferro nesse composto é +1, e este é o estado menos oxidado do ferro.

d) o enxofre, nesse composto, tem estado de oxidação −4, semelhante ao enxofre no ácido persulfúrico, que é fortemente oxidante.

e) esse composto tem estado total de oxidação diferente de zero, podendo ser considerado como um íon positivo complexo.

35. (Unesp-SP)

Texto para a próxima questão

Leia o texto para responder à questão a seguir.

Insumo essencial na indústria de tintas, o dióxido de titânio sólido puro (TiO_2) pode ser obtido a partir de minérios com teor aproximado de 70% em TiO_2 que, após moagem, é submetido à seguinte sequência de etapas:

I. aquecimento com carvão sólido

$$TiO_2\,(s) + C\,(s) \rightarrow Ti\,(s) + CO_2\,(g) \quad \Delta H_{reação} = +550\,kJ \cdot mol^{-1}$$

II. reação do titânio metálico com cloro molecular gasoso

$$Ti\,(s) + 2\,C\ell_2\,(s) \rightarrow TiC\ell_4\,(\ell) \qquad \Delta H_{reação} = -804\,kJ \cdot mol^{-1}$$

III. reação do cloreto de titânio líquido com oxigênio molecular gasoso

$$TiC\ell_4\,(\ell) + O_2\,(g) \rightarrow TiO_2\,(s) + 2\,C\ell_2\,(g)$$

$$\Delta H_{reação} = -140\,kJ \cdot mol^{-1}$$

No processo global de purificação de TiO_2, com relação aos compostos de titânio envolvidos no processo, é correto afirmar que ocorre

a) oxidação do titânio apenas nas etapas I e II.

b) redução do titânio apenas na etapa I.

c) redução do titânio apenas nas etapas II e III.

d) redução do titânio em todas as etapas.

e) oxidação do titânio em todas as etapas.

Eletroquímica **Capítulo 14** 513

ATIVIDADE INVESTIGATIVA

Eletrólise do cloreto de sódio

Por definição, eletrólise é o ramo da eletroquímica que caracteriza um processo não espontâneo de descarga de íons, baseado na conversão de energia elétrica em energia química. O processo da eletrólise é uma reação de oxirredução, oposta àquela que ocorre numa pilha, que é um processo espontâneo. A água pura não é condutora de eletricidade, sendo necessária a adição de alguma substância (neste caso, o cloreto de sódio), de modo que se obtém uma solução condutora (eletrolítica) apta a sofrer eletrólise.

Material

- 1 copo com boca larga de 500 mL ou um vidro tipo maionese
- 2 colheres de sal de cozinha (cloreto de sódio)
- água
- 2 fios de cobre de cerca de 30 cm (desencapados nas pontas)
- 1 pedaço de fita adesiva
- 1 colher de sopa
- 1 transformador de energia para 12 volts ou uma bateria de moto de 12 volts

Material de segurança

- avental
- luvas
- óculos de segurança

Procedimento

- Vista os materiais de segurança primeiro.
- Coloque água até a metade do copo e dissolva duas colheres de sopa de cloreto de sódio na água; utilizando a colher, agite a solução até a completa dissolução do sal.
- Conecte os fios de cobre ao transformador de 12 volts.
- Com o auxílio da fita adesiva, fixe os fios de cobre no copo, pelo lado de dentro, atentando para que as pontas dos fios fique mergulhadas dentro da solução.
- Ligue o transformador na tomada.

Discussão

a) O que você observa dentro do copo?

b) Sabendo-se que os cátions são atraídos pelo cátodo (polo negativo) e que os cátions presentes na solução são o H^+ (aq) e o Na^+ (aq), qual deles deve ser responsável pela formação de bolhas? Justifique sua resposta anotando a semirreação de redução.

c) Os ânions são atraídos pelo ânodo (polo positivo). Na solução os ânions presentes são o Cl^- (aq) e OH^- (aq). Analisando a eletrólise, qual dos ânions deve ser aquele que está descarregando? Escreva sua semirreação de oxidação.

d) No final da eletrólise, quais os íons que estarão presentes?

Descarte

Como as substâncias presentes no copo são de baixa toxicidade, podemos descartar na pia com água corrente.

Filipe Rocha

Enem

1. O benzeno, um importante solvente para a indústria química, é obtido industrialmente pela destilação do petróleo. Contudo, também pode ser sintetizado pela trimerização do acetileno catalisada por ferro metálico sob altas temperaturas, conforme a equação química:

$$3\ C_2H_2\ (g) \rightarrow C_6H_6\ (\ell)$$

A energia envolvida nesse processo pode ser calculada indiretamente pela variação de entalpia das reações de combustão das substâncias participantes, nas mesmas condições experimentais:

I.
$$C_2H_2\ (g) + \frac{5}{2}\ O_2\ (g) \rightarrow 2\ CO_2\ (g) + H_2O\ (\ell) \quad \Delta H_c^0 = -310\ \text{kcal/mol}$$

II.
$$C_6H_6\ (\ell) + \frac{15}{2}\ O_2\ (g) \rightarrow 6\ CO_2\ (g) + 3\ H_2O\ (\ell) \quad \Delta H_c^0 = -780\ \text{kcal/mol}$$

A variação de entalpia do processo de trimerização, em kcal, para a formação de um mol de benzeno é mais próxima de

a) −1 090.
b) −150.
c) −50.
d) +157.
e) +470.

2. O aproveitamento de resíduos florestais vem se tornando cada dia mais atrativo, pois eles são uma fonte renovável de energia. A figura representa a queima de um bio-óleo extraído do resíduo de madeira, sendo ΔH_1 a variação de entalpia devido à queima de 1 g desse bio-óleo, resultando em gás carbônico e água líquida, e ΔH_2 a variação de entalpia envolvida na conversão de 1g de água no estado gasoso para o estado líquido.

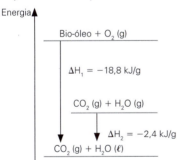

A variação de entalpia, em kJ, para a queima de 5 g desse bio-óleo resultando em CO_2 (gasoso) e H_2O (gasoso) é:

a) −106.
b) −94.
c) −82.
d) −21,2.
e) −16,4.

3. Alguns fatores podem alterar a rapidez das reações químicas. A seguir, destacam-se três exemplos no contexto da preparação e da conservação de alimentos:

1. A maioria dos produtos alimentícios se conserva por muito mais tempo quando submetidos à refrigeração. Esse procedimento diminui a rapidez das reações que contribuem para a degradação de certos alimentos.

2. Um procedimento muito comum utilizado em práticas de culinária é o corte dos alimentos para acelerar o seu cozimento, caso não se tenha uma panela de pressão.

3. Na preparação de iogurtes, adicionam-se ao leite bactérias produtoras de enzimas que aceleram as reações envolvendo açúcares e proteínas lácteas.

Com base no texto, quais são os fatores que influenciam a rapidez das transformações químicas relacionadas aos exemplos 1, 2 e 3, respectivamente?

a) Temperatura, superfície de contato e concentração.
b) Concentração, superfície de contato e catalisadores.
c) Temperatura, superfície de contato e catalisadores.
d) Superfície de contato, temperatura e concentração.
e) Temperatura, concentração e catalisadores.

4. Há processos industriais que envolvem reações químicas na obtenção de diversos produtos ou bens consumidos pelo homem. Determinadas etapas de obtenção desses produtos empregam catalisadores químicos tradicionais, que têm sido, na medida do possível, substituídos por enzimas. Em processos industriais, uma das vantagens de se substituírem os catalisadores químicos tradicionais por enzimas decorre do fato de estas serem

a) consumidas durante o processo.
b) compostos orgânicos e biodegradáveis.
c) inespecíficas para os substratos.
d) estáveis em variações de temperatura.
e) substratos nas reações químicas.

5. Hipóxia ou mal das alturas consiste na diminuição de oxigênio (O_2) no sangue arterial do organismo. Por essa razão, muitos atletas apresentam mal-estar (dores de cabeça, tontura, falta de ar etc.) ao praticarem atividade física em altitudes elevadas. Nessas condições, ocorrerá uma diminuição na concentração de hemoglobina oxigenada (HbO_2) em equilíbrio no sangue, conforme a relação:

$$Hb\ (aq) + O_2\ (aq) \rightleftarrows HbO_2\ (aq)$$

Mal da montanha. Disponível em: <www.feng.pucrs.br>. Acesso em: 11 fev. 2015 (adaptado).

A alteração da concentração de hemoglobina oxigenada no sangue ocorre por causa do(a)

a) elevação da pressão arterial.
b) aumento da temperatura corporal.
c) redução da temperatura do ambiente.
d) queda da pressão parcial de oxigênio.
e) diminuição da quantidade de hemácias.

Enem

6. Vários ácidos são utilizados em indústrias que descartam seus efluentes nos corpos de água, como rios e lagos, podendo afetar o equilíbrio ambiental. Para neutralizar a acidez, o sal carbonato de cálcio pode ser adicionado ao efluente, em quantidades apropriadas, pois produz bicarbonato, que neutraliza a água. As equações envolvidas no processo são apresentadas:

I. $CaCO_3 (s) + CO_2 (g) + H_2O (\ell) \rightleftarrows Ca^{2+} (aq) + 2 HCO_3^- (aq)$

II. $HCO_3^- (aq) \rightleftarrows H^+ (aq) + CO_3^{2-} (aq)$ \qquad $K_1 = 3,0 \times 10^{-11}$

III. $CaCO_3 (s) \rightleftarrows Ca^{2+} (aq) + CO_3^{2-} (aq)$ \qquad $K_2 = 6,0 \times 10^{-9}$

IV. $CO_2 (g) + H_2O (\ell) \rightleftarrows H^+ (aq) + HCO_3^- (aq)$ $K_3 = 2,5 \times 10^{-7}$

Com base nos valores das constantes de equilíbrio das reações II, III e IV a 25 ºC, qual é o valor numérico da constante de equilíbrio da reação I?

a) $4,5 \times 10^{-26}$

b) $5,0 \times 10^{-5}$

c) $0,8 \times 10^{-9}$

d) $0,2 \times 10^5$

e) $2,2 \times 10^{26}$

7. A formação de estalactites depende da reversibilidade de uma reação química. O carbonato de cálcio ($CaCO_3$) é encontrado em depósitos subterrâneos na forma de pedra calcária. Quando um volume de água rica em CO_2 dissolvido se infiltra no calcário, o minério dissolve-se formando íons Ca^{2+} e HCO_3^-. Numa segunda etapa, a solução aquosa desses íons chega a uma caverna e ocorre a reação inversa, promovendo a liberação de CO_2 e a deposição de $CaCO_3$, de acordo com a equação apresentada.

$Ca^{2+} (aq) + 2 HCO_3^- (aq) \rightleftarrows CaCO_3 (s) + CO_2 (g) + H_2O (\ell)$

$\Delta H = +40,94 \text{ kJ/mol}$

Considerando o equilíbrio que ocorre na segunda etapa, a formação de carbonato será favorecida pelo(a)

a) diminuição da concentração de íons OH^- no meio.

b) aumento da pressão do ar no interior da caverna.

c) diminuição da concentração de HCO_3^- no meio.

d) aumento da temperatura no interior da caverna.

e) aumento da concentração de CO_2 dissolvido.

8. Uma das etapas do tratamento da água é a desinfecção, sendo a cloração o método mais empregado. Esse método consiste na dissolução do gás cloro numa solução sob pressão e sua aplicação na água a ser desinfectada. As equações das reações químicas envolvidas são:

$C\ell_2 (g) + 2 H_2O (\ell) \rightleftarrows HC\ell O (aq) + H_3O^+ (aq) + C\ell^- (aq)$

$HC\ell O (aq) + H_2O (\ell) \rightleftarrows H_3O^+ (aq) + C\ell^- (aq)$ \quad $pK_a = -logK_a = 7,53$

A ação desinfetante é controlada pelo ácido hipocloroso, que possui um potencial de desinfecção cerca de 80 vezes superior ao ânion hipoclorito. O pH do meio é importante, porque influencia na extensão com que o ácido hipocloroso se ioniza.

Para que a desinfecção seja mais efetiva, o pH da água a ser tratada deve estar mais próximo de

a) 0. \qquad c) 7. \qquad e) 14.

b) 5. \qquad d) 9.

9. Às vezes, ao abrir um refrigerante, percebe-se que uma parte do produto vaza rapidamente pela extremidade do recipiente. A explicação para esse fato está relacionada à perturbação do equilíbrio químico existente entre alguns dos ingredientes do produto, de acordo com a equação:

$$CO_2 (g) + H_2O (\ell) \rightleftarrows H_2CO_3 (aq)$$

A alteração do equilíbrio anterior, relacionada ao vazamento do refrigerante nas condições descritas, tem como consequência a

a) liberação de CO_2 para o ambiente.

b) elevação da temperatura do recipiente.

c) elevação da pressão interna no recipiente.

d) elevação da concentração de CO_2 no líquido.

e) formação de uma quantidade significativa de H_2O.

10. Em um experimento, colocou-se água até a metade da capacidade de um frasco de vidro e, em seguida, adicionaram-se três gotas de solução alcoólica de fenolftaleína. Adicionou-se bicarbonato de sódio comercial, em pequenas quantidades, até que a solução se tornasse rosa. Dentro do frasco, acendeu-se um palito de fósforo, o qual foi apagado assim que a cabeça terminou de queimar. Imediatamente, o frasco foi tampado. Em seguida, agitou-se o frasco tampado e observou-se o desaparecimento da cor rosa.

MATEUS. A. L. *Química na cabeça*. Belo Horizonte. UFMG, 2001 (adaptado).

A explicação para o desaparecimento da cor rosa é que, com a combustão do palito de fósforo, ocorreu o (a)

a) formação de óxidos de caráter ácido.

b) evaporação do indicador fenolftaleína.

c) vaporização de parte da água do frasco.

d) vaporização dos gases de caráter alcalino.

e) aumento do pH da solução no interior do frasco.

11. A obtenção do alumínio dá-se a partir da bauxita ($A\ell_2O_3 \cdot 3 H_2O$), que é purificada e eletrolisada numa temperatura de 1 000 ºC. Na célula eletrolítica, o ânodo é formado por barras de grafita ou carvão, que são consumidas no processo de eletrólise, com formação de gás carbônico, e o cátodo é uma caixa de aço coberta de grafita.

516

A etapa de obtenção do alumínio ocorre no

a) ânodo, com formação de gás carbônico.

b) cátodo, com redução do carvão na caixa de aço.

c) cátodo, com oxidação do alumínio na caixa de aço.

d) ânodo, com depósito de alumínio nas barras de grafita.

e) cátodo, com fluxo de elétrons das barras de grafita para a caixa de aço.

12. Texto I

Biocélulas combustíveis são uma alternativa tecnológica para substituição das baterias convencionais. Em uma biocélula microbiológica, bactérias catalisam reações de oxidação de substratos orgânicos. Liberam elétrons produzidos na respiração celular para um eletrodo, onde fluem por um circuito externo até o cátodo do sistema, produzindo corrente elétrica. Uma reação típica que ocorre em biocélulas microbiológicas utiliza o acetato como substrato.

AQUINO NETO. S. *Preparação e caracterização de bioanodos para biocélula e combustível etanol/O_2*. Disponível em: <www.teses.usp.br>. Acesso em: 23 jun. 2015 (adaptado).

Texto II

Em sistemas bioeletroquímicos, os potenciais padrão (E^0) apresentam valores característicos. Para as biocélulas de acetato, considere as seguintes semirreações de redução e seus respectivos potenciais:

$$2\,CO_2 + 7\,H^+ + 8\,e^- \rightarrow CH_3OO^- + 2\,H_2O \quad E^0 = -0,3\,V$$
$$O_2 + 4\,H^+ + 4\,e^- \rightarrow 2\,H_2O \qquad\qquad E^0 = +0,8\,V$$

SCOTT, K.; YU, E. H. Microbial electrochemical and fuel cells: fundamentals and applications. *Woodhead Publishing Series in Energy*. n. 88, 2016 (adaptado).

Nessas condições, qual é o número mínimo de biocélulas de acetato, ligadas em série, necessárias para se obter uma diferença de potencial de 4,4 V?

a) 3   b) 4   c) 6   d) 9   e) 15

13. O alumínio é um metal bastante versátil, pois, a partir dele, podem-se confeccionar materiais amplamente utilizados pela sociedade. A obtenção do alumínio ocorre a partir da bauxita, que é purificada e dissolvida em criolita fundida ($Na_3A\ell F_6$) e eletrolisada a cerca de 1 000 °C. Há liberação do gás dióxido de carbono (CO_2), formado da reação de um dos produtos da eletrólise com o material presente nos eletrodos. O ânodo é formado por barras de grafita submergidas na mistura fundida. O cátodo é uma caixa de ferro coberta de grafita. A reação global do processo é:

$$2\,A\ell_2O_3\,(\ell) + 3\,C\,(s) \rightarrow 4\,A\ell\,(\ell) + 3\,CO_2\,(g)$$

Na etapa de obtenção do alumínio líquido, as reações que ocorrem no cátodo e ânodo são:

a) cátodo: $A\ell^{3+} + 3\,e^- \rightarrow A\ell$

ânodo $\begin{cases} 2\,O^{2-} \rightarrow O_2 + 4\,e^- \\ C + O_2 \rightarrow CO_2 \end{cases}$

b) cátodo $\begin{cases} 2\,O^{2-} \rightarrow O_2 + 4\,e^- \\ C + O_2 \rightarrow CO_2 \end{cases}$

ânodo: $A\ell^{3+} + 3\,e^- \rightarrow A\ell$

c) cátodo $\begin{cases} A\ell^{3+} + 3\,e^- \rightarrow A\ell \\ 2\,O^{2-} \rightarrow O_2 + 4\,e^- \end{cases}$

ânodo: $C + O_2 \rightarrow CO_2$

d) cátodo $\begin{cases} A\ell^{3+} + 3\,e^- \rightarrow A\ell \\ C + O_2 \rightarrow CO_2 \end{cases}$

ânodo: $2\,O^{2-} + O_2 + 4\,e^-$

e) cátodo: $2\,O^{2-} \rightarrow O_2 + 4\,e^-$

ânodo $\begin{cases} A\ell^{3+} + 3\,e^- \rightarrow A\ell \\ C + O_2 \rightarrow CO_2 \end{cases}$

14. A calda bordalesa é uma alternativa empregada no combate a doenças que afetam folhas de plantas. Sua produção consiste na mistura de uma solução aquosa de sulfato de cobre(II), $CuSO_4$, com óxido de cálcio, CaO, e sua aplicação só deve ser realizada se estiver levemente básica. A avaliação rudimentar da basicidade dessa solução é realizada pela adição de três gotas sobre uma faca de ferro limpa. Após três minutos, caso surja uma mancha avermelhada no local da aplicação, afirma-se que a calda bordalesa ainda não está com a basicidade necessária. O quadro apresenta os valores de potenciais-padrão de redução (E^0) para algumas semirreações de redução.

Semirreação de redução	E^0 (V)
$Ca^{2+} + 2\,e^- \rightarrow Ca$	−2,87
$Fe^{3+} + 3\,e^- \rightarrow Fe$	−0,04
$Cu^{2+} + 2\,e^- \rightarrow Cu$	+0,34
$Cu^+ + e^- \rightarrow Cu$	+0,52
$Fe^{3+} + e^- \rightarrow Fe^{2+}$	+0,77

MOTTA, I. S. *Calda bordalesa*: utilidades e preparo. Dourados: Embrapa, 2008 (adaptado).

A equação química que representa a reação de formação da mancha avermelhada é:

a) $Ca^{2+}\,(aq) + 2\,Cu^+\,(aq) \rightarrow Ca\,(s) + 2\,Cu^{2+}\,(aq)$.

b) $Ca^{2+}\,(aq) + 2\,Fe^{2+}\,(aq) \rightarrow Ca\,(s) + 2\,Fe^{3+}\,(aq)$.

c) $Cu^{2+}\,(aq) + 2\,Fe^{2+}\,(aq) \rightarrow Cu\,(s) + 2\,Fe^{3+}\,(aq)$.

d) $3\,Ca^{2+}\,(aq) + 2\,Fe\,(s) \rightarrow 3\,Ca\,(s) + 2\,Fe^{3+}\,(aq)$.

e) $3\,Cu^{2+}\,(aq) + 2\,Fe\,(s) \rightarrow 3\,Cu\,(s) + 2\,Fe^{3+}\,(aq)$.

Enem

15. Músculos artificiais são dispositivos feitos com plásticos inteligentes que respondem a uma corrente elétrica com um movimento mecânico. A oxidação e a redução de um polímero condutor criam cargas positivas e/ou negativas no material, que são compensadas com a inserção ou expulsão de cátions ou ânions. Por exemplo, na figura os filmes escuros são de polipirrol e o filme branco é de um eletrólito polimérico contendo um sal inorgânico. Quando o polipirrol sofre oxidação, há a inserção de ânions para compensar a carga positiva no polímero e o filme se expande. Na outra face do dispositivo o filme de polipirrol sofre redução, expulsando ânions, e o filme se contrai. Pela montagem, em sanduíche, o sistema todo se movimenta de forma harmônica, conforme mostrado na figura.

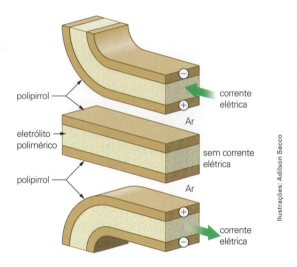

A camada central de eletrólito polimérico é importante porque

a) absorve a irradiação de partículas carregadas, emitidas pelo aquecimento elétrico dos filmes de polipirrol.

b) permite a difusão dos íons promovida pela aplicação de diferença de potencial, fechando o circuito elétrico.

c) mantém um gradiente térmico no material para promover a dilatação/contração térmica de cada filme de polipirrol.

d) permite a condução de elétrons livres, promovida pela aplicação de diferença de potencial, gerando corrente elétrica.

e) promove a polarização das moléculas poliméricas, o que resulta no movimento gerado pela aplicação de diferença de potencial.

16. (UFRJ)

O Instituto Luiz Coimbra lançou o primeiro ônibus urbano movido a hidrogênio do hemisfério Sul, com tecnologia inteiramente nacional. Sua tração provém de três fontes de energia, sendo uma delas a pilha de combustível, na qual o hidrogênio, gerado por um processo eletroquímico, reage com o oxigênio do ar, formando água.

FRAGA, I. Disponível em: <http://cienciahoje.uol.com.br>.
Acesso em: 20 jul. 2010 (adaptado).

A transformação de energia que ocorre na pilha de combustível responsável pelo movimento do ônibus decorre da energia cinética oriunda do(a)

a) calor absorvido na produção de água.

b) expansão gasosa causada pela produção de água.

c) calor liberado pela reação entre o hidrogênio e o oxigênio.

d) contração gasosa causada pela reação entre o hidrogênio e o oxigênio.

e) eletricidade gerada pela reação de oxirredução do hidrogênio com o oxigênio.

17.

O crescimento da produção de energia elétrica ao longo do tempo tem influenciado decisivamente o progresso da humanidade, mas também tem criado uma séria preocupação: o prejuízo ao meio ambiente. Nos próximos anos, uma nova tecnologia de geração de energia elétrica deverá ganhar espaço: as células a combustível hidrogênio/oxigênio.

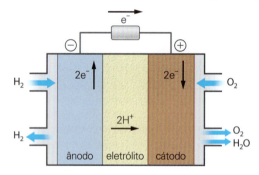

Com base no texto e na figura, a produção de energia elétrica por meio da célula a combustível hidrogênio/oxigênio diferencia-se dos processos convencionais porque

a) transforma energia química em energia elétrica, sem causar danos ao meio ambiente, porque o principal subproduto formado é a água.

b) converte a energia química contida nas moléculas dos componentes em energia térmica, sem que ocorra a produção de gases poluentes nocivos ao meio ambiente.

c) transforma energia química em energia elétrica, porém emite gases poluentes da mesma forma que a produção de energia a partir dos combustíveis fósseis.

d) converte energia elétrica proveniente dos combustíveis fósseis em energia química, retendo os gases poluentes produzidos no processo sem alterar a qualidade do meio ambiente.

e) converte a energia potencial acumulada nas moléculas de água contidas no sistema em energia química, sem que ocorra a produção de gases poluentes nocivos ao meio ambiente.

18. A grafita é uma variedade alotrópica do carbono. Trata-se de um sólido preto, macio e escorregadio, que apresenta brilho característico e boa condutibilidade elétrica.

Considerando essas propriedades, a grafita tem potência de aplicabilidade em:

a) lubrificantes, condutores de eletricidade e cátodos de baterias alcalinas.

b) ferramentas para riscar ou cortar materiais, lubrificantes e condutores de eletricidade.

c) ferramentas para amolar ou polir materiais, brocas odontológicas e condutores de eletricidade.

d) lubrificantes, brocas odontológicas, condutores de eletricidade, captadores de radicais livres e cátodo de baterias alcalinas.

e) ferramentas para riscar ou cortar materiais e nanoestruturas capazes de transportar drogas com efeito radioterápico.

19. A eletrólise é muito empregada na indústria com o objetivo de reaproveitar parte dos metais sucateados. O cobre, por exemplo, é um dos metais com maior rendimento no processo de eletrólise, com uma recuperação de aproximadamente 99,9%. Por ser um metal de alto valor comercial e de múltiplas aplicações, sua recuperação torna-se viável economicamente.

Suponha que, em um processo de recuperação de cobre puro, tenha-se eletrolisado uma solução de sulfato de cobre (II) ($CuSO_4$) durante 3 h, empregando-se uma corrente elétrica de intensidade igual a 10 A. A massa de cobre puro recuperada é de aproximadamente

(Dados: Constante de Faraday: F = 96 500 C/mol; Massa molar em g/mol: Cu = 63,5.)

a) 0,02 g.　　　**c)** 2,40 g.　　　**e)** 71,0 g.

b) 0,04 g.　　　**d)** 35,5 g.

20.

O pH do solo pode variar em uma faixa significativa devido a várias causas. Por exemplo, o solo de áreas com chuvas escassas, mas com concentrações elevadas do sal solúvel carbonato de sódio (Na_2CO_3) torna-se básico devido à reação de hidrólise do íon carbonato, segundo o equilíbrio:

$$CO_3^{2-}\ (aq) + H_2O\ (\ell) + OH^-\ (aq)$$

Esses tipos de solo são alcalinos demais para fins agrícolas e devem ser remediados pela utilização de aditivos químicos.

BAIRD, C. *Química ambiental*. São Paulo: Artmed, 1995 (adaptado).

Suponha que, para remediar uma amostra desse tipo de solo, um técnico tenha utilizado como aditivo a cal virgem (CaO). Nesse caso, a remediação

a) foi realizada, pois o caráter básico da cal virgem promove o deslocamento do equilíbrio descrito para a direita, em decorrência da elevação de pH do meio.

b) foi realizada, pois o caráter ácido da cal virgem promove o deslocamento do equilíbrio descrito para a esquerda, em decorrência da redução de pH do meio.

c) não foi realizada, pois o caráter ácido da cal virgem promove o deslocamento do equilíbrio descrito para a direita, em decorrência da redução de pH do meio.

d) não foi realizada, pois o caráter básico da cal virgem promove o deslocamento do equilíbrio descrito para a esquerda, em decorrência da elevação de pH do meio.

e) não foi realizada, pois o caráter neutro da cal virgem promove o deslocamento do equilíbrio descrito para a esquerda, em decorrência da manutenção de pH do meio.

21. O boato de que os lacres das latas de alumínio teriam um alto valor comercial levou muitas pessoas a juntarem esse material na expectativa de ganhar dinheiro com sua venda. As empresas fabricantes de alumínio esclarecem que isso não passa de uma "lenda urbana", pois ao retirar o anel da lata, dificulta-se a reciclagem do alumínio. Como a liga do qual é feito o anel contém alto teor de magnésio, se ele não estiver junto com a lata, fica mais fácil ocorrer a oxidação do alumínio no forno. A tabela apresenta as semirreações e os valores de potencial padrão de redução de alguns metais:

Semirreação	Potencial padrão de redução (V)
$Li^+ + e^- \rightarrow Li$	–3,05
$K^+ + e^- \rightarrow K$	–2,93
$Mg^{2+} + 2\,e^- \rightarrow Mg$	–2,36
$A\ell^{3+} + 3\,e^- \rightarrow A\ell$	–1,66
$Zn^{2+} + 2\,e^- \rightarrow Zn$	–0,76
$Cu^{2+} + 2\,e^- \rightarrow Cu$	+0,34

Disponível em: www.sucatas.com. Acesso em: 28 fev. 2012 (adaptado).

Com base no texto e na tabela, que metais poderiam entrar na composição do anel das latas com a mesma função do magnésio, ou seja, proteger o alumínio da oxidação nos fornos e não deixar diminuir o rendimento da sua reciclagem?

a) Somente o lítio, pois ele possui o menor potencial de redução.

b) Somente o cobre, pois ele possui o maior potencial de redução.

c) Somente o potássio, pois ele possui potencial de redução mais próximo do magnésio.

d) Somente o cobre e o zinco, pois eles sofrem oxidação mais facilmente que o alumínio.

e) Somente o lítio e o potássio, pois seus potenciais de redução são menores do que o do alumínio.

519

UNIDADE
5

A EVOLUÇÃO DAS MOLÉCULAS

No processo de evolução do Universo, a teoria da nucleossíntese supõe que os átomos de carbono são formados a partir do hélio no núcleo de certas estrelas. Segundo Hubert Reeves, "o carbono é o filho amado da natureza, nascido de um parto difícil e que será muito grato. Os átomos de carbono serão os grandes heróis da evolução química e da evolução biológica". Milhões de anos depois, no planeta Terra, com ambiente favorável, o carbono, agora no interior do metano, juntamente com NH_3, H_2 e H_2O, forma as primeiras moléculas complexas – os aminoácidos. As primeiras moléculas simples combinam-se para formar moléculas maiores – os polímeros. Dessas combinações surgiram novas moléculas mais complexas e com diferentes arranjos atômicos, possibilitando-lhes executar tarefas químicas além das alcançadas pelas moléculas primitivas.

No processo evolutivo do Universo, podemos pensar na seguinte sequência: H, He, C, metano, aminoácidos, proteínas e, enfim, vida.

Vitstudio/Shutterstock.com

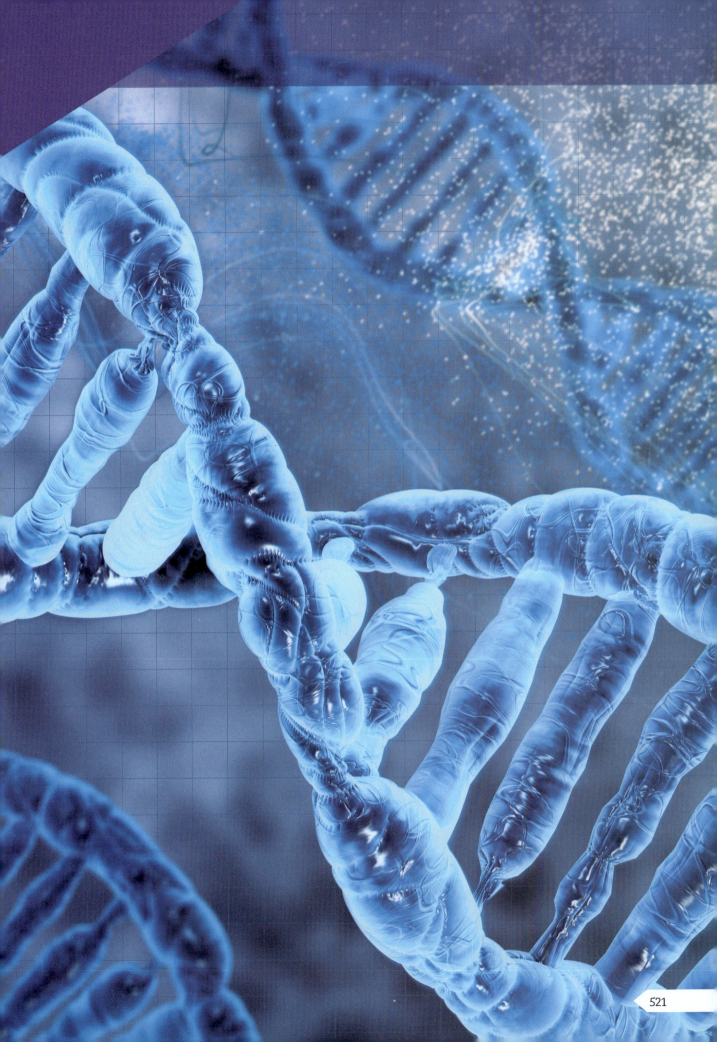

CAPÍTULO 15

INTRODUÇÃO À QUÍMICA ORGÂNICA

Sem dúvida, a parte da Química que mais diz respeito ao dia a dia em nosso planeta está relacionada à química do carbono. Podemos encontrar nesse âmbito um imenso número de exemplos de compostos, ou de misturas deles, que fazem parte do cotidiano, despertando nossa curiosidade para o mundo em que vivemos: petróleo, fármacos, detergentes, tintas, plásticos, corantes, perfumes, álcoois, entre outros. A maior dificuldade é justamente condensar, em poucos capítulos, esta imensidão denominada **Química Orgânica**.

Até o começo do século XIX, os químicos acreditavam que os compostos orgânicos eram encontrados em organismos vivos ou produzidos somente por eles; por consequência, as outras substâncias eram classificadas como inorgânicas. Também tinham a crença de que somente os organismos vivos possuíam uma "força vital" capaz de produzir substâncias orgânicas. Tal concepção, proposta por Jöns Jakob Berzelius (1779-1848), tornou-se uma doutrina intitulada de **vitalismo**.

Figura 15.1: O carbono que, pela teoria da nucleossíntese, teria se formado a partir do hélio do núcleo das estrelas, encontrou na Terra ambiente para desenvolver moléculas complexas.

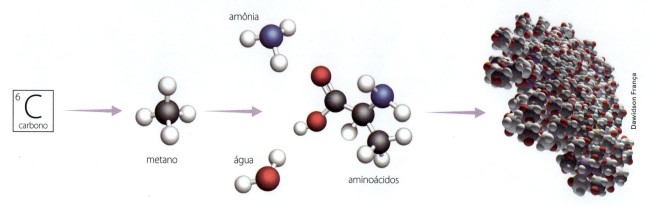

Aqui, estamos falando de orgânico na concepção de composto produzido por nosso organismo.

No entanto, o vitalismo sofreu um grande golpe após uma experiência do químico alemão Friedrich Wöhler (Figura 15.2) em 1828. Wöhler obteve a ureia (Figura 15.3), um composto tipicamente **orgânico** excretado na urina, através da evaporação de uma solução aquosa do sal inorgânico cianato de amônio. Foi a síntese de um composto orgânico típico, a partir de um composto inorgânico típico, sem a interferência de um organismo vivo.

Figura 15.2: Friedrich Wöhler (1800-1882).

Figura 15.3: A ureia é comumente utilizada no Brasil como fertilizante.

522 Unidade 5 A evolução das moléculas

Desde esse experimento até os dias atuais, uma infinidade de novos compostos foi descoberta e/ou sintetizada. A Ciência caminha a uma velocidade tão grande que encontrar o número exato dos compostos conhecidos hoje em dia seria uma tarefa extremamente difícil, uma vez que, a cada dia, novas substâncias são descobertas.

No entanto, com o auxílio do *Chemical Abstracts* – um catálogo químico que lista informações sobre os compostos em geral –, é possível fazer uma busca dos compostos catalogados atualmente. Dos vários milhões registrados, a grande maioria é de compostos orgânicos. Muitas vezes nos deparamos com a denominação **química do carbono** em referência aos compostos orgânicos, embora não seja de todo apropriada, visto que existem compostos constituídos de carbono – como carbonatos (CO_3^{2-}), cianetos (CN^{1-}) e carbetos (C^{4-}), além do monóxido de carbono (CO) e do dióxido de carbono (CO_2) – que tradicionalmente são considerados compostos inorgânicos. Porém, a quantidade de compostos que têm carbono em sua constituição e não são orgânicos é tão pequena que, quando nos referimos à química do carbono, estamos, naturalmente, nos referindo à Química Orgânica.

Características do carbono

Por que existem tantos compostos orgânicos?

O principal motivo é o fato de o carbono estabelecer ligações covalentes muito fortes entre si, levando à formação de anéis ou cadeias dos mais diferentes tamanhos e tipos, além de ligar-se fortemente a quatro elementos: hidrogênio, oxigênio, nitrogênio e enxofre. Por isso, esses elementos quase sempre estão presentes nos compostos orgânicos.

Outro motivo é a possibilidade de formação de ligações múltiplas (dupla ou tripla) com outro(s) átomo(s) de carbono ou com o oxigênio e o nitrogênio.

Uma propriedade importante do carbono é a adequação perfeita para formar quatro ligações (por pertencer ao segundo período da tabela periódica e ter quatro elétrons de valência).

Considerando todas essas características, podemos entender a diversidade de cadeias que podem ser encontradas. Veja alguns exemplos:

ETANOL

ASPARTAME
Adoçante cerca de cem a duzentas vezes mais doce que o açúcar comum.

CAROTENO
Substância responsável pela cor amarelo-alaranjada da cenoura, da abóbora, da manga e do caqui.

Carbono: presença indispensável

O carbono constitui apenas 0,027% da crosta terrestre, sendo, portanto, um elemento pouco abundante. Parte aparece na forma elementar (grafita, diamante, fulereno), porém a maioria é encontrada na forma combinada. Para se ter uma ideia da vastidão das estruturas que contêm esse elemento, basta salientar que cerca de 90% dos novos compostos sintetizados a cada ano contêm carbono, e a maioria é de compostos orgânicos. Devido à sua imensa quantidade, são objeto de estudo de uma área específica da Química, conhecida como Química Orgânica. Apesar de Wöhler ter refutado a ideia de que somente os seres vivos poderiam sintetizar compostos orgânicos, a vida como a conhecemos não poderia existir sem a presença dos compostos de carbono.

Introdução à Química Orgânica Capítulo 15 523

Como representar uma estrutura orgânica

A maneira como representamos as estruturas orgânicas depende da conveniência: de acordo com as informações nas quais estamos interessados, podemos representar um mesmo composto de várias formas. Não existe a maneira mais correta de representação, e sim aquela mais adequada para nos fornecer as informações de que precisamos no momento.

Um modo prático e informativo é o que utilizamos para representar o aspartame e o caroteno na página anterior. Vejamos o procedimento para escrever tais estruturas: cada extremidade ou junção permite a ligação de outro átomo de carbono; cada carbono deverá, obrigatoriamente, fazer quatro ligações; portanto, quando isso não estiver explícito, o restante não manifesto deverá ser completado com átomos de hidrogênio. Somente carbono e hidrogênio podem ser omitidos nesse tipo de representação.

Vejamos, agora, maneiras possíveis de representar a estrutura do butano (principal componente do gás de botijão utilizado nos fogões). Embora sejam relativas ao mesmo composto (o butano), as representações trazem nível de informação diferente em cada caso. A escolha da representação dependerá do interesse envolvido.

• **Estrutura I** – Mostra todas as ligações, inclusive a geometria tetraédrica do carbono. As ligações representadas por ⊣ indicam que esses grupamentos estão na frente do plano, enquanto as ligações representadas por ⫼ indicam que esses grupamentos estão atrás dele. Tal estrutura tenta passar uma ideia tridimensional da molécula.

• **Estrutura II** – É uma simplificação da primeira representação; mostra todas as ligações, no entanto omite o caráter tetraédrico do carbono, dando a impressão de que a cadeia é plana.

$CH_3CH_2CH_2CH_3$

• **Estrutura III** – Informa a sequência da cadeia, porém devemos estar familiarizados sobre o número máximo de ligações que cada elemento pode fazer.

NOTA:
É comum misturarem-se diferentes formas de representação de uma estrutura orgânica, por exemplo: $CH_3 — CH_2 — CH_2 — CH_3$ utiliza características das representações II e III; $H_3C — (CH_2)_2 — CH_3$ vale-se do uso das representações II, III e V.

• **Estrutura IV** – É a forma mais simplificada de representação, contudo nos permite obter todas as informações a respeito da cadeia, desde que saibamos, de antemão, as regras apresentadas acima. E cada fim de traço representa um carbono.

C_4H_{10}

• **Estrutura V** – É a fórmula molecular. Mostra somente a quantidade de cada elemento na formação da molécula.

• **Estrutura VI** – Vem ganhando força com a popularização dos computadores (alguns programas montam essas estruturas com certa facilidade), pois dá a noção volumétrica da molécula. Além de mostrar a geometria da molécula, também mostra a relação entre os tamanhos dos átomos.

Exercício proposto

Utilizando as estruturas aqui apresentadas, determine a fórmula molecular dos compostos etanol, caroteno e aspartame.

Tipos de carbono

Dependendo do número de ligações que um átomo de carbono faz com outros carbonos, podemos classificá-lo como:

primário	ligado diretamente a, no máximo, outro átomo de carbono, ou a nenhum carbono
secundário	ligado diretamente a outros dois átomos de carbono
terciário	ligado diretamente a outros três átomos de carbono
quaternário	ligado diretamente a outros quatro átomos de carbono

Vamos identificar os tipos de carbono encontrados na seguinte estrutura orgânica:

$$^1CH_3 - O - {}^2CH_2 - {}^3CH - {}^5CH_2 - {}^6C - {}^8CH_3$$

com $^4CH_3$ ligado ao carbono 3 e $^7CH_3$ e $^9CH_3$ ligados ao carbono 6.

NOTA:

O número representado acima de cada carbono, na cor vermelha, é somente para sua identificação.

São primários os carbonos 1, 2, 4, 7, 8, 9; secundário, o carbono 5; terciário, o carbono 3; quaternário, o carbono 6.

Classificação das cadeias carbônicas

Em virtude da grande variedade de cadeias carbônicas, torna-se necessária uma organização para que se possam classificar melhor as estruturas. As representações abaixo mostram os **esqueletos** dos tipos mais comuns de cadeias carbônicas.

O esqueleto carbônico é uma maneira simplificada de representar uma estrutura. Ele não é totalmente completo, porém sintetiza bem os tipos de cadeia.

I. Cadeia aberta (alifática)

- quanto à sequência carbônica:

LINEAR NORMAL
Apresenta uma cadeia com duas extremidades de carbono.

RAMIFICADA
Apresenta sequência carbônica com mais de duas extremidades; em geral, com carbono terciário e/ou quaternário.

- quanto ao tipo de ligação entre átomos de carbono:

SATURADA
Apresenta somente ligações simples entre carbonos.

INSATURADA
Apresenta pelo menos uma ligação dupla e/ou uma tripla ligação.

Introdução à Química Orgânica **Capítulo 15** 525

Observação: Toda vez que uma cadeia apresentar pelo menos uma **ligação dupla ou uma ligação tripla entre dois átomos de carbono**, dizemos que ela é **insaturada**. Assim, estruturas como

$$\diagdown \!\!\!\!\!\underset{\diagup}{C} = O \qquad -C \equiv N$$

não configuram cadeias carbônicas insaturadas, pois a insaturação (dupla ou tripla ligação) não está localizada entre dois átomos de carbono. Dessa forma, quando estruturas como as apresentadas aparecerem em uma cadeia carbônica, **não havendo ligações duplas ou triplas entre carbonos**, essa será classificada como **saturada**.

Exemplo:

$$\overset{\overset{\displaystyle O}{\overset{\|}{}}}{CH_3CH_2CCH_2CH_3}$$

O composto apresenta cadeia carbônica saturada — não apresenta ligação dupla ou tripla entre dois carbonos —, porém tem estrutura insaturada, uma vez que a molécula apresenta uma ligação dupla.

- quanto à presença de átomos diferentes no meio da sequência carbônica:

$$-\overset{|}{\underset{|}{C}} - \overset{|}{\underset{|}{C}} - \overset{|}{\underset{|}{C}} - \overset{|}{\underset{|}{C}} -$$

HOMOGÊNEA
Não apresenta nenhum elemento diferente do carbono entre dois carbonos.

$$-\overset{|}{\underset{|}{C}} - \overset{|}{\underset{|}{C}} - \overset{|}{\underset{|}{N}} - \overset{|}{\underset{|}{C}} -$$

HETEROGÊNEA
Apresenta pelo menos um elemento diferente do carbono entre dois carbonos. Esse elemento é chamado de heteroátomo.

Quando classificamos a cadeia carbônica em homogênea e heterogênea, estamos interessados somente no esqueleto de carbonos. No entanto, qualquer estrutura que apresentar pelo menos um elemento diferente de carbono é considerada uma estrutura heterogênea.

$$H - \overset{\overset{\displaystyle H}{|}}{\underset{\underset{\displaystyle H}{|}}{C}} - \overset{\overset{\displaystyle H}{|}}{\underset{\underset{\displaystyle H}{|}}{C}} - \overset{\overset{\displaystyle H}{|}}{\underset{\underset{\displaystyle H}{|}}{C}} - O - H$$

Como essa estrutura não apresenta nenhum elemento diferente de carbono entre dois átomos de carbono, classificamos a cadeia carbônica como **cadeia homogênea**. Contudo, notamos a presença de um átomo de oxigênio na estrutura e, assim, temos uma **estrutura heterogênea**.

II. Cadeia fechada (cíclica)

- quanto à presença de anel aromático:

Aromática – Cadeia constituída por compostos que apresentam o anel benzênico em sua estrutura.

As três estruturas a seguir representam o anel benzênico de diferentes formas:

Estrutura I – representação de todos os átomos.

Estrutura II – simplificação da estrutura I.

Estrutura III – representação das ligações: o círculo no meio representa as três ligações duplas; essas ligações não se encontram fixas em suas posições, mas sim deslocadas ao longo do anel.

Alicíclica – Cadeia cíclica constituída por compostos que não apresentam o anel aromático (benzênico) em sua estrutura.

As cadeias cíclicas também podem ser classificadas como homogêneas ou heterogêneas e saturadas ou insaturadas.

Estrutura I – Cadeia carbônica aberta, normal, saturada e homogênea.

CH₃CH₂OH

Estrutura II – Cadeia carbônica cíclica, aromática, insaturada e homogênea.

Estrutura III – Cadeia carbônica aberta, ramificada, saturada e heterogênea.

CH₃ — O — CH₂ — CH — CH₃
                |
               CH₃

Estrutura IV – Cadeia carbônica cíclica, alicíclica, saturada e homogênea.

Estrutura V – Cadeia carbônica aberta, normal, insaturada e homogênea.

CH₂ = CH — CH₂ — CH₃

> **Observação:** Pode-se contar o número de insaturações presentes em uma molécula; para cada ligação dupla, considera-se uma insaturação; para cada ligação tripla, duas insaturações. Assim, na estrutura II, há três insaturações; na V, apenas uma.

Valência dos elementos químicos

Se observarmos com atenção os compostos orgânicos, vamos notar que os elementos C, N, O, S, H e os halogênios sempre aparecem formando um número fixo de ligações – valência dos elementos químicos. Assim, sabendo o número máximo de ligações que estes elementos fazem, podemos prever a disposição desses elementos na cadeia – basta respeitar suas valências.

Por exemplo, o carbono sempre terá de fazer quatro ligações; o nitrogênio, três; o oxigênio e o enxofre, duas; e o hidrogênio e os halogênios, uma.

A seguir estão representadas as maneiras como o carbono e os demais elementos citados podem realizar ligações.

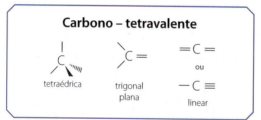

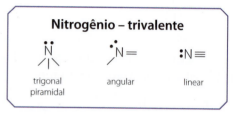

Eventualmente, o par de elétrons livres do nitrogênio pode ser utilizado para formar uma nova ligação. Exemplo: NH_4^{1+}.

Os termos **bivalente** e **divalente** são sinônimos.

O nitrogênio

O nitrogênio, na forma de substância simples, consiste de moléculas diatômicas, N_2, que compõem cerca de 78% do volume do ar atmosférico seco. O gás nitrogênio (N_2) é muito pouco reativo, porém, pelo processo Haber-Bosch, pode ser convertido em amônia e, posteriormente, em ácido nítrico. Nessas formas, ele pode ser mais facilmente absorvido pelas plantas (por isso é usado nos fertilizantes) e convertido em moléculas orgânicas, como aminoácidos, proteínas e enzimas.

Grupos funcionais

A maneira como os elementos (em especial hidrogênio, oxigênio e nitrogênio) aparecem ligados nas cadeias carbônicas acarreta certas especificidades aos compostos. Assim, dependendo da composição, formam-se grupos funcionais, isto é, grupamentos com características peculiares que, por seu caráter singular, possibilitam classificar uma substância.

A seguir, estão os principais grupamentos (grupos funcionais) de compostos orgânicos.

$\begin{array}{c}\diagup\\C=C\\\diagdown\end{array}$ — alceno

—OH — hidroxila

$\begin{array}{c}\diagup\\C-O-C\\\diagdown\end{array}$ — éter

$-C\begin{array}{c}=O\\\diagdown\\OH\end{array}$ — carboxila

—C≡C— — alcino

$\begin{array}{c}\diagup\\C=O\\\diagdown\end{array}$ — carbonila

—N— | — amina

—C≡N — nitrila

$-C\begin{array}{c}=O\\\diagdown\\N-\\|\end{array}$ — amida

A presença desses grupamentos na cadeia carbônica acaba determinando o tipo da substância em questão – álcool, éter, cetona, entre outros –, ou seja, a **função orgânica**.

> **Observação:** Em estruturas complexas, é comum encontrar mais de um grupo funcional, e esses compostos são classificados como **substâncias de função mista**.
>
> Exemplo: $C_9H_{13}O_3N$ (adrenalina)
>
> [estrutura da adrenalina com rótulos: OH hidroxila, NH amina, CH₃, HO hidroxilas, duplas, HO]
>
> A adrenalina é um hormônio produzido em nosso organismo pela glândula suprarrenal. Circula no sangue e atua no sistema nervoso autônomo. Também age sobre os músculos cardíacos, aumentando a força de contração, dilata as pupilas e estimula a secreção de suor e saliva.

Exercícios resolvidos

1. Avanços na síntese de Química Orgânica estão permitindo produzir moléculas cada vez mais complexas. Moléculas cuja representação lembram o formato humano são chamadas de nanokid, conforme ilustra a fórmula estrutural ao lado. A cadeia carbônica do nanokid representado pode ser classificada como:

   a) homogênea, saturada e normal.
   b) heterogênea, insaturada e normal.
   c) heterogênea, saturada e ramificada.
   d) homogênea, insaturada e ramificada.
   (e)) heterogênea, insaturada e ramificada.

   A parte da molécula que parece representar os olhos, na verdade, são átomos de oxigênio entre carbonos; isso significa que a estrutura carbônica é heterogênea. São várias ligações duplas e triplas na estrutura; isso significa que a estrutura carbônica é insaturada. São vários carbonos terciários que faz com que a estrutura seja ramificada.

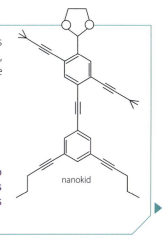

nanokid

Introdução à Química Orgânica Capítulo 15 529

2. O paracetamol é um dos princípios ativos usados como medicamento contra dores em geral.

a) Escreva a fórmula molecular deste composto.

b) Quantos átomos de carbono primário, secundário, terciário e quaternário possui a estrutura?

c) E quantos anéis aromáticos estão presentes na referida estrutura?

a) A estrutura possui 8 carbonos, conforme indicado na imagem da estrutura ao lado. A quantidade de hidrogênios será a soma dos hidrogênios mostrados na estrutura mais aqueles que são omitidos (para cada carbono, o quanto faltar para completar a tetravalência desse elemento será por meio de hidrogênios). O carbono 1 (C1) já faz 4 ligações, portanto não tem H ligado; o C2 possui 3 H; o C3 já está completo; ao C4 falta uma ligação para completar a tetravalência (1 H); ao C5 falta 1 H; O C6 já está completo; ao C7 falta 1 H; ao C8 falta um hidrogênio. Isto soma 7 hidrogênios. Mais dois (um ligado ao N e outro ligado ao O). No total, temos 9 hidrogênios. São mais 2 oxigênios e 1 nitrogênio.

Portanto, a fórmula molecular do paracetamol é: $C_8H_9O_2N$.

b) 2 primários – C1, C2
6 secundários – C3, C4, C5, C6, C7, C8
0 terciário
0 quaternário

c) 1 anel aromático

Exercícios propostos

1. O composto cuja estrutura molecular está representada abaixo:

$$H_3C - \underset{\underset{CH_3}{|}}{\overset{\overset{CH_3}{|}}{C}} - CH_2 - \underset{\underset{H}{|}}{N} - CH = CH_2$$

apresenta uma cadeia carbônica que pode ser classificada como:

a) alicíclica, normal, heterogênea e saturada.

b) alicíclica, ramificada, homogênea e saturada.

c) alifática, ramificada, homogênea e insaturada.

d) alifática, ramificada, heterogênea e insaturada.

e) alifática, normal, homogênea e saturada.

2. A substância, cuja fórmula estrutural plana está representada a seguir, é responsável pelo sabor amargo da cerveja.

$$CH_3 - \underset{\underset{CH_3}{|}}{\overset{\|}{C}} = CH - CH_2 - \underset{\underset{CH_2}{\|}}{C} - CH = CH_2$$

Esta substância, denominada mirceno, é oriunda das folhas de lúpulo adicionadas durante o processo de fabricação da cerveja. Responda:

a) Qual é a fórmula molecular do mirceno e quantos carbonos primários, secundários e terciários existem?

b) Quantas insaturações existem?

3. (Unesp) Leia o texto para responder à questão a seguir.

O glutamato de cálcio (massa molar = 430 g/mol) é um medicamento destinado principalmente ao tratamento da deficiência de cálcio. Na forma de solução injetável 10%, ou seja, 100 mg/mL, este medicamento é destinado ao tratamento da hipocalcemia aguda.

Disponível em: <www.medicinanet.com.br>. Adaptado.

O número total de átomos de hidrogênio presentes na estrutura do glutamato de cálcio é:

a) 14

b) 20

c) 16

d) 10

e) 22

NOTA:

É importante ressaltar que existem outras funções orgânicas; porém, estamos nos atendo apenas às mais comuns.

Funções orgânicas

Devido ao imenso número de compostos orgânicos existentes e por esses apresentarem certas similaridades estruturais e de comportamento químico, uma prática comum é agrupá-los de acordo com suas características.

Neste momento, estudaremos algumas das principais funções orgânicas e seu representante mais conhecido.

530 **Unidade 5** A evolução das moléculas

Função orgânica	Grupo funcional	Representante	Usos/características
Hidrocarboneto	É composto apenas por carbono e hidrogênio	C_xH_y derivados do petróleo	Solvente, combustível, entre outros.
Álcool	— OH (hidroxila ligada a carbono saturado)	CH_3CH_2OH etanol (álcool etílico)	Solvente, combustível, componente de bebidas alcoólicas, entre outros.
Aldeído	$\diagup C = O$ (carbonila)	formaldeído	Em mistura aquosa (formol), para a conservação de peças anatômicas.
Cetona	$\diagup C = O$ (carbonila)	$CH_3 — C — CH_3$ acetona	Solvente.
Éter	— O — (oxigênio como heteroátomo)	$CH_3CH_2 — O — CH_2CH_3$ éter etílico	Anestésico e solvente.
Ácido carboxílico	$—C \diagup^O_{OH}$ (carboxila)	ácido acético	Em solução aquosa (vinagre), para o preparo de alimentos.
Éster	$—C \diagup^O_{O—}$	acetato de etila	Solvente e flavorizantes.
Amina	N — pelo menos uma das ligações deve ser com carbono saturado	CH_3NH_2 metilamina	Síntese de fungicidas e inseticidas.
Amida	$—C \diagup^O_{N—}$	metilacetamida	Adoçante, analgésico, sedativo, entre outros.

Em alguns casos, o principal representante de uma função é tão conhecido que ele acaba popularmente sendo confundido com a própria função. O caso mais comum na Química Orgânica é o do álcool etílico (etanol). Quando não se menciona sua identificação, é quase certo que não se está falando da função, mas sim de sua aplicação como combustível, solvente, desinfetante etc.

Principais funções orgânicas

Hidrocarbonetos

Como o próprio nome diz, trata-se de compostos que apresentam somente **hidrogênio** e **carbono** em sua composição.

As principais fontes de obtenção dos hidrocarbonetos são o petróleo e o gás natural. A destilação do petróleo é uma fonte de aquisição de diversos **produtos**, tais como gás liquefeito de petróleo (gás de cozinha), gasolina, querosene, óleo *diesel*, piche e asfalto.

> Esses derivados do petróleo não são substâncias puras, e sim misturas de compostos.

Em função da estrutura da cadeia carbônica e do comportamento químico, os hidrocarbonetos podem ser divididos em alcanos, alcenos, alcinos, cicloalcanos, cicloalcenos e aromáticos.

Alcanos – hidrocarbonetos saturados de cadeia aberta

Alcanos são hidrocarbonetos de cadeia aberta que apresentam apenas ligações simples. O alcano mais simples é o metano, CH_4, principal componente do gás natural encontrado em jazidas de petróleo ou mesmo em **regiões não petrolíferas**. Esse composto também é produzido em pântanos e aterros sanitários anaeróbios.

> Normalmente representa mais de 90% do volume total.

Além do metano, outros três alcanos são gasosos à temperatura ambiente: etano, propano e butano.

```
    H                H  H              H  H  H                 H  H  H  H
    |                |  |              |  |  |                 |  |  |  |
H — C — H        H — C — C — H     H — C — C — C — H       H — C — C — C — C — H
    |                |  |              |  |  |                 |  |  |  |
    H                H  H              H  H  H                 H  H  H  H
  metano             etano               propano                  butano
```

O gás liquefeito de petróleo (GLP), constituído principalmente de propano e butano, é amplamente utilizado como fonte de energia na indústria e em residências. O cheiro do gás de cozinha é devido aos compostos CH_3SH e CH_3CH_2SH (mercaptanas ou tióis), adicionados à mistura para que sirvam de alerta olfativo em caso de vazamento.

A principal utilização dos alcanos está na obtenção de energia. Servem de combustível para motores, como os de automóvel e de avião, são usados no aquecimento de casas e, em usinas termelétricas, têm emprego na conversão de energia térmica em elétrica.

Alcanos com cadeias que contenham entre 5 e 20 átomos de carbono, aproximadamente, se apresentam na fase líquida em temperatura ambiente. Aqueles com cadeias com um número muito grande de átomos de carbono, geralmente acima de 20, apresentam-se em temperatura ambiente quase sempre na fase sólida.

Para determinar com certeza a fase de agregação em que se encontra uma substância, além de conhecer as temperaturas de fusão e ebulição, é necessário saber a temperatura e a pressão em que ela se encontra.

Por exemplo, a temperatura de fusão do icosano (alcano com 20 carbonos de cadeia normal) é de 36 °C para P = 1 atm. Em locais onde a temperatura for menor que essa, o icosano se apresentará na fase sólida.

Fórmula geral dos alcanos

Analisando bem as estruturas dos alcanos, percebemos a existência de uma relação entre a quantidade de carbono e a de hidrogênio; por esse motivo, todos os alcanos apresentam a mesma fórmula geral:

$$C_nH_{2n+2}$$

em que n = número de átomos de carbono e 2n + 2 = número de átomos de hidrogênio.

Exemplo:

O butano, um dos componentes do gás de cozinha, possui, em cada molécula, 4 átomos de carbono, portanto, deverá ter 10 átomos de hidrogênio: sendo n = 4 e conhecendo a fórmula geral C_nH_{2n+2}, podemos determinar que a quantidade de hidrogênio será $(2 \cdot 4) + 2 = 10$.

$$H-C-C-C-C-H$$

butano C_4H_{10}

Alcanos de cadeia ramificada

Conforme foi mencionado, uma característica muito importante do carbono é poder formar diversos tipos de cadeias. Independentemente de as cadeias serem ramificadas ou não, se as ligações entre os carbonos forem simples, estaremos tratando de um alcano.

Exemplo:

O isoctano, um dos componentes da gasolina, possui 8 átomos de carbono em sua estrutura; portanto, deverá ter 18 átomos de hidrogênio: sendo n = 8 e conhecendo a fórmula geral $C_nH_{2n} + 2$, podemos determinar que a quantidade de hidrogênio será $(2 \cdot 8) + 2 = 18$.

isoctano C_8H_{18}

> **Os alcanos na gasolina**
>
> A gasolina obtida diretamente do fracionamento do petróleo contém, principalmente, hidrocarbonetos de cadeia linear e tem octanagem em torno de 50 (pobre). Para melhorá-la, uma das maneiras é fazer o chamado **craqueamento**, que ajuda a converter cadeias lineares em ramificadas, bem como quebrar cadeias maiores em cadeias menores.

Alcenos e alcinos – hidrocarbonetos insaturados de cadeia aberta

Alcenos

Alcenos, ou alquenos, são hidrocarbonetos que apresentam uma dupla-ligação entre carbonos. O principal representante dos alcenos é o etileno, muito utilizado como matéria-prima para o **polietileno** e para propiciar o **amadurecimento de frutos**, entre outros usos.

Polietileno: material utilizado, por exemplo, na fabricação de sacolas plásticas de supermercado.

Amadurecimento de frutos: no transporte de frutos verdes, é comum expô-los ao etileno durante a viagem para que amadureçam mais rápido.

etileno (eteno)

propileno (propeno)

Introdução à Química Orgânica   Capítulo 15   533

Alcinos

Alcinos, ou alquinos, são hidrocarbonetos insaturados que apresentam uma ligação tripla entre carbonos em sua estrutura. O principal representante dessa classe é o acetileno (etino), composto gasoso utilizado em maçaricos para gerar temperaturas elevadíssimas. Para se ter uma ideia, a chama produzida pelo GLP (mistura de butano e propano) atinge temperaturas da ordem de 850 °C ao ar livre, enquanto a queima do acetileno pode produzir chamas de até 3 000 °C. O acetileno também é usado como matéria-prima na síntese de alguns polímeros e na produção de ácido acético.

$$H - C \equiv C - H$$
acetileno (etino) $-C_2H_2$

Assim como os alcanos, os alcenos e os alcinos também apresentam fórmulas gerais:

Alcenos: C_nH_{2n}

Alcinos: C_nH_{2n-2}

Os alcinos, em geral, são substâncias altamente reativas, por isso não estão muito distribuídos na natureza como os alcenos. No entanto, os alcinos são importantes intermediários em processos industriais (na produção de borrachas sintéticas, tecidos de vinil e isolantes). O gás acetileno pode ser obtido por meio da reação do carbeto de cálcio (CaC_2) com água.

$$CaC_2\,(s) + 2\,H_2O\,(\ell) \longrightarrow C_2H_2\,(g) + Ca(OH)_2\,(aq)$$

Cicloalcanos, cicloalcenos e aromáticos – hidrocarbonetos de cadeia fechada

Cicloalcanos

São hidrocarbonetos saturados que apresentam cadeia fechada. O representante mais simples deve ter, no mínimo, três carbonos. A seguir, estão relacionados os cicloalcanos mais simples.

ciclopropano

ciclobutano

ciclopentano

ciclo-hexano

Observação: Uma característica comum ao ciclopropano e ao ciclobutano é a tensão no anel. Quando o carbono faz somente ligações simples, apresenta, teoricamente, geometria tetraédrica com ângulos de 109°28'. No caso do ciclopropano e do ciclobutano, contudo, embora o carbono tenha somente ligações simples, o ângulo entre elas, para formar um anel com 3 ou 4 carbonos, precisa diminuir: para 60°, no caso do ciclopropano, e para 90°, no caso do ciclobutano. Com isso, sucede uma forte tensão, facilitando a ruptura do anel.

Unidade 5 A evolução das moléculas

Cicloalcenos

São hidrocarbonetos de cadeia fechada que apresentam uma ligação dupla entre carbonos.

ciclopenteno   ciclo-hexeno

A presença de insaturações em compostos orgânicos é muito comum, tanto em cadeias abertas quanto em cadeias fechadas. Um exemplo é a molécula de limoneno, representada a seguir.

limoneno: constituinte da essência do limão

O limoneno

Constituinte da essência do limão, o limoneno, cuja estrutura está representada acima, também é encontrado na casca da laranja e nas agulhas de pinho. Além dele, vários outros cicloalcenos fazem parte de nosso dia a dia, como o zingibereno (no gengibre) e o salineno (no aipo).

zingibereno   salineno

Aromáticos

Esta importante classe de compostos orgânicos recebe esse nome porque os primeiros a serem descobertos possuíam odores pronunciados. Os hidrocarbonetos aromáticos constituem um tipo especial de hidrocarbonetos insaturados, dos quais o representante mais simples e comum é o benzeno. Esse composto foi isolado pela primeira vez em 1825, por Michael Faraday, que trabalhou sobre um resíduo oleoso que se acumulava nas tubulações de gás da iluminação pública de Londres.

História da Química

Friedrich August Kekulé

Benzeno ou triacetileno

[...]
Para os partidários da atomicidade, como Kekulé (Figura 15.4), a representação do benzeno é completamente diferente. Durante anos, Kekulé pensa como seria a estrutura desse composto para que as quatro valências do carbono fossem satisfeitas. Hesita, antes de chegar à figura do hexágono com as ligações simples e duplas. No início de 1865,

Figura 15.4:
Friedrich August Kekulé von Stradonitz (1829-1896).

Introdução à Química Orgânica   Capítulo 15   535

> Kekulé submete à Sociedade Francesa de Química uma primeira concepção da estrutura dos compostos aromáticos: um "núcleo" de seis átomos de carbono formando uma cadeia fechada, com cadeias laterais permitindo a formação de derivados. A figura inclui as ligações simples e duplas e marca com um ponto as valências não saturadas. Numa segunda memória apresenta um hexágono, mas sem localizar as ligações. Por fim, num terceiro artigo, publicado em 1866, propõe um modelo espacial com a forma de um hexágono, em que as ligações duplas e simples se alternam. A partir de uma tal representação, pode prever-se uma multiplicidade de derivados. [...]
>
> Construída ou sonhada? Esta estrutura tão importante para o futuro da Química terá sido pacientemente elaborada ou visualizada por uma intuição fulgurante? Tomando a palavra em 1890, numa cerimônia em sua honra, Kekulé conta que deve a sua carreira a duas visões: uma, em 1854, num autocarro londrino ter-lhe-ia revelado, sob a forma de uma dança de átomos, a ligação carbono-carbono; a outra, em 1861-1862, diante de uma chama de lareira em Gand, ter-lhe-ia revelado a estrutura cíclica do benzeno sob a forma de uma serpente mordendo a sua cauda. [...]
>
> VINCENT, B. Bernadette; STENGERS, Isabelle. *História da Química*. Lisboa: Instituto Piaget, 1992. p. 219.

Em 1834, demonstrou-se que sua fórmula empírica era CH (a razão entre o C e o H encontrada foi de 1 : 1). Alguns anos mais tarde, determinou-se que sua fórmula molecular era C_6H_6. Considerando essas informações, Friedrich August Kekulé propôs a fórmula estrutural do benzeno em 1865. O químico alemão sugeriu que os átomos de carbono deviam estar ligados entre si formando um anel, que cada átomo deveria estar ligado a um átomo de hidrogênio e que as ligações entre os carbonos deveriam alternar entre simples e duplas, conforme as representações I e II abaixo.

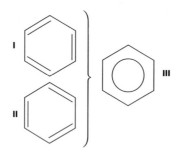

Estruturas que representam o benzeno

No entanto, estudos posteriores confirmaram que todas as ligações entre os carbonos do benzeno apresentavam o mesmo comprimento, 0,140 nm (**nanômetro**), um valor intermediário, entre 0,134 nm, a medida de uma ligação dupla (mais forte e, portanto, mais curta – entre átomos do mesmo elemento), e 0,150 nm, a medida de uma ligação simples (mais fraca e, portanto, mais longa – entre átomos do mesmo elemento).

> Um nanômetro equivale a 10^{-9} metro.

Com isso, o tipo de conexão das ligações carbono-carbono no benzeno passou a ser classificado como intermediário entre as ligações duplas e simples. Assim, as estruturas I e II não retratam de maneira satisfatória os dados do benzeno observados. Na verdade, a melhor representação seria uma combinação das duas, como a **estrutura III**, na qual o anel no meio caracteriza a distribuição simétrica dos três pares de elétrons que formam as ligações duplas. Diz-se, então, que esses elétrons não estão fixos entre dois carbonos.

> Embora a estrutura III represente melhor o benzeno, as estruturas I e II também são corretas e bastante usadas.

É justamente esse comportamento que faz com que os compostos com o anel aromático tenham propriedades diferentes dos demais compostos orgânicos que apresentam ligações duplas: a localização imprecisa das duplas confere aos anéis benzênicos estabilidade extra, resultando em baixa reatividade.

A seguir, estão alguns exemplos de compostos que apresentam o anel aromático em sua estrutura, podendo ser hidrocarbonetos ou não.

tolueno

naftaleno

antraceno

anilina

2, 4, 6 – trinitrotolueno (TNT)

vanilina – essência de baunilha

- Fórmula geral dos cicloalcanos:

$$C_nH_{2n}$$

- Fórmula geral dos cicloalcenos:

$$C_nH_{2n-2}$$

No caso dos aromáticos, não existe uma única fórmula para designar toda a classe desses compostos.

Funções orgânicas oxigenadas

Presença da hidroxila (—OH)

Sempre que uma estrutura apresentar o grupo funcional hidroxila, é preciso ficar atento, pois pode-se estar diante das seguintes funções orgânicas:

álcool

fenol

enol

Álcoois

Quando um ou mais grupos hidroxilas estiverem ligados **diretamente** a carbonos saturados, trata-se de um álcool. O representante mais simples dessa classe de compostos é o metanol, porém o mais importante, economicamente, é o etanol. É possível encontrar uma variedade muito grande de compostos que possuem a função álcool em sua estrutura, como os compostos abaixo.

CH₃OH
metanol

CH₃CH₂OH
etanol
(álcool etílico)

HOCH₂CH₂OH
etilenoglicol

HO—CH₂—CH(OH)—CH₂—OH
glicerol
(glicerina)

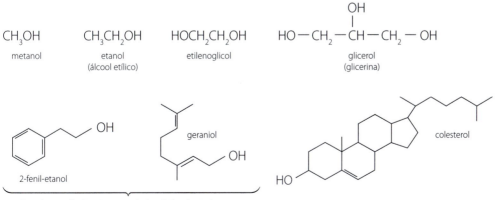

2-fenil-etanol

geraniol

colesterol

Essas duas moléculas são responsáveis pela fragrância das rosas.

Introdução à Química Orgânica Capítulo 15

Os álcoois podem ser classificados de acordo com o carbono ao qual a hidroxila está ligada. Se for a um carbono primário, o álcool é considerado primário; se for a um carbono secundário, o álcool é considerado secundário; e se for a um carbono terciário, o álcool é considerado **terciário**.

Não existe álcool com hidroxila ligada a carbono quaternário, pois esse tipo de carbono, pela própria definição, está ligado a quatro carbonos, não tendo, portanto, ligação disponível para qualquer outro elemento químico.

carbono primário (álcool primário)

carbono secundário (álcool secundário)

carbono terciário (álcool terciário)

Química Aplicada

Etanol

É uma importante fonte de energia renovável. É produzido pela fermentação de carboidratos (açúcares) encontrados na cana-de-açúcar, na beterraba, na batata, na cevada, na uva, no trigo, no arroz e no milho, entre outros.

$$C_6H_{12}O_6 \xrightarrow{\text{zimase}} 2\ C_2H_5OH + 2\ CO_2$$

glicose ou frutose   etanol   gás carbônico

O etanol é o componente básico da maioria das bebidas alcoólicas. Fisiologicamente, age como um depressivo, tal como um anestésico geral. Outro efeito da ingestão do etanol é a interferência na produção de alguns hormônios antidiuréticos, a qual leva à secreção exacerbada de água, a diurese. O etanol também causa a dilatação dos vasos sanguíneos, o que resulta em aumento do fluxo de sangue pelos capilares subcutâneos, dando uma coloração rosada às faces juntamente com a sensação de calor.

A porção de etanol nas bebidas alcoólicas varia muito. Às vezes, um mesmo tipo de bebida pode ter quantidades bem diferentes de álcool:

• cerveja Pilsen – de 4% a 5%, em volume (alguns tipos chegam a ter até 10%)

• vinho – de 9% a 12%, em volume (o vinho do Porto tem em torno de 20%)

• aguardente (cachaça) – em torno de 40%, em volume (porém, bastante variado)

• uísque – de 40% a 43%, em volume (quanto mais envelhecido, menor o teor alcoólico)

O consumo de bebidas alcoólicas remonta à Antiguidade. A ingestão exagerada pode causar danos irreversíveis ao fígado, como a cirrose, ao cérebro e ao coração.

Confira na tabela ao lado os efeitos imediatos que a presença de álcool no sangue causa ao organismo humano.

Porcentagem (em volume) de etanol no sangue	Efeito
0,05	euforia
0,1	comprometimento da coordenação motora
0,2	desequilíbrio emocional; depressão
0,3	inconsciência
de 0,4 até 0,5	coma alcoólico
acima de 0,5	óbito

Unidade 5   A evolução das moléculas

Fenóis

Fenóis são substâncias que trazem o grupo hidroxila ligado diretamente a um anel benzênico. Com raras exceções, a função fenol aparece junto com outras funções, formando uma função mista.

Creolina

A creolina é uma solução desinfetante que contém uma mistura de o-cresol, m-cresol e p-cresol (ver a fórmula acima , 2-metil-fenol), cuja coloração escura se deve à presença de partículas de carbono. Em contato com a água, forma um precipitado branco de cresóis. A creolina é muito usada como germicida e antisséptico (para lavar chiqueiros, por exemplo).

Presença da carbonila ($C = O$)

Duas funções orgânicas apresentam o grupo funcional carbonila: aldeído e cetona. O que diferencia uma função da outra é a posição da carbonila na cadeia carbônica.

Aldeídos

Quando a carbonila está em alguma extremidade da cadeia carbônica, então se trata de um aldeído.

O formaldeído é um gás que, dissolvido em água (em torno de 40% em massa), forma o produto comercialmente conhecido como formol, muito utilizado na conservação de cadáveres para estudos em Medicina e Veterinária. Também é usado na fabricação da fórmica, de medicamentos e outros materiais sintéticos.

O acetaldeído, por sua vez, é matéria-prima para a síntese de resinas, fitas adesivas e vários polímeros.

Já o benzaldeído é o principal constituinte do óleo de amêndoas amargas.

> A carbonila não deverá estar em nenhuma extremidade da cadeia; caso contrário, teríamos a função aldeído.

Cetonas

Quando a carbonila está no **meio da cadeia** carbônica, a função recebe o nome de cetona; sendo assim, uma cetona deve ter, no mínimo, três carbonos. A mais simples das cetonas é a propanona, cujo nome comercial é acetona, produto muito usado como solvente de esmaltes e tintas.

A função cetona aparece com frequência em vários compostos orgânicos, até mesmo em alguns sintetizados pelo corpo humano.

Exemplo:

progesterona: hormônio feminino

NOTA:

Devido ao fato de ser muito volátil (PE = 35 °C) e inflamável, é necessário cuidado ao manipular o éter, sobretudo em locais fechados, para evitar riscos de acidente. Seus vapores são mais densos que o ar e tendem a se acumular perto do solo.

Éteres

São compostos que apresentam o oxigênio situado entre carbonos, formando uma cadeia carbônica heterogênea. Os éteres costumam ser representados por R — O — R', em que R e R' são substituintes orgânicos.

O representante mais simples é o metoximetano (éter metílico), porém o mais conhecido é o etoxietano (éter etílico ou éter apenas), um líquido inflamável e bastante volátil, utilizado pela primeira vez como anestésico geral no século XIX. Por ser inflamável e provocar irritação nas vias respiratórias e nos pulmões, o composto praticamente não é mais usado como anestésico.

$$CH_3 — O — CH_3$$

metoximetano,
éter dimetílico ou
éter metílico

$$CH_3CH_2 — O — CH_2CH_3$$

etoxietano, éter dietílico
ou éter etílico

As diferentes formas de se representar uma substância orgânica às vezes podem levar à identificação errônea da função. Para evitar esse problema, o mais importante é respeitar a valência de cada um dos elementos que fazem parte do composto.

Exemplos:

$$CH_3COCH_3 \qquad CH_3OCH_3$$

I   II

À primeira vista, parece que os dois compostos apresentam cadeia carbônica heterogênea, porém, se tentássemos colocar o oxigênio entre dois carbonos no composto I, a estrutura apresentaria um carbono realizando apenas duas ligações, o que não expressa a realidade. Na verdade, quando escrevemos o composto dessa forma, estamos nos referindo a uma cetona cuja cadeia carbônica é homogênea.

$$CH_3 — C — O — CH_3$$
arranjo errado

$$CH_3 — \overset{\overset{O}{\|}}{C} — CH_3$$
cetona

Já no composto II, o oxigênio aparece entre os dois carbonos, formando uma cadeia heterogênea. O composto apresentado é o $CH_3 — O — CH_3$ (éter metálico).

Ácidos carboxílicos

Quando os grupos carbonila e hidroxila estão ligados ao mesmo carbono, um novo grupo função passa a existir: a carboxila.

540   Unidade 5   A evolução das moléculas

A presença desse grupo funcional mostra que a molécula pertence a uma outra função, a dos ácidos carboxílicos. Essa classe de compostos tem o ácido fórmico (ácido metanoico) como seu representante mais simples. Seu nome popular tem origem no latim, *formica*, que significa formiga, uma vez que é o principal componente do veneno inoculado pela formiga vermelha (conhecida ainda como formiga-de-fogo ou lava-pés). Essa substância também está presente na composição das substâncias urticantes liberadas por certas **lagartas**.

Em geral, ácidos carboxílicos de cadeia curta têm odor irritante e muitas vezes desagradável. O ácido etanoico, mais conhecido como ácido acético, é o principal ingrediente ativo do vinagre e, puro, tem cheiro repulsivo. O ácido butanoico, também conhecido como ácido butírico, é o composto que dá o odor desagradável à manteiga rançosa. O ácido pentanoico, ou ácido valérico, tem odor semelhante ao de meias velhas e sujas. Já o ácido hexanoico, ou ácido caproico, é um dos responsáveis pelo odor característico dos caprinos.

As lagartas urticantes são conhecidas como taturanas, palavra de origem indígena (tupi: *tata'rana*) que significa semelhante ao fogo.

ácido metanoico (ácido fórmico)

ácido etanoico (ácido acético)

ácido butanoico (ácido butírico)

ácido pentanoico (ácido valérico)

ácido hexanoico

Fórmulas estruturais de ácidos carboxílicos. A terminação COOH, representada no ácido hexanoico, é uma forma simplificada de representar a carboxila.

Outros compostos orgânicos que apresentam o grupamento carboxílico e estão em nosso dia a dia são o ácido oxálico, ou ácido etanodioico, presente em várias verduras, o ácido cítrico, presente em frutos cítricos, tais como limão e laranja, e o ácido benzoico, presente na própolis, um material resinoso produzido pelas abelhas.

ácido etanodioico (ácido oxálico)

ácido cítrico (também apresenta função álcool)

ácido benzoico (acidulante/ conservante de vários alimentos)

A característica ácida desses compostos deve-se à presença do hidrogênio ionizável da carboxila. Em decorrência disso, podemos facilmente substituir esse hidrogênio por um íon ou grupo iônico, obtendo novos tipos de compostos. Um exemplo é a reação entre um ácido e uma base produzindo sal mais água. A reação envolvendo ácidos carboxílicos de cadeias longas e bases inorgânicas produz os **sais de ácidos carboxílicos**, comercialmente conhecidos como **sabões**.

ácido esteárico

estearato de sódio (sabão)

Introdução à Química Orgânica   Capítulo 15   541

> Como acabamos de ver, uma cadeia muito longa pode ser representada indicando-se quantas vezes alguns grupos se repetem.
>
> No entanto podemos escrever a estrutura do estearato de sódio da seguinte maneira:
>
> $$CH_3-[CH_2]_{16}-COO^{1-}Na^{1+}$$
>
> em que o grupo entre colchetes (ou parênteses) se repete 16 vezes.

Ésteres

NOTA:
É muito comum aparecer a letra R indicando um substituinte orgânico qualquer. Neste caso, o elemento ligado diretamente ao oxigênio necessariamente será um carbono.

Podemos considerar um éster como um derivado do ácido carboxílico, em que o hidrogênio ionizável foi substituído por um grupamento orgânico.

Ao contrário de muitos ácidos carboxílicos, os ésteres têm, em geral, odores agradáveis, muitos deles são utilizados como flavorizantes na indústria de alimentos.

etanoato de pentila: odor de banana

metanoato de metilpropila: odor e sabor de framboesa

propanoato de pentila: sabor de damasco

acetato de benzila: essência de jasmin

acetato de metilpropila: essência de morango

butanoato de estila: essência de abacaxi

Química Aplicada

O sabor e o aroma

Conseguimos detectar os sabores e os aromas devido aos sensores que temos na língua e no nariz respectivamente. Moléculas que estão presentes no ar, e que chegam até nossos receptores, podem desencadear processos que resultam na sensação de sabor e aroma. Essas sensações são químicas, pois toda atividade nervosa no cérebro depende do transporte de moléculas e íons de um local para outro.

O olfato é responsável por cerca de 70% do paladar; portanto, quando uma pessoa está gripada, a sensação do sabor dos alimentos fica seriamente comprometida, porque o fluxo de ar que leva o cheiro até o interior do nariz não atinge as terminações que identificam os odores.

Figura 15.5: O vapor de água arrasta consigo substâncias componentes do café que lhe conferem sabor e aroma.

Funções orgânicas nitrogenadas

A presença de nitrogênio também identifica outros tipos de funções.

Aminas

A amina pode ser entendida como um derivado da amônia em que o(s) hidrogênio(s) foi (foram) trocado(s) por grupamento(s) carbônico(s). Havendo a troca de um hidrogênio da amônia por um substituinte orgânico, a substância obtida será classificada como amina primária. A troca de dois hidrogênios da amônia por grupamentos carbônicos produz uma amina secundária. Por fim, a substituição dos três hidrogênios da amônia por grupamentos carbônicos forma uma amina terciária.

> **Importante:** Uma amina não é necessariamente formada a partir da amônia. Vale também destacar que os grupamentos carbônicos R, R'e R"podem ser iguais entre si ou não.

A amina mais simples é a metilamina. Há outras mais complexas e tão importantes quanto, por exemplo: a anfetamina, que age como estimulante; a trimetilamina, responsável pelo odor de peixe podre e também secretada por coiotes e cães; e a putrescina, causadora do cheiro desagradável de carne apodrecida.

Exemplos:

CH_3NH_2
metilamina
(amina primária)

$CH_3-NH-CH_2CH_3$
etilmetilamina
(amina secundária)

trimetilamina
(amina terciária)

anfetamina
(amina primária)

fenilamina (anilina)
(amina primária)

$H_2N-CH_2CH_2CH_2CH_2-NH_2$
putrescina
(diamina)

Uma característica muito importante das aminas é a presença de um par de elétrons não compartilhado no nitrogênio. Esse par de elétrons pode se ligar com outras espécies, formando uma ligação. Quando isso acontece, temos a formação de **sais de amônio**.

hexadeciltrimetilamônio: surfactante catiônico utilizado nas formulações de sabões, detergentes, xampus etc. (tem ação germicida).

dioctadecildimetilamônio: utilizado na formulação de amaciantes de roupa.

Introdução à Química Orgânica   Capítulo 15   543

Amidas

São compostos que apresentam o seguinte grupo funcional:

$$-C\underset{N}{\overset{O}{\Big\langle}}$$

Uma das maneiras de obter uma amida é a junção da amônia com uma amina primária ou secundária e com um ácido carboxílico.

$$CH_3C\underset{\boxed{OH}}{\overset{O}{\Big\langle}} + \boxed{H}\underset{H}{\overset{N}{\Big|}}H \longrightarrow CH_3C\underset{NH_2}{\overset{O}{\Big\langle}} + H_2O$$

ácido acético · · · amônia (amoníaco) · · · acetamina · · · água

Ligações entre aminas primárias ou secundárias e um ácido carboxílico são vitais para os seres vivos: obtêm-se, dessa forma, os aminoácidos, que, por meio de uniões, formam as proteínas.

A amida mais conhecida é a ureia, primeiro composto orgânico sintetizado em laboratório, fato que produziu mudanças conceituais na Química Orgânica.

$$\begin{array}{c} H_2N \\ \diagdown \\ C=O \quad \text{ureia} \\ \diagup \\ H_2N \end{array}$$

CIÊNCIA, TECNOLOGIA, SOCIEDADE E AMBIENTE

Cigarro: cerca de 5 mil substâncias inaladas

Um cigarro aceso pode levar até o interior de um organismo, tanto do fumante quanto de seus vizinhos, além da nicotina e do alcatrão, quase 5 mil substâncias, das quais mais de 60 são comprovadamente cancerígenas. O mais impressionante é que essas substâncias levam apenas nove segundos para chegar ao cérebro, passando por todo o corpo. Assim, não somente o pulmão, mas outros órgãos (bexiga, pâncreas, útero) estão sujeitos a tumores devido ao fumo.

Um relatório do Hospital Infantil de Toronto, no Canadá, revelou que resíduos de nicotina e cotinina foram encontrados nos fios de cabelo de 23 recém-nascidos cujas mães nem eram fumantes. O simples fato de elas terem respirado perto de fumantes fez com que as duas substâncias fossem absorvidas pelo corpo e transferidas para os filhos.

Das substâncias do cigarro, cerca de metade é proveniente do fumo ainda cru (sem processamento). O restante é composto de pesticidas e das demais substâncias adicionadas ao produto para "melhorar" o sabor, o aroma ou outra característica.

A temperatura da brasa de um cigarro aceso varia de 800 °C até 1 200 °C. O calor, por meio de reações químicas, faz com que novas substâncias sejam produzidas e façam parte da fumaça.

Uma pessoa fumando respira monóxido de carbono em quantidade semelhante à liberada por um escapamento de automóvel. O fumante só não se asfixia porque o monóxido de carbono é inalado a intervalos regulares. Resumindo: o cigarro só traz prejuízo à saúde, tanto do fumante quanto daqueles que dividem o espaço com ele.

Exercícios resolvidos

1. Vários analgésicos comercializados com nomes como Tylenol, Cibalena e Resprin apresentam como princípio ativo o composto paracetamol representado pela estrutura orgânica abaixo.

Quais são os grupos funcionais orgânicos presentes nesta estrutura?

a) Fenol, cetona e amina.

b) Álcool, cetona e amina.

c) Álcool e amina.

d) Fenol e amida.

e) Álcool e aldeído.

2. (Unicamp – Adaptado) Um dos pontos mais polêmicos na Olimpíada de Beijing foi o *doping*. Durante os jogos foram feitos aproximadamente 4 600 testes, entre urinários e sanguíneos, com alguns casos de *doping* confirmados. O último a ser flagrado foi um halterofilista ucraniano, com um teste de urina positivo para nandrolona, um esteroide anabolizante. Esse esteroide é comercializado na forma de decanoato de nandrolona (I), que sofre hidrólise, liberando a nandrolona no organismo. Na estrutura I, identifique com um círculo e nomeie os grupos funcionais presentes.

Exercícios propostos

1. A apicultura fornece a cera de abelha, uma secreção constituída de ácidos graxos, ésteres de ácidos graxos, álcoois alifáticos, entre outros. Estão representadas abaixo as fórmulas moleculares de duas substâncias encontradas na cera de abelha, destacando-se seus grupos funcionais:

$$C_{23}H_{47}\textbf{COOH} \quad e \quad C_{26}H_{53}\textbf{OH}$$

Essas substâncias são classificadas, respectivamente, como:

a) éter de álcool.

b) ácido carboxílico e álcool.

c) acetona e álcool.

d) ácido carboxílico e éter.

e) éter e aldeído.

2. O aspartame é muito utilizado como adoçante dietético. A estrutura molecular que representa esta substância está ilustrada abaixo.

Quais são as funções orgânicas presentes nesta substância?

3. (UFSCar – Adaptada) O resveratrol é uma substância orgânica encontrada em casca de uva vermelha, e é associada à redução da incidência de doenças cardiovasculares entre os habitantes de países nos quais ocorre consumo moderado de vinho tinto. Mais recentemente, foi encontrada outra substância com propriedades semelhantes, na fruta *blueberry* (conhecida no Brasil como mirtilo), substância esta denominada pterostilbeno. As fórmulas estruturais do resveratrol e do pterostilbeno são fornecidas a seguir.

resveratrol   pterostilbeno

Escreva o nome de todas as funções químicas oxigenadas presentes no resveratrol e no pterostilbeno.

Introdução à Química Orgânica Capítulo 15   545

Nomenclatura oficial dos compostos orgânicos – IUPAC

A maioria dos compostos orgânicos apresenta estruturas complexas, geralmente com mais de uma função (função mista), e recebe um nome usual, que pode fazer referência a alguma propriedade do composto ou à espécie em que foi encontrado, ser homenagem a alguém, ter origem do latim, enfim, são muitas as possibilidades.

A seguir são apresentados alguns compostos bastante conhecidos que têm estruturas relativamente complexas.

sacarina (adoçante)

aspartame (adoçante)

colesterol: quimicamente se trata de um álcool elaborado, muito conhecido por ter relação com o entupimento das artérias

cafeína (estimulante): uma xícara de café ou chá contém aproximadamente 0,1 g

caroteno: substância responsável pela cor amarelo-alaranjada da cenoura, do caqui e da manga

ácido ascórbico (vitamina C): utilizado como medicamento, conservantes em alimentos e antioxidantes em cosméticos.

ácido acetilsalicílico (aspirina): utilizado como analgésico

adrenalina: estimulante produzido pela glândula suprarrenal

testosterona: hormônio sexual masculino

clorofila: responsável pela cor verde das plantas, absorve luz, que é a fonte de energia da fotossíntese

546 **Unidade 5** A evolução das moléculas

CIÊNCIA, TECNOLOGIA, SOCIEDADE E AMBIENTE

Problemas do coração – colesterol

O colesterol alto acarreta um aumento de pressão sanguínea e provoca doenças cardiovasculares, como a arteriosclerose, caracterizada pelo endurecimento das paredes das artérias (Figura 15.6).

O colesterol no organismo procede de duas fontes:
I. 30% é proveniente de nossa alimentação;
II. 70% é fabricado no próprio corpo pelo intestino e pelo fígado, usando gorduras saturadas (reduzir a ingestão de gordura animal ajuda a controlar os níveis de colesterol no organismo).

No intuito de controlar os níveis de colesterol no sangue, é importante saber de sua presença nos alimentos. Há colesterol em todas as células animais. Alimentos como a gema de ovo, a carne vermelha, a manteiga e o queijo têm quantidades bem altas de colesterol. Já as frutas, os vegetais e os óleos vegetais estão livres dessa substância, visto que o colesterol é exclusividade de tecidos animais.

Por que algumas pessoas são propensas a ter níveis altos de colesterol?

Um conjunto de fatores está envolvido na resposta a essa pergunta. Um é a alimentação: pessoas que comem muitos alimentos ricos em colesterol tendem a aumentar os níveis da substância no sangue; no entanto, a absorção de colesterol é alterada por várias fontes de fibras que tendem a reduzir a absorção de colesterol no intestino e, assim, os níveis deste no sangue (nem todas produzem o mesmo efeito). A falta de exercícios físicos e o estresse também contribuem para o colesterol alto. As gorduras animais representam uma dupla ameaça: têm altos níveis de colesterol e abastecem o fígado para sua fabricação. Como as moléculas de colesterol são predominantemente apolares, não interagem com a água e acabam interatuando melhor com as gorduras, que também são apolares, o que ajuda a concentrá-lo mais ainda.

Por isso, mudanças alimentares, como a troca de gordura animal por óleos vegetais, certamente reduzem o colesterol, mas não garantem sua ausência. Produtos "livres de colesterol", mas com óleo vegetal, vão abastecer o fígado para que ele o fabrique. A melhor opção é consumir óleos poli-insaturados, que, além de não conter colesterol, não servem de matéria-prima para sua fabricação.

Conteúdo de colesterol em cada 100 g de alimento				
Alimento	Colesterol (mg)	Conteúdo de óleo e gordura (g)		
		Saturada	Monossaturada	Poli-insaturada
carne vermelha	91	2,7	2,7	0,5
manteiga	219	50,5	23,4	3,0
queijo *cheddar*	105	21,1	9,4	0,9
frango (sem pele)	85	1,3	1,5	1,0
óleo de milho	0	12,7	24,2	58,7
ovo	548	3,4	4,5	1,4
gema de ovo	1 602	9,9	13,2	4,3
margarina (de óleo de milho)	0	13,2	45,8	18,0
leite desnatado	2	0,1	0,05	0,007
leite normal	14	2,3	1,1	0,1
óleo de oliva	0	13,5	73,7	8,4
óleo de girassol	0	9,1	12,1	74,5
iogurte (com baixo teor de gordura)	6	1,0	0,4	0,04

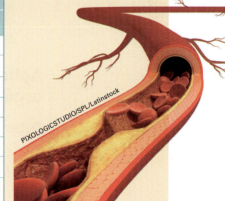

Figura 15.6: A deposição de placas de gordura nas paredes das artérias pode causar doenças como a arteriosclerose.

Elaborado pelos autores para fins didáticos.

> **Outros problemas do coração...**
>
> Além do colesterol, outros problemas podem afligir o coração. Está provado que, quando um indivíduo se apaixona, há intensa produção da substância feniletilamina (PEA), responsável pelos atos (às vezes bobos) dos apaixonados.
>
> $CH_3 - CH_2 - NH - \bigcirc$
>
> feniletilamina

Algumas regras de nomenclatura IUPAC

Nem só de estruturas complexas é constituída a Química Orgânica. Encontramos inúmeras moléculas com estruturas bem simples que desempenham papéis fundamentais em nossa vida diária.

NOTA:

O último congresso mundial da IUPAC aconteceu em São Paulo, SP, em julho de 2017.

Em 1892, foi realizado um encontro de químicos em Genebra, na Suíça, com o aval da International Union of Pure and Applied Chemistry (União Internacional de Química Pura e Aplicada), para simplificar e sistematizar o nome de compostos orgânicos. Um conjunto de regras foi estabelecido e é usado até hoje. Trata-se do sistema IUPAC. Posteriormente, novos encontros ocorreram para ajustar e aprimorar as regras.

A essência do sistema consiste em operar por meio de uma série simples de regras:

1. Identificar a cadeia carbônica principal, que é aquela que contém o maior número possível de carbonos – a cadeia contínua mais longa possível.

2. Localizar a posição de cada grupo conectado à cadeia (exemplos: grupo metil, hidróxi, carbonila, halogênio, entre outros).

3. Numerar a cadeia começando da extremidade que fornece os menores números para a posição desses grupos.

4. Indicar o número total de cada conjunto de grupos idênticos com um prefixo. Exemplos: usar dimetil para dois grupos metil; trimetil para três grupos metil; e assim por diante.

5. Dar a cada grupo que estiver presente na cadeia um número individual de localização.

6. Separar um número do outro por vírgulas e separar os números das letras por hífen.

Aplicando as regras da IUPAC para os nomes de compostos orgânicos

Determinando a cadeia principal

O primeiro passo para se dar nome a um composto é verificar a presença de ramificações. A cadeia que não possuir ramificações é a própria cadeia principal.

cadeia com 3 carbonos

cadeia com 4 carbonos

cadeia com 8 carbonos

Quando a cadeia apresenta **ramificações**, torna-se necessário determinar a cadeia principal. A cadeia principal será aquela que for constituída pelo maior número de carbonos e que apresentar as insaturações e os grupos funcionais.

> Sempre que uma cadeia possuir mais de duas extremidades de carbono, será uma cadeia ramificada.

Exemplos:

Estrutura I

$$CH_2 - CH_3$$
$$|$$
$$CH_2$$
cadeia principal
$$|$$
$$CH_3 - CH_2 - CH - CH - \boxed{CH_3}$$
$$|$$
$$\boxed{CH_3}\ \text{ramificações}$$

Estrutura II

$$\boxed{CH_3 - CH_2} - CH - CH_2 - CH_2 - CH_3$$
ramificação   cadeia principal
$$|$$
$$CH_2$$
$$|$$
$$OH$$

Estrutura III

cadeia principal
$$CH_2 = C - CH_2 - CH_2 - CH_3$$
$$|$$
$$\boxed{\begin{array}{c} CH_2 \\ | \\ CH_3 \end{array}}\ \text{ramificação}$$

Estrutura I: se a cadeia não apresenta insaturações nem grupos funcionais, então a principal é aquela constituída pelo maior número de carbonos.

Estrutura II: se escolhêssemos a cadeia em linha reta, teríamos seis carbonos, porém a hidroxila ficaria de fora. Então, somos obrigados a escolher a maior cadeia que contenha o grupo funcional.

Estrutura III: se escolhêssemos a sequência com seis carbonos, a insaturação seria excluída, o que é desaconselhável; nesse caso, a cadeia em destaque acaba sendo a cadeia principal.

Numerando as cadeias

Identificada a cadeia principal, precisamos numerá-la para saber a posição exata das possíveis ramificações, insaturações e grupos funcionais. Como a cadeia principal acíclica apresenta duas extremidades, devemos escolher uma delas para iniciar a numeração. Para isso, temos de levar em consideração alguns critérios.

Uma molécula pode apresentar, em sua estrutura, grupos funcionais, insaturações ou ramificações. Nesse caso, adota-se o seguinte procedimento:

$$CH_3 - CH_2 - {}^{2}CH - {}^{3}CH_2 - {}^{4}CH_2 - {}^{5}CH_3$$
$$|$$
$${}^{1}CH_2$$
$$|$$
$$OH$$

A) Caso exista um grupo funcional, o carbono da extremidade mais próxima a ele deverá ser o número 1.

$${}^{1}CH_2 = {}^{2}C - {}^{3}CH_2 - {}^{4}CH_3$$
$$|$$
$$CH_2$$
$$|$$
$$CH_3$$

B) Caso não existam grupos funcionais, como nos hidrocarbonetos, verifica-se a presença de insaturações e, nesse caso, o carbono da extremidade mais próxima à insaturação deverá ser o número 1.

$${}^{6}CH_2 - {}^{7}CH_3$$
$$|$$
$${}^{5}CH_2$$
$$|$$
$${}^{1}CH_3 - {}^{2}CH_2 - {}^{3}CH - {}^{4}CH - \boxed{CH_3}$$
$$|$$
$$\boxed{CH_3}$$

C) Por fim, se não existirem nem grupos funcionais nem insaturações, a numeração da cadeia deverá ser iniciada a partir da extremidade à qual as ramificações estiverem mais próximas.

Introdução à Química Orgânica   Capítulo 15   549

> **Observação:** É preciso avaliar com muito cuidado uma estrutura para que não haja enganos na hora de determinar sua posição. Veja, no exemplo abaixo, diferentes representações para a mesma estrutura.
>
> $$^4CH_3-^3CH_2-^2CH-^1CH_3$$
> $$\boxed{CH_3}$$
>
> $$^3CH_2-^2CH-^1CH_3$$
> $$^4CH_3 \quad \boxed{CH_3}$$
>
> $$\boxed{CH_3}$$
> $$^4CH_3-\ ^3CH_2-^2CH$$
> $$^1CH_3$$
>
> $$^1CH_3-^2CH-\boxed{CH_3}$$
> $$^3CH_2$$
> $$^4CH_3$$
>
> Em todos os casos, há quatro carbonos na cadeia principal e uma ramificação no carbono 2. Assim, trata-se do mesmo composto.

NOTA:

Perceba que os substituintes apresentam uma valência livre, que é justamente por onde vão se ligar às estruturas. Quando um grupo de três carbonos forma um substituinte, este pode estar ligado à cadeia principal pelo carbono da extremidade (propil) ou pelo carbono do meio (isopropil).

Principais substituintes	
Grupo	**Nome**
CH_3-	metil(a)
CH_3-CH_2-	etil(a)
$CH_3CH_2CH_2-$	propil(a)
$CH_3-CH-CH_3$ $\vert$	isopropil(a)
(anel benzênico)	fenil(a)

Dando nome aos compostos

Vejamos o procedimento para determinar o **nome oficial** de um composto orgânico segundo a IUPAC:

A) Verifica-se a existência de algum elemento diferente de C ou de H na estrutura. Caso não haja, o composto será um hidrocarboneto; do contrário, devemos identificar qual é esse grupamento (grupo funcional) para poder classificar qual é sua função orgânica.

B) Depois, determina-se a cadeia principal e efetua-se a numeração dos carbonos.

C) A montagem do nome será feita da seguinte maneira:

nome da cadeia principal

• cadeia não ramificada $\longrightarrow$ <u>nome da cadeia principal</u>

• cadeia ramificada $\longrightarrow$ <u>posição-nome do substituinte</u> + <u>nome da cadeia principal</u>

O nome da cadeia principal deve informar o número de carbonos que ela contém, o tipo de ligação existente entre eles e qual sua função orgânica. Ele será formado da seguinte maneira:

550 **Unidade 5** A evolução das moléculas

Nome da cadeia principal		
Prefixo que informa o n. de carbonos +	Tipo de ligação entre carbono +	Sufixo que informa a função orgânica
1 C – met (form)*		
2 C – et (acet)*		
3 C – prop		o – hidrocarboneto
4 C – but		ol – álcool
5 C – pent	simples – an (alcanos)	al – aldeído
6 C – hex	dupla – en (alcenos)	ona – cetona
7 C – hept	tripla – in (alcinos)	oico – ácido carboxílico
8 C – oct	2 duplas – dien (dienos)	oato + ila – éster
9 C – non		amina – amina
10 C – dec		amida – amida
11 C – undec		
12 C – dodec		

* Prefixos utilizados usualmente em alguns compostos, por exemplo: ácido fórmico (ácido metanoico) e acetaldeído (etanal).

Vejamos alguns exemplos para cada uma das funções estudadas. Em todos os casos, só numeraremos a cadeia quando for necessário, isto é, quando houver mais de uma possibilidade para o local de inserção do grupo funcional e/ou da insaturação e/ou da ramificação.

Hidrocarbonetos

O nome dos hidrocarbonetos é dado levando-se em consideração a quantidade de carbonos, os tipos de ligação e as ramificações.

A) Cadeias não ramificadas

• cadeias abertas

número de carbonos + ligação predominante + terminação **o**

I – 4 carbonos = **but**; ligações simples = **an**; hidrocarboneto = **o**. $CH_3CH_2CH_2CH_3$

Então, o nome fica = **but + an + o = butano**.

II – 2 carbonos = **et**; uma ligação tripla = **in**; hidrocarboneto = **o**. $HC \equiv CH$

Então, o nome fica = **etino** (acetileno).

• cadeias fechadas

ciclo + número de carbonos + ligação predominante + terminação **o**

III – 6 carbonos do ciclo = **ciclo-hex**; uma ligação dupla = **en**; hidrocarboneto = **o**.

Logo, o nome fica = **ciclo-hexeno**.

B) Cadeias ramificadas

• cadeias abertas

localização e tipo de ramificação + número de carbonos + ligação predominante + terminação **o**

IV – ramificação no C^2 = **2-metil**; 4 carbonos na cadeia principal = **but**; ligações simples = **an**; hidrocarboneto = **o**.

$^4CH_3\,^3CH_2\,^2CH\,^1CH_3$
           |
         CH_3 Dessa forma, o nome fica = **2-metilbutano**.

V – (Lembre-se de que, por hierarquia, a numeração da cadeia deverá começar pela extremidade em que a insaturação estiver.) ramificação no C^4 = **4-metil**; 5 carbonos = **pent**; com ligação dupla entre os C^1 e C^2, escollhe-se o número do menor (C^1) = **1-en**; hidrocarboneto = **o**.

$$^1CH_2 = {}^2CH^3CH_2{}^4\overset{\overset{\displaystyle CH_3}{|}}{CH}{}^5CH_3$$

Assim, o nome fica = **4-metil-pent-1-eno**.

• cadeias fechadas

localização e tipo de ramificação + ciclo + número de carbonos + ligação predominante + terminação **o**

VI – ramificação no C da cadeia fechada = **etil**; 4 carbonos do ciclo = **ciclobut**; ligações simples = **an**; hidrocarboneto = **o**.

$$\begin{array}{c} H_2C - CH_2 \\ | \quad\quad | \\ H_2C - CH - CH_2 - CH_3 \end{array}$$

Portanto, o nome fica = **etilciclobutano**.

Quando a cadeia for numerada e houver a necessidade de informar em qual parte da molécula está o grupo funcional, a insaturação ou o substituinte (pois pode haver mais de uma possibilidade), o número deve vir logo antes dessa indicação (separado por hífen) para que não haja dúvidas a que ele se refere. Em um dos exemplos, o substituinte metil está ligado ao carbono 4, portanto se escreverá **4-metil**; a insaturação encontra-se entre os carbonos 1 e 2, portanto ficará **1-en**, pois 1-en significa uma dupla-ligação entre os carbonos 1 e 2. Assim, o nome ficou **4-metil-pent-1-eno**.

NOTA:

Qualquer que seja o carbono do anel em que o grupo metil esteja preso, o composto é o mesmo; portanto, não há necessidade de informar que se trata do carbono 1.

C) Cadeias ramificadas derivadas do benzeno

localização e tipo de ramificação + a *palavra benzeno*

VII – ramificação no anel = **metil**; **benzeno**.

metilbenzeno
(tolueno)

Então o nome fica = **metilbenzeno** (nome comercial = tolueno).

Quando houver dois substituintes, a nomenclatura admite o sistema consagrado pelos prefixos *orto* (1,2-), *meta* (1,3-) e *para* (1,4-).

ortodimetilbenzeno
(1,2-dimetilbenzeno)

metadimetilbenzeno
(1,3-dimetilbenzeno)

paradimetilbenzeno
(1,4-dimetilbenzeno)

552　Unidade 5　A evolução das moléculas

> **Compostos orgânicos**
>
> Existe um conjunto de regras para nomear os compostos orgânicos. A existência de milhões de compostos orgânicos, alguns com estruturas mais simples e outros com estruturas mais complexas, no entanto, faz com que nem todos tenham um nome sistemático simples. Por exemplo, é muito mais fácil referir-se ao açúcar comum como sacarose do que como α-D-glicopiranosídeo-β-D-frutofuranosídeo.

Álcoois

O nome dos álcoois segue os mesmos critérios dos hidrocarbonetos, entretanto se leva em consideração também a posição da hidroxila.

> **NOTA:**
> Os álcoois contêm o grupo funcional — OH ligado ao carbono saturado e são designados pelo sufixo **ol**.

- cadeias abertas

número de carbonos + ligação predominante + terminação ol

I – **2 carbonos** = **et**; ligações simples = **an**; função álcool = **ol**. CH_3CH_2OH

Então, o nome fica = **etanol** (nome popular: álcool etílico).

II – ramificação no C^3 = **3-metil**; 4 carbonos = **but**; ligações simples = **an**; função álcool = **ol**.

$$^4CH_3\,^3CH^2CH_2\,^1CH_2OH$$
com CH_3 ligado no C^3

Assim, o nome fica = **3-metil-butan-1-ol**.

- cadeias fechadas

ciclo + número de carbonos + ligação predominante + terminação ol

III – 6 carbonos do ciclo = **ciclo-hex**; ligações simples = **an**; função álcool = **ol**.

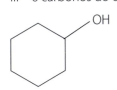

Logo, o nome fica = **ciclo-hexanol**.

> Note que não há necessidade de identificar em que carbono está a hidroxila, pois a numeração da cadeia começa, obrigatoriamente, em uma cadeia com apenas dois carbonos, pelo carbono que possui o substituinte.

Aldeídos

O nome dos aldeídos é dado seguindo os mesmos critérios dos hidrocarbonetos. Contudo, como a carbonila está sempre na extremidade da cadeia, é desnecessário indicar sua posição.

número de carbonos + ligação predominante + terminação al

I – 1 carbono = **met**; ausência de ligações entre C = **an**; função aldeído = **al**.

$$H-C\!\!\begin{array}{c}\diagup O\\ \diagdown H\end{array}$$

> No caso de inexistência de outro carbono para a realização de ligações, considera-se, para efeito de nomenclatura, o segmento **an**.

Introdução à Química Orgânica   Capítulo 15

NOTA:

Aldeídos

Os aldeídos contêm o grupo funcional

$$\diagdown C = O$$

na extremidade da cadeia e são designados pelo sufixo **al**.

Cetonas

As cetonas contêm o grupo funcional

$$\diagdown C = O$$

no meio da cadeia e são designadas pelo sufixo **ona**.

Então, o nome fica = **metanal** (nome popular: formaldeído e, em solução aquosa, formol).

II – 2 carbonos = **et**; ligações simples = **an**; função aldeído = **al**. CH_3CHO

Assim, o nome fica = **etanal** (nome popular: acetaldeído).

III – 5 carbonos = **pent**; ligações simples = **an**; função aldeído = **al**. $CH_3CH_2CH_2CH_2CHO$

Desse modo, o nome fica = **pentanal**.

Cetonas

O nome das cetonas segue os mesmos critérios dos hidrocarbonetos. Contudo, como a carbonila está sempre no meio da cadeia, é necessário indicar sua posição na estrutura, exceto quando a cadeia principal apresentar apenas três ou quatro carbonos, pois, nesses casos, a posição é previsível.

*número de carbonos + ligação predominante + terminação **ona***

I – 3 carbonos = **prop**; ligações simples entre C = **an**; função cetona = **ona**.

$$CH_3 - \overset{\overset{\textstyle O}{\|}}{C} - CH_3$$

Assim, o nome fica = **propanona** (acetona comercial).

II – 5 carbonos = **pent**; ligações simples = **an**; função cetona no carbono 2 = **2-ona**.

$^5CH_3{}^4CH_2{}^3CH_2{}^2CO^1CH_3$

Então, o nome fica = **pentan-2-ona**.

III – 5 carbonos cíclicos = **ciclo-hex**; ligações simples = **an**; função cetona = **ona**.

Logo, o nome fica = **ciclo-hexanona**.

NOTA:

Os éteres contêm o grupo funcional C – O – C e podem ser designados pelo nome dos substituintes precedido pela palavra **éter**.

Éteres

Os éteres são os compostos que mais apresentam nomes diversificados. Como nos éteres há "dois grupos orgânicos", um de cada lado do oxigênio, a IUPAC recomenda que o nome seja assim construído:

*nome do grupo orgânico de menor cadeia + **oxi** + hífen + nome do grupo orgânico de maior cadeia*

I – **metoximetano** (nomes populares: éter dimetílico ou éter metílico)

$CH_3 - O - CH_3$

II – **metoxietano** (nome popular: éter metiletílico)

$CH_3OCH_2CH_3$

III – **etoxietano** (nomes populares: éter dietílico ou éter etílico ou simplesmente éter)

$CH_3CH_2OCH_2CH_3$

554 ▶ Unidade 5   A evolução das moléculas

Ácidos carboxílicos

O nome dos ácidos carboxílicos é dado seguindo-se os mesmos critérios dos hidrocarbonetos. Contudo, deve ser precedido da palavra **ácido** e é desnecessário indicar a posição da carboxila, pois essa está sempre na extremidade da cadeia.

*ácido + número de carbonos + ligação predominante + terminação **oico***

I – 1 carbono = **met**; ausência de ligações entre C = **an**; função ácido carboxílico = **oico**.

$$H-C\underset{OH}{\overset{O}{\diagup}}$$

> A palavra ácido no início do nome é facultativa, porém é utilizada em praticamente 100% das vezes.

Então o nome fica = **ácido metanoico** (nome popular: ácido fórmico).

II – 2 carbonos = **et**; ligações simples = **an**; função ácido = **oico**.   CH₃COOH

Então, o nome fica = **ácido etanoico** (nome popular: ácido acético).

III – 2 carbonos = **et**; ligações simples = **an**; 2 grupos funcionais ácido = **dioico**.

$$\underset{HO}{\overset{O}{\diagup}}C-C\underset{OH}{\overset{O}{\diagup}}$$

Então, o nome fica = **ácido etanodioico** (nome popular: ácido oxálico).

> **NOTA:**
> **Ácidos carboxílicos**
> Os ácidos carboxílicos contêm o grupo funcional e são designados pelo sufixo **oico**.
>

Ésteres

Assim como no caso dos éteres, na nomenclatura dos ésteres podemos analisar sua cadeia como sendo formado por dois grupos. Por esse motivo, o nome do composto será uma composição entre os dois grupos, estando esses de acordo com as regras predefinidas nas funções já estudadas.

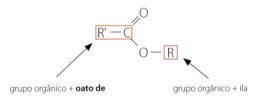

grupo orgânico + **oato de**   grupo orgânico + ila

I – 1 carbono no primeiro grupo orgânico = **met**; inexistência de outra ligação com carbono = **an**; terminação **oato**; preposição **de**; 1 carbono no segundo grupo orgânico = **met**; inexistência de outra ligação com carbono = **an**; terminação **ila**.

$$HC\underset{OCH_3}{\overset{O}{\diagup}}$$

Dessa forma, o nome fica = **metanoato de metila** (nome popular: formiato de metila).

II – 2 carbonos no primeiro grupo orgânico = **et**; inexistência de outra ligação com carbono = **an**; terminação **oato**; preposição **de**; 1 carbono no segundo grupo orgânico = **met**; inexistência de outra ligação com carbono = **an**; terminação **ila**.
CH₃COOCH₃

Assim, o nome fica = **etanoato de metila** (nome popular: acetato de metila).

> **NOTA:**
> **Ésteres**
> Os ésteres contêm o grupo funcional
>
> e são constituídos por duas partes: a primeira, designada pelo sufixo **oato**; e a segunda, pelo sufixo **ila**.

Introdução à Química Orgânica   Capítulo 15

NOTA:

Aminas

As aminas podem ser consideradas derivadas da amônia pela substituição de pelo menos um dos hidrogênios por um grupo orgânico. Sua nomenclatura consiste em citar o nome do grupo seguido da palavra **amina**.

III – 2 carbonos no primeiro grupo orgânico = **et**; inexistência de outra ligação com carbono = **an**; terminação **oato**; preposição **de**; 4 carbonos no segundo grupo orgânico = **but**; inexistência de ligações duplas ou triplas = nesse caso, não indicar na nomenclatura; terminação **ila**.

$$CH_3COOCH_2CH_2CH_2CH_3$$

Então, o nome fica = **etanoato de butila** (nome popular: acetato de butila).

Aminas

O nome das aminas obedece a um critério específico.

nome do grupo ligado ao nitrogênio + **amina**

I: **metilamina**. CH_3NH_2

No caso de haver mais de um grupo ligado ao nitrogênio, segue-se a ordem crescente do tamanho da cadeia.

nome do(s) grupo(s) ligado(s) ao nitrogênio + **amina**

II: primeiro o prefixo **metil**, que apresenta menor cadeia, depois o **etil**, que tem maior cadeia: **metiletilamina**.

$$CH_3NHCH_2CH_3$$

Quando houver dois ou três grupos iguais, obedecemos aos critérios anteriores e colocamos o prefixo designando a quantidade (**di**, **tri**).

III: **trimetilamina**.

$$CH_3NCH_3$$
$$|$$
$$CH_3$$

Amidas

NOTA:

Amidas

As amidas contêm o grupo funcional

e sua nomenclatura consiste em citar o nome da cadeia seguida da palavra **amida**.

O nome das amidas será construído em obediência aos critérios já estudados para a definição do grupo orgânico seguido da designação do grupo funcional.

nome do grupo orgânico + **amida**

I – 2 carbonos no grupo orgânico = **et**; ligação simples entre os carbonos = **an**; terminação **amida**.

Então, o nome fica = **etanamida** (nome popular: acetamida).

II – 4 carbonos no grupo orgânico = **but**; ligação simples entre os carbonos = **an**; terminação **amida**.

Então, o nome fica = **butanamida**.

Convém destacar que, à medida que as estruturas vão se tornando cada vez mais complexas, elas acabam recebendo um "nome de batismo".

556 ▶ Unidade 5 A evolução das moléculas

Exercícios resolvidos

1. Considere a fórmula do composto abaixo:

```
        H   C₂H₅  CH₃  CH₃   H    H
        |    |     |    |    |    |
  H  —  C  — C  —  C  — C  — C  — C  — H
        |    |     |    |    |    |
        C₂H₅ H    OH    H    H    H
```

a) Qual é a função a que pertence este composto?
b) Qual é o nome do composto?

a)
```
        H   C₂H₅  CH₃  CH₃   H    H
        |    |     |    |    |    |
  H  —  C  — C  —  C  — C  — C  — C  — H
        |    |     |    |    |    |
        C₂H₅ H   (OH)   H    H    H
                álcool
```

b)
```
                  ramificações
        H   (C₂H₅)(CH₃)(CH₃) H    H
        |    |     |    |    |    |
  H  — 6C — 5C — 4C — 3C — 2C — 1C — H
        |    |     |    |    |    |
      7,8 C₂H₅ H  (OH)  H    H    H
```

Determinar a cadeia principal – a numeração começa na extremidade onde a hidroxila está mais próxima (carbono 1). Existem três ramificações (metil no C-3; metil no C-4 e etil no C-5); a cadeia principal possui 8 carbonos (octa).
Portanto, o nome fica: 5-etil-3,4-dimetiloctan-4-ol

2. Represente a fórmula dos compostos cujos nomes estão a seguir:

a) 2,3-dimetil-hexan-2-ol
b) 2,4-dimetil-fenol
c) 2-metil-butanal
d) butanona
e) ácido propanoico
f) metoxipropano

a) função álcool (C-2); 6 carbonos na cadeia principal; 2 ramificações metil (C-2 e C-3)

```
              OH
              |    H
      H₃C  —  C  — C  — CH₂ — CH₂ — CH₃
              |    |
              CH₃  CH₃
```

b) função fenol (C-1 por convenção); 2 ramificações metil (C-2 e C-4)

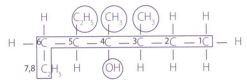

c) função aldeído (no C-1, por convenção); 4 carbonos na cadeia principal; 1 ramificação no C-2

```
                           O
                          //
   CH₃ — CH₂ — CH — C
                |       \
                CH₃      H
```

d) função cetona (até 4 carbonos não precisa numerar a cadeia)

e) função ácido carboxílico (no C-1, por convenção); 3 carbonos na cadeia principal

f) função éter; um carbono de um lado (met) e três carbonos do outro (prop)

Exercícios propostos

1. O substituinte fenil é teoricamente considerado um derivado do benzeno do qual se removeu um átomo de hidrogênio, enquanto o benzil é um substituinte teoricamente considerado como um derivado do tolueno pela remoção de um átomo de hidrogênio do grupo —CH₃ ligado ao anel benzênico.
Os dois substituintes mencionados estão representados pelas estruturas da seguinte alternativa:

a) CH₃—⌬ e CH₂—⌬

b) ⌬ e ⌬—CH₃

c) CH₃—⌬ e ⌬

d) ⌬ e ⌬—CH₂—

Introdução à Química Orgânica Capítulo 15 557

2. (Unesp) Em sua edição de julho de 2013, a revista *Pesquisa Fapesp*, sob o título Voo Verde, anuncia que, até 2050, os motores de avião deverão reduzir em 50% a emissão de dióxido de carbono, em relação às emissões consideradas normais em 2005. Embora ainda em fase de pesquisa, um dos caminhos tecnológicos para se atingir essa meta envolve a produção de bioquerosene a partir de caldo de cana-de-açúcar, com a utilização de uma levedura geneticamente modificada. Essas leveduras modificadas atuam no processo de fermentação, mas, em vez de etanol, produzem a molécula conhecida como farneseno, fórmula molecular $C_{15}H_{24}$, cuja fórmula estrutural é fornecida a seguir.

farneseno

Por hidrogenação total, o farneseno é transformado em farnesano, conhecido como bioquerosene. Nessa reação de hidrogenação, a cadeia carbônica original do farneseno é mantida. Represente a fórmula estrutural, escreva o nome oficial do farnesano (bioquerosene) e forneça a equação química balanceada que representa a reação para a combustão completa de 1 mol da substância.

3. O composto conhecido como manitol, cuja fórmula estrutural está representada abaixo, é um tipo de açúcar utilizado na fabricação de condensadores eletrolíticos secos, que são usados em rádios, videocassetes e televisores. Portanto, não é de se estranhar que tais aparelhos sejam "atacados" por formigas.

Qual é o nome oficial, usando as regras de nomenclatura IUPAC para este composto?

a) hexanol

b) hexan-1,2,3,4,5,6-ol

c) hexan-1,2,3,4,5,6-ona

d) hexan-1,2,3,4,5,6-al

e) hexan-hex-1,2,3,4,5,6-ol

Isomeria

No estudo dos compostos inorgânicos, em geral a fórmula molecular já é suficiente para saber de que substância se trata. Quando escrevemos H_2O, não resta dúvida de que estamos nos referindo à água.

Porém, devido à grande capacidade do carbono em formar cadeias, quando observamos a fórmula molecular de um composto orgânico, raramente sabemos de antemão qual é o composto em questão. É preciso que sua fórmula estrutural plana ou **espacial** nos seja apresentada para que possamos identificá-lo.

> A fórmula estrutural plana mostra apenas a distribuição e as ligações dos átomos no plano, enquanto a espacial mostra o arranjo dos átomos no espaço.

Quando dois ou mais compostos diferentes tiverem a **mesma** *fórmula molecular*, dizemos que eles são **isômeros** (do grego *ísos*: igual e *méros*: partes) – compostos que apresentam partes iguais. Um exemplo é a fórmula molecular C_2H_6O, que tanto pode representar o etanol quanto o éter metílico, compostos que apresentam propriedades químicas e físicas bem distintas.

etanol
(álcool etílico) C_2H_6O

metoximetano
(dimetil éter) C_2H_6O

O fato de o carbono formar cadeias das mais variadas maneiras gera diferentes tipos de isomeria.

Isomerias planas

Fala-se em isomeria plana quando a fórmula estrutural plana de dois ou mais compostos é suficiente para distingui-los um do outro. Tais compostos apresentam conectividade diferente, isto é, a sequência com que os átomos se ligam para formar as moléculas não é a mesma.

Existem cinco tipos de isomeria plana.

558 **Unidade 5** A evolução das moléculas

Isomeria de função

A isomeria de função se dá quando os compostos pertencem a funções químicas diferentes.

Por exemplo, o ácido etanoico (acético) e o metanoato de metila (formiato de metila) têm a mesma fórmula molecular, $C_2H_4O_2$, mas pertencem a funções diferentes (ácido carboxílico e éster, respectivamente).

ácido etanoico
(ácido acético)

metanoato de metila
(formiato de metila)

Tautomeria

A tautomeria é um caso especial em que os compostos pertencem a funções químicas diferentes, porém estabelecem um equilíbrio dinâmico entre si.

Exemplo:

aldeído   equilíbrio aldoenólico   enol   cetona   equilíbrio cetoenólico   enol

Considerando a isomeria de função, pode-se ter um frasco com ácido etanoico e outro com metanoato de metila. No entanto, nos compostos tautoméricos, essa especificidade não existe, pois acabam estabelecendo os equilíbrios apresentados. Em frascos com aldeídos ou cetonas simples, sempre haverá uma pequena porção do respectivo enol (menos de 1% em condições ambientes), o que tira deles a especificidade.

Note que há equilíbrio químico. Como em condições ambientes esses equilíbrios estão deslocados no sentido dos aldeídos e das cetonas, essas constantes de equilíbrios (Kc) possuem valores baixos.

Isomeria de cadeia

Neste tipo de isomeria, os compostos pertencem a uma mesma função química, porém apresentam cadeias diferentes.

Exemplo:

$CH_3CH_2CH_2CH_2OH$ e CH_3CHCH_2OH $CH_3CH_2CH_2CH_2CH_3$ e $CH_3CHCH_2CH_3$

butan-1-ol   2-metilpropan-1-ol   pentano   metilbutano

I   II

No exemplo I, os dois compostos são álcoois primários de fórmula molecular $C_5H_{10}O$, porém o butan-1-ol tem cadeia normal e o 2-metilpropan-1-ol, tem cadeia ramificada. No exemplo II, ambos são hidrocarbonetos de fórmula molecular C_5H_{12}, mas o pentano tem cadeia normal, enquanto o metilbutano apresenta ramificação.

Isomeria de posição

Este tipo de isomeria ocorre quando os compostos pertencem à mesma função orgânica, no entanto com diferença na posição do grupo funcional, da insaturação ou de uma ramificação.

Introdução à Química Orgânica   Capítulo 15   559

Exemplo:

I

$$CH_3CH_2CH_2OH$$
propan-1-ol

$$\underset{\text{propan-2-ol}\\ \text{(isopropanol)}}{\overset{\overset{OH}{|}}{CH_3CHCH_3}}$$

II

$$CH_2\!=\!CHCH_2CH_3$$
but-1-eno

$$CH_3CH\!=\!CH_2CH_3$$
but-2-eno

Isomeria de compensação ou metameria

Pode-se considerar a isomeria de compensação ou metameria como um caso especial de isomeria de posição, em que a mudança acontece na posição de um heteroátomo.

I $$CH_3 — O — CH_2CH_2CH_3$$
metoxipropano
(éter metilpropílico)

$$CH_3CH_2 — O — CH_2CH_3$$
etoxietano (éter etílico)

II $$CH_3 — \overset{\overset{H}{|}}{N} — CH_2CH_2CH_3$$
metilpropilamina

$$CH_3CH_2 — \overset{\overset{H}{|}}{N} — CH_2CH_3$$
dietilamina

Exercícios resolvidos

1. Considere as seguintes afirmações:

I. Propanal é um isômero da propanona.

II. Etil-metil-éter é um isômero do propan-2-ol.

III. Propan-1-ol é um isômero do propan-2-ol.

IV. Propilamina é um isômero da trimetilamina.

Quais estão corretas:

(a) Todas.

b) Apenas I, II e III.

c) Apenas I e II.

d) Apenas II e IV.

e) Apenas III e IV.

I. $$CH_3 — CH_2 — \overset{\overset{O}{\parallel}}{C}\diagdown_H \quad e \quad CH_3 — \overset{\overset{O}{\parallel}}{C} — CH_3$$
verdadeira

II. $$CH_3 — O — CH_2 — CH_2 \quad e \quad CH_3 — \overset{\overset{OH}{|}}{CH} — CH_3$$
verdadeira

III. $$CH_3 — CH_2 — \overset{\overset{OH}{|}}{CH_2} \quad e \quad CH_3 — \overset{\overset{OH}{|}}{CH} — CH_3$$
verdadeira

IV. $$CH_3 — CH_2 — CH_2 — NH_2 \quad e \quad H_3C — \overset{\overset{}{|}}{N} — CH_3$$
verdadeira $$\quad\quad\quad\quad\quad\quad\quad\quad\quad\quad |$$
$$\quad\quad\quad\quad\quad\quad\quad\quad\quad CH_3$$

2. Entre os pares de compostos representados nos itens de I a III abaixo, respectivamente, ocorre que tipo de isomeria plana?

I) $$H_3C — CH_2 — CH_2 — CH_2 — C\ell \quad e$$

$$H_3C — \overset{\overset{}{|}}{CH} — CH_2 — C\ell$$
$$\quad\quad\quad |$$
$$\quad\quad CH_3$$

II) $$H_3C — CH_2 — CH_2 — NH_2 \quad e \quad H_3C — \overset{\overset{}{|}}{CH} — CH_3$$
$$\quad\quad\quad\quad\quad\quad\quad\quad\quad\quad\quad\quad\quad |$$
$$\quad\quad\quad\quad\quad\quad\quad\quad\quad\quad\quad\quad NH_2$$

III) $$H_3C — CH_2 — C\diagup^{O}\diagdown_H \quad e \quad H_3C — \overset{\overset{}{|}}{C} — CH_3$$
$$\quad\quad\quad\quad\quad\quad\quad\quad\quad\quad\quad\quad\quad\quad \parallel$$
$$\quad\quad\quad\quad\quad\quad\quad\quad\quad\quad\quad\quad\quad O$$

a) Posição, metameria e posição.

(b) Cadeia, posição e função.

c) Posição, cadeia e metameria.

d) Cadeia, metameria e posição.

e) Metameria, posição e posição.

I) O composto da esquerda apresenta cadeia normal e o da segunda cadeia ramificada.

II) Neste caso ambos possuem cadeia normal, e o que muda é a posição do grupo funcional; no composto da esquerda está no C-1 e no da direita está no C-2.

III) Apesar dos dois compostos apresentarem carbonila, o composto da esquerda é um aldeído e o da direita é uma cetona.

Exercícios propostos

1. Associe os compostos representados na coluna da esquerda com o tipo de isomeria plana disposta na coluna da direita.

I – $CH_3 — S — CH_2 — CH_2 — CH_3$ e

$CH_3 — CH_2 — S — CH_2 — CH_3$

II – (pentágono) e $CH_3 — CH_2 — CH_2 — C \equiv CH$

III – (estrutura com dois Cℓ) e (estrutura com dois Cℓ)

IV – (ciclobutano com OH e H) e (oxolano)

1 – isomeria de função

2 – isomeria de compensação

3 – isomeria de cadeia

4 – isomeria de posição

A alternativa que apresenta a associação correta é:

a) I – 2; II – 3; III – 4; IV – 1

b) I – 1; II – 2; III – 3; IV – 4

c) I – 3; II – 4; III – 2; IV – 1

d) I – 2; II – 3; III – 1; IV – 4

e) I – 3; II – 2; III – 4; IV – 1

2. Qual, dentre as opções abaixo, apresenta a mesma fórmula molecular C_5H_{10}?

a) n-pentano e metilciclobutano

b) pent-1-eno e ciclopentano

c) pent-2-ino e ciclopenteno

d) 2-metilbutano e dimetilciclopropano

e) 2,2-dimetilpropano e etilciclopropano.

Isomeria espacial

Existem muitos casos em que simplesmente escrever a fórmula estrutural plana não é suficiente para identificar a diferença entre um composto e outro. A seguir, mostraremos dois casos de isomeria em que a estrutura espacial se faz necessária para a identificação do composto. Esse tipo de composto é denominado **estereoisômero**.

Isomeria geométrica

Ao escrevermos a fórmula estrutural plana do but-2-eno,

$CH_3 — CH = CH — CH_3$

somos levados a crer que existe apenas uma estrutura para essa substância; entretanto, se fizermos a representação espacial, colocando os ângulos reais, verificaremos que o but-2-eno pode ter duas estruturas diferentes:

> Estes compostos apresentam a mesma conectividade, isto é, a sequência com que os átomos se ligam para formar as moléculas é igual.

I   II

Introdução à Química Orgânica   Capítulo 15   561

Ambas apresentam a mesma conectividade, porém a estrutura I tem os dois grupos metila (— CH₃) do mesmo lado, enquanto a estrutura II, apresenta o grupo metila em lados opostos. Para diferenciar os dois compostos, usam-se os prefixos *cis* (do latim: deste lado) e *trans* (do latim: através). Assim, quando os dois grupos iguais estão do mesmo lado, dizemos tratar-se do isômero **cis** (estrutura I: **cis-but-2-eno**); quando estão em lados opostos, estamos diante do isômero **trans** (estrutura II: **trans-but-2-eno**).

Na tabela seguinte, podemos conferir as propriedades físicas desses dois isômeros geométricos, comprovando que se trata de duas substâncias diferentes.

Nome	PF/°C	PE/°C	Densidade/g · mL⁻¹
cis-but-2-eno	−139	4	0,67
trans-but-2-eno	−106	1	0,65

Isso só acontece porque a ligação dupla C = C não permite rotações, como acontece nas ligações simples. No composto but-2-eno, a ligação C = C é rígida, evitando que o *cis*-but-2-eno se transforme no *trans*-but-2-eno, e vice-versa (um só poderia se transformar no outro por meio de uma possível reação química).

A ligação dupla é rígida e não permite essa rotação. Portanto, essas duas estruturas correspondem a dois compostos diferentes.

A ligação simples permite a rotação das ligações, tornando possíveis diferentes arranjos para a mesma estrutura. As três estruturas correspondem à mesma molécula: butano.

Condições para que haja isomeria geométrica

- Existência de ligação dupla.
- Os dois ligantes (hidrogênio e substituintes) de cada um dos dois carbonos da dupla devem ser diferentes, e não importa se existe ou não semelhança entre esses ligantes.

Exemplos:

cis-but-2-eno

I

cis-1-cloropropeno

II

cis-3-metil-hept-3-eno

III

propeno

IV

As estruturas I, II e III apresentam isomeria geométrica. Em todos os casos, cada carbono da dupla tem ligantes diferentes. Não importa, por exemplo, como na estrutura I, que os ligantes do C^2 sejam iguais aos do C^3 (um hidrogênio e um grupo metila), o que importa é que o C^2 tenha dois ligantes diferentes um do outro e o C^3 também. Em todos esses exemplos está representado o isômero *cis*.

A estrutura IV não apresenta isomeria geométrica, porque os ligantes do C^1 da dupla são iguais (hidrogênio).

Quando os grupos ligados aos carbonos da dupla não forem iguais

Conforme verificado, a nomenclatura *cis-trans* foi inicialmente utilizada para diferenciar os isômeros com ligantes iguais, seja do mesmo lado (*cis*), seja de lados opostos (*trans*). Acontece que nem sempre os ligantes são iguais e, nesses casos, o mais correto é usar o sistema de nomenclatura *E-Z*. A letra *E* vem do alemão *entgegen*, que significa "opostos", e a letra *Z* é a inicial da palavra alemã *zusammen*, que tem o sentido de "juntos".

Nesse sistema, verificam-se os dois ligantes de cada carbono e determina-se uma ordem de prioridade: aquele que apresentar maior número atômico terá prioridade.

Na estrutura I, diretamente ligados ao C^1 estão o H e o $C\ell$. Como o cloro tem número atômico maior que o hidrogênio, ele terá prioridade. Ligados ao C^2 estão o C do grupo metil ($- CH_3$) e o H. Como o carbono tem número atômico maior que o do hidrogênio, então ele terá prioridade. Nesse caso, os ligantes prioritários estão em lados opostos; logo, a estrutura I representa o isômero *E*-1-cloroprop-1-eno, que corresponderia ao isômero *trans*.

Na estrutura II, diretamente ligados ao C^1 estão o Br e o H. Como o bromo tem número atômico maior que o do hidrogênio, ele terá prioridade. Ligados ao C^2 estão o $C\ell$ e o C do grupo metil ($- CH_3$). Como o cloro tem número atômico maior que o do C, ele terá prioridade. Nesse caso, os ligantes prioritários estão do mesmo lado; logo, esse é o isômero *Z*-1-bromo-2-cloroprop-1-eno (ordem alfabética: primeiro o bromo, depois o cloro), que corresponderia ao isômero *cis*.

Quando houver coincidência, isto é, os dois elementos ligados diretamente ao carbono da dupla tiverem o mesmo número atômico, verificamos os elementos ligados a esse elemento.

Exemplo:

Ligados ao C^1 estão o H e o C. Como o carbono tem número atômico maior que o hidrogênio, ele terá prioridade. No caso do C^2, ambos os elementos ligados diretamente a ele são carbonos. Dessa forma, para determinar o ligante prioritário, verificamos o que está ligado a esses carbonos. No grupo em destaque, o carbono está ligado a 2 H e 1 grupo metila ($- CH_3$), enquanto o outro carbono está ligado a 3 H. Assim, o grupo em destaque é prioritário, sendo esse o isômero *E*-3-metilpent-2-eno.

Introdução à Química Orgânica **Capítulo 15** 563

A presença de compostos *cis* ou *trans* em nossas vidas

Cientistas sugerem que a oleamida ($C_{18}H_{35}NO$), amida derivada do ácido oleico, seja uma das substâncias responsáveis pelo sono, especificamente o isômero *cis*. Há indícios de que, quando a oleamida atinge dada concentração no organismo, o sono aparece.

Em balas com sabor de frutas ácidas, é comum encontrarmos o acidulante H.IV, que é o código industrial para designar o ácido fumárico, nome comum do isômero *trans* do ácido butenodioico.

Isomeria geométrica em compostos cíclicos

Assim como nas duplas, um composto cíclico também pode trazer ligantes diferentes em dois carbonos. Nesse caso, também há isomeria geométrica. Para diferenciar um composto do outro, usa-se o sistema de nomenclatura *cis-trans*.

cis-1,2-dimetilciclopropano   *trans*-1,2-dimetilciclopropano

Observação: Os dois carbonos com ligantes diferentes não devem necessariamente ser vizinhos.

Exemplo: o 1,4-dimetilciclo-hexano apresenta isomeria *cis-trans*.

Exercício resolvido

Com relação ao composto representado abaixo, responda:

a) Qual é o nome oficial deste composto?

b) Ele apresenta isomeria geométrica?

$H_3C - CH = C - CH_2 - C - CH_2 - CH_3$
           | |
          CH_3 CH_2
                          |
                        CH_2
                          |
                        CH_3

com ramificação CH_3 no terceiro carbono

A cadeia principal do composto é:

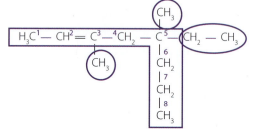

Possui 8 carbonos na cadeia principal (oct); duas ramificações metil nos carbonos 3 e 5; uma ramificação etil no carbono 5; uma dupla entre os carbonos 2 e 3 (en). O nome oficial fica:

5-etil-3,5-dimetil-oct-2-eno

Este carbono apresenta isomeria geométrica devido à dupla ligação entre os carbonos 2 e 3.

Exercício proposto

Qual, dentre os compostos apresentados abaixo (alcenos), admite isomeria geométrica?

a) 2,3-dimetil-pent-2-eno

b) pent-1-eno

c) 3-metil-hex-3-eno

d) eteno

e) 4-etil-3-metil-hex-3-eno

Unidade 5   A evolução das moléculas

Visão: uma questão de isomeria geométrica

A detecção, o processamento e a transmissão do sinal neural para que possamos enxergar são efetuados quimicamente. A luz, com seus vários comprimentos de onda, ao atingir a retina, que contém duas espécies de receptores, chamados de bastonetes e cones, desencadeará um processo que culmina na formação de imagens pelo cérebro.

A absorção da luz incidente sobre os olhos é feita pela molécula *cis*-retinal. Essa energia absorvida pela molécula altera sua forma, transformando-a em seu isômero *trans*-retinal. A mudança causa o envio de um sinal elétrico, através do nervo óptico, para o cérebro. Em seguida, o *trans*-retinal volta à sua forma *cis*, e a molécula está pronta para um novo estímulo. Esse processo ocorre milhões de vezes por segundo!

Várias espécies animais (moluscos, artrópodes e vertebrados) utilizam essa molécula devido ao seu comportamento fotossensível. Além da grande possibilidade de mudança estrutural entre as formas *cis* e *trans*, a molécula tem outro fator positivo: a forma *cis* é estruturalmente estável e não se converte na forma *trans* no escuro (isso faz com que não sejamos enganados por falsos sinais).

Note a semelhança entre essas moléculas e o caroteno, que vimos no início do capítulo. Nosso organismo transforma o caroteno em vitamina A e, posteriormente, em retinal. É por isso que uma dieta rica em caroteno (presente na cenoura) é considerada boa para os olhos.

Isomeria óptica: a assimetria das moléculas

A luz visível propaga-se no espaço por meio de ondas eletromagnéticas que oscilam em todas as direções, perpendicularmente à direção de propagação (Figura 15.7).

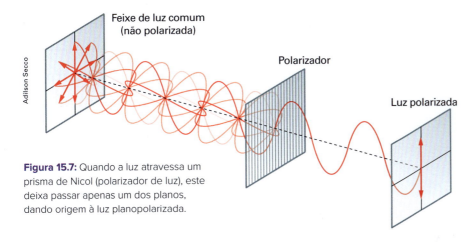

Figura 15.7: Quando a luz atravessa um prisma de Nicol (polarizador de luz), este deixa passar apenas um dos planos, dando origem à luz planopolarizada.

Ao longo do século XIX, cientistas verificaram que certas substâncias têm comportamento diferente diante de feixes de luz planopolarizada. Algumas desviam esses feixes de luz para a direita, enquanto outras os desviam para a esquerda. Constatou-se, assim, que essas moléculas apresentavam atividade óptica.

Figura 15.8: Joseph Achille Le Bel (1847-1930).

Figura 15.9: Jacobus Henricus van't Hoff (1852-1911).

O fato mais marcante nesses estudos foi a descoberta de que há pares de compostos que parecem ter estrutura e propriedades físicas idênticas, tais como temperaturas de fusão e de ebulição, densidade, índice de refração e solubilidade, porém apresentam uma peculiaridade: desviam a luz planopolarizada num mesmo ângulo, mas enquanto um composto desvia para um sentido, o outro o faz para o sentido oposto. A esses pares deu-se o nome de **isômeros ópticos**.

Enantiômeros (moléculas quirais)

A interpretação correta do fenômeno da atividade óptica dessas moléculas foi dada pelo químico holandês Jacobus Henricus van't Hoff (Figura 15.9) e pelo químico francês Joseph Achille Le Bel (Figura 15.8) em 1874, em trabalhos independentes. Ambos mostraram que, se um carbono tiver quatro ligantes diferentes (quatro ligações simples com geometria tetraédrica), como na representação a seguir,

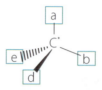

a, b, d, e representam quatro grupos diferentes ligados ao carbono

esses ligantes podem se arranjar em torno do carbono de duas maneiras diferentes. As moléculas resultantes seriam imagens especulares uma da outra (moléculas quirais).

Um carbono com quatro ligantes diferentes é chamado de **carbono assimétrico** e representado por **C***. Quando a molécula tiver um C*, ela também será assimétrica e vai apresentar isomeria óptica.

> **ATENÇÃO!**
>
> Na verdade, o requisito para uma molécula apresentar isomeria óptica é a falta de um plano de simetria, isto é, um plano imaginário que dividiria a molécula em duas partes iguais. Assim, nenhuma molécula que tenha um plano de simetria é quiral ou, em outras palavras, nenhuma molécula quiral tem plano de simetria.
>
> Embora se estude isomeria óptica em Química Orgânica, isso não quer dizer que não haja compostos inorgânicos que não apresentem esse e outros tipos de isomeria, pois basta para isso que a molécula seja assimétrica.

Quiralidade: um atributo geométrico

Quando um objeto não pode ser sobreposto à sua imagem especular (invertida como uma imagem de espelho), ele é considerado quiral; ao contrário, quando se pode sobrepor um objeto à sua imagem especular, ele não é quiral.

E como representar esse tipo de estrutura?

Figura 15.10: A imagem da mão direita em frente a um espelho corresponde à mão esquerda.

Um recurso útil para enxergar a assimetria é imaginar um espelho. Você já deve ter notado que, diante do espelho, a mão direita de nossa imagem corresponde à nossa mão esquerda, e vice-versa. De fato, as mãos e os pés parecem iguais, mas você já tentou calçar luvas ou sapatos trocados?

Quando uma molécula tiver uma imagem especular idêntica, apresentará um plano de simetria e não manifestará isomeria óptica. Porém, quando sua imagem especular mostrar uma estrutura diferente, haverá, então, duas moléculas, denominadas **enantiômeros**.

Considere, por exemplo, a molécula de ácido láctico.

$$CH_3 - \overset{H}{\underset{OH}{C^*}} - C\underset{OH}{\overset{O}{\diagup\!\!\!\!\diagdown}}$$

O carbono em destaque apresenta quatro ligantes diferentes (H, CH₃, OH e COOH); assim, tanto o carbono quanto a molécula são assimétricos. Nesse caso, a molécula manifestará isomeria óptica.

A estratégia de imaginar uma molécula diante de um espelho serve apenas de recurso para achar seu isômero correspondente (Figura 15.11). No caso, então, dizemos que uma é a imagem especular da outra. Não podendo, pois, ser superpostas, são enantiômeras (do grego, *enántios*: oposto e *meros*: partes).

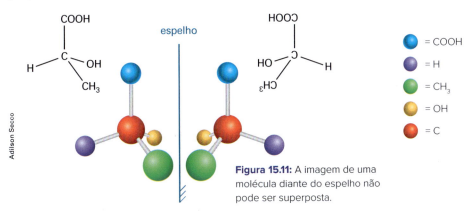

Figura 15.11: A imagem de uma molécula diante do espelho não pode ser superposta.

O uso de bolinhas de isopor coloridas como modelo permite a montagem das duas estruturas para verificar a diferença entre ambas.

Aparentemente as duas moléculas são iguais – assim como a mão esquerda e a direita –, entretanto são **moléculas diferentes**. Elas têm propriedades químicas e físicas virtualmente idênticas, mas diferem nos efeitos que exercem sobre a luz polarizada.

Enquanto uma desvia o plano da luz polarizada para a direita [isômero (+) ou d: dextrogiro], a outra desvia o plano da luz polarizada para a esquerda [isômero (−) ou ℓ: levogiro]. O ácido (+)-láctico ou ácido d-láctico é **dextrogiro**; o ácido (−)-láctico ou ácido ℓ-láctico é **levogiro**.

A IUPAC recomenda que se utilize a nomenclatura (+) e (−) para representar esses isômeros.

Além disso, o desvio da luz efetuado pelo isômero (+) é idêntico ao efetuado pelo isômero (−), porém em sentidos contrários. Se um isômero (+) qualquer desvia o plano da luz n graus para a direita, seu isômero (−) desviará exatamente n graus para a esquerda, desde que tenha a mesma concentração.

Esses valores absolutos dependem do solvente, caso tenha sido utilizado, da concentração e da temperatura na qual a medida foi realizada.

Exemplos:

ácido (+)-láctico: [α] = +2,6° (desvia a luz planopolarizada de **2,6 graus** para a direita).

ácido (−)-láctico: [α] = −2,6° (desvia a luz planopolarizada de 2,6 graus para a esquerda).

Misturas racêmicas

Uma consequência imediata da atividade óptica contrária dos enantiômeros (+) e (−) perante a luz planopolarizada é o cancelamento da atividade óptica de uma solução contendo esses dois isômeros na mesma concentração, pois a atividade de um cancela a do outro. Essa mistura opticamente inativa, formada de compostos opticamente ativos, é denominada **mistura racêmica**.

Apesar de muito parecidas, as substâncias quirais podem ter várias propriedades e características, como o cheiro e o sabor, completamente diferentes.

(+)-asparagina
(sabor amargo)

(-)-asparagina
(sabor doce)

ácido (-)-láctico

ácido (+)-láctico

O composto (-) corresponde à forma do ácido produzido pelos músculos e responsável pelas cãibras. O composto (+) é encontrado no leite azedo.

(-)-carvona
(odor de menta)

(+)-asparagina
(odor de alcavaria)

(+)-limoneno
(cheiro de laranja)

(-)-limoneno
(cheiro de limão)

Isômeros ópticos com apenas um carbono assimétrico

Como foi visto neste capítulo, compostos com apenas um carbono assimétrico (C*) trazem dois isômeros opticamente ativos, dextrogiro e levogiro, e a mistura de quantidades iguais dos dois é conhecida como **mistura racêmica**.

Tomando como exemplo o bromoclorofluormetano ($CHBrC\ell F$), verifica-se que os grupos estão arranjados (ligados) ao carbono, formando duas imagens especulares que não podem ser sobrepostas (enantiômeros), configurando duas moléculas diferentes (dextrogira e levogira).

imagens especulares
(enantiômeros)

Isômeros ópticos com mais de um carbono assimétrico

Um composto com n carbonos assimétricos diferentes poderá ter, no máximo, 2n isômeros ópticos. Observe o composto 2-bromo-3-clorobutano, que apresenta 2 C*.

As estruturas I, II, III e IV representam os quatro isômeros opticamente ativos. Observe que as estruturas I e II são imagens especulares e, portanto, formam um par de enantiômeros. O mesmo acontece com as estruturas III e IV.

Resumindo:

- **Isômeros ópticos que são imagens especulares um do outro** são conhecidos como **enantiômeros**. Eles apresentam propriedades físicas idênticas, diferenciados apenas pelo efeito sobre a luz planopolarizada: um gira para a direita e o outro para a esquerda.

- **Isômeros ópticos que não são imagens especulares um do outro** são conhecidos como **diastereoisômeros**. Eles apresentam propriedades físicas diferentes, além de desviarem a luz polarizada em ângulos diferentes. A estrutura I é diastereoisômera de III e de IV.

- Quantidades iguais dos isômeros I e II formam uma mistura racêmica, o mesmo ocorre com os isômeros III e IV.

Efeitos colaterais

Grande parte dos medicamentos existentes no mercado tem como princípio ativo compostos orgânicos, e muitos destes contêm carbonos assimétricos em suas estruturas, o que faz com que manifestem o fenômeno da isomeria óptica. Quando esses compostos são sintetizados por rotas normais em laboratório, uma mistura dos isômeros é obtida. Normalmente, o isômero com atividade fisiológica desempenha sua função no organismo e, posteriormente, com o outro isômero, é eliminado. Parece simples, porém nem sempre é assim. Por exemplo, um dos isômeros do naproxeno atua como anti-inflamatório, enquanto o outro pode causar danos ao fígado.

A presença do isômero meso (opticamente inativo)

Existe um caso especial em que dois carbonos assimétricos contêm os mesmos substituintes, como no caso do ácido tartárico, encontrado em suco de uvas e vinhos.

Introdução à Química Orgânica Capítulo 15 569

Veja que os dois carbonos assimétricos possuem os mesmos substituintes.

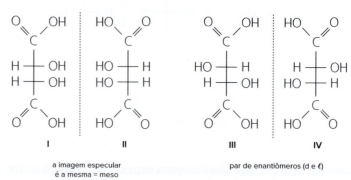

Nesse caso, quando tentamos montar as imagens dos isômeros, temos:

> Visualizar que I e II são iguais e que III e IV são diferentes não é uma tarefa muito fácil. Um artifício que pode ajudar é a construção de um modelo espacial (com bolinhas, representando os átomos), em que a tridimensionalidade pode ser vista com maior nitidez.

```
      I              II             III             IV
 a imagem especular         par de enantiômeros (d e ℓ)
   é a mesma = meso
```

Acontece que as **estruturas I e II** são exatamente iguais. Nesse caso, o isômero é opticamente inativo, não desvia a luz polarizada, e é conhecido como forma **meso**. As estruturas III e IV formam um par de enantiômeros opticamente ativos. Nesse caso, quando a molécula tiver 2 C* com os mesmos ligantes, haverá 2 isômeros ativos (d e ℓ) e um inativo (meso).

> **Importante:** Esse exemplo mostra que um composto pode apresentar carbonos assimétricos e, no entanto, ser opticamente inativo (**isômero meso**).

Calculando a quantidade de isômeros ativos

A quantidade de isômeros opticamente ativos, desde que não seja um isômero meso, pode ser determinada por meio da seguinte equação:

Número de isômeros opticamente ativos = 2^n

Sendo n = número de carbonos assimétricos

Por exemplo, normalmente consideramos a fórmula $C_6H_{12}O_6$ como sendo da glicose, porém essa molécula apresenta 4 carbonos assimétricos em sua estrutura. Sendo assim, existem $2^4 = 16$ compostos que são isômeros (4 pares de enantiômeros). A figura abaixo mostra os 8 isômeros D; cada imagem especular seria o enantiômero L, totalizando as 16 substâncias. Cada par enantiomérico proporcionaria uma mistura racêmica (8 misturas opticamente inativas).

D-alose   D-altrose   D-glicose   D-manose   D-gulose   D-idose   D-galactose   D-talose

Exercícios resolvidos

1. (Unesp) Analise a fórmula que representa a estrutura do isoctano, um derivado de petróleo componente da gasolina.

$$H_3C - C(CH_3)(CH_3) - CH_2 - CH(CH_3) - CH_3$$

De acordo com a fórmula analisada, é correto afirmar que o isoctano

a) é solúvel em água.

b) é um composto insaturado.

c) conduz corrente elétrica.

d) apresenta carbono assimétrico.

e) tem fórmula molecular C_8H_{18}.

a) errada – os hidrocarbonetos são substâncias apolares e, por isso, apresentam baixa interação com a água (insolúveis).
b) errada – este composto não apresenta duplas e triplas ligações, portanto é um composto saturado.
c) errada – a condutividade ocorre em compostos metálicos (condutividade elétrica) e em eletrólitos (soluções com íons livres); não é o caso do isoctano.
d) errada – este composto não apresenta nenhum carbono assimétrico; portanto a estrutura é simétrica e, por isso, não apresenta isomeria óptica.
e) correta – este composto apresenta 8 carbonos e 18 hidrogênios, conforme mostra a estrutura do isoctano com todas as ligações.

isoctano

$$CH_3$$
$$H_3C - C - CH_2 - CH - CH_3$$
$$CH_3 \qquad CH_3$$

2. (Unesp) As fórmulas apresentadas a seguir, numeradas de 1 a 6, correspondem a substâncias de mesma fórmula molecular.

Determine a fórmula molecular dessas substâncias e escreva a fórmula estrutural completa do álcool primário que apresenta carbono assimétrico (quiral).

Como são isômeros, todos os compostos apresentam a mesma fórmula molecular $C_5H_{12}O$.
O álcool (**primário**) que apresenta um carbono assimétrico é o da estrutura 2.

$$CH_3 - CH_2 - C^*H(CH_3) - CH_2 - OH$$

C* = carbono assimétrico (quiral)
Obs. os álcoois das estruturas 1, 3, 4 e 5 não são primários.

Exercícios propostos

1. Escolha a opção que contém o número correto de carbonos assimétricos em cada composto indicado abaixo:

I. bromo-iodo-metano

II. butan-2-ol

III. 2,3-diclorobutano

IV. 2,3-dicloro-hexano

a) nenhum em I; um em II; dois em III; dois em IV.

b) nenhum em I; nenhum em II; dois em III; dois em IV.

c) um em I; um em II; um em III; um em IV.

d) um em I; um em II; dois em III; dois em IV.

e) nenhum em I; dois em II; três em III; dois em IV.

2. A cortisona, um esteroide com efeito anti-inflamatório, é uma importante substância no tratamento da asma e da artrite. Observando a sua estrutura a seguir, é possível verificar que ela possui quantos carbonos assimétricos? Quantos isômeros opticamente ativos podem existir?

3. A adrenalina, substância cuja fórmula está representada abaixo, é uma substância que aumenta a pressão sanguínea e força a contração cardíaca e a pulsação. É o agente químico secretado pelo organismo em momentos de tensão. Pode ser administrada em casos de asma brônquica para abrir os canais dos pulmões. Quais são as funções orgânicas presentes na adrenalina? Essa substância possui atividade óptica? Justifique sua resposta.

Introdução à Química Orgânica **Capítulo 15** **571**

Compostos utilizados como fármacos

A maioria das substâncias usadas como fármacos em remédios também é composto quiral. Ocorre que é muito difícil isolar apenas um dos enantiômeros nas sínteses em laboratório, isto é, quando se realiza uma síntese para obter um composto quiral, de maneira geral se obtém uma mistura dos isômeros dextrogiro e levogiro, ou seja, uma mistura racêmica.

Mais da metade dos remédios comerciais ainda utiliza misturas racêmicas. Como nosso organismo normalmente só consegue absorver um dos isômeros, o outro acaba sendo eliminado. Todavia isso nem sempre ocorre, como no caso da talidomida.

No fim da década de 50, alguns países, como a Alemanha e a Inglaterra, utilizavam medicamentos à base de talidomida como sedativo hipnótico, sobretudo no tratamento de enjoo de mulheres grávidas. No começo dos anos 60, bebês congenitamente deformados nasceram de mães que haviam tomado a droga durante os primeiros três meses de gravidez. Confirmada a suspeita, a comercialização da droga foi imediatamente suspensa. Dados oficiais registram que cerca de 10 mil crianças nasceram deformadas em mais de 28 países, incluindo o Brasil.

Pesquisas posteriores comprovaram que o efeito sedativo é obtido por meio do isômero ($+$), enquanto o isômero ($-$) é teratogênico. Desde então, testes do caráter teratogênico de substâncias que podem vir a ser usadas como drogas se tornaram obrigatórios.

(+)-talidomida
(sedativo)

(-)-talidomida
(teratogênico)

Muitos estudos têm buscado sínteses que levem à obtenção de apenas um dos enantiômeros (sínteses estereosseletivas). O Prêmio Nobel de Química de 2001 contemplou pesquisadores que contribuíram para isso.

Química Aplicada

A importância dos compostos quirais

A quiralidade é uma das propriedades mais impressionantes e significativas das biomoléculas. Sem os compostos quirais, a vida não existiria. Açúcares e aminoácidos são biomoléculas com isomeria óptica. Por exemplo, o organismo humano faz uso de, principalmente, ℓ-aminoácidos e d-açúcares. Todos os vinte aminoácidos utilizados por ele para produzir as proteínas são levogiros.

O organismo também apresenta ambientes quirais, isto é, funciona de maneira seletiva diante dos compostos. É possível pensar nessa seletividade da seguinte forma: imagine um par de luvas e suas mãos; assim como as mãos, as luvas também são uma a imagem especular da outra, e por isso a mão direita só calçará bem a luva direita, enquanto a mão esquerda só calçará bem a luva esquerda.

As enzimas e os receptores reconhecem apenas um dos dois enantiômeros de um dado composto, justamente porque as proteínas também são quirais, como no caso das mãos e das luvas: a mão direita só reconhece a luva direita, e vice-versa, e o mesmo vale para a mão e a luva esquerda.

O Prêmio Nobel de Química de 2001 foi concedido a três pesquisadores, o japonês Ryoji Noyori e os americanos William Knowles e K. Barry Sharpless. Eles desenvolveram métodos sintéticos para a obtenção de substâncias quirais, dando uma contribuição fundamental para a criação de novos medicamentos. "Ao criarmos essas reações, quebramos um monopólio que era da natureza", disse Barry Sharpless.

A maioria das moléculas relacionadas à vida ocorre de duas formas: dextrogira e levogira, as quais seriam idênticas se não fosse uma diferença sutil, que muda inteiramente a característica da substância. O aspartame, por exemplo, usado como adoçante, tem um isômero de sabor amargo.

Numa reação química normal com determinadas substâncias quirais, dependendo das substâncias, dois isômeros podem ser produzidos. Uma vez prontos, torna-se difícil separá-los. Os ganhadores do Nobel de 2001 criaram catalisadores que levam especificamente ao isômero desejado. Segundo a Sociedade Química Americana, o mercado mundial para remédios desenvolvidos a partir dessa pesquisa básica chega hoje a R$ 370 bilhões.

Ao inventar maneiras seletivas de sintetizar compostos químicos, eliminando a versão quiral indesejada, o trio de cientistas permitiu a produção de:

- L-dopa: medicamento para tratar o mal de Parkinson;
- beta-bloqueadores: drogas usadas contra problemas cardíacos;
- antibióticos;
- adoçantes e flavorizantes artificiais;
- inseticidas.

Propriedades físicas de compostos orgânicos

Por que um composto é sólido, líquido ou gasoso em condições ambientes? Por que é solúvel em água ou não? Por que evapora rapidamente? Por que é ácido, neutro ou básico?

Para responder a essas perguntas, é preciso analisar duas características importantes dos compostos: a cadeia carbônica e os grupos funcionais presentes.

• A cadeia carbônica

O fato de a ligação C — C não ter diferença de eletronegatividade e a ligação C — H apresentar uma diferença muito pequena faz com que os esqueletos dos hidrocarbonetos sejam apolares. Mesmo assim, as moléculas interagem umas com as outras.

A principal interação entre estruturas apolares é chamada de **força de Van der Waals**, que é fraca. A magnitude dessa força é proporcional à área de contato entre as moléculas, como vemos na Figura 15.12:

Figura 15.12: Trata-se de uma representação grosseira do aumento da área de contato entre as moléculas à medida que a cadeia vai ficando maior.

Quanto maior o tamanho das cadeias, maior a interação existente, o que faz com que, em geral, as temperaturas de fusão e de ebulição aumentem, como mostra a tabela a seguir.

Nome	Fórmula estrutural	TF/°C	TE/°C
metano	CH₄	−182,5	−162,0
etano	CH₃CH₃	−172,0	−88,5
propano	CH₃CH₂CH₃	−184,7	−42,0
butano	CH₃CH₂CH₂CH₃	−138,3	0,5
pentano	CH₃CH₂CH₂CH₂CH₃	−130,0	36,1

Como a interação entre as cadeias depende do contato entre elas, a presença de ramificações acaba influenciando as propriedades físicas.

Em hidrocarbonetos de mesmo número de átomos (isômeros), quanto mais ramificações tiver uma estrutura, mais difícil será o contato entre elas, o que diminuirá as interações. De modo geral, isso acaba reduzindo as temperaturas de fusão e de ebulição da substância.

Comparando os isômeros de fórmula molecular C_5H_{12} (M = 72 g · mol⁻¹), temos:

Nome	Fórmula estrutural	TF/°C	TE/°C
pentano	CH₃—CH₂—CH₂—CH₂—CH₃	−130	36

metilbutano	CH₃—CH—CH₂—CH₃
	         |
	        CH₃
		−160	28

dimetilpropano	CH₃
	        |
	CH₃—C—CH₃
	        |
	        CH₃
		−20	9,5

Analisando esses compostos, pode-se perceber que, quanto mais ramificações, mais "globular" a molécula, o que diminui a área de contato. O desenho abaixo tenta dar uma ideia da influência do formato da molécula nas interações.

Neste caso, quanto mais ramificada a molécula, menor é a temperatura de ebulição em consequência da menor área de contato, o que reduz a interação intermolecular. No entanto, no caso da temperatura de fusão, num primeiro momento se observa uma diminuição da temperatura de fusão do pentano para o metilbutano; porém, para o dimetilpropano ocorreu o efeito contrário: um grande aumento da temperatura de fusão em razão de haver mais ramificações.

O que explica essa aparente contradição?

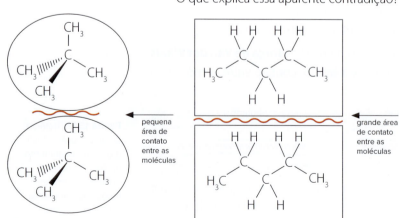

A explicação para isso é que, quanto mais simétrica for a molécula (como é o caso do dimetilpropano), melhor para sua organização na formação do estado sólido, isto é, para o composto passar para o estado sólido é preciso que as moléculas se organizem, e isso fica mais fácil com uma maior simetria. Compostos orgânicos simétricos possuem, em geral, temperaturas de fusão mais elevados que o esperado.

A versatilidade do carbono para formar cadeias realmente é espantosa. Para se ter uma ideia, com apenas carbono e hidrogênio, o número de compostos diferentes que se pode montar utilizando 20 C e 42 H (CH – alcano) é de 3 milhões.

Se aumentarmos esse número para 26 C e 54 H, chegaremos à marca de 93 milhões de compostos possíveis. Isso sem falar nas insaturações e nos grupos funcionais, além das demais variações possíveis na cadeia. É realmente impossível imaginar até onde a Química Orgânica pode chegar.

• Os grupos funcionais presentes

A presença de um grupo funcional é de extrema importância para as propriedades físicas e químicas dos compostos. Por exemplo, compostos com o grupo hidroxila (álcoois e fenóis) e as aminas (primárias e secundárias) fazem ligações de hidrogênio. Esse tipo de interação intermolecular afeta muito as propriedades dos compostos, pois se trata do tipo mais forte. Podemos incluir nesse conjunto os ácidos carboxílicos, que também têm o grupo — OH na carboxila. Esses compostos terão temperatura de fusão e de ebulição e solubilidade em água surpreendentemente maiores que os alcanos de massa molar similar.

Compostos com grupos funcionais polares, como a carbonila, apresentam interações intermoleculares intermediárias entre ligações de hidrogênio e forças de Van der Waals (hidrocarbonetos). A consequência disso é que as temperaturas de fusão e de ebulição e a solubilidade em água, para compostos de massa similar, também são intermediárias.

Com a tabela a seguir, é possível comparar as propriedades de alguns compostos de massas molares próximas e verificar as alterações que um grupo funcional é capaz de proporcionar a essas substâncias.

Nome	Massa molar (g/mol)	Fórmula estrutural	TF/°C	TE/°C	Solubilidade (a 25°)
propano	44	$CH_3CH_2CH_3$	−184,7	−42	$\cong$ 12 mg/100 mL água
éter dimetílico	46	$CH_3 — O — CH_3$	−140	−24	$\cong$ 7,1 g/100 mL água
acetaldeído	44	CH_3CHO	−123	21	∞
etilamina	45	$CH_3CH_2NH_2$	−80	17	∞
álcool etílico	46	CH_3CH_2OH	−114	78,3	∞
ácido fórmico	46	HCOOH	8	100,5	∞

Devido à presença de grupos funcionais nos compostos, duas considerações são importantes:

I. Ao comparar as temperaturas de fusão e de ebulição das substâncias, temos de levar em conta tanto o grupo funcional quanto o volume da molécula.

Por exemplo, o etanol apresenta ligações de hidrogênio e tem TE = 78,3 °C, enquanto o alcano de cadeia correspondente (etano) tem TE = −88,5 °C. Agora, o aumento na cadeia carbônica do alcano pode levar um alcano a ter TE maior que o álcool (TE do heptano = 98,4 °C).

Ou seja, apesar da interação no alcano ser por Van der Waals, mais fraca que a ligação de hidrogênio, o fato de a cadeia ir aumentando faz com que a área de contato (volume da molécula) seja grande o suficiente para que a interação no heptano seja maior que no etanol.

Introdução à Química Orgânica   Capítulo 15   575

II. Os grupos funcionais que dão características polares aos compostos, principalmente aqueles que participam de ligações de hidrogênio, acabam determinando a solubilidade desses compostos em água. No entanto, quando aumenta a cadeia carbônica, aumenta também o caráter apolar da substância, e isso acarreta uma diminuição da solubilidade do composto.

Por exemplo, álcoois de cadeia curta, até três carbonos (metanol, etanol e propanol), são solúveis em qualquer proporção com água (miscíveis). Quanto maior a cadeia, menor a solubilidade, pois o caráter apolar, devido à cadeia carbônica, vai aumentando.

Acidez e basicidade

Determinadas funções orgânicas têm caráter ácido ou básico. Como o próprio nome da função denuncia, os ácido carboxílicos apresentam caráter ácido. A polaridade da ligação O — H fica mais acentuada com a presença da carbonila (grupo carboxila), fazendo com que esse hidrogênio seja ionizável. Mesmo assim, ácidos carboxílicos são considerados ácidos fracos quando comparados com os ácidos inorgânicos fortes (sulfúrico, clorídrico, nítrico).

ácido carboxílico (ácido acético)   íon carboxilato (íon acetato)   íon hidrônio

As aminas, segundo Brönsted-Lowry, apresentam caráter básico, isto é, em água, formam os íons hidroxilas.

CIÊNCIA, TECNOLOGIA, SOCIEDADE E AMBIENTE

Agrotóxicos: o mal que entra pela boca

Uma prática indispensável de higiene é lavar as mãos e os alimentos antes de comer. Mas será que a água sozinha é capaz de limpar suficientemente as mãos e os alimentos? Se a sujeira for solúvel em água, tudo bem, porém, quando não for, será preciso acrescentar um pouco de sabão ou detergente. Em geral, a maioria das pessoas usa sabão para lavar as mãos e esquece que os alimentos também podem ter sujeira que só é possível remover com detergente. Isso porque os agrotóxicos comerciais usados contra as pragas (os quais vão se acumulando nas cascas e nas folhagens) geralmente são grandes moléculas orgânicas, com baixa afinidade com a água, ou seja, baixa solubilidade.

Como os agrotóxicos, quando ingeridos, provocam distúrbios no organismo, é recomendável que sejam lavados com detergente e água, e bem enxaguados, alimentos como tomate, cenoura, pepino, maçã, pera, pimentão, manga, rabanete, beterraba, enfim, alimentos cujas cascas também serão preparadas para consumo. Desse modo, será eliminada boa parte das substâncias indesejáveis para o organismo.

A ilustração abaixo mostra a estrutura do agrotóxico DDT, que, quando assimilado pelo organismo, se acumula nele e só é eliminado depois de quinze anos.

576 ▶ Unidade 5   A evolução das moléculas

Exercícios resolvidos

1. Dentre as várias vitaminas disponíveis, a vitamina C, cuja fama não comprovada de que evita gripes e resfriados, é das poucas que é hidrossolúvel, podendo ser relativamente fácil de ser eliminada através da urina. Observando a estrutura desta vitamina, justifique o fato de ela ser solúvel em água.

vitamina C

Grandes cadeias hidrocarbônicas geralmente são pouco solúveis em água por causa do forte caráter apolar que possuem. No entanto, quanto mais grupos polares na estrutura, mais interações com a água, levando-as a aumentar sua solubilidade. É o que ocorre com a vitamina C, que apresenta vários grupos polares na cadeia (4 hidroxilas e uma carbonila).

2. O gráfico a seguir mostra a temperatura de ebulição de alguns alcanos em função da massa molar (a 1 atm de pressão).

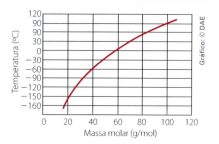

a) Por qual motivo a temperatura de ebulição aumenta com o aumento da massa molar?

b) Este gráfico pode estar representando qualquer sequência de alcanos?

a) Para compostos com o mesmo tipo de interação intermolecular (mesma série), quanto maior a cadeia (maior massa molar), maior a temperatura de ebulição.

b) Não. À medida que a cadeia fica maior, podemos ter vários isômeros com a mesma fórmula molecular. Estes isômeros terão pontos de ebulição diferentes; de maneira geral, quanto mais ramificações, menor a temperatura de ebulição.

Exercícios propostos

1. (Unesp)

Homens que começam a perder cabelo na faixa dos 20 anos podem ter maior risco de câncer de próstata no futuro. A finasterida – medicamento usado no tratamento da calvície – bloqueia a conversão da testosterona em um androgênio chamado di-hidrotestosterona (DHT), que se estima estar envolvido na queda de cabelos. O medicamento também é usado para tratar câncer de próstata.

Disponível em: www.agencia.fapesp.br>. Adaptado.

di-hidrotestosterona (DHT)

Sobre a DHT, cuja fórmula está representada, é correto afirmar que:

a) É um hidrocarboneto aromático de fórmula molecular $C_{19}H_{30}O_2$

b) É insolúvel em água e tem fórmula molecular $C_{17}H_{26}O_2$

c) Apresenta as funções fenol e cetona e fórmula molecular $C_{19}H_{30}O_2$

d) É apolar e apresenta fórmula molecular $C_{17}H_{29}O_2$

e) Apresenta as funções álcool e cetona e fórmula molecular $C_{19}H_{30}O_2$

2. Um fator determinante na quantidade de uma substância estar presente na urina, além da quantidade ingerida, é sua solubilidade em água. Analisando as estruturas das vitaminas A e C representadas abaixo, responda: Qual delas é mais facilmente eliminada pela urina? Justifique o fato de a vitamina C ter uma temperatura de fusão bem superior à da vitamina A.

vitamina A (temperatura de fusão = 62 °C)

vitamina C (temperatura de fusão = 193 °C)

Introdução à Química Orgânica Capítulo 15 577

COM A PALAVRA...

Paulo Zarbin*

Química Orgânica: a Química da vida

Todo estudante ao ter os seus primeiros contatos com a química orgânica percebe, quase que de imediato, que o foco desta disciplina está no elemento carbono. Por esta razão, é bastante comum dizermos que a química orgânica é "A Química do Elemento Carbono". Esta definição não está equivocada, mas nós devemos visualizar a química orgânica sob uma perspectiva que não a enquadre, unicamente, como provedora de um estudo mais aprofundado sobre um único elemento da tabela periódica.

Quando pensamos em um átomo de carbono já sabemos de antemão que, além de ser o foco principal da disciplina, este elemento químico pode combinar com até quatro outros átomos. Portanto, a diversidade de estruturas químicas possíveis de serem encontradas em função destas combinações é infinita. As moléculas orgânicas podem ser bem pequenas, como quando combinamos um átomo de carbono com quatro átomos de hidrogênio, formando assim o gás metano (CH_4) (também conhecido como "gás do pântano" por ser naturalmente gerado pela decomposição anaeróbica de matéria orgânica), ou podem ser bem grandes, resultantes da combinação de vários átomos e moléculas, formando, por exemplo, os componentes estruturais de todo ser vivo: carboidratos, proteínas, ácidos nucleicos e lipídios.

O estudo da química orgânica torna-se, então, vital para compreender os vários processos que continuadamente ocorrem nos organismos vivos, podendo ser classificada como "A Química da Vida". Logicamente, cabe a ressalva de que milhares de outras moléculas que não participam de processos biológicos são também obtidas a partir de compostos de carbono, ampliando ainda mais a abrangência dessa fascinante disciplina.

Em função desta ampla diversidade de possíveis estruturas químicas formadas a partir dessas combinações atômicas, se faz necessário algum tipo de ordenamento para que as moléculas possam ser adequadamente classificadas. Nesse sentido, aparecem os grupos funcionais, que são conjuntos distintos de átomos contendo oxigênio, nitrogênio ou mesmo enxofre ligados a um esqueleto de hidrocarbonetos. As moléculas orgânicas passam a ser classificadas conforme seu grupo funcional, que irá lhe atribuir características químicas e reatividade previsíveis, ou seja, só é necessário conhecer a química de algumas funções para prever o comportamento químico de milhares de compostos orgânicos.

Vários são os grupos funcionais existentes, dentre os quais podem ser destacados as hidroxilas (-OH, álcoois), éter (ROR), carbonilas (C=O, aldeídos e cetonas), carboxilas (RCOOH e RCOOR, ácidos carboxílicos, ésteres e amidas) e aminas (RNH_2). Compostos bem familiares, cotidianamente utilizados, se enquadram dentro dessas funções, como o etanol (combustível e bebida alcoólica), a acetona e o ácido acético (vinagre).

Mais de dois milhões de compostos orgânicos já foram isolados ou sinteticamente preparados, com aplicações diretas nas mais distintas áreas (pesticidas, fármacos, petroquímicos, dentre outros). Porém, o número de conceitos teóricos utilizados para isolá-los e prepará-los são relativamente baixos quando comparados a esta vasta diversidade estrutural, e estão todos fundamentados no aspecto mais básico da química orgânica: a reatividade e especificidade dos diferentes grupos funcionais.

Reconhecer esses grupos funcionais e entender sua reatividade é de extrema importância para o estudante de química orgânica, é a chave que abrirá a primeira de muitas portas que dará acesso a um universo de infinitas possibilidades de novos aprendizados.

* Professor Doutor em Química na UFPR.

◤ QUESTÕES

1. Pensando na estrutura atômica do elemento químico carbono, por qual motivo o mesmo pode se combinar com, no máximo, 4 outros átomos (ou grupos de átomos)?

2. Faça uma pesquisa na internet e encontre outros possíveis grupos funcionais além dos estudados neste capítulo; que funções orgânicas são estas?

Exercícios finais

1. (Fuvest-SP) Na obra *O poço do Visconde*, de Monteiro Lobato, há o seguinte diálogo entre o Visconde de Sabugosa e a boneca Emília:

— Senhora Emília, explique-me o que é hidrocarboneto.

A atrapalhadeira não se atrapalhou e respondeu:

— São misturinhas de uma coisa chamada hidrogênio com outra coisa chamada carbono. Os carocinhos de um se ligam aos carocinhos de outro.

Nesse trecho, a personagem Emília usa o vocabulário informal que a caracteriza. Buscando-se uma terminologia mais adequada ao vocabulário utilizado em Química, devem-se substituir as expressões "misturinhas", "coisa" e "carocinhos", respectivamente, por:

a) compostos, elemento, átomos.
b) misturas, substância, moléculas.
c) substâncias compostas, molécula, íons.
d) misturas, substância, átomos.
e) compostos, íon, moléculas.

2. (Unicamp-SP) Atualmente, parece que a Química vem seduzindo as pessoas e tem-se observado um número cada vez maior de pessoas portando tatuagens que remetem ao conhecimento químico. As figuras a seguir mostram duas tatuagens muito parecidas, com as correspondentes imagens tatuadas mais bem definidas abaixo.

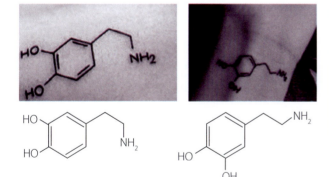

As imagens representam duas fórmulas estruturais, que correspondem a dois

a) compostos que são isômeros entre si.
b) modos de representar o mesmo composto.
c) compostos que não são isômeros.
d) compostos que diferem nas posições das ligações duplas.

3. (PUC-RJ) O óleo de citronela é muito utilizado na produção de velas e repelentes. Na composição desse óleo, a substância representada a seguir está presente em grande quantidade, sendo, dentre outras, uma das responsáveis pela ação repelente do óleo.

A cadeia carbônica dessa substância é classificada como aberta,

a) saturada, homogênea e normal.
b) saturada, heterogênea e ramificada.
c) insaturada, ramificada e homogênea.
d) insaturada, aromática e homogênea.
e) insaturada, normal e heterogênea.

4. (Uece) Nos compostos orgânicos, os átomos de carbono se ligam entre si ou com outros átomos e formam as cadeias carbônicas, que podem ser: abertas, fechadas ou mistas; normais ou ramificadas; saturadas ou insaturadas; homogêneas ou heterogêneas. O composto 3,7-dimetil-2,6-octadienal, conhecido como citral, usado na indústria alimentícia e para fortalecer o óleo de limão, possui a seguinte fórmula molecular: $C_9H_{15}COH$.

A classificação correta da sua cadeia carbônica é

a) aberta, insaturada, heterogênea e ramificada.
b) mista, saturada, heterogênea e normal.
c) aberta, insaturada, homogênea e ramificada.
d) aberta, saturada, homogênea e ramificada.

5. (UEL-PR) As fórmulas de linhas na Química Orgânica são muitas vezes empregadas na tentativa de simplificar a notação de substâncias. Dessa maneira, as fórmulas de linhas para o butano e o metil-butano são representadas, respectivamente, por

Considere a substância representada pela estrutura abaixo.

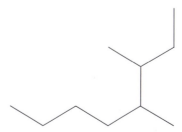

A partir dessas informações, responda aos itens a seguir.

Exercícios finais

a) Qual é a fórmula molecular dessa substância?

b) Quantos substituintes estão ligados na cadeia principal?

6. (UFRGS-RS) A levedura *Saccharomyces cerevisiae* é responsável por transformar o caldo de cana em etanol. Modificações genéticas permitem que esse microrganismo secrete uma substância chamada farneseno, em vez de etanol. O processo produz, então, um combustível derivado da cana-de-açúcar, com todas as propriedades essenciais do diesel de petróleo, com as vantagens de ser renovável e não conter enxofre.

farneseno

Considere as seguintes afirmações a respeito do farneseno.

I. A fórmula molecular do farneseno é $C_{16}H_{24}$.

II. O farneseno é um hidrocarboneto acíclico insaturado.

III. O farneseno apresenta apenas um único carbono secundário.

Quais estão corretas?

a) Apenas I.

b) Apenas II.

c) Apenas III.

d) Apenas I e II.

e) I, II e III.

7. (UFRGS-RS) O ácido núdico, cuja estrutura é mostrada abaixo, é um antibiótico isolado de cogumelos como o *Tricholoma nudum*.

ácido núdico

Em relação a uma molécula de ácido núdico, é correto afirmar que o número total de átomos de hidrogênio, de ligações duplas e de ligações triplas é, respectivamente,

a) 1 – 1 – 2.

b) 1 – 2 – 3.

c) 3 – 1 – 2.

d) 3 – 2 – 3.

e) 5 – 1 – 3.

8. (Imed-SP) Relacione os compostos orgânicos da Coluna 1 com o nome das suas respectivas funções orgânicas na Coluna 2.

Coluna 1

1. $H-\overset{\overset{\displaystyle H}{|}}{\underset{\underset{\displaystyle H}{|}}{C}}-\overset{\overset{\displaystyle H}{|}}{\underset{\underset{\displaystyle H}{|}}{C}}-O-H$

2. $CH_3-CH_2-\overset{\overset{\displaystyle O}{||}}{C}-CH_3$

3. $CH_2=CH-CH_3$

4. $CH_3-CH_2-\overset{\overset{\displaystyle O}{||}}{C}-O-CH_3$

5. $CH_3-CH_2-O-CH_3$

Coluna 2

(   ) Éter.

(   ) Alceno.

(   ) Éster.

(   ) Cetona.

(   ) Álcool.

A ordem correta de preenchimento dos parênteses, de cima para baixo, é:

a) 4 – 3 – 5 – 2 – 1.

b) 5 – 3 – 4 – 2 – 1.

c) 5 – 1 – 2 – 4 – 3.

d) 1 – 2 – 3 – 4 – 5.

e) 5 – 4 – 3 – 2 – 1.

9. (PUC-MG) O sabor ácido da pimenta (verde ou vermelha) é causado por uma substância chamada capsaicina. As quantidades desta substância presentes nas pimentas variam de 0,1 a 1% em massa. A capsaicina constitui o princípio ativo característico (ardor ou "sabor") das pimentas. A capsaicina, cuja fórmula estrutural está representada abaixo

apresenta grupos funcionais:

a) fenol, éter e amida.

b) álcool, éter, cetona e amina.

c) álcool, éster, cetona e amina.

d) fenol, éster e amida.

e) fenol, enol e amida.

10. (UFRGS-RS) O ELQ-300 faz parte de uma nova classe de drogas para o tratamento de malária. Testes mostraram que o ELQ-300 é muito superior aos medicamentos usados atualmente no quesito de desenvolvimento de resistência pelo parasita.

ELQ–300

São funções orgânicas presentes no ELQ-300.

a) amina e cetona.

b) amina e éster.

c) amida e cetona.

d) cetona e éster.

e) éter e ácido carboxílico.

Texto para a próxima questão

Leia o texto a seguir e responda à questão.

Cidades menores, quando não organizadas, podem apresentar problemas sérios de saúde pública, como é o caso de epidemias de dengue. Esforços têm sido dedicados à descoberta de novos métodos para controle da dengue. A curcumina, uma substância presente no açafrão-da-terra, pode matar as larvas do *Aedes aegypti*. Basta colocar o pó em locais onde o mosquito da dengue costuma se reproduzir, como pratos e vasos de plantas. Além de ser eficaz, a substância não agride o meio ambiente.

Adaptado de: <http://g1.globo.com/sp/sao-carlos-regiao/noticia/2015/03/substancia-presente-no-acafrao-pode-ajudar-no-combate-dengue-dizusp.html>. Acesso em: 14 abr. 2015.

11. (UEL-PR) A curcumina, cuja molécula é apresentada a seguir, é uma substância presente no açafrão-da-terra e que dá o tom de amarelo ao pó.

Sobre essa molécula, atribua V (verdadeiro) ou F (falso) às afirmativas a seguir.

( ) Apresenta cadeia carbônica homogênea e insaturada.

( ) Contém igual número de átomos de carbono e hidrogênio.

( ) Por combustão total, forma monóxido de carbono e peróxido de hidrogênio.

( ) Possui, no total, dezessete carbonos secundários e dois carbonos terciários.

( ) Os grupos funcionais são ácido carboxílico, álcool e éster.

Assinale a alternativa que contém, de cima para baixo, a sequência correta.

a) V, V, V, F, F.

b) V, V, F, F, V.

c) V, F, F, V, F.

d) F, V, F, V, V.

e) F, F, V, F, V.

12. (UEPG-PR) Baseado nas estruturas das moléculas abaixo, responsáveis pelas fragrâncias da canela e do cravo-da-índia, respectivamente, assinale o que for correto.

I) cinamaldeído   II) eugenol

01) Ambas possuem um grupamento fenil.

02) Ambas possuem um grupamento aldeído.

04) Somente o eugenol possui um grupamento álcool.

08) Somente o cinamaldeído possui carbono terciário.

16) Somente o eugenol possui um grupo éter metílico.

13. (UFJF-Pism-MG) O gengibre é uma planta herbácea originária da ilha de Java, da Índia e da China, e é utilizado mundialmente na culinária para o preparo de pratos doces e salgados. Seu caule subterrâneo possui sabor picante, que se deve ao gingerol, cuja fórmula estrutural é apresentada a seguir:

Quais funções orgânicas estão presentes na estrutura do gingerol?

a) Éster, aldeído, álcool, ácido carboxílico.

b) Éster, cetona, fenol, ácido carboxílico.

c) Éter, aldeído, fenol, ácido carboxílico.

d) Éter, cetona, álcool, aldeído.

e) Éter, cetona, fenol, álcool.

14. (Ifsul) Especiarias, como anis-estrelado, canela e cravo-da-índia, são deliciosas, sendo comumente utilizadas na gastronomia, devido aos seus deliciosos aromas. Também são utilizadas na fabricação de doces, como chicletes, balas e bolachas, na perfumaria e na aromatização de ambientes. Abaixo, temos as fórmulas estruturais de três compostos orgânicos, presentes no aroma dessas especiarias.

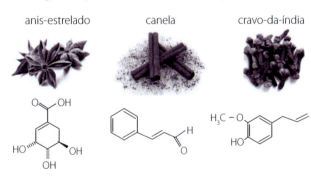

Esses compostos apresentam, em suas fórmulas estruturais, os grupos funcionais

a) álcool, cetona e fenol.

b) aldeído, álcool, éter e fenol.

c) aldeído, álcool, cetona e éter.

d) álcool, ácido carboxílico, éster e fenol.

Exercícios finais

15. (UFPR) Poucos meses antes das Olimpíadas Rio 2016, veio a público um escândalo de *doping* envolvendo atletas da Rússia. Entre as substâncias anabolizantes supostamente utilizadas pelos atletas envolvidos estão o turinabol e a mestaterona. Esses dois compostos são, estruturalmente, muito similares à testosterona e utilizados para aumento da massa muscular e melhora do desempenho dos atletas.

turinabol

mestaterona

testosterona

Quais funções orgânicas oxigenadas estão presentes em todos os compostos citados?

a) Cetona e álcool.

b) Fenol e éter.

c) Amida e epóxido.

d) Anidrido e aldeído.

e) Ácido carboxílico e enol.

16. (UFPR) A qualidade de um combustível é caracterizada pelo grau de octanagem. Hidrocarbonetos de cadeia linear têm baixa octanagem e produzem combustíveis pobres. Já os alcanos ramificados são de melhor qualidade, uma vez que têm mais hidrogênios em carbonos primários e as ligações C – H requerem mais energia que ligações C – C para serem rompidas. Assim, a combustão dos hidrocarbonetos ramificados se torna mais difícil de ser iniciada, o que reduz os ruídos do motor. O isoctano é um alcano ramificado que foi definido como referência, e ao seu grau de octanagem foi atribuído o valor 100. A fórmula estrutural (forma de bastão) do isoctano é mostrada abaixo.

isoctano

Qual é o nome oficial IUPAC desse alcano?

a) 2,2,4-trimetilpentano.

b) 2-metil-4-terc-butil-pentano.

c) 1,1,1,3,3-pentametilpropano.

d) 1-metil-1,3-di-isopropilpropano.

e) 1,1,1-trimetil-4,4-dimetil-pentano.

17. (PUC-RJ)

Segundo as regras da IUPAC, a nomenclatura do composto representado acima é

a) 2-etil-hex-1-ano

d) 3-metil-hept-1-eno

b) 3-metil-heptano

c) 2-etil-hept-1-eno

e) 3-etil-hept-1-eno

18. (Uema)

Diversos produtos tão comuns em nosso dia a dia são obtidos a partir de alcenos, hidrocarbonetos de cadeia aberta que contém uma dupla ligação com fórmula geral C_nH_{2n}, por exemplo: plásticos, tecidos sintéticos, corantes e, até mesmo, explosivos. O eteno costuma ser utilizado como anestésico em intervenções cirúrgicas e no amadurecimento de frutas, mostrando que eles têm importâncias estratégicas para diferentes atividades humanas.

Disponível em: <www.brasilescola.com/quimica/alcenos.htm>.
Acesso em: 12 set. 2014.

Escreva a fórmula estrutural e nomine, oficialmente, o terceiro composto da série desse hidrocarboneto.

19. (Uece) Isomeria é o fenômeno pelo qual duas substâncias compartilham a mesma fórmula molecular, mas apresentam estruturas diferentes, ou seja, o rearranjo dos átomos difere em cada caso. Observe as estruturas apresentadas a seguir, com a mesma fórmula molecular $C_4H_{10}O$:

I. $H_3C - CH_2 - O - CH_2 - CH_3$

II. $H_3C - \underset{\underset{CH_3}{|}}{CH} - CH_2$ (OH)

III. $H_3C - CH_2 - \underset{\underset{OH}{|}}{CH} - CH_3$

IV. $H_3C - CH_2 - CH_2 - \underset{\underset{OH}{|}}{CH_2}$

V. $H_3C - O - CH_2 - CH_2 - CH_3$

Assinale a opção em que as estruturas estão corretamente associadas ao tipo de isomeria.

a) Isomeria de função – II e III.

b) Isomeria de cadeia – III e IV.

c) Isomeria de compensação – I e V.

d) Isomeria de posição – II e IV.

20. (Fasm-SP)

Quando há falta de insulina e o corpo não consegue usar a glicose como fonte de energia, as células utilizam outras vias para manter seu funcionamento. Uma das alternativas encontradas é utilizar os estoques de gordura para obter a energia que lhes falta. Entretanto, o resultado desse processo leva ao acúmulo dos chamados corpos cetônicos.

Disponível em: <www.drauziovarella.com.br>. Adaptado.

 estrutura de um corpo cetônico

a) Dê a nomenclatura IUPAC e a nomenclatura comercial do corpo cetônico representado.

b) Escreva a fórmula estrutural do isômero de função desse corpo cetônico com a sua respectiva nomenclatura IUPAC.

21. (Uece) O 1,4-dimetoxi-benzeno é um sólido branco com um odor floral doce intenso. É usado principalmente em perfumes e sabonetes. O número de isômeros de posição deste composto, contando com ele, é

a) 2.   b) 3.   c) 5.   d) 4.

22. (UPM-SP) Numere a **coluna B**, que contém compostos orgânicos, associando-os com a **coluna A**, de acordo com o tipo de isomeria que cada molécula orgânica apresenta.

Coluna A	Coluna B
1. Isomeria de compensação	( ) ciclopropano
2. Isomeria geométrica	( ) etoxietano
3. Isomeria de cadeia	( ) bromo-cloro-fluoro-metano
4. Isomeria óptica	( ) 1,2-dicloro-eteno

A sequência correta dos números da **coluna B**, de cima para baixo, é

a) 2 – 1 – 4 – 3.
b) 3 – 1 – 4 – 2.
c) 1 – 2 – 3 – 4.
d) 3 – 4 – 1 – 2.
e) 4 – 1 – 3 – 2.

23. (UEL-PR) Analise os pares de fórmulas a seguir.

I. H_3C-CH_2-COOH e $H_3C-COO-CH_3$

II. $H_3C-CO-CH_2-CH_2-CH_3$ e $H_3C-CO-CHCH_3-CH_3$

III. $H_3C-NH-CH_2-CH_2-CH_3$
e $H_3C-CH_2-NH-CH_2-CH_3$

IV. H_3C-CHO e $H_2C=CHOH$

V. CH_3 \ C=C / CH_3 / \ H H   e   H \ C=C / CH_3 / \ CH_3 H

Associe cada par ao seu tipo de isomeria.

( ) A – isomeria de cadeia
( ) B – isomeria de função
( ) C – isomeria de compensação
( ) D – isomeria geométrica
( ) E – tautomeria

Assinale a alternativa que apresenta a correspondência correta.

a) I-A, II-E, III-D, IV-B e V-C
b) I-B, II-A, III-C, IV-E e V-D
c) I-C, II-B, III-E, IV-D e V-A
d) I-D, II-C, III-B, IV-A e V-E
e) I-E, II-D, III-A, IV-C e V-B

24. (UFPR) Isomeria é o fenômeno associado quando mais de uma substância apresenta a mesma fórmula molecular, mas difere estruturalmente quanto à disposição dos átomos na molécula. Entre as possibilidades de ocorrência desse fenômeno, as isomerias de função e geométrica são muito importantes na Química Orgânica. A tautomeria é um caso particular de isomeria de função, envolvendo um enol $(R-CH=C(OH)-R)$ que se encontra em equilíbrio com seu tautômero carbonilado $(R-CH_2-C(O)-R)$. A isomeria geométrica, por sua vez, depende da disposição espacial dos átomos, como é o caso da posição relativa dos átomos ligados aos carbonos de uma ligação dupla carbono-carbono, conhecido como isomeria cis-trans.

a) A ciclohexan-1,3,5-triona, mostrada a seguir, possui um tautômero. Apresente a estrutura do composto presente em equilíbrio.

b) Os ácidos fumárico e maleico são isômeros geométricos que possuem fórmula molecular $HO_2C-HC=CH-CO_2H$. O ácido fumárico é o isômero trans. Apresente as fórmulas estruturais espaciais (notação em bastão) dos ácidos fumárico e maleico. Indique claramente a geometria e identifique as moléculas do ácido fumárico e do maleico.

25. (Unicid–SP)

O óleo essencial de manjericão apresenta grande potencial de aplicação como agente antimicrobiano, agente medicinal, como "flavor" em alimentos e fragrância em produtos farmacêuticos.

MAZUTTI, Márcio et al. Química. Nova, vol. 29, n. 6, 2006. Adaptado.

Exercícios finais

As principais substâncias químicas que constituem o óleo essencial de manjericão estão apresentadas a seguir.

1 — eugenol

2 — metil chavicol

3 — geraniol

4 — linalol

a) Analise as fórmulas estruturais apresentadas e organize-as na tabela abaixo.

Substância	Fórmula molecular	Radicais funcionais	Isomeria geométrica

b) Entre as substâncias relacionadas, escreva a fórmula estrutural daquela que apresenta isomeria óptica. Justifique sua resposta.

26. (UFSC) *Fosfoetanolamina: a "pílula do câncer"?*

No decorrer de 2016, circularam diversas notícias acerca de testes clínicos e da liberação da utilização da fosfoetanolamina sintética por pacientes em tratamento contra o câncer. Entretanto, existem pesquisadores que defendem sua eficácia e outros que a questionam. Em meados de julho de 2016, foram iniciados em São Paulo os testes clínicos da fosfoetanolamina sintética em humanos. Essa substância foi estudada por um grupo de pesquisadores brasileiros e a rota sintética protegida por patente utiliza, como reagentes, o ácido fosfórico e o 2-aminoetanol, entre outros.

fosfoetanolamina

Disponível em: <http://www.saopaulo.sp.gov.br/spnoticias/lenoticia2.php?id=246816> e <http://www5.iqsc.usp.br/esclarecimentos-a-sociedade/>. Acesso em: 11 ago. 2016. Adaptado.

Sobre o assunto, é correto afirmar que:

01) o 2-aminoetanol é isômero óptico do 1-aminoetanol.

02) a cadeia carbônica da fosfoetanolamina é classificada como alifática, insaturada e heterogênea.

04) as moléculas de 2-aminoetanol e de fosfoetanolamina apresentam o grupo amino ligado a um átomo de carbono saturado.

08) a fosfoetanolamina é apolar e, portanto, deve ser administrada juntamente com alimentos ricos em lipídios para facilitar sua dissolução.

16) o ácido fosfórico, que pode ser usado na síntese da fosfoetanolamina, é caracterizado como um ácido poliprótico.

32) a ordem crescente de raio atômico dos elementos químicos presentes no ácido fosfórico é: hidrogênio < oxigênio < fósforo.

64) a fórmula molecular da fosfoetanolamina é $C_2H_4NO_4P$.

27. (UPM-SP) Determinado composto orgânico apresenta as seguintes características:

I. Cadeia carbônica alifática, saturada, ramificada e homogênea.

II. Possui carbono carbonílico.

III. Possui enantiômeros.

IV. É capaz de formar ligações de hidrogênio.

O composto orgânico que apresenta todas as características citadas acima está representado em

a)

b)

c)

d)

e)

28. (Uerj) Dois anabolizantes comumente encontrados em casos de *doping* em atletas são o salbutamol e a terbutalina. Ao comparar suas fórmulas estruturais, identificam-se funções orgânicas comuns a ambas as moléculas. Observe:

salbutamol

terbutalina

Considere os grupamentos funcionais que estabelecem ligação direta com os carbonos alifáticos em cada molécula. Nomeie suas funções correspondentes.

Em seguida, indique o número de átomos de carbonos terciários presentes no salbutamol e calcule o número de isômeros ópticos ativos da terbutalina.

29. (Unesp-SP) As fórmulas apresentadas a seguir, numeradas de 1 a 6, correspondem a substâncias de mesma fórmula molecular.

Determine a fórmula molecular dessas substâncias e escreva a fórmula estrutural completa do álcool primário que apresenta carbono assimétrico (quiral).

30. (UFU-MG) A nicotina, produzida na queima do cigarro, é a substância que causa o vício de fumar. É um estimulante do sistema nervoso central, provocando o aumento da pressão arterial e da frequência dos batimentos cardíacos. A seguir, é descrita a fórmula da nicotina:

A nicotina é uma

a) amida cíclica, de caráter básico, que apresenta anéis heterocíclicos contendo nitrogênio e de fórmula molecular $C_{10}H_{12}N_2$.

b) amina cíclica, de caráter básico, que apresenta anéis heterocíclicos contento nitrogênio e de fórmula molecular $C_{10}H_{14}N_2$.

c) amina aromática, de caráter ácido, que apresenta um anel heterocíclico com ressonância e de fórmula molecular $C_{10}H_{14}N_2$.

d) amida aromática, de caráter ácido, que apresenta um anel heterocíclico com ressonância e de fórmula molecular $C_{10}H_{12}N_2$.

31. (Unicamp-SP) Com a finalidade de manter uma imagem jovem, muitas pessoas eliminam as rugas do rosto utilizando a quimioesfoliação (*peeling* químico), um processo que envolve algum risco à saúde. A quimioesfoliação consiste na aplicação de um ou mais agentes à pele, visando promover esfoliação cutânea, o que leva à renovação celular e à eliminação das rugas. Dois tipos de *peeling* podem ser realizados: o superficial ou o médio e o profundo.

a) Para um *peeling* superficial ou médio, costuma-se usar uma solução da substância indicada a seguir:

Simplificadamente, a literatura afirma que, além da concentração da solução, o valor de pH ideal para uma boa esfoliação deve estar abaixo de sete. Considerando somente a dissolução dessa substância em água, seria possível obter essa condição de pH? Explique e justifique com uma equação química pertinente.

b) Para um *peeling* químico profundo, pode-se usar uma microemulsão denominada solução de Baker-Gordon, que contém a substância cuja fórmula estrutural está representada a seguir. Do ponto de vista da representação química, o hexágono com o círculo representa as possíveis estruturas ressonantes da cadeia carbônica. Desenhe essas possíveis estruturas ressonantes para a cadeia e escreva a fórmula molecular da substância.

32. (Fepar-PR) Os compostos orgânicos representam cerca de 90% de todos os compostos atualmente conhecidos. Não são apenas componentes fundamentais dos seres vivos; participam também ativamente da vida humana: estão presentes em nossos alimentos, vestuários, residências, combustíveis.

A seguir estão representadas as fórmulas estruturais de algumas substâncias que costumam fazer parte de nosso cotidiano.

aroma de banana

Introdução à Química Orgânica Capítulo 15 585

Exercícios finais

aroma de rum

carvona (aroma de hortelã)

vanilina (aroma de baunilha)

acetona

2-feniletilamina (hormônio da paixão)

ácido acetilsalicílico

Observe essas estruturas e avalie as afirmativas.

( ) O etanoato de isopentila e o propionato de isobutila são isômeros de cadeia.

( ) A vanilina apresenta temperatura de ebulição superior à da carvona.

( ) As funções ácido carboxílico e éster estão presentes no ácido acetilsalicílico.

( ) A oxidação da propanona produz o ácido propiônico.

( ) A ionização da 2-feniletilamina em água resulta em solução básica.

33. (Unesp-SP) Analise as fórmulas que representam as estruturas do retinol (vitamina A), lipossolúvel, e do ácido pantotênico (vitamina B5), hidrossolúvel.

retinol

ácido pantotênico

Com base na análise das fórmulas, identifique as funções orgânicas presentes em cada vitamina e justifique por que a vitamina B5 é hidrossolúvel e a vitamina A é lipossolúvel. Qual dessas vitaminas apresenta isomeria óptica? Justifique sua resposta.

34. (Unifesp) O confrei (*Symphytum officinale L.*) é uma planta utilizada na medicina tradicional como cicatrizante, devido à presença da alantoína (estrutura 1), mas também possui alcaloides pirrolizidínicos, tais como o da estrutura 2, os quais são comprovadamente hepatotóxicos e carcinogênicos. O núcleo destacado na estrutura 2 recebe o nome de necina ou núcleo pirrolizidina.

Estrutura 1

Estrutura 2

necina

a) Nas estruturas 1 e 2, os grupos funcionais que contêm átomos de oxigênio caracterizam duas funções orgânicas. Relacione cada função com o respectivo composto.

b) A estrutura 1 apresenta isomeria óptica? Qual é o caráter ácido-básico do grupo necina? Justifique suas respostas.

35. (UFRGS-RS) Salicilato de metila é usado em medicamentos para uso tópico, em caso de dores musculares. Ele é obtido industrialmente via reação de esterificação do ácido salicílico com metanol, conforme mostrado abaixo.

Assinale a alternativa que preenche corretamente as lacunas do segmento abaixo, na ordem em que aparecem. Em relação ao ácido salicílico, o salicilato de metila apresenta _____ ponto de ebulição e _____ acidez.

a) menor – menor

d) maior – maior

b) menor – maior

e) maior – igual

c) igual – menor

36. (Unifesp) Os compostos 1 e 2, representados nas figuras, são compostos orgânicos utilizados como solventes na indústria química e farmacêutica.

Composto 1 OH

Composto 2

Na tabela, cada letra (x, y, z, w) pode representar somente o composto 1 ou o composto 2.

composto	pressão de vapor (20 °C)
x	1,67 kPa
y	58,6 kPa
composto	solubilidade em água
z	69 g/L
w	290 g/L

a) Identifique os compostos x, y, z e w.

b) Que tipo de isomeria ocorre entre os compostos 1 e 2? Escreva o nome oficial do composto que apresenta atividade ótica.

37. (Unicamp-SP) Pesquisas recentes sugerem uma ingestão diária de cerca de 2,5 miligramas de resveratrol, um dos componentes encontrados em uvas escuras, para que se obtenham os benefícios atribuídos a essas uvas.

Considere a fórmula estrutural da molécula dessa substância:

De acordo com essa fórmula, o resveratrol é um

a) polifenol de fórmula molecular $C_{14}H_{12}O_3$.

b) ácido orgânico de fórmula molecular $C_{14}H_{12}O_3$.

c) triol de fórmula molecular $C_{14}H_3O_3$.

d) ácido orgânico de fórmula molecular $C_{14}H_3O_3$.

38. (UPM-SP) Considere a nomenclatura IUPAC dos seguintes hidrocarbonetos.

I. metil-ciclobutano.

II. 3-metil-pentano.

III. pentano.

IV. ciclo-hexano.

V. pent-2-eno.

A alternativa que relaciona corretamente compostos isoméricos é

a) I e III.

b) III e V.

c) I e V.

d) II e IV.

e) II e III.

39. (UEM-PR) Analisando as estruturas dos compostos orgânicos a seguir, assinale a(s) alternativa(s) que apresenta(m) classificações corretas em relação às suas características.

a)

b)

c)

d)

e)

Introdução à Química Orgânica   Capítulo 15   **587**

Exercícios finais

01) Quanto ao número de ramificações, em A são 2, em B é 1 e em C é 1.

02) Quanto ao tipo de cadeia carbônica, em B é insaturada, em C é saturada e em D é insaturada.

04) Quanto ao tipo de função, C é um hidrocarboneto, D é um éster e E é um ácido carboxílico.

08) Quanto ao tipo de hidrocarboneto, A é um alcano, B é um alceno e C é um aromático.

16) Quanto à nomenclatura, C é o pentil-benzeno, D é o butóxi-butano e E é o octanol.

40. (Udesc) Assinale a alternativa que corresponde à nomenclatura correta, segundo a IUPAC (International Union of Pure and Applied Chemistry), para o composto cuja estrutura está representada abaixo.

a) 4-metil-2-acetil-octano

b) 5,7-dimetil-8-nonanona

c) 3,5-dimetil-2-nonanona

d) 3-metil-5-butil-2-hexanona

e) 4-metil-2-butil-5-hexanona

41. (Ifsul-RS) Determinada maionese industrializada possui, segundo seu rótulo, os seguintes ingredientes: óleo, ovos, amido modificado, suco de limão, vinagre, sal, açúcar, entre outras substâncias tais como os antioxidantes:

BHA   BHT

Considerando suas estruturas, quais são as funções orgânicas presentes no BHA e qual é a fórmula molecular do BHT?

a) fenol e éter; $C_{15}H_{24}O$.

b) álcool e éter; $C_{15}H_{24}O$.

c) fenol e éster; $C_{13}H_{22}O$.

d) álcool e éster; $C_{13}H_{22}O$.

42. (Ufrgs-RS) Em 1851, um crime ocorrido na alta sociedade belga foi considerado o primeiro caso da Química Forense. O Conde e a Condessa de Bocarmé assassinaram o irmão da condessa, mas o casal dizia que o rapaz havia enfartado durante o jantar.

Um químico provou haver grande quantidade de nicotina na garganta da vítima, constatando assim que havia ocorrido um envenenamento com extrato de folhas de tabaco.

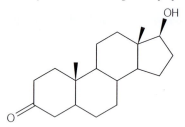

nicotina

Sobre a nicotina, são feitas as seguintes afirmações.

I. Contém dois heterociclos.

II. Apresenta uma amina terciária na sua estrutura.

III. Possui a fórmula molecular $C_{10}H_{14}N_2$.

Quais estão corretas?

a) Apenas I.

b) Apenas II.

c) Apenas III.

d) Apenas I e II.

e) I, II e III.

43. (Unesp-SP)

Homens que começam a perder cabelo na faixa dos 20 anos podem ter maior risco de câncer de próstata no futuro. A finasterida – medicamento usado no tratamento da calvície – bloqueia a conversão da testosterona em um androgênio chamado dihidrotestosterona (DHT), que se estima estar envolvido na queda de cabelos. O medicamento também é usado para tratar câncer de próstata.

Disponível em: <www.agencia.fapesp.br>. Adaptado.

di-hidrotestosterona (DHT)

Sobre a DHT, cuja fórmula está representada, é correto afirmar que:

a) é um hidrocarboneto aromático de fórmula molecular $C_{19}H_{30}O_2$.

b) é insolúvel em água e tem fórmula molecular $C_{17}H_{26}O_2$.

c) apresenta as funções fenol e cetona e fórmula molecular $C_{19}H_{30}O_2$.

d) é apolar e apresenta fórmula molecular $C_{17}H_{29}O_2$.

e) apresenta as funções álcool e cetona e fórmula molecular $C_{19}H_{30}O_2$.

CAPÍTULO 16

ORGANIZAÇÃO DAS MOLÉCULAS ORGÂNICAS

Neste capítulo, estudaremos várias reações características de compostos orgânicos. Considerando o número de substâncias orgânicas existentes, dá para se ter uma ideia da quantidade de reações que envolvem esses tipos de substância, sejam aquelas que ocorrem na indústria, nos organismos vivos ou em qualquer outro sistema (Figura 16.1).

Reações em compostos orgânicos

É possível encontrar muitos compostos orgânicos na natureza, porém, nem sempre em grande quantidade ou de fácil exploração.

A fonte mais abundante de substâncias orgânicas é o petróleo, formado pela decomposição de material orgânico ao longo de milhões de anos, que nos fornece principalmente hidrocarbonetos. Plantas e animais também produzem uma enorme diversidade de substâncias orgânicas, mas às vezes é difícil obtê-las.

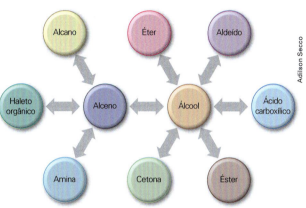

Figura 16.1: Por meio de reações químicas, é possível interconverter uma função em outra. Nem sempre de maneira direta (às vezes é necessário mais do que uma etapa), porém sempre é possível obter um grupo funcional a partir de outro. A figura acima mostra apenas uma pequena parte das possíveis interconversões.

O ser humano vem aprendendo, com o passar dos anos, a modificar a matéria através de transformações químicas, e isto tem possibilitado a produção de novas substâncias ou mesmo a reprodução em laboratório de substâncias já existentes na natureza. Este desenvolvimento tem sido de grande valia: por um lado, permite a obtenção de substâncias até então inexistentes que tenham alguma função de extrema importância (como é o caso de inúmeras drogas utilizadas no combate a doenças); por outro lado, pode evitar o sofrimento e até mesmo a extinção de animais dos quais se extraem determinadas substâncias. Por exemplo, o almíscar, substância muito utilizada na indústria de perfumaria, pode ser obtido do cervo-almiscarado-siberiano (Figura 16.2), animal originário da Ásia, em um processo extremamente agressivo. A síntese do almíscar em laboratório permite que se poupem muitos animais do sofrimento e da extinção. Além disso, a produção de substâncias sintéticas em larga escala possibilita baratear o custo do produto final.

Em alguns casos, as substâncias podem ser obtidas por reações diretas e relativamente simples, a exemplo do etanol, produzido pela fermentação de açúcares (no Brasil, em especial da cana-de-açúcar). No entanto, em outros casos, a síntese de substância pode ser excessivamente complexa e envolver dezenas de etapas, que poderiam levar muitos anos de pesquisa, como ocorreu com a obtenção da vitamina B12 em laboratório.

A **vitamina B12** é uma das oito vitaminas do complexo B, muito encontrada em alimentos de origem animal, como carnes vermelhas, frutos do mar, peixes, ovos e leite. Ela é responsável por importantes funções no corpo, tais como manter as células nervosas saudáveis e ajudar na produção do material genético: DNA e RNA.

Figura 16.2: O cervo-almiscarado-siberiano (*Moschus moschiferus*) atualmente é classificado como uma espécie ameaçada. Possui uma glândula no abdome que produz o almíscar.

Química Aplicada

A síntese da vitamina B12 em laboratório

Sintetizar compostos orgânicos em laboratório pode ser uma tarefa bem difícil. Um exemplo muito conhecido é o da vitamina B12, esquematizada ao lado, cuja síntese completa foi anunciada em 1972 por Robert B. Woodward (1917-1979) e Albert Eschenmoser (1925-).

Para alcançarem o feito, os cientistas tiveram a colaboração, em Harvard e Zurique, de cem químicos de dezenove países, por um período de onze anos. Embora dificilmente vá se tornar uma fonte prática de obtenção da vitamina B12, a síntese foi um marco para a química, porque novas reações, técnicas e teorias foram desenvolvidas durante o trabalho. É assim que a Ciência caminha.

As vitaminas

As vitaminas são compostos necessários ao nosso organismo que não podem ser produzidas por ele (ou pelo menos não em quantidade suficiente), por isso devem estar presentes na dieta. Tanto a falta quanto o excesso de vitaminas podem causar efeitos nocivos à saúde.

As vitaminas puras são obtidas de fontes naturais e/ou pela síntese química; ou, ainda, pela fermentação.

vitamina B12

Reações de substituição

NOTA:

Cores diferentes representando os átomos são meramente ilustrativas, ou seja, trata-se de um método para realçar o átomo que está reagindo.

Os **alcanos**, também chamados de parafinas (do latim: *parum* = pouco, *affinis* = afim), são compostos que apresentam baixa reatividade. No entanto, dependendo das condições, podemos trocar os hidrogênios de sua cadeia por outros elementos ou grupos de elementos; essa reação é conhecida por **reação de substituição**. Os **cicloalcanos**, que possuem cinco ou mais carbonos formando o anel, sofrem, preferencialmente, reações de substituição.

Substituição em alcanos e cicloalcanos

Halogenação

Substituição de um H por um halogênio.

Unidade 5 A evolução das moléculas

> Os símbolos **Δ** e **λ** em cima das setas nas equações químicas representam que as reações estão sendo aquecidas e recebendo radiação, respectivamente. Nesses casos, o aquecimento ou a luz aceleram a reação. Também é comum encontrarmos o símbolo X para representar os halogênios (X = F, Cℓ, Br e I). A ordem de reatividade dos halogênios é $F_2 > Cℓ_2 > Br_2 > I_2$. Como o flúor é muito reativo (provoca reações muito rápidas) e o iodo praticamente não reage, é comum a utilização de cloro e bromo nas halogenações. Na representação gráfica de uma halogenação, ao colocarmos um hidrogênio de outra cor, estamos apenas chamando a atenção para a troca deste pelo cloro; porém, vale ressaltar que todos os hidrogênios são iguais. Iremos utilizar esse recurso sempre que acharmos conveniente.

Quando os hidrogênios estão ligados a carbonos diferentes (primário, secundário ou terciário), então temos uma ordem preferencial de substituição. Hidrogênio ligado a carbono terciário é substituído mais facilmente que hidrogênio ligado a carbono secundário, que, por sua vez, é substituído mais facilmente que hidrogênio ligado a carbono primário. Vários fatores acabam contribuindo para essa seletividade no processo de halogenação. Os mais significativos são: energia de ligação carbono-hidrogênio; energia de ativação para a reação; reatividade dos halogênios. Diante dessas evidências, os produtos da reação acabam sendo uma mistura de isômeros em proporções que diferem conforme o halogênio utilizado.

Por exemplo, na cloração do propano existem dois isômeros como produtos de reação (1-cloro-propano e 2-cloro-propano) na proporção de 1 : 1, quando a reação ocorre a 300 °C. Como existem seis hidrogênios ligados a carbonos primários e dois hidrogênios ligados a carbono secundário (razão de 3 : 1), seria esperado que a proporção de produtos formados também estivesse na mesma proporção de 3 : 1.

Como a razão obtida experimentalmente foi de 1 : 1, isso mostra que a reação de halogenação é seletiva (o carbono secundário é cerca de três vezes mais reativo que o primário).

NOTA:

Apesar de podermos seguir a sequência preferencial de substituição: carbono terciário → carbono secundário → carbono primário, a proporção de produtos formados pode variar muito, dependendo do alcano e do halogênio utilizados.

bromação do propano

No caso da bromação do propano, os resultados experimentais mostram que o carbono secundário continua mais reativo que o primário. No entanto, a proporção é maior em 1-bromo-propano que em 2-bromo-propano. Isso significa que o bromo é mais seletivo que o cloro.

A seguir, temos mais um exemplo envolvendo a bromação do metilpropano e as respectivas proporções entre os isômeros formados.

2-bromo-2-metil-propano (> 99%)

1-bromo-2-metil-propano (traços)

Organização das moléculas orgânicas   Capítulo 16   591

Em geral, essas reações produzem uma mistura de produtos pouco específica.

A quantidade de produto formado pela substituição do hidrogênio ligado ao carbono terciário é muito maior que a de produto formado pela substituição do hidrogênio ligado ao carbono primário.

O uso dos halogenetos de alquila

Os cloretos de alquila podem ser usados como solventes para diversos materiais orgânicos.

Muitos solventes policlorados, estáveis e disponíveis, têm variadas finalidades nas indústrias. Dentre os mais im-portantes, temos o cloreto de metileno ($CH_2C\ell_2$), o cloro-fórmio ($CHC\ell_3$) e o tetracloreto de carbono ($CC\ell_4$). Os clo-rofluorcarbonetos (CFCs) já foram bastante empregados como gases refrigerantes e propelentes, mas, por destruí-rem a camada de ozônio, acabaram banidos do mercado.

Nitração

Substituição de um hidrogênio pelo grupo nitro.

$$H - C - H \ + \ HO - NO_2 \ \longrightarrow \ H - C - NO_2 \ + \ H_2O$$

metano — ácido nítrico — nitrometano — água

Neste caso, um dos hidrogênios do metano é substituído pelo grupo nitro proveniente do ácido nítrico. Como resultado, temos a produção do composto nitrometano e água. Assim, os 4 hidrogênios são equivalentes e somente um tipo de substância é produzida.

Exercício resolvido

Uma mistura contendo metilbutano e gás cloro é irradiada com luz solar, levando à formação de $HC\ell$ e de uma mistura de compostos de fórmula molecular $C_5H_{11}C\ell$. Escreva as fórmulas estruturais e os nomes dos possíveis compostos formados:

O metilbutano possui 4 tipos de H (conforme destacado abaixo) que proporcionarão a for-mação dos seguintes compostos clorados.

$CH_3 - CH - CH_2 - CH_3$ com CH_3

$CH_3 - CH - CH_2 - CH_2 - C\ell$ com CH_3
1-cloro-3-metilbutano

$C\ell CH_2 - CH - CH_2 - CH_3$ com CH_3
1-cloro-2-metilbutano

$CH_3 - C(C\ell) - CH_2 - CH_3$ com CH_3
2-cloro-2-metilbutano

$CH_3 - CH(C\ell) - CH - CH_3$ com CH_3
2-cloro-3-metilbutano

Exercício proposto

Com relação ao processo de monocloração do metano, é correto afirmar que:

$$H - C - \boxed{H} + \boxed{C\ell} - C\ell \xrightarrow{\lambda} H - C - \boxed{C\ell} + H - C\ell$$

a) dependendo do hidrogênio substituído, produtos diferentes se formarão.

b) é uma reação de eliminação.

c) o nome do produto formado é clorometano.

d) o produto formado é apolar.

e) a irradiação com luz ultravioleta retarda a reação.

592 Unidade 5 A evolução das moléculas

Substituição nos aromáticos

Não podemos nos esquecer de que, apesar da maneira simplificada de representar o benzeno e seus derivados, a estrutura aromática possui seis carbonos e cada um tem um hidrogênio ligado a ele (C_6H_6). Esses hidrogênios presentes no anel aromático podem ser substituídos conforme mostram os exemplos a seguir.

Halogenação

Substituição de um hidrogênio do anel benzênico por um halogênio (cloro ou bromo). O hidrogênio que sai do anel se liga a outro átomo de cloro ou bromo, formando o ácido clorídrico ou bromídrico, respectivamente.

Considerando a reação entre o benzeno e o cloro, podemos realizá-la com catalisadores como o Fe, o $FeC\ell_3$ ou o $A\ell C\ell_3$. Essa reação forma um derivado halogenado aromático.

Alquilação de Friedel-Crafts

Substituição de um hidrogênio do anel benzênico por um grupo alquila (substituinte monovalente derivado dos hidrocarbonetos alifáticos).

Essa reação pode ser feita com um haleto de alquila, como o cloro-metano, e catalisadores a seco. O hidrogênio que sai do anel se liga ao cloro, formando o ácido clorídrico.

> ### Friedel & Crafts
>
> A reação de Friedel-Crafts é conhecida por esse nome em homenagem a dois químicos, Charles Friedel (1832-1899) e James Mason Crafts (1839-1917), que a realizaram pela primeira vez em 1877. Provavelmente, essa é uma das reações mais importantes da Química Orgânica. Os principais processos para a produção de gasolina de alta octanagem, borracha sintética, plástico e detergentes sintéticos são aplicações da "química de Friedel-Crafts".

Nitração

Substituição de um hidrogênio do anel benzênico pelo grupo nitro.

Essa reação é feita a quente, com ácido nítrico como agente de nitração e ácido sulfúrico como catalisador. O ácido sulfúrico também funciona como agente desidratante.

Organização das moléculas orgânicas   Capítulo 16   593

Sulfonação

Substituição de um hidrogênio do anel benzênico pelo grupo sulfônico ($-SO_3H$).

A reação é realizada a quente, utilizando-se ácido sulfúrico concentrado.

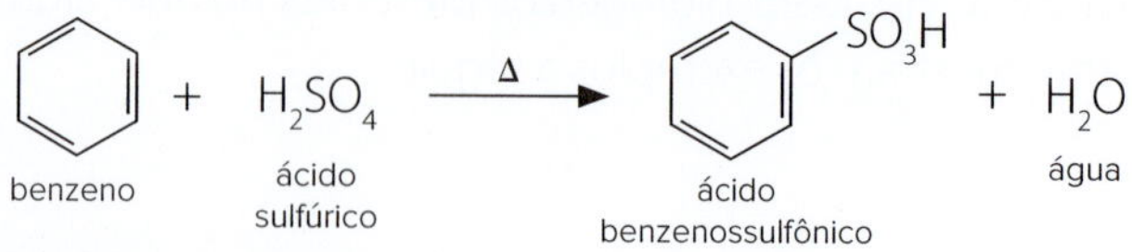

$$\text{benzeno} + H_2SO_4 \xrightarrow{\Delta} \text{ácido benzenossulfônico} (SO_3H) + H_2O \text{ (água)}$$

Acilação de Friedel-Crafts

Substituição de um hidrogênio do anel benzênico por um grupo acila.

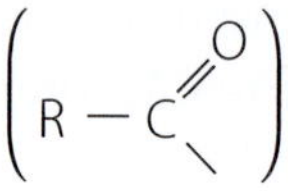

$$\left(R - C \overset{O}{\underset{\diagdown}{\diagup}} \right)$$

A reação é feita utilizando-se um haleto de ácido (por exemplo, cloreto de etanoíla) e catalisadores, como $A\ell C\ell_3$, formando cetonas aromáticas.

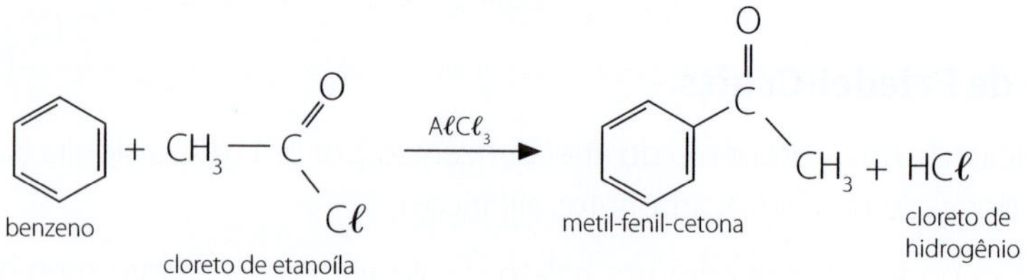

$$\text{benzeno} + CH_3 - C\overset{O}{\underset{C\ell}{\diagup}} \xrightarrow{A\ell C\ell_3} \text{metil-fenil-cetona} + HC\ell \text{ (cloreto de hidrogênio)}$$

cloreto de etanoíla

Uma dupla explosiva: nitroglicerina e dinamite

Em condições ambientes, a nitroglicerina é um líquido oleoso muito sensível a choques mecânicos. Uma simples agitação já é suficiente para provocar sua decomposição em nitrogênio, dióxido de carbono e água, todos na fase gasosa, o que gera aumento de volume. Como a nitroglicerina é bastante instável, ela não é muito utilizada como explosivo. No entanto, o sueco Alfred Nobel (Figura 16.3) verificou que, se ele misturasse a nitroglicerina com um material sólido e absorvente (celulose), conseguiria estabilizá-la. Assim foi criada a dinamite.

Figura 16.3: Alfred Nobel (1833-1896).

Geórgios Kollidas/Alamy/Fotoarena

Exercícios resolvidos

1. Considere a reação abaixo:

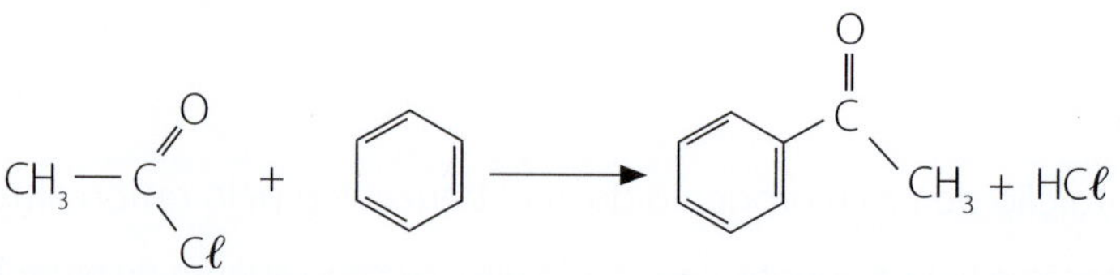

$$CH_3 - C\overset{O}{\underset{C\ell}{\diagup}} + \bigcirc \longrightarrow \bigcirc - C\overset{O}{\diagdown} CH_3 + HC\ell$$

Esse tipo de reação é conhecido como:

a) hidrogenação catalítica.

b) acilação de Friedel-Crafts.

c) regra de Markovnikov.

d) reação de esterificação.

e) adição em aromático.

2. Caso um dos átomos de hidrogênio do anel benzênico seja substituído por um dos grupos apresentados a seguir, quais compostos se formam? Represente a estrutura de cada um dos compostos e dê sua respectiva nomenclatura.

a) CH_3 (metil)

b) OH (hidroxila)

c) $C\ell$ (cloro)

d) COOH (carboxila)

a) metilbenzeno (tolueno)

b) fenol

c) clorobenzeno

d) ácido benzoico

Exercícios propostos

1. Qual é o nome do produto orgânico principal para cada uma das três reações representadas abaixo?

$$\bigcirc + CH_3C\ell \xrightarrow{A\ell C\ell_3}$$

$$\bigcirc + HNO_3 \text{ (conc.)} \xrightarrow{H_2SO_4 \text{ (conc.)}}$$

$$\bigcirc + Br_2 \xrightarrow{A\ell Br_3}$$

2. Pessoas expostas a um ambiente contendo benzeno (uma substância cancerígena) costumam apresentar fenol em sua urina. Isso ocorre porque o benzeno pode se transformar em fenol devido a:

a) uma reação de eliminação de um hidrogênio do anel.

b) uma reação de substituição de um hidrogênio do anel por um grupo hidroxila.

c) uma reação de adição do grupo hidroxila ao anel.

d) uma reação de eliminação de água do anel.

e) uma reação de substituição do grupo hidroxila do anel por um hidrogênio.

Reações de adição

A presença de ligações múltiplas ($C = C$ ou $C \equiv C$) em uma estrutura carbônica abre caminho para um tipo muito comum de reação: a **reação de adição**. Quando uma ligação dupla se rompe, cada carbono que formava essa ligação fica com uma valência livre. Nessas valências livres, acontecem adições de novos grupamentos à molécula.

Adição em alcenos e alcinos

Hidrogenação catalítica – adição de hidrogênio

Estas reações são feitas utilizando-se metais como catalisadores, por exemplo: níquel, platina ou paládio.

Organização das moléculas orgânicas **Capítulo 16** 595

Figura 16.4: Atualmente, as margarinas são fabricadas por interesterificação. Porém, a hidrogenação ainda é utilizada para fazer gordura hidrogenada, utilizada na preparação de alimentos como bolos e tortas.

$$\underset{\text{eteno (etileno)}\atop\text{ALCENO}}{CH_2=CH_2} + \underset{\text{hidrogênio}}{H_2} \xrightarrow{\text{catalisador}} \underset{\text{etano}\atop\text{ALCANO}}{CH_3-CH_3}$$

$$\underset{\text{acetileno}}{H-C\equiv C-H} \xrightarrow[\text{catalisador}]{H_2} \underset{\text{etileno}}{CH_2=CH_2} \xrightarrow[\text{catalisador}]{H_2} \underset{\text{etano}}{CH_3CH_3}$$

Uma aplicação industrial da hidrogenação catalítica faz-se presente na fabricação de margarinas (Figura 16.4) ou gorduras sólidas (compostos saturados) por meio de óleos vegetais líquidos (compostos insaturados). No entanto, vários estudos mostraram que os óleos insaturados são mais saudáveis para o consumo.

Halogenação – adição de halogênios (X$_2$)

$$\underset{\text{ciclo-hexeno}}{\text{C}_6\text{H}_{10}} + \underset{\text{bromo}}{Br_2} \longrightarrow \underset{\text{1,2-dibromo-hexano}}{\text{C}_6\text{H}_{10}Br_2}$$

$$\underset{\text{acetileno}}{H-C\equiv C-H} \xrightarrow[\text{catalisador}]{Br_2} \underset{\text{1,2-dibromo-etileno}}{BrCH=CHBr} \xrightarrow[\text{catalisador}]{Br_2} \underset{\text{1,1,2,2-tetrabromo-etano}}{Br_2CH-CHBr_2}$$

Hidro-halogenação – adição do grupo HX, em que X = Cℓ, Br ou I

$$\underset{\text{eteno}}{CH_2=CH_2} + HC\ell \longrightarrow \underset{\text{cloro-etano}}{CH_3CH_2C\ell}$$

Hidratação – adição de água (HOH)

Figura 16.5: Vladimir Markovnikov (1838-1904).

$$\underset{\text{eteno}}{CH_2=CH_2} + HOH \xrightarrow[\text{(catálise ácida)}]{H^{1+}} \underset{\text{etanol}}{CH_3CH_2OH}$$

No mundo todo, a maior parte do etanol usado industrialmente resulta da hidratação do etileno; no Brasil, porém, o etanol é produzido por meio da fermentação alcoólica da cana-de-açúcar.

Quando os grupos adicionados à cadeia carbônica não são halogênios, como H — OH e H — X, e há mais de uma possibilidade para que isso aconteça, é necessário aplicar a regra de Markovnikov (Figura 16.5).

Regra de Markovnikov

Existem duas possibilidades de adição na reação entre o ácido clorídrico e o propeno; contudo, na prática, quase todo produto obtido é o 2-cloro-propano. Depois de observar o fenômeno, o químico russo Vladimir Markovnikov enunciou a seguinte regra:

Quando adicionarmos um grupo H — X (sendo X, nesse caso, $C\ell$, Br e I) ou

H — OH a uma dupla-ligação, O — H vai se ligar ao carbono mais hidrogenado e o grupo — X ao carbono menos hidrogenado.

Tal regra pode ser verificada no exemplo acima. O segundo carbono tem um hidrogênio ligado a ele, enquanto o primeiro carbono tem dois. Nesse caso, o C mais hidrogenado é o primeiro, que por isso recebe o H, enquanto o segundo recebe o cloro. Por essa razão, o principal produto formado é o 2-cloro-propano.

Adição de água a alcinos

Ao adicionar água a um alcino, forma-se um enol. Ocorre que os enóis são compostos instáveis e acabam estabelecendo um equilíbrio químico como os apresentados acima. Dependendo da posição da hidroxila do enol, a carbonila que se forma no equilíbrio poderá estar na extremidade ou no meio da cadeia. Quando estiver na extremidade (primeiro exemplo), haverá a formação do equilíbrio aldeído-enol. Quando estiver no meio da cadeia, haverá a formação do equilíbrio cetona-enol (tautomeria).

Adição em cicloalcanos

Os cicloalcanos formados por três ou quatro carbonos apresentam tensão muito grande nos anéis. Por isso, esses compostos sofrem reações de adição com a abertura do anel, ao contrário dos demais membros dessa família, que sofrem reações de substituição.

NOTA:

A formação de anéis com três ou quatro carbonos obriga as ligações C — C a ficarem com ângulos bem menores que o ideal no tetraedro (109º). Isso gera grande tensão no anel e favorece as reações que levam ao seu rompimento.

Organização das moléculas orgânicas Capítulo 16 597

Exercícios resolvidos

1. A adição do brometo de hidrogênio (HBr) a um alceno pode produzir diferentes produtos. Dependendo das condições utilizadas podemos ter a denominada adição pela regra de Markovnikov ou anti-Markovnikov (na presença de peróxidos). Se o alceno usado for o Metilpropeno, quais compostos serão formados nas adições mencionadas?

Adição pela regra de Markovnikov

$$H_2C = \overset{\overset{\displaystyle CH_3}{|}}{C} - CH_3 + HBr \longrightarrow H_2C - \overset{\overset{\displaystyle CH_3}{|}}{\underset{\underset{\displaystyle Br}{|}}{C}} - CH_3$$
$$ \underset{H}{}$$

2-bromo-metilpropano

Adição anti-Markovnikov

$$H_2C = \overset{\overset{\displaystyle CH_3}{|}}{C} - CH_3 + HBr \xrightarrow{\text{peróxido}} H_2C - \overset{\overset{\displaystyle CH_3}{|}}{\underset{\underset{\displaystyle H}{|}}{C}} - CH_3$$
$$\underset{Br}{}$$

1-bromo-metilpropano

2. A reação química entre o propino (C_3H_6) e o bromo (Br_2) pode produzir dois tipos de isômeros geométricos (*cis/trans*). Represente a formação destes compostos através da reação de adição ao alceno.

$$H - C \equiv C - \overset{\overset{\displaystyle H}{|}}{\underset{\underset{\displaystyle H}{|}}{C}} - H$$

trans-1-bromo-prop-1-eno

cis-1-bromo-prop-1-eno

Observação: outros possíveis compostos não apresentam isomeria geométrica.

Exercícios propostos

1. De acordo com a regra de Markovnikov para adição em alcenos, a adição do cloreto de hidrogênio (HCl) ao composto 2-metil-but-2-eno forma, em maior porcentagem, o produto:

a)
$$CH_3 - \overset{\overset{\displaystyle CH_3}{|}}{\underset{\underset{\displaystyle Cl}{|}}{C}} - \overset{\overset{\displaystyle }{}}{\underset{\underset{\displaystyle H}{|}}{CH}} - CH_3$$

b)
$$CH_3 - \overset{\overset{\displaystyle CH_3}{|}}{\underset{\underset{\displaystyle H}{|}}{C}} - \overset{\overset{\displaystyle }{}}{\underset{\underset{\displaystyle Cl}{|}}{CH}} - CH_3$$

c)
$$CH_3 - \overset{\overset{\displaystyle CH_2 - Cl}{|}}{\underset{\underset{\displaystyle H}{|}}{C}} - \overset{\overset{\displaystyle }{}}{\underset{\underset{\displaystyle H}{|}}{CH}} - CH_3$$

d)
$$CH_3 - \overset{\overset{\displaystyle CH_3}{|}}{\underset{\underset{\displaystyle H}{|}}{C}} - \overset{\overset{\displaystyle }{}}{\underset{\underset{\displaystyle H}{|}}{CH}} - CH_2 - Cl$$

2. A adição de água, usando ácido sulfúrico como catalisador, em um alceno, conforme ilustrado abaixo,

$$H_2C = CH - CH_3 + H_2O \xrightarrow{H_2SO_4}$$

terá como principal produto:

a) $H_3C - CH_2 - CH_3 + H_2O_2$

b) $H_2COH - CH_2 - CH_3$

c) $H_3C - CHOH - CH_3$

d) $H_2COH - CHOH - CH_3$

e) $H_3C - O - CH_2 - CH_3$

598 Unidade 5 A evolução das moléculas

Reações de eliminação

Alguns grupos ligados a moléculas orgânicas apresentam facilidade para sofrer eliminação, por exemplo, —OH, —Cℓ, —Br, considerados bons grupos de saída. Tal processo é conhecido como **reação de eliminação**.

Desidratação de álcoois

Este processo recebe esse nome porque acontece com a saída de uma molécula de água. O ácido sulfúrico (H_2SO_4), por ser um agente desidratante, é utilizado especificamente para provocar essa saída.

Desidratação intermolecular forma um éter

$$CH_3CH_2OH + HOCH_2CH_3 \xrightarrow[135\,°C]{H_2SO_4} CH_3CH_2 - O - CH_2CH_3 + H_2O$$

etanol　　　　　　　　　　　　　　éter etílico

Desidratação intramolecular forma um alceno

etanol　　　　　　　　　　　eteno (etileno)

Dependendo da temperatura, da estrutura do álcool de partida, do solvente e do agente desidratante, pode acontecer uma desidratação intermolecular, ou seja, a molécula de água é formada da hidroxila de uma molécula com o hidrogênio de outra, conforme o primeiro exemplo apresentado; e também, de acordo com as condições, pode ocorrer uma desidratação intramolecular, isto é, um hidrogênio e uma hidroxila da própria molécula acabam formando uma molécula de água, como mostra o segundo exemplo.

Reação de eliminação em um haleto ôrganico

Uma molécula que tenha um haleto (halogênio) em sua estrutura pode sofrer reação de eliminação na presença de KOH e álcool.

2-iodo-propano　　　　　　　　　　　propeno

Exercício resolvido

Em certas condições, quando se desidrata o metanol, obtém-se o metoximetano (éter metílico); quando se desidrata etanol, obtém-se o etoxietano (éter etílico). Que produto, além desses dois já citados, se pode formar quando se desidrata uma mistura contendo metanol e etanol?

metanol　　　　　　　etanol　　　　　　　metoxietano

Organização das moléculas orgânicas **Capítulo 16** 599

Exercício proposto

Certa substância, A, quando submetida à desidratação intramolecular, forma outra substância, B. Esta substância B, ao sofrer uma adição de cloreto de hidrogênio, forma o cloroetano. Quais são os nomes e as estruturas das substâncias A e B?

Reações de oxidação

A **oxidação** é o processo em que ocorre aumento do número de oxidação de um elemento. Já a **redução** é o processo inverso, isto é, aquele em que ocorre diminuição do número de oxidação.

Como verificado no capítulo 14 sobre eletroquímica, para que haja a oxidação de uma espécie, é preciso, necessariamente, que outra espécie sofra redução – são processos concomitantes.

Neste momento, vamos verificar algumas reações em que um composto orgânico sofre oxidação e a espécie que sofre redução (agente **oxidante**) é inorgânica.

> A ação do oxigênio como oxidante pode ser notada quando se deixa uma esponja de aço sobre a pia na presença de água e oxigênio do ar. Após algum tempo, a esponja de aço estará enferrujada.

Oxidação de álcoois

Os álcoois podem ser oxidados por vários agentes, incluindo o oxigênio do ar, um excelente agente oxidante. Dependendo do álcool (primário, secundário ou terciário) e do agente oxidante utilizado, são obtidos vários tipos de produto.

Álcool primário

A oxidação branda de álcoois primários forma aldeídos, enquanto as oxidações mais enérgicas formam ácidos carboxílicos. Note que o Nox de um dos carbonos aumenta de -1 (no álcool) para $+1$ (no aldeído), conforme destacado no esquema a seguir.

Oxidação branda de álcool primário

$$CH_3CH_2OH \xrightarrow[\text{(reagente de Collins)}]{CrO_3 + \text{piridina}} CH_3C\overset{O}{\underset{H}{\diagup}}$$

(-1) etanol $(+1)$ etanal

Oxidação energética de álcool primário

$$CH_3CH_2OH \xrightarrow[KMnO_4]{O_2 \text{ ou}} CH_3C\overset{O}{\underset{H}{\diagup}} \xrightarrow[KMnO_4]{O_2 \text{ ou}} CH_3C\overset{O}{\underset{OH}{\diagup}}$$

(-1) etanol $(+1)$ etanal $(+3)$ ácido etanoico

Parecem iguais, mas quanta diferença!

Metanol e etanol são dois exemplos de álcoois primários que apresentam odor e sabor bem semelhantes. Contudo, os efeitos causados por eles no organismo são bem diferentes.

O metanol, em seu processo metabólico, é oxidado pela enzima catalase, formando aldeído fórmico (HCOH) e ácido fórmico (HCOOH). A exposição ao metanol é perigosa porque, como a catalase também está presente nos olhos, parte desse metabolismo ocorre nessa região, e o aldeído produzido acaba inibindo a oxigenação da retina, o que pode levar à cegueira permanente.

600 Unidade 5 A evolução das moléculas

Álcool secundário

A oxidação de um álcool secundário produz uma cetona, conforme ilustrado a seguir.

$$CH_3 - \underset{\underset{|}{OH}}{CH} - CH_3 \xrightarrow{[O]} CH_3 - \underset{\overset{\parallel}{O}}{C} - CH_3$$

propan-2-ol (isopropanol)
(álcool secundário)

propanona (acetona)

> **NOTA:**
> O símbolo [O] representa um agente oxidante. Quase na totalidade, esses agentes contêm oxigênio.

Álcool terciário

Não sofre reação de oxidação.

$$CH_3 - \underset{\underset{|}{\overset{|}{CH_3}}}{\overset{OH}{C}} - CH_3 \xrightarrow{[O]} \text{Não reage.}$$

Oxidação de alcenos

Oxidação branda

A oxidação branda leva à formação de um **diálcool**.

$$CH_3 - CH = CH_2 \xrightarrow[\text{branda}]{[O]/H_2O} CH_3 - \underset{\underset{|}{OH}}{CH} - \underset{\underset{|}{OH}}{CH_2}$$

> Um diálcool tem duas hidroxilas.

Neste caso, o oxidante utilizado é o permanganato de potássio ($KMnO_4$) diluído, a frio. Observe que o produto formado é um diálcool. Caso tivesse sido usado um meio de oxidação muito forte e o álcool formado fosse primário ou secundário, ele também sofreria oxidação.

> Ao ficarmos expostos ao sol, o corpo libera **melanina**, um pigmento marrom-escuro ou preto, para se proteger da agressão dos raios solares. A melanina é responsável pelo bronzeamento, por pintas, sardas e manchas. A exposição prolongada ao sol (em especial perto do meio-dia) prejudica a pele, por isso a aplicação de protetor solar é muito importante.

Oxidação enérgica (clivagem oxidativa)

Este tipo de oxidação requer condições mais drásticas, que levem à quebra da dupla ligação e à formação do grupo carbonila. Quando a carbonila é formada no meio da cadeia, obtém-se como produto uma cetona, ao passo que, quando a carbonila é formada na extremidade da cadeia, o produto é um aldeído. Porém, um aldeído em meio oxidante forte sofre oxidação e produz o ácido carboxílico correspondente.

Organização das moléculas orgânicas   Capítulo 16   601

Nessas condições, geralmente se utiliza como meio oxidante o $KMnO_4$ ou o $K_2Cr_2O_7$ concentrado, a quente, em meio ácido, ou até o ozônio (O_3).

Se o composto obtido tiver apenas um carbono, produzirá o ácido carbônico, que é instável e se decompõe em CO_2 e H_2O.

> Você já reparou que certas frutas, como a maçã, a banana e a pera, escurecem depois de serem cortadas ou descascadas? Isso ocorre porque, em sua estrutura, elas possuem compostos fenólicos, que, expostos ao ar, sofrem oxidação. Uma vez oxidados, tornam-se escuros (Figura 16.6). Uma maneira de evitar o escurecimento é pingar suco de limão ou de laranja sobre as frutas, pois eles contêm ácido cítrico, um **antioxidante**.
>
> **Figura 16.6:** A maçã escurece por conta de compostos químicos que, em contato com o ar, sofrem oxidação.

Antioxidante: Substância capaz de atrasar ou inibir os efeitos da oxidação. Seu papel é proteger o organismo contra a ação dos radicais livres.

Exercícios resolvidos

1. Quando ocorre uma oxidação enérgica em um alceno de fórmula geral (como o mostrado a seguir) de modo que ocorra uma ruptura da ligação dupla, dependendo dos grupos R ligados aos carbonos da dupla, podemos ter que tipos de compostos como produto?

$$R-\underset{R}{C}=\underset{R}{C}-R$$

I. Quando os dois grupos do carbono forem hidrogênios, a oxidação leva à formação de gás carbônico e água.

$$R-\underset{R}{C}=\underset{H}{C}-H \quad H_2CO_3 \rightarrow H_2O + CO_2$$

II. Quando um dos grupos tiver carbono (por exemplo, metil) e o outro for um hidrogênio, a oxidação leva à formação de um aldeído que continua oxidando e forma um ácido carboxílico.

$$R-\underset{R}{C}=\underset{H}{C}-R \quad R-C\overset{O}{\underset{H}{\diagdown}} \rightarrow R-C\overset{O}{\underset{OH}{\diagdown}}$$

III. Quando os dois grupos do carbono da dupla tiverem carbonos (por exemplo, dois grupos metil), a oxidação leva à formação de uma cetona.

$$R-\underset{R}{C}=\underset{R}{C}-R \quad R-\overset{O}{\underset{}{\overset{\|}{C}}}-R$$

2. Um composto de fórmula molecular C_6H_{12}, quando submetido a uma oxidação enérgica, na presença de $KMnO_4$ a quente, produz ácido pentanoico e gás carbônico (CO_2). Represente esta reação e dê o nome do reagente usado.

$$H_3C - (CH_2)_3 - \underset{\underset{H}{|}}{C} = \underset{\underset{H}{|}}{C} - H \xrightarrow{\text{[O]}} H_3C - (CH_2)_3 - \underset{\underset{OH}{|}}{C} = O + O = \underset{\underset{OH}{|}}{C} - OH$$

hex-1-eno

ácido pentanoico

ácido carbônico

$$CO_2 + H_2O$$

Exercícios propostos

1. Certo composto orgânico, quando submetido a uma oxidação enérgica ($KMnO_4/H_2SO_4$), produz os seguintes compostos: ácido etanoico, gás carbônico e água. Qual o composto reagente em questão?

a) propeno

b) 2-metil-but-2-eno

c) 2-metil-but-1-eno

d) pent-2-eno

e) but-2-eno

2. Considere as reações químicas a seguir:

$$H_3C - C \equiv C - H + 2\ HC\ell \longrightarrow A$$

$$H_3C - \underset{\underset{H}{\diagdown}}{\overset{\overset{O}{\diagup}}{C}} \xrightarrow[H^{1+}]{KMnO_4} B$$

$$H_3C - CH_2 - OH \xrightarrow[170°C]{H_2SO_{4\ (conc.)}} C$$

Identifique as substâncias A, B e C, escrevendo seus nomes oficiais (nomenclatura IUPAC) e suas respectivas fórmulas estruturais planas.

Reações de combustão

As reações de combustão vêm sendo utilizadas pela espécie humana desde o momento em que aprendeu a dominar o fogo. Uma vela queimando, um carro funcionando, um foguete indo para o espaço, a chama acesa de um fogão, a queima do carvão numa churrasqueira são exemplos de combustão.

Essencialmente, usamos a combustão para obter energia: para fazer funcionar uma indústria, iluminar um ambiente, mover um carro, aquecer uma moradia, produzir energia elétrica, preparar um alimento etc.

Numa reação de combustão, a substância que está sendo queimada é o combustível e o oxigênio do ar é o comburente (agente **oxidante**).

Compostos orgânicos, em especial os derivados do petróleo, são excelentes combustíveis. Dependendo da interação entre o combustível e o comburente, ocorrem dois tipos de combustão: completa ou incompleta, que geralmente é indesejável.

Em Química Orgânica merecem destaque as reações de combustão com compostos orgânicos contendo C e H ou C, H e O em sua composição. Nesses casos, podemos generalizar as combustões da seguinte maneira:

> Embora na maioria das reações o comburente seja o oxigênio, existem processos que utilizam outros tipos de agente oxidante. Em certos foguetes, por exemplo, o perclorato de amônio, que atua como comburente, e o polibutadieno, que age como combustível, são usados como propelentes.

Organização das moléculas orgânicas **Capítulo 16** 603

$$\boxed{\begin{aligned} \text{Combustão completa: combustível} + O_2 &\longrightarrow CO_2 + H_2O \\ \text{Combustão incompleta: combustível} + O_2 &\longrightarrow CO_2 + CO + C + H_2O \end{aligned}}$$

Uma combustão incompleta pode produzir tanto gás carbônico quanto monóxido de carbono e fuligem (mistura de compostos com grande quantidade de carbono, simplificadamente representado por C). É muito comum observar fuligem na saída de escapamentos de carros com motores mal regulados.

Um exemplo de combustão é a queima da gasolina. Na verdade, a gasolina é uma grande mistura de substâncias (algumas acrescentadas para melhorar sua qualidade), sendo rica em hidrocarbonetos de 7 a 9 carbonos. Um dos representantes é o isoctano (C_8H_{18}), cuja reação de combustão pode ser representada conforme a equação balanceada abaixo.

$$\begin{array}{c} CH_3 \\ | \\ H_3C - C - CH_2 - CH - CH_3 \\ | \qquad\quad | \\ CH_3 \qquad CH_3 \end{array}$$

$$C_8H_{18} + \frac{25}{2}O_2 \longrightarrow 8\,CO_2 + 9\,H_2O$$

Exercícios resolvidos

1. Sabendo-se que a combustão completa de um mol de álcool etílico (etanol) produz apenas dióxido de carbono e água, calcule a quantidade de oxigênio utilizada durante a combustão e a quantidade de gás carbônico e água formados.

   A reação de combustão do álcool etílico é dada por:

   $$1\,CH_3CH_2OH + 3\,O_2 \longrightarrow 2\,CO_2 + 3\,H_2O$$

   Como na molécula de álcool há dois átomos de carbono e todo o álcool reage produzindo gás carbônico, então se obtém 2 CO_2. Todos os seis átomos de hidrogênio da molécula de álcool formarão água, produzindo 3 H_2O. Para obter essas moléculas, foram necessários sete átomos de oxigênio: um da molécula de álcool e os outros seis do próprio comburente; logo, a resposta é 3 mol de O_2.

2. Supondo que um botijão de gás de 13 kg tenha em seu interior apenas butano, qual seria a quantidade de gás carbônico formada na queima completa do combustível?

   (Dado: C_4H_{10} – massa molar = 58 g $\cdot$ mol^{-1}; CO_2 – massa molar = 44 g $\cdot$ mol^{-1}).

Em primeiro lugar, temos de balancear a reação de combustão:

$$1\,CH_3CH_2CH_2CH_3 + \frac{13}{2}O_2 \longrightarrow 4\,CO_2 + 5\,H_2O$$

Quando 1 mol de butano é queimado, na verdade estão sendo queimados 58 g desse combustível. Nessa queima, são produzidos 4 mols de gás carbônico:

$$4 \cdot 44 = 176\,g$$

Assim, na queima de 13 kg de butano (13 000 g), são produzidos:

$$58\,g \text{ ———— } 176\,g\,CO_2$$
$$13\,000\,g \text{ ———— } x$$

$$x = \frac{1\,300 \cdot 176}{58}$$

$x = 39\,448,3\,g$ ou
$x \simeq 39,45\,kg$

Exercícios propostos

1. Na combustão completa do etanol, quais os produtos formados? Considerando que um carro queimou o conteúdo de um tanque de etanol (46 kg), qual é a massa de cada um dos produtos formados e lançados na atmosfera?

2. (Enem)

Aumentar a eficiência na queima de combustível dos motores a combustão e reduzir suas emissões de poluentes é a meta de qualquer fabricante de motores. É também o foco de uma pesquisa brasileira que envolve experimentos com plasma, o quarto estado da matéria e que está presente no processo de ignição. A interação da faísca emitida pela vela de ignição com as moléculas de combustível gera o plasma que provoca a explosão liberadora de energia que, por sua vez, faz o motor funcionar.

Disponível em: <www.inovacaotecnologica.com.br>.
Acesso em: 22 jul. 2010. Adaptado.

No entanto, a busca da eficiência referenciada no texto apresenta como fator limitante:

a) o tipo de combustível, fóssil, que utilizam. Sendo um insumo não renovável, em algum momento estará esgotado.

b) um dos princípios da termodinâmica, segundo o qual o rendimento de uma máquina térmica nunca atinge o ideal.

c) o funcionamento cíclico de todos os motores. A repetição contínua dos movimentos exige que parte da energia seja transferida ao próximo ciclo.

d) as forças de atrito inevitável entre as peças. Tais forças provocam desgastes contínuos que com o tempo levam qualquer material à fadiga e ruptura.

e) a temperatura em que eles trabalham. Para atingir o plasma, é necessária uma temperatura maior que a de fusão do aço com que se fazem os motores.

Reações de redução

Conforme estudamos em Eletroquímica, o processo inverso da oxidação é a **redução**; portanto, utilizando agentes redutores adequados, podemos obter os processos inversos aos estudados na oxidação.

A escolha do agente redutor depende da reação em questão; porém, existem alguns mais comuns: $LiA\ell H_4$, $NaBH_4$, H_2 na presença de catalisador metálico, B_2H_6, Zn-Hg em $HC\ell$. Nos exemplos a seguir, consideraremos apenas o processo de **redução**, sem nos preocupar em identificar qual é o agente redutor.

> Redução (ganho de elétrons), em Química Orgânica, ocorre pela adição de hidrogênio à molécula e/ou pela saída de oxigênio dela.

Redução de ácidos carboxílicos

A redução parcial dos ácidos carboxílicos produz aldeídos.

ácido etanoico (acético)   etanol (acetaldeído)

A redução mais enérgica produz o álcool primário correspondente.

ácido etanoico (acético)   etanol (álcool etílico)

> As **condições de síntese**, isto é, o agente redutor usado, a temperatura e a pressão, por exemplo, determinarão se o produto final formado será um aldeído ou um álcool.

Redução de aldeídos

A redução de aldeídos produz álcoois primários.

$$CH_3CH_2CH_2CHO \xrightarrow{\text{redução}} CH_3CH_2CH_2CH_2OH$$

butanal   butan-1-ol

Redução de cetonas

A redução de cetonas produz álcoois secundários.

propanona (acetona)   propan-2-ol (isopropanol)

Organização das moléculas orgânicas   **Capítulo 16**   605

Exercício resolvido

Sabendo que, em condições apropriadas, a redução de aldeídos forma álcoois primários e que a redução de cetonas forma álcoois secundários, represente as reduções do propanal e da hexan--2-ona.

propanal → [H] → propan-1-ol

hexan-2-ona → [H] → hexan-2-ol

Exercício proposto

Considerando a reação representada abaixo

[H]

é correto afirmar que se trata de uma:

a) reação de oxidação de um aldeído.

b) reação de oxidação de uma cetona.

c) reação de redução de um aldeído.

d) reação de redução de uma cetona.

e) reação de combustão de uma cetona.

Reações de esterificação

Um éster pode ser obtido pela reação entre um ácido carboxílico e um álcool, a qual é chamada de **reação de esterificação**. Essas reações são catalisadas por ácidos inorgânicos (H^{1+}).

$$CH_3 - C \underset{OH}{\overset{O}{=}} + HOCH_2CH_3 \underset{\text{hidrólise}}{\overset{\text{esterificação}}{\rightleftarrows}} CH_3 - C \underset{OCH_2CH_3}{\overset{O}{=}} + HOH$$

ácido carboxílico — álcool — éster — água

Nesse processo, ocorre a condensação entre o ácido carboxílico e o álcool, formando-se éster e água. O processo inverso, em que o éster é quebrado pela água, é denominado **hidrólise** (do grego: *hydro* = água, *lýsis* = quebra). Tais reações atingem um equilíbrio, estando sujeitas às mesmas condições estudadas no capítulo 13, Equilíbrio químico. Pelo Princípio de Le Chatelier, quando se deseja produzir o éster, usa-se excesso do álcool e, se possível, promove-se a retirada da água (destilação, por exemplo) à medida que ela é formada. Caso se deseje hidrolisar o éster, utiliza-se um excesso de água, deslocando o equilíbrio no sentido do álcool e do ácido.

Por exemplo, para obter o etanoato de pentila, substância que dá o aroma de banana, é preciso usar um ácido e um álcool como ponto de partida para a reação de condensação.

Como um éster pode ser dividido em duas partes – etanoato, que vem do ácido, e pentila, que vem do álcool –, podemos utilizar ácido etanoico (acético) e pentanol. Porém, para saber se o oxigênio que permanecerá na estrutura do éster é derivado do ácido ou do álcool, os químicos marcam o oxigênio de um dos compostos com seu isótopo (^{18}O) e avaliam o processo.

$$CH_3 - C \underset{\overset{|}{OH}}{\overset{\displaystyle \parallel O}{}} + HOCH_2CH_2CH_2CH_2CH_3 \ \rightleftharpoons$$

ácido acético   pentan-1-ol

I. $CH_3 - C \overset{\displaystyle \parallel O}{\underset{OCH_2CH_2CH_2CH_2CH_3}{}} + HOH$

II. $CH_3 - C \overset{\displaystyle \parallel O}{\underset{OCH_2CH_2CH_2CH_2CH_3}{}} + HOH$ água

etanoato de pentila

Teoricamente, tanto o processo I quanto o II acabariam levando ao mesmo produto (etanoato de pentila). Na prática, o que se verifica (acompanhando o ^{18}O do álcool) é que a maioria das reações de esterificação ocorre segundo o mecanismo I, em que se dá a cisão $C - OH$ no ácido.

Química Aplicada

Impressões digitais

[...] As extremidades dos nossos dedos estão cheias de poros. Quando um dedo toca em algo, o suor desses poros deposita-se na superfície, formando uma imagem especular do padrão dos sulcos da pele, chamada de impressão digital. Não existem dois indivíduos com as mesmas impressões digitais. Este fato torna a comparação de impressões digitais um dos métodos mais poderosos para a identificação de suspeitos de crimes.

Cerca de 99% do resíduo depositado nas impressões digitais é constituído por água. O 1% restante contém óleos e ácidos graxos, ésteres, aminoácidos e sais. As amostras de impressões digitais de adultos contêm óleos de elevada massa molar, com longas cadeias carbônicas interligadas por grupos éster, mas as amostras de crianças contêm principalmente cadeias mais curtas e não esterificadas, que são mais voláteis. (Para simplificação, os átomos de hidrogênio são omitidos.)

$$C-C-C-C-C-C-C-C-C-C-C-C-C \overset{\displaystyle \nearrow O}{\underset{OH}{}}$$

amostra da criança

$$C-C-C-C-C-C-C-C-C-C-C-C-C-C-C \overset{\displaystyle O-C-C-C-C-C-C-C-C-C-C-C-C-C}{\underset{O}{}}$$

amostra do adulto

Em geral, as impressões digitais dos adultos duram pelo menos alguns dias, mas as das crianças muitas vezes desaparecem ao fim de 24 horas. Por esta razão, em casos que envolvem crianças, as investigações no local do crime devem ser realizadas imediatamente.

Figura 16.7: A impressão digital é formada por pequenas elevações da pele, chamadas de **papilas**, e que formam padrões únicos.

Questões químicas

Sempre que o dedo toca a superfície, de qualquer objeto, ele deixa uma marca invisível de óleo chamada de impressão digital latente. Os investigadores forenses precisam transformar a impressão digital latente em uma imagem visível que possa ser fotografada, copiada e armazenada para fins comparativos. Os métodos mais utilizados para revelar as impressões digitais latentes são:

1. Método do pó fino: método tradicional em que um pó fino (geralmente negro de fumo, obtido da decomposição térmica de hidrocarbonetos) é espalhado sobre superfícies não porosas. O pó adere ao suor, tornando visível a imagem da impressão digital. Uma variante mais moderna deste método utiliza pós fluorescentes. [...]

2. Método do iodo: quando aquecido, o iodo sublima e os seus vapores reagem com as ligações duplas carbono-carbono presentes em óleos e gorduras, dando à impressão digital uma cor amarelo-acastanhada. Este método é particularmente adequado para revelar impressões digitais em materiais porosos, como papel e papelão. [...]

3. Método da ninidrina: é um dos métodos mais populares para revelar impressões digitais latentes em materiais porosos e absorventes, como o papel e a madeira. Este método baseia-se em uma reação complexa entre a ninidrina e aminoácidos na presença de uma base, para produzir um composto que se torna púrpura quando aquecido. A equação a seguir ilustra esta reação:

$$\text{ninidrina} + \text{aminoácido} + \text{ninidrina} \longrightarrow \text{púrpura de Rühemann} + 3\,H_2O + CO_2 + H^+ + R-CHO\ (\text{aldeído})$$

Uma vez que os aminoácidos do suor não interagem com a celulose contida no papel ou na madeira, esta técnica possibilita revelações de impressões digitais latentes com vários anos de idade. [...]

CHANG, R.; GOLDSBY, K. A. *Química*. 11. ed. Porto Alegre: Bookman, 2013. p. 1058-1059.

Exercícios resolvidos

1. Considere a reação representada abaixo:

$$CH_3-COOH + CH_3OH \longrightarrow CH_3-COOCH_3 + H_2O$$

Se, em vez de apresentar os reagentes desta reação, eles fossem trocados por ácido metanoico e etanol, qual o éster que se formaria?

$$HCOOH + CH_3-CH_2-OH \rightleftharpoons HCOOCH_2CH_3 + H_2O$$

metanoato de etila

2 O composto (um éster) que confere o sabor artificial de morango a vários produtos comerciais está representado a seguir:

$$H_3C - \overset{\overset{\displaystyle O}{\|}}{C} - O - \overset{\overset{\displaystyle H}{|}}{\underset{\underset{\displaystyle H}{|}}{C}} - \overset{\overset{\displaystyle H}{|}}{\underset{\underset{\displaystyle CH_3}{|}}{C}} - CH_3$$

Qual das alternativas apresenta um composto que, reagindo com o ácido acético, numa reação conhecida como esterificação, produz esta substância?

a) Ácido metil-propanoico.   **c)** Metil-propanal.   **e)** Metil-propan-3-ol.

b) Metil-propanona.   **(d)** Metil-propan-1-ol.

Uma forma de verificar o ácido carboxílico e o álcool que resultaram na formação do éster, através da esterificação, é fragmentar o éster da seguinte maneira:

$$H_3C - \overset{\overset{\displaystyle O}{\|}}{C} \mid O - \overset{\overset{\displaystyle H}{|}}{\underset{\underset{\displaystyle H}{|}}{C}} - \overset{\overset{\displaystyle H}{|}}{\underset{\underset{\displaystyle CH_3}{|}}{C}} - CH_3$$

parte oriunda do ácido

parte oriunda do álcool

Portanto, o ácido utilizado foi o acético (etanoico), conforme já informado no enunciado. O álcool usado nesta esterificação foi o

$$HO - \overset{\overset{\displaystyle H}{|}}{\underset{\underset{\displaystyle H}{|}}{^1C}} - \overset{\overset{\displaystyle H}{|}}{\underset{\underset{\displaystyle CH_3}{|}}{^2C}} - ^3CH_3$$

metil-propan-1-ol

Observação: Não é necessário colocar 2-metil-propan-1-ol, pois a ramificação só poderia estar no carbono dois; caso contrário não seria ramificação. A numeração da cadeia é a partir da extremidade onde o grupo funcional hidroxila está mais próximo (hierarquia).

3. Com respeito ao aromatizante cuja fórmula estrutural está representada abaixo

$$H_3C - \overset{\overset{\displaystyle CH_3}{|}}{\underset{\underset{\displaystyle H}{|}}{C}} - CH_2 - O - C \overset{\nearrow O}{\underset{\searrow CH_3}{}}$$

são feitas as seguintes afirmações:

I) Trata-se de um éster.

II) O nome desta substância é 2-metil-propanoato de etila.

III) A estrutura do álcool usado na reação de esterificação é:

$$H_3C - \overset{\overset{\displaystyle CH_3}{|}}{\underset{\underset{\displaystyle H}{|}}{C}} - \overset{\overset{\displaystyle OH}{|}}{CH_2}$$

Está(ão) correta(s) a(s) afirmação(ões):

a) I.   **c)** III.   **e)** I, II e III.

b) II.   **(d)** I e III.

I) Correta – a parte em destaque abaixo faz com que a estrutura seja classificada como um éster

$$H_3C - \overset{\overset{\displaystyle CH_3}{|}}{\underset{\underset{\displaystyle H}{|}}{C}} - CH_2 - \boxed{\overset{\text{éster}}{O - C \overset{\nearrow O}{\underset{\searrow CH_3}{}}}}$$

II) Errada – primeiro que a estrutura tem a parte oriunda do ácido do lado direito (normalmente nas representações ela vem do lado esquerdo); e a parte oriunda do álcool vem do lado esquerdo. Assim, o nome correto ficaria: etanoato de isobutila.

parte oriunda do álcool   parte oriunda do ácido

III) Correta – separando o éster na parte oriunda do álcool e do ácido, teríamos o seguinte:

parte oriunda do álcool   parte oriunda do ácido

então, o álcool formador seria

Exercícios propostos

1. As estruturas moleculares da morfina e da heroína estão representadas abaixo.

morfina

heroína
(diacetilmorfina)

A heroína é uma droga semissintética que pode ser obtida a partir de plantas da espécie *Papaver somniferum*, da qual é extraído o ópio. Durante o processamento do ópio origina-se a morfina, que então é transformada em heroína. Uma maneira de produzir heroína a partir da morfina é reagi-la com que substância?

2. O acetato de etila é um éster que possui alta aplicação industrial. É utilizado como um componente de formulações de essências artificiais de maçã, pera, framboesa, pêssego e groselha, entre outras. É um ótimo solvente, relativamente pouco volátil. É facilmente produzido industrialmente a partir da reação de ácido _____ com o álcool _____, em presença de ácido sulfúrico como catalisador.

Qual é a alternativa que completa corretamente as lacunas?

a) metanoico, etanol

b) etanoico, metanol

c) propanoico, etanol

d) butanoico, metanol

e) etanoico, etanol

3. Qual dos processos abaixo geralmente produz um álcool?

I) Hidrólise de um éster.

II) Redução de um aldeído.

III) Hidratação de um alceno.

a) Todas estão corretas.

b) Apenas I e II estão corretas.

c) Apenas I e III estão corretas.

d) Apenas II e III estão corretas.

e) Apenas I está correta.

COM A PALAVRA...

Marcus Mandolesi Sá*

Moléculas Orgânicas: Reações e Propriedades em Toda Parte

Enquanto o século XXI avança, o mundo contemporâneo usufrui os benefícios advindos da Ciência e de todas as extensões do conhecimento. Contemplamos os avanços da comunicação e da informação, dos computadores, da medicina e da genética, dos novos materiais e dos diversos produtos de consumo para o nosso bem-estar.

A Química desempenha um papel relevante neste cenário moderno, sendo considerada uma das principais áreas de estudo responsáveis pelos progressos alcançados pela humanidade. Particularmente, a Química Orgânica, representada por um incontável número de substâncias que possuem átomos de carbono em suas estruturas, está fortemente presente em tudo que nos cerca: alimentos e insumos agrícolas, produtos farmacêuticos e de higiene, utensílios e materiais domésticos. Mas, acima de tudo, a química dos carbonos está intimamente relacionada à existência da própria vida, a partir da associação de moléculas complexas como proteínas, ácidos nucleicos, carboidratos, lipídeos e tantas outras que são de fundamental importância a todos os seres vivos, atuando dentro de uma excepcional organização ainda distante de ser totalmente compreendida pelas teorias vigentes.

Por outro lado, a real importância da Química Orgânica para a sociedade moderna fica ofuscada pela utilização desenfreada de substâncias que produzem destruição e violência, causam poluição e agridem a natureza. Compostos que curam doenças podem ser os mesmos que são empregados como armas químicas, enquanto alguns produtos que utilizamos cotidianamente são aqueles que causam sérios impactos ambientais. O papel de herói ou vilão moderno, por isso, não cabe à Ciência, mas a nós, seres humanos, a partir das decisões que tomamos sobre como interagir com os recursos naturais de modo a não ameaçar a sobrevivência das futuras gerações.

Por que aprender Química Orgânica? E como estas informações devem ser apresentadas, interpretadas e utilizadas de forma benéfica e construtiva à humanidade? Certamente, muitos livros seriam necessários para um domínio amplo de um assunto tão vasto. Entretanto, vale lembrar que os conceitos básicos utilizados para explicar as propriedades de moléculas simples são os mesmos que interpretam processos biológicos intrincados que despertam nossa curiosidade e que salvam vidas. A estrutura de compostos orgânicos e suas cadeias de carbono, os grupos funcionais e as propriedades físicas e químicas relacionadas, as reações características e os mecanismos e intermediários envolvidos, todo esse fundamento serve para entender melhor o mundo que nos cerca, sempre em contínua transformação.

Compreender a estrutura de uma molécula significa prever várias de suas propriedades físicas (por exemplo, solubilidade, ponto de fusão e ebulição) e químicas (reatividade, estabilidade, afinidade). Portanto, aprender os conceitos fundamentais de Química Orgânica representa o início de uma jornada para conhecer um pouco mais a natureza e seu modo sutil de proporcionar, através da diversidade estrutural, uma infinidade de oportunidades e benefícios, muitos deles aguardando para serem desvendados.

* Professor-doutor do Departamento de Química da Universidade Federal de Santa Catarina, Florianópolis, SC.

QUESTÕES

1. Faça uma busca na internet e encontre exemplos de moléculas orgânicas presentes em alimentos, insumos agrícolas, utensílios domésticos, produtos farmacêuticos e de higiene.

2. Herói ou vilão? Pesquise e encontre moléculas orgânicas (substância) que foram consideradas heroínas inicialmente, mas que hoje são consideradas vilãs.

3. "Compreender a estrutura de uma molécula significa prever várias de suas propriedades físicas (por exemplo, solubilidade, temperatura de fusão e de ebulição) e química (por exemplo, reatividade, estabilidade, afinidade)." Levando em consideração este trecho do texto e as moléculas de metano e metanol, faça algumas considerações acerca das características físicas e químicas dessas substâncias.

Exercícios finais

1. (PUC-RJ) As reações de cloração (halogenação) dos alcanos ocorrem na presença de gás cloro ($C\ell_2$), sob condições ideais, e geralmente dão origem a diversos produtos contendo átomos de cloro. Por exemplo, no caso da cloração do metilbutano (C_5H_{12}), é possível obter quatro produtos diferentes. Esse tipo de reação é classificada como

a) substituição.

b) adição.

c) acilação.

d) combustão.

e) saponificação.

2. (Uern) A reação de substituição entre o gás cloro e o propano, em presença de luz ultravioleta, resulta, como produto principal, no composto:

a) 1-cloropropeno.

b) 2-cloropropano.

c) 1-cloropropano.

d) 2-cloropropeno.

3. (Unifor) Os alcenos sofrem reação de adição. Considere a reação do eteno com o ácido clorídrico ($HC\ell$) e assinale a alternativa que corresponde ao produto formado.

a) CH_3CH_3

b) $C\ell CH_2CH_2C\ell$

c) $C\ell CHCHC\ell$

d) $CH_3CH_2C\ell$

e) $CH_2C\ell CH_2C\ell$

4. (UFPA) Um medicamento expectorante pode ser sintetizado conforme o seguinte esquema reacional:

$$+ \; 2\;H_2O \xrightarrow{H_2SO_4} medicamento$$

A seguir estão propostas cinco possíveis estruturas para esse medicamento.

(1) (2) (3)

(4) (5)

A estrutura correta é a

a) 1. **b)** 2. **c)** 3. **d)** 4. **e)** 5.

5. (PUC-RJ) Considere que, na reação representada a seguir, 1 mol do hidrocarboneto reage com 1 mol de ácido bromídrico, sob condições ideais na ausência de peróxido, formando um único produto com 100% de rendimento.

$$+ \; HBr \longrightarrow produto$$

A respeito do reagente orgânico e do produto dessa reação, faça o que se pede.

a) Represente a estrutura do produto formado utilizando notação em bastão.

b) Dê o nome do hidrocarboneto usado como reagente, segundo as regras de nomenclatura da IUPAC.

c) Represente a estrutura de um isômero cíclico do hidrocarboneto (usado como reagente) constituído por um anel de seis átomos de carbono. Utilize notação em bastão.

6. (Cefet-MG) Reações de substituição radicalar são muito importantes na prática e podem ser usadas para sintetizar haloalcanos a partir de alcanos, por meio da substituição de hidrogênios por halogênios. O alcano que, por monocloração, forma apenas um haloalcano é o

a) propano.

b) ciclobutano.

c) 2-metilpropano.

d) 2,3-dimetilbutano.

e) 1-metilciclopropano.

7. (Imed) Analise a reação orgânica abaixo:

$$CH_2 - CH_2 + Zn \xrightarrow{\text{álcool}} CH_2 = CH_2 + ZnC\ell_2$$

$$\quad | \qquad |$$

$$\quad C\ell \quad\; C\ell$$

Essa reação é uma reação de:

a) adição.

b) ozonólise.

c) eliminação.

d) substituição.

e) desidratação.

8. (PUC-RJ) Em uma reação de desidratação intermolecular de álcool, considere que dois mols do álcool reajam entre si, a quente e em meio ácido, para formar um único mol do produto orgânico e um mol de água:

$$2 \quad\quad OH \xrightarrow[\Delta]{H_2SO_4} produto + H_2O$$

a) Dê a nomenclatura do reagente segundo as regras da IUPAC.

b) Represente, na forma de bastão, a estrutura do produto formado.

c) Represente, na forma de bastão, a estrutura de dois isômeros do reagente.

Texto para a próxima questão

Leia o texto a seguir para responder à(s) seguinte(s) questão(ões).

O sucesso da experiência brasileira do Pró-álcool e do desenvolvimento da tecnologia de motores bicombustíveis é reconhecido mundialmente. Países europeus usam a experiência brasileira como base para projetos de implantação da tecnologia de veículos movidos a células a combustível, que produzem energia usando hidrogênio. Como o H_2 não existe livre na natureza, ele pode ser obtido a partir do etanol de acordo com a reação:

$$H_3C - CH_2 - OH \ (\ell) + 2\,H_2O\ (g) + \frac{1}{2}O_2\ (g) \rightarrow 5\,H_2\ (g) + 2\,CO_2\ (g)$$

9. (FGV-SP) Dentre as reações que podem ocorrer com o etanol está a reação de eliminação intramolecular. Nela o produto orgânico formado é

a) um éter.

b) um éster.

c) um alceno.

d) uma cetona.

e) um ácido carboxílico.

10. (Uerj) Em determinadas condições, a toxina presente na carambola, chamada de caramboxina, é convertida em uma molécula X sem atividade biológica, conforme representado abaixo.

caramboxina → molécula X

Nesse caso, dois grupamentos químicos presentes na caramboxina reagem formando um novo grupamento. A função orgânica desse novo grupamento químico é denominada:

a) éster.

b) fenol.

c) amida.

d) cetona.

11. (Cefet-MG) Os álcoois, quando reagem com permanganato de potássio, em meio ácido e com aquecimento, podem ser oxidados a aldeídos, cetonas ou ácidos carboxílicos. O álcool que, submetido às condições citadas, **não** é capaz de reagir é o

a) etanol.

b) butan-2-ol.

c) cicloexanol.

d) 2-metil-propan-2-ol.

e) 2-metil-pent-1-en-3-ol.

12. (Unicamp-SP) *Glow sticks* ou *light sticks* são pequenos tubos plásticos utilizados em festas por causa da luz que eles emitem. Ao serem pressionados, ocorre uma mistura de peróxido de hidrogênio com um éster orgânico e um corante. Com o tempo, o peróxido e o éster vão reagindo, liberando energia que excita o corante, que está em excesso. O corante excitado, ao voltar para a condição não excitada, emite luz. Quanto maior a quantidade de moléculas excitadas, mais intensa é a luz emitida. Esse processo é contínuo, enquanto o dispositivo funciona. Com base no conhecimento químico, é possível afirmar que o funcionamento do dispositivo, numa temperatura mais baixa, mostrará uma luz

a) mais intensa e de menor duração que numa temperatura mais alta.

b) mais intensa e de maior duração que numa temperatura mais alta.

c) menos intensa e de maior duração que numa temperatura mais alta.

d) menos intensa e de menor duração que numa temperatura mais alta.

13. (UFJF-Pism-MG) O ácido **γ**-aminobutírico (GABA) é um aminoácido que age no sistema nervoso central. Distúrbios na biossíntese ou metabolização deste ácido podem levar ao desenvolvimento de epilepsia. A última etapa da síntese química do GABA utiliza reação de oxidação de álcool.

γ-aminobutírico (GABA)

Qual reagente oxidante deve ser utilizado para realizar esta síntese?

a) $NaC\ell/H_2O$

b) H_2/Pt

c) $K_2Cr_2O_7/H_2SO_4$

d) $C\ell_2/FeC\ell_3$

e) $H_2O/NaOH$

14. (UFRGS-RS) O ácido lactobiônico é usado na conservação de órgãos de doadores. A sua síntese é feita a partir da lactose, na qual um grupo aldeído é convertido em grupo ácido carboxílico.

A reação em que um ácido carboxílico é formado a partir de um aldeído é uma reação de

a) desidratação.

b) hidrogenação.

c) oxidação.

d) descarboxilação.

e) substituição.

Organização das moléculas orgânicas   Capítulo 16   613

Exercícios finais

15. (UFSM-RS) As lavouras brasileiras são sinônimo de alimentos que vão parar nas mesas das famílias brasileiras e do exterior. Cada vez mais, no entanto, com o avanço da tecnologia química, a produção agropecuária tem sido vista também como fonte de biomassa que pode substituir o petróleo como matéria-prima para diversos produtos, tais como etanol, biogás, biodiesel, bioquerosene, substâncias aromáticas, biopesticidas, polímeros e adesivos.

Por exemplo, a hidrólise ácida da celulose de plantas e materiais residuais resulta na produção de hidroximetilfurfural e furfural. Esses produtos são utilizados na geração de outros insumos, também de alto valor agregado, usados na indústria química.

O esquema de reações mostra a transformação da celulose no álcool furílico e a conversão deste em outros derivados.

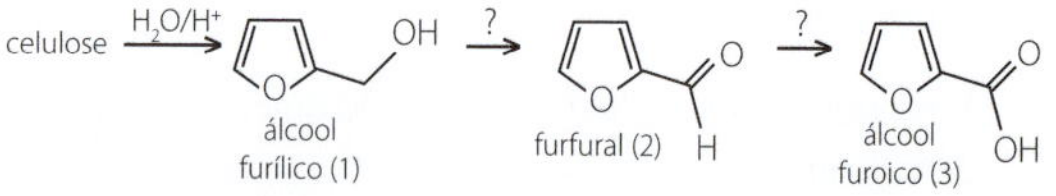

celulose $\xrightarrow{H_2O/H^+}$ [álcool furílico (1)] $\xrightarrow{?}$ [furfural (2)] $\xrightarrow{?}$ [álcool furoico (3)]

Observando o esquema de reações, é correto afirmar que a transformação de 1 em 2 e a de 2 em 3 envolvem, respectivamente, reações de

a) hidrólise e oxidação.

b) redução e oxidação.

c) oxidação e oxidação.

d) redução e hidrólise.

e) redução e redução.

Texto para a próxima questão

Algumas cadeias carbônicas nas questões de Química Orgânica foram desenhadas em sua forma simplificada apenas pelas ligações entre seus carbonos. Alguns átomos ficam, assim, subentendidos.

16. (UFRGS-RS) Assinale a alternativa que completa corretamente as lacunas do enunciado abaixo, na ordem em que aparecem. O brometo de benzila pode ser transformado em álcool benzílico, que, por sua vez, pode conduzir ao ácido benzoico, conforme a sequência de reações mostrada a seguir.

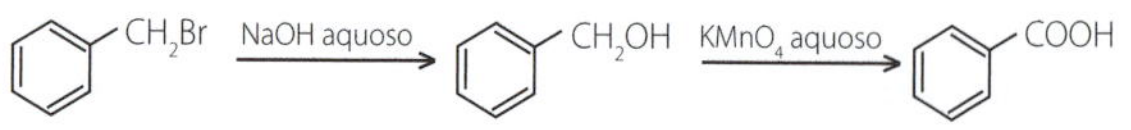

[estrutura] CH_2Br $\xrightarrow{NaOH\ aquoso}$ [estrutura] CH_2OH $\xrightarrow{KMnO_4\ aquoso}$ [estrutura] $COOH$

Com base nesses dados, é correto afirmar que a primeira etapa é uma reação de _____ e, a segunda, é uma reação de _____.

a) substituição – oxidação

b) substituição – adição

c) eliminação – oxidação

d) eliminação – substituição

e) eliminação – adição

17. (UEL-PR) A gasolina é uma mistura de vários compostos. Sua qualidade é medida em octanas, que definem sua capacidade de ser comprimida com o ar, sem detonar, apenas em contato com uma faísca elétrica produzida pelas velas existentes nos motores de veículos. Sabe-se que o heptano apresenta octanagem 0 (zero) e o 2,2,4-trimetilpentano (isoctano) tem octanagem 100. Assim, uma gasolina com octanagem 80 é como se fosse uma mistura de 80% de isoctano e 20% de heptano.

Com base nos dados apresentados e nos conhecimentos sobre hidrocarbonetos, responda aos itens a seguir.

a) Quais são as fórmulas estruturais simplificadas dos compostos orgânicos citados?

b) Escreva a equação química balanceada da reação de combustão completa de cada um dos hidrocarbonetos usados.

18. (UFTM-MG) Leia o trecho da notícia publicada no portal da *BBC BRASIL.com*, em 03.05.2005.

A vitamina C pode contrabalançar alguns dos efeitos danosos que o fumo durante a gravidez pode ter sobre fetos, de acordo com cientistas da Universidade de Saúde e Ciência do Oregon, nos Estados Unidos.

A notícia foi polêmica, mas o que os médicos afirmam de fato é que essas pessoas terão uma vida mais saudável se abandonarem o hábito de fumar.

A absorção da nicotina pelo organismo é maior quando ela se encontra na forma não ionizada. A ionização de alguns compostos orgânicos pode ser explicada em termos de reação ácido-base, ou seja, a ionização de um composto orgânico de caráter ácido ocorre preferencialmente em um meio básico, e vice-versa.

As estruturas da vitamina C e da nicotina são apresentadas nas figuras 1 e 2, respectivamente.

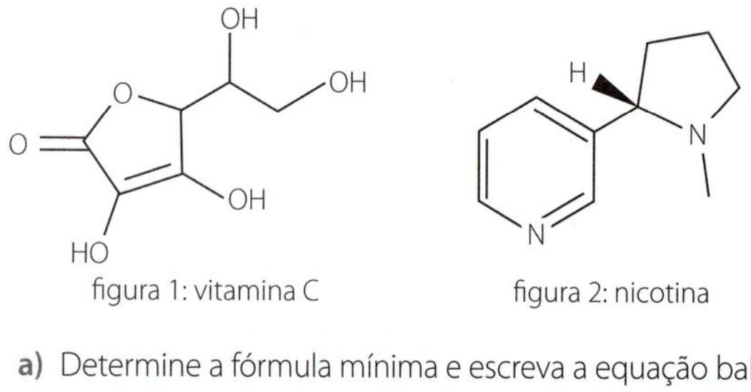

[estrutura figura 1: vitamina C]   [estrutura figura 2: nicotina]

figura 1: vitamina C   figura 2: nicotina

a) Determine a fórmula mínima e escreva a equação balanceada da reação de combustão completa da vitamina C.

b) Por qual parte do organismo a nicotina é mais absorvida, pelo estômago (meio ácido) ou pelo intestino (meio básico)? Justifique.

19. (Acafe-SC) O etanal pode ser usado em fábricas de espelhos na redução de sais de prata que fixados no vidro permitem a reflexão da imagem. A velocidade inicial de decomposição de etanal foi medida em diferentes concentrações, conforme mostrado a seguir.

[etanal] (mol/L)	0,10	0,20	0,30	0,40
velocidade (mol/L · s)	0,085	0,34	0,76	1,40

$$CH_3CHO\ (g) \rightarrow CH_4\ (g) + CO\ (g)$$

Baseado nas informações fornecidas e nos conceitos químicos, analise as afirmações a seguir.

I. A reação química abordada é de primeira ordem.

II. A decomposição do etanal produz uma substância apolar e outra polar.

III. O etanal possui a função química aldeído.

IV. Sob condições apropriadas, a oxidação do etanal produz ácido acético.

Assinale a alternativa correta.

a) Todas as afirmações estão corretas.

b) Apenas II, III e IV estão corretas.

c) Apenas I e II estão corretas.

d) Apenas a afirmação III está correta.

20. (Uece) As gorduras *trans* devem ser substituídas em nossa alimentação. São consideradas ácidos graxos artificiais mortais e geralmente são provenientes de alguns produtos, tais como: óleos parcialmente hidrogenados, biscoitos, bolos confeitados e salgados. Essas gorduras são maléficas porque são responsáveis pelo aumento do colesterol "ruim" LDL, e também reduzem o "bom" colesterol HDL, causando mortes por doenças cardíacas.

colesterol

Com respeito a essas informações, assinale a afirmação verdadeira.

a) As gorduras *trans* são um tipo especial de gordura que contém ácidos graxos saturados na configuração *trans*.

b) Na hidrogenação parcial, tem-se a redução do teor de insaturações das ligações carbono-carbono.

c) Colesterol é um fenol policíclico de cadeia longa.

d) Ácido graxo é um ácido carboxílico (COH) de cadeia alifática.

21. (Fuvest-SP) A dopamina é um neurotransmissor importante em processos cerebrais. Uma das etapas de sua produção no organismo humano é a descarboxilação enzimática da L-Dopa, como esquematizado:

L-Dopa $\xrightarrow{\text{enzima}}$ dopamina + dióxido de carbono

Sendo assim, a fórmula estrutural da dopamina é:

a)

b)

c)

d)

e)

Organização das moléculas orgânicas   Capítulo 16   615

Exercícios finais

22. (Uerj) Um produto industrial consiste na substância orgânica formada no sentido direto do equilíbrio químico representado pela seguinte equação:

A função orgânica desse produto é:

a) éster.

b) cetona.

c) aldeído.

d) hidrocarboneto.

23. (Unifor-CE) Os ésteres são compostos orgânicos que apresentam o grupo funcional R'COOR'', são empregados como aditivos de alimentos e conferem sabor e aroma artificiais aos produtos industrializados, imitam o sabor de frutas em sucos, chicletes e balas. Os compostos orgânicos que podem reagir para produzir o seguinte éster, por meio de uma reação de esterificação, são, respectivamente,

éster que apresenta aroma de abacaxi

a) ácido benzoico e etanol.

b) ácido butanoico e etanol.

c) ácido etanoico e butanol.

d) ácido metanoico e butanol.

e) ácido etanoico e etanol.

24. (UPM-SP) Abaixo estão representadas as fórmulas estruturais dos compostos **A** e **B**, obtidos por meio de duas sínteses orgânicas distintas e em condições adequadas.

composto **A**   composto **B**

Assim, a alternativa que traz, respectivamente, considerando as condições adequadas para tal, os reagentes orgânicos utilizados na obtenção dos compostos **A** e **B** é

a) **A**: etanol e ácido acético; **B**: ácido butanoico e etanol.

b) **A**: ácido metanoico e etanol; **B**: isopropano e ácido acético.

c) **A**: metanol e ácido etanoico; **B**: ácido butanoico e etanol.

d) **A**: ácido acético e metanol; **B**: ácido 4-hidroxi-3-metil-butanoico.

e) **A**: etanol e metanol; **B**: ácido 4-hidroxi-3-metilbutanoico.

25. (Uerj) As amidas podem ser obtidas pela reação entre um ácido carboxílico e a amônia, conforme a seguinte equação geral:

$$R - COOH + NH_3 \rightarrow R - CONH_2 + H_2O$$

Considere um laboratório no qual estão disponíveis quatro ácidos carboxílicos: etanoico, propanoico, butanoico e pentanoico.

Escreva a equação química completa da reação da amônia com o composto de caráter ácido mais acentuado dentre os disponíveis no laboratório.

Admitindo a substituição da amônia pelo metanol na equação geral, indique a função orgânica do produto formado.

26. (PUC-RJ) Na transesterificação representada a seguir, 1 mol da substância I reage com 1 mol de etanol, na presença de um catalisador (cat), gerando 1 mol do produto III e 1 mol do produto IV.

Considerando-se os reagentes, o produto III e o produto IV (que pertence à função orgânica álcool), responda ao que se pede.

a) Represente a estrutura do produto III utilizando notação em bastão.

b) Dê o nome do produto IV, segundo as regras de nomenclatura da IUPAC.

c) Escreva a fórmula molecular da substância I.

27. (UFPR) O salicilato de metila é um produto natural amplamente utilizado como analgésico tópico para alívio de dores musculares, contusões etc. Esse composto também pode ser obtido por via sintética a partir da reação entre o ácido salicílico e metanol, conforme o esquema abaixo:

ácido salicílico   salicilato de metila

A reação esquematizada é classificada como uma reação de:

a) esterificação.

b) hidrólise.

c) redução.

d) pirólise.

e) desidratação.

616

28. (Unicamp-SP) Recentemente se encontrou um verdadeiro "fatberg", um iceberg de gordura com cerca de 15 toneladas, nas tubulações de esgoto de uma região de Londres. Esse "fatberg", resultado do descarte inadequado de gorduras e óleo usados em frituras, poderia ser reaproveitado na produção de

a) sabão, por hidrólise em meio salino.
b) biodiesel, por transesterificação em meio básico.
c) sabão, por transesterificação em meio salino.
d) biodiesel, por hidrólise em meio básico.

29. (Cefet-MG) Para sintetizar o 2,3-diclorobutano, um químico utilizou o gás cloro como um dos reagentes. Nesse caso específico, o segundo reagente necessário à síntese foi o

a) but — 2 — eno.
b) butan — 2 — ol.
c) but — 1,3 — dieno.
d) butan — 1,3 — diol.
e) butan — 2,3 — diol.

30. (Unimontes-MG) Os álcoois I e II foram tratados, separadamente, com excesso de dicromato de sódio (agente oxidante) em meio ácido, com o objetivo de obter-se um ácido carboxílico, como ilustrado a seguir:

Baseado nas informações, pode-se afirmar que

a) o produto esperado se obtém a partir dos álcoois I e II.
b) o composto I, nesse processo, corresponde ao álcool oxidado.
c) apenas a partir do composto II se obtém o ácido ciclo pentanoico.
d) os compostos I e II são inertes nessa reação e não se obtém o produto.

Texto para a próxima questão

As bases nitrogenadas, quando oxidadas, podem causar emparelhamento errôneo durante a replicação do DNA. Por exemplo, uma guanina oxidada (G*) pode passar a se emparelhar, durante a divisão celular, com timina (T) e não com citosina (C). Esse erro gera células mutadas, com uma adenina (A) onde deveria haver uma guanina (G) normal.

31. (Uerj) Considere a adição de um átomo X na oxidação da guanina, conforme esquematizado na equação química:

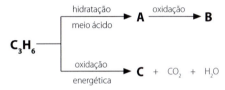

Nessa equação, o átomo correspondente a X é simbolizado por:

a) C
b) H
c) N
d) O

32. (UPM-SP) O esquema a seguir mostra a sequência de reações químicas utilizadas para a obtenção dos compostos orgânicos **A**, **B** e **C**, a partir do alceno de fórmula molecular C_3H_6.

Assim, os produtos orgânicos formados **A**, **B** e **C** são, respectivamente,

a) propan-1-ol, propanal e ácido acético.
b) propan-2-ol, propanona e propanal.
c) propan-1-ol, propanal e propanona.
d) propan-2-ol, propanona e ácido acético.
e) propan-1-ol, acetona e etanal.

33. (UEG-GO) Um mol de uma molécula orgânica foi submetido a uma reação de hidrogenação, obtendo-se ao final um mol do cicloalcano correspondente, sendo consumidos 2 g de H_2 (g) nesse processo. O composto orgânico submetido à reação de hidrogenação pode ser o

Dado: H = 1

a) cicloexeno
b) 1,3-cicloexadieno
c) benzeno
d) 1,4-cicloexadieno
e) naftaleno

34. (Unisc-RS) A síntese da substância (óleo essencial de banana) é obtida através da reação clássica conhecida com esterificação de Fischer.

Organização das moléculas orgânicas Capítulo 16 617

Exercícios finais

Em relação à reação apresentada, podemos afirmar que

a) os reagentes empregados são aldeído e éter.

b) a reação não pode ser conduzida em meio ácido.

c) o produto orgânico obtido é denominado de etanoato de isoamila.

d) o álcool é denominado de acordo com a IUPAC 2-metil--butan-4-ol.

e) os reagentes empregados são cetona e éster.

35. (UPE) O sistema decalina-naftaleno vem sendo estudado há mais de 20 anos como uma das formas de superar o desafio de armazenar gás em veículos com célula a combustível, numa quantidade que permita viagens longas. Quando a decalina líquida é aquecida, ela se converte quimicamente em naftaleno ($C_{10}H_8$). O gás produzido borbulha para fora da decalina líquida à medida que ocorre a transformação. Por outro lado, o processo é revertido quando ocorre a exposição do naftaleno a esse mesmo gás, a pressões moderadas.

Decalina

Disponível em: <http://www2.uol.com.br/sciam/reportagens/abastecendo_com_hidrogenio_6.htm>.

Essa tentativa de desenvolvimento tecnológico se baseia

a) no isomerismo existente entre o sistema decalina-naftaleno.

b) no equilíbrio químico entre dois hidrocarbonetos saturados.

c) na produção de biogás a partir de hidrocarbonetos de origem fóssil.

d) na reversibilidade de reações de eliminação e de adição de moléculas de hidrogênio.

e) na formação de metano a partir de reações de substituição entre moléculas de hidrocarbonetos.

Texto para a próxima questão

Um dos princípios da Química Verde está relacionado ao uso de processos que aproveitam matérias-primas provenientes de fontes renováveis. Um exemplo é a produção do ácido adípico a partir da glicose que pode ser obtida através da hidrólise do amido de milho. Esse processo, chamado de "rota biossintética", é usado em substituição à "rota tradicional", que parte do benzeno, oriundo do petróleo. No esquema a seguir, são apresentadas essas duas rotas de obtenção do ácido adípico:

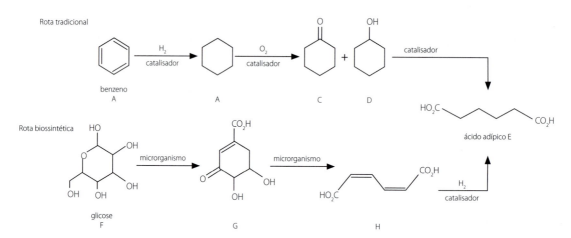

SILVA, F. M.; LACERDA, S. B.; JUNIOR, J. J. Desenvolvimento Sustentável e Química Verde. *Química Nova*. v. 28, n. 1, 2005, p. 103. Adaptado.

36. (UFPB) Esses compostos apresentados no esquema podem sofrer transformações originando outros produtos. A respeito das reações químicas que ocorrem com os compostos B, D, E e H, identifique as afirmativas corretas.

( ) A oxidação do composto D é uma das etapas para a produção do ácido adípico.

( ) A combustão completa do composto D produz dióxido de carbono e água.

( ) A reação do ácido adípico com uma base produz sal e água.

( ) A combustão completa do composto B produz cetona e álcool.

( ) A oxidação do composto H produz o ácido adípico.

618

CAPÍTULO 17
AS MODERNAS MOLÉCULAS ORGÂNICAS

Há muito tempo, o ser humano vem manuseando materiais para executar tarefas e proporcionar conforto a si mesmo e aos demais: primeiro a madeira, depois os metais, a cerâmica, o vidro, as ligas metálicas, o concreto e, mais recentemente, os polímeros. Plásticos, borrachas, fibras, resinas e adesivos são exemplos de polímeros utilizados para os mais variados fins (Figura 17.1). No entanto, fabricar polímeros não é um privilégio do ser humano. Houve um momento na história da Terra (antes do surgimento da vida) em que as condições ambientes favoreceram o aparecimento das primeiras moléculas complexas: os aminoácidos – substâncias essenciais para a formação das proteínas (polímeros naturais) e dos organismos vivos.

Figura 17.1: Os polímeros são usados para os mais diversos fins.

Polímeros

Atualmente, os plásticos estão presentes no dia a dia da humanidade. É difícil imaginar o mundo atual sem algum objeto feito desse material. Eles podem ser encontrados nas películas moles e flexíveis dos saquinhos de lixo e de supermercado (polietileno), brinquedos de plásticos quebradiços (poliestireno), tubos e conexões de PVC (policloreto de vinila), garrafas de refrigerante PET (polietileno tereftalato), entre inúmeros outros (Figura 17.2).

Fotos: Youyuenyong budsawongkod/Shutterstock.com; Daizuoxin/Shutterstock.com; Africa Studio/Shutterstock.com; Oleksandr Lytvynenko/Shutterstock.com

Figura 17.2: Exemplos de polímeros usados no cotidiano.

Os poucos exemplos aqui apresentados mostram a grande diversidade de plásticos existentes e suas diferentes propriedades. Alguns são resistentes a impacto ou quebradiços, transparentes ou translúcidos, flexíveis ou rígidos, inflamáveis ou resistentes ao fogo, isolantes elétricos ou condutores e de muitos outros tipos. Porém, todos têm uma característica em comum, a baixa densidade, que se encontra entre $0,9 \text{ g} \cdot \text{mL}^{-1}$ e $1,5 \text{ g} \cdot \text{mL}^{-1}$, bem inferior à de materiais como aço inox ($8 \text{ g} \cdot \text{mL}^{-1}$), alumínio ($2,7 \text{ g} \cdot \text{mL}^{-1}$), cimento ($3,4 \text{ g} \cdot \text{mL}^{-1}$) e vidro ($2,6 \text{ g} \cdot \text{mL}^{-1}$).

O imenso conjunto de materiais poliméricos inclui resinas, borrachas e fibras naturais e sintéticas, madeira, couro e outros. Até mesmo materiais como cimento, alguns tipos de rocha e argila são macromoléculas, embora, muitas vezes, não sejam classificados dessa forma (Figura 17.3).

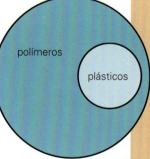

Figura 17.3: Os plásticos, na verdade, fazem parte de um conjunto maior de substâncias que conhecemos por polímeros ou macromoléculas.

Sintético × natural

Talvez por motivos históricos o material polimérico tenha sido associado à ideia de sintético; afinal, a maioria dos polímeros conhecidos e comercializados é produzida com derivados de petróleo. No entanto, os polímeros estão presentes na natureza sob várias formas, desde o surgimento da vida, uma vez que as moléculas de DNA e RNA, assim como todas as proteínas, são polímeros naturais produzidos por organismos vivos. Outros exemplos de polímeros naturais são a celulose (algodão, madeira), o amido, a lã, a borracha natural e a seda.

As modernas moléculas orgânicas   Capítulo 17   **619**

Ao longo de sua evolução tecnológica, o ser humano sempre tentou descobrir como a natureza consegue produzir as coisas e, com isso, aprendeu a processar os fios de seda, a borracha natural, o couro etc. Além disso, descobriu como aumentar a produção de alimentos, sintetizar vitaminas, obter combustíveis e água purificada, entre outras coisas, e a melhorar as mais diversas condições de vida. Um exemplo é a criação do sabão, que modificou os hábitos de higiene da humanidade. Com ele o ser humano passou a ficar mais limpo, evitando assim muitas doenças. Depois também foram criados os sabonetes, os xampus, os cremes dentais... Para se ter uma ideia da importância desse avanço tecnológico, a taxa de uso de sabão *per capita* já foi utilizada para medir o índice de civilidade de um povo.

Muitos dos materiais artificiais desenvolvidos pelo ser humano não foram criados na tentativa de suprir um similar natural, pelo contrário; porém, embora sejam completamente artificiais, seria difícil imaginar o mundo moderno sem alguns utensílios que dependem desses materiais puramente sintéticos: espelhos, cosméticos, medicamentos, ligas metálicas, vidros, plásticos, tintas, adesivos, cimento, anestésicos e um sem-número de outros produtos.

Apesar das vantagens, existem as desvantagens, como a poluição causada por dejetos químicos, muitas vezes lançados no ambiente pelas indústrias que fabricam esses materiais ou pelos próprios usuários. Ao descartar os produtos incorretamente, contribuem para que se construa uma imagem equivocada de que tudo o que é sintético faz mal e de que os produtos naturais são perfeitos e não prejudicam a saúde.

É preciso, no entanto, também ter em mente a seguinte concepção:

> O veneno de cobra, um produto totalmente natural, não faz nada bem à saúde, assim como certas drogas são produtos naturais e podem ser extremamente letais aos seres vivos.

CIÊNCIA, TECNOLOGIA, SOCIEDADE E AMBIENTE

O primeiro plástico e o início do cinema

Figura 17.4: Christian Friedrich Schönbein (1799-1868).

Figura 17.5: John Hyatt (1837-1920).

O primeiro plástico foi descoberto acidentalmente, em 1846, quando o químico alemão Christian Friedrich Schönbein (Figura 17.4) quebrou um frasco contendo uma mistura de ácido nítrico e sulfúrico sobre uma mesa e a limpou com um avental de algodão de sua mulher. A peça, colocada para secar próxima do fogo, queimou imediatamente, dando origem a uma nova substância. Estava descoberto o nitrato de celulose.

Ele difere da celulose não apenas na inflamabilidade e na solubilidade, mas também em outros aspectos. Com um leve aquecimento, pode ser moldado em objetos duros e elásticos. Filmes e revestimentos podem ser facilmente feitos desse material. O primeiro filme de cinema foi gravado sobre uma película de nitrato de celulose. Hoje em dia o composto não é mais utilizado para esse fim por causa de sua inflamabilidade, que ocasionou a perda de grandes obras.

Uma mistura de nitrato de celulose e cânfora, descoberta por John Hyatt (Figura 17.5), foi muito utilizada para confeccionar bolas de bilhar, até então feitas de marfim. Essa descoberta poupou a vida de milhares de elefantes. Para se ter uma ideia, somente em 1909 os Estados Unidos importaram mais de 400 000 kg de marfim, usados não só para fabricar bolas de bilhar, mas também teclas de piano, cabos de faca e armarinhos. Essa quantidade de marfim correspondia às presas de, aproximadamente, 9 000 elefantes. Pela invenção, Hyatt ganhou um prêmio da empresa Phelan and Collander, que procurava um substituto para o marfim. O composto descoberto por Hyatt passou a ser empregado em larga escala também na fabricação de bolas de pingue-pongue, filmes fotográficos, chapas dentárias e outros pequenos artigos. Contudo, apesar das vantagens, esse polímero era inflamável, o que acabou limitando sua aplicabilidade. Ele, na verdade, era semissintético, pois era formado de um produto natural, a celulose (Figura 17.6).

O primeiro plástico verdadeiramente sintético, e de sucesso comercial, foi obtido em 1906, mas só anunciado em 1909. Aqueceu-se fenol com formaldeído, o que produziu uma massa dura e insolúvel. Essa resina fenólica resistente aos solventes foi chamada de **baquelite**.

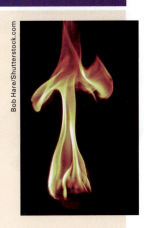

Figura 17. 6.: Uma bola de pingue-pongue queimando mostra a inflamabilidade do polímero celuloide.

A polimerização

Chama-se **polimerização** o processo de obtenção de polímeros (do grego *poly*, significando muitos e *méros* partículas). Durante muito tempo, os químicos "quebraram a cabeça" para entender por que alguns líquidos, como o estireno, ao serem aquecidos a 200 °C, em vez de passarem para a fase gasosa, como normalmente acontece com outros compostos, tornam-se gelatinosos, sólidos.

Como representar os novos compostos se a fórmula química era a mesma?

Depois de muitas investigações, descobriu-se que o aquecimento, nesses casos, dava origem a novas substâncias, os polímeros. Hoje sabe-se que o processo de polimerização une pequenas moléculas (chamadas de monômeros) por meio de ligações químicas, formando longas estruturas denominadas macromoléculas.

O carbono é o principal responsável pela formação das longas estruturas que dão origem aos polímeros. Como já foi estudado, o carbono é capaz de formar cadeias de vários tamanhos e de diversas maneiras, e o resultado é a imensidão de compostos orgânicos conhecidos, desde as moléculas simples até as extremamente complexas.

> **NOTA:**
> É importante frisar que por muito tempo conhecia-se apenas a proporção de cada elemento (fórmula mínima) num composto. Por exemplo, o etileno (C_2H_4) e o but-1-eno (C_4H_8) eram considerados isômeros, pois apresentavam a mesma proporção (1C : 2H).

O que é um polímero?

Um **polímero** é uma substância formada por vários segmentos idênticos; por esse motivo, é fácil de reconhecê-lo por meio de sua fórmula estrutural, pois ela apresenta uma quantidade enorme de pequenas partes iguais. As unidades de um polímero são chamadas de **monômeros**, que se repetem em sequências com mais de mil átomos ligados (**macromoléculas**). Representar essa cadeia é inviável, assim, simplifica-se sua apresentação, indicando que a cadeia se estende ou, simplesmente, que o monômero se repete por muitas vezes.

polietileno

$$\left[\begin{array}{c} H\ H\ H\ H\ H\ H\ H\ H\ H \\ |\ \ |\ \ |\ \ |\ \ |\ \ |\ \ |\ \ |\ \ | \\ -C-C-C-C-C-C-C-C-C- \\ |\ \ |\ \ |\ \ |\ \ |\ \ |\ \ |\ \ |\ \ | \\ H\ H\ H\ H\ H\ H\ H\ H\ H \end{array} \right] \text{ou} \left[\begin{array}{c} H\ H \\ |\ \ | \\ -C-C- \\ |\ \ | \\ H\ H \end{array} \right]_n$$

Toda vez que moléculas sofrerem reações químicas que fazem com que elas se liguem repetidas vezes por meio de ligações covalentes fortes, haverá a **formação de um polímero**. Imagine, por um momento, uma corrente. As extremidades de cada elo permitem o encaixe com outros elos. Cada monômero pode ser considerado um elo, isto é, a parte que se repete; e a corrente, o polímero (Figura 17.7). É dessa forma que inúmeras moléculas de etileno se juntam, formando o polietileno.

Figura 17.7: Uma corrente também representa a ideia da formação de um polímero.

> ### História da Química
>
> #### A era do plástico
>
> O polietileno foi preparado pela primeira vez em 1934 nos laboratórios da Indústria Química Imperial, na Inglaterra, mas só se tornou um produto comercial cinco anos mais tarde, no início da Segunda Guerra Mundial. O primeiro uso prático desse plástico foi como isolante nas instalações elétricas de aparelhos de radar militar. Muitos autores, reconhecendo a importância dos radares em aeronaves nos primeiros anos da guerra, consideram o polietileno como o plástico que ganhou a guerra.
>
> Ainda hoje a maior parte do polietileno de baixa densidade, mole, brilhante e flexível é usada para encapar fios e cabos elétricos. Todavia, existem outros produtos fabricados com esse plástico, entre eles os sacos de lixo, as embalagens de alimento e as sacolas plásticas.
>
> Em 1950, o químico alemão Karl Ziegler, utilizando catalisadores organometálicos unidos por ligações covalentes ao carbono, produziu um tipo diferente de polietileno, de alta densidade (maior empacotamento das cadeias) e, como consequência disso, mais, duro e rígido que esse tipo. Por suas características, esse tipo é usado para outros fins, como na fabricação de garrafas plásticas para bebidas não gasosas e de vasilhames para uma variedade imensa de produtos líquidos. Historicamente, o polietileno de alta densidade foi introduzido no mercado como matéria-prima dos primeiros bambolês sintéticos.
>
> Esse exemplo deixa claro que a forma como as cadeias de um polímero se agrupam e o tamanho delas são de extrema importância para as características físicas e químicas do produto final.
>
> #### Mais polímeros...
>
> Não é preciso muito esforço para notar a presença de polímeros sintéticos em nossa vida. Basta reparar no interior de um automóvel, na roupa que se está usando, nos sapatos em vitrines, nas canetas de um estojo, nos computadores, enfim, parece difícil imaginar a vida moderna sem eles. A demanda por polímeros sintéticos é tão alta que, em alguns países, o consumo chega a 150 kg por ano por habitante.
>
> Polímeros sintéticos incluem compostos inorgânicos, tais como o vidro e o concreto, porém a maioria é formada de monômeros orgânicos (base de carbono). De acordo com a síntese, pode-se classificá-los como polímeros de adição ou polímeros de condensação. Quando dois ou mais monômeros diferentes são usados para fabricar um polímero, dizemos tratar-se de um **copolímero**.

Tipos de polimerização: adição e condensação

Com a descoberta do princípio da polimerização, iniciou-se uma corrida em busca de novos materiais. Utilizando-se monômeros adequados, catalisadores, altas temperaturas e pressão – condições normalmente adequadas à polimerização –, novos materiais com as mais variadas propriedades foram sendo sintetizados.

Polimerização por adição

Conforme foi verificado nos estudos das reações orgânicas, as ligações dupla e tripla entre carbonos (C = C; C ≡ C), denominadas **insaturações**, podem ser quebradas com facilidade, o que abre novas valências para os carbonos envolvidos na ligação. Quando isso acontece, novos grupos se ligam a essas valências livres numa reação de adição.

Com as valências sendo ocupadas sequencialmente pelos próprios monômeros, ocorre a formação de uma macromolécula, obtida pela polimerização por adição:

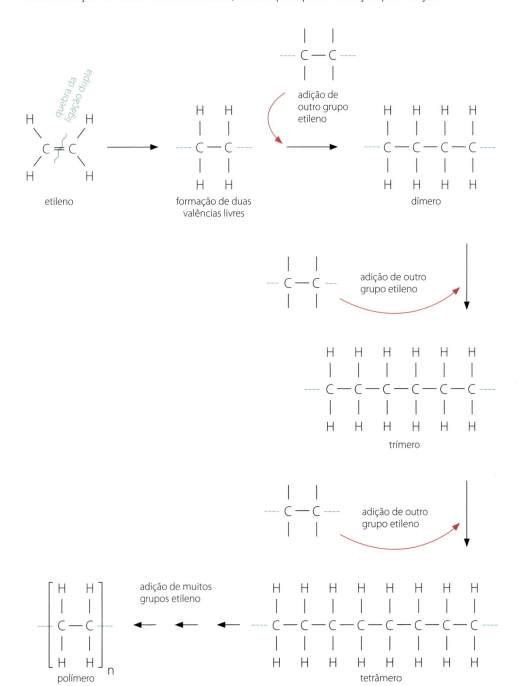

NOTA:
Quando a cadeia começa a crescer, mas ainda não atingiu o *status* de polímero, dizemos tratar-se de um **oligômero**. É difícil estabelecer um número de monômeros como referência rígida para ser um polímero, entretanto, se pensarmos num valor de 105 monômeros, nos ajuda a entender a formação de um polímero.

Em princípio, qualquer composto que possua insaturações entre carbonos em sua estrutura pode sofrer reação de polimerização por adição. A tabela a seguir traz alguns exemplos.

Monômero	Polímero	Aplicações mais comuns
$CH_2 = CH_2$ etileno	$\left[\begin{array}{cc} H & H \\ | & | \\ -C & -C- \\ | & | \\ H & H \end{array}\right]_n$ polietileno	
$CH_3CH = CH_2$ propileno	$\left[\begin{array}{cc} H & CH_3 \\ | & | \\ -C & -C- \\ | & | \\ H & H \end{array}\right]_n$ polipropileno	sacolas, garrafas, filmes para embalagens, preservativos, partes de automóveis, mangueiras de água, pisos, espumas, isopor, brinquedos, utensílios diversos
$CH_2 = CH$ estireno	$\left[\begin{array}{cc} | & | \\ -C & -C- \\ | & | \end{array}\right]_n$ poliestireno	
$CH_2 = CH$ $|$ $C\ell$ cloreto de vinila	$\left[\begin{array}{cc} | & | \\ -C & -C- \\ | & | \\ & C\ell \end{array}\right]_n$ policloreto de vinila (PVC)	tubos e conexões, couro artificial, mangueiras
$CH_2 = C - CH_3$ $|$ $COOCH_3$ metilmetacrilato	$\left[\begin{array}{cc} & CH_3 \\ | & | \\ -C & -C- \\ | & | \\ & COOCH_3 \end{array}\right]_n$ polimetilmetacrilato	janelas à prova de balas, letreiros
$CF_2 = CF_2$ tetrafluoretileno	$\left[\begin{array}{cc} F & F \\ | & | \\ -C & -C- \\ | & | \\ F & F \end{array}\right]_n$ politetraflouretileno (*Teflon*)	revestimento para panelas, isolante térmico
$CH_2 = C - CH = CH_2$ $|$ CH_3 isopropeno	$\left[\begin{array}{cccc} | & & & | \\ -C & -C & = C & -C- \\ | & | & | & | \\ & CH_3 & & \end{array}\right]_n$ poli-isopropeno (borracha natural)	pneus, elásticos, sola de sapatos

$CH_2 = CH - CH = CH_2$ buta-1,3-dieno	$\left[-\overset{\mid}{C} - \overset{\mid}{C} = \overset{\mid}{C} - \overset{\mid}{C} - \right]_n$ polibutadieno (borracha sintética)	pneus, tapetes para automóveis
$CH_2 = CH$ $\mid$ CN acrilonitrila	$\left[-\overset{\mid}{C} - \overset{\mid}{\underset{\underset{CN}{\mid}}{C}} - \right]_n$ poliacrilonitrila	fibras têxteis, mantas, carpetes, tapetes
$CH_2 = CH$ $\mid$ O $\diagdown$ $C - CH_3$ $\diagdown$ O acetato de vinila	$\left[-\overset{\mid}{C} - \overset{\mid}{\underset{\underset{OOCCH_3}{\mid}}{C}} - \right]_n$ poliacetato de vinila (PVA)	tintas, adesivos, goma de mascar

Polimerização por condensação

Novamente, a condição essencial para que ocorra a polimerização é que as moléculas (monômeros) disponibilizem duas valências para dar continuidade ao crescimento da cadeia. Na condensação, grupos reativos, como hidroxila, carbonila, carboxila etc., presentes nos compostos orgânicos, vão reagir eliminando pequenas moléculas, como H_2O e $HC\ell$.

A baquelite é obtida por meio de uma reação de polimerização por condensação. Nesse caso, os monômeros da reação são o fenol e o formaldeído e, no processo, ocorre a condensação entre os monômeros com a saída de água.

baquelite (polifenol)

Ela é uma resina (um polímero) dura, robusta e resistente ao calor e à eletricidade, bastante empregada em revestimento de móveis (conhecida como fórmica) e freios, tomadas e interruptores, cabos de panela etc.

O uso de outros aldeídos e fenóis criou outra classe de compostos chamada de resinas fenólicas, utilizadas como adesivos e resinas.

Outro polímero muito conhecido, obtido pela reação de condensação, é o náilon 6,6.

A reação acontece entre os monômeros hexan-1,6-diamina e o ácido hexanodioico. Note a presença de dois grupos reativos em cada monômero, condição essencial para o crescimento da cadeia (ligações amida).

náilon 6,6 (poliamida 66)

> Sempre que utilizamos mais de um monômetro na fabricação de um polímero, dizemos tratar-se de um copolímero.

Bebidas gasosas em garrafas plásticas só vieram a ser comercializadas graças à invenção do PET, um polímero pouco permeável ao gás carbônico.

Em 1941, o químico britânico John Rex Whinfield produziu um poliéster usando etilenoglicol e ácido tereftálico como monômeros. No processo, os grupos hidroxila do álcool e carboxila do ácido sofrem reação de condensação idêntica à reação de esterificação, só que a reação se estendeu, formando um **copolímero**, o poliéster.

polietileno tereftalato (PET)

Este polímero é muito utilizado para fabricar fibras sintéticas conhecidas como *Dacron*, ou simplesmente como poliéster nas fábricas de tecelagem. Também formam filmes finos e extremamente duros, além de plásticos para embalar alimentos e armazená-los na geladeira.

626 Unidade 5 A evolução das moléculas

Alguns outros polímeros obtidos por reação de condensação são apresentados na tabela a seguir.

Polímero	Estrutura	Aplicações mais comuns
poliuretanas	R—N—C—O—R'—O—C—N (com O ligado por dupla e H nos nitrogênios)	fibras, espumas, partes de carro
siliconas	O—Si—CH$_2$—CH$_2$	implantes, revestimento hidrofóbico
resina de ureia	N—C—N—CH$_2$—N—C (com O ligado por dupla e H)	espumas

Silicona
polímero plástico usado em muitos processos, como em odontologia, para confeccionar moldes dentários.

Química Aplicada

Forte como o aço, delicado como a seda

Em 1927, a empresa americana DuPont contratou o químico orgânico W. H. Carothens para chefiar sua equipe de pesquisa com o intuito de desenvolver um novo material sintético que pudesse ser leve como a seda e tivesse elevada resistência.

Depois de anos de pesquisa, em 1931, Carothens descobriu que, misturando-se os compostos ácido adípico e hexametilenodiamina, se formava uma fibra mais fina e resistente que a seda. Como os dois compostos apresentam seis carbonos na estrutura, esse novo polímero ficou conhecido como 6,6 ou 66.

No início, tais fibras se fundiam a temperaturas baixas e eram muito fracas. Depois, Carothens descobriu que o processo era inibido pela água e que, evaporando--a, obtinha uma fibra resistente e elástica.

A nova fibra descoberta era forte como o aço e delicada como uma teia de aranha, diziam os fabricantes, e passou a ser usada para produzir cordas, artigos moldados e peças de vestuário. A primeira aplicação prática do náilon (nome que a fibra recebeu) ocorreu em 1938, quando foi usado para fabricar escovas de dentes. Mas o grande sucesso estaria na confecção de meias-calças. Em 1940, ano em que as meias-calças foram colocadas à venda em Nova York, 4 milhões de pares foram vendidos nas primeiras horas – um verdadeiro êxito comercial. Similar à seda quanto às propriedades, mas bem mais barato, o náilon substituiu as meias de seda e outras peças do guarda-roupa feminino. Com a chegada da Segunda Guerra Mundial, o governo americano solicitou à população que doasse os produtos de náilon que tivesse em casa para serem usados na fabricação de paraquedas, cordas e outros suplementos militares.

Polímeros inorgânicos

Nem todos os polímeros são compostos orgânicos. Os mais abundantes e importantes polímeros inorgânicos são formados por silício, alumínio e oxigênio – os **silicatos** e os **aluminossilicatos**. As argilas (minerais essenciais que, juntamente com os materiais orgânicos, a água e o ar, formam o solo) são constituídas geralmente por esses três elementos.

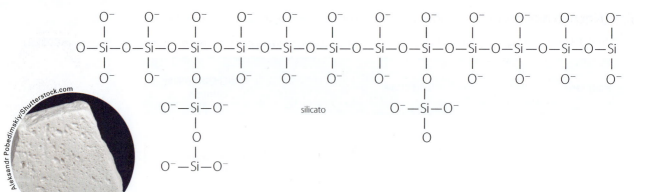

silicato

Figura 17.8: Caulino.

Os cátions de alumínio podem substituir alguns átomos de silício, formando os aluminossilicatos, tal como o caulim ou caulino (Figura 17.8), minério composto de silicatos hidratados de alumínio, o qual apresenta características especiais que permitem sua utilização na fabricação de papel, cerâmica, tintas etc.

As argilas são fundamentais para reter nutrientes no solo que servirão para o crescimento das plantas. Industrialmente, são usadas na fabricação de cerâmicas (tijolos e telhas) e porcelanas, como catalisadores, entre outras aplicações.

Identificação de alguns polímeros recicláveis

Em geral, materiais poliméricos que podem ser reciclados trazem na embalagem a identificação da matéria-prima de que são feitos.

NOTA:
Hoje em dia os plásticos substituem, com muita frequência, diversos materiais tradicionais, como papel, madeira e vidro. Como consumidores, devemos nos responsabilizar pelo descarte dos plásticos, de modo que possam ser reaproveitados. Pratique a cidadania, recicle os plásticos – o meio ambiente agradece.

1 **PE** Polietileno teretalato	**5** **PP** Polipropileno
2 **PEAD** Polietileno de alta densidade	**6** **PS** Poliestileno
3 **PVC** Policloreto de vinila	**7** Outros
4 **PEBD** Polietileno de baixa densidade	

Um polímero mais forte que o aço: o Kevlar

O Kevlar, polímero formado por longas cadeias de anéis benzênicos interconectadas com grupos amida, conforme a ilustração abaixo, tem uma resistência tão grande que é usado em coletes à prova de balas. O motivo para esse material apresentar tamanha resistência é a regularidade de sua estrutura.

Na maioria das vezes, as longas cadeias poliméricas estão emaranhadas de forma aleatória, porém, no Kevlar, as forças de interação entre as cadeias são tão fortes que elas acabam se alinhando e formando camadas rígidas, umas sobre as outras, o que concede uma extraordinária resistência mecânica ao material.

A vulcanização

A borracha natural, obtida do látex da seringueira (*Hevea brasiliensis*), durante muito tempo não teve uso prático, pois era dura e quebradiça depois de resfriada, ou mole e pegajosa quando quente. Após anos de trabalho, numa tentativa de melhorar as propriedades físicas da borracha, em 1839, o americano Charles Goodyear (Figura 17.9) descobriu acidentalmente, deixando cair uma mistura de borracha crua com enxofre em um fogão quente, que a borracha não derretia, mas apenas queimava um pouco, como ocorreria com um pedaço de couro. Goodyear logo percebeu a importância da descoberta, dando entrada no processo de patenteamento, concedido em 1844.

Figura 17.9: Charles Goodyear (1800-1860).

A vulcanização teve enorme impacto sobre o desenvolvimento da indústria da borracha, contudo Goodyear não desfrutou do lucro de sua descoberta. Depois de anos de luta nos tribunais para garantir os direitos sobre a patente do processo, ele morreu em 1860, deixando a esposa e seis filhos com uma dívida de US$ 200 000,00.

O processo consiste em aquecer uma mistura de borracha (natural ou sintética) e enxofre: os átomos de enxofre ligam-se às longas cadeias poliméricas da borracha (C — S — S — C, pontes de dissulfeto), dando estabilidade ao composto e tornando-o menos sensível às mudanças de temperatura. As maiores companhias de borracha, incluindo a Goodyear, foram fundadas antes das montadoras de veículos automotores começarem a utilizar as borrachas na fabricação dos pneus. Observe a Figura 17.10:

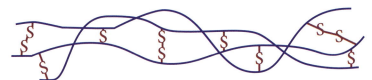

Figura 17.10: Representação das pontes de dissulfetos em moléculas de borracha.

Dependendo do grau de vulcanização, a borracha pode tornar-se mais ou menos elástica. É por isso que, quando aplicamos uma força em uma borracha, ela estica e, quando a soltamos, ela volta ao tamanho original (Figura 17.11). Comparativamente, quando aplicamos o mesmo tipo de força em um plástico comum, ele estica e não volta mais ao estado inicial, como acontece com sacos de plástico e canudinhos.

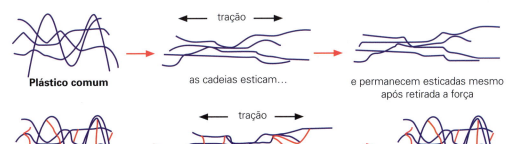

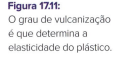

Figura 17.11: O grau de vulcanização é que determina a elasticidade do plástico.

A borracha, uma vez vulcanizada, não pode mais ser moldada, por isso os pneus usados constituem um problema ambiental (Figura 17.12). Atualmente, outras substâncias podem ser utilizadas no processo de reticulação.

Figura 17.12: Uma das grandes questões ambientais é o descarte sustentável dos pneus inutilizados.

As modernas moléculas orgânicas Capítulo 17

> ### A "sutura inteligente"
>
> As cicatrizes de cirurgia talvez fiquem no passado. Graças ao polímero desenvolvido por Andreas Lendlein, do Instituto de Química Macromolecular e Técnica de Aachen, na Alemanha, e Robert Langer, do Instituto de Tecnologia de Massachusetts, em Cambridge, nos EUA, a costura cirúrgica com agulha e linha está com os dias contados. Esse polímero é capaz de fazer uma "suturação inteligente": basta aumentar um pouco a temperatura para o material polimérico dar nó sozinho ou apertar a sutura.
>
> Biodegradável, o polímero evita a sensação de dor causada pela retirada de pontos e ainda apresenta "memória de forma". O que isso significa? Significa que é possível fazer um artefato com certa forma, comprimi-lo e implantá-lo em uma pessoa. Depois, aquecido o polímero, ele volta à forma original. Não é maravilhoso?

Exercícios resolvidos

1. (Unifesp) A Política Nacional dos Resíduos Sólidos foi sancionada pelo governo em agosto de 2010. É um avanço na área ambiental, já que a lei estabelece regras muito importantes, como o sistema de logística reversa. Nesse sistema, um pneu de automóvel, após a sua vida útil, deverá ser recolhido pelo fabricante, para que tenha um destino adequado. Um pneu pode ser obtido a partir do aquecimento da borracha, natural ou sintética, com enxofre na presença de um catalisador. A borracha sintética é obtida a partir da polimerização do buta-1,3-dieno. Na reação de 1 mol de moléculas de buta-1,3-dieno com 1 mol de moléculas de hidrogênio, sob condições experimentais adequadas, obtém-se como principal produto o but-2-eno.

a) Qual é o nome do processo que ocorre com o polímero durante a fabricação desse pneu? Quais modificações ocorrem nas cadeias do polímero da borracha após esse processo?

b) Escreva a equação da reação de hidrogenação descrita. Apresente os isômeros espaciais do but-2-eno.

a) O processo que ocorre no aquecimento da borracha natural ou sintética com enxofre é conhecido como vulcanização (reticulação). A vulcanização reticula as cadeias, isto é, transforma as cadeias lineares em estruturas interligadas através de pontes de dissulfeto. Dependendo do grau de reticulação, a cadeia pode ficar cada vez mais enrijecida.

b)

$$H_2C = CH - CH = CH_2 + H_2 \rightarrow H_3C - CH = CH = CH_3$$

buta-1,3-dieno   but-2-dieno

cis-but-2-eno

trans-but-2-eno

2. (Unesp) Recentemente, pesquisadores criaram um algodão que é capaz de capturar elevadas quantidades de água do ar. Eles revestiram fibras naturais de algodão com o polímero I, que tem a propriedade de sofrer transições rápidas e reversíveis em resposta a mudanças de temperatura. Assim, as fibras revestidas funcionam como uma "esponja de algodão". Abaixo dos 34 ºC, as fibras do algodão revestido se abrem, coletando a umidade do ar. Quando a temperatura sobe, os poros do tecido se fecham, liberando toda a água retida em seu interior – uma água totalmente pura, sem traços do material sintético.

Disponível em: <www.inovacaotecnologica.com.br>. Adaptado.

polímero I

Na representação do polímero I, observa-se a unidade da cadeia polimérica que se repete n vezes para a formação da macromolécula. Essa unidade polimérica apresenta um grupo funcional classificado como

a) amina.

b) amida.

c) aldeído.

d) hidrocarboneto.

e) éster.

O grupo funcional deste polímero é a amida, conforme ilustrado na estrutura abaixo (no destaque).

polímero I

Exercícios propostos

1. (Unesp) Kevlar® é um polímero de condensação com alta resistência ao calor e à tração, sendo empregado na confecção de esquis, coletes à prova de bala, roupas e luvas utilizadas por bombeiros, entre outras aplicações. A intensa atração existente entre as cadeias confere ao polímero propriedades excepcionais de resistência, que têm permitido utilizar cordas do Kevlar® em substituição aos cabos de aço.

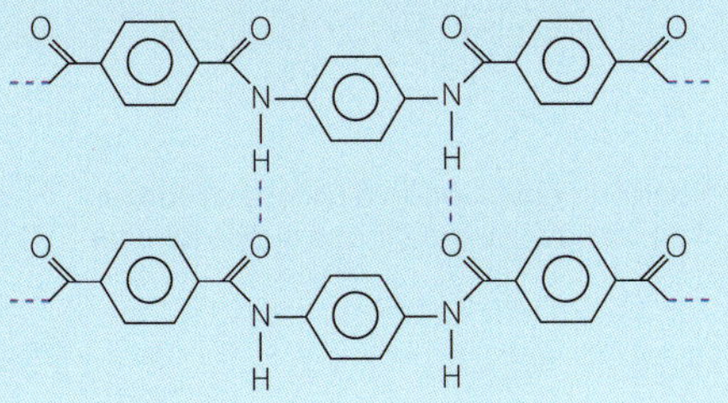

Com base no exposto, qual a função orgânica nitrogenada que compõe a estrutura desse polímero? Dê a fórmula estrutural de seus monômeros e diga que tipo de interação ocorre entre as cadeias adjacentes.

2. A estrutura abaixo representa uma fibra sintética conhecida como *Dacron*, nome comercial de uma fibra de poliéster, produzida em forma de filamentos e de fibra têxtil, caracterizada por sua grande elasticidade, e muitas vezes misturadas com outras fibras (como lã) em tecidos.

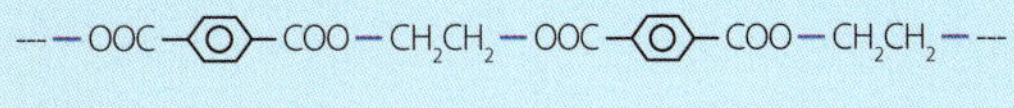

Quais são os monômeros formadores do *Dacron*?

Biomoléculas

São as moléculas envolvidas nos processos químicos que se realizam em todos os organismos vivos. Em cada célula individual, milhares de processos químicos estão acontecendo o tempo todo. As células têm aproximadamente 80% de água, em massa, além de outros quatro grupos de moléculas: carboidratos (1%); lipídios (2%); proteínas (14%); e ácidos nucleicos – DNA (1%) e RNA (2%). As porcentagens variam de acordo com a função de cada célula. Também existem quantidades menores de constituintes fisiologicamente importantes, como íons sódio (0,02 mol $\cdot$ L^{-1}) e íons potássio (0,1 mol $\cdot$ L^{-1}).

Veremos agora as estruturas moleculares desses compostos, identificando os grupos funcionais presentes em tais moléculas.

Figura 17.13:
Os alimentos ricos em carboidratos são fundamentais como fonte de energia.

Carboidratos

Os carboidratos, ou hidratos de carbono, são compostos que geralmente podem ser representados pela fórmula $C_x \cdot (H_2O)_y$. Por exemplo: glicose ($C_6H_{12}O_6$), que pode ser representada por $C_6 \cdot (H_2O)_6$, e sacarose ($C_{12}H_{22}O_{11}$), que pode ser representada por $C_{12} \cdot (H_2O)_{11}$. Isso não significa que esses compostos apresentem moléculas de água em suas estruturas, esta é apenas uma das maneiras de representar suas fórmulas (Figura 17.13).

As plantas fabricam carboidratos na fotossíntese, e eles constituem o principal produto do processo pelo qual as moléculas inorgânicas e a energia solar são incorporadas aos seres vivos.

Margouillat photo/Shutterstock.com

Monossacarídeos

São os carboidratos mais simples. O número de carbonos varia de três a seis. Os mais importantes são aqueles que contêm cinco carbonos (pentoses) ou seis carbonos (hexoses). Esses compostos apresentam vários grupos hidroxila (poliálcool) e um grupo carbonila, que tanto pode ser uma função aldeído quanto uma cetona. Em razão dessa característica, esses compostos são classificados como **aldoses** ou **cetoses**, respectivamente. Os dois monossacarídeos mais comuns estão representados ao lado.

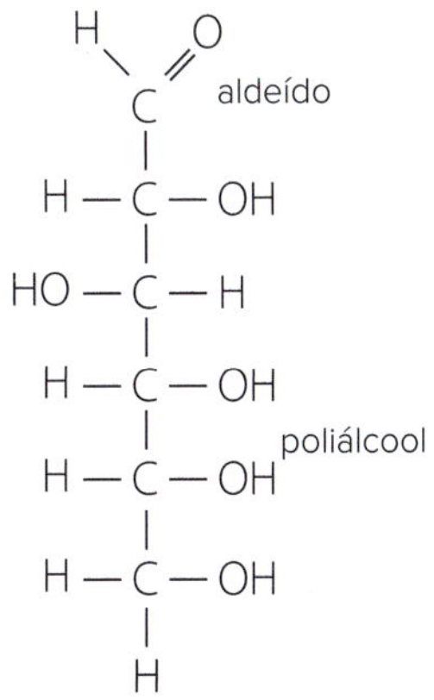

No entanto, quando esses compostos estão em solução, encontram-se predominantemente na forma cíclica. A seguir, vê-se o equilíbrio formado entre a glicose na forma livre e cíclica, respectivamente.

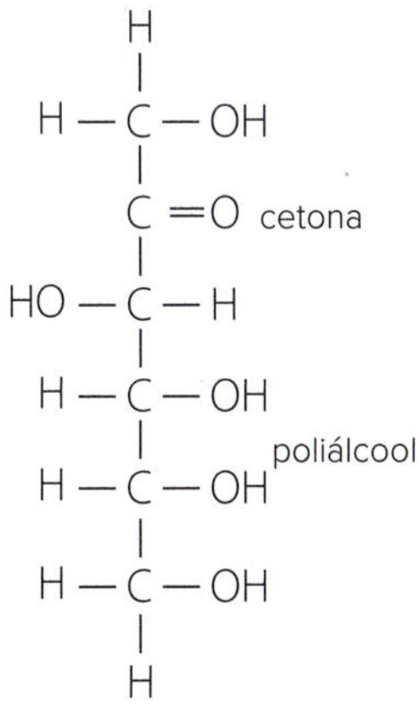

glicose (aldose)

frutose (cetose)

As modernas moléculas orgânicas   Capítulo 17   **631**

glicose (aldose)

Equilíbrio envolvendo a glicose na forma livre (esquerda) e na forma cíclica (direita).

Dissacarídeos

São constituídos por dois monossacarídeos ligados entre si, sendo a sacarose o representante mais importante. Trata-se do açúcar mais comum, obtido comercialmente da cana-de-açúcar, como no Brasil, e da beterraba, como nos países europeus. Quando sofre hidrólise por catálise ácida ou da enzima invertase, forma glicose e frutose.

sacarose

Uma das formas de obtenção do etanol (álcool etílico) é a fermentação da sacarose. Se a matéria-prima for a cana-de-açúcar, as etapas do processo são as seguintes, resumidamente:

1. moagem da cana-de-açúcar para a obtenção da garapa;

2. cristalização para extrair a sacarose;

3. fermentação do melaço restante pelo levedo *Saccharomyces cerevisiae*, que produz a enzima invertase.

$$C_{12}H_{22}O_{11} + H_2O \xrightarrow{\text{invertase}} C_6H_{12}O_6 + C_6H_{12}O_6$$

sacarose   glicose   frutose

$$C_6H_{12}O_6 \xrightarrow{\text{zimase}} 2\,CH_3CH_2OH + 2\,CO_2$$

glicose ou frutose   etanol   gás carbônico

A celulose é o material estrutural das plantas. É um polímero (elaborado pela glicose) cujas cadeias são ligadas tomando a forma de cordões achatados como fitas. Esses cordões são fixados juntos por meio de ligações de hidrogênio, o que deixa a estrutura rígida e faz com que a celulose seja indigerível para nós, seres humanos (mas não para os cupins e herbívoros). A celulose é a substância orgânica mais abundante no mundo, e bilhões de toneladas dela são produzidas anualmente pela fotossíntese.

632 Unidade 5 A evolução das moléculas

Polissacarídeos

A ligação entre vários monossacarídeos leva à formação de polímeros específicos, os **polissacarídeos**. Os polissacarídeos mais importantes são: a **celulose**, material que compõe a estrutura das plantas; o **amido**, substância de reserva produzida nas plantas; e o **glicogênio**, forma pela qual a glicose é armazenada nas células animais. Os três polímeros são formados de um monossacarídeo, a glicose, porém cada um difere quanto à massa molecular, à natureza da ligação entre as moléculas de glicose e ao grau de ramificação.

A celulose é um polímero de cadeia longa que contém cerca de 3 000 a 4 000 unidades de glicose. O algodão, por exemplo, é composto de aproximadamente 90% de celulose.

celulose

As enzimas do corpo humano não são capazes de quebrar as ligações da celulose; logo, não somos capazes de digerir essa substância.

Os amidos são formados pela mistura de amilose – composto que não tem cadeias ramificadas – e amilopectina – composto com cadeias ramificadas pelos grupos CH_2OH laterais. Ambas as formas representam o armazenamento de energia na planta, que pode ser utilizada diretamente pelos seres humanos.

amido

É interessante notar que uma sutil diferença no modo de as unidades de glicose se ligarem no amido e na celulose determina o fato de essas substâncias poderem ser ou não digeridas pelos seres humanos.

O glicogênio é o equivalente, no tecido animal, ao amido nas plantas. Embora todo tecido animal contenha glicogênio, o fígado e os músculos são os principais pontos de armazenamento.

Exercício resolvido

Qual é a forma de armazenamento dos carboidratos nos tecidos animais e vegetais, respectivamente?

Nos animais é armazenado na forma de glicogênio e nos vegetais, na forma de amido.

Exercício proposto

O amido é uma importante substância de reserva energética encontrada em plantas verdes e algumas algas, além de ser encontrado também, em grande quantidade, em alimentos como batata, arroz e trigo (pães).

Marque a alternativa correta com respeito ao amido.

a) O amido não é um carboidrato.

b) O amido é um dissacarídeo, assim como a frutose.

c) O amido é um monossacarídeo, assim como a glicose.

d) O amido é um polissacarídeo, assim como o glicogênio e a celulose.

O algodão-doce é a forma mais cara de vender açúcar (sacarose). Todo aquele volume equivale, na verdade, a não mais que uma colher de sopa de açúcar. O algodão-doce constitui-se de fios milimétricos de açúcar derretido rapidamente resfriados e enrolados. Para que fique colorido, acrescenta-se corante alimentício ao açúcar antes de derretê-lo.

A máquina que o produz tem um compartimento giratório no qual o açúcar é derretido e forçado a sair através de pequenos orifícios. Do lado de fora, ao entrar em contato com o ar mais frio, o açúcar volta rapidamente à fase sólida, na forma de fios, coletados em um palito.

Figura 17.14: Quanto menores forem os orifícios de saída, maior será a aparência do algodão-doce.

Lipídios

Gorduras, óleos e ceras naturais, que são sobretudo ésteres de alta massa molecular, são chamados coletivamente de **lipídios**.

Gorduras e óleos

As **gorduras** e os **óleos** são ésteres constituídos de ácidos graxos superiores (ácidos de cadeias longas, de 12 a 22 carbonos) e glicerol – chamados de glicerídeos (Figura 17.15).

Figura 17.15: Em temperatura ambiente, as gorduras são sólidos e os óleos, líquidos.

$$\begin{array}{l} CH_2-OH \\ | \\ CH-OH \\ | \\ CH_2-OH \end{array} + 3\ RCOOH \longrightarrow \begin{array}{l} CH_2-O-\overset{O}{\underset{\|}{C}}-R \\ | \\ CH-O-\overset{O}{\underset{\|}{C}}-R \\ | \\ CH_2-O-\overset{O}{\underset{\|}{C}}-R \end{array}$$

glicerol   ácido graxo   glicerídeo

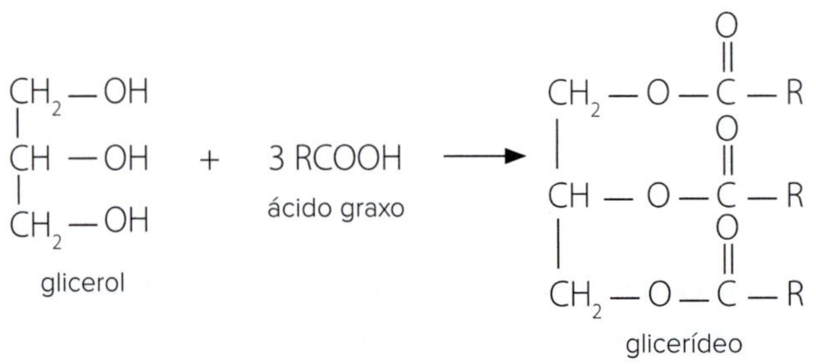

Observação: Um glicerídeo pode ter os três grupamentos R não necessariamente iguais.

A hidrólise de óleos e de gorduras leva à formação de ácidos graxos alifáticos (sem anel aromático), que tanto podem ser saturados, como o palmítico e o esteárico, quanto insaturados, como o oleico e o linoleico.

| Alguns ácidos graxos comuns ||||
Nome comum	Nome sistemático	Fórmula	Fonte
burítico	butanoico	C_3H_7COOH	manteiga
caprílico	octanoico	$C_7H_{15}COOH$	óleo de coco
palmítico	hexadecanoico	$C_{15}H_{31}COOH$	óleo de palma
esteárico	octadecanoico	$C_{17}H_{35}COOH$	banha de carneiro
palmitoleico	hexadec-9-enoico	$C_{15}H_{29}COOH$	manteiga
oleico	octadec-9-enoico	$C_{17}H_{33}COOH$	óleo de oliva
linoleico	octadeca-2, 12-dienoico	$C_{17}H_{31}COOH$	óleo de soja
linolênico	octadeca-9, 12, 15-trienoico	$C_{17}H_{29}COOH$	óleo de linhaça

Poli-insaturados e a saúde

A gordura saturada parece ser a grande vilã na alimentação, causando arterioscleroses diversas e levando ao infarto. Por isso, óleos como o de milho e o de girassol ganharam a preferência dos consumidores, pois têm grande porcentagem de ácido linoleico – poli-insaturado –, melhor para a saúde. Em geral, a gordura animal (toucinho, por exemplo) é altamente saturada, ao contrário dos óleos vegetais.

Para uma dieta saudável, os nutricionistas recomendam, entre outras coisas, o mínimo possível de frituras. Além de evitar as gorduras e os óleos saturados, é importante não reaproveitá-los, porque, ao serem aquecidos, produzem acroleína, uma substância que irrita a mucosa do estômago, provocando o aparecimento ou o agravamento de problemas gástricos.

Ceras

Os principais componentes das ceras são ésteres de ácidos graxos e álcoois de cadeia longa. Veja abaixo a fórmula do ingrediente mais abundante da cera de abelhas (Figura 17.16):

$$CH_3-(CH_2)_{14}-\overset{O}{\underset{\|}{C}}-O-(CH_2)_{29}-CH_3$$

palmitato de miricila

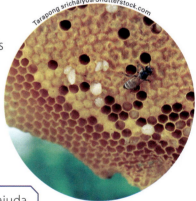

Figura 17.16: Um dos principais ingredientes das ceras de abelhas é o palmitato de miricila.

Os lipídios são os mais importantes constituintes do tecido adiposo, que ajuda os animais homeotérmicos a manter a temperatura corporal constante. A função essencial das gorduras é servir como a maior e mais eficiente reserva de energia para os seres vivos. A combustão completa de 1 g de gordura produz cerca de 38 kJ de energia, enquanto a mesma massa de proteína produz 17 kJ e a de carboidrato, 18 kJ.

As gorduras apresentam elevado calor de combustão porque são quase que inteiramente hidrocarbonetos, ao passo que nas proteínas e, em especial, nos carboidratos o composto já está parcialmente oxidado (lembre-se de que o processo de oxidação das substâncias gera energia).

Exercício resolvido

Os lipídios, chamados popularmente de gorduras, são substâncias que se caracterizam sobretudo por sua baixa solubilidade em água.

Entre as alternativas a seguir, marque aquela que **não** se refere a uma importância biológica dos lipídios.

a) Funcionam como reserva energética.

b) Atuam na impermeabilização de superfícies que sofrem com a desidratação.

c) Fazem parte da composição da membrana plasmática.

d) Fazem parte da composição de hormônios.

e) Atuam como catalisadores biológicos.

As alternativas "a", "b", "c" e "d" estão corretas. As substâncias que atuam como catalisadores biológicos são as enzimas, um tipo de proteína.

Exercício proposto

Em processos de hidrólise, os lipídios vão produzir que tipos de produtos?

a) Aminoácidos e água.

b) Ácidos graxos e glicerol.

c) Glucose e glicerol.

d) Glicerol e água.

e) Ácidos graxos e água.

Aminoácidos e proteínas

Proteínas são polímeros biológicos com elevadas massas molares formadas por unidades fundamentais (monômeros) denominadas aminoácidos. Há alimentos com alto conteúdo de proteínas (acima de 10%), tais como gelatina, queijo, ovos e carnes de peixe, ave e bovina (Figura 17.17). As proteínas estão presentes nas enzimas e em todos os tecidos do corpo, como nos cabelos, nos músculos, no sangue, nas unhas e na pele. Cerca de 14% do corpo humano é constituído de proteínas.

Aminoácidos são compostos orgânicos formados pelos grupos funcionais amina (2 NH_2) e carboxila (2 COOH) e outro grupo variável R, que lhes dão identidade.

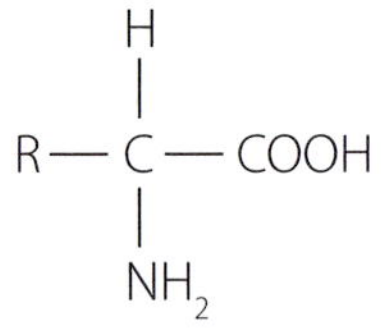

Figura 17.17: Para conseguir aminoácidos essenciais para nosso organismo, precisamos consumir alimentos como carnes, ovos, peixe, leite, leguminosas secas e cereais.

$$R - \underset{\underset{NH_2}{|}}{\overset{\overset{H}{|}}{C}} - COOH$$

Quando o grupo amina está ligado ao carbono vizinho da carboxila, trata-se de um α-aminoácido.

Por exemplo, quando o grupo R é um hidrogênio, o α-aminoácido é a glicina (Gly). Mas, no caso de o R ser um isobutil, o α-aminoácido é a leucina (Leu).

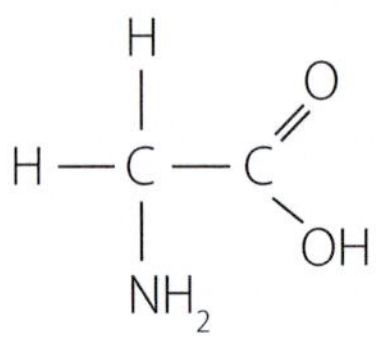

glicina

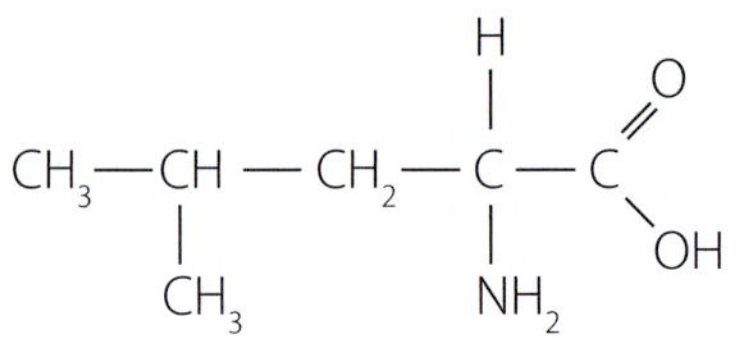

leucina

636 Unidade 5 A evolução das moléculas

> ### As proteínas e os processos biológicos
>
> A resistência de certas estruturas de nosso organismo, como os cabelos, a pele e as unhas, deve-se ao fato de serem compostas de proteínas, polímeros formados por aminoácidos.
>
> O cabelo e as unhas são constituídos principalmente por queratina, uma proteína resistente e insolúvel em água. A grande força de tensão da pele e dos ossos se deve à presença do colágeno, uma proteína que contém fibras. Já os ligamentos têm elastina, uma proteína estrutural que apresenta estiramento em duas dimensões.
>
> Enfim, as proteínas exercem papel fundamental em todos os processos biológicos. São notáveis pela série de atividades, como a catálise enzimática e a proteção imunológica.

A ligação peptídica entre os aminoácidos

Quando o grupo ácido do aminoácido se liga a um grupo amina de outro aminoácido, ocorre a formação de um dipeptídeo, obtido de uma ligação denominada peptídica.

As proteínas são polipeptídeos com quantidades variadas de aminoácidos, porém a maioria delas contém entre cem e mil unidades fundamentais. Caso usássemos apenas cinco tipos diferentes de aminoácido para formar um pentapeptídeo, seriam possíveis 120 maneiras diferentes de rearranjá-lo. Estima-se que uma proteína com cem unidades monoméricas poderia formar, aproximadamente, 10 130 cadeias ou moléculas distintas. Cada uma representa uma possível molécula com propriedades específicas.

A diversidade de moléculas desempenha várias funções em diferentes níveis da atividade vital da célula, como as funções estrutural, hormonal e, principalmente, **enzimática**.

> As enzimas são catalisadores biológicos.

Considerando as variações do grupo R ligado ao carbono **alfa**, há vinte aminoácidos primários. Dez deles são essenciais para nós, seres humanos, porque não somos capazes de sintetizá-los e, portanto, devem ser obtidos pelos alimentos. Os outros são produzidos pelo próprio organismo, no fígado.

> Utilizamos apenas α-aminoácidos.

Aminoácidos essenciais			
Aminoácido	**Símbolo**	**Aminoácido**	**Símbolo**
isoleucina	Ile	fenilalanina	Phe
leucina	Leu	treonina	Thr
lisina	Lys	triptofano	Trp
metionina	Met	valina	Val
arginina*	Arg	histidina*	His

* Essencial para indivíduos jovens e em crescimento, mas não para adultos.

Aminoácidos não essenciais			
Aminoácido	**Símbolo**	**Aminoácido**	**Símbolo**
glicina	Gly	ácido glutâmico	Glu
alanina	Ala	cisteína	Cys
serina	Ser	asparagina	Asn
metionina	Tyr	glutamina	Gln
ácido aspártico	Asp	prolina	Pro

Os aminoácidos são produtos sólidos cristalinos com pontos de fusão elevados quando comparados com ácidos carboxílicos e aminas, cujas cadeias apresentam o mesmo número de carbonos. Ainda em comparação a eles, os aminoácidos também são mais solúveis em água.

Enzimas e proteínas

Uma das características da célula viva é sua capacidade de realizar reações complexas de modo rápido e com ótimo rendimento. As substâncias que promovem tais reações são as enzimas, que são produzidas na própria célula e têm natureza proteica.

Enzimas são catalisadores biológicos, isto é, substâncias que tornam as reações mais rápidas na temperatura do organismo sem, no entanto, serem consumidas pela reação. Elas são altamente específicas, isto é, determinada enzima é capaz de catalisar uma reação específica. As substâncias sobre as quais elas agem são chamadas de substrato.

Proteínas como os polipeptídeos (de cadeia curta com alguns aminoácidos ligados) apresentam funções relevantes. A ocitocina regula as contrações uterinas durante o trabalho de parto. A vasopressina aumenta a pressão sanguínea, além de atuar como diurético. Tanto a ocitocina como a vasopressina são hormônios nonapeptídeos, diferindo nas posições 3 e 8.

> Ocitocina:
>
> Cys – Tyr – Ile – Gln – Asn – Cys – Pro – Leu – Gly – NH_2
>
> Vasopressina:
>
> Cys – Tyr – Phe – Gln – Asn – Cys – Pro – Arg – Gly – NH_2

A diferença nos aminoácidos 3 e 8 tem como resultado grandes diferenças em atividades fisiológicas.

Proteínas da soja $\times$ proteínas da carne

As proteínas da carne e da soja são diferentes?

Por causa de nossa necessidade de certos aminoácidos (essenciais), é muito importante que nossa dieta alimentar contenha proteínas. As proteínas da carne são mais completas que as de soja no que se refere à diversidade e à quantidade de aminoácidos. No entanto, em comparação com as demais proteínas vegetais, as da soja possuem excelente valor nutricional.

Desnaturação proteica

A desnaturação é um processo pelo qual a proteína sofre modificações em sua estrutura espacial (Figura 17.18). A coagulação da clara de ovo em temperaturas acima de 45 °C e permanentes feitos em cabelos são exemplos de desnaturação proteica.

A desnaturação não significa que as ligações peptídicas (covalentes) sejam rompidas. Na verdade, as proteínas se agrupam em conformações espaciais que dependem de forças intermoleculares (ligações de hidrogênio, pontes de dissulfeto, forças de Van der Waals e forças eletrostáticas) para determiná-las. Considerando que as forças intermoleculares são mais fracas que as ligações covalentes, condições drásticas alteram a conformação das proteínas, porém a sequência dos aminoácidos é mantida.

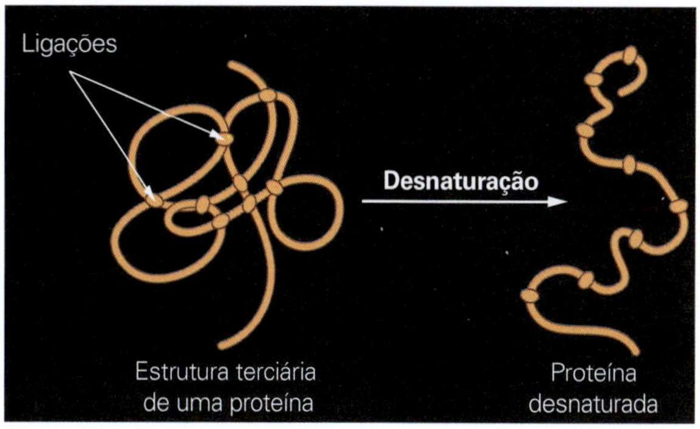

Figura 17.18: Esquema de desnaturação de uma proteína.

O ciclo das proteínas

As proteínas presentes nos alimentos são digeridas inicialmente no estômago e depois no intestino delgado, onde enzimas digestivas as hidrolisam, quebrando-as em polipeptídeos e aminoácidos, que passam pelas paredes do intestino e são absorvidos pelo sangue. O organismo não armazena aminoácidos livres. Estes serão utilizados para sintetizar novas proteínas, enzimas, hormônios e ácidos nucleicos. No centro desses processos participam as enzimas, responsáveis até mesmo pela duplicação do DNA e pela produção do RNA.

Exercício resolvido

Represente a formação da ligação peptídica entre os aminoácidos leucina e fenilalanina.

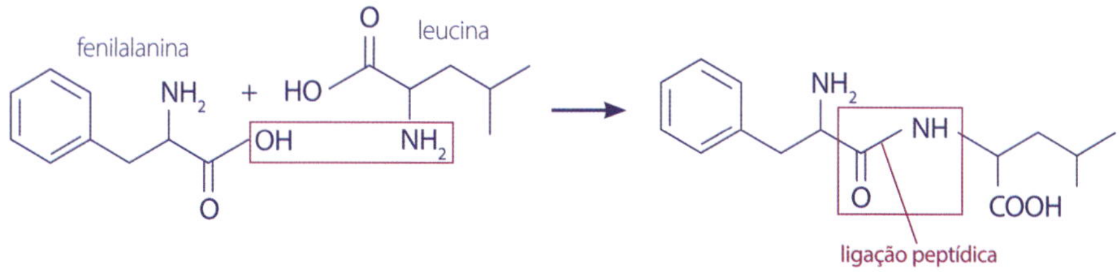

Figura 17.19: James Dewey Watson (1928-).

Exercício proposto

Uma dieta que visa suprir a deficiência de proteínas deve priorizar que tipo de alimento?

a) farinha de trigo   c) ovos   e) chocolate
b) saladas   d) frutas

Ácidos nucleicos – as estruturas químicas do código genético

O ácido desoxirribonucleico (DNA) e o ácido ribonucleico (RNA) são polímeros naturais responsáveis, principalmente, pelo armazenamento das informações genéticas (hereditariedade) e pela síntese de proteínas, respectivamente.

Em 1953, o biólogo James D. Watson (Figura 17.19) e o físico Francis H. C. Crick (Figura 17.20) anunciaram o modelo do DNA, considerado a maior descoberta da Biologia desde a Teoria da Evolução de Darwin. Esses dois cientistas comemoraram euforicamente o avanço, declarando que haviam "descoberto o segredo da vida" – o processo de transferência do código genético de uma geração para outra.

Figura 17.20: Francis Henry Compton Crick (1916-2004).

O DNA e o RNA são constituídos por três estruturas distintas, arranjadas na seguinte sequência: açúcar-fosfato-açúcar-fosfato, e assim por diante. Ligada ao açúcar está a terceira estrutura – as denominadas bases nitrogenadas. A figura abaixo ilustra essa sequência.

As bases são moléculas planas, heterocíclicas nitrogenadas e classificadas como púricas (derivadas da purina) ou pirimídicas (derivadas da pirimidina). As bases nitrogenadas adenina e guanina são bases púricas, enquanto as bases citosina, timina e uracila são classificadas como bases pirimídicas, como mostra a figura abaixo.

À esquerda, temos o composto purina, que dá origem à adenina e à guanina (direita), classificadas, por isso, como bases púricas.

À esquerda, temos o composto pirimidina, que dá origem à citosina, à timina e à uracila (direita), classificadas, por isso, como bases pirimídicas.

640 Unidade 5 A evolução das moléculas

As pentoses presentes no RNA e no DNA são, respectivamente, a ribose e a desoxirribose, cujas estruturas espaciais são mostradas abaixo.

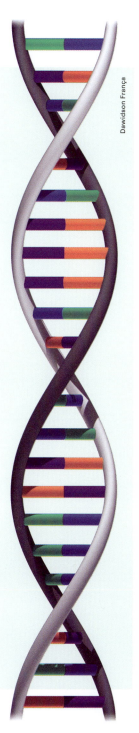

pentoses: ribose, desoxirribose

O fosfato utilizado é derivado do ácido fosfórico: H_3PO_4.

A estrutura espacial do DNA, desvendada por Watson e Crick, pode ser visualizada se imaginarmos duas sequências, semelhantes à ilustração ao lado (Figura 17.21), de tal maneira que elas se liguem entre si por meio das bases nitrogenadas (formando longas cadeias paralelas), cujo resultado é semelhante a uma escada helicoidal, em que os dois corrimãos seriam a sequência de açúcares e fosfatos, e os degraus (ortogonais) seriam os pares de bases nitrogenadas. Essa estrutura é conhecida como "Estrutura em Dupla Hélice".

As duas cadeias poliméricas que formam a estrutura do DNA estão unidas pelas bases nitrogenadas. O arranjo entre as bases obedece à seguinte ordem: a timina (T) sempre estará pareada com a adenina (A), enquanto a guanina (G) sempre estará pareada com a citosina (C). Isso porque esses dois pares (T-A e G-C) formarão o maior número de ligações de hidrogênio possível, conforme representado na ilustração abaixo.

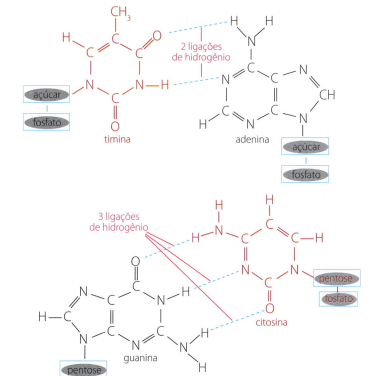

As linhas tracejadas representam ligações de hidrogênio. Repare que entre a timina (T) e a adenina (A) formam-se duas ligações de hidrogênio, enquanto entre a guanina (G) e a citosina (C) formam-se três ligações de hidrogênio.

Figura 17.21: Esquema de uma sequência de DNA.

As modernas moléculas orgânicas   Capítulo 17   641

Para um indivíduo de qualquer espécie, a sequência dos pares das bases nas moléculas de DNA contém as mensagens codificadas que determinam suas características. Com isso, o DNA armazena informações sobre o código genético que é passado de uma geração para outra.

Experiências mostram que a quantidade de DNA em qualquer célula é praticamente constante e parece ser proporcional à complexidade da célula. Em geral, quanto maior a complexidade do organismo, maior será o conteúdo de DNA por célula.

Quantidade de DNA em alguns grupos de seres vivos	
Espécie	**DNA em picogramas (pg) = 10^{-12} g**
Mamíferos	6
Anfíbios	7
Peixes	2
Esponjas	0,1
Vegetais superiores	2,5
Fungos	0,02 – 0,17
Bactérias	0,002 – 0,06

A hereditariedade é o processo pelo qual as características dos parentais são transferidas para seus descendentes. Em razão do processo de autoduplicação (replicação) do DNA, o material genético é capaz de fazer cópias de si mesmo, e assim a vida continua...

Exercício resolvido

Julgue verdadeira ou falsa cada sentença e justifique a resposta.

a) A dupla hélice do DNA é mantida por ligações de hidrogênio entre as unidades de fosfato e as bases.

b) A razão molar da adenina para a timina e da guanina para a citosina é aproximadamente igual a 1 : 1 no DNA.

c) A diferença molecular entre a ribose e a desoxirribose é um átomo de oxigênio.

d) A estrutura dorsal (os corrimãos) do DNA é constituída por unidades de pentoses e bases nitrogenadas.

a) Falsa. As ligações de hidrogênio são formadas entre as bases nitrogenadas (A-T e C-G).

b) Verdadeira. Como a adenina liga-se somente à timina e a citosina somente à guanina, é de esperar que as razões sejam praticamente iguais a 1 : 1.

c) Verdadeira. Conforme é possível verificar nas estruturas desses dois açúcares, a diferença molecular é de um átomo de oxigênio.

d) Falsa. A estrutura dos corrimãos é formada por fosfatos e açúcares.

Exercício proposto

O DNA (ácido desoxirribonucleico) é o ácido nucleico que contém as informações genéticas dos indivíduos. Ele é constituído, assim como o RNA, por três componentes básicos que formam os nucleotídeos. Quais são estes três componentes básicos?

COM A PALAVRA...

Rochel M. Lago*

Reciclagem da borracha de pneus usados

O que acontece com um pneu de carro quando ele fica desgastado ou "careca"? Se ele estiver em bom estado e apenas desgastado na banda de rodagem, que é a parte do pneu que fica em contato com o solo, esse pneu pode ser recauchutado. A recauchutagem é feita colocando-se uma nova camada de borracha recobrindo a banda de rodagem. No entanto, quando um pneu fica muito desgastado, chegando a ser chamado de inservível, torna-se dejeto ambiental. Isso representa um grande desperdício, visto que um pneu inservível ainda tem mais de 90% de sua matéria original. No Brasil, milhões de pneus são descartados anualmente de forma irregular em lixões, aterros, rios e no ambiente em geral. Desde 2006, segundo a Resolução 258 do Conama (Conselho Nacional do Meio Ambiente), os fabricantes e os importadores de pneus devem a cada quatro pneus comercializados dar destinação ambientalmente correta a cinco pneus.

Embora os pneus não contaminem a água e o ar com substâncias tóxicas aos seres vivos, são criadouros de insetos e animais que podem ser vetores de doenças.

Como resolver o problema ambiental dos pneus usados e ao mesmo tempo aproveitar o material desses dejetos? A solução está nos processos de reciclagem de pneus. Uma pergunta comumente feita é: será que o material contido em um pneu inservível pode ser transformado para fabricar um novo pneu? A resposta é: infelizmente, não. A borracha reciclada tem qualidade inferior, comparada à borracha virgem, e pode comprometer a segurança de passageiros e condutores de veículos. Contudo, existem diferentes maneiras de reciclar e reutilizar o material dos pneus usados. Pode-se citar:

- o uso direto de pedaços de pneus cortados para fazer encostas de estradas, solas de calçado, tapetes e também para a fabricação de paredes de casas;

- a trituração de pneus para a fabricação de pó de borracha, que pode ser misturado com borracha virgem para a fabricação de novos artefatos de borracha, como tapetes de carro e solas de sapato;

- a reciclagem energética, em que os pneus são utilizados na geração de calor pela queima (a incineração de pneus é um processo que deve ser realizado de forma muito cuidadosa e controlada, pois, se a temperatura não for alta o suficiente, haverá a geração de material particulado – fuligem –, hidrocarbonetos poliaromáticos e especialmente dioxinas e dibenzofuranos, que são agentes carcinogênicos);

- a pirólise, ou decomposição térmica, realizada pelo aquecimento do pneu em atmosfera livre de oxigênio – em tais condições, o pneu se decompõe, formando produtos gasosos e líquidos que podem ser utilizados como combustíveis (atualmente, uma unidade da Petrobras no Paraná coprocessa uma grande quantidade de dejetos de pneus com xisto para a produção de óleo combustível).

Esses são alguns exemplos de como pneus inservíveis, que são dejetos ambientais, podem ser transformados em materiais com diferentes aplicações. Certamente, muitos outros processos de reciclagem deverão ser ainda desenvolvidos para transformar a enorme quantidade de dejetos de pneus que ainda não têm uma destinação ambientalmente aceitável. A Química certamente terá uma enorme importância nesse contexto, e talvez alguns dos leitores deste livro venham a ser os inventores de novos processos de reciclagem e contribuam para a resolução dos problemas ambientais que nos afligem atualmente.

* Professor-doutor do Departamento de Química da Universidade Federal de Minas Gerais, Belo Horizonte, MG.

▶ QUESTÕES

1. O texto diz "atualmente, uma unidade da Petrobras no Paraná coprocessa uma grande quantidade de dejetos de pneus com xisto para a produção de óleo combustível". Como isso é possível? Como o pneu vira óleo combustível?

2. Pesquise e encontre a quantidade de pneus que são fabricados e descartados atualmente; tente descobrir o destino mais comum dos pneus usados.

3. Além dos prováveis destinos dos pneus usados sugeridos no texto, qual outro possível destino para este tipo de lixo?

Exercícios finais

1. (UPE-SSA) A picanha é um tipo de corte de carne bovina tipicamente brasileiro. Uma porção de 100 g de picanha contém 38% de proteínas, 35% de gordura saturada e 17% de colesterol. A seguir, é indicado um procedimento para a preparação de um hambúrguer de picanha. Peça para moer 800 g dessa carne, com 80 g da capa de gordura. Divida a carne em quatro partes e molde hambúrgueres com 10 cm de diâmetro. Em seguida, coloque em uma assadeira forrada com papel-manteiga, cubra com filme de PVC e leve à geladeira, por duas horas. Aqueça bem uma frigideira de *Teflon* e unte-a com óleo. Depois, coloque a carne e tempere a parte superior com sal e pimenta. Doure por seis minutos. Vire e tempere novamente. Doure por mais cinco minutos e cubra com fatias de queijo.

Adaptado de http://m.folha.uol.com.br/comida/

Observando a estrutura de alguns polímeros listados abaixo:

Assinale a alternativa que corresponde aos polímeros utilizados na preparação desse hambúrguer de picanha.

a) I e II. c) II e III. e) IV e V.

b) III e IV. d) III e V.

2. (FMJ) Os monômeros buta-1,3-dieno e 2-cloro-buta-1,3-dieno são muito utilizados na fabricação de borrachas sintéticas, sendo, este último, também conhecido como cloropreno, uma substância resistente a mudanças de temperatura, à ação do ozônio e ao clima adverso.

a) Escreva as fórmulas estruturais dos monômeros mencionados.

b) A partir do monômero 2-cloro-buta-1,3-dieno é obtido o poli-2-cloro-but-2-eno, conhecido comercialmente como neopreno, um elastômero sintético. Escreva a reação de obtenção do neopreno a partir do cloropreno e indique o tipo de isomeria espacial que ocorre nesse elastômero.

3. (Uema) Um dos principais ramos industriais da química é o segmento petroquímico. A partir do eteno, obtido da nafta derivada do petróleo ou diretamente do gás natural,

a petroquímica dá origem a uma série de matérias-primas que permite ao homem fabricar novos materiais, substituindo com vantagens a madeira, peles de animais e outros produtos naturais. O plástico e as fibras sintéticas são dois desses produtos. **O polietileno de alta densidade (PEAD), o polietileno tereftalato (PET), o polipropileno (PP) e o policloreto de vinila (PVC)** são as principais resinas termoplásticas. Nas empresas transformadoras, essas resinas darão origem a autopeças, componentes para computadores e para a indústria aeroespacial e eletroeletrônica, a garrafas, calçados, brinquedos, isolantes térmicos e acústicos... Enfim, há tantos itens que fica difícil imaginar o mundo, hoje, sem o plástico, tantas e tão diversas são as suas aplicações.

Fonte: Disponível em: <http://atividadesdeciencias.blogspot.com.br>. Acesso em: 16 jun. 2014.

As substâncias, em destaque, são exemplos de

a) amidos. d) ácidos nucleicos.

b) celulose. e) polímeros sintéticos.

c) proteínas.

4. (Uece) A maioria das obstruções causadas nos esgotos é proveniente de aparelhos sanitários e pias residenciais cujos principais detritos são: fibras internas de fraldas descartáveis, cerdas de escova de dentes, fiapos, plásticos, tecidos, panos e óleos. Dependendo da quantidade, esses detritos obstruem o caminho dos esgotos, causando entupimentos que, muitas vezes, causam enchentes nas ruas em consequência de chuvas fortes, provocando perigo para a população. Jogar detritos em pias e aparelhos sanitários é um hábito que deve ser evitado. Com relação a esses detritos, assinale a afirmação verdadeira.

a) Nas fraldas descartáveis, há um polímero capaz de absorver grande quantidade de água pelo fenômeno de osmose, em que a membrana permeável é o próprio polímero.

b) O náilon, usado nas cerdas das escovas de dentes, é formado por diaminas com diácidos, sendo um polímero de adição.

c) Plásticos são materiais orgânicos poliméricos sintéticos de constituição micromolecular dotada de grande maleabilidade.

d) Os tecidos sintéticos são fibras produzidas pelo homem, que utiliza produtos químicos da indústria petroquímica como matéria-prima.

5. (PUC-PR) O poliestireno (PS) é um polímero muito utilizado na fabricação de recipientes de plásticos, tais como: copos e pratos descartáveis, pentes, equipamentos de laboratório, partes internas de geladeiras, além do isopor (poliestireno expandido). Este polímero é obtido na polimerização por adição do estireno (vinilbenzeno). A cadeia carbônica deste monômero é classificada como sendo:

a) normal, insaturada, homogênea e aromática.

b) ramificada, insaturada, homogênea e aromática.

c) ramificada, saturada, homogênea e aromática.

d) ramificada, insaturada, heterogênea e aromática.

e) normal, saturada, heterogênea e alifática.

6. (UEM) Assinale o que for correto.

01) O polietileno é utilizado na fabricação de sacolas e brinquedos.

02) A baquelite é obtida pela condensação do hidroxibenzeno com formaldeído.

04) O silicone é um polímero que contém silício.

08) O monômero que origina o poliestireno apresenta cadeia carbônica aromática.

16) Os polímeros polipropileno e politetrafluoretileno são sintetizados por meio de reações de condensação.

7. (UCS) Polímeros são macromoléculas formadas por unidades químicas menores que se repetem ao longo da cadeia, chamadas monômeros. O processo de polimerização é conhecido desde 1860, mas foi somente no final do século XIX que se desenvolveu o primeiro polímero com aplicações práticas, o nitrato de celulose. A partir daí, com o conhecimento das reações envolvidas nesse processo e com o desenvolvimento tecnológico, foi possível sintetizar uma grande quantidade de novos polímeros. Atualmente, é tão grande o número desses compostos e tão comum a sua utilização, que é praticamente impossível "passar um único dia" sem utilizá-los.

Os polímeros, apresentados na **COLUNA B**, são produzidos a partir da reação de polimerização dos monômeros listados na **COLUNA A**.

COLUNA A	COLUNA B
1.	( ) Poliacetato de vinila
2.	( ) Poliestireno
3.	( ) Poliacrilonitrila
4.	( ) Polimetacrilato de metila

Associando a **COLUNA A** com a **COLUNA B**, de modo a relacionar o monômero que origina seu respectivo polímero, assinale a alternativa que preenche corretamente os parênteses, de cima para baixo.

a) 1 – 2 – 4 – 3   **c)** 3 – 2 – 4 – 1   **e)** 2 – 1 – 4 – 3

b) 4 – 3 – 2 – 1   **d)** 1 – 3 – 4 – 2

8. (UEM) A respeito dos polímeros etilênicos, assinale a(s) alternativa(s) correta(s).

01) O polietileno é produzido a partir do monômero acetileno por meio de uma reação de substituição.

02) Os polímeros de adição apresentam todas as cadeias poliméricas com mesmo valor de massa molecular.

04) No poliestireno o anel aromático faz parte da cadeia principal do polímero.

08) O polipropileno pode ser produzido a partir dos monômeros propileno ou 1,3-dimetilbutadieno, em uma reação de condensação.

16) O *Teflon* é produzido a partir do tetrafluoretileno, em uma reação de adição.

9. (PUC-RS) Analise o texto a seguir.

A sociedade moderna é bastante dependente de polímeros sintéticos. Essa dependência se manifesta em inúmeros produtos encontrados no cotidiano, a começar pelas garrafas de refrigerante, feitas de _____, e as sacolas de supermercado, feitas de _____. As juntas e tubulações por onde passa a água encanada são geralmente fabricadas com _____, um polímero que contém átomos de um halogênio em sua estrutura. O "isopor" é um produto constituído de _____, o qual pode ser dissolvido em acetona para formar uma cola muito resistente.

As palavras/expressões que preenchem correta e respectivamente as lacunas do texto estão reunidas em

a) politereftalato de etileno – polietileno – policloreto de vinila – poliestireno

b) polietileno – polipropileno – polibutadieno – poliestireno

c) policarbonato – plástico verde – poliuretano – polipropileno

d) álcool polivinílico – PET – celuloide – poliamida

e) poliéster – polimetilmetacrilato – silicone – poli-isopreno

10. (Unifesp) O volume de glicerina (propanotriol, fórmula molecular $C_3H_8O_3$) produzido como resíduo na obtenção de biodiesel excede em muito a necessidade atual do mercado brasileiro. Por isso, o destino atual da maior parte da glicerina excedente ainda é a queima em fornalhas, utilizada como fonte de energia. Uma possibilidade mais nobre de uso da glicerina envolve sua transformação em propeno e eteno, através de processos ainda em fase de pesquisa. O propeno e o eteno são insumos básicos na indústria de polímeros, atualmente provenientes do petróleo e essenciais na obtenção de produtos como o polietileno e o polipropileno.

a) Escreva a equação química balanceada da combustão completa de 1 mol de glicerina.

b) Sabendo que o polietileno é produzido pela reação de adição de um número n de moléculas de eteno, escreva a equação genérica de formação do polímero polietileno a partir de eteno, utilizando fórmulas estruturais de reagente e produto.

As modernas moléculas orgânicas   Capítulo 17   **645**

Exercícios finais

11. (UEPG) Com relação aos glicídios, assinale o que for correto.

01) A celulose é um glicídio formado por moléculas de glicose e frutose.

02) São compostos de função mista do tipo poliálcool-aldeído ou poliálcool-cetona.

04) Também podem ser denominados de hidratos de carbono, pois muitos desses compostos obedecem à fórmula geral $C_x(H_2O)_y$.

08) A sacarose e o amido são exemplos de glicídios naturais.

12. (UFSM-RS) Considere as estruturas

A

$$H - C = O$$
$$H - C - OH$$
$$HO - C - H$$
$$H - C - OH$$
$$H - C - OH$$
$$CH_2OH$$

B

$$CH_2OH$$
$$C = O$$
$$HO - C - H$$
$$H - C - OH$$
$$H - C - OH$$
$$CH_2OH$$

a) As estruturas **A** e **B** representam moléculas de lipídios encontrados em vegetais.

b) A estrutura **A** representa a molécula de um dissacarídeo e a **B** uma hexose.

c) As estruturas **A** e **B** representam moléculas de aldoses.

d) A estrutura **A** reapresenta uma molécula de aldose e **B** representa uma molécula de cetose.

e) A estrutura **A** representa a molécula de um monossacarídeo e a **B** uma aldose.

13. (FCC-SP) Os açúcares mais simples apresentam, em geral, as seguintes propriedades:

I. São razoavelmente solúveis em água.

II. Oxidam-se facilmente.

As propriedades I e II são, respectivamente, devidas à presença de:

a) grupos aldeído e ligações de hidrogênio.

b) grupos hidroxila e ligações de hidrogênio.

c) ligações de hidrogênio e grupos hidroxila.

d) ligações de hidrogênio e grupos aldeído.

e) grupos hidroxila e grupos carboxila.

14. (PUC-RS) Analise o texto abaixo, que contém lacunas, e as fórmulas a seguir.

A carne de panela é um prato muito apreciado da culinária tradicional, mas em geral é bastante gorduroso, o que o torna inconveniente para muitas pessoas. Para obter uma carne de panela saborosa e com pouca gordura, uma possibilidade é cozinhá-la normalmente, com bastante molho, e deixá-la esfriar; depois, levar à geladeira. Devido a sua _____, a gordura forma placas sólidas por cima do molho, podendo ser facilmente removida. Depois, é só aquecer novamente e tem-se uma carne de panela saborosa e pouco gorda. Esse método é bom para retirar a gordura e o colesterol (sempre presente na gordura animal), mas há uma desvantagem. É que muitos nutrientes são constituídos de moléculas de baixa polaridade, dissolvendo-se preferencialmente em _____. Por isso, são perdidos na remoção das placas, o que poderia levar, por exemplo, à perda do _____.

caroteno

ácido pantotênico

Os termos que completam corretamente as lacunas são:

a) massa e volume molares – carboidratos – caroteno

b) polaridade e densidade – hidrocarbonetos – ácido pantotênico

c) temperatura de fusão – água – caroteno

d) massa e volume molares – proteínas – ácido pantotênico

e) polaridade e densidade – lipídios – caroteno

15. (FEI-SP) Com relação ao óleo de oliva, afirma-se:

I. É uma mistura de substâncias pertencentes ao grupo: ____

II. Para transformá-lo em gordura, devemos submetê-lo a uma reação de: ____

As respostas corretas para os itens I e II são:

a) das proteínas e oxidação.

b) dos lipídios e hidrogenação.

c) dos carboidratos e hidratação.

d) dos ésteres e cloração.

e) dos hidrocarbonetos e polimerização.

16. (UFRGS) Em 2016, foi inaugurada a primeira fábrica mundial para a produção de uma nova fonte de metionina especificamente desenvolvida para alimentação de camarões e outros crustáceos. Esse novo produto, Met-Met, formado pela reação de duas moléculas de metionina na forma racêmica, tem uma absorção mais lenta que a DL-metionina, o que otimiza a absorção da metionina e de outros nutrientes no sistema digestório dos camarões.

646

metionina

A metionina e o Met-Met são, respectivamente,

a) um aminoácido e um dipeptídeo.

b) um aminoácido e uma proteína.

c) um sacarídeo e um lipídeo.

d) um monossacarídeo e um dissacarídeo.

e) um monoterpeno e um diterpeno.

17. (UFRGS) A lisina é oxidada no organismo, formando a hidroxilisina, que é um componente do colágeno. Por outro lado, a degradação da lisina por bactérias durante a putrefação de tecidos animais leva à formação da cadaverina, cujo nome dá uma ideia de seu odor.

Assinale a afirmação correta em relação a estes compostos.

a) A hidroxilisina é um glicídio.

b) A cadaverina é um lipídio.

c) A lisina é uma proteína.

d) A lisina e a hidroxilisina são aminoácidos.

e) A hidroxilisina apresenta ligação peptídica.

18. (UFRGS) Observe a seguir a estrutura do aspartame, um composto usado como adoçante.

Considere as seguintes afirmações sobre esse composto.

I. Por ser um adoçante, o aspartame é considerado um glicídio.

II. Por possuir ligação peptídica, o aspartame pode ser classificado como proteína.

III. Um dos aminoácidos que origina o aspartame apresenta fórmula $HO_2CCH_2CH(NH_2)CO_2H$.

Qual(is) está(ão) correta(s)?

a) Apenas I.

b) Apenas II.

c) Apenas III.

d) Apenas I e II.

e) Apenas I e III.

19. (Uema) "Dieta das proteínas: mais músculos, menos barriga. A dieta das proteínas é uma aliada e tanto para emagrecer, acabar com os pneuzinhos e ainda turbinar os músculos. E o melhor: tudo isso sem perder o pique nem passar fome."

Disponível em: <http://www.corpoacorpo.uol.br>.
Acesso em: 7 mar. 2013.

As proteínas, substâncias indispensáveis para uma dieta saudável, são formadas pela união de um número muito grande de α-aminoácidos.

Sobre essa união, pode-se dizer que as proteínas são compostos formados

a) por α-aminoácidos hidrofóbicos, apenas.

b) pela reação de precipitação de α-aminoácidos.

c) pela combinação de cinco α-aminoácidos diferentes, apenas.

d) pela reação de polimerização (por condensação) de α-aminoácidos.

e) por substâncias orgânicas de cadeia simples e baixa massa molecular.

20. (UFG) Considere a estrofe do poema "A lágrima", de Augusto dos Anjos, a seguir.

– Faça-me o obséquio de trazer reunidos
Cloreto de sódio, água e albumina...
Ah! Basta isto, porque isto é que origina
A lágrima de todos os vencidos!

ANJOS, A. dos. *Eu e outras poesias*.
Rio de Janeiro: Civilização Brasileira, 1985. p. 270.

Uma das rimas dessa estrofe está relacionada com uma classe de substâncias químicas. Essa classe é denominada

a) sais.

b) proteínas.

c) aminoácidos.

d) glicídios.

e) lipídios.

As modernas moléculas orgânicas   Capítulo 17   **647**

Exercícios finais

21. (UEM-PAS) Na matéria que constitui os seres vivos, há predominância de aproximadamente 25 elementos químicos entre os mais de 100 presentes na tabela periódica. Entretanto apenas quatro deles (O, H, C e N) são os mais abundantes. A partir dessas informações, assinale o que for correto.

01) O carbono (C) pode ser encontrado em todos os carboidratos, nas proteínas e nos lipídios.

02) Tanto na matéria viva quanto na não viva o gás hidrogênio (H_2) e o gás oxigênio (O_2) são classificados como substâncias puras, simples e que apresentam constantes físicas bem definidas.

04) Os carboidratos são substâncias compostas em que existe a proporção de um átomo de carbono para dois de hidrogênio e um de oxigênio.

08) As ligações de hidrogênio também conferem à água a capacidade de armazenar energia em forma de calor.

16) Os elementos químicos ocorrem em diferentes proporções na matéria viva e na não viva, exceto pelo elemento oxigênio (O).

22. (FMP) Água, gás carbônico e excretas nitrogenados são produtos do metabolismo que os animais devem eliminar do seu fluido extracelular.

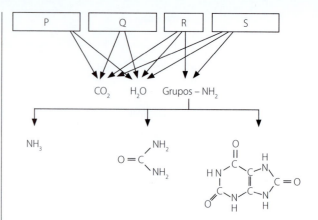

As letras P, Q, R e S podem ser substituídas, respectivamente, pelas seguintes moléculas orgânicas:

a) Proteínas, Lipídeos, Ácidos Nucleicos e Carboidratos

b) Proteínas, Carboidratos, Lipídeos e Ácidos Nucleicos

c) Carboidratos, Lipídeos, Proteínas e Ácidos Nucleicos

d) Proteínas, Ácidos Nucleicos, Lipídeos e Carboidratos

e) Carboidratos, Proteínas, Lipídeos e Ácidos Nucleicos

---

23. (Acafe) Na revista *Química Nova na Escola*, volume 31, número 3 de 2009, foi publicado um artigo sobre o poliuretano "[…] uma fábrica em Cambridge, na Inglaterra, lançou um preservativo feito de poliuretano, duas vezes mais forte que o tradicional de látex, de forma que pode ser mais fino, transparente e levemente maior. Testes demonstram que 80% dos usuários preferem esse tipo de preservativo, principalmente devido ao aumento da sensibilidade […]".

Síntese de poliuretano a partir de di-isocianato de parafenileno e etilenoglicol.

Baseado nas informações fornecidas e nos conceitos químicos, é correto afirmar, exceto:

a) A síntese do poliuretano pode ocorrer na reação entre substâncias com dois isocianatos e diálcoois.

b) O látex citado no texto também é conhecido como borracha natural, e o nome químico desse polímero é poliestireno.

c) Na estrutura do etilenoglicol possui grupos hidroxilas e na estrutura do di-isocianato de parafenileno elétrons pi (π) em ressonância.

d) No poliuretano não existe carbono assimétrico em sua estrutura.

648

ATIVIDADE INVESTIGATIVA

A química do papel

O papel está relacionado, essencialmente, aos registros dos feitos da humanidade por meio da escrita. No início da escrita, os registros eram efetuados em pedras e cascas de árvores; na sequência, surgiu o papiro (origem da palavra papel), de origem vegetal; o pergaminho, de origem animal; e finalmente, no ano 105 d.C., é atribuída aos chineses a fabricação do papel.

A celulose é a matéria-prima da indústria de papel e, portanto, grandes quantidades de madeira são consumidas em sua produção. O papel propriamente dito é biodegradável, mas, infelizmente, a indústria que lida com ele tem, como subprodutos, itens responsáveis por parte da grande poluição atual.

Material

- retalhos de tecido (algodão, seda, linho, por exemplo)
- madeira para confeccionar a moldura
- papel usado
- liquidificador
- corantes (pode ser tinta de canetas)

Procedimento

Obtenção da polpa de papel

- Cortar o papel em pequenos pedaços e colocá-lo em um recipiente com água.
- Deixar o sistema em repouso por alguns minutos até amolecer o papel.
- Colocar aproximadamente 300 mL de água no liquidificador e aos poucos ir adicionando o papel umedecido obtido no item 2 com o liquidificador ligado.
- Adicionar o papel picado até que a massa formada no interior do copo do liquidificador fique viscosa o suficiente para não forçar o motor do aparelho.

Preparação da moldura

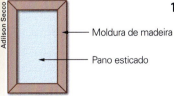

1. Cortar 4 pedaços de madeira com medidas de acordo com as dimensões da folha que será moldurada, conforme a figura ao lado.

2. A rugosidade do papel irá depender da textura do tecido. Assim, os estudantes poderão escolher diferentes tecidos a fim de obter variados tipos de papel de acordo com a aplicação desejada.

Preparação do papel

1. Derramar a massa obtida no liquidificador sobre a moldura preparada, distribuindo-a da maneira mais homogênea possível. A espessura que se deseja dependerá da quantidade de polpa espalhada sobre o tecido.

2. Colocar outro pano sobre a polpa para compactar melhor o papel e ajudar na homogeneização.

3. Deixar secar em ambiente fresco para evitar que o papel empene.

4. Depois de aproximadamente um dia, o papel estará seco e pronto para ser retirado da moldura. Seu papel está pronto.

Nota: Cores, texturas, quantidade e dimensões das folhas vão depender do destino que será dado ao papel. Rabiscos coloridos na folha poderão conferir cor ao papel reciclado.

Discussão

O papel é um material essencialmente constituído de celulose, cuja estrutura se caracteriza por apresentar um grande número de moléculas (glicose) ligadas formando uma estrutura maior (macromolécula). Essas macromoléculas, por apresentarem grupos hidroxila, ligam-se entre si por ligações de hidrogênio. Quando o papel é colocado em água, essas ligações são rompidas, "separando" as macromoléculas de celulose. Quando secamos a polpa no experimento, voltamos a obter o papel.

Preparação da tinta nanquim

- 3 colheres de chá de carvão vegetal finamente dividido
- 50 mL de água
- 2 colheres (de chá) de farinha de trigo
- Agitar tudo antes de usar.

Pesquisar sobre a evolução da escrita e os materiais usados para os registros e produzir um texto artístico no qual se utilize a tinta nanquim sobre o papel reciclado.

Enem

1. A talidomida é um sedativo leve e foi muito utilizado no tratamento de náuseas, comuns no início da gravidez. Quando foi lançada, era considerada segura para o uso de grávidas, sendo administrada como uma mistura racêmica composta pelos seus dois enantiômeros (R e S). Entretanto, não se sabia, na época, que o enantiômero S leva à malformação congênita, afetando principalmente o desenvolvimento normal dos braços e pernas do bebê.

> COELHO, F. A. S. Fármacos e quiralidade. *Cadernos Temáticos de Química Nova na Escola*, São Paulo, n. 3, maio 2001. Adaptado.

Essa malformação congênita ocorre porque esses enantiômeros

a) reagem entre si.

b) não podem ser separados.

c) não estão presentes em partes iguais.

d) interagem de maneira distinta com o organismo.

e) são estruturas com diferentes grupos funcionais.

2. O estudo de compostos orgânicos permite aos analistas definir propriedades físicas e químicas responsáveis pelas características de cada substância descoberta. Um laboratório investiga moléculas quirais cuja cadeia carbônica seja insaturada, heterogênea e ramificada.

A fórmula que se enquadra nas características da molécula investigada é

a) $CH_3 - (CH)_2 - CH(OH) - CO - NH - CH_3$.

b) $CH_3 - (CH)_2 - CH(CH_3) - CO - NH - CH_3$.

c) $CH_3 - (CH)_2 - CH(CH_3) - CO - NH_2$.

d) $CH_3 - CH_2 - CH(CH_3) - CO - NH - CH_3$.

e) $C_6H_5 - CH_2 - CO - NH - CH_3$.

3. A qualidade de óleos de cozinha, compostos principalmente por moléculas de ácidos graxos, pode ser medida pelo índice de iodo. Quanto maior o grau de insaturação da molécula, maior o índice de iodo determinado e melhor a qualidade do óleo. Na figura, são apresentados alguns compostos que podem estar presentes em diferentes óleos de cozinha:

ácido palmítico

ácido esteárico

ácido oleico

ácido linoleico

ácido linolênico

Dentre os compostos apresentados, os dois que proporcionam melhor qualidade para os óleos de cozinha são os ácidos

a) esteárico e oleico.

b) linolênico e linoleico.

c) palmítico e esteárico.

d) palmítico e linolênico.

e) linolênico e esteárico.

4. Nucleófilos (Nu^-) são bases de Lewis que reagem com haletos de alquila, por meio de uma reação chamada da substituição nucleofílica (S_N), como mostrado no esquema:

$$R - X + Nu^- \rightarrow R - Nu + X^- \quad (R = \text{grupo alquila e } X = \text{halogênio})$$

A reação de S_N entre metóxido de sódio ($Nu^- = CH_3O^-$) e brometo de metila fornece um composto orgânico pertencente à função

a) éter.

b) éster.

c) álcool.

d) haleto.

e) hidrocarboneto.

5. A descoberta dos organismos extremófilos foi uma surpresa para os pesquisadores. Alguns desses organismos, chamados de acidófilos, são capazes de sobreviver em ambientes extremamente ácidos. Uma característica desses organismos é a capacidade de produzir membranas celulares compostas de lipídeos feitos de éteres em vez dos ésteres de glicerol, comuns nos outros seres vivos (mesófilos), o que preserva a membrana celular desses organismos mesmo em condições extremas de acidez.

A degradação das membranas celulares de organismos não extremófilos em meio ácido é classificada como

a) hidrólise.

b) termólise.

c) eterificação.

d) condensação.

e) saponificação.

6. Hidrocarbonetos podem ser obtidos em laboratório por descarboxilação oxidativa anódica, processo conhecido como eletrossíntese de Kolbe. Essa reação é utilizada na síntese de hidrocarbonetos diversos, a partir de óleos vegetais, os quais podem ser empregados como fontes alternativas de energia, em substituição aos hidrocarbonetos fósseis. O esquema ilustra simplificadamente esse processo.

Com base nesse processo, o hidrocarboneto produzido na eletrólise do ácido 3,3-dimetil-butanoico é o

a) 2,2,7,7-tetrametil-octano.

b) 3,3,4,4-tetrametil-hexano.

c) 2,2,5,5-tetrametil-hexano.

d) 3,3,6,6-tetrametil-octano.

e) 2,2,4,4-tetrametil-hexano.

7. Uma forma de organização de um sistema biológico é a presença de sinais diversos utilizados pelos indivíduos para se comunicarem. No caso das abelhas da espécie *Apis mellifera*, os sinais utilizados podem ser feromônios. Para saírem e voltarem de suas colmeias, usam um feromônio que indica a trilha percorrida por elas (Composto A). Quando pressentem o perigo, expelem um feromônio de alarme (Composto B), que serve de sinal para um combate coletivo. O que diferencia cada um desses sinais utilizados pelas abelhas são as estruturas e funções orgânicas dos feromônios.

As funções orgânicas que caracterizam os feromônios de trilha e de alarme são, respectivamente,

a) álcool e éster.

b) aldeído e cetona.

c) éter e hidrocarboneto.

d) enol e ácido carboxílico.

e) ácido carboxílico e amida.

8. Sais de amônio são sólidos iônicos com alto ponto de fusão, muito mais solúveis em água que as aminas originais e ligeiramente solúveis em solventes orgânicos apolares, sendo compostos convenientes para serem usados em xaropes e medicamentos injetáveis. Um exemplo é a efedrina, que funde a 79 °C, tem um odor desagradável e oxida na presença do ar atmosférico formando produtos indesejáveis. O cloridrato de efedrina funde a 217 °C, não se oxida e é inodoro, sendo o ideal para compor os medicamentos.

De acordo com o texto, que propriedade química das aminas possibilita a formação de sais de amônio estáveis, facilitando a manipulação de princípios ativos?

a) Acidez.

b) Basicidade.

c) Solubilidade.

d) Volatilidade.

e) Aromaticidade.

9. O permanganato de potássio ($KMnO_4$) é um agente oxidante forte muito empregado tanto em nível laboratorial quanto industrial. Na oxidação de alcenos de cadeia normal, como o 1-fenil-1-propeno, ilustrado na figura, o $KMnO_4$ é utilizado para a produção de ácidos carboxílicos.

1-fenil-1-propeno

Os produtos obtidos na oxidação do alceno representado, em solução aquosa de $KMnO_4$, são:

a) ácido benzoico e ácido etanoico.

b) ácido benzoico e ácido propanoico.

c) ácido etanoico e ácido 2-feniletanoico.

d) ácido 2-feniletanoico e ácido metanoico.

e) ácido 2-feniletanoico e ácido propanoico.

10. A capacidade de limpeza e a eficiência de um sabão dependem de sua propriedade de formar micelas estáveis, que arrastam com facilidade as moléculas impregnadas no material a ser limpo. Tais micelas têm em sua estrutura partes capazes de interagir com substâncias polares, como a água, e partes que podem interagir com substâncias apolares, como as gorduras e os óleos.

SANTOS, W. L. P. MÖL, G. S. (Coords.). *Química e sociedade*. São Paulo: Nova Geração, 2005. Adaptado.

A substância capaz de formar as estruturas mencionadas é

a) $C_{18}H_{36}$.

b) $C_{17}H_{33}COONa$.

c) CH_3CH_2COONa.

d) $CH_3CH_2CH_2COOH$.

e) $CH_3CH_2CH_2CH_2OCH_2CH_2CH_2CH_3$.

11. Grande quantidade dos maus odores do nosso dia a dia está relacionada a compostos alcalinos. Assim, em vários desses casos, pode-se utilizar o vinagre, que contém entre 3,5% e 5% de ácido acético, para diminuir ou eliminar o mau cheiro. Por exemplo, lavar as mãos com vinagre e depois enxaguá-las com água elimina o odor de peixe, já que a molécula de piridina (C_5H_5N) é uma das substâncias responsáveis pelo odor característico de peixe podre.

SILVA, V. A.; BENITE, A. M. C.; SOARES, M. H. F. B. Algo aqui não cheira bem… A química do mau cheiro. *Química Nova na Escola*, v. 33, n. 1, fev. 2011. Adaptado.

A eficiência do uso do vinagre nesse caso se explica pela

a) sobreposição de odor, propiciada pelo cheiro característico do vinagre.

b) solubilidade da piridina, de caráter ácido, na solução ácida empregada.

c) inibição da proliferação das bactérias presentes, devido à ação do ácido acético.

Enem

d) degradação enzimática da molécula de piridina, acelerada pela presença de ácido acético.

e) reação de neutralização entre o ácido acético e a piridina, que resulta em compostos sem mau odor.

12. O citral, substância de odor fortemente cítrico, é obtido a partir de algumas plantas como o capim-limão, cujo óleo essencial possui aproximadamente 80%, em massa, da substância. Uma de suas aplicações é na fabricação de produtos que atraem abelhas, especialmente do gênero *Apis*, pois seu cheiro é semelhante a um dos feromônios liberados por elas. Sua fórmula molecular é $C_{10}H_{16}O$, com uma cadeia alifática de oito carbonos, duas insaturações, nos carbonos 2 e 6; e dois grupos substituintes metila, nos carbonos 3 e 7. O citral possui dois isômeros geométricos, sendo o *trans* o que mais contribui para o forte odor.

Para que se consiga atrair um maior número de abelhas para uma determinada região, a molécula que deve estar presente em alta concentração no produto a ser utilizado é:

a)

b)

c)

d)

e)

13. Garrafas PET (politereftalato de etileno) têm sido utilizadas em mangues, onde as larvas de ostras e de mariscos, geradas na reprodução dessas espécies, aderem ao plástico. As garrafas são retiradas do mangue, limpas daquilo que não interessa e colocadas nas "fazendas" de criação, no mar.

GALEMBECK, F. *Ciência Hoje*, São Paulo, v. 47, n. 280, abr. 2011. Adaptado.

Nessa aplicação, o uso do PET é vantajoso, pois

a) diminui o consumo de garrafas plásticas.

b) possui resistência mecânica e alta densidade.

c) decompõe-se para formar petróleo a longo prazo.

d) é resistente ao sol, à água salobra, a fungos e bactérias.

e) é biodegradável e poroso, auxiliando na aderência de larvas e mariscos.

14. O uso de embalagens plásticas descartáveis vem crescendo em todo o mundo, juntamente com o problema ambiental gerado por seu descarte inapropriado. O politereftalato de etileno (PET), cuja estrutura é mostrada, tem sido muito utilizado na indústria de refrigerantes e pode ser reciclado e reutilizado. Uma das opções possíveis envolve a produção de matérias-primas, como o etilenoglicol (1,2-etanodiol), a partir de objetos compostos de PET pós-consumo.

Disponível em: <www.abipet.org.br>.
Acesso em: 27 fev. 2012. Adaptado.

Com base nas informações do texto, uma alternativa para a obtenção de etilenoglicol a partir do PET é a

a) solubilização dos objetos.

b) combustão dos objetos.

c) trituração dos objetos.

d) hidrólise dos objetos.

e) fusão dos objetos.

15. A própolis é um produto natural conhecido por suas propriedades anti-inflamatórias e cicatrizantes. Esse material contém mais de 200 compostos identificados até o momento. Dentre eles, alguns são de estrutura simples, como é o caso do $C_6H_5CO_2CH_2CH_3$, cuja estrutura está mostrada a seguir.

O ácido carboxílico e o álcool capazes de produzir o éster em apreço por meio da reação de esterificação são, respectivamente,

a) ácido benzoico e etanol.

b) ácido propanoico e hexanol.

c) ácido fenilacético e metanol.

d) ácido propiônico e cicloexanol.

e) ácido acético e álcool benzílico.

652

16. A produção mundial de alimentos poderia se reduzir a 40% da atual sem a aplicação de controle sobre as pragas agrícolas. Por outro lado, o uso frequente dos agrotóxicos pode causar contaminação em solos, águas superficiais e subterrâneas, atmosfera e alimentos. Os biopesticidas, tais como a piretrina e coronopilina, têm sido uma alternativa na diminuição dos prejuízos econômicos, sociais e ambientais gerados pelos agrotóxicos.

piretrina

coronopilina

Identifique as funções orgânicas presentes simultaneamente nas estruturas dos dois biopesticidas apresentados:

a) Éter e éster.

b) Cetona e éster.

c) Álcool e cetona.

d) Aldeído e cetona.

e) Éter e ácido carboxílico.

17. Há milhares de anos o homem faz uso da biotecnologia para a produção de alimentos como pães, cervejas e vinhos. Na fabricação de pães, por exemplo, são usados fungos unicelulares, chamados de leveduras, que são comercializados como fermento biológico. Eles são usados para promover o crescimento da massa, deixando-a leve e macia.

O crescimento da massa do pão pelo processo citado é resultante da

a) liberação de gás carbônico.

b) formação de ácido lático.

c) formação de água.

d) produção de ATP.

e) liberação de calor.

18. Uma dona de casa acidentalmente deixou cair na geladeira a água proveniente do degelo de um peixe, o que deixou um cheiro forte e desagradável dentro do eletrodoméstico.

Sabe-se que o odor característico de peixe se deve às aminas e que esses compostos se comportam como bases.

Na tabela são listadas as concentrações hidrogeniônicas de alguns materiais encontrados na cozinha, que a dona de casa pensa em utilizar na limpeza da geladeira.

Material	Concentração de H_3O^+
Suco de limão	10^{-2}
Leite	10^{-6}
Vinagre	10^{-3}
Álcool	10^{-8}
Sabão	10^{-12}
Carbonato de sódio/barilha	10^{-12}

Dentre os materiais listados, quais são apropriados para amenizar esse odor?

a) Álcool ou sabão.

b) Suco de limão ou álcool.

c) Suco de limão ou vinagre.

d) Suco de limão, leite ou sabão.

e) Sabão ou carbonato de sódio/barilha.

19. Para evitar o desmatamento da Mata Atlântica nos arredores da cidade de Amargosa, no Recôncavo da Bahia, o Ibama tem atuado no sentido de fiscalizar, entre outras, as pequenas propriedades rurais que dependem da lenha proveniente das matas para a produção da farinha de mandioca, produto típico da região. Com isso, pequenos produtores procuram alternativas como o gás de cozinha, o que encarece a farinha. Uma alternativa viável, em curto prazo, para os produtores de farinha em Amargosa, que não cause danos à Mata Atlântica nem encareça o produto é a

a) construção, nas pequenas propriedades, de grandes fornos elétricos para torrar a mandioca.

b) plantação, em suas propriedades, de árvores para serem utilizadas na produção de lenha.

c) permissão, por parte do Ibama, da exploração da Mata Atlântica apenas pelos pequenos produtores.

d) construção de biodigestores, para a produção de gás combustível a partir de resíduos orgânicos da região.

e) coleta de carvão de regiões mais distantes, onde existe menor intensidade de fiscalização do Ibama.

653

Enem

20. A curcumina, substância encontrada no pó-amarelo-alaranjado extraído da raiz da cúrcuma ou açafrão-da-índia (*Curcuma longa*), aparentemente, pode ajudar a combater vários tipos de câncer, o mal de Alzheimer e até mesmo retardar o envelhecimento. Usada há quatro milênios por algumas culturas orientais, apenas nos últimos anos passou a ser investigada pela ciência ocidental.

Na estrutura da curcumina, identificam-se grupos característicos das funções

a) éter e álcool.

b) éter e fenol.

c) éster e fenol.

d) aldeído e enol.

e) aldeído e éster.

21. Vários materiais, quando queimados, podem levar à formação de dioxinas, um composto do grupo dos organoclorados. Mesmo quando a queima ocorre em incineradores, há liberação de substâncias derivadas da dioxina no meio ambiente. Tais compostos são produzidos em baixas concentrações, como resíduos da queima de matéria orgânica em presença de produtos que contenham cloro. Como consequência de seu amplo espalhamento no meio ambiente, bem como de suas propriedades estruturais, as dioxinas sofrem magnificação trófica na cadeia alimentar. Mais de 90% da exposição humana às dioxinas é atribuída aos alimentos contaminados ingeridos. A estrutura típica de uma dioxina está apresentada a seguir:

2,3,7,8-tetraclorodibenzeno-p-dioxina
(2,3,7,8-TCDD)

FADINI, P. S.; FADINI, A. A. B. Lixo: desafios e compromissos. *Cadernos Temáticos de Química Nova na Escola*, São Paulo, n. 1, maio 2001. Adaptado.

A molécula do 2,3,7,8-TCDD é popularmente conhecida pelo nome "dioxina", sendo a mais tóxica dos 75 isômeros de compostos clorados de dibenzo-p-dioxina existentes.

Com base no texto e na estrutura apresentada, as propriedades químicas das dioxinas que permitem sua bioacumulação nos organismos estão relacionadas ao seu caráter

a) básico, pois a eliminação de materiais alcalinos é mais lenta do que a dos ácidos.

b) ácido, pois a eliminação de materiais ácidos é mais lenta do que a dos alcalinos.

c) redutor, pois a eliminação de materiais redutores é mais lenta do que a dos oxidantes.

d) lipofílico, pois a eliminação de materiais lipossolúveis é mais lenta do que a dos hidrossolúveis.

e) hidrofílico, pois a eliminação de materiais hidrossolúveis é mais lenta do que a dos lipossolúveis.

22. O poli(ácido lático) ou PLA é um material de interesse tecnológico por ser um polímero biodegradável e bioabsorvível. O ácido lático, um metabólito comum no organismo humano, é a matéria-prima para produção do PLA, de acordo com a equação química simplificada:

Ácido d/l-lático

$100 \leq n \leq 10\,000$

Que tipo de polímero de condensação é formado nessa reação?

a) Poliéster.

b) Polivinila.

c) Poliamida.

d) Poliuretana.

e) Policarbonato.

23. O Nylon® é um polímero (uma poliamida) obtido pela reação do ácido adípico com a hexametilenodiamina, como indicado no esquema reacional.

| ácido hexanodioico (ácido adípico) | 1,6-diamino-hexano (hexametilenodiamina) | nylon 6,6 |

Na época da invenção desse composto, foi proposta uma nomenclatura comercial, baseada no número de átomos de carbono do diácido carboxílico, seguido do número de carbonos da diamina.

De acordo com as informações do texto, o nome comercial de uma poliamida resultante da reação do ácido butanodioico com o 1,2-diamino-etano é

a) Nylon 4,3.

b) Nylon 6,2.

c) Nylon 3,4.

d) Nylon 4,2.

e) Nylon 2,6.

24. Os feromônios são substâncias utilizadas na comunicação entre indivíduos de uma espécie. O primeiro feromônio isolado de um inseto foi o bombicol, substância produzida pela mariposa do bicho-da-seda.

bombicol

O uso de feromônios em ações de controle de insetos-praga está de acordo com o modelo preconizado para a agricultura do futuro. São agentes altamente específicos e seus compostos químicos podem ser empregados em determinados cultivos, conforme ilustrado no quadro.

Substância	Inseto	Cultivo
	Sitophillus spp	Milho
	Migdolus fryanus	Cana-de-açúcar
	Anthonomus rubi	Morango
	Grapholita molesta	Frutas
	Scrobipalpuloides absoluta	Tomate

FERREIRA, J. T. B.; ZARBIN, P. H. G. Amor ao primeiro odor: a comunicação química entre os insetos. *Química Nova na Escola*. n. 7, maio 1998. (Adaptado).

Considerando essas estruturas químicas, o tipo de estereoisomeria apresentada pelo bombicol é também apresentada pelo feromônio utilizado no controle do inseto

a) Sitophilus spp.

b) Migdolus fryanus.

c) Anthonomus rubi.

d) Grapholita molesta.

e) Scrobipalpuloides absoluta.

PARA LER E ASSISTIR

Unidade 1

Livro

▶ **Título: Como se faz Química**

Autor: Aécio Pereira Chagas
Editora: Unicamp
Ano: 2009
Sinopse: A obra é especialmente dedicada a estudantes e professores de Química, mas pode ser interessante para quem não lida de forma direta com a disciplina. Traz os diversos espaços de atuação do químico, como a natureza e os laboratórios industriais, e mostra, também, o que dele se espera, enfatizando, inclusive, sua responsabilidade social em um momento de graves desrespeitos ao equilíbrio ambiental.

Artigo

▶ **Título: "Mol - uma nova terminologia"**

Publicação: *Revista Química Nova na Escola*
Autores: Roberto R. da Silva e Romeu C. Rocha-Filho
Data: maio de 1995
Disponível em: <http://qnesc.sbq.org.br/online/qnesc01/atual.pdf>. Acesso em: 11 jun. 2017.

Filme

▶ **Título: Montanhas da Lua**

Diretor: Bob Rafelson
País: Estados Unidos
Ano: 1990
Sinopse: O filme narra a expedição levada a cabo em 1854 por Richard Burton e John Hanning Speke em busca da nascente do Nilo, abordando fatos sociais e econômicos. Em um trecho, os pesquisadores medem a temperatura de ebulição da água para estimarem a altitude do lugar em que se encontravam.

Unidade 2

Livro

▶ **Título: Filosofia da Ciência**

Autor: Rubem Alves
Editora: Loyola
Ano: 2007
Sinopse: A obra foi escrita para acabar com o mito de que o cientista pensa melhor que os outros. Essa é uma ideia perigosa, que inibe o pensamento e a reflexão, dando ao comum dos mortais a impressão de que os cientistas pensarão por todos. Rubem Alves disseca todos os riscos dessa atitude. Um livro que não é apenas para ser lido, mas para ser assimilado.

Artigos

▶ **Título: "O átomo e a tecnologia"**

Publicação: *Revista Química Nova na Escola*
Autores: Mario Tolentino e Romeu C. da Rocha-Filho
Data: maio de 1996
Disponível em: <http://qnesc.sbq.org.br/online/qnesc03/quimsoc.pdf>. Acesso em: 11 jun. 2017.

▶ **Título: "O significado das fórmulas químicas"**

Publicação: *Revista Química Nova na Escola*
Autor: Eduardo Fleury Mortimer
Data: maio de 1996
Disponível em: <http://qnesc.sbq.org.br/online/qnesc03/conceito.pdf>. Acesso em: 11 jun. 2017.

▶ **Título: "Aprendendo sobre os conceitos de ácido e base"**

Publicação: *Revista Química Nova na Escola*
Autor: Vitor Francisco Ferreira
Data: novembro de 1996
Disponível em: <http://qnesc.sbq.org.br/online/qnesc04/exper.pdf>. Acesso em: 11 jun. 2017.

▶ **Título: "Teorias ácido-base do século XX"**

Publicação: *Revista Química Nova na Escola*
Autor: Aécio Pereira Chagas
Data: maio de 1999
Disponível em: <http://qnesc.sbq.org.br/online/qnesc09/historia.pdf>. Acesso em: 11 jun. 2017.

▶ **Título: "As mulheres e o Prêmio Nobel de Química"**

Publicação: *Revista Química Nova na Escola*
Autor: Robson Fernandes de Faria
Data: novembro de 2001
Disponível em: <http://qnesc.sbq.org.br/online/qnesc14/v14a06.pdf>. Acesso em: 11 jun. 2017.

Unidade 3

Livros

▶ **Título: Moléculas em exposição – o fantástico mundo das substâncias e dos materiais que fazem parte de nosso dia a dia**

Autor: John Emsley
Editora: Edgard Blucher
Ano: 2001
Sinopse: Neste livro, John Emsley nos conduz em uma visita na galeria em que estão expostos quadros de moléculas, algumas prejudiciais, outras benéficas, mostrando como elas afetam nossa vida.

▶ **Título: Minerais, minérios e metais**

Autor: Eduardo Leite do Canto
Editora: Moderna
Ano: 2010
Sinopse: Das remotas espadas e armaduras até os mais modernos automóveis e aviões, a posse de recursos minerais, o domínio de sua extração, a confecção e a utilização de artefatos metálicos têm sido sinônimos de riqueza e *status*. Mas como se obtêm metais dos minérios? Até que ponto o Brasil aproveita seus riquíssimos recursos minerais? Qual é a posição do país no mercado mundial? As respostas a essas perguntas permeiam as páginas do livro, que trata de aspectos científicos e tecnológicos do aproveitamento dos metais levando em conta o contexto geoeconômico em que se inserem.

Unidade 4

Livros

▶ **Título: A história e a química do fogo**

Autor: Aécio Pereira Chagas
Editora: Átomo
Ano: 2011
Sinopse: Uma das grandes conquistas do ser humano foi aprender a fazer e a controlar o fogo. Com isso, ele passou a não temer mais o frio nem as trevas da noite, a afugentar os animais que o ameaçavam, a assar carne, a produzir cerâmica e, mais tarde, a obter os metais. Também usou o fogo para destruir o ambiente e matar outros seres humanos. Por isso, o fogo ainda fascina e amedronta.

▶ **Título*: A história química de uma vela e as forças da matéria**

Autor: Michael Faraday
Editora: Contraponto
Ano: 2003
Sinopse: O livro reúne conferências feitas por um dos maiores cientistas do século XIX. Faraday descreve com maestria as reações físico-químicas dos experimentos realizados por ele.

Artigos

▶ **Título: "A eletricidade e a química"**

Publicação: *Revista Química Nova na Escola*
Autor: Maria da Conceição Marinho Oki
Data: novembro de 2000
Disponível em: <http://qnesc.sbq.org.br/online/qnesc12/v12a08.pdf>. Acesso em: 11 jun. 2017.

▶ **Título: "O bicentenário da invenção da pilha elétrica"**

Publicação: *Revista Química Nova na Escola*

Autores: Mario Tolentino e Romeu C. Rocha-Filho
Data: maio de 2000
Disponível em: <http://qnesc.sbq.org.br/online/qnesc11/v11a08.pdf>. Acesso em: 11 jun. 2017.

Unidade 5

Livros

▶ **Título: Plástico: bem supérfluo ou mal necessário?**

Autor: Eduardo Leite do Canto
Editora: Moderna
Ano: 2004
Sinopse: Já nos acostumamos com o uso cotidiano de objetos de plástico que facilitam nossa vida por serem duráveis e versáteis. Neste livro, o autor relata o histórico do advento dos plásticos, distingue os materiais, os tipos de indústria e as inúmeras formas possíveis de produzi-los. Por um lado, os plásticos substituem cada vez mais os produtos naturais que já estavam em extinção; por outro, provocam distúrbios ecológicos cujas consequências tendem a se agravar com o tempo.

▶ **Título: Química das sensações**

Autores: Carolina Godinho Retondo e Pedro Faria dos Santos Filho
Editora: Átomo
Ano: 2014
Sinopse: As sensações e as percepções nos acompanham em todos os instantes de nossa vida. Sentimos calor e frio, prazer e dor, ouvimos, enxergamos. Como podemos fazer tudo isso? Utilizamos analgésicos e anestésicos, ingerimos açúcares e adoçantes e, normalmente, não nos preocupamos em entender como essas substâncias agem em nosso organismo. Com abordagem e linguagem acessíveis e com exemplos que estão presentes na vida de qualquer ser humano, os conceitos da Química aparecem entrelaçados com os da Física, Medicina, Psicologia e Filosofia.

Filme

▶ **Título: Reza por chuva**

Diretor: Ravi Kumar
Países: Índia e Reino Unido
Ano: 2014
Sinopse: 1984. Com a esperança de abandonar a pobreza, Dilip aceita trabalhar em uma fábrica de pesticidas em Bhopal, na Índia, sem saber que vai acontecer um desastre tóxico, o qual acabará com a vida de milhares de pessoas e deixará terríveis sequelas.

Bibliografia

ATKINS, P. W. *Físico-Química*. Rio de Janeiro: LTC, 1999.

_____. *Moléculas*. São Paulo: Edusp, 2000.

_____; JONES, L. *Princípios de Química*. São Paulo: Artmed, 1999.

ATWOOD, C. H. Supernova 1987A. In: *Journal of Chemical Education*. American Chemical Society, v. 67, n. 9, set. 1990.

BACCAN, N., et al. *Química Analítica Quantitativa Elementar*. São Paulo: Edgard Blücher, 2002.

BARBOSA, L. C. A. *Química Orgânica*. Viçosa: Editroa UFV, 1998.

BENN, F. R.; MCAULIFFE, C. *Química e poluição*. Rio de Janeiro: LTC, 1981.

BIANCHI, J. C. A., et al. *Projeto Volta Redonda*. São Paulo: Colégio Equipe, 1992.

BOTKIN, D. B.; KELLER, E. A. *Environmental Science*. Nova York: John Willey & Sons, 1997.

BROWN, T. L.; LE MAY JR., E. H.; BURSTEN, B. E. *Química:* Ciência Central. 7. ed. Rio de Janeiro: LTC, 1999.

CHAGAS, A. P. *Argilas, as essências da terra*. São Paulo: Moderna, 1996.

_____. *Termodinâmica Química*. Campinas: Ed. da Unicamp, 1999.

COSTA, P. R. R., et al. *Substâncias carboniladas e derivados*. Porto Alegre: Bookman, 2003.

COTTON, F. A.; LYNCH, L. D.; MACEDO, H. *Curso de Química*. Rio de Janeiro/São Paulo: Forum,1968.

DEAN, J. *Wild colour*. Londres: Octopus Publishing Group, 1999.

FARADAY, Michel. *A história química de uma vela:* as forças da matéria. Rio de Janeiro: Contraponto, 2009.

FILGUEIRAS, C. A. L. *Lavoisier:* o estabelecimento da química moderna. São Paulo: Odysseus, 2002.

GAIA an *Atlas of planet management*. Londres: Anchor Books, 1993.

GALEMBECK, F. *Química aplicada*. Campinas: Ed. da Unicamp, 2002.

GENTIL, V. *Corrosão*. 3. ed. Rio de Janeiro: LTC, 1996.

GOISSIS, G.; YOSHIOKA, S. A. *Apostila de Bioquímica*. São Carlos: USP-São Carlos, 2002.

GOODY, R. M.; WALKER, J. C. G. *Atmosferas planetárias*. São Paulo: Edgard Blücher, 1996.

GRIPPI, S. *Lixo:* reciclagem e sua história. Rio de Janeiro: Interciência, 2001.

GUINIER, A. A. *Estrutura da matéria*. São Paulo: Edusp, 1996.

HARRIS, D. *Análise química quantitativa*. 5. ed. Rio de Janeiro: LTC, 2001.

HARVEY, B. G. *Química nuclear*. São Paulo: Edgard Blücher, 1969.

HEIN, M.; ARENA, S. *Fundamentos de Química geral*. Rio de Janeiro: LTC, 1998.

HIMMELBLAU, D. M. *Engenharia Química:* princípios e cálculos. 6. ed. Rio de Janeiro: Prentice-Hall do Brasil, 1988.

HUHEEY, J. E.; KEITER, E.; KEITER, R. L. *Inorganic Chemistry*. New York: Harper Collins College Publishers, 1993.

INSTITUTO DE PESQUISAS TECNOLÓGICAS DO ESTADO DE SÃO PAULO. *Conservação de energia na indústria metalúrgica*: manual de recomendações. São Paulo: IPT, 1990.

JOESTEN, M. D.; WOOD, J. L. *World of Chemistry*. 2. ed. Philadelphia: Saunders College Publishing, 1996.

JOLLY, W. L. *A Química dos não metais*. São Paulo: Edgard Blücher, 1966.

KOTZ, J. C.; TREICHEL JR., P. *Química e reações químicas*. 7. ed. Rio de Janeiro: LTC, 1999.

KRITCHEVSKI, I. R.; PETRIANOV, I. V. *O que é a Termodinâmica?* Moscou: Mir, 1984.

MAHAN, B. H. *Química, um curso universitário*. 2. ed. São Paulo: Edgard Blücher, 1972.

MAIA, D. J.; GAZOTTI JR., W. A. *Uma demonstração simples para o Ensino Médio:* o equilíbrio $2 NO_2 \rightarrow N_2O_4$. Poços de Caldas: 25ª RASBQ, de 20 a 23/5/2002.

MAIA, S. B. *O vidro e sua fabricação*. Rio de Janeiro: Interciência, 2003.

MANAHAN, S. E. *Environmental Chemistry*. 6. ed. New York: Lewis Publishers, 1994.

MANO, E. B. *Polímeros como material de engenharia*. São Paulo: Edgard Blücher, 2000.

_____; MENDES, L. C. *Introdução a polímeros*. São Paulo: Edgard Blücher, 1999.

NETZ, P. A.; GONZÁLES, G. O. *Fundamentos de Físico-Química*. Porto Alegre: Artmed, 2002.

NOBRE, F. R. *Tratado de Physica elementar*. Porto: Typographia Mendonça, 1907.

NORMAN, N. C. *Periodicity and the p-block elements*. Oxford: Oxford University Press, 1994.

REGER, D.; GOODE, S.; MERCER, E. *Química:* princípios e aplicações. Lisboa: Fundação Calouste Gulbenkian, 1997.

RICHTER, C. A.; AZEVEDO NETTO, J. M. *Tratamento de água*. São Paulo: Edgard Blücher, 2000.

RUSSEL, J. B. *Química geral*. Rio de Janeiro: Makron Books, 1994.

SANTOS FILHO, P. F. *Estrutura atômica e ligação química*. Campinas: Ed. da Unicamp, 1999.

SHREVE, R. N.; BRINK JR., J. A. *Indústrias de processos químicos*. 4. ed. Rio de Janeiro: Guanabara Dois, 1980.

SILK, J. *O Big Bang:* a origem do universo. Brasília: Ed. da Universidade de Brasília, 1980.

SKINNER, B. J. *Recursos da Terra*. São Paulo: Edgard Blücher, 1996.

SKOOG, D. A.; HOLLER, F. J.; NIEMAN, T. A. *Princípios de análise instrumental*. Porto Alegre: Bookman, 2002.

SNYDER, C. H. *The extraordinary chemistry of ordinary things*. 3. ed. New York: John Wiley & Sons, 1997.

SOLOMONS, T. W. G. *Química Orgânica*. 6. ed. Rio de Janeiro: LTC, 1966.

SPIRO, T. G.; STIGLIANI, W. M. *Química Ambiental*. 2. ed. São Paulo: Prentice Hall, 2009.

TIMBERLAKE, K. C. *Chemistry:* an introduction to general, organic, and biological Chemistry. New York: Harper Collins College Publishers, 1996.

TRINDADE, D. F.; DEUS, C. *Como fazer perfumes*. São Paulo: Ícone, 1996.

VAN WYLEN, G. J.; SONNTAG, R. E.; BORGNAKKE, C. *Fundamentos da Termodinâmica*. São Paulo: Edgard Blücher, 1998.

VERTIOLA, S. R. R.; PINTO, J. H. F. *Conservação de energia na indústria metalúrgica*. São Paulo: IPT, 1990.

VIOLA, V. E. Formation of the chemical elements and the evolution of our universe. In: *Journal of Chemical Education*. American Chemical Society, v. 67, n. 9, set. 1990.

VOET, D. V.; VOET, J. G.; PRATT, C. W. *Fundamentos de Bioquímica*. Porto Alegre: Artmed, 2000.

Gabarito

Capítulo 1

Página 10

Platão fez uso de quatro objetos geométricos (poliedros convexos regulares), que para os gregos representavam harmonia e perfeição, a fim de simbolizar os quatro elementos da natureza: tetraedro (fogo), cubo (terra), octaedro (ar) e icosaedro (água). Portanto, seguindo esse raciocínio, a pimenta, por seu sabor picante lembrar o fogo, teria átomos tetraédricos.

Página 11

Embora a procura por outros elementos continue, tudo indica que a evolução cósmica encarregou-se de produzir 93 elementos. Vale lembrar que a possibilidade de combinação desses elementos gera toda a variedade de materiais no universo conhecido.

Página 12

1. Misturas homogêneas e substâncias puras não têm diferenças visíveis; portanto, é necessário recorrer a outras propriedades para distingui-las.

2. Açúcar e pó de café misturados são classificados como sistema heterogêneo. O aspecto visual serviu de critério para a classificação. Quando ambos os sólidos estão separados, usando o mesmo critério, verificamos que cada um é homogêneo.

3. Sistema açúcar + pó de café; sistema açúcar; sistema pó de café.

Página 15

A destilação é o processo de separação dos componentes de uma mistura homogênea por evaporação com condensação posterior.

Página 16

A porcentagem de ácido acético dos vinagres comercializados varia; portanto, o vinagre não é uma substância, e sim uma mistura. Para que fosse uma substância, deveria ser composto exclusivamente de ácido acético, porém o vinagre é uma solução de ácido acético em água (concentração: $\cong$ 6 mol/L)

Página 21

a) 3   b) 24

c) 6 de carbono, 12 de hidrogênio e 6 de oxigênio, logo $C_6H_{12}O_6$

Página 25

Setor de fertilizantes e indústrias produtoras de amônia e náilon.

Página 28

1. Conforme o enunciado, no nível do mar, a pressão vale 1 atm. À medida que aumenta a altitude, a pressão atmosférica diminui; portanto, abaixo do nível do mar, a pressão atmosférica é maior.

2. O ponto de ebulição varia conforme a altitude. O ponto de ebulição de um líquido é menor em regiões mais elevadas e maior em regiões mais baixas.

Página 29

Podemos concluir que a passagem de líquido para vapor (ebulição) é mais fácil que a de sólido para líquido (fusão). Ocorre que o arranjo das moléculas de água em cada estado físico é diferente. A água sólida tem um arranjo cristalino ordenado, necessitando de mais energia para passar de fase do que a água líquida (cujas moléculas não têm tal arranjo) para entrar na fase gasosa.

Página 33

a) A diferença entre a capacidade do frasco e o volume de água que usamos para completá-lo corresponde ao volume da amostra metálica. Logo, 25 ml — 20,8 ml = 4,2 ml. Portanto, 4,2 ml é o volume da amostra metálica. A densidade do material em questão se determina dividindo 12,5 g por 4,2 ml, o que resulta em 2,9 g/ml.

b) Não. A adição de uma quantidade de sal de cozinha à água resultará na dissolução do sal e em nenhuma mudança no volume da água. Não será possível determinar o volume da massa de sal de cozinha adicionada e, por consequência, sua densidade.

Página 37

Alternativa d.

Páginas 39 a 41 – Exercícios finais

1. d

2. 01 + 02 = 03

3. b   4. c   5. c

6. 01 + 08 + 32 = 41

7. b

8. 01 + 04 + 08 + 16 = 29

9. e   10. a   11. e

CAPÍTULO 2

Página 45

"A energia não pode ser criada nem destruída, ela simplismente se transforma de uma modalidade em outra". Isso quer dizer que não há mudança na quantidade de energia. É possível também transferí-la de um corpo para outro, e muitas vezes nem é necessária interferência, pois a transferência ocorre espontaneamente, como o calor que passa de um corpo quente para um corpo frio.

Página 46

Q = 10 cal e Q = 100 cal

Página 47

O calor transita entre os corpos, mas não é removido, pois a vela não contém calor, e o corpo do observador também não, ambos possuem energia. Seria o mesmo erro se disséssemos que a cabeça do palito de fósforo contém luz. Na verdade, existe energia armazenada nas substâncias que constituem a cabeça do palito.

Página 49

Correto. Ademais, para um material ser usado como combustível, é necessário que exista em abundância, seja de fácil transporte e armazenamento, tenha preços acessíveis aos consumidores e que os efeitos da combustão sejam minimizados em relação ao ambiente.

Página 53

1. Vamos começar pensando no aquecimento da água:

Segundo a definição de caloria, 1,0 g de água requer 1,0 caloria para elevar a temperatura em 1 °C. Se pretendemos elevar em 30 °C (de 20 °C para 50 °C) 1,0 g de água, então serão necessárias 30 cal.

Ocorre que a quantidade de água é 100 g; logo, serão necessários 100 g · 30 cal/g ou 3000 cal para elevar a temperatura de 100 g de água em 30 °C.

Calculando com o carvão vegetal: se 1,0 g de carvão vegetal queimado produz 7,5 cal, então o cálculo da massa de carvão será feito dividindo-se 3000 cal por 7,5 cal/g, o que resulta em 400 g.

2. álcool $\cong$ 0,67 tep; carvão siderúrgico $\cong$ 0,63 tep; lenha $\cong$ 0,23 tep.

3. Álcool misturado à gasolina – etanol anidro. Álcool usado nos carros a álcool – etanol hidratado.

Página 56

1. Carvão, petróleo e gás natural são considerados não renováveis, pois uma vez consumidos não podem ser repostos pela ação humana. A reposição leva milhões de anos.

2. Porque uma vez consumido pode ser reposto com o plantio de vegetais como a cana-de-açúcar.

Páginas 60 e 61 – Exercícios finais

1. b   4. c   7. a

2. c   5. c   8. e

3. c   6. c   9. e

CAPÍTULO 3

Página 65

1. carbono + oxigênio → gás carbônico
     120 g   320 g   440 g
A soma das massas dos reagentes deve ser igual à soma das massas dos produtos.

2. gás hidrogênio + gás oxigênio → água
1º experimento
2 g   16 g m_1 = 18 g

2º experimento

m_2 m_3 9 g

Como a massa do produto no experimento 2 é a metade da massa do produto no experimento 1, então as massas m_2 e m_3 também devem ser as metades das massas de hidrogênio e oxigênio, respectivamente. No experimento 2, $m_2 = 1$ g e $m_3 = 8$ g.

3. As massas dos reagentes devem reagir na mesma proporção. O experimento 2 ou o 1 mostram que o hidrogênio e o oxigênio reagem na proporção de 1 : 9. Quando misturamos 2 g de hidrogênio com 20 g de oxigênio, somente 16 g do oxigênio irão reagir e formarão 18 g de água. Ao término da reação, estarão presentes água e excesso de oxigênio.

4.

a) $mD = 18$ kg

b) 4 kg de A requerem 12 kg de B e 20 kg de C, de modo que o produto tem massa 36 kg e haverá excesso de 3 kg de B e 10 kg de C.

5. Hidrogênio = 11,11% em massa
Oxigênio = 88,88% em massa

6. 30 toneladas de carbono e 40 toneladas de metano

Página 71

I - SO_4^{2-} : S = 16 elétrons

$\qquad$ O = 8 elétrons · 4 = 32 elétrons

carga 2− = 2 elétrons a mais

Total = 16 + 32 + 2 = 50 elétrons

II – NH_4^{1+} : N = 7 elétrons

$\qquad$ H = 1 elétron · 4 = 4 elétrons

carga 1+ = 1 elétron a menos

Total: 7 + 4 − 1 = 10 elétrons

Página 73

1. Próton: 2 *quarks up* = $+\dfrac{2}{3} \cdot 2 = +\dfrac{4}{3}$

$\qquad$ 1 *quark down* = $-\dfrac{1}{3}$

Então: $+\dfrac{4}{3} - \dfrac{1}{3} = +\dfrac{3}{3} = 2$

Logo a carga do próton vale +1

Nêutron: 1 *quark up* = $+\dfrac{2}{3}$

$\qquad$ 2 *quarks down* = $-\dfrac{1}{3} \cdot 2 = \dfrac{2}{3}$

Então: $+\dfrac{2}{3} - \dfrac{2}{3} = 0$

Logo a carga do nêutron vale 0 (nula)

2. H_2O: 8 nêutrons
D_2O: 10 nêutrons

Página 76

Os 3 isótopos citados decaem emitindo uma partícula alfa que tem número de massa 4 e carga +2.

$$^{222}_{86}Rn \longrightarrow \;^{218}_{84}Po \;+\; ^{4}_{2}\alpha$$

$$^{211}_{83}Bi \longrightarrow \;^{210}_{81}T\ell \;+\; ^{4}_{2}\alpha$$

$$^{215}_{84}Po \longrightarrow \;^{211}_{82}Tb \;+\; ^{4}_{2}\alpha$$

Página 79

1.

a) $^{131}_{53}I \longrightarrow \;^{131}_{54}Xe \;+\; ^{0}_{-1}\beta$

b) $^{3}_{1}H \longrightarrow \;^{3}_{2}He \;+\; ^{0}_{-1}\beta$

c) $^{222}_{86}Rn \longrightarrow \;^{218}_{84}Po \;+\; ^{4}_{2}He$

d) $^{24}_{11}Na \longrightarrow \;^{24}_{12}Mg \;+\; ^{0}_{-1}\beta$

e) $^{231}_{91}Pa \longrightarrow \;^{227}_{89}Ac \;+\; ^{4}_{2}\alpha$

2.

1) $^{235}_{92}U \longrightarrow \;^{4}_{2}\alpha \;+\; ^{231}_{90}Th$

2) $^{231}_{90}Th \longrightarrow \;^{0}_{-1}\beta \;+\; ^{231}_{91}Pa$

3) $^{231}_{91}Pa \longrightarrow \;^{4}_{2}\alpha \;+\; ^{227}_{89}Ac$

4) $^{227}_{89}Ac \longrightarrow \;^{0}_{-1}\beta \;+\; ^{227}_{90}Th$

5) $^{227}_{90}Th \longrightarrow \;^{4}_{2}\alpha \;+\; ^{223}_{88}Ra$

6) $^{223}_{88}Ra \longrightarrow \;^{4}_{2}\alpha \;+\; ^{219}_{86}Rn$

7) $^{219}_{86}Rn \longrightarrow \;^{4}_{2}\alpha \;+\; ^{215}_{84}Po$

8) $^{215}_{84}Po \longrightarrow \;^{4}_{2}\alpha \;+\; ^{211}_{82}Pb$

9) $^{211}_{82}Pb \longrightarrow \;^{0}_{-1}\beta \;+\; ^{211}_{83}Bi$

10) $^{211}_{83}Bi \longrightarrow \;^{0}_{-1}\beta \;+\; ^{211}_{84}Po$

11) $^{211}_{84}Po \longrightarrow \;^{4}_{2}\alpha \;+\; ^{207}_{82}Pb$

3. $^{131}_{53}Bi \longrightarrow \;^{131}_{54}Xe \;+\; ^{0}_{-1}\beta$

Página 83

Pelo texto apresentado, a meia-vida do plutônio é de 48 000 anos, a cada 48 000 anos a massa radioativa cai pela metade.

$$6,0 \text{ g} \underset{\text{início}}{\longrightarrow} 3,0 \text{ g} \underset{\text{48 000 anos}}{\longrightarrow} 1,5 \text{ g} \underset{\text{96 000 anos}}{\longrightarrow} 0,75 \text{ g} \;_{\text{144 000 anos}}$$

Página 84

a) césio-134 = 12 anos

b) césio-137 = 120 anos

Página 87

1. $^{14}_{7}N + \;^{0}_{1}n \longrightarrow \;^{14}_{6}C \;+\; ^{1}_{1}H$

2.

a) O objeto de ouro, por não possuir C-14 em sua constituição, não pode ser datado por esse método.

b) 3713 a.C.

Páginas 101 a 105 – Exercícios finais

1. c	**2.** a	**3.** a	**4.** d

5. 02 + 16 = 18 **6.** 01 + 02 + 04 = 07

7. c **8.** d **9.** 02 + 04 + 08 = 14

10. c **11.** e **12.** 02 + 04 = 06

13. b **14.** a **15.** d

16. 01 + 02 + 08 = 11 **17.** b **18.** d

19. a **20.** 01 + 02 + 04 + 08 + 16 = 31

21. 01 + 04 + 16 = 21

22. 01 + 02 + 04 + 16 = 23

23. e **24.** a **25.** b

CAPÍTULO 4

Página 107

a) x = 60,9%; y = 34,7%; z = 4,35%

b) x = 6,70%; y = 40,0%; z = 53,3%

c) x = 27,3%; y = 72,7%

Página 109

1.

a) C_4H_{10} **b)** $C_7H_6O_3$ **c)** H_2SO_4

2.

a) H_2O_2 **b)** $C_2H_4O_2$

Página 112

1. A massa 63,5 u é a média das massas dos isótopos de cobre.

2. Na tabela consta o valor de 35,45 u ou 35,5 u. A massa atômica do íon cloreto é considerada a mesma, pois para nossos propósitos a massa de um elétron a mais sobre o átomo neutro é desprezível.

Página 112

a) 44 u **c)** 100 u **e)** 291 u

b) 80 u **d)** 17 u **f)** 132 u

Página 116

1. $V_1 = 180$ cm³ de água; $V_2 = 575$ cm³ de álcool etílico

2. O tanque com gasolina, 142,5 litros.

Página 118

1. $1,0 \cdot 10^{23}$ moléculas

2. Todas as massas atômicas, moleculares, iônicas etc., teriam seus valores multiplicados pelo mesmo fator (dois). A massa molecular da água passará a valer 36 u.

3. $n = 1,2 \cdot 10^{24}$

4. 3 mols

5. $6,0 \cdot 10^{23}$ moléculas de água.

6. $n = 1,2 \cdot 10^{24}$

7. $7,2 \cdot 10^{24}$ átomos de carbono

8. 55,85 g de ferro correspondem a 1 mol de átomos de ferro ou a $6,0 \cdot 10^{23}$ átomos de ferro.

9. 32,0 g de oxigênio contêm 1 mol de moléculas de oxigênio ou $6,0 \cdot 10^{23}$ moléculas de oxigênio.

10. 78,0 g de fluoreto de cálcio correspondem a 1 mol de grupos de íons representados pela fórmula (CaF2) ou a $6,0 \cdot 10^{23}$ fórmulas iônicas.

11. A água tem a maior quantidade de matéria, porque apresenta a maior quantidade de mols entre as três amostras.

Página 121

a) 1 : 2 : 2   **d)** 2 : 1 : 2   **g)** 1 : 2 : 1 : 2

b) 1 : 2 : 1   **e)** 2 : 1 : 2

c) 1 : 1 : 2   **f)** 1 : 1 : 1

Páginas 123 a 125 – Exercícios finais

1. a	**3.** a	**5.** a;	**7.** c
2. a	**4.** a	**6.** c	**8.** d

9. 04 + 08 = 12

10. a	**14.** c	**18.** b	**22.** b
11. c	**15.** c	**19.** b	**23.** c
12. a	**16.** c	**20.** c	
13. d	**17.** b	**21.** a	

Páginas 127 a 129 – Enem

1. d	**5.** b	**9.** a	**13.** b
2. a	**6.** d	**10.** d	**14.** b
3. c	**7.** b	**11.** e	**15.** e
4. a	**8.** a	**12.** b	

CAPÍTULO 5

Página 135

1. O gás hidrogênio.

2. O modelo de Bohr explicou por que os elementos químicos na fase gasosa emitiam luzes de várias cores, quando submetidos a altas voltagens. Bohr propôs que um elétron poderia ser levado de uma camada de menor energia para uma de maior energia pelo fornecimento de grande quantidade de energia. Quando o elétron retornasse à sua camada de origem, a energia absorvida seria liberada na forma de luz.

Página 137

A camada de valência é a última camada de distribuição eletrônica. O modelo atômico de Bohr estabelece que os átomos podem possuir sete camadas de distribuição atômica. Estas camadas são denominadas por K, L, M, N, O, P e Q. O enxofre tem a seguinte distribuição eletrônica: 16S – K = 2; L = 8 e M = 6.

Página 140

As previsões de Mendeleev estavam corretas. A densidade do dióxido de germânio é 4,23 g/cm³, muito próximo ao valor proposto por Medeleev, 4,7 g/cm³. O ponto de fusão do óxido é elevado, igual a 400 °C, e o elemento tem coloração branco-acinzentada. Comparando a coloração do germânio com a do carbono e do silício, elementos que o precedem, podemos notar um clareamento na tonalidade, passando do preto do carbono para o cinza-azulado do silício e o branco-acinzentado do germânio.

Página 143

Para descobrir a que grupo e período o elemento pertence, basta fazer sua distribuição eletrônica: Z = 55: K = 2; L = 8; M = 18; N = 18; O = 8 e P = 1. O elemento está localizado no sexto período do primeiro grupo (camada de valência = 1 elétron). De acordo com a tabela periódica, o elemento em questão é o Césio (Cs).

Página 146

a) No Sol, em decorrência da temperatura elevadíssima; b) Sim. O núcleo do Sol é composto basicamente de átomos de hidrogênio que se fundem, dando origem ao hélio e outros elementos.

Página 148

a) Porque todos os íons do conjunto apresentado têm a mesma quantidade de elétrons.

b) Será menor, ou terá menor raio, aquele íon, entre os três apresentados, cuja quantidade de prótons for maior. Logo, a ordem crescente de raios iônicos será:
$_{11}Na^{1+} < {}_{9}F^{1-} < {}_{8}O^{2-}$. (Todos os três íons com 10 elétrons na eletrosfera)

Página 149

1. Sim, pois após a remoção do primeiro elétron de um átomo neutro os demais elétrons estarão mais fortemente atraídos pelo núcleo e requererão mais energia para serem removidos.

2. A maior diferença seria verificada no sódio, porque o segundo elétron a ser retirado se encontra em uma camada mais interna, enquanto no magnésio ambos os elétrons a serem removidos se encontram na mesma órbita mais afastada.

Página 151

1. Porque a segunda energia de ionização do sódio refere-se a um elétron de uma camada mais internaz.

2. O potássio tem uma camada eletrônica a mais que o sódio. Logo, após a retirada do elétron de valência (alocado no quarto período) o próximo elétron retirado será do terceiro período, submetido a uma atração nuclear menor que o segundo elétron retirado do sódio, alocado no segundo período e submetido a uma atração nuclear muito maior. Esse fato explica por que, em comparação com a do sódio, é menor a diferença entre a primeira e a segunda energia de ionização do potássio.

Página 153

Porque as densidades comparadas variam na mesma proporção. Se a densidade de um gás duplicar a do outro também duplicará.

Página 155

Observa-se que os metais menos densos, com menores energia de ionização e temperatura de fusão, são os mais reativos.

Página 159

1. O número atômico do sódio é 11. Seus cátions, portanto, contêm 10 elétrons. Logo, cada três cátions conterão 30 elétrons. O ânion nitreto, que comparece com apenas um ânion, deverá ter 10 elétrons, uma vez que seu número atômico é 7.

2. Os íons permanecem em uma rede organizada, denominada cristal. Todos os íons se mantêm atraídos pelos íons de carga oposta, portanto os compostos são sólidos à temperatura ambiente. Pelo mesmo motivo, isto é, pelas forças de atração, têm elevadas temperaturas de fusão e ebulição. Por não haver possibilidade de movimentação de cargas elétricas, não são bons condutores de eletricidade no estado sólido.

Páginas 164 a 166 – Exercícios finais

1. d.

2. O metal citado de maior massa atômica é o ouro (197 u): Au. O símbolo do metal pertencente ao grupo 14 é Sn (estanho). O cátio divalente do metal de maior raio atômico do grupo 11 da tabela de classificação periódica apresenta a fórmula Cu^{2+}. O cloreto de prata (elemento cloro: grupo 17; elemento prata: grupo 11) apresenta a seguinte fórmula: $AgC\ell$.

3. a; **4.** e; **5.** e; **6.** 01 + 04 + 08 + 16 = 29; **7.** d; **8.** c; **9.** c; **10.** d; **11.** d; **12.** 02 + 04 + 16 = 22; **13.** e; **14.** d; **15.** e.

CAPÍTULO 6

Página 169

1. Segundo Faraday, nenhum combustível que não tivesse a propriedade de formar a concavidade em torno do pavio serviria para a fabricação de velas. É uma propriedade importante porque a região côncava é formada pela parafina líquida, que serve de reservatório de combustível para a chama. A parafina líquida sobe por capilaridade pelo pavio e, próxima à chama, evapora e entra em combustão.

2. Ao aproximar a chama de uma vela da região côncava de outra vela, a chama da primeira aumenta. Isso porque mais parafina passa a se transformar em vapor, o que aumenta o combustível da chama, tornando-a maior.

3. A chama mergulhada se extinguirá.

Gabarito 661

Página 169

Os combustíveis que conhecemos a partir do carvão, petróleo e gás natural são misturas que, ao serem submetidas a reações químicas junto ao oxigênio, geram quantidade de energia apreciável por unidade de massa de combustível consumido. São basicamente compostos de carbono e hidrogênio, havendo em alguns casos oxigênio, nitrogênio e enxofre.

Petróleo, carvão e gás natural

Página 174

Sim, é correto. Parece que, devido aos valores próximos e elevados das energias de ionização, a maneira de buscar um estado menos energético é compartilhando pares eletrônicos.

Página 175

1. O carbono, em virtude de seu pequeno raio atômico, é o único elemento capaz de formar moléculas complexas e de grandes cadeias com os outros elementos. Essa propriedade chama-se catenação e leva à formação de grandes cadeias com ligações estáveis e fortes. Isso torna o carbono essencial para a formação dos lipídios, das proteínas e dos ácidos nucleicos, dentre outras moléculas que caracterizam os seres vivos.

2. O carbono é um átomo tetravalente, ou seja, sua estrutura permite que se formem quatro ligações covalentes. Além disso, átomos de carbono ligam-se entre si, e a capacidade de formar quatro ligações é mais pronunciada no carbono que em qualquer outro elemento. Por isso, ocorre a formação de extensas cadeias carbônicas e de uma enorme variedade de compostos.

Página 177

1. 12 elétrons

2.

$$\begin{array}{c} H \\ \diagdown \\ C = O \\ \diagup \\ H \end{array}$$

Quatro pares compartilhados (uma dupla e duas simples) e dois não compartilhados no átomo de oxigênio.

Página 178

1. Para formar ligações covalente apolares, a ligação precisa ser entre átomos de um mesmo elemento.

2. A existência de polos nos átomos ligados por ligações covalentes independe do número de ligações que os dois átomos realizam entre si.

Página 180

1. São semelhantes: H — X (X é um halogênio, F, Cℓ, Br, I). No HF em que a diferença de eletronegatividade entre os átomos é maior.

2. Para que os elementos funcionem como polo negativo, é preciso que a eletronegatividade seja maior que a do oxigênio.

O único elemento que tem negatividade maior que a do oxigênio é o flúor; portanto, o único elemento que funcionaria como um polo negativo em uma ligação com oxigênio seria o flúor.

3. Sim, o oxigênio gera a região de polaridade com caráter negativo por ser mais eletronegativo do que o carbono.

Página 182

1. A estrutura tetraédrica é a que tem o melhor arranjo espacial de átomos, minimizando a repulsão entre os átomos de hidrogênio por meio do aumento do ângulo molecular (109°). Em um quadrado, o ângulo da molécula seria menor (90°) e a repulsão entre os átomos de hidrogênio, maior.

2. As ligações são polares uma vez que o oxigênio é mais eletronegativo do que o enxofre. Em consequência disso, há um polo negativo sobre cada um dos átomos de oxigênio e um polo positivo sobre o átomo de enxofre. No entanto, em decorrência da simetria, as ligações polares se anulam, fazendo com que a molécula seja apolar.

Página 186

1. Todos os hidretos e os gases inertes dos grupos têm pontos de fusão e ebulição muito inferiores aos valores correspondentes dessas mesmas propriedades observadas nos compostos iônicos e metálicos.

2. Excluindo os casos de H_2O, HF e NH_3, todos os demais são regulares, pois à medida que aumentam as massas moleculares também se observa o aumento nos respectivos pontos de ebulição.

3. O único elemento líquido à temperatura ambiente (25 °C) é a água.

Página 188

1. O gelo-seco é mais denso do que o gelo comum, uma vez que ocupa volume menor com a mesma massa.

2. Sim, poderiam interagir, embora sejam moléculas diferentes. As interações intermoleculares também existem nas misturas. Seriam interações do tipo dipolo induzido-dipolo induzido e poderiam ser representadas da seguinte maneira: $O_2 — O_2$; $N_2 — N_2$; e $N_2 — O_2$.

3. O de menor ponto de ebulição – o nitrogênio.

4. Aquelas que envolvem as moléculas de nitrogênio: $N_2 — N_2$ e $N_2 — O_2$. As interações entre moléculas de O_2 não são desfeitas a –195,8 °C, de modo que o oxigê-

---

nio continuará líquido até a temperatura se elevar a –183 °C, para então passar ao estado de vapor e gás.

5. As moléculas dos hidretos do grupo 14 são simétricas e, portanto, apolares. Os gases inertes também são apolares.

6. Na verdade, existem as duas interações, cada uma contribuindo com sua parcela. O dipolo permanente, como vimos, é inerente às moléculas assimétricas. Observe que, se duas moléculas polares se aproximarem, é de se esperar que os polos opostos de ambas se atraiam; além disso, os elétrons de cada uma delas sentirão a atração do núcleo da outra, de tal maneira que, além da polaridade inerente a cada uma, aparece o componente da indução quando elas interagem.

Entre as moléculas apolares, não existindo o dipolo permanente, qualquer interação será devido à indução de polos entre as duas moléculas.

Página 190

1. Há 0,65 mg do gás por 100 ml de água.

2. A elevação da temperatura faz com que as moléculas se agitem, podendo superar a força de atração entre o dipolo permanente da água e o dipolo induzido do oxigênio, de modo que as moléculas do gás escapam da solução, diminuindo sua solubilidade em água.

Página 191

Segundo o texto, a entrada de resíduos orgânicos nas águas de rios e lagos é o fator que determina a escassez de oxigênio.

Página 192

1. As massas moleculares dos hidretos de um mesmo período são muito próximas. As diferenças entre os pontos de ebulição devem ser atribuídas às forças intermoleculares, de maneira que pontos de ebulição mais elevados estejam relacionados com ligações intermoleculares mais fortes.

2. As moléculas de água, amônia e fluoreto de hidrogênio têm um tipo de interação intermolecular conhecida como ligação de hidrogênio. As ligações de hidrogênio são muito mais fortes que as interações de dipolo, presentes nas outras moléculas dos mesmos grupos, o que faz com que as moléculas de água, amônia e fluoreto de hidrogênio não obedeçam à tendência de pontos de ebulição apresentada pelos grupos a que pertencem.

3. São as substâncias com a menor massa molecular em seus grupos, e as temperaturas de ebulição são discrepantes: chegam a ser mais elevadas do que a de alguns dos outros hidretos dos respectivos grupos.

Página 197

1. Qualquer forma de água natural é constituída de uma variedade de isótopos dos elementos hidrogênio e oxigênio.

2. Certamente, quanto mais elevada for a temperatura mais a seletividade se tornará imperceptível. Porém, em regiões do planeta onde se observam variações de temperatura significativas entre o inverno e o verão, a seletividade se acentua.

Página 199

Partículas sólidas pequenas são comuns na atmosfera. Há desde partículas de sal das águas dos oceanos, arrastadas durante a evaporação, até partículas diminutas do solo, levadas pela ação dos ventos.

Página 201

1. Identificar as diversas substâncias que estavam presentes na atmosfera há milhares de anos e que, aprisionadas em bolhas de ar, permaneceram conservadas no gelo.

2. Durante a evaporação da água, em dias frios de inverno, as moléculas mais leves evaporam mais facilmente e, ao serem transportadas por correntes de ar, se precipitam na forma de neve.

Páginas 204 e 205 – Exercícios finais

1.

Substâncias químicas	Tipo de ligação	Polaridade	Interação intermolecular
$CC\ell_4$	covalente	apolar	Van der Waals
$HCC\ell_3$	covalente	polar	dipolo-dipolo
CO_2	covalente	apolar	Van der Waals
H_2S	covalente	polar	dipolo-dipolo
$C\ell_2$	covalente	apolar	Van der Waals
H_3CCH_3	covalente	apolar	Van der Waals
NH_3	covalente	polar	Ligações de hidrogênio

2. e; **3.** c; **4.** c; **5.** a; **6.** a; **7.** 01 + 02 + 04 + 08 = 15; **8.** c; **9.** a) Cientificamente, o termo foi usado de maneira incorreta. O urso cinza estava se referindo ao fenômeno de fusão do gelo (mudança do estado sólido para o líquido). Em se tratando de uma dissolução, com a adição de um solvente, haveria a separação das partículas que formam o soluto; b) O urso cinza não é nativo da região polar do planeta. Em relação aos compostos polares, ocorre dissolução em água, que também é polar (semelhante dissolve semelhante).

10. a.

11.

a) I. $H \bullet\bullet \overset{\bullet\bullet}{\underset{\bullet\bullet}{C}} \bullet\bullet H$ ou $H - \overset{H}{\underset{H}{C}} - H$

II. $H \bullet\bullet \overset{\bullet\bullet}{P} \bullet\bullet H$ ou $H - \overset{H}{\underset{H}{P}} - H$

b) $CH_4 \longrightarrow$ tetraédrica

$PH_3 \longrightarrow$ piramidal

12.

a) Ligação de hidrogênio ou ponte de hidrogênio entre moléculas de água e glicerina.; b) Quando o panetone é aquecido, as ligações de hidrogênio são rompidas. Desse modo, as moléculas de água "libertam-se" das moléculas de glicerina e umedecem a massa do panetone, tornando-o mais macio.

CAPÍTULO 7

Página 207

Alternativa d.

Página 210

1.

a) $NaOH \, (s) \xrightarrow{H_2O} Na^{1+} (aq) + OH^{1-} (aq)$

b) $KOH \, (s) \xrightarrow{H_2O} K^{1+} (aq) + OH^{1-} (aq)$

c) $Ca(OH) \, (s) \xrightarrow{H_2O} Ca(OH)^{1-} (aq) + OH^{1-} (aq)$ 1ª dissociação

$Ca(OH)^{1-} (aq) \xrightarrow{H_2O} Ca^{2+} (aq) + OH^{1-} (aq)$ 2ª dissociação

Somando-se as duas dissoaciações, temos a equação global:

H_2O

$Ca(OH)_2 \, (s) \longrightarrow Ca(OH)^{1-} (aq) + OH^{1-} (aq)$ 1ª dissociação

$Ca(OH)^{1-} (aq) \xrightarrow{H_2O} Ca^{2+} (aq) + OH^{1-} (aq)$ 2ª dissociação

$Ca(OH)_2 (aq) \xrightarrow{H_2O} Ca^{2+} (aq) + 2 \, OH^{1-} (aq)$ dissociação total

2. Alternativa b.

Página 211

A solução fica vermelha por se tratar de uma solução alcalina (o que torna a fenolftaleína vermelha). O CO_2 borbulhado reage com a água para formar ácido carbônico, que vai neutralizando a base e diminuindo a basicidade até a fenolftaleína ficar incolor.

Página 215

1. O que está ligado ao elemento oxigênio no grupo COOH.

2. Se quisermos comparar forças de ácidos, eles deverão estar na mesma temperatura e concentração, assim, quanto maior o α, mais ionizado estará o ácido, portanto, mais forte ele será.

Página 217

$HBr \xrightarrow{H_2O} H^{1+} (aq) + Br^{1-} (aq)$

$H_2SO_3 \xrightarrow{H_2O} H^{1+} (aq) + HSO_3^{1-} (aq)$ 1ª ionização

$HSO_3^{1-} \xrightarrow{H_2O} H^{1+} (aq) + SO_3^{2-} (aq)$ 2ª ionização

$zzH_2SO_3 \xrightarrow{H_2O} 2H^{1+}(aq) + SO_3^{2-}(aq)$ ionização total

Página 220

1. $CaO \, (s) + H_2O \, (l) \rightarrow Ca(OH)_2 \, (aq)$

Com a formação do hidróxido de cálcio, a solução fica básica.

2. Nenhuma base forte pode ser usada como antiácido estomacal, pois, antes de neutralizar o HCl em excesso, provocará sérios danos no aparelho digestivo, podendo levar à morte.

Página 226

As soluções I, IV, V e VI.

Página 228

O gás desprendido é o dióxido de carbono (CO_2).

A reação química é:

$NaHCO_3 \, (s) + CH_3COOH \, (aq) \rightarrow$

$\rightarrow CO_2 \, (g) + H_2O \, (l) + CH_3COONa \, (aq)$

Página 234

1. e; **2.** a.

Páginas 238 a 242 – Exercícios finais

1. d; **2.** d; **3.** a; **4.** b; **5.** 04 + 16 = 20; **6.** 01 + 02 + 04 = 07; **7.** a; **8.** e; **9.** d; **10.** b; **11.** a; **12.** a; **13.** c; **14.** O CO_2 é chamado de dióxido de carbono ou anidrido ("gás carbônico"). A geometria molecular do SO_2 é angular. A fórmula do óxido neutro é CO. Trata-se do nitrogênio, cujo símbolo é N.

15. c; **16.** 01 +16 = 17; **17.** e; **18.** d; **19.** a; **20.** c; **21.** d; **22.** a; **23.** b; **24.** b; **25.** c; **26.** a; **27.** c; **28.** d; **29.** 01 + 02 = 03.

Páginas 244 e 245 – Enem

1. b; **2.** d; **3.** a; **4.** e; **5.** e; **6.** b; **7.** e; **8.** b; **9.** c.

CAPÍTULO 8

Página 251

Quando se aspira pelo canudinho, o ar que estava dentro dele torna-se rarefeito e, consequentemente, a pressão interna diminui. Com isso, a pressão atmosférica que age na superfície do refrigerante empurra o líquido para a boca. O movimento será sempre no sentido da maior para a menor pressão. Sendo assim, o refrigerante é empurrado, e não puxado para a boca.

Página 253

1. Quanto maior a cadeia carbônica mais pontos de interação entre as moléculas são possíveis, o que torna as forças de interação maiores e leva as moléculas para o estado líquido ou sólido. Se há baixa interação molecular, as moléculas assumem a fase gasosa. E com baixa interação molecular a dificuldade para transformar a substância em líquido será maior. Por isso, a fração de etano no GLP é restrita. Como o etano tem cadeia carbônica pequena (dois carbonos), a força intermolecular existente em suas moléculas é baixa, dificultando a passagem para o estado líquido. Caso haja grande quantidade de etano em uma mistura, suas moléculas, movimentando-se com alta energia, dificultarão o encontro e a interação dos outros componentes.

2. 5,0 L

Página 258

1. 182 L; **2.** $3,0 \cdot 10^4$ K

Página 263

252,56 atm

Página 265

3,36 atm

Página 267

a) 1,2 atm; **b)** 0,6 atm; **c)** 200 K

Página 269

1. Percebemos que velocidade de efusão do hélio é maior que a do nitrogênio. A bola com hélio murchará mais rapidamente.

2. d; **3.** b.

Páginas 273 a 277

1. b; **2.** c; **3.** b; **4.** b;
5. 01 + 02 + 08 + 16 = 27;
6. c; **7.** b; **8.** d.
9.
a) 5,01 g;
b) A liga metálica formada entre o mercúrio e outro metal é chamada de amálgama e é classificada como mistura homogênea.
10. c; **11.** b; **12.** 01 + 04 = 05;
13. e; **16.** c; **19.** d; **22.** b;
14. d; **17.** d; **20.** d; **23.** d;
15. c; **18.** c; **21.** e;
24. 01 + 02 + 08 + 16 = 27.

CAPÍTULO 9

Página 278

$9,02 \cdot 10^{10}$ kg de Al_2O_3

Página 279

56 kg de NaCl; 16 kg de KCl

Página 281

2,9 g de Fe

Página 282

A explicação para a não corrosão da coluna de Delhi se baseia em dois fatores: as condições ambientes e o material da coluna. Por um lado, durante a maior parte do ano, a umidade relativa do ar na área onde está a coluna é significativamente inferior a 70%. Além disso, nos últimos quinze séculos, o ar também não esteve poluído com dióxido de enxofre. Assim, o ambiente onde está a coluna é um dos fatores determinantes para que ela ainda esteja de pé. Por outro lado, o material que compõe a coluna é uma liga de ferro com fósforo e muito pouco enxofre, mais resistente à corrosão.

Página 286

R$ 1 900,00

Página 288

1.

a)

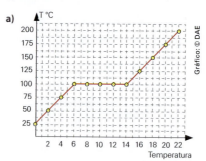

b) Não. Pode ser o gráfico de uma substância pura, pois a tabela não nos informa sobre o ponto de ebulição. Será uma mistura eutética se o ponto de ebulição não for constante.

2. 0,480 g de C; 21,6 g de Cr; 1,20 g de Ni; 96,7 g de Fe

3. 0,5 mol de H_2O

Página 292

47%

Página 296

$CaCO_3$ (s) → CaO (s) + CO_2 (g)
 100 u   56 u   44 u

Justificando pela Lei de Lavoisier:
100 g = 56 g + 44 g
100 g = 100 g

Página 297

a) $m_{C_2} = 43,1$ g e $m_{CO_2} = 59,3$ g
b) mc = 54,4 g e m_{CO_2} = 145 g

Página 301

1. PbO: 485 kg; SO_2: 209 kg

2. 4,5 mol de O_2; 306 g de Al_2O_3

3.
a) Dose máxima: 6,04 g de HCl, dose mínima: 1,51 g de HCl
b) 7,86 g de $MgCl_2$

4.
a) $9,5 \cdot 10^5$ L; **b)** $6,7 \cdot 10^5$ g

5.
a) $H_2 - 1,3 \cdot 10^3$ L; $O_2 - 6,3 \cdot 10^2$ L
b) $H_2 - 3,3 \cdot 10^{25}$ moléculas; $O_2 - 1,7 \cdot 10^{25}$ moléculas

Página 304

1 163,2 kg de Pb

Página 306

Alternativa c.

Página 310

1. a;

2. Há uma economia de R$ 10,00 para cada 50 litros de combustível.

Página 312

2,60 g de H_2SO_4

Página 315

a) O chumbo tetraetila foi proibido por ser um metal pesado altamente tóxico. Provoca uma intoxicação aguda ou crônica denominada saturnismo. Os principais sintomas do saturnismo são: orla gengival azulada, hipertensão arterial, anemia, encefalopatias, nefrite, distúrbios visuais e cólicas abdominais intensas, acompanhadas de vômitos (cólicas saturninas).

b) Retardar ao máximo a explosão, para que o veículo ganhe mais potência. Atualmente, costuma-se adicionar o antidetonante MTBE (metil-terc-butiléter), além do etanol.

Página 319

O CO (monóxido de carbono), produzido na combustão de derivados de petróleo.

Página 321

O metano, quando entra em combustão, produz água e dióxido de carbono. Como o metano é um combustível fóssil, sua queima aumentará a concentração de dióxido de carbono no ambiente, gerando poluição.

Páginas 323 a 325

1. b **2.** c

3.
a) A ligação que forma o ácido sulfúrico é do tipo covalente.

O=S(=O)(O—H)(O—H)

b) 1,34 g

4.
a) A fórmula estrutural do peróxido de hidrogênio é:

H—O—O—H

b) 85%

5. e

6.
a) 22,4 g; **b)** 80% de pureza;

| 7. a | 9. b | 11. d | 13. d |
| 8. b | 10. d | 12. e | 14. c |

15. 01 + 08 + 16 = 25

| 16. b | 17. c | 18. b | 19. a |

CAPÍTULO 10

Página 330

1. Sim, pois em 25 g de água dissolvem apenas 10 g do sal naquela temperatura, e o excesso do sal, isto é, 15 g, se depositará no corpo de chão.

2. Uma mesma substância que se dissolve em uma quantidade fixa de solvente e a uma temperatura fixa não tem como variar sua solubilidade. Portanto, se com tudo fixado observarmos diversos coeficientes de solubilidade, saberemos que se trata de diversos solutos diferentes.

Página 332

1. 425 g de ácido sulfúrico.

2. 5,9 % de massa.

3. Em 1 L de solução com concentração de 28% de massa de ácido clorídrico haverá 308 g desse ácido.

4.
a) A concentração aumenta, já que teremos a mesma quantidade de soluto em um volume menor de solvente.

b) 1,1 g/L de NaOH

Página 333
33,33%

Página 334
1. e
2. 0,004 mg de fluoreto

Página 335
1. 0,0020 mol · L^{-1}
2. NaOH: 0,250 mol · L^{-1}; NaCl: 0,171 mol · L^{-1}
3. 15,12 de KOH

Página 336
1. 0,390 g de Na$_2$S;
2. 4 · 10^{-6} g de NaCl ou 4 µg de NaCl

Página 338
1. 0,1 L ou 100 mL; **2.** 0,04 mol · L^{-1}; **3.** 0,2 mol do ácido ou 100 mL da solução do ácido; **4.** 150 mL de água.

Página 346

1. Durante a dissolução do nitrato de sódio, para cada "molécula" de NaNO$_3$ são obtidos em solução dois íons, o Na^{1+} e o NO$_3^{-}$; portanto, há o dobro de partículas dissolvidas na forma de íons do que a quantidade que existiria se o sal não se dissociasse em duas partículas. Dessa forma, os efeitos coligativos serão proporcionais a 0,4 mol/L.

2. Considere que, embora as duas soluções apresentem a mesma concentração nominal, isto é, 0,01 mol/L, ambas têm concentrações de íons bem diferentes numericamente. A primeira tem concentração de 0,02 mol/L e a segunda, de 0,03 mol/L de íons. Logo, a mais concentrada diminuirá a evaporação do solvente, tornando-se a que apresentará menor pressão de vapor.

Página 347

Líquido puro: aproximadamente 52 °C; líquido em solução: 60 °C.

Página 351

a) Inicialmente, consideramos densidades iguais para as duas soluções e volumes iguais a 100 mL. Na solução de soro, 0,9% em massa de NaCl representa 0,9 g de NaCl em 100 mL de solução ou 0,015 mol de NaCl em 100 mL de solução; portanto, o dobro de partículas dissolvidas devido à dissociação do NaCl. Os íons terão concentração de 0,03 mol por 100 mL de solução. Em relação à glicose, 5,5% em massa representa 0,03 mol de moléculas por 100 mL de solução. Logo, as duas soluções têm a mesma concentração e estão na mesma temperatura. Está demonstrado que são isotônicas.

b) Quando as soluções com concentrações diferentes estão em contato através de uma membrana semipermeável, acontece a osmose, processo espontâneo em que a água flui para o meio mais concentrado. Como o soro fisiológico (enunciado) 0,9% é isotônico em relação às células vermelhas do sangue, certamente a injeção endovenosa de um soro 5,5% provoca a perda de água pelas células vermelhas.

Página 355
Alternativa a.

Páginas 357 a 362

1.
a) O sal que apresenta maior variação na solubilidade em água devido ao aumento da temperatura foi o sal D.

b) Podemos afirmar que 3 g de sal não se solubilizará, formando corpo de fundo.

2. 01 + 02 + 08 = 11.

| 3. a | 5. d | 7. d |
| 4. a | 6. e | 8. e |

9.
a) 327,87 g · L^{-1} **b)** 831 mL

10. b	13. c	16. b
11. a	14. c	17. c
12. e	15. b	18. b

19. 01 + 02 + 04 = 07

| 20. e | 21. c | 22. b | 23. a |

24. 01 + 02 + 16 = 19

25. a   **26.** a

27.
a)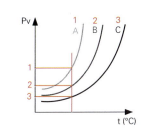

Logo, podemos dizer que o sistema mais volátil é o número 1 (água pura), representado pela curva A.

b) Ao se adicionar um soluto não volátil, ocasiona-se uma diminuição da pressão de vapor, devido ao aumento das interações entre as partículas de soluto e solvente.

| 28. c | 29. c | 30. c |

31. 01 + 04 + 08 = 13

| 32. c | 33. a | 34. e |

Páginas 364 a 367

1. d	6. b	11. d	16. a
2. b	7. e	12. b	17. b
3. c	8. a	13. d	18. d
4. c	9. d	14. d	19. c
5. c	10. b	15. b	20. e

CAPÍTULO 11

Página 372
2,75 kcal

Página 374
3,5 ovos

Página 382

1. A expressão "energia química" se refere ao conteúdo energético que se encontra nos átomos, nos íons e nas moléculas das substâncias envolvidas nas transformações. Significa que só essa fração de energia é armazenada durante a fotossíntese.

2. $C_6H_{12}O_6 + 6\,O_2 \longrightarrow 6\,CO_2 + 6\,H_2O$.

3. Exotérmica, isto é, libera energia para o ambiente

4. Divide-se a quantidade de energia armazenada nos combustíveis fósseis pela energia liberada em uma explosão nuclear: $5{,}5 \cdot 10^{19}$ kJ dividido por $2{,}0 \cdot 10^{10}$ kJ = $= 2{,}7 \cdot 10^9$ vezes mais.

Página 384

A equação da decomposição de óxido de mercúrio (II) é:

$2\,Hg)\,(s) \longrightarrow 2\,Hg\,(\ell) + O_2\,(g)\quad \Delta H = 181{,}4$ kJ

Considerando a equação ajustada com os menores coeficientes inteiros, na decomposição do HgO são consumidos 181,4 kJ, ou seja, a reação é endotérmica. E o diagrama de energia para o processo é:

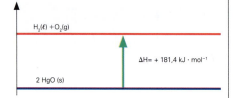

Página 387

1. Porque a síntese não parte das substâncias simples.

2. $C\,(s) + O_2\,(g) \longrightarrow CO_2\,(g)$

3. $2\,A\ell\,(s) + \dfrac{3}{2}\,O_2\,(g) \longrightarrow A\ell_2O_3\,(s)$

4. Está correto. A unidade e o valor numérico estão de acordo com os coeficientes da equação apresentada.

Página 392

Alternativa d.

Página 393

a) $C_2H_5OH\,(\ell) + 3\,O_2\,(g) \rightarrow 2\,CO_2\,(g) + 3\,H_2O\,(\ell)$
$\Delta H = -1368$ kJ

b) Como o ΔH encontrado foi negativo, a reação é exotérmica.

Página 396

Alternativa b.

Páginas 398 e 399 – Exercícios finais

a) Hidrelétrica de Belo Monte, PA; Parque eólico Alegria e do Rio de Fogo, RN; Itaipu, PR; Termonucleares Angra I e II, RJ; Parque eólico de Osório, RS.

b) $E_{CH_4} = 13{,}31$ kcal liberados

$E_{C_2H_6O} = 13{,}31$ kcal liberados

Com base nos cálculos acima, podemos afirmar que o combustível mais vantajoso, do ponto de vista energético, é o metano, pois apresenta poder calorífico maior que o do etanol líquido.

2.
a) $E_{mistura} = 3{,}58 \cdot 10^4$ kJ

b) $E_{ganho\ de\ energia} = 1{,}92 \cdot 10^4$ kJ/kg

c) Ao se purificar o biogás, impede-se que haja a queima do H_2S (gás sulfídrico), que gera SO_2 (dióxido de enxofre), que, por sua vez, sofre combustão, gerando SO_3 (trióxido de enxofre), que poderá reagir com água, ocasionando a chuva ácida.

d) Com base no que foi dito no enunciado, podemos afirmar que no tubo A foi recolhido o biogás com maior poder calorífico, pois quanto maior a profundidade, menor a quantidade de oxigênio que vai se misturar ao material orgânico, sendo maior a concentração de CH_4 formado por fermentação anaeróbica.

3.
a) $\Delta H = +2006$ kJ/mol (C_3H_8O);

b) Energia = 3009 kJ liberados.

4. b;   5. d.

6. $HCN\,(aq) + \cancel{Na^+\,(aq)} + \cancel{OH^-\,(aq)} \longrightarrow$
$\longrightarrow \cancel{Na^+\,(aq)} + CN^-\,(aq) + \cancel{H_2O\,(\ell)}$
$\Delta H_1 = 2{,}9$ kcal $\cdot$ mol^{-1}

$\cancel{H_2O\,(\ell)} \longrightarrow H^+\,(aq) + \cancel{OH^-\,(aq)}$
$\Delta H_2 = +13{,}3$ kcal $\cdot$ mol^{-1}

$HCN\,(aq) \xrightarrow{global} H^+\,(aq) + CN^-\,(aq)$
$\Delta H = \Delta H_1 + \Delta H_2$

7. d;   8. b.

CAPÍTULO 12

Página 406

1.
a) 79,4 kJ/min

b) 0,09 mol/min

c) 1,8 mol de CH_4 e 115,2 g de O_2

2.

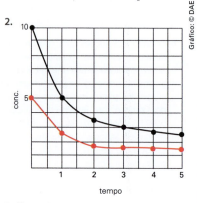

3. Alternativa e.

Página 409

Quando resfriamos o balão com ar, as moléculas presentes no estado gasoso reduzem seu movimento aleatório, diminuindo a distância entre as moléculas, o que leva a uma contração do volume ocupado pelo gás. No estado líquido, essa mudança de distância molecular com o resfriamento da temperatura é menos perceptível, já que suas moléculas têm baixa mobilidade, por isso o balão não apresentará alteração de volume.

Página 412

1. d   2. c

Página 416

Alternativa e.

Página 418

1. d

2.
a) $v = k \cdot [X]^2$

b) Molecularidade 2.

c) Não. Se fosse elementar, a lei de velocidade seria $v = k \cdot [X]^3 \cdot [Y]^2$.

Páginas 420 a 427 – Exercícios finais

1. b; 2. 02 + 08 = 10; 3. 04 + 08 + 16 = 28; 4. c;
5. e; 6. d; 7. a; 8. a) 80 dias; b) 2,83 $\cdot$ L^{-1} $\cdot$ dia^{-1};
9. a; 10. c; 11. d; 12. 01 + 02 + 04 + 08 + 16
= 31; 13. c; 14. b; 15. b; 16. b; 17. a; 18. d;
19. e; 20. d; 21. d; 22. d.

23. O catalisador atua diminuindo a energia de ativação do sistema, alterando o "caminho" da reação. Assim, a curva II representa a reação na presença de catalisador, e permanece constante o valor da variação de entalpia (H). Como a reação é exotérmica, haverá liberação de calor. A curva 1 representa a reação catalisada, que ocorre com liberação de calor, e a sua energia de ativação é dada por E_1.

24. e; 25. a; 26. a; 27. d; 28. 01 + 02 + 08 = 11; 29. 01 + 04 + 16 = 21; 30. e; 31. 01 + 02 + 04 + 08 = 15; 32. F – V – F – F – V; 33. a.

CAPÍTULO 13

Página 433

1. Pelo esquema representado, quando a temperatura aumenta (água em ebulição), a coloração do sistema fica azul – isso significa que o equilíbrio foi deslocado no sentido de formar mais [CoCℓ_4]$^{2-}$, quer di-

zer, para a direita. Quando a temperatura diminui (gelo e água), a coloração do sistema fica rosada – isso significa que o equilíbrio foi deslocado no sentido de formar mais $[Co(H_2O)_6]^{2+}$, quer dizer, para a esquerda.

2.

a) Pelo gráfico, depois de aproximadamente 500 milissegundos, as concentrações ficam constantes, indicando que o sistema entrou em equilíbrio.

b) Podemos dizer que a curva II ascendente representa o único produto $FeSNC^{2+}$. No entanto, como são duas curvas descendentes, I e III (reagentes), e a estequiometria é de 1:1, não podemos dizer, com base nas informações disponíveis no exercício, qual é a curva correspondente ao reagente Fe^{3+} e qual é a curva correspondente ao reagente SCN^- (entre as curvas I e III).

Página 438

1. a   **2.** a   **3.** c

Página 443

1.

a) O agente desidratante retira água do ambiente, portanto diminui a concentração de água do sistema. Isso faz com que o equilíbrio seja deslocado para direita, no sentido dos produtos (aumenta o rendimento da reação).

b) 0,75 mol

2. Como a reação de decomposição do carbonato de cálcio é endotérmica, aumentos na temperatura irão favorecer mais a reação endotérmica do que a exotérmica; portanto, o equilíbrio será deslocado no sentido da decomposição do carbonato de cálcio.

3. Alternativa e.

Página 445

Alternativa c.

Página 450

1. pH = 4   **2.** e   **3.** pH = 3   **4.** d

Página 453

Alternativa d.

Página 456

01 + 04 = 05

Página 458

1. d;   **2.** $K_{ps} = 1,69 \cdot 10^{-8}$

Páginas 460 a 467 – Exercícios finais

1. d   **2.** a

3.

a) Em águas transparentes a incidência de luz é maior; logo, as algas associadas aos pólipos de corais realizam fotossíntese consumindo o CO_2, fazendo com que o equilíbrio

da reação seja deslocado para a esquerda (Princípio de Le Chatelier), no sentido da formação do $CaCO_3$, principal constituinte inorgânico de estruturas coralíneas.

b) Considerando que a solubilidade dos gases em um líquido é diretamente proporcional à sua pressão parcial a uma dada temperatura constante (Lei de Henry), com o aumento da temperatura da água (mares de água quente), a solubilidade do CO_2 irá diminuir, fazendo com que o equilíbrio da reação seja deslocado no sentido da produção de $CaCO_3$, aumentando a formação de recifes de coral.

4. c; **5. a)** 14,5; **b)** O equilíbrio será deslocado no sentido do menor volume molar, ou seja, no sentido da formação de produto; **6.** e; **7.** b; **8.** a; **9.** d; **10.** 01 + 04 = 05;

11. a) 2 g/L e 0,22 mol/L; **b)** Expressão da constante do equilíbrio global:

$$K_{Global} = \frac{[C_2O_7^{14}][H^+]^2}{[H_2C_2O_4]}$$

Considerando as constantes de equilíbrio das etapas, podemos obter a constante de equilíbrio da reação global:

$$K_{Global} = 5,9 \cdot 10^{-2} \cdot 6,4 \cdot 10^{-2} = 3,776 \cdot 10^{-3}$$

12. a) $K_c = \dfrac{[SO_3]^2}{[SO_2]^2[O_2]}$ **b)** $K_c = 3,79$

c) Pressão: o aumento da pressão desloca o equilíbrio no sentido do menor volume, nesse caso, para o sentido da produção de produtos. Concentração: o aumento da concentração desloca o equilíbrio no sentido oposto ao do aumento da pressão, ou seja, a adição de reagente fará com que o equilíbrio se desloque no sentido da formação de produto e a adição de produto fará com que o equilíbrio se desloque no sentido da formação de reagente; logo, para aumentar o rendimento do produto, deve-se aumentar a concentração dos reagentes.

13.

a) Valores de K_c alto indicam deslocamento no sentido dos produtos, pois o K_c é diretamente proporcional a $[SO_3]$. Valores de K_c baixo alto indicam deslocamento no sentido dos reagentes, pois o é inversamente proporcional a $[O_2]$ e $[N_2]$.

b) A equação 1 pode ser corretamente relacionada à formação da chuva ácida.

14.

a) Podemos observar que a constante de equilíbrio diminui ($5,6 \cdot 10^9 \rightarrow 7,4 \cdot 10^3$) com o aumento da temperatura; portanto, o rendimento da reação direta diminui com o aumento da temperatura (300 K $\rightarrow$ 500 K) (trata-se de um processo exotérmico).

b) A interação entre o átomo de hidrogênio do álcool e o átomo de enxofre do ânion é forte, porque é uma interação do tipo dipolo-ânion: no caso, o átomo de hidrogênio ligado ao oxigênio se comporta como um próton – está polarizado

$\overset{\delta}{O} — \overset{\delta^+}{H}$ – e atrai o par de elétrons presente no átomo de enxofre, que se comporta como um ânion.

15. a) $\underbrace{1,23 \cdot 10^{-7} \cdot mol/L}_{\substack{\text{Concentração} \\ \text{de nicotina}}} > \underbrace{4 \cdot 10^{-8} \cdot mol/L}_{\substack{\text{Concentração} \\ \text{de cátions } H^+ \text{ no sangue}}}$

b) Podemos afirmar que a concentração da forma protonada da nicotina equivale ao quádruplo da sua forma desprotonada; logo, estará em maior quantidade no sangue.

16.

a) A reação X $\rightleftharpoons$ Y apresenta a maior constante de equilíbrio. **b)** $K_1 = 0,25$

17.

a) A lâmpada apresentará menor intensidade na solução 3, de C_6H_5OH, pois esse possui a menor constante ácida, logo estará pouco dissociado em solução, deixando a solução 3 com menor concentração de íons livres.

b) $[CH_3COOH] = 5,6 \cdot 10^{-4} \cdot mol/L$.

18. b; **19.** d; **20.** c; **21.** d; **22.** c; **23.** a.

24.

a)

Produto	$[H^+]$	pH
Refrigerante	10^{-3}	$pH = \log[H^+] = \log 10^{-3} = 3$
Alvejante caseiro	$10^{-12,5}$	$pH = \log[H^+] = \log 10^{-12,5} = 12,5$
Vinho	$10^{-3,5}$	$pH = \log[H^+] = \log 10^{-3,5} = 3,5$
Leite de magnésia	10^{-10}	$pH = \log[H^+] = \log 10^{-10} = 10$
Cerveja	$10^{-4,5}$	$pH = \log[H^+] = \log 10^{-4,5} = 4,5$

b) $[OH^-] = 10^{-4}$ mol/L. Logo, observando a tabela, podemos afirmar que os produtos com propriedades ácidas (pH < 7) que podem ser utilizados para neutralizar o pH do leite de magnésia são o vinho (pH = 3,5) e a cerveja (pH = 4,5).

25. b; **26.** b; **27.** c.

28.

a)

b) $K_c = \dfrac{[H^+][AA^-]}{[AA]}$ **c)** $[H+] = 8 \cdot 10^{-4} \cdot mol/L$

d) Podemos afirmar que o equilíbrio da reação se desloca para a esquerda, aumentando o rendimento dos reagentes; consequentemente, a absorção do fármaco será eficiente.

29.

a) O primeiro valor da constante ácida (K_a) da tabela refere-se à ionização do grupo carboxila, pois, numericamente, é muito superior ao segundo, que se refere à ionização do grupo fenólico.

b) pH = 3,0.

30.

a) $\%_{vinagre} = 3,53\%$;   **b)** $V_{KOH} = 120mL$;

c) pH = 2,48; d) $K_{ácido} = 1,8 \cdot 10^{-5}$.

Gabarito 667

31. c; **32.** c; **33.** c; **34.** e; **35.** e; **36.** c.

37.
a) Considerando que, quanto menor o valor do K_{ps}, menos solúvel será a substância, podemos afirmar que o carbonato de estrôncio ($SrCO_3$), que apresenta o menor valor de K_{ps}, cristalizará primeiro.
b) $8,1 \cdot 10^{-3}$ mol/L.

38. a; **39.** O sal mais solúvel é o que tem maior K_{ps}. Dentre os sais listados, o que possui o maior K_{ps} é o CuI ($K_{ps} = 1,0 \cdot 10^{-12}$), portanto será mais solúvel que o BiI_3.

40. d; **41.** a.

CAPÍTULO 14

Página 475

O esquema de funcionamento da pilha pode ser assim representado:

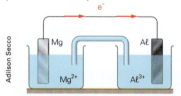

Mg (s) ⟶ Mg^{2+} (aq); o magnésio sólido sofre oxidação.

Al^{3+} (aq) ⟶ Al (s); o alumínio em solução sofre redução.

a) O fluxo de elétrons é da lâmina de magnésio para a lâmina de alumínio.

b) Semirreação de oxidação:
Mg (s) ⟶ Mg^{2+} (aq) + 2 e^-

c) Semirreação de redução:
Al^{3+} (aq) + 3 e^- ⟶ Al (s)

d) A reação completa é obtida quando se multiplica a semirreação de oxidação por 3 e a semirreação de redução por 2. Em seguida, somamos as duas semirreações.

3 Mg (s) ⟶ 3 Mg^{3+} (aq) + 6 e^-
2 Al^{3+} (aq) + 6 e^- ⟶ 2 Al (s)
_____
3 Mg (s) + 2 Al^{3+} (aq) ⟶ 3 Mg^{3+} (aq) + 2 Al (s)

e) Cátodo: onde ocorre redução, eletrodo de Al.

f) Ânodo: onde ocorre oxidação, eletrodo de Mg.

g) Permitir o equilíbrio eletrostático entre os eletrodos, aumentando o tempo de aproveitamento da pilha.

Página 479

a) $\Delta E^0 = +2,79$ V; b) $\Delta E^0 = +3,18$ V;
c) $\Delta E^0 = +2,26$ V; d) $\Delta E^0 = +2,00$ V

Página 481

Alternativa c.

Cobre
Cu (s) ⟶ Cu^{2+} (aq) + 2 e^- $E^0_{oxi} = -0,34$ V
2 H^{1+} (aq) + 2 e^- ⟶ H_2 (g) $E^0_{red} = 0,00$ V
$\Delta E^0 = E^0_{oxi} + E^0_{red}$ ∴ $\Delta E^0 = -0,34 + 0,00$

∴ $\Delta E^0 = -0,34$ V

Como o valor de ΔE^0 é negativo, o ácido clorídrico não vai reagir com o cobre.

Estanho
Sn (s) ⟶ Sn^{2+} (aq) + 2 e^- $E^0_{oxi} = +0,14$ V
2 H^{1+} (aq) + 2 e^- ⟶ H_2 (g) $E^0_{red} = 0,00$ V
$\Delta E^0 = E^0_{oxi} + E^0_{red}$ ∴ $\Delta E^0 = +0,14 + 0,00$

∴ $\Delta E^0 = +0,14$ V

Como o valor de ΔE^0 é positivo, o ácido clorídrico reagirá com o estanho. O comportamento mais provável será a redução do H^+.

Página 482

1. Reação I
Fe + Sn^{2+} ⟶ Fe^{2+} + Sn
 0   ⟶oxidação⟶   +2

Reação II
Fe + Pb^{2+} ⟶ Fe^{2+} + Pb
 0   ⟶oxidação⟶   +2

Nas duas reações, o ferro sofre oxidação de 0 para +2. O ferro, portanto, em ambas as reações, atua como agente redutor.

2.
a) Cátodo: eletrodo de HgO (s). Ocorre a redução do mercúrio. Ânodo: eletrodo de Zn (s). Ocorre a oxidação do zinco.

b) Agente oxidante: HgO (s), porque o mercúrio sofre redução. Agente redutor: Zn (s), porque o zinco sofre oxidação.

Página 484

Alternativa d.

Página 487

Cátodo é o eletrodo negativo. Ânodo é o eletrodo positivo. Primeiro, o Al_2O_3 é fundido:

Al_2O_3 (s) $\xrightarrow{fusão}$ 2 Al^{3+} (ℓ) + 3 O^{2-} (ℓ)

Os íons Al^{3+} (ℓ) migram para o polo negativo, o cátodo.

Cátodo (−): 2 Al^{3+} (ℓ) + 6 e^- ⟶ 2 Al (ℓ)

Os íons O^{2-} (ℓ) migram para o ânodo, polo positivo.

Ânodo (+): 3 O^{2-} (ℓ) ⟶ $\frac{3}{2} O_2$ (g) + 6 e^-

Observação: Notamos, durante o processo da eletrólise do Al_2O_3, desprendimento de CO_2 no ânodo. Como o material utilizado é um eletrodo de carvão (C) e forma-se CO_2, então:

$\frac{3}{2}$ C (s) + $\frac{3}{2} O_2$ (g) ⟶ $\frac{3}{2} CO_2$ (g)

Página 493

Observando as semirreações de redução, percebemos que o ferro sofrerá redução (maior potencial de redução). Já o alumínio sofrerá oxidação (menor potencial de redução). O alumínio, sofrendo oxidação, perderá os seus elétrons para o ferro, funcionando como metal de sacrifício. Sendo assim, haverá corrosão do alumínio nas imediações dos parafusos de ferro.

Página 497

1,0 tonelada

Página 500

$KMnO_4$ $Fe(NO_3)_3$ $Al(OH)_3$
+1 +7 −2   +3 +5 −2   +3 −2 +1

Na_2SO_4 $Zn_3(PO_4)_2$ KCl
+1 +6 −2   +2 +5 −2   +1 −1

$K_2Cr_2O_7$ $Pb(OH)_4$ As_2O_3
+1 +6 −2   +4 −2 +1   +3 −2

Página 502

1. 4 NH_3 + 5 O_2 ⟶ 4 NO + 6 H_2O;

2. a;   3. d.

Página 504

1. b.

2. 1 BrO_3^{1-} (aq) + 5 Br^{1-} (aq) + 6 H^{1-} (aq) ⟶
⟶ 3 H_2O (ℓ) + 3 Br_2 (ℓ)

3. 3 C_2H_6O + 8 H^{1+} + $Cr_2O_7^{2-}$ ⟶
⟶ 3 C_2H_4O + 2 Cr^{3+} + 7 H_2O

4. a

Páginas 506 a 513 – Exercícios finais

1. d; **2.** b; **3.** F – V – V – V – F; **4.** a) Nox(N) = 0; b) V_{N_2}; **5.** c; **6.** a; **7.** d; **8.** d.

9.
a) Localização do cádmio (Cd) grupo 12 ou IIB e quinto período (cinco camadas). Localização do zinco (Zn) grupo 12 ou IIB e quarto período (quatro camadas). O cádmio apresenta maior raio atômico, pois está localizado no mesmo grupo do zinco, porém em um período abaixo, ou seja, apresenta uma camada a mais.
b) E = +2,04 V

10. b; **11.** V – V – F – F – F; **12.** e; **13.** 01 + 02 + 08 = 11; **14.** a; **15.** 01 + 04 = 05; **16.** c; **17.** c; **18.** e; **19.** a; **20.** b; **21.** a; **22.** a; **23.** a; **24.** e; **25.** b; **26.** a; **27.** e; **28.** e.

29.
a) Variação do número de oxidação do cloro: de 0 para −1. Variação do número de oxidação do alumínio: de 0 para +2. Agente redutor: Al (s).
b) Equação balanceada dessa reação química:

Al (s) + 3 Cl (g) ⟶ 2 $AlCl_3$ (s)

ou 2 Al (s) + $\frac{3}{2} Cl_3$ (g) ⟶ 1 $AlCl_3$ (s)

Cálculo da massa de cloreto de alumínio:
$m_{AlCl_3} = 2670$ g.

30. b; **31.** e; **32.** a; **33.** d; **34.** a; **35.** b

Páginas 515 a 519 – Enem

1. b; **2.** c; **3.** c; **4.** b; **5.** d; **6.** b; **7.** d; **8.** b; **9.** a; **10.** a; **11.** e; **12.** b; **13.** a; **14.** e; **15.** b; **16.** e; **17.** a; **18.** a; **19.** d; **20.** d; **21.** e.

CAPÍTULO 15

Página 524

álcool etílico:

H H
| |
H—C—C—O—H
| |
H H C_2H_6O

aspartame:

$C_{14}H_{18}O_5N_2$

caroteno:

$C_{40}H_{56}$

Página 530

1. Alternativa d.

2.

a) $H_3C\overset{7}{-}\overset{6}{C}-\overset{5}{CH}-\overset{4}{CH_2}-\overset{3}{C}-\overset{2}{C}=\overset{1}{CH_2}$
        | ‖ H
     8CH_3 9CH_2

A fórmula molecular do mirceno é: C_9H_{14}.
Teremos, para a molécula:
- 4 carbonos primários – C1, C7, C8 e C9;
- 3 carbonos secundários – C2, C4;
- 2 carbonos terciários – C3 e C6.

b) Na molécula de mirceno temos três insaturações (3 duplas ligações) em C1-C2, C3-C9 e C5-C6.

3. Alternativa e.

Página 545

1. Alternativa b.

2. Éster, amida, amina e ácido carboxílico.

3.

resveratrol

pterostilbeno

Página 557

1. Alternativa d.

2.

farneseno

+ 4 H_2

↓

farneseno ($C_{15}H_{32}$)

A numeração da cadeia é da esquerda para a direita, pois, neste caso, temos os menores números para as ramificações. O nome oficial do farnesano é: 2,6,10-trimetildodecano.

Como a fórmula molecular do farnesano é $C_{15}H_{32}$, a equação de combustão dessa substância é:

$C_{15}H_{32} + 23\ O_2 \rightarrow 15\ CO_2 + 16\ H_2O$

3. Alternativa e.

Página 561

1. a;   2. b.

Página 564

Alternativa c.

Página 571

1. Alternativa a.

2. Apresenta seis carbonos assimétricos (conforme figura aqui apresentada), dando um total de $2^6 = 64$ possíveis isômeros optivamente ativos, e a cortisona é um deles.

3. Funções orgânicas presentes: fenol, álcool e amina.
Apresenta atividade óptica, pois se trata de um composto assimétrico (o carbono onde está ligado o grupo hidroxila do álcool é assimétrico – C*).

Página 577

1. Alternativa e.

2. A vitamina C, por apresentar mais grupos polares, mostra interações mais efetivas com a água (ligações de hidrogênio), sendo mais solúvel e mais facilmente eliminada na urina.
Apesar de a massa molar da vitamina A ser maior (MM = 286,5 g/mol) que a da vitamina C (176,1 g/mol), a vitamina C apresenta vários grupos que podem fazer ligação de hidrogênio, e isso faz com que seu ponto de fusão e ebulição aumente anormalmente.

Página 579 – Exercícios finais

1. a;   2. b;   3. c;   4. c.

5.
a) Com base na fórmula dada pelo enunciado, temos:

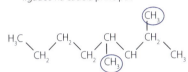

$C_{10}H_{22}$

b) Os dois substituintes (radical metil) estão ligados na cadeia principal.

6. b;	9. a;	12. 16;	15. a;
7. d;	10. a;	13. e;	16. a;
8. b;	11. c;	14. b;	17. e;

18. Série C_nH_{2n}:
$H_2C=CH_2$
$H_2C=CH-CH_3$
$H_2C=CH-CH_2-CH_3$ buteno

19. Alternativa c.

20.
a) Nomenclatura IUPAC: propanona.
Nomenclatura comercial: acetona.

b) Fórmula estrutural do isômero de função da propanona, o propanal (nomenclatura IUPAC):

$H_3C-CH_2-\underset{H}{\overset{O}{\|}}C$

21. b;   22. b;   23. b.

24.
a) Há três possibilidades que levam ao mesmo composto:

Gabarito 669

Fórmula bastão para o tautômero:

b) Fórmulas estruturais:

ácido fumárico
(*trans*)

ácido maleico
(*cis*)

25.

a)

Substância	Fórmula molecular	Radicais funcionais	Isomeria geométrica
1	$C_{10}H_{12}O_2$	fenol/éter	Não
2	$C_{10}H_{12}O$	éter	Não
3	$C_{10}H_{18}O$	álcool	Sim
4	$C_{10}H_{18}O_2$	álcool	Não

b)

* carbono quiral

26. $04 + 16 + 32 = 52$;   **27.** e.

28. Considerando as estruturas dadas, as funções orgânicas correspondentes são: álcool e amina.

salbutamol

terbutalina

O salbutamol apresenta três carbonos terciários:

salbutamol

A terbutalina (1 carbono quiral) apresenta 2 isômeros ópticos ativos:

terbutalina

29. Considerando que todas as estruturas apresentam 5 átomos de carbono, 12 átomos de hidrogênio e 1 átomo de oxigênio, a fórmula molecular dessas substâncias será: $C_5H_{12}O$.

Fórmula estrutural completa do álcool primário que apresenta carbono assimétrico ou quiral:

30. Alternativa b.

31.

a) Sim, pois o composto apresenta a função ácido carboxílico, que sofre ionização quando na presença de água, conforme a equação a seguir.

Considerando que há a formação de íons H_3O^+ (hidrônio ou hidroxônio) ou H^+, o pH do meio ficará abaixo de 7.

b) Possíveis cadeias ressonantes:

Fórmula molecular: C_6H_6O.

32. F – V – V – F – V

33. Considerando as vitaminas dadas pelo enunciado, temos as seguintes funções orgânicas:

retinol

ácido pantotênico

A vitamina B5 é hidrossolúvel por possuir grupamentos que fazem ligações de hidrogênio com a água, no caso, as funções álcool, amida e ácido carboxílico. Já a vitamina A é lipossolúvel, pois sua molécula é, predominantemente, apolar, fazendo interações do tipo dipolo-induzido com as moléculas de gordura.

Quanto a isomeria óptica, somente a vitamina B5 apresenta isomeria, pois possui carbono quiral ou assimétrico.

34.

a) Estrutura 1: amida; estrutura 2: álcool.

---

b) Considerando a presença de carbono quiral ou assimétrico (*), podemos afirmar que a estrutura 1 apresenta isomeria óptica.

carbono quiral
ou assimétrico

O grupo necina apresenta caráter básico por causa de par de elétrons livres no átomo de nitrogênio.

necina

35. Alternativa a.

36.

a) Considerando os conceitos de pressão de vapor, sabemos que os líquidos que possuem menores pressões de vapor apresentam forças intermoleculares mais intensas. Logo, concluímos que o composto 1 faz pontes ou ligações de hidrogênio, que são mais intensas que as interações do tipo dipolo-dipolo presentes no composto 2.

$$\underset{58,6\,kPa}{P_{vapor\,y}} > \underset{1,67\,kPa}{P_{vapor\,x}}$$

y = composto 2 (éter etílico)

x = composto 1 (butan-2-ol)

Levando em conta que o composto 1 (butan-2-ol) possui um grupo OH, podemos afirmar que ele faz pontes de hidrogênio com a água (alta polaridade) e, consequentemente, é mais solúvel que o composto 2.

$$\underset{69\,g/L}{\underbrace{Solubilidade\ z}} > \underset{290\,g/L}{\underbrace{Solubilidade\ w}}$$

z = composto 2 (éter etílico)

w = composto 1 (butan-2-ol)

b) Os compostos 1 e 2 apresentam isomeria de função ou funcional, mas somente o composto 1 apresenta atividade óptica, pois possui carbono quiral ou assimétrico (*) em sua estrutura:

37. a   **38.** c;   **39.** $01 + 08 + 16 = 25$;

40. c;   **41.** a;   **42.** e;   **43.** e.

Capítulo 16

Página 592

Alternativa c.

Página 595

1.

Alquilação de Friedel-Crafts:

tolueno
(metilbenzeno)

Nitração:

nitrobenzeno

Halogenação:

bromobenzeno

2. Alternativa b.

Página 598

1. a;   **2.** c.

Página 600

A: $CH_3 - CH_2OH$ B: $CH_2 = CH_2$
    etanol   eteno

Página 603

1. Alternativa a.

2. Hidro-halogenação de alcino (Markovnikov).

$$CH_3 - C \equiv C - H + 2\ HC\ell \rightarrow H_3C - \underset{\underset{C\ell}{|}}{\overset{\overset{C\ell}{|}}{C}} - CH_3$$

composto A
(2,2-dicloro-propano)

Oxidação de aldeído.

composto B
ácido etanóico (ácido acético)

Desidratação do álcool.

$$CH_3 - CH_2 - OH \xrightarrow[170°C]{H_2SO_{4\,(conc.)}} CH_2 = CH_2$$

composto C
eteno (etileno)

Página 604

1. A massa de gás carbônico formada será de 88 kg e a de água 54 kg.

---

2. Alternativa b.

Página 606

Alternativa c.

Página 610

1. A transformação de morfina em heroína é feita por meio de uma reação de esterificação. Como a esterificação ocorre entre um álcool e um ácido, a substância procurada deve ser um ácido, já que a morfina é um álcool. Assim, a substância que reagiu com a morfina foi ácido etanoico (acético).

2. e;   **3.** a.

Página 612 – Exercícios finais

1. a;   **2.** b;   **3.** d;   **4.** a.

5.

a)

b) 3-etil-4-metil-hex-1-eno

c) Considerando o isômero cíclico do hidrocarboneto, temos as seguintes possibilidades:

6. b;   **7.** c.   **8. a)** butan-1-ol

b) O produto formado a partir de uma reação de desidratação intermolecular de alcoóis é um éter:

c) A fórmula molecular do reagente é $C_4H_{10}O$. Há dois possíveis isômeros:

butan-2-ol   2-metilptopan-2-ol

9. c   **11.** d   **13.** c   **15.** c

10. c   **12.** c   **14.** c   **16.** a

26.

a)

---

17. a)

$$H_3C - CH_2 - CH_2 - CH_2 - CH_2 - CH_2 - CH_2 - CH_3$$
(heptano)

(isoctano)

b) $1\ C_7H_{16} + 11\ O_2 \rightarrow 7\ CO_2 + 8\ H_2O$
   heptano

$1\ C_{18}H_{18} + \dfrac{25}{2}\ O_2 \rightarrow 8\ CO_2 + 9\ H_2O$
   isoctano
ou $2\ C_{18}H_{18} + 25\ O_2 \rightarrow 16\ CO_2 + 18\ H_2O$
   isoctano

18.

a) A fórmula mínima da vitamina C é $C_6H_8O_6$. Equação da reação de combustão completa da vitamina C:

$C_6H_8O_6\ (s) + 5\ O_2\ (g) \rightarrow 6\ CO_2\ (g) + 4\ H_2O\ (\ell)$

b) Pelo fato de a nicotina apresentar a função amina e possuir caráter básico, pode haver o seguinte equilíbrio:

Em meio básico, o equilíbrio será deslocado para a esquerda, favorecendo a absorção da nicotina. Logo, é possível afirmar que a absorção da nicotina é maior no intestino, pois o meio é básico.

19. b;   **21.** e;   **23.** b;

20. b;   **22.** a;   **24.** d.

25. Considerando o composto de caráter ácido mais acentuado disponível no laboratório – o ácido acético –, a equação química completa que representa a reação dele com a amônia será:

Levando em conta a substituição da amônia pelo metanol na equação geral, temos:

função: éster

Gabarito   671

b) Metanol ou álcool metílico.

c) Fórmula molecular da substância I: $C_8H_8O_2$.

27. a	**32.** d
28. b	**33.** a
29. a	**34.** c
30. b	**35.** d
31. d	

36. V – V – V – F – F

CAPÍTULO 17

Página 631

1. Amida

Página 644 – Exercícios finais

1. Alternativa a.

2.

a)

buta-1,3-dieno

2-cloro-buta-1,3-dieno
(cloropreno)

b)

2-cloro-buta-1,3-dieno
(cloropreno)

poli 2-cloro-but-2-eno
(neopreno)

Tipo de isomeria espacial presente no neopreno: *cis-trans*.

---

3. e	**6.** 01 + 02 + 04 + 08 = 15
4. d	**7.** e
5. b	**8.** 16
	9. a

10.

a) $1\ C_{18}H_{18}O_3\ (\ell) + \dfrac{7}{2}\ O_2\ (g) \rightarrow 3\ CO_2\ (g) + 4\ H_2O\ (\ell)$

b)

Fórmula estrutural dos monômeros:

A interação que existe entre as cadeias é do tipo ligação de hidrogênio

2. Ácido tereftálico e etilenoglicol.

Página 634

Alternativa d.

Página 636

Alternativa b.

Lipídios em hidrólise dão origem a ácidos graxos e glicerol (álcool).

Página 639

Alternativa c.

Página 642

Açúcar (pentose), ácido fosfórico e bases nitrogenadas.

---

11. 02 + 04 + 08 = 14

12. d

13. d

14. e

15. b

16. a

17. d

18. c

19. d

20. b

21. 01 + 02 + 04 + 08 = 15

22. c

23. b

Página 650 – Enem

1. d

2. b

3. b

4. a

5. a

6. c

7. a

8. b

9. a

10. b

11. e

12. a

13. d

14. d

15. a

16. b

17. a

18. c

19. d

20. b

21. d

22. a

23. d

24. e